故事成語 總覽

(고사성어 총람)

編著 朴寅煥 博士

15,000 단어 수록

굿보이스

◆ 추천 및 감수위원 ◆

推薦者

朴章遠 · 李在殷

監修委員

朴奉培 · 李起春 · 鄭泳寬
金鎭浩 · 尹演壽 · 全揚哲
鄭熙守 · 朴鍾天 · 全明求
尹普煥 · 金振斗 · 朴珉用
朴櫓權 · 李啓晃 · 權承達

머 리 말

"...내가 나 된 것은 하나님의 은혜로 된 것이니..."(고전15:10).

태동 65여년 만에『고사성어 총람』이라는 옥동자를 세상에 태어나게 하신 하나님께 감사드립니다.

중학교 졸업 시절 정든 학우들과 헤어짐을 아쉬워하며, 피차 서로 미래에 큰 청운(靑雲)의 꿈을 이루라는 의미에서 색종이로 된 싸인지(Sign 紙)를 돌리며 주고받던 때가 있었습니다.

그때에 서로 발전하고 출세하라고 덕담을 써주었는데, '형설지공(螢雪之功)', '고진감래(苦盡甘來)', '착기부주(着碁復走)', '입신출세(立身出世)', '수처작주입처개진(隨處作主立處皆眞)' 등등의 고사성어였습니다.

저는 그때부터 고사성어에 매료되어 수집하기 시작하였습니다.

고등학교, 일반대학, 군복무, 감신대 시절에도 계속 수집했고, 정동교회 교육전도사를 거쳐 '67년도에 강화 항포교회에 부임하면서는 새마을 중학교를 설립하고, 정규과목 외에「고사성어」과목을 커리큘럼에 편성하여 17년간 가르쳤고, 목회를 하면서 인터넷을 통하여서도, 은퇴 후에도 지금까지 백방으로 수집을 해왔습니다.

한문(漢文)은 우리나라 조상님들이 만들었다는 근거의 말이 있을 정도로, 한문을 통하여 찬란한 문화를 꽃피워 왔을 뿐 아니라,「고사성어」는 선조들이 우리에게 물려준 정신적 문화유산이기에 더욱 큰 관심을 갖곤 하였습니다.

오래 전부터 흩어져 있는 구슬을 한 줄에 꿰듯 책자로 묶어 출간하고 싶었으나, 출판비 문제로 미루어 오던 중, 금년 제 나이 '견마지령(犬馬之齡)' 팔순을 맞아, 슬하에 4남매 자녀들이 출판비를 부담하여 15,000개 이상의 단어가 수록되어 있는, 저의 버킷리스트(Bucket list) 중의 하나인『故事成語總覽』을 집대성하게 이르렀습니다.

고사성어를 사전 화하여 발행하려는 또 하나의 동기가 있다면, 앞으로는 한문의 문화권이 현재보다는 더욱 팽대해질 것이고, 밀물같이 밀려오는 서양문명의 홍수로 수천 년 동안의 조상님들이 사용하던 정서와 언어마저 사라져가는 현실을 직시하면서, 후대들에게 우리가 알고 쓰던 학문을 계승시킨다는 것은 시급한 시대적 요구라고 판단되어 책 발간에 더욱 박차를 가하게 되었습니다.

문명의 첨단시대인 현대, '스마트 폰 하나만 소지해도 수많은 정보와 지식을 얻을 수가 있는 멀티미디어 시대에, 책이 뭐 필요 있느냐?'는 말을 하는 이들도 있지만, 분명한 것은 '책은 책이다'라고 감히 말하고 싶습니다.

본서 내용은 학문탐구이니만치 종교는 초월했고, 사회 각계각층의 전문용어도 가급적 피했고, 영어나 각종 외래어도 한문이 한자라도 혼용된 단어만 도입하였습니다.

한문은 모두 괄호 안에 넣었고, 3자 내지 10자 이상 되는 단어도 있지만, 주로 4자성어로 구성되어 있으며, 새로이 만들어지는 신조어들도 수집하여 넣었고, 고사성어가 아니라도 많이 사용되는 단어들도 수록하였습니다.

한문이기에 유,불교적 용어들이 많지만, 기독교 용어도 많이 수록되어 각계의 후학들에게는 더욱 필요하리라 판단됩니다.

바라기는 본 책이 '화호불성(畵虎不成)'이 되었는지는 몰라도, 독자들에게 다소라도 다가서는 마음의 양식이 되었으면 하는 마음 간절합니다.

지금까지 지켜주신 에벤에셀(אבן העזר) 하나님께 감사드리고, 천국에 계신 부모님과 격려해 주신 8남매와, 가산교회, 정동교회, 항포교회, 오상교회, 그리고 늘푸른교회와 기도해 주신 모든 분들께 감사를 드립니다.

감수해 주신 분들과 추천서를 써 주신 분들께 감사드리고, 책 출판을 위해 수고해 주신 '보이스사' 사장 權承達 박사님과 직원분들께 감사드립니다.

한편 저의 자녀들 4남매는 출판비 뿐만 아니라, 수십년동안 컴퓨터에 저장한 고사성어가 몇 번이나 사라져 난감해 하고 있을 때에 원격조정을 하면서 살려내고 수시로 점검해 준, 미국에 있는 아들 朴炳一(白英蘭 사모)목사와 국내에 있는 장녀 朴智瑛(李康眞 목사)사모, 2녀 朴娜瑛(金大日 집사)집사와, 3녀

朴佳瑛(李哲熙 권사)집사에게도 감사를 표합니다.

끝으로 몇 번이나 몸살로 몸져누워가며 컴퓨터 작업과 교정에 혼신을 다하여 천신만고(千辛萬苦) 끝에 책이 출간되도록 애써준 아내 鄭文淑 사모에게도 감사를 드립니다.

이 책을 애독하거나 소장하여 두는 모든 분들에게는 에고 에이미(ἐγὼ εἰμι), 임마누엘(Immanuel) 하나님께서 항상 함께 하시기를 삼가 기원합니다.

감사합니다.

2017. 7.

編著者 **朴 寅 煥**

추 천 사

내가 사랑하고 존경하는 朴寅煥 목사

박인환 목사님은 다재다능(多才多能)한 천재적인 재능의 소유자이다.

하나부터 열까지..., 어느 부문 모르는 것이 없는..., 못 해 낼 것이 없는 지식의 풍요로움을 소유하고 있는 귀재(鬼才)의 사람이다.

팔순의 나이로서 '늘푸른교회' 성가대에서 성가를 부르며, 악기를 다룰 줄 알아서 주일마다 두 내외가 색소폰 연주를 하고 있고, 성품(性品)은 성자(聖者)와 같은 존경의 극치(極致)에 놓인 분이다.

그리고는 애국자(愛國者)시다.

부부가 함께 무궁화를 온 세계 천지에 심으시며 다닌다.

온 우주와 삼천리강산을 무궁화동산으로 만들 작정이다.

지덕(知德)이 넘쳐 남은 물론이고, 후리후리한 미남형(美男形)의 목사님이시다.

어찌 한 세월...! 여난(女難)을 이기셨는지...!

그가 팔순(八旬)이 되어서 장장 65년 동안 수집해 놓은 「고사성어(故事成語)」 1만 5천개의 단어(單語)를 집대성(集大成)하여, 한 권의 책자로 『고사성어총람(故事成語總覽)』을 출판하여 국민들 앞에 내 놓는 것이야말로, 살아 움직이는 천상천하(天上天下)의 만물들이 경탄할 일이 아닐 수 없다.

국보(國寶)가 탄생됨을 축하드린다.

聖雲 **박 장 원** 목사

추천사

나의 사랑하는 동지요 元老牧師 후배인 朴寅煥 牧師가 이번에 『故事成語 辭典』인 『故事成語 總覽』을 中學校 時節부터 65年間 수집한 15,000個의 故事成語를 冊으로 發刊하심을 敬賀하며 祝賀를 드립니다. 朴 牧師께서는 今年 八旬을 맞으셨음을 축하드리며, 80老年에도 老益壯으로 쉬지 않고 內外가 음악, 특히 樂器演奏를 통하여 監理敎團과 『늘푸른敎會』를 위해 奉仕하시면서 이번에 監理敎團과 大韓民國을 위해 『故事成語 總覽』을 發刊하심을 격려와 축하를 드립니다.

冊은 그것을 쓰고 出刊한 사람의 생각과 思想을 적은 것으로서, 그 글을 읽고 그 글을 쓴 이의 좋은 생각을 通하여 感動을 받고 가르침을 받아야 하며, 또 남에게 宣傳하여 感動的인 좋은 생각을 널리 傳播해야 합니다.

한국 사람들은 冊을 읽는 일에 인색하거나 게으릅니다.

이 冊을 읽는 사람들이 이 글을 많이 읽고 感動받을 뿐만 아니라, 널리 宣傳하여 많은 사람들이 혜택을 입었으면 하는 마음이 간절합니다.

충심으로 이 冊의 出刊을 敬賀하면서 많은 사람들의 愛讀을 勸하는 바입니다.

다시 한 번 朴寅煥 牧師께 祝賀와 感謝를 드립니다.

斗省 **李在殷** 牧師
(神學博士. 前 基督敎放送 社長)

監修의 글

박인환 목사님이 팔순을 계기로 중학생 시절부터 지금까지 65년간 수집해 놓은 15,000개의 고사성어, 주로 사자성어를 집대성하여 고사성어 사전인『고사성어 총람』을 발간하시게 되었습니다.

이 책의 크기가 신국판(세로 22센티, 가로 15센티)으로 그 분량은 800여 페이지나 됩니다. 참으로 보기 드문 대작으로 이를 여러분들에게 적극적으로 추천하는 바입니다. 굿보이스사에서 이를 출판하게 되었고 곧 출품되리라 생각합니다.

일생동안을 목회로 일관하여 오신 박 목사님께서 보통 학자에게도 힘들고 어려운, 대작을 출판하시게 된데 대하여 진심으로 축하를 드리는 바입니다.

참으로 보기 드문 대작으로 개인이나 도서관에 꼭 필요한 참고 서적이라고 생각이 되어 이를 여러분들에게 적극적으로 추천하는 바입니다. 대학 도서관은 물론이요 외국 시장에도 출품될 수 있는 훌륭한 서적입니다.

이러한 대작을 출판하게 되신 박인환 목사님에게 진심으로 축하를 드리며 여러분들에게 이를 적극적으로 추천하는 바입니다.

泉岩 **朴 奉 培** 牧師

(哲學博士. 前 監神大, 牧園大 總長)

監修를 하면서

촘스키는 언어를 인간의 발달과정에서 유전적으로 전달된 생득적 기능이라고 정의한다. 모든 인간은 사회문화적 차이에도 불구하고 공통의 언어적 구조를 가지고 있다. 예를 들면 어머니를 가르키는 단어가 미음(ㅁ, m)으로 시작되는 것과 같다. 그래서 그의 언어학을 생체언어학 또는 자연주의적 언어학라고 한다.

한자(漢字)는 중국으로부터 우리 나라에 기원전 2세기에 전해졌다고 한다. 라틴어와 그리스어가 유럽언어와 문화의 뿌리인 것처럼, 한문은 우리 언어와 문화에 뿌리 역할을 해왔다. 뿌리를 모르면 미래를 전망하고 자기 정체성을 분명히 하는데 장애를 받는다. 우리들의 언어생활을 살펴보면 신문, 학술논문, 서예, 각종 의례, 동음이의어(homonyms, 사고 : 思考, 事故, 社告 등)에 한자를 쓰지 않으면 안 되는 경우가 많다.

한때는 한글만 쓰자는 주장도 있었으나 현재 중·고등학교에서는 한자 1,800자를 가르치고 있다. 대학도 기본 한자교육을 필수로 선택하는 대학도 있다. 북한도 한자를 전면 배격하다가 청소년들에게는 2,000자, 대학생에게는 3,323자를 필수로 가르치고 있다.

바로 이참에 박인환 목사가 평생 수집한 사자성어를 중심으로 한 고사성어 15,000개를 집대성하여 책으로 펴내게 되었다. 65년간 모은 이 방대한 고사성어는 그 규모나 내용에 있어서 이 방면의 서책 가운데 가장 으뜸이라고 아니 할 수 없다.

박인환 목사의 이 한 평생의 노작이 한국의 조상과 후손, 옛 문화와 새 문화, 옛 세대와 새 세대를 이어주는 탯줄이 되고, 소통의 통로가 되기를 바라며 소개와 추천의 말로 가늠한다.

2017. 9. 14.

和江 **李起春** 牧師

(牧會學博士. 前 監理敎神學大學校 總長)

추 천 사

옛말에 "호랑이는 가죽을 남기고 사람은 이름을 남긴다"는 말이 있습니다. 이 말은 호랑이는 가죽을 남기고 사람은 글을 남긴다는 말로 말하고 싶습니다.

바로 이 말의 주인공이 박인환 목사님입니다.

우리 한국은 한글도 쓰지만 한문도 함께 사용하고 있는 나라이기에 한문으로 된 고사성어야말로 우리들의 삶의 교훈과 교양생활에 있어서 요긴한 글들입니다. 이런 고사성어를 알기 쉽게 해석해서 우리의 일상생활과 대화에 활용할 수 있도록 고사성어 사전인『고사성어 총람』을 발행하게 된 것을 감사하며 반드시 필요한 책이라고 생각합니다.

저자인 박인환 목사님은 한국 감리교회의 원로로 모범적이고 존경할 만한 목회자로 우리 모두에게 귀감이 되고 있는데, 그가 목회하면서 꾸준히 고사성어에 대하여 연구하고 해석함으로 우리 모두에게 큰 유익을 주게 된 그의 노고와 헌신에 대하여 감사하며 크게 격려해 드리고 싶습니다.

『고사성어 총람』을 통해서 많은 분들이 배우게 되고, 이것을 생활에 교훈으로 적용하게 된다면, 저자의 땀 흘린 수고가 더욱 빛나게 될 것을 확신합니다.

특별히 박 목사 내외분은 귀한 악기로 하나님께는 영광이요 많은 성도들에게는 큰 은혜가 되고 있음을 겸하여 칭찬 드리고 싶습니다.

앞으로 하나님의 크신 은총이 박 목사 내외분에게 충만할 것을 믿고 다시 한번 큰 격려와 함께 이 책이 많은 이들에게 삶에 적용되고 활용될 것을 기대하며 기쁘게 추천하는 바입니다.

김 진 호 목사

(기감 25대 감독회장, 원로목사회 합주단 단장)

「고사성어 총람」 발행을 즈음하여

이 시대를 '언어의 혼탁 시대'라 할 수 있을 것입니다. 언어에는 품격이 있고 씨앗이 있으며, 힘도 있습니다. 그러나 시대의 흐름이거나 현대의 비윤리성, 도덕성이 이유인즉 그 품격은 자꾸 떨어지고, 오히려 언어폭력, 횡포만이 더해지며, 언어의 힘인 감동과 감화는커녕 사회의 혼란과, 상대방에게 상처와 실망을 크게 주는 경우가 많다는 것입니다. 언어는 인간의 삶에 절대 필요한 요소이며 활력소입니다.

성경에는 "말씀이 하나님의 감동으로 된 것으로 교훈과, 책망과, 바르게 함과, 의로 교육하기에 유익하니 이는 하나님의 사람으로 온전하게 하며 모든 선한 일을 행할 능력을 갖게 하려 함이라"(딤후 3:16-17)고 기록되어 있습니다.

금번에 존경하는 박인환 목사님이 65년 동안 수집한 자료를 집대성하여 『고사성어 총람』이라는 고사성어 사전을 발행하게 되었습니다. 일만 오천 개의 사자성어를 중학생 시절부터 65년간을 수집하여 하나의 작품으로 출판하게 되었다는 것은 대단한 일이라 아니할 수 없습니다.

저는 금번에 발행되는 『고사성어 총람』은 박인환 목사님의 열정과 경험, 철학과 학문의 결정체라 감히 말씀드립니다.

이 사전을 접하고 익혀 사용하는 분들마다 학식이 깊어지고, 인생을 알게 되고, 자신을 세워 나가는 일에 크게 도움이 되고 필요할 것이라 사료되어 감히 추천하는 바입니다.

전 양 철 목사
(전 중부연회 26대 감독, 기감 중부연회 원로목사회 회장)

『고사성어 총람』의 발행을 기하여

평생 목가적인 인생을 사셨고 목회자로서 교회를 섬기신 삶을 증언하라면 쉬울 수 있었지만, 평생 목회에 더하여 수월한 구도적인 대작으로 『고사성어 총람』을 내시게 되셨으니 그 집중과 헌신의 고매함을 말로 다할 수가 없습니다.

제가 성장한 강화도를 주변으로, 목회의 선배이신 박인환 목사님의 생에 대한 이야기를 대하면, 사회계몽과 영적인 혁신에 모본이 되셨기에 많은 이들은 심훈의 상록수와 같은 분이라고 일컬었습니다. 그런 외형적인 소문에 비교할 수 없는 내면적인 창조성과 생명력을 어문학의 꽃으로 『고사성어 총람』을 세상에 내심이, 제게 무한한 감동이 되기에 우선 그 경지와 인격을 칭송 드리게 됩니다.

『고사성어 총람』은 시어이며 우주형상의 그림과도 같다는 생각을 하곤 합니다. 함축된 언어로 우주 묘상을 다 품고자 하는 소통의 비밀이 바로 거기 있기 때문입니다. 단순히 형상의 언어가 아니고 선적인 이미지를 듬뿍 안고 있는 창조의 언어라고 보기에, 어린 시절부터 팔순까지 그 언어의 묘술을 안고 계셨으니 그 인생이 얼마나 풍요하고 흡인력이 있는 것일까 생각하게 됩니다.

『고사성어 총람』을 공부의 평생 여정으로 내어 놓으심을 축하드리며, 이제 팔순의 노장으로서 심학의 정석을 살아내셨다는 생각을 하면서 독자 모두에게 천거합니다.

『고사성어 총람』을 인하여 격물의 도리에 앞서간 선인들의 지혜를 빌리고, 더 풍요한 미래 문명의 교두보가 되기를 바라면서 지행합일, 언행일치의 영성이 이 노작으로 성취되기를 숙원 합니다.

정 희 수 목사
(철학박사, 미국 연합감리교회 위스콘신연회 감독)

故事成語 總覽

〈일러두기〉

1) 편저자(編著者)가 전문적인 국문학자가 아니기에 국문학적으로 볼 때 많은 오점이 있을 수도 있으니 발견되는 대로 알려주시면 바로잡겠습니다.

2) 사전(辭典) 형식으로 되어 있고, 『고사성어(故事成語)』가 아니라도 생활 주변에서 많이 쓰이는 단어들은 엄선(嚴選) 도입(導入)하여 함께 수록하였습니다.

3) 사회 각 분야의 전문적인 용어는 피했고, 영어를 비롯한 외래어에 한문(漢文)이 한 자(字)라도 있는 단어이면 수록하였습니다.

4) 한문은 모두 괄호 안에 넣었기에 국문 해독자는 누구나 책을 볼 수 있도록 한글로 썼고, 반대 되는 단어에는 반대 표시인, ↔ 로 되어 있습니다.

5) 3자(字) 내지 10자 이상 되는 단어도 수록했으나, 주로 4자성어로 주(主)를 이루었고, 한문이 없는 한글로 구성된 단어들은 제외(除外)하였습니다.

6) 새로이 만들어지는 신조어(新造語)들도 많이 등재(登載)하였고, 같은 문장 안에 괄호가 둘일 경우에는 (), [] 로, 인용(引用) 문구들은 모두 작은 따옴표인, ‘ ’ 로, 책 이름에는 「」, 『』, 《》 로 표시하였습니다.

7) 학문적인 책자이기에 종교는 초월했고, 한문이기에 유불교(儒佛敎)적인 용어들이 많이 있는가 하면, 기독교에 대한 단어들도 적지 않습니다.

【ㄱ】

가가대소(呵呵大笑) 너무 우스워서 한바탕 큰 소리로 껄껄 웃음. 홍연대소(哄然大笑).

가가문전(家家門前) 집집마다의 문 앞.

가가호호(家家戶戶) ①각 집. ②집집마다. ③또는 모든 집.

가감부득(加減不得) 더 할 수도 덜 할 수도 없음. 가부득감부득(加不得減不得)의 준말.

가감승제(加減乘除) '더하기 · 빼기 · 곱하기 · 나누기'를 아울러 이르는 말.

가감지인(可堪之人) 어떤 일을 감당(堪當)할(해 낼) 만한 사람.

가거지지(可居之地) ①머물러 살 만한 곳. ②살기 좋은 곳.

가건만형신화사통(家健萬亨身和事通) 가정이 건전(健全)하면 온갖 일이 형통(亨通)하고, 몸이 화평(和平)하면 하는 일마다 막히지 않는다.

가계야목(家鷄野鶩) '집의 닭을 미워하고 들의 물오리를 사랑한다'는 뜻으로, 일상(日常) 흔한 것을 피(避)하고 새로운 것, 진기한 것을 존중(尊重)함을 비유(比喩).

가계야치(家鷄野雉) '집의 닭을 미워하고 들의 꿩을 사랑한다'는 뜻으로, ①아내를 소박(疏薄)하고 첩을 좋아함. ②좋은 필적(筆跡)을 버리고 나쁜 필적(筆跡)을 좋아함. ③흔한 것을 멀리 하고 언제나 새롭고 진귀(珍貴)한 것을 중(重)히 여김.

가고가하(可高可下) '높아도 가(可)하고 낮아도 가(可)하다'는 뜻으로, 인자(仁者)는 벼슬이 높아도 거만(倨慢)하지 않고 낮아도 두려워하지 않음으로써 직위(職位)의 고하를 가리지 않음.

가고문적(可考文籍) 후일에 참고(參考)될 만한 문서(文書).

가고문헌(可考文獻) 참고(參考)하거나 생각해 볼 책이나 글.

가곡원류(歌曲源流) 조선 고종13(1876)년에, 박효관과 안민영이 편찬한 시조 중심의 시가집(詩歌集). ('청구영언' · '해동가요'와 함께 3대 가집으로 꼽힘.)

가공가소(可恐可笑) 두렵기도 하고 우스꽝스럽기도 함.

가공망상(架空妄想) 터무니없는 망령(妄靈)된 생각.

가공삭도(架空索道) 공중에 건너질러 놓은 강삭(鋼索)에 차량을 매달아 사람이나 짐을 나르는 설비(設備). 가공케이블 · 고가삭도 · 공중삭도 · 삭도(索道).

가공케이블(架空cable) 가공삭도(架空索道).

가교봉도(駕轎奉導) 가교(駕轎)를 편안히 모시라고, 별감(別監)들이 큰 소리로 외치며 주의시키는 일.

가구경행(街衢經行) 고려시대에, 중들이 음력 이월에 개경(開京) 거리를 돌아다니며 불경을 외워 백성의 복을 빌던 일.

ㄱ

가구향리폐(家狗向裏吠) '집에서 기르는 개가 집 안 쪽을 향(向)해 짖는다'는 뜻으로, 은혜(恩惠)를 원수(怨讐)로 갚음을 이르는 말.

가급인족(家給人足) 집집마다 살림이 부족(不足)함 없이 넉넉하고, 사람마다 풍족(豊足)해 살기 좋음.

가급임금(加給賃金) 기본 임금 외에 더 지급하는 임금. 시간 외 수당(手當) 따위.

가급천병(家給千兵) 제후(諸侯) 나라에 일천 군사(軍士)를 주어 그의 집을 호위(護衛)시킴.

가기의방(可欺宜方) 그럴듯한 방법으로 남을 속이는 것. 가기이방(可欺以方).

가기이방(可欺以方) 그럴듯한 말로써 남을 속일 수 있음. 가기의방(可欺宜方).

가담항설(街談巷說) ①길거리나 세상(世上) 사람들 사이에 떠도는 이야기. ②세상(世上)에 떠도는 뜬소문(所聞). 가담풍설(街談風說). 가담항의(街談巷議).

가담항어(街談巷語) '항간(巷間)의 뜬소문(所聞)'이라는 뜻으로, 저잣거리나 여염(閭閻)에 떠도는 소문(所聞).

가담항의(街談巷議) 가담풍설(街談風說). 가담항설(街談巷說).

가대불차(可貸不借) 꾸어줄지라도 꾸지는 아니함.

가대인(家大人) 남에게 자기(自己) 아버지를 높여 이르는 말. '자기(自己)에게 제일(第一) 소중(所重)한 어른'이라는 뜻으로 씀.

가도멸괵(假途滅虢) 길을 빌려 괵국(虢國)을 멸(滅)하니, 진헌공(晉獻公)이 우국 길을 빌려 괵국(虢國)을 멸(滅)함. 다른 나라의 길을 임시로 빌려 쓰다가 나중에 그 나라를 쳐서 없앰.

가도벽립(家徒壁立) '빈한한 집안이라서 아무것도 없고, 네 벽만 서 있다'는 뜻으로, 살림이 심(甚)히 구차(苟且)함을 이르는 말.

가도사벽(家徒四壁) '집안이 네 벽뿐'이라는 뜻으로, 집안 형편(形便)이 매우 어렵다는 것을 이르는 말.

가도화평(家道和平) 가정의 법도(法度)는 화평(和平)하게 하라.

가동가서(可東可西) '동쪽이라도 좋고 서쪽이라도 좋다'는 뜻으로, 이러나저러나 상관(相關)없다는 말. 가이동가이서(可以東可以西)의 준말.

가동주졸(街童走卒) ①길거리에서 노는 철없는 아이. ②일정(一定)한 주견(主見)이 없이 길거리를 떠돌아 다니는 무식(無識)한 사람들.

가두모금(街頭募金) (사회봉사 등을 목적으로) 거리를 오가는 사람들로부터 성금(誠金)을 모으는 일.

가두선전(街頭宣傳) (확성기(擴聲器) 등을 이용하여) 거리에 나가서 하는 선전.

가두시위(街頭示威) 거리에 모이거나 거리를 행진하며 하는 시위.

가두연설(街頭演說) (어떤 선전이나 선동을 위하여) 거리에서 하는 연설.

가두판매(街頭販賣) 상품(商品)을 거리에 벌여 놓고 팔거나 거리를 다니면서 파는 일. 가

판(街販).

가라빈가(迦羅頻伽) 가릉빈가(迦陵頻伽).

가렴주구(苛斂誅求) 가혹(苛酷)하게 세금(稅金)을 거두거나 백성(百姓)의 재물(財物)을 억지로 빼앗음. 가정맹어호(苛政猛於虎)

가롱성진(假弄成眞) 농담(弄談)이나 실없이 한 일이 나중에 진실(眞實)로 한 것처럼 됨. 농가성진(弄假成眞)

가릉빈가(迦陵頻伽) 불교에서, 극락정토(極樂淨土)에 살고 있다는 새. (미녀의 얼굴 모습에 목소리가 아름답다고 함.) 가라빈가(迦羅頻伽).

가무담석(家無擔石) '석(石)은 한 항아리, 담(擔)은 두 항아리'의 뜻으로, 집에 조금도 없다는 말로, 집에 재물(財物)의 여유(餘裕)가 조금도 없다는 말.

가무음곡(歌舞音曲) 노래와 춤과 음악(音樂).

가무이주(家無二主) '한 집안에 주인(主人)이 둘이 있을 수 없다'는 뜻으로, 군신(君臣)의 다름을 이르는 말.

가문설화(可聞說話) 들을 만한 옛 이야기.

가배절(嘉俳節) 한가위. 중추절(仲秋節). 가우(嘉優).

가부동수(可否同數) 투표(投票) 등(等)의 개표(開票) 결과(結果)가 찬성(贊成)과 반대(反對)가 동수(同數)임.

가부득감부득(加不得減不得) 가감부득(加減不得)의 원말.

가부소족취(家負疎族聚) '집이 가난하게 되면 어진 아내를 생각한다'는 뜻으로, 넉넉히 지낼 때는 몰랐으나 궁박(窮迫)한 형편(形便)에 놓이고 보니 어진 관리자(管理者)를 생각하게 된다는 말.

가부자(假夫子) '가짜 공자(孔子)님'이란 뜻으로, 성균관(成均館) 유생(儒生)들 사이에서 다른 사람보다도 지나치게 공부(工夫)에 골몰(汨沒)하거나, 언행(言行)을 성인(聖人)처럼 하는 유생(儒生)을 비꼬던 말.

가부장제(家父長制) 가부장이 가족의 지배권(支配權)을 행사하는 가족 형태.

가부지친(葭莩之親) '갈대의 줄기에 붙어 있는 갈대청같이 엷게 붙어 있는 친척'이라는 뜻으로, 먼 촌수(寸數)의 인척(姻戚).

가부취결(可否取決) 회의(會議)에서 절차(節次)에 따라 가부(可否)를 결정(決定)함.

가부키(歌舞伎. かぶき) 일본(日本)의 전통적(傳統的)인 민중 연극.

가빈낙도(家貧落魄) '집안이 가난하여 혼백(魂魄)이 땅에 떨어진다'는 뜻으로, 집안이 가난하여 뜻을 얻지 못하고 실의(失意)에 빠짐.

가빈사양처(家貧思良妻) '집이 가난해지면 좋은 아내를 생각하게 된다'는 뜻으로, 궁핍(窮乏)한 지경(地境)이 되면 훌륭한 관리자(管理者)가 생각난다는 의미(意味).

가빈사처(家貧思妻) ①'집안이 가난해지면 살림을 알뜰하게 꾸려주던, 어진 아내를 생각하게 된다'는 뜻. ②곤란한 일에 처하면 그것을 도와 줄 사람을 기다리게 됨을 뜻함.

ㄱ

가빈사현처국난사양상(家貧思賢妻國難思良相) 집이 가난하면 어진 아내를 생각하고, 나라가 어지러우면 어진 재상(宰相)을 생각함.

가빈즉사양처(家貧則思良妻) '집안이 가난해지면 어진 아내를 생각하게 된다'는 뜻으로, 집안이 궁해(窮塞)지거나 어려워지면 어진 아내의 내조(內助)의 필요성(必要性)을 새삼 생각하게 된다는 말. 가빈사양처(家貧思良妻).

가빈친로(家貧親老) '집이 가난하고 부모(父母)가 늙었을 때는 마음에 들지 않은 벼슬자리라도 얻어서 어버이를 봉양(奉養)해야 한다'는 말.

가빈효자출(家貧孝子出) 가난한 집에서 효자 나온다.

가사지인(可使之人) 쓸 만한 사람. 부릴 만한 사람.

가상다반(家常茶飯) '집에서 먹는 평소(平素)의 식사(食事)'라는 뜻으로, 일상사(日常事)나 당연지사(當然之事)를 이르는 말.

가상존호(加上尊號) 임금이나 왕후(王后)의 존호(尊號)에 다시 존호(尊號)를 더함.

가서만금(家書萬金) 가서저만금(家書抵萬金)의 준말.

가서저만금(家書抵萬金) 타국(他國)이나 타향(他鄕)에 살 때는 고향(故鄕) 가족(家族)의 편지(便紙)가 더없이 반갑고, 그 소식(消息)의 값이 황금(黃金) 만 냥보다 더 소중(所重)하다는 말.

가석방(假釋放) 징역이나 금고형을 치르는 사람으로서, 개전의 정이 뚜렷한 사람을 형기가 끝나기 전에 행정 처분(行政處分)으로 미리 석방하는 일.

가설항담(街說巷談) 가담항설(街談巷說).

가성근시(假性近視) 책을 읽거나 하여 모양체근(毛樣體筋)의 긴장(緊張) 상태(狀態)가 오래 계속(繼續) 되었을 때 일어나는 가벼운 근시(近視) 상태.

가소부자량(可笑不自量) 스스로를 헤아리지 못함이 가소롭구나.

가슬추연(加膝墜淵) '무릎에 앉혀 귀여워하거나 연못에 빠뜨린다'는 뜻으로, 사랑과 미움을 기분(氣分)에 따라 나타냄으로써 그 언행(言行)이 예에 벗어남을 이르는 말.

가시거리(可視距離) 맨눈으로 목표물(目標物)을 볼 수 있는 수평(水平) 거리(距離).

가신지인(可信之人) 믿을 만한 사람. 믿음직한 사람.

가아연수(假我年數) 몇 년이라도 더 오래 살기를 바라는 일.

가야국(伽倻國) 우리나라의 고대 부족국가. 낙동강 하류에 있던 변한의 열두 나라를 통합하여 일어난 여섯 나라. 금관가야, 대가야, 고령가야, 소가야, 성산가야의 여섯 가야로 이루어짐. 가라(加羅). 가락국(駕洛國). 육가야(六伽倻).

가야금(伽倻琴) 가야의 우륵(于勒)이 만들었다는, 우리나라 고유의 현악기. 오동나무로 길게 만든 공명관(共鳴管) 위에 열두 줄을 세로로 매어, 각 줄마다 기러기발로 받친 구조임.

가야물감야물(加也勿減也勿) '더하지도 덜하지도 말라'는 뜻으로, 한가위의 풍성(豐盛)한 만족(滿足)을 이르는 말.

가언적(假言的) 어떤 조건이나 가정(假定) 아래에서 말하는 것.

가언적판단(假言的判斷) 조건 또는 원인과, 귀결 또는 결과의 관계를 나타내는 판단('A가 B라면 C는 D다.'와 같은 판단). 선언적 판단(選言的判斷). 정언적 판단(定言的判斷).

가여낙성(可與樂成) 일의 성과(成果)를 함께 즐길 수 있음. 일이 잘된 뒤에는 같이 즐겨도 좋음.

가유현처부부조횡화(家有賢妻夫不遭橫禍) 집에 어진 아내가 있으면, 그 남편이 뜻밖의 화(禍)를 만나지 않는다.

가유호세(家諭戶說) 집집마다 깨우쳐 알아듣게 말함.

가유호효(家喻戶曉) '집집마다 알려주어 알아듣게 한다'는 뜻으로, 누구나 다 아는 것을 이르는 말.

가이동가이서(可以東可以西) 이렇게 할만도 하고 저렇게 할만도 함. 가동가서(可東可西)의 원말.

가인독서성(佳人讀書聲) 미인이 낭랑(朗朗)한 목소리로 책을 읽는 소리.

가인박명(佳人薄命) '아름다운 사람은 명이 짧다'는 뜻으로, 여자(女子)의 용모(容貌)가 너무 아름다우면 운명(運命)이 기박하고 명이 짧다는 말. 미인박명(美人薄命). 미인박복(美人薄福).

가인재자(佳人才子) 아름다운 여자(女子)와 재주 있는 남자(男子). 재자가인(才子佳人).

가장집물(家藏什物) 집안의 모든 세간살이.

가재기물(家財器物) 집안에서 쓰는 여러 가지 물건.

가재도구(家財道具) 가재기물(家財器物).

가전별초(駕前別抄) 임금의 행차 앞에, 가전(駕前) 이외에 따로 앞서던 군대.

가전충효세수인경(家傳忠孝世守仁敬) 가전충효세수청백(家傳忠孝世守淸白).

가전충효세수청백(家傳忠孝世守淸白) 가정에서는 나라에 충성하고, 부모에게 효도하는 법도를 이어나가고, 사회에서는 대대로 청렴하고 결백한 기풍을 지키도록 하라. 가전충효세수인경(家傳忠孝世守仁敬).

가정맹어호(苛政猛於虎) '가혹(苛酷)한 정치(政治)는 호랑이 보다 더 사납다'는 뜻으로, 가혹(苛酷)한 정치(政治)의 폐해(弊害)를 비유(比喻)하는 말. ('예기(禮記)'의 '단궁편(檀弓篇)'에 나오는 말임).

가정목회(家庭牧會) 가족(家族)을 중심(中心)으로 하여 목회하는 사역(事役).

가정쟁의(家庭爭議) 가족 간의 불화로 생기는 분쟁. 가족쟁의(家族爭議).

가조시간(可照時間) 해가 떠서 질 때까지의 시간(時間). 일조시간(日照時間).

가족쟁의(家族爭議) 가정쟁의(家庭爭議).

가중연성(價重連城) 여러 성(城)을 합(合)할 정도로 그 값어치가 귀중(貴重)하다는 말.

가중처벌(加重處罰) (형(刑)의 선고(宣告)에 있어서) 형량(刑量)을 더 보태어 선고하는 처벌.

가추불외양(家醜不外揚) '집안의 부끄러운 일은 밖에 드러내어 말하지 않음'을 이르는 말.

가취지례(嫁娶之禮) 혼인(婚姻)의 예식(禮式).

가치부전(假痴不癲) '어리석은 체 하면서 미치지는 말라'는 말로, '자신을 어리석게 보여 상대방을 안심 시킨 후 자신이 얻고자 하는 바를 얻으라'는 뜻.

가치연성(價値連城) 가중연성(價重連城).

가치판단(價値判斷) 무엇인가의 가치에 관(關)하여, 각자의 기준(基準)으로 내려지는 판단.

가통지사(可痛之事) 통탄(痛歎)할 만한 일.

가학성애(加虐性愛) 이성(異性)을 학대함으로써 성적 쾌락(快樂)을 느끼게 되는 변태 성욕의 한 가지. 사디즘(Sadism).

가학익번(加虐益蕃) 학대를 받을수록 더욱 번성하고 창성함.

가해자(加害者) 남의 생명 · 신체 · 재산 · 명예 따위에 해를 끼친 사람. ↔피해자(被害者).

가호위(假虎威) 가호위호(假虎威狐).

가호위호(假虎威狐) 여우가 범의 위세(威勢)를 빌어 다른 짐승들을 위협(威脅)한 우화(寓話)로써, 신하(臣下)가 군주(君主)의 권세(權勢)에 힘입어 다른 신하(臣下)를 공갈(恐喝)하거나, 약자(弱者)가 강자(强者)의 세력(勢力)에 힘입어 백성(百姓)을 협박(脅迫)함을 비유(比喩)하는 말. 가호위(假虎威).

가화만사성(家和萬事成) '집안이 화평(和平)해야 모든 일이 형통(亨通)한다'는 말.

가화태상(家和泰祥) 집안이 화목(和睦)해야 큰 복(福)이 들어온다.

각개격파(各個擊破) 적(敵)을 분산(分散)시켜 낱낱을 따로따로 상대(相對)하여 쳐부숨.

각개약진(各個躍進) 지형(地形) 등을 이용하여 병사(兵士)가 개별적으로 돌진(突進)함.

각개전투(各個戰鬪) 각 개인의 전투력을 기준(基準)으로 하는 전투.

각개점호(各個點呼) 군대(軍隊)에서 각(各) 개인(個人)을 상대로 하는 점호(點呼).

각계각층(各界各層) 사회(社會)의 여러 분야(分野)와 여러 계층.

각고면려(刻苦勉勵) ①심신(心身)을 괴롭히고 노력(努力)함. ②대단히 고생(苦生)하여 힘써 정성(精誠)을 들임.

각고정려(刻苦精勵) 몹시 애를 쓰고 정성(精誠)을 들임.

각곡유목(刻鵠類鶩) '고니를 새기려다 실패(失敗)해도 집오리와 비슷하게는 된다'는 뜻으로, ①성현(聖賢)의 글을 배움에 그것을 완전(完全)히 다 익히지는 못하더라도 최소한(最小限) 선인(善人)은 될 수 있다는 말. ②학업(學

業)에 정진(精進)하여 어느 정도(程度) 성과(成果)가 있다는 말. 각곡유아(刻鵠類鵝).

각곡유아(刻鵠類鵝) 각곡유목(刻鵠類鶩).

각골난망(刻骨難忘) 입은 은혜(恩惠)에 대(對)한 고마운 마음이 뼈에까지 사무쳐 잊혀지지 아니함.

각골명심(刻骨銘心) 각골난망(刻骨難忘).

각골분한(刻骨憤恨) 마음속 깊이 분하고 한스러움.

각골지통(刻骨之痛) 뼈를 깎는 아픔. 각골통한(刻骨痛恨).

각골통한(刻骨痛恨) 뼈에 사무치도록 마음 속 깊이 맺힌 원한(怨恨).

각근면려(恪勤勉勵) 부지런히 힘써 일함.

각기삭골(刻肌削骨) '살을 에고 뼈를 깎는다'는 뜻으로, 고통(苦痛)이 극심(極甚)함을 이르는 말.

각기소장(各其所長) 저마다 지니고 있는 장기(長技).

각답실지(脚踏實地) '발이 실제로 땅에 붙었다'는 뜻으로, ①일처리 솜씨가 착실(着實)함을 말함. ②행실(行實)이 바르고 태도(態度)가 성실함을 일컫는 말.

각득기소(各得其所) 모든 것이 그 있어야 할 곳에 있게 됨. 원래(原來) 사람들이 자기(自己) 분수(分數)에 맞게 하고 싶은 일을 해도, 후(後)에는 각자의 능력(能力)과 적성(適性)에 맞게 적절(適切)한 배치(配置)를 받게 되는 것을 말함.

각로청수(刻露清秀) '나뭇잎이 떨어져 산 모양(模樣)이 드러나 맑고 빼어나다'는 뜻으로, 가을 경치(景致)가 맑고 수려함을 형용(形容)해 이르는 말.

각루심골(刻鏤心骨) 마음속 깊이 새겨 잊지 않음을 이르는 말.

각립대좌(角立對坐) 서로 대립(對立)하여 겨루고 대항(對抗)함.

각목위리(刻木爲吏) '나무를 깎아 관리(官吏)의 형상을 만든다'는 뜻으로, 옥리(獄吏)를 심(甚)히 미워해 이르는 말.

각박성가(刻薄成家) '각박(刻薄)하여 집을 이룬다'는 뜻으로, 몰인정(沒人情)하도록 인색(吝嗇)한 행위(行爲)로 부자(富者)가 됨을 이르는 말.

각방거처(各房居處) 각각(各各) 딴 방에서 지냄.

각산진비(各散盡飛) 각기 뿔뿔이 흩어져 감.

각색각양(各色各樣) 각양각색(各樣各色).

각선구검(刻船求劍) '칼을 강물에 떨어뜨리자 뱃전에 그 자리를 표시(表示)했다가 나중에 그 칼을 찾으려 한다'는 뜻으로, 판단력(判斷力)이 둔하여 융통성이 없고 세상일(世上-)에 어둡고 어리석다는 뜻. 각주구검(刻舟求劍). 수주태도(守株待兎).

각선미(脚線美) 주로, 여자의 다리 곡선에서 느끼는 아름다움. 다리맵시.

각심소원(各心所願) 사람마다 소원(所願)이 다름.

각심소위(各心所爲) 각 사람이 각각(各各) 다른 마음으로 한 일.

각양각색(各樣各色) 여러 가지, 각기 다 다름. 각색각양(各色各樣).

각양각식(各樣各式) 갖가지 양식(樣式) 또는 방식(方式).

각양각태(各樣各態) 갖가지 모양(模樣)과 모습(模襲).

각유소장(各有所長) 사람마다 장점(長點)이나 장기(長技)를 지니고 있음.

각유일능(各有一能) 사람마다 한 가지씩의 재주가 있음.

각인각색(各人各色) 태도(態度), 언행(言行) 등(等)이 사람마다 다름. 각인각양(各人各樣).

각인각설(各人各說) 사람마다 주장(主張)하는 바가 서로 다름.

각인각성(各人各姓) 사람마다 각각 성이 다름.

각인각양(各人各樣) 각인각색(各人各色).

각자도생(各自圖生) 제각기 살아갈 방법(方法)을 도모(圖謀)함.

각자무치(角者無齒) '뿔이 있는 놈은 이가 없다'는 뜻으로, 한 사람이 모든 복을 겸하지는 못함.

각자위심(各自爲心) 제각각 마음을 다르게 먹음.

각자위정(各自爲政) '사람들이 저마다 각자 자기 멋대로 행동한다'는 뜻으로, '조화(調和)나 협력(協力)이 없으면 결과는 뻔하다'는 뜻.

각주구검(刻舟求劍) 각선구검(刻船求劍). 수주대토(守株待兎).

각지불공(却之不恭) 주는 것을 물리치는 것은 공손(恭遜)하지 못하다는 말.

각지불이(各知不移) 각자가 깨닫고 마음에 새기어 변(變)함이 없는 일.

각질천리(覺跌千里) '여기서 반걸음이라도 잘못 내딛는 날엔 천리 먼 길이 어그러짐을 알겠구나'에서 나온 말로, 큰 일을 그르치는 자를 깨우치게 하는 뜻.

각촉위시(刻燭爲詩) 촛불이 한 치 타는 동안에 시(詩)를 지음.

각침찬금금란(角枕粲錦衾爛) '각침과 비단(緋緞) 이불이 찬란(燦爛)하다'는 뜻으로, 신혼의 금침이 아름다움을 이르는 말.

각하조고(脚下照顧) '자기의 발 밑을 잘 비추어 돌이켜 본다'는 뜻으로, 가깝고 친할수록 더욱 조심해야 함을 이르는 말.

각혹유목(刻鵠類鶩) '따오기(고니)를 그리다가 실패(失敗)해도, 집오리와 비슷하게 된다'는 뜻으로, 근칙(謹飭)한 사람을 본(本)받으려고 노력(努力)한다면, 설사 이에 실패(失敗)해도 선인(善人)이 될 수 있다는 비유(譬喩)의 말.

각혹유목화호유구(刻鵠類鶩畫虎類狗) '고니를 그리려다 잘못되어도 따오기 정도(程度)는 되지만, 호랑이를 그리려다가 잘못되면 개가 된다'는 뜻.

각화무염(刻畵無鹽) '아무리 꾸며도 무염'이란 뜻으로, 얼굴이 못생긴 여자(女子)가 아무리 화장(化粧)을 해도 미인(美人)과 비교(比較)할 바가 못 됨, 즉 비교

(比較)가 되지 않음을 이르는 말.

간간대소(衎衎大笑) 크게 소리 내어 자지러지게 웃음.

간간악악(侃侃諤諤) 간악(侃諤)을 강조하여 이르는 말. 즉, 성격(性格)이 곧아 거리낌 없이 바른말을 함.

간경심사(干卿甚事) 간경하사(干卿何事).

간경저사(干卿底事) 간경하사(干卿何事).

간경하사(干卿何事) 다른 사람의 일에 참견(參見)하는 것을 비웃으며 하는 말.

간국지기(幹國之器) 국가(國家)를 다스릴 기량(器量)이 있음.

간기인물(間氣人物) 세상(世上)에 드문 뛰어난 인물(人物).

간난신고(艱難辛苦) '몹시 고되고 어렵고 맵고 쓰다'는 뜻으로, 몹시 힘든 고생(苦生)을 이르는 말.

간뇌도지(肝腦塗地) '간과 뇌장을 땅에 쏟아낸다'는 뜻으로, 나라를 위하여 목숨을 돌보지 않고 힘을 다함.

간단명료(簡單明瞭) 간단(簡單)하고 분명(分明)하다.

간담상조(肝膽相照) '간과 쓸개를 내놓고 서로에게 내 보인다'라는 뜻으로, 서로 마음을 터놓고 친밀(親密)히 사귐.

간담초월(肝膽楚越) 보는 관점에 따라 비슷해 보이는 것이라도 전혀 다르고, 가까운 것이라도 멀리 보인다는 말임.

간담호월(肝膽胡越) 사물(事物)은 보기에 따라 몹시 닮은 것도 서로 다르게 보임을 비유(比喩)하여 이르는 말.

간두과삼년(竿頭過三年) '대 끝에서도 3년'이라는 속담(俗談)의 한역으로, 괴로움을 오랫동안 참고 지낸다는 말.

간두지세(竿頭之勢) '장대 끝에 서 있는 형세(形勢)'란 뜻으로, 어려움이 극도(極度)에 달하여 꼼짝 못하게 되었을 때를 이르는 말로써 아주 위태(危殆)로운 형세(形勢)를 비유(譬喩)하는 말.

간명범의(干名犯義) 명분(名分)을 어기고 은혜(恩惠)를 배반(背反)하는 짓. 이를테면, 아들이 대역(大逆) 죄인(罪人)도 아닌 아버지를 고소(告訴)하는 따위.

간명직절(簡明直截) 간단명료(簡單明瞭)하고 직선적(直線的)이어서 에두르거나 모호(模糊)함이 없음.

간목부의(干木富義) 단간목(段干木)은 의로움이 대단함. 중국 위(魏)나라의 문후(文侯)가 단간목이 한거(閑居)하는 마을을 지나면서 '간목(干木)은 덕(德)으로 빛나고 과인(寡人)은 권세(權勢)로 빛난다. 그러나 권세는 덕을 따르지 못하고 재물(財物)은 의(義)만 같지 못하다. 아아! 간목은 그의 덕과 과인의 권세를 바꾸려하지 않을 것이다' 하면서 탄식하였다는 옛 말에서 온 말.

간목수생(幹木水生) '마른 나무에 물이 올라 살아남'. 즉(卽) 결코 일어날 수 없는 일을 가리킴. 아무것도 없는 사람에게 무리하게 무엇을 내라고 요구함을 이르는 말.

간발이즐(簡髮而櫛) '머리를 한 가닥씩 골라서 빗는다'는 뜻으로, 몹시 좀스러운 것을 비유(譬喩)하여 이르는 말.

간불소향(揀佛燒香) '부처를 골라서 향(香)을 피운다'는 뜻으로 사람을 차별(差別)한다는 말.

간불용발(間不容髮) '머리털 하나 들어갈 틈도 없다'는 뜻으로, ①사태(事態)가 단단히 급박(急迫)하여 조그마한 여유(餘裕)도 없음을 비유(譬喩)하는 말. ②주의(注意)가 치밀(緻密)하여 조금도 빈틈이 없음을 비유(譬喩)하는 말.

간사양정신(簡事養精神) '잡다(雜多)한 일을 간략(簡略)하게 하여 정신을 맑게 기른다'는 말.

간성지장(干城之將) 나라를 지키는 미더운 장군(將軍).

간성지재(干城之材) 뛰어난 무예(武藝), 또는 나라를 지키는 믿음직한 인재(人材).

간세지배(奸細之輩) 간사(奸邪)한 짓을 하는 못된 사람의 무리.

간세지재(間世之材) 여러 세대를 통하여 드물게 나는 뛰어난 인재(人材).

간신월좌자석(看晨月坐自夕) '새벽달 보자고 초저녁부터 나와 앉아 있으랴'라는 속담(俗談)의 한역으로, 주책없이 너무 일찍부터 서두름을 이르는 말.

간신적자(奸臣賊子) 간사(奸邪)한 신하와 불효(不孝)한 자식(子息).

간악무도(奸惡無道) 간악(奸惡)하고도, 무지막지(無知莫知) 함.

간악질투(奸惡嫉妬) 간사(奸邪)하고 악독(惡毒)한 질투(嫉妬).

간어제초(間於齊楚) '제(齊)나라와 초(楚)나라 사이'라는 뜻으로, 약한 자가 강(强)한 자들 사이에 끼여 괴로움을 받음을 이르는 말. 사제사초(事齊事楚).

간운보월(看雲步月) '고향(故鄕) 생각이 간절(懇切)하여, 낮이면 고향(故鄕) 쪽 구름을 보고, 밤이면 달을 보며 거닌다'는 뜻.

간운폐일(干雲蔽日) '구름을 침범(侵犯)하고 해를 덮는다'는 뜻으로, 큰 나무가 하늘을 찌를 듯이 높이 솟은 것을 비유(比喩)하는 말.

간장막사(干將莫邪) 명검도 사람의 손길이 가야만 비로소 빛나듯이 사람의 성품(性品)도 원래(原來)는 악하므로 노력(努力)을 기울여야 선하게 될 수 있다는 의미(意味).

간장막야(干將莫耶) 중국(中國) 춘추시대(春秋時代)의 도장(刀匠)인 간장과 그의 아내 막야, 곧 좋은 칼을 일컬음.

간접화법(間接話法) (언어 표현법에 있어) 남의 말을 옮길 때, 그 말의 뜻을 풀어서 자기의 말로 바꾸어 전하는 화법. ↔직접화법(直接話法).

간통쌍벌주의(姦通雙罰主義) (남녀평등의 관점(觀點)에서) 간통한 남녀를 똑같이 처벌(處

罰)하는 법률상의 주의.

간투사(間投詞) 감탄사(感歎詞).

간헐동작(間歇動作) 얼마 동안의 시간 간격을 두고 되풀이하여 행하였다 쉬었다 하는 동작.

간헐유전(間歇遺傳) 격세 유전(隔世遺傳).

갈건야복(葛巾野服) 은사(隱士)의 두건과 옷.

갈력진능(竭力盡能) '있는 힘과 능력(能力)을 모두 발휘(發揮)한다'는 뜻.

갈력진충(竭力盡忠) 힘을 다해 충성(忠誠)을 다함.

갈민대우(渴民待雨) 가뭄 때 농민(農民)들이 비를 몹시 기다림.

갈불음도천수(渴不飮盜泉水) '목이 말라도 도천(盜泉)의 물은 마시지 않는다'는 뜻으로, 아무리 궁해도 불의(不義)는 저지르지 않는다는 말인데, 도덕률(道德律)의 엄격(嚴格)한 준행을 이르는 말.

갈이천정(渴而穿井) '목이 말라야 비로소 샘을 판다'는 뜻으로, ①미리 준비(準備)를 하지 않고 있다가 일이 지나간 뒤에는 아무리 서둘러 봐도 아무 소용(所用)이 없음. ②또는 자기(自己)가 급해야 서둘러서 일을 한다는 말.

갈자이음(渴者易飮) '목이 마른 자는 무엇이든 잘 마신다'는 뜻으로, 곤궁(困窮)한 사람은 은혜(恩惠)에 감복하기 쉬움을 비유(比喩)해 이르는 말.

갈충보국(竭忠報國) 충성(忠誠)을 다하여 나라의 은혜(恩惠)를 갚음. 진충보국(盡忠報國).

갈택이어(竭澤而漁) '연못의 물을 말려 고기를 잡는다'는 뜻으로, 일시적인 욕심 때문에 먼 장래를 생각하지 않음.

감개무량(感慨無量) 그지없도록 마음속 깊이 스며들어 느낌.

감격무지(感激無地) 감격(感激)스런 마음을 이루 헤아릴 수 없음.

감관표상(感官表象) 외계의 자극(刺戟)에 따라 직접 일어나는 의식적(意識的)인 표상.

감구지회(感舊之懷) 지난 일을 생각하는 회포(懷抱:마음)를 이르는 말.

감노불감언(敢怒不敢言) 성은 나되 감히 그것을 입 밖에 내지 않음.

감당유애(甘棠遺愛) 청렴결백(淸廉潔白)하거나 선정을 베푼 사람을 그리워하는 마음을 이르는 말.

감당지애(甘棠之愛) 선정(善政)을 베푼 인재(人材)를 사모(思慕)하는 마음이 간절(懇切)함을 비유(比喩)하는 말.

감동사(感動詞) 감탄사(感歎詞).

감리교(監理敎) 감리교회(監理敎會).

감리교교리와장정(監理敎敎理-章程) 감리교회와 성도가 알고 지켜야할 신앙생활을 비롯한 제반 의무사항과 권리를 규정(規程)해 놓은 규범서(規範書)이다. 이 장정(章程)에는 감리교 역사와 교리 및 헌법, 조직과 행정법, 의회법과 교회경제법, 교역자 은급법과 재판법 및 선거법이 일목요연(一

ㄱ

目瞭然)하게 잘 정리되어 있다.

감리교교리적선언(監理教教理的宣言) 한국 감리교회가 1930년 12월 2일(화), 서울 서대문구 냉천동, 현 감리교신학대학교(監理教神學大學校)에서 개최된 제1회 총회에서 발표하고 선언한, 감리교회와 성도들이 지켜야 할 8가지 신조(信條)와 신앙고백(信仰告白)의 서약(誓約)이다.

감리교회(監理教會) 〔영〕Methodist Church. 개신교의 한 교파. 18(1738)世紀, 영국의 웨슬리(John Wesley : 1703~1791)가, 자유의지와 성결을 주장하여 창시(創始)함〔2017년이, 웨슬리 회심 279주년(週年)임〕.

감리사(監理師) 〔영〕District Superintendent. 감리교회의 교직(教職)의 한 가지, 또는 그 직(職)에 있는 사람〔한 지방의 여러 교회를 감독(監督) 관리(管理)함〕.

감리회(監理會) 감리교회(監理教會).

감모변색(鑑貌辨色) 모양(模樣)과 거동(擧動)으로 그 마음속을 분별(分別)할 수 있음.

감불생심(敢不生心) ①힘이 부치어 감(敢)히 마음먹지 못함. ②조금도 마음에 두지 아니함.

감불생의(敢不生意) 감불생심(敢不生心).

감사도배(減死島配) 죽일 죄인(罪人)을 죽이지 않고 섬으로 귀양 보냄.

감사만만(感謝萬萬) 대단히 감사(感謝)함. 너무나 감사하여 이루 다 헤아릴 수 없음.

감사무지(感謝無地) 무한(無限)히 감사(感謝)함. 감사천만(感謝千萬).

감사정배(減死定配) 죽일 죄인(罪人)을 죽이지 아니하고 귀양을 보냄.

감사지졸(敢死之卒) 죽음을 두려워하지 아니하는 용감(勇敢)한 졸병.

감사천만(感謝千萬) 그지없이 감사함. 감사만만(感謝萬萬). 감사무지(感謝無地).

감사헌제(感謝獻祭) 감사(感謝)로 제사(祭祀)를 드림.

감상주의(感傷主義) 이성이나 의지보다 감정, 특히 슬픔의 감정을 서정(抒情)의 본질로서 표현하려는, 낭만주의적(浪漫主義的) 문예경향. 센티멘털리즘(sentimentalism).

감상화기(減傷和氣) 화락(和樂)한 기운(氣運)을 덜리게 함. 평온하고 즐거운 기운이나 분위기를 상하게 함.

감선철악(減膳撤樂) '나라에 변고가 있을 때, 임금이 몸소 근신한다'는 뜻으로, 수라상의 음식의 가짓수를 줄이고 음악과 춤 따위를 금지하던 일.

감성지수(感性指數) 자기의 감정을 다스리고 남의 감정을 이해하는 능력을 수치로 나타낸 것. 이큐(EQ).

감언미어(甘言美語) 달콤하고 아름다운 말.

감언이설(甘言利說) '달콤한 말과 이로운 이야기'라는 뜻으로, 남의 비위에 맞도록 꾸민 달콤한 말과 이로운 조건(條件)을 내세워 남을 꾀하는 말.

감언지지(敢言之地) 거리낌 없이 말할 만한 처지(處地).

감응납수(感應納受) 사람이 불심(佛心)을 느끼고 부처가 이에 응(應)함으로써 부처와 중생(衆生)이 긴밀(緊密)히 맺어지는 일.

감응도교(感應道交) 사람의 불심(佛心)을 느끼고 부처가 이에 응(應)하여 서로 통(通)함.

감이수통(感而遂通) 점괘(占卦)에 신(神)이 감응(感應)되어, 모든 일이 통(通)하게 됨.

감정선갈(甘井先竭) 감천선갈(甘泉先竭).

감중지와(坎中之蛙) '우물 안 개구리'라는 뜻으로, 견문(見聞)이 좁고 세상(世上) 형편(形便)에 어두운 사람을 비유(比喻)하는 말.

감지공친(甘旨供親) 감지봉양(甘旨奉養).

감지덕지(感之德之) '이를 감사(感謝)하게 생각하고 이를 덕으로 생각한다'는 뜻으로, 분에 넘치는 듯 싶어 대단히 고맙게 여김.

감지봉양(甘旨奉養) 맛 좋은 음식(飮食)으로 부모를 공양(供養)함. 감지공친(甘旨供親).

감지우감(減之又減) 감(減)한 위에 또 감(減)함.

감천선갈(甘泉先竭) '물맛이 좋은 샘은 먼저 마른다'는 뜻으로, 재능(才能)있는 사람이 일찍 쇠폐(衰廢)함을 비유(譬喻)해 이르는 말. 감정선갈(甘井先竭).

감탄고토(甘呑苦吐) '달면 삼키고 쓰면 뱉는다'는 뜻으로, 사리(事理)에 옳고 그름을 돌보지 않고, 자기(自己) 비위에 맞으면 취(取)하고 싫으면 버린다는 뜻.

감탄사(感歎詞) ①말하는 이의 놀람 · 느낌 · 응답 등을 나타내는 말. 〔아아 · 아이고 · 얼씨구 · 야 · 예 · 그래 · 허허 따위〕. 느낌씨. 간투사(間投詞). 감동사(感動詞). ②감동을 나타내는 말.

감홍난자(酣紅爛紫) 가을에 단풍이 울긋불긋함.

갑남을녀(甲男乙女) '갑(甲)이라는 남자(男子)와 을(乙)이라는 여자(女子)'라는 뜻으로, 신분(身分)이나 이름이 알려지지 아니한 그저 평범(平凡)한 사람들을 이르는 말, 보통(普通) 평범(平凡)한 사람들. 필부필부(匹夫匹婦). 장삼이사(張三李四).

갑론을박(甲論乙駁) '갑이 논(論)하면 을이 논박(論駁)한다'는 뜻으로, 서로 논란(論難)하고 반박(反駁)함을 이르는 말.

갑장대영(甲帳對楹) 아름다운 갑장(甲帳)이 기둥을 대하였으니, 동방삭(東方朔)이 갑장(甲帳)을 지어 임금이 잠시(暫時) 정지(停止)하는 곳임. 신하들이 머무는 집은 양옆으로 나란히 열려있고, 눈부신 휘장은 두 기둥사이에 드리워 있다는 말. 병사방계갑장대영(丙舍傍啓甲帳對楹).

갑주생기슬(甲胄生蟣蝨) '갑옷과 투구에 서캐와 이가 꾄다'는 뜻으로, 전쟁이 지루하게 계속(繼續)됨을 비유(比喻)하는 말.

강간약지(强幹弱枝) 줄기를 강(强)하게 하고, 지엽(枝葉)인 가지를 약(弱)하게 함.

강개무량(慷慨無量) 한탄(恨歎)하고 분개함이 끝이 없음.

ㄱ

강개지사(慷慨之士) 세상(世上)의 옳지 못한 일에 대(對)하여, 의분(義憤)을 느끼며 탄식(歎息)하는 사람.

강개지심(慷慨之心) 충성을 맹세하나 받아들여지지 않자, 고독(孤獨)을 한탄(恨歎)하며 지조를 변치 않겠다는 마음.

강거목장(綱擧目張) 대강(大綱)을 들면 세목(細目)도 저절로 밝혀진다는 말. 어떤 일의 핵심을 정확하게 알고 이해한다는 말.

강건중정(剛健中正) 불요불굴의 중정(中正)의 도(道)를 지켜라.

강경파(强硬派) 강경하게 나가자고 주장하는 파. 경파(硬派). ↔온건파(穩健派).

강고무비(强固無比) 비교(比較)할 수 없을 정도(程度)로 굳세고 튼튼함.

강구연월(康衢煙月) '강구(康衢)는 사통오달(四通五達)의 큰길로써 사람의 왕래(往來)가 많은 거리, 연월(煙月)은 연기(煙氣)가 나고 달빛이 비친다'는 뜻으로, 태평(太平)한 세상(世上)의 평화(平和)로운 풍경(風景).

강근지족(强近之族) 도움을 줄 만한 아주 가까운 친척(親戚).

강근지친(强近之親) 아주 가까운 일가(一家) 친척(親戚)을 이르는 말.

강기숙정(綱紀肅正) 법강과 풍기(風氣)를 엄숙(嚴肅)하고 바르게 함.

강남귤화위지(江南橘化爲枳) '강남의 귤을 강북에 옮겨 심으면 탱자가 된다'는 뜻으로, 사람도 장소(場所)나 환경(環境)에 따라 완전(完全)히 달라짐을 이르는 말.

강남별성(江南別星) 호구별성(戶口別星).

강남일지춘(江南一枝春) '강남에서 매화(梅花) 가지 하나를 친구에게 보내 봄소식을 알린다'는 뜻으로, 친구 사이의 돈독한 우정을 대신(代身)하는 정표를 보낼 때 쓰이는 말.

강남종귤강북위지(江南種橘江北爲枳) '강남 쪽에 심은 귤을 강북 쪽에 심으면, 탱자가 된다'는 뜻.

강노지말(强弩之末) '힘찬 활에서 튕겨나온 화살도 마지막에는 힘이 떨어져 비단(緋緞)조차 구멍을 뚫지 못한다'는 뜻으로, 아무리 강(强)한 힘도 마지막에는 결국 쇠퇴(衰退)하고 만다는 의미(意味).

강대무비(强大無比) 비할 데 없이 강대(强大)함.

강랑재진(江郎才盡) '강랑의 재주가 다했다'는 말로, 학문이 두각을 나타낸 후(後) 퇴보하는 것을 뜻함.

강려자용(剛戾自用) 스스로의 재능(才能)과 지혜만 믿고 남의 말을 듣지 않음을 말함.

강류석부전(江流石不轉) '강물은 흘러도 그 안의 돌은 물결 따라 이리저리 구르지 않는다'는 뜻으로, 제갈공명(諸葛孔明)의 팔진도(八陣圖) 중(中)에 있는 말로 함부로 움직이지 않는 것을 의미(意味).

강림절(降臨節) 〔영〕 Advent. 대강절(待降節) 참조(參照).

강목수생(剛木水生) '마른 나무에서 물을 내게 한다'는 뜻으로, 아무것도 없는 사람에게 없는 것을 내라고 억지를 부리며 강요(强要)하는 것을 비유(比喩).

강박관념(强迫觀念) 강박사고(强迫思考).

강박사고(强迫思考) 아무리 떨쳐 버리려 해도 자꾸 마음에 떠오르는 불쾌(不快)하거나 불안(不安)한 생각. 강박관념(强迫觀念).

강박상태(强迫狀態) 어떠한 불쾌(不快)한 생각이 마음속에 박혀 있어, 그것을 생각하지 아니하려고 하면 할수록 더욱 의식에 떠오르는 정신상태(精神狀態).

강산만고주인물백년빈(江山萬古主人物百年賓) 강과 산은 만고의 주인(主人)이요, 사람은 잠시(暫時) 왔다 가는 백년의 손님임.

강산불로(江山不老) '강산(江山)은 늙지 않고 영구(永久) 불변(不變)'이라는 뜻으로, 불로장생(不老長生)을 비는 말.

강산일변(江山一變) 강과 산이 아주 바뀜. 곧, 오랜 세월(歲月)이 흘렀음을 말함.

강산지조(江山之助) '강산(江山)의 도움'이란 뜻으로, 산수(山水)의 풍경(風景)이 사람의 시정(詩情)을 도와 좋은 작품(作品)을 만들게 함을 이르는 말.

강산풍월(江山風月) '강과 산, 바람과 달'이라는 뜻으로, 자연(自然)의 경치(景致)를 일컫는 말.

강산풍월주인(江山風月主人) 강상풍월주인(江上風月主人).

강상죄인(綱常罪人) 삼강(三綱)과 오상(五常)에 어긋나는 행위(行爲)를 한 사람.

강상지변(綱常之變) 삼강(三綱)과 오상(五常)에 관(關)한 변고(變故).

강상풍월주인(江上風月主人) '강산(江山)과 풍월(風月)을 차지한 주인(主人)'이란 뜻으로, 경치(景致)가 좋은 산수(山水) 간(間)에서 욕심(慾心)없이 즐겁게 살고 있는 사람을 이르는 말. 강산풍월주인(江山風月主人).

강생구속(降生救贖) 예수 그리스도가 인류 사회에 강생하여, 십자가의 보혈(寶血)로 인류의 죄악을 대속(代贖)함으로써 인류를 구제한 일.

강약부동(强弱不同) 한편은 강(强)하고 한편은 약하여 도저히 상대(相對)가 되지 아니함.

강유겸전(剛柔兼全) 강하고 부드러움을 아울러 갖춤.

강의목눌(剛毅木訥) 의지가 굳고 용기(勇氣)가 있으며 꾸밈이 없고 말수가 적은 사람을 비유(比喩)함.

강장지년(强壯之年) 원기왕성(旺盛)한 나이, 즉 삼 사 십대를 이르는 말.

강장하무약병(强將下無弱兵) 강(强)한 장수(將帥) 밑에는 약한 병졸(兵卒)이 없음.

강재지가(康哉之歌) 온 천하(天下)가 태평(太平)함을 칭송(稱頌)한 노래.

강좌칠현(江左七賢) 고려(高麗) 후기(後期)에 명리를 떠나 사귀던 일곱 선비. '이인로 · 오세재 · 임춘 · 조통 · 황보항 · 함순 · 이담지' 등(等)을 중국(中國) 진(秦)나라 때의 죽림칠현에 비교(比較)하여 일컫는 말.

ㄱ

강철지추(强鐵之秋) '강철(鋼鐵)이 가는 데는 가을도 봄'이라는 뜻으로, 다 되어 가는 일이 못된 방해자(妨害者)로 인(因)하여 파탄(破綻)됨을 비유(比喩)해 이르는 말.

강철혼식(鋼鐵婚式) 결혼(結婚) 11주년(周年).

강포지욕(强暴之辱) 강포한 행위(行爲)로 하는 모욕(侮辱).

강호가도(江湖歌道) 조선(朝鮮) 때 속세(俗世)를 떠나 자연(自然)을 벗하여 지내면서 일어난 시가(詩歌) 생활(生活)의 경향(傾向).

강호산인(江湖散人) 시골에 살며 세상(世上)을 버린 사람. 마음 내키는 대로 돌아다니며 사는 사람.

강호연파(江湖煙波) ①강이나 호수(湖水) 위에 안개처럼 뽀얗게 이는 잔물결. ②산수(山水)의 좋은 경치(景致).

강호지기(江湖之氣) 초야(草野)에 묻힌 이의 기풍(氣風).

강호지락(江湖之樂) 자연(自然)을 벗 삼아 누리는 즐거움.

강호지인(江湖之人) 세상(世上)을 피(避)하여 자연(自然)을 벗 삼아 한가(閑暇)로이 지내는 사람.

강화기무(康和器務) 건강하면서 화목하게 생활하고 재능을 개발하여 노력하자.

강화도조약(江華島條約) 운양호(雲揚號) 사건을 계기로, 조선 고종 13(1876)년에 우리나라와 일본 사이에 맺어진 12개 항목의 조약. (일본의 강압으로 맺어진 불평등 조약임). 병자수호조규(丙子修護條規). 병자수호조약(丙子修護條約).

강희자전(康熙字典) 중국 청(淸)나라 제4대 성조(聖祖)가, 장옥서(張玉書) · 진정경(陳廷敬) 등에 의하여 만들게 한 자전.

개개고찰(個個考察) ①낱낱이 살핌. ②지난날, 죄인을 매질할 때, 형리를 엄중히 닦달하여 낱낱이 살펴가며 몹시 치게 하던 일.

개개복초(個個服招) 죄상(罪狀)을 낱낱이 자백(自白)함. 개개승복(箇箇承服).

개개승복(箇箇承服) 개개복초(個個服招).

개과불린(改過不吝) 허물을 고침에 인색(吝嗇)하지 않음을 이르는 말.

개과자신(改過自新) 허물을 고쳐 스스로 새로워 짐.

개과천선(改過遷善) 지난날의 잘못을 고치어 착하게 됨.

개관사시정(蓋棺事始定) 개관사정(蓋棺事定).

개관사정(蓋棺事定) '관(棺) 뚜껑을 덮고 일을 정(定)한다'는 뜻으로, 사람은 죽고 난 뒤라야 올바르고 정당(正當)한 평가(評價)를 할 수 있다는 말.

개국공신(開國功臣) 나라를 새로 세울 때 공훈(功勳)이 많은 신하(臣下).

개국시조(開國始祖) 나라를 처음으로 세운 조상.

개국주의(開國主義) 나라의 문호(門戶)를 열고 외국과의 통상(通商)과 교류(交流)를 주장하는 주의. ↔쇄국주의(鎖國主義).

개권유득(開卷有得) 책을 펴 글을 읽으면 새로운 지식(知識)을 얻음.

개권유익(開卷有益) '책을 펴서 읽으면 반드시 이로움이 있다'는 뜻으로, 독서(讀書)를 권장(勸奬)하는 말. 개권(開卷)은 책을 펴서 읽는 것을 말함

개금셔츠(開襟shirts) 넥타이를 매지 않고 입는 셔츠. 노타이셔츠(no tie shirts).

개기월식(皆旣月蝕) 달이 지구의 그림자에 완전히 가리어 햇빛을 전혀 받지 못하게 되는 월식(月蝕) 현상.

개념적판단(概念的判斷) ①개념을 주사(主辭)로 하는 판단. ②개념과 개념 사이의 관계에 관한 판단.

개도국(開途國) 개발도상국(開發途上國)의 준말.

개동군령(開東軍令) 옛날 군대(軍隊)에서 이른 새벽에 내리는 행동명령(行動命令). 새벽 일찍부터 시작하는 일의 비유(比喩).

개두환면(改頭換面) 일의 근본(根本)은 고치지 않고 단지 그 겉만을 고침.

개략적(概略的) 대강 간추려 간략(簡略)하게 줄인 것.

개문납적(開門納賊) '문을 열고 도둑을 맞아들인다'는 뜻으로, 스스로 화(禍)를 불러들임을 이르는 말.

개문만복래(開門萬福來) '문(門)을 열어 많은 복(福)을 받아들인다'는 뜻.

개문발차(開門發車) '자동차의 문을 열어 둔 채 출발하는 행위'라는 뜻으로, ①대화의 창구가 열려 있음을 시사한다. ②차가 비록 출발했지만, 언제든 손님을 태울 수 있다는 의미이다.

개문영입(開門迎入) 문을 열어 반가이 맞아들임.

개문읍도(開門揖盜) '일부러 문을 열어 놓고 도둑을 청한다'는 뜻으로, 스스로 화를 불러들인다는 말.

개문이읍도(開門而揖盜) '문을 열고 절까지 해가며 도둑을 맞이한다'는 뜻으로, 스스로 재화(災禍)를 자초하는 행동(行動)이나 태도(態度)를 말함.

개문칠건사(開門七件事) 매일(每日) 겪는 7가지의 문제(問題)를 이르는 말. 곧 땔나무, 쌀, 기름, 소금, 간장, 식초, 차를 말함.

개물성무(開物成務) ①만물(萬物)의 뜻을 열어 천하(天下)의 사무(事務)를 성취(成就)함. ②사람이 아직 모르는 곳을 개발(開發)하고, 사람이 하고자 하는 바를 성취(成就)시킴.

개발교육(開發教育) 학습자(學習者)가 본래 지니고 있는 능력을 자력(自力)에 의하여 개발하도록 하는 교육. 계발 교육(啓發教育). ↔주입 교육(注入教育).

개발도상국(開發途上國) 경제 발전이 선진 공업국가보다 뒤떨어진 상태에 있는 나라. 발

전도상국(發展途上國). 저개발국(低開發國). 선발발전도상국(先發發展途上國). 개도국(開途國).

개발주의(開發主義) 개발교육의 방법에 의하여 아이들의 지능을 열어 주자는 교육상의 주의. ↔주입주의(注入主義).

개방정책(開放政策) 외국과 수교하여 문호를 개방하는 정책. ↔쇄국정책(鎖國政策).

개방주의(開放主義) 금제(禁制) 되던 것을 자유롭게 개방하자는 주의.

개별개념(個別槪念) 개별적인 대상을 나타내는 개념. 사람, 집, 책 따위와 같이 그것이 내포하는 개체에 같은 의의(意義)로 적용할 수 있는 일반개념을 이른다.

개산시조(開山始祖) 개산조사(開山祖師).

개산조사(開山祖師) 절이나 종파(宗派)를 새로 세운 사람.

개석대지(開析臺地) 침식 작용으로 말미암아 여러 개의 골짜기가 생긴 대지.

개선가(凱旋歌) 개선의 노래. 승리의 노래. 개가(凱歌).

개선문(凱旋門) 전쟁(戰爭)에 이긴 일을 기념하거나 개선군을 환영하기 위하여 세운 문.

개선광정(改善匡正) 새롭게 잘못을 고치고 바로잡음.

개선장군(凱旋將軍) ①싸움에서 이기고 돌아온 장군(將軍). ②어떤 일에 크게 성공(成功)한 사람을 비유(譬喩)하는 말.

개성불도(皆成佛道) 누구든지 삼생(三生)을 통하여 불법(佛法)을 행하고 불도(佛道)를 닦으면 부처가 될 수 있다는 말.

개세영웅(蓋世英雄) 기상(氣像)이나 위력(威力)이 세상(世上)을 뒤엎을 만큼 큰 영웅(英雄).

개세지기(蓋世之氣) ①세상을 뒤 엎을만한 의기(義氣). ②세상을 압도(壓倒)할만한 당당(堂堂)한 기개(氣槪)

개세지재(蓋世之才) 세상(世上)을 마음대로 다스릴 만한 뛰어난 재기(才氣) 또는 그러한 재기(才氣)를 가진사람.

개세지풍(蓋世之風) 세상(世上)을 뒤덮을 만한 뛰어난 풍채(風采).

개시오입(開示悟入) 법문(法門)을 개시(開示)하여 불교(佛敎)의 깊은 이치(理致)를 깨닫게 함.

개신교(改新敎) 16세기, 종교개혁(宗敎改革)의 결과로 가톨릭에서 갈라져 나온 기독교(基督敎)의 여러 파를 통틀어 이르는 말. 신교(新敎). Protestant. ↔구교(舊敎).

개신이산(芥信移山) '겨자씨만한 믿음이 있으면 산(山)도 옮길 수 있다'는 말.

개심현성(改心見誠) 마음을 열고 모든 정성(精誠)을 나타냄. 모든 정성(精誠)을 다함.

개연적판단(蓋然的判斷) 주개념(主槪念)과 빈개념(賓槪念)의 관계가 다만 가능하다는 사실만을 나타내는 판단('A는 B일 수 있다.' 하는 따위). 실연적 판단(實然的判斷). 필연적 판단(必然的判斷).

개옥개행(改玉改行) '차고 다닐 옥의 종류(種類)를 바꾸면 걸음걸이도 바꾸어야 한다'는 뜻으로, 법을 변경(變更)하면 일도 고쳐야 한다는 뜻.

개원성세(開元盛世) 개원지치(開元之治).

개원절류(開源節流) '재원(財源)을 늘리고 지출(支出)을 줄인다'는 뜻으로, 부를 이루기 위하여 반드시 지켜야 할 원칙(原則)을 비유(比喩)한 말.

개원지치(開元之治) 중국 당(唐)나라의 현종(玄宗)이 다스린 개원(開元) 연간(年間)의 치세(治世) 또는 그 시기(時期)에 이루어진 것과 같은 태평성대(太平聖代)를 비유(比喩)하는 말. 개원성세(開元盛世).

개인주의(個人主義) ①(모든 면에서) 국가나 사회, 단체보다 개인을 우선(優先)으로 하는 주의. ②개인의 생활을 남으로부터 침해(侵害)받지 않으려고 하는 주의. ↔전체주의(全體主義).

개주지사(介冑之士) 갑옷과 투구로 무장(武裝)한 병사(兵士).

개차신발(蓋此身髮) 이 몸의 털은 대개 사람마다 없는 이가 없음.

개천벽지(開天闢地) '하늘이 열리고 땅이 열린다'라는 뜻으로, 중국의 천지창조(天地創造) 신화(神話)에서 유래(由來)한 말.

개천주복(開天注福) 하늘 문을 열고 복을 부어주심.

개체개념(個體概念) 개별개념(個別概念).

개토귀류(改土歸流) 중국(中國)에서 원(元)나라 이후(以後)에 북서(北西), 남서(南西)쪽 변두리를 다스리던 토사의 관원(官員)을, 중앙(中央)의 유관으로 바꾸어 다스림으로써 중앙(中央) 집권(集權)을 강화(强化)하던 정책(政策).

개현경장(改弦更張) 느슨해진 것을 긴장하도록 다시 고치거나 사회적, 정치적으로 제도를 개혁하는 것을 비유함. 해현경장(解弦更張).

개현역장(改弦易張) 해현경장(解弦更張). 개현경장(改弦更張).

개현역조(改弦易調) 해현경장(解弦更張). 개현경장(改弦更張).

개현역철(改弦易轍) 해현경장(解弦更張). 개현경장(改弦更張).

개화사상(開化思想) 낡은 사상(思想)과 풍속(風俗)들을 허물어 버리고 새로운 문화(文化)를 일으키고자 하는 사상(思想).

객관묘사(客觀描寫) 대상을 있는 그대로 관찰하여 사실적(寫實的)으로 묘사하는, 문예(文藝) 창작상의 한 수법.

객관성(客觀性) 주관의 작용이나 영향을 받지 아니한 보편타당성. 제삼자적 처지에 서는 성질. ↔주관성(主觀性).

객관주의(客觀主義) ①실재(實在) · 가치 · 진리는 주관적 인식과 독립하여 존재하거나 실현된다고 보는 주장. ②실험 · 통계 등의 객관적 방법으로 개인의 독단적 견해를 배제해야 된다고 하는 생각. ③형법 이론에서, 범죄의 본질적 의의를 외부적 행위 및 결과로 판단하고, 행위는 행위자를 떠나 그 자체가 독자적 가치를 가진다고 하는 주장(고전학파의 사상임). ↔주관주의(主觀主義).

ㄱ

객반위주(客反爲主) '손이 도리어 주인(主人) 행세(行世)를 한다'는 뜻으로, ①주객이 전도(顚倒)됨을 이르는 말. ②사물(事物)의 대소(大小), 경중(輕重), 전후(前後)를 뒤바꿈. 주객전도(主客顚倒).

객원교수(客員敎授) 초빙(招聘)하여 온 교수.

객인환대(客人歡待) 손님을 맞이하여 반갑게 대접(待接)함.

객중보체(客中寶體) '객지(客地)에 있는 보배로운 보물(寶物)'이라는 뜻으로, 편지(便紙) 쓸 때에 객지(客地)에 있는 상대자(相對者)를 높여 쓰는 말.

객지면식(客地眠食) 객지(客地)에서 자고 먹는 일. 곧, 객지 생활(生活)을 하는 상태(狀態).

객창수여반상대구용안(客窓誰與伴相對舊容顔) '나그네는 누구와 벗 하거나 마주 대하니 눈에 익네'의 뜻.

객창한등(客窓寒燈) '객창에 비치는 쓸쓸하게 보이는 등불'이란 뜻으로, 외로운 나그네의 신세를 말함 .

갱무도리(更無道理) 다시는 어찌할 도리(道理)가 없음.

갱유분서(坑儒焚書) 선비를 구덩이에 생매장(生埋葬)하고 책을 불태움 .

거가대족(巨家大族) 대대(代代)로 번영(繁榮)한 문벌(門閥)이 있는 집안.

거가비경(車駕肥輕) 수레의 말은 살찌고 몸의 의복(衣服)은 가볍게 차려져 있음.

거가지락(居家之樂) 속세(俗世)의 영화(榮華)에 마음을 두지 않고 시(詩), 서(書) 등(等)으로 세월(歲月)을 보내는 즐거움.

거거년(去去年) 지지난해. 그러께. 재작년.

거거번(去去番) 지지난번. 전전번(前前番).

거거월(去去月) 지지난달. 전전(前前)달.

거거익심(去去益甚) 갈수록 더 심(甚)함. 거익심언(去益甚焉).

거거일(去去日) 그저께. 재작일(再昨日).

거경궁리(居敬窮理) 주자학(朱子學)의 수양(修養)의 두 가지 방법(方法)인 거경과 궁리(窮理). 거경이란 내적(內的) 수양법(修養法)으로서 항상(恒常) 몸과 마음을 삼가서 바르게 가지는 일이며, 궁리(窮理)란 외적 수양법(修養法)으로서 널리 사물(事物)의 이치(理致)를 궁구(窮究)하여 정확(正確)한 지식(知識)을 얻는 일.

거경지신(巨卿之信) '거경(巨卿)의 신의(信義)'라는 뜻으로, 굳은 약속(約束)을 뜻하며 성실(誠實)한 인품(人品)을 나타내는 말.

거곡격인견마(車轂擊人肩摩) '사람의 어깨와 어깨가 스치고, 수레의 바퀴통이 서로 닿는다'는 뜻으로, 교통(交通)이 매우 혼잡(混雜)함을 이르는 말. 견마곡격(肩摩轂擊). 곡격견마(轂擊肩摩). 인마낙역(人馬絡繹).

거관당차(去官當次) 연한이 차서 퇴직(退職)할 차례(次例).

거관자,애민,봉공,청간,율신,근근,수법(居官者,愛民,奉公,清簡,律身,勤謹,守法) 벼슬하는 사람은 백성을 사랑하고, 나라와 사회를 위하여 힘써 일하고, 청렴결백하고, 검소하고 깨끗하고 몸가짐을 잘 단속하고, 부지런하고 삼가고, 법도를 잘 지키라.

거국일치(擧國一致) 온 국민이 한마음 한뜻으로 뭉침.

거기부정(擧棋不定) '바둑을 두는 데 포석(布石)할 자리를 결정(決定)하지 않고 둔다면 한 집도 이기기 어렵다'는 뜻으로, 사물(事物)을 명확(明確)한 방침(方針)이나 계획(計劃)을 갖지 않고 대함을 의미(意味)함.

거기지엽(去其枝葉) '가지와 잎을 제거(除去)한다'는 뜻으로, 사물(事物)의 원인(原因)이 되는 것을 없앤다는 말.

거기한량(擧旗閑良) 살받이 있는 곳에서 화살이 맞는 대로 기를 흔들어 알리는 한량(閑良).

거동궤(車同軌) 거동궤서동문(車同軌書同文).

거동궤서동문(車同軌書同文) '여러 지방(地方)의 수레의 너비를 같게 하고 글은 같은 글자를 쓰게 한다'는 뜻으로, 천하가 통일된 상태(狀態)를 이르는 말.

거두대면(擧頭對面) 머리를 들어 얼굴을 맞댐.

거두절미(去頭截尾) '머리와 꼬리를 잘라버린다'는 뜻으로, ①앞뒤의 잔 사설을 빼놓고 요점(要點)만을 말함. ②앞뒤를 생략(省略)하고 본론(本論)으로 들어감.

거리사의(居利思義) 이득을 보고 옳음을 잊어서는 안 된다.

거리책지(據理責之) 사리(事理)를 따지어 잘못을 꾸짖음.

거마비(車馬費) (차(車)나 말을 타는 비용(費用)이라는 뜻으로) '교통비(交通費)'를 달리 이르는 말.

거문불납(拒門不納) 거절(拒絕)하여 문안에 들이지 않음.

거방전채(擧放錢債) 조선(朝鮮) 때, 벼슬아치가 그의 관내(管內) 주민(住民)에게 이자(利子)를 받고 돈을 꿔주던 일.

거석문화(巨石文化) 고인돌·선돌 등 거대한 돌덩이를 사용한 건축물을 특징(特徵)으로 하는 선사시대(先史時代)의 문화.

거선지사선능(居善地事善能) 땅 위에 있는 것이 좋고, 잘 하는 일을 하는 것이 좋다.

거세개탁(擧世皆濁) '온 세상(世上)이 다 흐리다'는 뜻으로, 지위(地位) 고하(高下)를 막론(莫論)하고 모든 사람이 다 바르지 않고 혼탁(混濁)해서 혼자 깨어있기 힘들다는 뜻.

거세사(巨細事) 큰일과 작은 일. 크고 작은 온갖 일.

거수마룡(車水馬龍) '수레들은 흐르는 물과 같고 말의 움직임은 하늘을 오르는 용과 같다'

는 뜻으로, 수레와 말의 왕래(往來)가 많아 매우 떠들석한 상황. 즉, 행렬(行列)이 성대(盛大)한 모양(模樣)을 말함.

거악생신(去惡生新) (종기(腫氣)에 고약 따위를 써서) 굳은살을 없애고 새 살이 나오게 함.

거악취선(去惡就善) 악(惡)한 것을 버리고 선한 것을 취(取)함.

거안사위(居安思危) 평안(平安)할 때에도 위험(危險)과 곤란(困難)이 닥칠 것을 생각하며 잊지 말고 미리 대비(對備)해야 함.

거안제미(擧案齊眉) '밥상을 눈썹 높이로 들어 공손(恭遜)히 남편(男便) 앞에 가지고 간다'는 뜻으로, 남편(男便)을 깍듯이 공경(恭敬)함을 일컫는 말.

거애회장(擧哀會葬) 이름 난 사람의 장례(葬禮) 때, 사회(社會) 인사(人士)들이 모여서 통곡(痛哭)하고 장송하는 일.

거야동정(鉅野洞庭) 거야(鋸野)는 태산(泰山) 동편에 있는 광야(廣野), 동전(洞庭)은 호남성(湖南省)에 있는 중국(中國) 제1(第一)의 호수(湖水)임.

거어지탄(車魚之歎) '수레와 고기가 없음을 탄식(歎息)한다'는 뜻으로, 사람의 욕심(欲心)에는 한(限)이 없음을 이름.

거언미래언미(去言美來言美) 가는 말이 고우면, 오는 말도 아름답다.

거이기양이체(居移氣養移體) '사람은 그가 처해 있는 위치(位置)에 따라 기상이 달라지고, 먹고 입는 것에 의해 몸이 달라진다'는 뜻.

거이소지이소부지인기사저(擧爾所知爾所不知人其舍諸) '네가 아는 인재(人材)를 등용(登用)하면, 네가 모르는 인재(人材)라고 해서 다른 사람들이 버려두겠는가'라는 뜻으로, 인재(人材)는 얼마든지 있으며, 인재(人材)를 등용(登庸)할 마음만 가지고 있으면 인재(人材)를 놓치게 될 염려(念慮)는 하지 않아도 된다는 말.

거이익영(去而益詠) 소공이 죽은 후(後) 남국의 백성(百姓)이 그의 덕을 추모(追慕)하여 감당시(甘棠詩)를 읊었음.

거익심언(去益甚焉) 갈수록 더욱 깊거나 심(甚)함.

거익심조(去益深造) 거익심언(去益甚焉).

거익태산(去益泰山) 갈수록 태산(泰山)임.

거일반삼(擧一反三) '한 가지를 들어서 세 가지를 돌이켜 안다'는 뜻으로, 한 가지 일을 미루어 모든 일을 헤아림. 매우 영리(怜悧)함을 이르는 말.

거자막추(去者莫追) '가는 사람을 붙잡지 말고, 가는대로 내버려 두라'는 뜻. ↔내자물거(來者勿拒). 내자물금(來者勿禁).

거자불추내자불거(去者不追來者不拒) '가는 사람 붙들지 말고 오는 사람은 물리치지도 않는다'는 뜻.

거자일소(去者日疏) '떠나간 사람은 날로 소원(疏遠)해진다'는 뜻으로, 평소(平素)에는 친밀(親密)한 사이라도, 죽어서 이 세상(世上)을 떠나면 점점 서로의 정(情)이 멀어짐을 이르는 말.

거자일이소(去者日以疎) '가는 자는 날로 멀어진다'는 뜻으로, 죽은 사람이나 멀리 떨어져 있는 사람은 날이 갈수록 멀어진다는 말.

ㄱ

거자필멸(居者必滅) 살아 있는 사람은 언제인가는 반드시 죽는다. 생자필멸(生者必滅).

거자필반(去者必返) 헤어진 사람은 언젠가 반드시 돌아오게 된다는 말.

거자필환(去者필還) '나간 사람은 필히 돌아온다'는 뜻.

거재두량(車載斗量) '수레에 싣고 말(斗)로 될 수 있을 정도(程度)'라는 뜻으로, 인재(人材)나 물건(物件)이 아주 많음을 비유(比喩)함.

거재마전(車在馬前) '경험(經驗)이 없는 말로 수레를 끌게 하려면, 먼저 다른 말이 끄는 수레 뒤에 매어 따라다니게 하여 길들여야 한다'는 뜻으로, 작은 일에서부터 훈련을 거듭한 뒤 본업에 종사(從事)해야 함을 이르는 말.

거저척이(籧篨戚施) '엎드릴 수도 없고, 위를 쳐다볼 수도 없는 병'이란 뜻으로, 오만(傲慢)하고 아첨(阿諂)하는 사람을 비유(比喩)해 이르는 말.

거조실당(擧措失當) 모든 조치(措置)가 정당(正當)하지 않음.

거족경중(擧足輕重) '다리 하나를 들어 어느 쪽에 두는 가에 따라 무게 중심(中心)이 이동(移動)되어 세력(勢力)의 우열(優劣)이 결정(決定)된다'는 뜻으로, 한 사람의 일거수일투족(一擧手一投足)이 어떤 사안(事案)에 대하여 결정적(決定的)인 영향(影響)을 끼칠 때 하는 말.

거족일치(擧族一致) 온 겨레의 뜻과 힘이 함께 뭉쳐 한마음 한 뜻이 됨.

거존약비(居尊若卑) '높은데 있어도 낮은데 있는 것처럼 한다'는 뜻. 전거후공(前倨後恭).

거주양난(去住兩難) 가야 할지 머물러야 할지 결정(決定)하기 어려운 상황(狀況)을 이르는 말.

거즉치기경(居則致其敬) '부모님이 살아 계실 때 공경(恭敬)을 다하라'는 뜻.

거지중천(居之中天) 빈 하늘. 허공(虛空). 텅 빈 공간(空間).

거처불명(去處不明) 가는 곳이나 간 곳이 분명(分明)하지 아니함.

거처필공(居處必恭) 거처할 때는 반드시 공손(恭遜)히 하라.

거처필공보리안상(居處必恭步履安詳) 거처할 때에는 반드시 공손히 하고, 걸음걸이는 침착하고 조용히 하라.

거천하지광거(居天下之廣居) '이 세상에서 가장 넓은데서 떳떳이 살아가고 있다'는 뜻.

거철마적(車轍馬跡) '수레바퀴 자국과 말 발자국'이라는 뜻으로, 수레나 말을 타고 천하를 두루 돌아다니며 노는 것을 비유적(比喩的)으로 이르는 말.

거폐생폐(去弊生弊) 묵은 폐해(弊害)를 없애려다가 도리어 새로운 폐해(弊害)가 생김.

거필택린취필유덕(居必擇鄰就必有德) '거처할 때엔 반드시 이웃을 가리고, 나아갈 때엔 반드시 덕(德)이 있는 이에게 하라'는 뜻.

거하적력(渠荷的歷) 개천의 연꽃도 아름다우니 향기(香氣)를 잡아볼 만함.

거행불민(擧行不敏) 명령(命令)을 좇아 시행(施行)하는 것이 민첩(敏捷)하지 못함.

거허박영(攄虛博影) 어찌 할 수 없는 것.

건강보신근검저축(健康保身勤儉貯蓄) 건강한 몸을 보전(保全)하고, 부지런하며 아끼고 저축하라.

건건사사(件件事事) ①사사건건. ②모든 일. ③온갖 사건(事件). ④일마다.

건곤일색(乾坤一色) 눈이 내린 뒤에 온 세상이 한 가지 빛깔로 뒤덮인 듯함.

건곤일척(乾坤一擲) '하늘이냐 땅이냐를 한 번 던져서 결정(決定)한다'는 뜻으로, ①운명(運命)과 흥망(興亡)을 걸고 단판으로 승부(勝負)나 성패를 겨룸. ② 또는 오직 이 한 번에 흥망성쇠(興亡盛衰)가 걸려 있는 일.

건곤청기(乾坤清氣) 천지(天地)에 가득 찬 맑은 기운(氣運).

건곤통연(乾坤洞然) 천지(天地)가 탁 트여 아무런 장해(障害)도 될 것이 없음.

건공지신(建功之臣) 공을 세운 신하(臣下).

건답직파(乾畓直播) 마른 논에 직접(直接) 씨를 뿌림.

건목생수(乾木生水) '마른 나무에서 물을 짜 내려한다'는 뜻으로, 사리(事理)에 맞지 않음을 뜻함.

건목수생(乾木水生) '마른 나무에서 물을 짜 내려한다'는 뜻으로, 엉뚱한 곳에서 불가능(不可能)한 일을 이루려 함.

건몰작전(乾沒作錢) 몰수(沒收)하여 팖. 강제로 빼앗은 물건(物件)을 팔아 돈을 만드는 일. 건몰(乾沒)은 물을 말려 없애듯 재물을 마구 몰수한다는 뜻.

건성조습토(乾星照濕土) '반짝이는 별이 눅눅한 땅을 비춘다'는 뜻으로, 다음 세대(世代)에는 반대(反對)되는 현상(現象)이 나타남을 비유(比喩)해 이르는 말.

건순노치(乾脣露齒) 윗입술이 늘 들려 올라가 있어 이가 드러남.

건안사인(建安詞人) ①중국(中國) 후한(後漢) 건안 때의 문장가(文章家)들. ②'건안칠자'의 다른 이름.

건안칠자(建安七子) 중국 후한 건안 때, 시문에 뛰어난 7사람의 유명한 문학가들을 이르던 말.

건양다경(建陽多慶) 입춘(立春)을 맞이하여 길운(吉運)을 기원(祈願)하는 글.

건조무미(乾燥無味) 메말라 아무 운치(韻致)도 없음. 무미건조(無味乾燥).

걸견폐요(桀犬吠堯) '폭군 걸왕(桀王)의 개도 성왕(聖王) 요(堯)임금을 보면 짖는다'는 뜻으로, 웃사람이 교만(驕慢)한 마음을 버리고 아랫사람을 진심(眞心)과 믿음으로 대하면, 아랫사람은 자기(自己) 상관(上官)에게 충성(忠誠)을 다하게 된다는 것을 이름.

걸구폐요(桀狗吠堯) 걸견폐요(桀犬吠堯).

걸불병행(乞不竝行) '동냥은 혼자 간다'는 뜻.

걸아득금(乞兒得錦) '거지애가 비단(緋緞)을 얻었다'는 뜻으로, 제 분수(分數)에 넘치는 일을 지나치게 자랑함을 비유(譬喩)해 이르는 말.

걸인연천(乞人憐天) '거지가 하늘을 불쌍히 여긴다'는 속담(俗談)의 한역으로, ①부질없는 걱정을 한다는 말. ②불행(不幸)한 처지(處地)에 있는 사람이 행복(幸福)한 사람을 동정(同情)한다는 말.

걸해골(乞骸骨) '원말은 원사해골(願賜骸骨)로서 해골(骸骨)을 빈다'는 뜻으로, 늙은 재상(宰相)이 연로하여 조정(朝廷)에 나오지 못하게 될 때에 왕에게 사직(辭職)을 주청(奏請)함을 이르는 말.

걸화불약취수(乞火不若取燧) '남의 불을 꾸기보다는 제 부시로 불을 일으키는 것이 낫다'는 뜻으로, 구걸(求乞)하기보다는 스스로 노력(努力)하는 것이 낫다는 말.

검거선풍(檢擧旋風) 휩쓸어서 검거하는 소동(騷動).

검려지기(黔驢之技) '검단 노새의 재주'라는 뜻으로, 당나귀의 뒷발질로 보잘것없는 기량을 비웃는 말. 겉 치레 뿐이고 실(實)속이 보잘것없는 솜씨를 이르는 말.

검림지옥(劍林地獄) 불효(不孝)하거나 불경(不敬)하거나, 무자비(無慈悲)한 사람이 떨어진다고 하는 지옥(地獄).

검문검색(檢問檢索) (경찰관 · 헌병 등이) 검사하기 위하여 따져 묻고 검사하여 찾아냄.

검수일혈(劍首一吷) '바람이 칼자루 끝에 있는 작은 구멍을 스쳐가는 미세한 소리'라는 뜻으로, 들어 둘만한 가치가 없음을 이르는 말.

검약필숭(儉約必崇) '검소하고 절약하는 마음가짐과 몸가짐을 반드시 숭상하라'는 뜻.

검호거궐(劍號巨闕) 거궐(巨闕)은 칼 이름이고, 구야자(毆冶子)가 지은 보검(寶劍)임.

게간이기(揭竿而起) '장대를 높이 들고 일어난다'라는 뜻으로, 민중(民衆) 봉기(蜂起)를 비유(比喩)하는 말.

게르만족(–族) ①아리안 족(Aryan族)에 딸리는 백색인종. ②독일 민족(獨逸民族).

게부입연(揭斧入淵) '도끼를 들고 못에 들어간다'는 뜻으로, 물건(物件)을 사용(使用)하는데 있어서 전연 쓸데없고 상관(相關)없는 것을 가지고 옴을 이르는 말.

격강천리(隔江千里) '강(江)하나를 사이에 두고 있으나 자주 내왕(來往)을 할 수가 없어, 천릿길이나 떨어져 있음과 다름없다'는 뜻.

격고명금(擊鼓鳴金) 북을 치고 징을 울림. 옛날 전쟁(戰爭)에서는 북을 쳐서 진격(進擊)하게 하고 징을 쳐서 군사(軍士)를 거두어 들였음.

격기비심(格其非心) '불순한 마음을 바르게 고친다'는 뜻.

격단무휘(擊斷無諱) 거리낌 없이 함부로 형벌(刑罰)을 주는 일을 자행함.

ㄱ

격물치지(格物致知) 사물(事物)의 이치(理致)를 구명(究明)하여 자기(自己)의 지식(知識)을 확고(確固)하게 함.

격세안면(隔歲顏面) '해가 바뀌도록 오래 만나지 못한 얼굴'이라는 뜻으로, 오래 만나지 못함을 이르는 말.

격세유전(隔世遺傳) 체질 · 성질 따위의 열성 형질(劣性形質)이, 한 대 또는 여러 대를 걸러서 후손(後孫)에게 나타나는 현상. 간헐유전(間歇遺傳). 잠복유전(潛伏遺傳).

격세즉망(隔世卽忘) 사람이 이 세상(世上)에 새로 태어날 때에는 전세(前世)의 일을 모두 잊는다는 말.

격세지감(隔世之感) 아주 바뀐, 다른 세상(世上)이 된 것 같은 느낌, 또는 딴 세대(世代)와 같이 많은 변화(變化)가 있었음을 비유(譬喩)하는 말. 상전벽해(桑田碧海).

격양가(擊壤歌) 옛날 중국(中國) 요임금 때 늙은 농부(農夫)가 땅을 치면서 천하(天下)가 태평(太平)한 것을 노래한 데서 온 말로 태평(太平)한 세월을 즐기는 노래.

격양노인(擊壤老人) 태평(太平)한 생활(生活)을 즐거워하여 노인(老人)이 땅을 치며 노래함.

격양지가(擊壤之歌) '땅을 두드리며 부르는 노래'라는 뜻으로, 매우 살기 좋은 시절(時節)을 말함.

격이행지(激而行之) '물을 막아 거꾸로 흘러가게 한다'는 뜻으로, 사람의 본성(本性)은 착하지만, 욕심(慾心)이 그것을 가로막으면 악하게 됨을 이르는 말.

격장지린(隔墻之隣) 담을 사이에 한 가까운 이웃.

격절칭상(擊節稱賞) 격절탄상(擊節嘆賞).

격절칭찬(擊節稱讚) 무릎을 손으로 치면서 매우 칭찬(稱讚)함.

격절탄상(擊節嘆賞) 무릎을 치면서 탄복(歎服)하고 칭찬(稱讚)함.

격절탄상(擊節歎賞) 격절탄상(擊節嘆賞).

격종정식(擊鐘鼎食) '종을 쳐서 식솔(食率)을 모아 솥을 걸어 놓고 먹는다'는 뜻으로, 부유(富裕)한 생활(生活)을 이르는 말.

격주동량(擊柱動樑) 기둥을 쳐서 대들보를 흔들게 만듦.

격죽사난사(擊竹事難事) '대나무를 다 사용(使用)해 써도 그의 악행(惡行)을 다 쓸 수 없다'는 뜻으로, 필설(筆舌)로 다 할 수 없으리만큼 죄악(罪惡)을 저질렀다는 말.

격탁양청(激濁揚淸) '탁류(濁流)를 몰아내고 청파(淸波)를 끌어들인다'는 뜻으로, 악을 제거(除去)하고 선을 떨침을 비유(比喩)하는 말.

격혜소양(隔鞋搔癢) 격화소양(隔靴搔痒). 격화파양(隔靴爬癢).

격혜소양(隔鞋搔痒) 격화소양(隔靴搔痒). 격화파양(隔靴爬癢).

격호월(隔胡越) '호(胡)는 중국(中國)의 북방에 있고 월(越)은 중국(中國)의 남방에 있다'는 뜻으로, 서로 멀리 떨어져 있음을 가리키는 말.

격화소(隔靴搔) '신(靴)을 신은 채 발바닥을 긁는다'는 뜻으로, ①뜻한 바의 효과(效果)를 얻지 못하여 안타까운 일의 비유(比喩). ②(어떤 일을 함에 있어)그 정통(正統)을 찌르지 못하고 겉돌기만 하는 안타까움을 이름.

격화소양(隔靴搔痒) '신을 신고 발바닥 긁기'라는 속담(俗談)의 한역으로, 마음으로는 애써 하려 하나 사물(事物)의 정통(正統)을 찌르지 못해 답답함을 이르는 말. ①어떤 일의 핵심(核心)을 찌르지 못하고 겉돌기만 하여 매우 안타까운 상태(狀態). ②또는, 답답하여 안타까움. 격화파양(隔靴爬癢). 격혜소양(隔鞋搔癢).

격화일로(激化一路) ①다만 격화(激化)하여 갈 뿐. ②격렬(激烈)하게 되는 과정(過程).

격화파양(隔靴爬痒) '신을 신은 채 가려운 발바닥을 긁는 것'과 같이, 일의 효과(效果)를 내긴 했어도 만족감(滿足感)을 얻기 어려움. 격화소양(隔靴搔癢). 격혜소양(隔鞋搔癢).

격활상사(隔闊相思) 멀리 떨어져 있으면서 몹시 사모(思慕)함.

견갑이병(堅甲利兵) '견고(堅固)한 갑옷과 날카로운 병기(兵器)'란 뜻으로, 강(强)한 군대(軍隊)를 이르는 말.

견강부회(牽强附會) 이치(理致)에 맞지 않는 말을 억지로 끌어 붙여 자기(自己) 주장(主張)의 조건(條件)에 맞도록 함. 아전인수(我田引水).

견강지변(堅强之辯) 억지(抑止)로 이치(理致)를 끌어대는 변명(辨明)

견과불경(見過不更) 잘못을 보면서 고치지 않음.

견권지정(繾綣之情) 마음속에 굳게 서리어서 잊히지 아니하는 정(情).

견금여석(見金如石) '황금(黃金) 보기를 돌같이 한다'는 뜻에서, ①지나친 욕심을 절제함. ②대의를 위(爲)해서 부귀영화(富貴榮華)를 돌보지 않는다는 의미(意味).

견기이작(見機而作) 낌새를 보아 미리 변통(變通)함.

견기지재(見機之才) ①견기하는 재주. ②또는, 그런 재주를 지닌 사람.

견다식광(見多識廣) 본 것도 많고, 아는 것도 많음.

견득사의(見得思義) 견리사의(見利思義).

견득사의시왈구사(見得思義是曰九思) 이득(利得)을 보면 반드시 의를 생각해야 하니, 이것을 구사(九思)라 하느니라.

견득사의시위구사(見得思義是謂九思) 견득사의시왈구사(見得思義是曰九思).

견란구계(見卵求鷄) '달걀을 보고 닭이 되어 울기를 바란다'는 뜻으로, 지나치게 성급(性急)한 것을 이르는 말.

견란이구시야(見卵而求時夜) 견란구계(見卵求鷄).

견련괴격(牽攣乖隔) 마음은 서로 끌리면서도 몸은 멀리 떨어져 있음을 이르는 말.

ㄱ

견렵심희(見獵心喜) '사냥하는 모습을 보니 마음이 기쁘다'는 뜻으로, 어렸을 때를 그리워하는 마음을 비유(比喩)하는 말.

견리망의(見利忘義) 눈앞의 이익(利益)을 보면 탐내어 의리(義理)를 저버림.

견리사의(見利思義) 눈앞에 이익(利益)을 보거든 먼저 그것을 취함이 의리(義理)에 합당(合當)한지를 생각하라는 말.

견마곡격(肩摩轂擊) '사람의 어깨와 어깨가 스치고, 수레의 바퀴통이 서로 닿는다'는 뜻으로, 곧 교통(交通)이 매우 번잡(煩雜)함을 이르는 말.

견마연주(犬馬戀主) '개나 말이 주인을 생각한다'는 뜻. 군주(君主)를 사모하는 간절(懇切)한 마음.

견마지년(犬馬之年) 자기(自己) 나이를 낮추어 하는 말. 견마지령(犬馬之齡). 견마지치(犬馬之齒).

견마지령(犬馬之齡) 개나 말이 하는 일 없이 나이만 더하듯이, ①아무 하는 일없이 나이만 먹는 일. ②자기(自己) 나이를 겸손(謙遜)하게 이르는 말. 견마지치(犬馬之齒). 견마지년(犬馬之年).

견마지로(犬馬之勞) '개나 말의 하찮은 힘'이라는 뜻으로, ①임금이나 나라에 충성(忠誠)을 다하는 노력(努力). ②윗사람에게 바치는 자기(自己)의 노력(努力)을 낮추어 말할 때 쓰는 말.

견마지류(犬馬之類) '개나 말 따위'란 뜻으로, '낮고 천(賤)한 사람들'을 일컫는 말.

견마지성(犬馬之誠) '개나 말의 정성(精誠)'이라는 뜻으로, ①임금이나 나라에 바치는 정성(精誠). ②남에게 '자기(自己)가 바치는 정성(精誠)'을 아주 겸손(謙遜)하게 일컫는 말.

견마지심(犬馬之心) '개나 말이 주인(主人)을 위하는 마음'이라는 뜻으로, 신하(臣下)나 백성(百姓)이 임금에게 충성(忠誠)을 다해서 몸을 바치는 자기(自己) 마음을 겸손(謙遜)하게 이르는 말.

견마지양(犬馬之養) '개나 말의 봉양(奉養)'이라는 뜻으로, ①부모(父母)를 봉양(奉養)만 하고 경의(敬意)가 없음. ②봉양(奉養)만 하는 것은 효도(孝道)가 아니라는 뜻.

견마지역(犬馬之役) 견마지로(犬馬之勞).

견마지충(犬馬之忠) 개나 말처럼 자기(自己)의 몸을 아끼지 않고 바치는 자기(自己)의 충성(忠誠).

견마지치(犬馬之齒) 개나 말이 하는 일없이 나이만 더하듯이, ①아무 하는 일없이 나이만 먹는 일. ②자기(自己) 나이를 겸손(謙遜)하게 이르는 말. 견마지년(犬馬之年). 견마지령(犬馬之齡).

견문각지(見聞覺知) 보고 듣고 깨달아서 앎.

견문고검(見聞考檢) 보고 들은 바를 헤아려 보고 검사(檢查)함.

견문발검(見蚊拔劍) '모기를 보고 칼을 뺀다'는 뜻으로, ①보잘것없는 작은 일에 지나치게 큰 대책(對策)을 세움. ②조그만 일에 화를 내는 소견(所見)이 좁은 사람.

견문일치(見聞一致) 보고 들은 바가 꼭 같음.

견물생심(見物生心) '물건(物件)을 보면 욕심(慾心)이 생긴다'는 뜻.

견백동이(堅白同異) ①중국(中國) 전국시대(戰國時代)의 공손용이 내어 건 일종(一種)의 궤변(詭辯). 이를테면, 단단하고 흰 돌은 눈으로 보아서는 그것이 흰 것을 알 수 있으나 단단한지는 모르며, 손으로 만져 보았을 때에는 그것이 단단한 것인 줄 알 수 있을 뿐 빛깔은 흰지 모르므로, 단단하고 흰 돌은 동일(同一)한 물건(物件)이 아니라고 설명(說明)하는 것. 견백론. 견석백마(堅石白馬). ②(뜻이 바뀌어)궤변(詭辯).

견백론(堅白論) 견백동이(堅白同異).

견벽청야(堅壁淸野) '성벽을 견고(堅固)히 지키고, 들의 작물(作物)을 거두거나 가옥(家屋)을 철거(撤去)하여 쳐들어오는 적에게 양식(糧食)이나 쉴 곳의 편의(便宜)를 주지 아니한다'는 뜻으로, 우세(優勢)한 적에 대(對)한 작전(作戰) 수단(手段)을 말함.

견부식토(犬復食吐) 개가 토한 것을 다시 먹음.

견분장방획토(見奔獐放獲兎) '달아나는 노루 보다가 잡은 토끼 놓친다'는 속담(俗談)의 한역으로, 큰 것에 욕심을 내다가 도리어 자기가 가진 것마저 잃어버린다는 말.

견불문법(見佛聞法) 눈으로는 대자(大慈) 대비(大悲)하신 부처를 보고 귀로는 오묘(奧妙)한 교법(敎法)을 들음.

견불여문(見不如聞) 견불체문(見不逮聞).

견불체문(見不逮聞) '눈으로 직접 보니 들었던 것보다 못하다'는 뜻으로, 헛된 명성(名聲)을 비유(比喩)하는 데 사용(使用)되는 말.

견사불학용시회(見事不學用時悔) 일을 보고 배우지 않으면 쓸 때에 뉘우치게 된다.

견사생풍(見事生風) 어떤 일을 당(當)하면 일을 재빨리 한다는 말. 일을 매우 빠리 처리한다는 말.

견사수지장단(見蛇首知長短) '뱀의 대가리를 보면, 그 몸의 길고 짧음을 알 수 있다'는 뜻으로, 한 가지를 보아 전체(全體)를 알 수 있음을 비유(比喩)하는 말.

견상지빙(見霜知氷) '서리 내린 것을 보고 얼음 언 것을 안다'는 말로, 조짐을 보아 결과를 예측함.

견석백마(堅石白馬) 견백동이(堅白同異).

견선여갈(見善如渴) '착한 일을 보기를 마치 목마른 것같이 하라'는 뜻.

견선여불급(見善如不及) '힘써 착한 일을 해야 한다'는 뜻.

견선여불급견불선여탐탕(見善如不及見不善如探湯) 착한 것을 보거든 미치지 못하는 것과 같이 하고, 악(惡)한 것을 보거든 끓는 물을 만지는 것과 같이 하라.

견선종지(見善從之) '착한 일이나 착한 사람을 보면 그것을 따르라'는 뜻.

견선종지지과필개(見善從之知過必改) 착함을 보면 이를 따르고 허물을 알면 반드시 고쳐야 함.

견선즉천(見善卽遷) 선(善)인줄 알면 곧 이를 실천(實踐) 함.

견설고골(犬齧枯骨) '개가 말라빠진 뼈를 핥음'이란 뜻으로, 아무 맛도 없는 것을 말함.

견성성공(見性成功) 자기의 본성을 깨달아 불과(佛果)를 얻음.

견성성불(見性成佛) 자기(自己)의 본성(本性)을 깨달으면, 부처가 됨을 일컫는 말.

견아상제(犬牙相制) 개의 어금니가 서로서로 맞지 않는 것같이, 국경선(國境線)이 볼록 나오고 오목 들어가 서로 견제(牽制)하려는 형세(形勢).

견아상착(犬牙相錯) 견아상제(犬牙相制).

견아상치(犬牙相置) 개의 이빨처럼 서로 어긋남.

견아차호(犬牙差互) 견아상치(犬牙相置).

견양지질(犬羊之質) 재능(才能)이 없는 바탕.

견여금석(堅如金石) '굳기가 쇠나 돌 같다'는 뜻으로, 약속(約束)이나 맹세(盟誓)가 금석(金石)과 같이 굳고 변함없이 단단함을 뜻함.

견여반석(堅如盤石) 기초(基礎)의 튼튼하기가 반석과 같음. 완여반석(完如盤石).

견요어장(見堯於墻) 항상(恒常) 잊지 않음을 이르는 말.

견용동물(牽用動物) 수레나 농구(農具)등을 끄는 데 이용(利用)되는 소·말 따위의 동물.

견우미견양(見牛未見羊) '소는 보고 양은 보지 않았다'는 뜻으로, 무엇이나 보지 않은 것보다는 직접(直接) 눈으로 보고 들은 것에 대(對)하여 한층 더 생각하게 된다는 말.

견원지간(犬猿之間) 개와 원숭이의 사이처럼, 매우 사이가 나쁜 관계(關係).

견위수명(見危授命) '위험(危險)을 보면 목숨을 바친다'는 뜻으로, 나라의 위태(危殆)로운 지경(地境)을 보고 목숨을 바쳐 나라를 위(爲)해 싸우는 것을 말함.

견위치명(見危致命) 나라의 위급(危急)함을 보고 몸을 바침.

견의불위무용야(見義不爲無勇也) '의(義)를 보고 행(行)하지 아니하는 것은 용기(勇氣)가 없다'는 것임.

견이불식(見而不食) '보고도 못 먹는다'는 뜻으로, 아무리 탐나는 것이 있더라도 이용(利用)할 수 없거나 차지할 수 없음을 이르는 말. '그림의 떡'이라는 뜻.

견이사의견위수명(見利思義見危授命) '이(利)를 보면 의(義)를 생각하고, 나라가 위태로운 것을 보면 목숨을 바쳐야 한다'는 말.

견이지지(見而知之) 실지(實地)로 보고 깨달아 앎.
견인불발(堅忍不拔) 굳게 참고 견디어 마음을 빼앗기지 아니함. 뜻을 변(變)치 아니함.
견인불패(堅忍不敗) 굳게 참고 견디어 패(敗)하지 아니함.
견인주의(堅忍主義) 온갖 욕정(欲情)을 의지(意志)의 힘으로 억제(抑制)하려는 도덕적(道德的)·종교적(宗敎的) 태도. 금욕주의(禁慾主義). 극기주의(克己主義). 제욕주의(制慾主義).
견인지구(堅引持久) 끝까지 굳게 참고 견딤.
견인지종(堅忍至終) 견인불발(堅忍不拔)
견일반지전표(見一斑知全豹) '얼룩무늬 하나를 보고 표범(豹-)임을 알 수 있다'는 뜻으로, 사물(事物)의 일부(一部)를 보고 그것의 전체(全體)를 미루어 알 수 있다는 말.
견지아조(堅持雅操) 맑은 절조(節操)를 굳게 가지고 있으면 나의 도리(道理)를 극진(極盡)히 하는 것임.
견탄구자(見彈求炙) 견란구계(見卵求鷄).
견탄구효(見彈求鴞) 견란구계(見卵求鷄).
견토방구(見兎放狗) '토끼를 발견(發見)한 후(後)에 사냥개를 놓아서 잡게 하여도 늦지 않다'는 뜻으로, 사태(事態)의 진전을 관망(觀望)한 후(後)에 응(應)하여도 좋다는 말.
견토지쟁(犬兎之爭) '개와 토끼의 다툼'이라는 뜻으로, 양자(兩者)의 싸움에서 제3자(第三者)가 이익(利益)을 봄. 어부지리(漁父之利)와 흡사(恰似).
견현사제언(見賢思齊焉) 어진 이를 보면 그와 같이 되기를 생각하라.
견호미견호(見虎未見虎) '호랑이를 보기는 보았으나 실지(實地)로는 보지 않았다'는 뜻으로, 무엇이나 실제(實際)로 다하지 않으면 생각이 간절(懇切)하지 못하다는 말.
결교지인(結交之人) 교분(交分)을 서로 맺어 교제(交際)하는 사람.
결국원인(結局原因) 일의 결말(結末)을 짓는 데 가장 가까운 원인(原因).
결기귀용(潔己貴用) 자기를 깨끗하게 하면 귀(貴)히 쓰임.
결발부부(結髮夫婦) 총각(總角)과 처녀(處女)끼리 혼인(婚姻)한 부부(夫婦).
결발부처(結髮夫妻) '귀밑머리를 풀어 쪽을 지고 상투를 튼 부부(夫婦)'라는 뜻으로, 정식(正式)으로 결혼(結婚)한 부부(夫婦)를 이르는 말.
결벽증(潔癖症) 병적으로 깨끗한 것에 집착(執着)하는 현상(現狀).
결사반대(決死反對) 목숨을 내걸고 반대함.
결사보국(決死報國) 죽을 각오(覺悟)를 하고 나라의 은혜(恩惠)에 보답(報答)함.
결사항전(決死抗戰) 죽기를 각오(覺悟)하고 대항(對抗)하여 싸움.

ㄱ

결색발복(決塞發伏) 막힌 것을 터뜨리고 숨은 것을 드러냄.

결선투표(決選投票) 재투표의 한가지로, 처음의 투표에서 피선거인(被選擧人)들이 당선에 필요한 표를 얻지 못했을 경우, 두 사람 이상의 상위(上位) 득표자(得票者)를 대상으로 하여 다시 한 번 마지막으로 하는 투표.

결손가정(缺損家庭) 미성년자(未成年者)가 있는 가정에서 사망(死亡)·이혼(離婚) 등으로 말미암아 양친 또는 그중 어느 한쪽이 없는 가정.

결승문자(結繩文字) 끈이나 새끼 따위로 일정하게 매듭을 맺어 기호로 삼던 고대(古代) 문자(文字).

결승지정(結繩之政) 문자(文字)가 없었던 때이므로 새끼로 매듭을 맺어 일을 표(表)하던 것에서 온 말로, 중국(中國) 유사 이전(有史以前)의 간이(簡易)한 정치(政治)를 이르는 말.

결승천리(決勝千里) 교묘(巧妙)한 꾀로 먼 곳의 싸움을 이기는 것.

결심육력(結心戮力) 마음으로 서로 돕고 힘을 합함.

결의형제(結義兄弟) ①남남끼리 의리(義理)로써 형제(兄弟) 관계(關係)를 맺음. ②또는 그런 형제(兄弟).

결자해지(結者解之) '일을 맺은 사람이 풀어야 한다'는 뜻으로, 일을 저지른 사람이 그 일을 해결(解決)해야 한다는 말.

결초보은(結草報恩) '풀을 묶어서 은혜(恩惠)를 갚는다' 라는 뜻으로, ①죽어 혼이 되더라도 입은 은혜(恩惠)를 잊지 않고 갚음. ②남의 은혜(恩惠)를 받고도 배은망덕(背恩忘德)한 사람에게 개만도 못하다고 하는 말.

결초함환(結草啣環) 은혜(恩惠)를 잊지 않고 기필코 보답(報答)함.

결하지세(決河之勢) 홍수(洪水)가 져서 강물이 둑을 무너뜨리고 세차게 넘쳐흐르는 것 같은 형세(形勢).

결효미수(缺效未遂) '실행은 마쳤지만, 결과가 나타나지 않았다'는 뜻.

겸구고장(箝口枯腸) '입에 재갈을 물리고 창자를 말린다'는 뜻으로, 궁지에 빠져 말을 못함을 이르는 말.

겸구물설(箝口勿說) '입을 다물고 말하지 말라'는 뜻. 함구물설(緘口勿說).

겸노상전(兼奴上典) 너무 가난하여서 종을 둘 처지가 못 되어 종이 할 일까지 해야 하는 양반.

겸사겸사(兼事兼事) 한 번에 이 일 저 일을 겸하여 하는 모양(模樣). 겸지겸지(兼之兼之).

겸상애교상리(兼相愛交相利) 서로 사랑하고, 서로 이롭게 한다.

겸애교리(兼愛交利) '서로를 사랑하고 서로를 이롭게 하라'는 뜻으로, 남 보는 것을 내 몸 보는 것처럼 하라.

겸애교리설(兼愛交利說) 중국 전국시대의 사상가인 묵자(墨子)가 주장한 윤리설(倫理說).

하나님이 만 백성을 겸애(兼愛)함과 같이 인간들도 서로 만민을 차별 없이 사랑하고 이롭게 하자는 학설(學說). 겸애설(兼愛說).

겸애사상(兼愛思想) 하나님이 모든 사람을 똑 같이 사랑하듯이, 사람들도 서로 사랑하고 이롭게 하여야 한다는 사상(思想). 고대(古代) 철학자(哲學者)인 묵자(墨子)가 주장(主張)하였다.

겸애설(兼愛說) '모든 사람은 평등하기 때문에 모두 사랑해야 한다'는 말. 겸애교리설(兼愛交利說).

겸양지덕(謙讓之德) 겸손(謙遜)하게 사양(辭讓)하는 미덕(美德).

겸인지력(兼人之力) 혼자서 몇 사람을 당해 낼만한 힘.

겸인지용(兼人之勇) 혼자서 능히 몇 사람을 당해 낼만한 용기(勇氣).

겸자필구(謙者必救) 겸손(謙遜)한 자를 구원(救援)하심.

겸지겸지(兼之兼之) 겸사겸사(兼事兼事). 한꺼번에 일을 겸하여 하는 모양(模樣).

겸지우겸(兼之又兼) 몇 가지를 겸(兼)한 위에 또 더욱 겸(兼)함.

겸청즉명(兼聽則明) 여러 사람의 의견(意見)을 들어 보면 시비(是非)를 정확하게 판단(判斷)할 수 있음.

겸청즉명편신즉암(兼聽則明偏信則暗) '여러 가지 의견(意見)을 들으면 현명(賢明)해지고 한쪽 의견(意見)만 들으면 아둔해진다'는 것을 이르는 말.

경가파산(傾家破産) 온 집안의 재산(財産)을 모두 없앰.

경개여고(傾蓋如故) '경개(傾蓋)는 수레를 멈추어 깁 양산을 기울인다'는 뜻으로, 한번 만나보고 친해진다는 말로 잠시(暫時) 만났어도 구면(舊面)처럼 친함을 이르는 말.

경개여구(傾蓋如舊) 경개여고(傾蓋如故).

경거망동(輕擧妄動) '가볍고 망령(妄靈)되게 행동(行動)한다'는 뜻으로, 도리(道理)나 사정(事情)을 생각하지 아니하고 경솔(輕率)하게 행동(行動)함.

경거숙로(輕車熟路) 경쾌(輕快)한 수레를 타고 익숙한 길을 간다는 뜻으로, 일에 숙달(熟達)되어 조금도 막힘이 없는 모양(模樣)을 이름.

경건주의(敬虔主義) 18세기 초에, 독일의 신교(新教)가 교의(教義)와 형식에 치우치는 것에 반대하여 일어난 신앙운동(信仰運動). 경건한 생활을 통한 믿음을 으뜸으로 삼았음.

경경고침(耿耿孤枕) '근심과 걱정에 싸인 외로운 베갯머리'. 즉 근심으로 인(因)해 편치 못한 잠자리를 이르는 말.

경경불매(耿耿不寐) 마음에 염려(念慮)되고 잊혀지지 아니하여 잠을 이루지 못함.

경경열열(哽哽咽咽) 슬픔으로 목메어 욺.

경경위사(經經緯史) '말씀을 날줄(經)로 삼고, 역사(歷史)를 씨줄(緯)로 삼으라'는 뜻.

ㄱ

경계자(敬啓者) '삼가 아뢺'의 뜻으로 편지(便紙) 첫머리에 쓰는 말.

경광대열(耿光大烈) 성덕대업(盛德大業)을 이르는 말. 덕을 크게 이루고 대업을 성취함을 의미하는 말.

경광도기(傾筐倒庋) 경광도협(傾筐倒篋).

경광도협(傾筐倒篋) '광주리를 기울이고 상자(箱子)를 엎는다'는 뜻으로, 가진 것을 남김없이 다 내놓아 극진(極盡)히 환대(歡待)함을 이르는 말.

경구비마(輕裘肥馬) '가벼운 가죽옷과 살찐 말'이라는 뜻으로, 부귀영화(富貴榮華)를 형용(形容)해 이르는 말.

경국대업(經國大業) 나라를 다스리는 큰 사업(事業).

경국대재(經國大才) ①나랏일을 맡아 다스릴 만한 재주. ②또는 그러한 재주를 가진 인물(人物).

경국제세(經國濟世) 나라 일을 경륜(經綸)하고 세상(世上)을 구제(救濟)함. '경제(經濟)'의 본말.

경국지대업(經國之大業) '나라를 다스리는 큰 사업(事業)'이라는 뜻으로, 문학(文學)을 비유(譬喩)함.

경국지사(經國之士) 나라 일을 다스릴 만한 사람.

경국지색(傾國之色) '나라를 기울일 만한 여자(女子)'라는 뜻으로, ①첫눈에 반할 만큼 매우 아름다운 여자(女子). ②나라를 위태(危殆)롭게 한다는 말. 경성지색(傾城之色).

경국지재(經國之才) ①국사(國事)를 경륜(經綸)할 만한 능력(能力). ②또는, 그러한 능력(能力)을 가진 사람.

경궁지조(驚弓之鳥) '한 번 화살에 놀란 새는 구부러진 나무만 보아도 놀란다'는 뜻으로, ①한번 놀란 사람이 조그만 일에도 겁을 내어 위축(萎縮)됨을 비유(比喩)하는 말. ②어떤 일에 봉변(逢變)을 당(當)한 뒤에는 뒷일을 경계(警戒)함을 비유(比喩)하는 말. 상궁지조(傷弓之鳥).

경귀신이원지(敬鬼神而遠之) 공경(恭敬)하나 가까이 하지 않음.

경균도름(傾囷倒廩) '창고(倉庫)에 쌓아 두었던 쌀을 전부(全部) 내놓는다'는 뜻으로, 자기(自己) 속마음을 하나도 숨김없이 털어놓는다는 말. 경도(傾倒).

경기부양(景氣浮揚) 침체(沈滯)해 있는 내수경제(內需經濟)를 활성화(活性化)시키는 것.

경낙과신(輕諾寡信) 무슨 일에나 승낙(承諾)을 잘 하는 사람은 믿음성이 적어 약속(約束)을 어기기 쉽다는 말.

경달권변(經達權變) 그때그때의 처지(處地)나 형편(形便)에 따라 알맞은 수단(手段)을 취함을 이르는 말.

경당문노(耕當問奴) '농사(農事)일은 머슴에게 물어야 한다'는 뜻으로, 일은 항상(恒常) 그

부문(部門)의 전문가(專門家)와 상의(相議)하여 행(行)해야 한다는 말.

경려천모(輕慮淺謀) 경솔(輕率)하고 얕은 생각.

경로사상(敬老思想) 노인(老人)을 공경(恭敬)하는 생각.

경로외주(敬老畏主) 노인을 공경하고 하나님을 경외함.

경륜지사(經綸之士) 정치적(政治的), 조직적(組織的)인 일에 수완(手腕)이 좋은 사람. 경륜가(經綸家).

경명행수(經明行修) 경학(經學)에 밝고 행실(行實)이 착함.

경묘탈쇄(輕妙脫灑) 경쾌 미묘하여 범속의 기풍을 벗어난 용모.

경박부허(輕薄浮虛) 마음이 침착(沈着)하지 못하고 행동(行動)이 진중(鎭重)하지 못함. 경조부박(輕佻浮薄).

경박재자(輕薄才子) 재주는 있으나 경박(輕薄)한 사람.

경복자(敬復者) '공경(恭敬)하여 답장(答狀)함'이란 뜻으로 회답(回答) 편지(便紙)의 첫머리에 쓰는 말.

경사백자(經史百子) '경서(經書)와 사서(史書), 제자백가(諸子百家)의 서(書)'라는 뜻으로, 많은 책을 이르는 말.

경사중보(輕事重報) 조그마한 일에 후한 답례(答禮)를 함.

경산조수(耕山釣水) 산에 가 밭을 갈고, 물에 가 낚시질을 함. 곧 속세(俗世)를 떠나 자연을 벗 하며, 한가롭게 생활(生活)함을 말함.

경상도협(傾箱倒篋) 경광도협(傾筐倒篋).

경선계하(徑先啓下) 정(定)해진 절차(節次)를 밟지 않고 먼저 임금에게 아뢰어 재가를 받음. 원칙적(原則的)으로 금지(禁止)되어 있음.

경선처단(徑先處斷) 범인(犯人)의 진술(陳述)을 기다리지 않고 처단(處斷)함.

경성지미(傾城之美) 한 성을 기울어뜨릴 만한 미색.

경성지색(傾城之色) 나라가 뒤집혀도 모를 만한 절세의 미인(美人).

경세도량(經世度量) 세상(世上)을 다스려 나갈 만한 품성(品性).

경세제민(經世濟民) 세사(世事)를 잘 다스려 도탄(塗炭)에 빠진 백성(百姓)을 구(求)함. 경국제세(經國濟世)라고도 함. 경제(經濟)는 이의 준말.

경세지재(經世之才) ①세상(世上)을 다스려 나갈 만한 재주. ②또는, 그런 재주를 지닌 사람.

경세지책(經世之策) 세상(世上)을 다스려 나가는 방책(方策).

경세치용(經世致用) 학문(學問)은 실제(實際) 사회(社會)에 이바지되는 것이어야 한다는 유학(儒學)의 한 주장(主張).

경세훈민(警世訓民) 세상(世上)을 깨우치고 사람들을 타이름.

경수로(輕水爐) 천연수를 감속재와 냉각재로 사용하는 원자로.

ㄱ

경술국치(庚戌國恥) '경술년(庚戌年)에 일본에게 국권피탈(國權被奪)을 당(當)한 나라의 수치(羞恥)'라는 뜻으로 일컫는 말. 일제의 침략으로 국권을 상실한 1910년 한일합방을 이르는 말.

경술대경(慶術大慶) 궁중(宮中)에서, '큰 잔치'를 일컫던 말.

경승지지(景勝之地) 명승지(名勝地).

경시호탈(輕施好奪) 제 것을 남에게 잘 주는 이는 무턱대고 남의 것을 탐낸다는 말.

경신숭조(敬神崇祖) 신을 공경(恭敬)하고 조상(祖上)을 숭배(崇拜)함.

경신읍귀(驚神泣鬼) '신이 놀라고 귀신(鬼神)이 운다'는 뜻으로, 매우 뛰어난 시문(詩文)은 귀신(鬼神)을 감동(感動)시킨다는 말, 또는 그런 시문(詩文).

경신절용애민여자(敬信節用愛民如子) '일을 조심해서 하고 미덥게 하며 재물(財物)을 아껴 써서 백성(百姓)을 사랑하기를 자식(子息)과 같이 하라'는 뜻.

경야무원역일무은(經夜無怨歷日無恩) '밤 잔 원수 없고, 날 샌 은혜 없다'는 뜻.

경어구독(經於溝瀆) '스스로 목매어 도랑에 익사한다'는 뜻으로, 개죽음을 비유(比喩)해 이르는 말.

경외서(經外書) 경외성경(經外聖經).

경외성경(經外聖經) 전거(典據)가 불확실하여 '성경'에 수록되지 못한 30여 편의 문헌(文獻). 경외서(經外書). 위경(僞經)

경외지심(敬畏之心) 공경(恭敬)하고 두려워하는 마음.

경위도(經緯度) 경도와 위도. 경위(經緯).

경위지사(傾危之士) 궤변(詭辯)을 농하여 국가(國家)를 위태(危殆)로운 지경(地境)에 몰아넣는 인물(人物).

경음마식(鯨飮馬食) 고래가 물을 마시듯, 말이 풀을 먹듯이, 많이 먹고 많이 마심.

경의비마(輕衣肥馬) 가벼운 비단옷(緋緞–)과 살찐 말. 곧 호사(豪奢)스러운 차림새를 말함. 경장비마(輕裝肥馬).

경이무례(輕而無禮) 경망(輕妄)하여 예의(禮儀)가 없음.

경이부모(敬爾父母) 네 부모(父母)를 공경(恭敬)하라.

경이원지(敬而遠之) ①공경(恭敬)하되 가까이하지는 아니함. ②겉으로는 공경(恭敬)하는 체하면서 속으로는 꺼리어 멀리함.

경이적(驚異的) 놀랍고 이상스럽게 여길만한 것.

경이직내(敬以直內) ①경(敬)으로써 내 마음을 바르게 한다. ②공경하는 마음으로 내면을 곧게 하고 올바름으로 외면을 가지런히 한다.

경인자인항경지(敬人者人恒敬之) 다른 사람들을 공경(恭敬)하는 사람은 다른 사람들도 늘 그를 공경(恭敬)해 준다는 말.

경자유전(耕者有田) 농사(農事) 짓는 사람이 밭을 소유(所有)함.

ㄱ

경장비마(輕裝肥馬) 가뜬한 행장(行狀)으로 살진 말을 탄 차림. 경의비마(輕衣肥馬).

경쟁가격(競爭價格) ①시장에서, 수요와 공급 간의 경쟁에 따라 이루어지는 가격. ↔독점가격(獨占價格). ②경쟁 입찰(入札)에서의 가격.

경쟁적공존(競爭的共存) 둘 이상의 세력(勢力)이 경쟁(競爭)을 하며 공존(共存)함.

경적필패(輕敵必敗) 적을 가볍게 보면 반드시 패배(敗北)함.

경전매춘색급수두월광(耕田埋春色汲水斗月光) 밭을 가니 봄빛을 묻고, 물을 길으니 달빛을 되질함.

경전서후(耕前鋤後) '남편(男便)은 앞에서 밭을 갈고, 아내는 뒤에서 김을 맨다'는 뜻으로, 부부(夫婦)가 서로 극진(極盡)하게 도우며 일하는 것을 비유(比喩)하는 말.

경전착정(耕田鑿井) '밭을 갈고 우물을 판다'는 뜻으로, 백성(百姓)이 생업(生業)을 즐기면서 평화(平和)로이 지냄을 이르는 말.

경전하사(鯨戰蝦死) '고래 싸움에 새우가 죽는다'는 속담(俗談)의 한역으로, 강자(强者)끼리 싸우는 틈에 끼여 약자(弱者)가 아무런 상관(相關)없이 화(禍)를 입는다는 말. 경투하사(鯨鬪蝦死).

경정직행(徑情直行) 있는 그대로. 곧이곧대로.

경조부박(輕佻浮薄) 마음이 침착(沈着)하지 못하고 행동(行動)이 신중(愼重)하지 못함. 경박부허(輕薄浮虛).

경조사(慶弔事) 경사스러운 일과 불행한 일. 애경사(哀慶事).

경조상문(慶弔相問) 서로 경사(慶事)를 축하(祝賀)하고 흉사(凶事)에 위문(慰問)하여 줌.

경죽난서(罄竹難書) 저지른 죄(罪)가 너무 많아 이루 다 적을 수 없다는 말.

경중미인(鏡中美人) '거울 속의 미인(美人)'이라는 뜻으로, ①실속(實–)이 없는 일. ②실속(實–)보다는 겉치레뿐인 사람.

경지해대무량음(鯨知海大無量飮) 고래는 바다 넓이를 알기에 무한량(無限量) 바닷물을 마셔 들인다.

경지해대무량음,붕신천고임의비(鯨知海大無量飮,鵬信天高任意飛) 고래는 바다 넓이를 알기에 무한량(無限量) 바닷물을 마셔 들이고, 붕새는 하늘 높음을 믿기에 마음껏 하늘을 날아다닌다.

경지옥엽(瓊枝玉葉) '옥으로 된 가지와 잎'이라는 뜻으로, ①임금의 자손(子孫)이나 집안을 이르는 말. ②귀한 자손(子孫)을 이르는 말. ③아름다운 구름을 형용(形容)하여 이르는 말.

경직의방(敬直義方) 마음을 바르게 하고, 행동을 바르게 하며 살자.

경진서약초(輕塵棲弱草) '미진(微塵)이 연약(軟弱)한 풀잎에서 쉰다'는 뜻으로, 덧없음을 형용(形容)해 이르는 말.

ㄱ

경천근민(敬天勤民) 하나님을 받들고 백성(百姓)을 통치(統治)하기를 게을리하지 아니함.

경천동지(驚天動地) '하늘을 놀라게 하고 땅을 움직이게 한다'는 뜻으로, 몹시 세상(世上)을 놀라게 함을 이르는 말.

경천사상(敬天思想) 하늘을 숭배(崇拜)하는 종교적(宗教的) 사상(思想).

경천애인(敬天愛人) 하늘을 공경(恭敬)하고 사람을 사랑함.

경천애인홍익인간(敬天愛人弘益人間) 하늘을 공경(恭敬)하고, 사람을 사랑하고 널리 이익 되게 하라.

경천위지(經天緯地) 경천위지지재(經天緯地之才).

경천위지지재(經天緯地之才) ①온 세상(世上)을 다스림. ②일을 계획적(計劃的)으로 준비(準備)하고 다스림. 경천위지(經天緯地).

경천존지애인(敬天尊地愛人) 하늘을 공경하고 땅을 존중하며, 사람을 사랑한다.

경친수저(輕親受詛) 부모를 경홀히 여기는 자는 저주를 받음.

경투하사(鯨鬪鰕死) '고래 싸움에 새우가 죽는다'는 속담(俗談)의 한역으로, 강자(强者)끼리 싸우는 틈에 끼여 약자(弱者)가 아무런 상관(相關)없이 화(禍)를 입는다는 말. 경전하사(鯨戰蝦死).

경행유현(景行維賢) 행실(行實)을 훌륭하게 하고 당당(堂堂)하게 행(行)하면 어진 사람이 된다는 것을 말함.

경행유현극념작성(景行維賢克念作聖) 성인의 언행을 잘 생각하며 수양(修養)을 쌓으면 성인이 될 수 있다.

경향출몰(京鄕出沒) 서울과 시골을 오르내리며 나타났다 사라졌다 함.

경향출입(京鄕出入) 서울과 시골을 오르내리면서 널리 교제(交際)함.

경화거족(京華巨族) 번화(繁華)한 서울에 사는 대대(代代)로 번영(繁榮)한 집안.

경화귀객(京華貴客) 번화(繁華)한 서울에서 온 귀(貴)한 손님.

경화수월(鏡花水月) '거울 속의 꽃이나 물에 비친 달'이라는 뜻으로, ①눈에 보이나 손으로 잡을 수 없음. ②시의 정취(情趣)가 말로 표현(表現)할 수 없을 정도(程度)로 훌륭함을 이르는 말.

경화자제(京華子弟) 번화(繁華)한 서울에서 귀(貴)하게 자란 반반한 젊은이.

경황망조(驚惶罔措) 놀라고 두려워 허둥지둥 하면서 어찌 할 바를 모름.

경희작약(驚喜雀躍) 뜻밖의 좋은 일로 날뛰며 기뻐함.

계견상문(鷄犬相聞) '원래(原來)의 뜻은 동쪽 닭과 서쪽 개가 우는 소리가 들린다'는 뜻으로, 닭 우는 소리와 개가 짖는 소리가 여기저기에서 들린다하여, 인가(人家)가 잇대어 있음을 이르는 말.

계견성부도처(鷄犬聲不到處) '닭이나 개의 소리가 미치지 못하는 곳' 이란 뜻으로 '인가(人家)와 멀리 떨어진 외진 곳' 을 비유(比喩)하는 말.

계견승천(鷄犬昇天) 다른 사람의 권세(權勢)에 빌붙어 승진(昇進)하는 것을 이르는 말.

계경이조(繫頸以組) ①갓이나 머리에 매는 끈을 목에 맴. ②목을 매어 죽여 달라는 말로 항복(降伏)한다는 뜻.

계계승승(繼繼承承) ①대대(代代)로 이어받아 내려옴. ②자손(子孫) 대대(代代)로 이어감.

계고지력(稽古之力) 학문(學文)이 넓고 지식(知識)이 많음.

계고직비(階高職卑) 품계(品階)는 높고 벼슬은 낮음.

계골지상(鷄骨之床) 몸이 쇠약(衰弱)해서 침상(寢床)에 기대어 몸을 지탱(支撐)함.

계구마지혈(鷄狗馬之血) '닭과 개와 말의 피'란 뜻으로, 옛날 맹세(盟誓)할 때에 신분(身分)에 따라 쓰던 희생(犧牲)의 피. 임금이나 신하(臣下)가 맹세할 때에 신분(身分)에 따라 셋으로 구분하여 쓰던 희생의 피. 임금은 소나 말의 피를, 제후는 개나 수퇘지의 피를, 대부(大夫) 이하는 닭의 피를 마셨다.

계구막담타단(戒口莫談他短) 입 조심(操心)하여 남의 단점(短點)을 말하지 말라.

계구우후(鷄口牛後) '닭의 부리와 소의 꼬리'라는 뜻으로, 큰 단체(團體)의 말석(末席)보다는 작은 단체(團體)의 우두머리가 되라는 말.

계군고학(鷄群孤鶴) 계군일학(鷄群一鶴). 군계일학(群鷄一鶴).

계군일학(鷄群一鶴) '닭의 무리 속에 한 마리의 학'이라는 뜻으로, 평범(平凡)한 사람들 가운데서 뛰어난 한 사람. 계군고학(鷄群孤鶴). 군계일학(群鷄一鶴).

계궁역진(計窮力盡) '꾀가 막히고 힘이 다하였다'는 뜻으로, 더는 어떻게 할 방법(方法)과 수단(手段)이 없다는 말.

계급승완(戒急乘緩) 계를 지니는 것은 간절(懇切)하나 부처의 교법을 듣기는 원하지 않음.

계급용인(戒急用忍) 매사 급한 것을 경계하고, 한번 참았다가 일을 처리(處理)하라.

계돈동사(鷄豚同社) '닭과 돼지가 한데 어울린다'는 뜻으로, 같은 고향(故鄕) 사람끼리 서로 친목(親睦)을 도모(圖謀)함을 이르는 말.

계두지육(鷄頭之肉) '맨드라미 열매의 과육(果肉)'이라는 뜻으로, 여성(女性)의 젖가슴을 비유(比喩)하는 말.

계란유골(鷄卵有骨) '계란에도 뼈가 있다'는 속담(俗談)으로, 복이 없는 사람은 아무리 좋은 기회(機會)를 만나도 덕을 못 본다는 말.

계림일지(桂林一枝) '계수(桂樹)나무 숲의 한 가지'라는 뜻으로, ①사람됨이 비범(非凡)하면서도 겸손(謙遜)함의 비유(比喩). ②대수롭지 않은 출세(出世)의 비유(比喩).

계림일지곤산편옥(桂林一枝崑山片玉) '이제 겨우 계수나무 숲에서 가지 하나를 얻은 셈이요, 곤륜산(崑崙山)에서 나는 옥 한 조각을 얻었을 뿐이다'라는 뜻으로, ①사람됨이 비범(非凡)하면서도 겸손(謙遜)함의 비유(比喩). ②대수룹지 않은 출세(出世)의 비유(比喩).

계림팔도(鷄林八道) 우리나라 전토(全土)를 달리 이르는 말. 삼천리강산(三千里江山).

ㄱ

계맹지간(季孟之間) '계씨(季氏)와 맹씨(孟氏) 사이에 해당(該當)하는 대우(待遇)를 하라'는 뜻으로, 상대편(相對便)을 보아서 적절(適切)하게 접대(接待)하라는 말.

계명구도(鷄鳴狗盜) '닭의 울음소리를 잘 내는 사람과 개의 흉내를 잘 내는 좀도둑'이라는 뜻으로, ①천한 재주를 가진 사람도 때로는 요긴(要緊)하게 쓸모가 있음을 비유(譬喩)하여 이르는 말. ②야비(野鄙)하게 남을 속이는 꾀를 비유(譬喩)한 말. ③잔재주를 자랑함.

계명구폐(鷄鳴狗吠) '닭이 울고 개가 짖는다'는 뜻으로, 인가(人家)나 촌락(村落)이 잇대어 있다는 뜻.

계명구폐상문(鷄鳴狗吠相聞) '닭의 울음소리와 개의 짖는 소리가 서로 들린다'는 뜻으로, 땅이 활짝 트여 있고, 이웃 지방(地方)이 잘 보이고 인가(人家)가 서로 이어져 있다는 뜻.

계명지객(鷄鳴之客) '닭 울음소리를 묘하게 잘 흉내내는 식객(食客)'을 이르는 말.

계명지조(鷄鳴之助) '닭 울음의 도움'이란 뜻으로, 어진 아내의 내조를 이르는 말.

계명축시(鷄鳴丑時) '첫닭이 울 무렵인 축시', 즉 오전 새벽 한 시에서 세 시 사이를 말함.

계목쟁식(鷄鶩爭食) '닭과 집오리가 먹이를 서로 먼저 먹으려고 다툰다'는 뜻으로, 여염(閭閻)의 사람들이 서로 다툼을 비유(譬喩)하는 말.

계몽사상(啓蒙思想) 18세기 영국·독일·프랑스 등의 사상계를 휩쓸었던 사상으로, 철리(哲理)를 쉽게 풀이하여 일반 민중을 교화하고 인문을 계발(啓發)하려던 사상.

계몽주의(啓蒙主義) 〔영〕The Enlightenment. 15세기 말에 네덜란드와 영국에서 일어나, 18세기 후반에 프랑스에서 전성기를 이루었던 사상으로, 봉건적(封建的)인 낡은 사상을 혁신적(革新的)인 사상으로 유도하려는 주의.

계무소시(計無所施) 꾀는 있으나 쓸 만한 데가 없음.

계무소출(計無所出) 계획(計劃)하여 보나 소득(所得)이 없음.

계문왕생(戒門往生) 계율(戒律)을 잘 지키면 극락(極樂)에 가서 다시 태어남.

계발교육(啓發教育) 창의(創意)와 자발성을 자극하고, 자주적(自主的)인 학습 태도와 습관을 길러 주려는 교육(주로, 문답식을 활용함). 개발 교육(開發教育). ↔주입 교육(注入教育).

계불입량(計不入量) 계책(計策)이 들어맞지 아니함.

계비단타(鷄飛蛋打) '닭은 날아가고 알은 깨졌다'는 뜻으로, 아무 소득 없이 모두 잃었다는 의미(意味).

계비지총(繫臂之寵) 군주(君主)의 특별(特別)한 총애(寵愛).

계비직고(階卑職高) 품계(品階)는 낮고 벼슬은 높음.

계사광개(繼事廣開) 일을 잇는다는 의미(意味)의 계사(繼事)는 내적(內的) 충실(充實)을 넓게 연다는 의미(意味)이고, 광개(廣開)는 외연적(外延的) 확대(擴大)를 뜻함.

계상재배(稽顙再拜) 이마를 조아려 선조(先祖)에게 두 번 절함.

계상재배송구공황(稽顙再拜悚懼恐惶) 송구하고 공황하니 엄숙(嚴肅)하고 공겸(恭謙)함이 지극(至極)하다.

계서봉황식(鷄棲鳳凰食) '닭집에서 봉황(鳳凰)이 함께 살면서 모이를 먹는다'는 뜻으로, 충신(忠臣)이 천(賤)한 죄인(罪人)들과 함께 하는 삶을 비유(譬喩).

계서야담(溪西野談) 조선 순조(純祖) 때, 이희준(李羲準)이 우리나라 고금의 기사(奇事)·이문(異聞)·잡설(雜說) 등을 모아 기록한 책. 6권 6책.

계성자손(繼姓子孫) 남의 집의 양자가 되어 성을 이어받은 자손(子孫).

계수시과(溪樹時果) 시냇가에 심은 나무가 철을 따라 열매를 맺음.

계수재배(稽首再拜) 머리를 조아려 두 번 절함.(흔히, 한문 투의 편지 첫 머리에 쓰는 말)

계수주인(界首主人) 서울에 있으면서 각도(各道)의 감영(監營)일을 맡아 본 사람.

계시문학(啓示文學) 〔영〕Apocalypse. 후기(後期)의 유대교와 초기(初期)의 그리스도교에서 생긴 특수한 종교 문학이다. 희랍어(希臘語) Apokalypsis는 그 때의 종교적 술어로서 하나님의 감추인 비밀을 열어보이는 것을 뜻한다. 〔다니엘서·계시록 따위〕

계시우종(鷄尸牛從) '닭대가리는 될지언정 쇠꼬리는 되어서는 안 된다'는 말로, 남의 위에 서야지 남의 꽁무니에 따라다녀서는 안 됨을 비유(譬喩)해 이르는 말.

계시종교(啓示宗教) 신의 은총(恩寵)을 기초(基礎)로 하는 종교. ↔자연종교(自然宗教).

계신공구(戒愼恐懼) 사람이 보지 않고 듣지 않아도 항상 경계하고 삼가하며, 두려워하고 무서워한다.

계신막수악반(戒身莫隨惡伴) 몸을 조심(操心)하여 나쁜 사람을 따르지 말라.

계신호기소부도(戒愼乎其所不睹) '아무도 없는 곳에서 스스로 삼간다' 는 뜻으로 군자(君子)는 그 보이지 않는바에 경계하고 삼간다.

계심막자탐진(戒心莫自貪嗔) 마음을 조심(操心)하여 스스로를 성내지 말라.

계안막간타비(戒眼莫看他非) 눈을 조심(操心)하여 남의 잘못된 점을 보지 말라.

계엄령(戒嚴令) 국가(國家)원수(元首)가 계엄 실시를 선포하는 명령(命令).

계옥지간(桂玉之艱) '남의 나라에 있으면서 계수(桂樹)나무보다 비싼 땔감을 때고, 옥보다 비싼 음식(飮食)을 먹고 사는 괴로움'이라는 뜻으로, 물가(物價)가 비싼 도시(都市)에서 고학하는 것을 이르는 말.

계옥지수(桂玉之愁) '땔나무는 계수나무(桂樹–)와 같고 쌀은 옥과 같이 귀해서 근심'이라는 뜻으로, 양식(糧食)과 땔감이 매우 귀(貴)하여 생활(生活)이 빈곤(貧困)함을 두고 이르는 말.

계옥지지(桂玉之地) 물가(物價)가 비싼 도회지(都會地).

계옥지탄(桂玉之嘆) '식량(食糧) 구(求)하기가 계수(桂樹)나무 구(求)하듯이 어렵고, 땔감을 구(求)하기가 옥을 구(求)하기 만큼이나 어렵다'는 뜻으로, 물가가 너무 비싼 것을 탄식(歎息)한다는 뜻.

계원필경(桂苑筆耕) 신라 말기, 최치원(崔致遠)이 여러 가지 글을 모아 엮은 시문집(詩文集). 20권 4책.

계전적성(鷄田赤城) 계전(鷄田)은 웅주(熊州)에 있는 고을이고, 적성(赤城)은 기주에 있는 고을임. 중국 북쪽에 위치한 유명한 지역.

계절존망(繼絕存亡) 대가 끊이게 된 집안에 양자(養子)를 들이어 대를 이음.

계주생면(契酒生面) '곗술로 생면한다'는 뜻으로, 여러 사람의 것을 마치 자기(自己)의 것처럼, 생색(生色)냄을 이르는 말.

계지계천(繫地繫天) 땅에서 매면 하늘에서도 매임.

계찰계검(季札繫劍) '계찰(季札)이 검을 걸어 놓다'는 뜻으로, 신의(信義)를 중(重)히 여김.

계찰괘검(季札掛劍) 계찰계검(季札繫劍)

계체지군(繼體之君) '조상(祖上)의 뒤를 잇는 임금'이라는 뜻으로, '황태자(皇太子)'를 일컫는 말.

계총납모(啓寵納侮) 사람 사랑하기를 본분에 지나치면, 도리어 업신여김을 받음.

계포일낙(季布一諾) 계포일락(季布一諾).

계포일락(季布一諾) '계포가 한번 한 약속(約束)'이라는 뜻으로, 초(楚)나라의 계포(季布)는 한번 승낙(承諾)한 일이면 꼭 실행(實行)하는, 약속(約束)을 잘 지키는 사람이었음에서 비롯하여 틀림없이 승낙(承諾)함을 뜻함.

계피학발(鷄皮鶴髮) '살갗은 닭의 가죽처럼 야위고 머리칼은 학의 털처럼 희다'는 뜻으로, 늙은 사람을 이르는 말.

계학지욕(谿壑之慾) '시냇물이 흐르는 산골짜기의 욕심'이라는 뜻으로, 물릴 줄 모르는 한없는 욕심(慾心)을 비유(比喩)하는 말.

고가대족(故家大族) 대대(代代)로 벼슬과 재산(財産)과 덕망(德望) 따위가 훌륭하여 잘 사는 집안.

고가삭도(高架索道) 가공삭도(架空索道).

고가세족(故家世族) 고가대족(故家大族).

고각대루(高閣大樓) 높고 큰 누각(樓閣). 고루거각(高樓巨閣).

고각함성(鼓角喊聲) 고각(鼓角)과 함성(喊聲). 옛날 전쟁(戰爭)터에서 사기(士氣)를 돋우려고, 북을 치고 나팔을 불며, 아우성을 치던 소리.

고견탁론(高見卓論) 식견(識見)이 높은 견해(見解)와 탁월(卓越)한 이론(理論).

고고지성(呱呱之聲) 아이가 세상(世上)에 태어나면서 처음으로 우는 소리.

고고학(考古學) 유물(遺物) · 유적(遺蹟)에 의하여 고대 인류(人類)에 관한 일을 연구하는 학문. ↔고현학(考現學).

고곡주랑(顧曲周郎) '음악(音樂)을 잘못 연주(演奏)하면 주랑(周郎)이 곧 알아차리고 돌아본다'는 뜻으로, 음악(音樂)에 조예(造詣)가 깊은 사람을 가리키는 말.

고골부생(枯骨復生) 마른 뼈에 생기(生氣)를 부어 살아나게 함.

고관대작(高官大爵) ①지위(地位)가 높고 큰 벼슬. ②또는, 그 직위(職位)에 있는 사람. 고관대직(高官大職). ↔미관말직(微官末職).

고관대직(高官大職) 높은 벼슬의 큰 직위(職位). 고관대작(高官大爵). ↔미관말직(微官末職).

고관배련(高冠陪輦) 높은 관을 쓰고 연을 모시니 제후(諸侯)의 예로 대접(待接)함.

고굉지신(股肱之臣) '다리와 팔뚝에 비길 만한 신하(臣下)'라는 뜻으로, 임금이 가장 신임(信任)하는 중신(重臣)을 이르는 말.

고국산천(故國山川) '고국의 산과 물'이라는 뜻으로, '고국'을 정겹게 이르는 말.

고군분투(孤軍奮鬪) ①후원(後援)이 없는 외로운 군대(軍隊)가 힘에 벅찬 적군(敵軍)과 맞서 온힘을 다하여 싸움. ②또는 홀로 여럿을 상대(相對)로 싸움. ③적은 인원(人員)이나 약한 힘으로 남의 힘을 받지 아니하고, 힘에 벅찬 일을 극악스럽게 함.

고군약졸(孤軍弱卒) '고립(孤立)되고 힘없는 군사(軍士)'라는 뜻으로, 아무도 돌보아 줄 사람 없는 외롭고 힘없는 사람을 이르는 말

고궁독서(固窮讀書) 곤궁(困窮)을 달게 여기고 학문(學問)에 힘씀.

고근약식(孤根弱植) 일가(一家) 친척(親戚)이나 뒤에서 지원(支援)해 주는 사람이 없는 외로운 사람을 비유(譬喩)하는 말.

고금독보(古今獨步) 고금(古今)을 통(通)하여 홀로 뛰어남.

고금동서(古今東西) 때와 지역(地域)을 통틀어 일컫는 말로, 옛날과 지금, 동양(東洋)과 서양(西洋)을 가리킴.

고금동연(古今同然) 예나 지금이나 마찬가지임.

고금무쌍(古今無雙) 아주 뛰어나서, 예나 이제나 견줄 만한 것이 없음.

고금부동(古今不同) 시대(時代)가 변(變)하여 예와 이제가 같지 아니함.

고금알석(敲金戛石) '쇠를 두드리고 돌을 울린다'는 뜻으로, 시나 문장(文章)의 어울림이 뛰어남을 이르는 말.

고금천지(古今天地) 옛적부터 이제에 이르기까지의 온 세상(世上).

고난주간(苦難週間) 〔영〕Passion week; Holy week; Great week.
기독교에서, 그리스도의 십자가(十字架)의 고난과 그에 앞선 고난을

ㄱ

기념하는 한 주간인데, 부활성일(復活聖日) 직전(直前)의 한 주간을 말한다. 예수님의 수난일이 포함된 한 주간임으로 예수님의 마지막 주간의 복음서(福音書) 기사를 중심으로 예수님의 고난을 배우고 기념하며, 그 고난에 동참(同參)하는 뜻에서 금욕(禁慾), 근신(謹愼), 기도(祈禱)를 하는 기간이다. 대주간(大週間). 성주간(聖週間). 수난주간(受難週間).

고난주일(苦難主日) 수난주일(受難主日). 종려주일(棕櫚主日).

고담방언(高談放言) 남을 꺼리거나 두려워하지 않고, 저 하고 싶은 대로 소리 높여 떠드는 말.

고담웅변(高談雄辯) 물이 흐르듯 도도한 의론(議論).

고담준론(高談峻論) 고상(高尙)하고 준엄(峻嚴)한 담론(談論).

고답심상(顧答審詳) 편지(便紙)의 회답(回答)도 자세(仔細)히 살펴 써야 함.

고답주의(高踏主義) 고답적(高踏的)인 생각이나 태도(態度)를 내세우는 주의(主義). 속세에 초연하여 현실과 동떨어진 것을 고상하게 여기는 사상이나 태도.

고당화각(高堂畵閣) 높다랗게 짓고 호화(豪華)롭게 꾸민 집.

고대고대(苦待苦待) 몹시 고대(苦待)하는 모양(模樣).

고대고모(高大姑母) 증조할아버지의 누이.

고대광실(高臺廣室) '높은 누대(樓臺)와 넓은 집'이라는 뜻으로, 크고도 좋은 집을 이르는 말. 대하고루(大廈高樓).

고도성장(高度成長) 발전의 규모(規模)나 속도가 높은 정도(程度)로 빨리 이루어짐.

고독단신(孤獨單身) 외로운 홀몸. 혈혈단신(孑孑單身).

고독지옥(孤獨地獄) 너무도 외로워 지옥(地獄)과 같이 못 견디는 심경(心境).

고독촉유(孤犢觸乳) '어미 없는 송아지가 젖을 먹기 위(爲)해 어미를 찾는다'는 뜻으로, 연고(緣故) 없는 고독(孤獨)한 사람이 구원(救援)을 바람을 비유(譬喩)하는 말.

고두사은(叩頭謝恩) '땅에 닿도록 머리를 숙이고 받은 은혜(恩惠)에 고마워한다'는 뜻.

고두사죄(叩頭謝罪) 머리를 조아려 사죄(謝罪)함.

고락병행(苦樂竝行) 괴로움에는 즐거움이 따르고 즐거움에는 괴로움이 따름.

고래지풍(古來之風) 예로부터 전(傳)해 내려오는 풍속(風俗).

고랭지농업(高冷地農業) 표고(標高)가 높은 고원(高原)이나 산지에서 하는 농업.

고량자제(膏粱子弟) '고량진미(膏粱珍味)만 먹은 자제(子弟)'라는 뜻으로, 부귀(富貴)한 집에서 자라나서 고생(苦生)을 모르는 사람.

고량진미(膏粱珍味) 살진 고기와 좋은 곡식(穀食)으로 만든 맛있는 음식(飮食).

고려공사삼일(高麗公事三日) '고려(高麗)의 정책(政策)이나 법령(法令)은 사흘 만에 바뀐

다'는 뜻으로, 한 번 시작(始作)한 일이 오래 계속(繼續)되어 가지 못함을 비유(譬喩)하는 말.

고려삼은(高麗三隱) 고려(高麗) 말기(末期) 성리(性理) 학자(學者)이며 충절이 높았던, 목은 이색(李穡), 포은 정몽주(鄭夢周), 야은 길재(吉再) 세 사람을, 호의 같은 글자 '은'을 따서 일컫는 말. 야은 대신(代身) 도은 이승인을 넣기도 함.

고려자기(高麗瓷器) 유약을 입히지 않고 약간 구운 도기(陶器)에 합성수지를 스며들게 하여, 최고도의 열과 압력을 가해서 만든 경질(硬質)의 오지그릇. 고려시대 때 만든 도자기.

고례시상(考例施賞) 전례(前例)를 참고(參考)하여 상을 줌.

고로상전(古老相傳) 늙은이들의 말에 의하여 예로부터 전(傳)하여 옴.

고로여생(孤露餘生) 어려서 부모(父母)를 잃은 사람.

고루거각(高樓巨閣) 높고 큰 누각(樓閣). 고각대루(高閣大樓).

고루과문(孤陋寡聞) 하등(下等)의 식견(識見)도 재능(才能)도 없음.

고루과문우몽등초(孤陋寡聞愚蒙等誚) '적고 어리석어 몽매(蒙昧)함을 면치 못한다는 것'을 말한다.

고륜지해(苦輪之海) 고뇌(苦惱)가 끊임없이 돌고 도는 인간(人間) 세계(世界).

고립무원(孤立無援) 고립(孤立)되어 도움을 받을 데가 없음.

고립무의(孤立無依) 외롭고 의지(依支)할 데 없음.

고립지세(孤立之勢) 외롭고 의지(依支)할 데 없는 형세(形勢).

고마문령(瞽馬聞鈴) '눈먼 말이 앞에 가는 말의 방울 소리를 듣고 그대로 쫓아간다'는 뜻으로, 자기(自己)의 주견(主見) 없이 남이 하는 대로 맹목적(盲目的)으로 좇아감을 이르는 말.

고망언지(姑妄言之) '되는 대로 말한다'는 뜻으로, 어떤 이야기라도 들려달라는 것을 이르는 말.

고망착호(藁網捉虎) '지푸라기로 만든 그물을 가지고 호랑이를 잡으려 한다'는 뜻으로, 어리석은 계책(計策)과 보잘것없는 것으로써 뜻밖의 큰일을 성취(成就)하려고 하는 어리석음을 비유(比喩)하는 말.

고명대신(顧命大臣) 고명(顧命)을 받은 대신(大臣). 황제나 국왕의 임종시 유언을 받드는 대신으로, 나라의 뒷일을 부탁받은 대신을 말함.

고명사의(顧名思義) 명예(名譽)를 돌아보고 의를 생각함.

고명지신(顧命之臣) 고명(顧命)을 받은 신하(臣下).

고목발영(枯木發榮) ①고목에서 꽃이 핌. ②죽은 사람이 다시 살아남의 비유(比喩).

고목사회(枯木死灰) '마른 나무와 불기 없는 재를 일컬으며, 외형은 고목과 같고 마음은 죽은 재처럼 되어 생기가 없다'는 뜻으로, 의욕(意慾)이 없는 사람을 이르는 말.

고목생화(枯木生花) '마른 나무에서 꽃이 핀다'는 뜻으로, 곤궁(困窮)한 처지(處地)의 사람이 행운(幸運)을 만나 신기(神奇)하게도 잘 됨을 말함. 고목발영(枯木發榮).

고목한암(枯木寒巖) 말라 죽은 나무가 선 것처럼 움직이지 않고, 마음은 죽은 재처럼 아무 생각이 없음. 사람의 무위무심(無爲無心)함을 이름.

고목후주(枯木朽株) '마른 나무와 썩은 등걸이'라는 뜻으로, 쓰이지 못하는 사람이나 물건(物件)을 비유(比喩)하는 말.

고무격려(鼓舞激勵) 격려(激勵)하여 기세(氣勢)를 북돋우어 줌.

고문대책(高文大冊) ①웅장(雄壯)한 문장(文章). ②고문전책(高文典冊).

고문전책(高文典冊) 국가(國家) 또는 임금의 명령(命令)에 의(依)하여 간행(刊行)된 귀중(貴重)한 저술(著述).

고문치사(拷問致死) 지나친 고문으로 사람을 죽게 함.

고미가정책(高米價政策) 농촌 경제의 안정을 위하여 양곡의 수매 가격(收買價格)을 올리려는 정부의 정책.

고백성사(告白聖事) 가톨릭에서 이르는 칠성사(七聖事)의 하나. 세례신자(洗禮信者)가 죄(罪)를 뉘우치고 고백(告白)하여 용서(容恕)받는 일. 고해성사(告解聖事).

고변염주(顧變鹽柱) 뒤를 돌아보았으므로 소금기둥이 됨.

고복격양(鼓腹擊壤) '배를 두드리고 흙덩이를 친다'는 뜻으로, 배불리 먹고 흙덩이를 치는 놀이를 한다. 즉 매우 살기 좋은 시절(時節)을 말함.

고봉절안(孤峰絕岸) 우뚝 솟은 산과 깎아지른 낭떠러지.

고봉절정(高峰絕頂) 높은 산꼭대기.

고봉준령(高峯峻嶺) 높이 솟은 산봉우리와 험한 산마루.

고봉탱천립장강할지거(高峯撐天立長江割地去) 높은 봉우리는 하늘을 지탱(支撐)하여 서 있고, 긴 강은 땅을 가르고 감.

고부지례(姑婦之禮) 시어머니와 며느리 사이에 지킬 예절(禮節).

고분지탄(鼓盆之歎) 고분지탄(鼓盆之嘆).

고분지탄(鼓盆之嘆) 아내의 죽음을 한탄(恨歎)함.

고분지통(叩盆之痛) 고분지통(鼓盆之痛).

고분지통(鼓盆之痛) '술그릇을 두드리는 아픔'이라는 뜻으로, 아내 상(喪)을 당(當)함 또는 상처(喪妻)한 슬픔.

고붕만좌(高朋滿座) '고귀(高貴)한 벗들이 자리에 가득하다'는 뜻으로, 마음이 맞는 고귀(高貴)한 벗들이 많이 참석(參席)하여 성황리에 모임을 가졌음을 비유(比喩)하는 말.

고비원주(高飛遠走) 멀리 달아나서 종적(蹤迹)을 감춤.

고빙구화(敲氷求火) '얼음을 두드려 불을 구(求)한다'는 뜻으로, 어떤 일의 불가능(不可能)함을 비유(比喩)해 이르는 말.

고사내력(故事來歷) ①예로부터 전(傳)해 내려온 사물(事物)에 관(關)한 유래(由來)나 역사(歷史). ②또는, 사물(事物)이 그런 결과(結果)가 된 이유(理由)나 경위(經緯).

고사성어(故事成語) 옛날에 있었던 일에서 만들어진 교훈(敎訓)적인 어구(語句).

고삭희양(告朔餼羊) '고삭(告朔) 때 바치는 희생양(犧牲羊)'이라는 뜻으로, 비록 형식(形式)뿐인 예(禮)라 할지라도 없애는 것보다는 낫다는 비유(比喩).

고산경행(高山景行) '사람이 우러러보는 산과 사람이 걸어가는 큰길'이라는 뜻으로, 만인(萬人)에게 존경(尊敬)받는 사물(事物)을 비유(比喩)하는 말.

고산백운기남원방초록(高山白雲起南原芳草綠) 높은 산에 흰 구름 일어나고, 남쪽 언덕에 아름다운 풀이 푸름.

고산유수(高山流水) ①높은 산과 흐르는 물. ②훌륭한 음악(音樂), 특히 거문고 소리를 비유(比喩)함. ③자신(自身)을 알아주는 친구(親舊).

고상기지(高尙其志) 마음을 고상(高尙)하게 가짐.

고색창연(古色蒼然) 오래 되어 옛날의 풍치(風致)가 저절로 드러나 보이는 모양(模樣).

고설요순(鼓舌搖脣) 입심이 좋아 마구 지껄여댐을 이르는 말.

고성낙일(孤城落日) '외딴 성(城)이 해가 지려고 하는 곳에 있다'는 뜻으로, ①도움이 없이 고립(孤立)된 상태(狀態). ②남은 삶이 얼마 남지 않은 쓸쓸한 심경(心境).

고성대규(高聲大叫) 목소리를 높이어 크게 부르짖음.

고성대독(高聲大讀) 목청을 높이어 큰 소리로 글을 읽음.

고성대명(高姓大名) '남의 성과 이름'의 높임말.

고성대질(高聲大叱) 목청을 높여 큰 소리로 꾸짖음.

고성대호(高聲大呼) 고성대규(高聲大叫).

고성방가(高聲放歌) 큰소리로 떠들고 마구 노래 부름.

고성준론(高聲峻論) 목소리를 높이어 엄숙(嚴肅)하면서도 날카롭게 말함.

고세지덕(高世之德) 세상(世上)에 뛰어난 덕.

고세지도(高世之度) 세상(世上)에 뛰어난 도량(度量).

고세지주(高世之主) 세상(世上)에 뛰어난 덕이 있는 남자(男子) 또는 임금.

고세지지(高世之智) 세상(世上)에 뛰어난 슬기.

고세지행(高世之行) 세상(世上)에 뛰어난 행실(行實).

고소공포(高所恐怖) 높은 곳에 올라가면, 떨어질 것만 같은 공포에 사로잡히게 되는 증세.

고수부지(高水敷地) '큰물이 날 때만 물에 잠기는 하천 언저리의 터'. '둔치'로 순화.

ㄱ

고순식설(膏脣拭舌) '입술에 기름을 바르고 혀를 훔친다'는 뜻으로, 타인(他人)을 비방(誹謗)할 만반의 준비(準備)를 하고 있음을 이르는 말.

고슬취생(鼓瑟吹笙) 비파(琵琶)를 치고 저를 부니 잔치하는 풍류(風流)임.

고식지계(姑息之計) ①근본(根本) 해결책(解決策)이 아닌 임시(臨時)로 편한 것을 취(取)하는 계책(計策). ②당장의 편안(便安)함만을 꾀하는 일시적(一時的)인 방편(方便). 미봉책(彌縫策).

고식책(姑息策) 당장 편한 것만을 택하는 꾀나 방법(方法).

고신얼자(孤臣孽子) 임금에게서 버림받은 신하(臣下)와 자식(子息) 대접(待接)을 받지 못하는 서자(庶子).

고신원루(孤臣冤淚) 임금의 사랑을 잃게 된 외로운 신하(臣下)의 원통(冤痛)한 눈물.

고신척영(孤身隻影) '외로운 몸과 하나의 그림자'라는 뜻으로, 몸 붙일 곳 없이 떠도는 외로운 신세(身世)를 이르는 말. 혈혈단신(孑孑單身).

고심사단(故尋事端) 일부러 말썽이 될 일을 일으킴.

고심참담(苦心慘憺) 몹시 애를 태우며 근심 걱정을 함.

고심초사(苦心焦思) 어떤 일을 위하여 마음을 썩이며 몹시 근심함. 노심초사(勞心焦思).

고심혈성(苦心血誠) 마음과 힘을 다하여 하는 지극(至極)한 정성(精誠).

고아심주(固我心柱) 내 마음의 기둥 곧, 신념(信念)을 굳게 가지는 일.

고안심곡(高岸深谷) '높은 언덕이 골짜기가 된다'는 뜻으로, 산하(山河)의 변천(變遷)이나 세상(世上)의 변천(變遷)을 비유(比喩)하는 말.

고애남(孤哀男) 고애자(孤哀子).

고애자(孤哀子) 부모를 모두 여읜, 바깥상제(喪制)가 자기를 가리켜 일컫는 말. 고애남(孤哀男).

고양생제(枯楊生稊) '마른 버드나무에 새 움이 돋는다'는 뜻으로, 노인(老人)이 젊은 아내를 얻어 능히 자손(子孫)을 얻을 수 있음을 비유(比喩)하는 말.

고양생화(枯楊生華) '마른 버드나무에 꽃이 핀다'는 뜻으로, 늙은 여자(女子)가 젊은 남편(男便)을 얻음을 비유(比喩)하는 말.

고양주도(高陽酒徒) 술을 좋아하여 제멋대로 행동(行動)하는 사람을 비유(比喩).

고어지사(枯魚之肆) '목마른 고기의 어물전(魚物廛)'이라는 뜻으로, 매우 곤궁(困窮)한 처지를 비유(比喩).

고어함삭(枯魚銜索) '마른 고기를 매달아 놓은 노끈이 썩는다'는 뜻으로, 사람의 목숨도 썩은 노끈처럼 허술하게 끊어짐을 비유(比喩)하는 말.

고온다습(高溫多濕) 온도가 높고 습기(濕氣)가 많다.

고온작열(高溫灼熱) '온도가 높고 뜨거운 태양(太陽)'처럼 이글거리며 들끓음을 비유(比喩)한 말.

고왕금래(古往今來) 옛날부터 지금까지. 왕고금래(往古今來). 왕고내금(往古來今).

고운야학(孤雲野鶴) '외로운 구름이요 들의 학'이라는 뜻으로, 속세(俗世)를 떠난 은사(隱士)를 가리키는 말.

고원난행(高遠難行) 학문(學問)의 이치(理致) 따위가 고원하여 행(行)하기 어려움.

고월조심지홍엽하추정(高月照深池紅葉下秋庭) 높이 뜬 달은 깊은 연못을 비추고, 붉은 낙엽(落葉)은 가을 뜰에 떨어짐.

고위지화(孤危之禍) 홀로 고독하여 의지(依支)할 곳이 없는 불행(不幸).

고육계(苦肉計) 고육지계(苦肉之計).

고육지계(苦肉之計) 적을 속이기 위(爲)해, 또는 어려운 사태(事態)를 벗어나기 위(爲)한 수단(手段)으로 제 몸을 괴롭혀 가면서까지 짜내는 계책(計策).

고육지책(苦肉之策) 고육지계(苦肉之計). 고육책(苦肉策). 골육지책(骨肉之策).

고의주의(故意注意) 미리 뜻을 가지고 마음을 쓰는 일.

고이언타(顧而言他) 고좌우이언타(顧左右而言他).

고인지자(故人之子) 사귄 지 오랜 친구(親舊)의 자식(子息).

고일지복(苦逸之復) 안일(安逸)이 있음으로 말미암아 고통(苦痛)이 그 반동(反動)으로 찾아옴.

고자과학(孤雌寡鶴) '짝을 잃은 새'라는 뜻으로, 곧, 남편(男便)이나 아내를 잃은 사람의 비유(比喩).

고장난명(孤掌難鳴) '외손뼉은 울릴 수 없다'는 뜻으로, ①혼자서는 어떤 일을 이룰 수 없다는 말. ②상대(相對) 없이는 싸움이 일어나지 않음을 이르는 말. 독장난명(獨掌難鳴).

고장지신(股掌之臣) '다리와 손에 비길 만한 신하(臣下)'라는 뜻으로, 임금이 가장 신임(信任)하는 중신(重臣)을 이르는 말.

고재질족(高才疾足) '뛰어난 재주를 가진 인물(人物)로 키는 크고 걸음이 빠르다'는 뜻에서 나온 말로, 뛰어난 활동가(活動家)를 이르는 말.

고저장단(高低長短) 높고 낮음과 길고 짧음. 높낮이와 길이.

고적유명(考績幽明) 관리(官吏)의 성적(成績)을 상고(詳考)하여 열등(劣等)한 자는 물리치고 우수(優秀)한 자는 올리어 쓰는 일.

고전악투(苦戰惡鬪) 악전고투(惡戰苦鬪).

고전음악(古典音樂) ①경음악(輕音樂)에 대하여, 서양(西洋)의 전통적(傳統的)·예술적(藝術的)인 음악을 이르는 말. ②서양의 고전파의 음악. 클래식.

고정관념(固定觀念) 그 사람의 마음속에 늘 자리하여 흔들리지 아니하는 관념. 고착관념(固着觀念).

고정단일(孤貞單一) 생각하여 정(定)함.

ㄱ

고정무파(古井無波) '오래 된 우물에는 물결이 일지 않는다'는 뜻으로, 마음을 굳게 가져 정절(貞節)을 지키는 여자(女子)를 비유(比喩)하는 말.

고정불변(固定不變) 고정(固定)하여 변(變)함이 없음.

고정불파(古井不波) 고정무파(古井無波).

고정생파(枯井生波) 고정중파(古井重波).

고정중파(古井重波) '옛 우물에 물결이 인다'는 뜻으로, 일어날 가능성(可能性)이 별로 없는 일을 비유(比喩)함.

고제왕이지래(告諸往而知來) ①지나간 일을 이야기함으로써 장차 올 일을 알아차린다는 말. ②하나를 말하면 둘을 안다는 말.

고조독탄(古調獨彈) 가락이 썩 고상하고 옛(古) 스러워서 화창(和暢)하는 이가 없음.

고조부모(高祖父母) 고조부와 고조모.

고조불탄(古調不彈) '옛 곡조(曲調)라서 연주(演奏)되지 않는다'라는 뜻으로, 자기(自己)를 알아주는 사람을 만나기 어려움을 비유(比喩)하는 말.

고족대가(古族大家) 대대(代代)로 자손(子孫)이 번성(繁盛)하고 세력(勢力) 있는 집안.

고족제자(高足弟子) 학식(學識)과 품행(品行)이 우수(優秀)한 제자(弟子).

고종명(考終命) 오복(五福)의 하나. 제명대로 살다가 편히 죽음. 영종(令終). 고종(考終).

고종사촌(姑從四寸) 고모(姑母)의 아들과 딸.

고좌우이언타(顧左右而言他) '좌우를 보고 다른 말을 한다'는 뜻으로, 솔직히 잘못을 시인(是認)하지 못하고 엉뚱한 딴 이야기로 얼버무리는 일을 가리키는 말.

고주일척(孤注一擲) '노름꾼이 남은 돈을 한 번에 다 걸고 마지막 승패(勝敗)를 겨룬다'는 뜻으로, 전력(全力)을 기울여 어떤 일에 모험(冒險)을 거는 것을 비유(比喩)한 말.

고주후목(枯株朽木) 고목후주(枯木朽株).

고진감래(苦盡甘來) '쓴 것이 다하면 단 것이 온다'라는 뜻으로, '고생(苦生) 끝에 낙이 온다'라는 말. ↔흥진비래(興盡悲來).

고진금퇴(鼓進金退) '군중(軍中)에서, 북을 치면 앞으로 나아가고 징을 치면 뒤로 물러남'이라는 뜻으로, '초보적(初步的)인 군사(軍事) 훈련(訓鍊)'을 일컫는 말.

고집불통(固執不通) ①고집(固執)이 세어 조금도 변통성(變通性)이 없음. ②또는 그 사람.

고착관념(固着觀念) 고정관념(固定觀念).

고천배두(告天拜斗) 하늘에 고하고 북두칠성(北斗七星)에 배례(拜禮)함.

고촉이명자전(膏燭以明自煎) '촛불은 그 타는 불빛으로 인(因)하여 스스로 소멸(消滅)한다'는 뜻으로, 제 재지(才智)로 말미암아 재앙(災殃)을 자초(自招)함을 비유(譬喩)해 이르는 말.

고추대가(古雛大加) 고구려(高句麗) 왕실(王室) 종족(宗族)의 칭호(稱號)인 고추가(古鄒

加)를 한층 높이어 이르던 말.

고추부서(孤雛腐鼠) '외로운 병아리와 썩은 쥐'라는 뜻으로, 보잘것없는 것이나 중용(重用)되던 인물(人物)이 헌 짚신처럼 버림받는 것을 비유(比喩)하는 말.

고침단금(孤枕單衾) '외로운 베개와 얇은 이불'이라는 뜻으로, 홀로 쓸쓸히 자는 여자(女子)의 이부자리.

고침단면(高枕短眠) 베개를 높이 베면 오래 자지 못함. 고침단명(高枕短命)

고침단명(高枕短命) 베개를 높이 베면 오래 살지 못함.

고침사지(高枕肆志) '높은 베개를 베고 마음대로 한다'는 뜻으로 '편안히 누어 마음대로 즐기며 지냄'을 이르는 말.

고침안면(高枕安眠) '베개를 높이 하여 편안히 잔다'는 뜻으로, 편안(便安)하게 누워서 근심 없이 지냄.

고침이와(高枕而臥) '베개를 높이 하고 누웠다'는 뜻으로, 마음을 편안(便安)히 하고 잠잘 수 있음을 이르는 말.

고침한등(孤枕寒燈) '외로이 자는 방안의 쓸쓸한 등불'이라는 뜻으로, 외롭고 쓸쓸한 잠자리를 이르는 말.

고태의연(古態依然) 옛 모양(模樣) 그대로임.

고해성사(告解聖事) 카톨릭 신도가 알게 모르게 범한 죄를 성찰(省察), 통회(痛悔), 고백, 보속 등의 절차를 통하여 죄를 용서 받는 성사. 세례 받은 신자가 지은 죄를 뉘우치고 신부를 통하여 하나님에게 고백하여 용서받는 일. '고백성사'의 구(舊)용어.

고현분묘(高玄墳墓) 먼 윗대 조상(祖上)의 무덤.

고현학(考現學) 현대의 풍속(風俗)이나 세태를 계통적으로 조사 · 연구하여 현대의 진상을 구명(究明)함으로써 장래의 발전에 바탕이 되게 하려는 학문. ↔고고학(考古學).

고혈단신(孤孑單身) 혈육(血肉)이 없는 외로운 신세(身世).

고혼식(藁婚式) 결혼(結婚) 2주년(週年).

고화자전(膏火自煎) '기름 등불이 스스로 저를 태워 없앤다'는 뜻으로, 재주 있는 사람이 그 재주 때문에 화를 입는 것을 비유(比喩)하는 말.

고황지질(膏肓之疾) '병균이 고황(膏肓), 즉 심장(心臟)과 횡격막(橫膈膜) 사이에 침범(侵犯)한 난치병'으로, ①고황(膏肓)에 들어 고치기 어려운 병. ②고치기 어렵게 된 버릇을 비유(比喩)하는 말.

곡격견마(轂擊肩摩) 견마곡격(肩摩轂擊). 거곡격인견마(車轂擊人肩摩). 인마낙역(人馬絡繹).

곡고화과(曲高和寡) '곡이 높으면 화답하는 사람이 적다'는 뜻으로, 사람의 재능(才能)이 너무 높으면 따르는 무리들이 적어진다는 말.

곡굉이침지(曲肱而枕之) '팔을 굽혀 베개 삼아 벤다'는 뜻으로, 청빈(淸貧)을 즐김을 이르는 말.

곡굉지락(曲肱之樂) 빈한(貧寒)하여 팔을 베고 자는 형편(形便)일지라도 도(道)를 행(行)하여 한 점 부끄러움이 없으면, 참다운 즐거움을 그 속에서 얻는다는 말, 즉 청빈(淸貧)한 가운데에서도 도를 즐김.

곡돌사신(曲突徙薪) '굴뚝을 꼬불꼬불하게 만들고 아궁이 근처(近處)의 나무를 다른 곳으로 옮긴다'는 뜻으로, 화근(禍根)을 미리 방지(防止)하라는 말.

곡두생각(穀頭生角) 입추가 지나고 처음 돌아오는 갑자 일에 비가 오면, 추수 때 장마가 져서 곡식 거두기도 전에 곡식에서 싹이 남. 가을장마로 이삭에 싹이 돋아남.

곡복사신(穀腹絲身) 밥 먹고 옷 입는 일.

곡부득이소(哭不得已笑) '울어야 할 것을 마지못해 웃는다'는 뜻으로, 어쩔 수 없이 그 일을 하게 됨을 이르는 말.

곡불욕이백(鵠不浴而白) '따오기는 목욕(沐浴)을 하지 않아도 희다'는 뜻으로, 천성(天性)이 선한 이는 배우지 않아도 착하고 훌륭하다는 말.

곡수유상(曲水流觴) 옛날 궁중(宮中)의 후원(後園)에서 삼짇날 문무(文武) 백관(百官)이 곡수의 가에 자리하고 있다가 임금이 띄운 술잔이 자기(自己) 앞에 오기 전(前)에 시를 짓고 잔을 들어 술을 마시던 풍류(風流)놀이를 이르는 말.

곡자지심(曲者之心) 자기(自己)의 생각과 느낌. 자격지심(自激之心).

곡재아의(曲在我矣) 잘못이 남에게 있는 것이 아니라 자기(自己)에게 있다는 말.

곡전곡후(曲前曲後) 굴곡(屈曲)이 지나면 평지(平地)가 온다는 말.

곡직불문(曲直不問) 옳고 그름을 묻지 아니함.

곡진기정(曲盡其情) 간곡(懇曲)하게 다 말함. 사정(事情)을 자세(仔細)히 앎.

곡창방통(曲暢旁通) 말이나 글의 조리(條理)가 분명(分明)하고 널리 통(通)함을 이르는 말.

곡학아세(曲學阿世) '학문(學問)을 굽히어 세상(世上)에 아첨(阿諂)한다'는 뜻으로, 정도(正道)를 벗어난 학문(學問)으로 세상(世上) 사람에게 아첨(阿諂)함을 이르는 말.

곤궁이통(困窮而通) 궁하면 통(通)한다는 말.

곤산편옥(崑山片玉) '곤륜산에서 나는 한 조각의 옥'이라는 뜻으로, 인물(人物)을 얻기가 이 옥을 구(求)하는 것처럼 어려움을 비유(比喩)하는 말.

곤수유투(困獸猶鬪) '위급(危急)한 경우(境遇)에는 짐승일지라도 적을 향(向)해 싸우려 덤빈다'는 뜻으로, 곧 궁지(窮地)에 빠지면 약한 자가 도리어 강(强)한 자를 해칠 수 있다는 뜻.

곤이득지(困而得之) 학문(學文) 등(等)을, 고생(苦生)한 끝에 이루어 냄.

곤이지지(困而知之) 지식(知識) 등(等)을 고생(苦生)하며 공부(工夫)한 끝에 얻음.

곤지갈석(昆池碣石) 곤지(昆池)는 운남 곤명현(昆明縣)에 있고, 갈석(碣石)은 부평현(富平縣)에 있음. 중국에는 험산, 대호, 거야가 많은데 못으로는 곤지이고, 산으로는 갈석이며, 들로는 거야이고, 호수로는 동정호가 그 대표적인 것이다. 곤지갈석거야동정(昆池碣石巨野洞庭)

골다공증(骨多孔症) 뼈의 무기질과 단백질이 줄어들어 골 조직(骨組織)이 엉성해지는 증상.

골경지신(骨鯁之臣) 목구멍에 걸린 생선가시처럼 듣기에 괴로운 직언(直言)을 하는 강직(剛直)한 신하(臣下).

골계소설(滑稽小說) 익살스러운 이야기를 내용으로 한 소설.

골골무가(汩汩無暇) 일에 파묻혀서 쉴 겨를이 없음. 골몰무가(汩沒無暇).

골두파인(骨頭波絪) 뼈와 머릿속까지 시원해지는 물결로 기운(氣運)이 솟는다는 뜻.

골몰무가(汩沒無暇) 골골무가(汩汩無暇).

골상학(骨相學) 얼굴이나 머리뼈의 모양을 보고 그 사람의 성질(性質)이나 운명(運命) 따위를 판단(判斷)하는 학문.

골생원(骨生員) ①'옹졸하고 고리타분한 사람'을 농조(弄調)로 이르는 말. 골샌님. ②'잔병치레로 늘 골골하는 사람'을 농조로 이르는 말.

골수분자(骨髓分子) 조직체(組織體)의 이념(理念)을 철저(徹底)히 신봉(信奉)하거나 조직의 상사에게 절대적(絕對的)인 충성(忠誠)을 바치는 사람.

골육상잔(骨肉相殘) 부자(父子)나 형제(兄弟) 또는 같은 민족(民族) 간(間)에 서로 싸움.

골육상쟁(骨肉相爭) '뼈와 살이 서로 다툼'의 뜻으로, 형제(兄弟)나 같은 민족(民族)끼리 서로 다툼을 뜻함. 골육상잔(骨肉相殘). 골육상전(骨肉相戰).

골육상전(骨肉相戰) 골육상잔(骨肉相殘). 골육상쟁(骨肉相爭).

골육수분(骨肉雖分) 골육수분본생일기(骨肉雖分本生一氣).

골육수분본생일기(骨肉雖分本生一氣) 뼈와 살은 비록 나누어졌으나 본래(本來) 한 기운(氣運)에서 태어났음.

골육수분본출일기(骨肉雖分本出一氣) 골육수분본생일기(骨肉雖分本生一氣).

골육애(骨肉愛) 가까운 혈족(血族)사이의 사랑. 골육지애(骨肉之愛).

골육지애(骨肉之愛) 골육애(骨肉愛).

골육지정(骨肉之情) 가까운 혈족(血族) 사이의 정분(情分).

골육지책(骨肉之策) 고육지책(苦肉之策). 고육지계(苦肉之計).

골육지친(骨肉之親) '뼈와 살을 같이 나눈 사이로서 서로 떨어질 수 없는 친족(親族)'이란 뜻으로, 부자(父子)와 형제(兄弟) 또는 그와 가까운 혈족(血族)을 지칭하는 말.

공감대(共感帶) 서로 공감하는 부분.

ㄱ

공검,간청,절용애인(恭儉,簡淸,節用愛人) 공손하고, 검소하고, 간결하고, 청백하고, 재물을 아껴 쓰고 남을 사랑하라.

공겸극양(恭謙克讓) 공손하고 겸손하고 남에게 양보(讓步)하는 사람이 되라.

공경대부(公卿大夫) 공경(公卿)이나 대부(大夫)의 지위(地位)에 있는 사람들. 곧 벼슬이 높은 사람들.

공경지례(恭敬之禮) 성신이나 성인(聖人)에게 드리는 공경(恭敬).

공곡공음(空谷跫音) '빈 골짜기의 발자욱 소리'라는 뜻으로, ①몹시 신기(神奇)한 일. ②뜻밖의 기쁨. ③반가운 소식(消息) 등(等)을 의미(意味).

공곡전성(空谷傳聲) 산골짜기에서 크게 소리치면 그대로 전(傳)함. 즉 악(惡)한 일을 당(當)하게 됨.

공곡전성허당습청(空谷傳聲虛堂習聽) '빈 골짝에는 메아리가 울려 소리가 전해지고, 빈 집에서는 들림이 겹쳐진다'는 말.

공곡족음(空谷足音) '아무 것도 없는 골짜기에 울리는 사람의 발자국 소리'라는 뜻으로, 쓸쓸할 때 손님이나 기쁜 소식(消息)이 온다는 말.

공공사사(公公私私) 공과 사를 분명(分明)히 구별(區別)함. 이해(利害) 관계(關係)에서 공익과 사익(私益)을 확실(確實)히 함. 공은 공, 사는 사.

공공적적(空空寂寂) 우주(宇宙) 만상의 실체(實體)가 모두 비어 지극(至極)히 고요함.

공공지론(公共之論) 대동지론(大同之論).

공과상반(功過相半) '공로(功勞)와 허물이 반반'이라는 뜻으로, 공도 있고 잘못도 있음을 이르는 말.

공관복음서(共觀福音書) 신약성서(新約聖書) 중 마태복음, 마가복음, 누가복음 등 3복음서(福音書)는 요한복음과는 달리, 공통(共通)의 전승(傳承)을 구현(具現)하면서 예수님의 생애(生涯), 교훈(敎訓), 죽음과 부활(復活)에 대하여 일반적(一般的)으로 동일한 견해(見解)를 보여주고 있어 이 3권을 공관복음서라 말한다.

공구감지(供具甘旨) 좋은 맛 나는 음식을 갖추다.

공구감지이봉빈객(供具甘旨以奉賓客) 맛있는 음식(飮食)을 마련하고 준비(準備)하여, 갖추어 내 놓으며 점잖은 손님을 대접(待接)함.

공대공미사일(空對空Missile) 항공기(航空機)에 장착(裝着)한 대공(對空) 공격(攻擊) 미사일.

공대지미사일(空對地Missile) 항공기(航空機)에 탑재(搭載)한 지상(地上) 공격 미사일. ↔ 지대공 미사일.

공도동망(共倒同亡) '넘어져도 같이 넘어지고 망(亡)하여도 같이 망한다'는 뜻으로, 운명(運命)을 같이하는 것.

공동경비구역(共同警備區域)비무장지대 안에 있는 특수지역(特殊地域). 대한민국과 조선민주주의인민공화국이 서로 대면하고 있는 지역이다. 1953년 7월 27일 체결(締結)된 한국휴전 협정으로 인해 판문점(板門店)에 형성되었다. 본 비무장지대(非武裝地帶)는 일반적으로 '국제조약이나 협약, 협정에 의하여 무장이 금지된 완충지대(緩衝地帶)'를 칭한다. DMZ(Demilitarizeed Zone)로도 약칭된다.

공동단체(共同團體) 여러 사람이 모이는 곳.

공동선언(共同宣言) 둘 이상의 개인(個人)·국가(國家)·단체(團體)가 공동으로 발표(發表)하는 선언.

공득지물(空得之物) 힘들이거나 대가를 치르지 아니하고 거저 얻은 것.

공로면천(功勞免賤) 조선(朝鮮) 때, 나라에 공로(功勞)를 세운 노비(奴婢)가 그 신분(身分)에서 벗어나던 일.

공론공담(空論空談) 헛된 이론(理論)과 빈 이야기.

공리공론(空理空論) '헛된 이치(理致)와 논의(論議)'란 뜻으로, 사실(事實)에 맞지 않은 이론(理論)과 실제(實際)와 동떨어진 논의(論議). 공론공담(空論空談).

공맹안증(孔孟顔曾) 공자(孔子)와 맹자(孟子)와 안회(顔回)와 증삼의 네 성현(聖賢).

공맹지교(孔孟之敎) 공자(孔子)와 맹자(孟子)가 주장(主張)한 인의의 가르침.

공맹지도(孔孟之道) 공자(孔子)와 맹자(孟子)가 주장(主張)한 인의의 도덕(道德).

공명선거(公明選擧) 부정(不正)이 없는, 공평(公平)하고 명백(明白)한 선거(選擧).

공명수죽백(功名垂竹帛) 공(功)을 세워 이름을 후세(後世)에 남김.

공명신퇴(功名身退) 공(功)을 세워 이름을 떨치고 벼슬에서 물러남.

공명심(功名心) 공(功)을 세워 이름을 떨치려는데 급급(汲汲)한 마음.

공명욕(功名慾) 공을 세워 이름을 떨쳐 보려는 욕심(慾心).

공명정대(公明正大) 마음이 공평(公平)하고 사심(私心)이 없으며 밝고 큼.

공무변처(空無邊處) 공무변처천(空無邊處天).

공무변처천(空無邊處天) 사공처의 하나. 물질인 육신을 싫어하고 공(空)이 무변하다는 이치를 깨달아 태어나는 곳을 이른다.

공문십철(孔門十哲) 공자(孔子)의 문하(門下)에서 나온 열 사람의 뛰어난 제자(弟子). '덕행(德行)'에 안회(顔回), 민자건(閔子騫), 염백우(冉伯牛), 중궁(仲弓), '언어(言語)'에 재아(宰我), 자공(子貢), '정사'에 염유(冉有), 자로(子路), '문학(文學)'에 자유(子有), 자하 등(等)이 있음.

공보지기(公輔之器) 재상(宰相)이 될 만한 인물(人物).

공분심(公憤心) 공적인 일로 분개하는 마음. 공분지심(公憤之心).

공분지심(公憤之心) 공분심(公憤心).

공불승사(公不勝私) '공(公)은 사(私)를 이기지 못한다'는 뜻으로, 공적(公的)인 일에도 사사(私事)로운 정(情)이 끼어들게 마련이라는 말.

공빈연소(工嚬姸笑) 이 두 미인(美人)의 웃는 모습이 매우 곱고 아름다움.

ㄱ

공사다망(公私多忙) 공적인 일, 사적인 일 따위로 매우 바쁨.

공산명월(空山明月) ①적적(寂寂)한 산에 비치는 밝은 달. ②대머리를 놀리는 말. ③화투장의 하나.

공산주의(共産主義) 재산의 사유를 부인하고, 자본주의(資本主義)의 붕괴와 계급투쟁에 의한 프로레타리아 혁명을 주장하는 주의. 마르크스주의(Marx主義).

공상허언(空想虛言) 터무니없는 공상을 진실(眞實)이라고 믿고 그것을 이야기하는 일.

공생명(公生明) 공정하게 하라. 공정(公正)하면 판단(判斷)을 그르치지 않는다.

공서양속(公序良俗) 공공(公共)의 질서와 선량한 풍속(風俗). 법률사상의 지도적 이념(理念)으로 법률행위(法律行爲)를 판단하는 기준이 되는 사회적 타당성(妥當性).

공석묵돌(孔席墨突) '묵자(墨子) 집의 굴뚝엔 그을음이 낄 새가 없다'는 뜻으로, 여기저기 몹시 바쁘게 돌아 다님.

공석불가난(孔席不暇暖) '공자(孔子)의 자리는 따스할 겨를이 없다'는 뜻으로, 한 군데 오래 머무르지 않고 왔다 갔다 함을 이르는 말.

공성계(空城計) 아군(我軍)이 열세(劣勢)일 때 방어(防禦)하지 않는 것처럼 꾸며, 적(敵)을 혼란(混亂)에 빠뜨리는 전략(戰略).

공성명수(功成名遂) 훌륭한 공업(功業)을 이룩하고 나서 명성(名聲)을 크게 떨침.

공성신퇴(功成身退) '공을 이루었으면 몸은 후퇴한다'는 뜻으로, 성공(成功)을 이루고 그 공을 자랑하지 않음.

공성약지(攻城略地) 성(城)을 공격(攻擊)하고 땅을 빼앗음.

공성이불거(功成而弗居) '공(功)을 이루었으면, 그곳에 머물지 말라'는 뜻.

공수거한(空手拒捍) 범인(犯人)이 체포(逮捕)당(當)하지 아니하려고 맨손으로 포졸에게 저항(抵抗)함을 두고 이르는 말.

공수동맹(攻守同盟) 제삼국과의 전쟁(戰爭) 때, 공격(攻擊)이나 방어(防禦)를 공동(共同)으로 하기 위하여 나라 사이에 맺은 군사(軍事) 동맹.

공수래공수거(空手來空手去) '빈손으로 왔다가 빈손으로 간다'는 뜻으로, ①사람의 일생(一生)이 허무(虛無)함을 이르는 말. ②또는, 재물(財物)을 모으려고 너무 욕심(慾心)을 내지 말라는 말.

공수신퇴천지도야(功遂身退天之道也) '공을 이루고 몸을 물리는 것은 하늘의 길이니라'는 뜻.

공수죄괴(功首罪魁) '공을 세운 데에 있어서도 으뜸이요, 죄(罪)를 지은 데에 있어서도 마찬가지로 으뜸'이라는 말.

공시론(共時論) 공시언어학(共時言語學).

공시언어학(共時言語學) 어떤 언어 현상을 한 시대에 한정하여 연구하는 학문. 공시론(共時論). ↔통시언어학(通時言語學).

공심위상(攻心爲上) '상대의 마음을 공략하는 것이 상책'이라는 뜻.

공언무시(空言無施) 빈말만 하고 실행(實行)이 없음.

공양미(供養米) 부처나 보살에게 바치는 쌀.

공옥이석(攻玉以石) '옥을 가는 데 돌로 한다'는 뜻으로, 천한 물건(物件)으로 귀(貴)한 것을 만듦을 이르는 말.

공욕선기사 필선리기기(工欲善其事 必先利其器) 일을 잘 하려면 연장을 날카롭게 하라.

공유국양(恭惟鞠養) 국양(鞠養)함을 공손(恭遜)히 해야 함.

공유국양기감훼상(恭惟鞠養豈敢毁傷) '부모님께서 낳아 길러주신 이 몸을 어찌 감히 훼상할 수 있겠느냐'의 뜻.

공자문전매효경(孔子門前賣孝經) '공자(孔子)의 문전(門前)에서 효경(孝經)을 판다'는 뜻으로, 전문가(專門家) 앞에서 자신(自身)의 재능(才能)을 자랑하는 사람을 두고 비웃는 말.

공자왈맹자왈(孔子曰孟子曰) '공자 왈 맹자 왈 한다'는 뜻으로, 글방 선비들이 다만 공맹(孔孟)의 전적(典籍)을 읽으며 그에 하등 실천(實踐)은 하지 않으면서 공리공론(空理空論)만 일삼음을 보고 하는 말.

공자왕손(公子王孫) 왕이나 높은 지위(地位)에 있는 사람들의 자손(子孫).

공자천주(孔子穿珠) '공자(孔子)가 구슬을 꿴다'는 뜻으로, 어진 사람도 남에게 배울 점(點)이 있다는 말.

공작부인(孔雀夫人) '양장(洋裝)으로 화려하게 꾸민 아름다운 여자'를 달리 이르는 말.

공재공망(公才公望) 정승(政丞)이 될 만한 재덕(才德)과 인망(人望).

공재불사(功在不舍) ①성공은 중간에 그만두지 않음에 달려 있다는 뜻. ②학문이나 수양은 계속하여야 하고 중단해서는 안 된다는 뜻.

공전도지(公傳道之) 비밀(秘密)로 하여야 할 일을 공개(公開)하여 퍼뜨림.

공전절후(空前絕後) ①전(前)에도 없었고 앞으로도 없음. ②비교(比較)할만한 것이 이전(以前)에도 없고 이후(以後)에도 없음. 전무후무(前無後無).

공존공영(共存共榮) ①함께 살고 함께 번영(繁榮)함. ②함께 잘 살아감.

공존동생(共存同生) 함께 살아나감.

공존동생권(共存同生權) 함께 살아가는 권리(權利).

공존의식(共存意識) 공존하고 있다는, 또는 공존하여야 한다는 의식(意識).

공죄상보(功罪相補) ①공과 죄(罪)가 맞먹음. ②죄는 있으되 그에 상당(相當)하는 공이 있어 이를 참작(參酌)하여 죄(罪)를 용서(容恕)하여 상쇄(相殺)함.

공중누각(空中樓閣) '공중(空中)에 세워진 누각(樓閣)'이란 뜻으로, 근거(根據)가 없는 가공(加工)의 사물(事物). 사상누각(砂上樓閣).

공중삭도(空中索道) 가공삭도(架空索道).

공중유사(公中有私) 공적인 일에도 개인적인 정실(情實)이 있을 수 있음을 이르는 말.

공중파방송(公衆波放送) 공중파를 이용하여 전송되는 방송. 소리나 음성을 전파로 바꾸어 대기를 통해 각 가정의 안테나로 전달되게 하는 방식이다.

공즉시색(空卽是色) 우주(宇宙) 만물(萬物)은 다 실체(實體)가 없는 공허(空虛)한 것이지만, 인연(因緣)의 상관(相關) 관계(關係)에 의(依)해 그대로 제각기 별개(別個)의 존재(存在)로서 존재(存在)한다는 반야심경(般若心經)의 말. 색즉시공(色卽是空).

공지사항(公知事項) 사회 일반에게 널리 알리는 사항.

공처가(恐妻家) 아내에게 눌려 지내는 남편. 엄처시하(嚴妻侍下). 처시하(妻侍下). 판관사령(判官使令).

공평무사(公平無私) 어느 쪽에도 치우치지 않아 공평(公平)하고 사사(私事)로움이 없음.

공하신년(恭賀新年) 삼가 새해를 축하(祝賀)함. 근하신년(謹賀新年).

공행공반(空行空返) '행하는 것이 없으면 돌아오는 소득(所得)도 없음'을 이르는 말.

공허우허(空虛又虛) '헛되고 헛되도다'의 뜻.

공현절(工顯節) 주현절(主顯節).

공화정치(共和政治) 국가의 주권이 국민에게 있고, 국민의 합의체 기관에서 국정(國政)을 다루는 정치.

공회형제(孔懷兄弟) 형제(兄弟)는 서로 사랑하여 의좋게 지내야 함.

공회형제동기련지(孔懷兄弟同氣連枝) 형제는 부모의 기운을 같이 받았으니 나무에 비하면 가지이다.

공휴일궤(功虧一簣) '쌓는 공도 한 삼태기로 이지러진다'는 뜻으로, 거의 성취한 일을 중지(中止)함을 이르는 말.

과갈간(瓜葛間) 혼인(婚姻) 관계(關係)로 맺어진 인척 관계(關係). 과갈지친(瓜葛之親).

과갈지의(瓜葛之誼) 인척 관계(關係)로 맺어진 정의(情誼).

과갈지친(瓜葛之親) 과갈간(瓜葛間).

과감지기(果敢之氣) 날카롭고 강(强)한 기질(氣質).

과거사여명조미래사암사칠(過去事如明朝未來事暗似漆) 지나간 일은 밝은 거울 같고, 미래(未來)의 일은 어둡기가 칠흑(漆黑)과 같으니라.

과거지사(過去之事) 지나간 일.

과골삼천(踝骨三穿) '복사뼈가 세 번이나 짓무르도록'이란 뜻. 열심히 공부한다는 말.

과공비례(過恭非禮) 지나친 공손(恭遜)은 오히려 예의(禮儀)에 벗어남.

과구중인(科臼中人) 평범(平凡)한 사람.

과당경쟁(過當競爭) 같은 업종의 기업 사이에 투자 · 생산 · 판매 등의 경쟁이 지나칠 정도로 치열해지는 일.

과대망상(誇大妄想) 턱없이 과장(誇張)하여 엉뚱하게 생각함.

과대평가(過大評價) 사실(事實)보다 지나치게 평가(評價)함. ↔과소평가(過小評價).

과대황장(過大皇張) 사물(事物)을 사실(事實)보다 지나치게 떠벌림.

과도보호(過度保護) 정도(程度)에 지나치게 사랑하는 것.

과두시사(蝌蚪時事) '개구리가 올챙이였던 때의 일'이라는 뜻으로, ①발전(發展)된 현재(現在)에 비해서 매우 뒤떨어진 과거(過去)의 일을 이르는 말. ②팔자가 좋아진 사람의 그전(–前)에 고생하던 때의 일. ③올챙이 적 일.

과두시절(蝌蚪時節) '개구리가 올챙이였던 시절'이라는 뜻으로, 많이 발전되어 있는 현재로 보아, '아직 발전의 초기 단계였던 때'를 이르는 말.

과두정치(寡頭政治) 소수의 사람들이 한 국가(國家)의 주권을 장악(掌握)하여, 자기들의 이익(利益)을 목적(目的)으로 하는 정치(政治).

과렴선치(寡廉鮮恥) 후안무치(厚顔無恥).

과맥전대취(過麥田大醉) '밀밭을 지나면 밀 냄새만 맡고도 취(醉)하게 된다'는 뜻으로, 술을 도무지 마시지 못하는 사람을 두고 이르는 말.

과목불망(過目不忘) '눈에 스쳐 지나가면 잊지 않는다'는 뜻으로, 한번 본 것은 잊어버리지 않는다는 말.

과목성송(過目成誦) 한 번 보기만 하면 그대로 욈.

과묵침용(寡默沈容) 말수가 적고 침착(沈着)한 모습.

과문불감(過門不憾) '그 사람이 내 집 앞을 지나가면서도 나를 찾아주지 않았다 하여 별로 유감(遺憾)스럽게 여기지 않는다'는 뜻으로, 그 사람을 대수롭지 않게 여김을 이르는 말.

과문불입(過門不入) 아는 이의 문전을 지나가면서도 들르지 않음.

과문천식(寡聞淺識) 듣고 보고 한 것이 적고 지식(知識)이 얕음.

과반수(過半數) 반수(半數)를 넘음. 즉 50퍼센트 이상을 가리킴.

과부적중(寡不敵衆) 적은 것으로 많은 것을 대적(對敵)할 수 없음. 중과부적(衆寡不敵).

과분지망(過分之望) 분수(分數)에 지나치는 욕망(慾望).

과분지사(過分之事) 분에 넘치는 일.

과불급(過不及) ①(능력(能力) 같은 것이)지나치거나 미치지 못함. ②딱 알맞지 않음. ③중용(中庸)을 언지 못함. 과유불급(過猶不及).

과불단행(過不單行) '복(福)은 쌍(雙)으로 오지 않고, 화(禍)는 홀로 다니지 않는다'. 화불단행(禍不單行).

과생어경만(過生於輕慢) 허물은 잘 난체 하고 남을 하찮게 여기는데서 생긴다.

과소평가(過小評價) 실제(實際)보다 작게 평가(評價)함. ↔과대평가(過大評價).

과숙체락(瓜熟蒂落) '오이가 익으면 꼭지가 자연(自然)히 떨어진다'는 뜻으로, 때가 오면 무슨 일이든지 자연(自然)히 이루어짐을 두고 이르는 말.

과실상규(過失相規) 잘못을 서로 고쳐 줌.

과약기언(果若其言) 미리 말한 것과 사실(事實)이 과연 들어맞음을 이르는 말.

과여불급(過如不及) 지나친 것은 미치지 못함과 같음.

과연후능개(過然後能改) 과오(過誤)를 저지른 후(後)에 능히 고침, 즉 한 번 잘못을 저지른 연후에 잘못을 참회(懺悔)함으로써 선하게 됨.

과유불급(過猶不及) '모든 사물(事物)이 정도(程度)를 지나치면 도리어 안한 것만 못함'이라는 뜻으로, 중용(中庸)을 가리키는 말. 과불급(過不及).

과이불개(過而不改) '잘못하고서 고치지 않는 것'이라는 뜻으로, 그것을 잘못이라고 하는 의미(意味).

과이불개시위과의(過而不改是謂過矣) '잘못하고서 고치지 않는 것을 곧, 잘못이라고 말한다'는 뜻.

과인지력(過人之力) 보통 사람보다 훨씬 센 힘.

과잉보호(過剩保護) 정도(程度)에 지나치게 감싸고 보호(保護)함.

과전불납이(瓜田不納履) '오이 밭에서는 신을 고쳐 신지 않는다'는 뜻으로, 의심(疑心)받을 짓은 처음부터 하지 말라는 말. 이하부정관(李下不整冠).

과전이하(瓜田李下) '오이 밭과 오얏나무 밑'이라는 뜻으로, 과전불납리(瓜田不納履)와 이하부정관(李下不整冠)을 준말로 오이 밭에서 신을 고쳐 신지 말고, 오얏나무 밑에서 갓을 고쳐 쓰지 말라는 뜻. 즉, 남의 의심(疑心)을 받기 쉬운 일은 하지 말라는 말.

과전지리(瓜田之履) 과전불납이(瓜田不納履).

과정지훈(過庭之訓) '뜰에서 가르친다'는 뜻으로, 아버지가 자식(子息)에게 사람의 도리를 가르치는 것을 말함.

과즉물탄개(過則勿憚改) 잘못을 하면 즉시(卽時) 고치는 것을 주저(躊躇)하지 말아야 함.

과진이내(果珍李柰) 과실(果實) 중(中)에 오얏과 능금이 진미(珍味)임.

과칙물탄개(過則勿憚改) 허물이 있으면 꺼리지 말고 속히 고쳐라.

과하마(果下馬) '타고서 과실(果實)나무를 지날 수 있다'는 뜻으로, 키가 썩 작은 말.

과하탁교(過河坼橋) '다리를 건너고 나서 그 다리를 부수어 목재(木材)를 훔쳐간다'는 뜻으로, 극도(極度)의 이기심이나 배은망덕(背恩忘德)함을 비유(比喩)하는 말.

과혁지시(裹革之屍) '가죽에 싼 시체(屍體)'라는 뜻으로, 전쟁(戰爭)에서 싸우다 죽은 시체(屍體).

과화숙식(過火熟食) '지나가는 불에 밥을 짓는다'는 뜻으로, 어느 특정(特定)한 사람을 위(爲)해 한 일은 아니지만, 결과적(結果的)으로 그 사람에게 도움이 되었음을 이르는 말.

과화존신(過化存神) 성인(聖人)이 지나가는 곳에는 백성(百姓)이 그 덕(德)에 화(化)하고, 성인(聖人)이 있는 곳에는 그 덕화(德化)가 신묘(神妙)하여 헤아릴 수 없다는 말.

곽분양팔자(郭汾陽八字) '분양왕(汾陽王) 곽자의(郭子儀)의 팔자'라는 뜻으로, 부귀(富貴) 공명(功名)을 구비(具備)한 팔자 좋은 사람을 이르는 말.

곽식자(藿食者) '콩잎을 먹는 자'라는 뜻으로, 백성(百姓)을 가리키는 말.

관개상망(冠蓋相望) '수레 덮개를 서로 바라본다'는 뜻으로, 앞뒤의 차가 서로 잇달아 왕래(往來)가 그치지 않음을 이름.

관계망상(關係妄想) 근거(根據) 없는 일을 자기(自己)에게 관계(關係) 지으려는 망상(妄想).

관계패가(冠鷄佩猳) '수탉을 관모로, 멧돼지를 허리에 찼다'는 뜻으로, 용맹하고 마음이 곧음을 이르는 말.

관과지인(觀過知仁) 인(仁)과 불인(不仁)은 곧 알 수 있다는 말.

관관상호(官官相護) 관리(官吏)들끼리 서로 서로 감싸준다는 말.

관구자부(官久自富) 벼슬자리에 오래 있으면 저절로 부자(富者)가 됨.

관귀발동(官鬼發動) 관귀가 발동(發動)하여 이롭지 못하다는 말.

관규여측(管窺蠡測) 관규추지(管窺錐指).

관규추지(管窺錐指) '대롱으로 엿보고 송곳이 가리키는 곳을 살핀다'는 뜻으로, 작은 소견(所見)이나 자기(自己) 견해(見解)를 겸손(謙遜)하게 말하는 경우(境遇)를 비유(比喩)하는 말. 관규여측(管窺蠡測).

관념주의(觀念主義) 객관적(客觀的)인 대상을 주관적(主觀的) 가치에 따라 표현하려는 예술상의 주의.

관능주의(官能主義) 향락주의(享樂主義).

관대장자(寬大長者) 너그럽고 덕망(德望)이 있어 여러 사람의 위에 설 수 있는 사람.

관대지국(冠帶之國) 예의(禮儀)가 바른 나라.

관동지별(冠童之別) 어른과 아이와의 구별(區別).

관동팔경(關東八景) 강원도(江原道) 동해안(東海岸)에 있는 여덟 군데의 명승지(名勝地). 간성 청간정, 강릉(江陵) 경포대, 고성 삼일포, 삼척 죽서루, 양양 낙산사, 울진 망양정, 통천 총석정, 평해 월송정이나 흡곡의 시중대. 영동팔경이라고도 함.

관료주의(官僚主義) 민의(民意)를 무시(無視)하고, 관권(官權)을 펴려는 압제적(壓制的) 주의.

관리도역(冠履倒易) 관리전도(冠履顚倒).

ㄱ

관리전도(冠履顚倒) '관(冠)과 신발을 놓는 장소(場所)를 바꾼다'는 뜻으로, 상하(上下)의 순서(順序)가 거꾸로 됨을 두고 이르는 말.

관맹상제(寬猛相濟) '정사(政事)를 해나가는 데 관용(寬容)과 위엄(威嚴)이 조포(組暴)에 떨어지지 않고 우유(優柔)에 흐르지 않음'을 이르는 뜻으로, 너그러움과 엄격(嚴格)함이 서로 조화를 이루어야 한다는 것을 이르는 말.

관불이신(官不移身) 오랫동안 벼슬을 함.

관성제군(關聖帝君) 관왕묘에서 무덕의 신으로 모시는 관우(關羽)의 영을 일컫는 말.

관세음보살(觀世音菩薩) 보살의 하나. 괴로울 때 중생이 그의 이름을 외면 대자비(大慈大悲)를 내리고, 해탈하게 해 준다고 함. 관자재보살(觀自在菩薩). 관음보살(觀音菩薩). 관음(觀音).

관악기(管樂器) 입으로 불어서 관 속의 공기를 진동시켜 소리를 내는 악기. 목관 악기(木管樂器)와 금관악기(金管樂器)의 두 가지가 있음. 취주악기(吹奏樂器).

관악대(管樂隊) 금관 악기를 주제로 하고 드럼과 작은 북을 곁들여서 편성한 악대. 브라스 밴드(Brass band). 취주악대(吹奏樂隊).

관왕이지래(觀往以知來) 과거(過去)의 사례(事例)를 살펴봄으로써 미래(未來)를 미루어 짐작(斟酌)한다는 말.

관왕지래(觀往知來) 과거(過去)의 사례(事例)를 살펴봄으로써 미래(未來)를 미루어 짐작(斟酌)한다는 말. 관왕이지래(觀往以知來)

관용구(慣用句) 둘 이상의 단어로 이루어져 있으면서 그 단어들의 의미만으로는 전체의 의미를 알 수 없는, 관용적(慣用的)으로 쓰이는 구. 관용어(慣用語).

관용어(慣用語) ①일반 대중이 관습적으로 널리 쓰는 말. ②관용구(慣用句).

관용적(慣用的) 습관적(習慣的)으로 늘 쓰는 것.

관음경언해(觀音經諺解) 조선 성종 16(1485)년에, 간경도감(刊經都監)에서 펴낸 관음경을 한글로 번역(飜譯)한 책(冊).

관음보살(觀音菩薩) 관세음보살(觀世音菩薩).

관인대도(寬仁大度) 마음이 너그럽고 인자(仁慈)하며 도량(度量)이 넓음.

관자재보살(觀自在菩薩) 관세음보살(觀世音菩薩).

관저복통(官猪腹痛) '관가(官家) 돼지 배 앓는다'는 속담(俗談)의 한역으로, 자기(自己)와 아무 관계(關係)없는 사람이 당(當)하는 고통(苦痛)을 이르는 말.

관절지폐(關節之弊) 권세가(權勢家)에게 뇌물(賂物)을 주어 청탁(請託)하는 폐단(弊端).

관정발악(官庭發惡) 관가에서 신문(訊問)을 받는 사람이 관원(官員)에게 욕설을 하며 덤비는 행동(行動).

관제탑(管制塔) 비행장에서, 항공기의 이착륙에 관한 지시나 비행장 내의 정리 따위 항공교통을 관제하는 탑. 항공관제탑(航空管制塔).

ㄱ

관존민비(官尊民卑) 관리(官吏)는 높고 귀(貴)하며, 백성(百姓)은 낮고 천하다는 사고(思考) 방식(方式).

관중규표(管中窺豹) '대롱 구멍으로 표범을 보면 표범의 얼룩점 하나밖에 보이지 않는다'는 뜻으로, 시야가 매우 좁음을 이르는 말.

관중지천(管中之天) '대롱 구멍으로 하늘을 본다'는 뜻으로, 소견(所見)이 좁은 것을 이르는 말.

관포지교(管鮑之交) 옛날 중국(中國)의 관중(管仲)과 포숙(鮑叔)처럼 친구(親舊) 사이가 다정(多情)함을 이르는 말. 친구(親舊) 사이의 매우 다정(多情)하고 허물없는 교제(交際). 지란지교(芝蘭之交).

관풍찰속(觀風察俗) 풍속(風俗)을 자세(仔細)히 살펴 봄.

관항지수필류족저(灌項之水必流足底) '목에 부은 물은 반드시 발바닥까지 흐른다'는 뜻으로, 나쁜 일은 반드시 뿌리가 있어, 그 뿌리로부터 받는 것임을 뜻함.

관현악(管絃樂) 관악기(管樂器) · 현악기(絃樂器) · 타악기(打樂器)에 의한 합주, 또는 그 악곡.

관현악단(管絃樂團) 관현악을 연주(演奏)하는 단체(團體).

관형찰색(觀形察色) ①마음을 떠보기 위하여 얼굴빛을 자세히 살펴봄. ②잘 모르는 사물(事物)을 자세히 관찰함.

관혼상제(冠婚喪祭) 관례(冠禮) · 혼례(婚禮) · 상례(喪禮) · 제례(祭禮)의 네 가지 예를 두고 말함.

관홍뇌락(寬弘磊落) 도량(度量)이 넓고 마음이 활달(豁達)하여 작은 일에 구애하지 아니함.

관후장자(寬厚長者) 관후(寬厚)하고 점잖은 사람.

괄구마광(刮垢磨光) '때를 벗기고 닦아 광채(光彩)를 낸다'는 뜻으로, 사람의 결점(缺點)을 고치고 장점(長點)을 발휘(發揮)하게 함.

괄목상대(刮目相對) '눈을 비비고 다시 보며 상대(相對)를 대(對)한다'는 뜻으로, 다른 사람의 학식(學識)이나 업적(業績)이 크게 진보(進步)한 것을 말함.

괄불본마재출(刮佛本麻滓出) '부처 밑도 긁으면 삼 오라기가 나온다'는 뜻으로, 점잖은 사람도 속을 들추어 보면, 지저분한 일들이 없지 않음을 비유(譬喩)하는 말.

괄약근(括約筋) 수축과 이완으로 생체기관의 개폐(開閉)를 조절하는 고리 모양의 근육. 항문이나 요도의 주위. 위의 유문부(幽門部) 같은 곳에 있음.

괄장세위(刮腸洗胃) '칼로 창자를 도려내고 잿물로 위를 씻어낸다'는 뜻으로, 마음을 고쳐 먹고 스스로 새 사람이 됨을 이르는 말 .

광담패설(狂談悖說) 이치(理致)에 맞지 않고 도의(道義)에 어그러진 말. 광언망설(狂言妄說).

광대무변(廣大無邊) 넓고 커서 끝이 없음.

광란의질주(狂亂-疾走) 미친 듯이 달려가는 것.

광명정대(光明正大) 언행(言行)이 떳떳하고 정당(正當)함.

광복절(光復節) 우리나라가 일본(日本)의 압정(壓政)에서 벗어난 것을 기념(紀念)·경축(慶祝)하는 날. 8월 15일.

광부지언(狂夫之言) ①미친 사내의 말. ②미친 사람의 말.

광세영웅(曠世英雄) 세상에 드문 영웅.

광세지재(曠世之才) ①세상(世上)에서 보기 드물게 비범(非凡)한 재주. ②또는 그런 재주를 가진 사람.

광신망설(狂信妄說) 이치(理致)에 어긋난 허망(虛妄)한 말.

광염만장장(光焰萬丈長) '찬란(燦爛)한 빛이 만(萬) 길이나 뻗친다'는 말.

광원면막(曠遠綿邈) 산, 벌판, 호수(湖水) 등(等)이 아득하고 멀리 그리고 널리 줄지어 있음을 말함.

광음여류(光陰如流) 세월(歲月)이 흐르는 물과 같이 빠름.

광음여시(光陰如矢) 시간(時間)의 흐름이 화살과 같이 빠름.

광음여전(光陰如箭) 세월의 흐름이 화살과 같이 빠름.

광음유수(光陰流水) 세월의 흐름은 흘러가는 물과 같이 빠름.

광음자백대지과객(光陰者百代之過客) '세월(歲月)이라는 것은 영원(永遠)히 지나는 손님'이다.

광이불요(光而不耀) '밝게 빛나지만 눈부시게 번쩍거리지 않는다'는 뜻으로 겸손을 의미함.

광인기여여하(匡人其如予何) '광(匡) 지방(地方)의 사람들이 나를 어찌할 수 있겠는가'라는 뜻으로, 어떠한 위기(危機)에 처(處)하여도 굴하지 않고 맡은 사명(使命)에 대한 떳떳한 신념(信念)을 표현(表現)할 때 사용(使用)하는 말.

광일미구(曠日彌久) 헛되이 세월만 오랫동안 보냄.

광일지구(曠日持久) '세월(歲月)을 헛되이 오랫동안 보낸다'는 뜻으로, ①긴 세월(歲月)을 보내고 나니 헛되이 세월(歲月)만 지났다는 말. ②그냥, 긴 시간(時間)을 보냈다는 의미(意味)로도 쓰임.

광전절후(曠前絕後) 앞에는 비었고, 뒤에는 끊어짐.

광탕지인(狂蕩之人) 방탕(放蕩)함으로써 예의(禮儀) 범절(凡節)을 무시(無視)하는 사람.

광탕지전(曠蕩之典) 대사(大赦) 또는 특사(特赦)의 은전(恩典).

광풍제월(光風霽月) ①비가 갠 뒤의 맑게 부는 바람과 밝은 달. ②마음이 넓고 쾌활하여 아무 거리낌이 없는 인품. 제월광풍(霽月光風).

괴괴망측(怪怪罔測) 말할 수 없이 이상(異常)야릇함.

괴담이설(怪談異說) 괴상한 말과 이상야릇한 이야기.

괴력난신(怪力亂神) 괴이한 일과 엄청난 힘. 난리(亂離)와 귀신(鬼神). 즉 합리적(合理的)인 이성으로 설명(說明)이 불가능(不可能)한 존재나 현상(現狀).

괴상망측(怪常罔測) 괴상(怪常)하고 망측(罔測)함.

괴석기초(怪石奇草) 괴상(怪常)하게 생긴 돌과 기이(奇異)한 풀.

괴악망측(怪惡罔測) 상리에 벗어나서 말할 수 없이 괴악함.

괴여만리장성(壞汝萬里長城) '스스로 만리장성(萬里長城)을 허물어 버린다'는 뜻으로, 어리석은 생각에서 일을 그르치게 한다는 뜻.

굉재탁식(宏才卓識) 큰 재능(才能)과 뛰어난 견식(見識).

굉주교착(觥籌交錯) '술잔과 산가지가 뒤섞인다'는 뜻으로, 성대(盛大)한 술잔치를 이르는 말.

교각살우(矯角殺牛) '쇠뿔을 바로 잡으려다 소를 죽인다' 라는 뜻으로, 결점(缺點)이나 흠을 고치려다 수단(手段)이 지나쳐 도리어 일을 그르침.

교관겸수(教觀兼修) 교관병수(教觀并修).

교관병수(教觀并修) '경전(經典)을 읽고 참선(參禪)을 수행(修行)하는 방법(方法)을 함께 닦아서 진리(眞理)를 깨우치는 것'을 이르는 말. 교관겸수(教觀兼修).

교교백구(皎皎白駒) '희고 깨끗한 망아지'. 곧 성현이 타는 말을 뜻함.

교교월색(皎皎月色) 매우 맑고 밝은 달빛.

교담여수(交淡如水) '사귀어 담박하기가 물과 같다'는 뜻으로, 군자(君子)의 교제(交際)를 이르는 말.

교룡득수(蛟龍得水) '교룡(蛟龍)이 물을 얻는다'는 뜻으로, 좋은 기회(機會)를 얻음을 이르는 말.

교룡득운우(蛟龍得雲雨) '교룡이 구름과 비를 얻어 하늘에 오른다'는 뜻으로, 영웅(英雄)이 때를 만나 큰 뜻을 이룸을 비유(譬喩)하는 말.

교룡운우(蛟龍雲雨) '비구름을 얻은 교룡(蛟龍)이 하늘로 비상(飛上)한다'는 뜻으로, 영웅(英雄), 풍운아(風雲兒)가 기회(機會)를 얻어 대활약(大活躍)함을 비유(譬喩)한 말.

교리순종(教理順從) 종교(宗教)의 가르침을 믿고 따름.

교리신학(教理神學) 교의학(教義學).

교린정책(交隣政策) ①이웃 나라와 화평(和平)하게 지내는 정책. ②조선 시대에, 이웃한 여진과 일본에 대하여 화친(和親)을 꾀하던 정책.

교린지의(交隣之誼) 교린(交隣)의 정의(情誼). 이웃 또는 이웃 나라와 사귄 정.

교방가요(教坊歌謠) 조선(朝鮮) 시대에, 임금을 환영(歡迎)하는 노상 정재 때 교방(教坊)에서 베풀던 노래와 춤. 대중가요(大衆歌謠). 가요(歌謠)

교병필패(驕兵必敗) 자기(自己) 군대(軍隊)의 힘만 믿고 교만(驕慢)하여 적에게 위엄(威嚴)을 보이려는 병정(兵丁)은 적의 군대(軍隊)에게 반드시 패한다는 뜻.

교부초래(教婦初來) 신부(新婦)의 교육(教育)은 시집 왔을 때에 바로 하라는 말.

교비겸영(驕卑謙榮) 교만(驕慢)하면 낮아지고, 겸손(謙遜)하면 영예(榮譽)를 얻음.

ㄱ

교사순합(巧蛇馴鴿) 뱀같이 지혜(智慧)롭고 비둘기 같이 순결(純潔)함.

교사음일(驕奢淫逸) 교사음일(驕奢淫佚).

교사음일(驕奢淫佚) 교만(驕慢)하며 사치(奢侈)스럽고 방탕(放蕩)한 사람을 이르는 말.

교송지수(喬松之壽) 교송(喬松)의 수명(壽命)처럼 오래 삶을 이르는 말.

교수돈족(矯手頓足) 손을 들고 발을 두드리며 춤을 춤.

교수돈족열예차강(矯手頓足悅豫且康) 이상(理想)과 같이 마음 편히 즐기고 살면 단란(團欒)한 가정이다.

교언난덕(巧言亂德) 교언은 시비를 어지럽게 하고 인덕(仁德)을 잃게 함을 이르는 말.

교언영색(巧言令色) 남의 환심(歡心)을 사기 위(爲)해 교묘(巧妙)히 꾸며서 하는 말과 아첨(阿諂)하는 얼굴 빛.

교여지제(轎輿之制) 조선(朝鮮) 시대(時代) 때 벼슬아치들이 품계(品階)에 따라 수레나 가마를 타던 제도(制度).

교연후지곤(敎然後知困) '가르친 후에야 곤궁(困窮)함을 안다'는 뜻.

교왕과정(矯枉過正) '잘못을 바로 고치려다 지나쳐 오히려 나쁜 결과(結果)를 가져옴을 의미(意味)'함. 곧 어떤 일이 극(極)과 극(極)인 모양(模樣)을 말함. 교왕은 구부러진 것을 바로잡음.

교왕과직(矯枉過直) '구부러진 것을 바로잡으려다가 너무 곧게 한다'는 뜻으로, ①잘못을 바로잡으려다 지나쳐 오히려 일을 그르침을 이름. ②'빈대 잡으려다 초가(草家) 삼간 다 태운다'는 말.

교외별전(敎外別傳) '경전(經典) 바깥의 특별(特別)한 전승(傳承)'이라는 뜻으로, 마음과 마음으로 뜻을 전(傳)함.

교우이신(交友以信) 세속 오계(五戒)의 하나로, 벗은 믿음으로써 사귀어야 한다는 계율(戒律).

교우지도(交友之道) 벗을 사귀는 도리(道理).

교우지도막여신의(交友之道莫如信義) 벗을 사귀는 도리(道理)에는 신의(信義)보다 더한 것이 없다.

교우투분(交友投分) 벗을 사귈 때에는 서로가 분에 맞는 사람끼리 사귀어야 함.

교우투분절마잠규(交友投分切磨箴規) 열심(熱心)히 닦고 배워 사람으로서의 도리(道理)를 지켜야 한다.

교육진력대인구산적극청백(敎育盡力對人久散積極淸白) 자녀를 잘 가르쳐 기르는데 힘쓰고, 남을 대할 때는 항상(恒常) 공경하고, 항상 청렴결백(淸廉潔白)하라.

교의학(敎義學) 어떤 종교의 교의를 체계적(體系的)으로 조직화(組織化)한 학문. 교리신학(敎理神學).

교자불민(驕恣不敏) 교만(驕慢)하고 방자(放恣)하여 버릇이 없음.

교자졸지노고자낙지모(巧者拙之奴苦者樂之母) 재주 있는 사람은 재주 없는 사람의 종이 되고, 괴로움은 즐거움의 근본(根本)이 되느니라.

교자채신(教子採薪) '자식에게 땔나무 캐오는 법을 가르치라'는 뜻으로, 무슨 일이든 장기적인 안목을 갖고 근본적인 처방에 힘씀을 이르는 말.

교주고슬(膠柱鼓瑟) ①고지식하여 융통성(融通性)이 전혀 없음. ②또는 규칙(規則)에 얽매여 변통(變通)할 줄 모르는 사람.

교지졸속(巧遲拙速) '교지(巧遲)는 졸속(拙速)만 못하다'는 뜻으로, 뛰어나지만 늦는 사람보다, 미흡(未洽)해도 빠른 사람이 더 낫다는 말.

교지패선(驕之敗先) 교만(驕慢)은 패망(敗亡)의 선봉(先鋒)이다.

교천언심(交淺言深) 사귄 지는 오래지 않으나 서로 심중을 털어놓고 이야기함을 이르는 말.

교취호탈(巧取豪奪) '교묘(巧妙)한 수단(手段)으로 빼앗아 취(取)한다'는 뜻으로, 남의 귀중(貴重)한 물건(物件)을 가로채는 것을 이르는 말.

교칠지교(膠漆之交) 교칠지심(膠漆之心).

교칠지심(膠漆之心) '아교(阿膠)와 옻의 사귐'이라는 뜻으로, 매우 친밀(親密)한 사귐을 이르는 말. 교칠지교(膠漆之交).

교토사주구팽(狡兎死走狗烹) '토끼가 죽으면 사냥개를 삶아 먹는다'는 뜻으로, 일이 있을 때는 실컷 부려 먹다가 일이 끝나면 돌보지 않고 학대(虐待)함. 토사구팽(兎死狗烹).

교토삼굴(狡兎三窟) '교활(狡猾)한 토끼는 굴을 세 개 파 놓는다'는 뜻으로, 사람이 교묘(巧妙)하게 잘 숨어 재난(災難)을 피함을 비유(譬喩)하는 말.

교투호탈(巧偸豪奪) '교묘(巧妙)하게 훔치고, 무리(無理)하게 빼앗는다'는 뜻을 나타냄.

교편지마(噛鞭之馬) '말이 제 고삐를 씹는다'는 뜻으로, 자기 친척(親戚)을 헐뜯으면 결국 자기(自己)에게 해(害)가 됨을 이르는 말.

교학상장(教學相長) '가르침과 배움이 서로 진보시켜 준다'는 뜻으로, ①사람에게 가르쳐 주거나 스승에게 배우거나 모두 자신의 학업(學業)을 증진(增進)시킴. ②가르치는 일과 배우는 일이 서로 자신의 공부(工夫)를 진보(進步)시킴.

구각춘풍(口角春風) 좋은 말재주로 남을 칭찬(稱讚)하여 즐겁게 해줌, 또는 그런 말.

구강지화(口講指畫) '입으로 말하고 손으로 그린다'는 뜻으로, 열(熱)과 정성(精誠)을 다하여 교육(教育)한다는 말.

구경고(九經庫) '아홉 가지 경서(經書)에 정통(精通)함'이란 뜻으로, '많은 경서(經書)에 밝고 통(通)함'이라는 말.

구경부정(究竟不淨) 사람이 죽으면 그 육신(肉身)은 땅에 묻히어 흙이 되고, 벌레가 먹으면 똥이 되는 등(等) 신체(身體)의 종말(終末)이 깨끗하지가 못하다는 말.

구경현관(究竟現觀) 구경(究竟) 위에서 일어나는 온갖 지혜(智慧).

구고심론(求古尋論) 예를 찾아 의논(議論)하고 고인(古人)을 찾아 토론(討論)함.

구고심론산려소요(求古尋論散慮逍遙) 세상일을 잊어버리고 자연(自然) 속에서 한가히 즐김을 말한다.

구곡간장(九曲肝腸) '아홉 번 구부러진 간과 창자'라는 뜻으로, 굽이굽이 사무친 마음속 또는 깊은 마음 속.

구곡양장(九曲羊腸) 구절양장(九折羊腸).

구곡진영(驅轂振纓) 수레를 몰며 갓끈이 떨치니 임금 출행에 제후(諸侯)의 위엄(威嚴)이 있음.

구관이명관(舊官而名官) '경험(經驗)이 많은 자가 더 낫다'는 뜻. 명관이구관(名官而舊官)

구교지간(舊交之間) 오래 전(前)부터 사귀던 사이.

구구각각(區區各各) 모두 각각(各各) 다르다는 뜻.

구구불일(區區不一) 제각기 달라서 일치(一致)하지 아니함.

구구사정(區區私情) 이런저런 사사(私事)로운 사정(事情).

구구생활(區區生活) 겨우겨우 지내는 생활(生活).

구구세절(區區細節) 이런저런 자잘한 품목.

구구소회(區區所懷) 이런저런 생각.

구구절절(句句節節) 한 구절 한 구절마다.

구국간성(救國干城) '나라를 구하는 방패와 성'이란 뜻으로, 나라를 구(救)하여 지키는 믿음직한 군인(軍人)이나 인물(人物)을 의미함.

구궁신시(舊弓新矢) '묵은 활과 새 화살'이란 뜻으로, 그래야만 서로 잘 맞는다는 데서 나온 말.

구궐심장(究厥心腸) 남의 마음을 속속들이 헤아림 .

구기당오(究其堂奧) 학문(學文)의 깊은 뜻을 연구(硏究)함.

구난부표(救難浮漂) 구명부표(救命浮標).

구년면벽(九年面壁) 선종(禪宗)의 개조 달마(達磨) 대사(大師)가 승산 소림굴에서 벽을 향(向)하여 참선(參禪)하기를 9년 동안 하여 도를 깨달았다는 옛일의 일컬음.

구년지수(九年之水) 9년(年) 동안 계속(繼續)된 큰 홍수(洪水).

구년지저(九年之儲) 구년지축(九年之蓄) .

구년지축(九年之蓄) 구년(九年) 동안 먹을 수 있을 만한 식량(食糧).

구년친구(舊年親舊) 오랫동안 헤어져 있는 친구. 오랫동안 사귀어 오는 친구(親舊).

구담지교(瞿曇之教) 불교(佛教)를 달리 이르는 말. 석가모니의 가르침.

구동존이(求同存異) 중국의 외교정책(外交政策)을 간명하게 설명하는 4자 성어로써, 차이점(差異點)을 인정하면서 같은 점을 추구함.

구동화이(求同和易) 중국의 대외정책(對外政策)을 의미하는 말로써, 다른 점을 인정하면서 공동이익(共同利益)을 추구하고, 나아가 서로 이견(異見)이 있는 부분까지도 공감대를 확대(擴大)해 나간다는 뜻.

구두삼매(口頭三昧) 경문(經文)의 글귀만 읽고 참된 선리(禪理)를 닦음이 없는 수도(修道). 화두(話頭)만 주장(主張)하는 선(禪).

구두지교(口頭之交) 말뿐인 우정(友情). 건성으로 사귀는 사이.

구라파(歐羅巴) '유럽'의 한자음(漢字音) 표기(表記).

구락부(俱樂部) (오락 · 취미 · 친목 등 공통의 목적을 위한 모임인) '클럽(club)'의 한자음(漢字音) 표기(表記).

구로지은(劬勞之恩) 자기(自己)를 낳아 기른 어버이의 은혜(恩惠).

구룡토수(九龍吐水) 석가모니(釋迦牟尼)가 탄생(誕生)할 때 아홉 마리의 용이 물을 뿜어 목욕(沐浴)을 시켰다는 일.

구리지언(丘里之言) 시골말. ①민간에서 떠도는 촌스러운 말. 속된 말. ②근거가 없는 터무니없는 말.

구마지심(狗馬之心) '개나 말이 그 주인(主人)에게 다하는 충성심(忠誠心)'이라는 뜻으로, 자기(自己)의 진심(眞心)을 낮추어 일컫는 말.

구마위침(臼磨爲針) '절구괭이를 갈아서 바늘을 만든다'는 뜻으로, 참고 견디어 성공(成功)하라는 뜻. 마부위침(磨斧爲針). 마부작침(磨斧作針). 부마작침(斧磨作針). 철저마침(鐵杵磨針). 철저성침(鐵杵成針).

구만리장공(九萬里長空) '한(限) 없이 높고 넓은 하늘'을 일컫는 말. 구만리장천(九萬里長天). 만리장천(萬里長天).

구만리장천(九萬里長天) 구만리장공(九萬里長空). 만리장천(萬里長天).

구만장천(九萬長天) 구만리장천(九萬里長天).

구맹주산(狗猛酒酸) '개가 사나우면 술이 시어진다'는 뜻으로, 한 나라에 간신배가 있으면 어진 신하(臣下)가 모이지 않음을 비유(譬喩)한 말.

구명도생(苟命圖生) 구차(苟且)스럽게 겨우 목숨만을 보전(保全)하며 부질없이 살아감을 이르는 말.

구명동의(救命胴衣) (배나 비행기 등의 사고로) 물에 빠졌을 때 입는 구명구의 한 가지. 조끼 모양으로, 공기를 불어 넣고 입으면 물에 뜨게 됨.

구명부대(救命浮帶) 몸을 물 위에 뜨게 하는 구명구의 한 가지. 고무나 코르크 따위로 만들어 어깨에 걸치거나 허리에 두름. 구명대.

구명부이(救命buoy) 구명부표(救命浮標).

구명부표(救命浮標) 몸을 물 위에 뜨게 하는 구명구의 한 가지. 코르크를 방수포(防水布)로 싼 바퀴 모양의 기구. 구난부표. 구명부이.

구명조끼(救命チョッキ) 물에 빠졌을 때 몸이 뜰 수 있게 만든 조끼.

ㄱ

구묘지향(丘墓之鄕) 조상(祖上)의 묘가 있는 고향(故鄕).

구무소식(久無消息) 오래도록 소식(消息)이 없음.

구무완인(口無完人) '그 입에 오르면 온전(穩全)한 사람이 없음'이라는 뜻으로, 누구에게나 결점(缺點)만을 들추어 좋게 말하지 아니하는 사람.

구무택언(口無擇言) 한 마디도 가려서 버릴 것이 없음. 다 좋은 말.

구문생화(口吻生花) 훌륭한 말을 하거나 시가(詩歌)를 읊음.

구물잡담(口勿雜談) 입으로는 잡담을 하지 말라.

구물잡담수물잡희(口勿雜談手勿雜戲) 입으로는 잡담을 하지 말고, 손으로는 장난을 하지 말라.

구미속초(狗尾續貂) '담비 꼬리가 모자라 개 꼬리로 잇는다'는 뜻으로, ①좋은 것 다음에 나쁜 것을 잇는 것. ②쓸 만한 인격자(人格者)가 없어 자질이 부족(不足)한 사람을 고관(高官)에 등용(登用)함을 이름.

구미어(歐美語) 유럽 주와 아메리카 주(유럽과 미국)에서 쓰는 말.

구밀복검(口蜜腹劍) '입으로는 달콤함을 말하나 뱃속에는 칼을 감추고 있다'는 뜻으로, 겉으로는 친절(親切)하나 마음속은 음흉(陰凶)한 것. 소중유검(笑中有劍).

구밀복고(口密腹苦) 배에는 쓰나 입에는 꿀같이 달다.

구반문촉(毆槃捫燭) '장님이 쟁반을 두드리고 초를 어루만져 본 것만 가지고 태양에 대해 말한다'는 뜻으로, 남의 말만 듣고 지레짐작으로 이렇다 저렇다 논하지 말라는 말임.

구반상실(狗飯橡實) '개밥의 도토리'라는 속담(俗談)의 한역으로, 따돌림을 당(當)하거나 외톨이가 되는 것을 비유(譬喻)해 이르는 말.

구법조조락기공일일우(懼法朝朝樂欺公日日憂) 법을 두려워하면 언제나 즐거운 것이요, 나라 일을 속이면 날마다 근심이 되느니라.

구보인령(矩步引領) 걸음을 바로 걷고 따라서 얼굴도 바르니 위의(威儀)가 당당(堂堂)함.

구복심저(口福心詛) 입으로는 축복(祝福)하고 속으로는 저주(詛呪)함.

구복원수(口腹寃讐) '목구멍이 포도청(捕盜廳)'이란 뜻으로, 살아가기 위(爲)해서 아니꼬운, 괴로운 일을 당할 때 쓰는 말.

구복지계(口腹之計) 먹고 살아가는 방법(方法).

구복지루(口腹之累) '살아 나갈 걱정', 곧 '먹고 살 근심'을 비유(譬喻)하여 이르는 말.

구부득고(求不得苦) 구불득고(求不得苦).

구분지(區分肢) 구분하여 생긴 각 부분. 곧 유개념에 대한 종계념, 종계념에 대한 개별 개념을 이른다. 이를테면 만물을 생물과 무생물, 방향을 동서남북으로 구분한 것 따위이다.

구불가도(口不可道) 차마 입으로 말할 수 없는 일.

구불득고(求不得苦) 팔고(八苦)의 하나로 구(求)하려 해도 얻지 못하는 고통(苦痛).

구비문학(口碑文學) (문자의 힘을 빌리지 않고) 옛날부터 말로 전승되어 온 문학(설화 · 민요 · 수수께끼 등이 이에 딸림). 구승 문학(口承文學). 구전 문학(口傳文學). 전승 문학(傳承文學). ↔기록문학(記錄文學).

구사부득(求死不得) 죽기를 구하여도 죽지 못함.

구사불첨(救死不贍) 곤란(困難)이 몹시 심(甚)하여 다른 일을 돌아볼 겨를이 없음.

구사일생(九死一生) '아홉 번 죽을 번 하다 한 번 살아난다'는 뜻으로, 여러 차례(次例) 죽을 고비를 겪고 간신히 목숨을 건짐.

구산팔해(九山八海) 불교에서 말하는 수미산(須彌山)과 그 주위를 둘러싸고 있는 여덟개의 산, 그리고 그 산과 산 사이에 있는 여덟 개의 바다. 곧 세계(世界) 구성설에서 일컫는 모든 산과 바다.

구상개념(具象槪念) 구체적 개념(具體的槪念).

구상명사(具象名詞) 구체명사(具體名詞).

구상성(具象性) 구체성(具體性).

구상유취(口尙乳臭) '입에서 아직 젖내가 난다'는 뜻으로, 말과 하는 짓이 아직 유치(幼稚)함을 일컬음.

구색친구(具色親舊) 각 방면(方面)의 사람과 널리 사귀는 친구(親舊).

구선손반(具膳飧飯) 반찬(飯饌)을 갖추고 밥을 먹음.

구설부득(究設不得) 이치(理致)에 어긋난 일은 깊이 따지면 오히려 이해(理解)하기 어렵다는 말.

구설자화환지문멸신지부야(口舌者禍患之門滅身之斧也) 입과 혀는 화(禍)와 근심의 근본(根本)이며, 몸을 망하게 하는 도끼와 같은 것이니 말을 삼가해야 할지니라.

구세군(救世軍) 〔영〕The Salvation Army. 기독교의 한 교파. 구세군은 감리교 목사였던 윌리암 · 뿌드(William, Booth 1829~1912)가 1849년 런던 빈민굴에서 전도를 시작하여, 1878년 5월에 초대 대장이 되면서 구세군을 창설하였다. 중생(重生) · 성결(聖潔) · 봉사(奉仕)를 중히 여기고, 군대식 조직 밑에서 전도 · 교육 · 사회사업 등을 하고 있다. 한국의 구세군은 영국사관, 호가드 정령이 1908년 10월8일 서울 평동에서 집회를 개최한 것이 오늘의 한국 구세군이 되었다.

구세동거(九世同居) '9대가 한집에 산다'는 뜻으로, 집안이 화목함을 이르는 말.

구세제민(救世濟民) 세상(世上)을 구(救)하고 민생(民生)을 구제(救濟)함.

구세주(救世主) 인류를 죄악에서 구원(救援)하는 주(主)로서의 '예수'를 일컫는 말. 구주(救主). 메시아(Messiah)

구소수간(歐蘇手簡) 세종대왕(世宗大王)이 세자 시절에 많이 읽은 구양수와 소동파의 글을 모은 책명(冊名).

구속적부심사(拘束適否審査) 피의자의 구속이 적법(適法)한가 적법하지 아니한가를 법원에서 심사하는 일. 적부심사(適否審査).

구수응의(鳩首凝議) 사람이 모여서 이마를 맞대고 의논(議論)하는 모양(模樣). 구수회의(鳩首會議).

구수지간(仇讎之間) 서로 원수(怨讐)를 진 사이.

구수회의(鳩首會議) 비둘기 무리가 모이를 향해 머리를 들이 밀듯이 여러 사람이 모여 머리를 맞대고 하는 회의(會議). 구수응의(鳩首凝議).

구승문학(口承文學) 구비 문학(口碑文學). 구전 문학(口傳文學). 전승 문학(傳承文學). ↔기록문학(記錄文學).

구시심비(口是心非) 말로는 옳다 하면서 마음으로는 그르게 여김.

구시화문(口是禍門) '입은 곧 재앙(災殃)의 문'이란 뜻으로, ①남의 허물을 좋아하는 입은 화(禍)를 불러 들인다. ②항상 말을 조심해야 한다는 말. 구화지문(口禍之門).

구시화지문(口是禍之門) '입은 재앙을 불러들이는 문'이다.

구시화지문설시참신도(口是禍之門舌是斬身刀) 입은 재앙(災殃)을 불러들이는 문이요, 혀는 몸을 자르는 칼이로다.

구식지계(口食之計) 호구지책(糊口之策). 겨우 먹고 살아가는 방법.

구신불의(求信不疑) 오직 믿음으로 구(求)하고 의심(疑心)하지 아니함.

구실재아(咎實在我) 남의 허물이 아니라 자기의 잘못이라고 스스로 인정(認定)하는 말.

구십춘광(九十春光) ①봄의 석 달 동안. ②석 달 동안의 화창한 봄 날씨. ③노인(老人)의 마음이 청년(青年)처럼 젊음을 이르는 말.

구안지사(具眼之士) 견식(見識)을 갖춘 선비. 안식(眼識)이 있는 선비.

구안투생(苟安偸生) 일시적인 편안함만 탐하여 헛되이 살아감을 일컬음.

구약성서(舊約聖書) 기독교(基督教)의 성전(聖典)의 한 가지. 천지(天地)를 창조(創造)하신 때부터 예수가 나기 전까지의 이스라엘 민족의 역사와, 인간들에게 한 하나님의 약속과 계시(啓示) 등을 모은 경전(經典)으로, 창세기(創世記)부터 말라기까지 39권. 구약전서(舊約全書). 구약(舊約).

구약시대(舊約時代) 기독교(基督教)에서, 여호와가 천지(天地)를 창조(創造)한 뒤부터 예수가 나기 전 까지의 율법시대(律法時代).

구약전서(舊約全書) 구약성서(舊約聖書).

구약현하(口若懸河) 구여현하(口如懸河).

구여현하(口如懸河) '입이 급(急)히 흐르는 물과 같다'는 뜻으로, 거침없이 말을 잘하는 것.

구연세월(苟延歲月) 구차(苟且)하게 세월(歲月)을 보냄.

구염오속(舊染汚俗) 오래 전(前)부터 배어 든 나쁜 풍속(風俗).

구오지분(九五之分) 건괘(乾卦)의 다섯 번째 효(爻)의 이름이 구오(九五)로 천자(天子)의 자리를 말하는데, 곧 황제(皇帝)의 자리를 이르는 말.

구오지위(九五之位) 임금의 지위(地位)를 주역(周易)의 이치(理致)에 따라 일컫는 말.

구오지존(九五之尊) 구오지위(九五之位)의 높임말.

구우금우(舊友今友) 옛 친구(親舊)와 새 친구(親舊).

구우일모(九牛一毛) '아홉 마리 소에 털 한 가닥이 빠진 정도(程度)'라는 뜻으로, ①아주 큰 물건(物件) 속에 있는 아주 작은 물건(物件). ②여러 마리의 소의 털 중(中)에서 한 가닥의 털. ③대단히 많은 것 중(中)의 아주 적은 것의 비유(譬喩).

구유밀복유검(口有蜜腹有劍) 겉으로는 상냥한 체 남을 위하면서 마음속으로는 해칠 생각을 갖고 있음. 구밀복검(口蜜腹劍).

구이경지(久而敬之) 오래도록 공경(恭敬)함.

구이사촌(口耳四寸) '입과 귀의 간격(間隔)이 가깝다'는 뜻으로, 남에게서 들은 내용(內容)을 이해(理解)하기도 전(前)에 남에게 옮김, 곧 자기(自己)의 몸에 붙지 않은 학문(學問)을 이름.

구이지학(口耳之學) 남에게 들은 것을 그대로 남에게 전할 정도(程度)밖에 되지 않는 천박(淺薄)한 학문(學問).

구이팔만(九夷八蠻) 옛날 중국(中國) 사람이 일컫던 동쪽의 아홉 오랑캐와 남쪽의 여덟 오랑캐.

구인공휴일궤(九仞功虧一簣) '높이가 구인(九仞)이 되는 산을 쌓는 데에 최후(最後)의 한 삼태기의 흙을 얻지 못하여 완성시키지 못한다'는 뜻으로, 오래오래 쌓은 공로(功勞)가 최후(最後)의 한 번 실수(失手)나 부족으로 실패(失敗)하게 됨을 이르는 말.

구인득인(求仁得仁) '인(仁)을 구(求)하여 인(仁)을 얻었다'는 뜻으로, 자신(自身)이 원(願)하는 것을 얻었음을 뜻함.

구자관야(口者關也) '입이 관문과 같다'는 뜻으로, 입을 함부로 놀려서는 안 됨을 이르는 말.

구전문사(求田問舍) '논밭과 집을 구(求)하고 문의하여 산다'는 뜻으로, 자기(自己) 일신(一身) 상(上)의 이익(利益)에만 마음을 쓰고 국가(國家)의 대사(大事)를 돌보지 아니함을 이름.

구전문학(口傳文學) 구비 문학(口碑文學). 구승 문학(口承文學). 전승 문학(傳承文學).

구전성명(苟全性命) 구차(苟且)하게 생명(生命)을 보전(保全)함.

구전심수(口傳心授) 말과 마음으로 전(傳)하여 가르침.

ㄱ

구전지훼(求全之毁) 몸과 마음을 닦아 온전(穩全)히 하려다가 뜻밖에 남으로부터 듣는 욕.

구절구절(句節句節) 구구절절(句句節節). 한 구절 한 구절마다.

구절양장(九折羊腸) '아홉 번 꺾어진 양의 창자'라는 뜻으로, ①꼬불꼬불한 험한 길. ②세상(世上)이 복잡(複雜)하여 살아가기 어렵다는 말.

구조조정(構造調整) 기업 또는 산업의 불합리한 구조를 개편하거나 조정하는 일.

구족계(具足戒) 불교(佛敎)에서, 비구(比丘)와 비구니(比丘尼)가 지켜야할 계율(戒律)을 이르는 말.

구주매안(舊主埋安) 제사(祭祀) 지내 줄 자손(子孫)의 대가 다한 위패(位牌)를 땅에 묻음.

구주매화락계행죽엽성(狗走梅花落鷄行竹葉成) 개가 달리니 매화꽃(梅花-)은 떨어지고, 닭이 가니 대나무 잎이 무성(茂盛)함.

구주우적(九州禹跡) 하우씨(夏禹氏)가 구주(九州)를 분별(分別)하니 기(冀) · 연(兗) · 청(青) · 서(徐) · 형(荊) · 양(揚) · 예(豫) · 양(梁) · 옹(雍)이 구주(九州)임. 아홉구(九)–아홉번째 올라가는데, 고을주(州)–그 고을 휴게소에 갔더니, 임금(하우씨 우(禹))–벌써 선배 우형이, 자취(발자취 적(跡))–먼저 다녀간 흔적이 있더라. 하우씨(夏禹氏)는 중국 하(夏)나라의 우(禹)임금을 이르는 말.

구주필벌(口誅筆伐) 입과 붓으로 잘못을 징벌(懲罰)함을 이르는 말.

구중궁궐(九重宮闕) 문이 겹겹이 달린 깊은 대궐(大闕). 구중심처(九重深處).

구중심처(九重深處) 궁궐(宮闕)을 이르는 말, 깊숙한 곳. 구중궁궐(九重宮闕).

구즉득지(求則得之) '무엇을 구(求)하면 이를 얻을 수 있다' 는 말.

구즉득지사즉실지(求則得之舍則失之) '구하면 얻고 놓으면 잃는다'는 뜻으로, 무슨 일이든 내가 이루고자 노력하면 반드시 그 일이 이루어질 것이고 방심하고 무관심하면 될 일도 안 되고 잃어버린다는 맹자의 말씀.

구지부득(求之不得) 구(求)하려고 하여도 얻지 못함. 얻을 수 없음.

구처무로(區處無路) 구처(區處)할 방도가 없음.

구처지도(區處之道) 변통(變通)하여 처리(處理)할 방도.

구처지방(區處之方) 구처지도(區處之道).

구척장신(九尺長身) 아주 큰 키, 또는 그러한 사람. 키가 9척(九尺)이나 됨.

구천구지(九天九地) 하늘 꼭대기부터 땅밑까지.

구천직하(九天直下) '하늘에서 땅을 향(向)하여 일직선(一直線)으로 떨어진다'는 뜻으로, '굳센 형세(形勢)'를 일컫는 말.

구체개념(具體概念) 구체적 개념(具體的概念).

구체명사(具體名詞) 구체적(具體的) 개념을 나타내는 명사(사람 · 나무 · 자동차 따위와 같은 명사). 구상명사(具象名詞). ↔추상명사(抽象名詞).

구체성(具體性) 구체적(具體的)인 성질(性質). 구상성(具象性).

구체이미(具體而微) 형체(形體)는 갖추었으나 보잘것없음.

구체적(具體的) ①어떤 사물이 뚜렷한 실체를 갖추고 있는 것. ②실제적이고 세밀한 부분까지 포함하고 있는 것. ↔추상적(抽象的).

구체적개념(具體的槪念) ①추상 개념에 대하여, 구체적인 대상에 대한 개념. ②일반 개념에 대하여, 개개의 특수한 사물에 대한 단독 개념. 구상 개념. 구체 개념. ↔추상적 개념(抽象的槪念).

구축계옥지(狗逐鷄屋只) 구축계옥지제(拘逐鷄屋只睇).

구축계옥지제(拘逐鷄屋只睇) '닭 쫓던 개 지붕 쳐다보기'라는 속담(俗談)의 한역으로, 일에 실패(失敗)하고 낙심(落心)만 한다는 말.

구충기수(苟充其數) 질(質)은 돌보지 않고 그 수효(數爻)만을 채움.

구치소(拘置所) 사형수나 피의자, 또는 이미 기소되어 있는 형사 피고인 가운데 구속 영장에 의해서 구속되어 있는 사람 등을 수용하는 시설.

구태의연(舊態依然) 옛 모양(模樣) 그대로임. 시간은 흘러가는데 예나 지금이나 조금도 변함없이 여전함.

구폐생폐(捄弊生弊) 폐해(弊害)를 바로잡으려다가 도리어 폐단(弊端)을 일으킴.

구한감우(久旱甘雨) 오랜 가뭄 끝에 내리는 단비.

구한봉감우(久旱逢甘雨) '오랜 가뭄 끝에 단비를 만난다'는 뜻으로, 오랜 괴로움을 겪은 끝에 즐거운 일을 맞음의 비유(譬喩).

구한신감(舊恨新感) 예전에 품었던 원한(怨恨)과 지금의 새로운 감회.

구합취용(苟合取容) 아부(阿附)하여 남의 환심(歡心)을 사려고 힘씀.

구혈미건(口血未乾) '맹세(盟誓)할 때에 입에 묻힌 피가 아직 마르지 않았다'는 뜻으로, 맹세(盟誓)한 지가 오래되지 않았음을 나타내는 말.

구화심해(口和心害) 입으로는 평화(平和)를 말하고 속으로는 해(害)를 구함.

구화지문(口禍之門) '입은 재앙(災殃)을 불러들이는 문'이 된다는 뜻으로, 말조심을 하라고 경계(警戒)하는 말. 구시화문(口是禍門).

구화투신(救火投薪) '불을 끈답시고 땔나무를 던진다'는 뜻으로, 폐해(弊害)를 없애려고 한 행위(行爲)가 폐해(弊害)를 조장하게 되는 것을 비유(比喩).

구회지장(九回之腸) ①장이 뒤틀릴 정도(程度)로 괴롭고 고통(苦痛)스러움. ②꼬불꼬불 뒤틀려 꼬부라진 모양(模樣) .

국가안전보장회의(國家安全保障會議) 대통령의 자문 기관의 하나. 국가 안전 보장에 관련되는 제반 정책수립에 관한 자문을 맡아봄.

국가존망필부유책(國家存亡匹夫有責) '국가의 흥망성쇠(興亡盛衰)는 정치가나 장관에게만 책임(責任)이 있는 것이 아니라, 신분이 낮은 모든 사람들에게도 책임이 있다'는 말.

국궁진력(鞠躬盡力) '존경(尊敬)하는 마음으로, 몸을 낮춰 온 힘을 다한다'는 뜻을 나타냄.

국궁진췌(鞠躬盡瘁) 마음과 몸을 다하여 나라 일에 이바지함.

국권피탈(國權被奪) 1910년에 일제가 한일 병합 조약에 따라 우리나라의 통치권을 강제로 빼앗고 식민지(植民地)로 삼은 일.

국난사충신(國亂思忠臣) 나라가 어지러워지면 충신(忠臣)을 생각함.

국난즉사양상(國難則思良相) 나라가 어지러울 때면 훌륭한 재상(宰相)을 생각(生覺)하게 된다는 말.

국대부인(國大夫人) ①고려 시대에 종친의 여자나 문무관의 아내에게 주던 정삼품 외명부(外命婦)의 품계. ②조선 초기에 왕의 외조모나 왕비의 어머니에게 내리던 작위, 뒤에 부부인으로 고쳤다. ③후백제 왕 견훤의 딸. 장군 박영규의 처. 고려 태조 왕건의 비 동산원부인의 어머니.

국록지신(國祿之臣) 나라의 급료(給料)를 받는 신하(臣下).

국리민복(國利民福) 국가(國家)의 이익(利益)과 국민(國民)의 행복(幸福)을 일컬음.

국보간난(國步艱難) 나라의 운명(運命)이 매우 어지럽고 어려움.

국보적(國寶的) 나라의 보배, 즉 국보(國寶)가 될 만한 귀(貴)한 것.

국사무쌍(國士無雙) '그 나라에서 가장 뛰어난 인물(人物)은 둘도 없다'는 뜻으로, 매우 뛰어난 인재(人材)를 이르는 말.

국사우지국사보지(國士遇之國士報之) '국사(國士)로 대우하면 국사(國士)로 갚는다'는 뜻으로, 자기(自己)를 인정(認定)해주는 사람을 위해 헌신(獻身)함을 말함.

국수강호전필망(國雖强好戰必亡) '나라가 강할지라도 전쟁을 좋아하면, 반드시 망한다'. 국수대호전필망(國雖大好戰必亡).

국수대호전필망(國雖大好戰必亡) '나라가 클지라도 전쟁을 좋아하면, 반드시 망한다'. 국수강호전필망(國雖强好戰必亡).

국수월재수롱화향만의(掬水月在手弄花香滿衣) 물을 움키니 달이 손안에 있고, 꽃을 희롱(戲弄)하니 향기(香氣)가 옷에 가득함.

국위선양(國威宣揚) '나라의 명예(名譽)나 위상(位相)을 온 세계에 널리 알린다'는 뜻.

국인개왈가살(國人皆日可殺) '온 나라 사람들이 모두 죽여야 한다고 말한다'는 뜻으로, 인재(人材)의 등용(登庸)이나 처벌(處罰)은 신중(愼重)해야 하므로 백성(百姓)들의 의견(意見)을 수렴(收斂)해야 한다는 것을 이르는 말.

국정농단(國政壟斷) ①'국가(國家) 정치(政治)를 손아귀에 넣고 자기마음대로 가지고 논다'는 뜻. ②공적(公的)인 국가정치(國家政治)를 권한(權限)과 자격(資格)이 없는 자가 교묘(巧妙)한 수단(手段)으로 정치를 농락(籠絡)하여 이익(利益)이나 권리(權利)를 취(取)하는 것.

국제연합안전보장이사회(國際聯合安全保障理事會) 국제 평화와 안전을 유지하기 위하여 필요한 행동을 취할 책임과 권한을 가진 국제 연합의 주요 기구. 안전 보장 이사회. 안보 이사회. 안보리.

국치민욕(國恥民辱) 나라의 수치(羞恥)와 국민(國民)의 욕(辱)됨을 이르는 말.

국태민안(國泰民安) 나라가 태평(泰平)하고 국민(國民)이 평안(平安)함.

국태민안가급인족(國泰民安家給人足) 국가(國家)가 안정(安定)되고 국민(國民)이 편안(便安)하게 잘 먹고 잘 사는 것을 염원(念願)하는 말.

국토방위(國土防衛) 적의 침공으로부터 국토를 지키는 일.

국파산하재(國破山河在) 나라는 망하고 백성(百姓)은 흩어졌으나 오직 산(山)과 강(江)만은 그대로 남아있다는 말.

국풍순화(國風醇化) 나라의 풍속(風俗)을 순수(純粹)하고 온화(溫和)하게 함을 이르는 말.

국한문책(國漢文册) 국문(國文)에 한문(漢文)을 섞은 책.

군가수복(君家受福) '군자(君子)다운 집안이라야 행복한 가정을 이룬다'.

군경절축(群輕折軸) '아무리 가벼운 것이라도 많이 모이면 수레의 굴대를 구부러뜨릴 수 있다'는 뜻으로, 아무리 적은 힘이라도 일치(一致) 협력(協力)하면 강적(强敵)에 대항(對抗)할 수 있다는 말.

군계일학(群鷄一鶴) '무리 지어 있는 닭 가운데 있는 한 마리의 학'이라는 뜻으로, 여러 평범(平凡)한 사람들 가운데 있는 뛰어난 한 사람을 이르는 말. 계군고학(鷄群孤鶴). 계군일학(鷄群一鶴).

군령태산(軍令泰山) 군대(軍隊)의 명령(命令)은 태산(泰山)같이 무거움.

군맹무상(群盲撫象) 군맹상평(群盲象評).

군맹상평(群盲象評) '여러 맹인(盲人)이 코끼리를 더듬는다'는 뜻으로, 즉 자기(自己)의 좁은 소견(所見)과 주관(主觀)으로 사물(事物)을 그릇 판단(判斷)함.

군맹평상(群盲評象) '장님들이 코끼리 몸을 만져보고 제각기 말한다'는 뜻으로, 어리석은 사람은 자기(自己) 주관(主觀)에만 치우쳐 큰일을 그릇되게 판단(判斷)함.

군명유소불수(君命有所不受) '전쟁(戰爭)터에서 장수(將帥)가 임금의 명령(命令)도 듣지 않을 수 있다'는 말.

군문효수(軍門梟首) 지난날, 죄인의 목을 베어 군문에 높이 매어 달던 일.

군불염사(軍不厭詐) 군사(軍事) 상(上)으로는 적을 속이는 것도 무방(無妨)함.

군비축소(軍備縮小) 군비(軍備) 규모(規模)를 줄이는 일.

군사부일체(君師父一體) '임금과 스승과 아버지의 은혜(恩惠)는 똑같다'는 말.

군성옹북(群星擁北) '수많은 별이 북극성(北極星)을 향(向)해 떼지어 따른다'는 뜻으로, 많은 문사(文士)들이 모여듦을 이르는 말

군성진벽천락엽전추산(群星陣碧天落葉戰秋山) 떼지은 별들은 푸른 하늘에 진을 치고, 떨

어지는 잎은 가을 산에서 다툼.

군신대의(君臣大義) 임금과 신하(臣下) 사이에 지켜야 할 큰 의리(義理).

군신수어(君臣水魚) '임금과 신하(臣下), 물과 물고기'란 뜻으로, 떨어질 수 없는 친밀(親密)한 관계(關係)를 나타냄.

군신유의(君臣有義) 오륜(五倫)의 하나. 임금과 신하(臣下) 사이에 의리(義理)가 있어야 함.

군욕신사(君辱臣死) '임금이 치욕(恥辱)을 당(當)하면 신하(臣下)가 죽는다'는 뜻으로, 임금과 신하(臣下)는 생사고락(生死苦樂)을 함께 한다는 것을 이르는 말.

군용무상(君容無想) 임금의 마음속에 아무런 생각이 없음.

군웅할거(群雄割據) ①많은 영웅(英雄)들이 각각(各各) 한 지방(地方)에 웅거(雄據)하여 세력(勢力)을 과시(誇示)하며 서로 다투는 상황(狀況)을 이르는 말. ②여러 영웅(英雄)이 세력(勢力)을 다투어 땅을 갈라 버티고 있음.

군위신강(君爲臣綱) 신하(臣下)는 임금을 섬기는 것이 근본(根本)임 .

군위신강부위자강(君爲臣綱父爲子綱) 임금은 신하(臣下)의 벼리가 되고, 아버지는 자식(子息)의 벼리가 됨.

군은망극(君恩罔極) 임금의 은덕(恩德)이 한없음.

군의만복(群疑滿腹) 많은 사람이 다 의심(疑心)을 품고 있음.

군자대로행(君子大路行) '군자(君子)는 큰길을 택해서 간다'는 뜻으로, 군자(君子)는 숨어서 일을 도모(圖謀)하거나 부끄러운 일을 하지 않고 옳고 바르게 행동(行動)한다는 말.

군자덕목(君子德目) '자허원군성유심문(紫虛元君誠諭心文)'에, '청렴과 검소에서 복이 생기고, 겸손과 사양에서 덕이 나고, 마음을 고요히 하면 길이 트이고, 온화한 성품에서 수명(壽命)을 얻는다'고 했다.

군자무본(君子務本) 군자(君子)는 근본(根本)에 힘씀.

군자불기(君子不器) '군자(君子)는 일정(一定)한 용도(用途)로 쓰이는 그릇과 같은 것이 아니라'는 뜻으로, 군자(君子)는 한 가지 재능(才能)에만 얽매이지 않고 두루 살피고 원만(圓滿)하다는 말.

군자삼락(君子三樂) '군자(君子)의 세 가지 즐거움'이라는 뜻으로, 첫째는 부모(父母)가 다 살아 계시고 형제(兄弟)가 무고(無故)한 것, 둘째는 하늘과 사람에게 부끄러워할 것이 없는 것, 셋째는 천하(天下)의 영재를 얻어서 교육(敎育)하는 것.

군자유구사(君子有九思) 군자에게는 아홉 가지 생각 할 바가 있다.

군자지교담약수(君子之交淡若水) '군자(君子)의 사귐은 담백(淡白)하기가 물과 같다'는 뜻으로, 즉, 군자(君子)의 사귐은 물을 마시는 것처럼 담백하기 때문에 영구(永久)히 변(變)하지 않는다는 뜻.

군자지덕풍(君子之德風) '군자(君子)의 덕은 바람과 같아서 백성은 모두 그 풍화를 입는다'는 뜻으로, 윗물이 맑아야 아랫물도 맑다는 말.

군자표변(君子豹變) '군자는 표범처럼 변한다'는 뜻으로, 가을에 새로 나는 표범의 털이 아름답듯이, 군자는 허물을 고쳐 올바로 행함이 아주 빠르고 뚜렷하며 선(善)으로 옮겨가는 행위가 빛남을 이르는 말.

군자호구(君子好逑) '군자(君子)의 천생배필(天生配匹)'이라는 뜻.

군주민수(君舟民水) '임금은 배요 백성은 물'이라는 뜻으로, 배는 물에 의해서 뜨지만, 물이 화가 나면 배를 뒤집어 엎어버린다.

군주주의(君主主義) 군주가 나라의 정치(政治)를 아무 제재(制裁) 없이 행하는 주의.

군중심리(群衆心理) 여러 사람의 의견(意見)을 좇아감.

굴기자능처중,호승자필우적(屈己者能處重,好勝者必遇敵) 자기를 굽히는 자는 중요한 지위에 처할 수 있으며, 이기기를 좋아하는 자는 반드시 적(敵)을 만나느니라.

굴묘편시(掘墓鞭屍) '묘(墓)를 파헤쳐 시체(屍體)에 매질을 한다'는 뜻으로, 통쾌한 복수(復讐)나 지나친 행동(行動)을 일컫는 말.

굴지기일(屈指忌日) 손가락을 꼽아가며 기일(忌日)을 기다림.

굴이불신(屈而不伸) 굽히고는 펴지 아니함.

궁교빈족(窮交貧族) 가난한 친구(親舊)와 친척(親戚).

궁구막추(窮寇莫追) '피할 곳 없는 도적(盜賊)을 쫓지 말라'는 뜻으로, 궁지(窮地)에 몰린 적을 모질게 다루면 해를 입기 쉬우니 지나치게 다그치지 말라는 말.

궁구물박(窮寇勿迫) 궁구막추(窮寇莫追).

궁구물추(窮寇勿追) 궁구막추(窮寇莫追).

궁극적(窮極的) ①어떤 일의 궁극에 이른 것. ②최종적(最終的)인 것.

궁년누세(窮年累世) '궁년은 자기(自己)의 한 평생(平生), 누세는 자손(子孫) 대대(代代)'를 뜻하는 말로, 즉 본인(本人)의 한 평생(平生)과 자손(子孫) 대대(代代)란 말.

궁당익견(窮當益堅) ①곤궁(困窮)해질수록 그 지조(志操)는 더욱 굳어짐을 이르는 말. ② 나이가 들었어도 결코 젊은이다운 패기(霸氣)가 변하지 않고 오히려 굳건함.

궁도지곡(窮途之哭) 가난으로 겪는 슬픔을 이르는 말.

궁리궁리(窮理窮理) 이런 궁리(窮理) 저런 궁리(窮理)를 거듭하는 모양.

궁리진정(窮理盡情) 하늘의 이치를 캐어 밝히고 사람의 정을 다 하여라.

궁마지간(弓馬之間) '활 쏘고 말 달리는 사이'라는 말로, '싸움터'의 뜻.

궁마지재(弓馬之才) 활 쏘고 말 달리는 재주.

ㄱ

궁무소불위(窮無所不爲) '궁하면 무엇이든지 한다'는 뜻으로, 사람이 살기 어려우면 예의(禮儀)나 염치(廉恥)를 가리지 않음.

궁변통구(窮變通久) '궁(窮)하면 변(變)하게 되고, 변(變)하게 되면 두루두루 통(通)해서 오래간다'는 뜻. 어려울때는 변해야 한다는 말.

궁부자존(窮不自存) 가난하여 스스로 살아 갈 수 없음.

궁사극치(窮奢極侈) 매우 심한 사치(奢侈).

궁사남위(窮思濫爲) 궁(窮)하면 아무 짓이나 함.

궁사무척(孔蛇無尺) '구멍에 든 뱀의 길이는 알 수 없다'는 뜻으로, 사람의 마음이나 재주는 헤아리기 어려움을 이르는 말.

궁상각치우(宮商角徵羽) 동양(東洋) 음악(音樂)의 오음(五音)을 아울러 이르는 말(도·레·미·솔·라).

궁서막추(窮鼠莫追) '피할 곳 없는 쥐를 쫓지 말라'는 뜻으로, 궁지(窮地)에 몰린 적을 모질게 다루면 해를 입기 쉬우니 지나치게 다그치지 말라는 말.

궁서설묘(窮鼠囓猫) 궁서설묘(窮鼠齧猫).

궁서설묘(窮鼠齧猫) '궁지(窮地)에 몰린 쥐가 기를 쓰고 고양이를 물어뜯는다'는 뜻으로, 곧 사지(死地)에 몰린 약자가 강적(强敵)에게 필사적으로 반항함을 비유(比喩)하는 말. 궁서설묘(窮鼠囓猫).

궁심멱득(窮心覓得) 온갖 힘을 기울여 겨우 찾아냄을 이르는 말.

궁여일책(窮餘一策) 막다른 처지(處地)에서 짜내는 한 가지 계책(計策).

궁여지책(窮餘之策) 궁여일책(窮餘一策).

궁인모사(窮人謀事) '운수(運數)가 궁한 사람이 꾸미는 일은 모두 실패(失敗)한다'는 뜻으로, 일이 뜻대로 이루어지지 않음을 가리키는 말.

궁인지사번역파비(窮人之事飜亦破鼻) '궁한 사람의 일은 자빠져도 코를 깬다'라는 뜻으로, 재수(財數)가 나쁜 사람은 하는 일마다 운수(運數)가 없다는 말.

궁일지력(窮日之力) 아침부터 저녁까지 온 종일 일함.

궁적상적(弓的相適) '활과 과녁이 서로 맞았다'는 뜻으로, 기회(機會)가 서로 들어맞는다는 말.

궁전반울(宮殿盤鬱) 궁전(宮殿)은 울창한 나무 사이에 서린 듯 위치(位置)함.

궁절시진(弓折矢盡) '활은 부러지고 화살을 다 없어짐'이라는 뜻으로, 힘이 다하여 어찌할 도리(道理)가 없음이라는 말.

궁조입회(窮鳥入懷) '쫓기던 새가 사람의 품안으로 날아든다'는 뜻으로, 사람이 궁하면 적에게도 의지(依支)한다는 말.

궁천극지(窮天極地) 하늘과 땅과 같이 끝이 없음.

궁촌벽지(窮村僻地) 가난한 마을과 궁벽(窮僻)한 땅.

ㄱ

궁향이성(窮響以聲) '울림을 미워하여 입을 다물게 하려고 소리쳐 꾸짖으면 점점 더 울림이 커진다'는 뜻으로, 근본(根本)을 무시(無視)하고 지엽적인 것을 다스림을 비유(比喩)해 이르는 말.

궁흉극악(窮凶極惡) 성정(性情)이 음침(陰沈)하고 매우 흉악(凶惡)함.

권고지은(睠顧之恩) 권고지은(眷顧之恩).

권고지은(眷顧之恩) 돌보아 준 은혜(恩惠). 권고지은(睠顧之恩).

권권복응(拳拳服膺) 마음에 간직하여 잊지 않음.

권권불망(眷眷不忘) 가엾게 여겨 항상(恒常) 생각함을 이르는 말.

권두사(卷頭辭) 권두언(卷頭言).

권두언(卷頭言) 머리말.

권모술수(權謀術數) 목적(目的) 달성(達成)을 위(爲)해서는 인정(人情)이나 도덕(道德)을 가리지 않고, 권세(權勢)와 모략(謀略) 중상(中傷) 등(等) 갖은 방법(方法)과 수단(手段)을 쓰는 술책(術策). 권수(權數). 권술(權術). '사자(獅子)의 이빨과 여우의 간교(奸巧)한 꾀를 겸비(兼備)한 권모술수의 명수(名手)'라는 말도 있다.

권모술수의명수(權謀術數-名手) 이탈리아(ITALIA)의 정치사상가(政治思想家), 외교가(外交家), 역사학자(歷史學者)인 마키아벨리(Niccolò Machiavelli : 1469~1527)는 세계에서 권모술수로 유명한 파렴치하고 능갈치게 둘러 마치는 모략(謀略)과 술책(術策) 그리고 온갖 꾀를 잘 부리는 사람, 속임수를 잘하는 사람으로 알려져 있다.

권모술책(權謀術策) 목적(目的)을 위(爲)해 남을 교묘(巧妙)하게 속이는 모략(謀略)이나 술수(術數). 상황(狀況)에 따라 능수능란(能手能爛)하게 대처(對處)하는 수완(手腕).

권문세가(權門勢家) 권문세족(權門勢族).

권문세족(權門勢族) 권세(權勢)가 있는 집안. 권문세가(權門勢家).

권문자제(權門子弟) 권세(權勢) 있는 집안의 자제(子弟).

권불십년(權不十年) '권세(權勢)는 십년을 넘지 못 한다'는 뜻으로, ①권력(權力)은 오래가지 못하고 늘 변(變)함. ②또는 영화(榮華)는 일시적(一時的)이어서 계속(繼續)되지 않음. 화무십일홍(花無十日紅)

권상요목(勸上搖木) '나무에 오르라 하고, 흔들어 떨어뜨린다'는 뜻으로, 남을 부추겨 놓고 낭패를 보도록 방해(妨害)함이라는 말.

권상출척(勸賞黜陟) 농민(農民)의 의기(義氣)를 앙양(昻揚)키 위(爲)하여 열심인 자는 상주고, 게을리한 자는 출척(黜陟)함.

권서국사(權署國事) 권지국사(權知國事).

권선징악(勸善懲惡) 착한 행실(行實)을 권장(勸奬)하고 악(惡)한 행실(行實)을 징계(懲戒)함. 창선징악(彰善懲惡). 신상필벌(信賞必罰).

권의지계(權宜之計) 때와 장소에 맞는 대처(對處) 방법(方法).

권재족하(權在足下) '권한(權限)은 오로지 당신에게 있다'는 뜻으로, 남의 도움을 청할 때에 쓰는 말.

권지국사(權知國事) '왕호(王號)가 인정(認定)되기 전(前)에 우선(于先) 국사(國事)를 다스린다'는 뜻의 칭호(稱號).

권토중래(捲土重來) '흙먼지를 날리며 다시 온다'는 뜻으로, ①한 번 실패(失敗)에 굴하지 않고 몇 번이고 다시 일어남. ②패한 자가 세력(勢力)을 되찾아 다시 쳐들어옴.

권학강문(勸學講文) 학문(學問)을 권(勸)하며 공부(工夫)에 힘쓰게 함.

궤모탈복(詭謀奪福) 속여 복을 빼앗아 감.

궤상공론(机上空論) 탁상공론(卓上空論). 실천성이 없는 허황한 이론, 실제에 적합하지 않은 이론.

궤상론(机上論) 탁상공론(卓上空論).

궤상육(机上肉) '도마에 오른 고기'라는 뜻으로, 어찌할 수 없는 막다른 운명을 이르는 말.

귀곡천계(貴鵠賤鷄) '고니를 귀히 여기고 닭을 천하게 여긴다'는 뜻으로, 먼 데 것을 귀(貴)하게 여기고 가까운 데 것을 천하게 여기는 것이 인지상정(人之常情)임을 말함.

귀마방우(歸馬放牛) '주(周)나라 무왕이 은(殷)나라를 정벌(征伐)한 뒤, 전쟁(戰爭)에 쓴 마소를 놓아 주었다'는 옛일에서 온 말로, 다시는 전쟁(戰爭)을 하지 않음이라는 말.

귀면불심(鬼面佛心) '얼굴은 귀신(鬼神)의 형상(形象)이지만 마음은 부처와 같음'.

귀모토각(龜毛兎角) '거북의 털과 토끼의 뿔'이라는 뜻으로, 있을 수 없거나 아주 없음을 이르는 말.

귀배괄모(龜背刮毛) '없는 거북 등의 털을 벗겨 뜯는다'는 뜻으로, 없는 것을 애써 구(求)하려고 하는 것을 비유(比喩)함.

귀불가언(貴不可言) '매우 존귀(尊貴)함'의 뜻.

귀소본능(歸巢本能) 아무리 멀리 갔다가도 고향(故鄕)으로 돌아가고 싶은 본능(本能). 귀소성(歸巢性). 동물이 자기 서식처나 둥지로 되돌아오는 성질이나 능력.

귀신피지(鬼神避之) '귀신(鬼神)도 피한다'는 뜻으로, 스스로 단행(斷行)하면 귀신(鬼神)도 이것을 피(避)하여 해롭게 하지 못함을 이르는 말.

귀어허지(歸於虛地) 헛되이 돌아감.

귀유심생(鬼由心生) '귀신(鬼神)은 마음에서 생겨난다'는 뜻.

귀의삼보(歸依三寶) 불법(佛法). 승가람의 신보에 의지(依支)하는 일.

귀이천목(貴耳賤目) '귀를 귀하게 여기고 눈을 천하게 여긴다'는 뜻으로, 먼 곳에 있는 것을 괜찮게 여기고, 가까운 것을 나쁘게 여김.

귀인천기(貴人賤己) 군자(君子)는 인서(仁恕)의 마음이 있으므로 만사에 자신(身)보다 타인(他人)을 높임.

귀자모(鬼子母) 귀자모신(鬼子母神).

귀자모신(鬼子母神) 해산(解散), 유아(乳兒), 양육(養育) 등(等)을 맡은 야차 여신. 만 명의 자식(子息)을 두고도 늘 남의 어린아이를 잡아먹으므로 부처가 그의 막내아들을 숨겨 놓고 그를 훈계(訓戒)하여 귀의(歸依)하도록 하였다고 함.

귀족적(貴族的) 귀족에서 볼 수 있는 것. 귀족다운 것. ↔평민적(平民的).

귀천궁달(貴賤窮達) 귀함과 천함과 궁함과 영달함을 아울러 이르는 말.

귀천상하(貴賤上下) 신분(身分)이나 지위(地位)의 귀함과 천함과 높음과 낮음.

귀토지설(龜兎之說) 고대 설화의 한 가지. 우직한 거북과 간교한 토끼와의 지혜 겨룸을 내용으로 한 우화(寓話)로서 '별주부전(鼈主簿傳)'의 근원 설화임.

규중부녀(閨中婦女) 가정에서 살림을 하며 지내는 여자.

규구준승(規矩準繩) '컴퍼스 · 곱자 · 수준기(水準器) · 먹줄'이란 뜻으로, 일상생활에서 지켜야 할 법도.

규중처녀(閨中處女) 안방에만 있는 처녀(處女).

규중처자(閨中處子) 규중처녀(閨中處女).

규중칠우(閨中七友) '안방의 일곱 친구'라는 뜻으로, 부녀자(婦女子)가 바느질을 하는 데 필요한 침선(針線)의 7가지 물건(物件)인 바늘 · 실 · 골무 · 가위 · 자 · 인두 · 다리미 등 옷 만드는 도구를 말한다.

규천호지(叫天呼地) 몹시 슬프거나 분하거나 할 때, 하늘과 땅을 향(向)해 울부짖는 일.

규합지신(閨閤之臣) 궁중(宮中)에서 임금을 가까이 모시고 있는 신하(臣下) 또는 잠자리를 돌봐주는 신하(臣下).

균교임조(鈞巧任釣) 위국 마균은 지남거(指南車)를 만들고, 전국시대(戰國時代) 임공자(任公子)는 낚시를 만들었음.

귤중지락(橘中之樂) 바둑을 두는 즐거움을 이르는 말.

귤화위지(橘化爲枳) '강남(江南)의 귤을 강북(江北)에 심으면 탱자가 된다'는 뜻으로, 사람도 환경(環境)에 따라 기질(氣質)이 변한다는 말.

그리스도교(Kristos敎) 기독교(基督敎).

그리스도기원(Kristos紀元) 서력(西曆) 기원(紀元).

그리스어(Greece語) 그리스 본토와 터키 · 알바니아 등지에 사는 그리스 사람들이 쓰는

ㄱ

언어. 인도·유럽 어족에 속함. 희랍어(希臘語).

그리스정교(Greece正敎) 그리스 정교회(正敎會).

그리스정교회(Greece正敎會) 기독교의 한 교파. 로마 교황을 인정하지 않고 교회와 의식을 존중함. 그리스 정교회. 동방 교회. 동방 정교. 정교(正敎). 정교회(正敎會). 희랍 정교(希臘正敎).

극구광음(隙駒光陰) '흘러가는 세월(歲月)의 빠름은 달려가는 말을 문틈으로 보는 것과 같다'는 뜻으로, 인생(人生)의 덧없고 짧음을 비유(比喩).

극구변명(極口辨明) 갖은 말을 다하여 변명(辨明)함.

극구찬송(極口讚頌) 입에 침이 마르도록 칭찬(稱讚)함.

극구참욕(極口慘辱) 온갖 말을 다 하여 몹시 욕설(辱說)함.

극구칭송(極口稱頌) 대단히 칭찬(稱讚)함.

극기복례(克己復禮) 욕망(慾望)이나 사(詐)된 마음 등(等)을 자기자신(自己自身)의 의지력(意志力)으로 억제(抑制)하고 예의(禮儀)에 어그러지지 않도록 함.

극기상진(克己常進) '자신(自身)을 이기고 항상(恒常) 나아간다'는 뜻.

극기,성실,초지일관(克己,誠實,初志一貫) 자기의 욕심, 감정 등을 눌러 이기며, 일에는 참되고 거짓이 없어야 하며, 처음에 세운 뜻을 끝까지 밀고 나가라.

극기주의(克己主義) 금욕주의(禁慾主義). 견인주의(堅忍主義). 제욕주의(制慾主義).

극념작성(克念作聖) 성인(聖人)의 언행(言行)을 잘 생각하여 수양(修養)을 쌓으면, 자연(自然)스럽게 성인(聖人)이 됨을 말함.

극락발원(極樂發願) 극락정토(極樂淨土)에 가기를 바람.

극락세계(極樂世界) 극락정토(極樂淨土). 연화세계(蓮花世界).

극락안양정토(極樂安養淨土) 극락정토(極樂淨土).

극락왕생(極樂往生) 불교에서, ①죽어서 극락정토(極樂淨土)에 다시 태어남. ②편안히 죽음. 왕생극락(往生極樂). 정토왕생(淨土往生). 극락세계(極樂世界)에 태어남.

극락전(極樂殿) 아미타불을 본전(本尊)으로 모신 법당(法堂).

극락정토(極樂淨土) 불교에서 이르는, 아미타불(阿彌陀佛)이 살고 있다는 정토(淨土). 살아서 염불한 사람이 죽어서 불과(佛果)를 얻는 곳으로, 더없이 안락하여 즐거움만 있다고 함. 극락세계(極樂世界). 서방정토(西方淨土). 십만억토(十萬億土). 안락국(安樂國). 안락세계(安樂世界). 안락정토(安樂淨土). 안양정토(安養淨土). 금색세계(金色世界). 서방극락(西方極樂). 극락(極樂).

극벌원욕(克伐怨慾) 네 가지 악덕(惡德), 남을 이기기를 즐기는 일, 자기(自己)의 재능(才能)을 자랑하는 일, 원한(怨恨)을 품는 일, 욕심(慾心)을 내고 탐내는 일.

극변원찬(極邊遠竄) 먼 변경으로 귀양을 보냄.

극성즉패(極盛則敗) 너무 성(盛)하면 얼마 가지 못해 패한다는 말.
극성지패(極盛之敗) 극성이면 필패.
극세척도(克世拓道) '어려움을 극복(克服)하고 새 길을 개척(開拓)한다'는 뜻을 나타냄.
극악무도(極惡無道) 더없이 악하고 도의심(道義心)이 없음.
극진지두(極盡地頭) ①머리가 땅에 닿도록 극진(極盡)히 함. ②몹시 궁하여 여지가 없음. ③중정(中正)을 잃고 한 쪽으로 치우친 곳
극천극지(極天極地) 하늘과 땅 같이 끝이 없음.
극한상황(極限狀況) 더할 수 없이 막다른 지경에까지 이른 상황. 한계상황(限界狀況).
극한투쟁(極限鬪爭) 어떤 목적을 관철(貫徹)하기 위하여, 싸울 수 있는 데까지 싸우는 일.
근검건면(勤儉健勉) 할 일을 부지런히 하고, 재물을 아껴 쓰고, 몸을 튼튼히 하고, 모든 일을 힘써 실행하라.
근검역행(勤儉力行) 부지런하고 검소(儉素)함을 힘껏 행함.
근검절약(勤儉節約) 부지런하고 알뜰하게 재물(財物)을 아낌.
근검치산,사휼빈핍(勤儉治産,賜恤貧乏) 근면하고 검소한 생활태도로 가정산업을 다스리도록 하고, 가난한 사람을 구제하고 잘 도와주도록 하라.
근고지영(根固枝榮) '뿌리가 튼튼해야 가지가 무성(茂盛)하다'는 뜻을 나타냄.
근교원공(近交遠攻) '가까이 있는 사람을 친(親)하고, 먼데 있는 사람을 공격(攻擊)한다'는 뜻.
근군지복(近君之服) 임금을 가까이에서 모실 때 입는 옷.
근근간간(勤勤懇懇) 매우 부지런하고 정성(精誠)스러운 모양(模樣).
근근도생(僅僅圖生) 겨우겨우 살기를 꾀함.
근근득생(僅僅得生) 겨우겨우 삶을 이어 나감.
근근부지(僅僅扶持) 겨우겨우 배겨 나가거나 겨우겨우 견뎌 나감.
근근자자(勤勤孜孜) 매우 부지런하고 정성(精誠)스러움.
근근저축(勤勤貯蓄) 매우 부지런히 저축(貯蓄)함.
근두박질(筋斗撲跌) '곤두박질'의 잘못.
근력기중(勤力其中) 적은 논밭이나마 농사(農事)에 힘씀.
근로봉사(勤勞奉仕) 사회 이익을 위하여 무상(無償)으로 공공의 작업에 종사(從事)하는 일.
근로소득세(勤勞所得稅) 근로 소득에 대하여 메기는 조세(租稅).
근면,검약,효도(勤勉,儉約,孝道) 사람은 근실한 정신과 절약하는 습관(習慣)을 가지고 부모나, 윗사람을 단정(端正)한 마음가짐으로 대하라.
근면공부부모열지(勤勉工夫父母悅之) '공부를 부지런히 힘쓰면 부모님께서 기뻐하신다'는 뜻.
근묵자흑(近墨者黑) '먹을 가까이하면 검어진다'는 뜻으로, 나쁜 사람을 가까이하면 그 버

릇에 물들기 쉽다는 말.

근묵자흑근주자적(近墨者黑近朱者赤) '먹을 가까이 하는 사람은 검어지고, 주사(朱砂)를 가까이 하는 사람은 붉게 된다'는 뜻.

근세조선(近世朝鮮) 고려왕조(高麗王朝)에 이은 500년간의 조선 왕조(朝鮮王朝).

근수누대(近水樓臺) 권력자의 주변(周邊)에 있는 사람에게 출세(出世)의 기회가 많음을 비유하는 말.

근시무가지보(勤是無價之寶) 부지런함은 곧 값을 매길 수 없는 보배이다.

근시안적(近視眼的) 눈앞의 일에 사로잡혀 앞일을 바로 보지 못하는 것.

근열원래(近悅遠來) '부근(附近)에 있는 사람들이 즐거워하고, 먼 곳의 사람들이 흠모하여 모여든다'는 뜻으로, 덕(德)이 널리 미침을 이르는 말.

근우원려(近憂遠慮) 가까운 곳에서는 근심하고 먼 곳에서는 염려(念慮)함.

근위무가지보신시호신지부(勤爲無價之寶愼是護身之符) 부지런함은 값으로 따질 수 없는 보배요, 진중함은 몸을 보호(保護)하는 부적임.

근자득보(勤者得寶) 부지런한 사람은 재물(財物)을 얻는다.

근자열원자래(近者悅遠者來) '가까이 있는 사람을 기쁘게 하면, 멀리 있는 사람까지 찾아온다'는 뜻.

근자필경태자필한(勤者必慶怠者必恨) 근면(勤勉)한 사람은 반드시 기쁜 일을 맞게 되고, 태만(怠慢)한 사람은 반드시 원한을 당하게 된다.

근자필성(勤者必成) 부지런한 사람은 반드시 성공(成功)한다.

근장보졸(勤將補拙) 서투른 것을 보충(補充)하는 데에는 부지런함이 으뜸임을 뜻함.

근주위복(近主爲福) 하나님을 가까이 하면 복(福)이 됨.

근주자적(近朱者赤) '붉은빛에 가까이 하면 반드시 붉게 된다'는 뜻으로, 주위(周圍) 환경(環境)이 중요(重要)하다는 것을 이르는 말.

근청준계(謹聽遵誡) 말씀을 삼가 듣고 그 명령을 지켜 행함.

근친상간(近親相姦) 촌수(寸數)가 가까운 일가(一家)끼리 간음(姦淫)하는 일.

근풍조궁(勤豊躁窮) 부지런하면 풍부(豊富)에 이르고 조급(躁急)하면 궁핍(窮乏)이 따름.

근하신년(謹賀新年) 삼가 새해를 축하(祝賀)한다는 인사말(人事–). 공하신년(恭賀新年).

근화사례(近火謝禮) 가까운 곳에서 불이 나 손해(損害)는 입지 않았으나 근심을 끼쳐 미안하다는 인사(人事).

근화일일(槿花一日) 무궁화(無窮花)는 아침에 피었다가 저녁에 지는 데서, 덧없는 영화(榮華)를 비유(比喩)하는 말.

근화일조몽(槿花一朝夢) 인간(人間)의 부귀영화(富貴榮華)가 덧없음을 나타내는 말.

근화향(槿花鄕) 무궁화(無窮花)가 많은 땅, 즉 대한민국(大韓民國).

금강반약파라밀경(金剛般若波羅密經) 대승(大乘)의 반야의 경지(境地)에서, 공혜로써 체를 삼고 일체법(一體法) 무아(無我)의 이치(理致)를 말한 경문(經文).

금강불괴(金剛不壞) 금강처럼 단단하여 절대로 부서지지 않는 일.

금강석혼식(金剛石婚式) 결혼(結婚) 75주년(週年). 금강혼식(金剛婚式).

금강야차(金剛夜叉) 오대 명왕(五大明王)의 하나. 머리가 셋이고 팔이 여섯이며 무서운 형상(形相)으로 악마를 누르는 명왕.

금강혼식(金剛婚式) 금강석혼식(金剛石婚式). Diamond 혼식(婚式).

금고일반(今古一般) 지금이나 옛날이나 같음.

금고장영(今苦將榮) 현재(現在)의 고난(苦難)은 장차 나타날 영광(榮光)과 비교(比較)할 수 없음.

금고종신(禁錮終身) 조선(朝鮮)시대에, 평생 벼슬에 오르지 못하도록 하던 형벌(刑罰).

금고진천(金鼓振天) '진중(陣中)의 종소리와 북소리가 하늘을 뒤흔든다'는 뜻으로, 격전(激戰)을 형용(形容)해 이르는 말.

금고후락(今苦後樂) '지금은 힘들어도 후일에는 즐거움이 있다'는 뜻.

금곡주수(金谷酒數) 술자리에서 받는 벌주.

금곤복거(禽困覆車) '잡힌 짐승도 괴로우면 수레를 뒤엎는다'는 뜻으로, 약자(弱者)도 살기 위(爲)하여 기를 쓰면 큰 힘을 낼 수 있다는 말.

금과옥조(金科玉條) '금옥(金玉)과 같은 법률(法律)'이라는 뜻으로, 소중(所重)히 여기고 지켜야 할 규칙(規則)이나 교훈(敎訓).

금관가야(金官伽倻) 경상남도 김해(金海) 부근에 자리했던 고대 군장 국가(君長國家). 육 가야 연맹(六伽倻聯盟)의 하나로 그 맹주국(盟主國)이었으나, 6세기 중엽 신라에 병합(倂合)됨. '본가야'라고도 함. 가야(伽倻). 가락국(駕洛國).

금관악기(金管樂器) 금속으로 만든 관악기. 사람의 혀가 리드 구실을 하여 소리를 내는 취주악기(트럼펫 · 트롬본 · 튜바 · 호른 따위).

금구목설(金口木舌) 훌륭한 언설(言說)로 사회(社會)를 가르치고 이끌어 나가는 사람의 비유(比喩).

금구무결(金甌無缺) '흠집이 전혀 없는 황금(黃金) 단지'라는 뜻으로, 외침을 받은 적이 없는 당당한 국가(國家)를 비유(比喩)해 이르는 말.

금구복명(金甌覆名) 일국의 재상(宰相)을 임명(任命)하는 일.

금구옥음(金口玉音) ①임금의 말씀. ②남의 말씀의 경칭(敬稱).

금구폐설(金口閉舌) '귀중(貴重)한 말을 할 수 있는 입을 다물고 혀를 놀리지 않는다'는 뜻으로, 침묵(沈默)함을 이르는 말.

금권만능(金權萬能) '돈의 힘으로 되지 않는 일이 없다'는 뜻.

금권정치(金權政治) 금력(金力)으로 지배(支配)하는 정치(政治).

금독지행(禽犢之行) '새나 송아지의 행동(行動)'이라는 뜻으로, 친척(親戚) 사이에서 발생

ㄱ

(發生)하는 음탕(淫蕩)한 짓.

금등지사(金縢之詞) '쇠줄로 단단히 봉(封)하여 비서(祕書)를 넣어두는 상자(箱子)'라는 뜻으로, 억울하거나 비밀(祕密)스런 일을 글로 남겨 후세(後世)에 그 진실(眞實)을 전(傳)하고자 할 때 사용(使用)되는 말.

금란계(金蘭契) ①친목(親睦)의 뜻으로 친(親)한 친구(親舊)끼리 모은 계. ②금란지계(金蘭之契).

금란교(金蘭交) 금란지교(金蘭之交)의 준말.

금란지계(金蘭之契) '쇠처럼 단단하고 난초(蘭草) 향기(香氣)처럼 그윽한 사귐의 의리를 맺는다'는 뜻으로, 사이좋은 벗끼리 마음을 합치면 단단한 쇠도 자를 수 있고, 우정(友情)의 아름다움은 난의 향기(香氣)와 같이 아주 친밀(親密)한 친구(親舊) 사이를 이름.

금란지교(金蘭之交) '단단하기가 황금(黃金)과 같고 아름답기가 난초(蘭草) 향기(香氣)와 같은 사귐'이라는 뜻으로, 두 사람 간에 서로 마음이 맞고 교분(交分)이 두터워서 아무리 어려운 일이라도 해 나갈 만큼 우정(友情)이 깊은 사귐을 이르는 말 .

금란지의(金蘭之誼) '사이좋은 벗끼리 마음을 합치면 단단한 쇠도 자를 수 있고, 우정(友情)의 아름다움은 난의 향기(香氣)와 같다'는 뜻으로, 아주 친밀(親密)한 친구(親舊) 사이를 이름.

금린옥척(錦鱗玉尺) '비단(緋緞) 비늘에 옥으로 된 자'라는 뜻으로, 한 자 가량 되는 물고기를 아름답게 형용(形容)해 이르는 말.

금마옥당(金馬玉堂) 한(漢)나라 때 금마문(金馬門) 옥당전(玉堂殿)은 문학(文學)하는 선비가 출사(出仕)하는 관아(官衙). 후세(後世)에 한림원(翰林院)을 일컫는 이름이 됨.

금미지취(金迷紙醉) '금종이에 정신이 미혹(迷惑)되고 취한다'는 뜻으로, 사치스런 생활(生活)을 비유(比喩)하는 말.

금방금방(今方今方) 잇달아 속히.

금보리견시(錦褓裏犬屎) '비단보(緋緞褓)에 개똥'이라는 속담(俗談)의 한역으로, ①겉모양(模樣)은 좋은데 내용(內容)이 나쁘다는 말. ②외양(外樣)은 잘생긴 사람이 마음씨가 나쁘다는 말.

금불여고(今不如古) 지금이 옛날보다 못함.

금산철벽(金山鐵壁) '매우 견고(堅固)함'의 뜻.

금상첨화(錦上添花) '비단(緋緞) 위에 꽃을 더한다'는 뜻으로, 좋은 일에 또 좋은 일이 더하여짐을 이르는 말.

금색세계(金色世界) 불교에서 '극락정토'를 달리 이르는 말.

금생여수(金生麗水) '금(金)은 중국의 여수(麗水)에서 많이 난다'는 말.
금석뇌약(金石牢約) '금과 돌 같은 굳은 언약(言約)'이라는 뜻으로, 서로 언약(言約)함이 매우 굳음을 비유(比喩).
금석맹약(金石盟約) 쇠와 돌같이 굳게 맹세(盟誓)하여 맺은 약속(約束).
금석상약(金石相約) 금석지약(金石之約).
금석위개(金石爲開) '쇠와 돌을 열리게 한다'는 뜻으로, 강(强)한 의지로 전력을 다하면 어떤 일에도 성공할 수 있다는 말.
금석지감(今昔之感) 지금과 옛날을 비교(比較)할 때 차이(差異)가 매우 심(甚)하여 느껴지는 감정(感情).
금석지계(金石之契) 금이나 돌과 같이 굳은 사귐을 이르는 말.
금석지공(金石之功) 후세(後世)에 남겨 전할 만한 훌륭한 공적(功績).
금석지교(金石之交) '금석(金石)의 사귐'이라는 뜻으로, 쇠와 돌처럼 변(變)함 없는 굳은 사귐을 말함.
금석지약(金石之約) 금석(金石)과 같이 굳은 맹약(盟約).
금석지언(金石之言) 금석(金石)과 같이 굳은 언약(言約)을 이르는 말.
금석지전(金石之典) 쇠나 돌처럼 변(變)함이 없는 훌륭한 법전(法典) .
금석지책(金石之策) 가장 훌륭하고 안전(安全)한 계책(計策).
금선탈각(金蟬脫殼) '매미가 허물을 벗고 달아나다'의 뜻.
금설폐구(金舌蔽口) '귀중(貴重)한 말을 할 수 있는 입을 다물고 혀를 놀리지 않는다'는 뜻으로, 침묵(沈默)함을 이르는 말.
금성옥진(金聲玉振) ①재주와 지혜(智慧), 인덕(人德)을 충분(充分)히 조화(調和)있게 갖추고 있음의 비유(比喩). ②또는, 인격(人格)이 대성(大成)함의 비유(比喩), 특(特)히 공자(孔子)의 완성(完成)된 인격(人格)을 기리는 말로 쓰임.
금성천리(金城千里) '천리 땅에 걸친 견고(堅固)한 성'이라는 뜻으로, 진시황(秦始皇)이 그 나라의 튼튼함을 자랑한 말.
금성철벽(金城鐵壁) '쇠로 된 성과 철로 만든 벽'이라는 뜻으로, ①방비(防備)가 매우 견고(堅固)한 성. ②사물(事物)이 대단히 견고(堅固)하여 치기 어려움을 이르는 말.
금성탕지(金城湯池) '쇠로 만든 성과 끊는 물을 채운 못'이란 뜻으로, ①매우 견고(堅固)한 성과 해자(垓子). ②전(傳)하여, 침해(侵害)받기 어려운 장소(場所)를 비유(譬喩).
금수강산(錦繡江山) '비단(緋緞)에 수를 놓은 듯이 아름다운 산천(山川)'이라는 뜻으로, 우리나라 강산(江山)을 이르는 말.
금수고한(今愁古恨) 금인(今人)의 시름과 고인(古人)의 한(恨). 금인(今人)과 고인(古人)의

ㄱ

슬픔.

금수의끽일시(錦繡衣喫一時) '비단옷(緋緞-)이 한 끼 밥'이라는 속담(俗談)의 한역으로, 빈곤(貧困)할 때는 값진 보물(寶物)이라도 밥값에 불과하다는 말.

금수지장(錦繡之腸) 비단결(緋緞-)같이 고운 마음씨를 이름. 아름다운 마음씨의 소유자(所有者).

금슬상화(琴瑟相和) 부부의 사이가 다정하고 화목함을 비유적으로 이르는 말. 금슬지락(琴瑟之樂).

금슬지락(琴瑟之樂) 금실지락(琴瑟之樂)의 본딧말. 부부(夫婦)의 사이가 좋은 것. 금슬상화(琴瑟相和).

금시발복(今時發福) 어떤 일을 한 뒤에 이내 좋은 보람으로서 복을 누리게 됨.

금시작비(今是昨非) '오늘은 옳고 어제는 그르다'는 뜻으로, 과거(過去)의 잘못을 지금에 와서야 비로소 깨달음을 이르는 말.

금시초견(今時初見) 이제야 처음 봄.

금시초문(今時初聞) 이제야 비로소 처음으로 들음.

금시초문(今始初聞) 금시초문(今時初聞).

금식기도(禁食祈禱) (종교상의 관습이나 수행, 또는 어떤 목적을 이유로) 얼마동안 음식물(飮食物)을 먹지 않고 집중적(集中的)으로 하는 기도.

금식석흉(禁食釋凶) 금식(禁食)은 흉악(凶惡)의 결박(結縛)을 풀어줌.

금실(슬)상화(琴瑟相和) '거문고와 비파(琵琶) 소리가 조화(調和)를 이룬다'는 뜻으로, 부부 사이가 다정하고 화목(和睦)함을 이르는 말.

금실지락(琴瑟之樂) '거문고와 비파(琵琶)의 조화로운 소리'라는 뜻으로, 부부(夫婦) 사이의 다정(多情)하고 화목(和睦)한 즐거움. 남흔여열(男欣女悅).

금심수구(錦心繡口) 훌륭한 착상과 아름다운 말 또는 시나 문장(文章)에 재능(才能)이 뛰어남을 이르는 말.

금오신화(金鰲新話) 우리나라 최초의 소설(小說)로, 조선 세조 때 김 시습이 한문으로 지은 전기 소설.

금오옥토(金烏玉兎) '금 까마귀와 옥토끼'란 뜻으로, 금오는 태양(太陽), 옥토는 달을 가리키는 말. 해 안에 까마귀가 살고 달에는 토끼가 산다는 상상에서 나온 말.

금옥군자(金玉君子) 몸가짐이 금옥(金玉)과 같이 깨끗하고 점잖은 사람.

금옥만당(金玉滿堂) '금옥관자(金玉貫子)가 집에 가득하다'는 뜻으로, 어진 신하(臣下)가 조정(朝廷)에 가득함을 비유(比喩)하는 말.

금옥저교(金屋貯嬌) 집을 화려(華麗)하게 꾸며 놓고 총애(寵愛)하는 미인(美人)을 살게 함을 이르는 말.

금옥지세(金玉之世) 태평(太平)한 세월(歲月)의 비유(比喩).

금옥지중(金玉之重) 썩 중대(重大)함의 비유(比喩).

금왕지기(金旺之氣) 금왕지절(金旺之節).

금왕지절(金旺之節) 오행 가운데에서 금기(金氣)가 왕성(旺盛)한 절기(節氣). 곧 가을을 이름. 금왕지기.

금욕주의(禁慾主義) 일체의 정신적(精神的) · 육체적(肉體的)인 욕구나 욕망을 억제함으로써 종교 또는 도덕상의 이상을 성취하려는 사상이나 태도(態度). 견인주의(堅忍主義). 극기주의(克己主義). 제욕주의 (制慾主義).

금은보화(金銀寶貨) 금 · 은 · 옥 · 진주 따위의 매우 귀중한 보물(寶物).

금은지국(金銀之國) 우리나라를 아름답게 이른 말.

금의상경(錦衣尙褧) '비단옷을 입고 기운 옷을 덧입는다'는 뜻으로, 군자(君子)는 미덕(美德)이 있어도 이것을 겉으로 드러내지 않음을 비유(比喩)하는 말.

금의야행(錦衣夜行) '비단옷(緋緞–)을 입고 밤길을 간다'는 뜻으로, ①아무 보람 없는 행동(行動)을 비유(比喩)하여 이르는 말.

금의옥식(錦衣玉食) '비단옷(緋緞–)과 흰쌀밥'이라는 뜻으로, 사치(奢侈)스러운 생활(生活)을 이르는 말.

금의일식(錦衣一食) '비단옷과 밥을 바꾼다'는 뜻으로, 호화(豪華)로운 비단옷(緋緞–)보다 한 그릇의 밥이 더 필요(必要)하다는 말.

금의주행(錦衣晝行) ①입신(立身) 출세(出世)하여 부귀(富貴)를 고향(故鄕)에 드날림. ②또는, 고향(故鄕)에 돌아감.

금의행(錦衣行) 명성(名聲)을 떨치고 부귀(富貴)를 얻어서 고향(故鄕)으로 돌아감.

금의환향(錦衣還鄕) '비단옷(緋緞–) 입고 고향(故鄕)에 돌아온다'는 뜻으로, 출세(出世)하여 고향(故鄕)에 돌아옴을 이르는 말.

금일사금일필(今日事今日畢) 오늘에 할 일은 오늘에 끝 마쳐라.

금일월병(金日月屛) 금물로 해와 달을 그린 병풍(屛風). 임금님이 앉는 자리에 쳤음 .

금일지사(今日之事) 오늘의 일. 오늘의 사무(事務)를 말함.

금자둥이(金子–) '어린 아이를 금(金)같이 귀(貴)한 아이'라는 뜻으로 이르는 말.

금자탑(金字塔) ①이집트의 피라밋을 번역한 말. 그 모양이 '금(金)'자와 비슷한 데서 온 말임. ②'길이 후세(後世)에 전(傳)하여질 만한 가치가 있는 불멸의 업적(業績)'을 비유(比喩)하여 이르는 말.

금적금왕(擒賊擒王) 적을 이기려면, 두목을 먼저 잡아라.

금전옥루(金殿玉樓) '휘황찬란(輝煌燦爛)한 궁전(宮殿)'을 이르는 말.

금정옥액(金精玉液) '효험(效驗)이 뛰어나게 좋은 약'을 이르는 말.

금지부득(禁之不得) 하지 못하게 말릴 수 없음.

금지옥엽(金枝玉葉) '금 가지에 옥 잎사귀'란 뜻으로, ①임금의 자손(子孫)이나 집안을 이르는 말. ②귀한 자손(子孫)을 이르는 말. ③아름다운 구름을 형용(形容)하여 이르는 말.

금치산자(禁治産者) 법원으로부터 금치산의 선고(宣告)를 받은 사람. 심신상실(心身喪失)의 상태에 있어 자기행위의 결과를 합리적으로 판단할 능력이 없는 자로 법원에서 금치산의 선고를 받은 법률상의 무능력자.

금풍옥로(金風玉露) 신선(新鮮)하게 부는 가을바람과 구슬과 같은 이슬.

금혁지난(金革之難) 전쟁(戰爭)의 고난(苦難)을 이르는 말.

금혁지세(金革之世) 전란(戰亂)이 끊이지 않는 어지러운 세상(世上).

금혼식(金婚式) 결혼(結婚)한지 만 50년 되는 날을 축하(祝賀)하는 일.

금화벌초(禁火伐草) 무덤에 불을 조심하고 때맞추어 풀을 베고 하여 무덤을 잘 보살핌 .

급격물실(急擊勿失) 급(急)히 쳐서 때를 놓치지 않음.

급기야(及其也) 필경(畢竟)에는. 마침내.

급난지붕(急難之朋) 급(急)하고 어려울 때 힘이 되어주는 친구(親舊).

급난지붕일개무(急難之朋一個無) 급(急)하고 어려울 때 막상 나를 도와주는 친구(親舊)는 한명도 없다.

급난지풍(急難之風) 남의 어려운 일을 구(救)해 주는 의협심(義俠心)이 있는 태도(態度).

급류용퇴(急流勇退) 벼슬자리를 단연 버리고 물러나는 것이 급류를 건넘과 같이 용감(勇敢)함을 이르는 말.

급마하송(給馬下送) 지방(地方)에 무슨 일이 있을 때 벼슬아치에게 말을 주어 급(急)히 보내던 일.

급발진(急發進) 자동차 따위가 정차(停車) 상태에서 갑자기 고속(高速)으로 출발하여 나아감.

급수공덕(給水功德) 불교(佛敎)에서 물을 떠, 남에게 주는 공덕(功德), 즉 지극(至極)히 쉽고도 대단치 않으나, 남을 위(爲)하여 일하는 것은 선행(善行)이라는 말.

급수전(給水栓) 수도전(水道栓)의 한 가지. 급수관 끝의 물을 여닫는 장치. 수도꼭지

급어성화(急於星火) 마치 별똥 빛 같이 급(急)하고 빠름.

급인지풍(急人之風) 남의 위급(危急)함을 도와주는 의협(義俠)스러운 풍채(風采).

급전직하(急轉直下) 사태(事態)가 돌연히 바뀌어 결정적(決定的)인 형국으로 치달음.

급진급퇴(急進急退) 급(急)히 나아가고 급(急)히 물러남.

급진주의(急進主義) 현존의 사회 질서나 정치 체제 등을 급격히 변혁(變革)해 나가려고 하는 주의. ↔점진주의(漸進主義).

급행무선보(急行無善步) '급(急)히 가면 잘 걸을 수 없다'는 뜻으로, 무슨 일이든지 급(急)하게 서두르면 잘 되지 않는다는 말.

긍구긍당(肯構肯堂) 아버지가 업을 시작(始作)하고 자식(子息)이 이것을 이음.

긍긍업업(兢兢業業) 언제나 조심(操心)하고 삼가 함.

기각지세(掎角之勢) ①'달아나는 사슴을 잡을 때, 뒷발을 잡고, 뿔을 잡는다'는 뜻으로 앞뒤에서 적을 몰아칠 수 있는 양면(兩面) 작전(作戰)의 형세(形勢)를 비유(比喩)하는 말. ②두 영웅(英雄)이 할거(割據)하여 서로 세력(勢力)을 다투는 형세(形勢).

기갈모의(飢渴慕義) '의(義)에 주리고 목마른 자는 복(福)이 있다'는 말.

기감훼상(豈敢毁傷) 부모(父母)께서 낳아 길러 주신 이 몸을 어찌 감(敢)히 훼상(毁傷)할 수 없음.

기개관중(氣蓋關中) '의기(義氣)가 관중을 압도(壓倒)한다'는 뜻으로, 의기(義氣) 왕성(旺盛)함을 이르는 말.

기거동작(起居動作) 사람이 살아가는 모든 행동(行動).

기경정사(起景情思) 한시(漢詩)에 있어서 네 절(節)의 이름. 모두(冒頭)를 '기(起)', 그 모두의 뜻을 대받아 문을 아름답게 표현(表現)하는 것을 '경(景)', 셋째로 사색으로 들어가는 것을 '정(情)', 전편(全篇)을 거두어서 끝을 맺는 것을 '사(思)'라 함.

기계지심(機械之心) 책략(策略)을 꾸미는 마음.

기고만장(氣高萬丈) '기운(氣運)이 만장이나 뻗치었다'는 뜻으로, ①펄펄 뛸 만큼 크게 성이 남. ②또는 일이 뜻대로 되어 나가 씩씩한 기운(氣運)이 대단하게 뻗침.

기공강근지친(朞功强近之親) 기복(期服) · 공복(功服)을 입을 만큼 가까운 일가(一家)와 친척(親戚).

기괴망측(奇怪罔測) 너무 기괴(奇怪)하여 말할 수 없음.

기괴천만(奇怪千萬) 기괴(奇怪)하기 짝이 없음.

기구망측(崎嶇罔測) '세상살이나 운수 등이 평탄(平坦)하지 못하고, 험난(險難)하기 짝이 없다'는 뜻.

기구신득(祈求信得) '기도(祈禱)하고 구(求)한 것은 받은 줄로 믿어라'의 뜻.

기구지업(箕裘之業) '키와 갑옷'이라는 뜻으로, 선대(先代)로부터 내려오는 사업(事業)을 이르는 말. 선대(先代)의 업(業)을 완전(完全)히 이어받음.

기군망상(欺君罔上) 임금을 속임.

기근천지(饑饉荐至) 흉년(凶年)이 거듭 됨.

기급절사(氣急絕死) 놀라서 정신(精神)을 잃음.

기기괴괴(奇奇怪怪) 매우 기이(奇異)하고 이상(異常)함.

기기기익(己飢己溺) '자기가 굶주리고 자기가 물에 빠진 듯이 생각한다'는 뜻으로, 다른 사람의 고통을 자기의 고통으로 여겨 그들의 고통을 덜어주기 위해 최선을 다함.

기기묘묘(奇奇妙妙) 몹시 기묘(奇妙)함.

기남숙녀(奇男淑女) 재주와 슬기가 남달리 뛰어난 남자(男子)와 교양(敎養)과 품격(品格)을 갖춘 여자(女子).

기담괴설(奇談怪說) 기이(奇異)하고 괴상(怪狀)한 이야기.

기대취소(棄大就小) '큰 것을 버리고 작은 것을 취한다'는 뜻으로, 손해(損害)와 이익(利益)의 차이를 제대로 헤아리지 못하는 어리석음을 이르는 말.

기독교(基督敎) 세계 3대 종교의 하나. 하나님을 천지 만물을 창조(創造)한 유일신(唯一神)으로, 그리스도를 이 세상의 구세주(救世主)로 믿으며, 그의 신앙과 사상을 따르는 것을 목적으로 함. 그리스도교. 크리스트교. 야소교(耶蘇敎). 예수교.

기독교국(基督敎國) 국민의 대다수가 기독교를 믿는 나라.

기독교도(基督敎徒) 기독교의 신도(信徒). 크리스천.

기독교의삼주덕(基督敎-三主德) 신(信) · 망(望) · 애(愛).

기독교회(基督敎會) 그리스도를 믿는 사람들의 교단(敎團)을 통하여 이르는 말.

기독론(基督論) 〔영〕Christology. 그리스도론은 그리스도의 인격과 업적(業績)을 논하는 신학의 한 분과이다. 그리스도론은 신약성서가 증거하는 나사렛 예수는 곧 구약성서에 예언되고 그 목표가 된 그리스도라는 사실과 이 나사렛 예수는 하나님을 결정적으로 계시했다는 인식(認識)에서 출발한다.

기라성(綺羅星) 밤하늘에 빛나는 별이 비단(緋緞) 그물처럼 빽빽이 들어선 모습(貌襲)에서 비롯된 표현(表現). 신분(身分)이 높거나 권력(權力), 명예(名譽) 따위를 가진 사람들이 많이 모여 있는 것을 이름.

기려멱려(騎驢覓驢) '나귀를 타고 나귀를 찾아다닌다'는 뜻으로, 가까이에 있는 것을 도리어 먼 데서 구(求)하는 어리석음을 비유(比喩)하는 말.

기로망양(岐路亡羊) 다기망양(多岐亡羊).

기록문학(記錄文學) 사실(事實) 그대로를 기록한 문학. 다큐멘터리. 보고문학(報告文學). ↔구비문학(口碑文學). 구전문학(口傳文學).

기린아(麒麟兒) 슬기와 재주가 남달리 뛰어난 젊은이.

기마욕솔노(騎馬欲率奴) '말을 타면 노비(奴婢)를 거느리고 싶다'라는 뜻으로, '말 타면 경마(競馬) 잡히고 싶다'라는 속담(俗談)과 같은 말로, 곧 사람의 욕심(慾心)은 끝이 없다는 말.

기만수봉(奇巒秀峯(峰) 기묘(奇妙)하고 빼어난 산(山).

기만전술(欺瞞戰術) ①전쟁(戰爭)에 이기기 위해서 갖가지 속임 수를 쓰는 전략(戰略.) ② 일정한 목적을 달성(達成)하기 위해서 남을 그럴듯하게 속이는 수단(手段)이나 방법(方法).

기만정책(欺瞞政策) 남을 속이는 정치적(政治的) 술책(術策).

기만즉일인만즉상(器滿則溢人滿則喪) 그릇이 차면 넘치고, 사람이 차면 잃어지느니라.

기매화(起埋火) '묻은 불은 일어남'의 뜻으로, ①'후환(後患)이 없다고 안심(安心)하던 일이 다시 일어남'의 비유(比喩). ②지난 일을 괜스레 들추어냄의 비유(比喩).

기맥상통(氣脈相通) 마음과 뜻이 서로 통(通)함.

기명날인(記名捺印) 서명(署名) 날인.

기모비계(奇謀祕計) 기묘(奇妙)한 꾀와 비밀(祕密)한 계책(計策).

기문지학(記問之學) 단순(單純)히 책을 외기만 하고 제대로 이해(理解)하지 못한 학문(學問).

기미독립운동(己未獨立運動) 1919년 3월 1일을 기하여 자주 독립을 목적으로 일제에 항거하여 일어난 민족적(民族的)인 의거(義擧). 삼일운동(三一運動).

기미상적(氣味相適) 생각하는 바나 취미(趣味)가 서로 맞음. 기미상합(氣味相合).

기미상합(氣味相合) 기미상적(氣味相適).

기법불이(機法不二) '중생(衆生)의 믿는 마음과 불타(佛陀)의 구원(救援)하는 법이 서로 다른 것이 아니요, 실상(實相)은 하나'라는 뜻.

기변백출(機變百出) 적절한 때에 따르고 변화(變化)에 응(應)하여 온갖 재간(才幹)을 나타냄.

기변지교(機變之巧) 그때그때에 따라 교묘(巧妙)한 수단(手段)을 씀.

기복신앙(祈福信仰) 오직 복(福)을 기원(祈願)함을 목적(目的)으로 믿는 미신적(迷信的)인 신앙(信仰).

기복지대(起伏地帶) 땅이 평평하지 않고 굴곡(屈曲)이 심한 지대(地帶).

기복염거(驥服鹽車) 기복염차(驥服鹽車).

기복염차(驥服鹽車) '천리마(千里馬)가 소금 수레를 끈다'는 뜻으로, 유능한 사람이 천(賤)한 일에 종사(從事)함을 비유(比喩的)하는 말.

기복출사(起復出仕) 기복행공(起復行公)

기복행공(起復行公) 상중(喪中)에 벼슬에 나가던 일. 탈정종공(奪情從公).

기불택식(飢不擇食) '굶주린 사람은 먹을 것을 가리지 않는다'는 뜻으로, '빈곤(貧困)한 사람은 대수롭지 않은 은혜(恩惠)에도 감격함'의 비유(比喩).

기불택식(饑不擇食) 기불택식(飢不擇食).

기사근생(饑死僅生) 거의 죽을 뻔하다가 살아남.

기사이적(奇事異蹟) 희한하고 기이(奇異)한 일.

기사지경(幾死之境) 거의 다 죽게 된 지경(地境).

기사회생(起死回生) 죽을 뻔하다가 살아남.

기산심해(氣山心海) 기운은 산과 같이 높고 마음은 바다와 같이 넓다는 의미(意味).

기산지절(箕山之節) 굳은 절개(節槪)나, 신념(信念)에 충실(充實)함의 비유(比喩).

기산지지(箕山之志) '기산(箕山)의 지조(志操)'란 뜻으로, 은퇴(隱退)하여 자기(自己) 지조

(志操)를 굳게 지킴.

기상천외(奇想天外) 보통(普通) 사람으로는 짐작(斟酌)도 할 수 없을 만큼 생각이 기발(奇拔)하고 엉뚱함.

ㄱ

기색혼절(氣塞昏絕) 숨이 막히고 정신(精神)이 아찔하여 까무러침.

기성사실(既成事實) 이미 이루어진 사실(事實). 기정사실(既定事實).

기성세대(既成世代) 현실적(現實的)으로 그 사회의 중심(中心)으로서 자리 잡고 있는 세대. 낡은 세대, 나이 든 세대(世代)라는 뜻으로도 쓰임.

기성세력(既成勢力) 이미 그 사회(社會)에서 든든하게 자리 잡고 있는 세력(勢力).

기성안혼(技成眼昏) 재주를 다 배우니 눈이 어두움.

기세도명(欺世盜名) 세상(世上) 사람을 속이고 헛된 명예(名譽)를 탐냄.

기세등등(氣勢騰騰) 기세(氣勢)가 매우 높고 힘찬 모양(模樣).

기세양난(其勢兩難) 이럴 수도 저럴 수도 없음.

기소불욕물시어인(己所不欲勿施於人) 자기가 하고 싶지 않은 것을 남에게 억지로 시키지 말아야 함.

기송지학(記誦之學) 외고 읽을 뿐으로, 이해(理解)하려고 힘쓰지 않고 또 실천(實踐)하지 못하는 학문(學問).

기수소관(氣數所關) '모두가 운수(運數)에 달린 일이라 사람의 힘으로는 어찌할 수 없다'는 말.

기수지세(騎獸之勢) '짐승을 타고 달리는 기세(氣勢)'라는 뜻으로, 도중(途中)에서 그만두거나 물러설 수 없는 형세(形勢)를 이르는 말.

기슬지류(蟣虱之類) '서캐와 이의 무리'라는 뜻으로, '보잘것없는 비천(卑賤)한 사람'을 업신여겨서 이르는 말.

기습적(奇襲的) ①몰래 움직여 갑자기 들이쳐 공격(攻擊)하는 것. ②남이 알아차리기 전에 갑자기 행(行)하는 것.

기승전결(起承轉結) 시문(詩文)을 짓는 형식(形式)의 한 가지, 글의 첫머리를 기(起), 그 뜻을 이어받아 쓰는 것을 승(承), 뜻을 한번 부연시키는 것을 전(轉), 전체(全體)를 맺는 것을 결(結)이라 함. 기승전합(起承轉合).

기승전락(起承轉落) 기승전결(起承轉結).

기승전합(起承轉合) 기승전결(起承轉結).

기식엄엄(氣息奄奄) 금방이라도 숨이 넘어갈 듯 숨결이 몹시 약함.

기아선상(飢餓線上) 기아지경(饑餓之境).

기아임금(飢餓賃金) 겨우 입에 풀칠이나 할 정도(程度)의 극히 낮은 품삯.

기아지경(饑餓之境) 굶주리는 상태(狀態)에 이른 지경(地境). 굶어 죽을 지경(地境).

기아지경(飢餓之境) 기아지경(饑餓之境).

기암괴석(奇巖怪石) 기묘(奇妙)한 바위와 괴상(怪狀)하게 생긴 돌.

기암절벽(奇巖絕壁) 기이(奇異)한 모양(模樣)의 바위와 깎아지른 낭떠러지.

기여보비(寄與補裨) 이바지하여 돕고 부족(不足)함을 보태어 줌.

기연가미연가(其然–未然–) 그런지 그렇지 않은지 분명하지 않은 모양. 기연미연(其然未然). 긴가민가.

기연미연(其然未然) 바른지 틀렸는지 확실(確實)하지 않음. 기연가미연가(其然–未然–)의 준말.

기연장자(頎然長者) 준수하고 점잖은 사람.

기염만장(氣焰萬丈) 기세(氣勢)가 대단히 높음. 만장기염(萬丈氣焰).

기염조강(饑厭糟糠) 반대(反對)로 배가 고플 때에는 겨와 재강도 맛있게 되는 것임.

기완쾌(祈完快) 완쾌(完快)를 기원(祈願)함.

기왕불구(旣往不拘) 지난 일을 탓해야 소용(所用) 없음.

기왕지사(旣往之事) 이미 지나간 일.

기욕난량(器欲難量) 사람의 기량(器量)은 깊고 깊어서 헤아리기 어려움.

기용필숙립용필덕(氣容必肅立容必德) 숨 쉬는 기운(氣運)의 모습은 반드시 엄숙(嚴肅)하게 하고, 서 있는 모습은 반드시 덕스럽게 함.

기우귀가(騎牛歸家) '소를 타고 깨달음의 세계(世界)인 집으로 돌아온다'는 뜻.

기운생동(氣韻生動) '글씨나 그림 등(等)의 기품(氣稟) · 품격(品格) · 정취(情趣)가 생생하게 약동(躍動)함'의 뜻.

기원전(紀元前) 기원의 이전(以前)(주로, 서력 기원의 이전을 이름). (B.C. : Before Christ). 예수님 탄생하기 이전.

기원정사(祇園精舍) 옛날 인도의 수달 장자(須達長子)가 사위국(舍衛國)의 기타 태자(祇陀太子)의 정원에 석가를 위하여 세운 절.

기원후(紀元後) 예수님 탄생 이후를 말한다. 이것은 라틴어의 A.D. : Anno Domini '주님이 오신 후'에서 유래되어, 'In the year of our Lord'(주님의 해) 라는 말로 세계의 기원으로 사용하고 있다.

기유음식불여물식(器有飮食不與勿食) '그릇에 음식(飮食)이 있더라도 주시지 않으면 먹지 말라'는 뜻.

기유차리(豈有此理) 어째서 이런 도리(道理)가 있을까!

기은기공역여천지(其恩其功亦如天地) 그 은혜(恩惠)와 그 공이 또한 천지(天地)의 은공과 같음.

기이단금(其利斷金) 절친(切親)한 친구(親舊) 사이.

기이망식(飢而忘食) '배가 고픈데도 먹는 일을 잊어버리고 있다'는 뜻으로, 걱정이 많음을 이르는 말.

기이지수(期頤之壽) 백(百) 살의 나이. 또는 그 나이의 사람. 기이(期頤).

기인우천(杞人憂天) '중국(中國)의 기(杞)나라 사람이 하늘이 무너질까봐 침식(寢食)을 잊고 근심 걱정하였다'는 뜻으로, 쓸데없는 걱정을 나타냄.

기인지우(杞人之憂) '기(杞)나라 사람의 군걱정'이라는 뜻으로, 곧 쓸데없는 군걱정, 헛걱정, 무익한 근심을 말함.

기인취물(欺人取物) 사람을 속여 돈이나 물건(物件)을 빼앗음.

기자감식(飢者甘食) 굶주려 배고픈 사람은 음식(飮食)을 가리지 않고 달게 먹는다는 말.

기자작란자희작소(其子作亂自喜作笑) 제 자식이 장난치면 싱글벙글 웃는다.

기자훤성경청호락(其子喧聲傾聽好樂) 시끄러운 아이소리 듣기 좋아 즐겨한다.

기장지무(旣張之舞) '이미 벌린 춤'이란 뜻으로, 이미 시작(始作)한 일이니 중간(中間)에 그만둘 수 없다는 말.

기정사실(旣定事實) 이미 이루어진 사실(事實). 기성사실(旣成事實).

기전파목(起翦頗牧) 백기(白起)와 왕전(王剪)은 진(秦)나라 장수(將帥)요, 염파(廉頗)와 이목(李牧)은 조(趙)나라 장수(將帥)임. 군사 부리기를 가장 정밀하게 했다고 한다.

기조연설(基調演說) ①정당의 대표가 국회에서 자당(自黨)의 기본 정책을 설명하는 연설. ②국제적(國際的)인 회의 등에서 회의 벽두에 회의의 기본 정신과 성격, 진행의 방향 등을 설명하는 연설.

기지사경(幾至死境) 거의 죽을 지경(地境)에 이름.

기진맥진(氣盡脈盡) '기운(氣運)이 없어지고 맥이 풀렸다'는 뜻으로, 온몸의 힘이 다 빠져 버림. 기진역진(氣盡力盡).

기진역진(氣盡力盡) 기진맥진(氣盡脈盡).

기집분전(旣集墳典) 이미 분(墳)과 전(典)을 모았으니, 삼황(三皇)의 글은 삼분(三墳)이요, 오제(五帝)의 글은 오전(五典)임.

기차당우차방(旣借堂又借房) '대청(大廳) 빌면 안방 빌자 한다'는 뜻으로, 체면(體面)없이 이것저것 요구(要求)함. 남의 물건이나 권리를 차츰 차츰 빼앗으려 하거나 침해하려 한다는 뜻의 속담.

기책종횡(奇策縱橫) 남들이 흔히 생각할 수 없는 기묘(奇妙)한 꾀가 자유자재로 나오는 것.

기초청려(奇峭淸麗) 산이 기이(奇異)하고 가파르며 맑고 아름다움.

기추지첩(箕箒之妾) '청소(淸掃)하는 하녀'라는 뜻으로, 남의 아내가 되는 것을 겸손하게 나타내는 말.

기취비상락수방불측우(旣取非常樂須防不測憂) 이미 심상치 못한 즐거움을 가졌거든, 모름지기 헤아릴 수 없는 근심을 방비할 것이니라.

기취여란(其臭如蘭) 절친(切親)한 친구(親舊) 사이.

ㄱ

기치선명(旗幟鮮明) '깃발의 표식(表式)이 선명(鮮明)하다'는 뜻으로, 태도(態度)나 주장(主張)을 확실(確實)히 하는 것을 말함.

기쾌유(祈快癒) 쾌유(快癒)를 기원(祈願)함.

기폐막심(其弊莫甚) 그 폐단(弊端)이 막심(莫甚)하다.

기품지성(氣稟之性) 인간(人間)의 성질(性質)을 본연지성(本然之性)과 기품지성(氣稟之性)의 두 가지로 나눈 중(中)에서 타고난 기질(氣質)과 성품(性品)을 가리킴.

기하급수적(幾何級數的) 수(數)에 비례(比例)해서 배수(倍數)로 늘어나 아주 급격하게 증가하는 것.

기호난하(騎虎難下) '호랑이를 타고 달리다가 도중(途中)에서 내릴 수 없다'는 뜻으로, 무슨 일을 하다가 도중(途中)에서 그만두거나 물러설 수 없는 형세(形勢)를 이르는 말.

기호지세(騎虎之勢) '호랑이를 타고 달리는 기세(氣勢)'라는 뜻으로, 범을 타고 달리는 사람이 도중(途中)에서 내릴 수 없는 것처럼 도중(途中)에서 그만두거나 물러설 수 없는 형세(形勢)를 이르는 말.

기화가거(奇貨可居) ①진기(珍奇)한 물건(物件)은 사서 잘 보관(保管)해 두면 장차 큰 이득(利得)을 본다는 말. ②좋은 기회(機會)로 이용(利用)하기에 알맞음.

기화요초(琪花瑤草) 아름다운 꽃과 고운 풀.

기회주의(機會主義) 그때그때의 정세(情勢)에 따라 유리한 쪽으로 행동하는 경향(傾向).

기회한혜(綺回漢惠) 한(漢)나라 네 현인(賢人)의 한 사람인 기(綺)가 한(漢)나라 혜제(惠帝)를 회복(回復)시킴.

긴간사(緊幹事) 긴급(緊急)하고 중요한 일.

긴축재정(緊縮財政) 국가나 지방 자치단체에서, 지출의 삭감(削減), 공채(公債)의 정리 등에 의하여 예산 규모(規模)를 축소시킨 재정.

긴축정책(緊縮政策) 재정(財政)의 기초(基礎)를 튼튼히 하기 위하여 지출(支出)을 바짝 줄여 나가는 정책(政策). 내핍생활(耐乏生活).

길상선사(吉祥善事) 매우 기쁘고 좋은 일.

길성고조(吉星高照) '상서로운 별이 높은 곳에서 비치다'라는 뜻으로, 운수가 좋다. 행운이 깃든다.

길흉사시공수법(吉凶事時拱手法) 어르신들께 평소 때나 세배할 때에는, 남자는 왼손을 위로하고, 여자는 오른손을 위로하여 공수를 하고 섰다가 절을 해야 한다. 그러나 흉사 때는 반대로, 남자는 바른손을 위로하고, 여자는 왼손을 위로하고 문상을 하거나 절을 하는 법이다. 남우여좌(男右女左).

길흉화복(吉凶禍福) '길흉(吉凶)과 화복(禍福)'이라는 뜻으로, 즉 사람의 운수(運數)를 이름.

김지이지(金的李的) 성명(姓名)이 분명(分明)하지 않은 여러 사람을 두루 이를 때 쓰는 말.

【ㄴ】

나나지성(儺儺之聲) 푸닥거리하는 소리.

나무아미타불(南無阿彌陀佛) '아미타불에게 귀의한다'는 뜻으로, 염불할 때 외는 말.

나부소녀(羅浮少女) 미인(美人)을 이르는 말.

나부지몽(羅浮之夢) '나부산(羅浮山)의 꿈'이라는 뜻으로, 덧없는 한바탕의 꿈을 이르는 말.

나역등칙(那易等則) 논밭 따위의 등급(等級)을 바꿈.

나유타(那由他) 아승기(阿僧祇)의 1만 배, 불가사(不可思議)의 1만분의 1이 되는 수(數).

나작굴서(羅雀堀鼠) '그물로 참새를 잡고 땅을 파서 쥐를 잡는다'는 뜻으로, 최악(最惡)의 상태(狀態)에 이르러 어찌할 방법(方法)이 없음을 비유(比喩)하는 말.

나찰녀(羅刹女) 여자 나찰. 용모가 매우 아름다우며, 해도(海島)에 살면서 사람을 잡아먹는다고 함. 사람을 잡아먹는다는 여자 귀신.

나출나귀(裸出裸歸) 적신으로 왔으니 적신으로 돌아감.

나침반(羅針盤) 자침(磁針)으로 방위를 알 수 있도록 만든 기구. (특히, 배나 항공기의 진로를 측정하는 기구). 나침의. 나침판. 컴퍼스. 침반.

나팔절(喇叭節) 〔영〕Trumpets, feast of. 〔히〕יום תרועה(욤트루아 : 나팔을 부는 날, 나팔을 불어 기념할 날). 유대력으로, 7번째의 달(즉 티쉬리〈Tishri〉월, 태양력(太陽曆)의 10월) 첫날에 나팔을 불며 성회(聖會)로 모이던 유대인의 축제(祝祭). 레23:24; 민29:1에 이 절기를 지킬 것을 명령하고 있다. 오늘날 유대인들에게 신년절(New Year's Day, 즉 「로쉬 하-샤나」〈Rosh ha-Shanah〉)로 간주(看做)되고 있다. (《聖書百科大事典》參照).

낙관론(樂觀論) 인생이나 사물의 밝은 면만을 보고, 앞날에 대해 희망(希望)을 가지는 이론이나 입장. ↔비관론(悲觀論).

낙관론자(樂觀論者) 낙관론을 내세우는 사람. 인생이나 사물을 낙관적으로 생각하는 사람. ↔비관론자(悲觀論者).

낙관적(樂觀的) 일이 잘되어 나갈 것으로 보고 걱정하지 않는 것. 앞날을 희망적으로 보는 것. ↔비관적(悲觀的).

낙관주의(樂觀主義) 사물(事物)을 낙관적(樂觀的)으로 보거나, 생활을 낙관적으로 즐기는 태도(態度)나 경향(傾向). ↔비관주의(悲觀主義).

낙극애생(樂極哀生) 즐거움도 극에 달하면 슬픔이 생김.

낙담상혼(落膽喪魂) 몹시 놀라 얼이 빠지고 정신(精神) 없음. 상혼낙담(喪魂落膽).

낙락난합(落落難合) 뜻이 높고 커서 다른 사람과 서로 맞지 않음.

낙락뇌뢰(落落磊磊) ①돌이 반듯하게 포개져 쌓여 있는 모양(模樣). ②성품(性品)이 너그럽고 신선(新鮮)하여 사소(些少)한 일에 거리끼지 않는 공명정대(公明

正大)한 모양(模樣).
낙락목목(落落穆穆) 성격(性格)이 원만(圓滿)하여 모남이 없음.
낙락신성(落落辰星) '드물기가 새벽별 같다'는 뜻으로, 같은 나이의 친구(親舊)가 새벽별처럼 드물다는 말.
낙락장송(落落長松) 가지가 아래로 축축 늘어진 키 큰 소나무.
낙락지예(落落之譽) 도량(度量)이 넓은 인물(人物)의 명성(名聲).
낙목공산(落木空山) '잎이 다 떨어지고 난 뒤의 텅 빈 쓸쓸한 산'을 이르는 말.
낙목한천(落木寒天) 나뭇잎이 떨어지고 날씨가 추움.
낙미지액(落眉之厄) '눈썹에 떨어진 재액(災厄)'이라는 뜻으로, 눈앞에 닥친 재액(災厄)을 이르는 말.
낙발위승(落髮爲僧) 머리를 깎고서 중이 됨.
낙방거자(落榜擧子) ①과거(科擧)에 떨어진 선비. ②어떤 일에 한몫 끼려다가 따돌린 사람.
낙불사촉(樂不思蜀) '즐거움에 젖어 촉(蜀) 땅을 생각하지 않는다'라는 뜻으로, 쾌락(快樂) 또는 향락(享樂)에 빠져 자신(自身)의 본분(本分)을 망각(忘却)하는 어리석음의 비유(比喩).
낙생어우(樂生於憂) 즐거움은 언제나 걱정하는 데서 나온다는 말.
낙송자칭원(落訟者稱冤) 이치에 닿지 않는 변명(辨明)을 늘어놓음을 비유(比喩)하여 이르는 말.
낙수효과(落水效果) 부유층(富裕層)의 투자와 소비증가가 저소득층(低所得層)의 소득증대(所得增大)로 까지 영향을 미쳐 전(全) 국가적(國家的)인 경기부양(景氣浮揚)효과가 나타나는 현상(現狀).
낙시고인(樂是苦因) '안락(安樂)은 고통(苦痛)의 원인(原因)'이라는 말.
낙심천만(落心千萬) 몹시 낙심함.
낙양지가(洛陽紙價) '낙양의 종이 값'이라는 뜻으로, 훌륭한 글을 다투어 베끼느라고 종이의 수요(需要)가 늘어서 값이 등귀(騰貴)한 것을 말함이니 문장(文章)의 장려(奬勵)함을 칭송(稱頌)하는 데 쓰이는 말.
낙양지가귀(洛陽紙價貴) 저서(著書)가 많이 팔리는 것을 이르는 말. 낙양지가(洛陽紙價).
낙양지귀(洛陽紙貴) '낙양의 종이가 귀해졌다'는 뜻으로, ①문장(文章)이나 저서(著書)가 호평(好評)을 받아 잘 팔림을 이르는 말. ②쓴 글의 평판(評判)이 널리 알려짐. ③혹은 저서(著書)가 많이 팔리는 것을 말할 때 쓰임.
낙역부절(絡繹不絕) 연락부절(連絡不絕).
낙엽귀근(落葉歸根) '잎이 떨어져 뿌리로 돌아간다'는 뜻으로, 모든 일은 처음으로 돌아감을 이르는 말.
낙엽표요(落葉飄颻) 가을이 오면 낙엽(落葉)이 펄펄 날리며 떨어짐.

낙영빈분(落英繽紛) 낙화가 어지럽게 떨어지면서 흩어지는 모양.

낙월옥량(落月屋梁) '지는 달이 지붕을 비춘다'는 뜻으로, 벗이나 고인(故人)에 대(對)한 생각이 간절(懇切)함을 이르는 말

낙위지사(樂爲之事) ①즐거워서 하는 일. ②즐거움으로 삼는 일.

ㄴ

낙이망우(樂而忘憂) '즐겨서 시름을 잊는다'는 뜻으로, 도(道)를 행(行)하기를 즐거워하여 가난 따위의 근심을 잊는다는 말.

낙이불음(樂而不淫) '즐기기는 하나 음탕(淫蕩)하지는 않게 한다'는 뜻으로, 즐거움의 도를 지나치지 않음을 뜻함.

낙이사촉(樂而思蜀) ①타향(他鄕)의 생활(生活)이 즐거워 고향(故鄕) 생각을 하지 못함을 이르는 말. ②눈앞의 즐거움에 겨워 근본(根本)을 잊게 될 때를 비유(比喩).

낙장불입(落張不入) 화투 · 투전 · 트럼프 따위에서, 한번 판에 내어 놓은 패장(牌張)은, 이를 물리기 위하여 다시 집어들이지 못하는 일을 이르는 말.

낙정미(落庭米) '곡식(穀食)을 벨 때에 땅에 떨어진 곡식(穀食)'이라는 뜻으로, '수고한 끝에 얻어 차지하게 되는 것'의 비유(譬喩). 되나 말 따위로 곡식을 될 때, 되고 남은 약간의 곡식.

낙정하석(落穽下石) '함정(陷穽)에 빠진 사람에게 돌을 떨어뜨린다'는 뜻으로, 곤경(困境)에 빠진 사람을 구(救)해 주기는커녕 도리어 해롭게 함을 이르는 말.

낙중지생(樂中之生) '즐거움 속에 삶이 있다'는 뜻을 나타냄.

낙지운연(落紙雲煙) '종이에 떨어뜨린 것이 구름이나 연기(煙氣)와 같다'는 뜻으로, 초서(草書)의 필세가 웅혼(雄渾)함을 형용(形容)해 이르는 말.

낙천관(樂天觀) 낙천주의(樂天主義).

낙천적(樂天的) 모든 일을 밝고 희망적(希望的)인 방향으로 생각하는 것. ↔염세적(厭世的).

낙천주의(樂天主義) ①이 세상은 모든 것이 선(善)이며, 인생은 즐거운 것이라고 하는 생각. ②모든 일을 밝고 희망적(希望的)인 방향(方向)으로 생각하려는 경향(傾向). ↔염세주의(厭世主義).

낙천지명(樂天知命) 천명(天命)을 깨달아 즐기면서 이에 순응(順應)하는 일.

낙치부생(落齒復生) 늙어서 빠진 이가 다시 남.

낙탕방해(落湯螃蟹) '끓는 물에 떨어진 방게가 허둥지둥한다'는 뜻으로, 몹시 당황(唐慌)함을 형용(形容)하는 말.

낙필점승(落筆點蠅) 화가(畵家)의 훌륭한 솜씨를 이르는 말.

낙헌제(樂獻祭) 〔영〕Freewill offering. 히브리 제사제도에 있어서 화목제의 세 가지 형태 중 하나(레7:11~16)를 낙헌제라 부른다. 낙헌제는 제물(祭物)을 드려야하는 어떤 이유(理由)나 동기(動機)가 없이 자발적(自發的)으로 드리는 것인데 제사의 '형식상'으로는 화목제의 한 종류이고, 그 '의미

상'으로는 자원제에 속한다.

낙화난상지(落花難上枝) '한번 진 꽃은 다시 가지로 돌아갈 수 없다'는 뜻으로, ①한번 헤어진 부부(夫婦)는 다시 합치기 어렵다는 말. ②한번 저지른 일은 다시 돌이킬 수 없다는 말.

낙화낭자(洛花狼藉) '떨어진 꽃잎이 흩어져 어지럽다'는 뜻으로, 사물(事物)이 뒤섞여 흩어져 있는 모양.

낙화유수(落花流水) '떨어지는 꽃과 흐르는 물'이라는 뜻으로, ①가는 봄의 경치. ②남녀(男女) 간(間) 서로 그리워하는 애틋한 정을 이르는 말. ③힘과 세력(勢力)이 약해져 아주 보잘것없이 됨.

난곡유고(蘭谷遺稿) 조선 중기의 학자 정길(鄭佶)의 시문집(詩文集).

난공불락(難攻不落) 공격(攻擊)하기 어려워 좀처럼 함락(陷落)되지 아니함.

난기류(亂氣流) ①항공기의 비행에 영향을 미칠 정도의 불규칙한 기류. ②'예측할 수 없어 어찌할 수 없는 형세'를 비유하는 말.

난득자형제(難得者兄弟) '얻기 어려운 게 형제(兄弟)'란 뜻으로, 형제(兄弟)는 인력(人力)으로 얻어지는 것이 아니므로 형제(兄弟) 간(間)에 의가 좋아야 한다는 말.

난득지물(難得之物) 매우 얻기 어려운 물건(物件).

난만동귀(爛漫同歸) '옳지 않은 일에 부화뇌동(附和雷同)함'을 이르는 말.

난만상의(爛漫相議) 시간을 두고 충분히 의논(議論)하는 일.

난망지은(難忘之恩) 난망지택(難忘之澤).

난망지택(難忘之澤) 잊을 수 없는 은혜(恩惠). 난망지은(難忘之恩).

난명지안(難明之案) 변명(辨明)하기 어려운 사건(事件).

난백난중(難伯難仲) '누가 맏형이고 누가 둘째 형인지 분간하기 어렵다'는 뜻으로, 우열을 가리기 힘들 정도(程度)로 서로 비슷함.

난보지경(難保之境) 보존(保存)하기 힘든 지경(地境).

난사필작이(難事必作易) 어려운 일은 반드시 쉬운 일에서 생겨난다는 말.

난상가란(卵上加卵) '달걀 위에 달걀을 포갠다'는 뜻으로, 지극(至極)한 정성(精誠)을 이르는 말.

난상공론(爛商公論) 난상공의(爛商公議).

난상공의(爛商公議) 여러 사람들이 자세(仔細)하게 충분히 의논(議論)함. 난상공론(爛商公論)

난상숙의(爛商熟議) 자세(仔細)하게 충분히 의논(議論)함.

난상지목물앙(難上之木勿仰) 난상지목불가앙(難上之木不可仰).

난상지목불가앙(難上之木不可仰) '오르지 못할 나무는 쳐다보지도 말아야 한다'는 뜻으로, 될 수 없는 일은 바라지 말라는 뜻. 난상지목물앙(難上之木勿仰).

ㄴ

난상토론(爛商討論) 난상토의(爛商討議).

난상토의(爛商討議) 낱낱이 들어 잘 토의(討議)함. 난상토론(爛商討論).

난신적자(亂臣賊子) 나라를 어지럽게 하는 신하(臣下)와 어버이를 해(害)치는 자식(子息) 또는 불충(不忠)한 무리.

난애동분(蘭艾同焚) '난초(蘭草)와 쑥을 함께 불태운다'는 뜻으로, 군자(君子)와 소인(小人)을 구별(區別)하지 않고 처벌(處罰)함을 이르는 말.

난언지경(難言之境) 말하기 어려운 경우(境遇).

난언지지(難言之地) 말하기 어려운 고비.

난위형난위제(難爲兄難爲弟) 난형난제(難兄難弟).

난의문답(難疑問答) 어렵고 의심(疑心)나는 것을 서로 묻고 대답(對答)함.

난의포식(暖衣飽食) '옷을 따뜻이 입고 음식(飮食)을 배부르게 먹는다'는 뜻으로, 의식(衣食) 걱정이 없는 편한 생활(生活)을 이르는 말.

난정순장(蘭亭殉葬) '난정첩(蘭亭帖)을 순장(殉葬)한다'는 뜻으로, 서화(畵)나 도자기(陶瓷器) 등(等)의 물건(物件)을 사랑하는 마음이 두터움을 이르는 말.

난중지난(難中之難) 어려운 가운데 더욱 어려움이 있다는 말. 설상가상(雪上加霜).

난중지난사(難中之難事) '어려운 중(中)에 어려운 일'이라는 뜻으로, 몹시 어렵다는 말. 설상가상(雪上加霜).

난지점수(蘭芷漸滫) 난초(蘭草)와 구릿대, 즉 '향초(香草)를 오줌에 담근다'는 뜻으로, 착한 사람이 나쁜 것에 물듦을 비유(譬喩)하는 말.

난최옥절(蘭摧玉折) '난초(蘭草)가 꺾이고 옥이 부서진다'는 뜻으로, 현인(賢人)이나 가인(佳人)의 죽음을 비유(比喻)하는 말.

난투극(亂鬪劇) 난투가 벌어진 장면.

난해난입(難解難入) 법화(法華)의 법리(法理)와 같이 이해(理解)하기 어렵고, 깨달음에 들기도 어려움.

난행고행(難行苦行) 마음과 몸이 고된 것을 참고 해나가는 수행(修行). 난행과 고행.

난향백리(蘭香百里) 난(蘭)꽃의 향기(香氣)는 백리(百里)를 간다.

난형난제(難兄難弟) '누구를 형이라 아우라 하기 어렵다'는 뜻으로, ①누가 더 낫다고 할 수 없을 정도(程度)로 서로 비슷함. ②사물(事物)의 우열(優劣)이 없다는 말로 곧 비슷하다는 말. 막상막하(莫上莫下). 백중지세(伯仲之勢). 난위형난위제(難爲兄難爲弟).

난화지맹(難化之氓) 교화(敎化)하기 어려운 어리석은 백성(百姓)을 이르는 말. 난화지민(難化之民).

난화지물(難化之物) 교화(敎化)시키기 힘든 동물(動物)이나 사람.

난화지민(難化之民) 교화(敎化)하기 힘든 백성(百姓). 난화지맹(難化之氓).

남가몽(南柯夢) 남가일몽(南柯一夢).

남가일몽(南柯一夢) '남쪽 가지에서의 꿈'이란 뜻으로, 덧없는 꿈이나 한때의 헛된 부귀영화(富貴榮華)를 이르는 말. 남가몽(南柯夢).

남가지몽(南柯之夢) '남쪽 가지 밑에서 꾼 한 꿈'이라는 뜻으로, 일생(一生)과 부귀영화(富貴榮華)가 한낱 꿈에 지나지 않음.

남경북완(南梗北頑) 전에부터 나라의 근심거리였던 남쪽의 일본과 북쪽의 야인(野人)을 일컫던 말.

남계가족(男系家族) 부계가족(父系家族).

남곽남우(南郭濫竽) 남곽남취(南郭濫吹).

남곽남취(南郭濫吹) '남곽(南郭)이 함부로 분다'는 뜻으로, 학예(學藝)에 전문(專門) 지식(知識)도 없이 함부로 날뛰을 두고 이르는 말.

남귤북지(南橘北枳) '남쪽 땅의 귤나무를 북쪽에 옮겨 심으면 탱자나무로 변한다'는 뜻으로, 사람도 그 처해 있는 곳에 따라 선하게도 되고 악하게도 됨을 이르는 말.

남금동전(南金東箭) '화산(華山)의 금석(金石)과 회계(會稽)의 죽전(竹箭)'이라는 말로, 아름답고 귀중(貴重)한 물건(物件)을 비유(比喩)하는 말.

남기북두(南箕北斗) '남쪽의 기성(箕星)은 키로 쌀을 까불지 못하고, 북두칠성(北斗七星)은 쌀을 되지 못한다'는 뜻으로, 유명무실(有名無實)함을 비유(比喩)하는 말.

남남북녀(南男北女) '예전부터 우리나라에서 남쪽 지방(地方)은 남자(男子)가 잘나고, 북쪽 지방(地方)은 여자(女子)가 곱다'는 뜻으로 일러 내려오는 말.

남녀노소(男女老少) 남자(男子)와 여자(女子)와 늙은이와 젊은이. 곧 모든 사람.

남녀동권(男女同權) 남녀동등권(男女同等權).

남녀동등(男女同等) 남성과 여성이 법률적·사회적으로 차별(差別)이 없이 같음. 남녀평등(男女平等).

남녀동등권(男女同等權) 남녀의 성별(性別)에 의한 법률적(法律的), 사회적(社會的)인 차별(差別)을 두지 않고 주어지는 권리(權利). 남녀동권(男女同權)

남녀상열지사(男女相悅之詞) '남녀가 서로 즐기는 방탕한 노래'라는 뜻으로 '남녀의 애정(愛情)을 주제로 한 고려 가요'를 조선시대의 성리학자(性理學者)들이 업신여겨 이르던 말.

남녀유별(男女有別) 남자(男子)와 여자(女子)와는 분별(分別)이 있음.

남녀추니(男女-) 한 몸에 남자와 여자의 생식기(生殖器)를 둘 다 가지고 있는 사람. 순수한 우리말로는 '어지자지', '불씹장이'라고 한다.

남녀칠세부동석(男女七歲不同席) 남녀의 구별과 예의를 엄하게 하여야 한다는 유교(儒敎)

의 가르침. 일곱살이 되면 남녀가 한자리에 앉지 아니한다는 뜻

남녀평등(男女平等) 남녀동등(男女同等).

남노부신거녀비급수래(男奴負薪去女婢汲水來) 남자(男子) 종은 땔나무를 지고 가고, 여자(女子) 종은 물을 길러 옴.

남대문입납(南大門入納) 주소(住所)도 이름도 모르고 사람이나 집을 찾는 것을 조롱(嘲弄)하는 말. 즉 허황된 방식으로 목적을 이루려는 모습.

남만격설(南蠻鴃舌) 뜻이 통(通)하지 않는 외국인(外國人)의 말을 경멸(輕蔑)하여 이르는 말.

남만북적(南蠻北狄) 중국(中國)의 남쪽과 북쪽에 사는 오랑캐를 각각(各各) 이르는 말.

남면지덕(南面之德) 임금으로서의 덕.

남면지위(南面之位) '임금이 앉는 자리의 방향(方向)이 남향'이었다는 데서, '임금의 자리'를 가리키는 말.

남면지존(南面之尊) 천자(天子)의 지위(地位)를 이르는 말.

남면출치(南面出治) 임금의 자리에 올라 나라를 다스림.

남면칭고(南面稱孤) 임금이 됨을 이르는 말, 고(孤)는 왕이 자신(自身)을 겸손(謙遜)하게 일컫는 말 .

남발이증(攬髮而拯) '물에 빠진 사람은 머리털을 잡아당겨 건진다'는 뜻으로, 위급(危急)한 때에는 사소(些少)한 예의(禮儀)를 차리지 않음을 비유(比喩)하는 말.

남방지강(南方之强) '중국(中國) 남쪽 지방(地方) 사람들의 강(强)함'이라는 뜻으로, ①관용(寬容)과 인내(忍耐)로 남에게 이기는 것. ②전(傳)하여 '군자(君子)의 용기(勇氣)'를 이름.

남부여대(男負女戴) '남자(男子)는 짐을 등에 지고, 여자(女子)는 짐을 머리에 인다'는 뜻으로, 가난한 사람이나 재난(災難)을 당(當)한 사람들이 살 곳을 찾아 이리저리 떠돌아다니는 것을 이르는 말.

남북대화(南北對話) 【정치】분단상태를 해소하고, 조국의 평화적 통일을 궁극적인 목적으로 하는 남북한 사이의 정치적, 경제적, 문화적, 인도적 화합을 위하여 대화함.

남비징청(攬轡澄淸) ①천하(天下)의 정치(政治)를 바로 잡을 웅지(雄志)를 품고 부임(赴任)함. ②처음으로 관직(官職)에 나아갈 때에 어지러운 정치(政治)를 바로잡을 큰 뜻을 품는 일.

남산가이(南山可移) '남산(南山)을 옮길 수 있다'는 뜻으로, 굳게 마음먹은 결정(決定) 또는 결심(決心)이 확고(確固)하여 흔들리지 않는다는 것을 비유(比喩)하는 말.

남산골샌님(南山-) '오기(傲氣)만 남아 있는 가난한 선비'를 농조(弄調)로 이르는 말.

남산수(南山壽) 남산과 같이 오래 사는 수명(壽命).〔장수(長壽)를 빌 때 쓰는 말〕.

남산지수(南山之壽) '남산(南山)의 수명(壽命)'이라는 뜻으로, ①장수(長壽)를 비는 말. ②종남산(終南山)이 무너지지 않듯이 사업(事業)이 오래감을 이르는 말.

남상도상신망동반치화(濫想徒傷神妄動反致禍) 쓸데없는 생각은 오직 정신을 상할 뿐이요, 허망한 행동은 도리어 재앙(災殃)만 불러일으키느니라.

남선북마(南船北馬) '남쪽은 배, 북쪽은 말'이란 뜻으로, ①사방(四方)으로 늘 여행(旅行)함. ②바쁘게 돌아 다님을 이르는 말. 북마남선(北馬南船).

남성중창(男聲重唱) 남성들만으로 부르는 중창. 메일 콰르텟〔male quartet(te)〕. ↔여성중창(女聲重唱).

남성합창(男聲合唱) 남성들만으로 부르는 합창. 메일 코러스(male chorus). ↔여성합창(女聲合唱).

남성호르몬(男性hormone) 남성의 정소(精巢)에서 분비되는 호르몬.

남순상상(藍筍象牀) 푸른 대순과 코끼리 상이니, 즉 한가(閑暇)한 사람의 침대(寢臺)임.

남아수독오거서(男兒須讀五車書) 남아필독오서서(男兒必讀五車書).

남아일언중천금(男兒一言重千金) '남자(男子)는 약속(約束)한 한 마디의 말을 중(重)히 여겨야 한다'는 뜻으로, 약속(約束)은 반드시 지켜야 함을 이르는 말. 장부일언중천금(丈夫一言重千金)

남아입지출향관(男兒立志出鄕關) 남아 대장부(大丈夫)가 뜻을 이루기 위해 고향(故鄕)을 떠난다는 말.

남아입지출향관학약불성사불환(男兒立志出鄕關學若不成死不還) 대장부(大丈夫)가 뜻을 세워 고향(故鄕)을 떠나는데, 장차 뜻을 이루지 못한다면 죽어도 돌아오지 않으리라.

남아필독오거서(男兒必讀五車書) '남자(男子)는 모름지기 다섯 수레에 실을 만큼의 책(册)을 읽으라'는 말. 남아수독오거서(男兒須讀五車書).

남우충수(濫竽充數) 무능(無能)한 사람이 재능(才能)이 있는체하는 것이나, 또는 외람되이 높은 벼슬을 차지하려는 것을 말함.

남원북철(南轅北轍) '수레의 끌채는 남(南)을 향하고 바퀴는 북(北)으로 간다'는 뜻으로, 마음과 행위(行爲)가 모순(矛盾)되고 있음을 비유(比喻)한 말.

남전북답(南田北畓) '남쪽의 밭과 북쪽의 논'이라는 뜻으로, ①앞뒤의 들. ②소유(所有)한 논밭이 여러 곳에 흩어져 있음을 이르는 말.

남전생옥(藍田生玉) '남전(藍田)에서 옥이 난다'는 뜻으로, 명문(名門)에서 뛰어난 젊은이가 나옴을 칭찬(稱讚)하는 말.

남정북벌(南征北伐) 남쪽을 정복(征服)하고 북쪽을 토벌(討伐)함.

남존여비(男尊女卑) '남자(男子)는 높고 귀(貴)하게 여기고, 여자(女子)는 낮고 천하게 여긴다'는 뜻으로, 사회적 지위나 권리에 있어 남자를 여자(女子)보다 존중(尊重)하는 일.

남좌여우(男左女右) 음양설(陰陽說)에, 왼쪽이 양(陽)이고 오른쪽은 음(陰)이라 하여, 남자(男子)는 왼쪽이 중(重)하고, 여자(女子)는 오른쪽이 중(重)하다는 말로, 이런 뜻에서 맥 · 손금 · 자리 등도 여자(女子)는 오른쪽을, 남자(男子)는 왼쪽을 취(取)함.

남중일색(男中一色) ①남자(男子)의 얼굴이 썩 뛰어나게 잘 생김. ②또는, 그러한 사람 .

남지낙북지개(南枝落北枝開) '매화(梅花)의 남쪽 가지에서는 꽃이 떨어지고 북쪽 가지에서는 꽃이 핀다'는 뜻으로, 한난(寒暖)의 차이(差異)를 이르는 말.

남창부수(男唱婦隨) 남편이 주장하고 아내가 이를 따름. 남창여수(男唱女隨). 부창부수(夫唱婦隨).

남창여수(男唱女隨) 남자가 앞에 나서서 서두르고 여자(女子)는 따라만 함. 남창부수(男唱婦隨). 부창부수(夫唱婦隨).

남풍불경(南風不競) '중국(中國) 남쪽의 음악(音樂)인 남풍(南風)은 음조(音調)가 미약(微弱)하고 활기가 없다'는 뜻으로, 대체로 세력(勢力)이 크게 떨치지 못함을 이르는 말.

남필애처(男必愛妻) 남편은 반드시 아내를 사랑해야 한다는 뜻.

남행북주(南行北走) 제대로 되는 일도 없이 이리저리 돌아다님.

남행초사(南行初仕) 남행으로 처음 벼슬길에 오름.

남혼여가(男婚女嫁) 자녀의 혼인(婚姻)을 이르는 말.

남화경(南華經) 남화진경(南華眞經).

남화진경(南華眞經) ①중국, 전국시대의 대표적인 도가사상가인 장주(莊周)가 지었다고 전해지는 책. 원래의 이름은 장자(莊子)였으나 당나라 현종(玄宗)이 천보(天寶) 원년(742)에 존경하고 숭상하는 뜻으로 남화진인(南華眞人)이라 하고, 「남화경(南華經)」이라 하였다. 남화경(南華經). 장자남화경(莊子南華經). ②한문(漢文) 책 중에 가장 난해(難解)하고 어려운 책으로 전해지고 있다.

남효재량(男效才良) 남자(男子)는 재능(才能)을 닦고 어진 것을 본받아야 함을 말함.

남흔여열(男欣女悅) '남녀(男女)가 좋아한다'는 뜻으로, 부부(夫婦)가 화락(和樂)함을 이르는 말 .

납골당(納骨堂) ①유골(遺骨)을 안치하는 건물. ②'뼈를 거두어드린다'는 뜻이며, 로마시대의 묘(墓)형식의 하나로, 비둘기집과 유사하기 때문에 이 이름이 붙여졌고, 벽면에 작은 벽감(壁龕)을 여러 개 설치해서 그곳에 골호(骨壺)나 석관을 넣었다. 봉안당(奉安堂).

납골묘(納骨墓) 시체를 화장하여 그 유골을 묻는 무덤. 외형은 봉분과 같지만, 하나의 석관에 여러개의 유골을 함께 매장(埋葬)하는 점이 다름. 주로 가족묘(家族墓)로 쓰임.

납골장(納骨場) 시체를 화장(火葬)하여 그 유골을 담아 보관(保管)하는 곳.

납속가자(納粟加資) 흉년(凶年)이 들거나 병란이 있을 때에 곡식(穀食)을 많이 바친 사람에게 정3품(正三品)의 벼슬을 주어 포상(褒賞)하던 일. 공명첩처럼 이름만의 벼슬이었음.

납속면천(納粟免賤) 조선(朝鮮) 때, 곡물(穀物)을 바치고 노비(奴婢) 신분(身分)에서 벗어나던 일.

납전면천(納錢免賤) 조선(朝鮮) 때, 돈을 바치고 노비(奴婢)의 신분(身分)에서 벗어나던 일.

납청장(納淸場) 평안북도(平安北道) 정주군 납청 시장(市場)에서 만드는 국수는 잘 쳐서 하였으므로 질기다는 소문(所聞)에서 유래(由來)한 말로, 호되게 얻어맞거나 눌리어 납작해진 사람이나 물건(物件)을 나타낼 때에 쓰는 말.

낭군소중존시부모(郎君所重尊媤父母) 서방님이 귀하거든 시부모를 존중하라.

낭만적(浪漫的) 비현실적(非現實的)이며 이상적(理想的)인 달콤한 것을 구하는 것. 환상적(幻想的)이며 공상적인 것.

낭만주의(浪漫主義) ①18세기 말에서 19세기 초에 걸쳐 유럽에서 일어난 예술상의 사조(思潮). 고전주의에 반대하여, 자유로운 공상의 세계를 동경하였으며, 개성, 감정, 정서를 중요시 하였음. ②꿈이나 공상의 세계를 동경하고 감상적인 정서를 좋아하는 정신적 경향. 로맨티시즘(Romanticism).

낭목소미(朗目疎眉) '맑고도 밝은 눈과 성긴 눈썹'이라는 뜻으로, 청수(淸秀)한 모습을 이르는 말.

낭묘지기(廊廟之器) 묘당(廟堂)에 앉아 나라의 정무(政務)에 참여할 만한 인물(人物). 재상(宰相)이 될 만한 인물. 낭묘(廊廟)는 나라의 정치를 하는 궁전(宮殿)

낭묘지지(廊廟之志) 재상(宰相)이나 대신(大臣)이 되어 국사(國事)를 맡아 볼 뜻(욕망).

낭사배수(囊砂背水) '낭사(囊砂)의 계략(計略)과 배수(背水)의 진'이라는 뜻으로, 전한(前漢)의 한신(韓信)이 사용(使用)한 병법(兵法)을 이르는 말.

낭유도식(浪遊徒食) 하는 일 없이 헛되이 놀고 먹음.

낭자군(娘子軍) 여성들로 조직된 선수단(選手團)이나 단체를 이르는 말.

낭자야심(狼子野心) '이리 새끼는 사람이 길들이려고 해도 본래(本來)의 야성 때문에 좀체로 길들여지지 않는다'는 말로서, ①흉폭한 사람이나 신의(信義)가 없는 사람은 쉽게 교화(敎化)시킬 수 없음을 이르는 말. ②'엉큼한 심보'를 비유하여 이르는 말.

낭중물(囊中物) '주머니 안에 든 물건(物件)'이라는 뜻으로, 자기(自己) 손에 들어 있는 물건(物件)을 이르는 말.

낭중지추(囊中之錐) '주머니 속에 있는 송곳'이란 뜻으로, 재능(才能)이 아주 빼어난 사람은 숨어 있어도 저절로 남의 눈에 드러난다는 비유(比喩).

낭중취물(囊中取物) '주머니 속에 지닌 물건(物件)을 꺼낸다'는 뜻으로, 아주 쉬운 일, 또는 '손쉽게 얻을 수 있음'을 비유(譬喩)하는 말. '사기(史記)'의 '평원군열전(平原君列傳)'에 나오는 말임. 탐낭취물(探囊取物).

낭청좌기(郎廳坐起) '벼슬이 낮은 낭관(郎官)이 멋대로 나서서 일을 본다'는 뜻으로, 아랫사람이 윗사람 보다 더 지독(至毒)함을 비유(譬喩)한 말.

낭탐호시(狼貪虎視) 이리같이 탐내고 범처럼 노려봄을 이르는 말.

낭패불감(狼狽不堪) 난감(難堪)한 처지(處地)에 있음.

낭패위간(狼狽爲奸) 흉악(凶惡)한 무리들이 모략(謀略)을 꾸미는 것을 이르는 말.

내강외유(內剛外柔) 겉으로 보기에는 유순(柔順)하지만 속마음은 단단하고 굳셈.

내래왕왕일수시(來來往往一首詩) 오가는 사람마다 시 한 수를 남기다.

내로남불(-不) '내가 하면 로맨스, 남이 하면 불륜(不倫)'이라는 뜻으로, 남이 할 때는 비난하던 행위를 자신이 할 때는 합리화(合理化)하는 태도를 이르는 말. 아시타비(我是他比).

내명년(來明年) 내년의 다음 해. 내내년(來來年). 재명년(再明年).

내무내문(乃武乃文) '문무(文武)를 아울러 갖춘다'는 뜻으로, 임금의 덕을 높이고 기리는 말.

내무주장(內無主張) 살림을 맡아 살 안주인(-主人)이 없음.

내복의상(乃服衣裳) 이에 의복(衣服)을 입게 하니 황제(黃帝)가 의관(衣冠)을 지어 등분(等分)을 분별(分別)하고 위의(威儀)를 엄숙(嚴肅)케 했음.

내부외빈(內富外貧) 겉으로 보기에는 가난한 듯하나 속은 부유(富裕)함을 이르는 말.

내부지거(來不知去) '올 때는 갈 때의 일을 모른다'는 뜻으로, 양면(兩面)을 다 알지는 못함을 이르는 말.

내삼천외팔백(內三千外八百) '경관(京官)이 삼천 명, 외관(外官)이 팔백 명'이라는 뜻으로, 문무(文武) 백관(百官)이 의장을 갖추고 일당에 모임을 이르는 말.

내설시비자변시시비인(來說是非者便是是非人) 와서 시비(是非)를 말하는 자는, 이것이 곧 시비하는 사람이니라.

내성불구(內省不疚) '자기 자신(自己自身)을 되돌아보아 마음속에 조금도 부끄러울 것이 없다'는 뜻으로, 마음이 결백(潔白)함을 이르는 말.

내성외왕(內聖外王) '안으로는 성인(聖人)이고 밖으로는 임금의 덕을 갖춘 사람', 곧 학식(學識)과 덕행(德行)을 겸비함을 이르는 말.

내세사상(來世思想) 인간의 참다운 행복(幸福)은 내세에 있다고 생각하는 종교사상(宗敎思想).

ㄴ

내소외친(內疏外親) 마음속으로는 소홀(疏忽)히 하고 겉으로는 친(親)한 체함.
내수경제(內需經濟) 국내의 총(總) 수요(需要)가 경제 성장을 이끌어 나간다는 재화(財貨).
내수산업(內需産業) 국내시장(國內市場)을 판매시장(販賣市場)으로 하는 산업(産業). ↔수출산업(輸出産業).
내수진작(內需振作) 국내시장을 떨쳐 일으켜 활성화(活性化) 시킴.
내순외랑(內順外朗) 아내가 온순(溫順)하면 남편은 명랑(明朗)해진다.
내시반청(內視反聽) 자기 자신(自己自身)을 반성(反省)하고 남을 꾸짖지 않음.
내심왕실(乃心王室) 국사(國事)에 충성(忠誠)함을 이르는 말.
내왕간(來往間) 오고 가고 하는 편(便).
내왕꾼(來往–) 절에서 심부름하는 속인(俗人).
내왕로(來往路) 오고 가는 길.
내외분(內外–) 부부(夫婦)의 높임 말.
내외유별상경여빈(內外有別相敬如賓) 내외가 분별이 있어서 서로 공경(恭敬)하기를 손님처럼 하라.
내외지간(內外之間) 내외간(內外間). 남편(男便)과 아내의 사이.
내외형제(內外兄弟) 내종 사촌과 외종 사촌을 아울러 이르는 말 .
내우외란(內憂外亂) 내우외환(內憂外患).
내우외환(內憂外患) '내부(內部)에서 일어나는 근심과 외부(外部)로부터 받는 근심'이란 뜻으로, 나라 안팎의 여러 가지 어려운 사태(事態)를 이르는 말. 내우외란(內憂外亂).
내원해인(耐怨害忍) 삼인(三忍)의 하나. 남의 해(害)침을 받고도 앙갚음할 마음을 내지 않는 일.
내유외강(內柔外剛) 속은 부드럽고, 겉으로는 굳셈. 외강내유(外剛內柔).
내윤외랑(內潤外朗) '옥(玉)의 광택(光澤)이 안에 함축(含蓄)된 것(內潤)과 밖으로 나타난 것(外朗)'이라는 뜻으로, 인물(人物)의 재덕(才德)을 형용(形容)해 이르는 말.
내인거객(來人去客) 오가는 사람, 즉 자주 오가는 수많은 사람을 이르는 말.
내인용부(內引用符) 인용문에서 다시 인용할 때 쓰는 문장 부호. 작은따옴표.
내자가추(來者可追) 지나간 일은 어찌할 도리(道理)가 없지만 장차 다가올 일은 조심하여 이전(以前)과 같은 과실(過失)을 범(犯)하지 않을 수 있음을 이르는 말.
내자물거(來者勿拒) '오는 사람을 막지 말라'는 뜻으로, 자유(自由) 의사(意思)에 맡기라는 말. ↔거자막추(去者莫追).
내자물금(來者勿禁) 오는 사람을 금해서는 안 됨. ↔거자막추(去者莫追).
내재봉소(內裁縫所) 부녀자가 집 안에서 삯바느질을 하는 곳.

ㄴ

내적경험(內的經驗) 희로애락이나 번뇌·사색·극기 등에 의한 정신적(精神的) 경험(經驗).

내전보살(內殿菩薩) '알고 있으면서도 모르는 체하고 시치미를 떼고 있는 사람'을 이르는 말.

내정간섭(內政干涉) 다른 나라의 정치나 외교에 참견함으로써 그 주권(主權)을 소박(束縛)·침해(侵害)하는 일.

내정돌입(內庭突入) 남의 집 안에 허락(許諾)도 없이 불쑥 들어감.

내조지공(內助之功) '안에서 돕는 공'이란 뜻으로, 아내가 집안일을 잘 다스려 남편(男便)을 돕는 일을 말함.

내조지현(內助之賢) 아내가 집안일을 잘 다스려 남편(男便)을 돕는 일을 말함.

내종매부(內從妹夫) 내종(內從) 사촌(四寸) 누이의 남편(男便).

내종사촌(內從四寸) 고종(姑從) 사촌(四寸)을 외종(外從) 사촌(四寸)에 상대(相對)하여 일컫는 말.

내종형제(內從兄弟) 내종(內從) 사촌(四寸) 형제(兄弟).

내청외탁(內淸外濁) '안(마음)은 깨끗하나 바깥 행동(行動))은 흐리다'는 뜻으로, 군자(君子)가 난세(亂世)에 몸을 온전(穩全)히 하려면 속인(俗人)같이 꾸며야 한다는 말.

내핍생활(耐乏生活) 절약(節約)하며, 궁핍(窮乏)을 견디는 생활(生活). 긴축정책(緊縮政策).

내허외식(內虛外飾) 속은 비고 겉치레만 함.

냉난자지(冷暖自知) '물이 차가운지, 따뜻한지는 그 물을 마신 자만이 안다'는 뜻으로, 자기(自己) 일은 남이 말하기 전(前)에 자기(自己) 스스로 안다는 말.

냉면한철(冷面寒鐵) 사사(私事)롭고 편벽(偏僻)됨이 없어 권세(權勢)를 두려워하지 않음을 이르는 말.

냉어빙인(冷語冰人) '남을 냉정(冷情)하게 접대(接待)함'을 이르는 말.

냉어침인(冷語侵人) ①비꼬는 말로 남을 풍자(諷刺)함. ②매정한 말로 남의 마음을 찌름.

냉재야화(冷齋夜話) '뼈대를 바꿔 끼고, 태를 바꾸어 쓴다'는 뜻으로, 시문(時文)을 본떴으나 그 짜임새와 수법(手法)이 먼저 것보다 잘 됨.

냉한삼두(冷汗三斗) '식은땀이 서 말이나 나온다'는 뜻으로, 몹시 무서워하거나 부끄러워함을 이르는 말.

년시매최희휘랑요(年矢每催羲暉朗曜) 햇빛과 달빛은 온 세상을 비추어 만물에 혜택(惠澤)을 주고 있다.

노갑을이(怒甲乙移) '갑(甲)에게서 당한 노여움을 을(乙에)게 옮긴다'는 뜻으로, 어떤 사람에게서 당(當)한 노염을 전혀 관계(關係)없는 딴사람에게 화풀이함을 이르는 말. 노갑이을(怒甲移乙).

노갑이을(怒甲移乙) 노갑을이(怒甲乙移).

노결위상(露結爲霜) 이슬이 맺어 서리가 되니, 밤기운(-氣運)이 풀잎에 물방울처럼 이슬을 이름.

노겸근칙(勞謙謹勅) 근로(勤勞)하고 겸손(謙遜)하며, 삼가고 신칙(申飭)하면 중용(中庸)의 도(道)에 이름.

노구능해(老嫗能解) '늙은 할머니도 이해(理解)할 수 있다'는 뜻으로, 글을 쉽게 쓰는 것을 이르는 말. 노구도해(老嫗都解). 노온능해(老媼能解). 노온도해(老媼都解).

노구도해(老嫗都解) 노구능해(老嫗能解). 노온능해(老媼能解). 노온도해(老媼都解).

노궁노시(盧弓盧矢) 까만 칠을 한 활과 화살을 아울러 이르는 말. 고대 중국에서 큰 공이 있는 제후에게 천자가 검은 활과 화살을 하사한데서 정벌의 권한을 상징하게 되었다.

노기등등(怒氣騰騰) 몹시 성이 나서 노한 기색(氣色)이 얼굴에 가득함.

노기등천(怒氣登天) 노기충천(怒氣衝天).

노기복력(老驥伏櫪) '늙은 준마가 마구간 가로 목에 엎드렸다'는 뜻으로, 재능(才能) 있는 인물(人物)이 나이가 들어 뜻을 펴지 못하고 궁지(窮地)에 빠짐을 비유(譬喩)해 이르는 말.

노기상가(怒氣相加) 서로 싸우는 사이에 노기가 자꾸 더해감.

노기충천(怒氣衝天) 노기가 하늘을 찌를 듯이 화가 머리끝까지 나 있음. 노기등천(怒氣登天).

노노발명(呶呶發明) 여러 말로 구차하게 변명을 늘어놓음.

노당익장(老當益壯) ①나이를 먹을수록 기력(氣力)이 더욱 좋아짐. ②그런 사람을 이름. 노익장(老益壯)

노래지희(老萊之戱) 자식(子息)이 나이가 들어도 부모(父母)의 자식(子息)에 대(對)한 마음은 똑같으니 변(變)함 없이 효도(孝道)를 해야 한다는 말.

노류장화(路柳墻花) '길 가의 버들과 담 밑의 꽃은 누구든지 쉽게 만지고 꺾을 수 있다'는 뜻으로, 기생(妓生)을 의미(意味)함.

노린동전(-銅錢) 아주 적은 액수의 돈. 피천.

노마식도(老馬識途) '늙은 말이 갈 길을 안다'는 뜻으로, ①연륜이 깊으면 나름의 장점(長點)과 특기가 있음. ②경험(經驗) 많은 사람이 갖춘 지혜(智慧).

노마십가(駑馬十駕) '둔한 말도 열흘 동안 수레를 끌 수 있다'는 뜻으로, 재주 없는 사람도 노력(努力)하고 태만(怠慢)하지 않으면 재주 있는 사람과 어깨를 나란히 할 수 있음을 비유(比喩)한 말.

노마염태호(老馬厭太乎) '늙은 말이 콩 마다 하랴'라는 속담(俗談)의 한역으로, 본능적(本能的)인 욕망(慾望)은 늙는다고 없어지는 것이 아니라는 말.

노마지도(老馬知途) '늙은 말이 갈 길을 안다'는 뜻으로, ①연륜이 깊으면 나름의 장점(長點)과 특기가 있음. ②경험(經驗) 많은 사람이 갖춘 지혜(智慧).

노마지지(老馬之智) '늙은 말의 지혜(智慧)'라는 뜻으로, ①연륜이 깊으면 나름의 장점(長

點)과 특기가 있음. ②저마다 한 가지 장기나 재주는 지녔다는 말 .

노말지세(弩末之勢) '큰 활 끝의 힘'이란 뜻으로, 걷잡을 수 없이 튕겨져 나오는 세력(勢力).

노목궤(櫨木櫃) '노 나무로 만든 네모진 궤'라는 뜻으로, 융통성(融通性)이 조금도 없는 사람을 두고 이르는 말.

ㄴ

노목시지(怒目視之) 성난 눈으로 봄.

노무배상(勞務賠償) 남에게 끼친 손해(損害)를 기술이나 노동으로 배상하는 일.

노미장두(露尾藏頭) '꼬리는 드러낸 채 머리만 숨긴다'는 뜻으로, 잘못을 숨기려 해도 결국 드러나게 됨을 비유(譬喩)하는 말.

노반문전농대부(魯斑門前弄大斧) 노반의 문전에서 도끼질을 자랑하네.

노발대발(怒發大發) 몹시 크게 성을 냄.

노발대성(怒發大聲) 매우 성이 나서 외치는 큰 목소리.

노발상충관(怒髮上衝冠) '성내어 머리털이 머리에 쓴 갓을 추켜올린다'는 뜻으로, 몹시 성난 모습을 형용(形容)하여 이르는 말.

노발충관(怒髮衝冠) '노한 머리털이 관을 추켜올린다'는 뜻으로, 몹시 성낸 모양(模樣)을 이르는 말.

노방생주(老蚌生珠) '늙은 방합(蚌蛤)에서 구슬이 나온다'는 뜻으로, ①총명(聰明)한 아들을 둔 사람에게 그를 기려 축하(祝賀)하는 말. ②부자(父子)가 모두 영명(令名)을 가졌음을 이르는 말. ③만년(晩年)에 아들을 얻음을 이름.

노변담화(爐邊談話) 화롯가에 둘러앉아 서로 부드럽게 주고받는 세상(世上) 이야기.

노병유고주(老病有孤舟) '늙고 병든 몸을 의탁(依託)할 것은 오직 작은 배 한 척 뿐'이라는 뜻으로, 노후(老後)의 고적(孤寂)함을 형용(形容)하는 말.

노불습유(路不拾遺) '백성(百姓)이 길에 떨어진 물건(物件)을 줍지 않는다'는 뜻으로, 나라가 평화(平和)롭고 모든 백성(百姓)이 매우 정직(正直)한 모양을 이르는 말.

노사불상왕래(老死不相往來) '늙어서 죽을 때까지 서로 가고오지 않는다'는 뜻.

노사숙유(老士宿儒) 나이가 많고 학식(學識)이 풍부(豊富)한 선비.

노사일음(勞思逸淫) '일을 하면 좋은 생각을 지니고, 안일(安逸)한 생활(生活)을 하면 방탕(放蕩)해진다는 것'을 이르는 말.

노상안면(路上顔面) 길에서 만난 적이 있어 면식(面識) 정도나 있는 얼굴.

노생상담(老生常談) '노인(老人)들이 늘 하는 이야기'란 뜻으로, 노인(老人)들의 고루(固陋)한 이론(理論)이나 평범(平凡)한 의론(議論)을 비유(譬喩)해 이르는 말.

노생지몽(盧生之夢) '노생(盧生)의 꿈'이라는 뜻으로, ①인생(人生)의 영고성쇠(榮枯盛衰)는 한바탕 꿈처럼 덧없다는 뜻. ②한때의 헛된 부귀영화(富貴榮華).

노서소미(老鼠燒尾) 재능(才能)이 없으면서 과거(科擧)에 급제(及第)함을 비유(比喩)해 이르는 말 .

노소동락(老少同樂) 노인(老人)과 젊은이가 함께 즐김.
노소부정(老少不定) '노인(老人)도 소년(少年)도 언제 죽을지 모른다'는 뜻으로, 사람의 목숨은 덧없어 정명(定命)을 알 수 없으므로 죽음에는 노소(老少)가 따로 없음을 이르는 말.
노소이량(老少異糧) 늙은이와 젊은이의 식사(食事)가 다름.

노숙풍찬(露宿風餐) '한데서 자고, 한데서 먹는다'는 뜻으로, 여행(旅行)하는 어려움을 이르는 말.
노승발검(怒蠅拔劍) '파리를 보고 화를 내어 칼을 빼들고 쫓는다'는 뜻으로, ①사소(些少)한 일에 화를 잘 냄. ②보잘것없는 작은 일에 지나치게 큰 대책(對策)을 세움.
노심초사(勞心焦思) ①마음을 수고롭게 하고 생각을 너무 깊게 함. ②애쓰면서 속을 태움.
노안비슬(奴顔婢膝) '사내종의 얼굴과 계집종의 무릎'이란 뜻으로, 사내종이 고개를 숙이고, 계집종이 무릎을 꿇듯이 남과 교제(交際)할 때 지나치게 굽실굽실하며 비굴(卑屈)한 태도(態度)로 일관(一貫)함을 이르는 말.
노양지과(魯陽之戈) '노양공(魯陽公)의 창'이란 뜻으로, 위세(威勢)가 당당(堂堂)함을 이르는 말.
노어지류(魯魚之謬) '노(魯)와 어(魚)는 글자 모양(模樣)이 비슷해 틀리기 쉽다'는 뜻으로, 글자를 잘못 쓰는 일을 이르는 말.
노어지오(魯魚之誤) 글자를 잘못 쓰기 쉬움을 가리키는 말.
노어해시(魯魚亥豕) 노(魯)와 어(魚), 해(亥)와 시(豕)는 모양이 비슷하여 사람들이 쉽게 혼동(混同)하는 경우가 많은 데서 유래(由來)한 것으로, 비슷한 글자도 구분하지 못할 정도로 무식한 사람을 비유하여 이르는 말.
노온능해(老媼能解) 노구능해(老嫗能解). 노온도해(老媼都解).
노온도해(老媼都解) 노구능해(老嫗能解). 노구도해(老嫗都解). 노온능해(老媼能解).
노요지마력사구견인심(路遙知馬力事久見人心) '길이 멀면 말의 힘을 알고, 긴 세월(歲月)이 지나면 사람의 마음을 본다'는 것을 이르는 말.
노요지마력일구견인심(路遙知馬力日久見人心) 노요지마력사구견인심(路遙知馬力事見人心).
노우지독(老牛舐犢) 노우지독지애(老牛舐犢之愛).
노우지독지애(老牛舐犢之愛) '늙은 소가 송아지를 핥아주는 사랑'이라는 뜻으로, 부모(父母)의 자식(子息)에 대(對)한 사랑이 깊음을 이르는 말. 노우지독(老牛舐犢)
노응천편옥국산일총금(露凝千片玉菊散一叢金) 이슬이 어리니 천 조각의 구슬이요, 국화(菊花)가 날리니 한 떨기 금임.
노이무공(勞而無功) ①애를 썼으나 공이 없음. ②애쓴 보람이 없음.

노이불사(老而不死) 늘그막에 언짢은 일이 많이 생겨 죽고 싶지만 죽지 못함 .

노이불원(勞而不怨) 효자(孝子)는 부모(父母)를 위(爲)해 어떤 고생(苦生)을 하더라도 결코 부모(父母)를 원망(怨望)하지 않음.

노익장(老益壯) ①나이는 들었으나 기력(氣力)은 더욱 좋아짐. ②또는, 그런 사람. 노당익장(老當益壯).

노인자제(老人子弟) 늙은이가 낳은 아들.

노자역덕(怒者逆德) 사람이 노하게 되면 서로 싸우게 되므로, 노하는 것은 덕을 역행하는 일이라는 말.

노작가축(勞作家畜) (소 · 말 따위) 힘들여 일하는 가축.

노적성해(露積成海) 한 방울의 이슬이 모여서 큰 바다를 이룬다.

노주지분(奴主之分) '종과 상전(上典)의 나뉨'이란 뜻으로, 매우 거리가 멀어 바꿔 설 수 없는 대인 관계(對人關係)를 이름.

노축암(怒蹴巖) '성이 나서 바위를 찬다'는 뜻으로, 분을 참지 못하여 자기(自己) 몸을 해(害)침의 비유(譬喩).

노친발병자위노환(老親發病子謂老患) 늙은 부모 쓰러지면 노환이라 생각한다.

노친시하(老親侍下) 늙은 어버이를 모시고 있는 처지(處地).

노파심절(老婆心切) 남의 일을 지나치게 걱정하고 염려(念慮)하는 일. 노파심(老婆心).

노협괴경(路夾槐卿) 길에 고위(高位) 고관(高官)인 삼공구경(三公九卿)의 마차가 열지어 궁전(宮殿)으로 들어가는 모습.

노홍소청(老紅少靑) '장기를 둘 때 나이가 많은 사람이 붉은 빛깔인 한(漢)을 가지고, 나이가 적은 사람은 푸른 빛깔인 초(楚)를 가지고 두는 법'이라는 뜻으로 이르는 말.

녹림객(綠林客) 녹림호객(綠林豪客).

녹림호객(綠林豪客) 화적이나 도둑을 달리 이르는 말. 녹림객(綠林客).

녹림호걸(綠林豪傑) '푸른 숲 속에 사는 호걸(豪傑)'이라는 뜻으로, 불한당(不汗黨)이나 화적(火賊) 따위를 달리 이르는 말.

녹마동향(祿馬同鄕) '천간의 관이 지지의 재(財)를 타고 넘었다'는 사주의 뜻. 록마동향(祿馬同鄕)

녹만창전(綠滿窓前) '창 앞에 푸르름이 가득하다'는 뜻으로, ①창가에 초목(草木)이 푸르게 우거진 모양(模樣)으로 초여름의 경관(景觀). ②있는 그대로의 자연(自然)을 즐기려는 문인(文人)의 심경(心境)을 나타낸 것.

녹불첩수(祿不疊受) 두 가지 벼슬을 겸(兼)한 사람이 한 가지 벼슬의 녹만 받고, 양쪽의 것을 겹쳐 받지 않음.

녹빈홍안(綠鬢紅顔) '윤이 나는 검은 머리와 고운 얼굴'의 뜻으로, 젊고 아름다운 여자(女

子)의 얼굴을 이르는 말.

녹사불택음(鹿死不擇音) '사슴은 그 소리가 아름다우나 죽게 되었을 때에는 그 아름다운 소리를 가리어 낼 여유(餘裕)가 없다'는 뜻으로, 사람도 위급(危急)한 지경(地境)을 당했을 때는 절도(節度)를 잃음을 비유(比喩)하는 말.

녹사수수(鹿死誰手) '사슴이 누구의 손에 죽는가'라는 뜻으로, 승패(勝敗)를 결정(決定)하지 못하는 것을 이르는 말.

녹수구전경청송학후병(綠水鷗前鏡靑松鶴後屛) 푸른 물은 갈매기 앞의 거울이요, 푸른 소나무는 학 뒤의 병풍(屛風)임.

녹수청산(綠水靑山) 푸른 물과 푸른 산.

녹양방초(綠楊芳草) 푸른 버들과 꽃다운 풀.

녹엽성음(綠葉成陰) '초록빛 잎이 그늘을 만든다'는 뜻으로, 여자(女子)가 결혼(結婚)하여 자녀(子女)가 많음을 말함.

녹음방초(綠陰芳草) '나무가 푸르게 우거진 그늘과 꽃다운 풀'이라는 뜻으로, 여름의 아름다운 경치(景致).

녹의사자(綠衣使者) '푸른 옷을 입은 사자(使者)'라는 뜻으로, 앵무새의 다른 명칭.

녹의홍상(綠衣紅裳) '연두저고리에 다홍치마'라는 뜻으로, 곱게 차려 입은 젊은 아가씨의 옷차림.

녹의황리(綠衣黃裏) '값싼 연두저고리에 값진 황색(黃色) 안감을 댄다'는 뜻으로, ①귀천(貴賤)의 자리가 서로 뒤바뀜. ②천첩(賤妾)이 귀(貴)하게 되고, 적첩(嫡妾)이 낮게 됨을 이르는 말.

녹죽군자절청송장부심(綠竹君子節靑松丈夫心) 푸른 대나무는 군자(君子)의 절개(節槪)요, 푸른 소나무는 대장부(大丈夫)의 마음임.

녹초청강상(綠草淸江上) 푸른 풀, 맑은 강가.

논공행상(論功行賞) 공(功)이 있고 없음이나 크고 작음을 따져, 거기에 알맞은 상(賞)을 줌.

논점일탈(論點逸脫) 논설(論說)의 요점(要點)을 벗어남 .

농가성진(弄假成眞) 농가성진(弄仮成眞).

농가성진(弄仮成眞) 장난삼아 한 것이 진정(眞情)으로 한 것같이 됨. 가롱성진(假弄成眞). 농가성진(弄假成眞).

농과성진(弄過成嗔) 장난도 지나치면 노염을 사게 됨을 이르는 말.

농교성졸(弄巧成拙) 지나치게 솜씨를 부리다가 도리어 서툴게 됨을 이르는 말.

농단지술(壟斷之術) 농단(壟斷)하는 재주.

농미대안(濃眉大眼) 눈썹이 짙고 눈이 큼.

농병황지(弄兵潢池) '아이들이 물이 괴어 있는 못에서 병기를 가지고 장난하는 것과 같다'는 말. 몹시 소란스러움.

ㄴ

농본주의(農本主義) 농업이나 농촌경제(農村經濟)를 국가 발전의 근본으로 삼는 주의.

농부아사침궐종자(農夫餓死枕厥種子) '농부는 굶어 죽더라도 그 종자를 베고 죽는다'는 뜻으로, ①농부는 죽는 한이 있더라도 종자만은 꼭 보관함을 뜻함. ②사람은 죽을 때까지 희망을 버리지 않고 앞날을 생각함. ③어리석고 인색한 사람은 자신이 죽고 나면 재물(財物)도 소용이 없음을 모른다는 말.

농불실시(農不失時) '농사(農事)짓는 일은 제 때를 놓치지 말아야 한다'는 뜻.

농산어촌(農山漁村) 농촌과 산촌과 어촌.

농시방극(農時方劇) 농사(農事)철이 되어 일이 한창 바쁨.

농시방장(農時方張) 농사(農事)철이 되어 일이 한창 벌어짐.

농심이천심(農心而天心) '농사하는 마음이 하나님이 주신 마음'이라는 뜻.

농와지경(弄瓦之慶) '질그릇을 갖고 노는 경사(慶事)'란 뜻으로, 딸을 낳은 기쁨을 말함. 농와지희(弄瓦之喜). ↔농장지경(弄璋之慶).

농와지희(弄瓦之喜) 농와지경(弄瓦之慶).

농자천하지대본(農者天下之大本) '농사(農事)는 온 세상 사람들이 생활(生活)해 나가는 근본(根本)이다'라는 말.

농장지경(弄璋之慶) '장(璋)으로 만든 구기를 갖고 노는 경사(慶事)'란 뜻으로, 아들을 낳은 기쁨을 말함. 농장지희(弄璋之喜). ↔농와지경(弄瓦之慶).

농장지희(弄璋之喜) 농장지경(弄璋之慶).

농조연운(籠鳥戀雲) '새장에 갇힌 새가 구름을 그리워한다'는 뜻으로, 몸이 속박(束縛) 당(當)한 사람이 자유(自由)를 얻기를 바람을 비유(比喩)하는 말 .

농조함원(籠鳥檻猿) '새장에 든 새와 우리에 갇힌 원숭이'라는 뜻으로, 속박(束縛)되어 자유(自由)가 없음을 비유(比喩)하는 말.

농지우선(農地優先) '농지(農地)가 가장 먼저다'라는 뜻으로, 농지(農地)가 가장 중요(重要)함.

농한희어(弄翰戲語) 낙서와 농담(弄談).

뇌급만방(賴及萬方) 만방(萬方)이 극(極)히 넓으나 어진 덕(德)이 고루 미치게 됨.

뇌동부화(雷同附和) 부화뇌동(附和雷同).

뇌려풍비(雷勵風飛) 일을 해치움이 벼락같이 날쌔고 빠름.

뇌봉전별(雷逢電別) '우레처럼 만났다가 번개처럼 헤어진다'는 뜻으로, 잠깐 만났다가 곧 이별(離別)함을 이르는 말.

뇌성대명(雷聲大名) '우렛소리와 같이 큰 이름'이라는 뜻으로, ①세상(世上)에 높이 드러나 알려진 이름. ②타인(他人)의 성명(姓名)을 높여서 이르는 말.

뇌성벽력(雷聲霹靂) 우렛소리와 함께 떨어지는 벼락.

뇌정벽력(雷霆霹靂) 격렬(激烈)한 천둥과 벼락을 일컬음.

뇌주능위(賴主能爲) 능력(能力) 주시는 자 안에서 모든 것을 할 수 있음.

뇌진교칠(雷陳膠漆) '뇌의(雷義)와 진중(陳重)의 굳음'이라는 뜻으로, 대단히 두터운 우정(友情)을 이르는 말.

누거만(累巨萬) '여러 거만'이라는 뜻으로, 썩 많은 액수(額數)를 나타내는 말.

누거만금(累巨萬金) 굉장히 많은 돈.

누거만년(累巨萬年) 아주 오래 된 세월(歲月).

누거만재(累巨萬財) 아주 많은 재산(財産)이나 재물(財物).

누견불선(屢見不鮮) '자주 대하니 신선함이 없다'는 뜻으로, 너무 자주 보아 전혀 새롭지 않음.

누관비경(樓觀飛驚) 궁전(宮殿) 가운데 있는 물 견대(物見臺)는 높아서 올라가면 나는 듯하여 놀람.

누대봉사(屢代奉祀) 여러 대(代)의 조상(祖上)의 제사(祭祀)를 받드는 일.

누란지세(累卵之勢) '포개어 놓은 알의 형세(形勢)'라는 뜻으로, 몹시 위험(危險)한 형세(形勢)를 비유(比喩)로 하는 말.

누란지위(累卵之危) '알을 쌓아 놓은 듯한 위태(危殆)로움'이라는 뜻으로, 매우 위태(危殆)로운 형세(形勢)를 이르는 말.

누비혼인(-婚姻) 두 성(姓) 사이에 많이 겹치어 하는 혼인. 겹혼인. 덤불혼인.

누월재운(鏤月裁雲) '달을 새기고 구름을 마른다'는 뜻으로, 교묘(巧妙)하고 아름다운 세공(細工).

누전군읍(屢典郡邑) 여러 고을의 원 수령(首領)을 지냄.

누진취영(鏤塵吹影) '먼지에 새기고 그림자를 입으로 분다'는 뜻으로, 쓸데없는 헛된 노력(努力)을 이르는 말.

누참마속(淚斬馬謖) '울면서 마속(馬謖)의 목을 벰'. 즉 공정(公正)한 업무(業務) 처리(處理)와 법 적용(適用)을 위해 사사로운 정을 포기(抛棄)함. 읍참마속(泣斬馬謖).

누파희확(淚播喜穫) 눈물로 씨를 뿌리고 기쁨으로 거둠.

누항단표(陋巷簞瓢) '누항(陋巷)에서 사는 사람의 한 그릇의 밥과 한 바가지의 물'이라는 뜻으로, 아주 가난한 사람의 생활(生活) 형편(形便)을 이르는 말.

눌언민행(訥言敏行) '더듬는 말과 민첩(敏捷)한 행동(行動)'이라는 뜻으로, 말하기는 쉬워도 행(行)하기는 어려우므로, 군자(君子)는 말은 둔하여도 행동(行動)은 민첩(敏捷)해야 함을 이름 .

늑비각명(勒碑刻銘) 비를 세워 이름을 새겨서 그 공을 찬양(讚揚)하며 후세(後世)에 전(傳)함.

능간능수(能幹能手) 잘 해치우는 재간(才幹)과 익숙한 솜씨.

ㄴ

능견난사(能見難思) '능히 보고도 생각하기 어렵다'는 뜻으로, 보통(普通)의 이치(理致)로는 추측(推測)할 수 없는 일을 이르는 말.

능곡지변(陵谷之變) '높은 언덕이 변(變)하여 깊은 골짜기가 되고 깊은 골짜기가 높은 언덕으로 변(變)한다'는 뜻으로, 세상일(世上-)이 극심하게 뒤바뀜을 이르는 말.

능대능소(能大能小) 큰일이나 작은 일이나 임기응변(臨機應變)으로 잘 처리(處理)해 냄.

능라금수(綾羅錦繡) 명주실로 짠 피륙을 통틀어 이르는 말.

능력개발(能力開發) 능력(能力)을 개척(開拓)하여 발전(發展)시킴.

능마강소(凌摩絳霄) 곤어(鯤魚)가 봉새(鳳-)로 변(變)하여 한 번 날면 구천(九天)에 이르니, 사람의 운수(運數)를 말함.

능문능무(能文能武) ①문무(文武)가 뛰어남. ②또는, 그러한 것을 갖춘 사람.

능문능필(能文能筆) ①글과 글씨에 능란(能爛)함. ②또는 그러한 솜씨가 있는 사람.

능불양공(能不兩工) '인간(人間)의 능력(能力)은 모든 사물(事物)에 다 능할 수 없다'는 뜻으로, 잘 할 수 있는 일이 있는가 하면 잘못하는 일도 있기 마련임을 이르는 말.

능사익모(能士匿謀) 재능(才能)이 있는 자는 계책(計策)을 숨기고 남에게 알리지 않음.

능서불택필(能書不擇筆) '글씨를 잘 쓰는 이는 붓을 가리지 않는다'는 뜻으로, 일에 능한 사람은 도구를 탓하지 않음을 이르는 말.

능소능대(能小能大) ①큰일이나 작은 일이나 임기응변(臨機應變)으로 잘 처리(處理)해 냄. ②남들과 사귀는 수완(手腕)이 능함.

능수능간(能手能幹) 잘 해치우는 재간(才幹)과 익숙한 솜씨.

능수능란(能手能爛) 어떤 일에 익숙하고 솜씨가 좋음.

능수신비(能手伸臂) 능한 손과 펴신 팔.

능언앵무(能言鸚鵡) '앵무새처럼 말을 잘한다'는 뜻으로, 말은 잘하나 실제(實際) 학문(學問)은 없는 사람을 이르는 말.

능운지지(凌雲之志) '높은 구름을 훨씬 넘는 뜻'이라는 말로, ①속세(俗世)에 초연(超然)한 태도(態度). ②속세(俗世)를 떠나서 초탈(超脫)하려는 마음.

능운지지(陵雲之志) 높은 지위에 오르고자 하는 욕망. 청운지지(青雲之志).

능지능행총시사공(能知能行總是師功) 알 수 있고 행(行)할 수 있음은 모두 다 스승의 공(功)임.

능지처참(陵遲處斬) 머리, 몸, 손, 발을 자르는 극형(極刑).

능탈곤경(能脫困境) 어떠한 곤경에도 벗어날 수 있다.

능효능제막비사은(能孝能悌莫非師恩) 부모(父母)님께 효도(孝道)하고 어른을 공경(恭敬)할 수 있음은 스승의 은혜(恩惠)가 아님이 없음.

【ㄷ】

다감다정(多感多情) 다정다감(多情多感).

다기망양(多岐亡羊) '달아난 양을 찾다가 여러 갈래 길에 이르러 길을 잃었다'는 뜻으로, ①학문(學問)의 길이 여러 갈래로 나뉘어져 있어 진리(眞理)를 찾기 어려움. ②방침(方針)이 많아 할 바를 모르게 됨. 망양지탄(亡羊之歎).

다난흥방(多難興邦) '많은 어려운 일을 겪고서야 나라를 일으킨다'는 뜻에서, 어려움을 극복(克服)하고 여러모로 노력(努力)해야 큰일을 이룰 수 있다는 말.

다남다구(多男多懼) 아들을 많이 두면 여러 가지로 두려움과 근심 걱정이 많음.

다능비사(多能鄙事) 낮고 속(俗)된 일에 재능(才能)이 많음을 이르는 말.

다다익선(多多益善) 많으면 많을수록 더욱 좋다는 말.

다다익판(多多益辦) 많으면 많을수록 더 잘 처리(處理)함.

다대기(たた「고(叩)」き) 양념의 한 가지. 끓는 간장이나 소금물에 마늘, 생강 따위를 다져 넣고 고춧가루를 뿌려 졸인 다음, 기름을 쳐서 볶아 만듦. 얼큰한 맛을 내는데 쓰임.

다대수(多大數) 대다수(大多數).

다락방(–房) ①다락처럼 높은 곳에 만들어 꾸민 방. ②고미다락. ③(서양식 건축에서) 지붕과 천정 사이의 공간에다 만든 방(房).

다면적(多面的) 다방면적(多方面的).

다문다독다상량(多聞多讀多想量) '많이 듣고, 많이 읽으며, 많이 생각한다'는 뜻으로, 중국(中國)의 구양수(歐陽脩)가 글을 잘 짓는 비결(秘訣)로서 이른 말.

다문박식(多聞博識) 보고 들은 것이 많고 학식(學識)이 넓음.

다반사(茶飯事) 차 마시는 일이나 밥 먹는 것과 같이, 늘 있는 일 예사로운 일. 항다반사(恒茶飯事)의 준말.

다반향초(茶半香初) '차(茶)를 마신 지 반나절(半–)이 되었으나 그 향(香)은 처음과 같다'는 뜻으로, 늘 한결같은 원칙(原則)과 태도(態度)를 중시(重視)해야 한다는 뜻을 나타냄.

다발장리(多發將吏) 수령(守令)이 죄인(罪人)을 잡으려고 포교(捕校)와 사령(使令)을 많이 내보내는 일.

다발형리(多發刑吏) 형조(刑曹)나 한성부(漢城府)에서 죄인(罪人)을 잡으려고 형리에게 많은 사령(使令)을 붙여 내보내는 일.

다방면적(多方面的) 여러 방면에 걸친 것. 다면적(多面的).

다복다남(多福多男) '복이 많고 아들이 여럿'이라는 뜻으로, 팔자가 좋음을 이르는 말.

다봉성인(多逢聖因) 좋은 사람을 만나 사귀고 있으면, 어느새 좋은 결과를 맞는다.

ㄷ

다사다난(多事多難) 여러 가지로 일도 많고 어려움도 많음.

다사다단(多事多端) 일이 많은데다가 까닭도 많음. 여러 가지 일이나 까닭이 서로 뒤엉켜 복잡함.

다사다망(多事多忙) 일이 많아 몹시 바쁨. 눈코 뜰 사이 없이 바쁨.

다사분주(多事奔走) 여러 가지로 일이 많고 몹시 바쁨.

다사식녕(多士寔寧) 준걸(俊傑)과 재사(才士)가 조정(朝廷)에 많으니 국가(國家)가 태평(太平)함 .

다사제제(多士濟濟) ①많은 선비가 모두 뛰어남. ②훌륭한 인재(人材)가 많음. ③뛰어난 인물(人物)이 많음. 제제다사(濟濟多士).

다사지추(多事之秋) ①일이 가장 많을 때. ②가장 바쁠 때. ③흔히, 국가적(國家的) · 사회적(社會的)으로 일이 가장 많이 벌어진 때.

다생지연(多生之緣) 전세(前世)로부터 여러 번 윤회(輪廻)하는 사이에 맺어진 인연(因緣).

다소불계(多少不計) 수효(數爻)나 양의 많고 적음을 헤아리지 아니함.

다수결(多數決) 회의(會議)에서 많은 구성원(構成員)이 찬성(贊成)하는 의안(議案)을 선정(選定)하는 일.

다식군자(多識君子) 다문박식(多聞博識)한 군자(君子)를 이르는 말.

다신교(多神敎) 많은 신 또는 많은 정령이나 영혼의 존재를 인정하여 숭배의 대상으로 삼는 종교의 한 형태. ↔일신교(一神敎).

다언삭궁(多言數窮) 말이 많으면 자주 곤란(困難)한 처지(處地)에 빠짐.

다언수궁(多言數窮) 말이 많으면 난처한 일이 생기니 말을 조심하라는 뜻.

다언혹중(多言或中) 말을 많이 하다 보면 어쩌다가 사리(事理)에 맞는 말도 있음.

다욕칙상생(多欲則傷生) 욕심을 부리지 마라. 욕심이 지나치면 건강까지도 해치게 된다는 말.

다우지인당사무오(多友之人當事無誤) 벗이 많은 사람은 일을 당(當)하여 그르침이 없음.

다원론(多元論) 세계를 이루는 요소는 여러 가지인데, 이 여러 요소는 서로 독립적(獨立的)이어서 다른 것으로 환원될 수 없다는 철학상의 이론. ↔단원론(單元論) · 일원론(一元論).

다원화(多元化) (원근이) 여럿이 됨. 또는 여럿이 되게 함.

다의성(多義性) 한 단어(單語)가 두 가지 이상의 뜻을 가지는 말의 특성(特性).

다의어(多義語) 두 가지 이상의 뜻을 가진 단어(單語).

다재다능(多才多能) 재주와 능력(能力)이 많음.

다재다병(多才多病) 재주가 많은 사람은 흔히 약하고 잔병이 많다는 말.

다재다예(多才多藝) 재능(才能)과 기예(技藝)가 많음.

다전선고(多錢善賈) 밑천이 많은 사람이 장사도 잘함.

다정다감(多情多感) '정이 많고 느낌이 많다'는 뜻으로, 생각과 느낌이 섬세(纖細)하고 풍부(豊富)함을 이르는 말.

다정다한(多情多恨) ①유난히 잘 느끼고 또 원한(怨恨)도 잘 가짐. ②애틋한 정도 많고 한스러운 일도 많음.

다정불심(多情佛心) ①다정다감(多情多感)하고 착한 마음. ②정이 많은, 자비(慈悲)스러운 마음.

다정수정(多精受精) 수태(受胎) 과정에서, 하나의 난자(卵子)에 두 개 이상의 정자(精子)가 들어가서 이루어진 수정.

ㄷ

다종다양(多種多樣) 종류(種類)가 많고 그 양식(樣式)이나 모양(模樣)이 여러 가지임.

다천과귀(多賤寡貴) 모든 상품(商品)은 다과(多寡)에 의(依)해서 그 값의 고하(高下)가 이루어짐.

다태동물(多胎動物) 한배에 여러 마리의 새끼를 낳는 동물(動物). 개 · 돼지 · 토끼 등.

다태임신(多胎妊娠) 둘 이상의 태아(胎兒)를 동시에 배는 일.

다핵세포(多核細胞) 두개 이상(以上)의 핵(核)을 가진 세포.

다행다복(多幸多福) 다행(多幸)하여 썩 행복(幸福)함.

다혈질(多血質) 쾌활(快活)하고 활동적(活動的)이나, 성급(性急)하고 인내력(忍耐力)이 부족(不足)한 기질(氣質). ↔점액질(粘液質).

단간영묵(斷簡零墨) '종이가 발명(發明)되기 전까지 종이 대신(代身) 썼던 대쪽과 먹 한 방울'이라는 뜻으로, 종이 조각에 적힌 완전(完全)하지 못한 조각난 글월을 이르는 말.

단간잔편(斷簡殘編) 떨어져 나가고 빠지고 하여 조각이 난 문서(文書)나 글월. 단편잔간(斷編殘簡).

단군기원(檀君紀元) 단군(檀君)이 개국(開國)하여 왕위에 오른 해를 원년(元年)으로 잡은 우리나라의 기원(紀元). (서력(西曆) 기원(紀元)보다 2333년이 앞섬).

단군왕검(檀君王儉) 단군. 우리나라 최초의 국가인 고조선을 세운 시조.

단군조선(檀君朝鮮) 단군이 기원전(紀元前) 2333년 아사달(阿斯達)에 도읍하고 건국한 고조선(古朝鮮).

단금지계(斷金之契) '쇠라도 자를 만큼의 굳은 약속(約束)'이라는 뜻으로, 극히 친밀(親密)한 우정(友情)을 이르는 말.

단금지교(斷金之交) '쇠라도 자를 수 있는 굳고 단단한 사귐'이란 뜻으로, 친구(親舊)의 정의(情誼)가 매우 두터움을 이르는 말.

단기지계(斷機之戒) '맹자(孟子)가 수학(修學) 도중에 돌아왔을 때, 그 어머니가 칼로 베틀의 실을 끊어서 훈계(訓戒)하였다'는 고사에서 유래한 말로, 베를 끊는 훈계(訓戒)란 뜻. 학업(學業)을 중도(中途)에 폐(廢)함은 짜던 피륙의 날을 끊는 것과 같아 아무런 이익(利益)이 없다는 훈계(訓戒). 단기지교(斷機之敎). 맹모단기(孟母斷機).

단기지교(斷機之敎) 단기지계(斷機之戒). 맹모단기(孟母斷機).

단기필마(單騎匹馬) 한 필의 말에 홀로 타고 가는 모습(貌襲).

단단무타(斷斷無他) 오로지 한 가지 신념(信念) 외(外)에 다른 마음이 없음.

단단상약(斷斷相約) 단단히 서로 약속(約束)함.

ㄷ

단도직입(單刀直入) '혼자서 칼을 휘두르고 거침없이 적진(敵陣)으로 쳐들어간다'는 뜻으로, ①문장(文章)이나 언론(言論)의 너절한 허두(虛頭)를 빼고 바로 그 요점(要點)으로 풀이하여 들어감. ②생각과 분별(分別)과 말에 거리끼지 아니하고 진경계(眞境界)로 바로 들어감.

단독개념(單獨概念) 개별 개념(個別概念). ↔일반개념(一般概念).

단독일신(單獨一身) ①단 하나의 몸. ②일가(一家) 친척(親戚)이 없는 홀몸.

단독점유(單獨占有) 어떤 물건을 한 사람이 차지하는 일.

단두장군(斷頭將軍) '머리가 달아난 장군(將軍)'이라는 뜻으로, 죽어도 항복(降伏)하지 않는 장군(將軍)을 이르는 말.

단란지락(團欒之樂) 단란하게 지내는 즐거움.

단말마적(斷末魔的) 숨이 끊어질 때처럼 몹시 괴로운 것.

단무타려(斷無他慮) 조금이라도 다른 근심이 없음.

단문고증(單文孤證) '한 쪽의 문서(文書), 한 개의 증거(證據)'라는 뜻으로, 불충분(不充分)한 증거(證據)를 말함.

단발미인(斷髮美人) ①단발(斷髮)한 젊은 미인(美人). ②이전(以前)에 흔히 신여성(新女性)의 뜻으로 쓰이던 말.

단병접전(短兵接戰) 창이나 칼 따위의 단병을 가지고 가까이 가서 육박(肉薄)하는 싸움.

단불요대(斷不饒貸) 단불용대(斷不容貸).

단불용대(斷不容貸) ①단연코 용서(容恕)하지 아니함. ②조금도 용서(容恕)할 수 없음.

단비구법입설인(斷臂求法立雪人) '팔뚝을 잘라 진리를 구하며 눈 속에 서 있는 사람'이란 말.

단사두갱(簞食豆羹) '대나무 그릇에 담긴 밥과 제기(祭器)에 담긴 국'이라는 뜻으로, ①얼마 안 되는 음식. ②변변치 못한 음식.

단사표음(簞食瓢飮) '대나무로 만든 밥그릇에 담은 밥과 표주박에 든 물'이라는 뜻으로 청빈하고 소박한 생활을 이르는 말. 좋지 못한 적은 음식. 단표.

단사호장(簞食壺漿) '도시락 밥과 병에 담은 음료수(飮料水)'라는 뜻으로, 간소한 음식(飮食)을 마련하여 군대(軍隊)를 환영(歡迎)함을 이르는 말.

단성무이(丹誠無二) '붉은 정성(精誠)이 둘도 없다'는 뜻으로, 진심(眞心)을 다해 성심성의(誠心誠意)로 일을 행(行)함.

단소정한(短小精悍) '작은 것이 정밀(精密)하고 세차다'는 뜻으로, 보이는 모습과 달리 다부지고 강(强)한 면모(面貌)가 있음.
단순호치(丹脣皓齒) '붉은 입술과 하얀 이'란 뜻으로, ①여자(女子)의 아름다운 얼굴을 이르는 말. ②미인(美人)의 얼굴. 주순호치(朱脣皓齒). 호치단순(皓齒丹脣).
단식기도(斷食祈禱) 얼마 기간 동안 음식(飮食)을 먹지 않고 드리는 기도(祈禱).
단식표음(簞食瓢飮) '대그릇의 밥과 표주박의 물'이라는 뜻으로, 좋지 못한 적은 음식(飮食).
단악수선(斷惡修善) 악업(惡業)을 끊고 선업을 닦아 선도(善道)에 들어가는 일.
단안시야(單眼視野) 한쪽 눈만으로 그 위치를 변경하지 않고 보는 외계의 범위. ↔양안시야(兩眼視野).
단야연마(鍛冶研磨) 단련(鍛鍊)하고 또 단련(鍛鍊)하여 갈고 닦음.
단엄침중(端嚴沈重) 단엄하고 침착(沈着)하여 무게가 있음.
단오떡(端午–) 단오병(端午餠).
단오병(端午餠) 단오절에 먹는 수리취의 연한 싹이나 잎을 섞어서 만든 시루떡. 단오떡.
단오부적(端午符籍) 민속에서, 단옷날 액을 물리친다하여 주사(朱砂)로 써서 문이나 기둥에 붙이는 부적.
단오부채(端午–) 조선시대에, 임금이 단오절에 신하들에게 나누어주던 부채.
단오선(端午扇) 단오부채(端午–).
단오장(端午粧) '단옷날 나쁜 귀신을 없앤다'는 뜻에서 하던 여자들의 치장(治粧).
단오절(端午節) 민속에서, '음력 오월 초닷샛날'을 명절로 이르는 말. 단양. 단옷날. 수릿날. 중오절(重五節). 천중절(天中節). 천중가절(天中佳節).
단원론(單元論) ①일원론(一元論). ②우주의 만물은 모두 하나의 근원에서 비롯되었다고 주장하는 학설. 단원설(單元說). ↔다원론(多元論).
단원설(單元說) 단원론(單元論).
단원일년평일공(但願一年平日供) '다만 일 년 중 평일(平日)에 먹을 수 있는 것'이란 뜻.
단이감행귀신피지(斷而敢行鬼神避之) 과단성(果斷性) 있게 행(行)하면 귀신(鬼神)도 이를 피(避)하여 어떠한 일도 성취(成就)할 수 있음을 이르는 말.
단일민족(單一民族) 단일(單一)한 인종(人種)으로 구성(構成)되어 있는 민족(民族). 곧 '우리나라'를 말함.
단일신교(單一神敎) 여러 신(神)을 인정(認定)하면서, 그 가운데서 특히 한 신을 최고신(最高神)으로 숭배(崇拜)하는 종교(宗敎).
단장보단(斷長補短) 긴 것은 자르고 짧은 것은 메워서 들쭉날쭉한 것을 곧게 함을 이르는 말.
단장적구(斷章摘句) 고전(古典)이나 원전(原典)의 일부를 따온 글귀.
단장취의(斷章取義) 남의 시문(詩文) 중(中)에서 전체(全體)의 뜻과는 관계(關係)없이 자기(自

근)가 필요(必要)한 부분(部分)만을 따서 마음대로 해석(解釋)하여 씀.

단지고초장통시구리래(短池孤草長通市求利來) 짧은 연못엔 외로운 풀만 길어나고, 시장(市場)을 통(通)하니 이익(利益)을 구(求)하여 옴.

단칠불문(丹漆不文) 본래부터 아름답고 훌륭한 것은 구태여 단장(丹粧)하거나 꾸밀 필요가 없다는 말.

단편잔간(斷編殘簡) 떨어지고 빠지고 하여서 완전(完全)하지 못한 편지나 책. 단간잔편(斷簡殘編).

단표누항(簞瓢陋巷) '도시락 밥과 표주박 물과 누추(陋醜)한 거리'라는 뜻으로, 소박(素朴)한 시골 생활(生活)을 비유(譬喩)하는 말.

단필정죄(丹筆定罪) 의율(擬律)의 서면(書面)에 왕이 주필(朱筆)로써 그 죄형(罪刑)을 정(定)하여 기록(記錄)함.

단학흉배(單鶴胸背) 한 마리의 학을 수놓은 학흉배. 당하관(堂下官)의 문관(文官)이 붙임.

단호흉배(單虎胸背) 한 마리의 호랑이를 수놓은 호흉배. 당하관(堂下官)의 무관(武官)이 붙임.

달인대관(達人大觀) ①달인(達人)은 사물(事物)의 전국면(全局面)을 관찰(觀察)하여, 공평(公平) 정대한 판단(判斷)을 한다는 말. ②도리(道理)에 통달(通達)한 사람은 사물(事物)을 잘 헤아려 판단(判斷)이 빠르고 그릇됨이 없음.

달제어(獺祭魚) '수달(水獺)이 물고기를 잡아다가 제사(祭祀)를 지내듯 늘어놓는다'는 데서, 글을 짓는 사람이 시문(詩文)을 지을 때에 많은 참고(參考) 문헌(文獻)을 벌여 놓음을 풍자(諷刺)하거나 비유(譬喩)하여 이르는 말.

달팔십(達八十) 부귀와 관록이 따르는 영달의 삶을 이르는 말. 강태공이 여든 살에 주(周)나라 무왕을 만나 정승이 된 후 80년을 호화롭게 살았다는 데서 유래(由來)한 말. 호화(豪華)롭게 삶.

담담타타(談談打打) 주공(中共) 시절(時節) 마오쩌뚱(毛澤東)의 전술(戰術) 중 하나로, ①앞으로는 서로 이야기를 나누는 척 하면서 뒤로는 뒤통수를 때리는 전술. ②대화(對話)하면서 들이치고, 들이치면서 대화한다는 말.

담대심소(膽大心小) '담대(膽大)하면서도 치밀(緻密)한 주의력(注意力)을 가져야 한다'는 뜻으로, 문장(文章)을 지을 때의 마음가짐을 이르는 말.

담론풍발(談論風發) 담화(談話)나 의론(議論)이 속출하여 활발(活潑)하게 이루어짐.

담부지역(擔負之役) 짐을 지는 일. 막벌이 일.

담석지록(儋石之祿) '한 두 섬의 녹'이라는 뜻으로, 적은 봉급(俸給). 얼마 안 되는 봉록(俸祿).

담석지저(儋石之儲) '한 두 섬의 저축(貯蓄)'이라는 뜻으로, 변변하지 못한 저축(貯蓄).

담소자약(談笑自若) 위험(危險)이나 곤란(困難)에 직면(直面)해 걱정과 근심이 있을 때라도 변(變)함 없이 평상시(平常時)와 같은 태도(態度)를 가짐. 언소자약(言笑自若).

담수지교(淡水之交) '맑은 물의 사귐'이라는 뜻으로, 담박(淡泊)하고 변(變)함 없는 우정(友情). 교양(敎養)이 있는 군자(君子)의 교제를 이르는 말.

담언미중(談言微中) 완곡(婉曲)하게 상대방(相對方)의 급소(急所)를 찌르는 말.

담연불수어생사(湛然不隨於生死) 고요하여 태어나고 죽음에 따르지 않는다.

담장농말(淡粧濃抹) '엷은 화장(化粧)과 짙은 화장(化粧'이라는 뜻으로, 갠 날과 비 오는 날에 따라 변화(變化)하는 경치(景致)를 이르는 말.

ㄷ

담천조룡(談天彫龍) '천상(天象)을 이야기하고 용을 조각한다'는 뜻으로, 변론(辯論)이나 문장이 원대(遠大)하고 고상함을 이르는 말. 담천조룡(談天雕龍).

담천조룡(談天雕龍) 담천조룡(談天彫龍).

담호호지(談虎虎至) '호랑이를 말하면 호랑이가 온다'라는 뜻으로, 남에 관해 함부로 말하지 말라는 뜻. 화제의 대상이 그 자리에 나타났을 때 하는 말.

답복차지철(踏覆車之轍) '복거지계(覆車之戒). 앞의 수레가 엎어진 바퀴자국'이라는 뜻으로, 실패의 전례, 또는 앞 사람의 실패를 거울삼아 경계하라는 것을 비유한 말. 전거복철(前車覆轍).

답복철(踏覆轍) 복거지계(覆車之戒). 전거복철(前車覆轍).

당과혼식(糖菓婚式) 결혼(結婚) 3주년(週年).

당구삼년폐풍월(堂狗三年吠風月) '서당(書堂)개 삼년이면 풍월(風月)을 읊는다'는 우리말 속담(談)의 한역으로, 무식(無識)한 사람도 유식한 사람과 함께 있으면 감화(感化)를 받는다는 말.

당구풍월(堂狗風月) '서당(書堂) 개 3년에 풍월(風月)을 한다'는 뜻으로, ①무식(無識)쟁이라도 유식한 사람과 사귀면 견문(見聞)이 넓어짐. ②또는 무슨 일 하는 것을 오래 오래 보고 듣고 하면 자연(自然)히 할 줄 알게 된다는 뜻.

당금무배(當今無輩) 이 세상(世上)에서는 어깨를 겨눌 사람이 없음.

당금지지(當禁之地) ①딴 사람이 들어와 장사(葬事)지냄을 허락(許諾)하지 아니하는 땅. ②또는, 딴 사람이 뫼를 쓰지 못하게 하는 땅.

당내지친(堂內至親) ①팔촌 이내(以內)의 친척(親戚). ②가장 가까운 일가(一家).

당내친(堂內親) 당내지친(堂內至親).

당대발복(當代發福) 부모(父母)를 명당에 장사(葬事)하여 그 아들이 곧 부귀(富貴)를 누리게 됨을 이르는 말.

당동벌이(黨同伐異) 옳고 그름을 가리지 않고 같은 의견(意見)의 사람끼리 한패가 되고 다른 의견(意見)의 사람은 물리친다는 말.

당랑거철(螳螂拒轍) '사마귀가 수레바퀴를 막는다'는 뜻으로, 자기(自己)의 힘은 헤아리지 않고 강자(强者)에게 함부로 덤빔. 당랑지부(螳螂之斧).

당랑규선(螳螂窺蟬) '버마재비가 매미를 엿본다'는 뜻으로, 눈앞의 이익(利益)에만 눈이 어두워 뒤에서 닥치는 재해(災害)를 생각하지 못함을 이르는 말.

당랑재후(螳螂在後) '사마귀가 참새가 뒤에 있는 것은 알지 못하고 매미 잡을 욕심(慾心)에 구멍으로 들어 간다'는 뜻으로, 한갓 눈앞의 욕심(慾心)에만 눈이 어두워 덤비고, 해를 입을 것을 생각지 않으면 재화(災禍)를 당(當)하게 됨을 비유(譬喩)함.

ㄷ

당랑지부(螳螂之斧) '자기(自己) 힘을 생각지 않고 강적(强敵) 앞에서 분수(分數)없이 날뛰는 것'에 비유(比喩)한 말.

당래도사(當來導師) 내세(來世)에 출현(出現)하는 도사(導師). 지금으로부터 56억 7천만 세(歲)를 지나 이 세계(世界)에 출현(出現), 성도(成道)하여 중생(衆生)을 화도(化導)한다는 미륵보살(彌勒菩薩).

당래지사(當來之事) 앞으로 마땅히 닥쳐 올 일.

당래지직(當來之職) ①신분(身分)에 알맞은 벼슬이나 직분(職分). ②또는, 마땅히 차례(次例)에 올 벼슬이나 직분(職分).

당로지인(當路之人) 중요(重要)한 지위(地位)에 있는 사람.

당리당략(黨利黨略) '당의 이익(利益)과 당파(黨派)의 계략(計略)'을 아울러 이르는 말.

당봉지물(當捧之物) 마땅히 받아들일 물건(物件).

당비당거(螳臂當車) '사마귀의 팔뚝이 수레를 당(當)하다'라는 뜻으로, 용감(勇敢) 무쌍(無雙)한 것을 뜻함.

당숙모(堂叔母) '종숙모(從叔母)'를 친근(親近)하게 일컫는 말.

당시승상(當時丞相) '권세(權勢)'가 높은 사람을 이르는 말.

당양지지(當陽之地) 햇볕이 잘 드는 땅.

당연지사(當然之事) 당연(當然)한 일.

당의즉묘(當意卽妙) ①그 경우(境遇)에 적합(適合)한 재치를 그 자리에서 부림. 곧 임기응변(臨機應變). ②그 자리의 분위기(雰圍氣)에 맞추어 즉각 재치있는 언동(言動)을 함.

당이별론(當以別論) 상례(常例)에 따르지 아니하고, 특별(特別)히 논(論)하여야 마땅함 .

대각세존(大覺世尊) '불타(佛陀)'의 존칭(尊稱).

대간사충(大姦似忠) 크게 간사(奸邪)한 사람은 그 아첨(阿諂)하는 수단(手段)이 매우 교묘(巧妙)하므로 흡사(恰似) 크게 충성(忠誠)된 사람과 같이 보임.

대갈일성(大喝一聲) 크게 외쳐 꾸짖는 한마디의 소리.

대강대강(大綱大綱) 적당히 간단하게. 대충대충.

대강장류(大江長流) 크고 긴 강(江).

대강절(待降節) 〔영〕Advent. 세상 역서(曆書)는 1월 1일부터 한해가 시작되지만, 교회력서는 대강절로부터 시작된다. 대강절이란, Advent라는 말을 번역한 단어이며 그리스도의 초림(初臨) 또는 재림(再臨)을 가리키는데 사용되어 왔다. 이 말은 원래 「옴」, 「도착」이라는 뜻을 가진 라틴어 'adventus'에서 유래(由來)되었고, 직접적(直接的)으로는 그리스도의 오심을 뜻하며, 교회 절기로서의 대강절은 성탄절 바로 직전(直前)의 때를 가리킨다. 이 대강절은 성(聖) 안드레 기념일(紀念日)로 지키는 11월 30일이나 이날에 제일 가까운 주일로 시작된다. 그러므로 이날은 11월 27일보다 빠를 수도 없고, 12월 3일보다 늦을 수도 없다. 애드벤트(「내려온다」)의 어의(語義)가 말 해주는 것 같이 경건(敬虔)한 마음으로 그리스도의 강림을 준비하며 기다리는 절기가 되어야 한다. 교파(敎派)에 따라서 강림절(降臨節), 대강절(待降節), 대림절(待臨節)로 달리 부르기도 한다. (諸 基督敎 書籍 參照).

대객부득불풍치가부득불검(待客不得不豊治家不得不檢) 손님 접대(接待)는 풍성(豐盛)하게 하지 아니치 못하며, 살림살이는 검소(儉素)하지 않을 수 없느니라.

대객지도(對客之道) 손님을 접대(接待)하는 도리(道理).

대경대법(大經大法) 공명정대(公明正大)한 원리(原理)와 법칙(法則).

대경대책(大驚大責) 크게 놀라서 몹시 꾸짖음.

대경소괴(大驚小怪) 몹시 놀라서 좀 이상(異常)하게 여김.

대경실색(大驚失色) 몹시 놀라 얼굴빛이 하얗게 변(變)하는 것을 이르는 말. 아연실색(啞然失色). 대경실성(大驚失性).

대경실성(大驚失性) 대경실색(大驚失色). 아연실색(啞然失色).

대경이서(帶經而鋤) 경서(經書)를 가지고 다니면서 밭을 맴.

대경주인(代京主人) 경주인을 대신(代身)하여 매를 맞던 사람. 옛날에 주인이 감독(監督) 관청(官廳)으로부터 벌(罰)을 받게 될 때에, 사람을 사서 자기 대리로 가서 맞게 했다고 함.

대경차악(大驚且愕) 몹시 깜짝 놀람.

대고모부(大姑母夫) 대고모의 남편(男便). 왕고모부.

대공무사(大公無私) 지극히 공평하여 사사(私事)로움이 없다는 말.

대공지정(大公至正) 아주 공변되고 지극(至極)히 올바름.

대공지평(大公至平) 공명정대(公明正大). 아주 공평함. 지극히 공평함.

대교약졸(大巧若拙) ①훌륭한 기교(技巧)는 도리어 졸렬(拙劣)한 듯함. ②아주 교묘(巧妙)한 재주를 가진 사람은 그 재주를 자랑하지 아니하므로 언뜻 보기엔 서투른 것 같다는 뜻.

대권재민(大權在民) 국가(國家)의 모든 권력(權力)은 국민(國民)에게 있다는 말.

대금요일(大金曜日) 성금요일(聖金曜日).

대기가사(大起家舍) 집을 굉장히 크게 짓기 시작(始作)함.

대기만성(大器晩成) '큰 그릇은 늦게 이루어진다'는 뜻으로, ①크게 될 인물(人物)은 오랜 공적(功績)을 쌓아 늦게 이루어짐. ②또는, 만년(晩年)이 되어 성공(成功)하는 일을 이름.

ㄷ

대기소용(大器小用) '큰 그릇을 작은 데에 쓴다'는 뜻으로, 뛰어난 재능(才能)을 가진 사람에게 누구든지 할 수 있는 일을 시킴으로써 그 재능(才能)을 살리지 못함을 두고 이르는 말.

다대수(多大數) 대다수(大多數).

대단원(大團圓) ①(일의) 맨 끝. 대미(大尾). ②영화나 연극 등에서, 사건의 얽힌 실마리를 풀어 결말을 짓는 마지막 장면(場面).

대담무쌍(大膽無雙) 대담(大膽)하기가 어디에 비할 데가 없음.

대대손손(代代孫孫) 대대(代代)로 이어오는 자손(子孫). 세세손손(世世孫孫). 자자손손(子子孫孫).

대도무문(大道無門) '사람으로서 마땅히 지켜야 할 큰 도리(道理)나 정도(正道)에는 거칠 것이 없다'는 뜻으로, 누구나 그 길을 걸으면 숨기거나 잔재주를 부릴 필요(必要)가 없다는 말.

대도폐언유인의(大道廢焉有仁義) '큰 도(道)가 무너지자 인의(仁義)가 있다'는 뜻으로, 인위적(人爲的)인 도덕(道德)과 윤리(倫理)에 얽매이면서부터 참된 진리(眞理)를 잊었다는 뜻.

대도폐유인의(大道廢有仁義) 대도폐언유인의(大道廢焉有仁義).

대동단결(大同團結) 나뉘었던 당파(黨派)가 같은 목적(目的)을 이루기 위하여 크게 한 덩어리로 뭉침.

대동소이(大同小異) 혜시(惠施)의 소동이(小同異), 대동이(大同異) 론(論)에서 비롯된 말로, ①거의 같고 조금 다름. ②비슷함.

대동정신(大同精神) 많은 사람들이 함께 단결(團結)하는 정신.

대동지론(大同之論) 여러 사람의 공론(公論).

대동지역(大同之役) 모든 사람이 다 같이 하는 부역(賦役).

대동지환(大同之患) 모든 사람이 다 같이 당(當)하는 환난(患難).

대례미사(大禮missa) 가톨릭의 미사 중 가장 장엄(莊嚴)한 예절을 갖추어 드리는 미사.

대륙간탄도미사일(大陸間彈道missile) 대륙간탄도유도탄(大陸間彈道誘導彈).

대륙간탄도유도탄(大陸間彈道誘導彈) 대형의 핵폭탄을 적재하고 초음속으로 대륙간을 나는, 전략용 장거리 탄도 미사일. 아이시비엠(ICBM)

대륙기단(大陸氣團) 대륙에서 생기는 몹시 건조한 기단. 한대성과 열대성이 있음.
대리소관(大利所關) 큰 이익(利益)이 관계되는 바.
대림절(待臨節) 대강절(待降節).
대립각(對立角) 의견(意見)이나 처지(處地), 속성(屬性) 따위가 서로 반대(反對)되거나 모순(矛盾)되어 생긴 감정(感情)을 비유(比喩)하는 말.
대마구종(大馬驅從) 대가(大家)에 딸린 마부(馬夫)의 우두머리.
대마불사(大馬不死) 바둑을 둘 때, '대마는 쉽게 죽지 아니하고 필경(畢竟) 살 길이 생겨난다'는 말. 쫓기는 대마는 위태하게 보여도 쉽게 죽지 않는다는 말.
대마상전(大馬相戰) 바둑에서 대마끼리 서로 싸움.
대마의북풍(代馬依北風) '북쪽 지방(地方)인 대군(代郡)에서 태어난 말은 늘 북풍을 그리워한다'는 뜻으로, 고향(故鄕)을 잊기가 매우 어려움.
대마초(大麻草) 환각제(幻覺劑)로 쓰이는 삼의 이삭이나 잎, 또는 그것을 담배처럼 만 것.
대만도(臺灣島) 타이완(Taiwan) 한자음(漢字音) 표기.
대면공화심격천산(對面共話心隔千山) 얼굴을 맞대고 서로 이야기는 하나, 마음은 천산(千山)을 격(隔)해 있는 것처럼 멀리 떨어져 있느니라.
대명률직해(大明律直解) 1395년에 고사경, 김지 등이 중국 명나라의 법전인 《대명률》을 이두로 풀이하고, 정도전, 당성 등이 윤색한 책.
대명천지(大明天地) ①매우 밝은 세상(世上). ②크게 밝은 하늘과 땅.
대무지년(大無之年) 아주 심한 흉년(凶年).
대미필담(大味必淡) '정말 좋은 맛이란 담백(淡白)한 것'이라는 뜻.
대반야(大般若) '대반야바라밀다경(大般若波羅蜜多經)'의 준말. 대반야경(大般若經).
대반야경(大般若經) 대반야바라밀다경(大般若波羅蜜多經)의 준말. 대반야(大般若).
대반야바라밀다경(大般若波羅蜜多經) 반야(般若)를 설명한 여러 경전을 집성(集成)한 경(經). 총 600권으로, 대승 불교의 근본 사상이 설명되어 있음. 대반야(大般若). 대반야경(大般若經).
대변여눌(大辯如訥) 워낙 말을 잘하는 사람은 함부로 지껄이지 아니하므로 도리어 말더듬이처럼 보임.
대복재천소복재동(大福在天小福在動) 큰 복은 타고난 운명에 달려있고, 작은 복은 부지런한데 달려있다.
대부분(大部分) 반이 훨씬 넘어 전체에 가까운 수효나 분량.
대부유천소부유근(大富由天小富由勤) 대부재천소부재근(大富在天小富在勤).
대부인(大夫人) ①남의 어머니의 경칭(敬稱). 모당(母堂). 자당(慈堂). 북당(北堂). 영당(令堂). 훤당(萱堂). 모부인(母夫人). ②천자(天子)를 낳은 부인(夫人).
대부재천(大富在天) 큰 부자(富者)는 하나님께서 만들어 주신다는 말.

ㄷ

대부재천소부재근(大富在天小富在勤) 큰 부자(富者)는 하나님께서 만들어 주시고, 작은 부자(富者)는 부지런함에 달려 있느니라.

대분망천(戴盆望天) '동이를 머리에 이면 하늘을 바라볼 수 없고, 하늘을 바라보면 동이를 일수 없다'는 뜻으로, 두 가지 일을 동시(同時)에 병행(竝行)할 수 없음을 이르는 말.

대부핍인(代不乏人) 어느 시대(時代)나 인재(人材)가 없지 아니함.

대붕만리(大鵬萬里) '붕새(鵬–)가 하루에 구만리(九萬里)를 간다'는 뜻으로, 밝은 미래(未來)를 위한 목표(目標)를 확실(確實)하게 정(定)하고, 기반(基盤)을 구축(構築)하는데 한 치의 빈틈이 없도록 노력(努力)하자는 뜻.

대사제(大司祭) 기독교에서, ①사제의 장(長)이며, 근원(根源)인 '예수 그리스도'를 이르는 말. ②대제사장(大祭司長).

대사증후군(代謝症候群) ①대사증후군이란, 여러 가지 신진대사(新陳代謝)와 관련된 질환이 함께 동반된다(증후군)는 의미에서 만들어진 용어로, 고중성 지방혈증, 낮은 고밀도콜레스테롤, 고혈압 및 당뇨병을 비롯한 당대사 이상 등 각종 성인병이 복부비만과 함께 동시 다발적으로 나타나는 상태를 말함. ②인슐린 저항과 심장 혈관 병의 위험 증가와 연관된 대사 위험 질환(疾患).

대상부동(大相不同) 대상불동(大相不同).

대상불동(大相不同) 조금도 비슷하지 아니함. 대단히 다름. 대상부동(大相不同).

대상청령(臺上聽令) 대뜰에서 윗사람의 명령(命令)을 받아 전달(傳達)하는 일.

대상포진(帶狀疱疹) 바이러스의 감염(感染)으로 일어나는 수포성(水疱性)의 질환(疾患). 몸에 띠 모양으로 수포가 생기며 열이 남.

대서특기(大書特記) '뚜렷이 드러나게 큰 글씨로 쓰다'라는 뜻으로, 누구나 알게 크게 여론화(輿論化)함.

대서특서(大書特書) 대서특기(大書特記). 대서특필(大書特筆). 특필대서(特筆大書).

대서특필(大書特筆) 대서특기(大書特記). 대서특서(大書特書). 특필대서(特筆大書).

대성가문(大姓家門) 번성(繁盛)하고 세력(勢力) 있는 집안.

대성지행(戴星之行) 날이 새기 전에 일찍 일어나 '별을 이고 가는 길'이라는 뜻으로, 객지(客地)에서 부모(父母)의 부음(訃音)을 듣고 밤을 새워 집으로 돌아가는 것을 이르는 말.

대성질호(大聲叱呼) 큰 목소리로 꾸짖음.

대성통곡(大聲痛哭) 큰 소리로 목을 놓아 슬피 욺.

대속설(代贖說) 〔영〕The Doctrine of Atonement. 대속설이란 말은 하나님의 아들 예수 그리스도께서 인류를 위하여 십자가에 달려 그 몸을 바침으로써 세상

죄를 속하고, 하나님과 사람 사이의 화목을 회복하여 아버지 되신 하나님의 사랑의 목적을 달성한 사업을 말한다.(基督敎大辭典 參照)

대솔하인(帶率下人) ①고귀(高貴)한 사람을 모시고 다니는 하인(下人). ②하인(下人)을 거느림.

대수장군(大樹將軍) 장군(將軍)의 별칭(別稱)으로, 매사(每事)에 겸손(謙遜)하고 말없이 수고하는 사람을 이르는 말.

대실소망(大失所望) 바라던 것이 아주 허사가 되어 크게 실망함.

ㄷ

대악무도(大惡無道) ①몹시 모질고 도의심(道義心)이 없음. ②심히 악하고 무례(無禮)함.

대안불식사득량찬(對案不食思得良饌) 밥상을 대하고서 잡수시지 않으면, 좋은 음식(飮食)을 장만하여 드리라.

대안지화(對岸之火) '강 건너 불'이라는 뜻으로, 어떤 일이 자기(自己)에게는 아무 관계(關係)도 없다는 듯이 관심(關心)이 없음을 이르는 말.

대양휴명(對揚休命) 군명(君命)을 받들어 그 뜻을 널리 인간(人間) 백성(百姓)에게 드높임.

대언장담(大言壯談) 제 주제(主題)에 당치않은 말을 희떱게 지껄임. 대언장어(大言壯語).

대언장어(大言壯語) ①제 주제(主題)에 당치 아니한 말을 희떱게 지껄임. ②또는 그러한 말.

대역무도(大逆無道) 대역부도(大逆不道). 몹시 인륜(人倫)에 거스르고 도리(道理)를 무시한 행위.

대역부도(大逆不道) ①대역(大逆)으로서 인도(人道)에 몹시 어그러짐. ②또는, 그러한 행위(行爲).

대오각성(大悟覺醒) 대오대철(大悟大徹).

대오대철(大悟大徹) 크게 깨달아서 번뇌(煩惱), 의혹(疑惑)이 다 없어짐.

대오철저(大悟徹底) ①크게 깨달아서 번뇌(煩惱)와 의혹(疑惑)이 다 없어짐. ②우주의 대아(大我)를 남김 없이 다 앎.

대왕대비(大王大妃) 왕의 살아 있는 할머니를 지칭하는 말.

대욕비도(大慾非道) 욕심(慾心)이 많고 무자비(無慈悲)함.

대욕소관(大慾所關) 큰 욕망(慾望)에 관계(關係)되는 바.

대우탄금(對牛彈琴) '소를 마주 대(對)하고 거문고를 탄다'는 뜻으로, 어리석은 사람은 아무리 도리(道理)를 가르쳐도 알아듣지 못함을 이르는 말.

대원군(大院君) 왕위를 이을 적자손이 없어 왕족 중에서 왕위를 이어 받았을 때, 그 임금의 친 아버지에게 봉(封)하던 작위(爵位). 흥선 대원군(興宣大院君).

대원본존(大願本尊) 불교에서, '지장보살(地藏菩薩)'을 이르는 말. 모든 중생을 제도(濟度)한 뒤에 부처가 되겠다는 대원(大願)을 지니고 있는 보살.

대위소료(大違所料) 생각하는 바와 크게 다름.

대은교주(大恩敎主) (중생을 구제하는 부처의 은혜가 크다는 뜻에서) '석가모니'를 높이어 일컫는 말.

대의멸친(大義滅親) '큰 의리(義理)를 위(爲)해서는 혈육(血肉)의 친함도 저버린다'는 뜻으로, 국가(國家)의 대의를 위(爲)해서는 부모(父母) 형제(兄弟)의 정(情)도 버림.

대의명분(大義名分) 사람으로서 마땅히 지켜야 할 중대(重大)한 의리(義理)와 명분(名分). 인류(人類)의 큰 의를 밝히고 분수(分數)를 지키어 정도(程度)에 어긋나지 않도록 하는 것.

대인군자(大人君子) ①말과 행실(行實)이 옳고 점잖은 사람. ②덕이 높은 사람.

대인대이(大人大耳) 덕이 높고, 마음에 여유(餘裕)가 있는 사람은 자질구레한 일에 초연(超然)함, 곧 도량(度量)이 넓어서 자질구레한 일에 얽매이지 않음을 이르는 말.

대인무기(大人無己) '훌륭한 사람에게는 자기라는 것이 없다'라는 말로 자기만 생각하지 않는다는 뜻임.

대인착도(代人捉刀) 남을 대신(代身)하여 일을 함.

대인춘풍(對人春風) 남을 대할 때는 봄바람처럼 대하고, 자신을 대할 때는 가을 서리처럼 하라는 뜻.

대자대비(大慈大悲) ①넓고 커서 가없는 자비(慈悲). ②특(特)히 관음(觀音) 보살(菩薩)이 중생(衆生)을 사랑하고 불쌍히 여기는 마음.

대자위동량(大者爲棟梁) '큰 재목(材木)을 기둥과 들보로 쓴다'는 뜻으로, 인재(人材)도 역시 기량(器量)의 크고 작음에 따라 쓰임을 이르는 말.

대자의위하(大者宜爲下) 대자는 남을 위로, 자기는 아래로 한다. 강물도 상류보다 하류가 넓고 크다.

대자특서(大字特書) '큰 글자로 뚜렷이 드러나게 쓰다'라는 뜻으로, 누구나 알게 크게 여론화(輿論化)함.

대장부당용인무위인소용(大丈夫當容人無爲人所容) 대장부(大丈夫)는 마땅히 남을 용서(容恕)할지언정, 남의 용서(容恕)를 받는 사람이 되지 말라.

대장부당웅비(大丈夫當雄飛) '대장부(大丈夫)는 마땅히 힘차게 날아올라야 한다'는 것을 이르는 말.

대장풍악(大張風樂) 풍류(風流)놀이를 크게 벌여 차림.

대재소용(大材小用) '큰 재목(材木)이 작게 쓰이고 있다'는 뜻으로, ①사람을 부리는 데 있어서 제 능력(能力)을 다 발휘(發揮)할 수 있는 조건(條件)이 안됨. ②역설적(逆說的)으로 큰 재목(材木)은 큰일에 쓰여야 한다는 말. ③정부나 조직(組織)에서 사람을 쓰는 법이 잘못되었음을 가리킴.

대제사장(大祭司長) 〔영〕High Priest. 구약(舊約) 시대에, 여호와에게 제사(祭祀)지내는 일을 맡아보던 제사장들 중의 으뜸 성직자(聖職者). 대사제(大司祭).

대종가(大宗家) 여러 갈래의 종파 중에서 시조(始祖)의 제사(祭祀)를 받드는 종가. 제일 큰 종가.

대종교(大倧敎) 단군(檀君)을 교조(敎祖)로 받드는, 우리나라 고유의 종교.

대주간(大週間) 고난주간(苦難週間). 성주간(聖週間). 수난주간(受難週間).

대중가요(大衆歌謠) 대중(大衆)들이 즐겨 부르는 노래. 일반 대중의 흥미(興味)를 위주(爲主)로 한 노래. 가요곡(歌謠曲). 가요(歌謠).

ㄷ

대중공양(大衆供養) 신자(信者)가 여러 중들에게 음식(飮食)을 차리어서 먹게 하는 일.

대중발락(大衆發落) 중의(衆議)에 의(依)하여 결정(決定)되어 발표(發表)함.

대증하약(對症下藥) '증세(症勢)에 맞게 약을 써야 한다'는 뜻으로, 문제(問題)의 핵심(核心)을 바로 보고 대처(對處)해야 함.

대지약우(大智若愚) '큰 지혜(智慧)는 어리석은 것처럼 보인다'라는 뜻으로, 현인(賢人)은 재능(才能)을 뽐내지 않아 어리석어 보일 뿐임.

대지여우(大智如愚) 큰 지혜(智慧)를 가지고 있는 사람은 공명정대(公明正大)하여 잔재주를 부리지 않으므로 언뜻 보기에는 어리석게 보인다는 말.

대질신문(對質訊問) 진술이 서로 어긋나는 소송 관계자 쌍방을 대면시켜 신문하는 일.

대질심문(對質審問) 원고 · 피고 · 증인 등을 대질시켜 따져 묻는 일.

대집성(大集成) 집대성(集大成).

대처승(帶妻僧) 아내를 두고 살림을 하는 중. 화택승(火宅僧). ↔비구승(比丘僧).

대천대지(大天大地) 넓고 넓은 천지(天地).

대천세계(大千世界) 삼천(三千) 세계(世界)의 셋째로, 십억(十億) 국토(國土)를 이름, 곧 중천(中千) 세계(世界)의 천 갑절이 되는 세계.

대천지수(戴天之讐) 함께 하늘을 이고 살 수 없는 원수(怨讐), 임금이나 어버이에 대(對)한 원수(怨讐)는 하늘을 함께 하고 살지 않음.

대천지원수(戴天之怨讐) '한 하늘 아래서는 같이 살 수 없는 원수(怨讐)'란 뜻으로, 원한(怨恨)이 깊이 사무친 원수(怨讐)를 말함.

대춘지수(大椿之壽) 장수(長壽). 상고(上古)에 대춘이란 사람이 장수(長壽)하였다는 데서 나온 말.

대하고루(大廈高樓) '큰 집과 높은 누각(樓閣)'이라는 뜻으로, 웅장하고 큰 건물을 이르는 말.

대하천간야와팔척(大廈千間夜臥八尺) 큰 집이 천간(千間)이라도 밤에 눕는 곳은 여덟 자 뿐이다.

대하소설(大河小說) 여러 대에 걸친 시대 배경과 많은 인물이 등장하는 방대한 내용을 담은 소설.

대한득감우타향봉고인(大旱得甘雨他鄕逢故人) 큰 가뭄에 단비를 얻음이요, 타향(他鄕)에서 오랜 친구(親舊)를 만남이라.

대한민국(大韓民國) 우리나라의 국호(國號). 대한 · 한 · 한국(韓國).

대한불갈(大旱不渴) 대단한 가뭄에도 물이 마르지 아니함.

대한운예(大旱雲霓) '가뭄이 계속(繼續)되면 비의 조짐(兆朕)인 구름을 몹시 기다린다'는 뜻으로, 어떤 사물(事物)이 와 닿기를 간절(懇切)히 바람.

대한자우(大旱慈雨) '큰 가뭄에 고마운 비'란 뜻으로, '어지러운 세상에 바른 정치를 베풀 임금이 나타나기를 기다린다'는 말. 또는 곤경(困境)에 빠져 있을 때 큰 도움을 주는 고마운 사람을 비유(比喩)하는 말.

대해일속(大海一粟) '넓고 넓은 바다에 떨어뜨린 한 알의 좁쌀'이란 뜻으로, 매우 작음 또는 보잘것없는 존재(存在)를 비유(譬喩)하는 말.

대해일적(大海一滴) '넓고 큰 바다에 물방울 하나'라는 뜻으로, 많은 것 가운데 아주 작은 것이라는 뜻. 창해일속(滄海一粟).

덕건명립(德建名立) 항상(恒常) 덕(德)을 가지고 세상(世上)일을 행(行)하면 자연(自然)스럽게 이름도 서게 됨.

덕건명립형단표정(德建名立形端表正) 형용(形容)이 단정하고 깨끗하면 마음도 바르며 또 바른 마음이 생긴다.

덕륭망존(德隆望尊) 덕행(德行)이 높고 인망(人望)이 두터움. 덕륭존망(德隆尊望).

덕목주의(德目主義) 집단생활의 규범이 될 덕목(德目)을 조직적으로 계통 화 하여 분류하고, 그것을 해설하여 도덕적 행위와 방향을 분명히 하고자 하는 윤리 교육의 한 방법.

덕무상사(德無常師) '덕을 닦는 데는 일정(一定)한 스승이 없다'는 뜻으로, 마주치는 환경(環境), 마주치는 사람 모두가 수행(修行)에 도움이 됨을 이르는 말.

덕본재말(德本財末) 사람이 살아가는 데 덕(德)이 뿌리가 되고, 재물(財物)은 사소(些少)한 부분(部分)임.

덕불고(德不孤) 덕이 있는 사람은 덕으로 다른 사람을 감화(感化)시켜 따르게 하므로 결코 외롭지 않음.

덕불고필유린(德不孤必有隣) 덕이 있으면 따르는 사람이 있으므로 외롭지 않다는 뜻. 덕필유린(德必有隣).

덕생어비퇴(德生於卑退) 덕(德)은 자신(自身)을 낮추고 물러나는데서 생기느니라.

덕성예공(德成禮供) 덕이 높은 사람은 예의(禮誼)가 바르다.

덕업상권(德業相勸) 향약(鄕約)의 네 강목(綱目) 중(中)의 하나. 좋은 행실(行實)은 서로 권장(勸奬)할 것.

덕업상권과실상규(德業相勸過失相規) 좋은 일은, 덕업(德業)으로 서로 권(勸)하고, 과실(過失)은 서로 바로 잡아주어야 함.

덕위인표(德爲人表) 덕망(德望)이 높아 세상(世上) 사람의 사표(師表)가 됨.

덕재인선(德在人先) 덕망을 갖추고 살면 모든 일에 앞서서 남을 인도하는 삶이 된다.

덕필유린(德必有隣) 덕이 있으면 따르는 사람이 있어 외롭지 않음을 이르는 말.

덕향만리난향백리(德向萬里蘭香百里) '사람의 덕의 향기는 만 리를 가고, 난 꽃의 향기는 백 리를 간다'는 말.

도강작전(渡江作戰) 강이나 큰 내를 건너기 위하여 벌이는 작전(作戰). 도하작전(渡河作戰).

도개교(跳開橋) 큰 배가 지나갈 수 있도록 다리가 위로 들리면서 열리게 된 가동교(可動橋).

ㄷ

도견상부(道見桑婦) '일을 실패(失敗)한 뒤 재(再)빨리 수습(收拾)을 하면, 그대로 늦지는 않다'는 뜻.

도견와계(陶犬瓦鷄) '흙으로 구워 만든 개와 기와로 만든 닭'이라는 뜻으로, 외모(外貌)만 훌륭하고 실속(實-)이 없어 아무 쓸모도 없는 사람을 비웃어 하는 말.

도고마강(道高魔强) '은혜(恩惠)가 충만(充滿)하면(도(道)가 높아지면), 덩달아서 마귀(魔鬼)가 날뛴다'는 뜻으로, '수행(修行)이 깊어 갈수록 장애물도 강해진다'는 뜻. 도고마성(道高魔盛). 도고마왕(道高魔旺). 도고마장(道高魔長). 호사다마(好事多魔).

도고마성(道高魔盛) 도고마강(道高魔强), 도고마왕(道高魔旺). 도고마장(道高魔長). 호사다마(好事多魔).

도고마왕(道高魔旺) 도고마강(道高魔强). 도고마성(道高魔盛). 도고마장(道高魔長). 호사다마(好事多魔).

도고마장(道高魔長) 도고마강(道高魔强). 도고마성(道高魔盛). 도고마왕(道高魔旺). 호사다마(好事多魔).

도광양회(韜光養晦) '자신의 재능(才能)이나 명성(名聲)을 드러내지 않고 참고 기다린다'는 뜻으로, 1980년대 중국(中國)의 대외(對外) 정책(政策)을 일컫는 용어(用語).

도기혼식(陶器婚式) 결혼(結婚) 9주년(週年).

도남붕익(圖南鵬翼) '구만 리를 난다는 붕새(鵬-)가 남쪽을 향하여 날개를 편다'는 뜻으로, 대업(大業) 또는 원정(遠征)을 계획(計劃)함을 이름.

도남의재북(圖南意在北) '남쪽을 도모(圖謀)하는 데 뜻은 북쪽에 있다'는 뜻으로, 목적(目的)은 다른 곳에 있는 것처럼 꾸미고, 실상(實相)은 그 하고자 하는 바 목적(目的)으로 나가는 일.

도남지익(圖南之翼) '붕새가 날개를 펴고 남명(南明)으로 날아가려고 한다'는 뜻으로, 큰 사업(事業)을 계획(計劃)하고 웅비(雄飛)를 꾀함.

도덕군자(道德君子) 도학군자(道學君子).

도랑방자(跳踉放恣) 말이나 행동(行動) 따위가 너무 똑똑하게 굴어서 아무 거리낌이 없음.

도량발호(跳梁跋扈) 권세(權勢)나 세력(勢力)을 제멋대로 부리며 함부로 날뛰는 행동(行動)이 만연(蔓延)함.

도로무공(徒勞無功) 헛되이 수고만 하고 공을 들인 보람이 없음. 도로무익(徒勞無益).

도로무익(徒勞無益) 애만 쓰고 이로움이 없음.

도룡지기(屠龍之技) '용을 죽이는 기술(技術)'이라는 뜻으로, 용이 이 세상(世上)에 없는 동물(動物)이므로 세상(世上)에 쓸모없는 기술(技術)을 이르는 말.

ㄷ

도리만천하(桃李滿天下) '복숭아와 오얏이 천하(天下)에 가득하다'는 뜻으로, 우수(優秀)한 문하생(門下生)이 많음을 비유(譬喩)하는 말.

도리불언하자성혜(桃李不言下自成蹊) '복숭아(桃)와 오얏(李)은 꽃이 곱고 열매가 맛이 좋으므로, 오라고 하지 않아도 찾아오는 사람이 많아 그 나무 밑에는 길이 저절로 생긴다'는 뜻으로, 덕이 있는 사람은 스스로 말하지 않아도 사람들이 따름의 비유(比喩).

도리천기금강산일화병(桃梨千機錦江山一畵屛) 복숭아와 배는 일천 개 베틀의 비단(緋緞)이요, 강과 산은 한 폭의 병풍(屛風)임.

도방고리(道傍苦李) '길가에 있는 쓴 자두 열매'라는 뜻으로, 남에게 버림받음을 비유(譬喩)하는 말.

도병유미(盜餠有味) 몰래 먹는 떡이 맛이 있음.

도본원성(道本圓成) '도는 본래 원만하게 이루어진 것이 아니다'의 뜻

도부동불상위모(道不同不相爲謀) 사람이 지켜야 할 도리(道理)를 달리 하는 사람과는 서로 의논(議論)하지도 말라는 말.

도부습유(道不拾遺) 도불습유(途不拾遺).

도불습유(途不拾遺) '길에 떨어진 것을 줍지 않는다'는 뜻으로, ①나라가 잘 다스려져 백성(百姓)의 풍속(風俗)이 돈후(敦厚)함을 비유(比喩)하는 말. ②형벌(刑罰)이 준엄(峻嚴)하여 백성(百姓)이 법을 범(犯)하지 아니함의 뜻으로도 쓰임.

도비성색(道非聲色) 도(道)는 소리나 색깔이 아니다.

도비순설(徒費脣舌) 공연(公然)히 말만 많이 하고 아무 보람이 없음. 부질없이, 보람 없는 말을 늘어놓음.

도비심력(徒費心力) 마음과 힘을 기울여 애를 쓰나 아무런 보람이 없음. 부질없이 일에 애를 씀.

도비탄(跳飛彈) 도비탄이란, 총(銃)에서 발사(發射)된 탄이 딱딱한 물체에 부딪혀 튕겨난 것을 가리킨다.

도사금수(圖寫禽獸) 궁전(宮殿) 내부(內部)에는 유명(有名)한 화가(畵家)들이 그린 그림 조각 등(等)으로 장식(裝飾)되어 있음.

도산검수(刀山劍水) 아주 험하고 위험(危險)한 지경(地境)을 비유(譬喩)한 말.

도삼이사(桃三李四) 어떤 것을 완성(完成)하거나 쓸 만하게 만들기 위해서는 그만큼 긴 세월이 걸림.

도상가도(賭上加賭) 일이 거듭되면 될수록 어려움이나 부담(負擔)이 더해짐을 이르는 말.

도생어안정(道生於安靜) '지혜(知慧)는 고요히 생각하는데서 생긴다'.는 말.

도성덕립(道成德立) 도를 이루어 덕이 섬.

도성육신(道成肉身) 도성인신(道成人身).

도성인신(道成人身) 말씀이 육신(肉身)이 되다. 화육(化肉). 성육신(成肉身). 인카네이션(Incarnation).

도소지양(屠所之羊) '도살장(屠殺場)에 끌려가는 양'이란 뜻으로, ①죽음을 목전(目前)에 둔 사람. ②또는 무상(無常)한 인생(人生)을 비유(比喻)하는 말.

도수공권(徒手空拳) 적수공권(赤手空拳).

도숙황만야춘래록편산(稻熟黃滿野春來綠遍山) 벼가 익으니 누런빛이 들에 가득하고, 봄이 오니 푸르름이 산을 둘렀음.

도약운동(跳躍運動) ①체조경기의 용어로서, 뜀을 뛰어 하는 운동(運動). 맨손 도약과 기계나 기구를 이용한 도약을 합쳐서 일컫는 말. ②모래가 평수시에 미끌어 지거나 천천히 움직이다가 유속이 빨라지면 개별적으로 뛰기 시작하는데 이러한 운동을 도약이라고 한다.

도양작전(渡洋作戰) 바다를 건너가서 전투(戰鬪)를 벌이는 작전계획(作戰計劃).

도역유도(盜亦有道) 도둑에게도 도둑으로서의 도리(道理)가 있음.

도영화기(導迎和氣) 온화(溫和)한 기색(氣色)으로 남의 환심(歡心)을 사는 일.

도외시(度外視) ①안중(眼中)에 두지 아니하고 무시(無視)함. ②문제(問題)삼지 않음. ③불문(不問)에 부침.

도외치지(度外置之) 문제(問題)로 삼지 아니하고 생각 밖으로 내버려둠.

도요시절(桃夭時節) '복사꽃이 아름답게 피는 때'라는 뜻으로, 처녀(處女)가 시집가기에 좋은 꽃다운 시절(時節)을 이르는 말.

도우탄(屠牛坦) 소를 잡는 백장. 쇠백장. 소백정. 소를 잡는 것을 업으로 하는 사람.

도원결의(桃園結義) '도원에서 의형제(義兄弟)를 맺는다'는 뜻으로, ①의형제(義兄弟)를 맺음. ②서로 다른 사람들이 사욕(私慾)을 버리고 목적(目的)을 향(向)해 합심(合心)할 것을 결의(結義)함.

도원경(桃源境) 속계(俗界)를 떠난 별천지(別天地). 무릉도원처럼 속세를 떠난 아름답고 평화로운 곳으로, 선경 또는 파라다이스를 말한다.

도원별리(途遠別離) 헤어지는 것이 괴롭지만 너무 길이 멀다.

도원지기(道遠知驥) '먼 길을 달린 후(後)에야 천리마(千里馬)의 재능(才能)을 안다'는 뜻으로, 난세(亂世)를 당해서야 비로소 그 인물(人物)의 진가(眞價)를 알 수 있음을 이르는 말.

도원향(桃園鄕) 이 세상(世上)과 따로 떨어진 별천지(別天地)의 뜻.

도유승강(道有升降) '길에는 오르고 내림이 있다'는 뜻으로, 천도에는 크게 융성(隆盛)함과 쇠망(衰亡)함의 두 가지가 있다는 말.

도읍화하(都邑華夏) 도읍(都邑)은 왕성(王城)의 지위(地位)를 말한 것이고, 화하(華夏)는 당시(當時) 중국(中國)을 지칭(指稱)하던 말임.

ㄷ

도자용결분(陶者用缺盆) '도공(陶工)은 깨진 동이만 사용(使用)한다'는 뜻으로, 남을 위(爲)해서는 하지만 자기(自己)를 위(爲)해서는 하지 못함을 두고 비유(比喩)하는 말.

도절시진(刀折矢盡) '칼은 부러지고 화살은 다 써서 없어짐'. 곧, 싸울 대로 싸워 다시 더 싸워 나갈 도리(道理)가 없음.

도주의돈(陶走猗頓) '도주(陶走)와 의돈(猗頓)과 같은 큰 부자+–'라는 뜻으로, 막대(莫大)한 재산(財産)이나 돈이 많은 부자를 이르는 말.

도주지부(陶朱之富) '도주공(陶朱公)의 부(富)'란 뜻으로, 큰 부(富)를 일컫는 말.

도중생심(度衆生心) 중생(衆生)을 제도(濟度)하려는 마음.

도중하차(途中下車) ①차를 타고 가다가 목적지(目的地)에 닿기 전(前)에 도중(途中)에서 내림. ②'어떤 일을 계획(計劃)하여 하다가 끝까지 다 하지 않고 중도(中途)에서 그만 둠'을 비유하여 이르는 말.

도증주인(盜憎主人) '도둑은 주인(主人)이 자기(自己)를 제지(制止)하여 재물(財物)을 얻지 못하게 하므로 이를 미워한다'는 뜻으로, 사람은 다만 자기(自己) 형편(形便)에 맞지 않으면 이를 싫어한다는 말.

도지태아(倒持太阿) '칼을 거꾸로 잡고 자루를 남에게 준다'는 뜻으로, 남에게 이롭게 해주고 오히려 자기(自己)가 해를 입음을 이르는 말.

도처낭패(到處狼狽) ①하는 일마다 모두 실패(失敗)함. ②가는 곳마다 뜻밖의 화를 입음.

도처선화당(到處宣化堂) 가는 곳마다 대접(待接)을 잘 받음을 이르는 말.

도처춘풍(到處春風) '이르는 곳마다 봄바람'이란 뜻으로, ①즉 좋은 얼굴로 남을 대(對)하여 사람들에게 호감(好感)을 사려고 처신(處身)하는 사람. ②가는 곳마다 기분(氣分) 좋은 일.

도천파저월선압수중천(棹穿波底月船壓水中天) 노는 물결 아래의 달을 뚫고, 배는 물 가운데 하늘을 누름.

도청도설(道聽塗說) '길거리에서 들은 이야기를 곧 그 길에서 다른 사람에게 말한다'는 뜻으로, 길거리에 떠돌아다니는 뜬소문(所聞). 깊이 생각지 않고 예사로 듣고 말함.

ㄷ

도치간과(倒置干戈) '무기(武器)를 거꾸로 놓는다'는 뜻으로, 세상(世上)이 평화(平和)로워졌음을 이르는 말.

도탄지고(塗炭之苦) '진흙이나 숯불에 떨어진 것과 같은 고통(苦痛)'이라는 뜻으로, 가혹(苛酷)한 정치(政治)로 말미암아 백성(百姓)이 심한 고통(苦痛)을 겪는 것.

도피사상(逃避思想) 현실에 눈을 감고 소극적인 안일의 세계에 잠겨 있으려는 사상. 은둔사상(隱遁思想).

도피성(逃避城) 〔영〕cities of refuge. 〔히〕מקלט ערי(이르 미클라트: 받아들이는 도시들).〔LXX〕〔헬〕Πόλεις τῶν φυγαδευτηρίων(폴레이스 톤 퓌가듀테리온). 성서에서, 불의의 살인한 사람들이 공정한 판단을 받기 위해 피난할 수 있는 여섯 곳의 성(城).

도하작전(渡河作戰) 도강작전(渡江作戰).

도학군자(道學君子) 도학(道學)을 닦아서 덕행(德行)이 높은 사람. 도덕군자(道德君子).

도학선생(道學先生) '도학의 이론(理論)만 중시(重視)하여 세상(世上) 물정(物情)에 어둡고 융통성(融通性)이 없는 학자(學者)'를 조롱(嘲弄)해 이르는 말.

도행부지행(到行不知行) '걸어가면서도 걷는 줄 모른다'는 뜻.

도행부지행좌부지좌(到行不知行坐不知坐) '걸어가면서도 걷는 줄 모르고, 앉아 있어도 앉아있는 줄 모른다'는 뜻.

도행역시(倒行逆施) '차례(次例)를 거꾸로 시행(施行)한다'는 뜻으로, 곧 도리(道理)에 순종(順從)하지 않고 일을 행(行)하며 상도(常道)를 벗어나서 일을 억지로 함을 뜻함.

도혼식(陶婚式) 결혼(結婚) 기념식(記念式)의 하나. 혼인(婚姻)한지 20주년(周年)이 되는 날을 축하(祝賀)하여 부부(夫婦)가 사기(沙器) 제품(製品)을 선물(膳物)로 주고받아 기념(紀念)함.

도홍이백(桃紅李白) ①'복숭아꽃은 다홍색이고 자두꽃은 흰색'이라는 뜻. ②여인(女人)들의 아리따운 갖가지 모습(模襲).

도화원(桃花源) 이 세상(世上)과 따로 떨어진 별천지(別天地).

독각대왕(獨脚大王) ①귀신(鬼神)의 한 가지. ②아주 괴벽(怪癖)하고 말썽 많은 사람.

독견지명(獨見之明) 남이 보지 못하는 것을 보고, 남이 깨닫지 못하는 것을 깨닫는 총명(聰明).

독단전행(獨斷專行) 자기(自己) 혼자만의 판단(判斷)으로 멋대로 행동(行動)함.

독로시하(篤老侍下) 일흔 살이 넘는 부모(父母)를 모시는 처지(處地).

독류청총(獨留靑塚) 홀로 청총(靑塚)에 머무름. 청총은 푸른 풀이나 이끼가 무성한 무덤을 말함.

독목교원가조(獨木橋寃家遭) '원수(怨讐)는 외나무다리에서 만난다'는 속담(俗談)의 한역으로, 회피(回避)할 수 없는 경우(境遇)를 가리킴. 일이 나쁜 형태(形態)로 공교(工巧)롭게 마주치는 것을 이르는 말.

독목불성림(獨木不成林) '홀로 선 나무는 숲을 이루지 못한다'는 뜻으로, 여럿이 힘을 합쳐야 일이 된다는 의미(意味). 독불장군

독박육아(獨迫育兒) 남편(男便) 또는 아내의 도움 없이 혼자서 육아를 도맡아 하는 일의 신조어.

독보적(獨步的) 유일무이(唯一無二). 남이 감히 따를 수 없을 정도로 뛰어난, 또는 그런 것.

독불장군(獨不將軍) '혼자서는 장군(將軍)을 못한다'는 뜻으로, 남의 의견(意見)을 무시(無視)하고 혼자 모든 일을 처리(處理)하는 사람의 비유(譬喩). 저 혼자 잘난 체하며 뽐내다가 남에게 핀잔을 받고 고립(孤立)된 처지(處地)에 있는 사람.

독생자(獨生子) 〔영〕Only Begotten, monogenes. ①이 말은 요한복음에 있는 대로 예수 그리스도와 하나님과의 유독한 관계를 설명하는 것이다(요1:14,18, 3:16,18; 요Ⅰ 4:9). ②기독교에서, 하나님의 외아들인 '예수'를 이르는 말. Jesus Christ.

독서근검기가지본(讀書勤儉起家之本) 책(册)을 읽으며 부지런하고 검소(儉素)함은, 집안을 일으키는 근본(根本)이다.

독서망양(讀書亡羊) '책을 읽느라 양을 잃어버렸다'는 뜻으로, ①마음이 밖에 있어 도리(道理)를 잃어버리는 것. ②다른 일에 정신(精神)을 빼겨 중요(重要)한 일이 소홀(疏忽)하게 되는 것.

독서백편(讀書百遍) '글 읽기를 백 번 한다'는 뜻으로, 되풀이하여 몇 번이고 숙독(熟讀)하면 뜻이 통(通)하지 않던 것도 저절로 알게 됨.

독서백편의자통(讀書百遍義自通) 뜻이 어려운 글도 백번 되풀이하여 읽으면, 그 뜻을 스스로 깨우쳐 알게 됨.

독서백편의자현(讀書百遍義自見) 독서백편의자통(讀書百遍義自通).

독서불구심해(讀書不求甚解) '책을 읽는 데 이해(理解)하기 어려운 것은 그대로 접어두고 그 뜻을 깊이 연구(硏究)하지 않는다'는 뜻으로, ①독서(讀書)는 즐겨하나 참된 학문(學文)을 하지 않음을 이르는 말. ②되풀이하여 몇 번이고 숙독(熟讀)하면 뜻이 통(通)하지 않던 곳도 저절로 알게 됨. 숙독(熟讀)을 권(勸)하는 것.

독서불망구국(讀書不忘救國) '책을 읽되 나라를 구(救)하는 것을 잊지 말라'는 뜻.

독서삼도(讀書三到) 독서(讀書)의 법은 구도(口到)·안도(眼到)·심도(心到)에 있다 함이니, 즉 입으로 다른 말을 아니하고, 눈으로 딴 것을 보지 말고, 마음

을 하나로 가다듬고 반복(反復) 숙독(熟讀)하면, 그 진의(眞意)를 깨닫게 된다는 뜻.

독서삼매(讀書三昧) ①아무 생각 없이 오직 책읽기에만 골몰(汨沒)하고 있는 상태(狀態). ②한 곳에 정신(精神)을 집중(集中)하는 것.

독서삼매경(讀書三昧境) 잡념을 버리고 독서에만 집중하는 경지.

독서삼여(讀書三餘) 독서(讀書)를 하기에 적당(適當)한 세 여가(餘暇). 즉, 겨울·밤·비올 때.

독서상우(讀書尙友) 책을 읽음으로써 옛 현인(賢人)과 벗함.

ㄷ

독서위귀인불학작농부(讀書爲貴人不學作農夫) 글을 읽으면 귀(貴)한 사람이 되고, 배우지 않으면 농부(農夫)가 됨.

독선기신(獨善其身) 자기(自己) 한 몸의 선(善)만을 꾀하는 일.

독수공방(獨守空房) '빈방에서 혼자 잠'이란 뜻으로, 부부(夫婦)가 서로 별거(別居)하여 여자(女子)가 남편(男便) 없이(남자가 아내 없이) 혼자 지냄을 뜻함 .

독수독과(毒樹毒果) '독이 있는 나무는 열매에도 독이 있다'는 뜻으로, 고문(拷問)이나 불법(不法) 도청 등(等) 위법한 방법, 불법(不法)으로 수집(蒐集)한 증거(證據)는 증거(證據)로 사용(使用)할 수 없다는 말.

독숙공방(獨宿空房) 빈 방에서 혼자 잠. 독수공방(獨守空房)으로 와전(訛傳)됨.

독신주의(獨身主義) 결혼하지 않고 혼자서 평생(平生)을 지내려는 주의.

독안룡(獨眼龍) '애꾸눈인 용'이라는 뜻으로, ①애꾸눈의 영웅(英雄). ②애꾸눈인 고덕(高德)한 사람.

독야청청(獨也靑靑) '홀로 푸르다'는 뜻으로, 홀로 높은 절개(節介)를 지켜 늘 변(變)함이 없음을 이르는 말.

독양불생(獨陽不生) 혼자서는 아이를 낳을 수 없듯이, 반드시 상대(相對)가 있어야 한다는 말.

독어이륜근어학문(篤於而倫勤於學文) 사람으로서 떳떳이 지켜야 할 도리에 독실(篤實)하고 글을 배우는 데 부지런 하라

독오거서(讀五車書) 다섯 대의 수레에 가득히 실을 만큼 많은 책을 읽음.

독유일물상독로(獨有一物常獨露) 오직 한 물건만은 항상 홀로 우뚝하여.

독장난명(獨掌難鳴) '외손뼉만으로는 소리가 울리지 않는다'의 뜻으로 혼자만의 힘으로는 어떤 일을 이루기 어려움을 이르는 말. 맞서는 사람이 없으면 싸움이 일어나지 아니함. 고장난명(孤掌難鳴).

독장불명(獨掌不鳴) '외손뼉이 울리랴'는 속담(俗談)의 한역으로, 맞서는 이가 없으면 싸움이 되지 않음을 이르는 말.

독재정치(獨裁政治) 한 국가의 권력(權力)을 한 사람이 쥐고 마음대로 행사(行事)하는 정치.

독점가격(獨占價格) 사는 쪽이나 파는 쪽이 시장(市場)을 독점함으로써 형성(形成)되는

가격. ↔경쟁가격(競爭價格).

독지가(篤志家) ①돈독(敦篤)한 뜻을 가진 사람. ②어떤 비영리적(非營利的) 사업이나 뜻 깊은 일을, 특별히 마음을 써서 돕는 사람.

독지여학(篤志如學) 독지호학(篤志好學).

독지지계(獨知之契) 다른 사람에게 알리지 않고 자기(自己)만이 그렇게 할 작정(作定)임.

독지호학(篤志好學) 뜻을 돈독(敦篤)히 하고, 배움을 즐겨하라. 독지여학(篤志如學).

독청독성(獨淸獨醒) 어지럽고 더러운 세상(世上)에서 다만 홀로 깨끗하고 정신(精神)이 맑음.

독초성미(篤初誠美) 무엇이든지 처음에 성실(誠實)하고 신중(愼重)히 하여야 함.

독초성미신종의령(篤初誠美愼終宜令) 일을 시작(始作)할 때에는 독실(篤實)하게 하고, 끝마칠 때에는 잘 마치는 것이 아름다운 일이다.

독파만권(讀破萬卷) 만 권의 책을 막힘없이 읽음.

독학고루(獨學孤陋) 스승이 없이 혼자 배운 사람은 식견(識見)이 좁아 몹시 고루(固陋)함.

독학역행(篤學力行) 학문에 힘써 노력 정진하라.

돈목지의(敦睦之誼) 돈목(敦睦)한 정의(情誼). 일가 친척 사이에 오가는 두텁고 화목(和睦)한 정(情)

돈불고견(頓不顧見) ①도무지 돌아보지 아니함. ②도무지 돌보지 않음.

돈수재배(頓首再拜) ①머리가 땅에 닿도록 두 번 절을 함. ②또는, 그렇게 하는 절.

돈제일주(豚蹄一酒) '돼지 발굽과 술 한 잔'이라는 뜻으로, 작은 물건(物件)으로 많은 물건(物件)을 구하려 한다는 뜻.

돌불연불생연(突不燃不生煙) '아궁이에 불을 지피지 않으면, 굴뚝에 연기가 나지 않는다'는 뜻으로, 원인(原因)이 없는 결과(結果)는 없음을 이르는 말.

돌입내정(突入內庭) 내정돌입(內庭突入). 주인의 허락 없이 남의 집안으로 불쑥 들어 감.

동가구(東家丘) 공자(孔子)의 다른 이름. 사람을 알아 볼 줄 모르는 것을 비유적으로 이르는 말.

동가식서가숙(東家食西家宿) '동쪽 집에서 먹고 서쪽 집에서 잔다'는 뜻으로, ①탐욕(貪慾)스러운 사람을 비유(比喩)해 이르는 말. ②먹을 곳, 잘 곳이 없어 떠돌아다니며 이 집 저 집에서 얻어먹고 지내는 일 또는 그러한 사람.

동가홍상(同價紅裳) '같은 값이면 다홍치마'라는 뜻으로, 같은 조건(條件)이라면 좀 더 낫고 편리(便利)한 것을 택한다는 말.

동거동락(同居同樂) 한집에 함께 살면서 같이 즐김.

동거지정(同居之情) 한 집에서 같이 살면서 두터워진 정(情).

동고동락(同苦同樂) '괴로움과 즐거움을 함께 한다'는 뜻으로, 같이 고생(苦生)하고 같이 즐김.

동고지인(同苦之人) 고생을 함께 한 사람.

동공이곡(同工異曲) ①'같은 악공(樂工)끼리라도 곡조(曲調)를 달리한다'는 뜻으로, 동등(同等)한 재주의 작가(作家)라도 문체(文體)에 따라 특이(特異)한 광채(光彩)를 냄을 이르는 말. ②재주나 솜씨는 같지만, 표현된 내용이나 맛이 다름을 이르는 말. 동공이체(同工異體).

동공이체(同工異體) 동공이곡(同工異曲).

동공일체(同功一體) ①공훈(功勳)과 지위(地位)가 같음. ②일의 공효(功效)가 서로 같음.

동교이곡(同巧異曲) '같은 재주에 만든 것은 다른 곡조(曲調)'라는 뜻.

동교이체(同巧異體) '같은 재주에 만든 것은 다른 형체(形體)'라는 뜻.

동귀수도(同歸殊塗) 귀착점은 같으나 경로(經路)가 다름.

동귀일체(同歸一體) '함께 한 몸으로 돌아간다'는 뜻. 천도교에서, 사람들의 정신적 결합을 이르는 말.

동근연지(同根連枝) '같은 뿌리와 잇닿은 나뭇가지'라는 뜻으로, 형제(兄弟), 자매(姊妹)를 일컫는 말.

동기상구(同氣相求) 기풍(氣風)과 뜻을 같이하는 사람은 서로 동류를 찾아 모임. 동성상응(同聲相應).

동기연지(同氣連枝) 형제(兄弟)는 부모(父母)의 기운(氣運)을 같이 받았으니 나무의 가지와 같음.

동기일신(同氣一身) 동기란 형제자매(兄弟姊妹)를 뜻하며, '형제자매는 한 몸이나 다를 바 없다'는 말.

동기지친(同氣之親) 형제(兄弟) 간(間)의 친애(親愛)를 일컫는 말.

동남동녀(童男童女) 사내아이와 계집아이. 소년소녀(少年少女).

동남아(東南亞) 동남아시아(東南Asia)의 준말.

동남아시아(東南Asia) 아시아의 동남부의 지역.〔인도차이나 반도와 말레이 제도를 포함한 지역으로, 미얀마 · 타이 · 말레이시아 · 베트남 · 인도네시아 · 필리핀 등의 나라가 있음〕. 동남아(東南亞).

동납월(冬臘月) '(음력의) 동짓달과 섣달 '을 아울러 이르는 말.

동당벌이(同黨伐異) 옳고 그름을 가리지 않고, 같은 의견(意見)의 사람끼리 한패가 되고 다른 의견(意見)의 사람은 물리친다는 말.

동당형제(同堂兄弟) 당형제(堂兄弟). 종형제. 사촌관계인 형과 아우.

동동촉촉(洞洞屬屬) 매우 공경(恭敬)하고 삼가하여 조심스러운 모양(模樣).

동두철신(銅頭鐵身) 성질(性質)이 모질고 질기며 거만(倨慢)한 사람을 비유(比喩)하는 말.

동두철액(銅頭鐵額) '구리로 만든 머리와 쇠로 만든 이마'라는 뜻으로, 성질(性質)이 모질고 거만(倨慢)한 사람을 비유(比喩)하는 말.

동량재(棟梁才) ①마룻대와 들보. ②기둥이 될 만한 인물(人物). 동량지재(棟樑之材).

ㄷ

동량지기(棟梁之器) '마룻대와 들보로 쓸 만한 재목(材木)'이라는 뜻으로, 나라의 중임을 맡을 만한 큰 인재(人材).

동량지신(棟樑之臣) 한 나라의 중요(重要)한 책임(責任)을 맡아 수행(遂行)할 만한 신하(臣下).

동량지재(棟梁之材) '기둥이나 들보가 될 만한 훌륭한 인재(人材)'라는 뜻으로, 한 집이나 한 나라의 중요(重要)한 일을 맡을 만한 사람을 의미(意味). 동량지재(棟樑之材).

동량지재(棟樑之材) '마룻대와 들보로 쓸 만한 재목(材木)'이라는 뜻으로, 나라의 중임을 맡을 만한 큰 인재(人材). 동량지재(棟梁之材).

동력서점사(東力西漸史) 동방(東方)의 세력(勢力)이 점차적(漸次的)으로 서방(西方)으로 옮겨가는 역사(歷史). ↔ 서력동점사(西力東漸史).

동령부인(同令夫人) '부인과 함께'라는 뜻으로, 초청장 따위에서 부부를 함께 초청하는 일.

동맹태업(同盟怠業) 쟁의 행위(行爲)의 한 가지. 근로자가 노동조합(勞動組合)과 같은 근로자(勤勞者) 단체의 통제아래 집단적(集團的)으로 태업(怠業)을 행함으로써 기업주에 대항(對抗)하는 일.

동맹파업(同盟罷業) 노동 쟁의 행위의 한 가지. 근로자(勤勞者)가 기업주(企業主)를 상대로 하여, 일정한 요구조건(要求條件)을 실현시키기 위한 수단으로, 집단적(集團的)으로 노동의 제공을 거부하는 일. 동맹휴업(同盟休業).

동맹해고(同盟解雇) 같은 업종(業種)의 기업주(企業主)가 근로자의 요구를 물리칠 목적으로, 동맹하여 일제히 많은 근로자를 해고(解雇)하는 일.

동맹휴교(同盟休校) 어떤 조건 또는 목적(目的)을 달성(達成)하기 위하여 학생(學生)들이 단결(團結)하여 수업(授業)을 거부하고 등교하지 않는 일. 동맹휴학(同盟休學).

동맹휴업(同盟休業) ①동맹파업(同盟罷業). ②동일한 업종의 영업자들이 가격(價格) 인상(引上) 따위를 위하여 당국(當局)이나 소비자(消費者)를 상대로 동맹하여 휴업하는 일.

동맹휴학(同盟休學) 동맹휴교(同盟休校).

동명이인(同名異人) ①이름은 같으나 사람이 다름. ②또는 그러한 사람.

동리군자(東籬君子) '국화(菊花)'를 달리 이르는 말.

동모형(同母兄) 동복(同腹)에서 난 형(兄). 동복형(同腹兄)

동문동궤(同文同軌) '각 나라의 문자(文字)가 같고 수레 만드는 법이 같다'는 뜻으로, 천하(天下)가 통일(統一)되어 한 임금에게 충성(忠誠)함을 이르는 말. 거동궤서동문(車同軌書同文).

동문동종(同文同種) 서로 다른 두 나라가, 사용하는 문자(文字)가 같고 인종(人種)이 같음. 동종동문(同種同文).

동문동학(同門同學) 한 스승 밑에서 같이 배움.

동문서답(東問西答) '동쪽을 묻는 데 서쪽을 대답(對答)한다'는 뜻으로, 묻는 말에 대(對)하여 전혀 엉뚱한 대답(對答).

동문수학(同門受學) 같은 스승 밑에서 함께 배움. 동문수학(同門修學).

동문수학(同門修學) 동문수학(同門受學).

동문위붕(同門爲朋) 같은 스승 밑에서 공부(工夫)한 벗.

동방교회(東方敎會) 〔영〕Eastern Church. 기독교(基督教)의 한 교파(敎派). 로마 교황(敎皇)을 인정하지 않고 교회와 의식을 존중(尊重)함. 그리스 정교회(Greece 正教). 동방정교(東方正教). 정교회(正教會). 희랍 정교(希臘正教).

동방박사(東方博士) 〔영〕Wise men from the East. 〔헬〕μάγοι ἀπὸ ἀποανατολῶν(마고이 아포 아포아나톨론:동방에서 온 박사들). 성서에서, 예수가 탄생했을 때, 동쪽으로부터 별을 보고 찾아와서 아기 예수를 경배 하고, 황금(黃金)·유향(乳香)·몰약(沒藥)의 세 가지 예물을 바쳤다(마2:1~11)는 바사국, 세 명의 제사장(祭司長)들로서 점성술가(占星術家). (基督敎 書籍 參照).

동방예의지국(東方禮儀之國) '예의를 잘 지키는 동쪽의 나라'라는 뜻으로 예전에, 중국에서 '우리나라'를 일컫던 말.

동방정교(東方正教) 그리스 정교(Greece 正教).

동방화촉(洞房華燭) '부인(婦人)의 방에 촛불이 아름답게 비친다'는 뜻으로, 신랑이 신부(新婦)의 방에서 첫날밤을 지내는 일. 결혼식(結婚式)날 밤 또는 혼례(婚禮)를 이르는 말.

동병상련(同病相憐) '같은 병자(病者)끼리 가엾게 여긴다'는 뜻으로, 어려운 처지(處地)에 있는 사람끼리 서로 불쌍히 여겨 동정(同情)하고 서로 도움. 상병상호언(相病相互唁).

동병상호언(同病相互唁) 동병상련(同病相憐).

동복형(同腹兄) 동복(同腹)에서 난 형(兄). 동모형(同母兄)

동부동(動不動) 꼼짝할 수 없이 꼭. 아니하지 못하고 반드시.

동분서주(東奔西走) '동쪽으로 뛰고 서쪽으로 뛴다'는 뜻으로, 사방(四方)으로 이리저리 바삐 돌아다님. 동서분주(東西奔走). 동치서주(東馳西走).

동빙가절(凍氷可折) 동빙가절(冬氷可折).

동빙가절(冬氷可折) '흐르는 물도 겨울철에 얼음이 되면 쉽게 부러진다'는 뜻으로, 사람의 강유(剛柔)의 성질(性質)도 때에 따라서 달라짐을 이르는 말. 동빙가절(凍氷可折).

동빙한설(凍氷寒雪) '얼음이 얼고 찬 눈이 내린다'는 뜻으로, 심한 추위를 이르는 말.

동사왈붕동지왈우(同師曰朋同志曰友) 스승을 같이 하는 사람을 '붕(朋)'이라 하고, 뜻을 같이 하는 사람을 '우(友)'라 한다.

동산고와(東山高臥) '동산에 높이 누워 있다'는 뜻으로, 속세(俗世)의 번잡함을 피하여 산중에 은거(隱居)함.

동산금혈(銅山金穴) 무진장으로 많은 재원(財源)을 두고 이르는 말.

동산재기(東山再起) '동산(動産)에서 다시 일어난다'는 뜻으로, 은퇴(隱退)한 사람이나 실패(失敗)한 사람이 재기(再起)하여 다시 세상(世上)에 나옴을 뜻함.

동상각몽(同床各夢) 동상이몽(同床異夢).

동상이몽(同床異夢) '같은 침상(寢床)에서 서로 다른 꿈을 꾼다'는 뜻으로, ①겉으로는 같이 행동(行動)하면서 속으로는 각기 딴 생각을 함을 이르는 말. ②비유적(比喩的)으로, 같은 입장(立場) 일인데도 목표(目標)가 저마다 다름을 일컫는 말. ③기거(起居)를 함께 하면서 서로 다른 생각을 함. 동상각몽(同床各夢).

동색친구(同色親舊) 한 색목(色目)에 속(屬)하는 친구(親舊). 같은 당파(黨派)의 친구(親舊).

동생공사(同生共死) 서로 생사(生死)를 같이 함.

동서고금(東西古今) 동양(東洋)과 서양(西洋). 그리고 옛날과 오늘. 곧, '어디서나, 언제나'의 뜻.

동서남북(東西南北) 동쪽과 서쪽과 남쪽과 북쪽, 곧 사방(四方).

동서대취(東西貸取) 이곳저곳에서 빚을 짐.

동서분주(東西奔走) 동분서주(東奔西走). 동치서주(東馳西走).

동서불변(東西不辨) 동서불변(東西不變).

동서불변(東西不變) '동쪽과 서쪽을 분별(分別)하지 못한다'는 뜻으로, ①안개 따위가 짙게 끼어서 주위(周圍)를 분간(分揀)하기 어려움. ②몽매(蒙昧)하여 아무 것도 모름을 이르는 말. 동서불변(東西不辨).

동서이경(東西二京) 동과 서에 두 서울이 있으니, 동경(東京)은 낙양(洛陽)이고 서경(西京)은 장안(長安)임.

동서일월문남북홍안로(東西日月門南北鴻雁路) 동과 서는 해와 달의 문이요, 남과 북은 기러기의 길임.

동서체제(東西體制) 공산주의(共産主義) 진영(陣營)과 자유주의(自由主義) 진영의 사상적(思想的) 대립체제(對立體制).

동선하로(冬扇夏爐) '겨울의 부채와 여름의 화로(火爐)라'는 뜻으로, 시기(時期)에 맞지 아니하여 쓸모 없이 된 사물(事物)을 비유(譬喩)하는 말.

동섬서홀(東閃西忽) '동에서 번쩍 서에서 얼씬한다'는 뜻으로, 이리 갔다 저리 갔다 함을 이르는 말. 동에 번쩍 서에 번쩍 함.

동성동명(同姓同名) 같은 성(姓)에 이름도 같음.

동성동본(同姓同本) 같은 성(姓)에다 같은 관향(貫鄕). 성(姓)도 같고 본(本)도 같음.

동성상응(同聲相應) '같은 소리는 서로 응대한다'는 뜻으로, 의견(意見)을 같이하면 자연(自然)히 서로 통(通)하여 친해짐.

동성이속(同聲異俗) '사람은 날 때는 다 같은 소리를 가지고 있으나, 성장(成長)함에 따라 언어(言語) · 풍속(風俗) · 습관(習慣)이 달라진다'는 뜻으로, 사람의 성질(性質)은 본래(本來)는 같으나 자라난 환경(環境)과 교육(敎育)에 따라 선악(善惡)의 차가 생김을 비유(比喩)하는 말.

ㄷ

동시다발(同時多發) 같은 시간대에 많은 일들을 발생(發生) 시키는 일.

동시효빈(東施效臏) 동시효빈(東施效顰).

동시효빈(東施效顰) 동시(東施), 곧 '못생긴 여자(女子)가 서시(西施)의 눈썹 찌푸림을 본받는다'는 뜻으로, 시비(是非)나 선악(善惡)의 판단(判斷) 없이 남을 흉내냄을 이르는 말. 서시(西施)는 월(越)나라의 미녀. 동시효빈(東施效臏).

동실거생(同室居生) 한 방에서 같이 살아감.

동심동덕(同心同德) 같은 목표(目標)를 위해 일치단결(一致團結)된 마음.

동심동력(同心同力) 마음과 힘을 같이 함.

동심지언기취여란(同心之言其臭如蘭) 마음을 함께 하는 말은 그 냄새가 난초(蘭草)와 같음.

동심합력(同心合力) 마음을 같이 하고 힘을 합(合)함.

동심협력(同心協力) 마음을 같이 하여 힘을 내어 서로 도움.

동심화의라산첩수성유(洞深花意懶山疊水聲幽) 마을이 깊으니 꽃의 개화(開花)가 게으르고, 산이 쌓이고 쌓이니 물소리가 그윽함.

동아시아(東Asia) 아시아의 동부.(한국(韓國) · 중국(中國) · 일본(日本) 등(等)이 자리 잡은 지역(地域)).

동악상조(同惡相助) '악인(惡人)도 악(惡)한 일을 이루기 위(爲)해서는 서로 돕는다'는 뜻으로, 동류(同類)끼리 서로 도움을 이르는 말.

동애동행(同愛動行) 사랑하며 함께 일하며, 동행하는 것.

동양미(東洋美) 동양의 특색(特色)을 지닌 아름다움.

동어반복(同語反覆) 잘못된 정의의 한 가지. 정의(定義)되는 말을 되풀이하여 정의하는 일.

동업상구(同業相仇) 같은 업은 이해(利害) 관계(關係)로 인(因)하여 서로 원수(怨讐)가 되기 쉬움.

동엽봉제(桐葉封弟) 재미삼아 '오동나무 잎으로 동생을 제후에 봉한다'는 뜻으로, 자기가 한 말은 반드시 책임져야 함을 비유(比喩)하는 말. 말을 잘 삼가서 하라는 가르침이 담긴 성어.

동온하청(冬溫夏凊) '겨울에는 따뜻하게 하고 여름에는 시원하게 한다'는 뜻으로, 자식(子息)된 자로서 부모(父母)를 잘 섬기어 효도(孝道)함을 이르는 말.

동온하청혼정신성(冬溫夏凊昏定晨省) 겨울엔 따뜻하게, 여름엔 서늘하게 해 드리고, 저녁에는 잠자리를 보살펴 드리고 새벽에는 문안(問安)을 드림.

동우각마(童牛角馬) '뿔이 없는 송아지와 뿔이 있는 말'의 뜻으로, 도리(道理)에 어긋남을 비유(比喩).

동음어(同音語) 글자의 음(音)은 같으나 뜻이 다른 낱말. 배(腹)·배(船)·배(梨) 등(等) 따위.

동음이의어(同音異義語) 동음어(同音語).

동음이의(同音異義) 자음(字音)은 같으나 뜻이 다름.

동음이자(同音異字) ①발음(發音)은 같으나 글자가 다름. ②또는, 그 글자. 곧 '빛', '빗', '빗' 등이다.

동의보감(東醫寶鑑) 조선 선조 때, 허준(許浚)이 편찬(編纂)한 한방(韓方) 의서(醫書).

동의어(同義(意)語) 어형(語形)은 다르나 뜻이 같은 말. ↔반의어(反意語). 상대어(相對語).

동이불화(同而不和) 겉으로는 동의(同意)를 표시(表示)하면서 내심(內心)으로는 그렇지 않음.

동일철(同一轍) '똑같은 수레의 자취'라는 뜻으로, 사물(事物)의 똑같은 경과(經過). 특(特)히 똑같은 나쁜 방향(方向)으로 이끄는 경로(經路).

동자삭발(童子削髮) 어릴 때에 출가(出家)하여 중이 됨.

동자이음(同字異音) 글자가 같으나 음이 다름. 예를 들어 '수레'라는 뜻의 '車'는 '차'이기도 하지만 동시에 '거'로도 발음 함.

동자하지(童子何知) 어린 것이 무엇을 아느냐고 꾸짖는 말.

동작서수(東作西收) 봄에 농사(農事)를 지어 가을에 거두어들임.

동전한문서학서(東傳漢文西學書) 한역서학서(漢譯西學書).

동정서벌(東征西伐) '동서(東西)로 정벌(征伐)한다'는 뜻으로, 이리저리 여러 나라를 정벌(征伐)함을 이르는 말.

동정식(同鼎食) '한 솥의 밥을 먹는다'는 뜻으로, 한 집에서 같이 삶을 이르는 말.

동조동근(同祖同根) 조상(祖上)이 같고 근본(根本)이 같음.

동족방뇨(凍足放尿) '언 발에 오줌 누기'라는 뜻으로, 잠시(暫時)의 효력(效力)이 있을 뿐, 그 효력(效力)은 없어지고 마침내는 더 나쁘게 될 일을 함.

동족상잔(同族相殘) '동족(同族)끼리 서로 싸우고 죽임'. 골육상잔(骨肉相殘). 골육상쟁(骨肉相爭). 동족상쟁(同族相爭).

동족상쟁(同族相爭) '동족(同族)끼리 서로 다툼'. 골육상잔(骨肉相殘). 골육상쟁(骨肉相爭). 동족상잔(同族相殘).

동종동문(同種同文) 동문동종(同文同種).

동주공제(同舟共濟) '같은 배를 타고 강(江)을 건넌다'는 뜻으로, 이해(利害)와 환란(患亂)을 같이 한다는 뜻.

동주상구(同舟相救) '같은 배에 탄 사람이 배가 전복될 때 서로 힘을 모아 구조(救助)한다'는 뜻으로, 이해(利害) 관계(關係)가 같은 사람은 알거나 모르거나 간에 서로 돕게 됨을 이르는 말.

동주서분(東走西奔) 동분서주(東奔西走).

동주제강(同舟濟江) '같은 배를 타고 강을 건너간다'는 뜻으로, 원수(怨讐)끼리도 공동(共同)의 목적(目的)을 위(爲)해서는 같은 배를 타고 서로 협조(協助)하게 된다는 말.

동질다상(同質多像) 동질이상(同質異像). 같은 화학 성분을 가진 물질이 압력이나 온도변화에 따라 서로 다른 결정구조를 이루는 것. 동질다형(同質多形). 동질이상(同質異像).

동질다형(同質多形) 동질이상(同質異像). 동질다상(同質多像).

동천경지(動天驚地) '하늘을 움직이게 하고 땅을 놀라게 한다'는 뜻으로, 세상(世上)을 놀라게 함을 이르는 말.

동천지감귀신(動天地感鬼神) '천지를 움직이고 귀신을 감동시킨다'는 뜻으로 시문(詩文)을 썩 잘 지음을 비유(譬喩)하는 말.

동첩득방(動輒得謗) 무엇을 하려고만 하면 남에게 비난(非難)을 받음을 이르는 말.

동체이명(同體異名) 몸은 같으나 이름이 다름.

동추서대(東推西貸) 이곳저곳 여러 곳에서 빚을 짐. 동취서대(東取西貸).

동충서돌(東衝西突) ①이리저리 닥치는 대로 부딪침. ②아무사람이나 구분(區分)하지 않고 함부로 맞딱뜨림.

동충하초(冬蟲夏草) '겨울에는 벌레이던 것이 여름에는 풀이 된다'는 뜻으로, 동충하초과의 버섯을 통틀어 이르는 말. 거미 · 매미 따위의 곤충(昆蟲)의 시체(屍體)에 기생(寄生)하여 자실체(子實體)를 냄.

동취서대(東取西貸) 이곳저곳 여러 곳에서 빚을 짐. 동추서대(東推西貸).

동치서주(東馳西走) 동분서주(東奔西走). 동서분주(東西奔走).

동탄부득(動彈不得) 꼼짝부득. 곤란한 지경에 빠져서 꼼짝할 수가 없음.

동패서상(東敗西喪) 이르는 곳마다 실패(失敗)하거나 망함.

동표서랑(東漂西浪) 정처 없이 이리저리 떠돌아다님.

동풍취마이(東風吹馬耳) '말의 귀에 동풍이 분다'는 뜻으로, 아무런 감각(感覺)이나 반응(反應)이 없음을 비유(比喩)하는 말.

동학교(東學教) 천도교(天道教).

동학군(東學軍) 동학당의 군사. 전봉준(全琫準)이 조직하여 관군과 싸운 군대로서, 대부분은 농민이었음.

동학농민운동(東學農民運動) 조선 고종 31(1894)년에 동학교도(東學敎徒)가 주동이 되어 일으킨 농민운동. 청 · 일 두 나라의 군대가 들어와 청 · 일 전쟁의 발단이 되었음.

동학당(東學黨) 1860년 최제우(崔濟愚)가 창도한, 동학을 신봉하고 서학(西學)을 배척한 집단.

ㄷ

동학란(東學亂) '동학농민운동(東學農民運動)'의 구용어(舊用語).

동행서주(東行西走) 이리저리 바삐 돌아다니는 일.

동행친구(同行親舊) 길을 같이 가는 벗. 길동무.

동호지필(董狐之筆) '동호의 붓'이란 뜻으로, 역사(歷史)를 기록(記錄)함에 권세(權勢)를 두려워하지 않고, 있는 그대로 써서 남기는 일을 이르는 말.

동호직필(董狐直筆) '동호의 곧은 붓'이란 말로, 죽음을 두려워하지 않고 사실(史實)을 바르게 기록(記錄)한다는 뜻.

동혼식(銅婚式) 결혼(結婚) 기념식(記念式)의 하나, 혼인(婚姻)한 지 15주년(周年) 되는 날을 축하(祝賀)하여, 부부(夫婦)가 구리로 된 선물(膳物)을 주고받아 기념(紀念)함.

동홍선생(冬烘先生) '겨울철에 방 안에 앉아서 불만 쬐고 있는 훈장'이라는 뜻으로, 학문에만 열중하여 세상 물정에 어두운 사람을 이르는 말.

두고종례(杜槀鐘隸) 초서(草書)를 처음으로 쓴 두고(杜槀)와 예서(隸書)를 쓴 종례(鐘隸)의 글로 비치(備置)되어 있음.

두남일인(斗南一人) '두남(斗南)의 한 사람'이라는 뜻으로, 온 천하(天下)에서 제일(第一) 가는 현인(賢人).

두동미서(頭東尾西) 제사(祭祀)의 제물(祭物)을 진설(陳設)할 때, 생선(生鮮)의 머리는 동쪽을 향(向)하고 꼬리는 서쪽을 향(向)하게 놓음.

두동치활(頭童齒闊) '머리가 벗어지고, 이가 빠져 사이가 벌어진다'는 뜻으로, 늙은이의 얼굴 모양(模樣).

두루춘풍(–春風) 원칙을 따지거나 캐는 일 없이, 누구에게나 좋은 얼굴로 대하는 일, 또는 그런 사람. 사면춘풍(四面春風). 사시춘풍(四時春風).

두문불출(杜門不出) '문을 닫고 나가지 않는다'는 뜻으로, 집에만 틀어박혀 사회(社會)의 일이나 관직(官職)에 나아가지 않음을 이르는 말.

두미관유(斗米官遊) 얼마 안 되는 급료(給料)를 받기 위(爲)하여 관리(官吏)가 되어 고향(故鄕)을 멀리 떠나 근무(勤務)함.

두소소인(斗筲小人) 두소지인(斗筲之人).

두소지인(斗筲之人) '도량(度量)이 좁은 사람'이라는 뜻으로, 두(斗)는 한 말들이 말, 소(筲)는 한 말 두 되 들이 대그릇. 두소소인(斗筲小人).

두절사행(斗折蛇行) 북두칠성(北斗七星)처럼 꺾여 구부러진 모양(模樣)과 뱀이 기어가듯 꼬불꼬불한 도로(道路)나 수류(水流) 등(等)의 모양(模樣)을 형용(形容)하는 말.

두점방맹(杜漸防萌) 점(漸)은 사물(事物)의 처음. 맹(萌)은 싹. '애시 당초 싹이 나오지 못하도록 막는다'는 뜻으로, 곧 좋지 못한 일의 조짐(兆朕)이 보였을 때 즉시(卽時) 그 해(害)로운 것을 제거(除去)해야 더 큰 해(害)가 되지 않는다는 뜻.

두족이처(頭足異處) 참형(斬刑)을 당(當)하여 머리와 다리가 따로따로 됨을 이르는 말.

두주불사(斗酒不辭) '말술도 사양(辭讓)하지 아니한다'는 뜻으로, 주량(酒量)이 매우 큼을 일컬음.

두중각경(頭重脚輕) 정신(精神)이 어찔하여 쓰러짐.

두한족열(頭寒足熱) 머리는 차게, 발은 따뜻하게 하면 건강(健康)에 좋음을 이르는 말 .

둔갑법(遁甲法) 둔갑술(遁甲術).

둔갑술(遁甲術) 마음대로 자기 몸을 감추거나 다른 것으로 변하게 하는 방법(方法). 둔갑법(遁甲法)

둔갑장신(遁甲藏身) 둔갑하여 몸을 보이지 않게 숨김.

둔피사상(遁避思想) 은둔사상(隱遁思想). 세속과 관련을 끊고 숨어 살려는 생각.

둔필승총(鈍筆勝聰) 둔필의 기록이 총명한 기록보다 낫다는 말.

득능막망(得能莫忘) 사람으로서 알아야 할 것을 배운 후(後)에는 잊지 않도록 노력(努力)하여야 함.

득롱망촉(得隴望蜀) '농(隴)나라를 얻고 나니 촉(蠋)나라를 갖고 싶다'는 뜻으로, 인간(人間)의 욕심(欲心)은 한이 없음을 비유(比喩)하는 말.

득부실부(得斧失斧) '얻은 도끼나 잃은 도끼나 매일반'이라는 뜻으로, 얻고 잃음이 없음을 이르는 말.

득불보실(得不補失) '얻은 것으로는 그 잃은 것을 메워 채우지 못한다'는 뜻으로, 손해(損害)가 됨의 뜻.

득소실다(得少失多) 얻은 것보다 잃은 것이 많음. 또는 이익(利益)보다 큰 손해(損害)를 봄.

득시무태(得時無怠) 좋은 때를 얻으면 태만(怠慢)함이 없이 근면(勤勉)하여 기회(機會)를 놓치지 말라는 말.

득신기정(得伸其情) ①그 뜻을 펼 수가 있음. ②그 뜻을 펴게 됨.

득실상반(得失相半) '득실(得失)이 상반한다'는 뜻으로, 이로움과 해로움이 서로 마찬가지임.

득어망전(得魚忘筌) '물고기를 잡고 나면 통발을 잊는다'는 뜻으로, 바라던 바를 이루고 나면 그 목적(目的)을 달성(達成)하기 위(爲)해서 썼던 사물(事物)을 잊어버림을 비유(比喩).

득의만만(得意滿滿) 뜻한 바를 이루어서 기쁜 표정(表情)이 얼굴에 가득 참. 득의만면(得意滿面).

득의만면(得意滿面) 득의만만(得意滿滿).

득의양양(得意揚揚) 바라던 일이 이루어져서 우쭐거리며 뽐냄.

득의지색(得意之色) 바라던 일이 뜻대로 이루어진 기색(氣色).

ㄷ

득의지추(得意之秋) 바라던 일이 뜻대로 이루어질 좋은 기회(機會).

득인차인득계차계(得忍且忍得戒且戒) 참고 또 참으며 경계(警戒)하고 또 경계하라.

득일망십(得一忘十) '한 가지 일을 알면 다른 열 가지 일을 잊어버린다'는 뜻으로, 기억력(記憶力)이 좋지 못함을 이르는 말.

득총사욕거안려위(得寵思辱居安慮危) 사랑을 받거든 욕(辱)됨을 생각하고, 편안함에 거(居)하거든 위대(偉大)함을 생각하라.

득친순친(得親順親) 부모(父母)의 뜻에 들고, 부모(父母)의 뜻에 순종(順從)함. 효자(孝子)의 행실(行實).

득포망주(得飽忘主) 배부르니 교만(驕慢)해져서 여호와 하나님을 잊음.

등각일전(等覺一轉) 깊은 경지(境地)에 이르러 그 길의 한 파(派)를 새로 엶. 등각(等覺)에서 일전(一轉)하여 묘각(妙覺)의 자리에 이른다고 한 마사지관(摩詞止觀)에서 유래(由來).

등고능부(登高能賦) 등고필부(登高必賦).

등고자비(登高自卑) '높은 곳에 올라가려면 낮은 곳에서부터 오른다'는 말로, ①일을 하는 데는 반드시 차례(次例)를 밟아야 한다는 말, 천리 길도 한 걸음부터 시작한다. ②지위(地位)가 높아질수록 스스로를 낮춘다는 말.

등고필부(登高必賦) 군자(君子)는 높은 산에 오르면 반드시 시를 지어 회포(懷抱)를 품. 등고능부(登高能賦).

등과외방(登科外方) 과거(科擧)에 급제(及第)하여 지방관(地方官)에 임명(任命)되는 일.

등교기봉(騰蛟起鳳) '뛰어오르는 도룡농과 날아오르는 봉황(鳳凰)'이라는 뜻으로, 재능(才能)이 많은 사람의 비유(比喩).

등대부자조(燈臺不自照) '등대의 불은 먼 곳을 밝게 비추나 등대 자신(自身)은 비추지 못한다'는 뜻으로, 다른 사람의 일은 잘 살펴보면서 자기 자신(自己自身)의 일에는 어두움을 비유(比喩)하는 말.

등루거제(登樓去梯) '누상에 오르게 하여 놓고, 오른 뒤 사다리를 치워 버린다'는 뜻으로, 처음에는 이롭게 하는 체하다가 뒤에 어려운 처지에 빠지게 함.

등산임수(登山臨水) 산에 오르고 물가에 나아감을 이르는 말.

등시포착(登時捕捉) 죄(罪)를 저지른 그 때 그 자리에서 곧 잡음.

등용문(登龍門) '용문(龍門)에 오른다'는 뜻으로, ①입신(立身) 출세(出世)의 관문을 이르는 말. ②또는 뜻을 펴서 크게 영달함을 비유(譬喩).

등입야도(燈入夜逃) '등불이 비치니 어둠이 달아난다'는 뜻.

등태산이소천하(登泰山而小天下) 등태소천(登泰小天).

등태소천(登泰小天) '태산(泰山)에 오르면 천하(天下)가 작게 보인다'는 말로, 큰 도리(道理)를 익힌 사람은 사물(事物)에 얽매이지 않는다는 뜻.

등하부명(燈下不明) 등하불명(燈下不明).

등하불명(燈下不明) '등잔(燈盞) 밑이 어둡다'는 뜻으로, ①가까이 있는 것이 도리어 알아내기 어려움을 이르는 말. ②남의 일은 잘 알 수 있으나 제 일은 자기(自己)가 잘 모른다는 말. 등하부명(燈下不明).

등화가친(燈火可親) '등불을 가까이 할 수 있다'는 뜻으로, 가을밤은 시원하고 상쾌(爽快)하므로 등불을 가까이 하여 글 읽기에 좋음을 이르는 말.

【ㄹ】

라틴민족(Latin民族) 남부 유럽에 분포하는 아리안 족(Aryan族)에 딸린 민족.

라틴아메리카국(Latin America國) 아메리카에서 예전에 라틴 민족의 지배를 받았던 지역을 통틀어 이르는 말인데, 북아메리카, 남아메리카, 중앙아메리카 및 서인도 제도에 있어서 스페인어, 포도아어 및 불란서어를 사용하는 국가(멕시코·브라질·아르헨티나 등)들을 말한다. 즉 서반구(西半球)에 있어서 합중국(合衆國)과 영국 영토를 제외한 대부분의 국가들을 라틴아메리카라고 말한다.

라틴어(Latin語) 인도·유럽 어족의 하나로, 고대 로마에서 사용하던 언어. 지금은 사어(死語)가 되었으나, 스페인어·이탈리아어·프랑스어 등의 근원이 되었음.

라틴음악(Latin音樂) 라틴 아메리카 여러 나라의 음악을 통틀어 이르는 말(아르헨티나의 탱고, 브라질의 삼바, 쿠바의 룸바, 멕시코의 차차차 따위).

락선불권(樂善不倦) 선을 행함에 즐거움이 있으면 권태로움은 있을 수 없다는 말.

락지무원(樂至無怨) 즐거움이 지극(至極)하면 원망이 없다.

람우충수(藍芋充數) 재주가 없는 사람이 재주가 있는 것처럼, 좋지 않은 물건을 좋은 물건처럼 속이는 것을 말함.

람전출옥(藍田出玉) 천재는 천재를 낳는다는 말. 현명한 부모에게서 현명한 자식이 태어난다는 속담.

랑자야심(浪子野心) 길들이기 힘든 성질. 이리의 새끼는 작아도 흉폭한 짐승의 성질이 있어 사육하기가 힘들다. 이것과 마찬가지로 흉폭한 사람의 마음은 교화하기가 힘들다는 말.

래래왕왕일수시(來來往往一首詩) 오가는 사람마다 시(詩) 한 수씩 읊조린다.

려명견폐(驢鳴犬吠) 당나귀 우는 소리나 개가 짖는 소리는 소리가 나빠서 듣기가 싫다는 말에서 남이 쓴 글을 우습게 여긴다는 말.

령음찰리감모변색(聆音察理鑑貌辨色) 모양(模樣)과 거동(擧動)으로 그 사람의 심리를 분별(分別)한다.

루터교회(Luther教會) 〔영〕Lutheran Churches. 16세기 종교 개혁 때에 일어난 복음주의 교파이다. 원 이름은 "복음 루터교회(Evangelical Lutheran Church)"이며, 루터교회와 리 폼드교회가 합동한 이후(1817)에는 프로샤와 독일의 다른 연방에서는 루터라는 이름은 빼어 버리고 "복음교회" 또는 "합동복음교회(Evangelischunirt)" 라고 부른다.

류암화명(柳暗花明) 처음은 발전의 여지가 없으나 나중에는 희망이 나타난다는 말.

륙력동심(戮力同心) 마음을 합쳐서 힘을 하나로 한다는 것. 동심협력(同心協力).

【ㅁ】

마가오상(馬家五常) 마씨 오 형제(兄弟)가 모두 재주가 뛰어나고 이름자에 상(常)자가 들어 있는 것에서 연유(緣由)한 말로, 형제(兄弟)가 모두 명망(名望)이 높음을 이르는 말.

마각노출(馬脚露出) '말의 다리가 드러난다'는 뜻으로, 숨기려던 정체(正體)가 드러남을 이르는 말.

마고소양(麻姑搔痒) 마고파양(麻姑爬痒).

마고파양(麻姑爬痒) '마고라는 손톱이 긴 선녀가, 가려운 데를 긁는다'는 뜻으로, 일이 뜻대로 됨을 비유(譬喩)하는 말.

마권찰장(摩拳擦掌) '주먹과 손바닥을 비빈다'는 뜻으로, 기운(氣運)을 모아서 돌진(突進)할 태세(態勢)를 갖추고 기회(機會)를 엿봄을 이르는 말.

마녀사냥(魔女-) 마녀 재판(魔女 裁判).

마녀재판(魔女裁判) 14~17세기 유럽 여러 나라의 교회가, 사회 불안과 종교적(宗敎的) 위기 해소를 위해 이단자(異端者)를 마녀로 몰아 화형(火刑)에 처하던 일. 마녀(魔女)사냥.

마도성공(馬到成功) '말이 도착(到着)하자마자 성공(成功)했다'는 뜻으로, 모든 일들이 신속(迅速)하게 이루어진다는 말.

마두출령(馬頭出令) 갑자기 내리는 명령(命令).

마부위침(磨斧爲針) '도끼를 갈아 바늘을 만든다'는 뜻으로, 아무리 이루기 힘든 일도 끊임없는 노력(努力)과 끈기 있는 인내(忍耐)로 노력(努力)하며, 성공(成功)하고야 만다는 뜻. 구마위침(臼磨爲針). 마부위침(磨斧爲鍼). 마부작침(磨斧作針). 부마작침(斧磨作針). 철저마침(鐵杵磨針). 철저성침(鐵杵成針).

마부위침(磨斧爲鍼) 마부위침(磨斧爲針). 마부작침(磨斧作針). 부마작침(斧磨作鍼). 철저마침(鐵杵磨鍼). 철저성침(鐵杵成針).

마부작침(磨斧作針) '도끼를 갈아 바늘을 만든다'는 뜻으로, 아무리 어려운 일이라도 끈기있게 노력(努力)하면 이룰 수 있음을 비유(譬喩)하는 말.

마부작침(磨斧作鍼) 마부작침(磨斧作針).

마부정제(馬不停蹄) '달리는 말은 말굽을 멈추지 않는다'는 뜻으로, 지난 성과(成果)에 안주(安住)하지 말고 더욱 발전(發展)하고 정진(精進)하자는 뜻.

마상득지(馬上得之) 군대(軍隊)의 힘을 빌어 천하(天下)를 얻음을 이르는 말.

마상봉도(馬上奉導) 옛날 임금이 능행 때에 말에 오르면, 일산을 우긋하게 잘 받쳐 들리고 편히 모시라고 외치는 소리. 봉도별감(別監)이 먼저 '일산 우버 시위'

라 부르면 여러 별감(別監)이 '일산 훠 우버 시위라, 견마부 안가 뫼라'고 자꾸 외침.

마우금거(馬牛襟裾) '말이나 소에 의복을 입혔다'는 뜻으로, 학식(學識)이 없거나 예의(禮儀)를 모르는 사람을 조롱(嘲弄)해 이르는 말.

마의상법(麻衣相法) 송대의 도사(道士) 진단(陳摶)이 마의선사(麻衣禪師)로부터 전수받은 비전 가운데 후인들의 공리(公利)를 위해 상학의 비전을 기록하여 세상에 전한 책(冊).

마이동풍(馬耳東風) '말의 귀에 동풍'이라는 뜻으로, 남의 비평(批評)이나 의견(意見)을 조금도 귀담아 듣지 아니하고 흘려버림을 이르는 말. 오불관언(吾不關焉).

마저성침(磨杵成針) 철저마침(鐵杵磨鍼). 정성을 다하여 노력하면 달성할 수 있음을 뜻하는 말.

ㅁ

마정방종(摩頂放踵) '정수리부터 갈아 닳아져서 발꿈치까지 이른다'는 뜻으로, ①자기(自己)를 돌보지 아니하고 남을 깊이 사랑함을 이르는 말. ②온몸을 바쳐서 남을 위(爲)하여 희생(犧牲)함.

마중지봉(麻中之蓬) '삼밭에 나는 쑥'이라는 뜻으로, 구부러진 쑥도 삼밭에 나면 저절로 꼿꼿하게 자라듯이, 좋은 환경(環境)에 있거나 좋은 벗과 사귀면 자연(自然)히 주위(周圍)의 감화(感化)를 받아서 선인(善人)이 됨을 비유(譬喩)하는 말.

마지노선(Maginot線) ①제1차 세계대전 후, 프랑스가 독일과의 국경에 구축한 방어선(防禦線). ②'더는 물러설 수 없는 막다른 경우(境遇)나 처지(處地)'를 비유(譬喩)하는 말.

마천루(摩天樓) '하늘에 닿는 집'이라는 뜻으로, 아주 높게 지은 고층 건물(建物). 특(特)히 미국(美國) 뉴욕 같은 곳의 수십 층 되는 건물(建物). 그 중에도 1620년에 영국에서 이민 온 102명을 상징하는 의미로, 1931년도에 준공(竣工)된 102층의 「엠파이어 스테이트 빌딩」(Empire State Building)은 군계일학(群鷄一鶴)과 같이 돋보이는 건물도 있다.

마철저(磨鐵杵) '쇠로 만든 다듬이 방망이를 갈아서 침을 만들려 한다'는 뜻으로, 노력(努力)하면 아무리 힘든 목표(目標)라도 달성(達成)할 수 있음을 뜻함.

마철저이성침(磨鐵杵而成針) 마부작침(磨斧作針).

마하반야바라밀경(摩訶般若波羅密經) 대 반야경의 정수를 간결하게 설한 경전(經典).

마행처우역거(馬行處牛亦去) '말 가는 데 소도 간다'는 뜻으로, 남이 하면 나도 할 수 있다는 뜻.

마행천리로우경백무전(馬行千里路牛耕百畝田) 말은 천리의 길을 가고, 소는 백 이랑의 밭을 갊.

마혁과시(馬革裹屍) '말의 가죽으로 자기(自己) 시체(屍體)를 싼다'는 뜻으로, 옛날에는 전사(戰死)한 장수(將帥)의 시체(屍體)는 말가죽으로 쌌으므로 전쟁(戰爭)에 나가 살아 돌아오지 않겠다는 뜻을 말함.

마호메트교(Mahomet教) 이슬람교(Islam教).

마호메트력(Mahomet曆) 이슬람력(Islam曆).

마호체승(馬好替乘) '말도 갈아타는 것이 좋다'는 뜻으로, 예전 것도 좋기는 하지만 새것으로 바꾸어 보는 것도 즐겁다는 말.

마혼식(麻婚式) 결혼(結婚) 12주년(週年) 기념일(紀念日).

막가내하(莫可奈何) 도무지 어찌할 수 없음.

막감개구(莫敢開口) 두려워서 할 말을 감(敢)히 하지 못함.

막감수하(莫敢誰何) 어느 누구도 감(敢)히 어찌하지 못함.

막강지국(莫强之國) 더할 수 없이 강(强)한 나라.

막강지궁(莫强之弓) 아주 세고 위력이 있는 활. 막막강궁(莫莫强弓).

막강지병(莫强之兵) 더할 수 없이 강(强)한 군사(軍士). 막막강병(莫莫强兵).

막난복자민지심(莫難服者民之心) 막이복자역민지심(莫易服者亦民之心).

막담타단미시기장(莫談他短靡恃己長) 다른 사람의 단점을 말하지 말고, 자기의 장점을 믿지 말라.

막등고수부모우지(莫登高樹父母憂之) 높은 나무에 올라가지 말아라 부모(父母)님께서 근심하신다.

막막강궁(莫莫强弓) 아주 세고 위력이 있는 활. 막강지궁(莫强之弓).

막막강병(莫莫强兵) 더할 수 없이 강(强)한 군사(軍士). 막강지병(莫强之兵).

막막궁산(莫莫窮山) 인적(人跡)이 없어 적막(寂寞)하도록 깊고 높은 산.

막막대해(漠漠大海) 망망대해(茫茫大海).

막무가내(莫無可奈) 도무지 어찌할 수 없음.

막부득이(莫不得已) 마지못하여. 하는 수 없이.

막부감동(莫不感動) 감동(感動)하지 않을 수 없음.

막부탄복(莫不嘆服) 탄복(歎服)하지 않을 수 없음.

막불감동(莫不感動) 막부감동(莫不感動).

막비명야(莫非命也) 모든 것이 다 운수(運數)에 달려 있음.

막비왕신(莫非王臣) 왕의 신하(臣下) 아닌 사람이 없음.

막비왕토(莫非王土) 왕토 아닌 땅이 없음.

막비주명(莫非主命) 하나님의 명령(命令)이 아닌 것이 없음.

막상막하(莫上莫下) 어느 것이 위고 아래인지 분간(分揀)할 수 없음. 난형난제(難兄難弟). 백중지세(伯仲之勢).

막엄지지(莫嚴之地) 막엄(莫嚴)한 곳. 곧, 임금이 거처(居處)하는 곳이나 임금의 앞을 뜻함.

막여교자(莫如敎子) 자식(子息)을 가르치는 일보다 중요(重要)한 것은 없음.

막역지간(莫逆之間) 막역한 벗의 사이.

막역지교(莫逆之交) 막역한 사귐.

막역지우(莫逆之友) 마음이 맞아 서로 거스르는 일이 없는, 생사(生死)를 같이할 수 있는 친밀(親密)한 벗.

막연부지(漠然不知) 막연불지(漠然不知).

막연불지(漠然不知) 막연(漠然)하여 알 수 없음.

막왕막래(莫往莫來) 서로 왕래(往來)가 없음.

막이복자역민지심(莫易服者亦民之心) 민심을 듣기 위하여 민성이 천성이라는 말.

막중국사(莫重國事) 더할 수 없이 중대(重大)한 나랏일.

ㅁ

막중대사(莫重大事) 더할 수 없이 큰일.

막지기고(莫知其故) 일의 까닭을 알지 못함.

막지기자지악(莫知其子之惡) '부모(父母)된 사람은 자기(自己) 자식(子息)의 잘못을 모른다'는 뜻으로, 어버이의 자식(子息)에 대(對)한 사랑이 맹목적(盲目的)임을 비유(比喩).

막지동서(莫知東西) '동서(東西)를 분간(分揀)하지 못한다'는 뜻으로, 사리(事理)를 모르는 어리석음을 이르는 말.

막차위심(莫此爲甚) 이에 더할 수 없이 심(甚)함.

막천석지(幕天席地) '하늘을 장막(帳幕)으로 삼고 땅을 자리로 삼는다'는 뜻으로, 천지(天地)를 자기(自己)의 거처(居處)로 할 정도(程度)로 지기(志氣)가 웅대(雄大)함을 이르는 말.

막후교섭(幕後交涉) 드러나지 않게 은밀(隱密)히 행(行)하는 교섭(交涉). 로비(lobby)함.

만감교차(萬感交叉) 여러 가지 느낌과 온갖 생각이 가로 세로로 엇갈림.

만강혈성(滿腔血誠) '가슴속에 가득 찬 진실(眞實)에서 우러나오는 정성(精誠)'이란 뜻.

만경징파(萬頃澄波) 한없이 넓은 바다나 호수의 맑은 물결.

만경창파(萬頃蒼波) '만 이랑의 푸른 물결'이라는 뜻으로, 한없이 넓고 푸른 바다.

만경출사(萬頃出師) 포교(捕校)가 정처 없이 돌아다니면서 죄인(罪人)을 잡음.

만경타령(萬頃打令) 요긴(要緊)한 일을 등한히 함을 이르는 말.

만고강산(萬古江山) 오랜 세월(歲月)을 두고 변(變)함이 없는 산천(山川).

만고불멸(萬古不滅) 오랜 세월(歲月)을 두고 없어지지 않음.

만고불변(萬古不變) 오랜 세월(歲月)을 두고 변(變)하지 않음. 만대불변(萬代不變).

만고불역(萬古不易) 오랜 세월(歲月)을 두고 바뀌지 않음. 만대불역(萬代不易).

만고불후(萬古不朽) 오랜 세월을 두고 길이 썩거나 사라지지 않음. 만대불후(萬代不朽).

만고상청(萬古常靑) '만년(萬年)이나 오래도록 항상(恒常) 푸르다'는 뜻으로, 언제나 변(變)함이 없음.

만고역적(萬古逆賊) 오랜 세월(歲月)을 통(通)해 그 유례가 없을 만큼 끔찍한 역적(逆賊).

만고위세정(萬古爲世程) 후세에 길이 사람의 법식이 되고 모범이 되라는 말.

만고절담(萬古絕談) 만고에 비길 데 없이 훌륭한 말.

만고절색(萬古絕色) 고금(古今)에 예가 없이 뛰어난 미색, 미인(美人).

만고절창(萬古絕唱) 만고에 비길 데가 없는 뛰어난 명창.

만고천추(萬古千秋) 천만 년의 오랜 세월(歲月)이나 영원(永遠)한 세월(歲月).

만고충절(萬古忠節) 세상(世上)에 비길 데가 없는 충성(忠誠)스러운 절개(節槪).

만고풍상(萬古風霜) 사는 동안에 겪은 많은 고생(苦生).

만고풍설(萬古風雪) 오랜 세월(歲月) 동안 겪어 온 온갖 고생(苦生).

만구성비(萬口成碑) '만인(萬人)의 입이 비(碑)를 이룬다'는 뜻으로, 여러 사람이 칭찬(稱讚)하는 것이 송덕비(頌德碑)를 세우는 것과 같음을 이르는 말.

만구일담(萬口一談) 여러 사람의 의논(議論)이 모두 같음.

만구전파(萬口傳播) 여러 사람의 입을 통(通)하여 온 세상(世上)에 널리 퍼짐 .

만구칭선(萬口稱善) 만구칭찬(萬口稱讚).

만구칭송(萬口稱頌) 여러 사람이 모두 한결같이 칭송(稱頌)함.

만구칭찬(萬口稱讚) 많은 사람들이 모두 칭찬(稱讚)함.

만군지중(萬軍之中) 많은 군사(軍士)가 겹겹이 진을 친 가운데.

만권시서(萬卷詩書) 썩 많은 책(冊).

만귀잠잠(萬鬼潛潛) 깊은 밤에 모든 것이 잠든 듯이 고요함.

만근이래(輓近以來) 몇 해 전부터 최근(最近)까지.

만기친람(萬機親覽) 임금이 온갖 정사(政事)를 친히 보살핌.

만냥태수(萬兩太守) 지난날 늑봉(勒捧)을 많이 받는 원을 이르던 말.

만년불패(萬年不敗) 아주 튼튼하여 절대(絕對)로 깨지지 아니함.

만년지계(萬年之計) 아주 먼 훗날까지를 미리 내다본 계획(計劃).

만년지택(萬年之宅) 오래 견딜 수 있도록 아주 튼튼하게 기초(基礎)를 하여 잘 지은 집.

만다라공(曼陀羅供) 불교(佛敎)에서, 만다라(曼荼羅)를 공양하는 일. 만다라(曼荼羅)를 공양하는 법회.

만다라공(曼荼羅供) 만다라공(曼陀羅供).

만단개유(萬端改諭) '만 가지로 깨닫게 가르치다'는 뜻으로, 친절(親切)하게 가르치는 것.

만단설화(萬端說話) 온갖 이야기.

만단수심(萬端愁心) 갖가지 근심과 걱정.

만단애걸(萬端哀乞) 여러 가지 말로 사정을 말하며 빎.

만단의혹(萬端疑惑) 온갖 의심(疑心).

만단정화(萬端情話) 여러 가지 정다운 이야기.

만단정회(萬端情懷) 여러 가지 정서(情緖)와 회포(懷抱).

만대불변(萬代不變) 영원(永遠)히 변(變)하지 아니함. 만고불변(萬古不變).

만대불역(萬代不易) 영원(永遠)히 바뀌지 아니함. 만고불역(萬古不易).

만대불후(萬代不朽) 만고불후(萬古不朽).

만대영화(萬代榮華) 여러 대를 누리는 부귀(富貴)와 공명(功名) .

만대유전(萬代流傳) 길이 전하여 내려옴, 또는 전하여 감.

만록총중홍일점(萬綠叢中紅一點) '전체(全體)가 푸른 잎으로 덮인 가운데 한 송이의 붉은 꽃이 피어 있다'는 뜻으로, ①평범(平凡)한 것이 많은 가운데서 하나가 뛰어남. ②또는 많은 남자(男子) 가운데 여자(女子)가 한 사람 끼여 있음을 이르는 말.

ㅁ

만뢰구적(萬籟俱寂) 밤이 깊어 모든 소리가 그치고 아주 고요해 짐.

만륙유경(萬戮猶輕) 죄악(罪惡)이 너무나 커서 만 번을 죽여도 오히려 그 벌(罰)이 가벼움.

만리동풍(萬里同風) '만리나 떨어진 먼 곳까지 같은 바람이 분다'는 뜻으로, 세상(世上)이 태평(太平)함을 이르는 말.

만리변성(萬里邊城) 멀리 떨어진 국경(國境) 부근(附近)의 성.

만리장서(萬里長書) 사연(辭緣)이 많이 담긴 글.

만리장설(萬里長舌) 매우 장황하게 늘어놓는 말.

만리장성(萬里長城) ①중국의 북쪽에 있는 성. 북쪽의 흉노족의 침입을 막기 위해 진 나라 시황제가 증축하면서 쌓은 산성. 명나라 때 몽골의 침입을 막기 위해 대대적으로 확장하였다. 지금 남아있는 것은 명나라가 몽골의 침입에 대비하여 쌓은 것이다. 길이는 2,700㎞. ②서로 넘나들지 못하게 가로막는 긴 장벽을 비유적으로 이르는 말. ③창창한 앞날을 비유적으로 이르는 말.

만리장천(萬里長天) 아득히 높고 먼 하늘. 구만리장천(九萬里長天).

만리전정(萬里前程) 주로 젊은이들의 '희망(希望)이 가득 찬 앞길'의 비유(譬喩).

만리지임(萬里之任) ①먼 지방(地方)의 직임(職任). ②먼 지방(地方)의 관직(官職).

만리창파(萬里滄波) 끝없이 넓은 바다.

만리타국(萬里他國) 멀리 떨어져 있는 다른 나라.

만리타산(萬里他官) 만리타향(萬里他鄕).

만리타향(萬里他鄕) 조국(祖國)이나 고향(故鄕)에서 멀리 떨어져 있는 다른 지방(地方).

만만다행(萬萬多幸) 천만다행(千萬多幸).

만만부가(萬萬不可) 전혀 옳지 아니함.

만만부측(萬萬不測) 이루 헤아릴 수 없음.
만만불가(萬萬不可) 천만불가(千萬不可).
만만불당(萬萬不當) 아주 몹시 부당(不當)함. 천부당만부당(千不當萬不當).
만면수색(滿面愁色) 얼굴에 가득 찬 수심(愁心)의 빛.
만면수참(滿面羞慚) 얼굴에 가득한 부끄러운 기색(氣色).
만면춘색(滿面春色) 얼굴에 가득 차 있는 기쁜 빛. 만면희색(滿面喜色).
만면춘풍(滿面春風) 기쁨에 넘치는 얼굴.
만면희색(滿面喜色) 만면춘색(滿面春色).
만목소시(萬目所視) 많은 사람이 다 같이 지켜보는 바.
만목소연(滿目蕭然) 눈에 보이는 모든 것이 쓸쓸함.
만목수참(滿目愁慘) 눈에 뜨이는 것이 모두 시름겹고 참혹(慘酷)함.
만목황량(滿目荒凉) 눈에 뜨이는 것이 모두 거칠고 처량(凄凉)함.
만무시리(萬無是理) 결코 그럴 리가 없음.
만무일실(萬無一失) ①실패(失敗)하거나 실수할 염려(念慮)가 조금도 없음. ②조금도 축남이 없음.
만물박사(萬物博士) 여러 방면(方面)에 박식(博識)한 사람.
만물지령(萬物之靈) '만물(萬物) 가운데 가장 으뜸간다'는 뜻으로, '사람'을 일컫는 말.
만물지영장(萬物之靈長) '세상(世上)에 존재(存在)하는 모든 것들 가운데서 가장 영묘(靈妙)하고 뛰어난 것'이라는 뜻으로, 인간(人間)을 일컫는 말.
만물지장(萬物之長) '만물(萬物) 가운데 가장 으뜸간다'는 뜻으로, 사람을 일컫는 말.
만물지중(萬物之衆) 온갖 것.
만반진수(滿盤珍羞) 상에 가득히 차린 귀하고 맛있는 음식.
만발공양(萬鉢供養) 절에서 바리때에 밥을 수북수북 담아 대중에게 베푸는 공양.
만법귀일(萬法歸一) 모든 것이 필경에는 한 군데로 돌아감.
만법일여(萬法一如) '모든 현상(現象)이나 사물(事物)은 결국 하나로 된다'는 말.
만벽서화(滿壁書畵) 벽에 가득히 걸거나 붙인 글씨와 그림.
만병통치(萬病通治) 어떤 한 가지 약이 여러 가지 병에 다 효력(效力)이 있음.
만복강영(萬福康寧) '온갖 복을 받고 건강하고 편안하라'는 뜻.
만복경륜(滿腹經綸) 마음속에 가득히 품고 있는 계획이나 포부.
만복운여(萬福雲輿) '만 가지 복이 구름 일듯이 일어난다'는 뜻.
만부당(萬不當) 만부당천부당(萬不當千不當). 어림없이 사리에 맞지 않음.
만부당천부당(萬不當千不當) 천부당만부당(千不當萬不當).
만부득이(萬不得已) '부득이(不得已)'를 강조(强調)하는 말.
만부부당(萬夫不當) 만 명의 남자(男子)가 덤벼도 당(當)하지 못함.

만부지망(萬夫之望) ①천하(天下) 만인(萬人)이 우러러 사모(思慕)함. ②또는 그 사람.
만분다행(萬分多幸) 천만다행(千萬多幸).
만분위중(萬分危重) 아주 위중(危重)함.
만분지일(萬分之一) 만(萬)으로 나눈 것의 하나. 비교(比較)하여 매우 적은 경우(境遇) .
만불근리(萬不近理) 전혀 이치(理致)에 맞지 않음.
만불성설(萬不成說) 전혀 말답지 않음. 전혀 이치(理致)에 닿지 않음. 어불성설(語不成說).
만불성양(萬不成樣) 전혀 꼴이 갖추어지지 않음.
만불실일(萬不失一) ①조금도 틀림이 없음. ②실수(失手)가 한 번도 없음.
만빈운집(萬賓雲集) 수(數) 많은 손님이 구름떼와 같이 모이라는 뜻.
만사무석(萬死無惜) 만 번 죽어도 아깝지 않을 만큼 죄(罪)가 무거움.
만사무심(萬事無心) 무슨 일에든지 정신(精神)을 쓰지 아니함. 근심 걱정으로 모든 일에 아무 경황(景況)이 없음.

ㅁ

만사분이정부생공자망(萬事分已定浮生空自忙) 모든 일은 분수(分數)가 이미 정(定)하여져 있는데 세상(世上)사람들이 부질없이 스스로 바쁘게 움직이느니라.
만사불성(萬事不成) 모든 일이 다 되지 않음.
만사여생(萬死餘生) 꼭 죽을 고비를 면하여 살게 된 목숨.
만사여의(萬事如意) 모든 일이 뜻하는 대로 잘 됨. 만사형통(萬事亨通).
만사와해(萬事瓦解) 한 가지의 잘못으로 모든 일이 다 틀려 버림.
만사유경(萬死猶輕) 만 번 죽여도 시원찮을 만큼 죄악(罪惡)이 매우 큼.
만사유시(萬事有時) '만사가 때가 있다'는 뜻.
만사일생(萬死一生) '만 번 죽을 고비에서 한 번 살아난다'는 뜻으로, 목숨이 매우 위태로운 처지에 놓여 있음을 이르는 말. 구사일생(九死一生).
만사종관기복자후(萬事從寬其福自厚) 모든 일에 너그러움을 좇으면 그 복이 스스로 두터워지느니라.
만사태평(萬事太平) ①어리석어서 모든 일에 아무 걱정이 없이 지냄을 비웃는 말. ②모든 일이 잘 되어서 험난(險難)함이 없음. 천하태평(天下泰平).
만사형통(萬事亨通) 모든 일이 뜻한 바대로 잘 이루어짐. 만사여의(萬事如意).
만사휴의(萬事休矣) '만 가지 일이 끝장'이라는 뜻으로, 모든 일이 전혀 가망(可望)이 없는 절망(絕望)과 체념(諦念)의 상태(狀態)임을 이르는 말.
만산편야(滿山遍野) 산과 들에 가득히 뒤덮임.
만산홍엽(滿山紅葉) 단풍이 들어, 온 산의 나뭇잎이 붉게 물들어 있는 모양(模樣).
만상불여심상(萬相不如心相) '모든 상(相)이 마음의 모습만한 것이 없다'는 뜻.
만성풍우(滿城風雨) '사건(事件)이 널리 알려진다'는 뜻.
만세동락(萬歲同樂) 오래도록 함께 즐김.

만세무강(萬世無疆) ①오랜 세월에 걸쳐 끝이 없음. ②만수무강(萬壽無疆) .

만세부간(萬世不刊) '만세(萬世)에 지우지 못한다'는 뜻으로, 영원(永遠)히 전(傳)함의 뜻. 간(刊)은 삭(削)과 같음. 만세불간(萬世不刊).

만세불망(萬世不忘) 영원(永遠)히 은혜(恩惠)나 은덕(恩德)을 잊지 아니함. 영세불망(永世不忘).

만세불변(萬世不變) 영원(永遠)히 변(變)하지 아니함.

만세불역(萬世不易) 만세토록 변(變)하지 않음. 영구불변(永久不變)함.

만세불후(萬世不朽) 그 가치나 의의가 변하거나 없어지지 아니함. 만고불후(萬古不朽). 만대불후(萬代不朽)

만세천추(萬世千秋) ①아주 오랜 햇수나 세월(歲月). 천만년(千萬年). ②오래오래 살기를 비는 말.

만수무강(萬壽無疆) ①한없이 목숨이 깊. ②장수(長壽)하기를 비는 말. 향복무강(享福無疆).

ㅁ

만수우환(萬愁憂患) 온갖 시름과 근심 걱정.

만수운환(漫垂雲鬟) 가닥가닥이 흩어져 드리워진 쪽진 머리.

만승지국(萬乘之國) '일만 대의 병거(兵車)를 동원(動員)할 수 있는 나라'라는 뜻으로, 천자(天子)의 나라를 이르는 말.

만승지군(萬乘之君) 만승지국(萬乘之國)의 임금, 곧 '천자(天子)'나 '황제(皇帝)'를 일컬음.

만승지위(萬乘之位) 만승지존(萬乘之尊).

만승지존(萬乘之尊) 천자(天子)의 높은 지위(地位).

만승지주(萬乘之主) 만승지군(萬乘之君).

만승천자(萬乘天子) 천자(天子)의 높임말.

만시지탄(晩時之歎) '때늦은 한탄(恨歎)'이라는 뜻으로, 시기(時期)가 늦어 기회(機會)를 놓친 것이 원통(寃痛)해서 탄식(歎息)함을 이르는 말.

만식당육(晩食當肉) 배가 고플 때 먹으면 무엇이든지 맛이 있어 고기를 먹는 것과 같다는 말.

만신창이(滿身瘡痍) '온몸이 성한 데 없는 상처(傷處)투성이'라는 뜻으로, 아주 형편(形便) 없이 엉망임을 형용(形容)해 이르는 말.

만실우환(滿室憂患) 집안에 앓는 사람이 많음.

만심환희(滿心歡喜) 마음에 차서 한껏 기뻐함.

만악지근(萬惡之根) '일만(一萬) 악(惡의) 뿌리가 된다'는 뜻.

만약천신경역진(萬若千辛經歷盡) '천신만고(千辛萬苦) 갖은 고난(苦難) 이제 다 사라지고' 라는 뜻.

만우난회(萬牛難回) '만 필의 소로 끌어도 돌려 세울 수 없다'는 뜻으로, 도저히 설득(說得)하기 어려운 고집(固執)센 사람을 두고 이르는 말 .

만유신교(萬有神敎) 범신교(汎神敎).

만유신론(萬有神論) 범신론(汎神論).

만유심론(萬有心論) 범심론(汎心論).

만유인력(萬有引力) 우주(宇宙)에 있는 질량을 가진 모든 물체 사이에 작용(作用)하는 인력(引力).

만유일체(萬有一體) '우주(宇宙) 간(間)의 온갖 물건(物件)은 한 몸'이라는 말.

만이천봉(萬二千峰) '산봉우리가 많다'는 뜻으로, 금강산(金剛山)의 절승한 산세를 이르는 말.

만인동락(萬人同樂) 뭇사람이 함께 즐김.

만인주지(萬人周知) 뭇사람들이 두루 앎.

만인지상(萬人之上) 정승(政丞)의 지위(地位).

만인총중(萬人叢中) 많은 사람 가운데.

ㅁ

만인화풍(萬人和豊) 모든 사람을 화합(和合)하고, 풍요(豊饒)롭게 한다.

만자천홍(萬紫千紅) '울긋불긋한 여러 가지의 빛깔'이라는 뜻으로, 흔히 가지각색(各色)의 꽃이 만발(滿發)한 것을 이름. 천자만홍(千紫萬紅).

만장공도(萬丈公道) 조금도 사사(私事)로움이 없이 아주 공평(公平)하게 한 일.

만장기염(萬丈氣焰) '기세(氣勢)의 힘이 만 길에 이른다'는 뜻으로, 호기나 기세가 굉장함을 의미함. 기염만장(氣焰萬丈).

만장생광(萬丈生光) ①한없이 빛이 나게 됨. ②고맙기 짝이 없음.

만장일치(滿場一致) 회장에 모인 사람의 뜻이 완전(完全)히 일치(一致)함.

만장절애(萬丈絕崖) 매우 높은 낭떠러지.

만장폭포(萬丈瀑布) 매우 높은 곳에서 떨어지는 폭포(瀑布).

만장홍진(萬丈紅塵) '만(萬)길이나 되도록 높이 뻗쳐 오른 먼지'라는 말로, 곧 한(限)없이 구차스럽고 속된 세상(世上).

만전지계(萬全之計) 아주 안전(安全)한 계획(計劃).

만전지책(萬全之策) 만전책(萬全策).

만전책(萬全策) 아주 안전(安全)하거나 완전(完全)한 계책(計策). 만전지책(萬全之策).

만절필동(萬折必東) '황하(黃河)가 수없이 꺾여 흘러가도 결국은 동쪽으로 흘러간다'는 뜻으로, ①결국은 본뜻대로 됨을 이르는 말. ②충신(忠臣)의 절개(節概)는 꺾을 수 없다는 말.

만정도화(滿庭桃花) 뜰에 가득한 복숭아꽃.

만정제신(滿廷諸臣) 만조백관(滿朝百官).

만조백관(滿朝百官) 조정(朝廷)의 모든 벼슬아치. 만정제신(滿廷諸臣).

만지장서(滿紙長書) 사연(辭緣)을 많이 적은 편지(便紙).

만천과해(瞞天過海) '적(敵)의 눈을 속여 판단(判斷)을 흐려 놓는다'는 뜻.

만첩산중(萬疊山中) 겹겹이 둘러싸인 깊은 산속.

만첩심산(萬疊深山) 겹겹이 둘러싸인 깊은 산.

만첩청산(萬疊青山) 사방이 겹겹이 에워싸인 푸른 산.

만초손겸수익(慢招損謙受益) '언제나 거만(倨慢)하면 손해(損害)를 보며, 겸손(謙遜)하면 이익(利益)을 본다'는 뜻.

만초한연(蔓草寒煙) '덩굴풀이 멋대로 퍼지고, 쓸쓸히 연기(煙氣)가 오른다'는 뜻으로, 옛 도읍(都邑)의 황폐(荒廢)한 모양(模樣)을 이르는 말.

만촉지쟁(蠻觸之爭) '만씨와 촉씨의 다툼'이라는 뜻으로, 시시한 일로 다툼.

만추가경(晩秋佳景) 늦가을의 아름다운 경치(景致).

만칙일(滿則溢) '가득 차면 넘치다'는 뜻으로, 모든 일이 오래도록 번성(繁盛)하기는 어려움을 이르는 말.

만패불청(萬覇不聽) ①바둑에서 큰 패(覇)가 생겼을 때에, 상대자(相對者)가 어떠한 패를 써도 듣지 않음. ②아무리 집적거려도 못 들은 체하고 고집함을 비유(比喩)하여 이르는 말.

만학천봉(萬壑千峰) 첩첩이 겹쳐진 수많은 골짜기와 수많은 봉우리.

만항하사(萬恒河沙) 이루 헤아릴 수 없이 많은 수. 극(極)의 1만 배, 아승기(阿僧祇)의 1만분의 1이 되는 수. 항하사(恒河沙).

만호장안(萬戶長安) 집이 아주 많은 서울. 수많은 사람이 살고 있는 서울. 장안은 서울을 나타냄.

만호중생(萬戶衆生) 썩 많은 중생(衆生). 억조창생(億兆蒼生).

만화방창(萬化方暢) 따뜻한 봄날에 만물(萬物)이 나서 자람.

만화방초(萬花芳草) 온갖 꽃과 향기(香氣)로운 풀.

만휘군상(萬彙群象) 세상(世上) 만물(萬物)의 현상(現象).

말대필절(末大必折) '가지가 크면 줄기가 부러진다'는 뜻으로, 지족(支族)이 강대(强大)하면 종가(宗家)가 쓰러진다는 말.

말류지폐(末流之弊) 잘 해 나가다가 끝판에 생기는 폐단(弊端).

말마이병(秣馬利兵) '말에 먹이를 먹이고 병기(兵器)를 날카롭게 간다'는 뜻으로, 전쟁(戰爭)을 준비함.

말세론(末世論) 종말론(終末論).

말여지하(末如之何) 아주 엉망이 되어서 어찌할 도리(道理)가 없음.

망거목수(網擧目隨) '그물을 들면 그물눈도 따라 올라간다'는 뜻으로, 주된 일이 되면 다른 일도 그에 따라서 이루어진다는 말.

망구순(望九旬) '아흔을 바라본다'는 뜻으로, 여든 한 살을 일컬음.

망국대부(亡國大夫) 망하여 없어진 나라의 벼슬아치.

망국멸족(亡國滅族) 나라와 그 겨레가 함께 망함.

망국민족(亡國民族) 나라가 망(亡)하여 조국(祖國)을 잃은 민족(民族).

망국죄인(亡國罪人) 나라를 망친 죄인(罪人).

망국지민(亡國之民) 망하여 없어진 나라의 백성(百姓).

망국지본(亡國之本) 나라를 결딴낼 근본(根本).

망국지성(亡國之聲) '멸망(滅亡)한 나라의 음악(音樂)'이란 뜻으로, 곧 음탕(淫蕩)하고 슬픈 음악(音樂).

망국지음(亡國之音) '나라를 망치는 음악(音樂)'이란 뜻으로, '저속(低俗)하고 난잡(亂雜)한 음악(音樂)'을 일컫는 말.

망국지탄(亡國之歎) 나라가 망함에 대(對)한 탄식(歎息).

망국지한(亡國之恨) 나라가 망함을 탄식(歎息)함.

ㅁ

망극득모(亡戟得矛) '물건(物件)을 얻거나 잃거나 함에 있어 그 이해(利害)를 두 가지로 해석(解釋)할 수 있다'는 뜻.

망극지은(罔極之恩) ①지극(至極)한 은혜(恩惠). ②임금이나 부모(父母)의 한없는 은혜(恩惠).

망극지통(罔極之痛) 어버이나 임금의 상사(喪事)를 당(當)한 때처럼 그지없는 슬픔.

망년교(忘年交) 망년지교(忘年之交).

망년우(忘年友) 망년지우(忘年之友). 노인(老人)이 서로 가까이 교제(交際)하는 젊은 벗.

망년지교(忘年之交) 나이 차이(差異)를 잊고 허물없이 서로 사귐. 망년지우(忘年之友).

망년지우(忘年之友) 나이의 많고 적음에 관계(關係)없이 교제(交際)하는 벗. 특(特)히 연소자(年少者)의 재덕(才德)을 인정(認定)하여 연장자(年長者)가 하는 말.

망담피단(罔談彼短) 자기(自己)의 단점(短點)을 말하지 않는 동시(同時)에 남의 잘못을 욕하지 말아야 함.

망담피단미시기장(罔談彼短靡恃己長) 자신의 장기를 믿고 자랑하지 말라 그럼으로써 더욱 발전(發展)할 수 없다.

망루탄주(網漏呑舟) '그물이 새면 배도 그 사이로 지나갈 수 있다'는 뜻으로, 법령(法令)이 관대(寬大)하여 큰 죄(罪)를 짓고도 피할 수 있게 됨을 비유(譬喩).

망망대양(茫茫大洋) 망망대해(茫茫大海).

망망대해(茫茫大海) 한없이 넓고 큰 바다. 막막대해(漠漠大海).

망매지갈(望梅止渴) 망매해갈(望梅解渴).

망매해갈(望梅解渴) '매실은 시기 때문에 이야기만 나와도 침이 돌아 해갈(解渴)이 된다'는 뜻으로, ①매실의 맛이 아주 심. ②공상으로 마음의 위안을 얻음. 망매지갈(望梅止渴). 매림지갈(梅林止渴).

망명도생(亡命圖生) 망명(亡命)하여 삶을 꾀함.

망명도주(亡命逃走) 죽을 죄(罪)를 저지른 사람이 몸을 감추어 멀리 도망(逃亡)함.

망명정부(亡命政府) 망명한 정객들이 조직(組織)한 임시정부(臨時政府).

망명죄인(亡命罪人) 죄를 짓고 나라 밖으로 달아난 죄인.

망목불소(網目不疎) '그물코가 허술하지 않다'는 뜻으로, 법률(法律)이 세밀(細密)함을 이르는 말.

망무두서(茫無頭緖) 정신(精神)이 아득하여 하는 일에 두서가 없음.

망무애반(茫無涯畔) 망무제애(茫無際涯).

망무제애(茫無際涯) 아득하게 넓고 멀어 끝이 없음. 망무애반(茫無涯畔).

망문과부(望門寡婦) 정혼하고 배우자(配偶者)가 죽어서 시집도 가보지 못하고 과부(寡婦)가 되었거나, 혼례(婚禮)는 했으나 첫날밤을 치루지 못해 처녀(處女)로 있는 여자(女子). 까막과부.

망문투식(望門投食) 노자가 떨어졌을 때에 남의 집을 찾아 가서 얻어먹음.

망복반화(望福反禍) 복(福)을 바랐더니 화(禍)가 미침.

망사지죄(罔赦之罪) 용서(容恕)할 수 없을 정도(程度)의 큰 죄(罪).

망생이의(妄生異議) 정(定)해진 법률(法律)에 대(對)하여 함부로 이의를 일으킴.

망세간지갑자(忘世間之甲子) ①술이 잔뜩 취(醉)하여 세상일(世上-)을 모름. ②일에 골몰(汨沒)하여 세월(歲月)이 가는 줄을 모름.

망신망가(忘身忘家) '자신(自身)과 집안의 일을 잊는다'는 뜻으로, 사(私)를 돌보지 않고 오직 나라와 공(公)을 위(爲)해 헌신(獻身)함을 이르는 말.

망아지경(忘我之境) 어떤 생각이나 사물(事物)에 열중(熱中)하여 자기자신(自己自身)을 잊어버리는 경지(境地).

망야도주(罔夜逃走) 밤을 새워 달아남.

망양보뢰(亡羊補牢) '양을 잃고서 그 우리를 고친다'는 뜻으로, ①실패(失敗)한 후(後)에 일을 대비(對備) 함. ②이미 어떤 일을 실패한 뒤에 뉘우쳐도 소용이 없음. 사후약방문(死後藥方文).

망양지탄(亡羊之歎) 망양지탄(望洋之嘆). 다기망양(多岐亡羊).

망양지탄(亡羊之嘆) '여러 갈래 길에서 양(羊)을 잃고 탄식(歎息)한다'는 뜻으로, 이미 일을 그르친 뒤에는 뉘우쳐도 소용이 없음. 망양지탄(望洋之歎). 다기망양(多岐亡羊).

망양지탄(望洋之嘆) 망양지탄(望洋之歎).

망양지탄(望洋之歎) '넓은 바다를 보고 탄식(歎息)한다'는 뜻으로, ①남의 원대(遠大)함에 감탄(感歎)하고, 나의 미흡(未洽)함을 부끄러워함의 비유(譬喩). ②제 힘이 미치지 못할 때 하는 탄식(歎息). 망양지탄(望洋之嘆).

망양탄(亡羊歎) 망양지탄(亡羊之歎).

망언다사(妄言多謝) 편지(便紙) 따위의 글 끝에 자신(自身)의 말을 겸손(謙遜)히 낮추는

ㅁ

뜻으로 쓰는 말.

망연자실(茫然自失) 제 정신(精神)을 잃고 어리둥절한 모양(模樣)을 이르는 말.

망우보뢰(亡牛補牢) '소 잃고 외양간 고친다'는 뜻으로, ①실패(失敗)한 후(後)에 일을 대비(對備)함. ②이미 어떤 일을 실패한 뒤에 뉘우쳐도 소용이 없음. 실우보옥(失友補屋).

망우존인(忘牛存人) '소는 없고 목동(牧童)만 앉아 있다'는 뜻으로, 견성(見性)하면 마음의 소였던 화두를 버려야한다는 이치이다.

망우지물(忘憂之物) ①시름을 잊게 하는 물건(物件). ②술의 딴이름, 술을 마시면 근심 걱정을 잊게 된다는 데서 온 말.

망운지정(望雲之情) '구름을 바라보며 그리워한다'는 뜻으로, ①타향(他鄕)에서 고향(故鄕)에 계신 부모(父母)를 생각함. ②멀리 떠나온 자식(子息)이 어버이를 사모(思慕)하여 그리는 정. 망운지회(望雲之懷).

ㅁ

망운지회(望雲之懷) 망운지정(望雲之情).

망유기극(罔有紀極) 기율(紀律)에 어그러짐이 몹시 심(甚)함.

망유택언(罔有擇言) 말이 모두 법에 맞아 골라 낼 것이 없음.

망은배의(忘恩背義) 은혜(恩惠)를 잊고 의리(義理)를 배반(背反)함.

망자계치(亡子計齒) '죽은 자식(子息) 나이 세기'라는 뜻으로, 이미 지나간 쓸데없는 일을 생각하며 애석(哀惜)하게 여김.

망자재배(芒刺在背) '가시를 등(等)에 지고 있다'는 뜻으로, 마음이 조마조마하고 편하지 않음을 이르는 말.

망전필위(忘戰必危) '전쟁(戰爭)을 잊어버리면 반드시 위험(危險)이 온다'는 말.

망자존대(妄自尊大) 망령(妄靈)되이 자기(自己)만 잘났다고 뽐내며 남을 업신여김.

망중유한(忙中有閑) 바쁜 가운데에도 한가(閑暇)한 짬이 있음.

망중투한(忙中偸閑) 바쁜 가운데 조금 틈을 내어 즐김.

망중한(忙中閑) 바쁜 가운데에서도 한가(閑暇)로운 때.

망지불사(望之不似) 남이 보기에 꼴이 온당(穩當)치 아니함.

망지소조(罔知所措) 매우 급(急)하여 어찌할 바를 모름.

망지일목(網之一目) '그물의 한 코'라는 뜻으로, 새는 그물의 한 코에 걸려 잡히지만, 그물을 한 코만 만들어 가지고는 새를 잡지 못함.

망징패조(亡徵敗兆) 망할 징조(徵兆).

망촉지탄(望蜀之歎) '촉(蜀) 땅을 얻고 싶어하는 탄식(歎息)'이라는 뜻으로, 인간(人間)의 욕심(慾心)은 한이 없음을 비유(譬喩)하는 말.

망팔쇠년(望八衰年) 일흔 한 살의 늙은 나이.

망형지교(忘形之交) 신분(身分)·지위(地位)·학벌(學閥)·빈부(貧富)·용모(容貌)등을 따

지지 않는 아주 친밀(親密)한 사귐.

매가육장(賣家鬻莊) 집과 논밭을 죄다 팔아버림.

매검매우(賣劍買牛) '검을 팔아 소를 산다'는 뜻으로, 병사(兵事)를 그만두고 농사(農事)를 짓게 함. 곧 평화(平和)스런 세상(世上)이 됨.

매관매직(賣官賣職) 돈이나 재물(財物)을 받고 벼슬을 시킴. 매관육작(賣官鬻爵).

매관육작(賣官鬻爵) 매관매직(賣官賣職).

매귀추마(買鬼推磨) '돈만 있으면 귀신(鬼神)을 사서 맷돌을 갈게 할 수 있다'는 뜻.

매두몰신(埋頭沒身) 일에 파묻혀 헤어나지 못함을 이르는 말.

매란국죽(梅蘭菊竹) 매화(梅花)·난초(蘭草)·국화(菊花)·대나무, 즉 사군자(四君子)를 말함.

매리잡언(罵詈雜言) 상대에게 온갖 욕을 해대며 큰소리로 꾸짖음. 또는 그 꾸짖는 말.

매림지갈(梅林止渴) '매실은 시기 때문에 이야기만 나와도 침이 돌아 해갈(解渴)이 된다'는 뜻으로, ①매실의 맛이 아주 심. ②공상으로 마음의 위안을 얻음. 망매지갈(望梅止渴).

ㅁ

매매결혼(賣買結婚) 매매혼(賣買婚). 매매혼인(賣買婚姻).

매매혼(賣買婚) 매매결혼(賣買結婚). 매매혼인(賣買婚姻).

매매혼인(賣買婚姻) 남자가 장가들 때, 신부(新婦)의 생가(生家)에 재물(財物)을 치르고 신부를 데려가는 혼인풍속(婚姻風俗). 매매결혼(賣買結婚). 매매혼(賣買婚).

매문매필(賣文賣筆) 돈을 벌기 위(爲)하여 실속(實-) 없는 글과 글씨를 써서 팔아먹음.

매사가감(每事可堪) 어떤 일이든지 해낼 만함.

매사마골(買死馬骨) '죽은 말의 뼈다귀를 산다'는 뜻으로, ①귀중한 것을 손에 넣기 위해 먼저 희생(犧牲)을 치러야 한다는 것을 가리키는 말. ②하잘것없는 인재(人材)라도 우대(優待)하여 주면 유능(有能)한 인재(人材)가 자연히 모여듦을 비유(譬喩)하는 말.

매사불성(每事不成) 하는 일마다 실패(失敗)함.

매사진선(每事盡善) 모든 일에 최선(最善)을 다함.

매염봉우(賣鹽逢雨) '소금을 팔다가 비를 만난다'는 뜻으로, 일에 마(魔)가 끼어서 되는 일이 없음을 이르는 말.

매인열지(每人悅之) 각 사람의 마음을 다 기쁘게 함.

매자십이(梅子十二) '매화(梅花)나무는 심은 뒤 12년 만에 열매가 맺는다'는 뜻.

매점매석(買占賣惜) 물건(物件)값이 오를 것을 예상하고 물건(物件)을 많이 사두었다가 값이 오른 뒤 아껴서 팖. 사재기.

매진사선(每盡事善) 모든 일은 착한 행실로 한다.

매처학자(梅妻鶴子) '매화(梅花)를 아내로 삼고 학을 자식(子息)으로 삼는다'는 뜻으로,

선비의 풍류(風流) 생활(生活)을 두고 이르는 말.

매합용지(媒合容止) 남녀(男女)를 매합시키어서 자기(自己) 집에 머무르게 함.

매화타령(梅花–) '격에 맞지 않는 같잖은 언행'을 조롱(嘲弄)하여 이르는 말.

맥고모자(麥藁帽子) 맥고자(麥藁子). 밀짚모자.

맥고자(麥藁子) 맥고모자(麥藁帽子).

맥곡지영(麥曲之英) '술'의 다른 일컬음.

맥락관통(脈絡貫通) '조리(條理)가 일관(一貫)하여 계통(系統)이 서 있음'을 이르는 말.

맥수서유(麥秀黍油) '보리의 이삭과 기장의 윤기'라는 뜻으로, 도읍은 간데없고 궁궐터에 보리와 기장만 무성한 것을 보면서 고국의 멸망(滅亡)을 탄식(歎息)함.

맥수지탄(麥秀之嘆) 맥수지탄(麥秀之歎). '무성(茂盛)히 자라는 보리를 보고 하는 탄식(歎息)'이라는 뜻으로, 고국의 멸망(滅亡)에 대(對)한 탄식(歎息)을 이르는 말.

ㅁ

맥수지탄(麥秀之歎) 맥수지탄(麥秀之嘆).

맥추감사절(麥秋感謝節) ①〔영〕Feast of havest. 이스라엘인들이 지킨 3대절기중 하나(출 23:16)이며, 칠칠절(七七節) 또는 초실절(初實節)이라고도 불린다(출 34:22). ②기독교(基督敎)에서, 신자들이 1년에 한번씩 7월 첫째나 둘째 주일(主日)을 기해, 보리를 비롯한 하곡을 추수한 후에 하나님께 감사의 예배를 드리는 날.

맹가돈소(孟軻敦素) 맹자(孟子)는 그 모친(母親)의 교훈(敎訓)을 받아 자사(子思) 문하(門下)에서 배움.

맹관총창(盲管銃創) 총알이나 파편이 관통(貫通)하지 못하고 몸 안에 남아 있는 상처(傷處).

맹귀부목(盲龜浮木) 맹귀우목(盲龜遇木).

맹귀우목(盲龜遇木) '눈먼 거북이 물에 뜬 나무를 만났다'는 뜻으로, 어려운 지경(地境)에 뜻밖의 행운(幸運)을 만나 어려움을 면하게 됨을 이르는 말. 맹귀부목(盲龜浮木).

맹모단기(孟母斷機) '맹자(孟子)의 어머니가 베를 끊었다'는 뜻으로, 학업(學業)을 중도(中途)에서 그만두게 됨을 훈계(訓戒)하는 말. 단기지계(斷機之戒). 단기지교(斷機之敎).

맹모삼천(孟母三遷) 맹모삼천지교(孟母三遷之敎).

맹모삼천지교(孟母三遷之敎) '맹자(孟子)의 어머니가 맹자(孟子)의 교육(敎育)을 위(爲)해 세 번이나 이사(移徙)를 한 가르침'이라는 뜻으로, 교육(敎育)에는 주위(周圍) 환경(環境)이 중요(重要)하다는 가르침을 이르는 말. 삼천지교(三遷之敎). 맹모삼천(孟母三遷).

맹목곡언(盲目曲言) 뇌물은 눈을 어둡게 하고 말을 굽게 함.

맹산서해(盟山誓海) 썩 굳게 맹세(盟誓)함을 이르는 말.

맹완단청(盲玩丹靑) '소경의 단청(丹靑) 구경'이란 뜻으로, 보이지 않는 눈으로 단청(丹靑)을 구경해 봤자 아무런 소득(所得)이나 분별(分別)이 있을 수 없듯이, 사물(事物)을 보아도 전혀 사리(事理)를 분별(分別)하지 못함을 비유(比喩).

맹왈취의(孟曰取義) 맹자(孟子)가 의를 취(取)하라고 말했음. 의를 취하기 위해 목숨까지 버림.

맹인모상(盲人摸象) '눈먼 장님이 코끼리를 만지는 식'으로, 사물의 일부만을 알면서 함부로 전체에 대한 결론(結論)을 내리는 좁은 견해(見解)를 말함.

맹인직문(盲人直門) '소경이 정문(正門)을 바로 찾아 들어간다'는 뜻으로, '어리석은 사람이 어쩌다 이치(理致)에 들어맞는 일을 함'의 비유(比喩).

맹자단청(盲者丹靑) '소경의 단청(丹靑) 구경'이라는 뜻으로, 사물(事物)을 보아 알지도 못하는 것을 아는 체함을 이르는 말.

맹자실장(盲者失杖) '소경이 지팡이를 잃는다'는 뜻으로, 의지(意志)하는 사람이나 물건(物件)을 잃는다는 말.

맹자정문(盲者正門) '소경이 문을 바로 찾는다'는 뜻으로, 우매(愚昧)한 사람이 우연(偶然)히 이치(理致)에 맞는 일을 함을 비유(比喩)하는 말.

맹자직문(盲者直門) '소경이 정문(正門)을 바로 찾아 들어간다'는 말로 우둔(愚鈍)하고 미련한 사람이 어찌 하다가 이치(理致)에 맞는 바른 일을 함을 일컬음.

맹종지효(孟宗之孝) '맹종의 효도'라는 뜻으로, 지극한 효심을 비유하여 이르는 말.

맹풍열우(猛風烈雨) 몹시 세차게 몰아치는 비바람.

맹호복초(猛虎伏草) '풀밭에 엎드려 있는 범'이란 뜻으로, 영웅(英雄)은 일시적(一時的)으로는 숨어 있지만 때가 되면 반드시 세상(世上)에 드러난다는 말.

맹호위서(猛虎爲鼠) '범도 위엄(威嚴)을 잃게 되면 쥐와 같다'는 뜻으로, 군주(君主)도 권위(權威)를 잃게 되면 신하(臣下)에게 제압(制壓)을 당(當)함을 비유(比喩)해 이르는 말.

맹호출림(猛虎出林) '사나운 호랑이가 숲속에서 나온다'는 뜻으로, '용맹(勇猛)하고 성급(性急)한 성격(性格)의 사람'을 일컫는 말.

메이플라워서약(Mayflower誓約)=〔영〕Mayflower Compact. 영국 브류스타를 지도자로 세운 청교도(淸敎徒) 102명은 영국 국교(英國國敎)의 압박(壓迫)으로 인해 1620년 9월 16일 "메이플라워"호 편으로 화란(NETHERLANDS)을 떠나 천신만고(千辛萬苦)의 대서양 항해 중 많은 희생자를 내며, 지루한 항해를 마치고 급기야 12월 21일 미국 매사추세츠 주에 상륙하였다. 이들은 상륙 직전 영국왕과 고국에 충성을 다짐하는 4가지 서약(서약 내용은 생략)을 선언하였는데 그 맹서(盟誓)가 이른바 "메이플라워서약"이다.

면간교대(面看交代) 서로 한 자리에서 마주보고 사무(事務)를 인계함.

면관돈수(免冠頓首) 관(冠)을 벗고 머리가 땅에 닿도록 절을 함.

면관징계(免官懲戒) 벼슬자리를 물러나도록 하는 징계(懲戒).

면기지식(勉其祗植) 착한 것으로 자손(子孫)에 줄 것을 힘써야, 좋은 가정(家庭)을 이룰 것임.

면류관(冕旒冠) ①제왕(帝王)의 정복(正服)에 갖추어 쓰던 관(국가의 대제(大祭) 때나 왕의 즉위(卽位) 때 썼음). ②예수가 수난(受難) 당할 때에 쓴 가시면류관도 있다.

면리장침(綿裏藏針) '솜 속에 바늘을 감추어 꽂는다'는 뜻으로, 겉으로는 부드러운듯하나 속으로는 아주 흉악(凶惡)함을 이름.

ㅁ

면리침(綿裏針) '솜 속에 감춘 바늘'이란 뜻으로, 겉으로는 부드러우나 속으로는 강(强)하고 흉악(凶惡)함의 비유(譬喻).

면면상고(面面相顧) 아무 말 없이 서로 얼굴만 물끄러미 바라봄.

면면촌촌(面面村村) 한 군데도 빼놓지 아니한 모든 곳.

면면회시(面面回視) 제각기 서로 둘러보며 아무 말을 아니함.

면목가증(面目可憎) 얼굴 생김새가 밉살스러움.

면목부지(面目不知) 서로 얼굴을 통 모름.

면목약여(面目躍如) 세상(世上)의 평가(評價)나 지위(地位)에 걸맞게 활약(活躍)하는 모양(模樣).

면목일신(面目一新) '얼굴이 아주 새로워졌다'는 뜻으로, 세상(世上)에 대(對)한 체면(體面)이나 명예(名譽), 사물(事物)의 모양(模樣), 일의 상태(狀態)가 완전(完全)히 새롭게 됨을 이르는 말.

면무인색(面無人色) 몹시 놀라거나 겁에 질려 얼굴에 핏기가 없음.

면박여츤(面縛輿櫬) 스스로 손을 뒤로 묶고 관을 짊어지고 사과하는 모양.

면백두(免白頭) '민머리를 면하였다'는 뜻으로, 늙은 뒤에 처음으로 변변하지 못한 벼슬을 함.

면벽구년(面壁九年) '벽을 향하고 아홉 해'라는 뜻으로, 한 가지 일에 오랫동안 온 힘을 쏟음을 비유(比喻).

면벽수도(面壁修道) 얼굴을 벽에 대고 도를 닦는 것.

면벽참선(面壁參禪) 벽을 향(向)하고 앉아 마음을 가다듬어 참선(參禪) 수행(修行)하는 일.

면색여토(面色如土) 근심과 놀람이 몹시 커서 얼굴빛이 흙빛과 같이 달라짐.

면수첩이(俛首帖耳) '머리를 숙이고 귀를 드리워 엎드린다'는 뜻으로, 온순(溫純)하게 맹종하는 모양.

면식범(面識犯) 피해자(被害者)와 서로 얼굴을 아는 사이인 범인(犯人).

면여토색(面如土色) '얼굴빛이 흙빛과 같다'는 뜻으로, 몹시 놀라거나 두려움에 질림을 이르는 말.

면예불충(面譽不忠) '얼굴에 소가죽을 발랐다'는 뜻으로, 뻔뻔스러운 사람을 이르는 말.

면인정쟁(面引廷爭) 임금의 앞에서 그 허물을 직간함.

면장우피(面帳牛皮) 면장우피(面張牛皮).

면장우피(面張牛皮) '얼굴에 쇠가죽을 발랐다'는 뜻으로, 몹시 뻔뻔스러움을 두고 하는 말. 면장우피(面帳牛皮).

면쟁기단(面爭其短) 면전(面前)에서 그 결점(缺點)을 간함.

면전복배(面前伏拜) 눈앞에서는 땅에 엎드려 절한다.

면전복배(面前腹背) 면종복배(面從腹背).

면절정쟁(面折廷爭) ①임금의 앞에서 그 허물을 직간함. ②때와 곳을 가리지 않고 다툼.

면종복배(面從腹背) 겉으로는 순종(順從)하는 체하고 속으로는 배반함. 면전복배(面前腹背).

면종후언(面從後言) 보는 앞에서는 복종(服從)하는 체하면서 뒤에서 이러쿵저러쿵 말을 함.

면찬아선첨유지인(面讚我善諂諛之人) 면전(面前)에서 나를 착하다고 칭찬(稱讚)하는 사람이라면, 아첨(阿諂)하는 사람임.

면책아과강직지인(面責我過剛直之人) 면전(面前)에서 나의 잘못을 책망(責望)하면, 굳세게 정직(正直)한 사람이니라.

면피후(面皮厚) 박면피(剝面皮).

면허개전(免許皆傳) '스승이 예술(藝術)이나 무술(武術)의 깊은 뜻을 모두 제자(弟子)에게 전(傳)해 줌'을 이르는 말 .

멸륜패상(滅倫敗常) 오륜(五倫)과 오상(五常)을 깨뜨려서 없앰.

멸문지화(滅門之禍) 멸문지환(滅門之患).

멸문지환(滅門之患) 한 집안이 멸망(滅亡)하여 없어지는 큰 재앙(災殃). 멸문지화(滅門之禍).

멸사봉공(滅私奉公) 사(私)를 버리고 공(公)을 위(爲)하여 힘써 일함.

멸족지화(滅族之禍) 멸문지화(滅門之禍).

멸죄생선(滅罪生善) ①현재(現在)의 죄장을 없애고 후세(後世)의 선근을 도움. ②부처의 힘으로 현세(現世)의 죄악(罪惡)을 소멸(消滅)하고, 후세(後世)에 선(善)의 근본(根本)이 되게 함.

명가자제(名家子弟) 명망(名望)이 높은 집안의 자제.

명견만리(明見萬里) '만 리 밖의 일을 환하게 살펴서 알고 있다'는 뜻으로, '관찰력(觀察力), 판단력(判斷力), 통찰력 따위가 뛰어남'을 비유(比喩)하는 말.

명경고현(明鏡高懸) '밝은 거울이 높이 걸려 있다'는 뜻으로, 사리(事理)에 밝거나 판결(判決)이 공정(公正)함을 일컫는 말.

명경불피(明鏡不疲) '밝은 거울은 몇 번이나 사람의 얼굴을 비춰도 피로(疲勞)하지 않음'

을 이름.

명경소이찰형왕자소이지금(明鏡所以察形往者所以知今) 밝은 거울은 얼굴을 살필 수 있고, 지나간 일은 현재(現在)를 알 수 있느니라.

명경지수(明鏡止水) '맑은 거울과 고요한 물'이라는 뜻으로, ①사념(邪念)이 전혀 없는 깨끗한 마음을 비유(比喩)해 이르는 말. ②맑고 깨끗한 마음을 갖자.

명공거경(名公巨卿) 정승(政丞), 판서(判書) 따위 이름난 높은 벼슬아치들.

명과기실(名過其實) 이름만 좋고 실상(實相)인즉 그만하지 못함.

명관과마(明官跨馬) '천간에 투출되어 지지의 재(財)위에 올라 앉아 있다'는 뜻. 쉽게 말하면 천간에 관살이 있는데 지지의 재성 위에 앉아 있어 관이 튼튼하다는 사주.

명관이구관(名官而舊官) '경험이 더 많은 관리(官吏)가 더 낫다'는 뜻. 구관이 명관(舊官而名官).

ㅁ

명구승지(名區勝地) 이름난 지구(地區)와 경치(景致) 좋은 곳.

명금삼성(鳴金三聲) 군악을 끝내는 신호(信號)로서 징을 세 번 치는 것.

명기누골(銘肌鏤骨) '살갗에 새기고 뼈에 새긴다'는 뜻으로, 마음에 깊이 새겨 잊지 않음을 이르는 말.

명당자손(明堂子孫) 명당자리(明堂–)에 묻힌 사람의 자손(子孫).

명도기박(命途奇薄) 팔자가 사나움.

명론탁설(名論卓說) 이름난 논문(論文)과 탁월(卓越)한 학설(學說).

명만일국(名滿一國) 이름이 한 나라에 널리 퍼짐.

명만천하(名滿天下) 명망천하(名望天下).

명망천하(名望天下) 이름이 세상(世上)에 널리 퍼짐. 명만천하(名滿天下).

명맥소관(命脈所關) 병이나 상처(傷處)가 중하여 목숨에 관계(關係)됨.

명면각지(名面各知) 이름과 얼굴을 따로따로 앎.

명명백백(明明白白) ①아주 명백(明白)함. ②아주 똑똑하게 나타나 의문(疑問)의 여지가 없음을 이르는 말.

명명지중(冥冥之中) 듣거나 볼 수 없이 은연(隱然) 중(中)에 느끼는 상태. 조용하고 정성스러운 가운데. 어두운 저승.

명명지지(冥冥之志) '마음속에 깊이 간직하여 외부(外部)에 드러내지 않고 힘씀'의 뜻.

명모호치(明眸皓齒) '맑은 눈동자와 흰'이라는 뜻으로, 미인(美人)을 형용(形容)해 이르는 말.

명목장담(明目張膽) 눈을 크게 뜨고, 담력(膽力)으로 아무것도 두려워하지 않음, 곧 두려워하지 아니하고 용기(勇氣)를 내어 일을 함.

명문거족(名門巨族) 이름난 집안과 크게 번창(繁昌)한 겨레.

명문대가(名門大家) 훌륭한 문벌(門閥)의 큰 집안.

명문대작(名文大作) 썩 잘된 큰 문예(文藝) 작품(作品).

명문세족(名門世族) 명문(名門)으로서 대를 거듭하여 중요(重要)한 벼슬을 하여 내려와 자기(自己) 집안의 운명(運命)을 국가(國家)의 운명(運命)과 함께 하는 집안.

명문자제(名門子弟) 명망(名望)이 높은 집안의 자제(子弟).

명문천하(名聞天下) 이름이 세상(世上)에 널리 알려짐.

명봉재수(鳴鳳在樹) '명군(名君), 성현(聖賢)이 나타나면 봉(鳳)이 운다'는 말과 같이 덕망(德望)이 미치는 곳마다 봉(鳳)이 나무 위에서 울 것임.

명부지성부지(名不知姓不知) '이름도 성도 모른다'는 뜻으로, '전혀 알지 못하는 사람'을 이름.

명불허득(名不虛得) '명성(名聲)이나 명예(名譽)란 헛되이 얻을 수 있는 것이 아니다'라는 말.

명불허전(名不虛傳) '이름은 헛되이 전(傳)해지는 법이 아니다'라는 뜻으로, 명성(名聲)이나 명예(名譽)가 널리 알려진 데는 다 그럴만한 이유(理由)가 있음을 이르는 말.

명사고불(名士古佛) 문과(文科)에 급제(及第)한 사람의 아버지.

명산대찰(名山大刹) 이름난 산(山)에 있는 유명(有名)한 절.

명산대천(名山大川) 이름난 큰 산과 큰 내, 경개 좋고 이름난 산천(山川).

명성자심(名聲藉甚) ①평판(評判)이 자자(刺字)함. ②명성(名聲)이 대단하여 세상(世上)에 널리 퍼짐.

명세재(命世才) 한 시대(時代)를 바로잡아 구(救)할만한 뛰어난 인재(人材). 명세지웅(命世之雄).

명세지웅(命世之雄) 명세재(命世才). 명세지재(命世之才).

명세지재(命世之才) 명세재(命世才). 명세지웅(命世之雄).

명수죽백(名垂竹帛) 이름이 역사(歷史)에 길이 빛남.

명승고적(名勝古蹟) 명승고적(名勝古跡). 명승(名勝)과 고적(古蹟).

명승고적(名勝古跡) 명승(名勝)과 고적(古蹟). 훌륭한 경치와 역사적인 유적.

명실공(名實共) 표면(表面)상으로나 실지의 내용(內容)상으로나 다 같이. 말 그대로. 사실 그대로. 명실공(名實共)히.

명실공히(名實共-) 명실공(名實共).

명실불부(名實不副) 명실이 서로 맞지 아니함.

명실상부(名實相符) ①이름과 실상(實相)이 서로 들어맞음. ②알려진 것과 실제(實際)의 상황(狀況)이나 능력(能力)에 차이(差異)가 없음. ↔명실상반(名實相反).

명심견성만법귀일(明心見性萬法歸一) 총명(聰明)한 마음으로 타고난 천성을 깨달으면, 온갖 법도가 하나로 돌아간다.

명심보감(明心寶鑑) 조선(朝鮮) 시대에 어린이들의 인격 수양(修養)을 위해 엮은 한문 교양서((敎養書).

명심불망(銘心不忘) 마음에 새기어 오래오래 잊지 아니함.

명야복야(命也福也) '연거푸 생기는 행복(幸福)'을 뜻함.

명약관화(明若觀火) '불을 보는 것 같이 밝게 보인다'는 뜻으로, 더 말 할 나위 없이 명백(明白)함.

명연의경(命緣義輕) '목숨을 의에 연연하여 가볍게 여기다'는 뜻으로, 의로움을 위(爲)해서는 생명(生命)도 아끼지 않음.

명예형(名譽刑) 명예를 박탈(剝脫)하는 것을 내용으로 하는 형벌.

명예회복(名譽回復) 잃었던 명예(名譽)를 다시 찾음.

명예훼손(名譽毁損) 남의 명예(名譽)를 더럽히거나 깎는 일.

ㅁ

명예훼손죄(名譽毁損罪) 남의 명예에 손상(損傷)을 입힘으로써 성립(成立)되는 죄.

명월위촉(明月爲燭) 방 안에 비치는 달빛을 촛불로 삼음.

명월청풍(明月淸風) 밝은 달과 맑은 바람.

명재경각(命在頃刻) '목숨이 경각(頃刻)에 달렸다'는 뜻으로, 숨이 곧 끊어질 지경(地境)에 이름, 거의 죽게 됨. 명재조석(命在朝夕).

명재명간(明再明間) 내일이나 모레 사이.

명재조석(命在朝夕) '목숨이 경각(頃刻)에 달렸다'는 뜻으로, 숨이 곧 끊어질 지경(地境)에 이름, 거의 죽게 됨. 명재경각(命在頃刻).

명전자성(明詮自性) 이름은 그 사물(事物)의 본성(本性)을 잘 나타냄.

명정기죄(明正基罪) 명백(明白)하게 죄목을 지적(指摘)하여 바로잡음.

명정언순(名正言順) 명분(名分)이 정당(正當)하고 말이 사리(事理)에 맞음.

명정월색(明淨月色) 맑고 밝은 달빛.

명조지손(名祖之孫) 이름이 난 조상(祖上)의 자손(子孫).

명존실무(名存實無) 이름뿐이고 실상(實相)이 없음.

명졸지추(命卒之秋) 거의 죽게 된 때.

명종주인(名從主人) '사물(事物)의 이름은 원래 주인이 붙인 이름을 따른다'는 뜻으로, 사물(事物)의 명칭은 현지의 호칭법(號稱法)을 따라야 함을 이르는 말.

명주암투(明珠闇投) '보배로운 구슬을 어둠속에 던진다'는 뜻으로, ①어떤 귀(貴)한 선물(膳物)도 도리(道理)에 벗어난 방법(方法)으로 주면 도리어 원망(怨望)을 삼. ②재능(才能)은 있으나 알아주는 사람을 만나지 못하고 있음을 비유(比喩)하는 말.

명주출로방(明珠出老蚌) '오래 묵은 조개에서 명주(明珠)가 나온다'는 뜻으로, 보잘것없는 어버이가 뛰어난 자식(子息)을 낳은 것을 비유(比喩)하는 말.

명주탄작(明珠彈雀) '새를 잡는 데 구슬을 쓴다'는 뜻으로, 작은 것을 얻으려다 큰 것을 손해 보게 됨을 이르는 말. 수주탄작(隨珠彈雀).

명지적견(明智的見) 환하게 알고 적실하게 봄.

명창정궤(明窓淨机) '햇빛이 잘 비치는 창밑에 놓여 있는 깨끗한 책상(冊床)'이라는 뜻으로, 말끔히 정돈(整頓)된 서재(書齋)의 모습을 형용(形容)해 이르는 말.

명천지하(明天之下) 총명(聰明)한 임금이 다스리는 태평(太平)한 세상(世上).

명철보신(明哲保身) '총명(聰明)하여 도리(道理)를 좇아 사물(事物)을 처리(處理)하고, 몸을 온전(穩全)히 보전(保全)한다'는 뜻으로, 매사(每事)에 법도(法度)를 지켜 온전(穩全)하게 처신(處身)하는 태도(態度)를 이르는 말.

명학재음기자화지(鳴鶴在陰其子和之) '어미 학이 울면 새끼 학도 울음에 화(和)하여 운다'는 뜻으로, 덕(德)있는 자는 스스로 나타내려하지 않더라도 저절로 세상(世上)에 알려지게 됨. 또한 감화(感化)됨을 비유(譬喩)하는 말.

명행적식(冥行擿植) '명행(冥行)은 캄캄한 곳을 간다'는 뜻이고, 적식(擿植)은 장님이 지팡이를 두드리면서 간다는 뜻으로, 학문(學文)을 하는 데 그 방도를 모름을 비유(比喩)하는 말.

명화도적(明火盜賊) 남의 재물(財物)을 마구 빼앗으며 행패(行悖)를 부리고 돌아다니는 무리.

모골송연(毛骨悚然) 아주 끔직한 일을 당(當)하거나 볼 때, 두려워 몸이나 털이 곤두선다는 말.

모라비안교회(-教會) 〔영〕Moravian Church. 종교개혁(宗教改革)의 선구자(先驅者)인 훗스의 감화로 모라비아와 보헤미아 지방에서 생겨난 개신교회(改新教會)이다. 훗스는 순교하였지만(1415), 모라비아 지방 사람들은 그에게서 물려받은 신앙에 굳게 서서, 오스트리아 황제와 로마교황에게 대항하였다. 그리고 루터와 칼빈의 종교개혁운동에 호의를 가지고 많이 공헌(貢獻)하였다.

모략중상(謀略中傷) 남을 모략(謀略)하여 명예(名譽)를 손상(損傷)시키는 일.

모르몬교(Mormon教) 〔영〕Mormons, Mormonism. 1830년 4월에 미국 뉴욕 주에서 죠셉·스미스가 모르몬경(經)을 성전(聖典)으로 하여 조직(組織)하여 창립한 종교이다.〔정식 명칭은 '말일 성도 예수 그리스도 교회(The Church of Jesus Christ of Later Day Saints)'〕이다.

모만사(冒萬死) '만 번 죽기를 무릅쓴다'는 뜻으로, 온갖 어려움을 무릅씀.

모모인(某某人) 모모제인(某某諸人).

모모제인(某某諸人) 아무아무 여러 사람.

모몰염치(冒沒廉恥) '염치(廉恥) 없는 줄 알면서도 이를 무릅쓰고 일을 행(行)함'을 이르는 말.

모부인(母夫人) '남의 어머니'의 높임말.

모사재인(謀事在人) '일을 꾸미는 것은 사람에게 달렸다'는 말.

모사재인성사재천(謀事在人成事在天) '일을 꾸미는 것은 사람이 하지만, 그것을 성사 시키는 것은 하늘에 달려있다'는 뜻.

모산지배(謀算之輩) 꾀를 내어 이해타산(利害打算)을 일삼는 무리.

모살미수(謀殺未遂) 사람을 죽이기를 꾀하다가 이루지 못한 행위(行爲).

모색창연(暮色蒼然) 저녁 빛이 짙어 어둑어둑함.

모세수(Moses 壽) 모세와 같이 장수(長壽:120세)하라는 축수(祝壽)의 의미(意味).

모세오경(Moses五經) 모세가 지었다고 전해지는 구약(舊約) 성서(聖書)의 처음의 다섯 편. [창세기(創世記) · 출애굽기 · 레위기 · 민수기(民數記) · 신명기(申命記)].

ㅁ

모수자천(毛遂自薦) '모수(毛遂)가 스스로 천거(薦擧)했다'는 뜻으로, 자기(自己)가 자기(自己)를 추천(推薦)하는 것을 이르는 말. 오늘날에는 의미가 변질되어 일의 앞뒤도 모르고 나서는 사람을 비유(譬喩).

모순당착(矛盾撞着) 같은 사람의 문장(文章)이나 언행(言行)이 앞뒤가 서로 어그러져서 모순(矛盾)됨. 자가당착(自家撞着).

모시박사(毛詩博士) 모시(毛詩), 곧 시경(詩經)에 능통(能通)한 사람을 이르는 말.

모시숙자(毛施淑姿) 모(毛)는 오의 모타라는 여자(女子)이고, 시(施)는 월의 서시(西施)라는 여자(女子)인데, 모두 절세미인(絕世美人)이었음.

모야모야(某也某也) 아무아무. 아무개 아무개.

모야무지(暮夜無知) '깊은 밤중에 하는 일이라서 아무도 보고 듣는 사람이 없음'을 이르는 말.

모야수야(某也誰也) 누구들이라고 드러내지 않고 가리키는 말.

모양체근(毛樣體筋) 안구(眼球)의 내부에 있는 안근(眼筋)의 하나. 모양체(毛樣體) 안에 있는 평활근(平滑筋). 모양체의 신축(伸縮)을 맡음.

모우미성(毛羽未成) '새의 깃이 덜 자라서 아직 날지 못한다'는 뜻으로, 사람이 성숙(成熟)되지 못하고 아직 어림을 이르는 말.

모원단장(母猿斷腸) '어미 원숭이의 창자가 끊어졌다'는 뜻으로, 창자가 끊어지는 것 같은 슬픔, 애통(哀痛)함을 형용(形容)해 이르는 말.

모유영양법(母乳營養法) 낳은 어머니가 자기 젖으로 아기를 키우는 일.

모의봉격(毛義奉檄) 본의 아니게 오해(誤解)를 삼.

모자가정(母子家庭) 아버지 없이, 어머니와 자식(子息)만으로 된 가정.

모직혼식(毛織婚式) 서양(西洋) 풍속(風俗)에서, 결혼(結婚) 40주년을 기념(紀念)하는 의식(儀式). 부부(夫婦)가 모직물(毛織物) 선물(膳物)을 서로 주고받음.

벽옥혼식(碧玉婚式).

모천화일(摹天畵日) 임금의 공덕(功德)을 칭송(稱頌)하는 말.

모춘삼월(暮春三月) 봄이 저물어 가는 음력(陰曆) 삼월(三月).

모필사공(貌必思恭) 용모(容貌)를 반드시 공손하게 할 것을 생각하라.

모하메드교(Mohammed敎) 이슬람교(Islam敎).

모합심리(貌合心離) 교제(交際)하는 데 겉으로만 친(親)한 척 할뿐이고, 마음은 딴 데 있음.

모화사상(慕華思想) 중국의 문물(文物)을 흠모(欽慕)하여 따르는 사상.

목가적(牧歌的) 목가(牧歌)처럼 평화롭고 소박하며 서정적(抒情的)인 것.

목경지환(木梗之患) '분수를 망각(忘却)하고 함부로 행동하면 돌이킬 수 없는 일을 당할 수 있음'을 비유(比喩)하는 말.

목관악기(木管樂器) 목질의 관으로 된 악기. 오늘날에는 구조·발음 원리가 비슷한 금속제의 것도 포함하여 이름.〔색소폰(Saxophone)·플루트(Flute) 따위.〕

목구멍이포도청(–捕盜廳) 먹고살기 위하여 차마 못할 짓까지 함을 이르는 말.

목낭청(睦郎廳) 춘향전(春香傳)에 나오는 '낭청 지위(地位)에 있는 목가 성(姓)을 가진 사람'이라는 뜻으로, 자기(自己) 주견(主見)이 없이 이래도 응(應)하고 저래도 응(應)하는 사람을 조롱(嘲弄)하여 이르는 말.

목단어자견(目短於自見) '눈은 물건(物件)을 잘 보지만 자기(自己)의 눈 속은 보지 못한다'는 뜻으로, 사람이 자신(自身)의 선악(善惡)을 잘 모름을 비유(譬喩)하는 말.

목로주점(木壚酒店) 술청에 목로(木)를 베풀고 술을 파는 집.

목민심서(牧民心書) 조선 순조 때 정약용(丁若鏞)이 지은 책. 이서(吏胥)의 통폐(通弊)를 지적하여 관리의 바른길을 깨우치려고 사례(事例)를 들어 풀이한 내용. 48권 16책.

목민지관(牧民之官) '백성(百姓)을 기르는 벼슬아치'라는 뜻으로, 원이나 수령(守令) 등(等) 외직 문관(文官)을 통칭(通稱)하는 말.

목불식정(目不識丁) '고무래를 보고도 그것이 고무래 정(丁)자인 줄 모른다'는 뜻으로, 글자를 전혀 모름, 또는 그러한 사람을 비유(比喩)해 이르는 말. 일자무식(一字無識). 까막눈이.

목불인견(目不忍見) 차마 눈으로 볼 수 없을 정도(程度)로 딱하거나 참혹(慘酷)한 상황(狀況).

목불지서(目不之書) 눈으로 책을 알지 못함.

목사기사(目使氣使) '눈으로 부리고 기세(氣勢)로 부린다'는 뜻으로, ①말로써 지시(指示)하지 않고 눈빛이나 얼굴 표정(表情)으로 부하(部下)를 부리는 것. ② 권세(權勢)를 떨치는 모양(模樣).

목석간장(木石肝腸) '나무나 돌처럼 아무런 감정(感情)도 없는 마음씨'의 비유(譬喩).

목석난득(木石難得) '나무에도 돌에도 붙일 데가 없다'는 뜻으로, '가난하고 외로워 의지(依支)할 곳이 없는 경우(境遇)'를 이르는 말.

목석불부(木石不傅) '나무에도 돌에도 붙일 곳이 없다'는 뜻으로, 가난하고 외로워서 의지(依支)할 곳이 없는 처지(處地)를 이르는 말.

목석초화(木石草花) '나무, 돌, 풀, 꽃'이란 뜻으로, '자연(自然)'을 일컫는 말.

목식이시(目食耳視) '눈으로 먹고 귀로 본다'는 뜻으로, 맛있는 것보다 보기에 아름다운 음식(飮食)을 좋아하고, 몸에 맞는 것보다 귀로 들은 유행(流行)하는 의복(衣服)을 입음. 곧 외관(外觀)을 위(爲)해서 의식(衣食) 본래(本來)의 목적(目的)을 버리고 사치(奢侈)로 흐름을 두고 이르는 말.

목신지등(目身之燈) 눈은 몸의 등불이라.

목심재전(目心在殿) 내 눈과 마음을 항상 성전에 둠.

목아지양(牧我之羊) 내 양을 먹이라.

목왕지절(木旺之節) 오행(五行)의 목기(木氣)가 성(盛)하는 때. 곧 '봄철'을 달리 이르는 말.

목욕재계(沐浴齋戒) 제사(祭祀)를 지내거나 신성(神聖)한 일 따위를 할 때, 목욕(沐浴)해서 몸을 깨끗이 하고 마음을 가다듬어 부정(不淨)을 피(避)함.

목용필단구용필지(目容必端口容必止) 눈의 모습은 반드시 단정(端正)하게 하고, 입의 모습은 반드시 다물고 있는 듯이 함.

목우석인(木偶石人) 나무나 돌로 만든 사람의 형상(形像).

목우선미(睦友善美) 화목(和睦)한 벗이 아름다움.

목우인의(木偶人衣) '나무 인형(人形)에 옷을 두른 것'이라는 뜻으로, 아무 능력(能力)이나 소용(所用)이 없는 사람을 비유(比喩)해 이르는 말.

목우즐풍(沐雨櫛風) '비로 목욕(沐浴)하고 바람으로 머리를 빗는다'는 뜻으로, 비바람을 무릅쓰고 고생(苦生)함을 이르는 말.

목인석심(木人石心) '나무 인형(人形)에 돌 같은 마음'이라는 뜻으로, ①감정(感情)이 전연 없는 사람. ②의지가 굳어 마음이 흔들리지 않는 사람.

목자득국(木子得國) '장차 이씨 성을 가진 이가 임금이 된다'는 뜻으로, 고려(高麗) 중엽(中葉)에 불린 가요(歌謠)의 하나. 지은이와 노랫말은 전(傳)하지 않음.

목자진열(目眥盡裂) '눈초리가 다 찢어진다'는 뜻으로, 눈을 부릅뜨고 몹시 사납게 흘겨보는 모양을 이르는 말.

목장지패인장지덕(木長之敗人長之德) 나무는 큰 나무의 덕을 볼 수 없지만, 사람은 큰 사람 밑에서 덕을 볼 수 있다. 인장지덕목장지패(人長之德木長之敗).

목전지계(目前之計) 앞날을 내다보지 못하고 눈앞의 일만 생각하는 계책(計策).

목종승즉직인수간즉성(木從繩則直人受諫則聖) 나무가 먹줄을 좇으면 곧고, 사람이 간

(諫)함을 받아 드리면 거룩하게 되느니라.

목탁귀신(木鐸鬼神) ①평생(平生) 목탁만 치다가 깨달음도 얻지 못한 채 죽은 중의 귀신. ②목탁소리만 나면 모여든다는 귀신.

목피삼촌(木皮三寸) '나무껍질이 세 치'라는 뜻으로, 몹시 두꺼움을 이르는 말.

목혼식(木婚式) 서양(西洋) 풍속(風俗)에서, 결혼(結婚) 다섯 돌을 기념(紀念)하는 의식(儀式). 부부(夫婦)가 나무로 된 선물(膳物)을 주고받음.

목회계획(牧會計劃) 목회자는 조직자(Organiger)인 동시에 기동자(Mobiliger)이며, 계획자(Planner)이어야 한다. 평신도(平信徒)들을 일선에 세우고 힘있게 진군(進軍)하고 박력(迫力)있는 교회 활동을 하게 하는 것이 오늘 교역자들의 할 일이라면, 목회계획은 반드시 필요하다. 목회계획은 몇 년 단위, 또는 1년 단위로 신년이나 9월이나 대강절을 기점으로 계획 세우는 것을 말하며, 보통 1년 단위로 수립하되, 단 교회의 머리가 되시는 그리스도를 중심한 1년간의 절기에 맞추어 주도면밀(周到綿密)하게 수립(樹立)된 계획을 말한다.

ㅁ

목회서신(牧會書信) 신약성서(新約聖書) 안의 바울서신 가운데, 디모데와 디도, 두 사람의 목회자(牧會者)에게 보낸 서신으로 목회와 교회(教會)에 대한 내용으로 쓰여진 디모데전서, 디모데후서, 디도서, 등 3권을 말한다.

목회신학(牧會神學) 〔영〕Pastoral Theology. 실용신학의 한 과목인데 목회상의 주의와 지도를 위한 학문이다. 목사는 설교만 하는 것이 아니라, 자신의 영적생활 · 심방 · 환자위문 · 어린이로부터 장년까지 교육실시, 길 잃은 자를 인도해주고, 성도들의 영적 생활을 인도하고, 교회 재정문제, 사무처리, 건축문제 등 일체를 총괄하는 방법을 학문적으로 체계화(體系化)한 것이다.

목회역정(牧會歷程) 개신교(改新教)에서, 목사가 교회(教會)를 맡아서 설교(說教)를 하며 신자의 신앙생활(信仰生活)을 지도하며 거쳐 온 길.

목회철학(牧會哲學) 목회하는 과정(過程)에 갖추어야할 학문성이나, 영성(靈性)이나 독특(獨特)한 지도력(指導力) 등을 총 망라(網羅)한 방법(方法)과 수단(手段)을 뜻한다.

목후이관(沐猴而冠) '원숭이(후:猴)가 관을 썼다'는 뜻으로, 옷은 훌륭하나 마음은 사람답지 못함을 이르는 말.

몰두몰미(沒頭沒尾) 밑도 끝도 없음. 처음과 나중이 없음.

몽롱세계(朦朧世界) ①(술이나 약에 취하거나 졸음이 오거나 하여) 정신이 똑똑하지 않고 어렴풋한 의식 상태. ②아는 것이 똑똑하지 않고 어렴풋한 상태.

몽망착어(蒙網捉魚) '그물을 쓰고 고기를 잡는다'는 뜻으로, 그물을 물에 던져야 고기가 걸리는 법인데, 그물을 머리에 쓰고서도 고기가 잡힌다는 것이니, 요행(僥幸)히 운이 좋았음을 이르는 말.

몽매지간(夢寐之間) '잠을 자면서 꿈을 꾸는 동안'이라는 뜻으로, 사물(事物)을 좀처럼 잊지 못함이나 이룰 수 없는 일에 너무 지나치게 몰두(沒頭)함을 이르는 말.

몽상부도(夢想不到) 꿈에도 생각하지 못함.

몽외지사(夢外之事) 천만 뜻밖의 일.

몽유미지(蒙幼未知) '철이 없는 어린아이는 알지 못한다'는 말.

몽중몽(夢中夢) '꿈속의 꿈' 이란 뜻으로, '덧없는 세상(世上)살이'의 비유(比喩).

몽중몽설(夢中夢說) ①꿈속에 꿈 이야기를 하듯이 종잡을 수 없는 말을 함. ②또는, 그런 말.

몽중방황(夢中彷徨) 꿈속에서 이리 저리 헤맴.

ㅁ

몽중상심(夢中相尋) '몹시 그리워서 꿈에서까지 서로 찾는다'는 뜻으로, 매우 친밀(親密)함을 이르는 말.

몽중설몽(夢中說夢) '꿈속에서 꿈 이야기를 한다'는 뜻으로, 무엇을 말하는지 요령(要領)을 종잡을 수 없게 이야기함을 이르는 말.

몽환포영(夢幻泡影) '꿈과 허깨비, 거품과 그림자와 같다'는 뜻으로, 인생(人生)의 헛되고 덧없음을 비유(譬喩)하는 말.

묘계현화(妙契玄化) 오묘하게 서로 맞으며 깊고 오묘한 덕화. 묘(奧妙)한 부합(符合)과 현묘(玄妙)한 덕화(德化). 임금의 덕치를 칭송하는 말로 쓰임.

묘구도적(墓丘盜賊) ①무덤 속의 물건(物件)을 훔쳐가는 도둑. ②시체(屍體)를 파내어 감추고 돈을 강요(强要)하는 도둑.

묘기백출(妙技百出) 교묘(巧妙)한 기술(技術)과 재주가 여러 가지 모양(模樣)으로 나옴.

묘년재격(妙年才格) 젊은 나이에 타고 난 높은 품격(品格)과 재주.

묘당공론(廟堂公論) 조정(朝廷)의 군신(君臣)들이 모여 나라 일을 논의(論議)하는 일.

묘도문자(墓道文字) 묘(墓)의 비(碑)에 새긴 글.

묘두현령(猫頭懸鈴) '고양이 목에 방울 달기'라는 속담(俗談)의 한역으로, 불가능(不可能)한 일을 의논(議論)함을 이르는 말. 묘항현령(猫項懸鈴).

묘령처녀(妙齡處女) 젊은 여자의 꽃다운 나이, 곧 20세 안팎의 나이. 묘년(妙年).

묘서동면(猫鼠同眠) '쥐와 고양이가 함께 잔다'는 뜻으로, 상하(上下)가 부정(不正)하게 결탁(結託)하여 나쁜 짓을 함을 이르는 말.

묘서동처(猫鼠同處) '고양이와 쥐가 함께 있다'는 뜻으로, 곧, 도둑을 잡아야 할 사람이 도둑과 한패가 됨.

묘시파리(眇視跛履) '애꾸가 환히 보려하고 절름발이가 먼 길을 걸으려 한다'는 뜻으로, 분에 넘치는 일을 하다가는 오히려 화를 자초함을 이르는 말.

묘창해지일속(渺滄海之一粟) '넓고 푸른 망망한 바다에 한 알의 좁쌀'이라는 뜻으로, '매우 큰 것 속에 하나의 아주 작고 보잘것없는 것이 끼여 있다'는 뜻. 또는 '이 넓은 세상(世上)에 사는 하나의 작은 인간(人間)'이라는 뜻을 비유(譬喩)함.

묘항현령(猫項懸鈴) '고양이 목에 방울 달기'라는 뜻으로, 실행(實行)하지 못할 일을 공연(公然)히 의논(議論)만 한다는 말. 묘두현령(猫頭縣鈴).

묘호류견(描虎類犬) '호랑이를 그리려다 실패(失敗)하여 개와 비슷하게 되었다'는 뜻으로, 높은 뜻을 갖고 어떤 일을 성취(成就)하려다가 중도(中途)에 그쳐 다른 사람의 조소를 받는 것을 비유(譬喩)하는 말.

무가내하(無可奈何) 몹시 고집(固執)을 부려 어찌할 수가 없음. 막무가내(莫無可奈).

무가대보(無價大寶) 값을 헤아릴 수 없는 귀중(貴重)한 보물(寶物).

무가무불가(無可無不可) '옳은 것도 없고 그를 것도 없다'는 뜻으로, 사람의 언행(言行)이 다 중용(中庸)을 취(取)하여 과불급(過不及)이 없음을 이르는 말.

무가보(無價寶) 값을 칠 수 없을 만큼 귀중(貴重)한 보배.

무가지보(無價之寶) 값을 매길 수 없는 귀중(貴重)한 보물(寶物).

무가무감사가배(無加無減似嘉排) '더도 말고 덜도 말고 한가위만 같아라'라는 뜻.

무간나락(無間奈落) 무간지옥(無間地獄). 무간아비(無間阿鼻).

무간아비(無間阿鼻) 무간지옥(無間地獄). 팔열(八熱) 지옥(地獄)의 하나. 사바(娑婆) 세계(世界)의 하나로, 지독(至毒)한 고통(苦痛)을 받는다 함. 아비지옥(阿鼻地獄).

무간업화(無間業火) 무간(無間) 지옥(地獄)의 지독(至毒)한 불꽃.

무간죄보(無間罪報) 한없는 죄악(罪惡)에 대(對)한 과보(果報).

무간지옥(無間地獄) 팔열(八熱) 지옥(地獄)의 하나. 고통(苦痛)을 끊임없이 받는 지옥(地獄). 아비지옥(阿鼻地獄). 무간나락(無間奈落).

무거무래(無去無來) '가지도 않고 오지도 않는다'는 뜻으로, 상주(常住) 불변(不變)의 진리(眞理) 또는 끝없는 윤회(輪廻)를 이름.

무거불측(無據不測) ①성질(性質)이 아주 흉악(凶惡)함. ②근거(根據)가 없어 헤아리지 못함.

무경칠서(武經七書) 중국(中國) 춘추시대에 나온 서적(書籍).

무고부진(無故不進) 아무 사고(事故)가 없이 나올 자리에 나오지 아니함.

무고작산(無故作散) 아무 허물이 없는데 벼슬을 뗌.

무고지민(無告之民) '어느 누구에게도 자기(自己)의 괴로움을 하소연할 수 없는 백성(百姓)'이라는 뜻으로, ①의지(依支)할 곳 없는 가난한 사람. ②또는, 부모(父母)나 처자식(妻子息)이 없는 사람을 이르는 말.

무골호인(無骨好人) '뼈가 없이 좋은 사람'이라는 뜻으로, 성질(性質)이 아주 순하여 어느 누구의 비위에나 두루 맞는 사람을 이르는 말.

무공포장(武功褒章) 국토방위(國土防衛)에 헌신(獻身) 노력하여 그 공적(功績)이 두드러진 사람에게 주는 포장(褒章).

무공훈장(武功勳章) 군무(軍務)에서 공적이 뛰어난 사람에게 주는 훈장(勳章). (태극 · 을지 · 충무 · 화랑 · 인헌 등 5등급이 있음).

무과전인(無過全人) '말에 실수(失手)가 없으면 온전한 사람'이라는 말.

무과추수(無果秋樹) 열매 없는 가을 나무.

무괴아심(無愧我心) 내 마음에 부끄러움이 없도록 어질고 착하게 살자.

무괴어심(無愧於心) 마음에 조금도 부끄러울 것이 없음.

무교병(無酵餠) 〔영〕Unleavened bread.〔히〕מצות(마초트:「고갈된」,「발효되지 않은」이란 뜻으로서 מצה에서 유래).〔헬〕ἄζυμα(아쥐마). (창19:3; 삿6:19; 삼상28:24). 효모(酵母:누룩)을 넣지 않고 구운 빵이나 과자로서, 이스라엘이 애굽을 떠날 때 급히 서둘렀음을 기념하는 빵이다. 이 빵은 일정한 예배의식(禮拜儀式)이나 용도에 의무적으로 쓰도록 되어있고, 유월절과 무교절에는 무교병만 먹게 되어있었다. ↔유교병(有酵餠). (《基督教 大百科事典》參照).

무교절(無酵節) 〔영〕Feast of Unleavened Bread. 유월절(逾月節) 참조(參照).

무교회주의(無教會主義) (성례 · 성찬식 등 교회의 제도에 따르지 않고) 성서(聖書)의 올바른 연구와 그에 따른 새로운 인식을 바탕으로 하여 성서 속의 복음(福音), 곧 진리(眞理)에 입각한 신앙(信仰)에 의해서만, 인류(人類)가 구원(救援)될 수 있음을 강조(强調)하는 주장(主張).

무구포(無口匏) '아가리 없는 박'이라는 뜻으로, 입을 다물고 말이 없음의 비유(比喻).

무궁무진(無窮無盡) 끝이 없고 다함이 없음을 형용(形容)해 이르는 말.

무궁화(無窮花) 학명(學名)으로는『Hibiscus syriacus』라고 하며, "The rose of Sharon" 혹은 "근화(槿花)"로 불리어지기도 한다. ①대한민국(大韓民國) 국화(國花). 무궁화는 대한민국의 국화로 겨레의 얼이고, 한국의 빛이다. ②아욱과의 낙엽관목. 목근(木槿) · 순영(舜英) · 단(椴) · 번리초(藩籬草)라고도 한다. 한국의 국화(國花)로서 도처에 재식되고 있으나, 원예종으로서는 구미(歐美)에서 오히려 많이 육성 재배하고 있다.

무근지설(無根之說) 터무니가 없는 뜬소문(所聞).

무남독녀(無男獨女) 아들이 없는 집안의 외딸.

무녀독남(無女獨男) 딸이 없는 집안의 외아들.

무념무상(無念無想) '일체(一切)의 생각이 없다'는 뜻으로, 무아(無我)의 경지(境地)에 이르러 일체(一切)의 상념이 없음을 이르는 말. 무상무념(無想無念).

무능자처(無能自處) 능력(能力)이 없다고 제 스스로 인정(認定)함.
무단정치(武斷政治) 무력(武力)을 앞세워 행하는 강압적(强壓的)인 정치(政治).
무단향곡(武斷鄕曲) ①시골에 지위(地位) 있는 사람이 백성(百姓)을 억지로 내리 누르는 짓을 함. ②또는, 그런 사람. 시골에서 세도를 잡은 집안의 사람들이 백성들을 억압하고 수탈하는 일.
무도막심(無道莫甚) 도리(道理)에 벗어나기가 이를 데 없음.
무도몰륜(無道沒倫) 마땅히 지켜야 할 도리(道理)도 없고 인륜도 없음.
무도문장(無道文章) ①'글은 있으나 길은 없다'는 뜻으로, 내용을 모른다는 말. ②글과 책은 있으나 내용을 알지 못하는 상태이니 무용지물(無用之物)이라는 뜻.
무두무미(無頭無尾) 처음과 나중이 없거나 밑도 끝도 없음.
무득무실(無得無失) 해로울 것도 없고, 이로울 것도 없음.
무등호인(無等好人) 더할 수 없이 사람됨이 좋은 사람.
무불여기자(無友不如己者) '자기만 못한 사람을 벗하지 말아야 한다'는 뜻.
무불형통(無不亨通) 무엇을 하든지 어디로 가든지 형통하리라.
무량대복(無量大福) 한량(限量)없이 큰 복덕(福德).
무량대수(無量大數) 무량수(無量數).
무량무변(無量無邊) 헤아릴 수 없이 크고 넓음.
무량상수(無量上壽) 한 없이 오래 사는 수명(壽命). 무량수(無量壽)
무량세계(無量世界) 한량(限量)없이 광대(廣大)한 세계(世界).
무량수(無量壽) 한량없는 수명(壽命). 무량상수(無量上壽).
무량수(無量數) 불가사의(不可思議)의 1만 배가 되는 수(數). 무량대수(無量大數).
무량수경(無量壽經) 정토 삼부경(淨土三部經)의 하나인, 석존이 그 출세의 본뜻인 타력(他力)의 법문을 설법한 것.
무량수불(無量壽佛) 수명이 한없는 부처, 곧 '아미타불'을 찬미하여 이르는 말.
무량청정토(無量淸淨土) 아미타불(阿彌陀佛)이 살고 있다는 정토(淨土). 이 세상(世上)에서 서쪽으로 십만억의 불토를 지나서 있으며, 모든 것이 완전(完全)히 갖추어 불과(佛果)를 얻은 사람이 죽어서 이곳에 다시 태어난다고 함.
무력소치(無力所致) 힘이 없는 까닭.
무로이득(無勞而得) 노력(努力)함이 없이 손쉽게 얻음.
무론단인(毋論斷人) '남을 비판(批判)하지 말라'는 뜻.
무뢰지당(無賴之黨) 부랑배(浮浪輩). 무뢰한의 무리.
무뢰지배(無賴之輩) 부랑배(浮浪輩).
무뢰한(無賴漢) 성품이 막되어 예의와 염치를 모르며, 일정한 소속(所屬)이나 직업(職業)이 없이 불량(不良)한 짓을 하며 돌아다니는 사람.

무륜무척(無倫無脊) 일에 차례가 없음.

무릉도원(武陵桃源) '이 세상(世上)을 떠난 별천지(別天地)'를 이르는 말. 준말은 도원(桃源).

무리난제(無理難題) ①무리하게 떠맡기는 풀 수 없는 문제(問題). ②도저히 승복(承服)할 수 없는 조건(條件).

무마지재(舞馬之災) '말이 춤추는 꿈을 꾸면 화재(火災)가 일어난다'는 데서 나온 말로, 화재(火災)를 달리 이르는 말.

무망지복(毋望之福) 뜻하지 않은 복, 즉 우연(偶然)한 복.

무망지인(毋望之人) 곤경(困境)에 처했을 때에 청하지 않아도 구원(救援)해 주는 사람.

무매독신(無媒獨身) 누이도 형제(兄弟)도 없는 홀몸.

무매독자(無妹獨子) 딸이 없는 집안의 외아들.

무면도강(無面渡江) 무면도강동(無面渡江東)의 준말.

ㅁ

무면도강동(無面渡江東) '강동으로 건너갈 면목(面目)이 없다'는 뜻으로, 일에 실패(失敗)하여 고향(故鄉)에 돌아갈 면목(面目)이 없는 형편(形便)을 이르는 말.

무명소졸(無名小卒) 세상(世上)에 이름이 알려지지 않은 보잘것없는 사람.

무명업화(無名業火) 깨우치지 못하고 번뇌(煩惱)에 얽혀 짓는 악업(惡業)을 불에 비유(比喻)한 말.

무명장야(無明長夜) 어두운 긴 밤이라는 뜻으로, 번뇌에 사로잡혀서 진리의 광명을 보지 못함을 비유적으로 이르는 말.

무명지사(無名之士) 이름이 드러나지 않은 선비.

무명지인(無名之人) 이름이 드러나지 않은 사람.

무목지양(無牧之羊) 목자 없는 양 떼.

무문곡필(舞文曲筆) 붓을 함부로 놀려 왜곡된 문사(文辭)를 씀.

무물부존(無物不存) 없는 물건(物件)이 없음.

무물불성(無物不成) 돈이 없이는 무슨 일이 되지 아니함을 이르는 말.

무미건조(無味乾燥) ①재미나 취미(趣味)가 없고 메마름. ②깔깔하여 운치(韻致)가 없음.

무미불촉(無微不燭) 사물(事物)을 샅샅이 밝히어 살펴봄.

무미불측(無微不測) 썩 작은 것까지라도 다 환하게 알 수 있음.

무반주(無伴奏) ①기악(器樂) 반주가 없는 합창곡. ②르네상스의 종교 곡(宗敎曲). 아카펠라(a cappella).

무방지민(無方之民) 도를 행할 줄 모르는 백성(百姓).

무법천지(無法天地) '법이 없는 세상(世上)'이라는 뜻으로, 폭력(暴力)이 난무하고 질서(秩序)가 무시(無視)되는 판국(版局)을 이르는 말.

무변광대(無邊廣大) 넓고 커서 끝이 없음.

무변광야(無邊曠野) 그지없이 넓은 들.

무변대야(無邊大野) 끝이 없이 넓은 들.

무변대양(無邊大洋) 무변대해(無邊大海).

무변대해(無邊大海) 그지없이 넓은 바다. 무변대양(無邊大洋).

무변법계(無邊法界) 넓고 끝이 없어서 온갖 법을 갖추고 있는 세계(世界).

무변세계(無邊世界) 가없는 세계(世界). 끝없이 넓고 큰 세계.

무병신음(無病呻吟) '병도 아닌데 괴로워 앓는 소리를 낸다'는 뜻으로, 곧 별것도 아닌데 떠벌려 소란(騷亂)을 떨거나 엄살을 피움을 이르는 말.

무병자구(無病自灸) '병이 없는데 스스로 뜸질을 한다'는 뜻으로, ①불필요한 노력을 하여 정력(精力)을 낭비(浪費)함. ②속담으로는 '긁어 부스럼'.

무병장수(無病長壽) 병 없이 오래도록 삶.

무본대상(無本大商) '밑천 없이 하는 큰 장사'라는 뜻으로, 도둑을 비꼬아 일컫는 말.

무부무군(無父無君) '아버지도 임금도 없다'는 뜻으로, 어버이도 임금도 모르는 난신적자(亂臣賊子), 곧 행동(行動)이 막된 사람을 이르는 말.

무부여망(無復餘望) 다시 희망(希望)을 걸 여지가 없음.

무부여지(無復餘地) 더할 나위가 없음.

무분별지(無分別智) 올바르게 진여(眞如)를 체득(體得)하여 모든 생각과 분별(分別)을 초월(超越)한 참 지혜(智慧).

무불간섭(無不干涉) 자기(自己)에게 관계(關係)가 있건 없건 무슨 일이고 함부로 나서서 간섭(干涉)하지 아니함이 없음. 아무 데나 참견(參見)함.

무불여기자(無友不如己者) '자기만 못한 사람을 벗하지 말아야 한다'는 뜻.

무불완전(無不完全) 하나님의 도는 완전하고 여호와의 말씀은 진실함.

무불통달(無不通達) 무엇에나 모두 통달(通達)함.

무불통지(無不通知) 무엇이든지 환히 통(通)하여 모르는 것이 없음.

무비일색(無比一色) 세상(世上)에 드문 뛰어난 미인(美人).

무사가답(無辭可答) 사리(事理)가 바른 데는 항변(抗辯)할 말이 없음.

무사귀신(無祀鬼神) 온갖 재앙(災殃)에 자손(子孫)이 죽어서 제사(祭祀)를 받들 사람이 없이 된 귀신(鬼神).

무사독학(無師獨學) 스승이 없이 혼자서 배움.

무사무려(無思無慮) 아무런 생각이나 걱정이 없음.

무사무편(無私無偏) '사심(私心)이나 편파(偏頗)됨이 없다'는 뜻으로, 매우 공평(公平)함을 이르는 말.

무사분주(無事奔走) 하는 일 없이 바쁘기만 함.

무사불섭(無事不涉) 한울님은 간섭(干涉)하지 않는 일이 없다는 말.

무사불참(無事不參) 무슨 일에나 함부로 다 참여(參與)함.

ㅁ

무사안일(無事安逸) 아무 일도 하지 않아 편안(便安)하고 안일(安逸)함.

무사안일주의(無事安逸主義) 무사주의(無事主義).

무사우상(毋事偶像) 우상을 섬기지 말라.

무사자통(無師自通) 스승도 없이 스스로 알아냄.

무사주의(無事主義) 모든 일에서 말썽이 없이 무난(無難)히 지내려는 소극적(消極的)인 태도(態度)나 경향(傾向).

무사태평(無事泰平) ①아무 탈 없이 편안(便安)함. ②아무 일에도 개의치 않고 태평(太平)함.

무사통과(無事通過) 아무런 제재도 받지 않고 그냥 통과(通過)함.

무산계급(無產階級) 재산(財產)이 없이 노동력(勞動力)만으로 생활(生活)해 가는 하층(下層) 계급(階級).

무산몽(巫山夢) 남녀의 교정(交情). 무산우(巫山雨).

무산선녀(巫山仙女) 얼굴이 매우 아름답다는, 중국의 전설(前說)상의 선녀(仙女).

무산우(巫山雨) 남녀의 교정(交情). 남녀의 정교(情交). 무산몽(巫山夢).

무산운(巫山雲) 남녀의 교정(交情). 무산몽(巫山夢).

무산지몽(巫山之夢) '무산(巫山)의 꿈'이라는 뜻으로, 남녀(男女)의 밀회(密會)나 정교(情交)를 이르는 말, 특(特)히 미인(美人)과의 침석(枕席)을 말하기도 함.

무산지우(巫山之雨) 무산지운(巫山之雲).

무산지운(巫山之雲) 남녀의 교정(交情).

무상개공(無相皆空) 모든 사물(事物)은 공(空)이어서 일정(一定)한 형상(形狀)이 없다는 것.

무상대복(無上大福) 더할 수 없이 큰 복.

무상도(無上道) 그 위에 더할 나위 없이 훌륭한 도(道) 곧 불도(佛道)를 얘기함. 무상지도(無上之道).

무상무념(無想無念) 모든 생각을 떠나 마음이 빈 상태(狀態).

무상상(無上上) '부처의 깨달음 위에 있는 것이 없다'는 뜻으로, 부처 또는 그 깨달음을 달리 일컫는 말.

무상왕래(無常往來) 아무 때나 거리낌 없이 오고 가고 함.

무상전변(無常轉變) 회자정리(會者定離).

무상정각(無上正覺) 더할 나위가 없는 깨달음. '부처의 깨달음'을 이름.

무상지도(無上之道) 무상도(無上道).

무상진여(無相眞如) 형태(形態) · 사념 따위 현상(現象)을 초월(超越)한 참된 모습.

무상천류(無常遷流) 인간(人間) 세상(世上)의 변천(變遷)이 쉬지 않고 흐름.

무상출입(無常出入) 거리낌이 없이 아무 때에나 드나듦.

무상해탈(無相解脫) 모든 사물(事物)은 일정(一定)한 형상(形狀)이 없음을 깨달아 얻는 해탈(解脫).

무상해탈문(無相解脫門) 삼해탈문(三解脫門)의 하나. 모든 사물(事物)은 형상(形狀)이 없음을 깨달아 얻는 해탈(解脫)의 한 경지(境地).

무성무취(無聲無臭) ①자연(自然)의 도(道)는 알기 어려워서 들어도 소리가 없고, 맡아도 냄새가 없음. ②은거(隱居)하여 나타나지 않음을 비유(比喩)해 이르는 말.

무소가관(無所可觀) 볼 만한 곳이 없음.

무소가취(無所可取) 쓸모가 없음.

무소고기(無所顧忌) 아무 꺼릴 바가 없음. 무소기탄(無所忌憚).

무소기탄(無所忌憚) 아무 것도 꺼려하는 바가 없음. 무소고기(無所顧忌).

무소도우천지지간(無所逃于天地之間) 천지자연(天地自然)의 도리(道理)이니 피(避)할 수가 없다는 말.

무소부재(無所不在) 하나님의 적극적(積極的) 품성(稟性)의 하나로, 어디든지 있지 않는 데가 없이 아무데나 다 있음.

무소부지(無所不至) 이르지 않는 곳이 없음.

무소부지(無所不知) '알지 못하는 바가 없다'는 뜻으로, 매우 박학다식(博學多識)함.

무소불능(無所不能) 능통(能通)하지 않은 것이 없음. 무소불위(無所不爲).

무소불위(無所不爲) 못 하는 일이 없음. 이 말은 권세(權勢)를 마음대로 부리는 사람이나 그런 경우.

무소식이희소식(無消息而喜消息) 소식(消息)이 없는 것이 곧 잘 지내고 있다는 표시(表示)라는 말.

무수사례(無數謝禮) 고맙다는 인사(人事)를 수없이 되풀이함.

무수입사구배초실가의(無水立沙鷗排草失家蟻) 물이 없으니 모래 위에 선 기러기요, 풀을 헤치니 집을 잃은 개미임.

무수지수(貿首之讐) 서로 상대(相對)의 목을 베고자 하는 깊은 원수(怨讐), 특(特)히 아버지를 죽인 원수(怨讐).

무시무종(無始無終) '시작(始作)도 끝도 없다'는 뜻으로, 불변(不變)의 진리(眞理)나 윤회(輪廻)의 무한성(無限性)을 이르는 말.

무시범부(無始凡夫) 살고 죽는 윤회(輪廻)의 굴레를 영원(永遠)히 벗어나지 못하는 인간(人間).

무시주의(無施主衣) '시주(施主)가 없는 옷'이란 뜻으로, 중이 자신(自身)이 모은 천 조각으로 꿰매어 만든 옷의 일컬음.

무시지시(無始之時) 세상(世上)이 생기기 전의 때.

무식군자(無識君子) 학문(學問)은 없어도 말과 품행(品行)이 올바른 사람.

무식소치(無識所致) 아는 것이 없는 까닭.

무식쟁이(無識–) '무식한 사람'을 낮추어 이르는 말. 무식꾼.
무신론(無神論) 인격적인 신의 존재를 인정하지 않는 종교. 철학상의 견해나 관점.
무신론자(無神論者) 무신론(無神論)을 주장하거나 지지하는 사람.
무신론적실존주의(無神論的實存主義) 무신론(無神論)의 처지에서 자유로운 인간의 실존을 주장하는 사상.
무신무의(無信無義) 믿음성도 의리(義理)도 없음.
무신불립(無信不立) 사람에게 믿음이 없으면 살아갈 수 없다.
무실력행(務實力行) 무실역행(務實力行).
무실무가(無室無家) 썩 구차(苟且)하여 들어 있을 만한 집이 없음.
무실역행(務實力行) 참되고 실(實)속 있도록 힘써 실행(實行)함.
무심도인(無心道人) 온갖 물욕(物慾)과 번뇌(煩惱)를 여읜 수행(修行)이 높은 사람.
ㅁ
무아경(無我境) 정신이 한곳에 통일되어 나를 잊고 있는 경지. 무아지경(無我之境).
무아도취(無我陶醉) 자기(自己)를 잊고 무엇에 흠뻑 취함.
무아몽중(無我夢中) 어떤 사물(事物)에 열중(熱中)하여 자기(自己)를 잊고, 다른 사물(事物)을 돌아보지 않거나 한 가지에 열중(熱中)하여 다른 것은 모두 잊어버림.
무아지경(無我之境) 무아경(無我境).
무안인(無眼人) '눈이 없는 사람'의 뜻으로, '불도(佛道)를 믿지 않는 사람'을 일컫는 말.
무언거사(無言居士) ①수양(修養)이 깊어 말이 없는 사람. ②말주변이 없어서 의사(意思)표시(表示)를 잘 못하는 사람.
무언부답(無言不答) 못할 대답(對答)이 없음.
무언부도(無言不道) 못할 말이 없음.
무언실천(無言實踐) '말없이 실천(實踐)한다'는 뜻.
무여무결(無餘無缺) 남지도 않고 부족하지도 않음.
무여열반(無餘涅槃) 온갖 번뇌(煩惱)를 다 없애고 분별(分別)하는 슬기를 떠나 육신(肉身)까지도 없애어 완전(完全)히 정적(靜寂)으로 들어선 경지(境地).
무연법계(無緣法界) ①법계(法界)의 일체(一切). 곧, 무차별(無差別) 평등(平等)의 일체(一切)를 힘주어 이르는 말. 인연(因緣)도 연고(緣故)도 없음. ②또는, 그런 사람.
무연자비(無緣慈悲) 부처가 베푸는, 모든 중생(衆生)에 대(對)한 차별(差別)없는 절대(絕對) 평등(平等)의 자비(慈悲).
무연중생(無緣衆生) 불보살(佛菩薩)과 인연(因緣)을 맺은 일이 없는 중생(衆生).
무염지욕(無厭之慾) 만족(滿足)할 줄 모르는 끝없는 욕심(慾心). 한이 없는 욕심(慾心).
무외주우(無畏主佑) '두려워하지 말라. 내가 너와 함께 함이라'의 뜻

무욕염담(無慾恬淡) 욕심(慾心)이 없이 마음이 깨끗하고 담담(淡淡)함.
무용장물(無用長物) 걸리적거리기만 하고 아무 쓸모없는 물건.
무용지물(無用之物) 아무 소용(所用)이 없는 물건(物件)이나 아무짝에도 쓸데없는 사람.
무용지변불급지찰기이물치(無用之辯不急之察棄而勿治) 쓸데없는 말과 급하지 아니한 일은 그만 두고 다스리지 말라.
무용지용(無用之用) '쓸모없는 것의 쓰임'이라는 뜻으로, 언뜻 보아 별 쓸모없는 것으로 생각되는 것이 도리어 크게 쓰임.
무우수(無憂樹) '근심이 없는 나무'란 뜻으로, '보리수(菩提樹)'를 일컫는 말.
무운장구(武運長久) 무인(武人)으로서의 운수(運數)가 길고 오래감.
무원고립(無援孤立) 아무도 도와 줄 사람이 없는 외로운 처지(處地).
무원려필유근우(無遠慮必有近憂) 앞을 내다보지 않고 일을 계획(計劃) 없이 추진(推進)하면 반드시 가까운 장래(將來)에 걱정거리가 생긴다는 뜻.
무원해탈문(無願解脫門) 삼해탈문(三解脫門)의 하나. 일체(一切)를 바라거나 구(求)할 것이 없다고 깨달아 얻는 해탈(解脫)의 한 경지(境地).
무위간음(毋爲姦淫) 간음(姦淫)하지 말라.
무위도식(無爲徒食) ①하는 일 없이 헛되이 먹기만 함. ②게으르거나 능력(能力)이 없는 사람. 유수도식(遊手徒食).
무위무능(無爲無能) 하는 일도 없고 일할 능력(能力)도 없음.
무위무사(無爲無事) 하는 일이 없으니 탈도 없음. 하는 일도 없고 할 일도 없음.
무위무책(無爲無策) 어찌할 수도 없고, 할 방법(方法)도 없음.
무위살인(毋爲殺人) 살인(殺人)하지 말라.
무위이치(無爲而治) 성인(聖人)의 덕이 커서 아무 일을 하지 않아도 유능한 인재를 얻어 천하가 저절로 잘 다스려짐을 이르는 말.
무위이화(無爲而化) '애써 하지 않아도 잘 된다'는 뜻으로, ①힘들이지 않아도 저절로 변(變)하여 잘 이루어짐. ②위정자(爲政者)의 덕이 크면 백성(百姓)이 저절로 교화(敎化)가 됨을 이르는 말. ③천도교에서, 한울님의 전지전능(全知全能)으로 나온 자존 자율(自律)의 우주(宇宙) 법칙(法則)을 일컬음.
무위자연(無爲自然) 인공(人工)을 가(加)하지 않은 그대로의 자연(自然) 또는 그런 이상적인 경지.
무위증린(毋爲證隣) 이웃에게 거짓 증거(證據)하지 말라.
무위지치(無爲之治) 아무 작용(作用)을 하지 않아도 저절로 다스려지는 이상적 정치.
무위진인(無位眞人) 도를 닦는 마음이 뛰어나서 차별(差別)이 없는 자리에 있는 진인(眞人).
무위투도(毋爲偸盜) 도적질하지 말라.

무육지도(撫育之道) 무육(撫育)하는 도리(道理). 어루만지듯이 잘 돌보아 기르는 도리.

무육지은(撫育之恩) 잘 돌보아 고이 길러 준 은혜(恩惠).

무의무신(無義無信) 의리(義理)도 없고 믿음도 없음.

무의무탁(無依無托) '몸을 의탁(依託)할 곳이 없다'는 뜻으로, 의지(依支)하고 의탁(依託)할 곳이 없어서 몹시 가난하고 외로움.

무의식적(無意識的) 스스로 의식(意識)함이 없이 하는 것.

무의지붕불가교(無義之朋不可交) '의리(義理)가 없는 친구(親舊)는 사귀지 말라'는 뜻.

무이무삼(無二無三) 오로지 유일(唯一)하여 비할 것이 없음. 곧 일에 열중(熱中)하는 모양(模樣).

무익지언막망설(無益之言莫妄說) 유익(有益)하지 않은 말을 함부로 하지 말라.

무인고도(無人孤島) 사람이 살지 않는 멀리 떨어진 외딴 섬.

ㅁ

무인공산(無人空山) 사람이 살지 않는 산.

무인궁도(無人窮途) 사람이 없는 외딴 곳.

무인부달(無忍不達) 참을성이 없으면, 무엇이든지 달성(達成)할 수 없다.

무인부지(無人不知) 무인불지(無人不知).

무인불지(無人不知) 소문(所聞)이 널리 퍼져서 모르는 사람이 없음. 무인부지(無人不知).

무인지경(無人之境) ①사람이 전혀 살지 않는 지역(地域). ②아무 것도 거칠 것이 없는 판.

무일가관(無一可觀) 한 가지도 볼 만한 것이 없음.

무일가취(無一可取) 한 가지도 가히 취할 만한 것이 없음.

무일망지(無日忘之) 하루도 잊지 않음.

무일불성(無一不成) 열심히 하다보면, 한 가지도 안 되는 일이 없음.

무일불위(無日不爲) 날마다 아니하는 날이 없음.

무임승차(無賃乘車) 찻삯을 내지 아니하고 차를 타는 일.

무자가색(務玆稼穡) 때맞춰 심고 힘써 일하며 많은 수익(收益)을 거둠.

무자귀신(無子鬼神) 자식(子息)이 없는 사람이 죽어서 된 귀신(鬼神).

무작삼신(無作三身) ①사람이 날 때부터 법신(法身), 보신(報身), 응신(應身)의 세 몸을 갖추는 일. ②또는 그런 세 몸.

무작해탈문(無作解脫門) 삼해탈문(三解脫門)의 하나. 일체(一切)를 바라거나 구(求)할 것이 없다고 깨달아 얻는 해탈(解脫)의 한 경지(境地).

무장공자(無腸公子) '창자가 없는 공자(公子)'라는 뜻으로, ①담력(膽力)이나 기개(氣槪)가 없는 사람을 비웃어 이르는 말. ②게(蟹)의 딴이름.

무장무애(無障無礙) 장애(障碍)되는 것이 전혀 없음. 거리낌이 없음.

무장봉기(武裝蜂起) 지배자(支配者)의 학정(虐政), 압제(壓制) 따위에 대항(對抗)하여 백성(百姓)이 무장(武裝)을 하고 일어나는 저항(抵抗) 운동(運動).

무장지졸(無將之卒) ①장수(將帥)가 없는 군사(軍士). ②주장(主將)이 없는 무리.

무재무능(無才無能) 아무 재능(才能)도 없음.

무재칠시(無財七施) 아무런 재산이 없어도 남에게 7가지 도움을 줄 수 있다는 뜻. 곧 화안시(和顔施), 언시(言施), 심시(心施), 안시(眼施), 신시(身施), 상좌시(床座施), 방사시(房舍施)인데 이 일곱가지를 행하여 습관이 붙으면 행운이 따른다고 함.

무적무막(無敵無莫) 되어 가는 대로 맡겨 둠. 좋을 것도 나쁠 것도 없음.

무전대변(無前大變) 전(前)에 없던 큰 흉변(凶變).

무전대풍(無前大豊) 전(前)에 없던 큰 풍년(豊年).

무전유죄유전무죄(無錢有罪有錢無罪) 실제(實際)의 범과(犯過)와는 상관(相關) 없이 돈이 없으면 죄(罪)가 있는 것으로 판결(判決)되고, 돈이 있으면 죄(罪)가 없는 것으로 판결(判決)된다는 비유(比喩)의 뜻.

무전유흥(無錢遊興) 돈이 없이 놀음놀이를 함.

무전취식(無錢取食) 돈이 없이 남의 파는 음식(飮食)을 먹음.

무정세월(無情歲月) 덧없이 가는 세월(歲月).

무정지책(無情之責) 아무런 까닭도 없이 하는 책망(責望).

무조건반사(無條件反射) 동물(動物)이 가지고 있는 선천적(先天的)인 반사. (빵을 씹으면 침이 분비(分泌)되는 따위). ↔조건반사(條件 反射)

무족가책(無足可責) 사람됨이 가히 책망(責望)을 할 만한 가치(價値)가 없음.

무족정(無足鼎) '발이 없는 솥'이라는 뜻으로, 신이 없어서 바깥출입(出入)을 하지 못하는 사람의 비유(譬喩).

무족지언비우천리(無足之言飛于千里) 무족지언비천리(無足之言飛千里).

무족지언비천리(無足之言飛千里) '발 없는 말이 천리까지 날아간다'는 뜻으로, 말이란 순식간에 멀리 퍼져 나감으로 조심하라는 뜻. 무족지언비우천리(無足之言飛于千里).

무족지언행천리(無足之言行千里) ①발 없는 말이 천리를 간다. ②한번 한 말은 절로 퍼지니 조심하라는 말. ③낮 말은 새가 듣고, 밤 말은 쥐가 듣는다.

무주고혼(無主孤魂) 거두어 주는 연고자(緣故者)가 없어 떠돌아다니는 외로운 혼령(魂靈).

무주공당(無主空堂) 임자가 없는 빈 집.

무주공사(無主空舍) 무주공당(無主空堂).

무주공산(無主空山) 인가(人家)도 인기척도 없는 쓸쓸한 산. 임자가 없는 빈 산.

무주공처(無主空處) 임자가 없는 빈 곳.

무중생유(無中生有) 억지로 말썽거리를 만들어 일으킴.

무지막지(無知莫知) 매우 무지(無知)하고 우악스러움.

무지망작(無知妄作) 아무 것도 모르고 마구 덤벙대기만 함.
무지몰각(無知沒覺) 무지(無知)하여 상식(常識)이나 지각(知覺)이 전혀 없음.
무지몽매(無知蒙昧) 아는 것이 없이 어리석음.
무지무각(無知無覺) 아는 것도 깨달음도 없음.
무지무지(無知無知) 놀랄 만큼 엄청나거나 대단함.
무지문맹(無知文盲) ①아는 것도 없고 글도 모름. ②또는, 그런 사람.
무진무궁(無盡無窮) 한도(限度) 끝도 없음.
무처가고(無處可考) 상고(詳考)하여 볼 만한 곳이 없음.
무처부당(無處不當) 무슨 일에든지 못 할 것이 없음.
무천매귀(貿賤賣貴) 싼 값으로 사서 비싼 값으로 팖.
무축단헌(無祝單獻) 제사(祭祀) 지낼 때에 축문(祝文)이 없이 술을 한 잔만 올림.
ㅁ
무탐위보(無貪爲寶) '탐욕(貪慾)하지 않음이 보배니라'의 뜻.
무탐인택(毋貪隣宅) 이웃의 집을 탐(貪)내지 말라.
무편무당(無偏無黨) 어느 한 쪽에 기울지 않고 중정(中正), 공평(公平)함.
무풍지대(無風地帶) ①바람이 없는 지대(地帶). ②평화(平和)롭고 조용한 곳.
무하지증(無何之症) 병의 이름을 몰라서 고칠 수가 없는 병(病).
무학무식(無學無識) 학문(學問)과 지식(知識)이 없음.
무학문맹(無學文盲) ①배움이 없어 글을 읽지 못함. ②또는, 그런 사람.
무한불성(無汗不成) '땀을 흘리지 않고는 성공(成功)할 수 없다'는 말.
무항산무항심(無恒産無恒心) 일정(一定)한 생업(生業)이나 재산(財産)이 없으면 올바른 마음가짐도 없어짐.
무항산자무항심(無恒産者無恒心) '일정한 재산(財産)이나 직업(職業)이 없는 사람은 마음 쓰는 데가 없다'는 뜻으로, 생활(生活)의 안정(安定)을 얻지 못하면 정신(精神)의 조화(調和)까지 잃어버리고 만다는 말.
무해무독(無害無毒) 해도 없고 독도 없음.
무해무득(無害無得) 해로울 것도 없고, 이로울 것도 없음.
무혈혁명(無血革命) 피를 흘리지 아니하고 평화적(平和的)인 방법(方法)으로 이루는 혁명(革命).
무형무적(無形無迹) 형상(形狀)이나 자취가 없음. 무형적(無形迹).
무형학(無形學) '형체(形體)를 초월(超越)한 영역(領域)에 관(關)한 과학(科學)'이라는 뜻으로, 철학(哲學)을 일컫는 말.
무호동중(無虎洞中) '범 없는 골에 이리가 범 노릇 한다'는 뜻으로, 높은 사람이 없는 곳에서 보잘것없는 사람이 잘난 체 함을 두고 이르는 말.
무호동중리작호(無虎洞中狸作虎) '범 없는 골에 이리가 범 노릇 한다'는 뜻으로, 높은 사람이 없는 곳에서 보잘것없는 사람이 잘난 체 함을 두고 이르는 말.

무훼무예(無毁無譽) 훼방(毁謗)도 없고 칭찬(稱讚)도 없음.

무휴양심(無虧良心) 양심(良心)에 거리낌이 없음.

묵묵무언(默默無言) 입을 다문 채 한 마디도 말이 없음.

묵묵부답(默默不答) 입을 다문 채 아무 대답(對答)도 하지 아니함.

묵묵불답(默默不答) 묵묵부답(默默不答).

묵묵자존(默默者存) 말을 함부로 하지마라. 침묵은 황금과 같다.

묵비사염(墨悲絲染) 흰 실에 검은 물이 들면 다시 희지 못함을 슬퍼함. 즉 사람도 매사(每事)를 조심하여야 함.

묵빈대처(默擯對處) '말없이 물리친다'는 뜻으로, 말과 왕래(往來)를 일체(一切) 끊어 죄(罪)를 지은 자(者)가 스스로 부끄러움과 참회(懺悔)를 느낄 수 있도록 하는 불교(佛敎)의 계율(戒律) 중(中) 하나.

묵색창윤(墨色蒼潤) 먹빛이 썩 잘 나와 있음.

묵성지수(墨城之守) '묵자가 성을 지키는 데 조금도 굴하지 않았다'는 뜻으로, 너무 완고(頑固)하여 변통(變通)할 줄 모르거나 자기(自己)의 의견(意見)이나 주장(主張)을 끝까지 밀고 나가는 것.

묵연부답(默然不答) 잠자코 대답(對答)하지 아니함.

묵자비염(墨子悲染) 묵자읍사(墨子泣絲).

묵자읍사(墨子泣絲) '묵자(墨子)가 흰 실이 물드는 것을 보고 울었다'는 뜻으로, 사람은 습관(習慣)이나 환경(環境)에 따라 그 성품(性品)이 착해지기도 악해지기도 함을 이르는 말. 묵자비염(墨子悲染).

묵적지수(墨翟之守) '묵적(墨翟)의 지킴'이라는 뜻으로, ①성의 수비(守備)가 굳세고 튼튼함을 이르는 말. ②자기(自己) 의견(意見)이나 주장(主張)을 굳이 지킴.

문경지교(刎頸之交) '목을 벨 수 있는 벗'이라는 뜻으로, 생사(生死)를 같이 할 수 있는 매우 소중(所重)한 벗. 문경지우(刎頸之友).

문경지우(刎頸之友) ①생사(生死)를 같이 하여 목이 떨어져도 두려워하지 않을 만큼 친(親)한 사귐. ②또는, 그런 벗. 문경지교(刎頸之交).

문과기실(文過其實) 겉을 꾸미는 것이 자기(自己) 신분(身分)에 걸맞지 않게 지나침.

문과수비(文過遂非) 허물을 어물어물 숨기며 조금도 뉘우치지 않음.

문과식비(文過飾非) '허물도 꾸미고 잘못도 꾸민다'는 뜻으로, 잘못이 있음에도 불구(不拘)하고 뉘우침도 없이 숨길 뿐 아니라 도리어 외면하고 잘난 체 함.

문과홍록(文科弘錄) 문과(文科)에 급제(及第)한 사람을 홍문록에 등록(登錄)함.

문념무희(文恬武嬉) '문관들은 안일(安逸)하게 지내고, 무관들은 희롱(戲弄)한다'는 뜻으로 문무관(文武官)이 편히 놀기만을 일삼고 제 직분(職分)을 다 하지 않음을 이르는 말.

문당호대(門當戶對) ①문벌(門閥)이 서로 어슷비슷함. ②결혼(結婚) 조건(條件)이 갖추어진 상대(相對).

문동답서(問東答西) '동쪽을 묻는 데 서쪽을 대답(對答)한다'는 뜻으로, 묻는 말에 대(對)하여 아주 딴판인 엉뚱한 대답(對答). 동문서답(東問西答).

문망주우양(蚊蝄走牛羊) '모기와 등에가 소와 양을 쫓는다'는 뜻으로, 아무리 약한 사람도 때로는 강(强)한 사람을 물리칠 수 있다는 말.

문망지로(蚊蝄之勞) '모기와 등에의 수고'라는 뜻으로, 활동이 극(極)히 미약(微弱)함을 이르는 말.

문맹타파(文盲打破) 문맹퇴치(文盲退治).

문맹퇴치(文盲退治) 까막눈인 사람들을 가르쳐 글 모르는 이가 없도록 하는 일.

ㅁ

문명사회(文明社會) 문명이 발달(發達)한 사회.

문무겸비(文武兼備) 문식(文識)과 무략(武略)을 모두 갖추고 있음.

문무겸전(文武兼全) 문식과 무략을 다 갖추고 있음. 문무쌍전(文武雙全).

문무백관(文武百官) 모든 문신(文臣)과 무신(武臣).

문무숭상(文武崇尙) 문무(文武)를 다 같이 높이어 소중(所重)하게 여김.

문무쌍전(文武雙全) 문무겸전(文武兼全).

문묵종사(文墨從事) 글과 글씨로 일을 삼음.

문물교류(文物交流) 문화(文化)의 모든 산물(產物)이 서로 오고 감.

문민정부(文民政府) 군인이 아닌 일반 국민이 수립한 정부.

문방구(文房具) '서재(書齋)에 갖추어 두는 용구'라는 뜻으로, 종이 · 먹 · 붓 · 펜 · 연필 따위, 글을 쓰거나 사무를 보거나 하는데 필요한 기구. 문방제구(文房諸具). 문구(文具).

문방사보(文房四寶) 글을 쓰는 네 가지 벗, 즉 종이(紙) · 붓(筆) · 벼루(硯) · 먹(墨)을 말함. 문방사우(文房四友). 지(紙) · 필(筆) · 연(硯) · 묵(墨).

문방사우(文房四友) 서재(書齋)에 꼭 있어야 할 네 벗, 즉 종이(紙) · 붓(筆) · 벼루(硯) · 먹(墨)을 말함. 문방사보(文房四寶). 지(紙) · 필(筆) · 연(硯) · 묵(墨). 필묵지연(筆墨紙硯).

문방제구(文房諸具) 문방구(文房具). 문구(文具).

문벌주의(門閥主義) 자기(自己) 일가(一家) 친척(親戚)들만 높은 지위(地位)에 등용(登用)시켜 자기(自己)의 문중(門中)이 권세(權勢)를 잡으려는 종파적(宗派的) 경향(傾向).

문불가점(文不加點) 문장(文章)이 썩 잘 되어서 한 점도 가필할 필요(必要)가 없을 만큼 아름다움을 이르는 말.

문불사(蚊不死) ‘얽은 구멍이 깊어서, 얼굴에 앉은 모기를 손으로 쳐도 맞아 죽지 않는다’는 뜻으로, 곰보를 농조로 이르는 말.

문불여장성(文不如長城) ‘학문에 대해서는 장성(長城)만한 곳이 없다’는 뜻으로, 장성에서는 학문이야기는 하지 말라는 말.

문선왕묘(文宣王廟) ‘문선왕(文宣王), 곧 공자(孔子)를 모신 묘’란 뜻으로, 문묘(文廟)를 달리 일컫는 말.

문수지복(紋繡之服) 무늬가 돋치고 아름다운 수를 놓은 비단(緋緞)으로 지은 옷.

문아풍류(文雅風流) 시문(詩文)을 짓고 읊조리는 풍류(風流).

문안침(問安鍼) ‘병든 데를 찔러 보는 침’이라는 뜻으로, 어떤 일을 시험(試驗)으로 미리 검사(檢查)하여 봄을 이르는 말.

문예부흥(文藝復興) 〔영〕Renaissance. 원래의 문자적 의미가 재생(再生; 영어로는 rebirth, 라틴어 renascor, 이탈리아어 rinascimento)을 뜻하는 프랑스어였다. 14세기 말에서 16세기 초에 걸쳐 이탈리아에서 일어나 전 유럽에 퍼진 예술과 학문상의 혁신운동. 인간성의 존중, 개성의 해방 및 고전 문화의 부흥이 주된 내용임. 르네상스(Renaissance).

문외가설작라(門外可設雀羅) 문전작라(門前雀羅).

문외출송(門外出送) 조선(朝鮮) 때, 죄지은 자의 관작을 빼앗고 한양(漢陽) 밖으로 추방(追放)하던 형벌(刑罰). 비교적(比較的) 가벼운 벌(罰).

문외한(門外漢) 어떤 일에 바로 관계(關係)가 없는 사람. 어떤 일에 전문적(專門的) 지식(知識)이나 조예(造詣)가 없는 사람.

문이동자혹망사덕(問爾童子或忘師德) 묻노라, 너희 어린아이들이 혹시라도 스승의 은덕(恩德)을 잊었는가고?

문이지지(聞而知之) 들어서 앎. 듣고 앎.

문일지십(聞一知十) ‘한 가지를 들으면 열 가지를 미루어 안다’는 뜻으로, 총명(聰明)함을 이르는 말.

문전걸식(門前乞食) 이 집 저 집 문 앞을 돌아다니며 빌어먹음.

문전박대(門前薄待) 문전(門前)에서 쫓아 낼 듯이 인정(人情) 없이 몹시 모질게 대(待)함.

문전성시(門前成市) 권세가 크거나, 부자가 되어 ‘대문(大門) 앞이 저자를 이룬다’는 뜻으로, 찾아오는 사람이 많아 집의 문 앞이 시장(市場)을 이루다시피 한다는 말.

문전약시(門前若市) ‘문 앞이 시장(市場)과 같다’는 뜻으로, 대문(大門) 앞에 시장(市場)이 선 것처럼 많은 사람들이 모여 들고 있다는 말임.

문전여시(門前如市) 문전성시(門前成市).

문전옥답(門前沃畓) ‘집 앞 가까이에 있는 좋은 논’이라는 뜻으로, 곧 많은 재산(財産)을 일컫는 말 .

문전옥토(門前沃土) 집 앞 가까이 있는 좋은 토지(土地).

문전작라(門前雀羅) '문 밖에 새 그물을 쳐놓을 만큼 손님들의 발길이 끊어짐'을 뜻하는 말로, 권세(權勢)가 몰락(沒落)하면 방문객(訪問客)들이 끊어진다는 뜻. 문외가설작라(門外可設雀羅).

문정경중(問鼎輕重) '정(鼎)의 경중(輕重)을 묻는다'는 뜻으로, 천하(天下)를 빼앗으려는 속셈이나 남의 실력(實力)을 의심(疑心)하는 행위(行爲)에 비유(比喩)하는 말.

문정약시(門庭若市) '대문(大門) 안 뜰이 저자와 같다'는 뜻으로, 집안에 모여드는 사람이 많음을 비유(比喩)하는 말.

문정여시(門庭如市) 집에 사람이 많이 찾아온다는 말.

ㅁ

문즉병불문약(聞則病不聞藥) 문즉시병불문시약(聞則是病不聞是藥).

문즉시병불문시약(聞則是病不聞是藥) '들으면 병이요, 안 들으면 약이다'라는 뜻으로, 들어서 근심될 일이라면 차라리 아니 듣는 것이 낫다는 말.

문질빈빈(文質彬彬) 외견(外見)이 좋고 내용(內容)이 충실(充實)하여 잘 조화(調和)를 이룬 상태(狀態)를 이름.

문필도적(文筆盜賊) 남의 글이나 저술(著述)을 베껴 마치 제가 지은 것처럼 써먹는 사람.

문필쌍전(文筆雙全) 글을 짓는 재주와 글씨를 쓰는 재주를 아울러 갖추어 있음.

문학필근(文學必勤) 글을 알고 배우는 일을 부지런히 하라.

문한문난(問寒問暖) 추울 때나 더울 때나 문안(問安)하며, 잘 보살펴 준다는 뜻.

문호개방(門戶開放) 마음대로 드나들게 터놓음. 제 나라의 영토(領土)를 열어서 외국(外國) 사람에게 무역(貿易), 여행(旅行) 따위 행동(行動)의 편의(便宜)를 줌.

문화변용(文化變容) 둘 이상(以上)의 서로 다른 문화(文化)가 직접(直接) 접촉(接觸)함으로써 그 한쪽 또는 양쪽이 원래(原來)의 문화(文化) 형태(形態)에 변화(變化)를 일으키는 현상(現象).

물각유주(物各有主) '무엇이나 제각기 그 주인(主人)이 있다'는 뜻으로, 무슨 물건(物件)이나 그것을 가질 사람은 따로 있음을 이르는 말.

물간사전(勿揀赦前) 은사(恩赦)를 입지 못할 무거운 죄(罪).

물경소사(勿輕小事) '조그만 일을 가볍게 여기지 말라'는 뜻으로, 작은 일에도 정성(精誠)을 다하여야 함.

물구즉신(物久則神) 물건(物件)이 오래 묵으면 조화(調和)를 부린다는 말.

물기거이물추(物旣去而勿追) 순리(順理)대로 가는 것을 잡지 말라.

물등고수부모우지(勿登高樹父母憂之) 높은 나무에 올라가지 말라. 부모(父母)님께서 근심하시느니라.

물려명일(勿慮明日) '내일(來日)의 일을 위(爲)하여 염려(念慮)하지 말라'는 뜻.
물령망동정중여산(勿令妄動靜重如山) '가볍게 움직이지 말고, 침착(沈着)하게 태산(泰山) 같이 무겁게 행동하라'는 뜻.
물립문중물좌방중(勿立門中勿坐房中) 문(門) 한가운데 서지 말고, 방(房) 한가운데 앉지 말라.
물망초(勿忘草) '잊지 말라'는 꽃말을 가진 식물(植物).
물망회덕(物望回德) 남에게 베푼 은덕(恩德)이면, 갚아줄 것을 바라지 말라.
물물교환(物物交換) (교환의 원시적(原始的) 형태(形態)로서), 화폐(貨幣)의 매개(媒介) 없이, 물품과 물품을 직접 바꾸는 경제행위(經濟行爲).
물박정후(物薄情厚) 사람과 사귀는 데 선물(膳物)이나 음식(飮食) 대접(待接)은 다소 박하더라도 정만은 두터워야 함.
물부노액(勿負奴軛) '다시는 종의 멍에를 메지 말라'는 뜻.
물부충생(物腐蟲生) '생물이 썩은 뒤에야 벌레가 생긴다'는 뜻으로, ①남을 의심한 뒤에 그를 두고 하는 비방(誹謗)이나 소문을 듣고 믿게 됨. ②내부에 약점이 생기면 곧 외부의 침입이 있게 됨을 이르는 말.
물비소시(勿祕昭示) '감춤 없이 밝히어 보이라'의 뜻으로, 점쟁이가 외는 주문(呪文)의 맨 끝마디 말.
물사지좌(勿使知左) '너는 구제(救濟)할 때에 오른손이 하는 것을 왼손이 모르게 하라'는 뜻.
물성소사(勿誠小事) 작은 일에 정성(精誠)을 드리지 않는 일.
물성칙쇠(物盛則衰) 만물(萬物)이 한 번 성(盛)하면 한 번 쇠함.
물순래이물거(物順來而勿拒) 순리(順理)대로 오는 것을 거절(拒絕)하지 말라.
물실호기(勿失好機) 좋은 기회(機會)가 오면 절대(絕對) 놓치지 말라는 말.
물심양면(物心兩面) 물질적(物質的)인 면과 정신적(精神的)인 면의 양면(兩面).
물심일여(物心一如) 마음과 형체(形體)가 구별(區別)없이 하나로 일치(一致)된 상태(狀態).
물아일체(物我一體) 바깥 사물(事物)과 나, 객관(客觀)과 주관(主觀), 또는 물질계(物質界)와 정신계(精神界)가 어울려 한 몸으로 이루어진 그것.
물약자효(勿藥自效) 약을 쓰지 아니하여도 병이 저절로 나음.
물여인투부모불안(勿與人鬪父母不安) 남과 더불어 다투지 말라. 부모님께서 불안(不安)해 하시느니라.
물여인투부모우지(勿與人鬪父母憂之) 남들과 더불어 다투지 않음, 부모(父母)님께서 근심하심.
물역사교필종사도(勿逆師敎必從師導) 스승의 가르침을 거스르지 말며, 반드시 스승의 인도(引導)하심을 좇아야 함.
물영심연부모념지(勿泳深淵父母念之) 깊은 연못에서 헤엄치지 말라. 부모님께서 염려(念

慮)하신다.

물온일몰(勿慍日沒) '해가 지도록 분(憤)을 품지 말라'는 말.

물외한인(物外閒人) 물외한인(物外閑人).

물외한인(物外閑人) 세상(世上)의 시끄러움에서 벗어나 한가(閑暇)하게 지내는 사람. 물외한인(物外閒人).

물위거론(勿爲擧論) 비밀(秘密)한 일이나, 또는 상스러운 일이어서 들어 말할 것이 없음.

물위증질(勿爲證質) 증인(證人)으로서 물어 볼 수 없음.

물유본말(物有本末) '사물(事物)에는 근본(根本)과 끝이 있다'는 뜻으로, 사물(事物)의 질서(秩序)를 일컫는 말.

물이선소이불위물이악소이위지(勿而善小而不爲勿而惡小而爲之) 악한 일은 작다 해도 하찮아선 안 되고, 악한 일은 작다 해도 해서는 안 된다.

ㅁ

물적증거(物的證據) 증거 방법의 한 가지. 증거가 되는 물질적 존재나 상태. 유체물(有體物)로서의 검증물(檢證物)이나 문서 따위. 범행에 사용된 흉기, 훔친 물건 따위를 증거로 하는 일. 인적증거(人的證據)도 있음.

물정소연(物情騷然) 세상(世上)이 시끄러워 사람의 마음이 안정(安定)을 얻지 못함.

물중지대(物衆地大) 나는 물건(物件)이 많고 지역(地域)이 또한 넓음.

물질교대(物質交代) 물질대사(物質代謝).

물질대사(物質代謝) 생물학에서, 생명을 유지하기 위해 생물체가 필요한 것을 섭취하고 불필요한 것을 배설하는 일을 통틀어 이르는 말. 물질 교대. 신진대사. 대사(代謝).

물질명사(物質名詞) ①일정한 형태가 없는 물질을 나타내는 명사. ↔추상 명사(抽象名詞). ②(구미어(歐美語)에서)나누어 셀 수 없는 것을 나타내는 명사(물 · 불 · 공기 따위).

물질적(物質的) 물질에 관한 것. 물적(物的). ↔정신적(精神的).

물질주의(物質主義) (정신적(精神的)인 것을 무시하고) 의식주(衣食住) 따위 물질 문제만을 중하게 여기는 주의. ↔정신주의(精神主義).

물출조보(勿出朝報) 기밀(機密)한 일을 공포(公布)하지 아니함.

물침잡역(勿侵雜役) 모든 잡역(雜役)을 면제(免除)하여 줌.

물탐영명(勿貪榮名) 영화(榮華)나 명예(名譽)를 탐내지 말라.

물화상통(物貨相通) 물화가 서로 통(通)함.

물환성이(物換星移) 사물(事物)은 바뀌고 세월(歲月)은 흘러감을 이르는 말.

미개민족(未開民族) 인지(認知)가 깨이지 못한 겨레. 생활수준이 아주 낮은 민족.

미거안래(眉去眼來) '눈썹이 가고 눈이 온다'는 뜻으로, 서로 미소를 보냄을 이르는 말.

미관말직(微官末職) 자리가 아주 낮고 변변찮은 벼슬.

미구불원(未久不遠) 그 동안이 오래되지 않고 가까움.

미궤대감(米櫃大監) 사도세자(思悼世子)를 달리 이르는 말.

미능면속(未能免俗) '아직도 속(俗)된 습관을 버리지 못하였다'는 뜻으로, 한번 물든 속물근성(俗物根性)은 버리기 어렵다는 말.

미단숙영(微旦孰營) 주공(周公)인 단(旦)이 아니면 어찌 큰 궁전(宮殿)을 세웠으리오.

미달일간(未達一間) 모든 일에 밝아도 오직 한 부분(部分)만은 서투름.

미대난도(尾大難掉) '꼬리가 커서 흔들기 어렵다'는 뜻으로, 일의 끝이 크게 벌어져서 처리(處理)하기가 어려움을 이르는 말.

미대부도(尾大不掉) '꼬리가 너무 크면 흔들기 어렵다'는 뜻으로, 윗사람이 약(弱하)고 아랫사람이 강(强)하면 조직(組織)을 통솔(統率)하기 어렵다는 말.

미도부원(迷道不遠) '그리 멀지 않은 곳에서 길을 헤맨다'는 뜻으로, 해결(解決)될 때가 멀지 않다는 말. 곧 본도로 돌아감을 이르는 말.

ㅁ

미래기(未來記) 앞일을 예언하여 적은 기록. 참문(讖文).

미래사(未來事) 앞으로 닥쳐올 일. 앞일.

미래상(未來像) 이상(理想)으로 그리는, 미래의 모습.

미래파(未來派) 미래주의(未來主義)를 신봉하는 예술상의 한 파.

미래학(未來學) 미래의 사회를 예측하고 그 모델을 연구하는 학문.

미랭시(未冷尸) '겨우 목숨만 붙어 있는 송장'이라는 뜻으로, 다 늙어 빠져서 사람 구실을 제대로 하지 못하는 사람을 이르는 말.

미말지직(微末之職) 미관말직(微官末職).

미망인(未亡人) '남편(男便)과 함께 죽어야 할 것을, 아직 죽지 못하고 있는 사람'이란 뜻으로, 과부(寡婦)가 스스로를 겸손(謙遜)하게 일컫는 말.

미목수려(眉目秀麗) '눈썹과 눈이 수려하다'는 뜻으로, 얼굴이 빼어나게 아름다움을 이르는 말.

미묘난견(微妙難見) '미묘(微妙)하여 볼 수도 없다'는 뜻.

미묘복잡(微妙複雜) 미묘(微妙)하고 복잡(複雜)함.

미문지사(未聞之事) 아직 듣지 못한 일.

미변동서(未辨東西) '아직 동서(東西)의 방위(方位)도 분간(分揀)하지 못한다'는 뜻으로, 도리(道理)를 통(通)하지 못함을 이름.

미복잠행(微服潛行) 남이 알아보지 못하게 미복으로 넌지시 다님.

미봉지책(彌縫之策) 미봉책(彌縫策).

미봉책(彌縫策) '꿰매어 깁는 계책(計策)'이란 뜻으로, 결점(缺點)이나 실패(失敗)를 덮어 발각되지 않게 이리 저리 주선(周旋)하여 감추기만 하는 계책(計策).

미불용극(靡不用極) 마음과 힘을 다하여 함.

미불유초선극유종(靡不有初鮮克有終) '처음은 누구나 노력(努力)하지만 끝까지 계속(繼續)하는 사람은 적다'라는 뜻임.

미사여구(美辭麗句) '아름다운 말과 글귀'라는 뜻으로, ①아름다운 문장(文章). ②아름다운 말로 꾸민 듣기 좋은 글귀.

미상불연(未嘗不然) 그렇지 않은 바가 아님.

미생지신(尾生之信) '미생의 믿음'이란 뜻으로, ①우직(愚直)하게 약속(約束)만을 굳게 지킴. ②또는 융통성(融通性)이 없이 약속(約束)만을 굳게 지킴을 비유(譬喩). 포주지신(抱株之信).

미소망상(微小妄想) 자기 자신을 과소평가하는 망상. 죄업망상(罪業妄想). ↔발양망상(發揚妄想).

미시기의(微示其意) 밝히어 말을 하지 아니하고, 슬쩍 그 눈치만 보임.

ㅁ

미시기장(靡恃己長) 자신(自身)의 특기(特技)를 믿고 자랑하지 말아야 함. 그럼으로써 더욱 발달(發達)함.

미여관옥(美如冠玉) '용모(容貌)의 아름다움이 관에 달린 옥과 같다'는 뜻으로, 겉만 번지르르하고 알맹이가 없음을 비유(比喩)하는 말.

미연지전(未然之前) 아직 그렇게 되기 전.

미우주무(未雨綢繆) '비가 오기 전(前)에 올빼미가 둥지의 문을 닫아 얽어맨다'는 뜻으로, 화가 싹트기 전(前)에 미리 방지(防止)함을 이르는 말.

미운과하한소우적오동(微雲過河漢疎雨滴梧桐) 옅은 구름은 은하수(銀河水)를 지나고, 가랑비는 오동나무를 적심.

미위불가(未爲不可) 옳지 않다 할 것이 없음.

미음완보(微吟緩步) 작은 소리로 읊조리며 천천히 거님.

미인박명(美人薄命) '미인(美人)은 흔히 불행(不幸)하거나 병약하여 요절(夭折)하는 일이 많다'는 말. 홍안박명(紅顔薄命).

미인박복(美人薄福) '얼굴이 예쁘면 복이 적다'는 뜻.

미인해대성(美人解帶聲) 예쁜 여인이 잠자리에 들기 위해 옷을 벗는 소리.

미주가과(美酒佳果) 좋은 술과 좋은 과일.

미주리호(Missouri號) 1945년 9월 2일 오전 9시, 도쿄(とうきよう) 오만(灣)의 해상(海上)에서 일본이 태평양전쟁(太平洋戰爭)의 항복(降伏)을 조인(調印) 받은 미국(美國) 전함(戰艦)의 이름.

미주신계(米珠薪桂) '쌀은 구슬 보다 비싸고, 땔감은 계수나무(桂樹-)보다 비싸다'는 뜻으로, 물가가 치솟아 생활(生活)하기 어렵다는 것을 이르는 말.

미증습무선명덕(未曾習武先明德) '무예(武藝)를 익히기 전에 먼저 덕(德)을 밝혀야 한다'는 뜻.

미증유(未曾有) 지금까지 아직 한 번도 있어 본 적이 없음.
미지숙시(未知孰是) 누가 옳은지 모름.
미진보벌(迷津寶筏) '길을 헤매는 나루의 훌륭한 배'라는 뜻으로, 삶에 가르침을 주는 책을 이르는 말.
미타미타(未妥未妥) 아무래도 미타(未妥)한 모양. 온당하지 않고 든든하지 못하고 미심쩍은 데가 있다는 말.
미풍양속(美風良俗) 아름답고 좋은 풍속(風俗). 양풍미속(良風美俗).
미필적고의(未必的故意) 자기의 행위로 말미암아 어떤 범죄 결과가 일어날 수 있음을 알면서도 그 결과의 발생을 인정하여 받아들이는 심리 상태.
미혈전설(米穴傳說) 굴에서 쌀이 매일(每日) 한 끼를 먹을 만큼씩 나오므로 한꺼번에 많이 거두려고 굴을 팠더니 쌀이 나오기를 그쳤다는 이야기.
미혼지인(迷魂之人) '원한(怨恨)을 품고 죽은 사람'을 일컫는 말.
미환억주(未患憶主) 곤고(困苦)한 날이 이르기 전에 창조주(創造主)를 생각하라.
민가사유지불가사지지(民可使由之不可使知之) '백성(百姓)을 따라오도록 할 수는 있어도, 그 이유(理由)를 알게 하기는 어렵다'는 뜻임.
민간질고(民間疾苦) 정치(政治)의 부패(腐敗)나 변동(變動) 따위로 말미암아 받는 백성(百姓)의 괴로움.
민고민지(民膏民脂) '백성(百姓)의 피와 땀'이라는 뜻으로, 백성(百姓)에게서 과다(過多)하게 거두어들인 세금(稅金)이나 재물(財物)을 이르는 말.
민궁재갈(民窮財渴) 백성(百姓)은 구차(苟且)하고 나라의 재물(財物)은 다 말라 없어짐.
민권주의(民權主義) ①민권의 신장(伸張)을 목적으로 하는 주의. ②삼민주의(三民主義)의 하나. 참정권(參政權)을 국민에게 평등하게 주자는 주의.
민귀군경(民貴君輕) 백성(百姓)이 존귀(尊貴)하고 사직(社稷)은 그 다음이며, 임금은 가볍다고 한 데서 유래(由來)한 성어(成語),
민력휴양(民力休養) 부담(負擔)을 가볍게 하여 백성(百姓)의 힘을 펴게 함.
민무신불립(民無信不立) 백성(百姓)에게 신뢰(信賴)를 받지 못하면 제대로 설 수 없다.
민민답답(悶悶沓沓) 매우 민답(悶沓)함. 아주 안타깝고 가슴이 답답하다의 뜻.
민보어신(民保於信) '백성(百姓)은 신의(信義)가 있을 때에 안정(安定)된다'는 뜻으로, 백성(百姓)은 신의(信義)에 의(依)해서만 잘 다스려진다는 말.
민생일췌(民生日瘁) 백성(百姓)의 생계(生計)가 날로 피폐(疲弊)하게 되다.
민생재근(民生在勤) 부지런하여라. 부지런하면 가난은 없다.
민생주의(民生主義) ①모든 계급적(階級的) 압박(壓迫)을 떨치고 국민 생활을 풍족(豊足)하게 하자는 주의. ②삼민주의(三民主義)의 하나.
민심무상(民心無常) '백성의 마음은 일정하지 않다'는 뜻으로, 정치의 득실에 따라 착하게

도 되고 악하게도 됨을 이르는 말.

민아무간(民我無間) '백성과 자신 사이에 간격이 없다'는 뜻으로, 위정자나 지도자가 백성과 한 마음이 됨을 이르는 말.

민이식위천(民以食爲天) 백성이 하늘처럼 소중(所重)히 여기는 것은 곧 식량(食糧)임을 일컫는 말.

민족상잔(民族相殘) 같은 겨레끼리 서로 다투고 싸움.

민족자결(民族自決) 어떤 민족(民族)이 자신(自身)의 일을 스스로 결정(決定)하는 일.

민족주의(民族主義) ①다른 민족의 지배를 벗어나 같은 민족으로써 나라를 이루려는 주의. ②삼민주의(三民主義)의 하나. 피압박(被壓迫) 민족의 해방(解放)과 민족 자결(自決) 및 평등(平等)한 권리를 주장하는 주의.

민족중흥(民族中興) 쇠약(衰弱)해진 민족이 다시 번영(繁榮)을 이루는 일.

ㅁ

민주정치(民主政治) 민주주의(民主主義)를 기본(基本)으로 하여 행하는 정치. ↔전제정치(專制政治).

민주주의(民主主義) 주권(主權)이 국민(國民)에게 있고 국민을 위하여 정치를 하는 제도, 또는 그런 정치를 지향(指向)하는 사상. ↔전제주의(專制主義). 공산주의(共産主義).

민중군경(民重君經) 백성(百姓)이 더 중하고 임금이 가벼움.

민천지심(旻天之心) '어지신 하늘의 마음'이라는 뜻이니, 곧 백성을 사랑하고 보호하는 어진 마음.

밀어상통(密語相通) 남몰래 서신(書信)으로 서로 의사(意思)를 통(通)함.

밀운불우(密雲不雨) '짙은 구름이 끼여 있으나 비가 오지 않는다'는 뜻으로, ①어떤 일의 징조(徵兆)만 있고 그 일은 이루어지지 않음. ②은덕(恩德)이 아래까지 고루 미치지 않음을 이르는 말.

밀월여행(蜜月旅行) 신혼여행(新婚旅行). 결혼을 기념하여 가는 여행. 허니문(Honeymoon).

【ㅂ】

바벨탑(−塔) 〔영〕Babel; tower of Babel. 〔히〕בבל; מגדל בבל(바벨; 믹돌 바벨) (ISBE, 1979년 개정판). 바벨탑이란 일반적으로 창11장에서 묘사된 탑(migdōl, 한글개역에는 '대(臺)')을 가리키는 명칭으로서, 이 탑은 동쪽에서 이주해 온 사람들이 시날(Shinar) 평지에 건설한 자신들의 도시 한 복판에 세운 것이었다. 노아홍수가 휩쓸고 지나간 후 인구가 차츰 늘어나던 인류역사 초기에 인간들이 하나님만큼 높아지겠다며 교만심을 갖고 하늘을 찌를 듯 드높이 쌓아올릴 무렵, 하나님께서 사람들의 언어를 서로 불통(不通)하게 하고 드높이 쌓아올린 탑을 붕괴시켰는데, 유대교 전승에 의하면 이 탑은 하늘에서 떨어진 불로 인하여 그 기초까지 완전히 무너졌고, 이 탑의 3분의 1은 땅속으로 가라앉았다고 한다. (諸 基督敎 書籍 參照).

바울서신(Paul 書信) 신약성경(新約聖經) 27권 중 사도바울이 기록한 책. 로마서·고린도전,후서·갈라디아서·에베소서·빌립보서·골로새서·데살로니가전,후서·디모데전,후서·디도서·빌레몬서·히브리서 등 14권에 달한다.

바라문행(婆羅門行) 중의 거칠고 건방진 행동(行動).

바리공주(−公主) 사령(死靈)굿에서 구연되는 서사무가. 전국적으로 전승되는 작자미상의 무속신화. 죽은 사람의 영혼을 위로하고 저승으로 인도하기 위하여 베풀어지는 '지노귀굿', 씨끔굿', '오구굿', 망묵이굿' 등의 무속 의식. 무당이 지노귀새남을 할 때에 모시는 젊은 여신(女神).

박고지금(博古知今) 널리 옛일을 알면 오늘날의 일도 알게 됨.

박람강기(博覽强記) 동서(東西) 고금(古今)의 서적(書籍)을 널리 읽고, 그 내용(內容)을 잘 기억(記憶)하고 있음.

박리다매(薄利多賣) 이익(利益)을 적게 보고 많이 팔아 이문을 올림.

박리주의(薄利主義) 이익(利益)을 적게 내고 팔기를 많이 하는 경영(經營) 방식(方式).

박면피(剝面皮) ①낯가죽을 벗김. ②낯가죽이 두꺼운 자를 욕보임.

박문강기(博聞强記) 박문강식(博聞强識). 박문강지(博聞强知).

박문강식(博聞强識) 박문강기(博聞强記). 박문강지(博聞强知).

박문강지(博聞强知) 널리 사물(事物)을 보고 들어 잘 기억(記憶)하고 있음.

박문약례(博文約禮) 널리 학문(學問)을 닦아 사리(事理)를 연구(硏究)하고, 이것을 실행(實行)하는 데 예의(禮儀)로써 하여 정도(正道)에 벗어나지 않게 함.

박물군자(博物君子) '온갖 사물(事物)을 두루 아는 군자(君子)'라는 뜻으로, 온갖 사물(事物)에 정통(精通)한 사람을 이르는 말.

박물세고(薄物細故) 아주 자질구레하고 변변하지 못한 사물(事物).
박부득이(迫不得已) 일이 매우 급박(急迫)하여 어떻게 할 수가 없음.
박빙여리(薄氷如履) 엷은 얼음을 밟듯이 세상(世上)의 처세(處世)에 조심함.
박빙여림(薄氷如臨) 살얼음을 밟는 것처럼 위태(危殆)로움.
박삭미리(撲朔迷離) 남녀(男女) 구별(區別)이 어렵거나 일이 서로 복잡(複雜)하게 얽혀 구분(區分)하기 힘든 경우(境遇)를 이르는 말.
박수갈채(拍手喝采) 두 손뼉을 치며 환영(幻影)하거나 찬성(贊成) 또는 칭찬(稱讚)함.
박순경언(薄脣輕言) '엷은 입술로 경망(輕妄)스럽게 말한다'는 뜻으로, 말이 많음을 이르는 말.
박시제중(博施濟衆) 사랑과 은혜(恩惠)를 널리 베풀어 뭇사람을 구제(救濟)함.
박아이문(博我以文) '글로써 나를 넓힌다'는 뜻으로, ①시서(詩書)로 자신의 견식(見識)을 넓힘. ②널리 독서하여 자기 인격을 높이자는 뜻임.
박안대규(拍案大叫) 박안대성(拍案大聲).

ㅂ

박안대성(拍案大聲) 책상(冊床)을 치며 큰 소리를 지름. 박안대규(拍案大叫).
박애주의(博愛主義) 인류(人類)는 모두 평등(平等)하며 인종(人種) · 국가(國家) · 계급(階級) 등을 초월하여 널리 서로 사랑해야 한다는 주의. 사해동포주의(四海同胞主義).
박어부득(迫於不得) 일이 몹시 급(急)하게 닥쳐와서 어쩔 수 없음. 박부득이(迫不得已).
박옥혼금(璞玉渾金) '갈지 않은 옥과 제련(製鍊)하지 않은 쇠'라는 뜻으로, 검소(儉素)하고 질박(質樸)한 사람을 두고 비유(比喩)해 이르는 말.
박이과요(博而寡要) 아는 것은 많으나 요령(要領) 부득임.
박이부정(博而不精) ①여러 방면(方面)으로 널리 아나 정통(精通)하지 못함. ②널리 알되 능숙하거나 정밀(情密)하지 못함.
박이정(博而精) 여러 방면(方面)으로 널리 알 뿐 아니라 깊게도 앎. 즉 '나무도 보고 숲도 본다'는 뜻.
박인방증(博引旁證) 널리 예를 들어 그것을 증거(證據)로 사물(事物)을 설명(說明)함.
박자부지(博者不知) 모든 일에 다 통(通)한다는 사람은 한 가지에도 정통(精通)하지 못하므로 도리어 아무 것도 모름을 이르는 말.
박장대소(拍掌大笑) 손뼉을 치면서 크게 웃음.
박전박답(薄田薄畓) 메마른 밭과 논.
박주산채(薄酒山菜) '맛이 변변하지 못한 술과 산나물'이란 뜻으로, 자기(自己)가 내는 술과 안주를 겸손(謙遜)하게 이르는 말.
박지약행(薄志弱行) ①의지(意志)가 박약(薄弱)하여 일을 단행(斷行)하는 힘이 없음. ②뜻과 행실(行實)이 약하여 어려움을 견디지 못함.

박지우박(薄之又薄) 더할 수 없이 박함.

박지타지(縛之打之) 몸을 묶어 놓고 마구 때림.

박진력(迫眞力) 세차게 밀고 나아가는 힘.

박채중의(博採衆議) 널리 여러 사람의 의견(意見)을 들음.

박하정유(薄荷精油) 박하유와 알코올을 1대9의 비율로 섞은 무색투명한 휘발성의 액체. 건위제, 구충제 따위로 쓴다. 박하정(薄荷精).

박학다문(博學多聞) 학식(學識)과 견문(見聞)이 대단히 넓음.

박학다식(博學多識) 학문(學問)이 넓고 식견(識見)이 많음.

박학다재(博學多才) ①학식(學識)이 넓고 학문(學問)에 정통(精通)하며 재주가 많음. ②또는 그런 사람.

박학독지(博學篤志) 널리 공부(工夫)하여 덕을 닦으려고 뜻을 굳건히 함을 이르는 말.

박학심문(博學審問) '널리 배우고 자세(仔細)하게 묻는다'는 뜻으로, 배우는 사람이 반드시 명심해야 할 태도(態度).

박학이상설지(博學而詳說之) 군자(君子)가 박학함으로써 상세(詳細)히 풀이하는 것은 세인(世人)에게 학문(學問)을 자랑하려 함이 아니라, 요점(要點)을 알아듣도록 설명(說明)하기 위함이라는 말.

반객위주(反客爲主) '손님이 도리어 주인(主人) 노릇을 한다'는 뜻으로, 이른바 주객이 뒤바뀌는 것이니, 자신(自身)의 수동적(受動的)인 상황(狀況)을 능동적(能動的)으로 바꾸어서 주도권(主導權)을 장악(掌握)하는 전략(戰略)을 이름.

반간계(反間計) 적의 첩자를 역 이용하다.

반경행권(反經行權) 관습을 버리고 권모를 쓰다.

반계곡경(盤溪曲徑) '서려 있는 계곡과 구불구불한 길'이라는 뜻으로, 일을 바른 길을 좇아서 순탄(順坦)하게 하지 않고 정당(正當)한 방법(方法)이 아닌 그릇되고 억지스럽게 함을 이르는 말.

반계이윤(磻溪伊尹) 주문왕(周文王)은 반계(磻溪)에서 강태공(姜太公)을 맞고, 은왕(殷王)은 신야(莘野)에서 이윤(伊尹)을 맞이함. 이윤을 맞아 재상(宰相)을 삼음으로써 시국(時局의 위기를 구하고 아형(阿衡)이라는 칭호(稱號)를 내림. 반계와 이윤.

반구이부신(反裘而負薪) '갖옷의 털이 상할까하여 뒤집어 입고, 나무를 등(等)에 졌더니 도리어 갖옷이 못쓰게 되었다'는 뜻으로, 하나만 알고 둘은 모르는 사람이나 생각이 좁은 사람을 두고 이르는 말.

반구제기(反求諸己) 반궁자문(反躬自問). 반궁자성(反躬自省).

반궁자문(反躬自問) 반구제기(反求諸己). 반궁자성(反躬自省).

반궁자성(反躬自省) '잘못을 자신(自身)에게서 찾는다'라는 뜻으로, 어떤 일이 잘못 되었을 때 남의 탓을 하지 않고 그 일이 잘못된 원인(原因)을 자기(自己) 자신(自身)에게서 찾아 고쳐 나간다는 의미(意味). 반구제기(反求諸己).

반근착절(盤根錯節) '구부러진 나무뿌리와 울퉁불퉁한 나무의 마디'란 뜻으로, ①얽히고 설켜 처리(處理)하기에 곤란(困難)한 사건(事件). ②세상일(世上-)에 난관이 많음의 비유(譬喩). ③세력(勢力)이 단단히 뿌리박혀 흔들리지 아니함.

반낭주대(飯囊酒袋) '밥을 담는 주머니와 술을 담는 부대'라는 뜻으로, 술과 음식을 축내며 일을 하지 않는 사람을 이르는 말.

반도이폐(半途而廢) 일을 하다가 중도(中途)에서 그만둠.

반래개구(飯來開口) '밥이 오면 입을 벌린다'는 뜻으로, 심한 게으름을 비유(比喩해 이르는 말.

반로환동(返老還童) 노인(老人)이 다시 어린아이의 모습으로 돌아가는 것을 이르는 말.

ㅂ

반룡부봉(攀龍附鳳) '용을 끌어 잡고 봉왕에게 붙는다'는 뜻으로, 세력(勢力)있는 사람을 의지(依支)하여 붙좇음.

반류반분(半留半分) 환곡(還穀) 등(等)을 절반(折半)은 창고(倉庫)에 남겨 두고 절반(折半)은 나누어 줌.

반면교사(反面教師) '극히 나쁜 면만을 (사람이나 사물을 부정적인 측면으로) 가르쳐주는 선생'이란 뜻으로, 중국에서 제국주의자(帝國主義者), 반동파(反動派), 수정주의자(修正主義者)를 일컫는 말.

반면미인(半面美人) 얼굴의 옆모습을 그린 미인(美人)의 그림.

반면식(半面識) 잠깐 만난 일이 있었을 뿐인 데도 그 얼굴을 기억(記憶)하고 있음. 반면지분(半面之分).

반면지교(半面之交) 얼굴만 겨우 알 뿐이고 교제(交際)는 얕은 사이.

반면지분(半面之分) 일면지분(一面之分)도 못 되는 교분(交分)으로 얼굴만 겨우 알 뿐이고 교제(交際)는 얕은 사이.

반면지식(半面之識) '얼굴을 반만 아는 사이'라는 뜻으로, 서로 알아보기는 하지만 친(親)하게 지내지는 않는 사이.

반목질시(反目嫉視) 서로 미워하고 질투(嫉妬)하는 눈으로 봄.

반문농부(班門弄斧) 자기(自己)의 실력(實力)을 생각지 않고 당치않게 덤비는 것을 말함.

반박지탄(斑駁之嘆) 편파적(偏頗的)이고 불공정함에 대(對)한 한탄(恨歎).

반반가고(班班可考) 일의 근거(根據)가 뚜렷하여 상고(詳考)할 수 있음.

반벽강산(半壁江山) 절벽에 둘러싸인 산수(山水).

반복무상(反覆無常) 언행(言行)이 이랬다저랬다 하며 일정(一定)하지 않거나 일정(一定)한 주장(主張)이 없음을 이르는 말.

반복무상(叛服無常) 언행(言行)이 배반(背反)했다 복종(服從)했다 하며 일정(一定)하지 않거나 그 태도(態度)가 한결같지 아니함. 일관성이 없음.

반복소인(反覆小人) 말과 행동(行動)을 늘 이랬다 저랬다 하여 그 속을 알 수 없는 옹졸한 사람.

반본환원(返本還源) ①'본래의 맑고 깨끗한 근원으로 돌아간다'는 뜻. ②하나님께서 창조(創造)하신 그대로의 모습으로 회복(回復) 되었다는 뜻.

반부논어(半部論語) '반 권의 논어'라는 뜻으로, ①학습의 중요함을 이르는 말. ②자신의 지식을 겸손하게 이르는 말.

반불여초(反不如初) '도리어 처음 만 같지 못함'이라는 뜻으로, '그대로 두는 것이 오히려 낫다'는 말.

반사반생(半死半生) 반생반사(半生半死).

반사이득(反射利得) 상대의 잘못이나 실수로 나 자신에게 이득이 오는 경우를 말함.

반사이익(反射利益) 법률이 공익을 보호하기 위하여 어떠한 규제를 함으로써 일반인들이 간접적으로 누리게 되는 이익.

반사지경(半死之境) 반죽음이 된 지경(地境).

반상낙하(半上落下) '반쯤 올라가다가 아래로 떨어진다'는 뜻으로, 어떤 일을 처음에는 정성껏(精誠–) 하다가 중도(中途)에 그만두어 이루지 못함을 이르는 말.

반상반하(半上半下) '위아래 어느 쪽에도 붙지 아니한다'는 뜻으로, 성질(性質)이나 태도(態度)가 모호(模糊)함을 이르는 말.

반상차별망국지본(班常差別亡國之本) 양반(兩班)과 쌍놈을 차별(差別)하는 것은 나라가 망(亡)하게 되는 근본(根本)이다.

반생반사(半生半死) 거의 죽게 되어 생사(生死)를 알 수 없는 지경(地境)에 이름.

반생반숙(半生半熟) '반은 설고, 반은 익었다'는 뜻으로, 기술(技術)이 아직 미숙(未熟)함을 이르는 말.

반서갱동(飯西羹東) 제사상(祭祀床) 차리는 법도 가운데 하나로 밥은 서쪽에, 국은 동쪽에 놓음.

반석지안(盤石之安) 반석지종(盤石之宗).

반석지종(盤石之宗) 견고(堅固)한 기초(基礎). 반석지안(盤石之安).

반소사(飯蔬食) '거칠고 반찬(飯饌) 없는 밥'이라는 뜻으로, 안빈낙도(安貧樂道)함을 일컫는 말.

반수기앙(反受其殃) 남에게 재앙(災殃)이 가게 하려다가 도리어 재앙(災殃)을 받음.

반수반성(半睡半醒) '반은 잠들고, 반은 깬다'는 뜻으로, 깨어 있는지 자는지 모를 몽롱(朦朧)한 상태(狀態). 비몽사몽(非夢似夢). 사몽비몽(似夢非夢). 이몽가

ㅂ

몽(–夢–夢).

반수발사(反首拔舍) 머리는 헝클어지고 옷은 해어진 초라한 모습으로 한데서 잠.

반수불수(反水不收) '엎질러진 물은 다시 주워 담을 수 없다'는 뜻으로, 이미 지난 일을 후회(後悔)해도 아무 소용(所用)이 없음을 비유(比喩)해 이르는 말.

반승반속(半僧半俗) '반은 중이고, 반은 속인(俗人)'이라는 뜻으로, 어중간(於中間)하여 무엇이라고 분명(分明)하게 명목(名目)을 붙이기 어려움을 이르는 말.

반식재상(伴食宰相) '곁에 모시고 밥을 먹는 재상(宰相)'이라는 뜻으로, 무위도식(無爲徒食)으로 자리만 차지하고 있는 무능(無能)한 대신(大臣)을 비꼬아 이르는 말.

반신반의(半信半疑) ①반은 믿고 반은 의심(疑心)함. ②믿으면서도 한편으로는 의심(疑心)함.

반신반인(半神半人) ①반(半)은 신(神)인 사람. ②또는, 아주 영묘(靈妙)한 사람.

반신불수(半身不隨) 반신불수(半身不遂).

반신불수(半身不遂) ①몸의 좌우(左右) 어느 한쪽을 마음대로 잘 쓰지 못함. ②또는 그런 사람.

ㅂ

반액지구(反掖之寇) '겨드랑이 밑에서 모반(謀叛)하는 적'이라는 뜻으로, 내란(內亂)을 이름.

반양지호(潘楊之好) '반(潘)과 양(楊)의 다정(多情)한 사이'라는 뜻으로, 혼인(婚姻)으로 인척(姻戚) 관계(關係)까지 겹친 오래된 좋은 사이.

반우수해(伴愚受害) 미련(未練)한 자와 사귀면 해(害)를 입음.

반위축복(反爲祝福) '악(惡)을 악으로 갚지 말고 도리어 복(福)을 빌라'는 뜻.

반유대주의(反Judea主義) 인종적(人種的) · 종교적(宗敎的) · 경제적(經濟的)인 이유(理由)로 유대인을 배척 · 전멸시키려는 사상(思想).

반의어(反意語) 어떤 낱말에 대하여 반대(反對)되는 뜻을 지닌 낱말. 반대말. 반대어. ↔동의어(同義語).

반의지희(斑衣之戲) '때때옷을 입고 하는 놀이'라는 뜻으로, 늙어서도 부모(父母)에게 효양(孝養)함을 이르는 말. 부모(父母)를 위로(慰勞)하려고 색동저고리를 입고 기어가 보임.

반자지명(半子之名) '아들과 다름없이 여긴다'는 뜻으로, 사위를 달리 이르는 말.

반점소루(半點疏漏) 사소(些少)한 부주의(不注意).

반청반담(半晴半曇) 날씨가 반쯤은 개고, 반쯤은 흐림.

반청반황(半靑半黃) '반은 푸르고 반은 누렇다'는 뜻으로, 미숙(未熟)함을 비유(譬喩)하여 이르는 말.

반취반성(半醉半醒) 술이 취한 듯도 하고 깬 듯도 함.

반포보은(反哺報恩) 자식(子息)이 부모(父母)가 길러준 은혜(恩惠)에 보답(報答)하는 것.

반포지교(反哺之敎) 반포지효(反哺之孝).

반포지효(反哺之孝) '까마귀 새끼가 자란 뒤에 늙은 어미에게 먹이를 물어다 주는 효성(孝誠)'이라는 뜻으로, 자식(子息)이 자라서 부모(父母)를 봉양(奉養)함.

반포지효견인불패(反哺之孝堅忍不敗) 무슨 일이든 굳게 참고 견디어 나가는 뜻을 굽히지 말라.

반형도고(班荊道故) 옛 친구(親舊)를 만나 정(情)을 나누는 것을 이르는 말.

반형도구(班荊道舊) 반형도고(班荊道故).

반화위복(反禍爲福) 전화위복(轉禍爲福).

반후지종(飯後之鐘) '식사(食事)가 끝난 후(後)에 울리는 종'이라는 뜻으로, 때가 이미 지났음을 이르는 말.

반흉반길(半凶半吉) 한편 흉하기도 하고 한편 길하기도 함.

발간적복(發奸摘伏) 정당(正當)하지 못한 일이나 숨기고 있는 일을 들추어 냄.

발고여락(拔苦與樂) 괴로움을 덜어 주고 낙을 주는 일.

발단심장(髮短心長) '머리털은 빠져서 짧으나 마음은 길다'는 뜻으로, 몸은 늙었으나 일처리(處理)는 잘한다는 말.

ㅂ

발란반정(撥亂反正) 난리(亂離)를 평정(平定)하여 질서(秩序)있는 세상(世上)을 회복(回復)함.

발명무로(發明無路) 죄나 잘못 따위가 없음을 말하여 밝힐 길이 없음.

발묘조장(拔苗助長) '급(急)하게 서두르다 오히려 일을 망친다'는 뜻.

발복지지(發福之地) '장차 운이 트일 땅'이라는 뜻으로, 좋은 묏자리를 이르는 말.

발본색원(拔本塞源) '근본(根本)을 빼내고 원천(源泉)을 막아 버린다'는 뜻으로, 사물(事物)의 폐단(弊端)을 없애기 위(爲)해서 그 뿌리째 뽑아 버림을 이르는 말.

발분도강(發憤圖强) '강성(强盛)해지기 위(爲)하여 분발(奮發)하다'라는 뜻으로, 개인(個人)이나 국가(國家)를 부강(富强)하게 만들기 위(爲)하여 분발(奮發)하는 것을 말함.

발분망식(發憤忘食) 무슨 일을 이루려고 끼니조차 잊고 분발(奮發) 노력(努力)함.

발산개세(拔山蓋世) ①산을 뽑고, 세상(世上)을 덮을 만한 기상(氣像). ②아주 뛰어난 기운(氣運). ③또는, 놀라운 기상(氣像).

발상치복(發祥致福) 상서(祥瑞)로움을 얻어 행복(幸福)을 가득 누리다.

발설지옥(拔舌地獄) 말로 죄악(罪惡)을 저지른 사람이 죽어서 간다는 지옥(地獄). 혀를 뽑아서 보습으로 가는 고통(苦痛)을 준다고 함.

발양망상(發揚妄想) 자기 자신을 과대평가(過大評價)하거나 바라는 바가 충족되었다고 생각하는 망상. ↔미소망상(微小妄想).

발연변색(勃然變色) 발끈 성을 내며 얼굴빛이 달라짐.

발일모리천하불위야(拔一毛利天下不爲也) '털 하나 뽑는 것 같은 작은 일로써 천하(天下)

를 이롭게 할 수 있는 것도 하지 않는다'는 뜻으로, 다만 자기(自己) 이익(利益)에 사로잡혀 타인(他人)의 일은 조금도 생각하지 않음.

발종지시(發縱指示) '사냥개를 풀어 짐승이 있는 곳을 가리켜 잡게 한다'는 뜻으로, 시문(詩文) 따위의 빼어나고 웅대(雄大)함을 평(評)하는 말. 작전을 지휘하는 사람을 가리킴.

발택비승(拔宅飛升) 계견승천(鷄犬昇天). 다른 사람의 권세에 빌붙어 승진하는 것을 이르는 말.

발호장군(跋扈將軍) 폭풍(暴風)을 의미(意味)함. 세력이 강성하여 제어하기 힘든 장군을 지칭.

방가위지(方可謂之) 과연 그렇다고 이를 만 하게.

방공해사(妨工害事) 남의 일에 해살을 놓아 해롭게 함.

방귀전리(放歸田里) 조선(朝鮮) 때, 벼슬을 떼고 그의 시골로 내쫓는, 귀양보다 한 등(等)이 가벼운 형벌(刑罰). 방축향리(放逐鄕里).

ㅂ

방기곡경(旁岐曲徑) '옆으로 난 샛길과 구불구불한 길'이라는 뜻으로, 일을 바른 길을 좇아서 순탄(順坦)하게 하지 않고 정당(正當)한 방법(方法)이 아닌 그릇되고 억지스럽게 함을 이르는 말.

방면지임(方面之任) 관찰사(觀察使)의 소임(所任).

방미두점(防微杜漸) 어떤 일이 커지기 전에 미리 막음.

방방곡곡(坊坊曲曲) 어느 한 군데도 빼놓지 않은 모든 곳.

방벽사치(放辟邪侈) 아무 거리낌 없이 제멋대로 마구 놀아남.

방부차빈(放富差貧) 부자(富者)를 빼 놓고 가난한 사람을 부역(賦役)하게 하는 짓.

방성대곡(放聲大哭) 목을 놓아 크게 욺. 방성통곡(放聲痛哭).

방성통곡(放聲痛哭) 방성대곡(放聲大哭).

방약무인(傍若無人) '곁에 아무도 없는 것처럼 여긴다'는 뜻으로, 주위(周圍)에 있는 다른 사람을 전혀 의식(意識)하지 않고 제멋대로 행동(行動)하는 것을 이르는 말.

방언고론(放言高論) 마음먹은 대로 아무런 거리낌 없이 큰 소리로 말함.

방예원조(方枘圓鑿) '네모난 자루에 둥근 구멍'이라는 뜻으로, 사물(事物)이 서로 맞지 않음을 이르는 말.

방외범색(房外犯色) 계집질로 색(色)을 씀.

방외지지(方外之志) 속세(俗世)를 떠나 불문(佛門)에 들어가고자 하는 뜻.

방원가시(方圓可施) '방형(方形)에나 원형(圓形)에나 다 잘 들어맞다'는 뜻으로, 갖가지 재능(才能)이 있어서 어떤 일에도 적합(適合)함을 이르는 말.

방위사통(防僞私通) '사사(私事)로운 글이 아니라'는 뜻을 표시(表示)하는 뜻에서, 방위(防

僞)라는 두 글자가 찍혀 있는, 아전(衙前)들 끼리 주고받던 공문(公文).

방자무기(放恣無忌) 건방지고 꺼림이 없음.

방장부절(方長不折) '한창 자라는 나무는 꺾지 않는다'는 뜻으로, ①앞길이 창창한 사람을 박해(迫害)하지 말라. ②혹은 잘 되어 가는 일을 방해(妨害)하지 말라는 의미(意味).

방장지년(方壯之年) 한창 때의 나이.

방저원개(方底圓蓋) '바닥이 네모난 그릇에 둥근 뚜껑'이라는 뜻으로, 일이 어긋나고 맞지 않음을 비유(比喩)해 이르는 말.

방적지책(防敵之策) 적을 막을 계책(計策).

방조인용(傍照引用) 적용(適用)할 법조문(法條文)이 없을 때에 다른 법조문(法條文)을 끌어다 적용(適用)함.

방축향리(放逐鄕里) 조선(朝鮮) 때, 벼슬을 떼고 그의 시골로 내쫓는 귀양보다 한 등(等)이 가벼운 형벌(刑罰). 방귀전리(放歸田里).

방춘화시(方春和時) 바야흐로 봄이 한창 화창(和暢)한 때.

방출궁인(放出宮人) 왕조 때, 궁인으로 있다가 궁 밖으로 나와 살게 된 여자.

방탕무뢰(放蕩無賴) 술과 여자(女子)에 빠져 일은 하지 아니하고, 불량(不良)한 짓만 함.

방편도덕(方便道德) 도덕(道德) 자체(自體)를 목적(目的)으로 생각하지 않고, 뜻하는 어떤 일의 수단(手段)으로 다루는 도덕(道德).

방화전(防火栓) 소화전(消火栓).

방휼상쟁(蚌鷸相爭) 방휼상지(蚌鷸相持) · 방휼지세(蚌鷸之勢) · 방휼지쟁(蚌鷸之爭).

방휼상지(蚌鷸相持) 방휼상쟁(蚌鷸相爭) · 방휼지세(蚌鷸之勢) · 방휼지쟁(蚌鷸之爭).

방휼지세(蚌鷸之勢) 서로 안먹히겠다느니 먹히겠다느니 하여 다투다가 오래 가지 않아 결국은 제3자(第三者)에게 이익(利益)을 주게 되는 형세(形勢)를 이르는 말. 어금버금한 형세(形勢).

방휼지쟁(蚌鷸之爭) '방합(蚌蛤)과 도요새의 다툼'이라는 뜻으로, 제3자(第三者)만 이롭게 하는 다툼을 이르는 말. 방휼상쟁(蚌鷸相爭) · 방휼상지(蚌鷸相持) · 어부지리(漁父之利).

배가경(拜家慶) 오래도록 떠나 있던 자식(子息)이 귀가(歸嫁)해서 부모(父母)를 뵙는 일.

배금주의(拜金主義) 돈이나 돈의 힘을 가장 소중(所重)한 것으로 여기어, 그것에 집착(執着)하는 주의.

배달민족(倍達民族) ①우리 민족(民族)을 달리 부르는 말. ②우리나라의 상고(上古) 시대(時代) 이름. ③'배달(倍達) 겨레'가 이루고 있는 나라.

배도겸행(倍道兼行) 이틀 길을 하루에 걸음.

배만복명(排滿復明) 만주족(滿洲族)이 세운 청(淸)나라를 물리치고 명(明)나라를 도와 부흥시키려던 주장(主張). 병자호란(丙子胡亂) 뒤에 일어나 효종(孝宗) 때 성(盛)했음.

배망면락(背邙面洛) 동경(東京)은 북(北)에 북망산(北邙山)이 있고, 낙양(洛陽)은 남(南)에 낙천이 있음.

배반낭자(杯盤狼藉) '술잔과 접시가 마치 이리에게 깔렸던 풀처럼 어지럽게 흩어져 있다'는 뜻으로, ①술을 마시고 한창 노는 모양(模樣). ②술자리가 파할 무렵 또는 파한 뒤 술잔과 접시가 어지럽게 흩어져 있는 모양(模樣)을 이르는 말.

배부개가(背夫改嫁) 남편(男便)을 저버리고 다른 남자에게로 시집감. 배부재가(背夫再嫁).

배부기가(背夫棄家) 남편(男便)을 배반(背反)하고 집에서 나와 버림.

배부도주(背夫逃走) 남편(男便)을 배반(背反)하고 도망(逃亡)감.

배부재가(背夫再嫁) 남편(男便)을 저버리고 다른 남자에게로 시집감. 배부개가(背夫改嫁).

배불숭유(排佛崇儒) 불교(佛敎)를 배척(排斥)하고 유교(儒敎)를 숭상(崇尙)하는 일.

ㅂ

배불숭유정책(排佛崇儒政策) 조선시대(朝鮮時代)에, 불교(佛敎)를 배척하고 유교(儒敎)를 숭상하던 정책.

배산압란(排山壓卵) '산을 떠밀어 달걀을 눌러 깨뜨린다'는 뜻으로, 일이 아주 쉬움을 이르는 말.

배산임수(背山臨水) 지세(地勢)가 뒤로는 산을 등지고 앞으로는 물에 면하여 있음.

배수거신(杯水車薪) '한 잔의 물을 한 수레의 장작불에 끼얹는다'는 뜻으로, ①아무 소용(所用)없음을 비유(比喩)해 이르는 말. ②능력이 모자라 도저히 일을 감당할 수 없음.

배수구거(杯水救車) 배수여신(杯水輿薪).

배수여신(杯水輿薪) '한 잔의 물로 수레에 가득 실린 땔나무에 붙은 불을 끄려 한다'는 뜻으로, 능력이 도저히 미치지 않아 불가능함에도 불구하고 어리석은 짓을 한다는 말. 배수구거(杯水救車).

배수지진(背水之陣) '물을 등지고 진을 친다'는 뜻으로, ①물러설 곳이 없으니 목숨을 걸고 싸울 수밖에 없는 지경(地境)을 이르는 말. ②물을 등지고 적과 싸울 진을 치는 진법(陣法).

배수진(背水陣) '물을 등지고 진을 친다'는 뜻으로, ①물러설 곳이 없으니 목숨을 걸고 싸울 수밖에 없는 지경(地境)을 이르는 말. ②물을 등지고 적과 싸울 진을 치는 진법(陣法).

배암투명(背暗投明) '어둠을 등지고 밝은 데로 나아간다'는 뜻으로, 잘못된 길을 버리고 바른 길로 돌아감.

배우자(配偶者) (남편이 아내를, 아내가 남편을) '부부로서 짝이 되는 상대자'라는 뜻으로

이르는 말.

배은망덕(背恩忘德) 남에게 입은 은덕(恩德)을 잊고 배반(背反)함.

배임수뢰(背任受賂) 본분의 임무(任務)를 어기고 부정(不正)한 청탁(請託)을 받으며 뇌물(賂物)을 받아 재산(財産) 상(上)의 이익(利益)을 취득(取得)하는 죄(罪).

배주해원(杯酒解怨) 서로 술잔을 나누고 있는 사이에 묵은 원한(怨恨)을 잊어버림.

배중사영(杯中蛇影) '술잔 속의 뱀 그림자'라는 뜻으로, ①자기(自己) 스스로 의혹(疑惑)된 마음이 생겨 고민(苦悶)하는 일. ②아무 것도 아닌 일에 의심(疑心)을 품고 지나치게 근심을 함.

배타주의(排他主義) 다른 사람이나 다른 사상, 생각 따위를 배척하여 받아들이려 하지 않는 사상(思想).

배회고면(徘徊顧眄) 목적(目的) 없이 이리저리 거닐면서 여기저기 기웃거림.

배회첨조(徘徊瞻眺) 같은 장소(場所)를 배회(徘徊)하며 선후(先後)를 보는 모양(模樣)임.

백가쟁명(百家爭鳴) ①여러 사람이 서로 자기(自己) 주장(主張)을 내세우는 일. ②많은 학자(學者)들의 활발(活潑)한 논쟁(論爭).

백거백첩(百擧百捷) 하는 일마다 완벽(完璧)하게 잘 되어 감.

백경천도(百經千禱) 백 번 성경(聖經)읽고, 천 번 기도(祈禱)하자.

백계무책(百計無策) 어떤 어려운 일을 당해 아무리 생각해도 풀 만한 계교(計巧)가 없음.

백고불마(百古不磨) 몇 백 년 후까지도 마멸(磨滅) 되지 않고 남음.

백고천난(百苦千難) 온갖 고난(苦難).

백골난망(白骨難忘) '죽어도 잊지 못할 큰 은혜(恩惠)를 입음'이란 뜻으로, 남에게 큰 은혜(恩惠)나 덕을 입었을 때 고마움을 표시(表示)하는 말.

백골남행(白骨南行) 과거(科擧)를 거치지 아니하고 조상(祖上)의 혜택(惠澤)으로 얻는 벼슬.

백골양자(白骨養子) 죽은 이로 양자(養子)를 삼아 대를 채우는 일.

백골위진토혼백유야무야(白骨爲塵土魂魄有耶無耶) '백골이 진토되어 넋이라도 있고 없고'의 뜻. 정몽주의 단심가 중 한 구절.

백골징포(白骨徵布) 조선(朝鮮) 말(末)에, 죽은 사람의 이름을 군적과 세금(稅金) 대장(臺帳)에 올려놓고 군포를 받던 일.

백공기예(百工技藝) 온갖 장인(匠人)의 재주.

백공천창(百孔千瘡) '백의 구멍과 천의 상처(傷處)라'는 뜻으로, 갖가지 폐단(弊端)으로 엉망이 된 상태(狀態)를 이르는 말.

백관유사(百官有司) 조정(朝廷)의 많은 관리(官吏).

백구과극(白駒過隙) '흰 말이 지나가는 것을 문틈으로 보듯이 눈 깜박할 사이'라는 뜻으로, 세월(歲月)이 너무 빨리 지나감을 이르는 말.

백구식장(白駒食場) 흰 망아지도 감화(感化)되어 사람을 따르며 마당 풀을 뜯어먹게 함.

백국분산면단풍지동구(白菊粉山面丹楓脂洞口) 흰 국화는 산의 얼굴에 단장(丹粧)을 하고, 단풍은 마을의 입구(入口)에 연지를 바름.

백군진병(百郡秦并) 진시황(秦始皇)이 천하(天下)를 봉군(封郡)하는 법(法)을 폐(廢)하고 일백군(100郡)을 둠.

백귀야행(百鬼夜行) '온갖 요괴가 밤에 돌아다닌다'는 뜻으로, 못된 악인(惡人)들이 때를 만나 제멋대로 날뜀을 이르는 말.

백규지점상가마야사언점불가위야(白圭之玷尙可磨也斯言玷不可爲也) 흰 구슬의 티는 오히려 갈 수 있지만, 말 속의 티는 어찌 할 수가 없다는 말.

백금지사(百金之士) '백금을 받은 용사'라는 뜻으로, 매우 큰 공을 세운 용사를 이르는 말.

백낙일고(伯樂一顧) '명마(名馬)가 백낙(伯樂)을 만나 세상(世上)에 알려진다'는 뜻으로, 자기의 재능(才能)을 알아주는 사람을 만나 대접을 잘 받음을 이르는 말.

백난지중(百難之中) 온갖 곤란(困難)을 겪는 판.

백년가기(百年佳期) 남편(男便)과 아내가 되어 한평생(一平生) 같이 지내자는 아름다운 언약(言約).

ㅂ

백년가약(百年佳約) '백년을 두고 하는 아름다운 언약(言約)'이라는 뜻으로, 부부(夫婦)가 되겠다는 약속(約束).

백년가우(百年佳偶) 한평생(一平生)을 같이 지내는 아름다운 배필(配匹).

백년대계(百年大計) 먼 앞날까지 내다보고 먼 뒷날까지 걸쳐 세우는 큰 계획(計劃).

백년동락(百年同樂) 부부가 되어 한평생(一平生)을 같이 살며 함께 즐거워함.

백년언약(百年言約) 남편(男便)과 아내가 한 몸 되어 한평생(一平生) 같이 백년해로(百年偕老) 하자는 아름다운 언약(言約).

백년지객(百年之客) '언제나 깍듯하게 대(對)해야 하는 어려운 손님'이라는 뜻으로, 사위를 두고 이르는 말.

백년지계(百年之計) 먼 앞날까지 내다보고 세우는 계획(計劃).

백년지고락(百年之苦樂) 남편(男便)과 아내로서 함께 지내는 일생(一生) 동안의 괴로움과 즐거움.

백년지약(百年之約) 백년가약(百年佳約).

백년하청(百年河淸) '백 년을 기다린다 해도 황하(黃河)의 흐린 물은 맑아지지 않는다'는 뜻으로, ①오랫동안 기다려도 바라는 것이 이루어질 수 없음을 이르는 말. ②아무리 세월(歲月)이 가도 일을 해결(解決)할 희망(希望)이 없음. ③아무리 기다려도 가망(可望) 없어, 사태(事態)가 바로 잡히기 어려움. 천년일청(千年一淸).

백년해락(百年偕樂) 부부가 되어 한평생(一平生)을 같이 즐겁게 지냄.

백년해로(百年偕老) 부부(夫婦)가 서로 사이좋고 화락(和樂)하게 같이 늙음을 이르는 말.

백년행락(百年行樂) 한평생(-平生) 잘 놀고 즐겁게 지냄.

백단교집(百端交集) 만감(萬感)이 착잡(錯雜)하게 일어남.

백대지과객(百代之過客) '한 번 지나가면 영원(永遠)히 돌아오지 않는 나그네'라는 뜻으로, 세월(歲月)을 비유(比喩)해 이르는 말.

백대지척(百代之戚) '백대(百代)가 흘러가도 친척(親戚)'이라는 말.

백대지친(百代之親) 오래 전(前)부터 가깝게 지내오는 일가(一家) 사이의 친분(親分).

백도천경(百禱千經) 백 번(百番) 기도(祈禱)하고, 천 번(千番) 성경(聖經) 읽자.

백두대간(白頭大幹) '한반도(韓半島)를 동서(東西)로 크게 갈라놓은 산(山)줄기'를 이르는 말로서, 백두산(白頭山)에서 지리산(智異山)까지를 뜻하며, 한반도(韓半島)의 허파 부분이다.

백두여신(白頭如新) '서로 백발(白髮)이 되기까지 사귀어도 마음을 알지 못하면 새로 사귄 것이나 같다'는 뜻으로, 친구(親舊)가 서로 마음을 몰랐던 것을 사과하는 말.

백락일고(伯樂一顧) '백락(伯樂)이 한 번 돌아다본다'는 뜻으로, ①훌륭한 사람에게 인정(認定)받음을 이르는 말. ②알아주는 사람이 있어야 능력(能力)을 발휘(發揮)할 수 있음을 이르는 말.

백령백리(百怜百俐) 무슨 일에서든 매우 영리함.

백로천점설황앵일편금(白鷺千點雪黃鶯一片金) 백로는 천점의 눈과 같이 희고, 누런 꾀꼬리는 한 조각의 금과 같음.

백룡어복(白龍魚服) '흰 용이 물고기로 모습을 바꾸었다'는 뜻으로, 그 때문에 어부(漁夫)에게 붙잡힌다는 데서, 신분(身分)이 높은 사람이 남루(襤褸)한 옷을 입고 슬그머니 나다니다가 위태(危殆)로운 지경(地境)에 빠지게 됨을 비유(比喩)해 이르는 말.

백리남방(百里南邦) 먼 남쪽 나라.

백리부미(百里負米) 가난하게 살면서도 부모(父母)님께 효도(孝道)함의 비유(譬喩).

백리지명(百里之命) 백 리는 중국 주(周)나라 때 제후가 다스렸던 나라의 면적을, 명은 백성의 운명을 뜻하는 것으로, 한 나라의 정치를 이르는 말.

백리지재(百里之才) '사방(四方) 백 리가 되는 땅을 다스리기에 족(足)한 재주'라는 뜻으로, 재량(裁量)이 큼을 이르는 말.

백마벌기(百馬伐驥) '백 마리의 말이 한 마리의 준마를 친다'는 뜻으로, 뭇 신하(臣下)들이 한 현신(賢臣)을 제거(除去)하기 위(爲)해 몰아침을 비유(比喩)해 이르는 말.

백마비마론(白馬非馬論) 중국 전국시대의 학자 공손룡(公孫龍)의 논법(論法). '백(白)은 색깔을 가리키고, 말은 형태를 가리키므로 백마는 말이 아니라'는 논리

ㅂ

(論理)로, 궤변(詭辯)을 농(弄)하는 비유(譬喩)로 쓰임.

백만교태(百萬嬌態) 온갖 아양.

백만장자(百萬長者) 재산이 매우 많은 사람.

백면랑(白面郞) 백면서랑(白面書郞). 백면서생(白面書生)

백면서랑(白面書郞) 백면랑(白面郞). 백면서생(白面書生)

백면서생(白面書生) ①'희고 고운 얼굴에 글만 읽는 사람'이란 뜻. ②세상일(世上-)에 조금도 경험(經驗)이 없는 사람.

백무가관(百無可觀) 많은 것 가운데 가히 볼 만한 것이 없음.

백무소성(百無所成) 아무 일도 이루어 놓은 것이 없음.

백무일실(百無一失) 무슨 일에든지 하나도 실패(失敗)가 없음.

백무일취(百無一取) 많은 것 가운데 하나도 쓸 만한 것이 없음.

백무일행(百無一幸) 조그마한 요행(僥幸)도 없음.

백문일견(百聞一見) 백 번 듣는 것보다 한 번 보는 것이 낫다는 말.

ㅂ

백문불여일견(百聞不如一見) 백 번 듣는 것이 한 번 보는 것만 못하다는 말. 간접적(間接的)으로 듣기만하면 암만 해도 직접(直接) 보는 것보다는 확실(確實)하지 못하다는 말.

백미음식(百味飮食) ①여러 가지 좋은 맛으로 만든 음식(飮食). ②또는, 여러 가지 음식물(飮食物).

백반곽탕(白飯藿湯) 쌀밥과 미역국. 재래 풍속으로 생일 때 먹는 음식(飮食).

백반청추(白飯青芻) '종에게 흰 밥을 주고 말에게 싱싱한 풀을 준다'는 뜻으로, 주인(主人)의 인심(人心)이 넉넉하여 남을 후대(厚待)함을 이르는 말.

백반총탕(白飯葱湯) '쌀밥과 팟국'이란 뜻으로, '반찬이 변변찮은 검소한 음식(飮食)'을 뜻하는 말.

백발노인(白髮老人) 머리털이 허옇게 센 늙은이.

백발동안(白髮童顔) 백발(白髮)홍안(紅顔). 흰 머리에 소년(少年)처럼 불그레한 얼굴.

백발백중(百發百中) '백 번 쏘아 백 번 맞는다'는 뜻으로, ①쏘기만 하면 명중(命中)함. ②계획(計劃)이 예정(豫定)대로 들어맞음. ③무슨 일이든지 생각하는 대로 다 들어맞음.

백발비화락청운선조비(白髮悲花落青雲羨鳥飛) 늙은이는 꽃이 떨어짐을 슬퍼하고, 관리(官吏)는 새가 날음을 부러워함. 즉 높은 관직에 오르고자 함.

백발삼천장(白髮三千丈) 머리가 몹시 세었다는 것을 과장(誇張)한 말로, ①즉 늙은 몸의 서글픔을 표현(表現)한 것. ②근심이나 비탄(悲歎)이 쌓여 가는 모양(模樣)을 비유(比喩)한 말.

백발성성(白髮星星) 머리털이 희끗희끗함.

백발홍안(白髮紅顔) 센머리에 소년(少年)처럼 붉은 얼굴.
백발환흑(白髮還黑) '하얗게 센 머리털에 검은 머리털이 다시 난다'는 뜻으로, 다시 젊어짐을 이르는 말.
백방천계(百方千計) 여러 가지 방법(方法)과 온갖 계교(計巧).
백배사례(百拜謝禮) 거듭 절을 하며 고맙다는 뜻을 나타냄.
백배사죄(百拜謝罪) 수없이 절을 하며 용서(容恕)를 빎.
백배치사(百拜致謝) 수 없이 절을 하며 치사(致詞)함.
백배치은(百拜致恩) 여러 번 절하면서 입은 은혜(恩惠)를 고마워함.
백배치하(百拜致賀) 여러 번 절하면서 칭찬(稱讚)하여 축하(祝賀)함.
백백홍홍(白白紅紅) 희끗희끗하고 불긋불긋한 꼴.
백벽미하(白璧微瑕) '흰 옥에도 흠이 있다'는 뜻으로, 훌륭한 것에도 약간의 결점(缺點)이 있음을 비유(比喩)해 이르는 말.
백병통치(百病通治) 어떠한 약이 무슨 병에든지 다 보람이 있음.
백복장엄(百福莊嚴) 많은 복을 쌓은 공덕(功德)으로 갖춰진 부처의 32상.
백복지원(百福之源) 온갖 복의 근원(根源).
백부장(百夫長) 〔영〕centurion.〔헬〕κεντυρίων(캔튀리온).〔라〕centurio(켄투리오). 로마 군대 백명의 수령(首領). 신약성경(新約聖經)에 다섯 번 기록되어 있다.
백불유인(百不猶人) 백이면 백 가지가 모두 남보다 못함.
백사대길(百事大吉) 모든 일이 다 잘 되다.
백사불성(百事不成) ①모든 일이 다 실패(失敗)됨. ②또는, 아무 일도 아니 됨.
백사순리(百事順利) 하나님께서 함께 하시니 모든 일이 형통함.
백사여의(百事如意) 모든 일이 뜻대로 됨.
백사일생(百死一生) '백 번 죽을 뻔하다가 한 번 살아난다'는 뜻으로, 겨우 살아남을 이르는 말.
백사재니불염자루(白沙在泥不染自陋) 흰 모래가 진흙에 있으면, 물들이지 않아도 스스로 더러워짐.
백사재니불염자오(白沙在泥不染自汚) 백사재니불염자루(白沙在泥不染自陋).
백사청송(白沙靑松) '흰모래와 푸른 소나무'. 곧 바닷가의 아름다운 경치(景致).
백사청송(白砂靑松) '흰모래와 푸른 소나무'라는 뜻으로, 흰 모래톱의 사이사이에 푸른 소나무가 드문 드문 섞여 있는 바닷가의 아름다운 경치(景致)를 이르는 말.
백상보(白象寶) 전륜왕(轉輪王)이 가지고 있다는 칠보(七寶)의 하나.
백색선전(白色宣傳) 믿을 만한 출처(出處)나 자료(資料)를 가지고 하는 선전(宣傳).
백색테러(白色terror) 반정부(反政府) 운동이나 혁명(革命) 운동(運動)을 누르기 위하여 지배계급(支配階級)이 하는 탄압행위(彈壓行爲). (프랑스 왕권의 상

ㅂ

징인 흰 백합에서 유래함).

백석창파(白石蒼波) 흰 돌이 있고 푸른 물결이 치는, 곧 바닷가의 좋은 경치(景致).

백선효위선(百善孝爲先) 백(百)가지 선(善) 중에서, 효(孝)를 최우선(最于先)으로 한다.

백세지사(百世之師) 후세(後世)까지 오래도록 모든 사람의 스승으로 숭앙(崇仰)되는 덕과 학문(學問)이 높은 사람.

백세지후(百歲之後) 백 년 뒤. 백 살은 여간하여 살 수 없는 나이므로, '지체 높은 사람의 죽은 뒤'를 에둘러서 이르는 말.

백수건달(白手乾達) 아무 것도 없이 난봉을 부리고 돌아다니는 사람.

백수공귀(白首空歸) 나이를 먹어서 머리털이 희어져도 학문(學問)이 성취(成就)되지 않음.

백수문(白首文) '천자문(千字文)'을 달리 이르는 말. 후량(後粱)의 주흥사(周興嗣)가 하룻밤 사이에 이를 만들고 머리털이 허옇게 세었다는 고사에서 유래된 말.

백수백복(百壽百福) ①긴 수명과 온갖 복. ②여러 가지의 전자(篆字)로 써놓은 수복(壽福) 글자. 수복을 기원하기 위하여 지게문이나 두껍닫이 따위에 써 붙였다.

ㅂ

백수북면(白首北面) '재주와 덕이 없는 사람은 나이를 먹어도 스승 앞에서 북향(北向)하고 앉아서 가르침을 받아야 한다'는 뜻으로, '학문(學問)은 나이의 제한(制限)이 없이 백발(白髮) 노인(老人)이라도 배운다'는 뜻.

백수습복(百獸慴伏) 온갖 짐승이 두려워서 엎드림.

백수잔년(白首殘年) 머리가 세고 죽을 날이 가까운 늙바탕.

백수지년(白首之年) '늙은 나이'를 일컫는 말.

백수지심(白首之心) 늙은이의 마음.

백수풍신(白首風神) 늙은이의 좋은 풍채(風采).

백수풍진(白首風塵) 늙바탕에 겪는 세상(世上)의 어지러움이나 온갖 곤란(困難).

백술천려(百術千慮) 여러 가지 방책(方策)을 깊이 생각함.

백승지가(百乘之家) 전시(戰時)에 수레 백 대를 출동(出動)시킬 수 있다 하여 '경대부의 집안'을 일컫는 말.

백아절현(伯牙絕絃) 백아파금(伯牙破琴).

백아파금(伯牙破琴) '참다운 벗의 죽음'을 이르는 말. '백아(伯牙)가 거문고 줄을 끊어 버렸다'는 뜻으로, 자기(自己)를 알아주는 절친(切親)한 벗, 즉 지기지우(知己之友)의 죽음을 슬퍼함을 이르는 말. 백아절현(伯牙絕絃). 절현(絕絃).

백악구비(白堊具備) 사람됨이 고약하여 온갖 못된 점을 다 갖추고 있음.

백악지장(百樂之丈) 거문고 음악(音樂)을 숭상(崇尙)하여 일컫는 말.

백안시(白眼視) 업신여기거나 냉대(冷待)하여 흘겨봄. ↔청안시(青眼視).

백안청안(白眼青眼) '하얀 눈과 푸른 눈'이라는 뜻으로, 흘겨보는 눈초리와 정다운 눈초리를 이르는 말.

백액대호(白額大虎) 이마와 눈썹이 허옇게 센 늙은 범.

백약무효(百藥無效) 좋다는 약을 다 써도 병이 낫지 않음. 온갖 약이 다 효험(效驗)이 없음.

백약지장(百藥之長) '백 가지 약 중(中)에 으뜸'이라는 뜻으로, 술을 좋게 이르는 말.

백어입주(白魚入舟) 중국(中國) 주(周)나라의 무왕이 은(殷)나라의 주 왕을 치려고 강을 건널 때 백어가 배로 뛰어들어 은(殷)나라가 항복(降伏)한다는 조짐(兆朕)을 보였다는 데서 온 말로, 적이 항복(降伏)함을 비유(比喩)하는 말.

백억세계(百億世界) 부처가 백억화신이 되어 교화(敎化)시키는 세계(世界). 곧 온 세상(世上).

백억화신(百億化身) 백억이나 되는 석가(釋迦)의 화신.

백옥무하(白玉無瑕) '흰 옥이 흠이 없다'는 뜻으로, 결점(缺點)이 전혀 없는 사람을 이르는 말.

백운고비(白雲孤飛) ①타향(他鄕)에서 고향(故鄕)에 계신 부모(父母)를 생각함. ②멀리 떠나온 자식(子息)이 어버이를 사모(思慕)하여 그리는 정.

백운산상개명월수중주(白雲山上蓋明月水中珠) 흰 구름은 산 위의 덮개요, 밝은 달은 물 가운데의 구슬임.

백유읍장(伯兪泣杖) '백유가 매를 맞으며 운다'는 뜻으로, 늙고 쇠약해진 어머니의 모습을 보며 슬퍼함. 어버이에 대한 지극한 효심을 일컬음.

백유지효(伯兪之孝) '백유(伯兪)의 효도(孝道)'라는 뜻으로, 어버이에 대한 지극(至極)한 효심(孝心)을 일컫는 말.

백의동포(白衣同胞) 한국(韓國) 민족(民族)을 일컬음.

백의민족(白衣民族) 예로부터 흰 옷을 숭상(崇尙)하여 즐겨 입은 한민족(韓民族)을 이르는 말.

백의용사(白衣勇士) 전쟁(戰爭)하다가 다치거나 병이 든 군인(軍人). 상이군인(傷痍軍人).

백의재상(白衣宰相) 백의정승(白衣政丞).

백의정승(白衣政丞) 지난날, '유생(儒生)으로 있다가 단번에 의정(議政)벼슬에 오른 사람'을 이르던 말. 백의재상(白衣宰相).

백의종군(白衣從軍) 벼슬이 없는 사람으로 군대(軍隊)를 따라 싸움터에 나감을 이르는 말.

백의천사(白衣天使) '간호사(看護士)'를 아름답게 일컫는 말. 간호사의 미칭(美稱).

백이사지(百爾思之) 이모저모 많이 생각함.

백이지렴(伯夷之廉) 백이(伯夷)의 청렴(淸廉)함을 이르는 말.

백인극백난(百忍克百難) 백번 참으면 모든 어려움을 극복(克服)할 수 있다.

백인당중유태화(百忍堂中有太和) 백번(百番) 참으면 집안에 곧 평화(平和)가 온다.

백인만화(百認萬和) 백(百)가지를 알면, 만(萬)가지의 좋은 일이 따라온다.

백인백색(百人百色) 많은 사람들이 저마다 다른 특색(特色)이 있음.

ㅂ

백일막공과(白日莫空過) '밝은 날을 헛되이 보내지 말라'는 뜻으로, 청춘(青春)을 아껴야 함을 이르는 말.

백일막허송청춘부재래(白日莫虛送青春不再來) 세월(歲月)을 헛되이 보내지 말라, 청춘(青春)은 다시 오지 않는다.

백일무홍(百日無紅) '붉은 꽃이 100일 동안 피어 있지 못한다'는 말.

백일몽(白日夢) '한낮에 꾸는 꿈'이라는 뜻으로, 실현(實現)될 수 없는 헛된 공상을 이르는 말.

백일비승(白日飛昇) '도를 극진(極盡)히 닦아 육신(肉身)을 가진 채 대낮에 하늘에 오른다'는 뜻으로, 선인(仙人)이 되어 하늘로 오름을 이르는 말.

백일승천(白日昇天) '도를 극진(極盡)히 닦아 육신(肉身)을 가진 채 대낮에 하늘에 오른다'는 뜻으로, 선인(仙人)이 되어 하늘로 오름을 이르는 말.

백일재청천(白日在青天) '푸른 하늘에 밝은 태양(太陽)'을 뜻함.

백일천하(百日天下) '백일 동안의 천하'라는 뜻으로, ①짧은 기간 동안의 영화(榮華). ②단명(短命)한 정권(政權).

ㅂ

백일청천(白日青天) 밝은 해가 비치고 맑게 갠 푸른 하늘.

백자천손(百子千孫) 매우 많은 자손(子孫).

백전노장(百戰老將) '많은 전투(戰鬪)를 치른 노련(老鍊)한 장수(將帥)'란 뜻으로, 세상일(世上-)에 경험(經驗)이 많아 여러 가지로 능란(能爛)한 사람을 이르는 말.

백전노졸(百戰老卒) ①많은 전투(戰鬪)를 치른 노련(老鍊)한 병사. ②세상일을 많이 치러서 모든 일에 노련한 사람을 비유(比喩)하여 이르는 말.

백전백승(百戰百勝) '백번 싸워 백번 이긴다'는 뜻으로, 싸울 때마다 번번이 이김. 백전불패(百戰不敗).

백전불태(百戰不殆) 백번 싸워도 위험하지 않음, 즉 싸울 때마다 이길 만큼 뛰어남.

백전불패(百戰不敗) 백전백승(百戰百勝).

백전불회(百戰不回) '백번을 싸워도 돌아오지 않는다'는 뜻.

백절불굴(百折不屈) '백 번 꺾여도 굴하지 않는다'는 뜻으로, 어떤 어려움에도 굽히지 않음. 백절불요(百折不撓)

백절불요(百折不撓) '백 번 꺾여도 휘지 않는다'는 뜻으로, 실패(失敗)를 거듭해도 뜻을 굽히지 않음. 백절불굴(百折不屈).

백접분분설황앵편편금(白蹀紛紛雪黃鶯片片金) 흰 나비는 날리고 날리는 눈과 같고, 누런 꾀꼬리는 조각금과 같음.

백족지충(百足之蟲) 그리마, 노래기, 지네 따위와 같이 발이 많은 벌레. 겨레붙이와 벗들의 떼가 많은 사람.

백종조(伯從祖) 큰할아버지.

백주발검(白晝拔劍) 대낮에 칼을 빼 들고 함부로 날뜀.

백주지조(柏舟之操) '잣나무로 만든 배의 지조(志操)'라는 뜻으로, 남편(男便)을 잃은 아내가 끝까지 정절(貞節)을 지킴.

백주지조(栢舟之操) '백주(栢舟)라는 시를 지어 맹세(盟誓)하고 절개(節槪)를 지킨다'는 뜻으로, 남편(男便)이 일찍 죽은 아내가 절개(節槪)를 지키는 것을 의미(意味).

백주창탈(白晝搶奪) 대낮에 남의 물건(物件)을 함부로 빼앗음.

백주홍인면황금흑리심(白酒紅人面黃金黑吏心) 흰 술은 사람의 얼굴을 붉게 하고, 황금(黃金)은 아전의 마음을 검게 함.

백중세(伯仲勢) 우열(優劣)의 차이(差異)가 없이 엇비슷함을 이르는 말.

백중숙계(伯仲叔季) 형제(兄弟)의 차례(次例)를 나타내는 말. 伯은 맏이, 仲은 둘째, 叔은 셋째, 季는 막내.

백중지간(伯仲之間) 서로 비슷하여 낫고 못함이 없는 사이.

백중지세(伯仲之勢) ①형제(兄弟)인 장남과 차남(次男)의 차이(差異)처럼 큰 차이(差異)가 없는 형세(形勢). ②우열(優劣)의 차이(差異)가 없이 엇비슷함을 이르는 말.

백지상태(白紙狀態) 아무 것도 없거나 모르는 상태(狀態).

백지애매(白地曖昧) 까닭 없이 죄(罪)를 입고 화(禍)를 당하여 억울(抑鬱)함.

백척간두(百尺竿頭) '백 자나 되는 높은 장대 위에 올라섰다'는 뜻으로, 매우 위태(危殆)로움이 극도(極度)에 달함. 풍전등화(風前燈火).

백척간두진일보(百尺竿頭進一步) '백 자나 되는 높은 장대 위에 다 달아, 또 한걸음 더 나아간다'는 뜻으로, 이미 할 수 있는 일을 다 한 것인 데, 또 한 걸음 나아간다 함은 더욱 노력(努力)하여 위로 향한다는 말.

백척장고(百尺丈高) 백 자나 되는 높이.

백천만겁(百千萬劫) 한없는 햇수. 영원(永遠)한 시간(時間).

백천만사(百千萬事) 온갖 일.

백천학해(百川學海) '온갖 내는 바다를 배운다'는 뜻으로, 바다나 강은 같은 물이지만 강은 바다를 배우며 흘러서 마침내 바다로 들어감, 즉 사람이 학문(學問)을 배우는 데 있어 가져야 할 자세(姿勢)를 비유(譬喩)해 이르는 말.

백치천재(白痴天才) 백치(白痴)이면서도, 어떤 한 가지 일에는 뛰어난 재주를 가진 사람.

백태구비(百態具備) 온갖 아름다운 자태(姿態)가 다 갖추어져 있음.

백태천광(百態千光) 온갖 아름다움을 갖춘 자태(姿態).

백팔번뇌(百八煩惱) 불교(佛敎)에서 나온 말로 인간(人間)의 과거(過去), 현재(現在), 미래(未來)에 걸친 108가지의 번뇌(煩惱), 즉 사람의 마음속에 엄청난 번

뇌를 이름.

백폐구존(百弊俱存) 온갖 폐단(弊端)이 죄다 있음.

백폐구흥(百弊俱興) 온갖 쇠하여 없어진 일이 다시금 일어남.

백해무익(百害無益) 해롭기만 하고 하나도 이로울 것이 없음.

백행지본만복근원(百行之本萬福之源) 백행(百行)의 근본(根本)이고, 만복(萬福)의 근원(根源)이다.

백호주의(白濠主義) 백인(白人)만의 오스트레일리아를 주장(主張)하여 백인 이외의 인종(人種), 특히 아시아인의 이민(移民)을 배척(排斥)하였던 오스트레일리아의 인종 차별주의(差別主義)를 말한다.

백화난만(百花爛漫) 온갖 꽃이 활짝 피어 아름답게 흐드러짐.

백화요란(百花燎亂) 온갖 꽃이 불이 타오르듯이 피어 매우 화려(華麗)함.

백화제방(百花齊放) '온갖 꽃이 일시에 핀다'는 뜻으로, 갖가지 학문(學問)이나 예술(藝術)이 함께 성(盛)함의 비유(譬喩).

ㅂ

백화지원(白華之怨) 사랑을 잃은 여성(女性)의 슬픔.

백화초엽(百花草葉) 온갖 꽃과 풀잎.

백흑지변(白黑之辨) 맑음과 흐림. 바름과 요사(妖邪)스러움의 구별(區別).

번문욕례(繁文縟禮) '문(文)도 번거롭고 예(禮)도 번거롭다'는 뜻으로, 규칙(規則) · 예절(禮節) · 절차(節次) 따위가 번거롭고 까다로움.

번신상마(飜身上馬) 날쌔게 말에 올라 탐.

번연개오(幡然開悟) 모르던 것을 문득 깨달음.

번운복우(翻雲覆雨) '손바닥을 위로 향(向)하면 구름이 일고, 아래로 향(向)하면 비가 내린다'는 뜻으로, 손바닥을 뒤집듯이 인정(人情)이 변(變)하기 쉬움을 비유(比喩)해 이르는 말.

번음촉절(繁音促節) ①조선후기 음악양식의 변화를 설명할 때 쓰인 용어. ②'가락이 번잡(煩雜)하고 장단(長短)이 빠름'을 이르는 말.

번작이끽(燔作而喫) '불에 구워 먹는다'는 뜻.

번화성만(繁華盛滿) 번성(蕃盛)하고 화려(華麗)함이 가득함.

번화지기(繁華之期) 번화(繁華)스러운 시기(時期).

벌가벌가기칙불원(伐柯伐柯其則不遠) '도끼자루를 베고, 도끼자루를 벰이여, 그 법칙(法則)이 멀리 있지 않구나'라는 뜻으로, 진리(眞理)는 멀리 있는 것이 아니라 바로 자기(自己)가 실천(實踐)하는 가운데 있는 것임을 비유(比喩)하는 말.

벌목지계(伐木之契) 아무도 없는 깊은 산에서 나무하는 두 벗의 우정(友情)처럼 아주 친밀(親密)한 벗 사이의 교제.

벌성상은(伐性傷恩) 인간(人間)의 본성(本性)을 그르치고, 은애(恩愛)의 정을 손상(損傷)함.

벌성지광약(伐性之狂藥) '여색(女色)에 빠지어 타락(墮落)케 하는 약'이라는 뜻으로, 술을 이르는 말.

벌성지부(伐性之斧) '천부(天賦)의 양심(良心)을 끊는 도끼'라는 뜻으로, 사람의 마음을 탐하게 하여 성명(性命)을 잃게 하는 것, 즉 여색(女色)과 요행(儌幸·僥倖)을 이르는 말.

벌제위명(伐齊爲名) '제(齊)나라를 공격(攻擊)하나 이름만 있다'는 뜻으로, 어떠한 일을 하는 체하면서 사실(事實)은 다른 일을 함.

벌죄조민(伐罪弔民) 죄 있는 자를 벌(罰)하고, 백성(百姓)을 위문(慰問)함.

범강장달(范彊張達) 몸집이 크고 흉악(凶惡)한 사람을 가리키는 말.

범금팔초(犯禁八條) 팔조지교(八條之敎).

범백사물(凡百事物) 갖가지의 모든 사물(事物).

범사노복선념기한(凡使奴僕先念飢寒) 무릇 노복(奴僕)을 부리는 데는 먼저 그들의 춥고 배고픔을 생각할찌니라.

ㅂ

범사유인정후래호상견(凡事留人情後來好相見) 모든 일에 인자스럽고 따뜻한 정을 남겨두면, 뒷날 만났을 때는 좋은 낯으로 서로 보게 되느니라.

범사행애(凡事行愛) 모든 일을 사랑으로 행함.

범생명관(汎生命觀) 물질과 마음을 구별하지 않고 모든 것을 영화(靈化)하여 생명과 의지를 가진다고 생각한 미개인(未開人)들의 생명관(生命觀), 또는 자연관(自然觀).

범성불이(凡聖不二) 범성일여(凡聖一如).

범성일여(凡聖一如) 범인(凡人)과 성인(聖人)의 구별(區別)은 있지만, 본성(本性)은 일체(一切) 평등(平等)하다는 말. 범성불이(凡聖不二).

범수상초(凡樹常草) 흔히 볼 수 있는 보통(普通)의 나무나 풀.

범신교(汎神敎) 신이 곧 우주(宇宙)이며, 우주가 곧 신(神)이라고 믿는 종교(宗敎). 만유신교(萬有神敎).

범신론(汎神論) 신과 우주를 똑 같은 것으로 보는 종교관(宗敎觀) 또는 철학관(哲學觀). 만유신론(萬有神論).

범심론(汎心論) 만물(萬物)에는 모두 마음이 있다고 하는 설(說). 만유심론(萬有心論).

범월죄인(犯越罪人) 남의 나라에 불법(不法)으로 들어간 사람.

범인불가역상해수불가두량(凡人不可逆相海水不可斗量) 무릇 사람은 앞질러 점칠 수 없고, 바닷물은 가히 말(斗)로 될 수 없느니라.

범태육신(凡胎肉身) 사람의 몸에서 태어난 범인(凡人)의 몸.

범희무익유근유공(凡戲無益惟勤有功) 모든 희롱(戲弄)하는 것은 이익(利益)됨이 없고, 오직 부지런한 것만이 공(功)이 있느니라.

법가불사(法家拂士) 법도(法度)로써 임금을 바로잡는 세신(世臣)과 이해득실(利害得失)로써 임금을 보필(輔弼)하는 현사(賢士).

법계인기(法界悋氣) 자기(自己)에게 직접(直接) 관계(關係)없는 일로 남을 질투(嫉妬)하는 일. 특(特)히 남의 사랑을 시샘하여 질투(嫉妬)하는 것을 두고 이르는 말.

법고이지변창신이능전(法古而知變創新而能典) ①옛것을 본(本) 받더라도 변화(變化)를 알아야하며, 새 것을 창작(創作)하더라도 옛 것이 근본(根本)임을 잃지 말라는 뜻. ②옛것을 본(本)받아 새것을 창조(創造)해도 옛것을 토대로 두되, 새것을 만들어 가는 근본(根本)을 잃지 말아라.

법고창신(法古創新) '옛것을 본받아 새로운 것을 창조(創造)한다'는 뜻으로, 옛것에 토대(土臺)를 두되 그것을 변화(變化)시킬 줄 알고 새 것을 만들어 가되, 근본(根本)을 잃지 않아야 한다는 뜻. 온고지신(溫故知新)과 유사.

법구폐생(法久弊生) 좋은 법도 오랜 세월(歲月)이 지나면 폐단(弊端)이 생김.

ㅂ

법랑진주(琺瑯眞珠) 법랑질류(琺瑯質瘤).

법랑질류(琺瑯質瘤) 관직(官職) 매매(賣買) 제도(制度)를 통하여, 주로 사법관계의 관직을 사서 귀족(貴族)의 신분으로 오르게 된 신흥귀족(新興貴族)으로, 오래된 봉건귀족(封建貴族)인 대검(帶劍)과 구별 됨.

법복귀족(法服貴族) 프랑스의 절대(絕對) 군주제(君主制)에서의 관료(官僚) 귀족(貴族).

법불아귀(法不阿貴) '법은 귀한 사람에게 아부(阿附)하지 않는다'는 뜻.

법삼장(法三章) 중국(中國) 한(漢)나라 고조가 진(秦)나라의 가혹(苛酷)한 법(法)을 없애고, 단 세 가지 죄(罪)만을 정(定)한 법(法). 약법삼장(約法三章).

법약삼장(法約三章) 한(漢)나라 고조(高祖)가 진(秦)의 가혹(苛酷)한 법을 고쳐 세 조문(條文)으로 줄인 일. 살인자는 사형하고 남을 해친 자 및 도둑질한 자는 엄벌하며, 진나라 법은 폐한다는 것 등.

법어지언(法語之言) 올바른 말로 사람들을 가르치는 일.

법원권근(法遠拳近) 법은 멀고 주먹은 가깝다는 말.

법지불행자상정지(法之不行自上征之) '법(法)이 행(行)해지지 않는 이유(理由)는 위에서 그것을 지키지 않기 때문이다' 라는 뜻으로, 윗물이 맑아야 아랫물도 맑다는 뜻임.

베레모(béret帽) 천 · 가죽 등으로 만든, 차양이 없고 둥글납작한 모자(帽子).

베테랑형사(vétéran刑事) 어떤 방면에 오랫동안 종사하여 기술이나 기능이 뛰어난 사람.

벤처기업(venture企業) 첨단 기술이나 신기술을 개발하여 이를 전문화 · 기업화하는, 비교적 작은 규모의 기업. 컴퓨터의 소프트웨어, 생물 공학 부문에 많음.

벽계산간(碧溪山間) 푸른 시내가 흐르는 산골.

벽루지지(僻陋之地) 구석지고 비루(鄙陋)한 땅.
벽사진경(辟邪進慶) 사귀(邪鬼)를 쫓고 경사(慶事)로운 일을 맞이함.
벽사초복(僻邪招福) '요란스런 귀신(鬼神)을 물리치고 복을 불러드린다'는 뜻.
벽안자염(碧眼紫髥) '파란 눈과 붉은 수염(鬚髥)'이라는 뜻으로 서양(西洋) 사람을 이르는 말.
벽암유석(碧巖幽石) 이끼 낀 푸른 바위와 그윽한 돌.
벽옥혼식(碧玉婚式) 결혼(結婚) 40주년(周年). 모직혼식(毛織婚式).
벽위화소립춘호조제래(壁危花笑立春好鳥啼來) 벽이 위태(危殆)로우나 꽃은 웃으며 서 있고, 봄이 좋으나 새는 울면서 옴.
벽재일우(僻在一隅) 외진 곳의 한 구석에 외따로 있음.
벽창우(碧昌牛) '평안북도(平安北道) 벽동(碧潼)과 창성(昌城) 지방(地方)의 크고 억센 소'란 뜻으로, 미련하고 고집(固執)이 센 사람을 비유(比喩). 벽창호의 본딧말.
벽토척지(闢土拓地) 버려두었던 땅을 일구어서 쓸모있는 땅으로 만듦.
벽항궁촌(僻巷窮村) 외진 곳에 있는 가난한 마을.
벽해상전(碧海桑田) '푸른 바다가 뽕나무 밭이 되었다'라는 뜻으로, 세상(世上)이 몰라 볼 정도(程度)로 바뀐 것. 세상(世上)의 모든 일이 엄청나게 변해버린 것. 상전벽해(桑田碧海). 상전창해(桑田滄海). 창상지변(滄桑之變). 창해상전(滄海桑田).
벽해황용택청송백학루(碧海黃龍宅靑松白鶴樓) 푸른 바다는 누런 용의 집이요, 푸른 소나무는 흰 학의 누각(樓閣)임 .
변동일실(便同一室) 남과 썩 가깝게 친(親)하여 한 집안이나 마찬가지임.
변명무로(辨明無路) 변명(辨明)할 길이 없음.
변법자강(變法自疆) 법령(法令)을 개혁(改革)하여 국력(國力)을 튼튼하게 함.
변불신기(便不神奇) 듣던 바와는 달리 별로 신기(神奇)할 것이 없음.
변상중지(邊上重地) 변경(邊境)의 중요(重要)한 땅.
변색지언(變色之言) 안색(顔色)을 바꾸고 노해 꾸짖는 말.
변역생사(變易生死) 삼계에서 나고 죽고 하는 몸을 떠난 뒤 성불(成佛)하기까지의 성자가 받는 삼계 밖의 생사.
변저위복(變詛爲福) 저주를 변하여 복이 되게 하심.
변전의성(弁轉疑星) 많은 사람들의 관에서 번쩍이는 구슬이 별안간 의심(疑心)할 정도(程度)임.
변조광명(邊照光明) '세계(世界)에 두루 비치어 이르지 않은 데가 없다'는 뜻으로, '아미타불(阿彌陀佛)의 광명'을 일컫는 말.
변죽울림(邊-) 에둘러서 주는 암시(暗示).

변증법신학(辨證法神學) 〔영〕Dialectical Theology.〔독〕Die Dialektische Theologie.
변증법적 신학은 제 1차 세계대전 이후 프로테스탄트 신학 내부에 등장하여 당시 신학적, 철학적 논쟁들이 있었고, 제 2차 세계대전 이후에는 비 신화와 실존적 해석이 그 논쟁들의 주류를 이루었다. 여기서 확고한 위치를 차지하고 있었던 사상운동(思想運動)에 붙여진 명칭이다. 변증법적 신학의 주역(主役)들은 바르트, 투르나이젠, 브룬너, 고가르텐 그리고 불트만이었다.

변출불의(變出不意) 변스러운 일이 뜻밖에 생김.

변태백출(變態百出) 가지각색(各色)으로 모양(模樣)을 바꿈.

변통무로(變通無路) 변통(變通)할만한 길이 없음.

변화난측(變化難測) 변화(變化)가 심(甚)하여 이루 다 헤아리기 어려움.

변화막측(變化莫測) 무궁(無窮)한 변화(變化)를 헤아릴 수가 없음.

변화무궁(變化無窮) 변화(變化)가 한정(限定)이 없음.

ㅂ

변화무상(變化無常) 변화(變化)가 심해 종잡을 수 없음.

변화무쌍(變化無雙) 세상(世上)이 변(變)하여 가는 것이 더할 수 없이 많고 심(甚)함.

변화불측(變化不側) 끊임없이 달라져서 이루 다 헤아릴 수가 없음.

별건곤(別乾坤) ①이 세상(世上) 밖의 다른 세상(世上). ②속(俗)된 세상(世上)과는 딴 판으로 아주 좋은 세상(世上).

별무가관(別無可觀) 별로 볼 만한 것이 없음.

별무신통(別無神通) 별로 신통(神通)할 것이 없음.

별무장물(別無長物) 필요한 것 이외에는 갖지 않음. 검소한 생활(生活.)

별성마마(別星媽媽) 호구별성(戶口別星)의 높임말. 집집마다 찾아다니며 천연두를 앓게 한다는 여신을 높여 이르는 말.

별세계(別世界) ①이 세상(世上) 밖의 다른 세상(世上). ②속(俗)된 세상(世上)과는 딴 판으로 아주 좋은 세상(世上).

별유건곤(別有乾坤) 이 세상에서 볼 수 없는 아주 좋은 세상. 또는 딴 세상.

별유천지(別有天地) '속계를 떠난 특별한 경지에 있다'라는 뜻으로, 별세계(別世界)를 말함.

별유천지비인간(別有天地非人間) 현세(現世)와 동 떨어져 있는 세상으로 인간(人間)이 살지 않는 곳.

별유풍경(別有風景) 보통(普通) 볼 수 없는 특별(特別)히 좋은 풍경(風景).

별천계(別天界) ①지구(地球) 밖의 세계(世界). ②속(俗)된 세상(世上)과는 아주 다른 세상(世上). 딴 세상(世上).

병가상사(兵家常事) '병가(兵家)에는 항상(恒常) 있는 일'이란 뜻으로, ①흔히 있는 일. 또는 '실패(失敗)는 흔히 있는 일이니 낙심할 것 없다'는 뜻. ②전쟁(戰

爭)에서 이기고 지는 일은 흔한 일이므로, 지더라도 낙담(落膽)하지 말라는 말.

병가어소유(病加於小愈) '병(病)은 회복기(回復期)에 조리(調理)를 게을리 하면 도리어 전보다 더 무거워진다'는 뜻으로, 재앙(災殃)은 사소한 방심(放心)에서 비롯됨을 비유(比喩)하는 말.

병개가묘(竝皆佳妙) 모두가 아름다우며 묘한 재주임.

병거지회(兵車之會) 병거를 거느리고 무력(武力)으로 하는 회맹(會盟).

병구사장(病救死葬) 병이 나면 돕고, 죽으면 장례(葬禮)를 치러 줌.

병귀신속(兵貴神速) 용병(用兵)을 하는 데는 신속(迅速)해야 한다는 말.

병마지권(兵馬之權) 군(軍)을 편제하여 통수(統帥)할 수 있는 권능(權能).

병문친구(屛門親舊) '늘 길거리에 모여 뜬벌이를 하는 막벌이꾼'을 이르는 곁말. 장석친구(長席親舊).

병불리신(病不離身) 병이 몸에서 떠날 날이 없음.

병불염사(兵不厭詐) '용병(用兵)에 있어서는 적을 속이는 것도 싫어하지 않는다'는 뜻으로, 전쟁에서는 속임수도 꺼리지 않는다는 뜻.

ㅂ

병불이신(病不離身) 병(病)이 몸에서 떠날 날이 없음.

병불재다(兵不在多) '군사(軍士)는 많은 것만 좋은 것이 아니요, 정예(精銳)한데에 뜻이 있다'는 말.

병불혈인(兵不血刃) '병사(兵士)가 칼에 피를 묻히지 아니하였다'는 뜻으로, '피를 흘릴 만한 싸움도 아니하고 쉽게 이김'이라는 말.

병비익다(兵非益多) '전쟁(戰爭)에 있어서 병력(兵力)이 많다고만 좋은 것은 아니라'는 뜻.

병사방계(丙舍傍啓) 병사(丙舍) 곁에 통로(通路)를 열어 궁전(宮殿) 내(內)를 출입(出入)하는 사람들의 편리(便利)를 도모(圖謀)했음.

병사방계갑장대영(丙舍傍啓甲帳對楹) 갑장대영(甲帳對楹).

병사지야(兵死地也) '전쟁(戰爭)에서 사람은 죽는다'는 말로, 사람은 죽을 각오(覺悟)를 하고 전쟁(戰爭)에 임(臨)해야 한다는 뜻.

병상첨병(病上添病) 앓는 중(中)에 딴 병이 또 겹쳐 남.

병소혁언(兵銷革偃) '병기를 녹여 없애고 갑옷은 버려둔다'는 뜻.

병이지성(秉彝之性) 떳떳하게 타고난 천성(天性).

병인교난(丙寅敎難) 병인박해(丙寅迫害).

병인박해(丙寅迫害) 조선 고종 3(1866.병인)년에 일어났던, 대원군에 의한 천주교 박해 사건. 병인교난(丙寅敎難)

병인양요(丙寅洋擾) 조선 고종 3(1866.병인)년에, 대원군(大院君)의 천주교(天主敎) 탄압(彈壓)으로 프랑스 함대가 강화도(江華島)를 침범(侵犯)한 사건.

병인요법(病因療法) 병의 원인(原因)을 없애거나 다스림으로써 병을 치료하는 방법.

병입고황(病入膏肓) '병이 고황에까지 들었다'는 뜻으로, ①병이 위중(危重)하여 치료(治療)할 수 없는 것을 말함. ②고치기 어려운 오류(誤謬)에 비유(比喩)하기도 함.

병입골수(病入骨髓) 골수(骨髓)에 스며들 정도(程度)로 병이 깊고 위중(危重)함.

병자국치(丙子國恥) '병자년에 당한 나라의 수치'란 뜻으로 '병자호란(丙子胡亂)'을 이르는 말.

병자수호조규(丙子修護條規) 운양호(雲揚號) 사건을 계기로, 조선 고종 13(1876)년에 우리나라와 일본 사이에 맺어진 12개 항목의 조약. (일본의 강압으로 맺어진 불평등 조약임). 병자수호조약(丙子修護條約). 강화도조약(江華島條約).

병자수호조약(丙子修護條約) 병자수호조규(丙子修護條規). 강화도조약(江華島條約).

병자호란(丙子胡亂) 조선 인조 14(1636.병자)년에 청나라가 침입해 온 난리. (이듬해 정월에 청과 굴욕적인 화약(和約)을 맺음). 병란(丙亂). 호란(胡亂).

ㅂ

병종구입(病從口入) 병은 음식(飮食)을 조심하지 않는 데에서 생긴다는 뜻.

병종구입화종구출(病從口入禍從口出) '병(病)은 입을 따라 들어오고, 화(禍)는 입을 따라 나간다'라는 뜻으로, 병은 음식(飮食)을 잘못 먹어 생기고, 화는 말을 잘못하여 생긴다는 말.

병좌임향(丙坐壬向) 묏자리나 집터 따위가 병방을 등지고 임방을 향한 좌향(坐向).

병주고향(竝州故鄕) 병주지정(竝州之情).

병주지정(竝州之情) ①오래 살던 타향(他鄕)을 고향(故鄕)에 견주어 이르는 말. ②제2의 고향(故鄕).

병즉치기우(病則致其憂) '부모님이 병환(病患)이 들면 근심을 다 하라'는 뜻.

병진시궁(兵盡矢窮) 병사(兵士)들이 거의 희생(犧牲)되고 화살이 다 떨어짐.

병촉야유(秉燭夜遊) '촛불을 들고 밤에 논다'는 뜻으로, 경치(景致)가 좋을 즈음 낮에 놀던 흥(興)이 미진해서 밤중까지 놂을 이르는 말.

병촉야행(秉燭夜行) '촛불을 들고 밤길을 간다'는 뜻으로, 시기(時期)에 늦음을 비유(譬喩)하는 말.

병풍상서(病風傷暑) '바람에 병들고 더위에 상함'이라는 뜻으로, '고생(苦生)스러운 세상(世上)살이에 쪼들림'이라는 말.

병풍상성(病風喪性) 병으로 말미암아 마음이 들떠서 본성(本性)을 잃어버림.

병필지임(秉筆之任) '사필(史筆)을 잡은 소임(所任)'이라는 뜻으로, 예문관(藝文館)의 검열(檢閱)을 이르던 말.

병행불패(竝行不悖) 두 가지 일을 한꺼번에 치러도 사리(事理)에 어긋남이 없음.

보거상의(輔車相依) '수레의 덧방나무(輔)와 바퀴(車)가 서로 의지(依支)한다'는 뜻으로,

서로 도와서 의지(依支)하는 깊은 관계(關係)를 이르는 말.

보고문학(報告文學) 기록문학(記錄文學). 문서문학(文書文學). ↔구비문학(口碑文學). 구승문학(口承文學).

보과습유(補過拾遺) 임금의 잘못을 바로잡아 고치게 함.

보국안민(輔國安民) 나랏일을 돕고 백성(百姓)을 편안(便安)하게 함.

보리살타(菩提薩埵:Bodhisattva) ①부처에 버금가는 성인. ②〈보살승〉의 준말. ③'고승(高僧)'을 높이어 이르는 말. ④'나이 많은 여신도'를 대접하여 이르는 말. ⑤〈보살할미〉의 준말.

보리장기(–將棋) '법식을 모르고 아무렇게나 두는 장기'를 조롱(嘲弄)하여 이르는 말.

보무당당(步武堂堂) 걸음걸이가 씩씩하고 버젓함.

보무타려(保無他慮) 조금도 의심(疑心)할 여지가 없이 아주 확실(確實)함.

보보행진(步步行進) 많은 사람이 한 걸음 한 걸음 발을 맞추어 걸어감.

보복지리(報復之理) 서로 대갚음을 하는 자연(自然)의 이치(理致).

보본반시(報本反始) '근본(根本)에 보답(報答)하고 처음으로 돌아간다'는 뜻으로, 천지(天地)와 선조(先祖)의 은혜(恩惠)에 보답(報答)함.

보본추원(報本追遠) 조상(祖上)의 음덕(陰德)을 추모(追慕)함.

보생이사(報生以死) 자신(自身)의 삶의 은인인 군사부(君師父)에 대(對)해서 죽음으로써 보답(報答)함.

보세지주(保世之主) 세상(世上)을 잘 다스려 보전(保全)하는 군주(君主).

보소심재(寶所心在) '보물이 있는 곳에 마음도 있다'는 말.

보수적(保守的) 보수의 경향(傾向)이 있는 것. ↔진보적(進步的). 혁신적(革新的).

보수주의(保守主義) 현재의 상태나 질서를 지키기를 좋아하고, 전통과 관습을 중히 여겨서 급격한 변화(變化)는 원하지 않는 주의, 주장. ↔진보주의(進步主義). 혁신주의(革新主義).

보시구난(報時救難) '시대(時代)를 도와서 환난(患難)을 구(救)한다'는 뜻으로, 잘못된 것을 바로잡고 미치지 못하는 곳을 보살핌을 이르는 말.

보신지책(保身之策) 일신(一身)을 보전(保全)해 가는 꾀.

보왕삼매론(寶王三昧論) (불교 용어로서) 수행과정에서, 나타나는 장애를 극복하기 위한 10가지 지침을 담고 있는 글.

보우지차(鴇羽之嗟) '너세 날개의 탄식(歎息)'이라는 뜻으로, 백성(百姓)이 난리(亂離)나 부역으로 부모를 봉양(奉養)할 수 없음을 탄식(歎息)함.

보원이덕(報怨以德) '원한(怨恨) 있는 자에게 은덕(恩德)으로써 갚는다'는 뜻으로, 앙갚음하지 않는다는 말.

보이국사(報以國士) '남을 국사(國士)로 대우(待遇)하면 자기(自己)도 또한 국사(國士)로서 대접(待接)을 받는다'는 뜻으로, 지기(知己)의 은혜(恩惠)에 감동(感動)함을 이르는 말.

보천솔토(普天率土) '온 하늘의 아래와 온 땅의 끝'이라는 뜻으로 온 세상을 이르는 말. 보천지하보천솔토(普天之下普天率土)의 줄인 말.

보천지하(普天之下) '온 하늘의 아래'라는 뜻으로 온 세상이나 넓은 세상을 이르는 말.

보천지하보천솔토(普天之下普天率土) '온 하늘의 아래'라는 뜻으로, '온 세상(世上)'을 일컫는 말.

보첩여비(步屧如飛) 걸음이 나는 듯이 썩 빠름. 원말은 '보섭'(步屧)임.

보편타당(普遍妥當) 특별(特別)하지 않고 사리에 맞아 타당(妥當)함.

보필지신(輔弼之臣) 임금의 덕업(德業)을 보필(輔弼)하는 신하(臣下).

보필지임(輔弼之任) 보필(輔弼)의 책임(責任), 또는 직임(職任).

보필지재(輔弼之才) ①보필(輔弼)할만한 재능(才能). ②또는, 그런 재능(才能)을 갖춘 사람.

보합대화(保合大和) '한마음을 가지면 큰 의미(意味)의 대화합(大和合)을 이룰 수 있다'는 뜻.

ㅂ **보혜사**(保惠師) 예수께서 승천(昇天)하시고 후에 보내주시는 성령(聖靈)을 가리킨 말. 「헬라」어 「파라 크레에토스」를 번역(飜譯)한 말.

보화난수(寶貨難售) '값비싼 보물(寶物)이 쉽게 팔리지 않는다'는 뜻으로, 훌륭한 사람은 기량(器量)이 크므로 남에게 등용(登用)되기 어렵다는 말.

복거지계(覆車之戒) '앞의 수레가 뒤집히는 것을 보고, 뒤의 수레는 미리 경계(警戒)한다'는 뜻으로, 앞사람의 실패(失敗)를 본보기로 하여 뒷사람이 똑같은 실패(失敗)를 하지 않도록 조심함을 이르는 말.

복고사상(復古思想) 옛날 그대로 돌아가고자 하는 생각.

복고여산(腹高如山) 배가 남산 만함. 배가 산처럼 높다. 아이 밴 여자가 배가 부르다의 뜻.

복과재생(福過災生) 복이 너무 지나치면 도리어 재앙(災殃)이 생긴다는 말.

복과화생(福過禍生) 지나친 행복(幸福)은 도리어 재앙(災殃)의 원인(原因)이 됨.

복낙원(復樂園 Paradise Regained) 영국(英國), John Milton의 서사시(敍事詩)로서, 실낙원(失樂園)의 속편(續編)임. 1671년에 간행(刊行)되었고 4권으로 되어있다. 내용(內容)은 황원(荒原)에 있어서의 예수님의 사랑과 Satan의 유혹(誘惑)을 주제(主題)로 하여, 지상낙원(地上樂園)이 다시 인간에게 회복(回復)될 때까지의 이야기를 그린 문학 책(文學 册). 하나님의 독생자(獨生子) 예수께서 악마(惡魔)를 물리치고, 승리하심으로서 잃었던 낙원을 회복(回復)시키는 내용(內容)임. 상(上)하권(下卷)이 있으며, 상권은 실낙원(失樂園)이다.

복덕원만(福德圓滿) 복과 덕, 즉 행복(幸福)과 이익(利益)이 넘쳐흐를 정도(程度)로 가득함.

복룡봉추(伏龍鳳雛) '엎드린 용과 봉황(鳳凰)의 새끼'라는 뜻으로, 엎드려 있는 용이란 제갈공명(諸葛孔明)을 가리키고, 봉왕의 새끼란 방사원(龐士元)을 이름인데, 아직 세상(世上)에 알려지지 않은 특출(特出)한 인물(人物)과 장래(將來)가 촉망(屬望)되는 젊은이를 이르는 말.

복리지면(腹裏地面) 나라의 중심부(中心部)에 해당(該當)하는 지역(地域).

복마전(伏魔殿) '마귀(魔鬼)가 숨어 있는 전당(殿堂)'이라는 뜻으로, ①마귀(魔鬼)가 숨어 있는 집이나 굴. ②음모(陰謀)가 그칠 새 없이 꾸며지는 악의 근거지.

복명복창(復命復唱) '상관(上官)으로부터 명령(命令)과 임무(任務)를 받으면서 그 내용(內容)을 되풀이 말하며 틀림없이 그 일을 해 내겠다'는 뜻을 나타내는 일.

복모구구(伏慕區區) 주로 편지(便紙)글에서, '삼가 사모(思慕)하는 마음 그지 없습니다'의 뜻으로 쓰는 말.

복무쌍지(福無雙至) 복은 거듭 오지 않으며, 한꺼번에 둘씩 오지도 않음.

복무쌍지과불단행(福無雙至過不單行) 복무쌍지화불단행(福無雙至禍不單行).

복무쌍지화불단행(福無雙至禍不單行) '복은 쌍으로 오지 않고, 화는 홀로 다니지 아니한다. 내적 도덕 수양이 높아지면, 외적 유혹은 그보다 열배나 더 많아지니 수양도 중요하지만, 특히 유혹을 조심하라'는 뜻. 복무쌍지과불단행(福無雙至過不單行).

복배수적(腹背受敵) 앞뒤로 적을 만남.

복배지모(腹背之毛) '배와 등(等)에 난 털'이라는 뜻으로, 있으나 없으나 문제(問題)가 되지 않음.

복배지수(覆杯之水) '엎지른 물'의 뜻으로, 이미 글러 다시 바로 잡거나 바로잡아 회복(回復)하기 어렵게 저지른 일의 비유(譬喩).

복복장자(福福長者) 복이 많은 부자(富者).

복불단행(福不單行) 복은 혼자 오지 않고 계속 온다. ↔화불단행(禍不單行).

복불습길(卜不襲吉) '한 번 길조(吉兆)를 얻으면 다시 더 점(占)을 칠 필요(必要)가 없다'는 말.

복불재강(服不再降) 상례(喪禮)에서 이중(二重)으로 강복하지 아니함.

복불중지(福不重至) 복은 거듭 오지 않으며 한꺼번에 둘씩 오지도 않음.

복상지음(濮上之音) 음란(淫亂)한 음악(音樂).

복생어무위(福生於無爲) 행복(幸福)은 무위(無爲)한 마음에서 생겨난다는 말.

복생어청검(福生於淸儉) 복(福)은 검소(儉素)함에서 생긴다.

복선화음(福善禍淫) 착한 사람에게는 복이 오고 못된 사람에게는 재앙(災殃)이 옴.

복소파란(覆巢破卵) '둥지를 뒤 엎고 알을 깬다'는 뜻으로, 부모의 재난에 자식도 화를 당한다는 뜻.

복수난수(覆水難收) '엎지른 물은 다시 담을 수 없다'는 말로, 한 번 저지른 일은 어찌할 수 없음.

복수불반분(覆水不返盆) '한번 쏟은 물은 다시 그릇에 담을 수 없다'는 뜻으로, ①한번 헤어진 부부(夫婦)가 다시 결합(結合)할 수 없음을 비유(比喩)한 말. ②한번 끝난 일은 되풀이 못함.

복수불수(覆水不收) ①'엎질러진 물은 다시 담지 못한다'는 뜻. ②한 번 저지른 일은 다시 어찌 할 수 없음을 이름. ③다시 어떻게 수습(收拾)할 수 없을 만큼 일이 그릇됨.

복식호흡(腹式呼吸) 배의 근육(筋肉)을 움직여서 횡격막을 신축시키면서 하는 호흡(呼吸).

복심내란(腹心內爛) '뱃속이 짓무른다'는 뜻으로, 내부(內部)에서의 붕괴(崩壞)를 이르는 말.

복심지신(腹心之臣) 뜻을 같이하고 믿을 수 있는 신하(臣下).

복심지우(腹心之友) 마음이 맞는 극진(極盡)한 친구(親舊).

복심지질(腹心之疾) '배나 가슴이 아픈 고치기 어려운 병'이라는 뜻으로, 털어 버릴 수 없는 근심과 걱정을 비유(譬喩)하는 말.

복연선경(福緣善慶) 복(福)은 착한 일에서 오는 것이니, 착한 일을 하면 경사(慶事)가 옴.

ㅂ

복우번운(覆雨飜雲) 소인배(小人輩)의 우정(友情)의 변덕스러움을 이르는 말.

복유성해(福流成海) 축복이 바닷물같이 밀려오라는 덕담(德談).

복음사덕(福音四德) 가톨릭에서, 예수가 복음으로써 가르친 네 가지 덕행(德行), 곧 겸손·가난·정결·순명(順命)을 이름.

복음서(福音書) 신약성서(新約聖書) 중(中), 예수의 생애(生涯)와 언행을 적은 마태복음·마가복음·누가복음·요한복음의 네 책을 아울러 이르는 말.

복음성가(福音聖歌) 기독교적(基督敎的) 신앙과 교리를 제재로 한 가요. 가스펠 송(Gospel song).

복음주의(福音主義) 〔영〕Evangelicalism. 말의 뜻은 복음서의 교의 및 정신에 일치하는 것을 말하나, 역사상의 이 용어의 용법과 의의는 여러 가지이다. 이 말은 칼빈파나 알미뉴스파의 신학설에도 균등하게 사용되며, 영국에서는 웨슬리안·메도디스트 교회에 사용되고, 독일에서는 로마 가톨릭 교회와 프로테스탄트 교회를 구별하는데 이 말을 쓴다.

복음천하(福音天下) '복음(福音)을 천하 만민에게 전파(傳播)하라'는 뜻.

복이회아유이포아(腹以懷我乳以哺我) 배로써 나를 품어 주시고, 젖으로써 나를 먹이셨도다.

복인복과(福因福果) 복덕(福德)의 인으로 말미암아 복덕(福德)의 과보(果報)를 얻는 일.

복잡다기(複雜多岐) 복잡다단(複雜多端).

복잡다단(複雜多端) 일이 얽히고 설키어 갈피를 잡기 어려움.

복잡반응(複雜反應) 복합반응(複合反應).

복재양인(福在養人) '복(福)은 재물(財物)이 아니라, 사람을 키우는 데 있다'는 뜻을 나타냄.

보졸막여근(補拙莫如勤) 근면으로서 자기의 부족을 보충하라.

복생어청검덕생어비퇴(福生於淸儉德生於卑退) '복은 검소한데서 생기고 덕은 자신을 낮추고 물러나는데서 생기며, 지혜는 고요히 생각하는데서 생긴다'는 뜻.

복주병진(輻輳並臻) 복주병진(輻湊竝臻). 복주(輻輳).

복주병진(輻湊竝臻) ①두 눈의 주시선(注視線)이 눈앞의 한 점으로 집중하는 일. ②'한 곳으로 많이 몰려 듦'을 이르는 말. 복주(輻輳).

복주복야(卜晝卜夜) ①낮 또는 밤의 길흉(吉凶)을 점침. ②술 마시고 노는 것이 절도(節度)가 없이 주야(晝夜)로 계속(繼續)됨을 일컫는 말.

복주지하무백이(覆舟之下無伯夷) '뒤집힌 배 밑에는 백이(伯夷)와 같은 현인(賢人)은 없다'는 뜻으로, 군자(君子)는 위험(危險)을 가까이 하지 않음을 비유(比喩)하는 말.

복중창(複重唱) 각 성부(聲部)에 2명씩 편성(編成)된 중창(重唱). 더블 콰르텟〔double quartet(te)〕.

복지부동(伏地不動) '땅에 엎드려 움직이지 아니한다'는 뜻으로, 마땅히 해야 할 일을 하지 않고 몸을 사림을 비유(譬喩)하는 말.

복지사례(伏地謝禮) 땅에 엎드려 사례(謝禮)함.

복지유체(伏地流涕) 땅에 엎드려 눈물을 흘림.

복차지계(覆車之戒) '먼저 간 수레가 엎어진 것을 보고 경계(警戒)를 한다'는 말. '복철을 밟지 말라'는 속담(俗談)으로, 앞 사람의 실패(失敗)를 거울삼아 뒷사람은 조심하여 실패(失敗)가 없도록 하라는 말.

복첩지역(僕妾之役) 남종과 여종의 일.

복청포간(伏靑蒲諫) 청포는 임금의 좌석(座席)에 까는 청록(靑綠)의 부들자리로, 청포(靑蒲) 앞에 엎드려 간(諫)한다는 뜻임.

복패지환(覆敗之患) '뒤집혀서 패할 근심'이라는 뜻으로, ①배가 전복할 근심. ②싸움에 패할 근심. ③가운(家運)이 기울어질 근심.

복합반응(複合反應) 자극(刺戟)과 반응(反應)사이에 여러 가지 정신 작용이 끼는 반응.

본가입납(本家入納) 본제입납(本第入納).

본래면목(本來面目) 사람마다 갖추어 있는 심성(心性).

본립도생(本立道生) '기본(基本)이 바로 서면, 길 또한 자연스럽게 생긴다'는 뜻을 나타냄.

본말전도(本末顚倒) ①일이 처음과 나중이 뒤바뀜. ②일의 근본(根本) 줄기는 잊고 사소(些少)한 부분(部分)에만 사로잡힘.

본문개현(本門開顯) 석가(釋迦)가 자신(自身)이 보리수 아래에서 처음으로 성도(성불)한 새로운 부처가 아니라 구원겁 전(前)에 성도한 근본(根本) 부처임을 말하여 밝힌 일.

본비아물(本非我物) '본디 내 것이 아니라'는 뜻으로, 뜻밖으로 얻었던 물건(物件)은 잃어

ㅂ

버려도 서운할 것이 없다는 말.

본비아토(本非我土) 본비아물(本非我物).

본연지성(本然之性) '사람이 본디부터 가지고 있는 심성'이란 뜻으로, 지극(至極)히 착하고 조금도 사리사욕(私利私慾)이 없는 천부 자연(自然)의 심성.

본원왕생(本願往生) 부처의 서원(誓願)으로 구제(救濟)를 받아, 극락(極樂)에 왕생(往生)하는 일.

본유관념(本有觀念) 나면서부터 가지고 있는 선천적(先天的) 관념(觀念). 생득관념(生得觀念). ↔습득관념(習得觀念).

본제입납(本第入納) 자기(自己) 집에 편지(便紙)할 때에 겉봉 표면(表面)에 자기(自己) 이름을 쓰고 그 밑에 쓰는 말. '자신의 본 집으로 돌아간다'는 뜻.

본지백세(本支百世) '근본(根本)과 갈린 것이 오래 번영(繁榮)한다'는 뜻으로, 한 가문(家門)이 오래도록 영화(榮華)로움.

본체론(本體論) 존재론(存在論).

ㅂ

봉건국가(封建國家) 봉건 제도를 바탕으로 성립된 국가.

봉건사상(封建思想) 봉건 사회의 성립과 존속의 바탕이 되었던 인습적 · 전제적(專制的)인 사상. 주종 관계나 충효의 정신 등을 중시하였음.

봉건사회(封建社會) 봉건 제도를 바탕으로 한 사회. 군주 · 제후 · 교회 등이 그 토지를 농노(農奴)에게 경작시켜 농산물을 거두어들이고 노역(勞役)을 시킴으로써 자급자족의 경제가 이루어졌음.

봉건시대(封建時代) 봉건 제도가 국가나 사회생활의 기준이었던 시대.

봉건적(封建的) ①신분이나 지위 등 상하 관계의 질서만을 중히 여기어, 개인의 자유나 권리를 존중하지 않는 것, 또는 그러한 사고방식인 것. ②봉건제도의 성격을 가지고 있는 것.

봉건제도(封建制度) 군주와 제후 사이의 주종 관계를 바탕으로 하여 확립되었던 정치제도(政治制度).

봉건주의(封建主義) ①봉건사회의 사상. ②봉건적인 의식이나 문화의 성격(性格).

봉격지희(奉檄之喜) 부모(父母)를 모시고 있는 사람이 고을의 원(員)이 되는 기쁨.

봉고파직(封庫罷職) 부정(不正)을 저지른 관리(官吏)를 파면(罷免)시키고 관고(官庫)를 봉하여 잠그는 일.

봉기불탁속(鳳飢不啄粟) '봉(鳳)은 굶주려도 좁쌀을 쪼지 않는다' 함이니, 굳은 절개(節概)를 뜻하는 말.

봉두구면(蓬頭垢面) '쑥처럼 흐트러진 머리와 때 묻은 얼굴'이라는 뜻으로, 외양(外樣)이 그다지 마음을 쓰지 않고 무관심(無關心)함을 이름.

봉두난발(蓬頭亂髮) 다북쑥처럼 더부룩이 흐트러진 머리털.

봉두역치(蓬頭歷齒) '쑥대강이같이 덥수룩하게 흐트러진 머리털에 성긴 이'라는 뜻으로, 노인(老人)의 용모를 비유(比喻)하는 말.

봉래약수(蓬萊弱水) '봉래(蓬萊)와 약수(弱水)의 차이'라는 뜻으로, 아주 큰 차이가 있음을 비유한 말. 봉래는 동쪽 바다에 떠있는 섬. 약수는 서쪽 대륙을 휘도는 강이름. 이들의 거리는 매우 멀다고 함.

봉린지란(鳳麟芝蘭) '봉황(鳳凰), 기린(麒麟)과 같이 잘난 남자(男子)와 지초(芝草), 난초(蘭草)와 같이 예쁜 여자(女子)라'는 뜻으로, 젊은 남녀(男女)의 아름다움을 형용(形容)하는 말.

봉명조양(鳳鳴朝陽) '봉황(鳳凰)이 산의 동쪽에서 운다'는 뜻으로, 천하(天下)가 태평(太平)할 조짐(兆朕), 뛰어난 행위(行爲)를 칭찬(稱讚)하는 말.

봉모인각(鳳毛麟角) '봉황의 털과 기린의 뿔'이란 뜻으로, 뛰어난 인물 또는 희귀한 물건을 비유하는 말.

봉방수와(蜂房水渦) '벌의 집과 물의 소용돌이'라는 뜻으로, 건물(建物)이 꽉 들어차 있는 모양(模樣)을 형용(形容)해 이르는 말.

ㅂ

봉복절도(捧腹絕倒) '배를 안고 넘어진다'는 뜻으로, 몹시 우스워서 배를 안고 몸을 가누지 못할 만큼 웃음. 포복절도(抱腹絕倒).

봉생마중(蓬生麻中) '삼밭의 쑥은 받쳐주지 않아도 삼처럼 곧게 자란다'는 뜻으로, 모든 선악(善惡)은 환경(環境)에 따라 크게 달라짐을 비유하는 말. 마중지봉(麻中之蓬).

봉생마중불부자직(蓬生麻中不扶自直) 쑥이 삼 가운데서 자라면, 붙들어 주지 않아도 스스로 곧아짐.

봉생마중불부직(蓬生麻中不扶直) '굽어지기 쉬운 쑥대도 삼밭에서 자라면 곧게 자란다'는 뜻으로, ①좋은 벗과 사귀면 좋은 사람이 된다는 말. ②좋은 만남이 좋은 인연을 낳고, 좋은 인연이 좋은 결과를 낳는다.

봉생황용생용(鳳生凰龍生龍) '봉황(鳳凰)은 봉황을 낳고, 용은 용(龍)을 낳는다'라는 뜻.

봉수구면(蓬首垢面) 헝클어진 머리와 때가 낀 얼굴.

봉시불행(逢時不幸) 공교(工巧)롭게 아주 못된 때를 만남.

봉시장사(封豕長蛇) '식욕(食慾)이 왕성(旺盛)한 큰 돼지와 먹이를 씹지 않고 통째로 삼키는 긴 뱀'이라는 뜻으로, 탐욕(貪慾)한 악인(惡人)을 두고 이르는 말.

봉안당(奉安堂) 납골당(納骨堂).

봉의군신(蜂蟻君臣) '벌이나 개미에게도 군신(君臣)의 구별(區別)은 뚜렷이 있다'는 뜻으로, 상하(上下) 위계질서(秩序)를 강조(强調)할 때에 이르는 말.

봉인즉설(逢人卽說) 사람을 만나는 족족 이야기하여 세상(世上)에 널리 퍼뜨림.

봉인첩설(逢人輒說) 만나는 사람마다 붙들고 지껄이어 소문(所聞)을 퍼뜨림.

봉자옥골(鳳姿玉骨) 거룩하고 뛰어난 풍채(風采)와 골격(骨格).

봉장풍월(逢場風月) 아무 때나 어떠한 자리든지 닥치는 대로 한시(漢詩)를 지음.

봉접수향(蜂蝶隨香) '벌과 나비가 향기(香氣)를 따른다'는 뜻으로, 남자(男子)가 미인(美人)을 좇음을 비유(比喩)하는 말.

봉조부지(鳳鳥不至) '봉황(鳳凰)이 아직 이르지 않았다'는 뜻으로, 세상(世上)에 성군(聖君)이 나타나지 않음을 한탄(恨歎)하는 말.

봉준장목(蜂準長目) '벌처럼 높은 콧대와 가늘고 긴 눈'이라는 뜻으로, 영특(英特)하고 생각이 깊은 인상(人相).

봉지안심(奉旨安心) 모든 일을 하는데 있어서 자신의 마음대로 하지 않고, 부모(父母)님의 뜻을 받들어 따라 행하고, 부모님의 뜻을 거스르지 아니함.

봉필생휘(蓬蓽生輝) '가난한 집에 귀인(貴人)이 찾아 왔음을 영광(榮光)스럽게 여긴다'는 뜻으로 하는 말.

봉황열반욕화중생(鳳凰涅槃浴火重生) '봉황이 죽었다가 다시 부활(復活)하고, 불속에 뛰어 들어 새 삶을 얻는다'는 뜻.

ㅂ

부간부념통(附肝附念通) '간에 붙었다 쓸개에 붙었다 한다'는 뜻으로, 속도 없이 이랬다저랬다 함.

부경창해거로할청산래(鳧耕蒼海去鷺割青山來) 물오리는 푸른 바다를 갈고 가고, 백로는 푸른 산을 갈라 옴.

부관참시(剖棺斬屍) 죽은 뒤에, 큰 죄(罪)가 드러난 사람에게 극형(極刑)을 추시(追施)하던 일. 무덤을 파고 관을 꺼내어 시체(屍體)를 베거나 목을 잘라 거리에 내걸었음.

부국강병(富國强兵) '부유(富裕)한 나라와 강(强)한 군사(軍士)'라는 뜻으로, 나라를 부유(富裕)하게 하고, 군대(軍隊)를 강(强)하게 함.

부국안민(富國安民) 나라를 풍요(豊饒)롭게 하고, 국민(國民)을 편안(便安)하게 함.

부귀공명(富貴功名) 재물(財物)이 많고 지위(地位)가 높으며 공을 세워 이름을 떨침.

부귀궁달(富貴窮達) 부귀(富貴)와 빈궁(貧窮)과 영달.

부귀다남(富貴多男) 재산(財産)이 많고 지위(地位)가 높고 아들이 많음.

부귀부운(富貴浮雲) 부운부귀(浮雲富貴).

부귀불능음(富貴不能淫) '부하고 귀한 자리에 있어도 방탕(放蕩)하지 않는다'는 뜻.

부귀빈천(富貴貧賤) 부귀(富貴)와 빈천(貧賤).

부귀영화(富貴榮華) 부귀(富貴)와 영화(榮華).

부귀재천(富貴在天) '부귀(富貴)는 하늘이 부여(附與)하는 것이라 사람의 힘으로는 어찌할 수 없음'을 이르는 말.

부급종사(負笈從師) '책 상자(箱子)를 지고 스승을 좇는다'는 뜻으로, 먼 곳으로 유학(留

學)감을 이르는 말.

부녀사덕(婦女四德) 여자에게는 네 가지 덕(德)의 아름다움이 있으니, 첫째는 부덕(婦德), 둘째는 용(容), 셋째는 언(言), 넷째는 공(工)을 말한다.

부다일내(不多日內) 여러 날이 걸리지 않고 며칠 이내(以內).

부달시변(不達時變) '시대(時代)의 흐름에 따르지 못한다'는 뜻으로, 지나치게 완고(頑固)하여 융통성(融通性)이 없음.

부달시의(不達時宜) 아주 완고(頑固)하여 시대(時代)를 따르려는 변통성(變通性)이 없음.

부답복철(不踏覆轍) '복철(覆鐵)을 밟지 말라'는 뜻으로, 선인(先人)의 실패(失敗)를 되풀이 하지 않음.

부당이득(不當利得) 정당하지 않은 방법으로 얻는 이익(利益).

부당지사(不當之事) 부당(不當)한 일.

부당지설(不當之說) 이치(理致)에 맞지 않는 말.

부도지설(不道之說) 입에 담지 못할 소리.

부도화의부덕유순(夫道和義婦德柔順) 남편(男便)의 도리(道理)는 온화(溫和)하고 의(義)로운 것이요, 부인(婦人)의 덕(德)은 유순(柔順)한 것이니라.

부동자세(不動姿勢) 움직이지 않는 자세(姿勢).

부동항(不凍港) 겨울에도 얼지 않는다는 뜻으로 항시 온화한 가정을 말함.

부득기소(不得其所) 훌륭한 소질(素質)을 가지고도 그에 알맞은 지위(地位)를 얻지 못함.

부득기위(不得其位) 부득기소(不得其所) .

부득요령(不得要領) 말이나 글의 요령(要領)을 잡을 수가 없음.

부라장상(府羅將相) 마을 좌우(左右)에 장수(將帥)와 정승(政丞)이 벌려 있음.

부랑자제(浮浪子弟) 부랑자(浮浪者)의 점잖은 말. 떠돌아다니며 난봉이나 부리는 청소년을 좀 점잖게 이르는 말.

부랑지도(浮浪之徒) 부랑자(浮浪者)의 무리.

부랑패류(浮浪悖類) 일정한 직업(職業)이 없이 허랑(虛浪)한 짓이나 하고 떠돌아다니는 무리.

부로위고(婦老爲姑) '며느리 늙어 시어미 된다'는 뜻.

부로휴유(扶老携幼) 노인(老人)은 부축하고 어린아이는 이끌고 감.

부록충의(付祿忠義) 여러 충의(忠義) 가운데 봉록(俸祿)을 받는 사람을 일컬음.

부림절(부림節) 〔영〕Feast of Purim.〔히〕פּוּרִים(부림:「제비들」아란 뜻).〔헬〕Φρουραι(프루라이). (에3:7; 9:24,26,28~29,31~32). 유대 역사(歷史)의 바사시대에 시작된 것으로 성력 12월(아달) 14,15일에 지켰는데, 여호와께서 유대인을 하만의 음모(陰謀)에서 구원(救援)해 주신 것을 기념(紀念)하는 절기였다. (《基督敎 大百科事典》,《聖書事典》參照).

부마도위(駙馬都尉) 임금의 사위에게 주던 칭호.

부마작침(斧磨作針) '도끼를 갈아서 바늘을 만든다'는 말로, 아무리 어려운 일이라도 꾸준히 참고 노력하면 목적을 이룰 수 있다는 뜻. 마부위침(磨斧爲針(鍼)). 마부작침(磨斧作針(鍼)). 철저마침(鐵杵磨鍼). 철저성침(鐵杵成針).

부모구몰(父母俱沒) 아버지와 어머니가 다 돌아가심.

부모구존(父母俱存) 아버지와 어머니가 다 살아 계심.

부모무식물사아식(父母無食勿思我食) 부모님이 드실 음식이 없으시거든, 내가 먹을 음식을 생각지 말라.

부모무의물사아의(父母無衣勿思我衣) 부모님이 입으실 옷이 없으시거든, 내가 입을 옷을 생각지 말라.

부모사아물역물태(父母使我勿逆勿怠) 부모님께서 나를 부리시거든, 거스르지 말고 게을리 하지 말라.

부모애지희이물망(父母愛之喜而勿忘) 부모(父母)님께서 사랑해 주시면, 기뻐하여 잊지 말라.

부모양자일양십자(父母養子一養十子) 열 자식을 키운 부모 한 결 같이 키웠다.

ㅂ

부모오지구이물원(父母惡之懼而勿怨) 부모(父母)님께서 미워하시더라도, 두려워하여 원망(怨望)하지 말라.

부모와명부수청지(父母臥命俯首聽之) 부모(父母)님께서 누워서 명하시더라도, 고개를 숙이고 들어야함.

부모유명부수경청(父母有命俯首敬聽) 부모님께서 명하시는 것이 있거든, 머리를 숙이고 공손히 들어라.

부모유명부수문지(父母有命府首聞之) 부모(父母)님께서 명하심이 있으면 머리를 숙이고 들어야 함.

부모유병우이모료(父母有病憂而謀療) 부모(父母)님이 병중에 계시면 근신(謹愼)하며 병이 낫게 할 것을 꾀함.

부모유질사치타사(父母有疾捨置他事) 부모(父母)님이 병환(病患)을 앓으시면 다른 일은 버려둠.

부모유질우이모추(父母有疾憂而謀瘳) 부모님께서 병(病)을 앓으시거든 근심하며 낫게 하기를 꾀하라.

부모유체(父母遺體) '부모(父母)가 끼친(남긴) 몸'이란 뜻으로, '자식(子息)된 몸'을 일컫는 말.

부모유타사예불근(父母流唾思濊不近) 부모님의 흘린 침은 더럽다고 멀리한다.

부모의복물유물천(父母衣服勿踰勿踐) 부모(父母)님의 의복(衣服)을, 넘어 다니지 말고 밟지 말라.

부모재불원유유필유방(父母在不遠遊遊必有方) 부모가 살아계시거든 멀리 떨어져 놀지 말 것이며, 놀 때에는 반드시 그 가는 곳을 알려야 하느니라.

부모재언염청무관(父母再言厭聽無關) 부모님이 두말 하면 잔소리라 관심(關心) 없다.

부모지방(父母之邦) 내가 태어난 나라.

부모책지물노물답(父母責之勿怒勿答) 부모(父母)님께서 꾸짖으실지라도 성내지 말고 말대답(-對答)을 하지 말아야 함.

부모책지반성물원(父母責之反省勿怨) 부모님께서 꾸짖으시거든, 반성(反省)하고 원망(怨望)하지 말라.

부모처자(父母妻子) 어버이와 아내, 자식(子息).

부모천년수(父母千年壽) 부모(父母)님이 장수(長壽)하기를 바라는 말.

부모출입매필기립(父母出入每必起立) 부모(父母)님께서 나가시거나 들어오시면, 매양 반드시 일어나 서야 함.

부모형제(父母兄弟) 아버지 어머니와 형과 동생.

부모호아유이추지(父母呼我唯而趨之) 부모호아유이추진(父母呼我唯而趨進).

부모호아유이추진(父母呼我唯而趨進) 부모(父母)님께서 나를 부르시면 '예'하고 대답(對答)하고 빨리 달려가야 함. 부모호아유이추지(父母呼我唯而趨之).

부모훈계불청외면(父母訓戒不聽外面) 부모님이 훈계하면 듣기 싫어 외면한다.

부복장주(剖腹藏珠) '배를 가르고 구슬을 감추었다'는 뜻으로, 소중한 목숨을 구슬과 바꾼다는 어리석음을 비유하는 말.

부부동반(夫婦同伴) 일을 하거나 길을 갈 때 부부(夫婦)가 함께 행동(行動) 함.

부부원청(府部院廳) 서울 각 관아(官衙)를 통틀어 일컫던 말.

부부유별(夫婦有別) '오륜(五倫)의 하나로, 남편(男便)과 아내는 분별(分別)이 있어야 한다'는 뜻으로, 부부(夫婦) 사이에는 인륜상 각각(各各) 직분(職分)이 있어 서로 침범(侵犯)하지 못할 구별(區別)이 있음.

부부유별장유유서(夫婦有別長幼有序) 남편(男便)과 아내 사이에는 분별(分別)이 있어야 하고, 어른과 어린이 사이에는 차례(次例)가 있어야 함.

부부인(府夫人) ①조선(朝鮮) 때, 정1품(正一品) 대군(大君)의 아내에게 주는 봉작(封爵). ②왕비(王妃)의 어머니에게 주던 봉작(封爵).

부부지간(夫婦之間) 부부간(夫婦間).

부부지도이성지합(夫婦之道二姓之合) 부부(夫婦)의 도(道)는 두 성씨가 결합(結合)하는 것임.

부부지륜이성지합(夫婦之倫二姓之合) 부부(夫婦)의 인륜(人倫)은, 다른 두 성씨(姓氏)가 합(合)한 것임.

부부지약(夫婦之約) 혼인(婚姻)을 맺자는 언약(言約). 약혼(約婚).

부부지정(夫婦之情) 부부(夫婦) 사이의 애정(愛情).

부불언자지덕자불담부지과(父不言子之德子不談父之過) 아버지는 아들의 덕을 말하지 말 것이며, 자식은 아버지의 허물을 말하지 아니할찌니라.

부빙득리왕상지효(部冰得鯉王祥之孝) 얼음을 깨고서 잉어를 잡은 것은, 왕상의 효도(孝道)이다.

부생모육(父生母育) '아버지는 낳게 하고, 어머니는 낳아 기른다'는 뜻으로, 부모(父母)가 자식(子息)을 낳아 길러 주심.

부생모육은고여천(父生母育恩高如天) 부생모육 그 은혜는 하늘같이 높다.

부생아신모국아신(父生我身母鞠我身) 부생아신모육오신(父生我身母育吾身).

부생아신모육오신(父生我身母育吾身) 아버지는 내 몸을 낳으시고 어머니는 내 몸을 기르심.

부생약몽(浮生若夢) '인생(人生)이 꿈과 같다'는 뜻으로, 인생(人生)이란 한갓 허무(虛無)한 꿈에 지나지 않음.

부생여몽(浮生如夢) 덧없는 인생(人生)은 꿈과 같음.

부생지론(傅生之論) 이미 내린 사형 선고에 대하여 다른 의견이 있을 때에 감형을 주장하는 변론.

부석침목(浮石枕木) '돌이 떠다니고 나무가 가라앉는다'는 뜻으로, 세상이 잘못되어 선(善)과 악(惡)이 거꾸로 뒤바뀜의 비유(譬喩).

ㅂ

부속지루(負俗之累) 뛰어난 사람이 한때 세상(世上) 사람들의 희롱(戱弄)을 받는 누(累). (괴로움).

부수지소(膚受之愬) 살을 에는 듯한 통절(痛切)한 하소연. 살을 찌르는 통절한 하소연 또는 알지 못하는 사이에 몸에 때가 끼듯 차츰차츰 남을 참소하는 일. 침윤지참(浸潤之譖)

부수청령(俯首聽令) 윗사람의 위엄(威嚴)에 눌려 고개를 다소곳하게 숙이고 명령(命令)대로 좇아 함.

부식강상(扶植綱常) 인륜의 얼을 바로 세움.

부신구화(負薪救火) '땔나무를 지고 불을 끈다'는 뜻으로, 재해(災害)를 방지(防止)하려다가, 자기(自己)도 말려들어가 자멸하거나 도리어 크게 손해(損害)를 입음을 이르는 말.

부신입화(負薪入火) '섶을 지고 불에 뛰어 듦', 곧, 자기(自己)가 짐짓 그릇된 짓을 하여 화를 더 얻음을 뜻함.

부신지우(負薪之憂) 채신지우(採薪之憂).

부신지자(負薪之資) ①아주 천하고 보잘것없는 출신(出身). ②자기(自己)의 타고난 자질을 겸손(謙遜)하게 이르는 말.

부앙낭묘(俯仰廊廟) 항상(恒常) 낭묘(廊廟)에 있는 것으로 생각하고 머리를 숙여 예의(禮儀)를 지켜야 함.

부앙무괴(俯仰無愧) 하늘을 우러러보나 땅을 굽어보나 양심(良心)에 부끄러움이 없음을 이르는 말.

부앙불괴(俯仰不愧) '굽어보나 우러러보나 부끄러움이 없다'라는 뜻으로, 하늘을 우러러보나 세상(世上)을 굽어보나 양심(良心)에 부끄러움이 없음.

부앙저회(俯仰低徊) 감개무량(感慨無量)해서 울려다보았다 내려다보았다 하면서 어정거림.

부앙천지(俯仰天地) 앙천부지(仰天俯地).

부약근학명내광영(富若勤學名乃光榮) 부유하면서 학문에 힘을 쓰면, 이름이 곧 영광스러워 진다.

부언낭설(浮言浪說) ①아무 근거(根據)없이 널리 퍼진 소문(所聞). ②터무니없이 떠도는 말. 부언유설(浮言流說). 유언비어(流言蜚語).

부언시용(婦言是用) '여자(女子)의 말을 무조건(無條件) 옳게 쓴다'라는 뜻으로, 줏대 없이 여자(女子)의 말을 잘 듣는다'는 의미(意味).

부언유설(浮言流說) 아무 근거(根據)없이 널리 퍼진 소문(所聞). 터무니없이 떠도는 말. 부언낭설(浮言浪說). 유언비어(流言蜚語).

부역황책(賦役黃冊) 황책(黃冊)은 부역(賦役)의 대장(臺帳)으로 삼기 위(爲)해 만들어졌다. 명나라의 호적부를 말함.

부염기한(附炎棄寒) '권세(權勢)를 떨칠 때의 사람을 붙좇다가 그 권세(權勢)가 쇠하면 버리고 떠난다'는 인정(人情)의 가볍고 얕음을 뜻하는 말.

부영양호(富營養湖) 물속에 영양분이 풍부하고, 많은 플랑크톤이 살고 있어서 생물이 잘 자라는 호수나 늪. ↔빈영양호(貧營養湖)

부운부귀(浮雲富貴) '뜬구름같이 덧없는 부귀(富貴)'라는 뜻으로, 옳지 못한 방법(方法)으로 얻은 부귀(富貴)를 이르는 말.

부운자체본무실(浮雲自體本無實) '뜬구름 자체는 본래 실체가 없나니'의 뜻.

부운조로(浮雲朝露) '뜬구름과 아침 이슬'이라는 뜻으로, 덧없는 인생(人生)이나 세상(世上)을 비유(比喩)해 이르는 말.

부운지지(浮雲之志) 하늘에 떠도는 구름처럼 일시적(一時的)인 불의(不義)의 부귀(富貴)를 바라는 마음.

부월당전(斧鉞當前) '작은 도끼와 큰 도끼가 눈앞에 있다'는 뜻으로, 극형(極刑)으로 죽음이 눈앞에 닥쳤음을 뜻하는 말.

부월지하(斧鉞之下) '천자(天子)의 위엄(威嚴)'을 뜻하는 말.

부위거경(浮渭據涇) 위수(渭水)에 뜨고 경수(涇水)를 눌렀으니, 장안(長安)은 서북(西北)에 위천, 경수, 두 물이 있음.

부위부강(夫爲婦綱) 아내는 남편(男便)을 섬기는 것이 근본(根本)임.

부위부강시위삼강(夫爲婦綱是謂三綱) 남편(男便)은 아내의 벼리가 되니, 이것을 삼강(三綱)이라 함.

부위자강(父爲子綱) 아들은 아버지를 섬기는 것이 근본(根本)임.

부위정경(扶危定傾) '위기(危機)를 맞아 잘못됨을 바로 잡고 나라를 바로 세운다'는 뜻.
부유인생(蜉蝣人生) 하루살이 인생. 허무(虛無)하고 덧없는 인생.
부유천하(富有天下) '온 천하(天下)의 재부를 모두 혼자 차지했다'는 뜻으로, '천자(天子)의 부력'을 말함.
부이무교(富而無驕) 부자(富者) 이면서도 난 체하거나 뽐내지 아니함.
부이지언(附耳之言) 귀엣말. 곧 비밀(秘密)이란 새어 나가기 쉬운 것이라는 말.
부익부(富益富) 부자(富者) 일수록 더욱 부자 되는 것. ↔빈익빈(貧益貧).
부익부빈익빈(富益富貧益貧) 부자(富者) 일수록 더욱 부유(富有) 해지고, 가난한 사람은 한층 더 가난하여 짐.
부인동반(婦人同伴) 부부동반(夫婦同伴).
부인지례어필세(婦人之禮語必細) 부인(婦人)의 예절(禮節)은 말이 반드시 곱고, 가늘어야 하느니라.
부인지성(婦人之成) 남자(男子)로서 여자(女子)처럼 편벽(偏僻)되고 좁은 성질(性質).
ㅂ
부인지인(婦人之仁) ①여자(女子)의 소견(所見)이 좁은 어진 마음. ②하찮은 인정(人情).
부인지정(婦人之情) 아녀자의 정, 즉 사사로움에 이끌리는 정을 가리킴.
부자상전(父子相傳) 대대(代代)로 아버지가 아들에게 전(傳)함.
부자양력(不自量力) '스스로의 힘을 헤아리지 못한다'는 뜻으로, 자기 힘을 생각하지 않고 어설프게 행동함을 이르는 말.
부자유친(父子有親) 오륜(五倫)의 하나. 아버지와 아들 사이의 도(道)는 친애(親愛)에 있음.
부자유친군신유의(父子有親君臣有義) 아버지와 아들 사이에는 친(親)함이 있어야 하고, 임금과 신하(臣下) 사이에는 의리(義理)가 있어야 함.
부자자효(父慈子孝) 부모(父母)는 자녀(子女)에게 자애(慈愛)로워야 하고, 자녀(子女)는 부모(父母)에게 효성(孝誠)을 다 해야 한다는 말.
부작불식(不作不食) '일하기 싫거든 먹지도 말라'는 뜻.
부장지약(腐腸之藥) '창자를 썩히는 약'이라는 뜻으로, 맛 좋은 음식물(飮食物)과 술을 이르는 말.
부재다언(不在多言) 여러 말 할 것이 없음.
부재모상(父在母喪) 아버지는 살아 있고 어머니가 죽은 상사(喪事).
부재차한(不在此限) 어떠한 한계(限界)에 얽매이지 않고 그 구속(拘束)을 벗어날 수가 있음.
부쟁선승(不爭善勝) 다투지 말아라. 다투는 일이 없으면 지는 일도 없다.
부저소정저(釜底笑鼎底) '가마 밑이 노구솥을 검다고 비웃는다'는 말. 적반하장(賊反荷杖).
부저추신(釜低抽薪) 장작을 꺼내어 끓어오르는 것을 막다. '가마솥 안의 끓는 물을 진정시키려면 몇 개의 장작을 빼내라'의 뜻. 손자병법에 나오는 말.
부전이승(不戰而勝) '싸우지 않고 이기는 것'. 손자병법(孫子兵法)에 나오는 말.

부전자승(父傳子承) 아버지가 아들에게 대대(代代)로 전함. 부전자전(父傳子傳).

부전자전(父傳子傳) 아들의 성격이나 생활습관 따위가 아버지로부터 대물림된 것처럼 같거나 비슷함.

부전자패(不戰自敗) 싸우지도 못 하고 스스로 패(敗)함.

부절여루(不絕如縷) 실같이 가늘면서 끊어지지 않음.

부정명색(不正名色) 옳지 않은 방법(方法)으로 얻어서 깨끗하지 못한 재물(財物).

부정모혈(父精母血) '아버지의 정기(精氣)와 어머니의 피'라는 뜻으로, 자식(子息)은 부모(父母)로부터 그 정신(精神)과 육체(肉體)를 물려받았음을 이르는 말.

부정부패(不正腐敗) 생활(生活)이 바르지 못하고 썩을 대로 썩음.

부조전래(父祖傳來) 선조(先祖) 때부터 전(傳)하여 옴.

부족괘치(不足掛齒) 함께 말할 가치(價値)가 없음.

부족치치아간(不足置齒牙間) 이빨 사이에 두기에도 부족(不足)함. 즉 거론(擧論)할 가치(價値)가 없음.

부존자원(賦存資源) 경제적(經濟的) 목적에 이용될 수 있는 모든 천연자원(天然資源).

부주전(父主前) '아버님께'라는 뜻으로, 편지(便紙)에 쓰는 말.

부주초육(不酒草肉) 승니가 술, 담배, 고기를 입에 대지 아니하는 일.

부중생어(釜中生魚) '솥 안에서 헤엄치는 물고기'라는 뜻으로, 오래 계속(繼續)되지 못할 일을 비유(比喩)함.

부중지어(釜中之魚) '솥 속의 생선(生鮮)'이라는 뜻으로, 생명(生命)에 위험(危險)이 닥쳤음을 비유(比喩).

부중치원(負重致遠) '무거운 물건을 지고 먼 곳까지 간다'는 뜻으로, 중요한 직책을 맡음을 이르는 말.

부즉다사(富卽多事) 돈이나 재물(財物)이 많으면 일도 많음.

부즉불리(不卽不離) ①사물(事物)의 관계(關係)가 붙지도 떨어지지도 않음. ②멀지도 가깝지도 않은 사이 ③좋지도 나쁘지도 않은 사이. ④찬성(贊成)도 하지 않고 그렇다고 반대(反對)도 하지 않음.

부지거처(不知去處) 간 곳을 알지 못함.

부지기수(不知其數) '그 수를 알지 못한다'는 뜻으로, 매우 많음.

부지불각(不知不覺) 미처 깨닫지 못하는 결. 저도 모르는 사이에 느닷없이. 알지 못하는 사이.

부지불식간(不知不識間) 생각지도 알지도 못하는 사이.

부지세상(不知世上) 세상일(世上–)을 알지 못함.

부지세월(不知歲月) 세월(歲月)가는 줄을 알지 못함.

부지소운(不知所云) 무어라고 말해야 좋을지 모름.

부지소향(不知所向) 향하여 갈 곳을 알지 못함.

부지체면(不知體面) 체면(體面)을 돌아보지 아니함. 불고체면(不顧體面). 체면불고(體面不顧).

부지초면(不知初面) 이제 처음 만난 사람.

부지하경(不知何境) 어느 지경(地境)에 이를지 알지 못함.

부지하락(不知下落) 어디로 가서 어떻게 되었는지 그 끝을 알지 못함.

부지하세월(不知何歲月) 일이 언제 이루어질지 그 시기(時期)를 알지 못함.

부집존장(父執尊長) 아버지의 벗으로 나이가 아버지와 비슷한 어른.

부찰앙관(俯察仰觀) 아랫사람을 두루 굽어 살피고, 윗사람을 존경(尊敬)하는 마음으로 우러러 봄.

부창부수(夫唱婦隨) 남편(男便)이 주장(主將)하고 아내가 이에 따름. 가정(家庭)에서의 부부(夫婦) 화합(和合)의 도리(道理)를 이르는 말. 남창부수(男唱婦隨). 남창여수(男唱女隨).

부창부수가도성의(夫唱婦隨家道成矣) 남편이 선창하고 부인이 이에 따르면, 가도(家道)가 이루어지리라.

ㅂ

부채여산(負債如山) 남에게 진 빚이 산더미 같음.

부탕도화(府帑蹈火) 끓는 물이나 뜨거운 불도 헤아리지 않고 뛰어든다 함이니, 목숨을 걸고 하는 아주 어렵고 힘든 고욕이나 수난을 이르는 말.

부평전봉(浮萍轉蓬) 살 도리(道理)가 없어서 정처 없이 떠다니는 낙오(落伍)된 신세(身世)를 이르는 말.

부풍모습(父風母習) 아버지와 어머니를 골고루 닮음.

부허경박(浮虛輕薄) 사람됨이 날리어 언어 행동이 가볍고 신중(愼重)하지 못함. 경조부박(輕佻浮薄).

부허지설(浮虛之說) 떠돌아다니는 허황(虛荒)한 말.

부형모매(父兄母妹) 부모와 형과 누이동생.

부형자제(父兄子弟) 아버지나 형의 가르침을 받고 자란 젊은이.

부형청죄(負荊請罪) '가시나무를 등(等)에 지고 때려주기를 바란다'는 뜻으로, 자신의 잘못을 인정하고 사죄(謝罪)하는 것을 의미(意味)함.

부화뇌동(附和雷同) '우렛소리에 맞춰 함께한다'는 뜻으로, 자신(自身)의 뚜렷한 소신 없이 그저 남이 하는 대로 따라가는 것을 의미(意味)함. 뇌동부화(雷同附和).

부화부순(夫和婦順) '부부(夫婦)의 화합(和合)함'이라는 말.

부화부순가화지본(夫和婦順家和之本) 남편(男便)은 온화(溫和)하고 아내는 양순한 것이 가정(家庭) 화목(和睦)의 근본(根本)임.

부화수행(附和隨行) 자기 주견이 없이 남의 의견(意見)에 따라 움직임.

부화처순(夫和妻順) 부화부순(夫和婦順).

부활절(復活節) 부활주일(復活主日). Easter day.

부활주일(復活主日) 예수의 부활을 기념하는 축제일(祝祭日). 매년 춘분(春分)이 지난 뒤의 첫 만월(滿月) 다음의 일요일(日曜日)임. 부활절(復活節). Easter Sunday. '기독교(基督教) 절기(節氣)의 여왕(女王)'이라고 부르기도 한다.

북로남왜(北虜南倭) 북쪽의 오랑캐와 남쪽의 왜적(倭敵).

북마남선(北馬南船) '북쪽은 말, 남쪽은 배'란 뜻으로, ①사방(四方)으로 늘 여행(旅行)함. ②바쁘게 돌아다님을 이르는 말. 남선북마(南船北馬).

북망산(北邙山) (옛날 중국의 베이망산(北邙山)에 제왕·귀인·명사들의 무덤이 많았다는 데서 유래함) '무덤이 많은 곳, 또는 사람이 죽어서 묻히는 곳'을 이름. 북망산은 베이망산을 우리 한자로 읽은 이름. 북망산천(北邙山川).

북망산천(北邙山川) 사람이 죽어 묻히는 곳. 또는 무덤이 많은 곳.

북문지탄(北門之嘆) 북문지탄(北門之歎).

북문지탄(北門之歎) '북문에서 한탄(恨歎)함'이라는 뜻으로, 벼슬자리에 나가기는 했으나, 뜻대로 성공(成功)하지 못한 것을 한탄(恨歎)함. 북문지탄(北門之嘆).

북문지화(北門之禍) 남곤 등(等)이 절차(節次)를 밟지 아니하고 밤중에 비밀(秘密)히 경복궁(景福宮)의 북문인 신무문을 열게 하고 들어가서 화를 일으켰다는 뜻에서, '기묘사화(己卯士禍)'를 일컫는 말.

북방지강(北方之强) 기질(氣質)이 거세어 강용(强勇)만으로 밀어붙이는 사람을 이름.

북비지음(北鄙之音) 북쪽 오랑캐의 속(俗)된 음악(音樂).

북산지감(北山之感) '북산에서 느끼는 감회(感懷)'라는 뜻으로, 나라 일에 힘쓰느라 부모(父母) 봉양(奉養)을 제대로 못한 것을 슬퍼하는 마음을 말함.

북원적초(北轅適楚) '수레의 멍에는 북쪽으로 향(向)하게 해 놓고 남쪽인 초(楚)나라로 가려 한다'는 뜻으로, 의도(意圖)하는 바와 행(行)하는 바가 서로 어긋남을 비유(比喩)하는 말. 남원북철(南轅北轍)

북진정책(北進政策) 북쪽으로 나라의 세력(勢力)을 뻗쳐 나가려는 대외(對外) 정책(政策).

북창삼우(北窓三友) 백거이(白居易)의 북창삼우시에서 유래(由來)한 말로, 거문고와 술 및 시를 두고 이르는 말.

북풍한설(北風寒雪) 북쪽에서 불어오는 된바람과 차가운 눈.

분골쇄신(粉骨碎身) '뼈가 가루가 되고 몸이 부서진다'는 뜻으로, 있는 힘을 다해 노력(努力)함, 또는 남을 위(爲)하여 수고를 아끼지 않음. 분신쇄골(粉身碎骨). 쇄골분신(碎骨粉身).

분기등등(憤氣騰騰) 분한 마음이 세차게 치밀어 오름.

분기충천(憤氣衝天) 분한 마음이 하늘을 찌를 듯이 북받쳐 오름.

분기탱천(憤氣撐天) 분기충천(憤氣沖天).

분단동거(分段同居) 부처와 보살(菩薩)이 중생(衆生)을 교화(敎化)하기 위(爲)해 분단(分段) 생사(生死)의 세계(世界)에서 범부와 함께 사는 일.

분단변역(分段變易) 분단생사(分段生死)와 변역생사(變易生死).

분단삼도(分段三道) 분단생사(分段生死)의 세계(世界)인 미계의 삼도. 곧 혹도(惑道), 업도(業道), 고도(苦道).

분단윤회(分段輪廻) 나서 죽고, 죽어서 다시 태어나는 생애(生涯)를 되풀이 하는 일.

분모구다유무상통(分母求多有無相通) 나눌 때에 많기를 구(求)하지 말며, 있고 없는 것을 서로 통하라.

분문열호(分門裂戶) 한 겨레 붙이나 또는 한 무리 속에서 서로 패가 갈리어 각각(各各) 나누어서 따로 문호(門戶)를 세움.

분문이호(分門異戶) 분가함, 또는 별거(別居)함.

분방자재(奔放自在) 보통(普通)의 일반적(一般的)인 규정(規定)이나 규칙(規則)에 따르지 않고 제멋대로 함.

ㅂ

분백대흑(粉白黛黑) '분을 희게 바르고, 먹으로 눈썹을 까맣게 화장(化粧)한다'는 뜻으로, 미인(美人)의 얼굴을 이르는 말.

분벽사창(粉壁紗窓) '하얗게 꾸민 벽과 깁으로 바른 창'이라는 뜻으로, 미인(美人)이 거처(居處)하는 곳을 이르는 말.

분별사식(分別事識) 삼식(三識)의 하나. 사리(事理)를 분별(分別)하는 마음가짐. 사물을 여러 가지로 식별하는 작용.

분서갱유(焚書坑儒) '책을 불태우고 선비를 생매장(生埋葬)하여 죽인다'는 뜻으로, 진(秦)나라의 시황제(始皇帝)가 학자(學者)들의 정치(政治) 비평(批評)을 금(禁)하기 위(爲)하여 경서(經書)를 태우고 학자(學者)들을 구덩이에 생매장(生埋葬)하여 베푼 가혹(苛酷)한 정치(政治)를 이르는 말. 갱유분서(坑儒焚書).

분수상별(分袖相別) 서로 소매를 나누고 헤어짐. 곧 서로 이별(離別)함을 말함.

분수작별(分手作別) '서로 소매를 나누고 헤어짐'이란 말로, '이별(離別)'을 뜻하는 말.

분수효과(噴水效果) 저소득층(低所得層)의 증대가 총수요 진작 및 경기활성화(景氣活性化)로 이어져 궁극적(窮極的)으로 고소득층(高所得層)의 소득도 높이게 되는 효과(效果)를 말한다.

분신쇄골(粉身碎骨) 분골쇄신(粉骨碎身). 쇄골분신(碎骨紛身).

분신자살(焚身自殺) 자기(自己)의 몸에 불을 질러 목숨을 스스로 끊음.

분왕매진(奮往邁進) 씩씩하고 세찬 기세(氣勢)로 달려 나아감.

분익농민(分益農民) 분익(分益) 소작(小作)으로 생활(生活)하는 농민(農民).

분전승량(分錢升量) 얼마 안 되는 돈과 곡식(穀食).
분전입미(分錢粒米) 아주 적은 돈과 곡식(穀食). 푼전입미(-錢粒米)라고도 함.
분정지두(憤情之頭) 성이 왈칵 치밀어 오른 서슬.
분주다사(奔走多事) 여러 가지로 일이 많고 몹시 바쁨.
분주불가(奔走不暇) 부산하게 바빠서 겨를이 없음.
분토지언(糞土之言) '이치(理致)에 닿지 않는 터무니없는 말'을 이름.
분투노력(奮鬪努力) 힘을 다하여 노력(努力)함.
분투쟁선(奮鬪爭先) 있는 힘을 다하여 앞서기를 다툼.
분필사란(忿必思難) 분노(忿怒)가 날 때에는 반드시 후환(後患)을 생각하라.
불가결(不可缺) 없어서는 아니 됨. 꼭 있어야 함.
불가구약(不可救藥) '치료약을 구할 수 없다'는 뜻으로, ①일이 만회(挽回)할 수 없을 처지에 이른 것을 이르는 말. ②어떤 사람의 나쁜 습관을 고치거나 악(惡)한 사람을 구제(救濟)할 길이 전혀 없음을 비유(比喩)하는 말.
불가근불가원(不可近不可遠) 가까이 하기도 어렵고, 멀리 하기도 어려움.
불가무자(不可無者) 없어서는 아니 될 사람.
불가부득(不可不得) 마지못해 할 수 없이. 부득이(不得已).
불가분(不可分) 나누려고 해도 나눌 수 없음. 뗄 수 없음.
불가분급부(不可分給付) 성질이나 가치를 상하게 하지 않고는 나눌 수 없는 급부.
불가분리(不可分離) 떼려야 뗄 수가 없음.
불가분물(不可分物) (한 채의 건물 따위와 같이) 나눌 수 없는 물건.
불가불(不可不) 부득불(不得不).
불가불념(不可不念) 반드시 마음에 두지 않으면 안 될 생각.
불가사의(不可思議) '사람의 생각으로는 미루어 헤아릴 수도 없다'는 뜻으로, 사람의 힘이 미치지 못하고 상상(想像)조차 할 수 없는 오묘(奧妙)한 것.
불가승수(不可勝數) 하도 수가 많아서 이루 셀 수가 없음.
불가지해(不可知解) 알 수가 없음.
불가지론(不可知論) ①초경험적(超經驗的)인 것의 존재나 본질은 인식할 수 없다고 주장하는 인식론. ②인간은 신을 인식할 수 없다고 주장하는 종교적 인식론(認識論).
불가침조약(不可侵條約) 나라와 나라 사이에 서로 상대국(相對國)을 침략하지 않을 것을 약속(約束)하는 조약.
불가항력(不可抗力) '인간(人間)의 힘만으로는 도저히 저항(抵抗)해 볼 수도 없는 힘'이라는 뜻으로, ①천재지변(天災地變) 등(等) 사람의 힘이 미치지 못하는 자연(自然)의 위대(偉大)한 힘을 이르는 말. ②사회(社會) 관념

(觀念) 상(上) 필요(必要)하다고 인정(認定)되는 주의(注意)나 예방(豫防)의 방법(方法)으로서, 외부(外部)에서 생기는 자연적(自然的) 또는 인위적(人爲的)인 사고를 미리 방지(防止)할 수 없는 일.

불가해(不可解) 불가사의(不可思議)

불가향인설야(不可向人說也) '다른 사람에게 말로서 설명해 줄 수 없다'는 뜻.

불가형언(不可形言) 말로는 어떻게 형용(形容)할 수도 없음.

불간기사막망위(不干己事莫妄爲) 나와 관계(關係)없는 일에 부질없이 참견(參見)하지 말라.

불간지서(不刊之書) 길이길이 전할 불후의 양서(良書).

불감생심(不敢生心) 힘에 부쳐 감(敢)히 엄두를 내지 못함.

불감생의(不敢生意) 힘에 부쳐서 감(敢)히 엄두도 내지 못함.

불감앙시(不敢仰視) 두려워서 감(敢)히 쳐다보지 못함.

불감일언(不敢一言) 감(敢)히 한마디도 못함.

불감증(不感症) 감각(感覺)이 둔(鈍)하여 잘 느끼지 못하는 증세(症勢).

ㅂ

불감찬일사(不敢贊一辭) 너무 훌륭하여 말로 칭찬(稱讚)할 수 없음.

불감청(不敢請) 마음에는 간절(懇切)하지만 감히 청(請하지 못함.

불감청고소원(不敢請固所願) 감히 청(請)하지는 못하지만, 진실(眞實)로 바라는 마음이 큼.

불감출두(不敢出頭) 두려워서 움츠리고 머리도 내밀지 못함.

불감출성(不敢出聲) 두려워서 움츠리고 아무 소리도 못함.

불감포호(不敢暴虎) '맨주먹으로 맹수를 치지 않는다'는 뜻으로, 모험(冒險)을 하지 않음을 이르는 말.

불감훼상(不敢毁傷) 부모(父母)에서 받은 몸을 깨끗하고 온전(穩全)하게 하는 것.

불감훼상효지시야(不敢毁傷孝之始也) 감(敢)히 훼상하지 않는 것이 효도(孝道)의 시작(始作)이 됨.

불감훼손(不敢毁損) '감히 마음대로 손상을 입히거나 깨뜨리지 못한다'는 뜻.

불견불청(不見不聽) 눈이 있어도 보지 못하고 귀가 있어도 듣지 아니함.

불견시도(不見是圖) 보지 않고도 알 수가 있음.

불견자화휴요종(不見子花休要種) '열매를 맺지 않는 꽃은 심지 말라'는 뜻.

불결철(不結轍) '지나온 수레바퀴 자국을 따라 그대로 되돌아갈 수 없다'는 뜻으로, 무사(武士)는 한번 전진(戰陣)에 임하면 발을 돌리지 않음을 이르는 말.

불경지설(不經之說) 허망(虛妄)하고 간사(奸邪)한 말.

불계지주(不繫之舟) '잡아매지 않은 배'라는 뜻으로, ①무념무상(無常)의 경지(境地). ②정처(定處) 없이 방랑(放浪)하는 사람을 비유(譬喩)하는 말.

불고가사(不顧家事) 집안일을 돌보지 아니함.

불고불리(不告不理) 고소(告訴)가 없는 것은 심리(審理)하지 않는다는 원칙.

불고염치(不顧廉恥) 염치(廉恥)를 돌아보지 아니함.
불고이거(不顧而去) 뒤도 돌아보지 아니하고 감.
불고이거(不告而去) 간다는 말도 아니하고 감.
불고이주(不顧而走) 뒤도 돌아보지 아니하고 달아남.
불고이주(不告而走) 간다는 말도 아니하고 달아남.
불고이해(不顧利害) 이롭고 해로움, 또는 이익(利益)과 손해(損害)를 생각하지 아니함.
불고전후(不顧前後) 일의 앞뒤를 돌아보지 아니함.
불고지죄(不告知罪) 법을 위반한 자를 알면서도 수사 기관에 알리지 않음으로써 성립하는 죄(罪).
불고체면(不顧體面) 체면을 생각하지 아니함.
불공대천(不共戴天) 불공대천지원수(不共戴天之怨讐). 불공대천지수(不共戴天之讎).
불공대천지원수(不共戴天之怨讐) 불공대천(不共戴天). 불공대천지수(不共戴天之讎).
불공대천지수(不共戴天之讎) '한 하늘 아래서는 같이 살 수가 없는 원수(怨讐)'라는 뜻으로, 원한(怨恨)이 깊이 사무친 원수(怨讐)를 이르는 말.
불공불손(不恭不遜) 공손(恭遜)하지 않고 버릇이 없음.
불공설화(不恭說話) 공손(恭遜)한 태도(態度)가 없이 함부로 하는 말.
불공자파(不攻自破) 치지 아니하여도 제 스스로 깨어짐.
불공지설(不恭之說) 공손(恭遜)한 태도(態度)가 없이 함부로 하는 말.
불공함락(不攻陷落) 공격(攻擊)하지 아니하고 함락(陷落)함.
불과시(不過是) ①겨우, 기껏 해서. ②이는 다만.
불관지사(不關之事) 아무 관계(關係)가 없는 일.
불광불급(不狂不及) '무슨 일을 하든지 미치도록(狂) 몰두(沒頭) 해야만 비로서 원하는 목표(目標)에 미칠 수 있다'는 뜻.
불괴옥루(不愧屋漏) 군자는 사람이 보지 않는 곳에서도 부끄러움이 없음. 옥루(屋漏)는 방의 북서(北西)쪽 어두운 구석을 말함.
불교도(佛教徒) 불교를 믿는 삶. 불교 신도. 불도(佛徒).
불교문화(佛教文化) 불교를 바탕으로 하여 발달(發達)한 문화.
불구대천(不俱戴天) 하늘 아래 같이 살 수 없는 원수(怨讐), 죽여 없애야 할 원수(怨讐).
불구대천지수(不俱戴天之讐) 한 하늘을 이고 살 수 없을 만큼 깊은 원수(怨讐). 원래(原來)는 아버지의 원수(怨讐)를 의미(意味). 불공대천(不共戴天).
불구문달(不求聞達) ①출세(出世)하여 이름이 세상(世上)에 드날리기를 바라지 않음. ②명예(名譽)를 구(求)하지 않음.
불구소절(不拘小節) 자잘한 의리 · 명분 · 예절 따위에 얽매이지 않음.
불구심해(不求甚解) 뜻을 깊이 캐지 않음. 큰 뜻에만 통(通)함.

ㅂ

불구여년(不久餘年) 얼마 남지 않은 여생(餘生).
불권불해(不倦不懈) 싫증을 내지 않고 게을리 하지 아니함.
불궤지심(不軌之心) 모반(謀反)을 획책(劃策)하는 마음.
불근인정(不近人情) 인정(人情)에 어그러짐.
불근지론(不根持論) 근거(根據)가 없는 설(說)을 믿고 주장(主張)함.
불급마복(不及馬腹) '채찍이 길어도 말의 배에는 미치지 못한다'는 뜻으로, 인생(人生)에는 인력(人力)만으로는 되지 않는 일이 있음을 비유(譬喩)하는 말.
불급지찰(不急之察) 급하지도 필요(必要)하지도 않은 일을 살핌.
불긍저의(不肯底意) 마음에 즐기지 아니함.
불기분방(不羈奔放) '속박(束縛)받지 않고 자유(自由)롭다'는 뜻으로, 재능(才能)이나 학식(學識)이 너무 뛰어나 일반적(一般的)인 규정(規定)이나 규칙(規則)으로는 복종(服從)시키지 못함을 이르는 말.
불기이회(不期而會) 뜻하지 아니한 때에 우연(偶然)히 서로 만남.
불기자심(不欺自心) '스스로의 마음을 속이지 말라'는 뜻으로, 스스로에게 엄(嚴)하고 정직(正直)하게 자신(自身)과의 약속(約束)을 지키라는 말.
불긴지사(不緊之事) 꼭 긴요(緊要)하지 아니한 일.
불길지사(不吉之事) 불길(不吉)한 일.
불길지언(不吉之言) 불길(不吉)한 말.
불길지조(不吉之兆) 흉한 일이 있을 징조(徵兆). 불상지조(不祥之兆).
불념구악(不念舊惡) 남의 잘못이나 개인적(個人的)인 원한(怨恨)을 마음에 새겨두지 않는 것을 비유(比喩).
불농불상(不農不常) 농사(農事)도 짓지 않고 장사도 하지 않으며 놀고만 지냄.
불능성언(不能成言) 말을 이루지 못함.
불능여차금수무이(不能如此禽獸無異) 능(能)히 이와 같이 하지 못하면, 금수(禽獸)와 다름이 없느니라.
불두방분(佛頭放糞) '부처의 머리 위에 똥을 퍼붓는다'는 뜻으로, 무지(無知)한 소인(小人)이 유덕한 군자(君子)를 건드려도 군자(君子)는 조금도 그 괴로움을 느끼지 않고, 하는 그대로 내버려둔다는 말.
불두착분(佛頭着糞) 불두착분(佛頭著糞).
불두착분(佛頭著糞) '부처의 얼굴에 똥을 묻힌다'는 뜻으로, ①훌륭한 저서(著書)에 서투른 서문(序文)을 쓴다는 말. ②깨끗한 것을 더럽히거나 착한 사람이 모욕(侮辱)을 당할 때 비유(比喩)하는 말.
불란서(佛蘭西) 프랑스(FRANCE)의 한자음(漢字音) 표기.
불려호획(不慮胡獲) '생각도 없이 어찌 얻겠는가, 무슨 일이든지 신중(愼重)히 생각하지 않으면, 좋은 결과를 얻을 수 없다'는 말.

불령분자(不逞分子) (체제에 대하여) 불만을 품고 제멋대로 행동하는 사람.

불령지도(不逞之徒) 불령분자(不逞分子)의 무리.

불로무영(不勞無榮) '노력(努力) 없이는 영광(榮光)도 없다'는 뜻을 나타냄.

불로불사(不老不死) 늙지 않고 죽지 않음. 사람이 장수(長壽)함.

불로불소(不老不少) 늙지도 젊지도 아니함.

불로소득(不勞所得) 근로하지 않고 얻는 소득(이자 · 배당금 · 부동산 임대료 따위). ↔근로소득(勤勞所得).

불로소득세(不勞所得稅) 불로 소득에 대하여 부과하는 세금〔상속세 · 증여세 · 양도 소득세 따위〕.

불로이득(不勞而得) 힘 안 들이고 거저 얻음.

불로장생(不老長生) 늙지 않고 오래 삶.

불로장수(不老長壽) 불로장생(不老長生).

불립문자(不立文字) '문자(文字)에 의(依)하여 교(敎)를 세우는 것이 아니라'는 뜻으로, 이심전심(以心傳心)과 함께 선종(禪宗)의 처지(處地)를 나타내는 표어. 오도(悟道)는 마음에서 마음으로 전(傳)하는 것이므로, 따로 언어(言語) · 문자(文字)를 세워 말하지 않는 데 참뜻이 있다고 함. 불도의 깨달음은 마음에서 마음으로 전하는 것이므로 말이나 글에 의지하지 않는다는 말.

불만저의(不滿底意) 마음에 차지 아니함.

불망기(不忘記) 잊지 않기 위하여 적어 놓는 글. 메모. 비망록(備忘錄).

불망기본(不忘其本) 어떠한 것의 근본(根本)을 잊지 아니함.

불망지은(不忘之恩) 잊지 못할 은혜(恩惠).

불망핍기(不忘乏祈) 가난(家難)한 자의 부르짖음을 잊지 않으심.

불매동맹(不買同盟) (생산자에 대한 제재 수단으로서)소비자가 단결하여 어떤 상품을 사지 않기로 하는 약속, 또는 그 조직. 보이콧(boycott).

불매운동(不買運動) 어떤 특정한 상품을 사지 아니하는 일. 보통 그 상품의 제조국가나 제조업체에 대한 항의나 저항의 뜻을 표시하기 위하여 행한다.

불면불휴(不眠不休) '자지도 않고 쉬지도 않는다'는 뜻으로, 조금도 쉬지 않고 애써 일함의 뜻.

불면정조(不免鼎俎) 솥에 삶아지고 도마에 오른 것을 면치 못함.

불면호구(不免虎口) 호랑이 아가리를 면치 못함. 곧 위험(危險)을 면치 못함.

불모이동(不謀而同) 의논(議論)하지 않고서도 의견(意見)이 서로 같음.

불모지(不毛地) ①식물이 자라지 않는 거칠고 메마른 땅. 불모지지(不毛之地). ②'어떤 사

ㅂ

물이나 현상이 발달되어 있지 않은 곳'을 비유(比喩)하는 말.

불모지지(不毛之地) 불모지(不毛地).

불문가지(不問可知) ①묻지 않아도 옳고 그름을 가히 알 수 있음. ②두 말 하면 잔소리.

불문곡절(不問曲折) 어찌 된 사정(事情)인지를 묻지 아니함.

불문곡직(不問曲直) '굽음과 곧음을 묻지 않는다'는 뜻으로, ①옳고 그름을 따지지 아니함. ②잘잘못을 가리지 아니함.

불미지설(不美之說) 자기(自己)에게 누가 미칠 아름답지 못한 말.

불벌부덕(不伐不德) 자기(自己)의 공적(功績)을 뽐내지 않음.

불변동서(不辨東西) 동서불변(東西不辨).

불보금옥(不寶金玉) 돈에 노예가 되지 말라. 올바른 사람은 금과 옥을 보배로 여기지 않는다.

불복택복린(不卜宅卜隣) '집은 모양(模樣)보다 이웃 사람들의 좋고 나쁨을 생각해야 한다'는 뜻.

불분동서(不分東西) 어리석어서 방향(方向)을 가리지 못함.

불분상하(不分上下) 상하(上下)의 구별(區別)을 알지 못함.

불분승부(不分勝負) 이길지 질지 분간(分揀)이 가지 아니함.

불분주야(不分晝夜) 밤낮을 헤아리지 아니하고 힘써 노력함.

불비불명(不蜚不鳴) 불비불명(不飛不鳴).

불비불명(不飛不鳴) '새가 삼 년 간을 날지도 않고 울지도 않는다'는 뜻으로, 뒷날에 큰일을 하기 위(爲)하여 침착(沈着)하게 때를 기다림을 이르는 말.

불비지혜(不費之惠) 자기(自己)에게는 해가 될 것이 없어도 남에게는 이익(利益)이 될 만하게 베풀어 주는 은혜(恩惠). 자기에게 손해 없이 남에게 베풀어 주는 은혜.

불사불멸(不死不滅) 하나님의 특성(特性)의 한 가지. 죽지도 아니하고 없어지지도 아니하는 일.

불사영생(不死永生) 죽지 않고 영원(永遠)히 삶.

불사이군(不事二君) 충신(忠臣)이 행(行)해야 할 도리(道理)의 하나로, 두 임금을 섬기지 아니함. 열불이경(烈不二更).

불사이주(不事二主) '두 주인을 섬길 수 없다'는 말.

불사주야(不舍晝夜) 낮과 밤을 쉬지 아니함.

불사지약(不死之藥) 사람이 먹으면 죽지 않는다는 약(藥).

불상지언(不祥之言) 길하지 않은 말. 상서롭지 않은 말.

불상지조(不祥之兆) 불길지조(不吉之兆).

불상칭형(不相稱形) 왼쪽과 오른쪽이 서로 같지 않고 차이(差異)가 나는 형상(形狀).

불생불멸(不生不滅) '생겨나지도 않고 없어지지도 않아 항상(恒常) 변(變)하지 않는다'는 뜻으로, 깨달음의 경지(境地)나 해탈(解脫)의 경지(境地)를 말함.

불생불사(不生不死) 죽지도 않고 살지도 않고 목숨만 붙어 있음.

불석신명(不惜身命) 불도(佛道)를 닦으려면 스스로의 몸이나 목숨을 아끼지 말아야 함. 일반적(一般的)으로 자기(自己)의 몸을 돌보지 않음을 이름.

불석천금(不惜千金) 많은 돈을 아끼지 아니함.

불선거행(不善擧行) 맡은 일을 잘 처리(處理)하지 못함.

불선불후(不先不後) 공교(工巧)롭게도 꼭 좋지 못한 때를 당(當)함.

불선지가필유여앙(不善之家必有餘殃) 불선(不善)을 쌓은 집에는, 반드시 뒤에 재앙(災殃)이 있느니라.

불성모양(不成模樣) ①형체가 제대로 이루어지지 못함. ②몹시 가난하여 옷차림이 허술함.

불성모양(不成貌樣) ①형체를 이루지 못함. ②살림이 가난하여 꼴이 아님. ③옷차림이 말이 아님.

ㅂ

불성설(不成說) '어불성설(語不成說)'의 준말.

불성인사(不省人事) '정신(精神)을 잃고 의식(意識)을 모름'이란 뜻으로, ①사람으로서의 예절(禮節)을 차릴 줄 모름. ②의식(意識)을 잃어서 사람의 일을 알아차리지 못함.

불세지공(不世之功) ①대대(代代)로 흔하지 않은 큰 공로(功勞). ②세상(世上)에 드문 매우 큰 공로(功勞).

불세지재(不世之才) ①대대로 드문 큰 재주. ②세상(世上)에 그리 흔하지 않은 큰 재주.

불세출(不世出) 좀처럼 세상(世上)에 태어나지 않을 만큼 뛰어남.

불속지객(不速之客) 불청객(不請客). 군손님.

불수다언(不須多言) 여러 말을 할 필요(必要)가 없음.

불수일간(不數日間) 이삼 일(日)이 다 가지 아니할 그 동안.

불수진(拂鬚塵) '수염의 먼지를 털어준다'는 뜻으로, 윗사람의 환심을 사려고 아첨하거나 윗사람에 대한 비굴(卑屈)한 태도(態度)를 비유하는 말.

불시이사(不是異事) ①이상(異常)할 것이 없는 일. ②괴이(怪異)한 일이 아님. ③괴이(怪異)할 것이 없는 일.

불시지수(不時之需) 갑자기 하게 되는 음식(飮食) 바라지. 제 때가 아닌 때에 먹게 된 음식.

불식자포(不食自逋) 일부러 떼어 먹지 아니하여도 공금에 저절로 부족이 생기는 일.

불식지공(不息之工) 천천히 하여도 늘 끊임없이 꾸준하게 하는 일.

불식지보(不食之報) 조상(祖上)의 음덕(陰德)으로 자손(子孫)이 잘 되는 보응.

불식태산(不識泰山) '태산(泰山)을 모른다'는 뜻으로, 인재(人材)를 알아 볼 줄 모르는 것을 이르는 말.

불신지심(不臣之心) 신하(臣下) 노릇을 아니하려는 마음.
불신지심(不信之心) 믿지 아니하는 마음.
불신행위(不信行爲) 신의에 어긋나는 행위(行爲).
불실기본(不失基本) 본분을 잃지 아니하고 잘 지킴.
불실본색(不失本色) 본색(本色)을 잃지 아니함.
불실정곡(不失正鵠) 표적(標的)을 벗어나지 않음. 사물의 급소나 요점을 정확(正確)히 말함.
불실척촌(不失尺寸) 법도나 규격에 딱 맞아 조금도 어그러지지 아니함.
불심검문(不審檢問) 경찰관(警察官)이, 수상한 거동을 하거나, 죄를 범하였거나, 범하려고 하여 의심(疑心) 받을 만한 사람을 정지(停止)시켜 질문(質問)하는 일. 주로 범인체포(犯人逮捕), 범죄예방(犯罪豫防), 정보수집(情報蒐集) 등을 목적으로 행한다.
불심상관(不甚相關) 크게 상관(相關)할 것이 아님.
불심상원(不甚相遠) 그다지 틀리지 않고 거의 같음. 서로 비슷함.
불안지심(不安之心) ①불안(不安)한 마음. ②안심(安心)되지 않음.
불야성(不夜城) 등불이 많이 켜져 있어 밤에도 낮처럼 밝은 곳.
불언가상(不言可想) 아무 말을 아니하여도 넉넉히 생각할 수가 있음.
불언가지(不言可知) 말하지 않아도 능히 알 수 있음.
불언불면(不言不面) 말도 아니하고 얼굴을 대하지도 아니함.
불언불소(不言不笑) 말도 아니하고 웃지도 아니함.
불언불어(不言不語) 말을 아니함.
불언실행(不言實行) 말로 표현(表現)하지 않고 잠자코 실행(實行)함.
불언장단(不言長短) 남의 장점(長點)과 단점(短點)을 말하지 않는다는 뜻.
불언지교(不言之敎) '말이 없는 가운데의 가르침'이라는 뜻으로, 노자(老子)의 무위자연(無爲自然)의 가르침을 이르는 말.
불언지화(不言之化) 말로 하지 않고 덕으로써 가르쳐 자연(自然)스레 주는 감화(感化).
불언직행(不言直行) 말을 하지 아니하고 곧바로 행동(行動)함.
불역열호(不亦說乎) 또한 기쁘지 아니한가. 『논어(論語)』의 학이편(學而篇)에 나오는 말.
불역전(不易田) 불역지지(不易之地).
불역지론(不易之論) 어느 시대(時代)에도 변(變하)지 아니하는 정론(正論).
불역지법(不易之法) 달리 고칠 수 없는 근본(根本)이 되는 법(法).
불역지전(不易之典) 고칠 수 없는 규정(規定). 아니하려야 아니할 수 없는 일.
불역지지(不易之地) 불역전(不易田). 누구와도 바꿀 수 없는 땅.
불열불랭(不熱不冷) '뜨겁지도 차지도 않다'는 뜻.
불요불굴(不撓不屈) '휘지도 않고 굽히지도 않는다'는 뜻으로, 어떤 난관도 꿋꿋이 견디어

나감을 이르는 말.

불요불급(不要不急) 필요(必要)하지도 않고 급(急)하지도 않음.

불용수증(不用修證) 닦거나 깨달아 얻을 것이 없다.

불우지변(不虞之變) 뜻밖에 일어난 변고(變故).

불우지비(不虞之備) 뜻밖에 일어나는 일에 대한 준비(準備).

불우지탄(不遇之歎) 불우(不遇)한 데에 대(對)한 한탄(恨歎).

불우지환(不虞之患) 뜻밖의 환난(患難).

불원만리(不遠萬里) '만 리 길도 멀다고 여기지 않는다'는 뜻으로, 먼 길인데도 개의치 않고 열심(熱心)히 달려감을 이르는 말.

불원장래(不遠將來) 멀지 않은 장래(將來).

불원천리(不遠千里) '천 리 길도 멀다하지 않는다'는 뜻으로, 먼 길인 데도 개의치 않고 열심히 달려감을 이르는 말.

불원천불우인(不怨天不尤人) 고난(苦難)이나 역경(逆境)을 만나더라도 하늘이나 다른 사람을 원망(怨望)하지 않고 제 분수(分數)를 지켜 자기(自己) 발전(發展)과 향상(向上)을 꾀함.

ㅂ

불위복선(不爲福先) '복을 얻는 데 남보다 앞장서면, 남에게 미움을 받으므로 남에 앞서서 차지하려 하지 않는다'는 말.

불유여력(不遺餘力) 있는 힘을 남기지 않고 다 씀.

불의영리(不義榮利) 의리(義理)에 어그러지게 누리는 영화(榮華)와 명리.

불의지변(不意之變) 뜻하지 아니한 변고(變故).

불의지사(不義之事) 의리(義理)에 어긋나는 일.

불의지인(不義之人) 의리(義理)에 어그러지는 일을 하는 사람.

불의지재(不義之財) 의리(義理)에 어그러지게 생긴 재물(財物).

불의지재(不意之災) 뜻밖의 재해(災害).

불의출행(不宜出行) 그 날의 운수(運數)가 먼 길 떠나기에 마땅치 아니함.

불의행세(不義行勢) 의리(義理)에 틀리는 짓.

불이과(不貳過) 한번 저지른 잘못은 두 번 거듭하지 말라.

불이이과(不而貳過) '논어에서 출처된 것으로, 같은 잘못을 두 번 다시 죄 짓지 말라'는 뜻.

불이인폐언(不以人廢言) 옳은 말이면 말한 사람의 신분이 낮다 할지라도 결코 버려서는 안된다.

불인견(不忍見) '목불인견(目不忍見)' 의 준말.

불인불계소사성대(不忍不戒小事成大) 참지 못하고 경계(警戒)하지 않으면 작은 일이 크게 되느니라.

불인인열(不因人熱) '사람의 열(熱)로써 밥을 짓지 않는다'는 뜻으로, 남에게 은혜(恩惠)를 입는 것을 떳떳이 여기지 않음을 이르는 말.

불인인지심(不忍人之心) 남을 차마 해치지 못하는 마음.

불인정시(不忍正視) 몹시 추악(醜惡)하여 바로 보기가 어려움.

불인지심(不忍之心) 차마 어떠한 것을 하지 못하는 마음.

불인지정(不忍之政) 아주 잔혹(殘酷)한 정치(政治).

불일기단(不一其端) 일의 가닥이나 실마리가 한 둘이 아님.

불일성지(不日成之) 며칠 안으로 이룸.

불일송지(不日送之) 며칠 안으로 곧 보냄.

불입문자(不立文字) '문자(文字)로서 교를 세우지 못한다'는 말. 언어문자의 형식에 집착하지 않고 마음으로 법을 전하고 깨닫는다는 말. 진리는 언어문자를 초월해 있다는 것을 나타내는 표현. 불립문자(不立文字)

불입호혈부득호자(不入虎穴不得虎子) 불입호혈언득호자(不入虎穴焉得虎子).

불입호혈언득호자(不入虎穴焉得虎子) '호랑이 굴에 들어가지 않고는 호랑이 새끼를 잡을 수 없다'는 뜻으로, 모험(冒險)을 하지 않고는 큰일을 할 수 없다는 말. 불입호혈부득호자(不入虎穴不得虎子).

불차용지(不次用之) 관계(關係)의 차례(次例)를 밟지 않고 벼슬에 올려서 씀.

불차탁용(不次擢用) 관계(官階)의 차례(次例)를 밟지 않고 특별(特別)하게 벼슬에 올려서 씀.

불척척어빈천불급급어부귀(不戚戚於貧賤不汲汲於富貴) '빈천(貧賤)함을 근심하지 않고, 부귀(富貴)에 급급(汲汲)하지 않는다'라는 뜻으로, 가난과 부귀(富貴)에 초연(超然)한 마음 자세를 나타냄.

불천불역(不遷不易) 변하지 않고 바뀌지 않음.

불천지위(不遷之位) 큰 공훈(功勳)이 있는 사람으로서 영구히 사당(祠堂)에 위해 두는 것을 나라에서 허락(許諾)한 신위(神位).

불철주야(不撤晝夜) '밤낮을 가리지 않는다'라는 뜻으로, 조금도 쉴 사이 없이 일에 힘씀.

불청불탁(不淸不濁) 맑지도 흐리지도 않음.

불초고(不肖孤) '불초한 고자(孤子)' 또는 '고애자(孤哀子)' 란 뜻으로, 부모가 돌아가신 뒤 졸곡(卒哭)까지, 상제(喪制)가 자기 스스로를 일컫는 말.

불초손(不肖孫) 할아버지에 대(對)하여 손자(孫子)가 '자기(自己)'를 낮추어 일컫는 말.

불초자식(不肖子息) '불초자제(不肖子弟)'의 낮춤말.

불초자제(不肖子弟) 어버이의 덕행이나 사업을 이어받지 못할 만한 못난 자손. 불초자식(不肖子息).

불초지부(不肖之父) 선대(先代)의 덕망(德望)을 닮지 못한 어리석은 아버지.

불출범안(不出凡眼) 보통(普通) 사람의 눈으로 보아서도 알 수 있을 만큼 선악(善惡)이 환함.

불출세(不出世) '세상(世上)에 드물게 있다'는 뜻으로, 좀처럼 세상(世上)에 태어나지 않을 만큼 뛰어남.

불출소료(不出所料) 미리 생각한 바와 틀리지 아니함.

불충불효(不忠不孝) 충효를 다하지 않음.

불취동성(不娶同姓) 성이 같은 사람끼리는 혼인(婚姻)을 아니함.

불취무귀(不醉無歸) '취하지 않는 자는 집에 돌려보내지 않는다'는 뜻. 불취불귀(不醉不歸).

불취불귀(不醉不歸) '도저히 취하지 않고는 집에 돌아갈 수 없다'는 뜻. 불취무귀(不醉無歸).

불측지변(不測之變) 뜻밖에 일어나는 변고(變故)나 사고(事故).

불측지연(不測之淵) '깊이를 헤아릴 수 없는 못'이란 뜻으로, 위험(危險)한 곳이나 불안(不安)한 것의 비유(比喩).

불치몰소(不致沒燒) 강을 건널 때나, 불 가운데 지날 때에도 보호(保護)하심.

불치병(不治病) 다스릴 수 없는 병. 낫지 않는 병(病).

불치불검(不侈不儉) 의식주(衣食住)에 있어서 사치(奢侈)하지도 검소(儉素)하지도 아니함. 곧 모든 면에 아주 수수함.

불치인류(不齒人類) 사람 축에 들지 못함.

불치하문(不恥下問) 지위(地位)·학식(學識)·나이 따위가, 자기(自己)보다 아랫사람에게 묻는 것을 부끄럽게 여기지 아니함을 두고 이르는 말.

불쾌지수(不快指數) 날씨에 따라 사람이 느끼는 쾌·불쾌의 정도를 기온과 습도의 관계로 나타내는 수치.

불탈주인석(不奪主人席) 주인(主人)의 자리에는 예의(禮儀) 상(上) 손이 앉지 않는 법이라는 뜻.

불택이교반유해의(不擇而交反有害矣) (벗을)가리지 않고 사귀면, 도리어 해(害)로움이 있음.

불투명체(不透明體) 빛을 통과(通過)시키지 못하는 물체(物體).

불파불립(不破不立) '낡은 것을 깨뜨리지 않으면 새 것을 세울 수 없다'는 뜻.

불편부당(不偏不黨) ①어느 한 쪽으로 기울어짐 없이 중정(中正), 공평(公平)함. ②늘 그러한 자연(自然)의 길(道)의 본질(本質)을 말함.

불편좌우(不偏左右) 좌우로 치우치지 아니함.

불평만만(不平滿滿) 불평(不平)한 마음이 가득 차 있음.

불평분자(不平分子) 어떤 조직체(組織體)에서, 그 시책이나 운영 등에 대하여 불만을 품고 있는 사람.

불평불만(不平不滿) 마음에 차지 않아 못 마땅하거나 언짢게 여기는 것.

불평지명(不平之鳴) 이 세상(世上) 모든 사람은 마땅한 자리를 얻지 못하면 반드시 우는 소리를 냄.

불폐풍우(不蔽風雨) 집이 허술하여 바람과 비를 가리지 못함.

불피풍우(不避風雨) 바람과 비를 무릅쓰고 일을 함.

불피한서(不避寒暑) 추위나 더위를 피(避)하지 아니하고 무릅씀.

불필다언(不必多言) 많은 말을 할 필요(必要)가 없음.

불필장황(不必張皇) 말을 길게 늘어놓을 필요(必要)가 없음.

불필재언(不必再言) 두 번 쳐들어 말할 필요(必要)가 없음.

불필타구(不必他求) '남에게 더 구(求)할 필요(必要)가 없다는 뜻'으로, 자기(自己) 것으로 넉넉함을 이르는 말.

불하일장(不下一杖) 죄인이 매 한 대 맞기도 전에 미리 자백하는 일.

불학무식(不學無識) 배우지도 못하고 아는 것이 없음.

불학이문장(不學而文章) 배우지 아니하고도 문장이 뛰어난 사람, 곧 타고난 문장가(文章家).

불한불열(不寒不熱) 기후(氣候)가 춥지도 덥지도 아니하여 견디기에 알맞음.

불한이율(不寒而慄) '춥지 아니한데 공포에 떨린다'는 뜻으로, 포악(暴惡)한 정치로 백성들이 두려워하는 것을 이르는 말.

불함문화(不咸文化) 백두산(白頭山)을 중심(中心)하여 우리 민족(民族)을 근간(根幹)으로 이루어진 고대(古代) 문화(文化). 이 문화권에 딸린 민족(民族)은 한족(韓族), 만주족(滿洲族), 일본족 등(等)임.

ㅂ

불허복제(不許複製) 저자(著者)나 판권(版權) 소유자(所有者)의 허가(許可)없이 출판물(出版物), 그림, 음반(音盤), 따위를 복제(複製)할 수 없음.

불현어외(不顯禦外) 밖으로 들어내지 않음.

불협화음(不協和音) ①서로 뜻이 맞지 않아 일어나는 충돌(衝突). ②둘 이상(以上)의 음이 같이 울릴 때, 서로 어울리지 않고 탁하게 들리는 음.

불호광경(不好光景) 좋지 못한 광경(光景). 곧 서로 다툼질이 일어나거나 하여 눈에 거칠게 보이는 광경(光景).

불호령(-號令) 볼멘소리로 거만(倨慢)하게 하는 꾸지람.

불혹지년(不惑之年) '세상일(世上-)에 미혹(迷惑)되지 않는 나이'라는 뜻으로, 나이 40세를 이르는 말.

불혹지세(不惑之歲) 불혹의 나이. 곧, 마흔 살.

불환과이환불균(不患寡而患不均) '적은 것을 걱정하지 않고, 고르지 못한 것을 걱정한다'는 뜻.

불효막심(不孝莫甚) 부모님께 효성스럽지 못함이 매우 심함.

불효부제(不孝不悌) 부모님께 효성(孝誠)스럽지 못하고 어른에게 공손(恭遜)하지 못함.

불효유삼(不孝有三) '부모(父母)에게 불효(不孝)하는 일에 세 가지가 있다'는 뜻으로, 첫째 부모(父母)에게 영합하여 불의에 빠지게 하는 일, 둘째 집이 가난하고 부모(父母)가 늙어도 벼슬하지 않는 일, 셋째 장가가지 않고 자식(子息)이 없어 선조(先祖)의 제사(祭祀)를 끊는 일의 세 가지.

불후기업(不朽基業) '썩지 아나하는 기업(基業)'을 말함.
불후지공(不朽之功) 오래도록 없어지지 않고 빛날 큰 공로(功勞).
불훼불폐(不毁不敝) 옷이 낡아지지 아니하고 신발이 해어지지 아니함.
붕교신수(朋交信守) 벗을 사귐에 있어 신의를 지켜라.
붕몽의생(鵬夢蟻生) 꿈은 크게 가지지만, 개미처럼 부지런히 생활(生活)해야 함.
붕성지통(崩城之痛) '성(城)이 무너질 만큼 큰 슬픔'이라는 뜻으로, 남편(男便)이 죽은 슬픔을 이르는 말.
붕신천고임의비(鵬信天高任意飛) '붕새는 하늘 높음을 믿기에 마음껏 하늘을 날아다닌다'는 뜻.
붕우유신(朋友有信) 오륜(五倫)의 하나. '친구(親舊) 사이의 도리(道理)는 믿음에 있다'는 뜻.
붕우유과충고선도(朋友有過忠告善導) 친구에게 잘못이 있거든, 충고(忠告)하여 착하게 인도(引導)하라.
붕우유신시위오륜(朋友有信是謂五倫) 벗 사이에는 신의(信義)가 있어야 하니, 이것을 오륜(五倫)이라 함.
붕우책선(朋友責善) '친구(親舊)는 서로 착한 일을 권(勸)한다'는 뜻으로, 참다운 친구(親舊)라면 서로 나쁜 짓을 못 하도록 권(勸)하고 좋은 길로 이끌어야 함.
붕우책선이우보인(朋友責善以友補仁) 붕우가 서로 착함을 행(行)하도록 권(勸)하는 것은 벗에게서 어짊을 보완(補完)하는 것임.
붕우춘회곡(朋友春懷曲) 조선시대의 규방 가사. 시집간 여인이 봄에 친정에 가서 옛 친구들을 만나려고 하였으나 뜻을 이루지 못한 안타까운 심정을 노래하였다. 모두 291구로 되어 있으며 《조선민요집성》에 실려 있다. 작가와 연대는 알 수 없다.
붕정만리(鵬程萬里) '붕새가 날아갈 길이 만 리'라는 뜻으로, 머나먼 노정, 또는 '사람의 앞날이 매우 요원하다'라는 뜻.
브라운관(Braun管) 진공관(眞空管)의 한 가지. 전류의 강약을 빛의 강약으로 바꾸는 일을 하는데, 텔레비전의 화상(畵像)을 비치는 데 이용됨.
브라운운동(Brown運動) 액체 속이나 기체 속에 떠 있는 미립자가 끊임없이 불규칙적(不規則的)으로 운동하는 현상.
비가강개(悲歌慷慨) '비장(悲壯)한 노래로 심(甚)하게 탄식(歎息)한다'는 뜻으로, 세상(世上) 형편(形便)이나 스스로의 운명(運命) 따위에 분노(憤怒)하여 근심함.
비거비래(飛去飛來) 날아가고 날아옴.
비견계종(比肩繼踵) '어깨를 나란히 하고 발뒤꿈치를 잇는다'는 뜻으로, ①계속(繼續)해서 끊이지 않고 잇달아 속출함을 말함. ②또 여러 사람을 줄지어 세우는 것을 의미(意味)하기도 함.

비견수종(比肩隨踵) '어깨를 나란히 하고, 발뒤꿈치를 따른다'는 뜻으로, 차례(次例)로 이어져서 끊이지 않음을 이르는 말.

비공식(非公式) 공식이 아니고 사사(私事)로움.

비공식적(非公式的) 공식(公式)이 아니고 사사로운 것.

비과세소득(非課稅所得) 사회적인 고려나 과세 기술상의 요청에 따라 세금을 매기지 않는 소득(所得). (어린이 저금의 이자, 국가 유공자(有功者)의 연금 따위).

비관론(悲觀論) 사물의 어두운 면만을 보고, 어떤 일에도 희망을 갖지 않는 염세적(厭世的)인 이론. ↔낙관론(樂觀論).

비관론자(悲觀論者) 모든 일에 비관론을 앞세우는 사람. ↔낙관론자(樂觀論者).

비관적(悲觀的) 일이 잘 풀리지 않고 앞날에 희망(希望)이 없는 것으로 생각하는 것. ↔낙관적(樂觀的).

비교불지비지불행(非敎不知非知不行) 가르침이 아니면 알지 못하고, 알지 못하면 행(行)하지 못함.

ㅂ

비구니(比丘尼) 출가(出家)하여 구족계(具足戒)를 받은 여자(女子) 중. 니승(尼僧).

비구소선(鼻口所宣) 입으로 설명(說明)할 수 없는 일.

비구승(比丘僧) 출가(出家)하여 구족계(具足戒)를 받고 독신(獨身)으로 불도(佛道)를 닦는 남자(男子) 승려(僧侶). ↔대처승(帶妻僧).

비궁지절(非躬之節) 자기(自己)의 몸을 돌보지 않고 임금에게 충성(忠誠)을 다하는 신하(臣下)의 도리(道理).

비극반태(否極反泰) 비운(非運)이 극한(極限)에 다다르면 행운(幸運)이 돌아옴.

비금비석(非今非昔) 어제 오늘의 일이 아니고 늘 그러함.

비금주수(飛禽走獸) 날짐승과 길짐승.

비기윤가(肥己潤家) 자기(自己) 몸과 자기(自己) 집만 이롭게 함.

비기윤신(肥己潤身) ①제 몸만 살찌게 함. ②제 이익(利益)만 취(取)함.

비기이존인(卑己而尊人) 내 몸을 낮추고 남을 높여라.

비기지욕(肥己之慾) 자기(自己)에게만 이롭게 하려는 욕심(慾心).

비난공격(非難攻擊) 책잡아 나쁘게 말하여 공격(攻擊)함.

비난지사(非難之事) 어려울 것이 없는 일.

비두출화(鼻頭出火) '콧구멍에서 불을 뿜는다'는 뜻으로, 기운(氣運)이 펄펄한 모양(模樣)을 이르는 말.

비래비거(飛來飛去) 날아오고 날아감.

비래태거(否來泰去) 좋은 운수(運數)는 가고, 나쁜 운수(運數)가 돌아옴.

비려비마(非驢非馬) '나귀도 아니고 말도 아니다'라는 뜻으로, 이것도 저것도 아님을 비유(比喩)한 말이며, '죽도 밥도 아니다'라는 말과 같음.

비례물동(非禮勿動) 예(禮)가 아니면 행동(行動)으로 옮기지도 말아라.

비례물시(非禮勿視) 예가 아니면 보지도 말라는 말.

비례물시비례물청(非禮勿視非禮勿聽) 예가 아닌 것은 보지 말고, 예가 아닌 것은 듣지 말아야 함.

비례물언(非禮勿言) 예(禮)가 아니면 말하지도 말아라.

비례물언비례물동(非禮勿言非禮勿動) 예(禮)가 아니면 말하지 말고, 예(禮)가 아니면 움직이지 말아야 함.

비례물청(非禮勿聽) 예(禮)가 아니면 듣지도 말아라.

비례지례(非禮之禮) 얼핏 보기에는 예의(禮儀)에 어긋나지 않은 듯이 보이나, 실제(實際)로는 예에 어긋나는 예의(禮儀)를 이르는 말.

비룡승천(飛龍昇天) '용이 하늘로 날아오른다'는 뜻으로, 영웅이나 제왕(帝王)이 지위에 오른다는 말.

비룡재천(飛龍在天) 성인(聖人)이나 영웅(英雄)이 가장 높은 지위(地位)에 올라 있음을 비유(比喻).

비류직하(飛流直下) 곧바로 흘러 떨어짐.

비리곡직(非理曲直) 시비곡직(是非曲直).

비마경구(肥馬輕裘) 경구비마(輕裘肥馬). 살찐 말과 가벼운 여우 털옷. 곧 부귀한 사람의 호화로운 차림새.

비막대어심사(悲莫大於心死) '인간의 슬픔 중에서 마음(精神)이 죽는 것처럼 슬픈 일이 없다'는 말.

비망록(備忘錄) 잊었을 때에 대비(對備)하여 기록해 두는 책자. 메모. 불망기(不忘記).

비명횡사(非命橫死) 뜻밖의 재앙(災殃)이나 사고(事故) 따위로 제 수명(壽命)대로 살지 못하고 죽음.

비몽사몽(非夢似夢) 꿈인지 생시인지 어렴풋한 상태(狀態). 사몽비몽(似夢非夢). 이몽가몽(-夢-夢). 반수반성(半睡半醒)

비몽사몽간(非夢似夢間) 꿈을 꾸는지 잠이 깨어 있는지 어렴풋한 상태(狀態).

비무량심(悲無量心) 사무량심의 하나. 보살(菩薩)이 자비심(慈悲心)으로 중생(衆生)을 고해에서 건져 내어 해탈(解脫)의 낙을 얻게 하려는 마음.

비무장지대(非武裝地帶) ①무장을 하지 않는 지대. ②조약에 따라서 무장이 금지되어 있는 지역. 중립지대. (DMZ:Demilitarize).

비방지목(誹謗之木) '헐뜯는 나무'라는 뜻으로, 백성(百姓)이 임금에게 고통(苦痛)을 호소(呼訴)하고 소원(所願)을 고하는 나무기둥.

비백불난(非帛不煖) '비단옷(緋緞-)을 입어야 따뜻하다'는 뜻으로, 노인(老人)의 쇠약(衰弱)해진 때를 이르는 말.

ㅂ

비부감수(蚍蜉撼樹) '왕개미가 커다란 나무를 흔들려 한다'는 뜻으로, 제 분수도 모르고 스스로 감당(堪當)하지 못할 큰일을 꾀하거나 큰소리침을 비유하는 말.

비분강개(悲憤慷慨) 슬프고 분한 느낌이 마음속에 가득 차 있음.

비분지직(非分之職) 제 분수(分數)에 넘치는 직책(職責).

비분총탁(非分寵擢) 분에 넘치는 총애(寵愛)를 받고 벼슬자리에 등용되는 일.

비불발설(祕不發說) 비밀(祕密)을 지켜서 밖에 말을 내지 아니함.

비불외곡(臂不外曲) '팔이 안으로 들이굽지 밖으로 굽으랴'는 뜻. 시비를 떠나 자기와 가까운 사람에게 정이 쏠리게 마련이라는 말.

비비개연(比比皆然) 어느 것이나 죄다 그러함.

비비유지(比比有之) 드물지 아니하고 흔히 있음.

비사주석(飛沙走石) 모래가 날리고 돌멩이가 구를 만큼, '바람이 세차게 붊'을 형용(形容)하는 말.

비상계엄(非常戒嚴) 전쟁(戰爭) 또는 전쟁에 준하는 사태로 사회 질서가 극도로 혼란(混亂)된 지역 등에 선포하는 계엄.

비상지원(飛霜之怨) (특(特)히 여자(女子)의)뼈에 사무치는 원한(怨恨).

비석지심(匪石之心) 돌처럼 심지(心地)가 굳고 절조(節操) 있는 모양.

비성여뢰(鼻聲如雷) '코고는 소리가 매우 큼'을 우렛소리에 비유(比喩)하는 말.

비소가론(非所可論) 들어서 말할 거리가 못됨.

비숙련공(非熟練工) 아직 일에 숙달(熟達)하지 못한 직공(職工).

비승비속(非僧非俗) '중도 아니고 속인(俗人)도 아니라'는 뜻으로, 어중간(於中間)한 것을 두고 이르는 말.

비승지술(飛昇之術) 신선이 되어 하늘로 날아 올라가는 방술(方術).

비시식계(非時食戒) 제때가 아닌 때에 먹는 것을 금한 계율(戒律).

비신상마(飛身上馬) 비신승마(飛身乘馬).

비신승마(飛身乘馬) 날쌔게 말에 올라 탐. 비신상마(飛身上馬).

비아언모유성지모(非我言侮惟聖之謨) 내가 늙은이의 망령(妄靈)으로 말하는 것이 아니라, 오직 성인(聖人)이 하신 말씀인 것임.

비아언모유성지모(非我言耄惟聖之謨) 비아언모유성지모(非我言侮惟聖之謨).

비예부동(非禮不動) 예의에 맞지 않는 것이면 행동하지 말아라.

비옥가봉(比屋可封) '집마다 가히 표창(表彰)할만한 인물(人物)이 많다'는 뜻으로, 백성(百姓)이 모두 성인(聖人)의 덕에 교화(敎化)되어 어진 사람이 많음을 이르는 말.

비우천리(飛于千里) 천리까지 날아감.

비원사안(鼻元思案) 비원요간(鼻元料簡). 임기응변(臨機應變).

비원요간(鼻元料簡) ①당장만을 생각하는 얕은 생각. ②그 자리에서 떠오른 생각. ③임기응변(臨機應變).

비위난정(脾胃難定) '비위가 뒤집혀 가라앉지 아니한다'는 뜻으로, 밉살스런 꼴을 보고 마음이 아니꼬움을 이르는 말.

비유비공(非有非空) 비유비무(非有非無).

비유비무(非有非無) 모든 법의 실상(實相)은 있지도 없지도 아니함. 유와 무의 중도(中途)임.

비유선조아신갈생(非有先祖我身曷生) 선조(先祖)가 계시지 않았으면, 내 몸이 어디서 생겨났겠는가.

비육불포(非肉不飽) '고기가 아니면 배가 부르지 않다'는 뜻으로, 나이가 든 노인(老人)의 쇠약(衰弱)해진 몸의 상태(狀態)를 이르는 말.

비육지탄(髀肉之嘆) 비육지탄(髀肉之歎).

비육지탄(髀肉之歎) '넓적다리에 살이 붙음을 탄식(歎息)한다'라는 뜻으로, ①자기(自己)의 뜻을 펴지 못하고 허송세월(歲月)하는 것을 한탄(恨歎)하다. 성공(成功)할 기회(機會)를 잃고 공연(公然)히 허송세월(歲月)만 보냄을 탄식(歎息)하는 말. ②영웅(英雄)이 때를 만나지 못하여 싸움에 나가지 못하고 넓적다리에 헛된 살만 쪄 가는 것을 한탄(恨歎)한다는 말에서 나옴. 비육지탄(髀肉之嘆).

ㅂ

비율빈(比律賓) 필리핀(Philippines)의 한자음(漢字音) 표기.

비이부주(比以不周) 소인(小人)은 사사(私事)로움에 치우치므로 특이(特異)한 사람만 친할 뿐이지 널리 사귀지 못함.

비이소사(匪夷所思) 보통(普通) 사람으로서는 헤아리지 못할 생각이나 평범(平凡)하지 않는 생각.

비이자지유사교지(非爾自知惟師教之) 네 스스로의 앎이 아닌 것은 오직 스승이 이를 가르친 것임.

비이자행유사도지(非爾自行惟師導之) 네 스스로의 행(行)함이 아닌 것은 오직 스승이 이를 인도(引導)한 것임.

비이장목(飛耳長目) ①'먼 데 있는 것을 잘 보고 잘 듣는 귀와 눈'이라는 뜻으로, 학문(學問)이나 사물(事物)에 대(對)한 관찰(觀察)의 넓고 날카로움을 이르는 말. ②또는 그 도구(道具)의 뜻으로, 책을 두고 이르는 말.

비익연리(比翼連理) '암수가 각각(各各) 눈 하나에 날개가 하나씩이라서 짝을 짓지 않으면 날지 못한다는 비익조(比翼鳥)와 한 나무의 가지가 다른 나무의 가지와 맞붙어서 서로 결이 통(通)한 연리지(連理枝)'라는 뜻으로, 부부(夫婦)의 사이가 깊고 화목(和睦)함을 비유(比喩)하는 말.

비익조(比翼鳥) 암컷과 수컷이 눈과 날개가 하나씩이라서 짝을 짓지 않으면 날지 못한다는 새로서, 남녀 사이 혹은 부부애(夫婦愛)가 두터움을 이르는 말.

비일비재(非一非再) '같은 일이 한두 번이 아님'이란 뜻으로, 한 둘이 아님.

비잠주복(飛潛走伏) '날고, 헤엄치고, 달리고, 기는 것'이라는 뜻으로, '새, 물고기, 짐승, 벌레' 등(等)을 통틀어 일컫는 말.

비재식시(非齋食時) 불가(佛家)에서 정오(正午) 이후(以後)에 음식(飮食)을 전혀 먹지 않아야 하는 시간(時間).

비장필천(轡長必踐) '고삐가 길면 밟힌다'는 뜻으로, 옳지 못한 일을 오래 두고 여러 번 계속(繼續)하면 결국(結局)은 남에게 들키고 만다는 뜻.

비전비화(非戰非和) 전쟁도 평화도 아닌 갈등(葛藤)이 교착(交錯)하는 냉전적(冷戰的) 시기.

비전지죄(非戰之罪) 일을 잘못한 것이 아니라 운수(運數)가 글러서 성공(成功) 못함을 탄식(歎息)하는 말.

비절참절(悲絕慘絕) 말할 수 없이 비참(悲慘)함. 참절비절(慘絕悲絕).

비정지책(非情之責) 아무런 까닭도 없이 하는 책망(責望).

비조불입(飛鳥不入) 새도 날아 들어가지 못할 만큼 성이나 진지(陣地)의 방비(防備)가 아주 튼튼함을 이르는 말.

비조즉석(非朝卽夕) '아침이 아니면 곧 저녁'이라는 뜻으로, 어떤 일의 시기(時期)가 임박(臨迫)했음을 이르는 말.

비지어목동근이지(比之於木同根異枝) 나무에 비하면, 뿌리는 같고 가지는 다른 것과 같으니라.

비지어수동원이류(比之於水同源異流) 물에다 비하면, 수원은 같고 흐름은 다른 것과 같으니라.

비지중물(非池中物) '용이 때를 만나면 못을 벗어나 하늘로 오르듯이 영웅(英雄)도 때를 만나면 세상(世上)에 나와 큰 뜻을 편다'는 뜻으로, 비범(非凡)한 인물(人物)이나 장차 대성(大成)할 사람을 이름.

비지지간(非知之艱) 사물(事物)을 아는 일은 그리 어렵지 않으나, 이를 행(行)하기는 매우 어렵다는 말.

비진사정(備盡事情) 청을 들어 달라고 간절(懇切)하게 사정(事情)함.

비차막가(非此莫可) 꼭 그것이라야만 될 것.

비파만취(枇杷晚翠) 비파나무는 늦은 겨울에도 그 빛은 푸름.

비파만취오동조조(枇杷晚翠梧桐早凋) 오동나무 잎사귀는 먼저 시든다.

비판적관념론(批判的觀念論) '이성(理性) 능력(能力)의 비판(批判)에서 비로소 인식(認識)이 가능(可能)함을 주장(主張)하는 관념론(觀念論)'이라는 뜻으로, 칸트의 '선험적(先驗的) 관념론(觀念論)'을 일컫는 말.

비풍참우(悲風慘雨) '슬픈 바람과 처참(悽慘)한 비'라는 뜻으로, 비참(悲慘)한 처지(處地)

를 비유(比喩). 비하공사(鼻下公事). 비하정사(鼻下政事).

비하정사(鼻下政事) '코 밑에 닥친 일에 관(關)한 정사(政事)'라는 뜻으로, 하루하루를 겨우 먹고 살아가는 일.

비희교교(悲喜交交) 비희교지(悲喜交至).

비희교지(悲喜交至) '슬픈 일과 기쁜 일이 엇갈린다'는 뜻으로, 슬픔과 기쁨을 번갈아 맛봄을 이르는 말.

비희우락(悲喜憂樂) 슬픔과 기쁨, 우울(憂鬱)함과 즐거움.

빈객불래문호적막(賓客不來門戶寂寞) 손님이 오지 않으면, 문호(門戶)가 적막(寂寞)해지느니라.

빈객래방접대필성(賓客來訪接待必誠) 손님이 찾아오거든 접대하기를 반드시 정성(精誠)스럽게 하라.

빈계사신(牝鷄司晨) '암탉이 새벽에 우는 일을 맡았다'는 뜻으로, 아내가 남편(男便)의 할 일을 가로 막아 자기(自己) 마음대로 처리(處理)함을 비꼬아 이르는 말.

빈계지신(牝鷄之晨) '암탉이 울어서 새벽을 알린다'는 뜻으로, '암탉이 울면 집안이 망한다'는 말.

빈곤망상(貧困妄想) 자기 자신(自己自身)을 과소(誇小) 평가(評價)하는 망상(妄想)으로, 자기(自己)가 가난하다고 생각하는 것.

빈궁곤액친척상구(貧窮困厄親戚相救) 빈궁(貧窮)과 재액(災厄)이 있을 때에는, 친척(親戚)들이 서로 구원(救援)해 주어야 함.

빈궁환난친척상구(貧窮患難親戚相球) 빈궁(貧窮)이나 환난(患難)에는 친척(親戚)끼리 서로 구원(救援)해 줌.

빈부귀천(貧富貴賤) 가난함과 부유(富裕)함이나 귀함과 천함.

빈불여언(擯不與言) 아주 배척(排斥)해 버리고 말도 아니함.

빈사지경(瀕死地境) 거의 죽게된 처지(處地)나 형편(形便). 빈사경(瀕死境).

빈시기소불취(貧視其所不取) '가난해졌을 때에 부정(不正)한 재물(財物)을 취(取)하지 않는가를 본다'는 뜻으로, 그 사람의 인물(人物)됨을 판정(判定)하는 방법(方法)을 이르는 말.

빈약근학가이입신(貧若勤學可以立身) 가난한 사람이 학문에 힘을 쓰면, 몸을 세울 수 있다.

빈영양호(貧營養湖) 생물이 필요로 하는 영양분을 충분히 가지고 있지 않은 호소(湖沼). ↔부영양호(富營養湖).

빈이낙도(貧而樂道) 가난한 몸이지만 하늘의 뜻으로 알고 도(道)를 즐김.

빈이무원(貧而無怨) 가난해도 세상에 대(對)한 원망(怨望)이 없음.

빈익빈(貧益貧) 가난한 사람일수록 더욱 가난해 짐. ↔부익부(富益富).

빈자사지상(貧者士之常) '가난은 선비에게 떳떳한 일'이라는 뜻으로, 선비의 뜻하는 바는

도(道)지 빈부(貧富)를 따질 바는 아님.

빈자소인(貧者小人) 가난한 사람은 굽죄이는 일이 많아서 뻣뻣하지 못한 까닭에 저절로 낮은 사람처럼 된다는 말.

빈자일등(貧者一燈) '가난한 사람이 밝힌 등불 하나'라는 뜻으로, 가난 속에서도 보인 작은 성의가 부귀(富貴)한 사람들의 많은 보시(布施)보다도 가치(價値)가 큼을 이르는 말.

빈주지간(賓主之間) 손과 주인(主人)과의 사이.

빈주지례(賓主之禮) 손님과 주인(主人) 사이에 지켜야 할 예의(禮儀).

빈즉다사(貧則多事) 가난한 집에 번거러운 일이 많음.

빈천지교(貧賤之交) 내가 가난하고 천할 때 나를 친구(親舊)로 대(對)해 준 벗은 내가 부귀(富貴)하게 된 뒤에도 언제까지나 잊어서는 안됨.

빈천지교불가망(貧賤之交不可忘) 가난하고 어려운 때 사귄 친구(親舊)는 언제까지나 잊어서는 안 된다는 말.

ㅂ

빈한도골(貧寒到骨) '빈한함이 뼈에까지 스민다'는 뜻으로, '매우 가난함'을 일컫는 말.

빈한소치(貧寒所致) 가난한 탓으로 그러함.

빙공영사(憑公營私) 관청(官廳)이나 공공(公共)의 일을 이용(利用)하여 개인(個人)의 이익(利益)을 꾀함.

빙기옥골(氷肌玉骨) '얼음 같은 살결과 옥 같은 뼈대'라는 뜻으로, ①매화(梅花)를 형용하여 이르는 말. ②미인(美人)을 형용하여 이르는 말. 빙자옥질(氷姿玉質).

빙빙과거(氷氷過去) '어름어름 지내 감'의 뜻.

빙산일각(氷山一角) '빙산의 뿔'이라는 뜻으로, 대부분이 숨겨져 있고 외부로 나타나 있는 것은 극히 일부분(一部分)에 지나지 않음을 비유(比喩)한 말.

빙소와해(氷消瓦解) 얼음이 녹고 기와가 깨어진다는 뜻으로, 자취도 없이 소멸(消滅)함을 비유(比喩)하는 말.

빙심옥호(氷心玉壺) '얼음같이 맑은 마음이 티 없는 옥 항아리에 있다'는 뜻으로, 마음이 맑고 티 없이 깨끗함을 이르는 말.

빙자옥질(氷姿玉質) '얼음같이 투명(透明)한 모습과 옥과 같이 뛰어난 바탕'이라는 뜻으로, ①용모(容貌)와 재주가 모두 뛰어남. ②매화(梅花)를 형용하여 이르는 말. ③미인(美人)을 형용하여 이르는 말. 빙기옥골(氷肌玉骨).

빙정옥결(氷貞玉潔) '얼음처럼 곧고 옥처럼 깨끗하다'는 뜻으로, 흠이 없이 깨끗한 절개(節槪)를 비유(比喩)하는 말.

빙청옥결(氷淸玉潔) '얼음 같이 맑고 옥같이 깨끗하다'는 뜻으로, '청렴결백(淸廉潔白)한 절조(節操)나 덕행(德行)'을 나타내는 말.

빙청옥윤(氷淸玉潤) '얼음과 같이 맑고 구슬과 같이 윤이 난다'는 뜻으로, 장인(丈人)과 사위의 인물(人物)됨이 다 같이 뛰어남을 이르는 말.

빙탄불상병(氷炭不想竝) '얼음과 숯불은 그 성질(性質)이 반대(反對)여서 서로 어울릴 수 없다'는 뜻으로, 사물(事物)이 서로 상반되어 화합(和合)하지 못함을 이르는 말.

빙탄불상용(氷炭不相容) '얼음과 불은 성질(性質)이 반대(反對)여서 만나면 서로 없어진다'는 뜻으로, ①군자(君子)와 소인(小人)은 서로 화합(和合)하지 못함. ②또는 상반되는 사물(事物).

빙탄상애(氷炭相愛) '얼음과 숯이 서로 사랑한다'는 뜻으로, 세상(世上)에 그 예가 도저히 있을 수 없음을 이르는 말.

빙탄상용(氷炭相容) 서로 상반되는 사물이 협조함을 비유하는 말, 또는 세상에 그러한 예(例)가 전혀 없음의 비유.

빙탄지간(氷炭之間) '얼음과 숯 사이'란 뜻으로, ①둘이 서로 어긋나 맞지 않는 사이. ②서로 화합(和合)할 수 없는 사이.

빙해어초약풍화안욕귀(氷解魚初躍風和雁欲歸) 얼음이 녹으니 고기가 처음으로 뛰고, 바람이 온화(溫和)하니 기러기가 돌아가고자 함.

빙호지심(氷壺之心) 백옥(白玉)으로 만든 항아리에 얼음 한 조각을 넣는 것처럼, 맑고 투명(透明)한 심경.

【ㅅ】

사가기욕(捨家棄欲) 집이나 세속적(世俗的)인 욕망(慾望)을 버리고 불문(佛門)에 들어감.

사가망처(徙家忘妻) '이사(移徙)하면서 아내를 잊어버린다'는 뜻으로, 건망증이 심한 사람이나 의리(義理)를 분별(分別)하지 못하는 어리석은 사람을 비유(譬喩)하는 말.

사각지대(死角地帶) ①위치의 각도 상 사물이 보이지 아니하게 되는 곳, 또는 거울이 사물을 비출 수 없는 곳. ②'관심이나 영향이 미치지 못하는 영역'을 비유(比喩)하는 말.

사각팔방(四角八方) ①모든 방면(方面). ②여기저기. 사방팔방(四方八方).

사경견폐성(蛇驚犬吠聲) 궁합에서 서로 꺼리는 살(煞)의 하나. 뱀이 개 짖는 소리에 놀란다는 뜻으로 뱀띠와 개띠는 서로 꺼린다는 말.

사고무인(四顧無人) 주위(周圍)에 사람이 없어 쓸쓸함.

사고무친(四顧無親) '사방(四方)을 돌아보아도 친척(親戚)이 없다'는 뜻으로, 의지(依支)할 만한 사람이 도무지 없다는 말. 혈혈단신(孑孑單身).

ㅅ

사고무탁(四顧無託) 사방(四方)을 둘러보아도 의탁(依託)할만한 사람이 아무도 없음.

사고방식(思考方式) 어떤 문제를 궁리(窮理)하고 헤아리는 방법과 태도(態度).

사고팔고(四苦八苦) '네 가지 괴로움과 여덟 가지 괴로움'이라는 뜻으로, 인생(人生)에 있어 반드시 받지 않으면 안 되는 온갖 괴로움을 이르는 말.

사공명능주생중달(死孔明能走生仲達) 죽은 공명(孔明)이 산 중달(仲達)을 도주(逃走)하게 만듦.

사공명주생중달(死孔明走生仲達) '죽은 제갈공명(諸葛孔明)이 살아 있는 중달(仲達)을 도망치게 한다'는 뜻으로, 죽은 뒤에도 적(敵)이 두려워할 정도로 뛰어난 장수(將帥) 또는 겁쟁이를 비유(譬喩)한 말.

사공중곡(射空中鵠) '무턱대고 쏘아 과녁을 맞혔다'는 뜻으로, 멋모르고 한 일이 우연(偶然)히 들어맞아 성공(成功)했음의 비유(比喩).

사구일생(四俱一生) 사귀일성(四歸一成).

사군이충(事君以忠) 삼국 통일의 원동력이 된 화랑(花郎)의 세속오계(世俗五戒)의 하나. 임금을 섬김에 충성(忠誠)으로써 함.

사군자(四君子) '동양화(東洋畵)에서 그 고결(高潔)함이 군자(君子)와 같다'는 뜻으로, 매화(梅花), 난초(蘭草), 국화(菊花), 대나무(竹)를 일컫는 말.

사군지도(事君之道) 임금을 섬기는 도리(道理).

사군지도여부일체(事君之道與父一體) 임금을 섬기는 도리(道理)는 부모(父母)를 섬기는 것과 똑같음.

사군지사(事君之事) 신하(臣下)가 임금을 섬기는 도리(道理).

사궁지수(四窮之首) '사궁 중(中)의 첫머리'라는 뜻으로, 늙어서 아내가 없는 홀아비를 이르는 말.

사귀명(事貴明) 일처리는 간단명료하게 하라.

사귀신속(事貴神速) 일을 함에는 신속(迅速)함을 중요(重要)하게 여김.

사귀일성(四歸一成) 넷이 결과적(結果的)으로 하나를 이룸. 목화(木花) 너 근이 솜 한 근으로, 수삼(水蔘) 너 근이 건삼(乾蔘) 한 근으로 되는 일 따위. 사구일생(四俱一生)

사근취원(捨近取遠) 가까운 것을 버리고 먼 것을 취(取)함.

사급계생(事急計生) 사태(事態)가 급(急)하면 좋은 계책(計策)이 생김을 이르는 말.

사기과기물사(事已過已勿思) 지나간 일은 생각하지 말라.

사기음식금수지류(私其飮食禽雖之類) 형제(兄弟) 간(間)에 음식(飮食)을 사사(私事)로이 한다면 새나 짐승의 무리와 같음.

사기의복이적지도(私其衣服夷狄之徒) 형제(兄弟) 간(間)에 의복(衣服)을 사사(私事)로이 함은 오랑캐의 무리들이 하는 짓임.

사기의식이적지도(私其衣食夷狄之徒) 형제간에 그 의복과 음식을 사사로이 하면, 오랑캐의 무리이니라.

사기종인(舍己從人) 자기(自己)의 이전(以前) 행위(行爲)를 버리고 타인(他人)의 선행(善行)을 본떠 행(行)함.

사기진작(士氣振作) 의욕(意欲)이나 자신감(自信感)이 충만(充滿)하여 굽힐 줄 모르는 씩씩한 기세(氣勢)를 떨쳐 일으킴.

사기충천(士氣衝天) 사기(士氣)가 하늘을 찌를 듯이 높음.

사농공상(士農工商) 선비 · 농부(農夫) · 공장(工匠) · 상인(商人) 등(等) 네 가지 신분(身分)을 아울러 이르는 말. 봉건(封建) 시대(時代)의 계급(階級) 관념(觀念)을 순서(順序)대로 일컫는 말.

사다함(斯陀含) 사다함과(斯陀含果). 일래과(一來果).

사다함과(斯陀含果) 신라의 화랑. 성은 김(金) 진흥왕 23년(562년)에 가야국 정벌에 종군하여 공을 세웠으며 무관랑(武官郎)과의 우정으로 유명하다. 사다함(斯陀含). 일래과(一來果).

사단법인(社團法人) 일정한 목적을 위해 조직된 단체로서, 법률상 그 권리 · 의무의 주체로 인정받은 것. 공익 사단 법인과 영리 사단 법인의 구별이 있음.

사단우법(事斷于法) 법으로 일을 처리하다.

사단취장(捨短取長) '장단(長短)을 가려서 격식(格式)에 맞춘다'는 뜻으로, 나쁜 것은 버리고 좋은 점은 취한다는 말.

사단칠정(四端七情) 성리학(性理學)의 철학적(哲學的) 개념(概念)의 하나. 사단(四端)은 인간(人間)의 본성(本性)에서 우러나오는 마음씨 즉 선천적(先天的)이며 도덕적(道德的) 능력(能力)을 말하며, 칠정(七情)은 인간(人間)의 본성(本性)이 사물(事物)을 접(接)하면서 표현(表現)되는 인간(人間)의 자연적(自然的)인 감정(感情)을 말함.

사달오통(四達五通) 이리저리 사방(四方)으로 통(通)함.

사달이이의(辭達而已矣) 말은 그 뜻이 상대(相對)에게 전달(傳達)되는 것으로 족함.

사대교린(事大交隣) 큰 나라는 섬기고 이웃 나라와는 사귐.

사대사상(事大思想) 일정(一定)한 주견(主見)이 없이 세력(勢力)이 강(强)한 나라 또는 사람을 붙좇아 섬기면서 의지(依支)하려는 사상(思想).

사대성인(四大聖人) 고금동서(古今東西)에 으뜸가는 네 성인. 곧, 공자·석가·예수·소크라데스를 이르는 말(소크라데스 대신에 마호메트를 넣기도 함). 사성(四聖).

사대오상(四大五常) 네 가지 큰 것과 다섯 가지 떳떳함이 있으니, 즉 사대(四大)는 천지군부(天地群部)요, 오상(五常)은 인의예지신(仁義禮智信)임.

사대육신(四大六身) 두 팔, 두 다리, 머리, 몸통을 이르는 말로서, 온몸을 이름.

ㅅ

사대주의(事大主義) 자주성이 없어, 세력(勢力)이 강대(强大)한 자에게 붙어서 자기(自己)의 존립(存立)을 유지(維持)하는 경향(傾向).

사덕제신정도지각(師德弟愼正道智覺) 스승이 덕으로 가르치니 삼가 받들어야 바른 길의 지혜(智慧)를 밝혀 깨달음.

사도신경(使徒信經) 〔영〕Apostolic Creeds. 기독교의 바탕이 되는 핵심(核心) 교리(敎理)를 담은 신앙고백문(信仰告白文). 초대교회 이후 주일 미사나 예배 때 신자들이 신앙(信仰)을 고백(告白)하는 뜻에서 외움.

사도팔도(四都八道) 사도와 팔도. 곧 지난날 우리나라 전체(全體)를 일컬었던 말.

사도행전(使徒行傳) 〔영〕The Acts of the Apostles. 신약 성서중의 한편. 누가의 저작으로, 베드로와 바울의 복음(福音) 행적(行蹟)과 초대 교회의 건설 및 발달과정(發達過程)이 기록되어 있음.

사라쌍수(沙羅雙樹) 사라쌍수(娑羅雙樹). 석가(釋迦)가 열반(涅槃)할 때, 침상(寢床)의 사방(四方)에 두 그루씩 사라수(沙羅樹)가 있었으므로 이 이름이 있음. 하나의 뿌리에서 두 개의 줄기가 나와 한 쌍을 이루고 있었는데 석가(釋迦)가 열반(涅槃)에 들자 한 나무는 무성하고 한 나무는 말라 죽었으며, 때 아닌 흰 꽃이 피어 동서(東西)와 남북(南北)에 있던 두 쌍수(雙樹)는 각각(各各) 한 나무로 되어 숲을 덮고, 나무 빛깔이 하얗게 변(變)하여 말라 죽었다 함. 동쪽의 두 그루를 상(常)과 무상(無常). 서쪽의 두 그루를 아(我)와 무아(無我), 남쪽의 두 그루는 낙(樂)과 무락(無樂), 북쪽의 두 그루를 정(淨)과 부정(不淨)에 비유(比喩)함.

사라쌍수(娑羅雙樹) 사라쌍수(沙羅雙樹).

사란사형(似蘭斯馨) 난초(蘭草)같이 꽃다우니 군자(君子)의 지조(志操)를 비유(比喩)한 것임.

사란사형여송지성(似蘭斯馨如松之盛) 소나무같이 푸르고 성함은 군자의 절개(節槪)를 말한 것이다.

사람대이름씨(-代-) 인칭 대명사(人稱代名詞).

사래선거(絲來線去) 일이 얽히고 설키거나 더욱 번거로워짐.

사량침주(捨量沈舟) '식량(食糧)을 버리고 배를 침몰(沈沒)시킨다'는 뜻으로, 목숨을 걸고 어떤 일에 대처(對處)하는 경우(境遇)의 비유(譬喩).

사려분별(思慮分別) 여러 가지 일에 대(對)한 생각과 사물(事物)을 제 분수(分數)대로 각각(各各) 나누어서 가름.

사례편람(四禮便覽) 조선 숙종 때, 이재(李縡)가 관혼상제(冠婚喪祭)에 관한 제도와 절차에 대하여 적은 책. 8권 4책.

사리명백(事理明白) 사물(事物)의 이치(理致)나 일의 도리(道理)가 명백(明白)함.

사리명창(辭理明暢) 말에 조리(條理)가 있고 분명(分明)함.

사리사복(私利私腹) 사사(私事)로운 욕심(慾心)과 이익(利益).

사리사욕(私利私慾) 사사(私事)로운 이익(利益)과 욕심(慾心).

사마골(死馬骨) '죽은 말의 뼈'라는 뜻으로, 쓸모없는 것의 비유(比喩).

사마골오백금(死馬骨五百金) '죽은 말을 오백 금에 산다'는 뜻으로, 큰 것을 얻기 위해 작은 것을 귀(貴)하게 여긴다는 말.

사마난추(駟馬難追) ①'말(言)이란, 한번 뱉으면 엄청나게 빠른 네 필의 말이 끄는 수레로도 따라가기 어려울 만큼 소문도 전파되니 말조심 하라'는 뜻. ②'발없는 말이 천리 간다' 의 뜻.

사마단창(四馬單槍) '홀로 한 마리의 말을 타고 창 하나를 비껴 든 차림'이란 뜻.

사마양서(司馬穰書) 중국(中國) 춘추 전국 시대에 나온 무경칠서(武經七書) 중(中)의 하나.

사망지환(死亡之患) 죽음의 재앙(災殃).

사면묘사(斜面描寫) 대상을 정면이 아닌 엇비슷한 위치에서 묘사(描寫)하는 일.

사면초가(四面楚歌) '사방(四方)에서 들리는 초(楚)나라의 노래'라는 뜻으로, 적에게 둘러싸인 상태(狀態)나 누구의 도움도 받을 수 없는 고립(孤立) 상태(狀態)에 빠짐을 이르는 말.

사면춘풍(四面春風) '사면이 봄바람'이라는 뜻으로, 언제 어떠한 경우(境遇)라도 좋은 낯으로만 남을 대함을 이르는 말. 두루춘풍(-春風). 사시춘풍(四時春風).

사면팔방(四面八方) 사방팔방(四方八方).

사모관대(紗帽冠帶) 사모와 관대를 아울러 이르는 말. 전통(傳統) 혼례(婚禮) 때 쓰는 예복(禮服). 옛날 벼슬아치들이 입던 관복.

사모불망(思慕不忘) 사모(思慕)해 잊지 않음.

사목지신(徙木之信) 위정자(爲政者)는 백성(百姓)과의 약속(約束)을 지켜야 한다는 말.

사몽비몽(似夢非夢) 비몽사몽(非夢似夢). 이몽가몽(-夢-夢). 반수반성(半睡半醒).

사몽비몽간(似夢非夢間) 비몽사몽간(非夢似夢間).

사무량심(四無量心) 중생(衆生)을 한없이 어여삐 여기는 네 가지 마음.

사무사(思無邪) 생각이 바르므로 사악(邪惡)함이 없음.

사무애지(四無碍智) 막힘이 없는 네 가지 지혜(智慧). 곧 법무애지(法無礙智) · 의무애지(義無礙智) · 사무애지(辭無碍智) · 변무애지(辯無礙智)의 네 가지.

사무여한(死無餘恨) 죽어도 한이 없음.

사무한신(事無閑身) 별로 하는 일이 없는 한가한 몸.

사문결박(私門結縛) 지난날 권세있는 집안에서 사람을 사사(私事)로이 잡아들여서 자유를 얽매던 일.

사문난적(斯文亂賊) '유교(儒敎)를 어지럽히는 도적(盜賊)'이라는 뜻으로, 교리(敎理)에 어긋나는 언동(言動)으로 유교(儒敎)를 어지럽히는 사람.

ㅅ **사문용형**(私門用刑) 지난날, 권세(權勢)있는 집안에서 사람을 사사로이 잡아 가두거나 형벌(刑罰)을 가하던 일.

사물대명사(事物代名詞) 지시대명사(指示代名詞).

사미인곡(思美人曲) 조선 선조 때, 정철(鄭澈)이 지은 가사(歌辭). 임금을 그리는 정을 간곡(懇曲)하게 읊은 내용. ('송강가사(松江歌辭)'에 실려 전함).

사바사바(さばさば) 뒷거래(去來)를 통하여 떳떳하지 못하게 은밀(隱密)히 일을 조작(造作)하는 것을 속되게 이르는 말.

사바세계(sabhā 世界) 불교에서, 중생이 갖가지 고통을 참고 견뎌야 하는 괴로움이 많은 이 세상. 속세(俗世). 인간세계(人間世界). 탁세(濁世). 사파.

사반공배(事半功倍) 노력(努力)은 적게 들었어도 이루어진 공은 큼.

사반세기(四半世紀) 한 세기의 4분의 1. 곧, 25년.

사발농사(沙鉢農事) '사발(沙鉢)에 짓는 농사(農事)'라는 뜻으로, 밥을 빌어먹는 것을 비유(譬喩)하는 말.

사발통문(沙鉢通文) 주동자가 누군지 드러나지 않게 관계자(關係者)의 이름을 빙 둘러 적은 통문.

사방무적(四方無敵) 적도 없고 재앙도 없는 태평시대를 맞이함.

사방지지(四方之志) ①천하(天下)를 경영(經營)하려는 큰 뜻. ②세계(世界) 각국(各國)의 기록(記錄).

사방팔방(四方八方) 모든 방면(方面). 여러 방면(方面). 사각팔방(四角八方)

사방향응(四方響應) 어떤 주창(主唱)에 응(應)하여 모든 사람이 함께 행동(行動)함.

사배하직(四拜下直) 네 번 절하고 이별(離別)하는 일.

사백사병(四百四病) 404 가지 병이라는 뜻으로, 인간(人間)이 걸리는 모든 질병(疾病)을 이르는 말.

사백여주(四百餘州) 중국(中國) 전토(全土)를 일컫는 말.

사변무궁(事變無窮) 여러 가지 사변(事變)이 자꾸 일어나 끝이 없음.

사복개천(司僕-川) '더러운 개천'이라는 뜻으로, 욕지거리나 상말을 마구하는, 입이 더러운 사람을 낮추어 이르는 말.

사부전목(死不顚目) '죽을 때에도 눈을 감지 못한다'는 뜻으로, 마음에 맺히고 근심이 되어 마음 놓고 편히 죽지 못함을 이르는 말.

사부합주(四部合奏) (제1바이올린, 제2바이올린, 비올라, 첼로 등) 4부로 이루어지는 기악 합주. 한 성부(聲部)의 악기가 두 개 이상인 점이 사중주와 다름.

사부합창(四部合唱) 4성부(聲部)로 이루어지는 합창. 한 성부가 두 사람 이상인 점이 사중창과 다름.

사분오열(四分五裂) '네 갈래 다섯 갈래로 나눠지고 찢어진다'는 뜻으로, ①이리저리 갈기갈기 찢어짐. ②천하(天下)가 심(甚)히 어지러움. ③질서(秩序) 없이 몇 갈래로 뿔뿔이 헤어지거나 떨어짐.

ㅅ

사불급설(駟不及舌) '네 마리 말이 끄는 빠른 수레도 사람의 혀에는 미치지 못한다'는 뜻으로, 소문(所聞)은 빨리 퍼지므로 말조심하라는 말.

사불명목(死不瞑目) 마음에 맺히고 근심이 되어, 죽어서도 눈은 편히 감지 못함.

사불범정(邪不犯正) '바르지 못한 것은 바른 것을 감(敢)히 범(犯)하지 못한다'는 뜻으로, 정의(正義)는 반드시 이긴다는 말.

사불사고(事不事古) 옛 사람의 교훈(敎訓)을 본받지 아니함.

사불삼거(四不三拒) 공직자가 해서는 안 되는 네 가지와 거절해야 하는 세 가지 덕목. 사불(四不) ①부업을 하지 않고, ②땅을 사지 않고, ③집을 늘리지 않고, ④재임지의 명산물을 먹지 않는 것. 삼거(三拒) ①윗사람의 부당한 요구를 거절하고, ②부득이 요구를 들어 주었다면 답례를 거절하고, ③자신의 경조사 때 부조를 거절한다.

사불여의(事不如意) 일이 뜻대로 안됨.

사불여죽죽불여육(絲不如竹竹不如肉) '현악(絃樂)은 관악(管樂)만 같지 못하고, 관악(管樂)은 사람의 육성(肉聲)만 못하다'라는 뜻으로, 기악(器樂)보다는 성악(聲樂)이 낫다는 말.

사불획명(辭不獲命) 사퇴(辭退)했으나 허락(許諾)을 얻지 못함.

사비사지(使臂使指) '팔과 손가락을 쓴다'는 뜻으로, 지시(指示)나 명령(命令) 등(等)을 뜻대로 할 수 있다는 말.

사비위빈(仕非爲貧) '관리(官吏)는 빈한해도 녹을 먹기 위(爲)해 일하지 않는다'는 뜻으로, 관리(官吏)된 사람은 덕(德)을 천하(天下)에 펴야 한다는 말.

사비팔산(四飛八散) 사면팔방으로 날리어 흩어짐.

사사건건(事事件件) 모든 일. 온갖 사건(事件). 건건사사(件件事事).

사사망념(邪思妄念) 좋지 못한 여러 가지 그릇된 생각.

사사망념(私思妄念) 몰래 사사(私事)로이 하는 망령(妄靈)된 생각.

사사명식(四邪命食) 비구의 네 가지 부정(不淨)한 생활법. 곧 방구식(方口食) · 앙구식(仰口食) · 유구식(維口食) · 하구식(下口食)을 말함. 비구(比丘)는 원래(原來) 탁발(托鉢)로 생활(生活)하는 것을 본의(本意)로 하므로, 다른 수단(手段)으로 생활(生活)하는 것은 사명식(邪命食)이라 함.

사사무성(事事無成) 한 가지 일도 이루지 못하거나 하는 일마다 다 실패(失敗)함.

사사물물(事事物物) ①모든 일과 온갖 물건(物件). ②모든 현상(現象).

사사불성(事事不成) ①모든 일이 이루어지지 않음. ②일마다 성공(成功)하지 못함.

사사언청(事事言聽) 일마다 말하는 대로 잘 좇아 줌.

ㅅ

사사여생(事死如生) 죽은 이 섬기기를 산 사람 섬기듯 함.

사사여의(事事如意) 일마다 뜻대로 됨.

사사여친필경필공(事師如親必敬必恭) 스승 섬기기를 어버이 섬기듯 하여, 반드시 공경(恭敬)하고 반드시 공손(恭遜)하게 하여야 함.

사사오입(四捨五入) '반(半) 올림'의 구(舊) 용어(用語).

사산분리(四散分離) 사방(四方)으로 흩어져 서로 따로따로 떨어짐, 또는 그렇게 떼어놓음.

사산분주(四散奔走) 사방(四方)으로 뿔뿔이 흩어져 달아남.

사상균증(絲狀菌症) 사상균(絲狀菌)으로 인하여 일어나는 병증(病症)의 총칭(總稱).

사상누각(沙上樓閣) '모래 위에 세운 다락집'이라는 뜻으로, 기초(基礎)가 약하여 무너질 염려(念慮)가 있을 때나 실현(實現) 불가능(不可能)한 일을 두고 이르는 말.

사상마련(事上磨鍊) 개념(槪念)을 통(通)해서가 아니고, 실제(實際)로 일을 하면서 정신(精神)을 단련(鍛鍊)함. 중국(中國) 명(明)나라의 유학자(儒學者) 왕양명(王陽明)이 학문(學問)을 설명(說明)한 말.

사상지도(事上之道) 윗사람을 받들고 섬기는 도리(道理).

사색불변(辭色不變) 태연(泰然)하여 말과 얼굴빛이 조금도 변(變)하지 아니함.

사색지지(四塞之地) 사방(四方)의 지세가 견고(堅固)하고, 험한 자연(自然)의 요새(要塞)로 되어 있는 땅.

사생결단(死生決斷) 죽고 사는 것을 가리지 않고 끝장을 내려고 덤벼듦.

사생관두(死生關頭) 죽고 사는 것이 달리어 있는 매우 위태(危殆)한 고비.

사생동거(死生同居) '죽어서나 살아서나 늘 함께 있다'는 뜻으로, 다정(多情)한 부부(夫婦) 사이를 일컫는 말.

사생동고(死生同苦) 죽는 것도 같이할 정도(程度)로 어떤 어려운 고생(苦生)도 같이함을 일컫는 말.

사생역대의(死生亦大矣) 삶과 죽음이라는 것은 사람에게 대사건(大事件)이라는 말.

사생유명(死生有命) 사람의 살고 죽음은 다 천명(天命)에 달려 있으므로, 사람의 힘으로는 어찌할 수 없음을 이르는 말.

사생유명부귀재천(死生有命富貴在天) '사람이 태어나 살고 죽고 하는 것과 잘되고 못되는 것은, 모두 하나님께 달려 있으니 억지로는 안 된다'는 뜻.

사생지지(死生之地) 죽느냐 사느냐의 갈림길.

사생취의(捨生取義) '목숨을 버리고 의리(義理)를 좇음'의 뜻으로, 비록 목숨을 버릴지언정 옳은 일을 함을 일컫는 말.

사서삼경(四書三經) 유교(儒教)의 경전(經典)인 네 권의 책(册)과 세 권의 경전.

사서오경(四書五經) 유교(儒教)의 경전(經典)인 사서(四書)와 오경(五經).

사석성호(射石成虎) 성심(誠心)을 다하면 아니 될 일도 이룰 수 있다는 것. '돌을 범인 줄 알고 쏘았더니 화살이 꽂혔다'는 말.

사석위호(射石爲虎) '돌을 범인 줄 알고 쏘았더니 돌에 화살이 꽂혔다'는 뜻으로, 성심(誠心)을 다하면 아니 될 일도 이룰 수 있음.

사석음우(射石飮羽) '돌을 호랑이로 잘못 알고 쏘았더니 화살이 깃까지 돌에 깊이 꽂혔다'는 뜻으로, 열성(熱誠)을 다하면 무슨 일이든 이루어낼 수 있음을 이르는 말.

사석지지(沙石之地) 모래와 돌이 많아서 몹시 거칠고 메마른 땅.

사세고연(事勢固然) 일의 되어 가는 형세(形勢)가 본래(本來) 그러함.

사세난처(事勢難處) 일의 되어가는 형세(形勢)가 처리(處理)하기 어려움.

사세당연(事勢當然) 사세고연(事勢固然).

사세부득이(事勢不得已) 일의 되어가는 형세(形勢)가 그렇게 아니할 수 없어 하는 수 없이.

사소지사(些少之事) 사소(些少)한 일. 자질구레한 일.

사소취대(捨小取大) 작은 것을 버리고, 큰 것을 차지함.

사속지망(嗣續之望) 대(代)를 이을 희망(希望).

사수역류(使水逆流) '물을 거슬러 흐르게 한다'는 뜻으로, 자연(自然)의 도리(道理)에 어긋남을 이르는 말.

사순절(四旬節) 〔영〕Lent. 〔헬〕τεσσαρακοστή(테사라코스테). 기독교(基督教)에서, 예수가 40일 동안 광야(曠野)에서 금식(禁食)하고 시험(試驗)받던 수난(受

難)을 기억(記憶)하기 위하여, 부활주일(復活主日)을 앞둔 성회수요일(聖灰水曜日)로 시작되어 주일을 제외한 40일 동안, 단식(斷食)·속죄(贖罪)를 하도록 규정(規定)하고 지키는 특별한 절기(節氣)이다. 이 절기를 Lent 라고 부르며, 대재(大齋), 수난절(受難節)이라고도 말한다. (《基督教 大百科事典》參照).

사승습장(死僧習杖) '죽은 중의 볼기를 친다'는 뜻으로, 저항(抵抗)할 힘이 전혀 없는 사람에게 폭행(暴行)을 가(加)하거나 위엄(威嚴)을 부림의 비유(比喩).

사시사철(四時四-) 봄·여름·가을·겨울의 네 철 내내의 동안.

사시산색(四時山色) 계절(季節)에 따라 변화(變化)하는 산의 풍경(風景)을 이름.

사시안(斜視眼) 사팔눈.

사시안인(斜視眼人) 사팔뜨기.

사시이비(似是而非) 겉은 옳은 것 같으나 속은 다름.

사시장철(四時長-) 사철의 어느 때나 늘.

사시장청(四時長青) 소나무, 대나무처럼 식물(植物)의 잎이 1년 내내 푸름.

사시장춘(四時長春) ①사철의 어느 때나 늘 봄과 같음. ②늘 잘 지냄을 비유(比喩)하여 일컫는 말.

ㅅ

사시춘풍(四時春風) 누구에게나 늘 좋은 낯으로 대하며, 무사태평(無事太平)한 사람을 일컬음. 두루춘풍(-春風). 사면춘풍(四面春風).

사시풍류(四時風流) ①사철 어느 때나 늘 풍류로 지내는 일. ②철에 따른 멋스러움.

사신곡복(絲身穀腹) 입는 것과 먹는 것. 곡복사신(穀腹絲身).

사신이례사군이충(使臣以禮事君以忠) 신하(臣下)를 예로써 부려야 하고, 임금을 충성(忠誠)으로써 섬겨야 함.

사실무근(事實無根) '사실(事實)에 근거(根據)가 없다'는 뜻으로, 근거(根據)가 없거나 사실(事實)과 전혀 다름.

사실주의(寫實主義) 객관적(客觀的) 사물(事物)을 있는 그대로 정확(正確)하게 그려 내려고 하는 문학. 미술상의 주의. 리얼리즘(realism).

사심불구(蛇心佛口) '뱀의 마음과 부처의 입'이라는 뜻으로, ①속으로는 간악(奸惡)한 마음을 갖고 있으면서 입으로는 착한 말을 꾸미는 일. ②또는 그러한 사람을 일컫는 말.

사심자시(師心自是) 자기(自己)의 생각만을 옳다고 함.

사심탑지(死心榻地) 실망해 돌연히 마음이 상함.

사십이불혹(四十而不惑) '나이 사십이 되면 어떠한 일에도 미혹되지 아니함'을 뜻하는 말. 불혹(不惑).

사십초말(四十初襪) '갓 마흔에 첫 버선'이라는 뜻으로, 뒤늦게 비로소 일을 해 봄.

사야일편부운멸(死也一片浮雲滅) 죽음 역시 한 조각 뜬구름이 자취없이 사라지는 것.

사양지심(辭讓之心) 사단(四端)의 하나. 겸손(謙遜)히 마다하며 받지 않거나 남에게 양보(讓步)하는 마음. 예(禮)의 근본(根本).

사어병직(史魚秉直) 사어(史魚)라는 사람은 위(魏)나라 태부(太傅)였으며, 그 성격(性格)이 매우 강직(剛直)했음.

사어지천(射魚指天) '고기를 잡으려고 하늘을 향(向)해 쏜다'는 뜻으로, 고기는 물에서 구(求)해야 하는데 하늘에서 구(求)함, 곧 불가능(不可能)한 일을 하려 함을 이르는 말.

사엄도존(師嚴道尊) 스승이 엄하면 자연(自然)히 가르치는 도(道)도 존엄(尊嚴)해짐을 이르는 말.

사여용천(思如湧泉) 사상(思想)이 솟아 나오는 샘물처럼 그치지 아니함.

사연설석(肆筵設席) 자리를 베풀고 돗자리를 베푸니 연회(宴會)하는 좌석(座席)임.

사연설석고슬취생(肆筵設席鼓瑟吹笙) 비파(琵琶)를 뜯고 저를 불어 흥(興)을 돋구다.

사욕편정(邪慾偏情) 그릇되고 온당(穩當)하지 못한 여러 가지 정욕(情慾).

사우나탕(sauna湯) 핀란드식(FILAND式)의 열기(熱氣)와 증기(蒸氣)를 이용한 목욕탕(沐浴湯).

사유삼장(史有三長) 한 나라의 역사(歷史)를 쓰는 데는 세 가지 장점(長點), 즉 재(才),학(學),식(識)을 갖고 있어야 한다.

사유여고(死有餘辜) 죽어도 오히려 죄(罪)가 남음.

사유질병즉필약지(師有疾病卽必藥之) 스승께 질병(疾病)이 있으면 곧 반드시 약을 지어 치료(治療)해 드려야 함.

사은숙배(謝恩肅拜) 임금의 은혜(恩惠)에 대(對)하여 감사(感謝)히 여기어 경건(敬虔)하게 절함.

사은천대(賜恩千代) 천대까지 은혜를 베풂.

사은회(謝恩會) 졸업생이나 동창생들이 스승의 은혜에 감사하는 뜻으로 베푸는 모임.

사의표명(辭意表明) 사임할 뜻을 표함.

사이밀성(事以密成) 무슨 일이나 기밀(機密)을 지킴으로써 성취(成就)됨.

사이비(似而非) 겉으로 보기에는 비슷한 듯 하지만 근본적(根本的)으로는 아주 다른 것.

사이비자(似而非者) 겉으로 보기에는 비슷한 것 같으나 실지(實地)로는 아주 다른 가짜.

사이지차(事已至此) '이미 일이 여기에 이르렀다'는 뜻으로, 후회(後悔)해도 소용(所用)없다는 말.

사이후이(死而後已) '죽어야 그친다'는 뜻으로, ①죽을 때까지 있는 힘을 다해 노력(努力)함을 이르는 말. ②후회(後悔)해도 소용(所用)없다는 말.

사인여천(事人如天) 하나님을 공경(恭敬)하듯, 사람도 공경하여 서로 인격과 예의를 존중

(尊重)하는 윤리(倫理)를 말함.

사자난병(四者難并) '네 가지는 함께 아우르기는 어렵다'는 뜻으로, 양신(良辰) · 미경(美景) · 상심(賞心). 낙사(樂事)의 네 가지를 동시(同時)에 겸하여 얻기는 어렵다는 말.

사자분신(獅子奮汎) '사자(獅子)가 세찬 기세(氣勢)로 돌진(突進)한다'는 뜻으로, 사물(事物)에 대(對)해서 맹렬(猛烈)한 기세(氣勢)로 있는 힘을 다해 싸움.

사자상승(師資相承) 스승으로 부터 제자(弟子)에게로 법이 이어져 전(傳)해 감.

사자성어(四字成語) 한자(漢字) 넉 자로 된 관용구. 네 자(字) 낱말. '권선징악(勸善懲惡)' · '고진감래(苦盡甘來)' 따위.

사자신중충(獅子身中蟲) '사자(獅子)를 죽음으로 모는 사자(獅子) 몸속에 있는 벌레'라는 뜻으로, 불자(佛者)이면서 불법(佛法)을 해치는 자(者)를 비유(比喩)하는 말.

사자후(獅子吼) '사자의 울부짖음'이라는 뜻으로, ①석가모니(釋迦牟尼)의 목소리를 사자의 우는 소리에 비유(譬喻). ②사자의 울부짖음. ③크게 열변을 토함. ④샘이 많은 여자(女子)가 남편(男便)에게 암팡스럽게 대드는 것.

사재사방요재중앙(事在四方要在中央) 일은 사방에 두고, 가운데 머물러라.

사전여수(使錢如水) 돈을 아끼지 않고 물 쓰듯 함.

사전지국(四戰之國) 지형(地形)상(上) 사방(四方) 어느 곳에서도 적의 침입(侵入)이 가능(可能)한 나라.

사정사정(事情事情) 남에게 여러 가지로 자꾸 사정(事情)하는 모양(模樣).

사제동행(師弟同行) ①스승과 제자(弟子)가 함께 길을 감. ②스승과 제자(弟子)가 한 마음으로 연구(硏究)하여 나아감.

사제사초(事齊事楚) '제(齊)나라도 섬기고 초(楚)나라도 섬긴다'라는 뜻으로, 양쪽 사이에서 이렇게 하거나 저렇게 하지도 못하여 난감(難堪)한 상황(狀況)을 말함. 간어제초(間於齊楚)

사제삼세(師弟三世) 스승과 제자(弟子)와의 인연(因緣)은 전세(前世),현세(現世),내세(來世)의 삼세에 미친다는 뜻으로 '사제(師弟)의 관계(關係)가 매우 깊음'을 이르는 말.

사조별(四鳥別) 모자(母子)가 서로 이별(離別)함. 네 마리의 새끼 새가 그 어미를 떠난다는 고사에서 비롯됨.

사조지별(四鳥之別) '네 마리 새의 이별(離別)'이라는 뜻으로, 모자(母子)의 이별(離別)을 비유(比喻)해 이르는 말.

사죄지은(赦罪之恩) 죄(罪)를 사하여 주시는 천주(天主)의 은혜(恩惠).

사주팔자(四柱八字) ①사주(四柱)의 간지(干支)로 되는 여덟 글자. ②피치 못할 타고난 운수(運數).

사중구생(死中求生) 사중구활(死中求活).

사중구활(死中求活) '죽을 고비에서 살길을 찾는다'는 뜻으로, 난국을 타개하기 위(爲)해 감(敢)히 위험(危險)한 상태(狀態)에 뛰어듦을 이르는 말. 사중구생(死中求生).

사중우어(沙中偶語) 신하(臣下)가 남몰래 모반(謀反)할 꾀를 속삭임.

사중주(四重奏) 실내악(室內樂)의 한 가지. 네 개의 다른 악기(樂器)에 의한 합주(合奏)임. 콰르텟〔quartet(te)〕.

사중창(四重唱) 성부(聲部)가 다른, 네 명의 가수에 의한 중창. 콰르텟〔quartet(te)〕.

사즉동혈(死則同穴) 죽어서 남편(男便)과 아내가 같은 무덤에 묻힘.

사즉생(死卽生) '죽고자 하면 산다'는, 이순신(李舜臣) 장군(將軍)의 철학에서 나온 말.

사지곡직(事之曲直) 일의 옳고 그름.

사지구생(死地求生) 죽음 앞에서 살길을 찾다.

사지동고(死地同苦) 사생동고(死生同苦).

사지문지(使之聞之) 자기의 의사(意思)를 다른 사람을 통해서 간접적(間接的)으로 남에게 전함.

사지사용사탐사우(使智使勇使貪使愚) 장점을 거두고 단점을 버려라.

사지오등(死之五等) 신분에 따라 달리 이르는 죽음의 다섯 가지 호칭. 〔천자(天子)는 붕(崩), 제후는 홍(薨), 대부는 졸(卒), 사(士)는 불록(不祿), 서인(庶人)은 사(死)〕.

사지유무(事之有無) 일의 있음과 없음.

사직위허(社稷爲墟) '사직(社稷)이 폐허(廢墟)가 되었다'는 뜻으로, 나라가 망(亡)하는 일.

사직지신(社稷之臣) 나라의 안위(安危)를 맡은 중신(重臣).

사직지신(社稷之神) 사직단에 모신 토신(土神)과 곡신(穀神).

사진결혼(寫眞結婚) 사진으로만 선을 보고 하는 결혼.

사차불피(死且不避) 죽는 한이 있어도 피할 수가 없음.

사차불피(事此不避) (문체(文體)에서)이 일을 피할 수 없음.

사차불후(死且不朽) '죽더라도 썩지 않는다'는 뜻으로, 몸은 죽어 썩어 없어져도 그 명성(名聲)은 길이 후세(後世)에까지 남음

사촌매부(四寸妹夫) 사촌(四寸) 누이의 남편(男便).

사출이율(師出以律) 군사(軍士)를 출정(出征)시킬 때에는 엄한 군법(軍法)으로 해야 함을 이르는 말.

사친여차가위인자(事親如此可謂人子) 어버이 섬기기를 이와 같이 하면 가히 사람의 자식(子息)이라 이를 것임.

사친여차가위효의(事親如此可謂孝矣) 부모 섬기기를 이와 같이 하면, 효도(孝道)한다고 이를 만하다.

사친이효(事親以孝) 삼국 통일의 원동력이 된 화랑(花郞)의 세속오계(世俗五戒)의 하나. 어버이를 섬김에 효도(孝道)로써 함.

사친지도(事親之道) 어버이를 섬기는 도리(道理).

사친지효양친지성(事親至孝養親至誠) 어버이를 섬김에는 지극(至極)한 효도(孝道)로써 하고, 어버이를 봉양(奉養)함에는 지극(至極)한 정성(精誠)으로 해야 함.

사택망처(徙宅忘妻) '집을 옮기며 아내를 잊어버린다'라는 뜻으로, 정신(精神)이 나간 사람처럼 소중(所重)한 것을 잊어버린다는 말.

사통오달(四通五達) '이리저리 여러 곳으로 길이 통(通)한다'는 뜻으로, 길이나 교통망(交通網), 통신망(通信網) 등(等)이 사방(四方)으로 막힘없이 통(通)함. 사통팔달(四通八達).

사통팔달(四通八達) 길이 사방(四方) 팔방으로 통(通)해 있음. 길이 여러 군데로 막힘없이 통함.

사팔허통(四八虛通) 사발허통의 원말. 주위가 막힌 곳이 없이 터져 있어 허전함.

ㅅ

사패기지(賜牌基地) 나라의 임금이 내려주던 터.

사패지지(賜牌之地) 나라의 임금이 내려 준 땅. 사패땅. 사패지.

사포도청(私捕盜廳) 지난날, 백성을 함부로 잡아다가 형벌(刑罰)하는 권세(權勢)있는 집을 이르는 말.

사풍세우(斜風細雨) 엇비슷하게 비껴 부는 바람. 엇비슷하게 스쳐 가는 바람. 세우사풍(細雨斜風). 세풍사우(細風斜雨).

사필귀정(事必歸正) 처음에는 시비(是非) 곡직(曲直)을 가리지 못하여 그릇되더라도 모든 일은 결국에 가서는 반드시 정리(正理)로 돌아감.

사필사공(事必思恭) 일은 반드시 공손(恭遜)하게 할 것을 생각하라.

사필품행무감자전(事必稟行無敢自專) 일은 반드시 여쭈어 행하고, 감(敢)히 자기 멋대로 하지 말라.

사하청(俟河淸) '언제나 흐려서 누런 황하(黃河)의 물이 맑기를 기다린다'는 뜻으로, 될성부르지 않은 일을 기대(期待)함을 이름.

사해동포(四海同胞) 천하(天下)의 모든 사람들이 모두 형제(兄弟). 사해형제(四海兄弟).

사해동포주의(四海同胞主義) 박애주의(博愛主義). 인종에 대한 편견이나 국가적 이기심 또는 종교적 차별을 버리고 인류 전체의 복지증진을 위하여 온 인류가 서로 평등하게 사랑하여야 한다는 주의.

사해용왕(四海龍王) 동서남북(東西南北) 네 바다에 있다는 네 용왕(龍王).

사해위가(四海爲家) ①'천하(天下)를 제 집으로 만든다'는 뜻으로, 제업(帝業)의 광대(廣

大)함을 이르는 말. ②천하(天下)를 떠돌아다녀서 일정(一定)한 주거(住居)가 없음을 이르는 말.

사해정밀(四海靜謐) 사해파정(四海波靜).

사해파정(四海波靜) '천하(天下)의 풍파(風波)가 진정(鎭靜)되어 태평(太平)함'을 이르는 말. 사해정밀(四海靜謐)

사해형제(四海兄弟) '사해(四海)란 곧 온 천하(天下)를 가리키는 말로, 천하(天下)의 뭇사람들은 모두 동포(同胞)요, 형제(兄弟)'라는 뜻.

사행삭질(射幸數跌) '요행(徼幸)을 노리는 화살은 자주 차질을 일으킨다'는 뜻으로, 사행심의 발동(發動)으로 하는 일은 성취(成就)하기 어려움을 비유(譬喩)하는 말.

사향하처거(死向何處去) 우리가 죽으면 어디로 가는가.

사회부연(死灰復燃) '다 탄 재가 다시 불이 붙었다'는 뜻으로, ①세력(勢力)을 잃었던 사람이 다시 세력(勢力)을 잡음. ②혹은 곤경(困境)에 처해 있던 사람이 훌륭하게 됨을 비유(比喩)하는 말.

사회사상(社會思想) ①세계관(世界觀)이나 사회관(社會觀)과 같은 뜻으로, 인간(人間) 사회(社會)에 대(對)한 태도(態度) 및 사회(社會) 속에서의 생존(生存) 방법(方法)에 관(關)한 사상(思想). ②사회주의(社會主義), 자유(自由)주의(主義), 파시즘 등(等)의 사상(思想)과 같이 어떠한 의미(意味)에 있어서 사회(社會)의 근본적(根本的)인 모순(矛盾)을 지적(指摘)하고 그 현상(現象)을 개척(開拓)하려고 하는 사상(思想).

사회주의(社會主義) 사유재산(私有財産) 제도를 폐지하고 생산 수단의 사회적 공유(公有)를 기본으로 하는 사회제도(社會制度), 또는 그런 사회를 실현(實現)하려는 사상(思想).

사후공명(死後功名) 죽은 뒤에 내리는 벼슬이나 시호(諡號).

사후명장(死後名將) 죽은 뒤에 비로소 이름이 높아진 장수(將帥).

사후불회생전진효(死後不悔生前盡孝) 가신 후에 후회(後悔)말고, 살아생전 효도하라.

사후약방문(死後藥方文) '죽은 뒤에 약방문(藥方文)을 쓴다'는 뜻으로, 이미 때가 지난 후(後)에 대책(對策)을 세우거나 후회(後悔)해도 소용(所用)없다는 말. 약방문(藥方文)은 약을 짓기 위(爲)해 약의 이름과 분량(分量)을 쓴 종이를 말함. 망양보뢰(亡羊補牢).

사후유심(死後有審) '죽은 후에 심판(審判)이 있음'을 말함.

사후청심환(死後淸心丸) '죽은 뒤의 약'이라는 뜻으로, 시기(時期)를 놓친 것을 의미(意味)함.

삭관원찬(削官遠竄) 벼슬을 빼앗고 먼 곳으로 귀양 보냄.

삭발염의(削髮染衣) (중이 되기 위(爲)해 불문(佛門)에 들어가서) 머리를 깎고 검은 옷을 입음.

삭발위승(削髮爲僧) 머리를 깎고 중이 됨. 낙발위승(落髮爲僧).

삭발입도(削髮入道) 삭발위승(削髮爲僧).

삭삭왕래(數數往來) 자주 왕래(往來)하는 일.

삭족적리(削足適履) '발을 깎아 신발을 맞춘다'는 뜻으로, 합리성을 무시하고 억지(抑止)로 적용(適用)하는 것을 비유하는 말.

삭주굴근(削株堀根) '줄기를 자르고 뿌리를 파낸다'는 뜻으로, 즉 미리 화근(禍根)을 뽑아 버림.

삭탈관작(削奪官爵) 삭탈관직(削奪官職).

삭탈관직(削奪官職) 죄(罪) 지은자의 벼슬과 품계(品階)를 빼앗고 벼슬아치 명부에서 지워 버림.

산가야창(山歌野唱) 시골에서 부르는 소박(素朴)한 노래.

산가요록(山家要錄) 1450년경 발행(發行)된 우리나라 최초(最初)의 요리책(料理册).

산간벽지(山間僻地) 산간(山間) 지대(地帶)의 궁벽(窮僻)한 곳. 산골 두메.

산간벽촌(山間僻村) 산간(山間) 지대(地帶)의 궁벽(窮僻)한 마을.

ㅅ

산간분지(山間盆地) 지반(地盤)이 아래로 휘어들어 감으로써 이루어진 분지(盆地).

산간오지(山間奧地) 산간(山間) 지대(地帶)의 깊숙하고 궁벽(窮僻)한 곳.

산계야목(山鷄野鶩) '산 꿩과 들 오리'라는 뜻으로, 성미(性味)가 사납고 제 마음대로만 하려고 해 다잡을 수 없는 사람을 비유(比喻)하는 말.

산고곡심(山高谷深) 산은 높고 골짜기는 깊음.

산고수장(山高水長) '산은 높고 물은 유유(悠悠)히 흐른다'는 뜻으로, 군자(君子)의 덕이 높고 끝없음을 산의 우뚝 솟음과 큰 냇물의 흐름에 비유(譬喩)한 말.

산고수청(山高水淸) '산이 높고 물이 맑다'는 뜻으로, 경치(景致)가 좋음을 이르는 말.

산고천하립수심지상류(山高天下立水深地上流) 산이 높으나 하늘 아래 서 있고, 물이 깊으나 땅 위로 흐름.

산공야정(山空野靜) 산과 들이 텅 빈 것처럼 고요하고 괴괴함.

산궁수진(山窮水盡) '산이 앞을 가로막고, 물줄기는 끊어져 더 나아갈 길이 없다'는 뜻으로, 막바지에 이름을 비유(譬喩)하는 말. 산진수궁(山盡水窮).

산동출상산서출장(山東出相山西出將) '산동(山東)에서는 재상(宰相)이 나고 산서(山西)에서는 장수(將帥)가 난다'는 말로, 곳에 따라 다른 인재(人才)가 난다는 뜻.

산란무통(散亂無統) 흩어지고 어지러워 갈피를 잡을 수 없음.

산려소요(散慮逍遙) 세상일(世上–)을 잊어버리고 자연(自然) 속에서 한가(閑暇)하게 즐김.

산류천석(山溜穿石) '산에서 흐르는 물이 바위를 뚫는다'는 뜻으로, ①물방울이라도 끊임없이 떨어지면 종내엔 돌에 구멍을 뚫듯이, 작은 노력(努力)이라도 끈기 있게 계속(繼續)하면 큰일을 이룰 수 있음. ②작은 것이라도 모이고 쌓이면 큰 것이 됨의 비유(比喩).

산림문하(山林門下) 학덕(學德)은 높지만 벼슬을 하지 않은 숨은 선비의 제자(弟子).

산림지사(山林之士) 산림(山林)에 묻혀 사는 군자(君子)를 두고 이르는 말.

산림처사(山林處士) 벼슬이나 속세(俗世)를 떠나 산골이나 시골에 파묻혀 글 읽기를 즐기며 지내는 선비.

산면분음양수성이천심(山面分陰陽水聲易淺深) 산면은 그늘과 볕을 나누고, 물소리는 얕고 깊음을 바꿈.

산명곡응(山鳴谷應) '산이 울면 골이 응한다'는 뜻으로, 메아리가 산에서 골짜기까지 진동(振動)한다는 말.

산명선생(算命先生) 운수(運數)의 좋고 나쁨을 점치는 사람을 높이어 일컫는 말.

산명수려(山明水麗) 산과 물의 경치(景致)가 곱고 아름다움.

산명수자(山明水紫) 산수(山水)의 경치(景致)가 울긋불긋 아름다움.

산명수청(山明水淸) 산수(山水)가 맑고 깨끗하여 경치(景致)가 좋음.

산무유책(算無遺策) 계책(計策)에 빈틈이 조금도 없음.

산불염고(山不厭高) '산은 아무리 높아도 더 높아지기를 싫어하지 않는다'라는 뜻으로, 그와 같이 학문(學問)을 닦아 스승보다 더 발전(發展) 하라는 말.

산사야점(山寺野店) 산 속의 절간과 들의 객주 집.

산상보훈(山上寶訓) 산상수훈(山上垂訓).

산상설교(山上說敎) 산 위에서 내린 교훈(敎訓)이란 뜻으로, 신약(新約) 성서(聖書) 마태복음(福音) 5~7장(章)에 실린 예수님의 교훈(敎訓).

산상수훈(山上垂訓) 〔영〕Sermon of the mount. 예수가 갈릴리 호숫가에 있는 산 위에서 그리스도인으로서 갖추어야 할 덕목(德目)에 관(關)하여 행(行)한 설교(說敎). (마 5~7장). 산상보훈(山上寶訓). 산상설교(山上說敎).

산심연후사화락이전춘(山深然後寺花落以前春) 산이 깊은 뒤에 절이 있고, 꽃이 떨어지기 이전(以前)이 봄임.

산악기상(山嶽氣像) 산악(山岳)같이 씩씩하고 웅장(雄壯)한 기상.

산영추불출월광소환생(山影推不出月光掃還生) 산 그림자는 밀어도 나가지 않고, 달빛은 쓸어도 다시 생김.

산외산부진로중로무궁(山外山不盡路中路無窮) 산 밖에 산이 다함이 없고, 길 가운데에 길이 다함이 없음.

산용수상(山容水相) 산의 솟은 모양(模樣)과 물의 흐르는 모양(模樣). 산천(山川)의 형세(形勢). 산용수태(山容水態)

산용수태(山容水態) 산용수상(山容水相).

산용숫자(算用數字) 아라비아 숫자(Arabia數字). 1·2·3·4·5·6·7·8·9·10개의 산용숫자를 기본으로 하여 이루어진 숫자. 인도에서 아라비아를 통하여 유럽에 전해짐.

산우야명죽초충추입상(山雨夜鳴竹草蟲秋入床) 산의 비는 밤에 대나무를 울리고, 풀벌레는 가을에 평상(平牀)으로 기어오름.

산유천석(山溜穿石) '산에서 흐르는 냇물이 바위를 뚫는다'는 뜻으로, 끊임없이 열심(熱心)히 노력(努力)하면 성공(成功)한다는 말.

산자락(山−) 산의 기슭 부분. 산기슭의 비탈진 부분(部分).

산자수려(山紫水麗) '산의 초목이 자줏빛으로 선명하고 물은 깨끗하다'는 뜻으로, 경치가 아름다움을 이르는 말.

산자수명(山紫水明) '산 빛이 곱고 강물이 맑다'는 뜻으로, 산수(山水)가 아름다움을 이르는 말.

산재각처(散在各處) 여기저기 흩어져 있음.

산저귀저(山底貴杵) '산 밑에 절구공이가 더 귀(貴)하다'는 뜻으로, 물건(物件)이 그 생산지(生産地)에서 도리어 더 품귀함을 이르는 말.

ㅅ

산전수전(山戰水戰) '산에서의 싸움과 물에서의 싸움'이라는 뜻으로, 세상(世上)의 온갖 고난(苦難)을 다 겪어 세상일(世上−)에 경험(經驗)이 많음을 이르는 말.

산정무한(山情無限) 산의 정경(情景)이 한없음.

산조하청사첨화락주중(山鳥下廳舍詹花落酒中) 산새는 청사(뜰)에 내려앉고, 처마의 꽃은 술 가운데에 떨어짐.

산준수급(山峻水急) 산의 형세(形勢)가 험하고 물살이 빠름.

산중개야(山中開野) 산 속에 자리 잡은 넓고 편평(扁平)한 땅.

산중역일(山中歷日) 산 속에서 한가(閑暇)로이 지내며 자연(自然)을 즐기느라고 세월(歲月)이 가는 줄 모름.

산중재상(山中宰相) 산중에 은거(隱居)하면서 나라에 중대(重大)한 일이 있을 때만 나와 일을 보는 사람.

산중호걸(山中豪傑) '산 속의 호걸(豪傑)'이라는 뜻으로, 범을 두고 이르거나 또는 범의 기상(氣像)을 이름.

산지사방(散之四方) 사방(四方)으로 흩어져 없어짐. 여기저기 사방(四方)으로.

산지사처(散之四處) 여기저기의 여러 군데.

산진수궁(山盡水窮) ①아주 깊은 골짜기. ②아주 막다른 경지(境地)에 빠져 피해 나갈 도리(道理)가 없음을 비유(比喩)하여 일컫는 말. 산궁수진(山窮水盡).

산진수회(山盡水廻) 산과 물이 서로 얽히어 싸고 돎.

산진해갈(山盡海渴) 산궁수진(山窮水盡).

산진해미(山珍海味) 산해진미(山海珍味).

산진해착(山珍海錯) 산해진미(山海珍味).

산진해찬(山珍海饌) 산해진미(山海珍味).

산천경개(山川景概) 자연(自然)의 경치(景致).

산천만리(山川萬里) 산천(山川)을 넘고 넘어 아주 멂.

산천의구(山川依舊) 경치(景致)가 옛 모습 그대로 변(變)하지 않음.

산천초목(山川草木) '산천(山川)과 초목(草木). 곧 산과 물과 나무와 풀'이라는 뜻으로, 자연(自然)을 일컫는 말.

산촌수곽(山村水廓) 산에 따른 마을과 물에 면한 마을. 시골의 여러 마을.

산하금대(山河襟帶) '산이 옷깃처럼 둘리고, 강이 띠처럼 주위(周圍)를 돌아 흐르는 형세(形勢)'라는 뜻으로, 이런 곳에 진을 치면 적에게는 불리(不利)하고, 아군(我軍)에게는 유리(有利)한 요충지(要衝地)가 되는 지세를 이르는 말.

산해진미(山海珍味) '산과 바다의 산물(産物)을 다 갖추어 아주 잘 차린 진귀(珍貴)한 음식(飮食)'이란 뜻으로, 온갖 귀(貴)한 재료(材料)로 만든 맛 좋은 음식(飮食). 산진해미(山珍海味). 산진해착(山珍海錯). 산진해찬(山珍海饌). 수륙진미(水陸珍味).

산호만세(山呼萬歲) 나라의 큰 의식(儀式)에 황제(黃帝)나 임금의 축수(祝壽)를 표(表)하기 위(爲)하여 신하(臣下)들이 두 손을 치켜들고 '만세(萬歲)' 또는 '천세(千歲)'를 일제(一齊)히 외치던 일.

산호천세(山呼千歲) 산호만세(山呼萬歲).

산호혼식(珊瑚婚式) 결혼(結婚) 35주년(周年). 부부가 산호(珊瑚) 제품 선물을 주고받아 축하함.

살기담성(殺氣膽盛) 살기가 있어 아무것도 무서워하지 않음.

살기등등(殺氣騰騰) 살기가 얼굴에 잔뜩 올라 있음.

살기충천(殺氣衝天) 살기가 하늘을 찌를 듯이 가득함.

살벌지성(殺伐之聲) 음악(音樂)에서 곡조(曲調)가 거세고 급(急)하여 무시무시한 느낌을 주는 소리.

살부지수(殺父之讎) 아버지를 죽인 원수(怨讎).

살생금단(殺生禁斷) 불교(佛敎)에서 새, 짐승, 물고기 등(等)을 잡거나 살생(殺生)하는 것을 금(禁)하는 일.

살생유택(殺生有擇) 삼국 통일의 원동력이 된 화랑(花郎)의 세속오계(世俗五戒)의 하나. 산 것을 죽일 때는 가려서 죽일 것.

살생지병(殺生之柄) 생살(生殺)의 권리(權利). 죽이고 살리는 권리(權利).

살신성인(殺身成仁) '자신(自身)의 몸을 죽여 인(仁)을 이룬다'는 뜻으로, 자기(自己)의 몸을 희생(犧牲)하여 옳은 도리(道理)를 행(行)함.

살신입절(殺身立節) 자기의 몸을 희생(犧牲)하여 절개(節槪)를 세움.

살육지변(殺戮之變) (무엇을 트집잡아) 사람을 잔인(殘忍)하게 마구 죽이는 변고(變故).

살육지폐(殺戮之弊) (무엇을 트집잡아) 사람을 잔인(殘忍)하게 마구 죽이는 폐단(弊端.)

살지무석(殺之無惜) '죽여도 아깝지 않다'는 뜻으로, 죄가 매우 무거움을 이르는 말.

살풍경(殺風景) 운치(韻致)가 없고 메마른 풍경(風景). 살기(殺氣)를 띈 광경(光景).

살활지권(殺活之權) 사람을 죽이고 살릴 수 있는 권리(權利).

삼가재상(三可宰相) 이러하든 저러하든 모두 옳다고 함.

삼간두옥(三間斗屋) '세 칸에 한 말들이 밖에 안 되는 집'이라는 뜻으로, 몇 칸 안 되는 오막살이집을 비유(譬喻)하는 말.

삼간초가(三間草家) '세 칸짜리 초가(草家)'라는 뜻으로, 아주 보잘것없는 초가(草家)를 이르는 말. 삼간초옥(三間草屋). 초가삼간(草家三間).

삼간초옥(三間草屋) 삼간초가(三間草家).

삼강오륜(三綱五倫) 유교(儒敎) 도덕(道德)의 바탕이 되는 세 가지 강령(綱領)과 다섯 가지의 인륜을 이르는 말로, ①삼강(三綱)은 유교(儒敎) 도덕(道德)이 되는 세가지 뼈대가 되는 줄거리로서, 임금과 신하(君爲臣綱), 남편(男便)과 아내(夫爲婦綱), 부모(父母)와 아들(父爲子綱)이 지켜야 할 떳떳한 도리(道理). ②오륜(五倫)은 유교(儒敎) 실천(實踐) 도덕(道德)에 있어서 기본(基本)이 되는 다섯 가지의 인륜〔군신유의(君臣有義), 부자유친(父子有親), 부부유별(夫婦有別), 장유유서(長幼有序), 붕우유신(朋友有信)〕을 말함.

삼강오륜유사교지(三綱五倫惟師敎之) 삼강(三綱)과 오륜(五倫)도 오직 스승이 가르쳐 주신 것임.

삼강오상(三綱五常) 삼강(三綱)과 오상(五常)으로서 사람이 항상(恒常) 지켜야 할 큰 도리(道理).

삼강육륜(三綱六倫) 본래의 삼강오륜에다 '수많은 백성, 모든 백성으로 화평하자'라는 의미를 가진 '조민유화(兆民有和)'를 한 조목(條目) 더 하여 삼강육륜이 되었음.

삼계팔고(三界八苦) 삼계의 중생(衆生)들이 받는 여덟 가지의 고통(苦痛). 생(生), 노(老), 병(病), 사(死), 애별리(愛別離), 원증회(怨憎會), 구부득, 오음성을 말함.

삼계화택(三界火宅) 삼계(三界)의 번뇌(煩惱)가, 중생(衆生)을 괴롭힘이 마치 불타는 집 속에서 사는 것과 같음을 일컫는 말.

삼고지례(三顧之禮) 세번 찾아가는 예의(禮儀). 삼고초려(三顧草廬).

삼고초려(三顧草廬) 유비(劉備)가 제갈공명(諸葛孔明)을 세 번이나 찾아가 군사(軍師)로 초빙(招聘)한 데서 유래(由來)한 말로, ①'임금의 두터운 사랑을 입다'라는 뜻. ②인재(人材)를 맞기 위(爲)해 참을성 있게 힘씀.

삼구부동총(三九不動塚) 민속(民俗)에서, 음력(陰曆) 삼월과 구월에 무덤을 건드리면 재앙(災殃)이 있다하여 무덤 옮기기를 피(避)하는 일.

삼국사기(三國史記) 고려(高麗) 인종 23(1145)년에 김부식(金富軾) 등이 왕명(王命)으로 편찬(編纂)한 역사책(歷史冊). 삼국유사(三國遺事)와 함께 우리나라 최고(最古)의 사서(史書).

삼국시대(三國時代) 우리나라에서, 신라(新羅),백제(百濟),고구려(高句麗)가 정립(鼎立)하고 있던 시대.

삼국유사(三國遺事) 고려(高麗) 충렬왕(忠烈王)때, 승려(僧侶) 일연(一然)이 쓴 역사책(歷史冊). 신라(新羅), 백제(百濟), 고구려(高句麗) 세 나라의 사적(史蹟) 및 신화(神話), 전설(傳說), 시가(詩歌)등이 풍부(豊富)하게 수록(收錄) 되어 있음. 삼국사기(三國史記)와 함께 우리나라 최고(最古)의 사서(史書).

삼근계(三勤戒) '부지런하고, 부지런하고, 또 부지런 하라'는 말.

삼남삼도(三南三道) 영남(嶺南) · 호남(湖南) 및 충청(忠淸) 지방을 통틀어 이르는 말. 삼남(三南).

삼년구미불위황모(三年狗尾不爲黃毛) '개 꼬리 삼년 묵어도 황모 못 된다'는 속담(俗談)의 한역으로, 바탕이 못된 것은 세월(歲月)이 꽤 흘러도 좋아지지 않는다는 말.

삼년부조(三年不弔) 삼년상을 치르는 상제(喪制)가 삼년 동안 상기를 마칠 때까지는 조상(弔喪)하지 못하거나 또는 아니함.

삼년불비(三年不蜚) '삼 년 간이나 한 번도 날지 않는다'는 뜻으로, 뒷날에 웅비(雄飛)할 기회(機會)를 기다림을 이르는 말.

삼년불비불명(三年不飛不鳴) 삼년불비불명(三年不蜚不鳴).

삼년불비불명(三年不蜚不鳴) '새가 삼 년간을 날지도 않고 울지도 않는다'는 뜻으로, 뒷날에 큰일을 하기 위(爲)하여 침착(沈着)하게 때를 기다림을 이르는 말. 삼년불비불명(三年不飛不鳴).

삼년불비우불명(三年不飛又不鳴) '삼 년간이나 한 번도 날지 않고 울지도 않는다'는 뜻으로, 뒷날에 웅비(雄飛)할 기회(機會)를 기다림을 이르는 말.

삼년초토(三年草土) 부모의 상을 당하여 세 해 동안 거상(居喪)하는 일. 삼년상(三年喪).

삼단논법(三段論法) 대전제(大前提)와 소전제(小前提)의 두 명제로부터 판단(判斷)해서 결론(結論)으로서의 판단을 성립시키는 간접적(間接的) 추론(推論).

삼당숙(三堂叔) 아버지의 팔촌(八寸) 형제(兄弟).

삼당숙모(三堂叔母) 아버지의 팔촌 형제(兄弟)의 아내.

삼도득신(三度得伸) 신(伸)은 굴(屈)에 상대(相對)되는 뜻의 글자로, 바로잡음을 일컫고, 득신은 바로잡힌 것, 즉 원억(冤抑)을 풂을 말함이니 소송(訴訟)에 이긴 것, 곧 득송(得訟)을 뜻함. ①초심, 재심, 삼심 세 번을 계속(繼續)해서 이김. ②법률적(法律的) 의미(意味)에서 접소(接訴) 삼도에 세 번까지 승소(勝訴)할 필요(必要)는 없음.

삼도습의(三度習儀) 나라에 큰 의식(儀式)이 있을 때에 미리 세 번 연습하던 일.

삼도지몽(三刀之夢) '칼 세 자루의 꿈'이라는 뜻으로, 영전(榮轉)함을 이르는 말.

삼동문사(三冬文史) '가난한 사람은 농사(農事) 짓느라고 여가(餘暇)가 없어 다만 삼동에 학문(學問)을 닦는다'는 뜻으로, 자기(自己)를 겸손(謙遜)히 이르는 말.

삼동설한(三冬雪寒) '눈 내리고 추운 겨울 석 달 동안'을 말함.

삼두육비(三頭六臂) '머리가 셋, 팔이 여섯이나 되어 세 사람 몫을 하는 괴물'이라는 뜻으로, '몹시 힘이 센 사람'을 비유하여 이르는 말. 삼면육비(三面六臂).

ㅅ

삼라만상(森羅萬象) 우주(宇宙) 안에 있는 온갖 사물(事物)과 현상(現象). 만휘군상(萬彙群象).

삼령오신(三令五申) '세 번 호령(號令)하고 다섯 번 거듭 일러준다'는 뜻으로, 옛 군대(軍隊)에서 여러 차례(次例) 되풀이하여 자세(仔細)히 명령(命令)함을 이르는 말.

삼마태수(三馬太守) '세 마리의 말을 타고 오는 수령(守令)'이라는 뜻으로, 재물(財物)에 욕심이 없는 깨끗한 관리, 청백리(淸白吏)를 이르는 말.

삼매경(三昧境) 오직 한가지 일에만 마음을 집중(集中)시키는 경지(境地).

삼면육비(三面六臂) '얼굴이 셋, 팔이 여섯'이라는 뜻으로, 혼자서 여러 사람 몫의 일을 함을 이르는 말. 삼두육비(三頭六臂).

삼문문사(三文文士) '서 푼짜리 문사'라는 뜻으로, 원고(原稿)가 팔리지 않아 변변치 않은 제 삼류 이하(以下)의 문예가(文藝家)를 낮추어 일컫는 말.

삼민주의(三民主義) 중국의 쑨원(孫文)이 제창한 중국 민주주의 혁명의 정치 이론. 민족주의(民族主義) · 민권주의(民權主義) · 민생주의(民生主義)의 세 주의로서, 신해혁명(辛亥革命)의 지도 원리가 되었음.

삼밀가지(三密加持) 부처의 삼밀과 중생(衆生)의 삼밀이 서로 응(應)하여 여러 가지 묘과(妙果)를 이루는 일.

삼밀상응(三密相應) 삼밀가지(三密加持).

삼배구배(三拜九拜) '삼배의 예와 구배의 예'라는 뜻으로, 몇 번이고 되풀이해서 경의(敬

意)를 표함.

삼배지치(三北之恥) 세 번 싸워 세 번 당(當)하는 패배(敗北)의 부끄러움. 곧 번번이 싸움에 지는 부끄러움.

삼복염천(三伏炎天) 삼복 기간의 몹시 심한 더위. 삼복더위.

삼부지양(三釜之養) 박한 봉록(俸祿)으로 몇 번이고 되풀이해서 경의(敬意)를 표함.

삼부합주(三部合奏) 현악기 또는 관악기가 세 성부(聲部)를 맡아서 연주하는 합주. 트리오(trio).

삼부합창(三部合唱) 세 성부(聲部)에 의한 합창. 여성 삼부 합창. 남성 삼부 합창. 혼성 삼부 합창 등이 있음. 트리오(trio).

삼분오열(三分五裂) 여러 갈래로 갈려 찢어짐.

삼분정족(三分鼎足) '다리가 셋인 솥'이라는 뜻으로, 세 사람이 천하(天下)를 셋으로 나누어 차지함을 이르는 말.

삼분천하(三分天下) 온 나라를 세 개의 부분(部分)으로 나눔. 즉 한 나라를 세 사람의 군주(君主)나 영웅(英雄)이 나누어 차지함.

삼불거(三不去) 칠거(七去)의 악(惡)이 있는 아내라도 버리지 못하는 세 가지 경우(境遇). 첫째는 아내가 의지(依支)할 곳이 없는 경우(境遇). 둘째는 부모(父母)의 삼년상을 함께 치렀을 경우(境遇). 셋째는 장가들 때에 가난하다가 뒤에 부자(富者)가 된 경우(境遇).

삼불혹(三不惑) 미혹(迷惑)하여 빠지지 말아야 할 세 가지. 곧 술, 여자, 재물.

삼불효(三不孝) '불효(不孝)가 되는 세 가지의 행실(行實)'이란 뜻으로, 부모(父母)를 불의(不義)에 빠지게 하고, 가난 속에 버려두며, 자식(子息)이 없어 제사(祭祀)가 끊어지게 하는 일.

삼사일발(三思一發) 세 번 생각하여 발표하라.

삼사일언(三思一言) 세 번 신중(愼重)히 생각하고, 한 번 조심히 말하는 것을 뜻함.

삼삼오오(三三五五) ①삼사인(三四人), 또는 오륙인(五六人)이 떼를 지은 모양(模樣) ②여기저기 몇몇씩 흩어져 있는 모양(模樣).

삼상불문(三喪不問) 삼년부조(三年不弔).

삼상지탄(參商之歎) 삼성(參星)과 상성(商星)이 서로 멀리 떨어져 있듯이, 두 사람이 멀리 헤어져 있어 만나기 어려운 것에 대(對)한 탄식(歎息).

삼생가약(三生佳約) 삼생을 두고 끊어지지 않을 아름다운 언약(言約). 곧 약혼(約婚)을 이르는 말.

삼생기연(三生奇緣) 삼생을 두고 끊어지지 않을 기이(奇異)한 인연(因緣).

삼생연분(三生緣分) 삼생(三生)을 두고 끊을 수 없는 가장 깊은 연분. 즉 부부(夫婦) 사이를 일컬음.

ㅅ

삼생원수(三生怨讐) 삼생에 끊어지지 않는 가장 깊이 뼈에 사무치는 원수.

삼생지연(三生之緣) 삼생연분(三生緣分).

삼성오신(三省吾身) '날마다 세 번씩 내 몸을 살핀다'라는 뜻으로, 하루에 세 번씩 자신(自身)의 행동(行動)을 반성(反省)함.

삼세요달(三世了達) 모든 부처의 지혜(智慧)가 과거(過去)·현재(現在)·미래(未來)의 삼세를 달관하여 환하게 되어 있음을 이르는 말.

삼세지습(三歲之習) 세살 적 버릇.

삼세지습지우팔십(三歲之習至于八十) 세 살 버릇 여든까지 감.

삼세치윤(三歲置閏) 음력(陰曆)에서 윤달이 삼 년 만에 한 번씩 드는 일.

삼손우(三損友) '세 가지의 해(害)로운 벗'이란 뜻으로, '남의 비위를 잘 맞추는 사람'과 '착하기는 하지만 줏대가 없는 사람'과 '말만 잘하고 성실(誠實)하지 못한 사람'을 말함.

삼수갑산(三水甲山) 함경도에 있는 지세(地勢)가 험한 삼수(三水)와 갑산(甲山). 아주 춥고 궁벽진 곳으로 무거운 죄인이 귀양 가는 곳인데 많은 죄인이 살아 돌아오지 못했다고 함.

ㅅ

삼수도수(三獸渡水) 삼수도하(三獸渡河).

삼수도하(三獸渡河) 수행(修行)의 얕고 깊음을 토끼와 말과 코끼리가 항하(恒河)를 건너는 데 비유(比喩)한 말.

삼순구식(三旬九食) '삼순, 곧 한 달에 아홉 번 밥을 먹는다'는 뜻으로, 집안이 가난하여 먹을 것이 없어 굶주린다는 말.

삼시도하(三豕渡河) 글자를 오독(誤讀)하거나 오용(誤用)함을 이르는 말. 기해도하(己亥渡河)를 삼시도하 라고 읽었다는 옛일에서 온 말임.

삼시염불(三時念佛) 새벽과 낮과 저녁의 세 때에 하는 염불(念佛).

삼신상제(三神上帝) 아기 낳는 일을 맡은 삼신(三神)을 높이어 이르는 말.

삼신제석(三神帝釋) 삼신상제(三神上帝).

삼신제왕(三神帝王) 삼신상제(三神上帝).

삼심제도(三審制度) 같은 사건에 대하여 세 번의 재판을 받을 수 있도록 한 제도.

삼십성도(三十成道) 석가(釋迦) 여래(如來)가 서른 살에 대도(大道)를 이룬 일.

삼십육계(三十六計) ①노름의 한 가지. 물주(物主)가 맞힌 사람에게 살돈의 36배를 주는 노름. ②서른여섯 가지의 계략(計略). 많은 꾀. ③형편(形便)이 불리(不利)할 때, 달아나는 일을 속되게 이르는 말. 곤란(困難)할 때에는 도망(逃亡)가는 것이 가장 좋음.

삼십육계주위상계(三十六計走爲上計) '36가지 계책(計策) 중(中)에서 줄행랑이 상책'이라는 뜻으로, 곤란(困難)할 때에는 기회(機會)를 보아 피함으로써 몸의 안전(安全)을 지키는 것이 최상(最上)의 방법(方法)이라는 말.

삼십육계주위상책(三十六計走爲上策) '서른여섯 가지 계책(計策) 가운데 도망가는 것이 제일 좋은 계책(計策)'이라는 뜻으로, '상황(狀況)이 불리(不利)할 때는 도망가는 것이 상책(上策)'이라는 뜻.

삼십육궁(三十六宮) 한(漢)나라 때의 궁전(宮殿)의 수. 뜻이 바뀌어 제왕(帝王)의 궁전(宮殿)을 이르는 말.

삼십육금(三十六禽) 십이지(十二支)에 각각(各各) 셋씩 벼른 서른여섯 가지의 짐승. 곧 자(子)의 제비 · 쥐 · 박쥐 · 축(丑)의 소 · 게 · 자라, 인(寅)의 너구리 · 표범 · 범, 묘(卯)의 고슴도치 · 토끼 · 오소리, 진(辰)의 용 · 교룡(蛟龍) · 상어, 사(巳)의 드렁허리 · 지렁이 · 뱀, 오(午)의 사슴 · 노루 · 말, 미(未)의 양 · 매 · 기러기, 신(申)의 고양이 · 원숭이 · 후(猴)(유(狖)), 유(酉)의 꿩 · 닭 · 까마귀, 술(戌)의 개 · 이리 · 늑대, 해(亥)의 돼지 · 유(雉) · 멧돼지. 술수가(術數家)는 이 짐승을 12시(時)에 별러 점을 침. 또 불가(佛家)에서는 36의 동물(動物)을 12시(時)에 별러, 각각(各各) 그 때에 나타나 좌선(坐禪)하는 이를 괴롭힌다고 함.

삼십이립(三十而立) '서른 살이 되어 자립(自立)한다'는 뜻으로, 학문(學問)이나 견식(見識)이 일가(一家)를 이루어 도덕(道德) 상(上)으로 흔들리지 아니함을 이르는 말. 이립(而立).

삼십초룰(三十秒rule) 아마추어 농구에서, 공을 가진 팀이 30초 이내에 슈팅을 하게 되어 있는 규칙.

삼여지공(三餘之功) 독서(讀書)하기에 가장 좋은 '겨울 · 밤 · 음우(陰雨)'를 일컬음.

삼연음부(三連音符) 셋잇단음표.

삼오지륭(三五之隆) ①삼황(三皇) 오제(五帝) 때의 융성(隆盛)했던 세상(世上). ②한(漢)나라 삼세(三世) 문제(問題)와 오세(五世) 무제의 융성(隆盛)했던 시대(時代).

삼우제(三虞祭) 장사(葬事)를 치르고 나서 3일째 지내는 제사.

삼위일체(三位一體) 〔영〕The Divine Trinity and Triunity. ①삼위일체란, 기독교에서 삼중(三重)의 신격(神格)을 가진 하나님에 관한 칭호(稱號)이다. 성부(聖父)와 성자(聖子)와 성신(聖神)은 신(神)이 세 가지 모습이 되어 나타난 것으로, 원래는 한 몸이라는 학설(學說)이다. 〔㉠성부(聖父:God)는, 사랑 그 자체이면서, 창조(創造와 그 섭리(攝理)로서 인간에게 양식(糧食)을 공급(供給)해 주시고, ㉡성자(聖子:Jesus)는, 구세주(救世主) 그 자체이시며, 속죄(贖罪)로서 우리의 용서(容恕)를 확보해주고 구원(救援)시켜 주고 있고, ㉢성령(聖靈:Spirit)은, 보혜사

(保惠師) 성령 그 자체이시며, 내주하는 능력과 우리의 안전(安全)과 승리(勝利)를 보장해 주시고, 보호(保護)해 주시고, 동행(同行)하고, 인도(引導)하며 역사(役事)하고 있음〕. ②세 가지 것이 하나로 통일되는 일. 성삼위(聖三位). (諸 基督教 書籍 參照).

삼익우(三益友) '세 가지 유익(有益)한 벗'이란 뜻으로, 즉 정직(正直)한 사람, 성실(誠實)한 사람, 다문(多聞)한 사람을 일컬음. ↔삼손우(三損友).

삼익지우(三益之友) 사귀어 이로운 세 부류(部類)의 벗으로서, 정직(正直)한 사람과 성실(誠實)한 사람과 견문(見聞)이 넓은 사람을 이름. 익자삼우(益者三友)

삼인문수(三人文殊) 평범(平凡)한 인간(人間)이라도 세 사람이 모여서 의논(議論)하면, 지혜(智慧)를 다스리는 문수(文殊) 보살(菩薩)과 같은 좋은 생각이 떠오른다는 말.

삼인성시호(三人成市虎) 삼인성호(三人成虎).

삼인성호(三人成虎) '세 사람이면 없던 호랑이도 만든다'는 뜻으로, 거짓말이라도 여러 사람이 말하면 남이 참말로 믿기 쉽다는 말.

삼인행필유아사(三人行必有我師) '세 사람이 같이 길을 가면 반드시 내 스승이 있다'는 뜻으로, 세 사람이 어떤 일을 하면 좋은 것은 본받고, 나쁜 것은 경계(警戒)하게 되므로 선악(善惡) 간(間)에 반드시 스승이 될 만한 이가 있다는 말.

人

삼일운동(三一運動) 1919년 3월 1일을 기하여 자주독립(自主獨立)을 목적으로 일제에 항거하여 일어난 민족적(民族的)인 의거(義擧). 기미독립운동(己未獨立運動).

삼일유가(三日遊街) 과거(科擧)에 급제(及第)한 사람이 사흘 동안 좌주(座主)와 선진자(先進者)와 친척(親戚)을 방문(訪問)하던 일.

삼일절(三一節) 기미독립운동(己未獨立運動)을 기념하는 국경일(國慶日). (매년 3월 1일).

삼일점고(三日點考) 수령(守令)이 부임(赴任)한 뒤 사흘 만에 관속을 점고(點考)하는 일.

삼일천하(三日天下) '사흘간의 천하'라는 뜻으로, ①권세(權勢)의 허무(虛無)를 일컫는 말. 극(極)히 짧은 동안 정권(政權)을 잡았다가 실권(失權)함의 비유(比喩). ②발탁(拔擢)되어 어떤 지위(地位)에 기용(起用)되었다가 며칠 못 가서 떨어지는 일의 비유(譬喩). ③갑신(甲申) 정변(政變)이 3일 만에 실패(失敗)했으므로 이를 달리 일컫는 말.

삼자대면(三者對面) 삼조대질(三造對質).

삼자옥(三字獄) 어물어물 처리(處理)한 옥사(獄事), 막수유(莫須有)의 옥(獄).

삼자정립(三者鼎立) 세 사람이 마치 솥의 발처럼 마주 늘어선 형상(形狀)이나 상태(狀態)를 이르는 말.

삼재팔난(三災八難) 삼재와 팔난 곧 모든 재앙(災殃)과 곤란(困難)을 일컫는 말.

삼전삼주(三戰三走) 세 번 싸워 세 번 다 패하여 달아남.

삼조대면(三造對面) 삼조대질(三造對質).

삼조대질(三造對質) 원고 · 피고 · 증인이 모여서 하는 무릎맞춤. 삼자대면(三者對面). 삼조대면(三造對面).

삼족지죄(三族之罪) 죄(罪)를 지은 본인(本人)과 함께 삼족이 벌(罰)받은 죄(罪).

삼종매부(三從妹夫) 팔촌 누이의 남편(男便).

삼종숙(三從叔) 아버지의 팔촌 형제(兄弟). 구촌 아저씨.

삼종숙모(三從叔母) 구촌 아저씨의 부인(夫人).

삼종의탁(三從依托) 봉건(封建) 시대(時代)에 여자(女子)가 따라야 했던 세 가지 도리(道理)로, 어려서는 어버이를, 시집가서는 남편(男便)을, 남편(男便)이 죽은 후(後)에는 아들을 좇아야 한다는 것. 삼종지의(三從之義).

삼종조(三從祖) 할아버지의 육촌 형제(兄弟).

삼종지덕(三從之德) 삼종지의(三從之義).

삼종지도(三從之道) 여자(女子)가 따라야 할 세 가지 도리. 여자(女子)는 어려서 어버이께 순종(順從)하고, 시집가서는 남편(男便)에게 순종(順從)하고, 남편(男便)이 죽은 뒤에는 아들을 따르는 도리. 삼종지의(三從之義). 삼종지덕(三從之德).

삼종지례(三從之禮) 좇아야 할 세 가지 도리.

삼종지법(三從之法) 좇아야 할 세가지 법도.

삼종지의(三從之義) 봉건(封建) 시대(時代) 여자(女子)가 지켜야 할 세 가지 도리(道理), 곧, 어려서는 아버지를 좇고, 시집가서는 남편(男便)을 좇고, 남편(男便)이 죽은 뒤에는 아들을 좇음.

삼종지탁(三從之托) 삼종지의(三從之義).

삼종질(三從姪) 팔촌(八寸) 형제(兄弟)의 아들인 구촌(九寸) 조카.

삼종참법(三鐘懺法) 죄악(罪惡)을 참회(懺悔)하는 세 가지 방법(方法). 곧 작법참(作法懺) · 취상참(取相懺) · 무생참(無生懺)을 이름.

삼종형(三從兄) 팔촌(八寸) 형(兄).

삼종형제(三從兄弟) 고조(高祖)가 같고 증조(曾祖)가 다른 형제(兄弟). 재종숙(再從叔)의 자녀(子女). 팔촌.

삼중고(三重苦) 세 가지 고통이 겹치는 일. 특히, 소경에다 귀머거리, 벙어리까지 겹친 사람의 경우를 이르는 말.

삼중주(三重奏) 세 가지 악기에 의한 합주. 피아노 · 바이올린 · 첼로에 의한 피아노 삼중주, 바이올린 · 비올라 · 첼로에 의한 현악 삼중주 등이 있음.

삼중주명곡(三重奏鳴曲) 삼중주(三重奏)에 의한 소나타. 트리오 소나타.

삼중창(三重唱) 성부(聲部)가 다른 세 사람의 가수가 부르는 중창.

삼중협주곡(三重協奏曲) 세 개의 독주 악기를 가진 협주곡.

삼지례(三枝禮) (비둘기는 어미 비둘기가 앉은 자리에서 셋째가지 아래에 앉는다는 뜻에서) '사람은 마땅히 부모를 공경해야 함'을 이르는 말. 삼지지례(三枝之禮).

삼지사방(三池四方) 여기저기. 모든 곳.

삼지지례(三枝之禮) '세 가지 아래의 예'라는 뜻으로, 지극(至極)한 효성(孝誠)을 비유(比喩)해 이르는 말. 비둘기는 예의(禮儀)가 발라 새끼는 어미가 앉은 가지에서 세 가지 아래에 앉는다고 함.

삼진삼퇴(三進三退) 과거(科擧)에 급제(及第)한 선배들이 새로 급제(及第)한 사람을 부릴 때에 세 번 앞으로 나오고 세 번 뒤로 물러가게 한 일.

삼진아웃(三振Out) 야구(野球)에서 타자(打者)가, 타석(打席)에서 스트라이크(Strike)를 세 번 당하면 아웃이 되는 스트럭 아웃(Struck out)에서 빌려온 용어로서, 관공서(官公署)나 기업(企業)등에서 정한 원칙에 대해 세 번 어겼을 경우(境遇) 부과(賦課)되는 벌칙(罰則)을 의미(意味)한다.

ㅅ

삼척동자(三尺童子) '키가 석 자밖에 되지 않는 어린아이'라는 뜻으로, 철모르는 어린아이를 이르는 말.

삼척안두(三尺案頭) 작은 책상(冊床). 석 자밖에 안 되는 책상머리.

삼척장검(三尺長劍) 길고 큰 칼.

삼척추수(三尺秋水) 날이 시퍼런 장검을 이르는 말로, 삼척(三尺)은 칼의 길이를 말하고, 추수(秋水)는 잘 갈아서 칼날이 번쩍거리는 것을 형용(形容)한 것.

삼천갑자(三千甲子) ①육십갑자의 삼천 배. 곧, 18만년. ②꼭두각시 놀음에 나오는 머리 검은 늙은이.

삼천갑자동방삭(三千甲子東方朔) 중국 전한의 동박삭(東方朔)이 18만 살이나 살았다는 데서 장수(長壽)하는 사람을 비유적(比喩的)으로 이르는 말.

삼천대천세계(三千大千世界) 불교에서 이르는 상상의 세계. 곧, 수미산(須彌山)을 중심으로 이루어진 한 세계의 천배를 소천세계(小千世界), 소천세계의 천 배를 중천세계(中千世界)라 하는데, 이 중천세계를 천배한 대천세계(大千世界)와 소, 중의 3종류 천세계를 이름. 삼천 세계(三千世界)

삼천리강산(三千里江山) 우리나라의 강산.

삼천리강토(三千里疆土) 우리나라의 강토.

삼천세계(三千世界) '불교(佛敎)에서 3천 개나 되는 세계(世界)'라는 뜻으로, 넓은 세계(世界) 또는 세상(世上). 삼천대천세계(三千大天世界)의 준말.

삼천지교(三遷之敎) '맹자(孟子)의 어머니가 아들의 교육(敎育)을 위(爲)하여 3번 거처(居處)를 옮겼다'는 고사로, 생활(生活) 환경(環境)이 교육(敎育)에 있어 큰 구실을 함을 말함.

삼청냉돌(三廳冷堗) (방에 불을 때지 않던 금군(禁軍)의 삼청에서 유래한 말로) '차디찬 방'을 이르는 말.

삼촌불률(三寸不律) 길이가 세 치밖에 안 되는 짧은 붓.

삼촌지설(三寸之舌) '세 치의 혀'라는 뜻으로, 뛰어난 말재주를 이르는 말.

삼촌지설강어백만지사(三寸之舌彊於百萬之師) '세 치의 혀가 백만 명의 군대보다 더 강하다'는 뜻으로, 뛰어난 말재주를 이르는 말.

삼추지사(三秋之思) '하루가 삼년 같은 생각'이라는 뜻으로, 몹시 사모(思慕)하여 기다리는 마음을 이르는 말.

삼치형문(三治刑問) 세 차례(次例)나 매질하여 심문(審問)하던 일.

삼판양승(三–兩勝) 세번 승부(勝負)를 겨루어 두번 이김. 또는 그런 승부.

삼팔노스(三八North) 미국, 존스 홉킨스 대학교(大學校)에서 조엘 S. 위트와 제니 타운이 운영하는 북한(北韓) 전문 정보 싸이트인 불로그(Blog)이다.

삼팔따라지(三八–) ①노름판에서, 세 끗과 여덟 끗이 짝이 된, 한 끗짜리의 패. ②'삼팔선 이북에서 월남한 동포'를 속되게 이르던 말.

삼팔선(三八線) 북위(北緯) 38°선. (특히, 제2차 세계대전 직후 한반도(韓半島)가 남북으로 나뉘게 된 경계선을 이르는 말). '삼십팔도선'의 준말.

삼한갑족(三韓甲族) 우리나라에서 대대(代代)로 문벌(門閥)이 높은 집안.

삼한사온(三寒四溫) '사흘 춥고 나흘 따뜻하다'는 뜻으로, 겨울철에 한국(韓國)과 중국(中國) 등지(等地)에서 3일 가량 추운 날씨가 계속(繼續)되다가 다음 4일 가량은 따뜻한 날씨가 계속(繼續)되는 주기적(週期的)인 기후(氣候) 현상(現象)을 이르는 말.

삼혁오인(三革五刃) 갑옷, 투구, 방패(防牌)의 세 가지의 가죽 무장(武裝)과 칼, 큰 칼, 세모 창, 가지 달린 창, 화살의 다섯 가지 쇠붙이 무기(武器).

삼혼칠백(三魂七魄) 사람의 혼백(魂魄)을 통틀어 이르는 말.

삼희성(三喜聲) '세 가지의 기쁜 소리'라는 뜻으로, '다듬이 소리' '글 읽는 소리' '갓난아이의 우는 소리'를 말함.

상가지구(喪家之狗) '초상(初喪)집의 개'라는 뜻으로, ①별 대접(待接)을 받지 못하는 사람을 이르는 말. ②여위고 지칠 대로 지친 수척(瘦瘠)한 사람을 비유(譬喩)한 말. ③또는 궁상(窮狀)맞은 초라한 모습으로 이곳저곳 기웃거리며 얻어먹을 것만 찾아다니는 사람.

상간복상(桑間濮上) '복수(濮水) 강가의 뽕나무 숲 사이'라는 뜻으로, 음란한 음악(音樂)

또는 망국의 음악(音樂).

상간지음(桑間之音) 상간복상(桑間濮上).

상감마마(上監媽媽) 임금의 높임말.

상경지례(上敬之禮) 모든 성인(聖人)이나 천신(天神)들의 지위(地位)보다 훨씬 높은 성모(聖母) 마리아에 대(對)한 특별(特別)한 공경(恭敬).

상고시대(上古時代) 역사(歷史) 시대로서 가장 오랜 시대. 상고대(上古代). 상대(上代).

상구보리(上求菩提) 위로 보리(菩提)의 지혜(智慧)를 구(求)해 닦는 일.

상궁지조(傷弓之鳥) '활에 놀란 새, 즉 활에 상처(傷處)를 입은 새는 굽은 나무만 보아도 놀란다'는 뜻으로, ①한번 놀란 사람이 조그만 일에도 겁을 내어 위축(萎縮)됨을 비유(比喩)하는 말. ②어떤 일에 봉변(逢變)을 당(當)한 뒤에는 뒷일을 경계(警戒)함을 비유(比喩)하는 말. 경궁지조(驚弓之鳥).

상대방(相對方) 상대편(相對便).

상대설(相對說) 상대주의(相對主義).

상대어(相對語) 뜻이 서로 상대되는 말. (밤과 낮, 소년과 소녀 따위).

상대의무(相對義務) 권리에 대하여 서로 대립(對立)하는 위치에 있는 의무. (채권에 대한 채무 따위). ↔절대의무(絕對義務).

ㅅ

상대적(相對的) 다른 것과의 관계(關係)나 대립(對立) · 상관(相關) 등으로 존재(存在) 하는 (것). ↔절대적(絕對的).

상대주의(相對主義) 진리나 가치의 절대성(絕對性)을 부인하고 모든 것은 상대적이라는 입장에 서는 학설(學說). 상대설(相對說). ↔절대주의(絕對主義).

상대편(相對便) 서로 상대가 되는 쪽. 상대방(相對方).

상대평가(相對評價) 한 집단 내에서의 상대적 위치로써 개인의 학력을 평가(評價) 하는 일. ↔절대평가(絕對評價).

상덕고지연낙중응(常德固持然諾重應) 떳떳한 덕을 굳게 지키고, 승낙할 때엔 신중(愼重)히 대답하라.

상덕부덕(上德不德) 덕이 있는 체 하지 말라. 최상의 덕이 있는 사람은 덕이 있는 체 아니한다.

상도불권(常禱不倦) '항상(恒常) 기도(祈禱)하고 낙심(落心)하지 말라'의 뜻.

상동하우(上棟下宇) '대들보는 위에 꼿꼿이 가로 놓였고, 서까래는 그 양편에서 밑으로 내려뜨렸다'는 뜻으로, 집을 짓는 것을 이르는 말.

상루하습(上漏下濕) '위에서는 비가 새고 아래에서는 습기(濕氣)가 차 오른다'는 뜻으로, 가난한 집을 비유(比喩)하는 말.

상림도(桑林禱) 비 내리기를 비는 기도. 성인(聖人)이 백성(百姓)을 근심함을 비유적(比喩的)으로 이르는 말.

상림지설(桑林之說) 은(殷)나라의 탕왕이 하늘에 기우제(祈雨祭)를 지내고 비를 얻은 이야기.
상마잠적(桑麻蠶績) 뽕으로 누에를 치고, 삼으로 길쌈하는 일.
상마지교(桑麻之交) '뽕나무와 삼나무를 벗 삼아 지낸다'는 뜻으로, 권세(權勢)와 영달의 길을 버리고 전원(田園)에 은거(隱居)하며 농부(農夫)와 친(親)하게 사귐.
상망지지(相望之地) 서로 바라보이는 가까운 곳.
상명지통(喪明之痛) '눈이 멀 정도(程度)로 슬프다'는 뜻으로, '아들을 잃은 슬픔'을 비유(比喩)한 말.
상명하복(上命下服) 윗사람의 명령(命令)에 아랫사람이 따름.
상목재지(常目在之) 늘 눈 여겨 보게 됨.
상병상호언(相病相互唁) 동병상련(同病相憐).
상복지음(桑濮之音) 상간복상(桑間濮上).
상봉지지(桑蓬之志) 남자(男子)가 사방(四方)으로 활약(活躍)하려고 하는 큰 뜻.
상봉하솔(上奉下率) 위로는 부모(父母)님을 모시고, 아래로는 아내와 자식(子息)을 거느림.
상부상조(相扶相助) 서로서로 도움.
상분지도(嘗糞之徒) '똥도 핥을 놈'이라는 뜻으로, 남에게 아첨(阿諂)하여 부끄러운 짓도 꺼려하지 않는 사람을 이르는 말.
상사불견(相思不見) 남녀(男女)가 서로 그리워하면서도 만나보지 못함.
상사불망(相思不忘) 사랑하는 남녀(男女)가 서로 그리워해 잊지 못함.
상사실지빈(相事失之貧) 뛰어난 선비도 지나치게 가난하면 세상(世上)이 알아주지 않아서 활동(活動)할 길이 열리기 어렵다는 말.
상사일념(相思一念) 오직 생각하고 그리워함.
상산구어(上山求魚) '산 위에서 물고기를 찾는다'는 뜻으로, 당치 않은 데 가서 되지도 않는 것을 원한다는 말.
상산사세(常山蛇勢) '상산의 뱀 같은 기세(氣勢)'라는 뜻으로, ①선진과 후진, 우익(右翼)과 좌익(左翼)이 서로 연락(連絡)하고 공방하는 진형(陣形). ②문장(文章)의 전후(前後)가 대응(對應)하여 처음과 끝이 일관(一貫)됨.
상상안상(牀上安牀) '마루 위에 마루를 놓는다'는 뜻으로, 하지 않아도 될 일을 하거나 필요 이상으로 쓸데없는 일을 함.
상생지리(相生之理) 금(金), 수(水), 목(木), 화(火), 토(土)의 오행(五行)이 상생하는 이치(理致).
상석하대(上石下臺) 하석상대(下石上臺).
상선벌악(賞善罰惡) 착한 사람은 칭찬(稱讚)하고 악(惡)한 사람은 벌(罰)함.
상선약수(上善若水) '지극히 착한 것은 마치 물과 같다'는 뜻으로, 노자 사상에서 물은 만물을 이롭게 하면서도 다투지 아니하는 이 세상에서 으뜸가는 선의 표본으로 여기어 이르던 말.

상송무언리(相送無言裏) 말없이 서로 헤어지노라.

상수여수(上壽如水) 건강(健康)하게 오래 살려면, 흐르는 물처럼 도리(道理)에 따라서 살아야 한다는 뜻.

상승상부(想勝相負) 승부(勝負)가 서로 같음. 즉 서로 비김.

상승작용(相乘作用) 여러 요소(要素)가 겹쳐 작용(作用)하여, 따로따로 작용했을 때보다 큰 효과(效果)를 나타내는 일.

상승지향성(上昇指向性) 끝없이 자기(自己)를 변신(變身)해서 올라가고 싶은 생각.

상승한도(上昇限度) 항공기(航空機)나 유도탄이 오를 수 있는 가장 높은 고도(高度).

상승효과(相乘效果) 상승(相乘) 작용(作用)에 의(依)하여 나타나는 효과(效果).

상시지계(嘗試之計) 남의 뜻을 시험(試驗)하여 알아내려는 꾀.

상식만천하지심능기인(相識滿天下知心能幾人) '서로 얼굴을 아는 사람은 온 세상(世上)에 많이 있으되, 마음을 아는 사람은 몇이나 되겠는고' 의 뜻.

상아탑(象牙塔) ①예술(藝術) 지상(至上) 주의(主義)의 사람들이 속세(俗世)를 떠나 정적(靜寂)한 예술(藝術)만을 즐기는 경지(境地). ②학자(學者)들의 현실(現實) 도피적(逃避的)이고 관념적(觀念的)인 학구(學究) 생활(生活). ③대학(大學)을 달리 일컫는 말.

상아혼식(象牙婚式) 결혼(結婚) 14주년(周年). 부부가 상아(象牙) 제품을 선물로 주고받아 기념함.

상애내주(相愛內主) 서로 사랑하면 하나님이 우리 안에 있음.

상애상조(相愛相助) 서로 사랑하고 서로 도움.

상애지도(相愛之道) 서로 사랑하는 도리(道理).

상양고무(商羊鼓舞) '상양(商羊)이라는 새가 날아다니면 큰 비가 온다'는 전설(傳說)에서, 홍수(洪水) · 수해가 있을 것을 미리 알린다는 뜻.

상욕상투(相辱相鬪) 서로 욕하고 싸움.

상우방풍(上雨旁風) '위로부터 비가 새고, 옆으로부터는 바람이 들이친다'는 뜻으로, 비바람에 시달리는 낡은 집을 말함.

상우방풍(上雨傍風) '위에서는 비가 새고, 옆에서는 바람이 들어온다'는 뜻으로, 다 낡은 집을 형용(形容)하는 말.

상원하추(上援下推) 윗자리에 있는 자는 아랫사람을 끌어올리고, 아랫사람은 윗사람을 추대(推戴)함.

상유양심(尙有良心) 악(惡)한 일을 한 사람에게도 아직 양심(良心)은 남아 있음. '곧 바르게 인도(引導)할 여지가 있음'을 뜻하는 말.

상의물론(尙矣勿論) 말할 필요(必要)도 없음.
상의하달(上意下達) 윗사람의 뜻이나 명령(命令)을 아랫사람에게 전달(傳達)함. ↔하의상달(下意上達).
상이군인(傷痍軍人) 전투(戰鬪)나 군사상 공무(公務) 중에 몸을 다친 군인. 백의용사(白衣勇士).
상이기장(傷痍記章) 전투나 공무 수행(修行)중 부상한 자에게 주는 기장(紀章).
상이용사(傷痍勇士) 군에서 근무하다가 부상(負傷)당하여 제대(除隊)한 병사.
상인지어이여형극(傷人之語利如荊棘) 사람을 상하게 하는 말은, 날카롭기가 가시 같다.
상일인이천하예지(賞一人而天下譽之) '한 사람에게 상을 주면 천하(天下)가 기린다'는 뜻으로, 군주(君主)가 정치(政治)를 베풀어 선인을 한 사람 표창(表彰)하면 천하(天下)의 백성(百姓)은 그 정사(政事)의 공평(公平)함을 칭송(稱頌)한다는 말.
상재지탄(傷哉之嘆) 상재지탄(傷哉之歎).
상재지탄(傷哉之歎) 살림이 군색(窘塞)하고 가난함에 대(對)한 한탄(恨歎).
상재지향(桑梓之鄉) 여러 대(代)의 조상(祖上)의 무덤이 있는 고향(故鄕).
상적광토(常寂光土) '항상(恒常) 변(變)하지 아니하는 광명 세계(光明世界)'라는 뜻으로, 불타(佛陀)의 거처(居處) 또는 빛나는 마음의 세계(世界)를 일컫는 말.
상전벽해(桑田碧海) '뽕나무밭이 푸른 바다가 되었다'라는 뜻으로, 세상(世上)이 몰라 볼 정도(程度)로 바뀐 것. 세상(世上)의 모든 일이 엄청나게 변해버린 것. 벽해상전(碧海桑田).
상전옥답(上田沃畓) 소출(所出)이 많은 좋은 밭과 기름진 논.
상전창해(桑田滄海) 상전벽해(桑田碧海). 벽해상전(碧海桑田). 창상지변(滄桑之變). 창해상전(滄海桑田). 상해지변(桑海之變).
상제삼지(上帝三旨) 하나님의 뜻 세 가지. ①항상(恒常) 기뻐하는 것. ②쉬지 않고 기도(祈禱)하는 것. ③범사(凡事)에 감사(感謝)하며 사는 것.
상제위균(相濟爲均) 부족(不足)한 것을 보충(補充)하여 균등(均等)케 함.
상조협수(上早莢樹) '조협나무에 오른다'는 뜻으로, 공처가를 이르는 말.
상중지희(桑中之喜) ①남녀(男女) 간(間)의 밀회(密會)하는 즐거움. ②또는 남의 아내와의 옳지 못한 즐거움.
상즉불리(相卽不離) '윗물이 흐리면 아랫물도 맑지 않다'는 뜻으로, 윗사람이 옳지 않으면 아랫사람도 이를 본받아서 행실(行實)이 옳지 못함을 이름
상즉치기애(喪則致其哀) '부모가 돌아가시면 슬픔을 다하라'는 뜻.
상징주의(象徵主義) 고답파(高踏派)나 자연주의의 객관 묘사에 대하여, 주관적 정서를 상징에 의하여 표현하려고 하는 예술상의 입장.

상창지변(桑滄之變) 능곡지변(陵谷之變).

상천하지(上天下地) '위에 있는 하늘과 아래에 있는 땅'. 곧 천지(天地).

상치분신(象齒焚身) '코끼리는 상아(象牙)가 있음으로 해서 죽음을 당(當)한다'는 뜻으로, 많은 재물(財物)을 소유(所有)하고 있기 때문에 도리어 화를 입음의 비유(比喻).

상탁하부정(上濁下不淨) '웃물이 맑아야 아랫물이 맑다'는 뜻으로, 즉, 윗사람이 바르지 못하면 아랫사람도 행실(行實)이 바르지 못하게 된다는 뜻.

상토주무(桑土綢繆) '새는 폭풍우(暴風雨)가 닥치기 전(前)에 뽕나무 뿌리를 물어다가 둥지의 구멍을 막는다'는 뜻으로, 미리 준비(準備)하여 닥쳐 올 재앙(災殃)을 막음을 이르는 말.

상토하사(上吐下瀉) 위로 토하고 아래로는 설사함.

상통천문(上通天文) 천문(天文)에 관(關)하여 자세(仔細)히 앎. 하달지리(下達地理).

상통하달(上通下達) 아랫사람이 위 사람에게 의사(意思)를 통(通)함.

상풍고절(霜風高節) 어떠한 난관이나 어려움에 처해도 결코 굽히지 않는 높은 절개(節槪).

상풍패속(傷風敗俗) '풍속(風俗)을 상하게 하고 썩게 한다'는 뜻으로, ①풍속(風俗)을 문란(紊亂)하게 함. ②또는 부패(腐敗)하고 문란(紊亂)한 풍속(風俗).

ㅅ

상하노소(上下老少) 윗사람 · 아랫사람 · 늙은이 · 젊은이 모두. 곧, 모든 사람.

상하불급(上下不及) '위에 미치기에는 짧고, 아래에 대기는 길다'는 뜻으로, 두 가지 일이 모두 실패(失敗)하게 됨을 비유(譬喻)한 말.

상하사불급(上下寺不及) 상하불급(上下不及).

상하상몽(上下相蒙) 윗사람과 아랫사람이 서로 속임.

상하순설(上下脣舌) 남의 입에 오르내림. 남의 비평(批評)을 받음.

상하지분(上下之分) 위 아래의 분별(分別).

상하탱석(上下撑石) '윗돌 빼서 아랫돌 괴고, 아랫돌 빼서 윗돌을 괸다'는 뜻으로, 몹시 꼬이는 일을 당(當)하여 임시변통(臨時變通)으로 이리저리 맞추어 나감을 이르는 말. 하석상대(下石上臺).

상하화목(上下和睦) 윗사람과 아랫사람이 서로 화목(和睦)하게 지냄.

상하화순(上下和順) 위와 아래가 서로 뜻이 맞아 온화(溫和)함.

상해지변(桑海之變) 상전벽해(桑田碧海).

상행하효(上行下效) 웃사람이 하는 짓을 아랫사람이 본받음.

상현귀덕(尙賢貴德) 어진 사람을 높이 여기고 도덕을 중히 여겨라.

상형문자(象形文字) 물체(物體)의 모양을 본(本) 따서 만든 글자.〔한자(漢字)의 일부와 고대(古代) 이집트 문자 따위〕. 그림글. 상형(象形).

상형불여논심(相形不如論心) 상형불여론심(相形不如論心).

상형불여론심(相形不如論心) '생김새를 보는 것은 마음씨를 논(論)함만 같지 못하다'는 뜻으로, 사람의 용모(容貌)를 가지고 길흉(吉凶)을 말하는 것보다 그 사람의 마음씨의 선악(善惡)을 논(論)하는 것이 낫다는 말. 상형불여논심(相形不如論心).

상호봉시(桑弧蓬矢) '뽕나무 활과 쑥대 살'이라는 뜻으로, 남자(男子)가 뜻을 세움을 이르는 말.

상호부조(相互扶助) 서로 돕는 일.

상혼낙담(喪魂落膽) 넋을 잃고 실의에 빠짐. 낙담상혼(落膽喪魂).

상화하목(上和下睦) 위에서 사랑하고 아래에서 공경(恭敬)함으로써 화목(和睦)이 됨.

상화하목부창부수(上和下睦夫唱婦隨) 지아비가 부르면 지어미가 따르니, 즉 원만(圓滿)한 가정을 말한다.

상화하택(上火下澤) '위에는 불, 아래에는 연못'이라는 뜻으로, 불이 위에 놓이고 연못이 아래에 놓인 모습으로 사물(事物)이 서로 이반(離反)하고 분열(分裂)하는 현상(現狀)을 나타냄.

상후하박(上厚下薄) 윗사람에게는 후하게, 아랫사람에게는 박하게 대우(待遇)함. ↔하후상박(下厚上薄).

상희범사(常喜凡事) 항상(恒常) 기뻐하고 범사에 감사(感謝)하라.

새옹득실(塞翁得失) 새옹위복(塞翁爲福). 새옹화복(塞翁禍福).

새옹마(塞翁馬) 새옹지마(塞翁之馬).

새옹위복(塞翁爲福) 새옹득실(塞翁得失). 새옹화복(塞翁禍福).

새옹지마(塞翁之馬) '변방(邊方)에 사는 노인(老人)의 말(馬)'이라는 뜻으로, 인생(人生)의 길흉화복(吉凶禍福)은 늘 바뀌어 변화(變化)가 많음을 이르는 말.

새옹화복(塞翁禍福) 한때의 이(利)가 장래(將來)에는 도리어 해가 되기도 하고, 화가 도리어 복이 되기도 함. 새옹득실(塞翁得失). 새옹위복(塞翁爲福).

색거한처(索居閑處) 퇴직(退職)하여 한가(閑暇)한 곳에서 세상(世上)을 보냄.

색려내임(色厲內荏) 겉으로는 엄격(嚴格)하나 내심으로는 부드러움.

색사필온모사필공(色思必溫貌思必恭) 얼굴빛은 반드시 온화(溫和)하게 할 것을 생각하고, 얼굴 모습은 반드시 공손(恭遜)하게 할 것을 생각함.

색쇠애이(色衰愛弛) 젊어서 사랑받던 미인(美人)도 늙어지면 그 사랑을 잃는다는 말.

색여사회(色如死灰) '안색(顔色)이 꺼진 잿빛과 같다'는 뜻으로, 얼굴에 희로애락의 표정(表情)이 없음을 이르는 말.

색여삭과(色如削瓜) 안색(顔色)이 깎은 오이와 같이 창백(蒼白)함을 이르는 말.

색용필장시왈구용(色容必莊是曰九容) 색용필장시위구용(色容必莊是謂九容).

색용필장시위구용(色容必莊是謂九容) 얼굴 모습은 반드시 씩씩하게 해야 하니 이것을 구용(九容)이라 함.

색은행괴(索隱行怪) ①궁벽(窮僻)스러운 것을 캐내고 괴이(怪異)한 일을 행(行)함 ②괴벽(怪癖)스러운 짓을 함.

색정적피해망상(色情的被害妄想) 피해망상의 한 가지. 성적(性的)인 폭행(暴行)을 당하는 것으로 생각하는 이상 심리(心理).

색즉시공(色卽是空) '형체(形體)는 헛것'이라는 뜻으로, ①이 세상(世上)에 형태(形態)가 있는 것은 모두 인연(因緣)으로 생기는 것인데, 그 본질(本質)은 본래(本來) 허무(虛無)한 존재(存在)임을 이르는 말. ②반야경(般若經)에 있는 말. 색(色)에 의(依)하여 표현(表現)된 현상(現象)은 평등(平等) 무차별(無差別)한 공(空), 곧 실상(實相)과 상즉(相卽)하여 둘이 없다는 뜻. 진공(眞空), 묘(妙), 유(有)의 뜻을 말함. 공즉시색(空卽是色).

색즉시공공즉시색(色卽示空空卽示色) 「반야심경(般若心經)」의 첫 구절에 나오는 말. 이 세상에 존재(存在)하는 모든 형체는 공(空)이라는 말. 곧, 형상(形狀)은 일시적인 모습일 뿐, 실체(實體)는 없다는 것.

색필사온(色必思溫) 낯빛은 반드시 온화(溫和)함을 생각하라.

ㅅ

색필사온모필사공(色必思溫貌必思恭) 얼굴빛은 반드시 부드럽게 할 것을 생각하며, 용모(容貌)는 반드시 공손(恭遜)하게 할 것을 생각하라.

생경지폐(生梗之弊) 두 사람 사이에 생긴 불화(不和)로 말미암은 폐단(弊端).

생계무책(生計無策) 살아 나아갈 방도가 없음.

생구불망(生口不網) '산 사람의 목구멍에 거미줄 치지 않는다'는 뜻으로, 아무리 곤궁하여도 그럭저럭 먹고 살 수 있음.

생기사귀(生寄死歸) '삶은 잠깐 머무르는 것이고, 죽음은 돌아간다'는 뜻으로, 사람이 이 세상(世上)에 사는 것은 잠깐 동안 머물러 있음에 지나지 않는 것이고, 죽는 것은 본래(本來)의 곳으로 되돌아가는 것이라는 말.

생년월일(生年月日) 난 해와 달과 날.

생도지방(生道之方) 살아 나갈 방책(方策).

생동생동(生動生動) 기운(氣運)이 꺾이지 않고 본디의 기운(氣運)이 아직도 남아 생생한 모양.

생로병사(生老病死) 생로병사고(生老病死苦).

생로병사고(生老病死苦) 불교(佛敎)에서 인간(人間)이 반드시 겪어야만 한다는 네 가지 고통(苦痛), 즉 태어나 늙고, 병들고, 죽는 네 가지의 고통(苦痛). 생로병사(生老病死).

생리사별(生離死別) 살아서 이별(離別)함과 죽어서 아주 헤어짐.

생리작용(生理作用) 생물의 생활하는 작용. 곧, '혈액순환 · 호흡 · 소화 · 배설 · 생식 따위의 모든 작용'을 통틀어 이르는 말.

생면강산(生面江山) ①처음으로 보는 강산(江山). ②처음으로 보고 듣는 일.

생면대책(生面大責) 일속을 잘 알지 못하고 관계(關係)가 없는 사람을 그릇 책망(責望)하는 일.

생면부지(生面不知) 태어나서 만나 본 적이 없는 전혀 모르는 사람.

생멸멸이(生滅滅已) 생멸(生滅)은 항상 변화(變化)해서 끝이 없음을, 멸이(滅已)는 멸망(滅亡)해 없어짐을 뜻하는 말로, 불교(佛敎)에서 말하는 현세(現世)를 초월(超越)해 불과(佛果)를 얻는 것을 말함.

생명재혈(生命在血) 생명은 피에 있음.

생명책(生命册) 〔영〕Book of Life. 하나님의 백성이 지닌 특권을 기록한 책으로서(출32:32, 시56:8, 139:16), 백성에 대한 하나님의 기억과 보호가 그 내용으로 되어 있었다(말3:16). 생명책에서 그 이름을 도말하면 죽음을 의미하고(출32:32, 시69:28), 여기에 기록되는 것은 하나님의 백성으로 참여되는 것으로 영원한 생명이 확보되는 것이다(단12:1, 빌4:3, 계3:5, 13:8, 20:12, 15, 21:27).

생명철학(生命哲學) 체험으로서의 삶에서 출발하여 삶의 직접적인 파악을 지향하는 철학(哲學).

생몰연대(生沒年代) 태어난 해와 사망한 해.

생민지시만복지원(生民之始萬福之原) 백성(百姓)을 태어나게 하는 시초(始初)요, 일만 가지 복의 근원(根源)임.

생변사변(生變死變) 죽었다 살았다 함. 몇 번이고 죽었다 살아남.

생불여사(生不如死) '몹시 곤란(困難)한 지경(地境)에 빠져 삶이 차라리 죽음만 같지 못하다'는 뜻. 사는 것 보다 죽는 것이 낫다는 말.

생사가판(生死可判) 사느나 죽느나를 따지어 판단(判斷)함. 사생가판(死生可判).

생사거래역여연(生死去來亦如然) 인생이 나고 죽는 것도 이와 같은 것이네.

생사고락(生死苦樂) 삶과 죽음, 괴로움과 즐거움을 통틀어 일컫는 말.

생사골육(生死骨肉) '죽은 자를 살려 백골에 살을 붙인다'는 뜻으로, 큰 은혜(恩惠)를 베풂을 이르는 말.

생사관두(生死關頭) 사생관두(死生關頭).

생사사생성사사성(生事事生省事事省) 일을 만들면 일이 생기고, 일을 덜면 일이 없어지느니라.

생사입판(生死入判) 살고 죽는 것이 당장에 판정(判定) 됨.

생사존망(生死存亡) 생사(生死)와 존망. 곧 살아 있음과 죽어 없어짐.

생사존몰(生死存沒) 생사존망(生死存亡). 사생존망(死生存亡). 사생존몰(死生存沒). 사생출몰(死生出沒).

생사화복(生死禍福) 삶과 죽음과 재화(災禍)와 행복(幸福).

생살여탈(生殺與奪) '살리거나 죽이고, 주거나 뺏는다'는 뜻으로, 마음 내키는 대로 할 수 있음을 이르는 말.

생살여탈권(生殺與奪權) 생살여탈(與奪)하는 권리. 생살권(生殺權). 살활지권(殺活之權).

생살지권(生殺之權) 마음대로 살리고 죽이는 권리(權利).

생삼사칠(生三死七) 사람이 태어난 뒤 사흘 동안과 죽은 뒤 이레 동안을 부정(不淨)하다고 꺼리는 기간(期間).

생생발전(生生發展) 끊임없이 힘차게 발전(發展)함.

생생세세(生生世世) 불교(佛敎)에서 몇 번이고 다시 환생(還生)함을 이르는 말.

생생유전(生生流轉) '거듭나서 유전(流轉)한다'는 뜻으로, 만물(萬物)이 끊이지 않고 변해 감을 이르는 말.

생생자불생(生生者不生) 삶에 집착(執着)하는 자는 도리어 살지 못함.

생생지리(生生之理) 모든 생물(生物)이 생기고 번식(繁殖)하는 자연(自然)의 이치(理致).

생생화육(生生化育) 천지(天地) 자연(自然)이 만물(萬物)을 끊임없이 생육(生育)함.

人 **생세지락**(生世之樂) 세상(世上)에 나서 살아가는 재미.

생아초곡만수타(生兒初哭萬愁墮) '아기가 태어나자마자 터뜨리는 첫 울음은 세상을 살아갈 걱정 때문이라'는 뜻.

생야일편부운기(生也一片浮雲起) 태어남은 마치 한 조각 뜬구름 일어나는 것.

생이지지(生而知之) '학문(學問)을 닦지 않아도 태어나면서부터 안다'는 뜻으로, 생지(生知)하는 성인(聖人)을 이르는 말.

생일사불야멸일사(生一事不若滅一事) 하나의 일을 만드는 것이, 하나의 일을 없애는 것만 못하다.

생자망우은(生子忘憂恩) 자식(子息)을 낳은 후(後) 그 근심을 잊으신 은혜(恩惠).

생자필멸(生者必滅) '생명(生命)이 있는 것은 반드시 죽게 마련'이라는 뜻으로, 불교(佛敎)에서 세상만사(世上萬事)가 덧없음을 이르는 말.

생자필멸회자정리(生者必滅會者定離) '생명이 있는 것은 언제인가는 반드시 죽고, 만난 자는 언제인가는 헤어진다'는 뜻. 거자필멸(去者必滅).

생재지방(生財之方) 살아나갈 방도(方途). 생재(生財)하는 방법(方法).

생전불효사후하효(生前不孝死後何孝) 살아생전 불효하고, 죽고 나면 효심(孝心) 날까?

생정불신(生丁不辰) 공교(工巧)롭게도 좋지 못한 때에 태어남.

생존경쟁(生存競爭) 살아남기 위해서 겨루고 다툼. 살아남기 위해 겨루는 경쟁(競爭).

생종하처래 사향하처거(生從何處來 死向何處去) 인생이란 어디서 왔다가 어디로 가는가.

생즉무생(生卽無生) ①상식(常識)으로 태어난다고 생각하는 그 생도, 실은 인연(因緣)에

의(依)한 가생이며, 그 실은 무생(無生)이라고 하는 뜻. ②염불(念佛)을 하는 사람이 극락세계(極樂世界)에 왕생(往生)하면 바로 그대로가 생별을 여읜 대(大) 열반(涅槃)을 깨달아 얻음을 말함.

생지살지(生之殺之) 살리기도 하고 죽이기도 함.

생지안행(生知安行) '나면서부터 알아 쉽게 행(行)한다'는 뜻으로, ①배우지 않아도 사물(事物)의 도리(道理)를 알아 쉽게 그것을 실행(實行)한다는 말. ②성인(聖人)을 이르는 말.

생탄활박(生呑活剝) '산 채로 삼키고 산 채로 껍질을 벗긴다'는 뜻으로, 남의 시문(詩文)을 송두리째 인용(引用)함을 이르는 말.

생필즉사사필즉생(生必則死死必則生) 살고자 하면 반드시 죽고, 죽고자 하면 반드시 산다.

서간문집(書簡文集) 여러 가지 편지를 본보기로 모아 엮은 책.

서간충비(鼠肝蟲臂) '쥐의 간과 벌레의 팔'이라는 뜻으로, 매우 쓸모없고 하찮은 것을 이르는 말.

서경별곡(西京別曲) 작자 · 연대 · 미상의 고려가요. 서경에 사는 여인이 임과 이별하는 애틋한 심정(心情)을 읊은 내용.

서과피지(西瓜皮舐) '수박 겉핥기'라는 속담(俗談)의 한역으로, 어떤 일 또는 물건(物件)의 내용(內容)도 모르고 겉만 건드린다는 말.

서기양두각(鼠忌羊頭角) 원진살(元嗔煞)의 한 가지. 궁합에서 쥐띠는 양띠를 꺼린다는 말.

서기중용(庶幾中庸) 어떠한 일도 한쪽으로 기울어지게 일하면 안 됨.

서기중용로겸근칙(庶幾中庸勞謙謹勅) 근로하고 겸손하며, 삼가고 신칙(申飭)하면 중용의 도에 이른다.

서기지망(庶幾之望) 거의 될 듯한 희망(希望).

서남아시아(西南Asia) 아시아 남서부의 지역을 두루 이르는 말. 아프가니스탄 · 이란 · 이라크 · 시리아 · 요르단 · 이스라엘 · 터키 및 아라비아 반도 등이 이 지역에 딸림.

서동문(書同文) 거동궤서동문(車同軌書同文).

서동부언(胥動浮言) 거짓말을 퍼뜨려 민심(民心)을 선동(煽動)함.

서력동점사(西力東漸史) 서방(西方)의 세력(勢力)이 점차적(漸次的)으로 동방(東方)으로 옮겨 가는 역사(歷史). ↔동력서점사(東力西漸史).

서리지탄(黍離之歎) '나라가 멸망(滅亡)하여 궁궐터(宮闕–)에 기장만이 자라 황폐(荒廢)해진 것을 보고 하는 탄식(歎息)'이라는 뜻으로, 부귀영화(富貴榮華)의 무상(無常)함에 대(對)한 탄식(歎息).

서리지탄(黍離之嘆) '나라가 멸망(滅亡)하여 옛 궁궐(宮闕) 터에는 기장만이 무성(茂盛)한 것을 탄식(歎息)한다'는 뜻으로, 세상의 성(盛)함과 쇠(衰)함이 서로 바뀌어 무상(無常)함을 탄식(歎息)하는 것을 이르는 말.

서명날인(署名捺印) 문서에 서명을 하고 도장을 찍음. 기명날인(記名捺印).

서반아(西班牙) 스페인(SPAIN : ESPANA)의 한자음(漢字音) 표기.

서방극락(西方極樂) 불교에서, 서쪽 십만억토(十萬億土)의 저쪽에 있다고 하는 극락세계. 서방세계. 서방정토. 서방(西方).

서방정토(西方淨土) 사바(娑婆) 세계(世界), 인간(人間) 세계(世界)에서 서쪽으로 십만 억의 불토(佛土)를 사이에 두고 저편에 있다는 안락(安樂)의 세계(世界), 곧 아미타불(阿彌陀佛)의 정토(淨土), 서방극락(西方極樂).

서방행자(西方行者) 극락세계(極樂世界)에 가려고 염불(念佛)하는 사람.

서불차인(書不借人) 책은 남에게 빌려주지 않는다는 말.

서산낙일(西山落日) ①서산에 지는 해. ②세력이나 힘 따위가 기울어져 멸망하게 된 판국을 이르는 말.

서생문학(書生文學) 일가(一家)를 이루지 못하고, 아직 습작 과정(過程)에 있는 문학도(文學徒)의 문학(文學).

서세동점(西勢東漸) 서양(西洋) 세력(勢力)을 차차 동쪽으로 옮김.

ㅅ

서시봉심(西施捧心) '서시(西施)가 가슴을 쓰다듬는다'는 뜻으로, 함부로 흉내내다가 웃음거리가 됨을 이르는 말.

서시빈목(西施顰目) '월(越)나라의 유명(有名)한 미인(美人) 서시(西施)가 눈을 찌푸린 것을 아름답게 본 못난 여자(女子)가 그 흉내를 내고 다녀 더욱 싫게 보였다'는 고사에서 유래(由來)한 말로, 분수(分數)를 생각하지 않고 무조건(無條件) 남을 따라하는 것을 비유(比喩)하는 말.

서시빈목(西施矉目) 서시빈목(西施顰目). '서시가 눈을 찡그린다'는 뜻으로, 함부로 남을 흉내내다가 웃음거리가 됨을 이르는 말.

서시유소추(西施有所醜) '미인(美人)인 서시에게도 추한 데가 있다'는 뜻으로, 현인(賢人)에게도 단점(短點)이 있음을 비유(比喩)해 이르는 말.

서신왕래(書信往來) 편지(便紙)로 전(傳)하는 소식(消息)이 오고 감.

서아시아(西Asia) 아시아의 서부(西部). (아프가니스탄 · 이란 · 이라크 · 쿠웨이트 같은 나라들이 딸려 있는 지역(地域).

서언고사(書言故事) 중국의 고사성어(故事成語)를 분류, 해석(解釋)하고 그 출전(出典)을 밝힌 책. 송나라의 호계종(胡繼宗)이 엮은 12권의 책.

서인자일백(書忍字一百) '참을 인(忍) 백 자를 쓴다'는 뜻으로, 가정(家庭)의 화목(和睦)은 서로가 인내(忍耐)하는 데 있다는 말.

서자서아자아(書自書我自我) '글은 글대로 나는 나대로'라는 뜻으로, 글을 읽고는 있으되 정신(精神)은 딴 곳에 있음을 이르는 말.

서재문학(書齋文學) 현실성이 없는, 이론적(理論的)이고 관념적(觀念的)인 문학.
서절구투(鼠竊狗偸) '쥐나 개처럼 가만히 물건(物件)을 훔친다'는 뜻으로, 좀도둑을 욕으로 이르는 말.
서정소곡(抒情小曲) 낭만적(浪漫的)이며 환상적(幻想的)인 소품곡(小品曲). 노벨레테(Novellette).
서정쇄신(庶政刷新) 여러 가지 정치(政治) 상(上)의 폐단(弊端)을 말끔히 고쳐 새롭게 함.
서정적(抒情的) 감정(感情)의 흐름과 정서에 흐뭇이 젖어드는 것.
서제막급(噬臍莫及) '배꼽을 물려고 해도 입이 닿지 않는다'는 뜻으로, 일이 그릇된 뒤에는 후회(後悔)하여도 아무 소용(所用)이 없음을 비유(比喩)한 말. 후회막급(後悔莫及).
서조모(庶祖母) 할아버지의 첩(妾).
서족이기성명(書足以記姓名) 글은 이름만 적을 수 있을 정도면 족(足)하다는 말.
서차법(序次法) 가까운 데서 먼 데로, 쉬운 것에서 어려운 것으로, 아는 것에서 모르는 것으로 풀어서 적어, 읽는 이가 알기 쉽게 하는 표현법(表現法).
서책랑자매필정돈(書册狼藉每必整頓) 서책이 함부로 깔려 있거든, 매양(每樣) 반드시 정돈(整頓)하라.

ㅅ

서하지통(西河之痛) 부모(父母)가 자식(子息)을 잃은 슬픔.
석가모니(釋迦牟尼(Sakyamuni)) 불교(佛教)의 개조(開祖). 세계 4대 성인 가운데 한 사람. 석씨. 석가.
석가모니불(釋迦牟尼佛) 부처로서의 석가모니.
석가모니여래(釋迦牟尼如來) '석가모니'를 높이어 일컫는 말. 석가세존(釋迦世尊). 석가여래(釋迦如來).
석가삼존(釋迦三尊) 석가를 중심으로 문수(文殊) · 보현(普賢)의 두 보살을 협시(脇侍)로 한 세 상(像).
석가탱화(釋迦幀畵) 석가모니의 화상(畵像).
석간토혈(石間土穴) 바위틈에 무덤구덩이를 팔 만한 땅.
석고대죄(席藁待罪) '거적을 깔고 엎드려 벌(罰) 주기를 기다린다'는 뜻으로, 죄과에 대(對)한 처분(處分)을 기다림.
석과불식(碩果不食) '큰 과실(果實)은 다 먹지 않고 남긴다'는 뜻으로, 자기만의 욕심을 버리고 자손(子孫)에게 복을 끼쳐 줌을 이르는 말.
석권지세(席卷之勢) 석권(席卷)하는 기세(氣勢).
석기시대(石器時代) 고고학상(考古學上)의 시대 구분의 하나. 인류가 석기를 쓰던 시대. 구(舊)석기 시대와 신(新)석기 시대로 나뉨.
석분이속(釋紛利俗) 이상(以上) 팔인의 재주를 다하여 어지러움을 풀어 풍속(風俗)에 이롭게 함.

석분이속병개가묘(釋紛利俗竝皆佳妙) 모두가 아름다우며 묘(妙)한 재주였다.

석불가난(席不暇暖) '자주 드나들어 방이 따뜻할 겨를이 없다'는 뜻으로, 자리나 주소(住所)를 자주 옮기거나 매우 바쁘게 돌아다님을 일컫는 말.

석상휘호(席上揮毫) 앉은 그 자리에서 글씨를 쓰거나 그림을 그림.

석안유심(釋眼儒心) '석가(釋迦)의 눈과 공자(孔子)의 마음'이란 뜻으로, 곧 자비(慈悲)스럽고 인애 깊은 일.

석인석수(石人石獸) 무덤 앞의 좌우에 세우는, 돌로 만든 사람이나 짐승의 형상(形象).

석전경우(石田耕牛) '자갈밭을 가는 소'란 뜻으로, 황해도(黃海道) 사람의 근면(勤勉)하고 인내심(忍耐心)이 강(强)한 성격(性格)을 평한 말.

석좌교수(碩座敎授) 어떤 기업이나 개인이 기부한 기금으로 연구 활동을 하도록 대학에서 지정한 교수.

석준장사권봉첨문장필(石蹲壯士拳峰尖文章筆) 돌이 박혀 있는 것은 장사의 주먹이요, 봉오리의 뾰족함은 문장(文章)의(글 쓰는) 붓임.

석혼식(錫婚式) 결혼(結婚) 10주년(周年)을 기념하여 부부가 서로 진주와 보석 따위의 선물을 주고받는 의식. 주석혼식(朱錫婚式).

석화광음(石火光陰) '돌이 마주 부딪칠 때에 불이 반짝이는 것'과 같이 빠른 세월(歲月)을 이르는 말.

석화수야우병주원춘앵(惜花愁夜雨病酒怨春鶯) 꽃을 아끼니 밤비를 근심하고, 술에 병드니 봄 꾀꼬리를 원망(怨望)함.

선거노마(鮮車怒馬) 아름다운 수레와 힘찬 말.

선건전곤(旋乾轉坤) '천지(天地)를 뒤집는다'는 뜻으로, 천하(天下)의 난을 평정(平定)함, 또는 나라의 폐풍(弊風)을 대번에 크게 고침.

선견지명(先見之明) '앞을 내다보는 안목(眼目)'이라는 뜻으로, 장래(將來)를 미리 예측(豫測)하는 날카로운 견식(見識)을 두고 이르는 말.

선결문제(先決問題) 다른 문제에 앞서 먼저 해결(解決)해야 될 문제(問題).

선경후정(先景後情) 작시(作詩)의 한 방법(方法). 먼저 경치(景致)에 관한 묘사(描寫)가 나타나고, 뒤에 정서적(情緖的)인 부분(部分)이 나타나게 하는 방법(方法).

선고유예(宣告猶豫) 범죄자의 정상을 참작하여 형의 선고를 일정 기간 유예하는 일(그 기간을 무사히 지내면 형사책임을 묻지 않음).

선고장(先考丈) 남의 돌아가신 아버지를 높이어 일컫는 말.

선공무덕(善供無德) '부처에게 아무리 공양(供養)을 잘 하여도 아무 공덕(功德)이 없다'는 뜻으로, 남을 위(爲)하여 힘써 일을 하였으나 그것에 대(對)한 소득(所得)이 없음을 일컫는 말.

선공후사(先公後私) '사(私)보다 공(公)을 앞세움'이란 뜻으로, 사사(私事)로운 일이나 이익(利益)보다 공익(公益)을 앞세움.

선교방편(善巧方便) 사람의 타고난 성품(性品)에 따라서 여러 가지 선하고 공교(工巧)롭게 쓰는 수단(手段)이나 방법(方法).

선교사(宣敎師) 〔영〕Missionary. 그리스도교를 외국에 전(傳)하는 사람을 말한다. 때로는 국내 전도자의 뜻으로도 사용(使用)된다.

선교섭화(善巧攝化) 부처나 보살(菩薩)이 교묘(巧妙)한 방법(方法)으로 중생(衆生)을 이끌고 교화(敎化)하여 중생(衆生)에게 이익(利益)을 주는 일.

선구자(先驅者) 다른 사람에 앞서서 어떤 일의 중요성(重要性)을 인식(認識)하여 그 일을 실행한 사람.

선구천의(先求天義) 먼저 하늘의 의(義)를 구하라.

선기현알(璇璣懸斡) 선기(璿璣)는 천기(天紀)를 보는 기구(器具)이고, 그 기구(器具)가 높이 걸려 도는 것을 말함.

선기후인(先己後人) 다른 사람의 일보다 자기(自己)의 일에 우선(于先) 성실(誠實)해야 한다는 말.

선나후주(先拿後奏) 죄지은 사람을 우선 잡아놓고 나서 임금에게 아뢰던 일.

선난이후획(先難而後獲) 어려운 공적(公的)인 일을 먼저하고, 자신(自身)에게 이익(利益)이 되는 사적(私的)인 일은 나중에 함을 이르는 말.

선남선녀(善男善女) '착한 남자(男子)와 착한 여자(女子)'라는 뜻으로, ①불교(佛敎)에 귀의(歸依)한 남녀(男女). ②신심이 깊은 사람들을 이르는 말.

선녀사범(仙女思凡) '선녀가 속계(俗界)를 그리워한다'는 뜻

선대부인(先大夫人) 남의 돌아가신 어머니를 일컫는 말.

선대인(先大人) 남의 돌아가신 아버지를 일컫는 말.

선덕공이(善德公理) 착함과 덕은 똑 같은 것이다.

선도미후지미(先掉尾後知味) '개가 음식(飮食)을 먹을 때 먼저 꼬리를 흔들고 나서 맛을 본다'는 뜻으로, 무엇을 먼저 계획한 다음에야 그것을 얻음을 이르는 말.

선례후학(先禮後學) '먼저 예의(禮儀)를 배우고 나중에 학문(學問)을 배우라'는 말. 곧 예의(禮儀)가 첫째라는 뜻.

선로명주(仙露明珠) '선인(仙人)이 내려 주는 이슬과 아름다운 구슬'. 곧 서법(書法)의 원활(圓滑)함을 비유(譬喩)하여 이르는 말.

선린외교(善隣外交) 이웃 나라와의 친선(親善)을 꾀하여 취(取)하는 외교(外交) 정책.

선린우호(善隣友好) '이웃 나라 또는 이웃과 사이좋게 지내며 잘 사귄다'는 뜻으로, 외교(外交)상(上) 이웃 나라와 우호(友好) 관계(關係)를 맺는 일.

선린정책(善隣政策) 이웃 나라와 친선(親善)을 도모(圖謀)하는 정책.

선망후실(先忘後失) 자꾸 잊어버리기를 잘함.

선민사상(選民思想) 선민의식(選民意識).

선민의식(選民意識) 스스로를 하나님의 선택을 받은 백성이라고 믿는, 이스라엘 사람의 종교적 · 민족적 우월감(優越感). 선민사상(選民思想).

선발발전 도상국(先發發展 途上國) 개발도상국(開發途上國)

선발제인(先發制人) ①남의 꾀를 먼저 알아차리고 일이 생기기 전(前)에 미리 막아 냄. ②일은 남보다 먼저 착수(着手)하면 반드시 남을 앞지를 수 있음.

선백부(先伯父) 돌아가신 큰 아버지.

선병자의(先病者醫) '먼저 앓아 본 사람이 의원(醫員)'이라는 뜻으로, 경험(經驗)있는 사람이 남을 인도(引導)할 수 있다는 말.

선봉대장(先鋒大將) 선봉장(先鋒將).

선봉장(先鋒將) 앞장 선 군대(軍隊)를 거느리는 장수(將帥).

선부군(先父君) 선친(先親)(남에게 돌아가신 자기 아버지)을 높여서 이르는 말. 선인(先人)

선부인(先夫人) 남의 돌아가신 어머니를 일컫는 말.

선부후빈(先富後貧) 처음에는 잘 살던 살림이 나중에 가난하여짐. ↔선빈후부(先貧後富).

ㅅ

선빈후부(先貧後富) 처음은 가난하던 살림이 나중에 부자(富者)가 됨. ↔선부후빈(先富後貧)

선사상관(善事上官) 상관(上官)을 잘 섬김.

선사시대(先史時代) 고고학(考古學)에서 이르는 시대구분의 한 가지. 곧, 역사시대 이전의 시대. 문헌적(文獻的) 사료(史料)가 없는 석기시대, 청동기 시대를 이름.

선생시교제자시칙(先生施敎弟子是則) 선생님께서 가르침을 베풀어 주시거든, 제자들은 이것을 본받아라.

선성선사(仙聖先師) 유학에서 공자(孔子)와 안회(顔回)를 아울러 이르는 말.

선성탈인(先聲奪人) ①소문(所聞)을 미리 퍼뜨려 남의 기세(氣勢)를 꺾음. ②먼저 큰소리를 질러 남의 기세(氣勢)를 꺾음.

선성후실(先聲後實) 처음에는 허성(虛聲)을 올리고 다음에 실력(實力)을 행사(行使)함. 먼저 말로써 놀라게 하고 실력은 뒤에 가서 보여줌.

선수선과(善樹善果) '좋은 나무에서 좋은 열매가 맺힌다'는 뜻.

선수우아(善手祐我) 하나님의 선하신 손이 나를 도우심.

선숙부(先叔父) 돌아가신 작은 아버지.

선시선종(善始善終) 처음부터 끝까지 한결같이 잘함.

선시어외(先始於隗) '먼저 곽외(郭隗)부터 시작(始作)하라'는 뜻으로, 가까이 있는 사람이나 말한 사람부터 시작(始作)하라는 말.

선실기도(先失其道) 어떤 일을 할 때 먼저 그 방법(方法)을 그릇되게 함.

선악개오사(善惡皆吾師) '좋은 일도 나쁜 일도 다 나의 스승'이라는 뜻으로, 세상(世上) 일은 무엇이나 내 몸가짐에 대(對)한 깨우침이 될 수 있음을 이르는 말.

선악불이(善惡不二) 선이나 악이 각각(各各) 두 가지가 아니고, 평등(平等) 무차별(無差別)한 한 가지 불리(佛理)로 귀착된다는 말.

선악상반(善惡相半) 선과 악이 서로 반씩 섞임.

선악수연(善惡隨緣) 선악(善惡)이 모두 진여(眞如)의 인연(因緣)에 따라 생긴다는 말.

선악지보(善惡之報) 선과 악에 대(對)한 응보(應報).

선양방벌(禪讓放伐) '물려줌과 내침'이라는 뜻으로, 고대(古代) 중국(中國)에서 임금의 자리를 세습(世襲)하지 않고, 덕(德)이 있는 이에게 물려주는 일과 악정(惡政)을 행(行)하는 제왕(帝王)을 몰아내어 토벌(討伐)한 일.

선언적판단(選言的判斷) 하나의 주사(主辭)에 대하여 둘 이상의 빈사(賓辭)가 선택적으로 결합되는 판단. ('범인은 A나 B나 C중의 하나이다' 따위의 판단). 가언적판단(假言的判斷). 정언적판단(定言的判斷).

선여인교(善與人交) 남을 공경(恭敬)하여 오래 잘 사귐.

선열위식(禪悅爲食) 선정(禪定)으로써 심신(心身)을 도우며, 침식(寢食)마저 잊고 즐겁게 생활(生活)함.

선왕대부인(先王大夫人) 돌아가신 남의 할머니에 대(對)한 높임말.

선외가작(選外佳作) 입선(入選)은 안 되었으나 꽤 잘된 작품(作品).

선우후락(先憂後樂) '근심할 일은 남보다 먼저 근심하고 즐길 일은 남보다 나중에 즐긴다'는 뜻으로, '지사(志士), 인인(仁人)의 마음씨'를 일컫는 말.

선원대향(璿源大鄕) 조선(朝鮮) 시대(時代) 이씨 왕실(王室)의 본관(本貫)을 높여 이르던 말.

선위사막(宣威沙漠) 장수(將帥)로서 그 위엄(威嚴)은 멀리 사막(沙漠)에까지 퍼짐.

선위설사(善爲說辭) 말을 재치있게 잘 함.

선의순지(先意順旨) '먼저 남의 의중(意中)을 알아차리고 그 뜻을 따른다'는 뜻으로, 남이 원하는 바를 미리 헤아려 아부(阿附)하는 것을 이르는 말.

선의행락(善意行樂) 착한 뜻 행하기를 즐겨하며 살자.

선의후리(先義後利) '먼저 의(義)를 따르고 후(後)에 이익(利益)을 생각한다'는 뜻.

선인선과(善因善果) '착한 원인(原因)에 착한 결과(結果)'라는 뜻으로, 선업(善業)을 닦으면 그로 말미암아 반드시 좋은 업과(業果)를 받음을 이르는 말. ↔악인악과(惡因惡果).

선입감(先入感) 선입관(先入觀).

선입견(先入見) '먼저 들어온 생각'이란 뜻으로, 고정관념(固定觀念)으로 인해 다른 의견(意見)을 받아들이지 않음을 일컬음.

선입관(先入觀) 어떤 일에 대하여, 이전부터 머릿속에 들어 있는 고정적(固定的)인 관념(觀念)이나 견해(見解). 선입감(先入觀). 선입견(先入見). 선입주견(先

入主見).

선입주견(先入主見) 선입관(先入觀).

선입지어(先入之語) 먼저 들은 이야기에 따른 고정관념(固定觀念)으로 새로운 의견(意見)을 받아들이지 않는 것을 이르는 말.

선자불변변자불선(善者不辯辯者不善) 선(善)한 사람은 변론(辯論)하지 않고, 변론(辯論)하는 사람은 선(善)하지 않다.

선자옥질(仙姿玉質) '신선(神仙)의 자태(姿態)와 옥 같은 바탕'이라는 뜻으로, 용모(容貌)도 아름다운데다가 기품(氣稟)도 뛰어난 사람을 형용(形容)해 이르는 말.

선재귀재(仙才鬼才) 평범(平凡)하고 속(俗)된 것을 초월(超越)한 재주.

선전수신(善戰守信) 선(善)한 싸움을 싸우고 믿음을 지킴.

선전포고(宣戰布告) 상대국(相對國)에 대하여 전쟁개시(戰爭開始) 의사를 선언(宣言)하는 일.

선정후경(先情後景) 작시(作詩)의 한 방법(方法). 먼저 정서적(情緖的)인 부분(部分)이 나타나고, 뒤에 경치(景致)에 관한 묘사(描寫)가 나타나게 하는 방법(方法).

선조와명(蟬噪蛙鳴) '매미가 떠들썩하게 울고, 개구리가 시끄럽게 운다'는 뜻으로, ①논의(論議)나 문장(文章)이 졸려함을 이르는 말. ②여럿이 모여 시끄럽게 떠듦을 이르는 말.

ㅅ

선종외시(先從隗始) '먼저 외로부터 시작(始作)하라'는 뜻으로, ①사물(事物)을 시작(始作)하려면, 우선 말을 꺼낸 자부터 착수(着手)해야 함. ②큰일을 이루려면 먼저 작은 일부터 시작(始作)하여야 함.

선주붕우후주생의(先做朋友後做生意) (중국 속담으로서) '사업을 하려면, 먼저 친구 관계를 맺어 서로 신뢰(信賴)를 쌓고, 그 후에 장사를 해야 한다'는 뜻.

선주운정(禪主云亭) 운(云)과 정(亭)은 천자(天子)를 봉선(封禪)하고 제사(祭祀)하는 곳이니, 운정(云亭)은 태산(泰山)에 있음.

선주후면(先酒後麵) 먼저 술을 마시고 난 뒤에 국수를 먹는다는 말.

선즉제인(先則制人) '남보다 앞서 일을 도모(圖謀)하면 능히 남을 누를 수 있다'는 뜻으로, 아무도 하지 않는 일을 남보다 앞서 하면 유리(有利)함을 이르는 말.

선지자,여(先知者,女) 〔영〕Prophetess. ①〔히〕נביאה(네비아 ; 남성형 נביא〈나비 : 선지자〉에서 파생). 〔헬〕προφῆτις(프로페티스 ; 남성형 προφῆτης〈프로페테스〉와 「미리 공개적으로 말 하다」라는 의미의 πρόφημι〈프로페미〉에서 파생) 신에 대해서 말하는 여자 해석자나 선지자의 아내를 가리킨다. 선지자에 대한 내용은 구약에서 306번이나 나오며,「파송 받아 말하는 자」즉 하나님의 성령을 받아 하나님의 뜻을 대변하는 자를 말한다. 선지자(先知者)를 예언자(豫言者)라고도 말하며, 언제나 하나님의 뜻을 전 하는 것으로 사회적으로는 백성의 지도자가 되고 왕궁에서는 임금의 고문이 되고 충언자가 되었다. ②세상을 남보다 먼저 깨달아 아는 사람. (諸 基督敎 書籍 參照).

선지후행설(先知後行說) 주자학(朱子學)에서, '먼저 사리를 알고 난 뒤에 그 아는 바를 그대로 실행해야 한다'고 주장하는 학설. ↔지행합일설(知行合一說).

선참후계(先斬後啓) 군율(軍律)을 어긴 사람을 먼저 처형(處刑)하고 나중에 임금에게 보고(報告)함.

선천성(先天性) 태어날 때부터 가지고 있는 성질. 타고난 성질.

선천적(先天的) ①태어날 때부터 갖추고 있는 것. ②아 프리오리(a priori). ↔후천적(後天的).

선취특권(先取特權) 법률이 정하는 특수(特殊)한 채권(債權)을 가지고 있는 사람이, 우선적(優先的)으로 변제 받을 수 있는 담보(擔保) 물권.

선치민정(善治民情) 백성(百姓)의 사정(事情)을 잘 살펴서 정치(政治)를 잘 함.

선치수령(善治守令) (백성(百姓)을) 잘 다스리는 수령(守令).

선침이후루(先鍼而後縷) '바늘이 우선(優先)이고, 실이 뒤따른다'는 뜻으로, 사물(事物)에는 순서(順序)가 있음을 비유(比喩)하는 말.

선풍도골(仙風道骨) '선인의 풍모와 도사의 골격(骨格)'이라는 뜻으로, 남달리 뛰어난 풍채(風采)를 이르는 말.

선하심후하심(先何心後何心) '먼저는 무슨 마음이고 나중에는 무슨 마음이냐'라는 뜻으로, 이랬다저랬다 하는 변덕스러운 마음을 이르는 말.

선행후교(先行後敎) 선인의 행위(行爲)를 들어 후학을 가르침.

선험적(先驗的) 경험에 앞서는 것. 대상에 관계없이 대상을 인식하는 선천적인 가능성을 밝히려는 태도에 관한 것. 초월론적(超越論的).

선험적관념론(先驗的觀念論) 칸트 철학(哲學)에서, 인식(認識)은 경험(經驗)에서 생기는 것이 아니고 선천적(先天的)인 직관 및 사고에 따라 이루어진다는 이론(理論).

선험주의(先驗主義) 선험적인 것의 존재(存在)를 주장(主張)하여, 그것을 철학(哲學)의 원리(原理)로 삼는 주의(主義).

선화후과(先花後果) '꽃이 먼저 피고 나중에 열매를 맺는다'는 뜻으로, 딸을 먼저 낳은 다음에 아들을 낳음을 이르는 말.

선후당착(先後撞着) 앞뒤가 서로 맞지 않고 모순됨.

선후도착(先後倒錯) 먼저 할 것과 나중 할 것이 뒤바뀜.

선후완급(先後緩急) 먼저 하고 나중 하고, 천천히 하고 급히 하고.

선후지책(先後之策) 뒷 갈망을 잘 하여야 하는 계획(計劃). 뒤처리(-處理) 방법(方法). 마무리 일. 선후책(先後策).

선후처치(善後處置) '잘한 뒤에 처리(處理)한다'는 뜻으로, 후환이 없도록 그 사물(事物)의 다루는 방법(方法)을 정(定)한다는 말로서 뒤처리(-處理)를 잘하는 방법(方法).

설권낭축(舌卷囊縮) '혀가 꼬부라지고 불알이 오그라진다'는 뜻으로, 병세(病勢)가 몹시 위급(危急)함을 이르는 말.

설니홍조(雪泥鴻爪) '눈 위나 진흙위의 기러기 발자국이 시간이 지나면 자취도 없이 사라지듯이' 인생의 자취가 덧없음을 비유하여 이르는 말.

설리구순맹종지효(雪裏求筍孟宗之孝) 눈 속에서 죽순(竹筍)을 구한 것은, 맹종(孟宗)의 효도(孝道)이다.

설망어검(舌芒於劍) '혀가 칼보다 날카롭다'는 뜻으로, 논봉(論鋒)의 날카로움을 이르는 말.

설문해자(說文解字) 후한(後漢)때, 동진(東晋)의 허신(許愼)이란 학자(學者)가 쓴 책(册).

설부화용(雪膚花容) '눈처럼 흰 살결과 꽃처럼 고운 얼굴'이란 뜻으로, '미인(美人)의 용모(容貌)'를 일컫는 말.

설산대사(雪山大士) 설산에서 성도하였다는 데에서 석가(釋迦)를 높여 일컫는 말.

설삼도사(說三道四) 설삼설사(說三說四).

설삼설사(說三說四) 되는 대로 마구 지껄임. 설삼도사(說三道四).

설상가상(雪上加霜) '눈 위에 또 서리가 내린다'는 뜻으로, 어려운 일이 겹침을 이름. 또는 '환난(患難)이 거듭됨'을 비유(比喩)하는 말.

설상가설(雪上加雪) '눈 위에 또 눈이 덮인다'는 뜻으로, 불행(不幸)한 일이 겹쳐서 일어남을 이르는 말. 엎친데 덮침.

설시참신도(舌是斬身刀) '혀는 몸을 자르는 칼이다'의 뜻으로 항상 말조심하라는 말. 설참신도(舌斬身刀).

설심주의(設心做意) 계획적(計劃的)으로 간사(奸邪)한 꾀를 냄.

설왕설래(說往說來) 서로 변론(辯論)을 주고받으며 옥신각신함. 언거언래(言去言來). 언왕설래(言往說來).

설저유부(舌疽有斧) '혀 아래(밑에) 도끼 들었다'의 뜻으로, 말을 잘못하면 화를 불러일으키니 말을 늘 삼가라는 말.

설중고사(雪中高士) 설중군자(雪中君子).

설중군자(雪中君子) 매화(梅花)를 달리 이르는 말. 설중고사(雪中高士).

설중사우(雪中四友) 겨울에도 즐길 수 있는 네가지 꽃. 옥매(玉梅), 납매(臘梅), 다매(茶梅), 수선(水仙)을 일컫는 말.

설중송백(雪中松柏) '눈 속의 송백'이라는 뜻으로, 소나무와 잣나무는 눈 속에서도 그 색이 변(變)치 않는다 하여, 절조(節操)가 굳은 사람을 비유(比喩)하는 말.

설중송탄(雪中送炭) '눈 속에 있는 사람에게 땔감을 보내준다'는 뜻으로, 급(急)히 필요할 때 필요한 도움을 줌을 이르는 말.

설참신도(舌斬身刀) '혀는 몸을 베는 칼이다'라는 뜻으로, 항상 말조심을 해야 함.

설청이난(說聽二難) '인연(因緣)이 없이는 교법을 말하기도 듣기도 어렵다'는 뜻.

설치철족(楔齒綴足) 절명(絕命)한 후 시신(屍身)의 입이 다물어지는 것을 방지하기위해 치아사이에 각사를 끼우고 사지가 뒤틀어지는 것을 방지하기위해 손발을 묶어 놓는 일.

설폐구폐(說弊救弊) 먼저 폐단(弊端)을 말하고 그 폐단(弊端)을 바로 잡음.

설한풍(雪寒風) 눈과 함께 휘몰아치는 차고 매서운 바람. 눈바람.

설형문자(楔形文字) 기원전(紀元前:B.C) 3500~1000년에 바빌로니아, 아시리아, 고대 페르시아 등 서남아시아에서 쓰인 쐐기 모양의 글자.

섬섬약골(纖纖弱骨) 섬섬약질(纖纖弱質).

섬섬약질(纖纖弱質) 가냘프고 연약(軟弱)한 체질.

섬섬옥수(纖纖玉手) '가녀리고 가녀린 옥 같은 손'이라는 말로, 가냘프고 고운 여자(女子)의 손.

섬섬초월(纖纖初月) 가느다란 초승달.

섭우춘빙(涉于春氷) '봄철의 얼음을 건넘'. 매우 위험(危險)함의 비유(比喩).

섭직종정(攝職從政) 벼슬을 잡아 정사(政事)를 좇으니 국가(國家) 정사(政事)에 종사(從事)함.

섭취불사(攝取不捨) 부처님의 자비(慈悲) 광명은, '고통(苦痛)받는 중생(衆生)은 하나도 버리지 않고 모두 받아들여 제도(濟度)한다'는 뜻.

섭화이생(攝化利生) 중생(衆生)을 섭화하여 이익(利益)을 얻게 함.

성가지도막여근면(成家之道莫如勤勉) 집안을 이루는 도리(道理)는 근면보다 더 한 것이 없다.

성가지아석분여금(成家之兒惜糞如金) 집을 이룰 아이는 똥을 아끼기를 금(金)같이 한다.

성결교(聖潔敎) 동양에서 정착된 개신교의 한 교파(미국 감리교회의 신자 카우만 등이 1901년에 '동양교회'를 설치함).

성결교회(聖潔敎會) 〔영〕The Holiness Church. 성결교(聖潔敎).

성경전서(聖經全書) 하나님의 말씀이 수록되어 있는 기독교의 경전이며, 구약 39권과 신약27권, 도합 66권이 합본으로 되어있다.

성,경,직(誠敬直) 성실하고, 공경하고, 정직하자.

성공리(成功裏) 일이 성공적(成功的)으로 잘 이루어질 때에 쓰는 말.

성공무덕(聖供無德) '부처에게 공양(供養)했으나, 아무런 공덕(功德)이 없다'는 뜻으로, 남을 위(爲)하여 노력(努力)만 하고 얻은 것이 없다는 말.

성공신퇴(成功身退) 성공자퇴(成功者退).

성공자거(成功者去) 성공자퇴(成功者退).
성공자퇴(成功者退) '성공(成功)한 사람은 물러날 때를 알아야 한다'는 것을 이르는 말.
성공적(成功的) 성공했다고 할 만한 것.
성공지하불가구처(成功之下不可久處) 성공(成功)한 곳에서 오래 머물러 있으면 자연(自然)히 시기(猜忌)하거나 미워하는 사람이 많아 화를 당(當)하게 되니, 오래 머무르지 말라는 말.
성공회(聖公會) 〔영〕Anglican Communion(Church). 로마 교회로부터 분리 독립된 영국 국교회의 전통과 조직을 같이 하는 개신교의 한 교파. 「앵글리칸 처치」란 좁은 의미로는 영국 교회를 가리키지만, 넓은 의미로는 대한성공회를 포함한 전 세계의 성공회를 뜻하는 「앵글리칸 커뮤니온」과 같은 의미로 쓰인다. 성공회라는 명칭은, 니케아 공의회(325)의 신앙고백 가운데 교회에 관한 내용으로, '하나이요, 거룩하고, 공번되고, 사도적인 교회'라고 한 표현을 빌어 성(聖)과 공(公), 두 자를 합하여 성공회라고 한 것이다.
성과급(成果給) 일의 성과에 따라 지급하는 임금(賃金).
ㅅ
성곽도시(城郭都市) (외적(外敵)을 막기 위하여) 사방을 성곽으로 둘러싼 도시(都市).
성군작당(成群作黨) 여러 사람이 모여 패를 지어 무리를 이룸. 또는 그 무리.
성궁기계(省躬譏誡) 나무람과 경계(警戒)함이 있는가 염려(念慮)하며 몸을 살펴야 함.
성궁기계총증항극(省躬譏誡寵增抗極) 총애(寵愛)가 더할수록 교만(驕慢)한 태도(態度)를 부리지 말고, 더욱 조심(操心)하라.
성근시보(誠勤是寶) 성실(誠實)과 근면(勤勉)이 곧 보배이다.
성금요일(聖金曜日) 〔영〕Good Friday. 기독교에서, 이르는 '고난의 날'. 예수님이 인류(人類)의 죄(罪)를 대속(代贖)하기 위하여 십자가(十字架)에 못 박혀 돌아가신 날을 기념하는 금요일. 부활절의 이틀 전날. 이 날은 예수님의 고난(苦難)에 동참(同參)한다는 자세로 회개(悔改)와 헌신(獻身)으로 경건(敬虔)하게 지나는 날이다. 수난금요일(受難金曜日). 대금요일(大金曜日). (諸 基督敎 書籍 參照).
성기상통(聲氣相通) ①소식(消息)이 서로 통(通)함. ②마음과 뜻이 서로 통(通)함.
성기전극(星旗電戟) '별처럼 많은 군기(軍旗)와 번개처럼 번쩍이는 창'이라는 뜻으로, 군용(軍容)이 대단함의 비유(比喩).
성년부중래(盛年不重來) '젊은 시절(時節)은 다시 오지 않는다'는 뜻으로, 시간(時間)을 아끼라는 말.
성대공자불모어중(成大功者不謀於衆) '큰 공을 이루는 자는 여럿과 꾀하지 않는다'는 뜻으로, 큰 사업(事業)을 계획(計劃)하는 사람은 다른 사람의 의견(意

見)에 흔들리지 말고, 자기(自己)의 뚜렷한 주관(主觀)으로 신속(迅速)히 일을 처리(處理)해야 한다는 말.

성대모사(聲帶模寫) 다른 사람의 목소리 또는 짐승의 목소리를 그럴듯하게 흉내내는 일.

성덕군자(成德君子) 덕이 높고 인격(人格)이 훌륭한 사람.

성덕대업(盛德大業) ①'덕행(德行)이 융성하고, 공업(功業)이 홍대(弘大)하다'는 뜻. ②성인(聖人)이 천지의 도를 받들어 행하기에 노력한다는 말. ③천지의 도(道)가 사물의 공능(功能)을 성취시킨다는 말. 경광대열(耿光大烈).

성동격서(聲東擊西) '동쪽에서 소리를 내고 서쪽에서 적을 친다'는 뜻으로, 동쪽을 치는 듯이 하면서 실제(實際)로는 서쪽을 치는 병법(兵法)의 하나. 상대(相對)를 기만(欺瞞)하여 공격(攻擊)함의 비유(比喻).

성라기도(星羅奇島) 하늘의 별같이 많이 늘어선 기이(奇異)한 모양(模樣)의 섬들.

성라기포(星羅碁布) '별같이 벌여 있고 바둑돌처럼 늘어 놓였다'는 뜻으로, 물건(物件)이 여기저기 많이 흩어져 있음을 비유(譬喻)하여 이르는 말.

성라운포(星羅雲布) '별처럼 펼쳐져 있고, 구름처럼 퍼져 있다'는 뜻으로, 사물(事物)이 여기저기 많이 흩어져 있는 모양(模樣)을 이르는 말.

성령강림절(聖靈降臨節) 〔영〕Whitsunday. 예수님 부활 후 50일째 되는 날로서, 마가의 다락방에 모였던 제자들에게 성령(聖靈)이 강림(降臨)한 것을 기념하는 축제이다. 이 날은 교회에서 부활절 다음으로 중요한 축일이다. 오순절(五殉節).

ㅅ

성례식(聖禮式) 성례전(聖禮典).

성례전(聖禮典) 〔영〕Sacraments. 〔라〕Sacramentum(「신비」). 〔헬〕μυστήριον(뮈스테리온)(「비밀」,「신비」의 뜻). 기독교의 예식으로, 하나님의 은혜에 참여하기 위한 수단으로 행해지는 신비적(神秘的)인 의식을 가리킨다. 세례식, 성찬식, 혼례식(婚禮式), 임직식(任職式)등을 통틀어서 성례전이라고 말한다.

성명부지(姓名不知) 성명을 알지 못 함. 전혀 아는 사이가 아님. 성부지명부지(姓不知名不知).

성부동남(姓不同-) 성(姓)이 달라서 남 일뿐, 일가처럼 가까운 사람. 성부동남(姓不同男). 성부동형제(姓不同兄弟).

성부지명부지(姓不知名不知) 성도, 이름도 모름. 성명부지(姓名不知).

성비세려(誠非細慮) 걱정이 적지 않음.

성사재천(成事在天) 일이 되고 안 됨은 오로지 천운(天運)에 달렸다는 말.

성상근습상원(性相近習相遠) '천성(天性)은 원래(原來) 별로 큰 차이(差異)가 없으나, 습관(習慣)에 따라 큰 차이(差異)가 생긴다'는 뜻으로, 습관(習慣)이 매우 중요(重要)함을 이르는 말.

성생성기(省牲省器) 나라 제향(祭享)에 쓸 희생(犧牲)과 기명(器皿)을 잘 살펴 봄.

성서공회(聖書公會) 〔영〕Bible Society. 그리스도 교회와 협력하여 복음전파(福音傳播) 사업의 일환인 성서의 번역(飜譯)·출판(出版)·반포(頒布)를 위주로 하는 초교파적 종교 단체이다. 성서협회(聖書協會).

성서신학(聖書神學) 〔영〕Biblical Theologie. 성서 신학은 성경에 있는 종교적, 윤리적 사상을 그 역사적 발전 순서와 내용적 관계에 따라 과학적(科學的)으로 연구(研究)하는 학문이다.

성서협회(聖書協會) 성서공회(聖書公會).

성세성사(聖洗聖事) 가톨릭에서 이르는 칠성사(七聖事)의 하나. 물로 씻는 예식으로 이루어지는 세례(洗禮). 성세(聖洗).

성소작지(成所作智) 도를 닦아서 얻는 지혜(智慧).

성쇠지리(盛衰之理) '성하고 쇠하는 이치(理致)'라는 뜻으로, 끊임없이 도는 성쇠(盛衰)의 이치(理致).

성수만세(聖壽萬歲) 성수무강(聖壽無疆).

성수무강(聖壽無疆) 임금이 오랜 삶을 누리기를 비는 말.

성수불루(盛水不漏) '가득찬 물이 조금도 새지 않는다'는 뜻으로, 사물(事物)이 빈틈없이 꽉 짜여 있음이나 지극(至極)히 정밀(精密)함을 이르는 말.

성시의외(誠是意外) 참으로 뜻밖.

성신강림(聖神降臨) 기독교(基督教)에서, 예수 부활(復活) 후 제50일. 곧, 일곱째 일요일에 성신(聖神)이 제자들 위에 강림(降臨)한 일. 성령강림(聖靈降臨)

성신숭배(星辰崇拜) 별을 신성한 것으로 믿고 우러르며 받드는 신앙(信仰), 또는 그에 따르는 의례.

성신쌍전(性身雙全) 천도교(天道教)에서, 영혼(靈魂)과 육체(肉體)를 하나로 보는 생각.

성실재근(成實在勤) '성공(成功)의 열매는 부지런함 속에 있다'는 뜻을 나타냄.

성실정직(誠實正直) 성실하고 정직하라.

성심독신(誠心篤信) '참 마음과 온전한 믿음'이란 뜻.

성심락헌(誠心樂獻) 성심으로 여호와께 즐거이 드림.

성심성월(聖心聖月) 가톨릭에서, 예수의 성심(聖心)을 특별히 공경하는 달, 곧 양력 6월을 이르는 말.

성심성의(誠心誠意) 참되고 성실(誠實)한 마음과 뜻.

성심소도(誠心所到) 정성(精誠)스러운 마음을 다 한 결과(結果).

성심화기(誠心和氣) 성실한 마음과 화평한 기운을 갖고 살아가자.

성언운반일념(聖言運搬一念) 설교자(說教者)는 오직 하나님의 말씀만을 운반(運搬)하는 한결같은 마음을 가져야 한다는 뜻.

성애경신(誠愛敬信) 성실과 사랑, 공경과 믿음으로 생활하라.

성예지기(聲譽之氣) 몹시 비리고 더러운 냄새.

성욕묘사(性慾描寫) 소설이나 드라마에서, 남녀 간의 육정적 욕망을 묘사하는 일.

성용필정두용필직(聲容必靜頭容必直) 목소리는 반드시 고요하게 하고, 머리 모양은 반드시 곧게 함.

성유단수(性猶湍水) '사람의 본성(本性)은 여울물과 같다'는 뜻으로, 여울물이 동쪽으로도 서쪽으로도 흘러갈 수 있듯이, 천성적으로 착하지도 악하지도 않다는 고자(告子)의 설(說).

성육신(成肉身) 〔영〕Incarnation. 〔라〕incarnatio. (육으로 존재함. 혹은 육을 취한다는 뜻.) 말씀이 육신이 됨. 도성육신(道成肉身). 도성인신(道成人身).

성윤성공(成允成功) '진실(眞實)을 다 하며 목표(目標)했던 일을 끝까지 완수(完遂)한다'는 뜻.

성은망극(聖恩罔極) 은혜(恩惠)가 너무 커서 갚을 길이 없음.

성의정심(誠意正心) 뜻을 성실(誠實)히 하고, 마음을 바르게 가짐.

성인군자(聖人君子) ①지식(知識)과 인격(人格)이 함께 뛰어난 훌륭한 사람. ②덕망(德望)이 있어 세상(世上)에 모범(模範)으로 우러름을 받는 인물(人物).

성인무몽(聖人無夢) '성덕이 있는 사람은 심신(心身)이 편안(便安)하여 번민(煩悶)이 없으므로 꿈을 꾸지 않는다'는 말.

성인무위(聖人無爲) 성인(聖人)은 인위(人爲)를 쓰지 않음.

성인부적(聖人不積) 성인(聖人)은 쌓아놓지 않고, 비우고, 내려놓고, 버리는 사람이 성인이라는 말.

성인불인(聖人不仁) '성인(聖人)은 인애(仁愛)를 모르는 불인(不仁)한 사람'이라는 뜻으로, 백성(百姓)을 자연(自然)의 순리(順理)에 맡기는 성인(聖人)의 대인(大仁)을 이르는 말.

성인지미(成人之美) 다른 사람의 훌륭하고 아름다운 점(點)을 도와주어 더욱 빛나게 해 줌.

성자신손(聖子神孫) '성인의 아들이나 신(神)의 자손'이라는 뜻으로, '역대의 임금이나 임금의 혈통(血統)'을 이르는 말.

성자필쇠(盛者必衰) 세상일(世上-)은 무상(無常)하여 한번 성한 것은 반드시 쇠하게 마련이라는 말.

성정정일(性靜情逸) 성품(性品)이 고요하면 뜻이 편안(便安)하니 고요함은 천성(天性)이요, 동작(動作)함은 인정(人情)임.

성정정일심동신피(性靜情逸心動神疲) 마음이 움직이면 신기가 피곤(疲困)하니 마음이 불편(不便)하면 신기도 불편하다.

人

성제명왕(聖帝明王) 덕이 높고 지혜(智慧)가 밝은 임금.

성조기(星條旗) 미국의 국기(國旗).(현재의 주를 상징(象徵)하는 50개의 별과, 독립 당시(獨立當時)의 주(州)를 상징하는 열세 줄의 붉은 빛과 흰빛으로 된 가로줄이 그려져 있음).

성주간(聖週間) 고난주간(苦難週間). 대주간(大週間). 수난주간(受難週間).

성죽흉중(成竹胸中) '대나무를 그리려 할 때, 먼저 완전(完全)한 대나무의 모양(模樣)을 머리에 떠올린 후(後)에 붓을 든다'는 뜻으로, 어떤 일을 시도할 때는 미리 마음에 계획(計劃)을 가짐.

성중형외(誠中形外) 마음속의 참된 생각은 자연히 밖으로 드러난다는 것을 이르는 말.

성즉군왕패즉역적(成則君王敗則逆賊) ①같은 일이라도 성공(成功)하면 왕이 되고 실패(失敗)하면 역적(逆賊)이 된다는 말. 세상일(世上-)이란 승자(勝者)에게 이롭게 되는 것이라는 뜻. ②두 가지 중(中)의 하나로 끝장이 난다는 뜻.

성지순례(聖地巡禮) 〔영〕Pilgrimage; Pilgrim. 종교적 순례의 목적으로, 차례(次例)로 여기저기 성지(聖地)를 찾아다니며 참배(參拜)하는 일.

성지주일(聖枝主日) 가톨릭에서 이르는, 부활절 한 주일 전의 주일(主日). (예수가 수난 전에 예루살렘에 입성한 것을 기념하는 날).

성직자(聖職者) 종교적(宗敎的) 직분(職分)을 맡은 사람(목사 · 신부 · 승려 따위).

성찬식(聖餐式) 〔영〕Eucharist. 기독교에서, 예수의 최후(最後)를 기념(紀念)하여 그의 살과 피를 상징(象徵)하는 빵과 포도즙(葡萄汁)을 나누는 의식(儀式).

성찬예식(聖餐禮式) 성찬식(聖餐式).

성천포락(成川浦落) 논이나 밭 따위가 냇물에 스쳐 떨어져 나감.

성취동기(成就動機) 목적한 바를 이루어 보겠다는 행동이나 의욕(意慾)의 근거.

성탄절(聖誕節) 〔영〕Christmas. 〔라〕natalis(natalitia). 〔이〕natal. 〔서〕Nadal. 〔불〕Noël. 〔독〕Weihnachtsfest 라고 말한다. 기독교(基督敎)에서, 예수가 태어난 12월 25일을 명절(名節)로 이르는 말. Christmas. 성탄(聖誕).

성토요일(聖土曜日) 〔영〕Holy Saturday. 부활절(復活節) 바로 전(前)날인, 부활절 이브. 그리스도의 몸이 묘실(墓室)에서 휴식(休息)한 것을 기념(紀念)하는 날.

성통공완(性通功完) 도(道)를 통(通)하여 깨달음이 이루어짐.

성패지기(成敗之機) 성공(成功)과 실패(失敗)가 판가름 나는 순간(瞬間).

성하목욕(聖河沐浴) 힌두교에서, 성스러운 갠지스 강에 몸을 잠가 죄를 씻는 일.

성하염열(盛夏炎熱) 한여름의 몹시 심한 더위.

성하지맹(城下之盟) '수도(首都)의 성 밑까지 적군(敵軍)의 공격(攻擊)을 받아 할 수 없이 강화(講和)를 맹세(盟誓)하고 굳게 약속(約束)한다'는 뜻으로, 대단히 굴욕적(屈辱的)인 강화(講和)나 항복(降伏)을 이르는 말.

성하지열(盛夏之熱) 한여름의 심한 더위.
성학십도(聖學十圖) 조선 중기의 학자, 퇴계 이황이 선조 임금에게 올린 상소문이고, 군왕의 도에 관한 내용을 그림으로 나타낸 것.
성행야귀(星行夜歸) 아침 일찍 집을 나갔다가 밤늦게 돌아옴.
성호사서(城狐社鼠) '성곽(城郭)에 사는 여우와 사단(社壇)에 사는 쥐'라는 뜻으로, 임금 곁에 있는 간신(奸臣)의 무리를 이르는 말.
성화독촉(星火督促) (별똥이 떨어지듯이) 몹시 심(甚)하고 급(急)하게 재촉함.
성화봉송(聖火奉送) ①신(神)에게 바치는 신성(神聖)한 불. ②올림픽 대회 때, 그리스의 올림피아에서 태양열로 채화(採火)한 불을 릴레이식으로 운반하여 대회가 끝날 때까지 주경기장의 성화대에 켜놓는 횃불을 받들어 보내는 일(국내 체육대회에서도 이를 본떠서 함).
성화요원(星火燎原) '작은 불씨가 퍼지면 넓은 들을 태운다'는 뜻으로, 작은 일이라도 처음에 그르치면 나중에 큰 일이 됨.
성화지분(城化之分) 수령(守令)과 백성(百姓) 사이의 신분(身分)과 권리(權利) 상(上)의 한계(限界).
성회례(聖灰禮) 가톨릭에서, 사제(司祭)가 신도의 머리위에 성회(聖灰)를 뿌리는 의식을 이르는 말. 사순절(四旬節)이 시작되는 첫날인 수요일에 행함.
성회수요일(聖灰水曜日) 재의 수요일(재(灰)의 水曜日).
성희롱(性戱弄) 이성(異性)을 상대로 하여, 상대편의 의사에 관계없이 성적으로 수치심을 주는 말이나 행동을 함, 또는 그러한 말이나 행동.
세가소탈(勢家所奪) 권세(權勢)있는 사람에게 빼앗기는 것.
세가월증(歲加月增) 해마다 달마다 늘어남.
세가자제(勢家子弟) 권세(權勢)가 있는 집안의 자제(子弟).
세간사정(世間事情) 세상일(世上-)의 형편(形便).
세강속말(世降俗末) 세상(世上)이 그릇되어 풍속(風俗)이 매우 어지러움.
세거인두백추래수엽황(歲去人頭白秋來樹葉黃) 세월(歲月)이 가니 사람의 머리는 희어지고, 가을이 오니 나뭇잎이 누렇게 됨.
세거지지(世居之地) 대대(代代)로 내려오며 살고 있는 고장.
세계최고층빌딩(世界最高層Building) 세계 각국 대도시에서 토지의 고도 이용이라는 측면에서, 사무실용으로 건축된 건물들이 앞다투어 솟아오르고 있다. ①2017년도 현재의 세계 최고층빌딩은, 2010년도에 준공된 아랍에미리트, 두바이에 있는 828m의 163층인 '버즈 칼리파'(Burj Khalifa) 빌딩이다. ②일본 '도쿄 스카이 트리' 빌딩, 카나다의 'CN 타워', 중국 '광저우 타워', 한국 잠실의 제2롯데 '월드 타워'인 128층 건물 등이 있으나, 현재 각국에서 공사 중인 건물들이 많이 있어, 2020년대에 가면 새로운 고층건물들이 세계인들을 놀라게 할 것이다. 그 중, 2013년에 착공하여 2019년도 완공예정인, 사우디아라비아 제다에 '킹덤(제다)타워'는 1007m의 건물을 공사 중에 있는데, 준공까지는 아직 1년 이상 남았음에도 불구하고 인류의 많은 기대와 관심을 받고 있는 건축물이다.

세구연심(歲久年深) 연구세심(年久歲深). 세월이 매우 오래 됨.

세궁역진(勢窮力盡) ①기세(氣勢)가 다 꺾이고 힘이 빠짐. ②기진맥진하여 꼼짝할 수 없게 됨.

세균역적(細菌力適) 세력(勢力)이 서로 엇비슷하며 힘이 서로 비슷함.

세금포탈(稅金逋脫) 조세포탈(租稅逋脫).

세답족백(洗踏足白) '상전(上典)의 빨래에 종의 발꿈치가 희게 된다'는 말로, ①남을 위(爲)하여 한 일이 자신(自身)에게도 이롭게 되었다는 뜻. ②일을 하고도 아무런 보수(報酬)를 받지 못하였을 때에 일컫는 말.

세대교체(世代交替) 신세대(新世代)가 구세대(舊世代)와 교대(交代)하여 어떤 일을 맡아 봄.

ㅅ

세도인심(世道人心) 세상(世上)의 도의(道義)와 사람의 마음.

세도재상(勢道宰相) ①세도(勢道)를 잡고 나라의 대권(大權)을 좌지우지하는 재상(宰相). ②세도(勢道) 정치(政治)를 하는 재상(宰相).

세례식(洗禮式) 〔영〕Baptism. 〔헬〕βάπτισμα(밥티스마), βαπτισμός(밥티스모스). 「물에 가라앉히다」혹은 「물에 잠그다」의 뜻. 기독교에서, 종교적인 정화의 상징으로서 물을 사용하는 의식인데, 몸에 물을 뿌리거나 몸을 물에 잠금으로써 그리스도교회에 입교하는 것을 증거하는 의식이다. 신·구교를 막론하고 일반으로 이를 교회 성례전(聖禮典)이라 한다.

세록지신(世祿之臣) 대대(代代)로 나라의 녹봉(祿俸)을 받는 신하(臣下).

세록치부(世祿侈富) 대대(代代)로 녹이 사치(奢侈)하고 부하니 제후(諸侯) 자손(子孫)이 세세 관록이 무성(茂盛)함.

세록치부거가비경(世祿侈富車駕肥輕) 말(馬)은 살찌고 수레는 가볍기만 하다.

세리지교(勢利之交) 권세(權勢)와 이익(利益)을 위(爲)하여 맺는 교제(交際).

세무십년(勢無十年) 십 년 누린 권세(權勢)가 없음.

세미지사(細微之事) 자지레하고 대수롭지 않은 일.

세부득이(勢不得已) 일의 형세가 그렇게 하지 않을 수 없어서. 사세부득이(事勢不得已).

세불십년(勢不十年) '권세(權勢)는 10년을 넘지 못한다'는 뜻으로, ①권력(權力)은 오래가지 못하고 늘 변(變)함. ②또는 영화(榮華)는 일시적(一時的)이어서 계속(繼續)되지 않음.

세불양립(勢不兩立) '비슷한 두 세력(勢力)은 동시(同時)에 존재(存在)할 수 없다'는 뜻으로, ①자웅을 겨루는 두 세력(勢力) 사이에 화친(和親)이 있을 수 없음을 이르는 말. ②한 집에 주인(主人)이 둘 있을 수 없음을 이르는 말.

세사금삼척생애주일배(世事琴三尺生涯酒一杯) 세상일(世上-)은 거문고 석자요(거문고를 켜면서 잊어버리고), 한평생(-平生)은 술 한잔임.

세사난측(世事難測) 세상일(世上-)은 변천(變遷)이 심(甚)하여 알기가 어려움.

세상만사(世上萬事) 세상(世上)에서 일어나는 모든 일. 세상사(世上事).

세상인심(世上人心) 세상 사람들의 마음씨.

세상천지(世上天地) '세상'의 힘줌 말.

세서성문(細書成文) 잔글씨로 글을 적음.

세세사정(細細事情) 매우 꼼꼼하고 자세(仔細)한 일의 형편(形便)이나 곡절.

세세상전(世世相傳) 여러 대를 두고 전(傳)하여 내려옴.

세세생생(世世生生) 불교(佛敎)에서 몇 번이고 다시 환생(還生)함을 이르는 말.

세세손손(世世孫孫) 자손(子孫) 대대(代代)로 이어져 내림. 대대손손(代代孫孫). 자자손손(子子孫孫).

세세연년(歲歲年年) 매년(每年)을 강조(强調)하는 말.

세소고연(勢所固然) 사세가 그렇지 아니할 수가 없음. 일의 되어가는 형세가 본래 그러함.

세속오계(世俗五戒) 신라(新羅) 26대 진평왕(眞平王) 때의 원광법사(圓光法師)가 세운 다섯 가지의 계율(戒律)이란 뜻으로, 곧 사군이충(事君以忠), 사친이효(事親以孝), 교우이신(交友以信), 임전무퇴(臨戰無退), 살생유택(殺生有擇)을 말함.

세수청백(世守淸白) 사회생활에 있어서 청렴하고, 결백한 지조를 지켜라.

세숙공신(稅熟貢新) 곡식(穀食)이 익으면 부세(負稅)하여 국용(國用)을 준비(準備)하고, 신곡(新穀)으로 종묘(宗廟)에 제사(祭祀)를 올림.

세습군주국(世襲君主國) 혈통(血統)에 따라 군주의 지위가 세습되는 국가.

세시증(歲時甑) '설 떡을 찌는 시루'라는 뜻으로, 많은 사람이 같은 때에 다같이 쓰려고 찾는 물건(物件)을 가리키는 말.

세심자신(洒心自新) 마음을 씻고 기분을 새롭게 가짐.

세심화친(洗心和親) 마음을 씻어내고, 서로 화목(和睦)하고 친(親)하게 지내라.

세여파죽(勢如破竹) 기세(氣勢)가 대나무를 쪼개는 것과 같다는 뜻으로, 기세(氣勢)가 맹렬(猛烈)하여 대항(對抗)할 적이 없는 모양(模樣).

세연어탄묵팽다학피연(洗硯魚呑墨烹茶鶴避煙) 벼루를 씻으니 고기가 먹물을 삼키고, 차를 끓이니 학이 연기(煙氣)를 피(避)함.

세우사풍(細雨斜風) 사풍세우(斜風細雨). 세풍사우(細風斜雨).

세우지상간미풍목말지(細雨池上看微風木末知) 이슬비는 못 가운데에서 볼 수 있고, 가는 바람은 나무 끝에서 알 수 있음.

세월본장이망자자촉(歲月本長而忙者自促) '세월은 본래 긴 것인데, 마음 바쁜 이가 스스로 짧다 하는구나!'라는 말.

세월부대인(歲月不待人) '세월(歲月)은 사람을 기다리지 않는다'는 뜻으로, 세월(歲月)을 아끼라는 의미(意味).

세월여류(歲月如流) '세월(歲月)이 흐르는 물과 같다'는 뜻으로, 세월(歲月)의 지나감이 몹시 빠르다는 말.

세월유수(歲月流水) '세월(歲月)은 흐르는 물처럼 잠시(暫時)도 멈추지 않고, 흐르고 있다'는 뜻.

세유백락연후유천리마(世有伯樂然後有千里馬) '세상(世上)에 백락(伯樂)이 있어야 천리마(千里馬)도 있는 것'이라는 뜻으로, 아무리 재능(才能)이 있는 사람이라도 그 진가(眞價)를 알아보는 사람이 없으면 재능(才能)은 세상(世上)에 나타나지 않고 그대로 썩어버린다는 의미(意味).

세이공청(洗耳恭聽) 남의 말을 공경(恭敬)하는 마음으로 귀담아 듣는 것을 이르는 말.

人

세장지지(世葬之地) 대대(代代)로 집안에서 묘(墓)를 쓰는 땅.

세전노비(世傳奴婢) 지난날, 한 집안에서 대를 이어 내려오던 종.

세전지물(世傳之物) 대대(代代)로 전하여 내려오던 물건.

세전지보(世傳之寶) 대대(代代)로 전하여 내려오던 보물(寶物).

세족례(洗足禮) 세족목요일(洗足木曜日) 참조(參照).

세족목요일(洗足木曜日) 〔영〕Maundy Thursday. 〔라〕pedilavium(「발씻음」이라는 뜻). (요13장). 성(聖)목요일의 전례식(典禮式)에서 시행되는 발을 씻는 의식. 발을 씻는 일은 유대인의 손님을 대접하는 하나의 예절(禮節)이었다. 그리스도는 못 박히시던 전날 밤 제자(弟子)들의 발을 씻으면서 "너희도 서로 이같이 하라"고 가르치셨는데, 이것은 봉사(奉仕)와 겸손(謙遜)의 정신(精神)을 가르치신 것이다.

세족식(洗足式) 〔영〕Foot-Washing. 세족목요일(洗足木曜日) 참조(參照).

세태염량(世態炎凉) '뜨거웠다가 차가워지는 세태(世態)'라는 뜻으로, 권세(權勢)가 있을 때에는 아첨(阿諂)하여 좇고 권세(權勢)가 떨어지면 푸대접(-待接)하는 세속(世俗)의 형편(形便).

세태인정(世態人情) 세상(世上) 물정(物情)과 백성(百姓)의 인심(人心).

세풍사우(細風斜雨) 사풍세우(斜風細雨).

세한고절(歲寒孤節) ①추운 계절(季節)에도 혼자 푸르른 대나무. ②겨울을 말함.

세한삼우(歲寒三友) '추운 겨울의 세 벗'이라는 뜻으로, ①겨울철 관상용(觀賞用)의 세 가지 나무, 곧 소나무 · 대나무 · 매화(梅花)나무. ②퇴폐(頹廢)한 세상(世上)에서 벗으로 삼을 세 가지 것, 곧 산수(山水) · 송죽(松竹) · 금주(琴酒). ③매(梅) · 죽(竹) · 수선(水仙).

세한송백(歲寒松栢) '추운 계절(季節)에도 소나무와 잣나무는 잎이 지지 않는다'는 뜻으로, 어떤 역경 속에서도 변하지 않는 굳은 절개(節槪)를 의미(意味)함.

세한연후지송백(歲寒然後知松栢) '날씨가 추워진 후(後)에야 송백의 진가(眞價)를 알게 된다'는 뜻으로, 즉, 지조(志操)와 절개(節槪)가 굳은 사람은 어려운 상황(狀況)이 되어야 구별(區別)된다는 것을 이르는 말.

세한지송백(歲寒知松柏) '소나무와 잣나무의 푸른 기상(氣像)은 겨울이 되어야 안다'는 뜻으로, 지사(志士)의 높은 뜻은 나라가 어지러울 때에 알게 된다는 말.

셋잇단음표(-音標) 잇단음표의 한 가지. 4분음표나 2분음표 따위를 3등분 하여 연주하라는 뜻을 나타내는 음표. 삼연음부(三連音符). 트리플렛.

소견다괴(少見多怪) '본 것이 적으면 신기(神奇)한 일이 많다'는 뜻으로, 견문이 좁음을 비웃는 말.

소견세월(消遣歲月) ①하는 일없이 세월(歲月)을 보냄. ②어떤 것에 마음을 붙이고 세월(歲月)을 보냄.

소경열읍(所經列邑) 중도에 지나는 여러 고을.

소국과민(小國寡民) '작은 나라 적은 백성(百姓)'이라는 뜻으로, 노자(老子)가 그린 이상사회, 이상국가를 이르는 말.

소규조수(蕭規曹隨) '소하가 제정한 법규를 조참이 따른다'는 뜻으로, 예전부터 사람들이 쓰던 제도를 그대로 따르거나 이어 나가는 것을 이르는 말.

소극침주(小隙沈舟) '조그마한 틈으로 물이 새어들어 배가 가라앉는다'는 뜻으로, 작은 일을 게을리하면 큰 재앙(災殃)이 닥치게 됨을 비유(比喩)하는 말.

소녀취미(少女趣味) 소녀기(少女期)에 공통적(共通的)으로 볼 수 있는 취미. 감상적(感傷的) · 몽상적(夢想的)인 정서나 경향(傾向)을 이름.

소년이로학난성(少年易老學難成) '소년(少年)은 늙기 쉬우나 학문(學問)을 이루기는 어렵다'는 말.

소당다과(少糖多果) 설탕은 적게 먹고, 과실(果實)은 많이 먹어라.

소동대동(小東大東) 동양(東洋)의 크고 작은 나라.

소리장도(笑裏藏刀) '웃음 속에 칼을 감춘다'는 뜻으로, 말은 좋게 하나 마음속으로는 해칠 뜻을 가진 것을 비유(比喩)하는 말.

소림일지(巢林一枝) '새가 둥지를 틀 때에 쓰이는 것은 숲 속의 많은 나무 중(中) 단 한 가지에 지나지 않는다'는 뜻으로, 작은 집에 살면서 만족(滿足)함을 이르는 말.

소마세월(消磨歲月) '닳아서 없어지는 세월(歲月)'이라는 뜻으로, 하는 일없이 헛되이 세월(歲月)만 보냄을 이르는 말.

소만왕림(掃萬枉臨) 모든 일을 제쳐놓고 왕림(枉臨)함.

소면호(笑面虎) 겉으로는 웃지만 속으로는 딴 마음을 가진 사람을 이르는 말.

소문만복래(笑門萬福來) 웃는 문으로 만복(萬福)이 들어옴.

소미지급(燒眉之急) '눈썹이 타는 위급(危急)함'이라는 뜻으로, 잠시(暫時)도 늦출 수 없는 다급(多急)한 일.

소번다면(少煩多眠) 번민(煩悶)은 적게 하고, 수면(睡眠)은 충분(充分)히 하라.

소복단장(素服丹粧) 아래 위를 하얗게 입고 곱게 꾸민 차림.

소부재근(小富在勤) 부지런히 일하면 조그만 부자(富者)는 된다는 말.

소분다소(少憤多笑) 분노(憤怒)는 적게 하고, 웃기는 많이 하라.

소불가귀(燒不暇攢) '타고 있어도 그것을 떨쳐버릴 겨를이 없다'는 뜻으로, 매우 바쁨을 이름.

소불간친(疎不間親) 친(親)하지 않은 사람이 친(親)하게 지내는 사람들의 사이를 방해(妨害)하지 못한다는 말.

ㅅ

소불개의(少不介意) 조금도 개의하지 아니함.

소불동념(少不動念) 조금도 마음을 움직이지 아니함.

소불여의(少不如意) 조금도 뜻대로 되지 않거나 조금도 뜻과 같지 아니함.

소비하청(笑比河淸) 근엄하여 좀처럼 웃지 않음을 비유(比喩)해 이르는 말.

소사채갱(疏食菜羹) '거친 음식과 나물국'이라는 뜻으로, 청빈(淸貧)하고 소박(素朴)한 생활(生活)을 이르는 말.

소상분명(昭詳分明) 밝고 자세(仔細)하여 분명(分明)함.

소선난감중재심경불의독행(小船難堪重載深逕不宜獨行) 작은 배는 무겁게 싣는 것을 견디기 어렵고, 으슥한 길은 혼자 다니기에 좋지 못하느니라.

소성약천성(少成若天性) 어릴 때의 버릇은 천성(天性)과 같이 됨.

소소곡절(小小曲折) 자질구레한 여러 가지 곡절.

소소명명(昭昭明明) 일이 아주 환하고 명백(明白)함.

소소응감(昭昭應感) 분명(分明)히 마음에 응(應)하여 느낌.

소수지어(小水之魚) '얼마 안 되는 작은 물속에 사는 물고기'라는 뜻으로, 죽음이 눈앞에 닥쳤음을 이르는 말.

소순지기(蔬筍之氣) 육식(肉食)을 하지 않는 사람의 기상(氣像).

소시지과(少時之過) 젊었을 때 저지른 잘못.

소식다교(少食多嚙) 과식은 피하고, 많이 씹어 먹어라.

소식불통(消息不通) ①소식(消息)의 왕래(往來)가 없음. 소식(消息)이 서로 통(通)하지 않음. ②소식(消息)이 막혀 전혀 모름. ③어떤 일을 전혀 모름.

소신공양(燒身供養) ①자기(自己) 몸을 태워 부처 앞에 바침. ②또는 그런 일.

소심근신(小心謹愼) 마음을 조심스럽게 가지어 언행(言行)을 삼감.

소심익익(小心翼翼) '세심하고 조심성이 많다'는 뜻으로, 마음이 작고 약하여 작은 일에도 겁을 내는 모양(模樣).

소양지간(霄壤之間) 소양지차(霄壤之差). 소양지별(霄壤之別).

소양지차(霄壤之差) 하늘과 땅 사이와 같이 엄청난 차이(差異).

소양지판(霄壤之判) 천양지차(天壤之差).

소언다행(少言多行) 말은 적게 하고, 행동으로 실천하라.

소염다초(少塩多酢) 짠 것은 적게, 신 것은 많이.

소요음영(逍遙吟詠) 천천히 거닐며 시가(詩歌)를 읊조림.

소욕다시(少慾多施) 과욕은 버리고, 베풀기는 많이 하라.

소원성취(所願成就) 원하던 바를 이룸.

소원수성(所願遂成) 마음의 소원(所願)대로 이루어 주심.

소원앵가헐장문접무다(小園鶯歌歇長門蝶舞多) 작은 동산에 꾀꼬리 소리 간간히 들리고, 긴 문에 나비 춤추는 것이 많음.

소유위족(所有爲足) '지금 있는 것을 족한 줄로 알라'는 말.

소육다채(少肉多菜) 고기는 적게 먹고, 채소(菜蔬)는 많이 먹어라.

소의다욕(少衣多浴) 옷은 얇게 입고, 목욕(沐浴)은 자주하라.

소의한식(宵衣旰食) '날이 밝기 전(前)에 옷을 입고, 해가 진 후(後)에 식사를 한다'는 뜻으로, 천자(天子) 가 아침 일찍부터 저녁 늦게까지 정사(政事)에 골몰함을 이르는 말.

소이대동(小異大同) 큰 차이 없이 거의 같음.

소이부답(笑而不答) 웃기만 하고 대답(對答)을 하지 않음.

소이탄(燒夷彈) 탄두(彈頭)에 유지나 황 등과 소량의 작약(炸藥)을 넣어 만든 폭탄이나 포탄. 건조물(建造物) 따위를 불태우는 데 쓰임.

소인묵객(騷人墨客) '시문(詩文)·서화(書畵)를 일삼는 사람'이라는 뜻으로, 문사(文士), 시인(詩人)과 서예가(書藝家), 화가(畵家) 등(等) 풍류(風流)를 아는 사람.

소인물(小人物) 그릇이 작고 째째한 사람.

소인배(小人輩) 도량이 좁고 간사한 사람. 또는 그러한 무리.

소인지용(小人之勇) 혈기(血氣)에서 오는 소인(小人)의 용기(勇氣). 필부지용(匹夫之勇).

소인한거(小人閑居) 소인한거위불선(小人閑居爲不善).

소인한거위불선(小人閑居爲不善) '소인(小人)은 한가(閑暇)로이 혼자 있으면 나쁜 짓을 한다'는 뜻. 소인한거(小人閑居).

소장기예(少壯氣銳) '나이 젊고 건강(健康)한 사람은 날카롭다'는 뜻으로, 소장(少壯)은 흔히 20~30세의 왕성(旺盛)한 지식욕(知識慾)과 행동력(行動力)을 갖춘 사람을 두고 이르는 말.

소장지란(蕭牆之亂) 소장지변(蕭牆之變).

소장지변(蕭牆之變) '병풍(屛風) 사이의 변'이라는 뜻으로, ①내부(內部)에서 일어난 변란(變亂) ②'형제(兄弟) 간(間)의 싸움'을 이르는 말.

소장지수(消長之數) 흥망성쇠(興亡盛衰)의 이치(理致).

소장지우(蕭牆之憂) 소장지변(蕭牆之變).

소제양난(笑啼兩難) 웃어야 할지 울어야 할지 모름.

소종래(所從來) 지내 온 내력(來歷).

소종소확(小種小穫) '적게 뿌리는 자는 적게 거둔다'는 말.

소중도(笑中刀) '웃음 속에 칼이 있다'는 뜻으로, 겉으로는 웃고 있으나 마음속에는 해칠 생각이 있음.

소중유검(笑中有劍) 소중유도(笑中有刀).

소중유도(笑中有刀) '웃음 속에 칼이 들어 있다'는 뜻으로, 겉으로는 친절(親切)하지만 내심으로는 해(害)치려함을 이르는 말. 소중유검(笑中有劍)

ㅅ

소지무여(掃地無餘) '싹 쓸어낸 듯이 아무 것도 없다'는 뜻으로, 물건(物件)이 전혀 없음을 이르는 말.

소지천만(笑止千萬) 우습기 짝이 없음.

소지황금출개문만복래(掃地黃金出開門萬福來) 땅을 쓰니 황금(黃金)이 나오고, 문을 여니 만복이 들어옴.

소차다보(少車多步) 승차는 적게 하고, 걷기는 많이 하라.

소탐대실(小貪大失) 작은 것을 탐하다가 오히려 큰 것을 잃음. 탐소실대(貪小失大).

소풍농월(嘯風弄月) '휘파람을 불고, 달을 희롱(戱弄)한다'는 뜻으로, 자연(自然)의 풍광(風光)을 사랑하고 감상(感想)을 이르는 말.

소향무적(所向無敵) 나아가는 곳마다 적이 없음.

소혼단장(消魂斷腸) 근심과 슬픔으로 넋이 빠지고, 창자가 끊어지는 듯함.

소화불량(消化不良) 먹은 음식물의 소화 · 흡수가 제대로 이루어지지 않는 소화기(消化器)의 병(病).

소화전(消火栓) 화재 때 불을 끄기 위하여 상수도나 저수통 등에 특별히 마련해 놓은 급수전(給水栓). 방화전(防火栓).

소훼난파(巢毁卵破) '새집이 부서지면 알도 깨진다'는 뜻으로, 국가(國家)나 사회(社會) 또는 조직(組織)이나 집단(集團)이 무너지면 그 구성원들도 피해(被害)를 입게 됨을 이르는 말.

속거천리(速去千里) '귀신(鬼神)을 물리칠 때 어서 멀리 가라고 쫓아낸다'는 뜻으로 쓰는 말.

속건제(贖愆祭) 〔영〕Guilt Offering. 옛날 이스라엘 사람들이 드리던 희생제(犧牲祭)의 일종이다. 속건제의 목적은 죄제(罪祭)와 마찬가지로 사람이 범죄함으로 인하여 하나님께 대한 언약의 관계를 장해하는 것이 생겼을 때에 그 장해물(障害物)을 없애기 위하여 드리는 것이다.

속대긍장(束帶矜莊) 의복(衣服)에 주의(注意)하여 단정(端正)히 함으로써 긍지(矜持)를 갖음.

속성속패(速成速敗) 아무렇게나 급(急)하게 이루어진 것은 역시 곧 결단(決斷)이 남.

속수무책(束手無策) '손을 묶인 듯이 어찌 할 방책(方策)이 없어 꼼짝 못하게 된다'는 뜻으로, 뻔히 보면서도 어찌할 바를 모르고 꼼짝 못한다는 뜻.

속이원장(屬耳垣牆) '담장에도 귀가 있다는 말과 같이 경솔(輕率)히 말하는 것을 조심하라'는 뜻.

속적여산(粟積如山) 곡식(穀食)을 산더미처럼 쌓아놓음.

속전속결(速戰速決) 속전즉결(速戰卽決).

속전즉결(速戰卽決) 싸움을 오래 끌지 않고 될 수 있는 대로 재빨리 싸워 전국(戰局)을 결정(決定)함. 속전속결(速戰速決).

속죄일(贖罪日) 〔영〕antonement, day of.〔히〕כפרים(ה) יום(레23:27~28; 25:9)〔LXX〕〔헬〕ἡμέρα ἐξιλ ασμοῦ(레23:27~28), τῇ ἡμέρα τοῦ ἱλασμοῦ 때로는 Day가 없이 Atonement(הכפרים)만으로도 속죄일을 나타냄(출30:10 〈L X X, τοῦ ἐξιλασμοῦ〉; 민29:11 〈L X X, τῆς ἐξιλ άσεως〉). 유대인의 큰 제일(祭日)이다. 매년 7월 곧 치스리(9~10월)의 10일에 지키는데 '큰날', '그날'(The day), '금식하는 절기'(The Fast, 행27:9) 등으로 부른다.

속죄제(贖罪祭) 〔영〕Sin offering. 죄를 사함 받기위하여 드리는 제사(祭祀)인데, 드리는 사람의 신분에 따라 제물(祭物)이 모두 달랐다.

속지고각(束之高閣) 한 옆으로 치워 놓아 두고 쓰지 않음.

속진속결(速進速決) 싸움을 질질 끌지 않고 빨리 쳐들어가서 이기고 짐을 빨리 결정(決定)함.

속청서언(速聽徐言) '듣기는 속히 하고 말하기는 더디 하라'는 말.

속초지기(續貂之譏) 쓸 만한 인격자(人格者)가 없어 그만 못한 사람을 등용(登庸)함을 조롱(嘲弄)하는 말.

손강영설(孫康映雪) 고생(苦生) 속에서 열심히 공부(工夫)함을 이르는 말.

손님마마(－媽媽) '천연두'나 '별성마마'를 달리 이르는 말.

손상박하(損上剝下) 나라에 해를 끼치고 백성(百姓)의 제물(祭物)을 강제(强制)로 빼앗음.

손상익하(損上益下) 윗사람에게 해를 끼침으로써 아랫사람을 이롭게 함.

손여지언(巽與之言) 남의 마음을 거슬르지 않는 온화(溫和)한 말.

손인이기종시자해(損人利己終是自害) 남을 손해(損害) 보게 하고 자신을 이롭게 하면, 마침내 자신을 해(害)치는 것이다.

손인종자실(損人終自失) 남을 해(害)하면 마침내 자기(自己)에게 돌아온다.

손자병법(孫子兵法) 손무(孫武)라는 제(齊)나라 사람이 쓴 병법서(兵法書)임.

손자삼요(損者三樂) 좋아해서 해(害)로운 일 세 가지로서, 교만(驕慢)하고 사치(奢侈)함을 좋아하는 일, 편안(便安)하게 놀기를 즐기는 일, 잔치를 베풀고 즐기기를 좋아하는 일을 두고 이름('논어'에 나오는 말임). ↔익자삼요(益者三樂).

손자삼우(損者三友) 사귀면 손해(損害)가 되는 세 가지 친구(親舊)로서, 무슨 일에나 안이(安易)한 길만을 취(取)하는 사람, 남에게 아첨(阿諂)하는 사람, 입에 발린 말 뿐이고 성의가 없는 사람을 말함. 삼손우(三損友). ↔익자삼우(益者三友).

손하익상(損下益上) 아랫사람에게 해를 입혀서 윗사람을 이롭게 함.

솔구이발(率口而發) ①입에서 나오는 대로 말을 마구 함. ②경솔(輕率)하게 말을 함.

솔빈귀왕(率賓歸王) 거느리고 복종(服從)하여 왕(王)에게 돌아오니 덕(德)을 입어 복종(服從)치 않음이 없음을 말함.

人

솔선궁행(率先躬行) 남보다 앞장서서 몸소 실천(實踐)함.

솔선수범(率先垂範) 앞장서서 하여 모범(模範)을 보이는 것.

솔수식인(率獸食人) 폭정(暴政)으로 백성(百姓)들에게 고통을 줌.

솔토지민(率土之民) 온 나라 안의 일반(一般) 국민(國民).

솔토지빈(率土之濱) 바다에 이르는 땅의 끝. 곧 온 나라의 지경(地境) 안.

송구공황(悚懼恐惶) 송구(悚懼)하고 공황(恐惶)하니 엄중(嚴重) 공경(恭敬)함이 지극(至極)함.

송구영신(送舊迎新) '묵은해를 보내고 새해를 맞는다'는 뜻으로, ①묵은해를 보내고, 새해를 맞이함. ②구관(舊官)을 보내고, 신관(新官)을 맞이함.

송도계원(松都契員) 조그마한 지위나 세력(勢力)을 믿고 남을 멸시하는 사람을 비유적으로 이르는 말.

송도삼절(松都三絕) 황진이가 칭한 말로 송도의 세 가지 유명(有名)한 존재(存在). 곧 서화담. 황진이, 박연 폭포(瀑布)를 말함.

송무백열(松茂栢悅) 송무백열(松茂柏悅).

송무백열(松茂柏悅) '소나무가 무성(茂盛)하면 잣나무가 기뻐한다'는 뜻으로, 남이 잘되는 것을 기뻐함을 비유(譬喩)하여 이르는 말. 송무백열(松茂栢悅).

송백조(松柏操) 소나무와 잣나무의 푸르름처럼, 결코 변하지 않는 절개(節槪).

송백지무(松柏之茂) '소나무와 잣나무의 푸른빛이 변(變)하지 않듯이' 오래도록 영화(榮

華)를 누림을 이르는 말.

송백지조(松柏之操) '한겨울에도 시들지 않는 소나무와 잣나무의 지조(志操)'라는 뜻으로, 굳은 절개(節槪)를 이르는 말.

송백지질(松栢之疾) '소나무와 잣나무는 서리를 맞고 더욱더 무성(茂盛)해진다'는 뜻으로, 건강한 체질(體質)을 이르는 말.

송상지학(松上之鶴) 황새를 달리 일컫는 말. 소나무 밑의 학이라는 뜻.

송수천년종시후(松樹千年終是朽) '소나무는 상록수(常綠樹)이나 천년 후(後)에는 말라 죽는다'는 뜻으로, 천하(天下)의 만물(萬物)에 죽지 않는 것은 없다는 말.

송양지인(宋襄之仁) '송(宋)나라 양공(襄公)의 어짐'이라는 뜻으로, 쓸데없이 베푸는 인정(人情)을 이르는 말.

송영대(送迎臺) 공항 등에서 송영(送迎)할 때 서로 바라볼 수 있게 만든 대(臺).

송왕영래(送往迎來) 가는 사람을 배웅하고 찾아오는 사람을 맞이함.

송작영객개월위독서등(松作迎客蓋月爲讀書燈) 소나무는 객을 맞이하는 일산이 되고, 달은 글을 읽는 등불이 됨.

송죽매(松竹梅) (추위에 견디는) '소나무 · 대나무 · 매화나무'를 아울러 이르는 말.

송죽지절(松竹之節) 소나무와 대나무와 같이 굳고 곧은 절개(節槪)

송풍나월(松風羅月) 솔가지 사이로 부는 바람과 댕댕이 덩굴 사이로 비치는 달.

송풍수월(松風水月) '소나무에 부는 바람과 물에 비친 달'이라는 뜻으로, 차분한 자연(自然)의 정취(情趣)를 조용히 감상(感想)하는 심경(心境).

쇄골분신(碎骨粉身) 분골쇄신(粉骨碎身). 분신쇄골(分身碎骨).

쇄국주의(鎖國主義) 외국과의 통상(通商) 및 교역(交易)을 거절(拒絕)하고 나라의 문을 닫아야 한다는 주의. ↔개국주의(開國主義).

쇄문도주(鎖門逃走) 문을 걸어 잠그고 살며시 도망(逃亡)함.

쇄소건즐(灑掃巾櫛) 집이나 몸을 거두는 일 따위의 잔 시중.

쇄쇄낙락(洒洒落落) 성격(性格)이나 태도(態度), 언동 따위가 소탈하여 사물(事物) 등(等)에 집착(執着)하지 않음.

쇄신분골(碎身粉骨) 쇄골분신(鎖骨粉身). '뼈를 가루로 만들고 몸을 부순다'는 뜻으로 정성으로 노력함을 이르는 말.

쇠로지년(衰老之年) 쇠로(衰老)한 나이.

수간두옥(數間斗屋) 두서너 칸밖에 안 되는 아주 작은 집.

수간모옥(數間茅屋) 두서너 칸밖에 안 되는 띳집. 오두막집.

수간초옥(數間草屋) 몇 간 되지 않는 매우 작은 초가(草家).

수거불부회언출난갱수(水去不復回言出難更收) 물이 가면 다시 돌아오지 않고, 말이 나오면 다시 거두기 어려움.

ㅅ

수고무강(壽考無疆) 만수무강(萬壽無疆).

수고자백(手高者白) (바둑을 둘 때)수가 높은 사람이 흰 바둑돌을 가지고 둔다는 말.

수공평장(垂拱平章) 밝고 평화(平和)스럽게 다스리는 길을 겸손(謙遜)히 생각함을 말함.

수관어대(水寬魚大) 깊고 넓은 물에는 큰 고기가 깃듦.

수광즉어유(水廣則魚遊) '물이 깊고 넓으면 고기들이 모여 논다'는 뜻으로, 덕(德)이 있는 사람에게는 자연(自然)히 사람들이 따름을 비유(譬喩)하는 말.

수구여병(守口如甁) '입 다물기를 병마개 막듯이 하라'는 뜻으로, 비밀(秘密)을 남에게 말하지 말라는 말.

수구여병방의여성(守口如甁防意如城) 입을 지키는 것은 병(甁)과 같이 하고, 뜻을 막기를 성(城)을 지키는 것같이 하라.

수구지가(數口之家) 식구(食口)가 몇 안 되는 집안.

수구초심(首丘初心) '여우는 죽을 때 구릉을 향(向)해 머리를 두고 초심으로 돌아간다' 라는 뜻으로, ①근본(根本)을 잊지 않음. ②또는 죽어서라도 고향(故鄕) 땅에 묻히고 싶어 하는 마음.

수궁즉설(獸窮則齧) '짐승이 고통(苦痛)이 극도(極度)에 달하면 사람을 문다'는 뜻으로, 사람도 썩 곤궁(困窮)해지면 나쁜 짓을 하게 됨을 비유(比喩)하는 말.

수기불책인(修己不責人) 자기 몸을 바르게 하고 남의 결점을 탓하지 말라.

수기응변(隨機應變) 때에 따라 적절(適切)히 일을 처리(處理)함.

수기이경(修己以敬) 몸을 닦는 데는 공경으로 하라.

수기치인(修己治人) 내 몸을 닦아 남을 교화(敎化)함.

수난금요일(受難金曜日) 성금요일(聖金曜日).

수난절(受難節) 사순절(四旬節).

수난주간(受難週間) 고난주간(苦難週間). 대주간(大週間). 성주간(聖週間).

수난주일(受難主日) 〔영〕Passion Sunday. 고난주일(苦難主日). 종려주일(棕櫚主日).

수년지내(數年之內) 두서너 해, 또는 대여섯 해 안.

수능출불유호(誰能出不由戶) '누가 문을 거치지 않고 나갈 수 있는가'라는 뜻으로, 도(道)는 문(門)과 같은 것인데, 사람이 도(道)를 행(行)하지 않음을 한탄(恨歎)하는 말.

수당지계(垂堂之戒) 장래(將來)가 촉망(屬望)되는 자식(子息)은 위험(危險)을 가까이해서는 안 된다는 경계(警戒).

수덕지행(修德祗行) 마음을 바르게 하고 행실을 닦아라.

수도거성(水到渠成) '물이 흐르면 자연(自然)히 개천을 이룬다'는 뜻으로, 학문(學問)을 열심히 하면 스스로 도를 깨닫게 됨을 이르는 말.

수도선부(水到船浮) '물이 불면(차면) 배가 뜬다'는 뜻으로, 신장(伸張)된 국력(國力)으로 미래(未來)를 개척(開拓)해 나가자는 뜻. '때가 되면 일이 자연(自然) 성사(成事)된다'는 뜻.

수도어행(水到魚行) '물이 흐르면 고기가 다닌다'는 뜻으로, 무슨 일이나 때가 되면 이루어짐.

수도이실로(守道而失路) 억지로 도(道)를 지키려다가 오히려 참된 길을 잃음.

수득수실(誰得誰失) 얻고 잃음이 확실(確實)하지 못한 형편(形便).

수락석출(水落石出) ①'물이 빠져 밑바닥의 돌이 드러난다'는 뜻으로, 물가(物價)의 겨울 경치(景致)를 일컫는 말. ②나중에 사건(事件)의 진상(眞相)이 명백(明白)하게 드러남의 비유(比喩).

수렴청정(垂簾聽政) '발을 내리고 정사(政事)를 듣는다'는 뜻으로, 나이 어린 임금이 등극(登極)했을 때 왕대비(王大妃)나 대왕대비(大王大妃)가 왕을 도와서 정사(政事)를 돌봄을 이르는 말.

수류운공(水流雲空) '흐르는 물과 하늘의 뜬구름'이라는 뜻으로, 과거사(過去史)가 흔적(痕迹)이 없고 허무(虛無)함을 비유(比喩)하는 말.

수륙만리(水陸萬里) 바다와 육지(陸地)를 사이에 두고 멀리 떨어져 있음을 이르는 말.

수륙진미(水陸珍味) 산과 바다에서 나는 맛있는 음식물(飮食物). 산해진미(山海珍味).

수륙진찬(水陸珍饌) 산과 바다에서 나는 진귀한 물건으로 차린 맛이 좋은 음식.

수명어천(受命於天) '왕위(王位)에 오름'을 일컫는 말.

수명우천(受命于天) 수명어천(受命於天).

수명장수(壽命長壽) 사람의 목숨이 길어 오래도록 삶. 어린애의 명이 아무쪼록 길어 오래 살기를 빌 때에 씀.

수모수모(誰某誰某) 아무개 아무개.

수목참천(樹木參天) 수목(樹木)이 하늘을 찌를 듯이 울창함.

수무상형(水無常形) 물은 스스로 모습을 부수어 다른 무수한 모습을 만든다는 말.

수무상형병무상세(水無常形兵無常勢) 물에는 일정한 형상이 없는 것처럼, 군사력(軍事力)에는 상시 우세하다는 절대적(絕對的)인 형세가 없다는 뜻.

수무족도(手舞足蹈) 너무 좋아서 어쩔 줄 모르고 날뜀.

수무푼전(手無分錢) 수중(手中)에 돈이 한 푼도 없음.

수문수답(隨問隨答) 물으면 묻는 대로 거침없이 대답(對答)함.

수물방소역물고성(須勿放笑亦勿高聲) 모름지기 큰소리로 웃지 말고, 또한 큰소리로 말하지 말라.

수물잡희(手勿雜戱) 손으로 장난을 하지 말라.

수미상응(首尾相應) '머리와 꼬리가 서로 응한다'는 뜻으로, 뜻이 잘 맞아 일이 잘 되어감.

수미상접(首尾相接) 서로 이어져 끊이지 않음.

수미쌍관법(首尾雙關法) 시(詩)를 지을 때 첫 연을 마지막에 그대로 반복하는 구성법(構

成法). 수미상접(首尾相接)

수미일관(首尾一貫) 처음부터 끝까지 변(變)함 없이 일을 해 나감.

수발황락(鬚髮黃落) '수염과 머리털이 세어 빠진다'는 뜻으로, 늙어 쇠약(衰弱)하여짐을 이르는 말.

수방취원(隨方就圓) 다방면(多方面)으로 재주가 있어 무엇이든지 잘함.

수복강녕(壽福康寧) 오래 살고 복되며 건강(健康)하고 편안(便安)함.

수부다남자(壽富多男子) 오래 부유하게 살면서 아들도 많음.

수분정제(守分整濟) 자신의 분수를 지켜 몸가짐을 잘 정제하라.

수불석권(手不釋卷) '손에서 책을 놓지 않는다'는 뜻으로, 늘 책을 가까이하여 학문(學問)을 열심히 함.

수비의무(守祕義務) 묵비의무(默祕義務).

수사두호(隨事斗護) 모든 일을 일일이 돌보아 줌.

수사지적(需事之賊) '일에 대(對)해서 의심(疑心)을 품고 머뭇거리는 것은 그 사업(事業)을 성취(成就)할 수 없게 한다'는 뜻.

수산복해(壽山福海) '산 같은 수명(壽命)과 바다 같은 복'이라는 뜻으로, 사람의 장수(長壽)를 축하(祝賀)하는 말.

ㅅ

수상수하(手上手下) 손윗사람과 손아랫사람.

수상유(水上油) '물 위에 뜬 기름' 이란 뜻으로, 곧 서로 잘 어울릴 수 없는 사이를 이르는 말.

수색만면(愁色滿面) 근심스러운 빛이 얼굴에 가득 차 있음.

수서양단(首鼠兩端) '구멍 속에서 목을 내민 쥐가 나갈까 말까 망설인다'는 뜻으로, ①거취(去就)를 결정(決定)하지 못하고 망설이는 모양(模樣). ②어느 쪽으로도 붙지 않고 양다리를 걸치는 것을 이르는 말.

수석금병(繡席金屛) 수를 놓아 만든 방석(方席)과 비단(緋緞) 병풍(屛風).

수석침류(漱石枕流) '돌로 양치질하고 흐르는 물을 베개 삼는다'는 뜻으로, ①말을 잘못해 놓고 그럴 듯하게 꾸며대는 것. ②또는 이기려고 하는 고집(固執)이 셈.

수선지지(首善之地) '다른 곳보다 나은 곳 혹은 그런 지위(地位)'라는 뜻으로, 서울이나 또는 옛 성균관(成均館)을 일컫는 말.

수설불통(水泄不通) ①물이 샐 틈이 없음. ②단속(團束)이 엄하여 비밀(秘密)이 새어 나가지 못함.

수성지업(垂成之業) 자손(子孫)에게 뒤를 이어 이루게 하는 일.

수성지주(守成之主) 창업(創業)의 뒤를 이어 그 기초(基礎)를 굳게 지키는 군주(君主).

수세지재(需世之才) 세상(世上)에 등용(登庸)될 만한 인재(人材).

수수방관(袖手傍觀) '팔짱을 끼고 보고만 있다'는 뜻으로, 어떤 일을 당(當)하여 옆에서 보고만 있는 것을 말함.

수수방원기(水隨方圓器) '물은 그릇의 모남과 둥긂에 따라 그 모양(模樣)이 달라진다'는 뜻으로, 사람은 상종하는 사람의 선악(善惡)에 따라 달라지므로 좋은 친구(親舊)를 사귀어야 한다는 말.

수순중생(隨順衆生) 나쁜 사람 좋은 사람 할 것 없이 여러 중생(衆生)의 뜻에 따름.

수습인심(收拾人心) 혼란(混亂)한 인심(人心)을 수습(收拾)함.

수승화강(水昇火降) '물은 위로 올라가고, 불은 아래로 내려온다'는 뜻.

수시변통(隨時變通) 그때그때의 형편(形便)에 따라 일을 처리(處理)함.

수시순응(隨時順應) 어떤 일이든지 그 때와 형편(形便)에 따라서 맞추어 함.

수시응변(隨時應變) 그때그때 처한 상황에 따라 변화(變化)함.

수시처변(隨時處變) 그때그때 변(變)하는 것을 따라 일을 처리(處理)함.

수신자선정기심(修身者先正其心) 자신을 수양하려는 사람은, 먼저 마음을 바르게 해야 함.

수신제가(修身齊家) 자기(自己)의 몸을 닦고 집안 일을 잘 다스림.

수신제가치국지본(修身齊家治國之本) 제 몸을 닦고 집안을 가지런히 하는 것이, 나라를 다스리는 근본(根本)임.

수신제가치국평천하(修身齊家治國平天下) 몸을 닦고 집을 안정시킨 후(後), 나라를 다스리며 천하(天下)를 평정(平定)함.

수심가지인심난지(水深可知人心難知) '물의 깊이는 알 수 있으나, 사람의 마음속은 헤아리기 어렵다'는 뜻.

수심정기(守心正氣) 한울님 마음을 항상(恒常) 잃지 아니하며 사특한 기운(氣運)을 버리고 도기를 길러 천인합일을 목적(目的)으로 하는 수련(修練) 방법(方法).

수야모야(誰也某也) 아무 아무. 누구누구.

수어지교(水魚之交) '물과 물고기의 사귐'이란 뜻으로, ①임금과 신하(臣下) 또는 부부(夫婦) 사이처럼 매우 친밀(親密)한 관계(關係)를 이르는 말. ②서로 떨어질 수 없는 친(親)한 사이를 일컫는 말.

수어지친(水魚之親) 수어지교(水魚之交).

수여산부여해(壽如山富如海) '산처럼 장수(長壽)하고 바다처럼 부자(富者) 되세요.' 하는 덕담(德談)의 뜻.

수오지심(羞惡之心) 사단(四端)의 하나. 자기(自己)의 옳지 못함을 부끄러워하고, 남의 옳지 못함을 미워하는 마음.

수왈불가(誰曰不可) 누구도 불가하다고 말할 사람이 없음.

수왕지절(水旺之節) 오행(五行)에 수기(水氣)가 왕성(旺盛)한 절기(節氣), 곧 겨울을 이름.

수요장단(壽夭長短) 수요(壽夭)를 힘주어 이르는 말. 수요는 오래 삶과 일찍 죽음을 말함.

수욕정이풍부지(樹欲靜而風不止) '나무가 조용히 있고자 하나, 바람이 그치지 않는다'는 뜻으로, 자식(子息)이 부모(父母)님을 공양(供養)하고 싶어도 부모(父

母)님이 별세하여 세상(世上)에 계시지 않음을 비유(比喩)해 이르는 말. 풍목지비(風木之悲), 풍수지감(風樹之感), 풍수지비(風樹之悲), 풍수지탄(風樹之嘆).

수욕정이풍부지,자욕양이친부대(樹欲靜而風不止,子欲養而親不待) 수욕정이풍부지(樹欲靜而風不止). 논어(論語)에 나오는, 효(孝)와 관련(關聯)된 한 구절(句節).

수용산출(水湧山出) (시문(時文)을 짓는 데)재주가 샘솟듯 풍부(豊富)하여 빨리 이루어 놓음을 비유(比喩)하는 말.

수우적강남(隨友適江南) '친구(親舊) 따라 강남(江南) 간다'는 속담(俗談)의 한역으로, 친구(親舊)를 좋아하면 먼 곳이라도 피로(疲勞)를 잊고 따라간다는 말.

수원수구(誰怨誰咎) '누구를 원망(怨望)하며 누구를 탓하랴'라는 뜻으로, 곧, 남을 원망(怨望)하거나 꾸짖을 것이 없음.

수원숙우(誰怨孰尤) '누구를 원망(怨望)하고 탓할 수가 없다'는 뜻.

수월경화(水月鏡花) '물에 비친 달과 거울에 비친 꽃'이라는 뜻으로, 볼 수는 있어도 손으로 잡을 수 없는 것을 비유(譬喩)하는 말.

ㅅ

수월폐화(羞月閉花) '둥근 달도 부끄러워하고, 아름다운 꽃조차도 오므린다'는 뜻으로, 절세미인(絕世美人)을 비유(譬喩)하는 말. 수화폐월(羞花閉月).

수유사덕(水有四德) 물에는 네 가지 덕(德)이 있다. 즉 인(仁) · 의(義) · 용(勇) · 지(智).

수유타친기능여차(雖有他親豈能如此) 비록 다른 친척(親戚)이 있으나 어찌 이와 같을 수는 없음.

수유타친기약형제(雖有他親豈若兄弟) 비록 다른 친척(親戚)이 있으나, 어찌 형제간(兄弟間)과 같겠는가.

수은망극(受恩罔極) 입은 은혜(恩惠)가 그지없음.

수의야행(繡衣夜行) '비단옷(緋緞-)을 입고 밤길을 간다'는 뜻으로, ①생색(生色)이 나지 않는 공연(公然)한 짓을 이르는 말. ②'영광스러운 일을 남에게 알리지 않음'을 이르는 말.

수인감과(修因感果) 선악(善惡)의 인을 닦아서 고락(苦樂)의 종말(終末)을 느낌.

수인사대천명(修人事待天命) 사람의 힘으로 할 수 있는 일을 다 하고 하늘의 명을 기다림. 진인사대천명(盡人事待天命).

수임방원기(水任方圓器) '물은 그릇의 모남과 둥긂에 따라 그 모양(模樣)이 달라진다'는 뜻으로, 사람은 상종하는 사람의 선악(善惡)에 따라 달라지므로 좋은 친구(親舊)를 사귀어야 한다는 말.

수입기중기도외(水入器中氣逃外) 물이 그릇에 들어오니 기(氣)가 도망(逃亡)간다는 말.

수자부족여모(豎子不足與謀) '어린 자식과는 더불어 일을 꾀할 수 없다'는 말로, '어리고 경험(經驗)이 부족(不足)한 사람과는 큰일을 도모(圖謀)할 수가 없다'는 뜻.

수장절(收藏節) 〔영〕Feast of Ingathering. 초막절(草幕節) 참조(參照).

수적석천(水滴石穿) '물방울이 돌을 뚫는다'는 뜻으로, 미미(微微)한 힘이라도 꾸준히 노력(努力)하면 큰 일을 이룰 수 있음을 비유(比喩)하는 말.

수적성천(水積成川) 물방울이 모이면 내를 이룸.

수적천석(水滴穿石) '물방울이 바위를 뚫는다'는 뜻으로, 작은 노력(努力)이라도 끈기있게 계속(繼續)하면 큰일을 이룰 수 있음.

수적촌루(銖積寸累) 아주 적은 것이라도 쌓이고 쌓이면 큰 것이 됨.

수전노(守錢奴) 돈을 지키기만 하는 노예(奴隸). 구두쇠.

수전절(修殿節) 〔영〕The Feast of the Dedication. 안디오커스 에피네스가 더럽힌 성전을 B.C 165년 치슬렙(12~1월) 25일에 유다 마카비가 다시 봉헌(奉獻)한 절기. "빛의 절기"라고도 불리었으며, 이 절기에는 잘 먹고 즐기는 절기였고, 종려나무 가지를 들고 성전에 모여 시편(詩篇) 113~118편을 화창(話唱)하였다.

수절사의(守節死義) 절개(節概)를 지키고 의롭게 죽음.

수절원사(守節寃死) 절개(節介)를 지키다 원통(寃痛)하게 죽음.

수제조적(獸蹄鳥跡) '새나 짐승의 발자취가 천하(天下)에 가득하다'는 뜻.

수제지건(首題之件) 공문(公文)을 작성(作成)할 때 '수제(首題)에 관(關)하여'란 뜻으로, 본문(本文)의 첫머리에 쓰던 낡은 투.

수조부환몰산운단부련(水鳥浮還沒山雲斷復連) 물새는 떴다가 다시 가라앉고, 산 구름은 끊어졌다 다시 이어짐.

수족이처(首足異處) 참형(斬刑)을 당(當)하여 머리와 다리가 따로따로 됨을 이르는 말.

수족지애(手足之愛) 형제(兄弟) 간(間)의 우애(友愛).

수죄구발(數罪俱發) 같은 사람이 저지른 여러 가지 죄(罪)가 한꺼번에 드러남.

수주대토(守株待兎) '그루터기를 지켜 토끼를 기다린다'는 뜻으로, 고지식하고 융통성(融通性)이 없어 구습(舊習)과 전례(前例)만 고집(固執)함. 각주구검(刻舟求劍). 수주득토(守株得兎).

수주득토(守株得兎) 수주대토(守株待兎).

수주탄작(隨珠彈雀) '수후(隨侯)의 구슬로 새를 잡는다'는 뜻으로, 작은 것을 얻으려다 큰 것을 손해 보게 됨을 이르는 말. 명주탄작(明珠彈雀).

수중고혼(水中孤魂) 물에 빠져 죽은 사람의 외로운 넋.

수중축대(隨衆逐隊) 자기(自己)의 뚜렷한 주견(主見)이 없이 여러 사람의 틈에 끼어 덩달아 행동(行動)을 함.

수즉다욕(壽則多辱) '오래 살면 욕됨이 많다'는 뜻으로, 오래 살수록 고생(苦生)이나 망신(亡身)이 많음을 이르는 말.

수지반중석식입입개신약(誰知盤中夕食粒粒皆辛若) '밥그릇에 담긴 밥의, 곡식(穀食) 한 알 한 알에 모두 쓰라린 고생이 담겼음을 그 누가 알겠는가?'라는 뜻.

수지오지자웅(誰知烏之雌雄) '누가 까마귀의 암수를 분간(分揀)할 수 있겠는가' 라는 뜻으로, 사물(事物)의 옳고 그름을 가려내기가 퍽 어려움을 일컫는 말.

수지청즉무어(水至淸則無魚) '물이 너무 맑으면 물고기가 없다'는 뜻으로, 사람이 너무 야박(野薄)하거나 지나치게 똑똑하면, 다른 사람들이 그를 두려워하고 피(避)하여 벗을 사귀지 못함을 비유(譬喩)하는 말로 쓰임. 수청무대어(水淸無大魚).

수지청즉무어인지찰즉무도(水至淸則無魚人至察則無徒) 물이 지극(至極)히 맑으면 고기가 없고, 사람이 지극(至極)히 살피면 친구가 없느니라.

수지타산(收支打算) 수입(收入)과 지출(支出)의 셈을 맞추어 봄.

수진지만(守眞志滿) ①사람의 도리(道理)를 지키면 뜻이 가득 차고, 군자(君子)의 도(道)를 지키면 뜻이 편안(便安)함. ②진리(眞理)를 추구(追究)하는 사람으로 살아라.

ㅅ

수진지만축물의이(守眞志滿逐物意移) 물건(物件)을 탐(貪)내 욕심(慾心)이 많으면 마음도 변(變)한다.

수질승가하증(雖嫉僧袈何憎) '중이 밉기로 가사(袈裟)까지 미우랴'의 뜻으로, 한 사람 때문에 노한 분노(憤怒)를 다른 사람에게 옮김이 불가함을 이르는 말.

수차매목(手遮妹目) '손으로 시누이 눈 가린다', '눈 가리고 아웅한다'는 격으로 부정을 저지르고 탄로나지 않도록 잔꾀를 부림.

수처위주(隨處爲主) 어떤 곳에서도 경우에 좌우되지 않고 독립 자재하는 일.

수처작주(隨處作主) 어디서나 어떠한 경우에도 얽매이지 않아 주체적이고 자유자재함.

수처작주입처개진(隨處作主立處皆眞) '어느 곳에서나 주인이 되고, 서는 자리마다 주인공(主人公)이 되라' 는 뜻.

수처행주(隨處行主) 가는 곳마다 주인(主人)의식을 갖고 행(行)하거나, 주동(主動) 인물이 됨.

수천방불(水天髣髴) 바다 멀리 수면(水面)과 하늘이 서로 맞닿아 그 한계(限界)를 지을 수 없음.

수천일벽(水天一碧) 바다 멀리 수면(水面)과 하늘이 하나로 이어져 그 경계(境界)를 알 수 없을 만큼 한가지로 푸름.

수천일색(水天一色) 수천일벽(水天一碧).

수첩청산(數疊靑山) 만첩청산(萬疊靑山).

수청무대어(水淸無大魚) '물이 맑으면 큰 고기가 없다'는 뜻으로, 물이 너무 맑으면 고기가 그 몸을 감출 곳이 없어 그곳에는 살지 않음과 같이, 사람이 너무 똑똑하거나 엄하면 남이 꺼려하여 가까운 벗이 없음을 이르는 말.

수출산업(輸出産業) 수출을 중요한 판로로 삼는 산업(産業). ↔내수산업(內需産業).

수탁매매(受託賣買) 수탁판매(受託販賣).

수탁판매(受託販賣) 남으로부터 위탁(委託)을 받아 하는 판매(販賣). 수탁매매(受託賣買). 위탁판매(委託販賣).

수태고지(受胎告知) 기독교(基督敎)에서, 천사 가브리엘이 성령(聖靈)에 의한 회임(懷妊)을 마리아에게 알려 준 일을 이르는 말.

수태조절(受胎調節) 피임법을 써서 일시적으로 수태(受胎)를 조절(調節)하는 일.

수파불흥(水波不興) 물결이 일지 않음.

수하석상(樹下石上) '나무 아래와 돌의 위'라는 뜻으로, 한데에서 잔다는 말로서, 출가(出家)한 몸 또는 불교(佛敎)에서 수행(修行)함을 이르는 말.

수하친병(手下親兵) ①자기(自己)에게 직접(直接) 딸린 졸병(卒兵). ②자기(自己)의 수족(手足)과 같이 쓰는 사람.

수호조약(修好條約) 수호조약(守護條約).

수호조약(守護條約) 아직 국제법상의 여러 가지 원칙을 이행할 수 없는 나라와 통교(通交)를 할 때, 먼저 일정한 규약을 밝히어 준수할 것을 약속하는 조약.

수호천사(守護天使) 가톨릭에서, 모든 사람을 착한 길로 인도하여 보호할 사명을 띤 천사를 이르는 말.

수혼식(繡婚式) 결혼 13주년(周年) 기념일(記念日).

수화불통(水火不通) '물과 불은 서로 통(通)하지 않는다'는 뜻으로, 친교(親交)가 이루어질 수 없음.

수화상극(水火相剋) '물과 불은 서로 용납(容納)하지 않는다'는 뜻으로, 서로 원수(怨讐)같이 대함.

수화지재(隋和之材) '함께 천하(天下)의 귀중(貴重)한 보배'라는 뜻으로, 뛰어난 인재(人材)의 비유(比喩).

수화폐월(羞花閉月) '달이 숨고 꽃이 부끄러워한다'는 뜻으로, 절세(絕世)의 미인(美人)을 비유(比喩)하는 말. 수월폐화(羞月閉花).

수후지주(隋侯之珠) 옛날 수(隋)나라 임금이 뱀을 도와 준 공(功)으로 얻었다는 보배로운 구슬.

수훼수보(隨毁隨補) 훼손(毁損)하는 대로 뒤 미쳐 보수(補修)함.

숙능어지(孰能御之) 누가 능히 막으리.

숙독완미(熟讀玩味) 문장(文章)의 뜻을 잘 생각하면서 차분히 읽고 음미(吟味)함을 이르

ㅅ

는 말.

숙려단행(熟慮斷行) 충분(充分)히 생각한 끝에 과감(果敢)하게 실행(實行)함.

숙맥불변(菽麥不辨) '콩인지 보리인지 분별(分別)하지 못한다'는 뜻으로, 어리석고 못난 사람.

숙부모(叔父母) 작은아버지와 작은어머니.

숙불환생(熟不還生) '한 번 익힌 음식(飮食)은 날것으로 되돌아 갈 수 없어 그대로 두면 쓸데없다'는 뜻으로, 장만한 음식(飮食)을 남에게 권할 때 쓰는 말.

숙살지기(肅殺之氣) 가을의 쌀쌀한 기운(氣運).

숙석지우(宿昔之憂) '밤낮으로 잊을 수 없는 근심'이라는 뜻으로, 깊은 근심이나 묵은 근심을 이름.

숙속지문(菽粟之文) 일반(一般) 사람들이 두루 알 수 있는 쉬운 글.

숙수지공(菽水之供) '콩과 물로 드리는 공'이라는 뜻으로, 가난 속에서도 정성(精誠)을 다하여 부모(父母)를 잘 섬기는 일.

숙수지환(菽水之歡) 콩을 먹고 물을 마시는 가난한 처지(處地)에서도 부모(父母)에게 효도(孝道)를 다하여 그 마음을 즐겁게 함.

ㅅ

숙습난당(熟習難當) 무슨 일이 익숙한 사람에게는 남이 당(當)하여 내기가 어려움.

숙습난방(熟習難防) 몸에 익숙하게 밴 버릇은 남이 고쳐 내기가 어려움.

숙시숙비(孰是孰非) ①누가 옳고 누가 그른지 분명(分明)하지 아니함. ②누가 옳고 그른지 분별(分別)하기 어려울 때 하는 말. ③시비(是非)가 분명(分明)하지 않음.

숙작외도(宿作外道) 현재(現在) 받고 있는 고락(苦樂)은 모두 지난 세상(世上)에서 이미 결정(決定)된 것이라고 주장(主張)하는 불교(佛敎) 밖의 가르침.

숙재남묘(俶載南畝) 비로소 남양의 밭에서 농작물(農作物)을 배양(培養)함.

숙조부(叔祖父) 할아버지의 아우. 작은 할아버지.

숙조투림(宿鳥投林) 잘 새가 숲에 듦.

숙호충비(宿虎衝鼻) '자는 범의 코를 찌른다'의 뜻으로, 가만히 있는 사람을 건드려서 화를 스스로 불러 들이는 일.

숙흥야매(夙興夜寐) '아침에 일찍 일어나고 밤에는 늦게 잔다'는 뜻으로, 아침 일찍부터 밤늦게까지 직무(職務)에 몰두(沒頭)하여 부지런히 일함을 이르는 말.

숙흥야매물라독서(夙興夜寐勿懶讀書) 아침에 일찍 일어나고 밤늦게 자며, 책 읽기를 게을리 하지 말라.

숙흥온청(夙興溫凊) 일찍 일어나서 추우면 덥게, 더우면 서늘케 하는 것이 부모(父母) 섬기는 절차(節次)임.

순결무구(純潔無垢) 몸가짐이 깨끗하여 조금도 더러운 티가 없음.

순경심원(脣敬心遠) 입술로는 가까이 하면서 마음은 멀리 있음.
순국선열(殉國先烈) 나라를 위(爲)하여 목숨을 바친 선조(先祖)의 열사(烈士). 애국선열(愛國先烈).
순국열사(殉國烈士) 나라를 위(爲)해 목숨을 바치며 싸운 열사(烈士).
순국의거(殉國義擧) 나라를 위(爲)하여 목숨을 바치고 정의(正義)를 위(爲)하여 거사(擧事)하는 일.
순두전강(旬頭殿講) 순과(旬課). 성균관 학령의 하나로 매 10일마다 유생에게 글 제목을 내어주고 제술을 시키던 것.
순망치한(脣亡齒寒) '입술을 잃으면 이가 시리다'는 뜻으로, ①가까운 사이의 한쪽이 망(亡)하면 다른 한쪽도 그 영향(影響)을 받아 온전(穩全)하기 어려움을 비유(譬喩)하여 이르는 말. ②서로 도우며 떨어질 수 없는 밀접(密接)한 관계(關係), 또는 서로 도움으로써 성립(成立)되는 관계(關係)를 비유(譬喩)하는 말.
순박경언(脣薄輕言) 입술이 얇은 자는 까불까불 잘 지껄임.
순복음교회(純福音敎會) 〔영〕Full Gospel Church.「예수교 대한 하나님의 성회」교단에 속하는 교회. 단일 교회로서는 신도 수 세계 제일의 초대형(超大型) 교회이다. 1958년 5月 조용기(趙鏞基) 목사와 최자실(崔慈實) 전도사가 5명의 신도로 은평구 대조동(大棗洞)에서 천막교회(天幕敎會)로 개척(開拓)한 것이 오늘의 초대형(超大型) 순복음교회로 부흥성장(復興成長)하였다.
순식간(瞬息間) 눈 한 번 깜짝하거나 숨 한 번 쉴 사이와 같이 짧은 동안.
순인야아역인야(舜人也我亦人也) '순(舜)임금도 사람이고, 나도 사람'이라는 뜻으로, 순(舜)임금 또한 우리와 같은 사람인바, 우리도 노력(努力)하면 순(舜)임금과 같은 성인(聖人)의 지위(地位)에 도달(到達)하지 못할 바 없음을 이르는 말.
순일무잡(純一無雜) ①전혀 섞인 것이 없음. ②꾸밈이나 간사(奸邪)스러운 생각이 없는 상태(狀態).
순종승제(順從勝祭) 순종이 제사보다 나음.
순종지복(順從之福) 순종의 복.
순진무구(純眞無垢) 마음과 몸이 아주 깨끗하여 조금도 더러운 때가 없음.
순차무사(順次無事) 아무 일 없이 잘 되어 감.
순천응인(順天應人) 천명(天命)에 순종(順從)하고, 인심(人心)에 응(應)함.
순천자존(順天者存) 천리(天理)에 따르는 자는 오래 번성(繁盛)함.
순천자존역천자망(順天者存逆天者亡) 천명(天命)을 순종하는 자는 살고, 천명을 거역하는 자는 망한다.

순치보거(脣齒輔車) 입술과 이, 수레의 덧방나무와 바퀴처럼 따로 떨어지거나 협력(協力)하지 않으면 일이 성취(成就)하기 어려운 관계(關係)를 이르는 말.

순치지국(脣齒之國) 입술과 이의 관계(關係)처럼 이해(利害) 관계(關係)가 밀접(密接)한 나라를 비유(比喩)하는 말.

순치지세(脣齒之勢) 입술과 이와의 뗄 수 없는 관계(關係)와 같이, 서로 의지(依支)하고 서로 영향(影響)을 끼치는 형세(形勢).

순풍만범(順風滿帆) 돛이 뒤에서 부는 바람을 받아 배가 잘 달리는 모양(模樣).

순풍미속(淳風美俗) 인정(人情)이 두텁고 아름다운 풍속(風俗).

순풍이호(順風而呼) '바람이 부는 방향(方向)으로 소리 지른다'는 뜻으로, 좋은 기회(機會)를 터서 일을 시행(施行)하면 이루기가 쉽다는 말.

순항미사일(巡航missile) 제트 기관으로 추진하는 무인 유도 미사일. 컴퓨터 제어로 저공비행이나 우회항행을 할 수 있으며 명중률이 아주 높음. 크루즈 미사일(cruise missile).

순환지리(循環之理) 사물(事物)의 성(盛)하여지고 쇠하여짐이 서로 바뀌어 도는 이치(理致).

ㅅ

술이부작(述而不作) 성인(聖人)의 말을 술(述)하고(전하고) 자기(自己)의 설(說)을 지어내지 않음.

술자지능(述者之能) '문장(文章)의 잘되고 못 됨은 그 문장(文章)을 지은 사람의 능력(能力)에 딸렸다'는 말로 일의 잘되고 못 되는 것은 그 사람의 수단(手段)이 좋고 나쁜 데에 달렸다는 말.

숭덕광업(崇德廣業) ①높은 덕과 큰 사업(事業). ②또는, 덕을 높이고 업을 넓힘.

슬갑도적(膝甲盜賊) 남의 시문(詩文)을 표절(剽竊)하여 쓰는 사람을 일컫는 말.

슬전물좌친면물앙(膝前勿坐親面勿仰) 무릎 앞에 앉지 말고, 부모님의 얼굴을 똑바로 쳐다보지 말아야 함.

습곡산맥(褶曲山脈) 습곡으로 이루어진 산맥. (알프스 산맥 · 히말라야 산맥 따위).

습관성자연(習慣成自然) 습관약자연(習慣若自然).

습관약자연(習慣若自然) 습관(習慣)은 종내 타고난 천성(天性)과 같이 됨을 이름. 습관성자연(習慣成自然).

습속이성(習俗移性) 습관(習慣)과 풍속(風俗)은 끝내 그 사람의 성질(性質)을 바꾸어 놓음.

습숙견문(習熟見聞) 널리 보고 들어서 사물(事物)에 익숙함.

습여성성(習與性成) 습관(習慣)이 오래 되면 마침내 천성(天性)이 됨.

습유보과(拾遺補過) 임금의 잘못을 바로잡아 고치게 함.

승견책비(乘堅策肥) 단단한 수레를 타고 살찐 말을 채찍질함.

승계납폐(陞階納陛) 문무(文武) 백관(百官)이 계단(階段)을 올라 임금께 납폐(納陛)하는 절차(節次)임.

승기자염(勝己者厭) 재주가 자기(自己)보다 나은 사람을 싫어함.

승당불하(承當不下) ①승당할 수 없음. ②감임(堪任)할 수 없음. 받아들여 감당할 수 없음.

승당입실(升堂入室) 마루에 올라 방으로 들어온다는 말로. ①어떤 일에나 그 차례(次例)가 있음을 이르는 말. ②학문(學文)이 점점 깊어짐의 비유(比喩).

승두지리(蠅頭之利) '파리머리만 한 이익(利益)'이라는 뜻으로, 대수롭지 않은 이익(利益)을 이름.

승두지리(升斗之利) '한 되와 한 말의 이익(利益)'이라는 뜻으로, 대수롭지 않은 이익(利益)을 이름.

승망풍지(承望風旨) '망루(望樓)에 올라 바람의 방향(方向)을 헤아린다'는 뜻으로, 윗사람의 눈치를 살펴가며 비위(脾胃)를 맞춤을 비유하는 말.

승상기하(承上起下) 앞의 문장(文章)을 받아서 뒤의 문장(文章)을 지어 나가는 일.

승상접하(承上接下) 윗사람을 받들고 아랫사람을 잘 거느려서 두 사이를 잘 주선(周旋)함.

승선주마삼분명(乘船走馬三分命) '배는 잘 뒤집혀지고, 말에서는 떨어지기 쉬우니, 이것을 잘 조종(操縱)하지 못하면 죽기 쉽다'는 뜻으로, '사람의 목숨을 10분의 7은 사람에 달렸고, 나머지 3은 하늘에 달렸다'는 말.

승소봉명(承召奉命) 임금의 부름을 받아 그 명령(命令)을 받듦.

승승장구(乘勝長驅) 싸움에서 이긴 기세(氣勢)를 타고 계속(繼續) 적을 몰아침.

승안순지(承安順志) 웃어른의 명령(命令)을 좇음.

승야도주(乘夜逃走) 밤을 틈타서 도망(逃亡)함.

승야월장(乘夜越牆) 밤을 틈타서 남의 집의 담을 넘어 들어감.

승운재림(乘雲再臨) 구름을 타고 다시 오심.

승위섭험(乘危涉險) 위태(危殆)하고 험난(險難)함을 무릅쓰고 나아감.

승전보(勝戰譜) 승전(勝戰)의 결과(結果)를 적은 기록(記錄).

승제지리(乘除之理) 성하고 쇠하는 이치(理致).

승중손(承重孫) 아버지와 할아버지를 대신(代身)하여 제사(祭祀)를 받드는 맏손자(-孫子).

승천입지(昇天入地) '하늘로 오르고 땅으로 들어간다'는 뜻으로, 자취를 감추고 없어짐을 이르는 말.

승패병가상사(勝敗兵家常事) '싸움에서 이기기도 하고 지기도 하는 것처럼 일에도 성공(成功)과 실패(失敗)가 있다'는 뜻.

승패병가지상사(勝敗兵家之常事) 승패병가상사(勝敗兵家常事).

승패지수(勝敗之數) 이기고 짐을 판가름하는 운수(運數).

승평세계(昇平世界) 태평(太平)한 세상(世上).

승풍파랑(乘風破浪) '뜻의 원대(遠大)함'을 이르는 말.

시가내이(試可乃已) 먼저 능(能)·불능(不能)을 시험(試驗)하고 취사(取捨)하는 일.

시각대변(時刻待變) ①병세(病勢)가 매우 위급(危急)하게 된 상태(狀態). ②마음이 잘 변(變)함.

시각도래(時刻到來) 어떤 일에 알맞은 때가 닥쳐옴.

시건유방(侍巾帷房) 유방(帷房)에서 모시고 수건을 받드니 처첩(妻妾)이 하는 일임.

시교수축(豕交獸畜) '돼지처럼 대하고 짐승처럼 기른다'는 뜻으로, 사람을 예로써 대우(待遇)하지 않고 짐승같이 대(對)한다는 말.

시구개정(市區改正) 불규칙(不規則)한 시의 구역(區域)을 고쳐서 바로 잡음.

시근종태(始勤終怠) 처음에는 부지런히 하나 나중에는 게으름을 이르는 말.

시금석(試金石) ①귀금속을 문질러, 그 품질을 알아보는 데 쓰이는 검은 빛깔의 단단한 돌. ②어떤 사물의 가치나 어떤 사람의 능력 등을 평가하는 데 '기준이 될 만한 사물'을 비유하여 이르는 말.

시급지사(時急之事) 시급(時急)한 일.

시기상조(時機尙早) '오히려 때가 이르다'는 뜻으로, 아직 때가 되지 않음을 이르는 말.

시기순숙(時機純熟) 때가 지남에 따라 근기도 성숙(成熟)되어 교화(敎化)를 받기에 알맞게 된 상태(狀態).

ㅅ

시대폐색(時代閉塞) 어떤 시대(時代)의 사회(社會)가 이상(理想)·목적(目的) 등(等)을 상실(喪失)하여 저미(低迷)하고 있는 상태(狀態)에 있는 일.

시덕자창(恃德者昌) 덕에 의지(依支)하는 사람은 번창(繁昌)함.

시도지교(市道之交) '시장과 길거리에서 이루어지는 교제'라는 뜻으로, 이익(利益)이 있으면 서로 합(合)하고, 이익(利益)이 없으면 해어지는 시정(市井)의 장사꾼과 같은 교제(交際).

시랑당로(豺狼當路) 승냥이와 이리에 비길 만한 간악(奸惡)한 자가 세력(勢力)을 얻어 정권(政權)을 좌우(左右)함을 비유(比喩)하는 말.

시래운도(時來運到) 때가 되어 운(運)이 돌아옴.

시례지훈(詩禮之訓) '시(詩)와 예(禮)의 가르침'이라는 뜻으로, 자식(子息)이 아버지에게서 받는 교훈(教訓).

시미종창(始微終昌) 시작은 미약(微弱)하나 나중은 창대(昌大)함.

시민여자(視民如子) 백성(百姓)을 제 자식(子息)처럼 여김.

시봉체후(侍奉體候) 어버이를 모시는 몸. 편지(便紙)에 부모(父母)를 모시고 있는 사람에게 쓰는 말.

시부모(媤父母) 남편(男便)의 부모(父母). 곧 시아버지와 시어머니.

시부재래(時不再來) '한 번 지난 때는 두 번 다시 오지 아니한다'는 말.

시불가실(時不可失) 한 번 지난 때는 두 번 다시 오지 아니하므로, ①때를 놓쳐서는 안 된다는 말. ②좋은 시기(時期)를 잃어버려서는 안 된다는 말.

시불비수(施不費受) '거저 받았으니 거저 주어라'의 말.

시비곡직(是非曲直) ①옳고 그르고, 굽고 곧음. ②도리(道理)에 맞는 것과 어긋나는 것. 시비선악(是非善惡).

시비선악(是非善惡) 시비(是非)와 선악(善惡). 옳고 그름과 선함과 악함.

시비종일유불청자연무(是非終日有不聽自然無) 시비(是非)가 종일(終日)토록 있을지라도 듣지 않으면 저절로 없어지느니라.

시비지단(是非之端) 시비(是非)가 일어나는 꼬투리.

시비지심(是非之心) 사단(四端)의 하나. 시비(是非)를 가릴 줄 아는 마음.

시사만평(時事漫評) 시사에 관한 일을 이것저것 생각나는 대로 하는 비평(批評).

시사약귀(視死若歸) 죽음을 두려워하지 않아, 죽음을 마치 집에 돌아가는 것 같이 대수롭지 않게 여김.

시사여귀(視死如歸) 죽는 것을 고향(故鄕)에 돌아가는 것과 같이 여긴다는 뜻으로, '죽음을 두려워하지 아니함'을 이르는 말.

시사여생(視死如生) 죽음을 삶같이 여기고 두려워하지 아니함.

시사필명청사필총(視思必明聽思必聰) 볼 때는 반드시 밝게 볼 것을 생각하고, 들음에는 반드시 밝혀 들을 것을 생각함.

시산혈하(屍山血河) 시산혈해(屍山血海).

시산혈해(屍山血海) '사람의 시체가 산처럼 쌓이고 피가 바다를 이룬다'는 뜻으로, 수많은 목숨이 무참히 살상(殺傷)됨을 비유(譬喩)하여 이르는 말.

시서지도(詩書之道) 『시경(詩經)』과 『서경(書經)』의 도(道)'라는 뜻으로, 성현(聖賢)의 가르침을 이르는 말.

시소공지찰(緦小功之察) '부모(父母)의 상복(喪服)보다 시마(緦麻)나 소공(小功)을 더 중(重)히 여긴다'는 뜻으로, 큰일은 깨닫지 못하고 작은 일에만 골몰(汨沒)함을 비유(比喩)하는 말.

시습문자자획해정(始習文字字劃楷正) 처음 문자를 익힐 때에는, 글자의 획(劃)을 바르게 써라.

시시각각(時時刻刻) 자꾸자꾸 시간(時間) 가는 대로. 시각마다.

시시방화발야야비적래(時時防火發夜夜備賊來) 때때로 불이 나는 것을 막고, 도적(盜賊)이 드는 것을 방비(防備)하라.

시시비비(是是非非) '옳은 것은 옳다, 그른 것은 그르다고 한다'는 뜻으로, 사리(事理)를 공정(公正)하게 판단(判斷)함을 이르는 말.

시시종종(時時種種) 때때로 있는 갖가지. 여러 가지.

시심시불(是心是佛) '마음이 곧 부처'라는 뜻으로, '부처를 밖으로 찾다가 하루아침에 대오(大悟)하면, 내 마음이 곧 부처의 마음이나 마찬가지'라는 뜻.

시심작불(是心作佛) '사람의 본심(本心)은 불성(佛性)을 갖추었으므로 중생(衆生)이 번뇌(煩惱)를 극복(克復)하면 그대로 부처가 된다'는 뜻.

시아귀회(施餓鬼會) 악도(惡道)에 떨어져 굶주림의 고통(苦痛)을 당(當)하는 망령(亡靈)에게 음식(飮食)을 베푸는 법회(法會).

시야비야(是也非也) 옳으니 그르니 하고 시비(是非)를 제대로 판단(判斷)하지 못하는 일. 왈시왈비(日是日非).

시야장반(是夜將半) 그 날 밤의 한밤중.

시약불견(視若不見) 보고도 보지 못한 체하는 일.

시약심상(視若尋常) 흥분(興奮)되거나 충동(衝動)을 일으키지 아니하고 심상하게 봄.

시약초월(視若楚越) 서로 멀리 하고 돌아보지 아니함.

시어다골(鰣魚多骨) '준치는 맛은 좋으나 가시가 많다'는 뜻으로, 좋은 일의 한편에는 귀찮은 일도 많음을 이르는 말.

시오지심(猜惡之心) 샘을 내고 미워하는 마음.

시온운동(Zion運動) 시온주의(Zion主義).

시온주의(Zion主義) 세계 각지에 흩어져 있던 유대인이 그들 선조의 땅인 팔레스타인에 조국을 재건하려던 운동. (1948년에 이스라엘의 독립으로 그들의 오랜 꿈이 이루어졌음). 시온운동. 유대주의. 시오니즘(Zionism).

시옹지정(時雍之政) 세상(世上)을 화평(和平)하게 다스리는 정치(政治).

시용향악보(時用鄕樂譜) 조선 중종 이전에 간행된 것으로 추정되는 악보집. 옛 가사와 악보가 함께 수록되어 있음.

시외조부(媤外祖父) 남편(男便)의 외할아버지.

시우지화(時雨之化) '철 맞추어 내리는 비로 초목(草木)이 자란다'는 뜻으로, 임금의 은혜(恩惠)가 두루 천하(天下)에 미침을 이르는 말.

시운불행(時運不幸) 시대(時代)나 때의 운수가 불행(不幸)함.

시위소찬(尸位素餐) 재덕(才德)이나 공적(功績)도 없이 높은 자리에 앉아 녹만 받는다는 뜻으로, 자기(自己) 직책(職責)을 다하지 않음을 이르는 말.

시위지신(侍衛之臣) 임금을 호위(護衛)하던 신하(臣下).

시유별재(詩有別才) 시를 잘 짓는 데에는 본래(本來) 뛰어난 천분(天分)을 타고나야 함.

시은겸자(施恩謙者) 겸손(謙遜)한 자에게 은혜(恩惠)를 베푸심.

시은물구보(施恩勿求報) 은혜(恩惠)를 베풀었거든 그 보답(報答)을 기다리지 말라.

시은물구보여인물추회(施恩勿求報與人勿追悔) 은혜(恩惠)를 베풀거든 그 보답(報答)을 기다리지 말고, 남에게 주었거든 뒤늦게 후회(後悔)하지 말라.

시은자은(施恩者恩) 은혜를 베풀 자에게 은혜를 베풂.

시의적절(時宜適切) 시기(時期)가 매우 적절함.

시이불견(視而不見) 보기는 하되 보이지 않음.

시이불공(恃而不恐) 믿는 것이 있어서 두려워하지 아니함. 시이부공.

시이불시(視而不視) 보기는 하되 보이지 않음.

시이사변(時移事變) 시이사왕(時移事往).

시이사왕(時移事往) 세월(歲月)이 흐르면 그 사물(事物)도 변(變)함. 시이사변(時移事變).

시이속역(時移俗易) ①세월(歲月)이 흐르면 풍속(風俗)도 저절로 바뀜. ②세상(世上)이 변(變)함.

시인포덕(施仁布德) 사랑을 베풀고 덕을 펴며 살자.

시재시재(時哉時哉) 좋을 때를 만나 기뻐 감탄(感歎)하는 소리. 시호시호(時乎時乎).

시재오물(恃才傲物) 제 재능(才能)을 믿고 거드름을 피움.

시정개선(施政改善) 정치(政治)를 좋게 고침.

시정무뢰(市井無賴) 시중(市中)의 불량배(不良輩).

시정지도(市井之徒) ①일반 시민(市民), 서민(庶民). ②거리의 불량배(不良輩), 무뢰한(無賴漢).

시정지리(市井之利) 시중의 이익(利益).

시제문자(始制文字) 복희씨(伏羲氏)의 신하(臣下) 창힐(倉頡)이 새의 발자취를 보고 글자를 처음 만들었음.

시제불석(施濟不惜) 구제할 때 아끼는 마음을 품지 말 것.

시제은의(施濟隱矣) 오른손이 구제(救濟)하는 것을 왼손이 모르게 함.

시조부(媤祖父) 시할아버지.

시종여일(始終如一) 처음이나 나중이 한결같아서 변(變)함 없음. 종시여일(終始如一).

시종일관(始終一貫) 처음부터 끝까지 한결같이 관철(貫徹)함.

시좌부모물노책인(侍坐父母勿怒責人) 부모님을 모시고 앉아 있거든, 성내어 다른 사람을 꾸짖지 말라.

시좌친전물거물와(侍坐親前勿踞勿臥) 부모님을 앞에 모시고 앉아 있거든, 걸터앉지 말며 눕지 말라.

시좌친측진퇴필공(侍坐親側進退必恭) 어버이 곁에 모시고 앉을 때는 나아가고 물러감을 반드시 공손(恭遜)히 해야 함.

시지종지(始之終之) '나는 처음이요 마지막이다'는 뜻.

시진회멸(澌盡灰滅) '물이 잦아들어 없어지고, 불이 재가 된다'는 뜻으로, 흔적(痕迹)도 없이 사라짐.

시찬고양(詩讚羔羊) 시전(詩傳) 고양편(羔羊編)에 문왕(文王)의 덕(德)을 입은 남국 대부의 정직(正直)함을 칭찬(稱讚)하였으니 사람의 선악(善惡)을 말한 것임.

시청언동(視聽言動) 보고 듣고 말하고 움직이는 것으로, 사람이 삼가 해야 할 네 가지임.

시친일출외식지난(侍親一出外食至難) 늙은 부모 모시고는 외식 한 번 힘들구나.

시필사명(視必思明) 사물을 볼 때는 반드시 분명하게 보아라.

시필사명청필사총(視必思明聽必思聰) 볼 때에는 반드시 밝게 볼 것을 생각하며, 들을 때에는 반드시 밝게 들을 것을 생각하라.

시행착오(試行錯誤) 일을 진행(進行)하는데 생기는 잘못.

시험지옥(試驗地獄) '잦은 시험이나 지나친 경쟁에 의한 시험으로 몹시 고통을 당하는 처지'를 말함.

시호삼전(市虎三傳) 사실이 아닌 것이라도 많은 사람이 말하면 듣는 자도 언젠가는 믿게 된다는 말.

시호시호(時乎時乎) 시재시재(時哉時哉).

시화세풍(時和歲豊) 시화연풍(時和年豊).

시화연풍(時和年豊) 나라가 태평(太平)하고 곡식(穀食)이 잘 됨.

식갈역진(食竭力盡) 식량(食糧)이 떨어져 기운(氣運)이 다함.

식객삼천(食客三千) '식객(食客)이 삼천(三千) 명(名)'이라는 뜻으로, 함께 하는 사람이 대단히 많음을 말함.

人

식국지록(食國之祿) 나라의 녹(祿)을 받아먹음.

식군지록(食君之祿) 식국지록(食國之祿).

식담정신상심청몽매안(食淡精神爽心淸夢寐安) 음식(飮食)이 깨끗하면 마음이 상쾌(爽快)하고, 마음이 맑으면 잠을 편히 잘 수 있다.

식록지신(食祿之臣) 나라의 녹봉(祿俸)을 받는 신하(臣下).

식마육불음주상인(食馬肉不飮酒傷人) '말고기를 먹고 술을 마시지 않으면 건강(健康)을 해(害)치게 된다'라는 뜻으로, 덕(德)으로써 다른 사람에게 너그럽게 대하는 것을 비유(比喩)하는 말.

식민국(植民國) 식민지(植民地)를 가진 나라.

식민정책(植民政策) 식민지의 통치 및 경영(經營)에 관한 정책.

식민지(植民地) 본국(本國)의 밖에 있으면서 본국의 특수(特殊)한 지배(支配)를 받는 지역.

식불감미(食不甘味) 근심, 걱정 따위로 음식(飮食) 맛이 없음.

식불이미(食不二味) 음식(飮食)을 잘 차려 먹지 아니함.

식소사번(食少事煩) ①'먹을 것은 적고 할 일은 많음'이라는 뜻으로, 수고는 많이 하나 얻는 것이 적음을 말함. ②몸을 돌보지 않고 바쁘게 일한다는 뜻.

식송망정(植松望亭) '솔을 심어 정자(亭子)를 삼는다'라는 뜻으로, 바라는 일이 까마득한 것을 가리킴.

식어무반(食魚無反) '생선(生鮮)을 먹을 때에 한쪽만 먹고, 다른 쪽은 남겨둔다'는 뜻으로,

민력(民力)을 여축(餘蓄)하는 일을 이르는 말.

식옥취계(食玉炊桂) '식량으로 옥을 먹고, 계수나무(桂樹-)로 밥을 짓는다'는 뜻으로, 물가가 비싸 생활(生活)이 어려움을 이르는 말.

식우지기(食牛之氣) '소라도 삼킬 정도(程度)의 기개(氣槪)'라는 뜻으로, 어려서부터 기개(氣槪)가 뛰어남을 이르는 말.

식육부귀(食肉富貴) 맛있는 고기만 먹고 지내면서 누리는 부귀(富貴).

식음전폐(食飮全廢) 먹고 마시는 일을 일체 하지 않음.

식이위천(食以爲天) '먹는 것으로 하늘을 삼는다'는 뜻으로, 사람이 살아가는 데 먹는 것이 가장 중요(重要)하다는 말.

식자우환(識字憂患) '글자를 아는 것이 오히려 근심이 된다'는 뜻으로, ①알기는 알아도 똑바로 잘 알고 있지 못하기 때문에 그 지식(知識)이 오히려 걱정거리가 됨. ②도리(道理)를 알고 있는 까닭으로 도리어 불리(不利)하게 되었음을 이름. ③차라리 모르는 편이 나을 때를 이름.

식재연명(息災延命) 재난(災難)이 멎고 목숨이 연장(延長)됨.

식재지도(殖財之道) 재산(財産)을 늘리는 방도.

식전방장(食前方丈) '사방(四方) 열 자의 상에 잘 차린 음식(飮食)'이라는 뜻으로, 호화(豪華)롭게 많이 차린 음식(飮食)을 이르는 말.

식지동(食指動) '집게손가락이 움직인다'는 말로, '음식(飮食)이나 사물(事物)에 대(對)한 욕심(欲心), 또는 야심(野心)을 품는다'는 뜻.

식후일미(食後一味) 식사(食事) 후(後에) 먹는 유일(唯一)한 맛.

신겸노복(身兼奴僕) 집이 가난하여 종을 두지 못하고 몸소 종의 일까지 함.

신겸처자(身兼妻子) 홀로 있는 몸이 아니고 세 식구(食口)라는 뜻. 본인, 처, 자식 곧 세 식구.

신구교대(新舊交代) ①새 것과 헌 것이 교대(交代)함. ②신관과 구관이 교대(交代)함.

신급돈어(信及豚魚) '돼지나 물고기 등(等) 무심(無心)한 생물(生物)조차 믿어 의심(疑心)하지 않는다'는 뜻으로, 신의(信義)의 지극(至極)함을 이르는 말.

신기구병(信祈求病) 믿음의 기도(祈禱)는 병든 자를 구원(救援)함.

신기누설(神機漏泄) 비밀(秘密)에 속(屬)하는 일을 누설(漏泄)함.

신기루(蜃氣樓) 바다 위나 사막(沙漠)에서, 대기(大氣)의 밀도(密度)가 층층이 달라졌을 때 빛이 굴절(屈折)하기 때문에 엉뚱한 곳에 물상(物像)이 있는 것처럼 보이는 현상(現象).

신기묘산(神機妙算) ①신이 행(行)하는 뛰어난 계략(計略). ②범인(凡人)은 짐작(斟酌)도 하지 못하는 훌륭한 계략(計略).

신기원(新紀元) 기억(記憶)할만한 놀라운 사실(事實)로 말미암아 전개(展開)되는 새로운 시대(時代).

신년절(新年節) 〔영〕New Year Festival. 성결 법전(레23:23~25)에 나팔(喇叭)을 불라 했으므로 나팔절(喇叭節:Feast of Trumpets)이라고도 한다. 이 날에는 일을 쉬고 성회(聖會)로 모였다(민29:1~6). 포로 전에는 신년을 가을, 곧 티쉬리(7월) 10일(태양력9~10월)에 지켰다.

신년하례(新年賀禮) 새해맞이를 축하(祝賀)하는 예식(禮式).

신데렐라(Cinderella) ①유럽 동화(童話) 속의 여주인공(女主人公)의 이름. (계모에게 학대 받다가 친어머니의 영혼이 도와 왕자와 결혼하게 됨). ②'무명(無名)의 존재에서 하루아침에 명사가 된 여자'를 비유(譬喩)하는 말.

신량등화(新凉燈火) 가을의 서늘한 기운(氣運)이 처음 생길 무렵에 등불 밑에서 글 읽기가 좋음.

신로심불로(身老心不老) 몸은 늙었으나 마음은 늙지 않았음.

신망애(信望愛) 기독교에서, 믿음 · 소망 · 사랑의 삼덕(三德)을 이르는 말.

신묘막측(神妙莫測) 측량할 수 없는 오묘하신 섭리(攝理).

신묘불측(神妙不測) 신통하고 오묘(奧妙)하여 감히 헤아릴 수 없음.

ㅅ

신문이래(信聞以來) '믿음은 들음에서 난다'는 뜻.

신물원유유필유방(愼勿遠遊遊必有方) 부디 먼 곳에 가지 말며, 가더라도 반드시 일정한 곳이 있게 하라.

신미양요(辛未洋擾) 조선 고종 8(1871)년에 미국(美國) 군함(軍艦) 네 척이 강화(江華) 해변(海邊)에 침입하여 소동(騷動)을 일으킨 사건(事件).

신변잡기(身邊雜記) 자기(自己) 한 몸이 처해 있는 주위(周圍)에서 일상(日常) 일어나는 여러 가지 일을 적은 수필체(隨筆體)의 글.

신변잡담(身邊雜談) 자신의 주변(周邊)에서 일어나는 여러 가지 일을 말함.

신변잡사(身邊雜事) 신변에서 일어나는 자질구레한 잡(雜)일.

신복융강(臣伏戎羌) 이상(以上)과 같이 나라를 다스리면 그 덕에 융(戎)과 강(羌)도 항복(降伏)하고야 맒.

신비주의(神秘主義) ①(신(神)을 이성적 인식의 대상이라 하는 견해에 반대하여) 신비적인 직관과 내적 체험(體驗)으로 신을 인식하려는 철학(哲學)이나 종교상의 경향. ②초자연적(超自然的)인 절대자의 존재를 인정하여 그 힘을 인식의 모든 범위에 적용(適用)하려는 관념론적(觀念論的)인 세계관(世界觀).

신사가복(信使可覆) 믿음은 움직일 수 없는 진리(眞理)이고, 또한 남과의 약속(約束)은 지켜야 함.

신사가복기욕난량(信使可覆器欲難量) ①언약(言約)은 지킬 수 있게 하고, 도량(度量)은 헤아리기 어려울 정도가 되게 하라는 뜻. ②사람의 기량(器量)은 깊고 깊어서 헤아리기 어렵다.

신사독행(愼思篤行) 신중(愼重)하게 생각하고, 독실(篤實)하게 행동(行動)한다.

신상가덕(信上加德) 믿음 위에 덕(德)을 더함.

신상필벌(信賞必罰) '상을 줄 만한 훈공(勳功)이 있는 자에게 반드시 상을 주고, 벌(罰)할 죄과(罪科)가 있는 자에게는 반드시 벌(罰)을 준다'는 뜻으로, 곧, 상벌(賞罰)을 공정(公正)·엄중(嚴重)히 하는 일

신색자약(神色自若) 큰일을 당해도 냉정(冷情)하여 안색(顔色)이 평소(平素)와 다름없이 변(變)하지 않음.

신성낙락(辰星落落) '새벽하늘에 별이 드문드문 있다'는 뜻으로, 벗들이 차차 적어지는 것을 이르는 말.

신속정확(迅速正確) 빠르고 정확(正確)함.

신수심동(身隨心動) 마음이 움직여야 몸도 움직인다.

신수지로(薪水之勞) '땔나무를 주워 모으고, 먹을 물을 긷는 수고, 곧 밥을 짓는 노고(勞苦)'라는 뜻으로, 일상(日常)의 일에 몸을 아끼지 않고 노력(努力)하여 남을 섬김을 이르는 말.

신신당부(申申當付) 신신부탁(申申付託).

신신부탁(申申付託) 여러 번 되풀이 하여 간곡(懇曲)히 하는 부탁. 신신당부(申申當付).

신심직행(信心直行) 옳다고 믿는 바대로 거리낌 없이 곧장 행(行)함.

신앙고백(信仰告白) 기독교(基督敎)에서, 신앙(信仰)의 교의적(敎義的) 내용을 스스로 명백히 확인하고 인정하는 일, 또는 그와 관련된 기록.(사도신경, 신앙개조, 교리문답서 등).

신애인화(信愛忍和) 믿고 사랑하고 인내(忍耐)하면, 화목(和睦)해진다.

신약성서(新約聖書) 기독교(基督敎) 성서(聖書)의 한 가지. 예수가 세상에 난 때부터 재림(再臨)할 때까지의 예수의 생애(生涯)와, 그 제자들의 전도 기록 및 사도(使徒)들의 편지 등을 모은 경전(經典)으로, 마태복음부터 요한계시록(啓示錄)에 이르기까지 27권. 신약전서(新約全書). 신약(新約).

신약시대(新約時代) 기독교에서, 예수가 세상에 난 때부터 재림(再臨)할 때까지의 시대를 이르는 말.

신언불미(信言不美) 참된 말은 언제나 듣기 좋은 것만은 아니다. 듣기 좋은 말은 참되지 못하다.

신언불미미언불신(信言不美美言不信) 진실(眞實)한 말은 꾸밈이 없고, 화려(華麗)하게 장식한 말은 진실이 없다.

신언서판(身言書判) '중국(中國) 당대의 관리(官吏) 전선(銓選)의 네 가지 표준(標準). 곧

인물(人物)을 선택(選擇)하는 네 가지 조건(條件)'이라는 뜻으로, 사람을 평가(評價)할 때나 선택(選擇)할 때가 되면 첫째 인물(人物)이 잘났나, 즉 신(身), 둘째 말을 잘 할 줄 아는가, 즉 언(言), 셋째 글씨는 잘 쓰는가, 즉 서(書), 넷째 사물(事物)의 판단(判斷)이 옳은가, 즉 판(判)의 네가지를 보아야 한다하여 이르는 말.

신외무물(身外無物) '몸 이외(以外)에는 아무 것도 없다'는 뜻으로, 몸이 가장 소중(所重)하다는 말.

신운표묘(神韻縹渺) 예술(藝術) 작품(作品) 따위에서 신비한 기운(氣運)이 어렴풋이 피어오름. 예술(藝術) 작품(作品)의 뛰어난 정취(情趣).

신위외주(愼爲畏主) 여호와를 두려워하는 마음으로 삼가 행함.

신의수례(信義守禮) 신의로써 예의를 지키자.

신이우이물망(身而遇而勿望) 내 몸 대우(待遇)에 무엇을 바라지 말라.

신인공노(神人共怒) 신인공분(神人共憤).

신인공분(神人共憤) '신과 사람이 함께 노한다'는 뜻으로, 누구나 분노(憤怒)할 만큼 증오(憎惡)스럽거나 도저히 용납(容納)될 수 없음. 신인공노(神人共怒).

신인동형동성론적(神人同形同性論的) 하나님께서 인간에게 나타내신 어떤 모습에 대한 묘사를 인간의 성품(性品)이나 행위(行爲)에 비유하여 표현하는 것을 말 한다.

신입구출(新入舊出) 새 것이 들어오고 묵은 것이 나감.

신입야귀(晨入夜歸) 아침 일찍 출사하고 밤늦게 귀가(歸嫁)함.

신입야출(晨入夜出) ①아침 일찍이 관청(官廳)에 들어가고 밤늦게 퇴근(退勤)함. ②소임(所任)에 최선(最善)을 다함.

신정지초(新政之初) 새로운 정치(政治)를 베풀어 얼마 되지 아니한 때.

신정지초(新情之初) 새로 정(情)이 들어 얼마 되지 아니할 때.

신종여시(愼終如始) 일의 마지막에도 처음과 같이 신중(愼重)을 기함.

신종의령(愼終宜令) 처음뿐만 아니라 끝맺음도 좋아야 함.

신종추원(愼終追遠) 양친(兩親)의 상사(喪事)에는 슬픔을 다하고, 제사(祭祀)에는 공경(恭敬)을 다함.

신주물우(信主勿憂) '주(主)를 믿는 자는 근심하지 말라'는 말.

신주위의(信主爲義) 여호와를 믿으니 이를 의로 여김.

신지무의(信之無疑) 꼭 믿어 의심(疑心)하지 아니함.

신진기예(新進氣銳) 새로 두각을 나타낸 신인으로서 의기(義氣)가 날카로움.

신진대사(新陳代謝) 묵은 것이 없어지고 새것이 대신(代身) 생기거나 들어서는 일. 물질대사(物質代謝).

신진화멸(新盡火滅) '땔감이 동나서 불이 꺼진다'는 뜻으로, 사람의 죽음을 이르는 말.

신체발부(身體髮膚) 머리 끝 부터 발끝까지의 몸 전체(全體).

신체발부물훼물상(身體髮膚勿毁勿傷) 신체와 머리털과 피부를 훼손하지 말며 상하게 하지 말라.

신체발부수지부모(身體髮膚受之父母) 신체(身體)의 모발(毛髮)과 피부(皮膚)는 부모(父母)님으로부터 받은 것임.

신체발부수지부모불감훼손(身體髮膚受之父母不敢毁損) 신체(身體)의 모발(毛髮)과 피부(皮膚) 모두는, 부모(父母)님으로부터 받은 것이니, 함부로 훼손(毁損)할수 없다는 뜻.

신축자재(伸縮自在) '마음대로 늘었다 줄었다 한다'는 뜻으로 조건(條件)과 환경(環境)에 맞게 움직이는 것이 여유가 있고 구속(拘束)이 없음을 이르는 말.

신춘가절(新春佳節) '새봄 좋은 명절(名節)'이라는 뜻으로, 중국(中國)에서는 새해 인사말로 쓰임.

신출귀몰(神出鬼沒) '귀신(鬼神)처럼 자유자재(自由自在)로 나타나기도 하고, 숨기도 한다'는 뜻으로, 날쌔게 나타났다 숨었다 하는 모양(模樣)을 이르는 말. 신출귀행(神出鬼行).

신출귀행(神出鬼行) 신출귀몰(神出鬼沒).

신출내기(新出–) 어떤 방면에 처음으로 나서서 아직 익숙하지 못한 사람.

신친당지(身親當之) (어떤 일을)남에게 맡기지 아니하고 몸소 맡아 함.

신탁통치(信託統治) 국제연합(國際聯合)의 신탁을 받은 나라가, 국제 연합의 감독아래 일정한 지역을 통치(統治)하는 일.

신토불이(身土不二) '몸과 태어난 땅은 하나'라는 뜻으로, 제 땅에서 산출(産出)된 것이라야 체질(體質)에 잘 맞는다는 말.

신통지력(神通之力) 헤아릴 수 없는 변화(變化)의 재주를 가진 힘.

신필선기필관필수(晨必先起必盥必漱) 새벽에는 반드시 먼저 일어나, 반드시 세수(洗手)하고 반드시 양치질하라.

신학삼덕(神學三德) 기독교(基督教)에서 이르는 세 가지의 덕(德). 곧, 믿음, 소망(所望), 사랑.

신호지세(晨虎之勢) 굶주린 새벽 호랑이와 같은 맹렬(猛烈)한 기세(氣勢).

신혼부부(新婚夫婦) 갓 결혼(結婚)한 부부.

신혼여행(新婚旅行) 결혼식을 마치고 신혼부부(新婚夫婦)가 함께 가는 여행. 밀월여행(蜜月旅行). 신행(新行). 허니문(Honeymoon).

신화시대(神話時代) 역사(歷史) 시대(時代) 이전(以前)의, 신화(神話)에만 남아 있는 시대.

신후지계(身後之計) 사후(死後)의 계책. 죽은 뒤의 자손을 위한 계책(計策).

신후지지(身後之地) 살아 있을 때 미리 잡아 둔 묏자리.

신흥종교(新興宗敎) 기성 종교에 대하여, 새로 일어난 종교를 이르는 말.

실가지락(室家之樂) 부부(夫婦) 사이의 화락(和樂).

실낙원(失樂園.Paradise Lost) 영국(英國), John Milton이 저작(著作)한 영국문학(英國文學) 고전(古典)으로서, 1667년에 간행(刊行)된 12권의 책(冊). (지옥(地獄)에 빠진 Satan이, Eden 동산에 가서 아담과 이브를 유혹(誘惑)한다고 하는 이야기를 창세기(創世記)에서 인용(引用)했으며, 인간의 타락(墮落)과 신의 구원(救援)의 올바름을 그린 문학책(文學 冊)임. 상(上) 하권(下卷)으로 되어 있으며, 하권은 '복낙원(復樂園)'이고 4권(卷)으로 되어있다.)

실내마님(室內–) '남의 아내'를 높이어 이르는 말.

실내악(室內樂) '실내 음악'의 준말.

실내유희(室內遊戲) 방 안에서 하며 즐기는 놀이(장기 · 바둑 따위).

실내음악(室內音樂) 방(房) 안이나 작은 집회실(集會室) 등에서 적은 인원으로 연주하기에 알맞은 기악 합주곡(合奏曲). 실내악(室內樂).

ㅅ

실당유진상필쇄소(室堂有塵常必灑掃) 방과 거실에 먼지가 있거든, 항상 반드시 물 뿌리고 청소하라.

실력행사(實力行使) 어떤 일을 이루기 위해 완력이나 무력 따위를 쓰는 일.

실마치구(失馬治廏) '말 잃고 외양간 고친다'는 뜻으로, 실패(失敗)한 뒤에 손을 쓴다는 말.

실부득부동(失斧得斧同) '잃은 도끼나 얻은 도끼나 한가지'라는 뜻으로, 주고받은 것이 같아 손해(損害)도 이익(利益)도 없음을 비유(比喩)해 이르는 말.

실사구시(實事求是) '사실(事實)에 토대(土臺)하여 진리(眞理)를 탐구(探究)하는 일'이라는 뜻으로, 공론(空論)만 일삼는 양명학(陽明學)에 대(對)한 반동(反動)으로서 청조의 고증(考證) 학파(學派)가 내세운 표어(標語)로, 문헌학적(文獻學的)인 고증(考證)의 정확(正確)을 존중(尊重)하는 과학적(科學的), 객관(客觀) 주의적(主義的) 학문(學問) 태도(態度)를 말함.

실상무루(實相無漏) 우주만상(宇宙萬象)의 진실(眞實)한 체상(體相)은, 일체(一切)의 번뇌(煩惱) · 염오(厭惡)를 떠나서 청결(淸潔)함을 이르는 말.

실성통곡(失性痛哭) 정신(精神)에 이상(異常)이 생길 정도(程度)로 슬피 통곡(痛哭)함.

실신부립(失信不立) 신용을 지켜라. 신용을 잃으면 세상에 서 있을 수가 없다.

실어공중(失於空中) '공중에서 잃었다'는 뜻으로 물건(物件)을 아무렇게나 써 버림.

실언실인(失言失人) '헛된 말로 말을 잃어버리고, 터놓고 말을 하지 않아 사람을 잃는다'는 뜻.

실연적판단(實然的判斷) 주어(主語)와 술어(述語)와의 관계가 실제로 성립함을 나타내는

'A는 B이다'라는 형식의 판단. 개연적판단(蓋然的判斷). 필연적판단(必然的判斷).

실우보옥(失牛補屋) 소 잃고 외양간 고친다. 망우보뢰(亡牛補牢).

실우치구(失牛治廏) '소 잃고 외양간 고친다'는 뜻으로, 실패(失敗)한 후(後)에 일을 대비(對備)함.

실존주의(實存主義) 실존철학(實存哲學).

실존철학(實存哲學) 20세기 전반기에 프랑스와 독일을 중심으로 일어난 철학사조의 한 가지. 실증주의나 합리주의에 대한 반동으로 시작되어, 사물이나 인간에 관한 보편적 · 추상적인 본질을 부정하고 개별적 · 구체적인 실존을 다룸. 문학 · 종교 · 사상 등에 큰 영향을 미쳤으며, 야스퍼스 · 키에르케고르 · 니체 · 사르트르 · 포이어바흐 등이 그 대표적 철학자임. 실존주의(實存主義).

실진무휘(實陣無諱) 사실(事實) 그대로 고함.

실질강건(實質剛健) 꾸밈이 없이 성실(誠實)하고, 굳세고 씩씩함.

실천궁행(實踐躬行) 실제(實際)로 몸소 이행(履行)함.

실천신학(實踐神學) 〔영〕Practical Theology. 신학의 한 과목이며, 목회 · 설교 · 예배 등에 관하여 연구하는 학문이다. 따라서 목회학(牧會學) · 설교학(說教學) · 예배학(禮拜學) · 교회(教會)의 제도(制度) · 조례(條例)의 연구 등이 이 부분에 속한다.

실체론(實體論) ①존재론(存在論). ②현상과 작용의 배후에 실체가 있다고 주장하는 학설.

심강무성(深江無聲) '깊은 강물은 소리가 없다'는 말.

심광만성(心廣萬成) 마음이 너그러우면 만 가지가 이루어진다.

심광체반(心廣體胖) 마음이 너그러워서 몸에 살이 오름.

심교망주(心驕忘主) 마음이 교만하여 하나님을 잊음.

심근고저(深根固柢) '뿌리가 땅 속 깊이 뻗어 움직이지 않는다'는 뜻으로, 바탕이 매우 견실(堅實)함을 비유(比喩)하는 말.

심기망상(心氣妄想) 자기(自己)가 중병에 걸렸다고 생각하는 망상(妄想).

심기일변(心機一變) 심기일전(心機一轉).

심기일전(心機一轉) 어떠한 동기(動機)에 의(依)하여 이제까지의 먹었던 마음을 확 바꿈.

심기회전(心機廻轉) 마음이 빙 돌아서 달라짐.

심념구언(心念口言) 심념구칭(心念口稱).

심념구칭(心念口稱) 마음속에 불덕(佛德)을 새기면서 말로 일컬음. 심념구언(心念口言).

심덕승명(心德勝命) 마음의 덕을 잘 닦아가면 운명도 개척할 수 있다.

심동신피(心動神疲) 마음이 움직이면 신기(身氣)가 피곤(疲困)하니 마음이 불안(不安)하면 신기(身氣)가 불편(不便)함.

심두멸각(心頭滅却) '심두(心頭:마음)를 멸각(滅却)하면 불 또한 시원하다'라는 뜻으로, 잡념(雜念)을 버리고 무념무상(無念無想)의 경지(境地)에 이르면 불 속에서도 오히려 시원함을 느낀다는 말임.

심락양약(心樂良藥) 마음의 즐거움은 양약(良藥)이 됨.

심량처지(深諒處之) 깊이 헤아려 처리(處理)함.

심리묘사(心理描寫) 문학(文學), 연극(演劇), 영화(映畵) 등 여러 예술(藝術)에 있어서 인물의 심리상태(心理狀態)나 그 변화(變化)의 과정(過程)을 그려 내는 일.

심리주의(心理主義) 철학상(哲學上)의 주장(主張), 인식(認識),논리(論理),윤리(倫理) 및 예술(藝術)의 문제(問題)를 심리적인 발생, 과정, 구조(構造) 및 연구에 의하여 해명하려고 하는 주의.

심만의족(心滿意足) 마음에 흡족(洽足)함.

심모원계(深謀遠計) 깊은 꾀와 원대(遠大)한 계획(計劃).

심모원려(深謀遠慮) 깊은 꾀와 먼 장래(將來)를 내다보는 생각.

심목고준(深目高準) 깊숙한 눈과 높직한 코.

심무소주(心無所主) 마음에 줏대가 없음.

심번의란(心煩意亂) '마음이 번거롭고, 뜻이 어지럽다'는 뜻으로, 의지(意志)가 뒤흔들려 마음이 안정(安定)되지 않음.

심복수사(心腹輸寫) 마음 속의 생각을 모두 털어놓음.

심복지병(心腹之病) 심복지질(心腹之疾). 심복지환(心腹之患).

심복지우(心腹之友) 가장 친밀(親密)한 벗.

심복지인(心腹之人) 썩 가까워 마음놓고 믿을 수 있는 사람. 주(主)로 아랫사람을 두고 쓰는 말임.

심복지질(心腹之疾) 심복지병(心腹之病). 심복지환(心腹之患).

심복지환(心腹之患) 없애기 어려운 우환(憂患). 심복지병(心腹之病). 심복지질(心腹之疾).

심부재언시이불견(心不在焉視而不見) '마음에 있지 않으면 보아도 보이지 않는다'라는 뜻으로, 하고자 하는 마음이 없으면 어떤 일을 행(行)하여도 참된 성과(成果)를 거둘 수 없다는 말.

심불부인면무참색(心不負人面無慙色) 마음이 남을 저버리지 않았으면, 얼굴에 부끄러운 빛이 없느니라.

심사고거(深思高擧) 생각은 깊게 하고, 행동(行動)은 대담(大膽)하게 하라.

심사묵고(深思默考) 깊이 고요히 생각함.

심사민행(深思敏行) 깊이 생각하고 민첩하게 행하라.

심사숙고(深思熟考) ①깊이 생각하고 깊이 고찰(考察)함. ②신중(愼重)을 기하여 곰곰이 생각함.

심사숙려(深思熟慮) 깊이 잘 생각함.

심산계곡(心山溪谷) 높은 산속의 깊은 골짜기.

심산고찰(深山古刹) 깊은 산속에 오래 묵은 고찰(古刹).

심산궁곡(深山窮谷) 깊은 산속의 험한 골짜기.

심산맹호(深山猛虎) 깊은 산속의 사나운 범.

심산유곡(深山幽谷) 깊숙하고 고요한 산과 골짜기.

심상주근(心傷主近) 여호와는 마음이 상(傷)한 자를 가까이 하심.

심성구지(心誠求之) 마음을 다하여 도(道)를 구(求)함.

심술거복(心術去福) 심술꾸러기는 복을 받지 못한다는 말.

심신불안(心神不安) 마음(정신)이 편안하지 못함.

심신산란(心神散亂) 마음이 몹시 산란(散亂)함.

심신지려(心信之旅) 마음과 믿음을 쌓아가는 여정.

심심산곡(深深山谷) 아주 깊은 산골짜기.

심심산천(深深山川) 아주 깊은 산천(山川).

심심상인(心心相印) '마음에서 마음으로 전한다'는 뜻으로, 묵묵한 가운데 서로 마음이 통(通)함. 이심전심(以心傳心). 염화미소(拈華微笑).

심심소견(心心消遣) 심심소일(心心消日). 심심풀이로 어떤 일을 하며 시간을 보냄.

심심소일(心心消日) ①시간(時間)을 보내기 위(爲)하여 심심풀이로 어떤 일을 함. ②또는 그 일.

심심장지(深深藏之) 소중(所重)한 물건(物件)을 깊이 감추어 둠.

심안모옥온성정채갱향(心安茅屋穩性定菜羹香) 마음이 편안(便安)하면 모옥(茅屋)도 안온(安穩)하고, 성품이 안정(安定)되면 나물국도 향기(香氣)롭다.

심열성복(心悅誠服) 충심(衷心)으로 기뻐하며 성심(誠心)을 다하여 순종(順從)함.

심외지사(心外之事) 뜻밖의 일.

심원의마(心猿意馬) '마음은 원숭이 같고 생각은 말과 같다'는 뜻으로, 마음이 안정(安定)되지 않아 생각을 집중(集中)할 수 없다는 말.

심은후덕(深恩厚德) 깊고 두터운 은덕(恩德).

심인지강(心仁志强) 마음이 어질고 의지가 강함.

심장멱구(尋章覓句) 심장적구(尋章摘句).

심장적구(尋章摘句) 옛 사람의 글귀를 여기저기서 뽑아서 시문(詩文)을 짓는 일.

심재홍곡(心在鴻鵠) 바둑을 두면서 마음은 기러기나 고니가 날아오면 쏘아 맞출 것만 생각한다면 어찌 되겠느냐는 맹자(孟子)의 언질에서 비롯된 말로, 학업(學業)을 닦으면서 마음은 다른 곳에 씀을 일컫는 말

심주즉생(尋主則生) '하나님을 찾으면 살게 됨'의 뜻.

심중소회(心中所懷) 마음속의 생각이나 느낌.

심중은후(深中隱厚) 이해심이 깊고 동정심이 많은 사람이 되라.

심지광명(心地光明) 사욕(私慾) 없는 공명정대(公明正大)한 마음가짐을 이르는 말.

심천이동(深淺移動) 물고기가 물속의 깊은 곳과 얕은 곳을 옮겨 다니는 일.

심청사달(心淸事達) '마음이 깨끗하고 맑으면, 모든 일을 이룰 수 있다'는 말.

심청사백수언중학청산(心淸師白水言重學靑山) 마음의 맑음은 흰 물을 스승으로 삼고, 말의 신중(愼重)함은 푸른 산을 배움.

심판속주(審判屬主) 재판은 하나님께 속함.

심평기화(心平氣和) 마음속에 불평(不平)이 없고, 기분이 화창(和暢)함. 심기(心氣)가 화평(和平)함.

심폐소생술(心肺所生術) 심장(心臟)과 폐(肺)의 활동이 멈추었을 때 인공적(人工的)으로 혈액(血液)을 순환(循環)시키고 호흡(呼吸)을 돕는 응급처치(應急處置) 방법(方法).

심행소멸(心行消滅) 심행처멸(心行處滅).

심행처멸(心行處滅) 사람의 생각이 미치지 못하는 경지(境地). 심행소멸(心行消滅).

심화선평(心和善平) 마음이 부드럽고 기운이 화평한 사람이 되라.

십간(十干), **십이지**(十二支) ①십간(十干)〔천간(天干)〕: 갑(甲)·을(乙)·병(丙)·정(丁)·무(戊)·기(己)·경(庚)·신(辛)·임(壬)·계(癸). ②십이지(十二支),〔육십갑자의 아랫부분을 이루는 12개의 지지(地支)〕: 자(子)·축(丑)·인(寅)·묘(卯)·진(辰)·사(巳)·오(午)·미(未)·신(申)·유(酉)·술(戌)·해(亥). 이를 통틀어 십간(十干), 십이지(十二支)〔(지지(地支)〕라 말한다.

십계명(十誡命) 〔영〕Ten Commandments.〔히〕.**עשרת הדברים**(아세렛 핫바림) 〔헬〕οἱ δέκα λόγοι(호이 데카 로고이 : 열개의 말씀들). (출20:1~17; 신5:1~21). 구약성서 '출애굽기' 와 '신명기'에 있는 근본 계율(誡律). 하나님이 시내 산에서 모세에게 내리신 10개조의 가르침. 곧, ①너는 나 외에는 다른 신들을 네게 두지 말라. ②너를 위하여 새긴 우상을 만들지 말고 또 위로 하늘에 있는 것이나 아래로 땅에 있는 것이나 땅 아래 물속에 있는 것의 어떤 형상도 만들지 말며 그것들에게 절하지 말며, 그것들을 섬기지 말라. ③너는 네 하나님 여호와의 이름을 망령되게 부르지 말라. ④안식일을 기억하여 거룩하게 지키라. ⑤네 부모를 공경하라. ⑥살인하지 말라. ⑦간음하지 말라. 도둑질하지 말라. ⑧네 이웃에 대하여 거짓 증거 하지 말라. ⑨네 이웃의 집을 탐내지 말라. 십계(十誡).

십년감수(十年減壽) '수명(壽命)에서 열 해가 줄어든다'는 뜻으로, 몹시 위험(危險)하거나 놀랐을 때 쓰는 말.

십년공부(十年工夫) 열 해 동안 쌓은 공.

십년등하고삼일마두영(十年燈下苦三日馬頭榮) 십 년 간의 등잔(燈盞) 아래 고통(苦痛)은 삼 일 간의 말머리의 영화(榮華)임.

십년이장형이사지(十年以長兄以事之) 열 살이 더 많으면, 형(兄)으로 섬겨라.

십년일득(十年一得) ①십년 만에 한 번 얻는다는 뜻으로 늘 잘 안 되는 일이 어쩌다 한 번 잘 됨을 이르는 말. ② 큰 물이나 가뭄의 피해를 많이 보는 논에 간혹 풍년이 듦을 비유적으로 이르는 말.

십년지계(十年之計) 앞으로 열 해를 목표(目標)로 한 계획(計劃).

십년지계막여수목(十年之計莫如樹木) 십 년의 계획(計劃)은 나무를 심는 것 만한 것이 없음을 이르는 말.

십년지기(十年知己) 오래 전(前)부터 친히 사귀어 온 친구(親舊).

십년창하(十年窓下) '십년 동안 창문(窓門) 아래에 찾는 이가 없다'는 뜻으로, 외부와 접촉(接觸)을 끊고 학문에 정진(精進)함을 비유(比喩)하는 말.

십년한창(十年寒窓) '십년 동안 사람이 찾아오지 않아 쓸쓸한 창문(窓門)'이라는 뜻으로, 외부와 접촉(接觸)을 끊고 학문에 정진(精進)함을 비유(比喩)하는 말.

십념혈맥(十念血脈) 십념의 깊은 뜻을 스승으로 삼아 서로 이어받는 일.

십동지수회일동(十洞之水會一洞) '열 골 물이 한 골로 모여든다'는 뜻으로, '모든 화나 재난(災難)이 한 사람에게만 미침'을 비유(譬喩)한 말.

십만억토(十萬億土) 불교에서, ①이승에서 극락정토에 이르는 사이에 있다고 하는 수많은 불토(佛土). ②극락정토(極樂淨土).

십만장안(十萬長安) '사람이 썩 많이 사는 서울'이란 뜻으로 이르던 말.

십맹일장(十盲一杖) '열 소경에 한 막대'라는 뜻으로, 어떤 사물(事物)이 여러 곳에 다 긴요(緊要)하게 쓰임을 비유(譬喩)해 이르는 말.

십목소시(十目所視) '열 사람의 눈이 보고 있다'는 뜻으로, 세상(世上) 사람을 속일 수 없음을 비유(比喩)하는 말.

십목십수(十目十手) 보는 사람과 손가락질을 하는 사람이 많음.

십반일시환성일반(十飯一匙還成一飯) '열 그릇의 밥에서 한 숟갈씩 덜면 한 그릇의 밥이 된다'는 뜻으로, 여러 사람이 힘을 내면, 비용은 적게 들고 혜택이 많아지는 것을 뜻함.

십방세계(十方世界) 온 세계(世界).

십벌지목(十伐之木) '열 번 찍어 아니 넘어가는 나무가 없다'는 뜻으로, ①어떤 어려운 일이라도 여러 번 계속(繼續)하여 끊임없이 노력(努力)하면 기어이 이루어 내고야 만다는 뜻. ②아무리 마음이 굳은 사람이라도 여러 번 계속(繼續)하여 말을 하면 결국 그 말을 듣게 된다는 뜻

십보방초(十步芳草) '열 걸음 안에 아름다운 꽃과 풀이 있다'는 뜻으로, 세상에는 훌륭한 사람 또는 인재가 많음을 비유(比喩)하는 말.

십분무의(十分無疑) 조금도 의심(疑心)할 것이 없음.

십분준신(十分準信) 아주 충분히 믿음.

십불선업(十不善業) 몸, 입, 뜻의 세 가지에서 나는 열 가지의 악업(惡業). 곧 '살생(殺生), 투도(偷盜), 사음(邪淫) 따위의 신업(身業)과 망어(妄語), 기어(綺語), 양설(兩舌), 악구(惡口) 따위의 구업(口業)과 탐욕(貪慾), 진애(嗔喪), 우치(愚癡)' 따위.

십사만사천(十四萬四千) 〔영〕Hundred and Forty-Four Thousand.〔헬〕ἑκατὸν τεσσαράκοντα τέσσαρες χιλιάδες(헤카톤 테사라콘타 테사레스 킬리아데스). 계7:4에 나오는 이마에 인친 하나님의 종들의 수. 요한이 환상(幻想) 중에 천사 하나가 살아계신 하나님의 인(印)을 가지고 해 돋는 쪽에서 올라오는 것을 보았다. 이스라엘 열두 지파에서 이 인침을 받은 자가 모두 14만 4천 명이었음을 요한은 들었다. 각 지파에서 똑같이 1만 2천 명씩, 열두지파에서 모두 14만 4천 명이 인침을 받았다. (聖書百科大事典 參照).

ㅅ

십상팔구(十常八九) '열에 아홉'이란 뜻으로, '열 가운데 여덟이나 아홉이 된다'는 뜻. 곧, 거의 다 됨을 가리키는 말. 십중팔구(十中八九).

십생구사(十生九死) '열 번 살고 아홉 번 죽는다'는 뜻으로, 위태(危殆)한 지경(地境)을 겨우 벗어남.

십선만승(十善萬乘) 천자(天子)의 자리.

십선지군(十善之君) 십선지왕(十善之王). 십선지주(十善之主).

십선지왕(十善之王) 십선지군(十善之君). 십선지주(十善之主).

십선지주(十善之主) 십선(十善)을 행(行)한 군자(君子), 곧 천자(天子)나 임금. 십선지군(十善之君). 십선지왕(十善之王).

십수기일(十輸其一) 열 가운데에서 하나를 줌.

십승법(十乘法) '십진법(十進法)'의 구 용어(舊用語).

십승지지(十勝之地) ①나라 안의 열 군데의 명승지(名勝地). ②나라 안에서 피란(避亂)하기 좋다고 전(傳)하는 열 군데의 지방(地方). 영풍군 풍기읍의 금계촌, 봉화군의 춘양면, 보은군의 속리산, 남원군의 두류산(지리산(智異山)), 예천군 용문면의 금당실, 공주군(公州郡) 유구면과 사곡면, 영월군(寧越郡)의 정동 상류(上流)(상동읍), 무주군의 무풍면, 부안군

산내면의 변산, 성주군의 만수동.

십시일반(十匙一飯) '열 사람이 한 술씩 보태면 한 사람 먹을 분량(分量)이 된다'는 뜻으로, 여러 사람이 힘을 합(合)하면 한 사람을 돕기는 쉽다는 말.

십실구공(十室九空) '열 집 가운데 아홉 집이 비었다'는 뜻으로, 전쟁(戰爭)이나 재난(災難)으로 인(因)하여 많은 사람이 죽었거나 흩어진 상태(狀態)를 이르는 말.

십악대죄(十惡大罪) 조선(朝鮮) 때 적용(適用)시킨, 대명률(大明律)에 정(定)한 열 가지의 큰 죄(罪). 곧 모반(謀反), 모대역(謨大逆), 모반(謀叛), 악역(惡逆), 부도(不道), 대불경, 불효(不孝), 불목(不睦), 불의(不義), 내란(內亂).

십악오역(十惡五逆) 십악(十惡)과 오역(五逆)의 죄(罪).

십양구목(十羊九牧) '양 열 마리에 목자(牧者)는 아홉 사람이나 된다'는 뜻으로, '국민(國民)에 비해 공무원(公務員)이 많음'을 비유(比喩)하는 말.

십육방위(十六方位) 동서남북을 다시 열여섯 방향(方向)으로 나눈 방위.

십이사도(十二使徒) 예수가 복음(福音)의 전파(傳播)를 위하여 뽑은 열두 제자(弟子). 베드로 · 안드레 · 야고보 · 요한 · 빌립 · 바돌로매 · 도마 · 마태 · 알패오의 아들 야고보 · 다대오 · 시몬 · 유다에 이름(마10:2~4; 막6:7~13; 눅9:1~6). Twelve Apostles. (뒤에 유다는 배반(背叛)하여 맛디아가 대신하게 됨).

십이연기(十二緣起) 십이연문(十二緣門).

십이연문(十二緣門) 십이인연(十二因緣).

십이인연(十二因緣) 과거(過去)에 지은 업(業)을 따라서 현재(現在)의 과보(果報)를 받으며, 현재(現在)의 업을 따라 미래(未來)의 고통(苦痛)을 받는 열두 인연(因緣). 곧 무명(無明), 행(行), 식(識), 명색(名色), 육입(六入), 촉(觸), 수(受), 애(愛), 취(取), 유(有), 생(生), 노사 (老死).

십이제국(十二諸國) 이 세상(世上)에 있는 모든 나라.

십이지(十二支) 육십갑자의 아랫부분을 이루는 12개의 지지(地支). '자(子) · 축(丑).인(寅) · 묘(卯) · 진(辰) · 사(巳) · 오(午) · 미(未) · 신(申) · 유(酉) · 술(戌) · 해(亥)'를 통틀어 이르는 말. 십이자(十二子).지지(地支).

십이지장(十二指腸) 소장(小腸)의 일부로서, 위(胃)의 유문(幽門)에서 공장(空腸)에 이르는 말굽 모양의 부위. 소화액을 쓸개와 이자로부터 받아 음식물에 섞어 내려 보냄. 샘창자.

십이지장충(十二指腸蟲) 인체 기생충의 한 가지. 구충과의 선충. 알에서 부화하여 입이나 피부를 통해 침입, 혈관 · 폐 등을 거쳐 장에 이르러 성충이 됨. 주로 십이지장에 기생함.

십이지파(十二支派) 〔영〕Twelve Tribes. 〔히〕מטה(마테) ; שבט(세벳). 〔헬〕δωδεκαφυλον(도데카퓔론). 〔라〕tribus. 헬라어 도데카(δōδεκα:열 둘)와, 퓔레(p h y l e : 지파)의 합성어로서, 이스라엘의 열두 지파를 뜻하는 말이다. 창49:1~28; 민1:47~54; 신27:12~13. 이스라엘의 십이 지파는 야곱의 열두 아들에서 유래된 것이 훗날에 그들이 장성(長成)하고 각자의 자손들이 번성(蕃盛)하면서, 열두 아들들은 각자가 부족(部族)과 족장(族長)이 되면서 지파가 형성된 것이다. 십이 지파는 야곱(이스라엘)을 아버지로 하여 레아, 라헬 및 소실인 빌하, 실바 네 사람의 몸에서 낳은 아들들의 자손을 말 한다. 르우벤 · 시므온 · 레위 · 유다 · 스불론 · 잇사갈 은 레아에게서, 단 · 납달리는 빌하에게서, 아셀 · 갓 은 실바에게서, 요셉 · 베냐민은 라헬에게서 났다. 훗날에는 레위지파가 하나님의 소유가 되면서 요셉지파를 그의 두 아들 므낫세와 에브라임 지파로 분리하였다. (基督敎 諸 書籍 參照).

십인수지부득찰일적(十人守之不得察一賊) 열 사람이 지켜도 한 도적(盜賊)을 살필 수 없음.

십인십색(十人十色) 열 사람이면 열 사람의 성격(性格)이나 사람됨이 제각기 다름.

ㅅ

십일세(十一稅) 십일조(十一租)

십일조(十一租) ①중세 유럽의 교회(敎會)에서, 생산량(生産量)의 10분의 1을 거두던 조세(租稅). 십일세(十一稅). ②십일조(十一條).

십일조(十一條) 〔영〕Tithe. 〔히〕עשר(야사르 : 십분의 일을 바치거나 혹은 취하다); מעשר(마에사르:10분의 1의 몫). 〔헬〕δεκατόω(데카토오) ἀποδεκατόω(아포데카토오: 십분의 일을 바치거나 혹은 취하다); δεκάτη(데카테: 10분의 1의 몫). 〔라〕decima(데키마). 기독교(基督敎)에서, 제사장(祭司長)의 생활을 위해 혹은 그 밖의 다른 종교적(宗敎的)인 일을 위해 교인이 교회(敎會)에 헌납(獻納)하는, 자기 소득(所得)이나 재산(財産)의 10분의 1을 이르는 말. 십일조(十一租). (諸 基督敎 書籍 參照).

십일지국(十日之菊) '국화(菊花)는 9월 9일이 절정기(絕頂期)이니 십일 날의 국화(菊花)라'는 뜻으로, 무엇이나 한창 때가 지나 때늦은 것을 비유(比喩)함.

십자가(十字架) 〔영〕Cross. 〔헬〕σταυρός(스타우로스). 〔라〕crux.

①고대(古代) 서양(西洋)에서 죄인(罪人)을 사형(死刑) 하던 '十' 자(字) 모양의 형구(形具). ②예수께서 달린 십자가(十字架)는 로마(Roma)의 처형(處刑) 기구로 그 모양은 '丅'자(字) 형(形)의 것과 '十'자(字) 형(形)의 것이 있었는데, 예수께서 달리신 것은 십자형(十字形)이었다(마27:37). 당시(當時)는 죄인(罪人)을 매달아 죽이는 형(刑)틀이었으나, 예수 부활(復活) 이후부터는 죄인 구원(救援)을 위한

희생(犧牲), 죽음에 대한 승리(勝利)의 상징(象徵)이 되고 존경(尊敬)의 상징이 되기도 하며, 또한 겪어야 할 고난(苦難)을 의미(意味)하기도 한다.

십자고상(十字苦像) 십자가에 못 박힌 예수의 수난(受難)의 상(像), 또는 그런 그림이나 조각(彫刻).

십자군(十字軍) ①회회교도(回回教徒)의 손아귀로부터 성지(聖地) 팔레스틴을 회복하기 위하여 십자가 깃발 밑에 유럽의 크리스챤들이 군대(軍隊)를 조직(組織)하여 원정(遠征)을 한 사건을 말함. ②어떤 이상(理想)이나 신념(信念)을 이루기 위해 나선 투쟁적(鬪爭的) 집단을 스스로 거룩하게 이르는 말.

십작목무부전(十斫木無不顚) '열 번 찍어 안 넘어가는 나무 없다'는 뜻으로, 무슨 일이든지 꾸준히 노력(努力)하면 성공(成功)함.

십전구도(十顚九倒) '열 번 엎어지고 아홉 번 거꾸러진다'는 뜻으로, 숱한 괴로움을 겪음을 이르는 말.

십전대보탕(十全大補湯) 원기를 돕는 한방 보약의 한 가지. 팔물탕에 황기와 육계를 더한 것.

십중팔구(十中八九) '열에 아홉'이란 뜻으로, ①열 가운데 여덟이나 아홉이 된다는 뜻. 곧, 거의 다 됨을 가리키는 말. ②거의 예외(例外) 없이 그러할 것이라는 추측(推測)을 나타내는 말.

십지부동(十指不動) '열 손가락을 움직이지 않는다'는 뜻으로, 게을러서 조금도 일을 하지 않음을 이르는 말.

십지유장단(十指有長短) '열 손가락에는 제각기 길고 짧음이 있다'는 뜻으로, 사물(事物)마다 각기 독특(獨特)한 성질(性質)이 있음을 비유(比喩)해 이르는 말.

십진급수(十進級數) 십진법(十進法)으로 얻은 단위(單位)에 붙는 여러 가지 이름. [십(十), 백(百), 천(千), 만(萬), 억(億), 조(兆), 경(京) 또는 할(割), 푼(分), 리(厘), 모(毛) 따위.]

십진법(十進法) 기수법의 한 가지. 수(數)를 셀 때, 0·1·2·3·4·5·6·7·8·9 다음은 한 자리 올려 10으로 적고, 10이 열 곱절 되면 100으로 적듯이, 열(10)씩 모일 때마다 한 자리씩 올려 세는 방법.

십진분류법(十進分類法) 도서 분류법(分類法)의 한 가지. 모든 분야의 도서를 열 가지 유(類)로 분류(分類)하고, 각 유를 다시 열 가지 강(綱)으로, 각 강을 다시 열 가지 목(目)의 세 단계로 분류하는 방법.

십팔공(十八公) 〔'송(松)'자를 파자(破字)한 말로〕 '소나무'를 달리 이르는 말.

십팔번(十八番) 어떤 사람이 가장 즐겨서 잘 부르는 노래.(일본의 유명한 가부키(かぶき)

집안에 전해 오던 18번의 인기 연주 목록에서 온 말). '단골 노래', '단골 장기'로 순화.

십풍오우(十風五雨) '열흘에 한 번씩은 바람이 불고, 닷새에 한 번씩은 비가 온다'는 뜻으로, 기후(氣候)가 고름을 비유(譬喩)하는 말.

십한일폭(十寒一曝) '열흘 동안 춥다가 하루 볕이 쬔다'는 뜻으로, 일이 꾸준하게 진행되지 못하고 중간에 자주 끊김을 이르는 말.

십행구하(十行俱下) '열 줄의 글을 한 번에 읽어 내려간다'는 뜻으로, '책 읽는 속도(速度)가 빠름'의 비유(譬喩).

십현연기(十玄緣起) 화엄종(華嚴宗)에서 온갖 법이 서로 일정(一定)한 관계(關係)를 가지고 하나가 됨을 열 가지로 나누어 설명(說明)하는 법문(法門). 고십현(古十玄), 신십현(新十玄)의 두 가지가 있음.

쌍거쌍래(雙去雙來) 쌍쌍이 오고 감.

쌍계가족(雙系家族) 부계(父系)와 모계(母系)의 중요성을 동등하게 인정하면서 결합하는 가족.

쌍동중매(雙童仲媒) 짝을 지어 다니며 직업적으로 하는 중매. 또는, 그런 중매인.

ㅅ

쌍두마차(雙頭馬車) ①두 마리의 말이 끄는 마차. ②'어떤 한 분야에서 주축이 되는 두 사람이나 사물 따위'를 비유(比喻)하는 말.

쌍마교(雙馬轎) 말 두 필에 각각 앞뒤 체를 얹고 가는 가마. (높은 벼슬아치가 탔음). 가교(駕轎). 쌍교(雙轎).

쌍무협정(雙務協定) 당사자 쌍방이 대등하게 의무를 지는 협정.

쌍벌주의(雙罰主義) 범법 행위를 한 당사자(當事者) 양쪽을 함께 처벌하는 주의. ↔불벌주의(不罰主義). 단벌주의(單罰主義).

쌍생녀(雙生女) 쌍동 딸.

쌍생아(雙生兒) 쌍둥이.

쌍생자(雙生子) 쌍동 아들.

쌍수검(雙手劍) 양손에 한 자루씩 쥐는 칼. 쌍칼.

쌍숙쌍비(雙宿雙飛) '함께 잠자고 함께 날아간다,는 뜻으로, '부부(夫婦)'를 일컫는 말.

쌍학흉배(雙鶴胸背) 한 쌍의 학을 수놓은 흉배(胸背). 당상관(堂上官) 이상(以上)의 문관(文官)의 공복(公服)에 붙였음.

쌍호흉배(雙虎胸背) 한 쌍의 범을 수놓은 흉배(胸背). 당상관(堂上官) 이상(以上)의 무관(武官)의 공복(公服)에 붙였음.

【ㅇ】

아가사창(我歌查唱) '내가 부를 노래를 사돈이 부른다'는 속담(俗談)의 한역으로, 책망(責望)을 들을 사람이 도리어 큰소리를 침을 이르는 말.

아경인친인경아친(我敬人親人敬我親) 내가 다른 사람의 어버이를 공경(恭敬)하면, 다른 사람이 내 어버이를 공경(恭敬)하느니라.

아경인형인경아형(我敬人兄人敬我兄) 내가 남의 형을 공경(恭敬)하면, 남도 나의 형을 공경(恭敬)해 줌.

아궁불열(我躬不閱) '자신(自身)도 돌보지 못하는 형편(形便)'이라는 뜻으로, 후손(後孫)이나 남을 걱정할 여력(餘力)이 없음을 이르는 말.

아급형제동수친혈(我及兄弟同受親血) 나와 형제(兄弟)는 한가지로 어버이의 피를 받음.

아기형제여기부모(我欺兄弟如欺父母) 내가 형제(兄弟)를 속이는 것은 부모(父母)님을 속이는 것과 같음.

아낙군수(–郡守) 늘 집 안에만 틀어박혀 있는 남자(男子)를 조롱(嘲弄)하여 이르는 말.

아녀자(兒女子) ①어린아이와 여자. ②'여자'를 낮추어 이르는 말. 아녀.

아도입타초역난(我刀入他鞘亦難) '내 칼도 남의 칼집에 들면 찾기 어렵다'는 속담(俗談)의 한역으로, 자기(自己) 물건(物件)이라도 남의 수중에 들어가면 마음대로 할 수 없음을 비유(比喩)해 이르는 말.

아동주졸(兒童走卒) '어린이와 바쁘게 돌아다니는 심부름꾼'이라는 뜻으로, 철없는 아이들과 어리석은 사람들을 이르는 말.

아동편사(兒童便射) '활쏘기 장려(奬勵)'의 뜻에서, 동네별로 어린이들로만 편을 짜고 활쏘기를 겨루던 일.

아라비아숫자(Arabia數字) 0·1·2·3·4·5·6·7·8·9·10개의 산용숫자(算用數字)를 기본으로 하여 이루어진 숫자. 인도에서 아라비아를 통하여 유럽에 전해짐. 산용숫자(算用數字).

아랑지구(餓狼之口) '굶주린 이리의 아가리'라는 뜻으로, 탐욕(貪慾)스럽고 잔인(殘忍) 무도(無道)한 사람을 비유(譬喩)하는 말.

아록록지(阿碌碌地) 사실(事實)과 이치(理致)가 원만(圓滿)하여 완전무애(宛轉無礙)한 것을 이르는 말.

아리랑아라리요(我理郞我羅理謠) '참된 나를 찾아 번영하며 즐겁게 살자'는 뜻으로, 철학적이며 국가와 민족 의식을 고취시키는 의미.

아리랑아라리요(阿理郞阿羅里謠) '스코트랜드'의 민요 '아니로리'와 비슷한 남녀의 애석한 사랑의 노래이지만, 그러나 우리에게는 망국의 한을 품은 노래의 뜻.

아리랑아라리요(啊哩郎啊羅里謠) 멀리 떨어져있는 연인간의 애석한 사랑의 향수를 노래하며, 광복의식을 품고 있는 뜻의 노래.

아리랑아라리요(我理郎我羅理謠) '나를 알면 명랑해진다. 나를 알고 나를 번영시키며, 살자'는 뜻.

아리랑아라리요(阿理郎阿羅里謠) '언덕 마을에 있는 연인, 마을의 번영을 노래하며, 국가와 민족의 번영을 기원한다'는 뜻.

아리랑아라리요(啊哩郎啊羅哩謠) '멀리 있는 연인을 그리워하며, 서로 멀리 떨어져있는 연인과의 애석한 사랑을 노래한다'는 뜻. (본 '아리랑아라리요' 풀이는 박준희(朴俊熙) 감리교 원로목사가 정리하여, 감리교 『기독교타임즈』 주간지 2012.9.22.(토)일자에 게재(揭載)된 근거(根據)임).

아리안족(–族) 인도유럽 어족(語族)에 딸린 인종(人種)을 통틀어 이르는 말.

아마겟돈전쟁(–戰爭) 〔영〕Armageddon(Har–magedon).〔히〕הרמגדון(하르마게돈 : 므깃도 산, 참조 : מגדון)[마게돈, 슥12:11]);〔헬〕Ἁρμαγεδών(하르마게돈, 계16:16, 참조 : Μαγεδδω[마게도, A], Μεγεδδω)[메게도, B]). 어둠의 힘과 하나님 사이에 있을 종국적(終局的)인 격전(激戰)을 말하고, 그 전장(戰場)인 무대(舞臺)를 말한다. 에스드라엘론 들판 서남방(西南方) 구석 므깃도 부근(附近)의 구릉지대(丘陵地帶)가 유명한 옛날 싸움터이었기 때문에 이 곳을 마지막 날 싸움의 무대로 그려낸 듯하다.

ㅇ

아무유양(我武維揚) 자기(自己)네 편의 무위(武威)가 드날림을 이르는 말.

아미월(蛾眉月) '여인의 예쁜 눈썹 같은 달'이라는 뜻으로, '음력 초사흗날의 달'을 이르는 말.

아미타(阿彌陀 amitābha) 서방 정토의 극락세계(極樂世界)에 있다는 부처의 이름.

아미타여래(阿彌陀如來) 아미타(阿彌陀.amitābha).

아미타불(阿彌陀佛) 아미타(阿彌陀).

아바마마(–媽媽) 임금이나 임금의 아들딸이 그 '아버지'를 일컫던 말.

아방궁(阿房宮) ①중국의 진시황(秦始皇)이 위수(渭水)의 남쪽에 지은 궁전(宮殿). ②광대(廣大)하고 으리으리하게 지은 집을 비유(比喩)하는 말.

아베크족(avec族) 함께 행동하는 한 쌍(雙)의 젊은 남녀. 특히, 연인 관계에 있는 한 쌍의 남녀를 이름.

아복기포불찰노기(我腹旣飽不察奴飢) '내 배가 부르니 종 배고픈 줄 모른다'는 뜻으로, '상대방(相對方)의 처지(處地)가 되지 않으면 잘 알 수 없다'는 뜻.

아부뇌동(阿附雷同) 아부영합(阿附迎合).

아부영합(阿附迎合) 자기(自己)의 주견(主見)이 없이 남의 말에 아부(阿附)하며 동조(同調)함. 아부뇌동(阿附雷同)

아불리가(阿弗利加) '아프리카(Africa)'의 한자음(漢字音) 표기.

아비규환(阿鼻叫喚) '아비(阿鼻) 지옥(地獄)과 규환(叫喚) 지옥(地獄)'이라는 뜻으로, 여러 사람이 비참(悲慘)한 지경(地境)에 처하여 그 고통(苦痛)에서 헤어나려고 비명을 지르며 몸부림침을 형용(形容)해 이르는 말.

아비지옥(阿鼻地獄) 불교(佛敎)에서 말하는 8대 지옥(地獄) 중(中)의 여덟째로, 고통(苦痛)이 가장 심(甚)하다는 지옥(地獄). 무간지옥(無間地獄).

아사달(阿斯達) 단군 조선 개국 때의 국도(國都). 평양 부근의 백악산(白岳山)이라고도 하고, 황해도 구월산(九月山)이라고도 함.

아사리(阿闍梨.ācārya) 불교(佛敎)에서, 제자(弟子)를 가르칠 만한 덕(德)을 갖춘 중을 이르는 말.

아사인친인사아친(我事人親人事我親) 내가 남의 어버이를 섬기면 남도 나의 어버이를 섬겨줌.

아사자(餓死者) 굶어서 죽은 사람.

아사지경(餓死之境) 굶어서 죽게 된 지경(之境). 아사선상(餓死線上).

아삼륙(二三六) ①골패의 '쌍진아' · '쌍장삼' · '쌍진륙'의 세 쌍. ('쌍비연(雙飛燕)'이라 하여 끗수를 세곱으로 침. ②'서로 잘 맞는 짝', '단짝'을 비유하여 이루는 말. 이(二)는 중국어 발음으로 '아' 이다.

아성층권(亞成層圈) 지상으로부터 8000m에서 1만 2000m의 성층권까지의 사이에 있는 대기의 층.

아수라(阿修羅,asura) 불교에서 이르는, 싸움을 일삼는 나쁜 귀신(鬼神).

아수라왕(阿修羅王) 아수라의 우두머리. 정법(正法)을 없애려고 늘 제석(帝釋)과 싸운다는 나쁜 귀신.

아수라장(阿修羅場) ①전란이나 그 밖의 일로 인(因)하여 큰 혼란(混亂) 상태(狀態)에 빠진 곳. 또는, 그 상태(狀態). ②아수라(阿修羅) 왕(王)이 제석천과 싸운 마당.

아승기(阿僧祇) 항하사(恒河沙)의 1만배, 나유타(那由他)의 1만분의 1이 되는 수(數).

아승기야(阿僧祇耶) 아승기야(阿僧企耶).

아승기야(阿僧企耶) 이루 헤아릴 수 없이 많은 수(數). 아승기야(阿僧祇耶)

아시타비(我是他比) 나는 옳고 너는 틀렸다. 내로남불.

아신능선예급부모(我身能善譽及父母) 내 몸이 능히 착하면 명예(名譽)가 부모(父母)님께 미침.

아신능현예급부모(我身能賢譽及父母) 아신능선예급부모(我身能善譽及父母).

아신능효형제역효(我身能孝兄弟亦效) 내 몸이 능히 효를 하면 형과 아우도 또한 본받음.

아신만래의려후지(我身晩來倚閭候之) 내 몸이 늦게 올 때면 이문에 기대어 기다리심.

아신불선욕급부모(我身不善辱及父母) 내 몸이 착하지 못하면 욕됨이 부모(父母)님께 미침.

아신불현욕급부모(我身不賢辱及父母) 아신불선욕급부모(我身不善辱及父母).

아신불효형제역칙(我身不孝兄弟亦則) 내 몸이 효도(孝道)를 하지 않으면 형과 아우도 능히 본받음.

아심여칭(我心如秤) '내 마음은 저울과 같다'는 뜻으로, 마음의 공평(公平)함을 이르는 말.

아양승(啞羊僧) 어리석은 중이 선악(善惡)의 계율(戒律)을 판단(判斷)하지 못하여 죄(罪)를 짓고도 참회(懺悔)할 줄 모름을 벙어리 염소에 비유(譬喩)하는 말. 양승(羊僧).

아언각비(雅言覺非) 조선 정조 때에, 실학자 정약용(丁若鏞)이 지은 어원(語源) 연구서(研究書). 3권 1책.

아연실색(啞然失色) 뜻밖의 일에 놀라서 말을 잃고 얼굴빛이 변(變)함. 악연실색(啞然失色).

아예서직(我藝黍稷) 나는 기장과 피를 심는 일에 열중(熱中)함.

아유경탈(阿諛傾奪) 권세가(權勢家)에게 아첨(阿諂)하여 남의 지위(地位)를 빼앗음.

아유구용(阿諛苟容) 남에게 잘 보이려고 구차(苟且)스럽게 아첨(阿諂)함.

아유우환형제역우(我有憂患兄弟亦憂) 나에게 근심과 걱정이 있으면, 형제(兄弟)도 또한 근심함.

아유편파(阿諛偏頗) 아첨하여 한쪽으로 치우침.

아유환락형제역락(我有歡樂兄弟亦樂) 나에게 기쁨과 즐거움이 있으면, 형제(兄弟)들도 또한 즐거워함.

아자시술(蛾子時術) '나방의 새끼는 작은 벌레이지만 때로는 그 어미가 하는 일을 배워 흙을 물어다 작은 개미 둑을 이루고 나중에는 큰 개미 둑을 이룬다'는 뜻으로, 학자(學者)가 쉼 없이 학문(學問)을 닦아 큰 도(道)를 성취(成就)함을 이르는 말.

아전인수(我田引水) '자기(自己) 논에만 물을 끌어넣는다'는 뜻으로, ①자기(自己)의 이익(利益)을 먼저 생각하고 행동(行動)함. ②또는 억지로 자기(自己)에게 이롭도록 꾀함을 이르는 말.

아지본불파상간고인사(我志本不罷常看古人辭) '나의 뜻 본래 절제하지 못하고, 항상 옛 글을 본다'는 뜻.

아치고절(雅致高節) '아담(雅淡)한 풍치(風致)나 높은 절개(節概)'라는 뜻으로, 매화(梅花)를 이르는 말.

아타아형유타부모(我打我兄猶打父母) 내가 나의 형을 때리는 것은 부모(父母)님을 때리는 것과 같음.

아편설라(亞扁薛羅) 아펜젤러(Henry Gerhard Appenzeller. 1858~1902).

아펜젤러는 미국(美國)인 감리교 목사로서, 남달리 외진 한반도(韓半島) 한국선교에 깊은 관심을 갖고, 성경말씀을 듣고 1885년 4월 5일 부슬비 내리는 부활절(復活節) 아침, 마루(S.Maru)호 라는 선편(船

便)으로, 자신의 부인 엘라 돗지(Ella Dodge)와, 장로교회 선교사 언더우드(H. G. Underwood)와 제물포항을 통하여 함께 입국하여, 한국 최초의 선교사로 역사적인 한국 땅을 밟게 되었다. 그는 박해와 갖가지 역경을 딛고 열정적으로 혼신을 다하여 한반도 전역을 다니며 복음을 증거하던 중, 1902년 8월 목포에서 열리는 성경번역위원회(聖經飜譯委員會)에 참석차 선편으로 항해하다가, 목포 근해에서 상선과 충돌되어 그는 무참히도 물 속에 장사되었다. 그 후 그의 딸 아펜젤러 양은 이화여자대학을 창설하였고, 아들 엔리 아펜젤러는 배재학교를 설립하여 한국 민족에게 새로운 문명을 전하는데 크게 기여하였다. 뿐만 아니라 그의 복음전파(福音傳播)로 인해, 정동교회(貞洞敎會)와 인천 내리교회(內里敎會)를 비롯, 오늘의 한국감리교회(韓國監理敎會)가 우뚝 섰으니, 아펜젤러와 그의 가족들은 실로 한국이 영원히 잊지 못할 위인(偉人)들이다.

아편전쟁(阿片戰爭) 1840~1842년에, 청나라가 아편 수입을 금지한 데서 비롯된 영국과 청나라 사이의 전쟁. 청나라가 져서 난징 조약을 맺고, 홍콩을 영국에 떼어 주었음.

아필속래(我必速來) 내가 속히 오리라.

아호지혜(餓虎之蹊) '굶주린 범이 다니는 길'이라는 뜻으로, 심히 위험(危險)한 곳을 비유(比喩)하는 말.

악관약만천필주지(惡鑵若滿天必誅之) 나쁜 마음이 가득 차면, 하늘이 반드시 벨 것이니라.

악구잡언(惡口雜言) '나쁜 입과 잡된 말'이라는 뜻으로, 입에서 나오는 대로 온갖 욕을 함을 이르는 말.

악목도천(惡木盜泉) '더워도 나쁜 나무 그늘에서는 쉬지 않으며, 목이 말라도 도(盜)란 나쁜 이름이 붙은 샘물은 마시지 않는다'는 뜻으로, 아무리 곤란(困難)해도 부끄러운 일은 하지 않음의 비유(譬喩).

악목불음(惡木不蔭) '나쁜 나무는 그늘이 지지 않는다'는 뜻으로, 좋지 못한 사람에게서는 바랄 것이 없음을 이르는 말.

악발토포(握髮吐哺) '머리털을 잡고 먹은 것을 토해 낸다'는 뜻으로, 인재(人材)를 구(求)하려고 애씀을 비유(比喩)하는 말.

악방봉뢰(惡傍逢雷) '죄(罪) 지은 놈 옆에 있다가 벼락을 맞았다'는 뜻으로, '나쁜 짓을 한 사람과 함께 있다가 죄(罪) 없이 벌(罰)을 받게 된다'는 말.

악부파가(惡婦破家) 악처는 남편(男便)의 일생(一生)을 망칠 뿐 아니라, 가정(家庭)의 평화(平和)를 파괴(破壞)하고, 자손(子孫)에게까지 나쁜 영향(影響)을 미침.

악사주천리(惡事走千里) '나쁜 일은 천리를 달린다'는 뜻으로, 나쁜 일은 아무리 숨기려

해도 쉽게 알려진다는 말.

악사천리(惡事千里) '나쁜 짓이나 못된 소문(所聞)은 금세 세상(世上)에 퍼진다'는 말.

악사천리행(惡事千里行) 악사천리(惡事千里).

악수귀천(樂殊貴賤) 풍류(風流)는 귀천(貴賤)이 다르니, 천자(天子)는 팔일무(八佾舞), 제후(諸侯)는 육일무(六佾舞), 사대부(士大夫)는 사일무(四佾舞), 서민(庶民)은 이일무(二佾舞)임.

악안상대(惡顔相對) 좋지 못한 얼굴빛으로 서로 대함.

악어이시(惡語易施) 남을 헐뜯는 나쁜 말을 하기 쉬움.

악언상가(惡言相加) 못된 소리로 서로 꾸짖는 짓.

악언상대(惡言相待) 못된 소리로 서로 다툼.

악역무도(惡逆無道) 비길 데 없이 악독(惡毒)하고 도리(道理)에 어긋남.

악연실색(愕然失色) 아연실색(啞然失色).

악의악식(惡衣惡食) '좋지 못한 거친 옷과 맛없는 음식(飮食)'이라는 뜻으로, 변변치 못한 의식(衣食)을 이르는 말. ↔호의호식(好衣好食).

악인악과(惡因惡果) '악(惡)한 원인(原因)에서 악(惡)한 결과(結果)가 생긴다'는 뜻으로, 악(惡)한 일을 하면 반드시 앙갚음이 되돌아온다는 말. ↔선인선과(善因善果).

악전고투(惡戰苦鬪) '어려운 싸움과 괴로운 다툼'이라는 뜻으로, ①강력(强力)한 적을 만나 괴로운 싸움을 함, 또는 곤란(困難)한 상태(狀態)에서 괴로워하면서도 노력(努力)을 계속(繼續) 함을 이르는 말. ②죽을 힘을 다하여 고되게 싸움.

악재인화(樂在人和) 음악은 사람의 마음을 화합하게 한다. 집안의 즐거움은 화합에 있다. 반드시 음악의 힘을 빌릴 것은 없다.

악종항대(嶽宗恒岱) 오악(五嶽)은 동(東) 태산(泰山), 서(西) 화산(華山), 남(南) 형산(衡山), 북(北) 항산(恒山), 중(中) 숭산(嵩山)이니, 항산(恒山)과 태산(泰山)이 조종(祖宗)임(으뜸임).

악지악각(惡知惡覺) 좋은 결과(結果)를 얻는 일을 방해(妨害)하는 사악(邪惡)한 지식(知識).

악질분자(惡質分子) 악질 노릇을 하여 남에게 해를 끼치는 사람.

안가낙업(安家樂業) 편안(便安)히 살면서 생업(生業)을 즐김.

안감생심(安敢生心) 감(敢)히 마음도 먹지 못함. 언감생심(焉敢生心).

안거낙업(安居樂業) 편안(便安)히 살면서 생업(生業)을 즐김.

안거위사(安居危思) '편안(便安)한 때일수록 위험(危險)이 닥칠 때를 생각하여 미리 대비(對備)해야 함'을 이르는 말.

안고공탁(顔苦孔卓) 안회(顔回)는 공자(孔子)의 탁월(卓越)함에 미치지 못함을 괴로워함.

안고수비(眼高手卑) 안고수저(眼高手低).

안고수저(眼高手低) '눈은 높으나 손은 낮음'이란 뜻으로, ①눈은 높으나 실력(實力)은 따라서 미치지 못함. ②이상(理想)만 높고 실천(實踐)이 따르지 못함. 안고수비(眼高手卑).

안공대(眼孔大) '눈구멍이 크다'는 뜻으로, '식견(識見)이 넓음'을 비유(比喩)하는 말.

안공사해(眼空四海) 모든 것을 업신여기면서 거드름을 피움.

안공소(眼孔小) '눈구멍이 작다'는 뜻으로, '식견(識見)이 좁음'을 비유(譬喩)하는 말.

안공일세(眼空一世) 세상(世上)을 업신여김.

안과태평(安過太平) 태평(太平)하게 지냄.

안광지배(眼光紙背) 안광지배철(眼光紙背撤). 안광철지배(眼光徹紙背).

안광지배철(眼光紙背撤) '눈빛이 종이의 뒤까지 꿰뚫어본다'는 뜻으로, 독서(讀書)의 이해력(理解力)이 날카롭고 깊음을 이르는 말. 안광지배(眼光紙背).

안광철지배(眼光徹紙背) 안광지배(眼光紙背). 안광지배철(眼光紙背撤).

안근유골(顔筋柳骨) '당(唐)나라의 안진경(顔眞卿)과 유공권(柳公權)이 필법(筆法)의 진수를 터득(攄得)했다'는 뜻으로, 글씨가 매우 뛰어남을 이르는 말.

안녕질서(安寧秩序) (국가나 사회 등이) 평온(.平穩)하고 질서(秩序)가 잘 지켜지고 있는 일.

안도색기(按圖索驥) '그림에만 의존하여 준마(駿馬)를 찾는다'는 뜻으로, 융통성 없이 기계적으로 일을 처리함을 이르는 말.

안득불연(安得不然) '어찌 그렇지 않으랴, 마땅히 그러할 것이다'란 뜻으로 하는 말.

안락국(安樂國) 아미타불(阿彌陀佛)이 살고 있다는 정토(淨土). 이 세상(世上)에서 서쪽으로 십만억의 불토를 지나서 있으며, 모든 것을 완전(完全)히 갖추어 불과(佛果)를 얻은 사람이 죽어서 이곳에 다시 태어난다 함.

안락세계(安樂世界) 안락정토(安樂淨土). 극락정토(極樂淨土). 아미타불이 살고 있는 극락정토가 있는 세계.

안락정토(安樂淨土) 극락정토(極樂淨土). 안락세계(安樂世界)

안마지로(鞍馬之勞) 먼 길을 달려가는 수고.

안면몰수(顔面沒收) ①전에 알던 친분(親分)을 전혀 없던 것으로 하고 모른 체 함. ②부끄럼이나 거리낌이 없이 뻔뻔하게 굶.

안면박대(顔面薄待) 잘 아는 사람을 푸대접(-待接)함.

안면방해(顔面妨害) 남이 잠을 잘 때에 요란(擾亂)스럽게 굴어서 잠을 이루지 못하게 함.

안면부지(顔面不知) 만난 일이 없어 얼굴을 모르거나 얼굴조차 모르는 사람.

안명수쾌(眼明手快) ①눈치가 빠르고 하는 일이 시원시원함. ②눈썰미가 있고, 손놀림이 매우 빠름.

안목소견(眼目所見) 안목소시(眼目所視).

ㅇ

안목소시(眼目所視) 남들이 보고 있는 터.

안문자색(鴈門紫塞) 기러기가 북으로 가는 고로 안문(雁門)이라 했고, 흙이 붉은 고로 자색(紫塞)이라 함.

안민지도(安民之道) 백성(百姓)을 편히 살게 하는 도리(道理).

안보리(安保理) 안보이사회(安保理事會).

안보이사회(安保理事會) 〈국제연합안전보장이사회(國際聯合安全保障理事會)〉의 준말.

안부휼궁(安富恤窮) 부자(富者)의 마음을 편안(便安)하게 하고, 빈자를 구(救)하여 물품(物品)을 베풀어 줌.

안분지족(安分知足) 자기(自己) 분수(分數)에 만족(滿足)하여 다른 데 마음을 두지 아니함.

안불망위(安不忘危) '편안(便安)한 가운데서도 늘 위험(危險)을 잊지 않는다'는 뜻으로, 늘 스스로를 경계(警戒)하여 언제 닥쳐올지 모르는 어려움에 대처(對處)함을 이르는 말.

안비막개(眼鼻莫開) ①눈코 뜰 새 없는 것. ②일이 몹시 바빠 쩔쩔매는 것.

안빈낙도(安貧樂道) ①구차(苟且)하고 궁색(窮塞)하면서도 그것에 구속(拘束)되지 않고 평안(平安)하게 즐기는 마음으로 살아감. ②가난에 구애(拘礙)받지 않고 도(道)를 즐김.

안성맞춤(安城–) ①'맞추어서 한 것처럼 잘 맞는 사물'을 두고 이르는 말. ②'조건상황 따위가 어떤 경우나 계제에 딱 들어맞거나 어울리게 된 것'을 두고 이르는 말.

안수기도(按手祈禱) 기독교(基督敎)에서, 교역자(敎役者)가 다른 사람의 머리 위에 손을 얹고 축복(祝福)이나 성령(聖靈)의 힘이 내릴 것을 기도(祈禱)하는 일. 안수(按手).

안수례(按手禮) ①안수하는 의식(儀式). ②개신교(改新敎)에서, 성직(聖職)을 맡을 사람에게 안수로서 성별(聖別)하는 의식(儀式). ※ 안수례(按手禮)는 크게 두 가지로 구분(區分)된다. ㉠목회자(牧會者)가 받는 안수로서, 'Ordination' 즉 '기름부음을 받는다'는 뜻이 있어, 전도사(傳道師)가 목사(牧師)가 되며 제사장(祭司長)이 되고, 권위(權威)와 능력(能力)을 부여(附與)받아, 각종 성례식(聖禮式)을 집례(執禮) 할 수 있는 권한(權限)과 자격(資格)을 받게 된다. ㉡평신도(平信徒)〔장로(長老) · 권사(勸事) · 집사(執事)〕가 받는 안수로서, 'Laying on of hands' 즉 단순(單純)하게 '머리위에 손을 얹어 놓는다'는 의미(意味)로 하나의 과정(過程)일 뿐이며, 안수 전(前)이나 후(後)에 권한(權限)이나 자격(資格)에 변화(變化)는 없다.

안식교(安息敎) 개신교의 한 교파. 토요일(土曜日)을 안식일(安息日)로 삼고 예배를 보는 교파.

안식교회(安息敎會) 〔영〕Seventh-day Adventist Church. 안식교(安息敎).

안식년(安息年) 〔유대 사람들이 7년 만에 1년씩 쉬던 데서 유래(由來)됨.)〕 ①서양 선교사(宣敎師)들이 7년 만에 1년씩 쉬는 해. ②재충전(再充電)의 기회(機會)를 갖도록 하기위해 7년마다 1년 정도씩 주는 휴가(休暇).

안식일(安息日) ①기독교(基督敎)에서, 주일(主日)로 삼는 일요일(日曜日). Sabbath day. Holy day. Sunday. 한편, 일(日) · 월(月) · 화(火) · 수(水) · 목(木) · 금(金) · 토(土)를 제정(制定)한 것은 Roma시대에 '가이사' 황제(皇帝)가 제정했다. 그리고 콘스탄틴누스 황제가 A.D. 321년도에 사법 행정 사무 일체를 금지하고 군대훈련(軍隊訓練)도 전폐(全閉)하고 주일을 성수하는 명령(命令)을 공포(公布)하였고 기독교를 로마의 국교로 공인(公認)하였다. ②안식교(安息敎) · 유대교의 성일(聖日)은 토요일(土曜日) 임.

안식처(安息處) 편안(便安)히 쉴 수 있는 곳.

안신처처뢰(安身處處牢) 가는 곳마다 몸이 편(便)하리라.

안심결정(安心決定) 확실(確實)한 안심(安心)을 얻어서 마음이 흔들리지 아니함.

안심입명(安心立命) ①천명(天命)을 깨닫고 생사(生死) · 이해(理解)를 초월(超越)하여 마음의 평안(平安)을 얻음. ②생사(生死)의 도리(道理)를 깨달아 내세(來世)의 안심(安心)을 꾀함.

안양계(安養界) 아미타불(阿彌陀佛)이 살고 있다는 정토(淨土). 이 세상(世上)에서 서쪽으로 십만 억의 불토를 지나서 있으며, 모든 것을 완전(完全)히 갖추어 불과(佛果)를 얻은 사람이 죽어서 이곳에 다시 태어난다 함.

안양왕생(安養往生) 이 세상(世上)을 떠나 극락정토(極樂淨土)에 가서 다시 태어남.

안양정토(安養淨土) 극락정토(極樂淨土). 안양계(安養界).

안여반석(安如磐石) 반석과 같이 든든하여 안전함.

안여태산(安如泰山) 반석과 같이 든든하여 위태(危殆)함이 없음.

안온무사(安穩無事) 조용하고 편안(便安)하게 아무 일 없이 지냄.

안일호장(安逸戶長) 고려 시대에 나이 일흔이 되어 퇴직한 호장을 일컫던 말.

안자지어(晏子之御) '안자(晏子)의 마부(馬夫)'라는 뜻으로, 변변치 못한 지위를 믿고 우쭐대는 좀 모자란 사람을 가리키는 말.

안전막동(眼前莫同) '못 생긴 아이라도 늘 가까이 데리고 있으면 따뜻한 정(情)이 저절로 생긴다'는 뜻.

안전벨트(安全belt) 안전띠.

안전보장(安全保障) 외국으로부터의 침략(侵略)에 대하여 국가의 안전을 지키는 일.

안전보장이사회(安全保障理事會) 〈국제연합안전보장이사회〉의 준말.

안전불감증(安全不感症) 안전사고에 대한 인식이 둔하거나 안전에 익숙해져서 사고의 위험에 대해 별다른 느낌을 갖지 못하는 일.

안중무인(眼中無人) '눈 속에 사람이 없다'는 뜻으로 스스로 교만(驕慢)하여 남을 업신여김을 이르는 말. 안하무인(眼下無人).

안중정(眼中釘) '눈에 박힌 못'이라는 뜻으로, 눈엣가시 또는 남에게 심한 해독(害毒)을 끼치는 사람. 안중지정(眼中之釘).

안중지인(眼中之人) '눈 속의 사람'이라는 뜻으로, 정든 사람이나 늘 생각하며 만나보기를 원하는 사람.

안중지정(眼中之釘) 안중정(眼中釘).

안찰기도(按擦祈禱) 목사나 장로가 환자에게 안찰(按擦)하면서 성령의 힘으로 병이 낫기를 비는 기도.

안택정로(安宅正路) '마음 놓고 있을 집과 사람이 지켜야 할 바른 길'이라는 뜻으로, 인의(仁義)를 비유(比喩)하는 말.

안토중천(安土重遷) 고향(故鄕)을 떠나기를 좋아하지 아니함.

안투지배(眼透紙背) '눈빛이 종이를 뒷면까지 꿰뚫는다'는 뜻으로, 책을 정독하여 그 내용(內容)의 참뜻을 깨달음을 이르는 말.

안하무인(眼下無人) '눈 아래에 사람이 없다'는 뜻으로, ①사람됨이 교만(驕慢)하여 남을 업신여김을 이르는 말. ②태도(態度)가 몹시 거만(倨慢)하여 남을 사람같이 대하지 않는 것. 안중무인(眼中無人).

안하무인격(眼下無人格) 사람이 교만(驕慢)하여 남을 업신여기는 모양.

안한자적(安閑自適) 평화롭고 한가하여 마음 내키는 대로 즐김.

안향부귀(安享富貴) 부귀(富貴)를 평안(平安)하게 누림.

알묘조장(揠苗助長) '곡식(穀食)이 빨리 자라도록 하려고 이삭을 뽑아 올린 때문에 모두 죽어 손해(損害)를 보게 된다'는 뜻으로, 성급(性急)하게 이익(利益)을 보려다가 도리어 해를 보게 되는 일을 두고 하는 말.

알성급제(謁聖及第) 알성과(謁聖科)에 합격함, 또는 그 사람. 조선시대에 임금이 성균관 문묘에 참배한 뒤 보이는 과거 시험에 합격하던 일.

알성장원(謁聖壯元) 조선 시대에, 알성 문과에서 갑과(甲科)의 첫째로 급제함.

알타이어족(Altai語族) 소아시아로부터 시베리아를 거쳐 중국 동북부, 사할린에 이르는 지역에 분포하는 어족(語族).

알파벳순(alphabet順) 로마자의 ABC의 차례.

암구명촉(暗衢明燭) '어두운 거리에 밝은 등불'이라는 뜻으로, 삶의 가르침을 주는 책을 이르는 말.

암도진창(暗渡陳倉) 남몰래 진창을 건너다.
암수묘명(巖峀杳冥) 큰 바위와 메 뿌리가 묘연(渺然)하고 아득함을 말함.
암암리(暗暗裡) 암암리(暗暗裏).
암암리(暗暗裏) 남이 모르는 사이.
암요인심(暗邀人心) 백성(百姓)의 뜻에 영합하여 민심(民心)을 제 편으로 끌어들임.
암운저미(暗雲低迷) '비가 올 듯한 검은 구름이 낮게 드리운다'는 뜻으로, 위험(危險)한 일이나 중대(重大) 사건(事件) 따위, 좋지 않은 일이 곧 일어날 것 같은 불안(不安)한 정세(情勢)를 이르는 말.
암장지하(巖牆之下) '돌담의 밑'이라는 뜻으로, 몹시 위험(危險)한 곳을 말함.
암중공작(暗中工作) 남몰래 일을 꾸밈. 또는, 그 일.
암중모색(暗中摸索) '어둠 속에서 손을 더듬어 찾는다'라는 뜻으로, 어림짐작(斟酌)으로 사물(事物)을 알아내려 함을 이르는 말.
암중방광(暗中放光) '어둠 속에 빛이 비친다'는 뜻으로, 뜻밖에 일이 잘 해결(解決)됨을 이르는 말.
암중비약(暗中飛躍) '어둠 속에서 날고 뛴다'는 뜻으로, 남모르게 활동(活動)함을 이르는 말.
암중순목(暗中瞬目) '아무런 소용(所用)도 없는 짓'의 비유(比喩).
암하고불(巖下古佛) 암하노불(巖下老佛).
암하노불(巖下老佛) '바위 밑의 오래된 불상(佛像)'의 뜻으로, '산골의 착하기 만한 사람'을 평한 말. 암하고불(巖下古佛).
암하지전(巖下之電) '눈빛이 번쩍번쩍 빛나는 모양(模樣)'을 번갯불에 비유(比喩)한 말.
암행어사(暗行御史) 조선 시대에, 지방 관원들의 치적(治積)과 민생을 살피기 위하여 왕명(王命)으로 비밀(秘密)히 파견(派遣)된 특사(特使). 어사(御使).
암향부동(暗香浮動) 그윽한 향기(香氣)가 은근(慇懃)히 떠돎.
암향소영(暗香疎影) '그윽한 향기(香氣)와 성긴 그림자'라는 뜻으로, 매화(梅花)를 두고 이름.
암혈지사(巖穴之士) '바위 굴속의 선비'라는 뜻으로, 속세(俗世)를 떠나 깊은 산 속에 숨어 사는 선비를 이르는 말.
암흑세계(暗黑世界) ①밤처럼 어두운 세계. ②'질서가 문란하고, 도덕과 범죄(犯罪)로 가득 찬 사회'를 비유하는 말.
암흑천지(暗黑天地) ①어두운 천지(天地). ②암담(暗澹)하고 비참(悲慘)한 사회(社會).
압량위천(壓良爲賤) 양민(良民)을 억눌러서 강제(强制)로 종을 삼음.
압유륜죄(壓油輪罪) 기름을 짤 때에 깨 속에 들어 있는 벌레를 죽이는 죄(罪).
압축소잔(壓縮銷殘) 눌리어 쪼그라들고 힘없이 사그라짐.
압핍지지(狎逼之地) 묘지나 집터 따위의 바로 곁에 이웃하여 있는 땅.

앙경화복(殃慶禍福) 재앙(災殃)과 경사(慶事), 재화(災禍)와 복록(福祿)을 아울러 이르는 말.
앙급자손(殃及子孫) 화(禍)가 자손(子孫)에게 미침.
앙급지어(殃及池魚) '재앙(災殃)이 연못 속 고기에 미친다'는 뜻으로, 까닭 없이 화를 당(當)함을 비유(比喩)하는 말.
앙앙불락(怏怏不樂) 마음에 차지 않아 불쾌(不快)해 함.
앙망불급(仰望不及) 우러러 바라보아도 미치지 못함.
앙망종신(仰望終身) 일생(一生)을 존경(尊敬)하고 사모(思慕)하여 내 몸을 의탁(依託)하는 일. 곧, 아내가 남편(男便)에 대(對)하여 하는 말.
앙불괴어천(仰不愧於天) 우러러 하늘을 보아도 전혀 부끄럽지 않음.
앙사부모(仰事父母) 우러러 부모(父母)를 섬김.
앙사부육(仰事俯育) 위로는 부모(父母)를 섬기고 아래로는 처자(妻子)를 보살핌.
앙수신미(仰首伸眉) '머리를 들고 눈썹을 편다'는 뜻으로, 고고하여 굽히지 않는 태도(態度)를 나타내는 말.
앙앙불락(怏怏不樂) 항상 마음에 차지 않아 즐거워하지 아니함.
앙앙지심(怏怏之心) 앙앙하게 여기는 마음. 매우 마음에 차지 아니하거나 야속하게 여기는 마음.
앙천대소(仰天大笑) 하늘을 쳐다보고 크게 웃음.
앙천부지(仰天俯地) 하늘을 우러러보고 땅을 굽어봄. 부앙천지(俯仰天地).
앙천이타(仰天而唾) '하늘을 바라보고 침을 뱉는다'는 뜻으로, 남을 해(害)치려다가 도리어 자기(自己)가 해를 입음.
앙천자실(仰天自失) 하늘을 쳐다보며 기가 막혀 멍함.
앙천축수(仰天祝手) 하늘을 쳐다보며 빎.
앙천통곡(仰天痛哭) 하늘을 쳐다보며 몹시 욺.
애걸복걸(哀乞伏乞) 애처롭게 하소연하면서 빌고 또 빎.
애견병와급주병원(愛犬病臥急走病院) 개가 아파 쓰러지면 가축병원 달려간다.
애경사(哀慶事) 슬픈 일과 경사(慶事)스러운 일.
애고지정(哀苦之情) 슬프고 괴로운 마음.
애국가(愛國歌) ①나라 사랑을 일깨우고 다짐하기 위하여 온 국민이 부르는 노래. 애국가(愛國歌)는 1936년 미국에서, 안익태(安益泰)에 의해 작곡되었다. 이 애국가는 작곡자도 모르는 사이에 해외 각지의 동포들 사이에서 입에서 입으로 전해졌으며 오늘에 이르기까지 한국의 상징으로 계속 이어져오고 있다. 그러나 애국가가 처음으로 불려진 것은 1896년 12월 21일 독립문 건립 정초식에서 배재학당 학생들이 스코틀랜드 민요 《올드 랭 사인(Auld Lang Syne)》곡에 맞춰 윤치호(尹致昊)가 지은 가사로 부른 노래라고 한다. 현재 쓰이고 있는 가사는 오랜 세월과 여러 사람을 거치는 동안 다듬어진 것으로 추측되며, 1945년 8.15 광복 후 전국적으로 널리 애창되었고 '48년 8월 15일 대한민국(大韓民國) 정부(政府) 수립(樹立)과 함께 애국가(愛國歌)로 제정(制定)된 것이다. 작사(作詞)가 미상(未詳)인 16마디의 간결(簡潔)하고 장중(莊重)한 곡(曲)이다. ②대한민국(大韓民國) 국가(國歌)의 이름.

애국선열(愛國先烈) 순국선열(殉國先烈).

애국애족(愛國愛族) 자기(自己)의 나라와 겨레를 사랑함.

애국지사(愛國志士) 나라를 위한 일에 자기 한 몸을 희생(犧牲)하여 이바지하려는 뜻을 가진 사람.

애국지성(愛國之誠) 자기(自己) 나라를 사랑하는 정성(精誠).

애급옥오(愛及屋烏) '사랑이 지붕 위의 까마귀에까지 미친다'는 뜻으로, 사람을 사랑하면 그 집 지붕 위에 앉은 까마귀까지도 사랑스럽다는 말.

애능복죄(愛能覆罪) 사랑은 허다(許多)한 죄(罪)를 덮음.

애리증식(哀梨烝食) '애씨네 배처럼 배를 쪄서 먹는다'는 뜻으로, 사물의 좋고 나쁨을 분별할 줄 모르는 어리석은 사람이나 그러한 행태를 비유하는 말이다. '애리'는 '애씨네 집 배'를 말한다.

애린여기(愛隣如己) '네 이웃을 네 자신같이 사랑하라'는 말.

애막조지(愛莫助之) 사랑하나 도와 줄 수 없음.

애매모호(曖昧模糊) 사물(事物)의 이치(理致)가 희미(稀微)하고 분명(分明)치 않음,

애별난고(愛別難苦) 이별(離別)이 애석(愛惜)해서 괴로워하는 것.

애별리고(愛別離苦) 불교(佛教)에서 말하는 팔고(八苦)의 하나. 사랑하는 사람과 헤어져야 하는 괴로움.

애시구인(愛是久忍) 사랑은 오래 참음.

애,신,동(愛信同) 사랑, 믿음, 협동.

애애절절(哀哀切切) 몹시 애절(哀切)한 꼴.

애애처처(哀哀悽悽) 몹시 구슬픈 꼴.

애완동물(愛玩動物) 가까이 두고 귀여워하며 기르는 동물.

애육여수(愛育黎首) 명군(明君)이 천하(天下)를 다스림에 백성(百姓)을 사랑하고 양육(養育)함을 말함,

애이불비(哀而不悲) 속으로는 슬프면서 겉으로는 슬프지 않은 체함,

애인여기(愛人如己) 남을 자기(自己) 몸같이 사랑함,

애인이덕(愛人以德) 사람은 덕으로써 사랑해야 함,

애인자인항애지(愛人者人恒愛之) 다른 사람들을 사랑하는 사람은 다른 사람들도 늘 그를

사랑해 줌.

애인하사(愛人下士) 백성(百姓)을 사랑하고 선비에게 자기(自己) 몸을 낮춤.

애자지정(愛子之情) 자식(子息)을 사랑하는 정.

애좌애우(挨左挨右) 서로 사랑하여 양보하고 피(避)함.

애주애인(愛主愛人) 하나님을 사랑하고 이웃을 사랑함.

애증후박(愛憎厚薄) 사랑과 미움과 후함과 박함.

애지경지부부지례(愛之敬之夫婦之禮) 서로 사랑하고 공경(恭敬)하는 것이 부부(夫婦) 간(間)의 예의(禮儀)임.

애지석지(愛之惜之) 사랑하고 아깝게 여김.

애지중지(愛之重之) 매우 사랑하고 소중(所重)히 여김.

애착생사(愛着生死) 살고 싶고 죽기를 싫어하는 인간(人間)의 정.

애친경장(愛親敬長) 어버이를 사랑하고 어른을 공경(恭敬)함.

애타주의(愛他主義) 윤리학(倫理學)에서, 다른 사람의 행복의 증진(增進)을 도덕적 행위의 표준(標準)으로 하는 주의. 사랑을 주의로 하고 질서를 기초로 하여 자기를 희생함으로써, 타인의 행복과 복리의 증가를 행위의 목적으로 하는 생각(앨트루이즘(Altruism)). 이타주의(利他主義). 타애주의(他愛主義). ↔이기주의(利己主義).

애호체읍(哀號涕泣) 슬피 울부짖고 눈물을 흘리며 욺.

애훼골립(哀毁骨立) 부모(父母)의 죽음을 몹시 슬퍼함으로써 몸이 쇠약(衰弱)해진 꼴.

액내지간(額內之間) 서로 액내(한집안)가 되는 사이. 서로 한집안 식구처럼 가까운 사이.

액상화(液狀化) 액상화는 강한 지진이 흔들림으로 땅 아래 있던 흙탕물이 지표면(地表面) 위로 솟아올라 지반이 순간적으로 액체와 같은 상태로 변화(變化)하는 현상이다.

앵글로색슨족(Anglo-Saxon族) 게르만 민족의 한 갈래. 현재의 영국인(英國人)의 주류가 된 북방계의 민족(民族).

야간도주(夜間逃走) 남의 눈을 피하여 한 밤중에 도망함. 야반도주(夜半逃走).

야광명월(夜光明月) 밤에 세상(世上)을 밝혀 주는 밝은 달.

야광천저수강청월근인(野廣天低樹江淸月近人) 들이 넓으니 하늘이 나무보다 낮은 듯하고, 강이 맑으니 달이 사람에게 가까이 있는 듯함.

야기요단(惹起鬧端) 시비가 될 가탈을 일으킴. 서로 시비의 실마리를 끌어 일으킴.

야단법석(惹端法席) 많은 사람들이 한데 모여 서로 다투고 떠드는 일.

야단법석(野壇法席) 야외(野外)에서 베푸는 불교(佛敎) 법회(法會).

야단야단(惹端惹端) 마구 떠들어 대거나 법석거림. 또는 그 모양(模樣).

야랑자대(夜郞自大) '야랑이 스스로 크다한다'는 뜻으로, 중국(中國) 한(漢)나라 때의 오랑캐 중(中)에서 야랑국이 가장 세력(勢力)이 강(强)하여 오만(傲慢)하였으므로, 용렬(庸劣)하거나 우매(愚昧)한 무리 중(中)에서 세력(勢力)이 있어 잘난 체하고 뽐냄을 비유(比喩).

야만정책(野蠻政策) 정치적 목적을 달성하기 위하여 인도(人道)를 벗어난 수단으로 국민이나 식민지(植民地)를 다스리는 정책(政策).

야무유현(野無遺賢) 현명(賢明)한 사람이 모두 등용(登用)되어 민간(民間)에 인물(人物)이 없음.

야무청초(野無靑草) 가뭄으로 들에 풀이 다 말라 죽고 없음.

야반도주(夜半逃走) 한밤중에 몰래 도망(逃亡)함. 야간도주(夜間逃走).

야반무례(夜半無禮) '어두운 밤에는 예의(禮儀)를 갖추지 못함'의 뜻.

야부담귀(夜不談鬼) 밤에는 귀신(鬼神) 이야기를 안 함.

야부답백(夜不踏白) 캄캄한 밤길을 갈 때에 하얗게 보이는 것은 흔히 물이므로, 조심해서 밟지 않도록 걸으라는 말.

야불폐문(夜不閉門) '밤에 대문(大門)을 닫지 아니한다'는 뜻으로, '세상(世上)이 태평(太平)하여 인심(人心)이 순박(純朴)하다'는 말.

야서혼(野鼠婚) '두더지의 혼인(婚姻)'이라는 뜻으로, 허영심 또는 동류(同類)는 동류(同類)끼리 잘 어울림을 비유(比喩)하는 말.

야소교(耶蘇敎) 한반도 초기에 전파된 기독교를 '야소교'라 했는데 곧 예수교를 말함. 기독교(基督敎).

야심만만(野心滿滿) 상대방을 해치거나 자신의 욕심(慾心)을 추구하려는 마음이 가득 참.

야심무례(夜深無禮) '어두운 밤에는 예의(禮儀)를 갖추지 못함'의 뜻.

야옥촌사(野屋村舍) 아무렇게나 지은 시골집.

야용지회(冶容之誨) '얼굴을 요염(妖艶)하게 단장(丹粧)함은 남을 음탕(淫蕩)하게 만드는 일'이라는 말.

야우대상(夜雨對牀) '밤비 소리를 들으면서 침상(寢床)을 나란히 놓고 눕는다'는 뜻으로, 형세(形勢)나 친구(親舊) 사이가 좋음을 이르는 말.

야이계주(夜以繼晝) '밤에 시작(始作)하여 낮까지 계속(繼續)함'의 뜻으로, '어떤 일을 밤낮으로 쉬지 않고 함'의 형용(形容).

야이망침(夜而忘寢) '밤이 되어도 잠자는 것을 잊는다'는 뜻으로, 일에 열중(熱中)함을 이르는 말.

야자무방(也自無妨) 야자불방(也自不妨).

야자불방(也自不妨) 괜찮음. 해롭지 않음. 야자무방(也自無妨).

야행피수(夜行被繡) '수놓은 옷을 입고 밤길을 걷는다'는 뜻으로, 공명(功名)이 세상(世上)에 알려지지 않음을 이르는 말.

약고서적불부동왕(若告西適不復東往) 만약 서쪽으로 간다고 아뢰었으면 다시 동쪽으로 가지 않음.

약농중물(藥籠中物) '약롱중물'의 잘못.

약득미과귀헌부모(若得美果歸獻父母) 만약 맛있는 과실(果實)을 얻으면 돌아가서 부모(父母)님께 드림.

약득미미귀헌부모(若得美味歸獻父母) 만일(萬一) 맛있는 음식(飮食)을 얻으면 돌아가서 부모님께 드려라.

약득일적국(若得一敵國) '자기(自己) 나라와 힘이 대등(對等)한 나라를 얻은 것과 같다'는 뜻으로, 훌륭한 인재(人材)를 얻음을 비유(譬喩)하는 말.

약략분배(略略分配) 조금씩 골고루 나눔.

약롱중물(藥籠中物) '약 상자(箱子) 속의 물건(物件)'이라는 뜻으로, ①자기(自己)의 수중(手中)에 있어서 필요(必要)하면, 언제든지 쓸 수 있는 물건(物件). ②부하(部下)를 삼아 자기편(自己便)이 된 사람, 또는 필요(必要)한 인물(人物)을 비유(比喩)하는 말. ③질병(疾病)을 고치는 약처럼 사람의 잘못을 고치도록 하는 것을 이르는 말.

약롱지물(藥籠之物) 약롱중물(藥籠中物).

약마복중(弱馬卜重) '약한 말에 무거운 짐을 싣는다'는 뜻으로, 재주와 힘이 넉넉하지 못한 사람이 크나큰 일을 맡음을 비유(比喩)하는 말.

약망즉망(若亡則亡) 죽으면 죽으리라.

약방감초(藥房甘草) ①무슨 일이나 빠짐없이 끼임. ②반드시 끼어야 할 사물(事物).

약법삼장(約法三章) 중국(中國) 한(漢)나라 고조가 진(秦)나라를 멸하고, 백성(百姓)과 약속(約束)한 세가지 법규(法規). 살인자(殺人者)는 사형(死刑)하고, 남을 해친 자 및 도둑질한 자는 엄벌(嚴罰)하며, 진(秦)나라 법은 폐한다는 것 등(等).

약석무효(藥石無效) '약석(藥石)이 무효(無效)'라는 뜻으로, 약(藥)이나 치료(治療)도 효험(效驗)이 없음.

약석지언(藥石之言) '약과 돌 바늘 같은 말'이라는 뜻으로, 사람을 훈계(訓戒)하여 나쁜 점(點)을 고치게 하는 말.

약시약시(若是若是) 약차약차(若此若此). 여사여사(如斯如斯). 여시여시(如是如是). 여차여차(如此如此).

약시우강(若時雨降) 때 맞춰 내리는 비에 백성(百姓)이 크게 기뻐한다는 의미(意味).

약요인중아무과아중인(若要人重我無過我重人) 만약(萬若) 남이 나를 중(重)하게 여김을 바란다면, 내가 먼저 남을 중히 여겨야 한다.

약육강식(弱肉强食) '약한 자는 강(强)한 자에게 먹힘'이란 뜻으로, 생존(生存) 경쟁(競爭)

의 살벌함을 말함.

약존약망(若存若亡) 약존약무(若存若無)

약존약무(若存若無) 있는 둥 마는 둥. 약존약망(若存若亡)

약차약차(若此若此) 이러이러함. 약시약시(若是若是). 여사여사(如斯如斯). 여시여시(如是如是). 여차여차(如此如此).

약청일면설편견상이별(若聽一面說便見相離別) 만약(萬若) 한 편 말만 들으면, 문득 친한 사이가 멀어짐을 볼 것이니라.

약취강도(略取强盜) 후려 빼앗는 짓.

약취유괴(略取誘拐) 폭력 · 협박 · 속임수 등으로, 사람을 자기나 제삼자의 지배아래 두어 자유를 침해하는 행위.

약취유인(略取誘引) 사람을 자기 또는 제삼자(第三者)의 실력적 지배(支配) 아래 둠으로써 개인의 자유(自由)를 침해(侵害)하는 행위(行爲).

약팽소선(若烹小鮮) '큰 나라를 다스리는 것은 작은 생선을 삶는 것과 같다'는 뜻으로, '무엇이든 가만히 두면서 지켜보는 것이 가장 좋은 정치'라는 뜻. 치대국약팽소선(治大國若烹小鮮).

약합부절(若合符節) '부절을 맞추는 것과 같다'는 뜻으로, 꼭 들어맞아 조금도 틀리지 않음을 이르는 말.

약혼식(約婚式) 혼인(婚姻)을 약속(約束)하는 의식(儀式).

양각야호(兩脚野狐) '두 다리의 여우'라는 뜻으로, 마음이 음흉(陰凶)하고 욕심(慾心)이 많은 사람을 두고 이르는 말.

양갱수미중구난조(羊羹雖美衆口難調) 양(羊)고기 국(羹)이 비록 맛이 좋으나, 뭇 사람의 입맛을 맞추기는 어려우니라.

양공고심(良工苦心) '훌륭한 장인(匠人)은 애쓴다'는 뜻으로, 재주가 뛰어난 사람의 가슴 속에는 고심이 많다는 말.

양과분비(兩寡分悲) '두 과부(寡婦)가 슬픔을 서로 나눈다'는 뜻으로, 같은 처지(處地)에 있는 사람끼리 서로 동정(同情)한다는 말.

양구지효(養口之孝) 부모(父母)님이 달고 부드러운 음식(飮食)을 드시도록 살펴서 받들어 모심.

양궁거시(揚弓擧矢) '활과 화살을 높이 든다'는 뜻으로, 승리(勝利)를 비유(譬喩)하는 말.

양궁상합(兩窮相合) '가난한 두 사람이 함께 모인다'는 뜻으로, 일이 잘 되지 않음의 비유(譬喩).

양금미옥(良金美玉) '좋은 금과 아름다운 옥'이라는 뜻으로, 뛰어나게 아름다운 글의 비유(比喩).

양금택목(良禽擇木) '좋은 새는 나무를 가려서 둥지를 튼다'는 뜻으로, 어진 사람은 훌륭한 임금을 가려가며 섬김을 이르는 말.

양두구육(羊頭狗肉) '양 머리를 걸어놓고 개고기를 판다'는 뜻으로, ①겉은 훌륭해 보이나 속은 그렇지 못한 것. ②겉과 속이 서로 다름. ③말과 행동(行動)이 일치(一致)하지 않음. 표리부동(表裏不同).

양두색이(兩豆塞耳) '콩알 두 개로 귀를 막으면 아무것도 들리지 않는다'는 뜻으로, 사소(些少)한 것이 큰 지장(支障)을 초래(招來)함을 이르는 말.

양력이동(量力而動) 자기 힘에 맞게 일을 하면 실패가 없느니라.

양목양족(兩目兩足) '두 발을 가진 사람 중(中)에서 가장 높은 이, 또는 복과 지를 원만(圓滿)하게 갖추었다'는 뜻으로, 부처의 높임말.

양민오착(良民誤捉) 죄 없는 사람을 잘못 잡음.

양반답교(兩班踏橋) 예전에, 양반(兩班)들이 서민(庶民)과 뒤섞이기를 꺼리어, 하루 앞당겨 음력(陰曆) 정월(正月)14일에 다리 밟기를 하던 일.

양법미규(良法美規) 좋은 법규(法規).

양봉연비(兩鳳連飛) 양봉제비(兩鳳齊飛).

양봉음위(陽奉陰違) 보는 앞에서는 순종(順從)하는 체하고, 속으로는 딴마음을 먹음.

양봉제비(兩鳳齊飛) '두 마리의 봉황(鳳凰)이 나란히 날아간다'는 뜻으로, 형제(兄弟)가 함께 영달함의 비유(比喩). 양봉연비(兩鳳連飛).

양비대담(攘臂大談) 팔을 걷어붙이고, 큰소리를 침. 양비대언(攘臂大言).

양비대언(攘臂大言) 양비대담(攘臂大談).

양사주석(揚沙走石) 모래가 날리고 돌멩이가 구를 만큼, '바람이 세차게 붊'을 형용(形容)하는 말.

양상군자(梁上君子) '대들보 위에 있는 군자(君子)'라는 뜻으로, 도둑을 미화(美化)하여 점잖게 부르는 말.

양상도회(梁上塗灰) '들보 위에 회(灰)를 바른다'는 뜻으로, 여자(女子)가 얼굴에 분을 많이 바른 것을 비웃는 말.

양상화매(兩相和賣) 물건을 사고파는데 있어서 양편(兩便)이 서로 양보하여 흥정을 원만히 함.

양소견기(兩疏見機) 한(漢)나라의 소광과 소수는 기틀을 보고 상소(上疏)하고 낙향(落鄕)함.

양소무시(兩小無猜) '두 아이가 시기(猜忌)하지 않는다'는 뜻으로, 아이들의 천진한 모습을 이르는 말.

양수거지(兩手拒地) 절을 한 뒤 두 손을 땅에 대고 꿇어 엎드림.

양수겸장(兩手兼將) ①장기(將棋)에서, 두 개의 장기(將棋) 짝이 한꺼번에 장을 부르는 말밭에 놓이게 된 관계(關係). ②하나의 표적(標的)에 대(對)하여 두 방향(方向)에서 공격(攻擊)해 들어감.

양수교지(兩手交之) '양수거지(兩手-之)'의 원말. 두 손을 마주 잡고 서 있음.
양수집병(兩手執餠) '양손에 떡을 쥐었다'는 뜻으로, 가지기도 어렵고 버리기도 어려운 경우(境遇)를 이르는 말.
양시쌍비(兩是雙非) 양쪽에 다 이유(理由)가 있어서 시비(是非)를 가리기 어려움을 이르는 말.
양신미경(良辰美景) '좋은 시절(時節)과 아름다운 경치(景致)'라는 뜻으로, 봄 경치(景致)를 이르는 말.
양심선언(良心宣言) 감추어진 비리(非理)나 부정(不正)을 양심(良心)에 따라 사회적(社會的)으로 드러내어 알리는 일. 대개 권력(權力) 기관(機關)이 저지른 비리나 부정을 사회적으로 폭로(暴露)하는 선언(宣言)이다.
양안시야(兩眼視野) 양쪽 눈으로 그 위치를 변경하지 않고 보는 외계의 범위(範圍). ↔단안시야(單眼視野).
양약고구(良藥苦口) '좋은 약은 입에 쓰다'는 뜻으로, 충언(忠言)은 귀에 거슬린다는 말.
양약고어구(良藥苦於口) '좋은 약은 입에 쓰다'는 의미(意味).
양양대해(洋洋大海) 한없이 넓고 큰 바다.
양양득의(揚揚得意) 양양자득(揚揚自得).
양양자득(揚揚自得) 뜻과 같이 되어서 몹시 뽐내며 끄덕거림.
양옥미금(良玉美金) '좋은 옥과 아름다운 금'이라는 뜻으로, 아주 좋은 문장(文章)을 비유(比喩)하는 말.
양웅불구립(兩雄不俱立) '두 영웅이 설 수 없다'는 뜻으로 지도자(指導者)는 한 사람이어야 한다는 말.
양웅상쟁(兩雄相爭) '용과 범이 서로 친다'는 뜻으로, 강자(强者)끼리 승부(勝負)를 다툼의 비유(比喩).
양이천석(良二千石) 한(漢)나라 때에 태수의 연봉(年俸)이 이천 섬이었던 데서, '선정(善政)을 베푸는 지방(地方) 장관(長官)'을 이름.
양인지검(兩刃之劍) '좌우(左右) 양쪽에 날이 있어 양쪽을 다 쓸 수 있는 칼'이라는 뜻으로, 쓰기에 따라 이롭게도 되고 해롭게도 되는 것.
양입계출(量入計出) 수입을 헤아려 보고 지출을 계획(計劃)함.
양자대면(兩者對面) 일정한 관계에 있는 두 사람이 서로 얼굴을 마주 보고 대함.
양자택일(兩者擇一) 둘 중(中)에서 하나를 가림.
양장소경(羊腸小徑) '양의 창자처럼 구불구불 휘고 좁은 길'이라는 뜻으로, 대학(大學) 입시나 입사 시험(試驗) 등(等)의 합격(合格)의 어려움을 이르는 말.
양전만경불여박예수신(良田萬頃不如薄藝隨身) 좋은 밭 만(萬) 이랑이 하찮은 재능을 지니는 것만 못하다는 말.
양전만경일식이승(良田萬頃日食二升) 좋은 밭이 만 평이 있더라도 하루에 두 되면 먹느니라.

양조대변(兩造對辯) 무릎맞춤. 두 사람의 말이 서로 어긋날 때 제 삼자를 앞에 두고 전에 한 말을 되풀이 하여 옳고 그름을 따지다.

양조부(養祖父) 양할아버지. 양자로 간 집의 할아버지.

양족선(兩足仙) '두 발을 가진 사람 중(中)에서 가장 높은 이, 또는 복과 지를 원만(圓滿)하게 갖추었다'는 뜻으로, '부처'의 높임말.

양주지학(揚州之鶴) 속(俗)된 욕망(慾望)을 한 몸에 다 모으려는 짓의 비유(比喩).

양즉치기락(養則致其樂) '부모님을 기쁜 마음으로 봉양(奉養)하라'는 뜻.

양지양능(良知良能) '깊은 생각을 하지 않고도 알고, 배우지 않고도 행할 수 있는 능력(能力)'이라는 뜻으로, 경험(經驗)이나 교육(敎育)에 의(依)하지 않고 선천적(先天的)으로 사물(事物)을 알고 행할 수 있는 마음의 작용(作用)을 이르는 말.

양지여춘(養之如春) 마음은 바다처럼 넓고 봄 같이 따듯하여라.

양지지효(養志之孝) 항상(恒常) 부모(父母)의 뜻을 받들어 마음을 기쁘게 해드리는 효행(孝行).

양질호피(羊質虎皮) '속은 양이고, 거죽은 호랑이'라는 뜻으로, 거죽은 훌륭하나 실속(實─)이 없음을 이르는 말.

양처현모(良妻賢母) 지아비에게는 좋은 아내이면서 자녀(子女)에게는 현명(賢明)한 어머니를 두고 이르는 말. 현모양처(賢母良妻).

ㅇ

양체재의(量體裁衣) '몸에 맞게 옷을 고친다'는 뜻으로, 일의 처한 형편(形便)에 따라 적합(適合)하게 일을 처리하여야 함을 이르는 말.

양춘가절(陽春佳節) 따뜻하고 좋은 봄철.

양춘방래(陽春訪來) '아무리 추어도 봄은 온다'는 뜻.

양춘화기(陽春和氣) 따뜻한 봄의 화창(和暢)한 기운(氣運).

양친부모(兩親父母) 아버지와 어머니.

양패구상(兩敗俱傷) 쌍방(雙方)이 다 패하고 상처(傷處)를 입음.

양편공사(兩便公事) 양편의 의견(意見)을 듣고 시비(是非)를 공평(公平)하게 판단(判斷)하는 일.

양포지구(楊布之狗) 양포(楊布)가 외출(外出)할 때는 흰 옷을 입고 나갔다가 비를 맞아 검은 옷으로 갈아 입고 돌아왔는데, 양포의 개가 알아보지 못하고 짖었다는 뜻에서, '겉모습이 변한 것을 보고, 속까지 변해버렸다'고 판단(判斷)하는 사람을 일컫는 말.

양호공투(兩虎共鬪) 두 마리 범이 맞붙어 서로 싸우듯이 힘이 센 두 편이 맞붙어 다투는 일.

양호상투(兩虎相鬪) '두 마리의 호랑이가 서로 다툰다'는 뜻으로, 힘센 두 영웅(英雄) 또는 두 나라가 서로 싸움을 이르는 말.

양호유환(養虎遺患) '범을 길러 화근(禍根)을 남긴다'는 뜻으로, ①'화근(禍根)을 길러서 걱정거리를 산다'. 스스로 화를 자초했다는 말. ②은혜(恩惠)를 베풀어 준 이로부터 도리어 해를 입게 됨을 이르는 말.

양호후환(養虎後患) '범을 길러 화근(禍根)을 남긴다'는 뜻으로, 은혜(恩惠)를 베풀었다가 도리어 해를 당(當)함을 비유(譬喩)하여 이름.

양화구복(禳禍求福) 재앙(災殃)을 물리치고 복을 구(求)함.

양화진외국인선교사묘원(楊花津外國人宣教師墓園) 〔영〕[Yanghwajin Foreign Missionary Cemetery] 서울특별시 마포구 합정동 144번지에 있는 외국인 선교사들의 공동묘지. 면적 1만 3224㎡이다.

조선 말기인 1890년(고종 27) 7월 28일, 조선 정부의 토지 제공으로 조성된 외국 선교사 순교자들의 묘지이며, 설립목적은 조선에서 사망한 외국인들을 안장하기 위한 것으로 외국인 선교사의 분묘를 보전하고 관리하고 있다.

어궤조산(魚潰鳥散) '물고기 떼나 새 때가 흩어져 달아난다'는 뜻으로, 크게 패망(敗亡)함을 형용(形容)해 이르는 말.

어동어서(於東於西) 어차어피(於此於彼).

어동육서(魚東肉西) 제사(祭祀) 상을 차릴 때에 어찬은 동쪽에, 육찬은 서쪽에 놓음.

어두귀면(魚頭鬼面) '고기 대가리에 귀신(鬼神) 상판때기'라는 뜻으로, '괴상(怪常) 망측(罔測)하게 생긴 얼굴'을 형용(形容)하는 말.

어두봉미(魚頭鳳尾) 어두육미(魚頭肉尾).

어두육미(魚頭肉尾) 물고기는 대가리 쪽이 맛이 있고, 짐승 고기는 꼬리 쪽이 맛이 있다는 말.

어두일미(魚頭一味) 물고기는 대가리 쪽이 그중 맛있다는 말.

어량족의(於良足矣) '썩 흡족(洽足)함'의 뜻.

어렵시대(漁獵時代) 농경(農耕)이 발달하기 이전, 인류가 어렵(漁獵)으로 생활하던 시대. 수어시대.

어로불변(魚魯不辨) '어(魚)자와 노(魯)자를 구별(區別)하지 못한다'는 뜻으로, 몹시 무식(無識)함을 비유(譬喩)해 이르는 말.

어룡장화(魚龍將化) '잉어가 용으로 화한다'는 뜻으로, 과거(科擧)에 급제(及第)하여 입신양명(立身揚名)함을 이르는 말.

어망홍리(漁網鴻離) 어망홍리(魚網鴻離).

어망홍리(魚網鴻離) '고기 그물을 쳤는데 기러기가 걸렸다'는 뜻으로, ①구(求)하려는 것은 얻지 못하고 반대(反對)로 엉뚱한 것을 얻게 되었음을 이르는 말. ②남의 일로 횡액(橫厄)을 당(當)함을 이르는 말. 어망홍리(漁網鴻離)

어목연석(魚目燕石) '물고기의 눈과 연산(燕山)의 돌'이라는 뜻으로, ①두 가지가 옥(玉)과 비슷하나 옥이 아닌 데서 허위를 진실(眞實)로, 현인(賢人)을 우인(愚人)으로 혼동함을 이르는 말. ②'거짓이 진실(眞實)을 어지럽힘'을 비유(比喩)함.

어무윤척(語無倫脊) 말에 차례와 줄거리가 없음.

어변성룡(魚變成龍) '물고기가 변(變)하여 용이 되었다'는 뜻으로, 어릴 적에는 신통(神通)하지 못하던 사람이 자란 뒤에 훌륭하게 되거나 아주 곤궁(困窮)하던 사람이 부귀(富貴)하게 됨을 이름.

어복고혼(魚腹孤魂) 물에 빠져 죽은 외로운 넋.

어부지리(漁父(夫)之利) '어부(漁夫)의 이익(利益)'이라는 뜻으로, 둘이 다투는 틈을 타서 엉뚱한 제3자(第三者)가 이익(利益)을 가로챔을 이르는 말. 어옹득리(翁得利). 어옹지리(漁翁之利). 어인지공(漁人之功). 휼방상쟁(鷸蚌相爭).

어부지용(漁夫之勇) '어부(漁夫)는 물속에서는 무서워하지 않는다'는 말. '오랜 체험(體驗)에서 얻은 용기(勇氣)'를 이르는 말.

어분족의(於分足矣) 자기(自己) 분수(分數)에 만족(滿足)함.

어불가이이이자무소불이(於不可已而已者無所不已) '무슨 일이든, 멈추면 안 될 곳에서 멈추는 사람은 무엇을 하더라도, 도중하차 밖에 하지 못한다'는 뜻.

어불근리(語不近理) 말이 이치(理致)에 맞지 않음.

어불성설(語不成說) 말이 하나의 일관(一貫)된 논의(論議)로 되지 못함. 즉, 말이 이치(理致)에 맞지 않음을 뜻함.

어불택발(語不擇發) 말을 삼가지 않고 함부로 함.

어사위성(於斯爲盛) 그 때를 한창으로 함.

어사족의(於斯足矣) 그것으로 만족(滿足)함.

어사지간(於斯之間) 어느 사이인지도 모르는 동안에.

어수지교(魚水之交) 물과 물고기의 관계(關係)와 같이 매우 친근(親近)한 사이.

어수지락(魚水之樂) 어진 임금과 신하(臣下)가 서로 이해(理解)하고 돕는 즐거움.

어수지친(魚水之親) '물고기와 물처럼 친(親)한 사이'라는 뜻으로, ①임금과 신하(臣下)의 친밀(親密)한 사이. ②서로 사랑하는 부부(夫婦) 사이.

어수친(魚水親) 수어지교(水魚之交).

어시지혹(魚豕之惑) '글자가 잘못 쓰였다'는 뜻으로, 여러 번 옮겨 쓰면 반드시 오자(誤字)가 생긴다는 말.

어언간(於焉間) 어언지간(於焉之間).

어언무미(語言無味) '하는 말이 재미없다'는 뜻으로, 독서(讀書)를 하지 않는 사람의 말은 맛없음을 이르는 말.

어언박과(語言薄過) 대단하지 아니한 말의 허물.

어언여마(語言如馬) 어인여마(御人如馬).

어언지간(於焉之間) 어언간. 어느덧. 어느 사이. 알지 못하는 순간(瞬間)에. 어언(於焉).

어염시수(魚鹽柴水) '생선과 소금과 땔나무와 물'이라는 뜻으로, 식생활(食生活)을 위한 생활필수품(生活必需品)을 통틀어 이르는 말.

어옹득리(漁翁得利) '고기 잡는 어르신의 이익(利益)'이라는 뜻으로, 쌍방이 다투는 틈을 타서, 제 3자가 애쓰지 않고 이득(利得)을 보는 경우(境遇)를 가리키는 말. 어옹지리(漁翁之利).

어옹지리(漁翁之利) 어부지리(漁父之利). 어옹득리(漁翁得利). 어인지리(漁人之利).

어용문학(御用文學) 문학의 독창성과 순수성을 저버리고 당대(當代)의 권력에 아부하는 내용의 문학(文學).

어유부중(魚遊釜中) '고기가 솥 속에서 논다'는 뜻으로, 목숨이 붙어 있다 할지라도 오래 가지 못할 것을 비유(比喩)하는 말.

어음상통(語音相通) ①거리가 가까워 말소리가 서로 들림. ②말로 하는 의사표시(意思表示)가 서로 통(通)함.

어이아이(於異阿異) '어 다르고 아 다르다'라는 뜻으로, 같은 내용의 말이라도 말하기에 따라 사뭇 달라짐.

어인득리(漁人得利) '고기 잡는 사람이 이익(利益)을 얻음'을 뜻하는 말로, 쌍방이 다투는 틈을 타서, 제 삼자가 애쓰지 않고 이득(利得)을 보는 경우(境遇)를 가리키는 말.

어인여마(御人如馬) 사람을 부리는 것이 말을 부리듯 노련(老鍊)함. 어언여마(語言如馬).

어인지공(漁人之功) '조개와 황새가 서로 싸우는 판에 어부(漁夫)가 두 놈을 쉽게 잡아서 이를 보았다'는 뜻으로, '두 사람이 다툼질한 결과(結果) 아무 관계(關係)도 없는 사람이 이를 얻게 됨'을 빗대어 하는 말. 어부지리(漁父之利).

어인지리(漁人之利) '고기 잡는 사람의 이익(利益)'이란 뜻으로, 쌍방이 다투는 틈을 타서, 제 삼자가 애쓰지 않고 이득(利得)을 보는 경우(境遇)를 가리키는 말. 어옹득리(漁翁得利). 어옹지리(漁翁之利)

어조사(語助辭) 한문에서 '토'가 되는 어(於) · 의(矣) · 언(焉) · 야(也) 따위의 글자. 실질적인 뜻이 없고 다른 글자를 돕기만 함. 조어(助語).

어질용문(魚質龍文) '용과 같이 위엄(威嚴) 있는 모양(模樣)을 하고 있으나 실은 물고기'라는 뜻으로, 옳은 듯하나 실제(實際)는 그름을 비유(比喩)해 이르는 말.

어차어피(於此於彼) 이렇게 하거나 저렇게 하거나 어쨌든. 어동어서(於東於西). 이차이피(以此以彼).

어차피(於此彼) 어차어피(於此於彼)의 준말. 이차피(以此彼). 이차어피(以此於彼).

어천만사(於千萬事) 온갖 일.

어초한화(漁樵閑話) '어부(漁夫)와 나무꾼의 한가(閑暇)로운 이야기'라는 뜻으로, 명리(名利)를 떠난 이야기를 이르는 말.

어형어제(漁兄漁弟) 낚시 친구(親舊)들 두고 이르는 말.

억강부약(抑强扶弱) 강자(强者)를 누르고 약자(弱者)를 도와 줌.

억만장자(億萬長者) 억만금을 가진 사람. 헤아리기 어려울 만큼 많은 재산을 가진 사람.

억만지심(億萬之心) '억만 가지 마음'이라는 뜻으로, 온 백성(百姓)이 각각(各各) 마음이 달라 한 사람도 나라를 위하는 마음이 없음을 이르는 말.

억만지중(億萬之衆) 억만창생(億萬蒼生). 억조창생(億兆蒼生).

억만창생(億萬蒼生) 수많은 백성(百姓). 억만지중(億萬之衆). 억조창생(億兆蒼生).

억석당년(憶昔當年) 오래 전(前)에 지난 일을 돌이켜 생각함.

억약부강(抑弱扶强) 약한 자를 억누르고 강(强)한 자를 도와 줌.

억양반복(抑揚反覆) 억누르다가는 곧 찬양(讚揚)하기를 여러 번 뒤집음.

억장지성(億丈之城) 썩 높이 쌓은 성.

억조창생(億兆蒼生) ①수많은 백성(百姓). ②수많은 사람. 만호중생(萬戶衆生). 억만지중(億萬之衆).

억지춘향(–春香) 일을 순리대로 이룬 것이 아니라 억지로 우겨대어 겨우 이루어진 것을 이르는 말.

억천만겁(億千萬劫) 무한(無限)하게 오랜 시간(時間). 영원(永遠)한 세월(歲月). 억겁(億劫).

억취소악(憶吹簫樂) '제가 보아서 아는 대로 제 생각만으로 추측(推測) 하는 일' 을 이르는 말. 어림치고 하는 생각. 억지 추측(推測).

억하심사(抑何心思) 억하심장(抑何心腸). 억하심정(抑何心情).

억하심장(抑何心腸) '대체 무슨 생각으로 그리 하는지 그 마음을 헤아릴 수 없음'을 이르는 말. 마음속 깊이 맺힌 마음을 이름. 억하심사(抑何心思). 억하심정(抑何心情).

억하심정(抑何心情) 억하심장(抑何心腸). 억하심사(抑何心思).

언가이(言可履) 말을 함부로 하지마라. 실천할 수 있는 것이 아니면 안된다.

언감생심(焉敢生心) '어찌 감(敢)히 그런 마음을 먹을 수 있으랴' 의 뜻. 안감생심(安敢生心).

언거언래(言去言來) ①여러 말을 서로 주고 받음. ②서로 변론(辯論)하느라 말이 옥신각신함. 설왕설래(說往說來). 언왕설래(言往說來).

언과기실(言過其實) '말이 실제(實際)보다 지나치다'는 뜻으로, 말만 꺼내 놓고 실행(實行)이 부족(不足)함을 이르는 말.

언근지원(言近旨遠) 말은 알아듣기 쉬우나 내용(內容)은 깊고 오묘함.

언기식고(偃旗息鼓) '전쟁터(戰爭–)에서 군기(軍旗)를 누이고, 북을 쉰다'는 뜻으로, 휴전(休戰)함을 이르는 말.

언무이가(言無二價) '두 가지 값을 부르지 아니한다'는 뜻으로, 에누리하지 아니함.

언무수문(偃武修文) 난리를 평정하고 학문을 닦음.

언문풍월(諺文風月) 지난날, 우리 글로 지은 시가 따위를 얕보아 이르던 말.

언부중리불여불언(言不中理不如不言) 말이 이치(理致)에 맞지 않으면, 말하지 아니함만 못하다.

언비천리(言飛千里) '말이 천리를 난다'는 뜻으로, 말이 몹시 빠르고도 멀리 전(傳)하여 퍼짐.

언사안정(言辭安定) 태도(態度)만 침착(沈着)할 뿐 아니라 말도 안정(安定)케 하며 쓸데없는 말을 삼감.

언사필충사사필경(言思必忠事思必敬) 말은 반드시 충직(忠直)하게 할 것을 생각하고, 일은 반드시 공경(恭敬)의 자세(姿勢)로 할 것을 생각함.

언삼어사(言三語四) 서로 변론(辯論)하느라고 말이 옥신각신함.

언서지망(偃鼠之望) '쥐는 작은 동물(動物)이라서 강물을 마신대야 자기(自己) 배 하나 가득히 밖에 더 못마신다'는 뜻으로, 자기(自己) 정(定)한 분수(分數)가 있으니 안분(安分)하라는 말.

언소자약(言笑自若) '말하고 웃는 것이 태연(泰然)하다'는 뜻으로, 놀라거나 근심이 있어도 평소(平素)의 태도(態度)를 잃지 않고 침착(沈着)함을 이르는 말. 담소자약(談笑自若).

언약궤(言約櫃) 〔영〕Ark of the Covenant. 〔히〕ארון הברית(아론 하뻬리트).〔헬〕ἡ κιβωτὸς τῆς διαθήκης(헤 키보토스 테스 디아데케스) 계약(契約)의 상자(箱子). 바벨론 포로 이전 이스라엘 성소의 중심물이었던 나무로 만든 궤(櫃). 이 법궤는 싣딤(아가시아) 나무로 만들었고, 겉에는 금으로 씌웠으며 네 귀에 금 고리를 달아 채를 꿰어 메고 다니게 했다(신 10:3; 출25:10~20). 그 속에는 십계명이 쓰여 진 돌비 둘이 있었는데, 그것은 여호와와 그 백성 이스라엘 사이에 맺어진 언약의 기초로 믿었다. 법궤는 사람이 감히 쳐다 볼 수 없는 하나님의 얼굴을 대신한 것이었기에 이스라엘의 광야생활(曠野生活)에도 큰 역할을 했고(민10:33, 14:44), 가나안 정복 때는 이스라엘 군대의 하나님 여호와를 대표하는 것이어서, 법궤가 가는 곳에는 승리했고(삼상4:3, 하 11:11), 법궤가 없을 때는 패했다는(민14:,삼상4:~5:), 완전 하나님의 대신이었다. 법궤는, "언약궤"·"여호와의 궤"·"하나님의 궤"·"여호와의 언약궤"·"하나님의 언약궤"·"이는 언약의 비를 담은 궤"·"증거의 궤" 등으로 불려지기도 하였다.

언어도단(言語道斷) '말할 길이 끊어졌다'는 뜻으로, 곧, 너무나 엄청나거나 기가 막혀서, 말로써 나타낼 수가 없음. 언어동단(言語同斷). 말이 안됨으로 순화.

언어동단(言語同斷) 언어도단(言語道斷).
언언사사(言言事事) 모든 말과 모든 일.
언왕설래(言往說來) 서로 변론(辯論)하여 말로 옥신각신함.
언왕언래(言往言來) 설왕설래(說往說來).
언외지의(言外之意) 말 밖에 숨어 있는 딴 뜻.
언유소화(言有召禍) 말은 종종 화를 불러들이는 일이 있음.
언유재이(言猶在耳) '들은 말이 아직도 귀에 쟁쟁하다'는 뜻으로, 들은 말을 귓속에 담아 두고 잊어버리지 않는다는 말.
언이불신비직지우(言而不信非直之友) 말을 하되 미덥지 아니하면, 정직(正直)한 친구(親舊)가 아니다.
언재호야(焉哉乎也) '언재호야', 이 네 글자는 어조사(語助辭)임. 실질적인 뜻이 없이 다른 글자를 보조하여 주는 한문의 토.
언정이순(言正理順) 말이 바르고 사리(事理)가 바름.
언족이식비(言足以飾非) 교묘(巧妙)한 말이 자기(自己)의 나쁜 점(點)을 꾸미기에 넉넉함.
언중유골(言中有骨) '말 속에 뼈가 있다'는 뜻으로, 예사(例事)로운 표현(表現) 속에 만만치 않은 뜻이 들어 있음.
언중유언(言中有言) '말 가운데 말'이란 뜻으로, ①곧, 순한 듯한 말속에 어떤 풍자(諷刺)나 암시(暗示)가 들어 있다는 말. ②말 속에 깊은 뜻이 있는 것을 말함.
언중유향(言中有響) '말 속에 울림이 있다'는 뜻으로, 말에 나타난 내용(內容) 이상(以上)의 깊은 뜻이 있음.
언중지의(言中之意) 말 속에 나타난 뜻.
언즉시야(言則是也) '말인즉 옳다'는 뜻으로, 말하는 것이 사리(事理)에 맞는다는 뜻.
언즉신실(言則信實) 말은 믿음이 있고 참 되어야 한다.
언지무익(言之無益) 언지하익(言之何益).
언지하익(言之何益) 말을 해 봐야 소용(所用)이 없음. 언지무익(言之無益).
언청계용(言聽計用) 언청계종(言聽計從).
언청계종(言聽計從) 남의 인격(人格)이나 계책(計策)을 깊이 믿어서 그를 따라 하자는 대로 함. 언청계용(言聽計用).
언필사충(言必思忠) 말은 반드시 성실(誠實)하게 할 것을 생각하라.
언필사충사필사경(言必思忠事必思敬) 말은 반드시 성실(誠實)하게 할 것을 생각하며, 일은 반드시 공경(恭敬)할 것을 생각하라.
언필칭(言必稱) 말을 할 때마다 반드시. 말문을 열기만 하면 으레.
언행상반(言行相反) 하는 말과 하는 짓이 서로 반대(反對)됨.
언행역주(言行逆主) 언행(言行)이 여호와를 거슬림.

언행일치(言行一致) ①말과 행동(行動)이 같음. ②말한 대로 행동(行動)함.

엄경임민(嚴敬臨民) 백성(百姓)을 대(對)함에 엄(嚴)하고 정중(鄭重)하다.

엄동설한(嚴冬雪寒) 눈 내리는 깊은 겨울의 심한 추위.

엄령지하(嚴令之下) 엄중(嚴重)한 명령(命令) 아래.

엄립과조(嚴立科條) 썩 엄하게 규정(規定)을 세움.

엄모출효녀(嚴母出孝女) 엄한 어머니는 효녀를 낸다.

엄목포작(掩目捕雀) '눈을 가리고 새를 잡는다'는 뜻으로, 일을 건성으로 함을 이르는 말.

엄부자모(嚴父慈母) '엄(嚴)한 아버지와 자애로운 어머니'라는 뜻으로, 아버지는 자식(子息)을 엄(嚴)하게 다루고, 어머니는 자식(子息)을 깊은 사랑으로 보살펴야 함을 이르는 말.

엄부출효자(嚴父出孝子) 엄한 아버지는 효자를 낸다.

엄부출효자엄모출효녀(嚴父出孝子嚴母出孝女) 엄(嚴)한 아버지는 효자(孝子)를 길러 내고, 엄(嚴)한 어머니는 효녀(孝女)를 길러 내느니라.

엄성노인(奄成老人) 빨리 늙는 일. 갑자기 노인이 된다는 뜻.

엄이도령(掩耳盜鈴) 엄이투령(掩耳偷鈴).

엄이도종(掩耳盜鐘) '귀를 막고 종을 훔친다'라는 뜻으로, ①자기(自己)만 듣지 않으면 남도 듣지 못한다고 생각하는 어리석은 행동(行動). ②또는 결코 넘어가지 않을 얕은 수로 남을 속이려 한다는 말.

엄이투령(掩耳偷鈴) '제 귀를 막고 방울을 훔친다'는 뜻으로, ①얕은 꾀로 남을 속이려 하나 아무 소용(所用)이 없음을 이르는 말. ②방울 소리가 제 귀에 들리지 않으면 남의 귀에도 들리지 않으리라는 어리석은 생각을 이름. 엄이도령(掩耳盜鈴).

엄처시하(嚴妻侍下) '아내의 주장(主將) 밑에서 쥐여 사는 남편(男便)'을 조롱(嘲弄)하는 말. 공처가(恐妻家). 처시하(妻侍下).

엄택곡부(奄宅曲阜) 주공이 큰 공이 있는 고로 노곡(勞穀)을 봉(封)한 후(後) 곡부(曲阜)에다 궁전(宮殿)을 세움.

엄형득정(嚴刑得情) 엄하게 벌(罰)을 주어 범죄(犯罪)를 밝혀 냄.

엄호사격(掩護射擊) 자기편 부대가 적의 소화기(小火器)의 사정(射程) 안에 있게 될 때, 그들을 보호하기 위하여 하는 사격(射擊).

업감연기(業感緣起) 일체(一切) 만상의 선하고 악(惡)한 업인(業因)으로 일어나는 모든 연기(緣起).

업과기시(業果起始) 탐애(貪愛)로 일어나는 태생(胎生), 난생(卵生), 습생(濕生), 화생(火生)의 업과(業果).

업무방해죄(業務妨害罪) 남의 업무를 방해함으로써 성립(成立)하는 죄.

업정근황희(業精勤荒嬉) 학문에 힘써라. 학문에 힘쓰면 나아가고 게으르면 무너진다.

에덴동산(Eden 東山) '환희(歡喜)'의 뜻으로, 기독교(基督教)에서 인류(人類)의 시조(始祖)인 아담과 이브가 살고 있었다는 낙원(樂園)을 이름.

에비온파(Ebionites派) 에비온파는 초기 기독교 사상의 하나로, 처음에는 모든 그리스도교인을 가리키는 말이었으나 나중에는 유대인 그리스도교도만을 가리키다가, 후에는 다시 유대교회 중의 이단자들을 가리키게 되었다. '에비온'은 '가난', '빈민'이란 뜻으로서 금욕·고행을 강조하며 기독교 주류층과는 동떨어져 있었다. 에비온파는 구약과 신약의 연속성을 과도하게 강조하면서 생겨난 첫 이단 그룹으로 이해된다. 이들은 모세오경을 강조하며, 마태복음만 사용하고 바울 서신과 그리스도의 동정녀 탄생을 부인한다고 이레니어스(Irenaeus)는 주장하였다.

에큐메니칼운동(Ecumenical運動) 〔영〕Ecumenical Movement.〔헬〕οἰκουμένη(오이쿠메네 : '온 세계', '천하', '온 세상'). 이 말은 헬라어 오이쿠메네에서 생긴 것으로, 눅2:1, 마24:14 등 신약에 14회나 나타나 있다. '에큐메니칼' 이란 말은 모든 교회는 일치되고 통일되어야 한다는 운동으로서, 교회는 역사적으로 이미 한 개의 연합한 단체임을 표시하는 말이기에 국제적이거나, 국내적이거나 또는 어느 국한된 지방이거나 비록 신조가 다르고 교파가 다르더라도, 그리스도인들이 한데 결속(結束)하고 근본적(根本的)으로 연합(聯合)하기 위(爲)한 운동이다.

여개방차(餘皆倣此) 이미 있는 사실(事實)로 미루어 보아 다른 나머지도 다 이와 같음.

여견심폐(如見心肺) 여견폐간(如見肺肝).

여견폐간(如見肺肝) 남의 마음속을 꿰뚫어 보듯이 환히 앎. 여견심폐(如見心肺).

여고금슬(如鼓琴瑟) '거문고와 비파(琵琶)를 타는 것과 같다'는 뜻으로, 부부(夫婦) 간(間)에 화락(和樂)함을 비유(比喩)하는 말.

여공불급(如恐不及) 시키는(하라는) 대로 실행(實行)되지 못할까 하여 마음을 죄며 두려워함.

여광여취(如狂如醉) 기뻐서 미친 듯도 하고, 취한 듯도 함. 여취여광(如醉如狂).

여교수복(與較受福) '주는 것이 받는 것보다 복이 있다'는 말.

여권신장(女權伸張) 여자의 사회적·법률적·정치적인 권리와 지위를 높이는 일.

여권주의(女權主義) 여자의 사회적·법률적·정치적인 권리를 남자와 동등하게 인정(認定)하자는 주의.

여단수족(如斷手足) '손과 발이 잘림과 같다'는 뜻으로, 요긴한 사람이나 물건이 없어져 아쉬움을 일컬음.

여담절각(汝-折角) '네 집에 담이 없었으면 내 소의 뿔이 부러졌겠느냐'는 뜻으로 남에게 책임을 지우려고 억지를 쓰는 말. 여장절각(汝墻折角).

여답평지(如踏平地) 험한 곳을 마치 평지를 가듯 힘 안 들이고 다님.

여덕위린(與德爲隣) '덕으로써 이웃한다'는 뜻으로, 덕이 있으면 모두가 친할 수 있다는 말.

여도담군(餘桃啗君) '먹다 남은 복숭아를 임금에게 먹인다'는 뜻으로, 처음에는 좋게 보여 사랑 받던 것이 나중에는 도리어 화근(禍根)이 됨을 이르는 말.

여도득선(如渡得船) '강을 건너려 하는데 마침 나루터에서 배를 얻었다'는 뜻으로, 필요(必要)한 것이나 상황(狀況)이 바라는 대로 됨이나 부처의 자비(慈悲)를 입음을 이르는 말.

여도지죄(餘桃之罪) '같은 행동(行動)이라도 사랑을 받을 때와 미움을 받을 때가 각기 다르게 받아 들여질 수 있다'는 것을 비유(比喩)하는 말.

여두소읍(如斗小邑) 아주 작은 고을을 콩 만 하다고 비유(譬喩)하는 말.

여득만금(如得萬金) 비록 적은 것일지라도 천금을 얻은 것과 같이 흡족(洽足)하게 여김.

여득천금(如得千金) '천금을 얻은 것 같다'는 뜻으로, 어떤 일을 이루어 마음이 흡족(洽足)함을 이르는 말.

여라독특(驪騾犢特) 나귀와 노새와 송아지, 즉 가축(家畜)을 말함.

여라독특해약초양(驪騾犢特駭躍超讓) 뛰고 달리며 노는 가축(家畜)의 모습을 말한다.

여력과인(膂力過人) 육체적(肉體的)인 힘이 남보다 뛰어남.

여로창생(女露蒼生) 아침 이슬과 같이 덧없는 많은 백성(百姓).

여리박빙(如履薄氷) 얇은 얼음을 밟듯 몹시 위험(危險)함을 가리키는 말.

여말삼은(麗末三隱) 고려(高麗) 말기(末期) 성리(性理) 학자(學者)이며 충절(忠節)이 높았던, 목은 이색(李穡), 포은 정몽주(鄭夢周), 야은 길재(吉再) 세 사람을, 호의 같은 글자 '은'을 따서 일컫는 말. 야은 대신(代身) 도은 이승인을 넣기도 함.

여명견폐(驪鳴犬吠) '가라말이 울고 개가 짖는다'는 뜻으로, 들을 가치(價值)가 없는 이야기나 보잘것없는 문장(文章)을 이르는 말.

여모정렬(女慕貞烈) 여자(女子)는 정조(貞操)를 굳게 지키고 행실(行實)을 단정(端正)하게 해야 함을 말함.

여모정렬남효재량(女慕貞烈男效才良) 여자는 정조(貞操)를 굳게 지키고, 남자는 재능(才能)을 닦고 어진 것을 본받아야 함을 말한다.

여무가론(餘無可論) 대체가 이미 결정(決定)되었으므로 나머지는 의논(議論)할 여지가 없음.

여무소부도(慮無所不到) 모든 일에 생각이 미치지 않은 데가 없이 아주 자세하게 함.

여무족관(餘無足觀) 나머지는 볼 만한 값어치가 없음.

여물재후(如物在喉) 음식(飮食)이 목에 걸려 있듯이, 마음에 거리끼는 것이 있음.

여민동락(與民同樂) 임금이 백성(百姓)과 함께 즐김. 여민해락(與民偕樂).

여민해락(與民偕樂) 여민동락(與民同樂).

여반장(如反掌) 손바닥을 뒤집는 것과 같이 일이 썩 쉬움.

여발통치(如拔痛齒) '앓던 이가 빠진 것 같다'는 뜻으로, '괴로운 일을 벗어나서 시원하다'는 말.

여범인동(與凡人同) 별로 다른 데가 없이, 보통(普通) 사람과 같음.

여불비(餘不備) 여불비례(餘不備禮).

여불비례(餘不備禮) '나머지는 예(禮)를 갖추지 못 한다'는 뜻으로, 편지(便紙) 끝에 쓰는 말.

여사여사(如斯如斯) '여사여사하다'의 어근. 이러이러하다. 약시약시(若是若是). 약차약차(若此若此). 여시여시(如是如是). 여차여차(如此如此).

여사풍경(餘事風景) 필요(必要)하지 아니하여 생각에 두지 아니하는 일.

여사하청(如俟河淸) 물이 맑아지기를 기다리는 것과 같음.

여산대은(如山大恩) 산 만큼이나 크고 많은 은혜(恩惠).

여산약해(如山若海) 산과 같고 바다와 같이 매우 크고 많음.

여산적치(如山積峙) 매우 많이 쌓여 있음을 이름.

여산진면목(廬山眞面目) 너무도 깊고 그윽하여 그 진면목(眞面目)을 알 수 없음.

여삼추(如三秋) '짧은 시간(時間)이 삼년(三年) 같다'는 뜻으로, 무엇을 매우 애타게 기다리는 것.

여성중창(女聲重唱) 여성(女聲)만으로 부르는 중창. 휘 메일 콰르텟〔female quartet(te)〕. ↔남성중창.

ⓞ

여성합창(女聲合唱) 여성(女聲)만으로 부르는 합창. 휘 메일 코러스(female chorus). ↔ 남성합창.

여성호르몬(女性hormone) 척추동물의 암컷의 난소(卵巢)에서 분비되어 성기(性器)의 발육과 생식 기능 조절 등에 작용하는 성호르몬.

여세동귀(與世同歸) 온 세상(世上)의 귀착점(歸着點)이 같은 일.

여세마둔(厲世摩鈍) 세상(世上) 사람을 격려(激勵)하여 인재(人材)를 진작(振作)함.

여세무섭(與世無涉) 세상일(世上-)과 상관(相關)이 없음.

여세부침(與世浮沈) 세상(世上)이 변(變)하는 대로 따라서 변(變)함.

여세추이(與世推移) 세상(世上)의 변화(變化)에 따라 함께 변(變)함.

여소증아선포지회(予所憎兒先抱之懷) '미운 아이 떡 하나 더 준다'는 뜻. 미울수록 더 사랑하라는 말.

여송지성(如松之盛) 솔 나무같이 푸르러 성(盛)함은 군자(君子)의 절개(節槪)를 말한 것임.

여수동죄(與受同罪) 장물(贓物)을 주는 이나 받는 이나 둘 다 죄(罪)가 같음.

여수투수(如水投水) '물에 물 탄 듯 술에 술 탄 듯'과 같은 뜻으로, '무슨 일을 하는 데 철저(徹底)하지 못하여 흐리멍덩함'의 비유(譬喩).

여시부앙(與時俯仰) 시대(時代)의 흐름을 따라 행동(行動)함.

여시아문(如是我聞) '부처에게서 들은 교법(教法)을 그대로 믿고 따르며 적는다'는 뜻으로, 경전(經典) 첫머리에 쓰는 말.

여시여시(如是如是) 이러저러하게. 약시약시(若是若是). 약차약차(若此若此). 여사여사(如斯如斯). 여차여차(如此如此).

여식출가염시부모(女息出嫁厭媤父母) 출가하는 딸아이는 시부모를 싫어한다.

여신소중사친사덕(汝身所重思親思德) 그대 몸이 소중하면, 부모 은덕(恩德) 생각하라.

여실일비(如失一臂) '한쪽 팔을 잃은 것과 같다'는 뜻으로, 가장 믿고 힘이 되는 사람을 잃음을 비유(比喻).

여아음식궤이수지(與我飮食跪而受之) '나에게 음식(飮食)을 주시거든 무릎을 꿇어앉아서 받아라'는 말.

여양모육(與羊謨肉) '양에게 양고기를 내어 놓으라고 꾀다'는 뜻으로, 근본적으로 이룰 수 없는 일을 이르는 말.

여어득수(如魚得水) '물고기가 물을 얻음과 같다'는 뜻으로, 빈궁(貧窮)한 사람이 활로를 찾게 됨을 비유(譬喻)하는 말.

여어실수(如魚失水) '물고기가 물을 잃음과 같다'는 뜻으로, 곤궁(困窮)한 사람이 의탁(依託)할 곳이 없어 난감해 함을 비유(譬喻)하는 말.

여어유부중(如魚遊釜中) '솥 안에서 노는 물고기와 같다'는 뜻으로, 살았다고는 하나 목숨이 오래 가지 못함을 이르는 말.

여옥기인(如玉其人) 얼굴의 생김생김이나 성품(性品) 따위가 옥과 같이 티가 없이 맑고 얌전한 사람.

여옹침(呂翁枕) 인생(人生)의 덧없음과 영화(榮華)의 헛됨을 비유(比喻)하는 말.

여외별신(余外別神) 나 외(外)에 다른 신(神)들을 네게 두지 말라.

여원여모(如怨如慕) 원망(怨望)하는 것 같기도 하고 사모(思慕)하는 것 같기도 함.

여원여소(如怨如訴) 원망(怨望)하는 것 같기도 하고 호소(呼訴)하는 것 같기도 함.

여월지항(如月之恒) 상현달이 점점 보름달이 되듯이, 일이 날로 번창(繁昌)함을 이르는 말.

여유만만(餘裕滿滿) 여유(餘裕)가 가득함.

여유작작(餘裕綽綽) 빠듯하지 않고 아주 넉넉함을 이르는 말.

여율령시행(如律令施行) 말이 떨어지기가 무섭게 그대로 시행(施行)함.

여읍여소(如泣如笑) 우는 것 같기도 하고 웃는 것 같기도 함.

여읍여소(如泣如訴) 우는 것 같기도 하고 하소연하는 것 같기도 함.

여의보주(如意寶珠) 여의주(如意珠). 모든 소원을 뜻대로 이루어지게 해 준다는 신기한 구슬.

여의투질(如蟻偷垤) '개미가 금탑을 모으는 것과 같다'는 뜻으로, 근검하여 재산을 축적함을 이르는 말.

여인동락(與人同樂) 다른 사람과 더불어 함께 즐김.

여인물추회(與人物追悔) '남에게 무엇을 주었거든 뒤늦게 후회하지 말라'는 뜻.
여인상약(與人相約) 다른 사람과 서로 약속(約束)함.
여인음수(如人飮水) 마치 사람이 물을 마시듯.
여인음수냉난자지(如人飮水冷暖自知) '물을 마셔본 사람만이 그 물이 차갑고 따뜻한지를 알 수 있다'는 뜻.
여인일판(如印一板) 한 판에 찍어 낸 듯이 조금도 서로 다름이 없음.
여일이불야제일해(與一利不若除一害) 하나의 이익을 얻는 것이 하나의 해를 제거함만 못하다.
여일이불야제일해,생일사불야멸일사(與一利不若除一害,生一事不若滅一事) 하나의 이익을 얻는 것이 하나의 해를 제거함만 못하고, 하나의 일을 만드는 것이 하나의 일을 없애는 것만 못하다.
여자동포(與子同袍) '자네와 두루마기를 같이 입겠네'라는 뜻으로 친구(親舊) 사이에 서로 허물없이 무관하여 하는 말.
여자선회(女子善懷) 여자(女子)는 무슨 생각에 잠기기를 잘함.
여자출외외식다빈(與子出外外食多頻) 자식들을 데리고서 바깥 외식 자주한다.
여장절각(汝墻折角) 여담절각(汝–折角).
여정도치(勵精圖治) 마음을 가다듬어 정치(政治)에 힘씀.
여조과목(如鳥過目) '나는 새가 눈앞을 스쳐간다'는 뜻으로, 빨리 지나가 버리는 세월(歲月)의 비유(比喩).
여조삭비(如鳥數飛) '새가 하늘을 날기 위해 자주 날갯짓하는 것과 같다'는 뜻으로, 배우기를 쉬지 않고 끊임없이 연습(練習)하고 익힘.
여족여수(如足如手) '발과 같고 손과 같다'는 뜻으로, 형제(兄弟)는 서로 떨어질 수 없는 깊은 사이임을 비유(比喩)하는 말.
여존남비(女尊男卑) '여자(女子)는 존귀(尊貴)하고, 남자는 천하게 여긴다'는 뜻으로, 사회적 지위나 권리에 있어 여자(女子)를 남자보다 존중(尊重)하는 일. ↔ 남존여비(男尊女卑).
여좌침석(如坐針席) 바늘방석(方席)에 앉은 것처럼 몹시 불안(不安)함.
여중호걸(女中豪傑) 호협(豪俠)한 기상(氣像)이 있고, 풍채가 당당한 여자(女子).
여진여몽(如眞如夢) 꿈인지 생시인지 모를 지경(地境)임.
여진여퇴(旅進旅退) '나란히 나아가고 나란히 물러선다'는 뜻으로, 정견(定見)이나 절조(節操)가 없이 다만 남의 의견(意見)을 추종(追從)함을 이르는 말.
여차여차(如此如此) 이러이러하게. 약시약시(若是若是). 약차약차(若此若此). 여사여사(如斯如斯). 여시여시(如是如是). 여차여차(如此如此).
여창남수(女唱男隨) 여자(女子)가 먼저 나서서 서두르고 남자(男子)는 따라만 함.

여창유취(女唱類聚) 조선 고종때, 박효관(朴孝寬), 안민영(安玟英)이 여창(女唱) 178수를 모아서 편찬한 시가집(詩歌集).

여천여해(如天如海) 하늘 같이 높고 바다 같이 깊음.

여천지무궁(與天地無窮) '천지와 더불어 끝이 없다'는 뜻으로, 무엇이 영구히 변하지 않음을 이르는 말.

여출불환등고망지(汝出不還登高望之) 네가 나가서 돌아오지 않을 때면 높은 곳에 올라가 바라보심.

여출일구(如出一口) 이구동성(異口同聲). 한 입에서 나오는 것처럼 여러 사람의 말이 같음을 이르는 말.

여충지인(如蟲之人) 벌레 같은 인생(人生).

여취여광(如醉如狂) 여광여취(如狂如醉).

여취여몽(如醉如夢) 취한 것 같기도 하고 꿈같기도 함.

여측이심(如厠二心) '뒷간에 갈 적 마음 다르고, 나올 적 마음 다르다'는 뜻으로, 긴할 때는 다급하게 굴다가 그 일이 지나면 마음이 변한다는 말.

여타자별(與他自別) 남보다 사이가 유달리 가까움.

여풍과이(如風過耳) '바람이 귀를 통과하는 듯 여긴다'는 뜻으로, 남의 말을 귀담아 듣지 않는 태도(態度).

여필종부(女必從夫) 아내는 반드시 남편(男便)의 뜻을 좇아야 한다는 말.

여합부절(如合符節) 부절을 맞추는 것과 같이 사물(事物)이 꼭 들어맞음.

여형약제(如兄若弟) 정의(情誼)가 형제(兄弟)와 같이 좋음.

여호모피(與狐謀皮) 여호모피(與狐謨皮).

여호모피(與虎謀皮) 여호모피(與虎謨皮).

여호모피(與虎謨皮) '호랑이에게 가죽을 내어 놓으라고 꾀다'라는 뜻으로, 근본적으로 이룰 수 없는 일을 이르는 말. 여호모피(與虎謀皮).

여호모피(與狐謨皮) '여우하고 여우의 모피(毛皮)를 벗길 모의(謀議)를 한다'는 뜻으로, 이해(利害)가 상충하는 사람하고 의논(議論)하면 결코 이루어지지 않음을 비유(比喻)하는 말. 여호모피(與狐謀皮).

여호첨익(如虎添翼) '호랑이에게 날개를 달아준다'는 뜻으로, 호랑이가 날개를 단 것과 같이 하늘로 비상(飛上)하여 더 큰 일을 이룬다는 의미(意味)를 나타냄.

여혼잔치(女婚-) 딸을 시집보낼 때에 베푸는 잔치.

역거설진(歷擧說盡) 하나하나 들어서 다 풀이함.

역려건곤(逆旅乾坤) '세상(世上)이란 여관(旅館)과 같다'는 뜻으로, '세상(世上)의 덧없음'을 비유(比喻)하는 말.

역려과객(逆旅過客) ①지나가는 길손과 같이 아무 관계(關係)도 없는 사람. ②세상(世上)

은 여관(旅館)과 같고, 인생(人生)은 나그네와 같다는 말.

역려성쇠(逆旅盛衰) 세상(世上)의 덧없는 흥망성쇠(興亡盛衰).

역력가수(歷歷可數) 역력가지(歷歷可知).

역력가지(歷歷可知) 분명(分明)하게 알 수 있음. 역력가수(歷歷可數).

역마농금(櫪馬籠禽) '마구간에 매인 말과 새장에 든 새'라는 뜻으로, 속박(束縛)되어 자유롭지 않은 몸을 이르는 말.

역마직성(驛馬直星) 늘 부산하게 멀리 다니는 사람.

역명지전(易名之典) 임금으로부터 시호(諡號)를 받던 은전.

역발산기개세(力拔山氣蓋世) ①산을 뽑고, 세상(世上)을 덮을 만한 기상(氣像). ②아주 뛰어난 기운(氣運). ③또는, 놀라운 기상(氣像).

역부족(力不足) 힘이 모자람. 기량이 미치지 못함.

역부종심(力不終心) 힘이 부족(不足)하여 생각한대로 할 수 없음.

역사언어학(歷史言語學) 언어의 음운 · 문법 · 의미변화를 연구하고, 고대 언어를 재구성하며, 언어들 사이의 발생론적 상관관계를 입증할 수 있는 방법을 발견하고 적용하는 데 관심을 두는 언어학의 한 분야.

역성혁명(易姓革命) '성씨를 바꿔 천명(天命)을 혁신(革新)한다'는 뜻으로, 덕 있는 사람은 천명(天命)에 의(依)해 왕위(王位)에 오르고, 하늘의 뜻에 반하는 사람은 왕위(王位)를 잃는다는 고대(古代) 중국(中國)의 정치(政治) 사상(思想).

역세혁명(易世革命) '덕이 있으면 천명(天命)을 받아 나라를 다스리게 되지만 덕을 잃으면 다른 덕이 있는 이에게 천명(天命)이 옮으므로 혁명(革命)이 일어난다'는 뜻으로, '왕조(王朝)가 바뀜'을 이르는 말.

역신마마(疫神媽媽) '역신'을 높이어 이르는 말. 마마(媽媽). 별성마마(別星媽媽).

역이지언(逆耳之言) 귀에 거슬리는 말. 곧, 신랄(辛辣)한 충고(忠告)의 말.

역자교지(易子敎之) '나의 자식(子息)과 남의 자식(子息)을 바꾸어 교육(敎育)한다'는 뜻으로, 부자(父子) 사이엔 잘못을 꾸짖기 어렵다는 뜻으로 쓰임.

역자이교지(易子而敎之) '내 자식(子息)과 남의 자식(子息)을 바꾸어서 가르친다'는 뜻으로, 자기(自己) 자식(子息)의 잘못을 꾸짖기는 어렵다는 말.

역자이식(易子而食) '식량(食糧)이 없어 자식(子息)을 바꾸어 먹다'는 뜻으로, 극심(極甚)한 기근(飢饉)을 말함.

역적모의(逆賊謀議) 역적들이 모여서 반역을 꾀함.

역전불여봉년(力田不如逢年) '힘을 다하여 농사(農事)를 지어도 일기(日氣)가 순조(順調)롭지 못하면 오히려 풍년(豊年)을 만난 것만 같지 못하다'는 뜻으로, 사람의 힘이 하늘의 힘에 미치지 못함을 비유(比喩)하는 말.

역지개연(易地皆然) 사람은 있는 곳에 따라 행동(行動)이 달라지니, 그 환경(環境)을 서로 바꾸면 누구나 다 똑같아진다는 말.

역지사지(易地思之) '처지(處地)를 서로 바꾸어 생각함'이라는 뜻으로, 상대방(相對方)의 처지(處地)에서 생각해 봄.

역참기중(亦參其中) 어떤 일에 또한 참여(參與)함.

역취군영(亦聚群英) 또한 여러 영웅(英雄)을 모으니, 분전(墳典)을 강론(講論)하여 치국(治國)하는 도(道)를 밝힘.

역취순수(逆取順守) 도리(道理)에 어긋나는 행위(行爲)로 빼앗고, 도리(道理)에 순종(順從)하여 지킴.

역풍역수(逆風逆水) 바람을 안고 물결을 거슬러 감.

역학이독서위본(力學以讀書爲本) 역학은 독서로 근본을 삼음.

연경거종(延經擧踵) '목을 길게 빼고 뒤꿈치를 들고 기다린다'는 뜻.

연경학망(延頸鶴望) 학처럼 목을 길게 빼고 간절(懇切)히 기다림.

연고목망사방(緣高木望四方) '높은 나무 위에 올라가 사방(四方)을 바라보면 그 때는 유쾌(愉快)하지만, 큰바람이 일면 떨어질 염려(念慮)가 있다'는 뜻으로, 아무런 공도 없이 큰 이득(利得)을 보는 사람을 경계(警戒)하는 말.

연공가봉(年功加俸) 근무한 기간에 따라서 본봉 이외에 지급되는 봉급(俸給).

연공서열(年功序列) 근무 기간이나 나이가 많아짐에 따라 지위가 높아지고 봉급이 많아지는 일.

연구세심(年久歲深) ①오랜 세월(歲月). ②또는, 세월(歲月)이 오램.

연구월심(年久月深) 세월(歲月)이 매우 오램.

연군지정(戀君之情) 임(임금)에 대한 그리움과 변함없는 사랑.

연금침주(捐金沈珠) '금(金)을 산에 버리고 구슬을 못에 빠뜨린다'는 뜻으로, 재물(財物)을 가벼이 보고 부귀(富貴)를 탐하지 않음을 이르는 말.

연금칭인(鍊金稱人) 풀무로는 금(金)을, 칭찬(稱讚)으로는 사람을 단련(鍛鍊)함.

연년세세(年年歲歲) '해마다'의 힘줌 말.

연년익수(延年益壽) 나이를 많이 먹고 오래오래 삶.

연대지필(椽大之筆) '서까래만한 큰 붓'이라는 뜻으로, 뛰어난 대문장(大文章)·대논문(大論文) 등(等)을 이르는 말.

연덕구존(年德俱存) 나이가 많거니와 덕도 아울러 갖춤.

연도일할(鉛刀一割) '납을 가지고 만든 칼, 곧 잘 안 드는 칼이라도 한 번 자를 힘이 있다'는 뜻으로, ①자기(自己) 힘이 미약(微弱)하다고 겸손(謙遜)하게 하는 말. ②두 번 다시 쓰지 못함. ③우연히 한 일이 뜻밖의 좋은 결과를 가져옴.

연독지정(吮犢之情) '어미 소가 송아지를 핥아주는 정'이라는 뜻으로, 자기(自己)의 자녀(子女)에게 대(對)한 사랑이나 부하에게 대(對)한 사랑을 겸손(謙遜)하게 이르는 말. 지독지애(舐犢之愛). 지독지정(舐犢之情).

연락두절(連絡杜絕) 교통(交通)이나 통신(通信)이나 왕래(往來)가 막히거나 끊어짐. ↔연락부절(連絡不絕).

연락부절(連絡不絕) 자주 오고 가서 끊이지 아니함. 낙역부절(絡繹不絕). ↔연락두절(連絡杜絕).

연로쇠경(年老衰境) 쇠약(衰弱)해진 늙바탕.

연리비익(連理比翼) '비익조(比翼鳥)와 연리지(連理枝)'의 뜻으로, '부부(夫婦)의 사이가 썩 화목(和睦)함'의 비유(比喻).

연리지(連理枝) '두 나무의 가지가 맞닿아서 결이 서로 통(通)한 것'의 뜻으로, 화목(和睦)한 부부(夫婦) 또는 남녀(男女) 사이를 비유(比喻)하는 말.

연리지락(連理之樂) 부부(夫婦)의 화합(和合)하는 즐거움.

연마장양(鍊磨長養) 갈고 닦고 오래도록 준비(準備)하여 옴.

연막작전(煙幕作戰) 연막전술(煙幕戰術).

연막전술(煙幕戰術) 적이 볼 수 없도록 연막을 치는 전술(戰術). 교묘(巧妙)하고 능청스러운 수단(手段)으로 상대방(相對方)에게 문제(問題)의 핵심(核心)을 숨기어 갈피를 못 잡게 하는 일. 연막작전(煙幕作戰).

연말연시(年末年始) 한 해의 마지막 때와 새해의 첫머리를 아울러 이르는 말.

연명식재(延命息災) ①무사히 오래 삶. ②재앙(災殃)이 없이 목숨을 연장(延長)함.

연모지정(戀慕之情) 이성을 사랑하여 그리워하는 정.

연목구어(緣木求魚) '나무에 인연(因緣)하여 물고기를 구(求)한다' 라는 뜻으로, 목적(目的)이나 수단(手段)이 일치(一致)하지 않아 성공(成功)이 불가능(不可能)함, 또는 허술한 계책(計策)으로 큰일을 도모(圖謀)함.

연무앵가(燕舞鶯歌) '제비 날고, 꾀꼬리 노래하고'의 뜻.

연미지급(燃眉之急) 초미지급(焦眉之急). 눈썹이 탈만큼 위급한 상태.

연미지액(燃眉之厄) '눈썹이 타는 재액(災厄)'이라는 뜻으로, ①매우 급(急)하게 닥치는 재앙(災殃)을 이르는 말. ②곧 절박(切迫)한 재액(災厄).

연부역강(年富力强) 나이가 젊고 한창 성(盛)함.

연비어약(鳶飛魚躍) '하늘에 솔개가 날고 물속에 고기가 뛰어노는 것이 자연(自然)스럽고 조화(調和)로운데, 이는 솔개와 물고기가 저마다 나름대로의 타고난 길을 가기 때문이다'라는 뜻으로, 만물(萬物)이 저마다의 법칙(法則)에 따라 자연(自然)스럽게 살아가면, 전체적(全體的)으로 천지(天地)의 조화(調和)를 이루게 되는 것이 자연(自然)의 오묘(奧妙)한 도(道)

임을 말함.

연석보천(鍊石補天) '돌을 다루어 무너진 하늘을 수리(修理)한다'는 뜻으로, 큰 공적(攻積)을 세움을 이르는 말.

연성지보(連城之寶) 가중연성(價重連城).

연소기예(年少氣銳) 젊고 기운(氣運)이 팔팔함.

연소몰각(年少沒覺) 나이가 어리고 철이 없음.

연소성관(年少成冠) 나이가 젊어서 관례(冠禮)를 올림.

연속부절(連續不絕) 죽 이어져서 끊어지지 아니함.

연쇄반응(連鎖反應) ①하나의 화학(化學) 반응(反應)이 다른 반응(反應)을 일으키고 그것이 다른 것으로 번져서 계속(繼續)되는 반응(反應). 우라늄 이백삼십오 하나가 분열(分裂)되면서 나온 중성자가 다른 중성자를 분열시켜 계속 핵분열을 일으키는 반응 따위. ②하나의 사건(事件)이 계기(契機)가 되어 같은 종류(種類)의 사건(事件)이 잇달아 일어나는 일의 비유(譬喻).

연시매최(年矢每催) 화살같이 매양 재촉함.

연심기묘(緣尋機妙) 좋은 인연(因緣)이 더욱 좋은 인연을 찾아 그 발의 방식이 참으로 기묘하다는 말.

연심세구(年深歲久) 연심세월(年深歲月).

연심세월(年深歲月) 세월(歲月)이 매우 오램. 연심세구(年深歲久).

연아다여봉증아다여식(憐兒多與棒憎兒多與食) 아이를 사랑하거든 매를 많이 주고, 아이를 미워하거든 먹을 것을 많이 주라

연안대비(燕雁代飛) '제비가 날아올 즈음 기러기는 떠난다'는 뜻으로, 사람이 서로 멀리 떨어져 소식(消息) 없이 지냄을 이르는 말.

연안짐독(宴安酖毒) 행실(行實)이 바르지 못하여 놀고 즐기는 것은, 마시면 죽는 독주인 짐주(짐새의 깃을 술에 담근 독주)의 독과 같아서 사람의 몸을 상하게 한다는 말.

연연불망(戀戀不忘) 그리워서 잊지 못함.

연옥설(煉獄說) 〔영〕The Doctrine of Purgatory. 로마교의 교리, 벧전3:19에 근거 한 것인데, 불완전한 신자는 천국에 들어가기 전에 중간 상태에서 수련을 겪는 고통(苦痛)의 기간(期間)을 말한다.

연옹지치(吮癰舐痔) '종기(腫氣)의 고름을 빨고, 치질(痔疾) 앓는 밑을 핥는다'는 뜻으로, 남에게 너무 지나치게 아첨(阿諂)함을 이르는 말.

연익지모(燕翼之謀) 자손(子孫)을 위(爲)하여 숨겨놓은 계책(計策).

연인접족(連姻接族) 친족(親族)과 인척(姻戚).

연일연시(連日連時) 날마다 때마다 계속(繼續).

연일연야(連日連夜) 날마다 밤마다 계속(繼續).

연작안지홍곡지지(燕雀安知鴻鵠之志) '제비나 참새 따위가 어찌 기러기나 고니의 뜻을 알겠느냐'는 말로, 곧 평범(平凡)한 사람이 영웅(英雄)의 큰 뜻을 알리가 없다는 뜻.

연작지도(燕雀之徒) 소인(小人)의 무리를 이름.

연작처당(燕雀處堂) 안심(安心)하고 있어 재앙(災殃)이 닥쳐오는 것도 모름.

연작처옥(燕雀處屋) 편안(便安)히 지내느라 장차 화가 자기(自己)에게 닥칠 것을 깨닫지 못함을 비유(比喩)한 말.

연작홍곡(燕雀鴻鵠) 연작안지홍곡지지(燕雀安知鴻鵠之志).

연장이배부이사지(年長以倍父以事之) 나이가 많아 곱절이 되거든, 아버지로 섬겨라.

연저지인(吮疽之仁) 주(周)나라의 오기(吳起)란 장수(將帥)가 자기(自己) 부하 군사(軍士)의 종기(腫氣)를 빨아서 고쳤다는 옛일에서, 장군(將軍)이 부하(部下)를 지극(至極)히 사랑함을 이르는 말.

연전연승(連戰連勝) 싸울 때마다 빈번(頻煩)이 이김. 연전연첩(連戰連捷). ↔연전연패(連戰連敗)

연전연패(連戰連敗) 연속(連續)하여 싸워 짐. 싸울 때마다 연달아 짐. ↔연전연승(連戰連勝)

ㅇ

연조비가사(燕趙悲歌士) '중국(中國) 춘추전국시대(春秋戰國時代) 연(燕)나라와 조(趙)나라에 세상(世上)을 비관하여 슬픈 노래를 부른 사람이 많았다'는 뜻으로, 우국(憂國)의 선비를 이르는 말.

연좌시위(連坐示威) 여러 사람이 같은 자리에 죽 늘어 앉아 하는 시위(示威).

연중무휴(年中無休) 한 해 동안 하루도 쉬는 일이 없음.

연지구지(研之究之) ①어떤 사물(事物)을 과학적(科學的)으로 분석(分析), 관찰(觀察)하는 일. ②어떤 일에 대(對)하여 깊이 생각하고 사리(事理)를 따지어 보는 일.

연진천리(煙塵千里) '병마(兵馬)의 발굽에서 일어나는 먼지가 구름 일 듯이 천리에 걸쳐 끊어지지 않는다'는 뜻으로, 온 세상(世上)이 전란(戰亂)으로 어지러움을 형용(形容)해 이르는 말.

연징취영(淵澄取暎) 못이 맑아서 비치니, 군자(君子)의 마음을 말한 것임.

연천몰각(年淺沒覺) 나이가 어리고 철이 없음.

연촉겁지(延促劫智) 자기(自己) 생각대로 거침없이 겁(劫)을 늘리기도 하고 줄이기도 하는 부처의 지혜(智慧).

연파만리(煙波萬里) '연기(煙氣)나 안개가 부옇게 낀 아득히 먼 수면(水面)'. 멀리 떨어져 있어서 만나기 어려움의 비유(比喩).

연편누독(連篇累牘) 쓸데없이 길게 늘여 쓴 문장(文章).

연포지목(連抱之木) 아름드리 되는 큰 나무.

연풍민락(年豊民樂) 풍년(豊年)이 들어 백성(百姓)이 즐거워 함.

연하고질(煙霞痼疾) 산수(山水)의 좋은 경치(景致)를 깊이 사랑하는 마음(煙霞)이 대단히 강(强)해 마치 고치지 못할 병이 든 것 같음을 비유(比喩)해 이르는 말.

연하일휘(煙霞日輝) 안개와 노을과 빛나는 햇살.

연하지벽(煙霞之癖) 산과 물을 매우 사랑하는 것이 마치 고치지 못할 병이 든 것과 같음.

연함호두(燕頷虎頭) '제비 같은 턱과 범 같은 머리'라는 뜻으로, 먼 나라의 제후(諸候)가 될 생김새나 후한(後漢)의 무장(武將) 반초(班超)를 이르는 말.

연홍지탄(燕鴻之歎) 봄과 가을에 엇갈리는 제비와 기러기처럼 서로 반대(反對)의 입장(立場)이 되어 만나지 못함을 한탄(恨歎)하는 말임.

연화중인(煙火中人) '화식(火食)을 하는 사람'이라는 뜻으로, 속세(俗世)의 인간(人間)을 이르는 말. 화식(火食)은 불에 익힌 음식이다.

열감무정(悅感武丁) 부열(傅悅)이 들에서 역사하매 무정(武丁)의 꿈에 감동(感動)되어 곧 정승(政丞)이 됨.

열구지물(悅口之物) 입에 맞는 음식(飮食).

열녀불경이부(烈女不更二夫) 불사이군(不事二君). 열불이경(烈不二更).

열녀춘향수절가(烈女春香守節歌) 19세기 후반에 완판으로 출간된 고전 '춘향전(春香傳)'의 대표적 이본.

열대강우림(熱帶降雨林) 열대(熱帶) 지방의 비가 많은 곳에 발달한 대삼림(大森林) 지대.

열대우림(熱帶雨林) 적도(赤道)를 중심으로 남위와 북위 각각 5~6도 지역에서 볼 수 있는 상록(常綠) 활엽수 위주의 대 밀림(密林), 상록수(常綠樹)와 덩굴식물, 수상착생 식물이 많다.

열두제자(-弟子) 〔Twelve disciples〕. 베드로 · 안드레 · 야고보 · 요한 · 빌립 · 바돌로매 · 도마 · 마태 · 야고보 · 다대오 · 시몬 · 유다 이상12명이다(마10:2~4).

열두지파(-支派) 〔영〕tribes of Israel. 십이지파(十二支派).

열등감(劣等感) 자기가 다른 사람보다 뒤떨어져 있다는 느낌, 또는 그럴 때의 불쾌한 감정. ↔우월감(優越感).

열등의식(劣等意識) 자기가 다른 사람보다 열등하다고 느끼는 의식.

열불이경(烈不二更) 열녀(烈女) 불경(不更) 이부(二夫). '열녀(烈女)는 두 번 시집가지 않는다'는 의미. 열녀는 정절을 굳게 지키어 두 남편을 고쳐 섬기지 않는다는 말.

열예차강(悅豫且康) 이상(以上)과 같이 마음 편히 즐기고 살면 단란한 가정(家庭)임.

열왕세시기(洌王歲時記) 조상숭배(祖上崇拜), 농사의례(農事儀禮), 정서순화(情緖純化) 등의 의미를 갖는 행사와 놀이, 액(厄)을 면하는 일 등의 내용으로된 문헌(文獻). 우리나라의 세시풍속(歲時風俗)에 관한 문헌으로는 『경도잡지』, 『열왕세시기』, 『동국세기』 등이 있음.

열인찬자백사개위(悅人讚者百事皆僞) 남의 칭찬(稱讚)을 좋아하는 사람은 온갖 일이 모두 거짓이니라.

열혈남(熱血男) 열혈남아(熱血男兒). 열열한(熱血漢).

열혈남아(熱血男兒) 열정(熱情)에 불타는 의기(意氣)를 가진 사나이.

열혈남자(熱血男子) 혈기가 왕성하고 열렬한 의기를 가진 남자.

열혈낭자(熱血娘子) 열정(熱情)의 피가 끓는 처녀.

열혈투사(熱血鬪士) 뜨거운 열정(熱情)으로 사회운동(社會運動) 따위에 앞장서서 투쟁(鬪爭)하는 사람.

열혈한(熱血漢) 열혈남아(熱血男兒). 열혈남(熱血男).

염념불망(念念不忘) 염념재자(念念在玆).

염념생멸(念念生滅) 불교에서, '만물은 잠시도 멈추지 않고 변화하고 있음'을 뜻하는 말.

염념재자(念念在玆) 자꾸 생각이 나서 잊지 못함. 염념불망(念念不忘).

염담퇴수(恬淡退守) 욕심도 의욕도 없이 그저 담담하게 물러나 현상만을 지킴.

열등의식(劣等意識) 자기가 다른 사람보다 열등하다고 느끼는 의식.

염라대왕(閻羅大王) 불교에서, 죽은 이의 영혼을 다스리고, 생전의 행동을 심판하여 상벌을 주는 염라국의 임금. 야마(夜摩). 염마(閻魔). 염마대왕(閻魔大王). 염마법왕(閻魔法王).

염량세태(炎凉世態) '뜨거웠다가 차가워지는 세태(世態)'라는 뜻으로, 권세(權勢)가 있을 때에는 아첨(阿諂)하여 좇고 권세(權勢)가 떨어지면 푸대접(-待接)하는 세속(世俗)의 형편(形便).

염력철암(念力徹巖) '전념(專念)하는 힘이 바위를 뚫는다'는 뜻으로, 불가능(不可能)해 보이는 일도 진심(眞心)으로 노력(努力)하면 이루지 못할 리가 없음을 이르는 말.

염마대왕(閻魔大王) 염라대왕(閻羅大王).

염마법왕(閻魔法王) '염라대왕'을 높이어 이르는 말.

염불급타(念不及他) 바빠서 다른 생각을 할 겨를이 없음.

염불삼매(念佛三昧) 일심불란(一心不亂)하게 염불(念佛)에 몰두(沒頭)하는 일.

염불송경(念佛誦經) 마음속으로 부처를 잊지 아니하고 불경(佛經)을 욈.

염불위괴(恬不爲愧) 올바르지 못한 일을 하고도 조금도 부끄러워하지 않음.

염상윤하(炎上潤下) '부분적으로는 불이 올라가고 물은 내려온다'는 말.

염상윤하윤상염하(炎上潤下潤上炎下) '부분적으로는 불꽃이 올라가고 물이 내려오지만, 전체적인 것은 언제나 부분적인 것과는 반대로, 불의 근원인 태양 빛은 상(上)에서 하행(下行)을 하고, 물의 근원인 강과 바다의 수증기는 하(下)에서 상행(上行)을 한다'는 뜻.

염세관(厭世觀) 염세주의(厭世主義).

염세적(厭世的) 세상을 싫어하고 모든 것을 비관적(悲觀的)으로 생각하는 것. ↔낙천적(樂天的).

염세주의(厭世主義) 세상이나 인생에 실망하여 이를 싫어하는 생각. 곧 세상이나 인생에는 살아갈 만한 값어치가 없다고 하는 생각. 염세관. ↔낙천주의(樂天主義).

염슬궤좌(斂膝跪坐) 염슬단좌(斂膝端坐).

염슬단좌(斂膝端坐) 염슬위좌(斂膝危坐).

염슬위좌(斂膝危坐) 무릎을 거두고 옷자락을 바로 하여 단정히 앉음. 염슬궤좌(斂膝跪坐). 염슬단좌(斂膝端坐).

염우염치(廉隅廉恥) ①염우와 염치. ②'염치'의 뜻을 힘주어 이르는 말. 야무얌치.

염이부지괴(恬而不知怪) 평범(平凡)히 보아 넘겨 이상(異常)히 여기지 아니함.

염인책자기행무진(厭人責者其行無進) 남의 꾸짖음을 싫어하는 사람은 그 행실(行實)에 전진(前進)이 없음.

염자재자(念玆在玆) 그 자리에 앉힐 사람으로는 적임자임.

염작물식(厭作勿食) '일하기 싫거든 먹지도 말라'는 뜻.

염정소설(艶情小說) 연애 소설(戀愛小說).

염지지물(染指之物) '집게손가락에 붙은 것'이라는 뜻으로, '분에 넘치게 가지는 남의 물건(物件)'의 비유(比喩).

염필륜지(恬筆倫紙) 진국 몽염(蒙恬)은 토끼털로 처음 붓을 만들었고, 후한(後漢) 채륜(蔡倫)은 처음 종이를 만들었음.

염화미소(拈華微笑) '꽃을 집어 들고 웃음을 띠다'란 뜻으로, 말로 하지 않고 마음에서 마음으로 전(傳)하는 일을 이르는 말. 이심전심(以心傳心). 심심상인(心心相印).

염화시중(拈華示衆) '꽃을 따서 무리에게 보인다'는 뜻으로, 말이나 글에 의(依)하지 않고 이심전심(以心傳心)으로 뜻을 전(傳)하는 일.

엽색행각(獵色行脚) 변태적으로 분별없이 여색을 탐하는 행각.

엽관제도(獵官制度) (spoil system) 공직의 임면(任免)을 당파적 정실에서 정하는 제도. 곧 집권당(執權黨)이 교체될 때마다 그 정당에 딸린 모든 공무원(公務員)이 일시에 갈리게 되는 제도.

엽기적(獵奇的) 기괴하고 이상한 일에 유난히 흥미를 느끼는 (것). 기괴하고 흥미 있는 (것).

영걸지주(英傑之主) 영걸스러운 기상(氣像)을 가진 군주(君主).

영견잔묵(零絹殘墨) 아주 낡은 글씨나 그림 따위.

영결식(永訣式) 장례 때 친지(親知)가 모여 죽은 이와 영결하는 의식(儀式).

영결종천(永訣終天) 죽어서 영원히 헤어짐.

영경욕천이중해심(榮輕辱淺利重害深) 영화(榮華)가 가벼우면 욕됨이 얕고, 이(利)가 무거우면 해(害)도 깊으니라.

영고성쇠(榮枯盛衰) '영화(榮華)롭고 마르고 성(盛)하고 쇠함'이라는 뜻으로, 개인(個人)이나 사회(社會)의 성(盛)하고 쇠함이 서로 뒤바뀌는 현상(現象), 흥망성쇠(興亡盛衰).

영고일취(榮枯一炊) 인생이 꽃피고 시드는 것은 한번 밥 짓는 순간같이 덧없고 부질없음을 이르는 말.

영과이후진(盈科而後進) '구멍을 가득 채운 뒤에 나간다'는 뜻으로, '물이 흐를 때는 조금이라도 오목한 데가 있으면 우선(于先) 그곳을 가득 채우고 아래로 흘러간다'는 말. 곧 '사람의 배움의 길도 속성(速成)으로 하려 하지 말고 차근차근 닦아 나가야 한다'는 말.

영구업다(營求業多) '큰일을 도모(圖謀)하고 새로운 일을 구(求)하니 바쁘고 보람 있는 삶을 산다'는 뜻.

영구장천(永久長川) 한없이 길고 오랜 세월.

ㅇ **영구적**(永久的) 영구히 변하지 않고 계속(繼續)되는 것. ↔일시적(一時的).

영구준행(永久遵行) 규칙(規則)이나 약속(約束) 따위를 오래오래 지키어 나감.

영기동인(英氣動人) 빼어난 기상(氣像)이 사람을 움직임.

영도력(領導力) 영도하는 능력(能力).

영락소지(零落掃地) 지위(地位)나 부귀(富貴) 따위가 땅에 떨어져 쓸어버린 듯이 없어짐.

영령쇄쇄(零零瑣瑣) 보잘것없이 매우 자질구레함.

영령쇄쇄(零零碎碎) 아주 잘게 부스러짐.

영만지구(盈滿之咎) '가득 차면 기울고 넘친다'는 뜻으로, 만사가 다 이루어지면 도리어 화를 가져오게 될 수 있음을 뜻하는 말.

영부인(令夫人) 남(특(特)히, 사회적(社會的) 신분(身分)이 높은 사람)을 높여 그의 아내를 이르는 말.

영불서용(永不敍用) 죄(罪)를 지어 파면(罷免)된 관원(官員)을 다시는 임용(任用)하지 아니하던 일.

영불출세(永不出世) 집안에 틀어박혀 영영 세상(世上)에 나오지 않음.

영상미디어(映像media) 영화 · 비디오 · 방송 따위의 영상물을 전달하는 매체(媒體).

영색무저항난색비하횡(寧塞無底缸難塞鼻下橫) '차라리 밑 빠진 항아리는 막을지언정 코 아래 가로놓인 것(입)은 막기 어려우니라'는 뜻.

영생불멸(永生不滅) 영원(永遠)히 삶을 누리어 사라지지 아니함. 영생불사(永生不死).

영생불사(永生不死) 죽지 아니하고 영원(永遠)히 삶. 영생불멸(永生不滅).

영서연설(郢書燕說) '영(郢) 땅 사람의 글을 연(燕)나라 사람이 설명(說明)한다'는 뜻으로, 도리(道理)에 맞지 않는 일을 억지로 끌어대어 도리(道理)에 닿도록 함을 이르는 말.

영설독서(映雪讀書) '눈(雪)빛에 비쳐 책을 읽는다'는 뜻으로, 가난을 무릅쓰고 학문(學問) 함을 이르는 말.

영설지재(詠雪之才) '눈을 읊는 재주'라는 뜻으로, 여자(女子)의 글재주를 기리는 말.

영세농민(零細農民) 농사(農事)를 적게 지어 겨우 살아가는 가난한 농민(農民).

영세무궁(零細無窮) 영원(永遠)히 다함이 없음. 영영무궁(永永無窮). 영원무궁(永遠無窮).

영세불망(永世不忘) 영구(永久)히 은덕(恩德)을 잊지 아니함. 만세불망(萬世不忘)

영수길소(永綏吉卲) 영구(永久)히 편안(便安)하고 길함이 높음.

영수회담(領袖會談) 어떤 단체(團體)의 대표(代表)가 되는 우두머리들이 모여앉아 의논(議論)하는 것.

영승지회(榮勝之會) '마귀(魔鬼), 세속(世俗), 육신(肉身)과의 싸움에서 이기고 올라간 곳'이라는 뜻으로, '천당'을 일컫는 말.

영아세례(嬰兒洗禮) 유아세례(幼兒洗禮).

영양괘각(羚羊挂角) '영양이 밤에 잘 때에는 나뭇가지에 뿔을 걸어서 위해(危害)를 막는다'는 뜻으로, 흔적(痕跡)을 찾을 수 없음. 모든 것을 초탈하여 자유분방(奔放)한 시의 세계(世界)를 이르는 말

영업소기(榮業所基) (이상(以上)과 같이 잘 지키면)번성(繁盛)하는 기본(基本)이 됨.

영영구구(營營區區) 이권에 아득바득하여 떳떳하지 못함.

영영급급(營營汲汲) 영영축축(營營逐逐).

영영무궁(永永無窮) 영원무궁(永遠無窮).

영영방매(永永放賣) 부동산을 매매할 때 사용되는 용어로, '아주 팔아 버림'의 뜻.

영영축축(營營逐逐) 세리(勢利)를 얻기 위하여 분주히 왔다 갔다 함. 영영급급(營營汲汲).

영요영화(榮耀榮華) '권력(權力)이나 부를 얻어서 번성(繁盛)한다'는 뜻으로, ①사치(奢侈)를 다함. ②호화(豪華)롭고 화려(華麗)함.

영용무쌍(英勇無雙) 영용(英勇)하기가 비길 데 없음.

영웅기인(英雄忌人) 영웅(英雄)은 다른 뛰어난 사람을 꺼림.

영웅선읍(英雄善泣) 영웅(英雄)은 잘 우는 버릇이 있음.

영웅지재(英雄之材) 영웅(英雄)이 될 만한 자질을 가진 사람.

영웅호걸(英雄豪傑) 영웅(英雄)과 호걸(豪傑).

영웅호색(英雄好色) '영웅(英雄)은 여색(女色)을 좋아 한다'는 말.

영원무궁(永遠無窮) 영원(永遠)하여 다함이 없음. 영영무궁(永永無窮). 영세무궁(永世無窮).

영원불멸(永遠不滅) 영원(永遠)히 없어지지 아니함.

영원불변(永遠不變) 영원(永遠)히 변(變)함이 없음.

영위계구물위우후(寧爲鷄口勿爲牛後) '닭의 입이 될지언정 소의 꼬리는 되지 말라'는 뜻으로, 큰 단체의 졸개가 되는 것 보다는, 작은 집단(集團)의 우두머리가 되는 것이 낫다는 말.

영음찰리(聆音察理) 소리를 듣고 그 거동(擧動)을 살피니, 조그마한 일이라도 주의(注意)하여야 함.

영인자해(迎刃自解) 일이 스스로 아주 쉽게 해결(解決)됨.

영정고고(零丁孤苦) 가난해지고 세력(勢力)이 꺾여 도와주는 사람도 없이, 혼자서 괴로움을 당(當)하는 어려운 처지(處地)를 이르는 말.

영즉필휴(零則必虧) 꽉 차서 극에 달하게 되면 반드시 기울어 짐.

영지주의(靈智主義) 〔영〕Gnosticism. 2세기와 그 후에 발견되는 일단의 종교적 현상들을 지칭하는 현대적 용어이다. 이들은 에비온파와는 대조적이며 유대교 전통보다는 희랍 사상의 관점에서 기독교를 이해하려는 자들이었다. 그들은 영과 정신은 선하고 육과 물질은 악하다는 극단적 이원론에 근거하여 구약의 창조주 하나님을 물질을 만든 저급한 신으로 보았다. 그들은 구약과 신약의 단절성을 과도하게 강조 하였고, 그리스도의 인성에 타격을 줄 만큼 신성을 강조하였다. 선한 그리스도의 영이 악한 인간의 육을 입었다는 사실을 받아들이기를 꺼려하였기 때문에 그들이 설명하는 기독론은 가현설(假現說)로 이해된다.

영천세이(潁川洗耳) 세이공청(洗耳恭聽).

영출다문(令出多門) 명령(命令) 계통(系統)이 문란(紊亂)하여 한 가지 일에 대(對)해서 명령(命令)이 여러 갈래로 나옴.

영치부(詅癡符) '어리석은 글을 파는 패(牌)'라는 뜻으로, 졸렬(拙劣)한 문장(文章)을 명문(名文)인 듯이 자랑하다가 부끄러움을 당(當)하는 일.

영탈이출(穎脫而出) '뾰족한 송곳 끝이 주머니를 뚫고 나온다'는 뜻으로, 뛰어나고 훌륭한 재능(才能)이 밖으로 드러남을 이르는 말.

영해향진(影駭響震) '그림자만 보아도 놀라고, 울리는 소리만 들어도 떤다'는 뜻으로, 잘 놀람을 이르는 말.

영행금지(令行禁止) 명령(命令)하면 행(行)하고, 금(禁)하면 그침. 곧 사람들이 법령(法令)을 잘 지킴.

영형상수(影形相隨) 그림자와 형체(形體)는 서로 붙어 다님.

영혼불멸설(靈魂不滅說) 〔영〕Immortality of the Soul. 철학(哲學)에서, 죽은 후에도 인

간의 영혼(靈魂)은 지성과 의지를 발휘하며 영원(永遠)히 존재한다는 학설(學說).

영혼신앙(靈魂信仰) 영혼은 육체(肉體)를 떠나서도 존속(存續)하며, 살아 있는 사람이나 사물에 영향을 끼친다고 믿어, 이를 숭배(崇拜)하는 일.

예괴악붕(禮壞樂崩) '예의(禮儀)와 음악(音樂)이 깨지고 무너졌다'는 뜻으로, 세상(世上)이 어지러움을 이르는 말.

예금미연(禮禁未然) 예의(禮儀)란 나쁜 일을 미리 방지(防止)하는 것임.

예기방장(銳氣方張) 예기(銳氣)가 한창 성(盛)함.

예문의로(禮門義路) 예(禮)는 군자(君子)가 출입(出入)하는 문이며, 의(義)는 군자(君子)가 걸어가는 길임.

예미도중(曳尾塗中) '꼬리를 진흙 속에 묻고 끈다'는 뜻으로, 벼슬을 함으로써 속박(束縛) 되기보다는 가난하더라도 집에서 편안(便安)히 사는 편이 나음을 비유(譬喩)해 이르는 말.

예방전(豫防戰) 예방전쟁(豫防戰爭).

예방전쟁(豫防戰爭) 장차 자기나라를 위협(威脅)할 가능성이 있는 나라의 세력(勢力)을 꺾는다는 이유로 먼저 공격하여 일으키는 전쟁(戰爭). 대개 평화유지(平和維持) 따위를 내세우지만 침략전쟁을 정당화(正當化) 하기 위한 구실(口實)인 경우가 많다. 예방전(豫防戰).

예배학(禮拜學) 〔영〕Liturgics. 실천신학(實踐神學)의 한 과인데 예배에 관한 것을 전문적(專門的)으로 교수하는 학문.

예번즉란(禮煩則亂) 예의(禮儀)가 너무 까다로우면 오히려 혼란(混亂)하게 됨.

예별존비(禮別尊卑) 예도(禮度)에 존비(尊卑)의 분별(分別)이 있으니 군신(君臣), 부자(父子), 부부(夫婦), 장유(長幼), 붕우(朋友)의 차별(差別)이 있음.

예불가폐(禮不可廢) 어느 때, 어느 장소(場所)에서나 예의(禮儀)는 지켜야 한다는 말.

예상왕래(禮尙往來) 예의(禮儀)는 서로 왕래(往來)하며 교제(交際)하는 것을 중(重)히 여김.

예성문무(叡聖文武) 문무를 겸비(兼備)한 임금의 성덕(聖德).

예속상교(禮俗相交) 서로 사귐에 예의(禮儀)를 지킴.

예속상교환난상휼(禮俗相交患難相恤) 예(禮)스러운 풍속(風俗)으로 서로 사귀고, 재앙(災殃)과 어려운 일은 서로 구휼(救恤)하라.

예수교(Jesus教) ①기독교. ②기독교의 신교(新教). 종교 개혁으로 가톨릭에서 갈려 나온 종파를 우리나라에서 이르는 말. 개신교. 프로테스탄트. 우리나라 선교 초기에는 야소교라고도 했음.

예수교인(Jesus 教人) 예수교를 믿는 사람. 기독교 신자. 야소교인(耶蘇教人).

예수교회(Jesus 教會) 예수교 신도들의 조직(組織).

예수그리스도(Jesus Kristos) '구세주인 예수'라는 뜻으로 "예수"의 존칭.

예승즉이(禮勝則離) 예의(禮儀)가 지나치면 도리어 사이가 멀어짐.

예실즉혼(禮失則昏) 예의(禮儀)를 잃으면 정신이 흐리고 사리에 어두운 상태가 됨.

예언서(豫言書) ①예언자가 미래(未來)의 일을 헤아려 적은 글. ②기독교에서, 신의 계시(啓示)를 전하려고 적은 글.

예언자(豫言者) ①예언하는 사람. 예언을 할 능력(能力)이 있는 사람. ②기독교에서, 신탁(神託)으로 예언을 하는 사람. 선지자(先知者).

예우각행(曳牛却行) '소를 끌고 뒷걸음질 한다'는 뜻으로, 매우 힘이 셈을 이르는 말.

예의겸치(禮儀謙恥) '예절과 의리와 조심함과 부끄러움이 있는 나라에서는 임금의 명령도 통한다'는 뜻.

예의범절(禮儀凡節) 모든 예의(禮儀)와 절차(節次).

예의염치(禮義廉恥) 예절(禮節)과 의리(義理)와 청렴(淸廉)한 마음과 부끄러워하는 태도(態度).

예의염치시위사유(禮義廉恥是謂四維) 예(예의(禮儀))·의(의리(義理))·염(청렴(淸廉))·치(부끄러움을 아는 것)는 이것을 사유(四維)라고 함.

예의전심(銳意專心) 마음을 단단히 차리고 한 곬으로 마음을 씀.

예의주시(銳意注視) 똑똑히 눈여겨 봄.

예의지국(禮儀之國) 예의(禮儀)를 숭상(崇尙)하며 잘 지키는 나라.

예의지방(禮儀之邦) 예의지국(禮儀之國).

예이행의(禮以行義) 예로써 옳음을 행하라.

예정론(豫定論) 예정설(豫定說).

예정설(豫定說) 〔영〕The Doctrine of Predestination ; Predestinarianism.〔헬〕προορίζειν(프로오리제인 : 미리 구분하다) ①기독교 신학(神學)에서, 인간이 구원(救援)받느냐, 멸망(滅亡)하느냐 하는 것은 미리 정해져 있다는 설. ②모든 일은 자유로운 의지나 행위(行爲)까지도 포함하여, 미리 정하여져 있다는 설. 예정론(豫定論).

예정조화설(豫定調和設) 라이프니치의 철학에서, 각 단자(單子)가 독립하여 자기 발전을 하는 존재이면서, 서로 일치하여 세계의 질서를 유지하고 있는 것은, 신이 예정해 놓은 각 단자 사이의 조화에 의한 것이라는 설.

예주불설(醴酒不設) '익은 술은 베풀지 않는다'는 뜻으로, 손님을 대우(待遇)하는 예가 차츰 없어짐을 이르는 말.

예측불허(豫測不許) 앞으로의 일을 미리 짐작(斟酌)할 수 없음을 이르는 말.

예치주의(禮治主義) 성현(聖賢)의 예를 나라 다스리는 규범(規範)으로 삼은 옛 정치(政治)사상(思想).

예탐신사(豫探神祀) 집안에 무슨 경사(慶事)가 있을 때에 먼저 조상(祖上)에게 아뢰는 굿.
오가기린(吾家麒麟) '우리 집의 기린'이라는 뜻으로, 부모(父母)가 자기(自己) 자식(子息)의 준수(俊秀)함을 칭찬(稱讚)하는 말.
오가소립(吾家所立) '자기(自己)가 도와서 출세(出世)시켜 준 사람'이라는 뜻.
오거서(五車書) '다섯 수레에 실을 만한 책'이라는 뜻으로, '많은 책'을 일컫는 말.
오거지서(五車之書) 다섯 수레에 가득 실을 만큼 많은 장서(藏書).
오경소지(五經掃地) 공맹의 교가 쇠퇴(衰退)하여 행(行)해지지 않음.
오곡백과(五穀百果) 온갖 곡식(穀食)과 과일.
오곡백화(五穀百花) 다섯 가지 곡식과 백 가지의 꽃.
오곡불승(五穀不升) 오곡이 익지 않았다고 하여 '흉년(凶年)이 듦'의 비유(比喩).
오곡수라(五穀水剌) 지난날, 궁중(宮中)에서 임금에게 차려 올리는 '오곡밥'을 이르는 말.
오구잡탕(烏口雜湯) 갖가지 너저분한 짓들을 하는 잡된 무리들.
오근피지(吾謹避之) 맞부딪치기를 꺼리어 자기(自己)가 스스로 슬그머니 피(避)함.
오동단각(梧桐斷角) '무른 오동나무가 견고(堅固)한 뿔을 자른다'는 뜻으로, 부드러운 것이 능히 강(强)한 것을 이김을 비유(比喩)해 이르는 말.
오동일엽(梧桐一葉) '오동나무 한 잎'이라는 뜻으로, ①오동잎 하나가 떨어지는 것을 보고 가을이 왔음을 안다는 말. ②한 가지 구실을 보면 일의 전말을 알 수 있다는 말.
오동조조(梧桐早凋) 오동잎은 가을이면 다른 나무보다 먼저 마름.
오두미(五斗米) '닷 말의 쌀'이라는 뜻으로, 흔히 현령(縣令)의 얼마 안 되는 봉급(俸給)의 비유(比喩).
오두백마생각(烏頭白馬生角) '까마귀 머리가 희어지고, 말 대가리에 뿔이 난다'는 뜻으로, 있을 수 없는 일을 비유(譬喩)하는 말.
오룡쟁주(五龍爭珠) 다섯 마리의 용이 여의주를 얻으려고 서로 다투는 일.
오륜성신(五輪成身) 오륜오체(五輪五體).
오륜오체(五輪五體) '오대가 육체(肉體)를 이룬다'는 뜻으로, 진언종(眞言宗)에서 말하는 부모(父母)로부터 물려받은 몸, 오륜성신(五輪成身).
오리무중(五里霧中) '짙은 안개가 5리나 끼어 있는 속에 있다'는 뜻으로, ①무슨 일에 대(對)하여 방향(方向)이나 상황(狀況)을 알 길이 없음을 이르는 말. ②일의 갈피를 잡기 어려움.
오만무도(傲慢無道) 잘난 체하여 방자하며, 건방지고 버릇이 없음을 일컬음.
오만무례(傲慢無禮) 태도(態度)나 행동(行動)이 거만(倨慢)하여 예의(禮儀)를 돌보지 아니함.
오만방자(傲慢放恣) 남을 업신여기며 제멋대로 행동(行動)함.
오만불손(傲慢不遜)) 잘난 체하고 방자(放恣)하여 제 멋대로 굴거나 남 앞에 겸손(謙遜)하지 않음.

오매구지(寤寐求之) 자나 깨나 구(求)함.

오매불망(寤寐不忘) 자나 깨나 잊지 못함.

오매사복(寤寐思服) 자나 깨나 생각하는 것을 말함.

오면곡형(烏面鵠形) '까마귀 얼굴에 따오기 같은 형상(形狀)'이라는 뜻으로, 주려서 매우 수척(瘦瘠)한 사람.

오문표수(吾門標秀) 내 집의 걸출(傑出)한 자식(子息)을 이르는 말.

오밀조밀(奧密稠密) ①(솜씨나 재주가)매우 세밀(細密)하고 교묘(巧妙)한 모양. ②(성질(性質)이)매우 자상스럽고 꼼꼼한 모양.

오방잡처(五方雜處) 여러 곳의 사람이 섞여 삶.

오병이어(五餠二魚) 예수의 많은 이적(異蹟)과 기사(奇事) 중(中)의 하나로서, 빈들에서 떡 다섯 개와 물고기 두 마리를 가지고 축사(祝謝)하시고, 많은 무리를 배불리 먹이고도 남은 조각이 열두 바구니에 찼는데, 먹은 사람 중 여자와 어린이들은 제(除)하고도 오천명(五千名)이나 되었다는 큰 기적(奇蹟)을 말함.

오불가장(傲不可長) 오만(傲慢)한 버릇을 길러서는 안 됨.

오불거선(惡不去善) 사람은 미워하더라도 그 사람의 착한 점만은 버리지 아니함.

오불관언(吾不關焉) ①나는 그 일에 상관(相關)하지 아니함. ②또는 그런 태도(態度).

오비삼척(吾鼻三尺) ①오비체수삼척(吾鼻涕垂三尺)의 준말로, '곤경(困境)에 처해 자기(自己) 일도 해결(解決)하기 어려운 판국(版局)에 어찌 남을 도울 여지가 있겠는가'라는 말. ②'내 코가 석 자'라는 속담(俗談)으로, '내 일도 감당(堪當)하기 어려워 남의 사정(事情)을 돌볼 여유(餘裕)가 없다'라는 말.

오비이락(烏飛梨落) '까마귀 날자 배 떨어진다'는 속담(俗談)의 한역으로, 아무런 관계(關係)도 없이 한 일이 공교(工巧)롭게 다른 일과 때가 일치(一致)해 혐의(嫌疑)를 받게 됨을 이르는 말.

오비일색(烏飛一色) '날고 있는 까마귀가 모두 같은 빛깔'이라는 뜻으로, 모두 같은 무리 또는 피차 똑같다는 말.

오비토주(烏飛兎走) 오(烏)는 해이고 토(兎)는 달을 뜻하는 데에서, 세월(歲月)이 빨리 흘러감을 이르는 말.

오상고절(傲霜孤節) '서릿발이 심한 추위 속에서도 굴하지 않고 홀로 꼿꼿하다'는 뜻으로, 충신(忠臣) 또는 국화(菊花)를 말함.

오색영롱(五色玲瓏) 여러 가지 빛깔이 한데 섞여 찬란(燦爛)함.

오색필(五色筆) '다섯 가지 빛의 아름다운 붓'이라는 뜻으로, '글재주가 있는 사람'을 비유(比喩)하는 말.

오서낙자(誤書落字) ①글씨를 쓰다가 그릇 쓰거나 글자를 빠뜨리고 씀. ②또는, 그러한 글자.

오설상재(吾舌尙在) '나의 혀는 아직 살아 있소'라는 뜻으로, 몸이 망가졌어도 혀만 살아 있으면 천하를 움직일 수 있는 힘이 있다는 말.

오손공주(烏孫公主) 정략 결혼(結婚)의 희생양(犧牲羊)이 된 슬픈 운명(運命)의 연인(戀人).

오송탱천(五松撑天) '오송(五松)의 정기(精氣)와 기운이 하늘을 찌른다'는 뜻으로, 하늘을 찌를 듯이 공중(空中)으로 높이 솟아오른다는 의미(意味).

오수부동(五獸不動) '쥐, 고양이, 개, 범, 코끼리가 한 곳에 모이면 서로 두려워하고 꺼리어 움직이지 못한다'는 뜻으로, 사회(社會) 조직(組織)이 서로 견제(牽制)하는 여러 세력(勢力)으로 이루어져 있음을 비유(比喩)해 이르는 말.

오순절(五殉節) 〔영〕Pentecost.〔히〕חג שבעת(학 사브옷).〔헬〕πεντηκοστή(펜테코스테). 펜테코스테:「50번째」를 의미하며, 이 절기는 이스라엘의 3대 순례절기(巡禮節氣) 가운데 두 번째로서, 구약의 칠칠절(七七節)로, 시내산에서 율법(律法)을 받은 사건을 기념하기 위해서 이 절기를 지켰고, 유월절(踰月節) 의식을 거행하는 중에 보릿단을 바친 후, 50일째 해당하기 때문에 오순절이라 칭하였고, 이때부터 첫 열매를 드리기 시작한 때였다. 한편 신약시대(新約時代)에는 오순절에 성령(聖靈)께서 교회에 강림(降臨)하셨기 때문에(행2:1~4), 참된 의미에 있어서 오순절은 그리스도교회 탄생의 날이었다는 특별한 절기로 의미를 강조(强調)한다. 성령강림절(聖靈降臨節).

오시사중(五矢四中) 화살 다섯을 쏘아 네 대를 맞힘.

오시오중(五矢五中) 화살을 다섯 개 쏘아서 다 맞힘.

오심즉여심(吾心卽汝心) '내 마음이 곧 네 마음'이라는 뜻으로, 천도교(天道教)의 교조 최제우(崔濟愚)가 한울님과의 대화(對話)에서 인간(人間)은 근본(根本)에서 같다고 하는 말.

오십견(五十肩) 어깨의 통증으로 인하여 어깨의 움직임에 지장을 받게 되는 증상(주로, 오십 세 전후의 나이에 많이 발생하여 붙은 이름임).

오십보백보(五十步百步) '오십(五十) 보(步) 도망(逃亡)한 자가 백(百) 보(步) 도망(逃亡)한 자(者)를 비웃는다'라는 뜻으로, 조금 낫고 못한 차이(差異)는 있지만 본질적(本質的)으로 차이가 없음. 오십소백(五十笑百)

오십소백(五十笑百) 좀 못하고 좀 나은 점의 차이(差異)는 있으나, 본질적으로는 차이가 없음을 이르는 말. 오십보백보(五十步百步).

오십유오이지우학(吾十有五而志于學) 나는 열 다섯 살 때 학문에 뜻을 두었다. 지학(志學).

오십이지천명(五十而知天命) '사람이 나이 50세가 되면 천하만물(天下萬物)의 사리를 깨

오

닫게 된다'는 뜻. 지천명(知天命).

오십작과(五十雀科) 동고비과.

오십천명(五十天命) '오십(五十)이 되어 천명(天命)을 안다'라는 뜻으로, 쉰 살을 달리 이르는 말.

오안불손(傲岸不遜) 행동거지(行動擧止)가 오만불손(傲慢不遜)하고 잘난 체하는 태도(態度).

오어지서(烏魚之瑞) 붉은 까마귀와 흰 물고기의 상서(祥瑞)로운 조짐(兆朕).

오언금성(五言金城) '오언(五言)이 만리장성 같다'는 뜻으로, 오언(五言)의 시에 능숙(能熟)함의 비유(比喻).

오언장성(五言長城) '오언의 만리장성'이라는 뜻으로, 오언시(五言詩)를 잘 지음을 이르는 말.

오역부지(吾亦不知) 나도 또한 모름.

오오열열(嗚嗚咽咽) 몹시 목메어 욺.

오온성고(五蘊盛苦) 오온(五蘊)인 색(色), 수(受), 상(想), 행(行), 식(識). 즉 정신(精神) 세계(世界)와 물질 세계(世界)가 너무 성성(盛盛)한 고통(苦痛).

오우천월(吳牛喘月) '오(吳)나라의 소가 달을 보고 헐떡인다'는 뜻으로, 공연(公然)한 일에 지레 겁먹고 허둥거리는 사람을 두고 이르는 말.

오운지진(烏雲之陣) 까마귀가 흩어지는 것과 같고, 구름이 모이는 것과 같이 집산(集散)이 신속(迅速)하고 변화(變化)가 많은 진법(陣法)을 이르는 말.

오월동주(吳越同舟) '오(吳)나라 사람과 월(越)나라 사람이 한 배에 타고 있다'라는 뜻으로, ①어려운 상황(狀況)에서는 원수(怨讐)라도 협력(協力)하게 됨. ②뜻이 전혀 다른 사람들이 한자리에 있게 됨.

오월로(五月爐) '오월(五月)의 화로(火爐)'라는 뜻으로, 당장에는 변변하지 아니하게 생각되어도 없어지면 아쉬워지는 물건(物件)의 비유(比喻).

오월지쟁(吳越之爭) '오(吳)나라와 월(越)나라의 다툼'이라는 뜻으로, 서로 화해(和解)할 수 없는 끈질긴 다툼을 이르는 말.

오유반포지효(烏有反哺之孝) '까마귀에게도 그 새끼가 자라서 어버이에게 먹이를 먹여 주는 일이 있다'는 뜻으로, 자식(子息)이 부모(父母)의 은혜(恩惠)에 보답(報答)함을 이르는 말.

오유선생(烏有先生) 있는 것처럼 꾸며 만든 인물(人物). 세상에 존재하지 아니하는 것처럼 꾸며낸 인물.

오유지족(吾唯知足) 남과 비교하지 말고 오직 자신에 대해 만족함을 알라.

오음성고(五陰盛苦) 팔고의 하나. 생멸(生滅) 변화(變化)로 말미암은 고통(苦痛).

오의자제(烏衣子弟) 부귀(富貴)한 집안의 자제(子弟)를 이르는 말

오일경조(五日京兆) '닷새 동안의 경조윤(京兆尹)'이라는 뜻으로, 오래 계속(繼續)되지 못한 관직(官職), 또는 그런 일.

오일일석(五日一石) '닷새 만에 돌 한 개를 그린다'는 뜻으로, 명공(名工)이 애써 힘씀을 이르는 말.

오입쟁이(誤入-) '오입을 잘 하는 사내'를 홀하게 이르는 말.

오자낙서(誤字落書) ①글씨를 쓰다가 그릇 쓰거나 글자를 빠뜨리고 씀. ②또는, 그러한 글자.

오자부장(傲者不長) 오만(傲慢)한 자는 오래 가지 못함을 이르는 말.

오작교(烏鵲橋) 칠월 칠석날에 견우와 직녀가 만날 수 있도록 까막까치가 은하에 놓는다는 전설상(傳說上)의 다리. 은하작교(銀河鵲橋).

오작통소(烏鵲通巢) '까마귀와 까치가 둥우리를 같이 쓴다'는 뜻으로, 서로 다른 무리가 함께 동거(同居)함을 이르는 말.

오장육부(五臟六腑) 다섯 개의 내장(內臟)과 여섯 개의 몸속 기관.

오조사정(烏鳥私情) '까마귀가 새끼 적에 어미가 길러 준 은혜(恩惠)를 갚는 사사(私事)로운 애정(愛情)'이라는 뜻으로, 자식(子息)이 부모(父母)에게 효성(孝誠)을 다하려는 마음을 이르는 말.

오조약(五條約) '을사조약(乙巳條約)'의 준말.

오중몰기(五中沒技) 화살을 다섯 개 쏘아서 다 맞힘.

오중주(五重奏) 다섯 사람이 연주하는 실내악의 한 형식. 보통 바이올린 둘, 비올라 둘, 첼로 하나로 편성된 현악 오중주가 대표적임. 퀸텟〔quintet(te)〕.

오중창(五重唱) 다섯 사람이 서로 다른 성부(聲部)를 함께 부르는 중창. 보통 소프라노 두 사람, 알토 · 테너 · 베이스 각 한 사람씩으로 편성됨.

오지자웅(烏之雌雄) '까마귀의 암컷과 수컷은 구별(區別)하기 어렵다'는 뜻으로, 일의 시비(是非)를 판단(判斷)하기 어려움을 비유(譬喩)해 이르는 말.

오집지교(烏集之交) 거짓이 많아 처음에는 좋았다가 뒤에는 틀어지는 교제(交際).

오차서(五車書) 다섯 수레에 실을 만한 많은 책. 곧 매우 많은 장서(藏書).

오척지동(五尺之童) 어린아이를 가리키는 말로, 어른의 신장을 1장(丈)이라 하여 장부(丈夫)라 하고, 그 반인 5척(尺)을 동자(童子)라 함

오체투지(五體投地) 온몸을 던져 부처님께 절을 함.

오탁악세(五濁惡世) ①오탁(五濁)으로 가득한 죄악(罪惡)의 세상(世上). ②쇠퇴(衰退)하여 끝판이 다 된 세상(世上).

오탁증시(五濁增時) 오탁(五濁)이 시대(時代)가 지남에 따라 점점 그 정도(程度)를 더하여 가는 때.

오풍십우(五風十雨) '닷새에 한 번씩 바람이 불고, 열흘 만에 한 번씩 비가 온다'는 뜻으로, ①기후(氣候)가 순조(順調)로움을 이르는 말. ②정치(政治)가 잘 되어 세월(歲月)이 태평(太平)함을 비유(譬喩)하는 말.

오하아몽(吳下阿蒙) 세월이 지나도 학문(學問)의 진보(進步)가 없이 그냥 그대로 있는 사람을 이르는 말.

오한두통(惡寒頭痛) 오한(惡寒)이 나고 머리가 아픈 증세(症勢).

오합지졸(烏合之卒) '까마귀가 모인 것 같은 무리'라는 뜻으로, 질서(秩序) 없이 어중이떠중이가 모인 군중(群衆), 또는 제각기 보잘것없는 수많은 사람. 오합지중(烏合之衆).

오합지중(烏合之衆) ①까마귀 떼와 같이 조직(組織)도 훈련(訓鍊)도 없이 모인 무리. ②어중이떠중이, 맹목적(盲目的)으로 모여든 무리들. 오합지졸(烏合之卒).

오행병하(五行竝下) '다섯줄을 한꺼번에 내리 읽는다'는 뜻으로, '매우 빨리 글을 읽음'의 비유(比喩).

오호애재(嗚呼哀哉) 한문 투의 문장에서, '아아, 슬프도다'의 뜻으로 쓰는 말. 오호통재(嗚呼痛哉).

오호통재(嗚呼痛哉) 아아, 슬프고 원통(寃痛)함. 오호애재(嗚呼哀哉).

오획지력(烏獲之力) '진(秦)나라의 장사(壯士) 오획의 힘'이라는 뜻으로, 매우 센 힘을 두고 이르는 말.

오후한량(午後閑良) 배가 출출한 판에 함부로 먹어대는 짓.

옥계청류(玉溪淸流) 옥계에 흐르는 맑은 물.

옥고량병(玉高粱餠) 옥수수떡.

옥골선풍(玉骨仙風) 빛이 썩 희고 고결(高潔)하여 신선(神仙)과 같은 뛰어난 풍채(風采)와 골격(骨格).

옥녀가인(玉女佳人) 옥녀와 같이 아름다운 여자(女子).

옥동자(玉童子) ①어린 사내아이를 귀엽게 이르는 말. ②같은 말. 옥동(玉童). 옥경(玉京)에 있다는 맑고 깨끗한 용모를 가진 가상적인 동자.

옥모경안(玉貌鏡顔) 옥 같이 아름답고 거울 같이 맑은 얼굴.

옥모방신(玉貌芳身) 옥 같이 아름답고 꽃다운 용모(容貌)와 몸매.

옥모화안(玉貌花顔) 옥모화용(玉貌花容).

옥모화용(玉貌花容) 옥 같이 아름답고 꽃다운 용모(容貌). 옥모화안(玉貌花顔).

옥보방신(玉步芳身) '귀(貴)한 분의 걸음걸이와 몸'이라는 뜻으로, '남의 건강(健康)'을 비유하는 말.

옥불탁불성기(玉不琢不成器) '옥도 쪼지 않으면 그릇이 될 수 없다'는 뜻으로, 천성(天性)이 뛰어난 사람이라도 학문(學問)이나 수양(修養)을 쌓지 않으면 훌륭한 인물(人物)이 될 수 없음을 비유(比喩)하여 이르는 말.

옥불탁불성기인불학부지의(玉不琢不成器人不學不知義) 옥(玉)을 다듬지 않으면 그릇이 되지 못하고, 사람은 배우지 않으면 의(義)를 알지 못하느니라.

옥상가옥(屋上架屋) 지붕 위에 거듭 집을 세움. 물건(物件)이나 일을 부질없이 거듭하는 것의 비유(比喩).

옥상옥(屋上屋) '지붕 위에 또 지붕을 얹는다'는 뜻으로, 불필요(不必要)하게 이중(二重)으로 하는 일을 이르는 말.

옥석구분(玉石區分) 옥과 돌을 분별(分別)하여 가려냄, 즉 좋은 것과 나쁜 것을 가려낸다는 말.

옥석구분(玉石俱焚) '옥과 돌이 함께 불타 버린다'는 뜻으로, 착한 사람이나 악(惡)한 사람이 함께 망함을 이르는 말.

옥석동궤(玉石同匱) 옥석동궤(玉石同櫃).

옥석동궤(玉石同櫃) '옥과 돌이 한 궤짝 속에 있다'는 뜻으로, 좋은 것과 나쁜 것, 혹은 똑똑한 사람과 어리석은 사람이 한데 섞여 있는 경우(境遇)를 말함. 옥석동궤(玉石同匱).

옥석동쇄(玉石同碎) '옥과 돌이 함께 부서진다'는 뜻으로, 착한 사람과 악(惡)한 사람이 함께 망함을 이르는 말.

옥석혼효(玉石混淆) '옥과 돌이 함께 뒤섞여 있다'는 뜻으로, 선과 악, 좋은 것과 나쁜 것이 함께 섞여 있음.

옥안영풍(玉顔英風) 아름다운 얼굴에 영걸(英傑)스러운 풍채(風采).

옥야천리(沃野千里) '기름진 들판이 천 리에 달한다'는 뜻으로, 끝없이 넓은 기름진 들판.

옥여칠성(屋如七星) '지붕이 헐어서 뚫린 구멍이 마치 북두칠성(北斗七星)과 같다'는 뜻으로, 몹시 가난한 살림을 비유(比喩)하는 말.

옥오지애(屋烏之愛) '사랑하는 사람의 집 지붕 위에 앉은 까마귀까지도 사랑한다'는 뜻으로, 지극(至極)한 애정(愛情)을 이르는 말.

옥의옥식(玉衣玉食) ①아주 좋은 옷을 입고 맛있는 음식(飮食)을 먹음. ②또는 그러한 의복(衣服)과 음식(飮食).

옥인가랑(玉人佳郎) 아름답고 얌전한 신랑(新郎)이나 젊은이.

옥자둥이(玉子–) '옥같이 귀하고 보배롭다'는 뜻으로, '어린아이'를 이르는 말.

옥종백확(沃種百穫) 좋은 땅에 떨어진 씨앗이 백배(百倍)의 수확(收穫)을 거둠.

옥중서신(獄中書信) 영)Captivity epistles. 일반적(一般的)으로, 사도바울(Saint paul)이 그의 생애(生涯) 말년에 로마의 옥중(獄中)에 갇혔을 때와, 집에 연금(軟禁) 되었을 때에 쓴, 에베소서·빌립보서·골로새서·빌레몬서 등 4권의 서신(書信)들을 전통적(傳統的)으로 옥중서신이라고 불린다.

옥지환(玉指環) 옥가락지. 옥환.

옥체만강(玉體萬康) '옥같이 귀한 몸의 편안함'의 뜻으로, 편지 글 등에서 남을 높이어 안부를 묻는 말.

옥출곤강(玉出崑岡) 옥(玉)은 곤강(崑岡)에서 남. 중국의 곤강에서 나는 옥이 아주 좋다는 말.

옥치무당(玉巵無當) '옥으로 만든 밑 없는 잔'이라는 뜻으로, 쓸모없는 보배를 이르는 말.

옥하가옥(屋下架屋) '지붕 밑에 또 지붕을 만든다'는 뜻으로, 독창성(獨創性) 없이 앞 시대(時代)인의 것을 모방(模倣)만 함을 경멸(輕蔑)해 이르는 말.

옥하사담(屋下私談) '지붕 밑에서 하는 사사(私事)로운 이야기'라는 뜻으로, 쓸모없는 사사(私事)로운 이야기를 이르는 말.

옥해금산(玉海金山) '맑고 깊은 바다와 단단한 산'이라는 뜻으로, 고상(高尙)한 인품(人品)을 비유(比喩)하는 말.

옥호광명(玉毫光明) 부처의 미간에 있는 흰털에서 나오는 빛.

옥황대제(玉皇大帝) 도가(道家)에서 '하나님'을 일컫는 말. 옥황상제(玉皇上帝).

옥황상제(玉皇上帝) 옥황대제(玉皇大帝).

온건파(穩健派) 행동(行動)이나 사상(思想) · 언론(言論) 따위가 과격(過激)하지 않고 온건한 방법을 취하는 파, 또는 그러한 사람. ↔강경파(强硬派).

온고이지신(溫故而知新) 옛 것을 익히어 새 것을 앎.

온고지신(溫故知新) 옛 것을 익히고 그것을 토대로 새 것을 안다.

온고지정(溫故之情) 옛 것을 살피고 생각하여 그리는 정.

온신고정(溫腎固精) 신장(腎臟)을 따뜻하게 하고 생식기능(生殖機能)을 좋게 해 준다.

온아적정(溫雅寂靜) 아담(雅淡)하고 고요함.

온언순사(溫言順辭) 따뜻하고 부드러운 말씨.

온유돈후(溫柔敦厚) 부드럽고 온화(溫和)하며 성실(誠實)한 인품(人品)이나 시를 짓는 데 기묘(奇妙)하기 보다 마음에서 우러난 정취(情趣)가 있음을 두고 이르는 말.

온의미반(溫衣美飯) '따뜻한 의복(衣服)을 입고, 맛있는 음식(飮食)을 먹는다'는 뜻으로, 풍족(豊足)한 생활(生活)을 이르는 말.

온정정성(溫情定省) 온청정성(溫凊定省).

온정주의(溫情主義) 아랫사람에 대(對)하여 냉정(冷情)한 이해타산(利害打算)으로만 대하지 아니하고, 원칙(原則)을 누그러뜨려 위안(慰安), 이해(理解) 따위의 온정으로 대하는 주의(主義).

온청신성(溫凊晨省) 정성(精誠)을 다해 부모님을 모시고 살핀다.

온청정성(溫凊定省) '겨울은 따뜻하게, 여름은 시원하게, 밤에는 잠자리를 정(定)하고, 아침에는 안부(安否)를 살핀다'는 뜻으로, 부모(父母)를 섬기는 도리(道理)를 이르는 말. 온정정성(溫情定省).

온후독실(溫厚篤實) ①성격(性格)이 온화(溫和)하고 착실(着實)함. ②인품(人品)이 따뜻하고 성실(誠實)함이 넘침.

온후박식(溫厚博識) 성질이 온화하고 덕이 있고, 학식(學識)이 많음.
옹리혜계(甕裏醯雞) '독 안의 초파리'라는 뜻으로, 소견(所見)이 좁음을 이르는 말.
옹산화병(甕算畵餠) '독장수 셈과 그림의 떡'이라는 뜻으로, 헛된 생각일 뿐이고, 실속(實–)이 없음을 이르는 말.
옹서만권(擁書萬卷) 많은 책을 가지고 있음을 이르는 말.
옹유승추(甕牖繩樞) '깨진 항아리의 주둥이로 창을 하고, 새끼로 문을 단다'는 뜻으로, 가난한 집을 형용(形容)해 이르는 말.
옹중착별(甕中捉鼈) '독 안에서 자라 잡기'라는 뜻으로, 틀림없이 파악(把握)할 수 있음을 이르는 말.
와각저(蝸角觝) 와각지쟁(蝸角之爭).
와각지세(蝸角之勢) '달팽이의 더듬이 위의 형세(形勢)'라는 뜻으로, 사소(些少)한 일로 다투는 형세(形勢).
와각지쟁(蝸角之爭) '달팽이의 촉각(觸角) 위에서 싸운다'는 뜻으로, ①작은 나라끼리의 싸움. ②하찮은 일로 승강이하는 짓.
와룡봉추(臥龍鳳雛) '누운 용과 봉황(鳳凰)의 새끼'라는 뜻으로, 누운 용은 풍운을 만나 하늘로 올라가는 힘을 가지고 있고, 봉황(鳳凰)의 새끼는 장차 자라서 반드시 봉황(鳳凰)이 되므로, 때를 기다리는 호걸(豪傑)을 비유(比喩)해 이르는 말.
와룡장자(臥龍壯字) 누운 용과 같이 힘 있는 글씨.
와룡지재(臥龍之才) 제갈량(諸葛亮)과 같이 마음대로 하는 재주.
와명선조(蛙鳴蟬噪) '개구리와 매미가 시끄럽게 울어댄다'는 뜻으로, 서투른 문장(文章)이나 쓸데없는 의논(議論)을 조롱(嘲弄)해 이르는 말.
와부뇌명(瓦釜雷鳴) '질그릇과 솥이 부딪치는 소리를 듣고 천둥이 치는 소리로 착각(錯覺)한다'는 뜻으로, 무식(無識)하고 변변치 못한 사람이 아는 체하고 크게 떠들어댄 소리에 여러 사람이 혹하여 놀라게 된 것을 뜻함.
와석종신(臥席終身) 이부자리 위에서 죽음. 제 수명(壽命)에 죽음을 비유(比喩)하는 말.
와신상담(臥薪嘗膽) '섶에 누워 쓸개를 씹는다'는 뜻으로, 원수(怨讐)를 갚으려고 온갖 괴로움을 참고 견딤을 이르는 말.
와우각상(蝸牛角上) '달팽이의 뿔 위'라는 뜻으로, 좁은 세상(世上)을 이르는 말.
와우각상(蝸牛殼狀) 달팽이 껍데기처럼 생긴 모양. 속이 비어 있고 나선형으로 되어 있다.
와우각상쟁(蝸牛角上爭) 와우각상지쟁(蝸牛角上之爭). 와각지쟁(蝸角之爭).
와우각상지쟁(蝸牛角上之爭) 와각지쟁(蝸角之爭). 와우각상쟁(蝸牛角上爭).
와유강산(臥遊江山) 와유명산(臥遊名山).
와유명산(臥遊名山) 산수(山水)를 그린 그림을 보고 즐김. 와유강산(臥遊江山).

와치천하(臥治天下) 별 곤란(困難) 없이 편하게 천하(天下)를 다스림. 곧, 태평(太平) 시대(時代)의 비유(比喩).

와합지졸(瓦合之卒) ①규율(規律)도 통일성(統一性)도 없는 군중(軍中)을 이르는 말. ②임시(臨時)로 모아 들여서 교련이 없는 군사(軍士).

와해빙소(瓦解氷銷) '기와가 깨져 흩어지고, 얼음이 녹아 없어진다'는 뜻으로, 사물(事物)이 산산이 흩어지고 사라짐을 이르는 말.

와해토붕(瓦解土崩) '기와가 깨져 흩어지고, 흙이 무너진다'는 뜻으로, 사물(事物)이 크게 무너져 흩어짐을 이르는 말.

완구지계(完久之計) 완전(完全)하여서 영구(永久)하게 변(變)하지 아니할 계교(計巧).

완급지사(緩急之事) 매우 위태롭고 급한 일. 위급(危急)한 일.

완렴나립(頑廉懦立) 이욕(利慾)을 탐하는 사람도 청렴(淸廉)하게 되고, 나약(懦弱)한 자도 분기(憤氣)하게 된다는 말로, 남의 높은 기풍(氣風)에 감화(感化)되는 일.

완물상지(玩物喪志) '쓸데없는 물건(物件)을 가지고 노는데 정신(精神)이 팔려 소중(所重)한 자기(自己)의 의지(意志)를 잃는다'는 뜻으로, 물질(物質)에만 너무 집착(執着)한다면 마음 속의 빈곤(貧困)을 가져와 본심(本心)을 잃게 됨을 비유(比喩)한 말.

완미고루(頑迷固陋) 완고(頑固)하여 사물(事物)을 바로 판단(判斷)하지 못함.

완벽귀조(完璧歸趙) '구슬을 온전히 조나라로 돌려보내다'라는 뜻으로, ①흠이 없는 구슬. 결점이 없이 완전함. ②빌렸던 물건(物件)을 온전히 반환함.

완벽주의(完璧主義) 모든 일을 완벽하게 해내야 한다는 생각이나 행동(行動) 방식(方式).

완병지계(緩兵之計) 시간을 벌기 위한 지연(遲延) 계책(計策). 중국인들이 불리한 입장에 처해 있을 때 흔히 쓰는 전략(戰略).

완석점두(玩石點頭) '단단한 돌이 머리를 끄떡이다'란 말. 설법(說法)의 공력으로 돌까지도 술을 마심. 참을성을 갖고 가르치고 또 가르치면 그 이치가 마음 속까지 파고들어 감동시키게 된다는 비유. 지성(至誠)이면 감천(感天)이라는 속담(俗談)과도 비슷한 말.

완여반석(完如盤石) 기초(基礎)의 튼튼하기가 반석과 같음.

완월장취(玩月長醉) 밝은 달을 벗 삼아 오래도록 술을 마심.

완인상덕(玩人喪德) 소인(小人)과 희롱(戱弄)하면 덕을 잃게 됨.

완전무결(完全無缺) 충분(充分)하게 구비(具備)하여서 결점(缺點)이나 부족(不足)한 것이 없음.

완전무오(完全無誤) 완전(完全)하여 그릇됨이나 부족(不足)함이 없음.

완충지대(緩衝地帶) 국가 간의 대립을 중화하기 위해 양국 영토의 중간에 설치되는 비무장지대 또는 중립지대. 당사국간의 조약에 의해 성립되며, 한국의

6.25전쟁 이후 휴전선 일대에 설치된 비무장 지대가 대표적인 예이다 (DMZ:Demilitarize zone , Buffer zone).

완호지물(玩好之物) 신기하고 보기 좋은 물건. 완구(玩具).

완화자분(玩火自焚) '불을 가지고 놀다가 자신을 태워 버린다'는 뜻으로, 무모한 일로 남을 해치려다 결국 자신이 해를 입게 됨.

왈가왈부(日可日否) 좋으니 나쁘니 하고 떠들어댐.

왈리왈시(日梨日柿) 배 놔라 감 놔라 함. 남의 일에 쓸데없이 간섭(干涉)하는 모습(模襲).

왈시왈비(日是日非) (어떠한 일에 대(對)하여)옳으니 그르니 하고 말함. 시비(是非)를 가림.

왈엄여경(日嚴與敬) 임금을 대하는 데는 엄숙(嚴肅)함과 공경(恭敬)함이 있어야 함.

왈형왈제(日兄日弟) 서로 형이니 아우니 하며 친(親)하게 지냄. 호형호제(呼兄呼弟).

왕고금래(往古今來) 왕고내금(往古來今).

왕고내금(往古來今) 예로부터 지금까지. 왕고금래(往古今來). 고왕금래(古往今來).

왕고모(王姑母) 아버지의 고모(姑母). 곧 할아버지의 누이.

왕고장(王考丈) 돌아가신 '남의 할아버지'의 높임말.

왕고좌우이언타(王顧左右而言他) 고좌우이언타(顧左右而言他).

왕공거경(王公巨卿) 왕공대인(王公大人).

왕공대인(王公大人) 신분(身分)이 아주 높은 귀족(貴族). 왕공거경(王公巨卿).

왕국절(王國節) 〔영〕Kingdom tide, Kingdom Season. 기독교에서, 8월 마지막 주일부터 대림절(강림절) 전 주일까지 13주간동안 지켜지는 절기의 이름. 예수 그리스도의 재림(再臨)과 심판(審判), 그리고 하나님 나라와 그 통치(統治)를 기원(祈願)하는 기간(期間)이며, 특히 이 기간은 그리스도의 재림 후 완성(完成)될 하나님 나라에 대한 소망(所望)을 고취(鼓吹)시키며, 하나님 나라 백성의 사회적 책임을 다시 한 번 확인하는 계기를 마련해 준다. 미국 감리교회에서는 1937년부터 지켰으며, 일부 장로교회에서는 이 날을 '창조절(創造節)'로 지키기도 한다.

왕권신수설(王權神授說) 왕권은 신(神)으로부터 받은 것이므로 누구도 이를 제한(制限)하지 못하는 절대(絕對) 무한(無限)의 것이라는 정치(政治) 이론(理論).

왕대고모(王大姑母) 아버지의 고모(姑母). 곧 할아버지의 누이.

왕대부인(王大夫人) 남의 할머니에 대(對)한 높임말.

왕대비(王大妃) 선왕(先王)의 살아있는 아내.

왕대인(王大人) 상대자(相對者)를 대접(待接)하여, 그의 할아버지를 이르는 말.

왕랑반혼전(王郎返魂傳) 조선시대(朝鮮時代)의 고전소설(古典小說). 인과응보(因果應報)의 사상(思想)을 강조(强調)한 내용(內容)이며, 지은이와 지은 때는 알 수 없음.

왕래부절(往來不絕) 자주 오고 가서 끊이지 아니함.

왕래성쇠(往來盛衰) 때의 운수(運數)가 변(變)하고 바뀜. 세상 형편이 바뀜.

왕래자재(往來自在) 있는 것을 없는 것처럼, 또는 없는 것을 있는 것처럼 마음대로 지어 냄.

왕부모(王父母) 할아버지와 할머니.

왕상유연(往喪愈宴) 초상 집에 가는 것이 잔치 집에 가는 것보다 나음.

왕상지효(王祥之孝) '왕상의 효'라는 뜻으로, 지극(至極)한 효심을 비유하여 이르는 말.

왕생극락(往生極樂) 이 세상(世上)을 떠나 극락정토(極樂淨土)에 가서 다시 태어남.

왕생안락(往生安樂) 극락세계(極樂世界)에 가서 안락(安樂)한 생활(生活)을 함.

왕생일정(往生一定) 믿음을 얻어서 극락왕생(極樂往生)이 틀림없음.

왕세손(王世孫) 왕세자의 아들. 세손(世孫). 세손궁(世孫宮).

왕세자(王世子) 왕위(王位)를 이을 왕자(王子). 동궁(東宮) · 저군(儲君) · 저사(儲嗣). 세자(世子). 세자궁(世子宮).

왕세자비(王世子妃) 왕세자(王世子)의 정실부인(正室婦人).

왕세제(王世弟) 왕위(王位)를 이어받을 임금의 아우.

왕이불래자년야(往而不來者年也) '가서 오지 않는 것은 해(年)'라는 뜻으로, 세월(歲月)은 가면 두 번 다시 오지 않는다는 말.

왕자무외(王者無外) '왕자(王子)는 천하(天下)로써 집을 삼기 때문에 밖이라는 곳이 없다'는 뜻으로, 왕자(王子)가 크게 통일(統一)한 세상(世上).

왕자무친(王者無親) 임금이라도 국법 앞에서는 사사(私事)로운 정으로 일을 처리(處理)하지 못함.

왕자물지(往者勿止) 가는 것은 그 자연(自然)의 이법(理法)에 맡겨 가게 해야지, 부질없이 잡아 두어서는 안 됨.

왕자불가간(往者不可諫) 지나간 일은 돌이킬 수 없음.

왕자승세(王者乘勢) 왕자승시(王者乘時).

왕자승시(王者乘時) 왕자(王子)는 모든 일에 있어서 시세(時勢)를 따라 진퇴(進退)함. 왕자승세(王者乘勢).

왕자지민(王者之民) '왕자(王子)의 백성(百姓)'이라는 뜻으로, 왕자(王子)는 덕이 크므로 정치(政治)를 베풀게 되면 백성(百姓)이 모두 그 덕화(德化)를 입어 침착(沈着)하고 활달(豁達)해짐을 이르는 말.

왕정복고(王政復古) 왕정부고(王政復古).

왕정부고(王政復古) 다른 정체(政體)가 무너지고 군주 정체(君主政體)로 되돌아가는 일. 왕정복고(王政復古).

왕조시대(王朝時代) 임금이 직접(直接) 나라를 다스리는 시대.

외수외미(畏首畏尾) '목을 움츠리고 꼬리를 사린다'는 뜻으로 남이 알게 되는 것을 꺼리고 두려워함.

왕존장(王尊長) 왕존장(王尊丈).

왕존장(王尊丈) ①남의 할아버지를 일컫는 말. ②할아버지와 나이가 비슷한 어른을 일컫는 말. 왕존장(王尊長)

왕좌지재(王佐之才) 임금을 도울 만한 재능(才能).

왕좌지재(王佐之材) 임금을 도와서 나라의 큰일을 할 만한 인물(人物).

왕척이직심(枉尺而直尋) '여덟 자를 곧게 하기 위(爲)하여 한 자를 굽힌다'는 뜻으로, 대(大)를 위(爲)하여는 소(小)를 희생(犧牲)시킨다는 말.

왕척직심(枉尺直尋) '짧은 것은 굽히고 긴 것을 편다'는 뜻으로, 소(小)를 희생(犧牲)시켜 대(大)를 살림.

왕후장상(王侯將相) 제왕(帝王)과 제후, 장수와 재상을 함께 통틀어 일컫는 말.

왕후장상영유종호(王侯將相寧有種乎) '왕후장상(王侯將相)의 씨가 어찌 따로 있겠느냐'는 속담(俗談)으로, 높은 자리에 오르는 것은 가문이나 혈통 따위에 있는 것이 아니라 개인의 능력과 노력에 달려있다는 말.

왜인간장(矮人看場) 왜인간희(矮人看戲).

왜인간희(矮人看戲) 왜인관장(矮人觀場).

왜인관장(矮人觀場) 왜자간희(矮者看戲).

왜자간희(矮子看戲) '키가 작은 사람이 큰 사람 틈에 끼여 구경은 못하고서 앞사람의 이야기만 듣고 자기가 본 체 또는 아는 체한다'는 뜻으로, 자신은 아무것도 모르면서 남이 그렇다고 하니까 덩달아서 그렇다고 하는 것. 식견(識見)이 좁고 주견(主見)이 없는 사람을 비유(譬喩)하는 말.

외간남자(外間男子) 여자(女子)가 남편이나 친척(親戚)이 아닌 남자(男子)를 일컫는 말.

외간작첩(外間作妾) 자기(自己) 집 밖의 다른 곳에서 첩을 얻음.

외감지정(外感之情) 외부(外部)로부터 자극(刺戟)을 받아 일어난 정.

외강내유(外剛內柔) 겉으로는 굳게 보이나 속은 부드러움.

외무주장(外無主張) 집안에 살림을 주장(主掌)할 만큼 장성한 남자(男子)가 없음.

외방출입(外房出入) 딴 여자(女子)를 보고 다님. 계집질을 하고 다님.

외부내빈(外富內貧) 겉으로 보기에는 부자(富者)인 듯하나, 실상(實狀)은 구차(苟且)하고 가난(家難)함.

외빈내부(外貧內富) 겉보기에는 가난한 듯하나 실상(實狀)은 부유함.

외삼촌(外三寸) 외숙(外叔)을 친근(親近)히 일컫는 말.

외수부훈(外受傅訓) 8세(歲)면 바깥 스승의 가르침을 받아야 함.

외수부훈입봉모의(外受傅訓入奉母儀) 집에 들어와서는 어머니의 거동(擧動)을 본(本) 받는다.

외수외미(畏首畏尾) 남이 알게 되는 것을 꺼리고 두려워함.
외숙부(外叔父) 외숙(外叔). 어머니의 남자형제를 이르는 말.
외어기모(外禦其侮) 외부로부터의 수모를 막음. 외부로부터 당하는 모욕을 막음.
외우내란(外憂內亂) '밖으로는 우려(憂慮)하고 걱정했던 일들이 벌어지고, 안으로는 환란(患亂)이 몰아친다'는 뜻. 외우내환(外憂內患).
외우내환(外憂內患) 외우내란(外憂內亂).
외유내강(外柔內剛) 겉으로 보기에는 부드러우나 속은 꿋꿋하고 강(强)함.
외제학문(外題學問) '책의 이름만은 많이 알고 있으나, 내용(內容)에 대(對)해서는 아무 것도 모른다'는 뜻으로, 깊이가 없는 학문(學問)을 비웃는 말.
외조부(外祖父) 외할아버지. 외왕부(外王父).
외종숙(外從叔) 어머니의 사촌(四寸) 형(兄)이나 아우.
외종조부(外從祖父) 외할아버지의 형이나 아우.
외주지본(畏主智本) 여호와를 경외(敬畏)하는 것이 지식(知識)의 근본(根本)이다.
외첨내소(外諂內疎) 겉으로는 알랑거리며 아첨(阿諂)하나 속으로는 해(害)치려 함.
외출부재(外出不在) 밖에 나가서 집안이나 제자리에 없음.
외친내소(外親內疎) 겉으로는 친(親)한 체하면서 속으로는 멀리함.
외허내실(外虛內實) 겉은 허술한 듯 보이나 속은 충실(充實)함.
외형제(外兄弟) ①고모(姑母)의 아들, 고종(姑從) 형제(兄弟). ②어머니는 같고 아버지가 다른 형제(兄弟).
외화내빈(外華內貧) 겉치레는 화려(華麗)하나 실속(實-)이 없음.
요개부득(搖改不得) 도무지 고칠 도리(道理)가 없음.
요격미사일(邀擊 missile) 적의 미사일이나 항공기(航空機)를 요격하기 위한 미사일.
요동시(遼東豕) 견문(見聞)이 넓지 못한 사람이 신기(神奇)하게 여기고 떠드는 것이 알고 보면 별 것 아닌 흔한 것인 경우(境遇)에 쓰이는 말.
요동지시(遼東之豕) 요동시(遼東豕).
요두전목(搖頭轉目) 머리를 흔들고 눈을 굴리면서 몸을 움직임.
요령부득(要領不得) '사물(事物)의 주요(主要)한 부분(部分)을 잡을 수 없다'는 뜻으로, 말이나 글의 요령(要領)을 잡을 수 없음을 이르는 말.
요미걸련(搖尾乞憐) 개가 꼬리치는 것처럼 남의 동정(同情)을 받으려 애걸(哀乞)하는 가련(可憐)한 모습을 이르는 말.
요산요수(樂山樂水) '산을 좋아하고 물을 좋아한다'는 뜻으로, 산수(山水) 경치(景致)를 좋아함을 이르는 말.
요순시절(堯舜時節) 요임금과 순임금이 덕으로 천하를 다스리던 태평한 시대.
요순지절(堯舜之節) 요(堯)임금과 순(舜)임금이 다스리던 시대(時代).

요식행위(要式行爲) 법률(法律) 행위의 요소인 의사 표시가 일정한 방식에 따라 행해질 것을 필요로 하는 행위. 어음의 발행이나 정관 작성, 증여, 혼인, 입양, 유언 따위이다.

요양미정(擾攘未定) 정신이 혼미(昏迷)하여 안정되지 못함.

요언불번(要言不煩) '요긴(要緊)한 말은 번잡(煩雜)하지 않다'는 뜻으로, 중요(重要)한 말은 긴 이야기를 듣지 않아도 그 뜻을 알 수 있음을 이르는 말.

요요무문(寥寥無聞) 명예(名譽)나 명성(名聲)이 드날리지 아니하여 남에게 알려짐이 없음.

요요작작(夭夭灼灼) 나이가 젊고 용모(容貌)가 꽃같이 아름다움.

요요정정(夭夭貞靜) 나이가 젊고 용모(容貌)가 아름다우며 마음이 올바르고 침착(沈着)함.

요요현상(yoyo現象) 줄어든 체중이 얼마 지나지 않아 본래의 체중(體重)으로 되돌아가는 현상(現象).

요용소치(要用所致) ①필요(必要)가 있어서 함. ②또는, 그러한 일.

요원지화(燎原之火) '무서운 기세(氣勢)로 타오르는 벌판의 불길'이라는 뜻으로, 미처 막을 사이 없이 퍼지는 세력(勢力)을 이르는 말.

요유인흥(妖由人興) 요사(妖邪)스러움은 사람이 양심(良心)을 잃었을 때에 일어남.

요조숙녀(窈窕淑女) ①마음씨가 고요하고 맑은 여자(女子). ②마음씨가 얌전하고 자태(姿態)가 아름다운 여자(女子).

요조숙녀군자호구(窈窕淑女君子好逑) 아름답고 정숙한 아가씨는 군자의 천생배필(天生配匹)이로다.

요주무염위지망(樂酒無厭謂之亡) 술을 좋아하면 '망(亡)'이라고 일컫는다.

요주위망(樂酒謂亡) 요주무염위지망(樂酒無厭謂之亡).

요지부동(搖之不動) 흔들어도 꿈적도 하지 않음.

요차불피(樂此不疲) 좋아서 하는 일은 아무리 해도 지치지 않음을 이르는 말.

요피부득(要避不得) 피하고자 하여도 피할 수가 없음. 회피부득(回避不得).

욕개미창(欲蓋彌彰) '덮으려고 하면 더욱 드러난다'라는 뜻으로, 나쁜 일을 감추려 하면 더욱 밝게 드러나게 됨을 이르는 말.

욕곡봉타(欲哭逢打) '울려는 아이 뺨치기'라는 속담(俗談)의 한역으로, 불평(不平)을 품고 있는 사람을 선동(煽動)함을 비유(比喻)한 말.

욕교반졸(欲巧反拙) '잘 만들려고 너무 기교(技巧)를 부리다가 도리어 졸렬(拙劣)하게 만든다'는 뜻으로, 너무 잘 하려 하면 도리어 안 됨을 이르는 말.

욕급부형(辱及父兄) 자제(子弟)의 잘못이 부형에게까지 욕되게 함.

욕급선조(辱及先祖) 욕(辱)이 조상(祖上)에게까지 미침.

욕기지락(浴沂之樂) 제자(弟子)를 데리고 교외(郊外)에 나가서 노는 즐거움.

욕대사인(欲大事人) 크고자 하면 남을 섬기라.

욕대위역(欲大爲役) '크고자 하면 섬기는 자가 되어야 한다'는 말.

욕보기덕호천망극(欲報其德昊天罔極) 그 은덕(恩德)을 갚고자 하면 하늘처럼 다함이 없도다.

욕보심은호천망극(欲報深恩昊天罔極) 깊은 은혜(恩惠)를 갚고자 하나 하늘처럼 넓고 커서 다함이 없음.

욕불가종(欲不可從) 사람의 욕정은 한량(限量)이 없으므로 절제(節制)하지 않으면 재화(財貨)를 입는다는 말.

욕사무지(欲死無地) '죽으려고 해도 죽을 만한 땅이 없다'는 뜻으로, 몹시 분하고 원통(寃痛)함을 이르는 말.

욕생반상(欲生反喪) 목숨을 구(求)하고자 하면 오히려 죽는다는 말.

욕소필연(欲燒筆硯) '붓과 벼루를 태워버리고 싶다'는 뜻으로, 남이 지은 문장(文章)을 보고 자신(自身)의 재주가 그에 미치지 못함을 탄식(歎息)하는 말.

욕속부달(欲速不達) ①빨리 하고자 하면 도달(到達)하지 못함. ②어떤 일을 급(急)하게 하면 도리어 이루지 못함.

욕속지심(欲速之心) 속히 됨을 바라는 마음.

욕속칙부달(欲速則不達) 급히 먹는 밥이 체한다.

욕수위복(欲首爲僕) '으뜸이 되고자 하면 먼저 종이 되어야 한다'는 말.

욕승인자필선자승(欲勝人者必先自勝) 남을 이기고자 하는 사람은 반드시 먼저 자신을 이겨야 함.

욕시선시(欲施先施) '남에게 대접을 받고 싶으면 먼저 남을 대접하라'의 뜻.

욕식기육(欲食其肉) '그 사람의 고기를 먹고 싶다'는 뜻으로, 원한(怨恨)이 뼈에 사무침을 이르는 말.

욕식야심풍로중(欲識夜深風露重) '밤이 깊어 바람 이슬 무거운 줄 알고자 하거든' 이란 뜻.

욕언미토(欲言未吐) '하고 싶은 말이 있는데 아직 다 하지 못했다'는 뜻으로, 감정(感情)의 깊이가 있음을 이르는 말.

욕위군자하불종사(欲爲君子何不從師) 군자(君子)가 되고자 한다면 어찌 스승을 따르지 않으리오.

욕위대자당위인역(欲爲大者當爲人役) 크고자 하는 자(者)는 마땅히 남을 섬겨라.

욕잉생죄(慾孕生罪) 욕심(慾心)이 잉태(孕胎)하여 죄(罪)를 낳음.

욕적지색(欲炙之色) 물건(物件)을 보고 탐내는 기색(氣色)이 얼굴에 나타남을 이르는 말.

욕존선겸(欲尊先謙) 남에게 존경을 받고자 하면 먼저 겸손하라.

욕지미래선찰이연(欲知未來先察已然) 미래(未來)를 알려거든, 먼저 지나간 일을 살펴보라.

욕취선여(欲取先與) '얻으려면 먼저 베풀라'는 뜻.

욕토미토(欲吐未吐) 말을 금방 할듯할듯하고 아직 아니함.

욕파불능(欲罷不能) 파(罷)하고자 하여도 파(罷)할 수가 없음.
욕효부모하불경사(欲孝父母何不敬師) 부모(父母)님께 효도(孝道)를 하고자 한다면 어찌 스승을 공경(恭敬)하지 않으리오..
용감무쌍(勇敢無雙) 용감(勇敢)하기 짝이 없음.
용관규천(用管窺天) '대롱을 통(通)해 하늘을 살핀다'는 뜻으로, 소견(所見)이나 견문(見聞)이 좁음을 이르는 말.
용구봉추(龍駒鳳雛) 누운 용과 봉황의 새끼. 때를 기다리는 호걸을 비유함. 와룡봉추(臥龍鳳雛).
용군최정(用軍最精) 군사(軍士) 쓰기를 가장 정결(精潔)히 함.
용나호척(龍拏虎擲) '용과 범이 맞붙어 싸운다'는 뜻으로, 영웅(英雄)들이 서로 싸움을 이르는 말.
용동봉경(龍瞳鳳頸) '용의 눈동자와 봉황(鳳凰)의 목'이라는 뜻으로, 매우 잘 생긴 귀인(貴人)의 얼굴을 형용(形容)해 이르는 말.
용두사미(龍頭蛇尾) '머리는 용이고 꼬리는 뱀'이라는 뜻으로, 시작(始作)은 좋았다가 갈수록 나빠짐의 비유(比喩). 처음 출발(出發)은 야단스러운데, 끝장은 보잘 것 없이 흐지부지 되는 것.
용맹무쌍(勇猛無雙) 견줄 만한 데가 없을 만큼 용감(勇敢)하고 사나움.
용맹정진(勇猛精進) ①용맹(勇猛)스럽게 힘써 나아감. ②용맹(勇猛)스럽게 불도(佛道)를 수행(修行)함.
용모괴위(容貌魁偉) 얼굴과 몸매가 뛰어나게 크고 씩씩하고 훌륭함.
용모단정(容貌端正) 사람의 얼굴 모양이 또는 생김새, 차림새, 꼴이 깨끗하고 바름을 의미함.
용모단정의관정제(容貌端正衣冠整齊) 용모(容貌)는 단정하게 하고, 의관은 바르고 가지런하게 하라.
용무지지(用武之地) ①군사(軍士)를 쓸 만한 곳. ②무력(武力)을 쓸 만한 곳.
용문점액(龍門點額) '용문 아래에 모인 물고기가 뛰어오르면 용이 되고, 오르지 못하면 이마에 상처(傷處)만 입게 된다'는 뜻으로, 과거(科擧)에 낙방한 사람을 비유(比喩)해 이르는 말.
용미봉탕(龍味鳳湯) '용 고기로 맛을 낸 요리와 봉새로 끓인 탕'이라는 뜻으로, 맛이 매우 좋은 음식(飮食)을 가리키는 말.
용반기연(龍返其淵) '용이 그의 못으로 돌아간다'는 뜻으로, 영걸(英傑)이 제 고향(故鄕)으로 돌아감을 이르는 말.
용반호거(龍蟠虎踞) '용이 서리고, 호랑이가 웅크린다'는 뜻으로, ①지세가 험하여 적을 막기에 좋은 환경(環境). ②호족(豪族)이 있는 곳을 근거지(根據地)로 하여 위세(威勢)를 떨침.

용병여신(用兵如神) 용병을 귀신(鬼神)같이 잘함.

용봉대막(龍鳳大幕) 용(龍)과 봉황(鳳凰)의 모양을 아로새겨 임금이 앉도록 임시로 꾸며 놓은 자리. 용봉장전(龍鳳帳殿).

용봉장전(龍鳳帳殿) 용봉대막(龍鳳大幕).

용봉지자(龍鳳之姿) '용과 봉의 모습'이라는 뜻으로, 모습이 보통(普通) 사람보다 뛰어남을 이르는 말.

용불용설(用不用說) '사용하는 기관은 발달하고 사용하지 않는 기관은 퇴화(退化)된다'는 뜻.

용비봉무(龍飛鳳舞) '용이 날고 봉황이 춤춘다'는 뜻으로 산천이 수려하고 맑아 생동하는 신령한 기세를 이르는 말.

용비어천가(龍飛御天歌) 이조(李朝)의 세종(世宗) 27(1445)년에 권제 · 정인지 · 안지 등이 세종의 명을 받아 지은 악장(樂章). 역사상(歷史上) 최초의 훈민정음(訓民正音)인 한글로 쓰여진 문헌(文獻)임. 전10권 5책 125장. 대한민국의 보물 제1463호이다.

용사비등(龍蛇飛騰) '용과 뱀이 하늘로 날아오르다'라는 뜻으로, 살아 움직이듯 매우 활기찬 글씨.

용사행장(用舍行藏) '일자리를 얻었을 때에는 나가서 자신(自身)이 믿는 바를 행(行)하고, 버리면 물러나 몸을 숨긴다'는 뜻으로, 나아가고 물러섬이 깨끗하고 분명(分明)함을 이르는 말.

용사화제(龍師火帝) 복희씨(伏羲氏)는 용(龍)으로써 벼슬을 기록(記錄)하고, 신농씨(神農氏)는 불로써 기록(記錄)했음.

용안호미(龍顔虎眉) 위엄(威嚴)있는 용모(容貌)를 이르는 말.

용양호박(龍攘虎搏) '용과 호랑이가 서로 싸운다'는 뜻으로, 비슷한 상대(相對)끼리 맹렬(猛烈)히 다투는 것을 비유(比喩)해 이르는 말.

용양호시(龍驤虎視) '용처럼 날뛰고 범 같은 눈초리로 쏘아보다'는 뜻으로, 기개(氣槪)가 높고 위엄(威嚴)에 찬 태도(態度)의 비유(比喩).

용여득운(龍如得雲) 용(龍이 구름을 얻듯이 큰 인물이 활동할 기회(機會)를 얻음을 비유하여 일컫는 말.

용왕매진(勇往邁進) 거리낌 없이 힘차고 용감(勇敢)하게 나아감.

용왕직전(勇往直前) 용왕매진(勇往邁進).

용왕직진(勇往直進) 용왕매진(勇往邁進).

용의대패(容儀帶佩) 커다란 칼을 허리에 참, 또는 그러한 모습의 옷차림과 행동(行動).

용의주도(用意周到) '어떤 일을 할 마음이 두루 미친다'는 뜻으로, ①마음의 준비(準備)가 두루 미쳐 빈틈이 없음. ②무슨 일에든지 주의(主義)와 준비(準備)가 완벽(完璧)하여 실수(失手)가 없음.

용이무례즉란(勇而無禮則亂) '용감(勇敢)하나 예의(禮儀)를 모르면 난폭(亂暴)하게 된다'는 뜻으로, 예의(禮儀)를 숭상(崇尙)해야 함을 강조(强調)해 이르는 말.

용자단려(容姿端麗) 얼굴 모습과 몸매가 가지런하여 아름다움. 흔히 여성(女性)을 가리킴.

용자불구(勇者不懼) 참으로 용감(勇敢)한 사람은 도의(道義)를 위해서는 목숨을 아끼지 않으므로, 어떠한 경우(境遇)를 당하여서도 두려워하지 않는다는 말.

용장약졸(勇將弱卒) 용감(勇敢)하고 강(强)한 장수(將帥)에게는 약(弱)하고 비겁(卑怯)한 병사(兵士)는 없음.

용장용단(用長用短) 긴 것이나 짧은 것이나 다 함께 사용(使用)함. 장단점(長短點)을 다 같이 이용(利用)함.

용전여수(用錢如水) 돈을 마치 물 쓰듯이 마구 씀.

용지불갈(用之不竭) 아무리 써도 없어지지 아니함.

용지불분(用志不分) 오직 한 가지 일에만 전념(專念)하고, 이것저것 정신(精神)을 팔지 않음.

용지약사(容止若思) 행동(行動)을 덤비지 말고 형용(形容)과 행동거지(行動擧止)를 조용히 생각하는 침착(沈着)한 태도(態度)를 가져야 함.

용지약사언사안정(容止若思言辭安定) 말은 완급(緩急)을 잘 살펴서 안정되게 해야 한다.

용지여지(容之如地) 대지(大地)가 만물(萬物)을 포용(包容)하듯이 마음이 크고 너그러움을 이르는 말.

용지하처(用之何處) 쓸 만한 곳이 없음.

용추지지(用錐指地) '송곳으로 땅을 가리킨다'는 뜻으로, 조그마한 지식(知識)으로 큰 도리(道理)를 깨달으려 함을 비유(譬喩)하는 말.

용퇴고답(勇退高踏) 관직(官職)을 그만두고 속세(俗世)를 떠나서 생활(生活)함을 이르는 말.

용필침웅(用筆沈雄) 그림이나 글씨의 운필(運筆)이 침착(沈着)하고 웅건(雄建)함.

용하변이(用夏變夷) 하(夏)나라, 곧 중국(中國)의 풍속(風俗)과 문화(文化)로 오랑캐의 풍속(風俗)을 변화(變化)시킴.

용행사장(用行舍藏) '일자리를 얻었을 때에는 나가서 자신(自身)이 믿는 바를 행(行)하고, 버리면 물러나 몸을 숨긴다'는 뜻으로, 나아가고 물러섬이 깨끗하고 분명(分明)함을 이르는 말.

용행호보(龍行虎步) '용이나 호랑이의 행보(行步)'라는 뜻으로, 위풍당당(堂堂)한 행동(行動)을 이르는 말.

용호상박(龍虎相搏) '용과 호랑이가 서로 싸운다'는 뜻으로, 두 강자(强者)가 서로 승패(勝敗)를 다툼을 이르는 말. 양웅상쟁(兩雄相爭).

용혹무괴(容或無怪) 혹시 그럴 수도 있으므로 괴이(怪異)할 것이 없음.

우각괘서(牛角掛書) '소의 뿔에 책을 걸어 놓는다'는 뜻으로, 소를 타고 독서(讀書)함을 이르는 말. 즉, 시간을 아껴 오로지 공부하는 데 힘쓰는 태도(態度)를 비유(譬喩)함.

우각척천지뢰성질강산(雨脚尺天地雷聲叱江山) '빗발은 하늘과 땅을 자질하고, 우렛소리는 강과 산을 꾸짖는다'는 말.

우경화(右傾化) 우익적인 사상으로 기울어지게 됨, 또는 그렇게 되게 함. ↔좌경화(左傾化)

우골탑(牛骨塔) '우골은 학비(學費) 마련을 위(爲)해 학부형(學父兄)이 내다 판 소의 유골(遺骨)'이라는 뜻으로, '학생(學生)의 등록비(登錄費)를 재원으로 하여 건물(建物)이 섰다' 해서, 대학(大學)을 빈정대어 이르는 말.

우공이산(愚公移山) '우공이 산을 옮긴다'는 말로, '남이 보기엔 어리석은 일처럼 보이지만 한 가지 일을 끝까지 밀고 나가면 언젠가는 목적(目的)을 달성(達成)할 수 있다'는 뜻.

우과천청(雨過天晴) 비가 그치고 날씨가 개어 맑음.

우국봉공(憂國奉公) 나라 일을 근심하고 염려(念慮)하며 나라를 위(爲)해 힘을 다함.

우국지사(憂國之士) 나라의 앞일을 걱정하는 기개(氣概)가 높고 포부(抱負)가 큰 사람.

우국지심(憂國之心) 나라 일을 근심하고 염려(念慮)하는 참된 심정(心情).

우국진충(憂國盡忠) 나라 일을 근심하고 충성(忠誠)을 다함.

우국충정(憂國衷情) 나라의 현상이나 장래(將來)에 대하여 염려(念慮)하는 참된 마음.

우기정인아역자정(友其正人我亦自正) 바른 사람을 벗하게 되면, 나도 저절로 바르게 됨.

우기지건(右記之件) 수제지건(首題之件).

우기청호(雨奇晴好) '비올 때의 경치(景致)도 매우 기이(奇異)하고, 갠 후의 경치(景致)도 좋다'는 뜻으로, 날씨에 따라 풍경(風景)이 변(變)하는 모양(模樣).

우답불파(牛踏不破) '소가 밟아도 안 깨어진다'는 뜻으로, 사물(事物)의 견고(堅固)함의 비유(比喩).

우도할계(牛刀割鷄) '소 잡는 칼로 닭을 잡는다'는 뜻으로, 큰일을 처리(處理)할 기능(技能)을 작은 일을 처리(處理)하는 데 씀을 이르는 말.

우란분공(盂蘭盆供) 우란분재(盂蘭盆齋).

우란분재(盂蘭盆齋) 불교 행사의 하나로, 죽은 사람이 사후에 거꾸로 매달리는 고통을 받고 있는 것을 구하기 위해 후손들이 음식을 마련하여 승려들에게 공양하는 것.

우랄알타이어족(Ural-Altai語族) '우랄 어족'과 '알타이 어족'을 가까운 갈래의 것으로 보고 아울러 이르는 말.

우랄어족(Ural語族) 유럽 북부 · 동부에서 시베리아에 걸쳐 분포하는 어족(語族).

우로기강(雨露旣降) '이슬 내리는 계절(季節)이 되었다'는 뜻.

우로기유(雨露旣濡) '봄이 되어 비와 이슬이 내린다'는 뜻.

우로지은(雨露之恩) 비와 이슬이 만물(萬物)을 기르는 것처럼 은혜(恩惠)가 골고루 미침을

이르는 말.

우로지택(雨露之澤) ①넓고 큰 임금의 은혜(恩惠). ②이슬과 비의 은혜(恩惠).

우로풍상(雨露風霜) 견디기 어려운 온갖 고생과 경험.

우맹의관(優孟衣冠) '우맹이 의관(衣冠)을 입었다'라는 뜻으로, ①사람의 겉모양(模樣)만 같고 그 실지(實地)는 다름을 비유(比喩)하는 말, 곧 사이비(似而非)한 것을 이르는 말. ②문학작품이 독창성(獨創性)과 예술성(藝術性)이 전혀 없음을 이르는 말. ③배우(俳優)가 등장(登場)하여 어떤 일을 풍자(諷刺)함을 일컫는 말.

우목낭상(寓目囊箱) 왕충이 한번 읽으면 잊지 아니하여 글을 주머니나 상자(箱子)에 둠과 같다고 했음.

우몽등초(愚蒙等誚) 적고 어리석어 몽매(蒙昧)함을 면치 못한다는 것을 말함.

우문우답(愚問愚答) ①어리석은 질문(質問)에 어리석은 대답(對答). ②우문은 자기(自己)의 질문(質問)을 겸손(謙遜)하게 이르는 말로도 씀. ↔현문우답(賢問愚答).

우문좌무(右文左武) 우문(右文)은 문학(文學)을 숭상(崇尙)하는 것, 좌무(左武)는 무예(武藝)를 숭상(崇尙)하는 것. 문무(文武) 양도(兩道)로써 천하(天下)를 다스림.

우문현답(愚問賢答) 어리석은 질문(質問)에 현명(賢明)한 대답(對答).

우발적(偶發的) 어떤 일이 전혀 예기치 않게 일어나는 것.

우방수방(盂方水方) '사발(沙鉢)이 모난 것이면 거기에 담은 물도 방형(方形)이 된다'는 뜻으로, 백성(百姓)의 선악(善惡)은 임금의 선악(善惡)에 따라 결정(決定)됨을 이르는 말.

우백호(右白虎) 풍수지리(風水地理)에서, 서쪽을 상징하는 '백호'가 주산(主山)의 오른쪽에 있다는 뜻으로 오른쪽으로 벋은 산줄기를 이르는 말. 백호(白虎). ↔좌청룡(左青龍).

우범지대(虞犯地帶) 범죄(犯罪) 발생의 우려가 있는 지대(地帶).

우보만리(牛步萬里) 느릿느릿 우직한 소걸음으로 만리(萬里)를 간다는 말. 우보천리(牛步千里).

우보천리(牛步千里) 느릿느릿 우직한 소걸음으로 천리(千里)를 간다는 말. 우보만리(牛步萬里).

우부우맹(愚夫愚氓) 어리석은 백성들.

우부우부(愚夫愚婦) 어리석은 남자(男子)와 어리석은 여자(女子).

우산지목(牛山之木) '올라오는 싹을 먹어 치워 민둥산이 된다'는 뜻. 우산은 원래 민둥산이 아니었다는 말로 사람의 본성이 본디 선하다는 말. 인간이 세상을 살아가는 환경 속에서, 여러 가지 일을 겪으면서 악하게 된다는 맹자의 말.

우상숭배(偶像崇拜) 신(神) 이외의 사람이나 물체를 종교적 신앙의 대상으로 믿거나 추앙하는 일.

우생다욕(憂生多慾) '근심은 욕심이 많은데서 생긴다'는 뜻이니, 욕심을 부리지 말고 마음을 비우라는 말.

우서지경(羽書之警) 전쟁(戰爭) 발발(勃發)의 경보(警報).

우세지사(憂世之士) 세상일(世上-)을 근심하는 사람.

우수마발(牛溲馬勃) 우수마발패고지피(牛溲馬勃敗鼓之皮)

우수마발패고지피(牛溲馬勃敗鼓之皮) '우수(牛溲)'는 질경이란 뜻이고, '마발(馬勃)'은 약재(藥材)로 쓰는 먼지버섯으로, 비천(卑賤)하지만 유용(有用)한 재료(材料), 흔하지만 유용(有用)한 약재(藥材)를 이르는 말.

우수불함(牛邃不陷) 우답불파(牛踏不破). '소가 밟아도 깨지지 않는다'는 말로 사물이 아주 견고함을 뜻함.

우수천석(雨垂穿石) '떨어지는 빗방울이 돌을 뚫다'라는 뜻으로, '아무리 어려운 상황(狀況)일지라도 적극적(積極的)인 돌파구를 마련하면 해결(解決)되지 않는 일이 없다'는 뜻.

우순풍조(雨順風調) 바람 불고 비 오는 것이 때와 분량(分量)이 알맞음.

우순풍조시화풍년(雨順風調時和豊年) '비가 순조롭고 바람이 고르니 시절(時節)이 화평(和平)하고 풍년(豊年)이 든다'는 뜻.

ㅇ

우승열패(優勝劣敗) 나은 자는 이기고 못한 자는 패함. 강(强)한 자는 번성(繁盛)하고 약한 자는 쇠멸(衰滅)함. 적자생존(適者生存).

우심여취(憂心如醉) 시름하여 마음이 술에 취한 것처럼 흐리멍덩함.

우심유유(憂心愈愈) 시름하는 마음이 심(甚)함.

우애지정(友愛之情) 동기끼리 서로 사랑하는 정.

우여곡절(迂餘曲折) ①이리저리 굽음. ②여러 가지로 뒤얽힌 복잡(複雜)한 사정(事情)이나 변화(變化).

우연변이(偶然變異) 돌연변이(突然變異).

우연지사(偶然之事) 우연(偶然)한 일.

우열난분(優劣難分) 뛰어나고 열등함을 분간(分揀)할 수 없음.

우왕마왕(牛往馬往) '소가 가고, 말이 다닌 온갖 곳을 다 다님'을 이르는 말.

우왕좌왕(右往左往) ①바른쪽으로 갔다 왼쪽으로 갔다하며 종잡지 못함. ②사방(四方)으로 왔다 갔다 함.

우월감(優越感) 자기가 남보다 뛰어나다고 느끼는 감정. ↔열등감(劣等感).

우월성(優越性) 우월한 성질이나 특성(特性).

우위무주(愚爲無主) 어리석은 자는 하나님이 없다고 함.

우유구화(迂儒救火) '세상 물정(物情)에 어두운 선비가 불을 끄려고 한다'는 뜻으로, 헛된 격식이나 절차만을 고집하는 융통성(融通性) 없고 세상 물정에 어두운 선비를 풍자(諷刺)하는 말.

우유도일(優遊度日) 하는 일 없이 한가(閑暇)롭게 세월(歲月)을 보냄.

우유무사(優遊無事) 여유(餘裕)가 있어 태평(太平)함.

우유부단(優柔不斷) ①어물어물하기만 하고 딱 잘라 결단(決斷)을 하지 못함. ②결단력(決斷力)이 부족(不足)한 것.

우유불박(優遊不迫) 우유염담(優遊恬淡).

우유염담(優遊恬淡) 느긋하고 침착(沈着)하여 서두르지 않음. 우유불박(優遊不迫).

우유자재(優遊自在) 우유자적(優遊自適).

우유자적(優遊自適) 편안(便安)하고 한가(閑暇)롭게 마음대로 즐김. 우유자재(優遊自在).

우음마식(牛飮馬食) 소가 물을 마시듯, 말이 풀을 먹듯이 많이 먹고 많이 마심.

우의소설(寓意小說) 어떤 의견(意見)이나 교훈(敎訓)을 어떤 이야기에 빗대어서 쓴 소설(小說).

우의운단흑춘심목말청(雨意雲端黑春心木末靑) 비의 뜻은 구름의 끝이 검은 것이요, 봄의 마음은 나무 끝이 푸른 것임.

우이독경(牛耳讀經) '쇠귀에 경 읽기'란 뜻으로, 우둔(愚鈍)한 사람은 아무리 가르치고 일러주어도 알아 듣지 못함을 비유(比喩)하는 말.

우이송경(牛耳誦經) '쇠귀에 경 읽기'라는 속담(俗談)의 한역으로, 어리석은 사람은 아무리 가르쳐도 깨닫지 못함을 이르는 말.

우이언타(右而言他) 고좌우이언타(顧左右而言他).

우이효지(尤而效之) 남의 그릇됨을 나무라면서도 자기(自己)가 또한 비행을 저지름을 이르는 말.

우자일득(愚者一得) '어리석은 자에게도 한 가지 득은 있다'는 뜻으로, 어리석은 자라도 수많은 생각을 하다보면 하나쯤 쓸모있는 생각도 하게 됨을 이르는 말.

우자천려(愚者千慮) 어리석은 자의 많은 생각.

우자천려필위일득(愚者千慮必爲一得) 어리석은 사람에게서도 한 가지라도 얻어 들을 것이 있다는 말.

우적사안박풍래수면빈(雨滴沙顔縛風來水面嚬) 비가 떨어지니 백사장이 얼룩지고, 바람이 부니 물 표면(表面)이 일렁임.

우적천강비엽락만산수(雨積千江肥葉落萬山瘦) 비가 싸이니 온 강이 살찌고, 잎이 떨어지니 모든 산이 파리함.

우정팽계(牛鼎烹鷄) '소를 삶을 수 있는 큰 가마솥에 닭을 삶는다'는 뜻으로, 큰 재목(材木)을 알맞은 곳에 쓰지 못하고 소소한 일을 맡기는 경우(境遇)를 비유(比喩)하는 말.

우제지건(右題之件) 수제지건(首題之件).

우주관(宇宙觀) 우주의 기원(紀元)·본질(本質)·변화(變化)·발전(發展) 등에 대한 견해(見解).

우주만물(宇宙萬物) 우주(宇宙) 안에 있는 온갖 사물(事物).

우주홍황(宇宙洪荒) 하늘과 땅 사이는 넓고 커서 끝이 없음.

우지상기(愚知相欺) 어리석은 자와 지혜(智慧)로운 자가 서로 속임.

우진마불경(牛嗔馬不耕) 원진살의 한 가지. 궁합에서 소띠는 말띠를 꺼린다는 말.

우천순연(雨天順延) 회합(會合) 등(等)을 미리 정(定)한 날에 비가 오면, 그 다음 날로 순차(順次)로 연기(延期)하는 일.

우통광내(右通廣內) 오른편에 광내(廣內)가 통(通)하니 광내(廣內)는 나라 비서(祕書)를 두는 집임.

우풍자우(友風子雨) 구름을 달리 일컬음. 바람은 구름과 함께 움직이므로 구름의 벗이고, 비는 구름으로 말미암아 생기므로 구름의 자식이라는 뜻이다.

우하지민(愚下之民) 어리석고 미천(微賤)한 백성(百姓). 무지(無知)한 백성(百姓).

우핵비육(羽翮飛肉) '새의 깃이 무거운 몸을 자유자재(自由自在)로 날아다니게 한다'는 뜻으로, 경미한 것도 많이 모이면 유력해짐을 비유(比喩)하는 말.

우행순추(禹行舜趨) 겉으로만 우(禹)와 순(舜) 같은 성인(聖人)의 흉내를 내고, 학식(學識)과 인격(人格)은 없음을 이르는 말.

우행호시(牛行虎視) 호시우행(虎視牛行).

우호조약(友好條約) 나라와 나라 사이의 우의를 위(爲)하여 맺는 조약(條約).

우화등선(羽化登仙) '날개가 돋아 신선(神仙)이 되어 하늘에 오른다'는 뜻으로, 술이 거나하게 취(醉)하여 기분(氣分)이 좋음.

우환질고(憂患疾苦) 근심과 걱정과 질병(疾病)과 고생(苦生).

우후산여목풍전초사취(雨後山如沐風前草似醉) 비가 온 뒤 산은 목욕(沐浴)을 한 듯하고, 바람 앞에서 풀은 취한 듯함.

우후죽순(雨後竹筍) '비가 온 뒤에 솟는 죽순(竹筍)'이라는 뜻으로, 어떤 일이 일시에 많이 일어남을 이르는 말.

우후지실(雨後地實) '비 온 뒤에 땅이 굳는다'는 속담(俗談)의 한역(漢譯).

우후투추(牛後投芻) '소 궁둥이에 꼴 던지기'라는 뜻으로, 어리석은 사람은 가르쳐도 소용(所用)이 없음을 비유(比喩)하는 말.

욱욱청청(郁郁靑靑) 향기(香氣)가 높고, 수목(樹木)이 무성(茂盛)하여 푸른 빛깔이 썩 곱고 깨끗함.

욱일승천(旭日昇天) '아침 해가 떠오른다'는 뜻으로, 떠오르는 아침 해처럼 세력(勢力)이성대(盛大)해짐을 이르는 말.

욱일기(旭日旗) 일본의 군구주의를 상징하는 기.

욱일승천기(旭日昇天旗) 일본 군국주의를 상징하는 일본의 군기. 욱일기의 잘못된 명칭. 욱일기는 특히 동아시아에서 일본(日本)의 군국주의(軍國主義)를 상징(象徵)한다고 하여 사용에 논란(論難)이 되고 있다.

운개견일(雲開見日) '구름이 열려 해를 본다'는 뜻으로, 지금까지 구름처럼 꽉 막혔던 것이 비로소 열림을 이르는 말.

운고기정(雲高氣靜) 청운(青雲)의 뜻과 희망은 높고 원대하게 갖고, 기(氣) 즉, 행동은 고요하게 한다.

운권산두벽련개수면홍(雲捲山頭碧蓮開水面紅) 구름이 걷히니 산머리(등성이) 푸르고, 연꽃이 피니 물빛이 붉음.

운권천청(雲捲天晴) '구름이 걷히고, 하늘이 맑게 갠다'는 뜻으로, 병이나 근심이 씻은 듯이 없어짐을 비유(比喻)하는 말.

운니지차(雲泥之差) '구름과 진흙 차이(差異)'란 뜻으로, ①사정(事情)이 크게 다르다는 경우(境遇)에 쓰는 말. ②서로의 차이(差異)가 매우 큼. 천양지차(天壤之差).

운도시래(運到時來) 무슨 일을 이룰 운수(運數)와 시기(時期)가 한때에 옴.

운등치우(雲騰致雨) 수증기(水蒸氣)가 올라가서 구름이 되고 냉기(冷氣)를 만나 비가 됨.

운룡정와(雲龍井蛙) '구름 속 용과 우물 속 개구리'라는 말로 지위(地位)의 고하(高下)나 현우(賢愚)의 현격(懸隔)한 차이(差異)를 이르는 말.

운룡풍호(雲龍風虎) '구름은 용을 좇고, 바람은 호랑이를 따른다'는 뜻으로, 의기(義氣)와 기질(氣質)이 서로 맞음을 이르는 말.

운부천부(運否天賦) '운이 좋고 나쁨은 모두가 하늘의 뜻'이라는 의미(意味)로, 운을 하늘에 맡김을 이르는 말.

운빈화용(雲鬢花容) '탐스러운 귀 밑머리와 꽃 같은 얼굴'이라는 뜻으로, 미인(美人)을 형용(形容)해 이르는 말.

운산무산(雲散霧散) 구름이 흩어지고 안개가 사라지듯, 근심이나 걱정이 깨끗이 사라짐의 비유(比喻).

운산무소(雲散霧消) '구름이나 안개가 걷힐 때처럼 산산이 흩어져 흔적(痕跡)도 없이 됨'을 이르는 말. 즉, 의심(疑心)이나 근심 걱정 등(等)이 깨끗이 사라짐을 비유(譬喻). 운소무산(雲消霧散).

운산조몰(雲散鳥沒) 구름처럼 어느덧 흩어지고 새처럼 자취 없이 사라짐.

운상기품(雲上氣稟) 속됨을 벗어난 인간(人間)의 고상(高尙)한 기질(氣質)과 성품(性品).

운소무산(雲消霧散) 운산무소(雲散霧消).

운수대통(運數大通) 큰 행운(幸運)과 행복(幸福)의 길이 활짝 트인다.

운수불길(運輸不吉) 운수(運數)가 좋지 아니함. 운수불행(運數不幸).

운수불행(運數不幸) 운수불길(運數不吉).

운수소관(運數所關) 모든 일이 운수(運數)의 탓이라 하여 사람의 힘으로는 어찌할 수 없다는 말.

운수지회(雲樹之懷) 친구(親舊)를 그리는 회포(懷抱).

운수해립(雲垂海立) 임금의 은혜(恩惠)가 온 백성(百姓)에게 미쳐 기뻐하는 일.

운심월성(雲心月性) '구름 같은 마음과 달 같은 성품(性品)'이라는 뜻으로, 맑고 깨끗하여 욕심(慾心)이 없음을 이르는 말.

운야산야(雲耶山耶) '구름이냐 산이냐'는 뜻으로, 먼 곳을 바라보며 산인지 구름인지 분별(分別)하지 못하여 의심(疑心)함을 이르는 말.

운연과안(雲煙過眼) '구름이나 연기(煙氣)가 순식간에 눈앞을 스쳐가고 오래 머무르지 않는다'는 뜻으로, 한때의 쾌락(快樂)을 오래 마음에 두지 않음을 이르는 말.

운연변태(雲煙變態) 구름과 안개가 변화무쌍(變化無雙)하여 갖가지 정취(情趣)를 일으킴.

운예지망(雲霓之望) '큰 가뭄에 구름과 무지개를(비오기를) 바란다'는 뜻으로, 희망(希望)이 간절(懇切)함을 이르는 말.

운외창천(雲外蒼天) '어두운 구름 밖으로 나오면 맑고 푸른 하늘이 나타난다'는 뜻으로, 온갖 난관(難關)을 극복(克服)하면 성공(成功)한다는 말. 절망(絕望)해서는 안 된다는 격려(激勵)의 말로 사용(使用)함.

운우락(雲雨樂) 운우지락(雲雨之樂).

운우지락(雲雨之樂) 남녀(男女)가 육체적(肉體的)으로 어울리는 즐거움. 운우락(雲雨樂).

운우지몽(雲雨之夢) 운우지정(雲雨之情).

운우지정(雲雨之情) '구름 또는 비와 나누는 정'이란 뜻으로 남녀(男女) 간(間)의 육체적(肉體的)으로 어울리는 정. 운우지몽(雲雨之夢).

운작천층봉홍위백척교(雲作天層峰虹爲百尺橋) 구름은 하늘 층계(層階)의 봉우리가 되고, 무지개는 백 척의 다리가 됨.

운전망이(運轉亡已) 우주(宇宙)의 만물(萬物)이 늘 운행(運行) 변전하여 잠시(暫時)도 그치지 않음.

운종룡풍종호(雲從龍風從虎) '용가는 데 구름 가고 범 가는데 바람 간다'의 뜻으로, 마음과 뜻이 서로 맞는 사람끼리 서로 구(求)하고 좇음을 일컫는 말.

운주유악(運籌帷幄) '장막(帳幕)안에서 산가지(算–)를 놀린다'는 뜻으로, 가만히 들어앉아 계책(計策)을 꾸밈을 나타냄.

운중백학(雲中白鶴) '구름 속을 나는 두루미'라는 뜻으로, 고상(高尙)한 기품(氣稟)을 가진 사람을 이르는 말.

운증용변(雲蒸龍變) '물이 증발(蒸發)하여 구름이 되고 뱀이 변(變)하여 용이 되어 승천(昇天)한다'는 말로, 영웅(英雄) 호걸(豪傑)이 기회(機會)를 얻어 흥성(興盛)함의 비유(比喩).

운지장상(運之掌上) '손바닥 위에서 움직인다'는 뜻으로, 아주 쉬움을 이르는 말.

운집무산(雲集霧散) '구름처럼 모이고 안개처럼 흩어진다'는 뜻으로, 별안간 많은 것이 모이고 흩어짐.

운출무심(雲出無心) 구름이 아무 생각 없이 일고 흐르듯이 인생(人生)을 유유(悠悠)히 삶을 이르는 말.

운파월래(雲破月來) 구름이 열러 그 사이로 달빛이 흘러나옴.

운합무집(雲合霧集) '구름처럼 합(合)하고 안개처럼 모인다'는 뜻으로, 어느 때든지 많이 모임을 형용(形容)해 이르는 말.

울울창창(鬱鬱蒼蒼) 큰 나무들이 빽빽이 들어서 우거진 모습(貌襲).

웅계야명(雄鷄夜鳴) '수탉이 밤에 욺'. 한 나라의 왕이 타국(他國)을 정벌(征伐)할 뜻을 가지면 이런 현상(現象)이 생긴다고 함.

웅도거읍(雄都巨邑) ①웅장(雄壯)한 도시(都市)와 큰 읍. ②큰 도회지(都會地).

웅재대략(雄才大略) ①크고 뛰어난 재능(才能)과 원대(遠大)한 지략(智略). ②또는, 그런 사람.

웅주거목(雄州巨牧) 땅이 넓고 물산(物産)이 많은 고을. 또는, 그 고을의 원.

웅주거읍(雄州巨邑) 지역(地域)이 넓고 산물(産物)이 많은 고을.

웅창자화(雄唱雌和) 새의 암컷과 수컷이 의좋게 서로 지저귐. 서로 손이 맞아서 일함.

웅탁맹특(雄卓猛特) 굉장히 크게 뛰어남.

원거원처(爰居爰處) 여기저기 옮겨 삶.

원걸종양(願乞終養) '부모가 돌아가시는 날까지 봉양(奉養)하기를 원하다'는 뜻으로, 부모에 대한 지극한 효성(孝誠)을 이르는 말.

원격조정(遠隔調整) 멀리 있는 기기(器機)를 전기적(傳奇的), 기계적(機械的)으로 제어(制御)하여 조정하는 것.

원격조종(遠隔操縱) 멀리 떨어진 곳에서 수동 또는 자동으로 신호를 보내어 조작부를 동작하는 일.

원고재중(原稿在中) 원고(原稿)를 첨부(添附)할 때.

원공방목(圓孔方木) '둥근 구멍에 모난 막대기'라는 뜻으로, 사물(事物)이 서로 맞지 않음을 이르는 말.

원교근공(遠交近攻) 먼 나라와 친(親)하고 가까운 나라를 쳐서 점차로 영토(領土)를 넓힘. 중국(中國) 전국시대(戰國時代)에 범저(范雎)가 진왕(秦王)에게 진언한 외교(外交) 정책(政策).

원기부족(元氣不足) 후천적(後天的)이든, 선천적(先天的)이든 간에 병적으로 타고난 원 기운이 모자람.

원돈일승(圓頓一乘) 모든 법이 원만(圓滿)하여 많은 시간(時間)을 경과(經過)하지 않고 곧 성불하는 일승교.

원두방족(圓頭方足) 둥근 머리에 모진 발, 곧 사람을 이름.

원두우(元杜尤) 언더우드(Horace Grant Underwood, 1859~1916).

언더우드는 미국인 목사로서, 한국선교에 관심을 갖고 1885년 4월 5일 감리교 선교사 아펜젤러(H. G. Appenzeller) 부부와 함께 제물포항구에 도착하였다. 그는 일생동안 희생과 봉사정신으로 의료 활동과 교육사업을 통하여 새문안교회를 시작으로 한반도와 만주 지역까지 선교를 하였고, 오늘의 많은 장로교회와 연세대학교와 많은 중·고등학교를 설립하여 한국의 교육계에도 크게 기여를 한바가 있다. 그의 아들 원한경 박사(Horace, H. Underwood), 손자 원일한(H. G. Underwood), 원요한(J. T. Underwood)등 대대로 내려오며 한국의 선교와 교육을 위해 봉사해온 선교사이다.

원룡고와(元龍高臥) '원용이 높은 침상(寢床)에 눕는다'는 뜻으로, 손님을 업신여김을 이름.

원막치지(遠莫致之) 먼 곳에 있어서 올 수가 없음.

원망추조(園莽抽條) 동산의 풀은 땅속 양분(養分)으로 가지가 뻗고 크게 자람.

원목경침(圓木警枕) '통나무로 베개 삼아 경각(警覺)한다'는 뜻으로, 밤잠을 자지 않고, 학문(學問)에 힘씀을 이르는 말.

원복혜강(願福惠康) 복을 주시고 은혜를 베풀며 평강 주시기를 원함.

원불교(圓佛教) 1916년 박중빈(朴重彬)이 법신불(法身佛) 일원상(一圓相)의 진리를, 믿음의 대상과 수행의 표본으로 삼아 개창(開創)한 종교(宗教). '○'을 상징으로 나타내며, 불교의 현대화(現代化)와 생활화(生活化)·대중화(大衆化)를 주장(主張)함.

원불실수(原不失手) 실수(失手)하지 아니하도록 하는 방법(方法).

원비지세(猿臂之勢) 형세(形勢)가 좋을 때는 진격(進擊)하고 형세(形勢)가 나쁠 때는 퇴각함, 곧 군대(軍隊)의 진퇴(進退)를 자유(自由)로이 함을 이르는 말.

원사해골(願賜骸骨) 늙은 재상(宰相)이 연로하여 조정(朝廷)에 나오지 못하게 될 때에 왕에게 사직(辭職)을 주청(奏請)함을 이르는 말.

원산미(遠山眉) '파랗게 그린 먼 산 같은 눈썹'이라는 뜻으로, 미인(美人)의 눈썹을 형용(形容)해 이르는 말.

원서재중(願書在中) 지원서(志願書)를 첨부(添附)할 때, 지원하거나 청원하는 내용을 적은 서류를 넣었다는 말.

원소풍중단어가월하문(猿嘯風中斷漁歌月下聞) 원숭이 울음소리는 바람 가운데 끊어지고, 고기잡이 노래 소리는 달 아래 들림.

원수근화(遠水近火) 원수불구근화(遠水不救近火)

원수불구근화(遠水不救近火) '먼 데 있는 물은 가까운 데의 불을 끄는 데는 쓸모가 없다'는 뜻으로, 무슨 일이든 멀리 있는 것은 급할 때에 소용(所用)이 없음을 이르는 말. 원수근화(遠水近火).

원수불구근화원친불여근린(遠水不救近火遠親不如近隣) 먼 곳에 있는 물은 가까운 불을 끄지 못하고, 먼 곳에 있는 일가친척(親戚)은 가까운 이웃만 못하다.

원시시대(原始時代) 문화(文化)가 아직 발달(發達)되지 않았던 미개(未開)한 시대.

원시취득(原始取得) 어떤 권리를 남의 권리로 부터의 인수에 의하지 않고, 독립적으로 취득하는 일.

원시효자백행지본(元是孝者百行之本) 원래(原來) 효도(孝道)란 것은 백가지 행(行)함의 근본(根本)임.

원악대대(元惡大憝) ①반역죄(反逆罪)를 지은 사람. ②매우 악(惡)하여 온 세상(世上)이 미워하는 사람.

원안고와(袁安高臥) 어려운 처지(處地)에 있어도 절조(節操)를 굳게 지킴.

원앙계(鴛鴦契) 금슬이 좋은 부부의 사이. 원앙지계(鴛鴦之契).

원앙금(鴛鴦衾) ①원앙을 수놓은 이불. ②부부(夫婦)가 함께 덮는 이불.

원앙금침(鴛鴦衾枕) '원앙금' 과 '원앙침'을 아울러 이르는 말.

원앙지계(鴛鴦之契) 금슬(琴瑟)이 좋은 부부(夫婦) 사이. 원앙계(鴛鴦契)

원앙침(鴛鴦枕) ①베갯모에 원앙을 수놓은 베개. ②부부가 함께 베는 베개.

원융무애(圓融無礙) 일체 제법(諸法)의 사리가 융통되어 막힘이 없음.

원일견지(願一見之) 한 번 만나기를 바람.

원일소발(元日燒髮) 한 해 동안 머리를 빗을 때 빠진 머리카락을 모아 두었다가 정원 초하룻날 저녁에 대문 밖에서 태워 버리는 일. 소발(燒髮).

원입골수(怨入骨髓) 원한(怨恨)이 골수(骨髓)에 사무침.

원조방예(圓鑿方枘) 방예원조(方枘圓鑿).

원족근린(遠族近隣) 먼 데 있는 친척(親戚)은 가까운 이웃만 못함.

원증회고(怨憎會苦) 불교(佛敎)에서 말하는 여덟 가지 고통(苦痛) 중(中)의 하나. 원한(怨恨)을 품어 미워하는 사람과 만나는 괴로움. 원수(怨讐)와 함께 살지 아니할 수 없는 괴로움이나 싫은 환경(環境)에 살거나 싫은 일을 하여야 하는 고통(苦痛)을 이름.

원천봉쇄(源泉封鎖) 사람이나 집단이 어떤 일을 하지 못하도록 근원적(根源的)으로 막아

버리는 일.

원천우인(怨天尤人) 하늘을 원망(怨望)하고 사람을 탓함.

원철골수(怨徹骨髓) '원한(怨恨)이 골수(骨髓)에 사무친다'는 뜻으로, 원한(怨恨)이 깊어 잊을 수 없음을 이르는 말.

원청즉유청(源淸則流淸) '물의 근원(根源)이 맑으면 하류(下流)의 물도 맑다'는 뜻으로, 임금이 바르면 백성(百姓)도 또한 바르다는 말.

원친불여근린(遠親不如近隣) 먼 곳에 사는 친척(親戚)보다는 가까운 이웃이 낫다는 말.

원친평등(怨親平等) 자기(自己)에게 해를 끼치는 자나 자기(自己)에게 사랑을 베푸는 자를 평등(平等)하게 대함.

원하지구(轅下之駒) '끌채에 매인 망아지'라는 뜻으로, ①남의 속박(束縛)을 받아서 스스로는 자유(自由)를 얻지 못함을 이르는 말. ②또는 도저히 그 임무(任務)를 다할 힘이 없음을 이르는 말.

원형이정(元亨利貞) '역학(易學)에서 말하는 천도(天道)의 네 원리(原理)'라는 뜻으로, ①사물(事物)의 근본(根本) 되는 원리(原理). ②만물(萬物)이 처음 생겨나서 자라고 삶을 이루고 완성(完成)함. ③또는 인(仁) · 의(義) · 예(禮) · 지(智).

원형이정천도지상(元亨利貞天道之常) 원(元) · 형(亨) · 이(利) · 정(貞)은 천도(天道)의 떳떳함이요.

ㅇ

원화소복(遠禍召福) 화를 멀리하고 복을 불러들임.

원후취월(猿猴取月) '원숭이가 물에 비친 달을 잡으려다가 물에 빠져죽는다'는 뜻으로, 사람이 제 분수를 지키지 않고 욕심(慾心)을 부리면 화(禍)를 입게 됨을 비유(譬喩)하여 일컫는 말.

월견폐설(越犬吠雪) '월(越)나라 개가 눈을 보고 짖는다'는 뜻으로, 따뜻한 월(越)나라에는 눈이 내리지 않으므로 눈을 처음 본 월(越)나라의 개가 두려워 짖는 데서 어리석고 식견(識見)이 좁은 사람이 예삿일에 의심(疑心)을 품거나 크게 놀람을 이르는 말.

월경운객(月卿雲客) 공경(公卿)과 당상관(堂上官). 곧, 귀족(貴族)의 일컬음.

월광독서(月光讀書) 달빛으로 책을 읽음.

월궁항아(月宮姮娥) ①전설에서, 달에 있는 궁(宮)에 산다는 선녀(仙女). ②견줄 만한 사람이 없을 정도로 아름다운 여자(女子)를 비유적(比喩的)으로 이르는 말.

월녀제희(越女齊姬) 월(越)나라와 제(齊)나라에서 미인(美人)이 많이 나온 데서 미인(美人)을 이르는 말.

월단평(月旦評) '매달 첫날의 평'이라는 뜻으로, 인물(人物)에 대(對)한 비평(批評)을 이르는 말.

월도차비(月刀差備) 상관(上官)을 따르며 월도를 받들던 구실.

월등세례(越–洗禮) 1880년대 후반기에 평양에서 죤스 미국 선교사가 세례의식(洗禮儀式)을 행할 때에 너무 많은 사람들이 몰려와서 사람들의 등을 넘어가며 세례예식을 행했다는데서 있었던 말.

월만즉휴(月滿則虧) '달이 차면 반드시 이지러진다'는 뜻으로, 무슨 일이든지 성하면 반드시 쇠하게 됨을 이르는 말. 월영즉식(月盈則食).

월명성희(月明星稀) '달이 밝으면 별빛은 희미(稀微)해진다'는 뜻으로, 한 영웅(英雄)이 나타나면 다른 군웅(群雄)의 존재(存在)가 희미(稀微)해짐을 비유(比喩)함.

월반지사(越畔之思) 자기(自己) 직무(職務)를 완수(完遂)하고 타인(他人)의 직권(職權)을 침범(侵犯)하지 않으려고 근신(謹愼)하는 생각.

월백풍청(月白風淸) '달은 밝고 바람은 선선하다'는 뜻으로, 달이 밝은 가을밤의 경치(景致)를 형용(形容)한 말.

월시진척(越視秦瘠) '월(越)나라 사람이 진(秦)나라의 땅이 척박한 것을 보듯 한다'는 뜻으로, 남의 환난(患難)을 예사(例事)로 보아 넘김을 이르는 말.

월영즉식(月盈則食) '달이 꽉 차서 보름달이 되고 나면 줄어들어 밤하늘에 안보이게 된다'는 뜻으로, 한번 흥하면 한번은 망함을 비유(比喩)하는 말로 쓰임.

월위무병선성작절영주(月爲無柄扇星作絕纓珠) 달은 자루 없는 부채가 되고, 별은 끈이 끊어진 구슬임.

월이산영개일하루흔소(月移山影改日下樓痕消) 달이 옮기니 산 그림자 고쳐지고, 해가 지니 누각(樓閣) 그림자가 사라짐.

월작운간경풍위죽리금(月作雲間鏡風爲竹裡琴) 달은 구름 사이의 거울이 되고, 바람은 대나무 숲의 거문고가 됨. 즉 대나무 잎이 바람에 흩날리는 소리.

월장성귀(月章星句) 훌륭하고 아름다운 문장(文章)을 칭찬(稱讚)하여 이르는 말.

월조소남지(越鳥巢南枝) '월(越)나라, 즉 남쪽나라에서 온 새는 언제나 고향(故鄕)에 가까운 남쪽 가지에 깃들인다'는 뜻으로, 고향(故鄕)을 잊기 어려움을 이르는 말.

월조지혐(越俎之嫌) 자기(自己)의 직분(職分)을 넘어 부당(不當)히 남의 일에 간섭(干涉)한다고 인정(認定)되는 혐의(嫌疑).

월지적구(刖趾適屨) '발꿈치를 잘라 신에 맞춘다'는 뜻으로, ①본말(本末)이나 주객(主客)을 뒤집음. ②좋게 하려다 도리어 더 나쁘게 됨.

월출천개안산고지거두(月出天開眼山高地擧頭) 달이 나오니 하늘이 눈을 뜬 것 같고, 산이 높으니 땅이 머리를 드는 것 같음.

월태화용(月態花容) '달 같은 태도(態度)와 꽃 같은 얼굴'이라는 뜻으로, 미인(美人)을 말함.

월하노인(月下老人) 혼인(婚姻)을 중매(仲媒)하는 사람을 이르는 말.

월하빙인(月下氷人) 월하노인(月下老人)과 빙상인(氷上人)을 합친 말로, 혼인(婚姻)은 천생연분이 있다는 고사에서 비롯됨. 남녀(男女)의 인연(因緣)을 맺어주는 사람. 중매쟁이.

월한강청(月寒江淸) '달빛은 차고 강물은 맑게 조용히 흐른다'는 뜻으로, 겨울철의 달빛과 강물이 이루는 맑고 찬 정경(情景)을 이르는 말.

위고명중자(位高名重者) 지위(地位)와 명망(名望)이 높은 사람.

위관택인(爲官擇人) 관직(官職)을 위(爲)해 인재(人材)를 택함.

위계질서(位階秩序) (나이나 지위 등에 따라 나누어진), 상하(上下) 관계(關係)에 있는 사람들 사이의 질서.

위국충절(爲國忠節) 나라를 위(爲)한 충성(忠誠)스러운 절개(節槪).

위군난위신불이(爲君難爲臣不易) 임금 노릇하기도 신하(臣下) 노릇하기도 어렵다는 말.

위귀소소(爲鬼所笑) 가난을 면하지 못함을 비유(比喩)해 이르는 말.

위극인신(位極人臣) 신하(臣下)로서의 최고(最高)의 지위(地位). 곧, 관직(官職)의 품계(品階)가 가장 높은 재상(宰相)의 직에 오름.

위급존망지추(危急存亡之秋) 나라가 존재(存在)하느냐 망(亡)하느냐 하는 중대(重大)한 때.

위기신학(危機神學) 〔영〕Crisis Theology. 〔독〕Theologie der Krisis. 제 1차 대전 직후인 1918년 칼 발트(Karl Barth. 1886~1968)의 지도와 자극 하에, 몇몇 신학자들이 '로마서'(Der Römerbrief)를 발표 한 것으로 부터 일반적으로 인정하게 된 현대신학(現代神學)의 일파(一派)이다. 근대 신학과는 달리 이성주의, 신비주의 및 역사주의를 반대하고, 초월적(超越的)인 하나님, 그리스도로 말미암은 기적적인 계시와 구원, 위로부터 받는 바 믿음, 종말적인 하나님 나라 및 하나님 나라를 부단히 희구하여 마지않는 절박감에서 오는 긴장된 도덕 생활을 고조한다.

위기의식(危機意識) 위기가 닥쳐오고 있다는 느낌.

위기일발(危機一髮) '머리털 하나로 천균(千鈞)이나 되는 물건(物件)을 끌어당긴다'는 뜻으로, 당장에라도 끊어질 듯한 위험(危險)한 순간(瞬間)을 비유(比喩)하는 말. 여유가 조금도 없이 몹시 절박한 순간.

위노위비(爲奴爲婢) 역적(逆賊)의 처자(妻子)를 종으로 만듦.

위다안소(危多安少) 시국(時局)이나 병세(病勢)가 매우 위급(危急)하여 안심(安心)하기 어려움.

위려마도(爲礪磨刀) '숫돌을 위해 칼을 간다'는 뜻으로 일이 뒤바뀜을 비유(譬喩).

위륜위탄(爲輪爲彈) '바퀴도 되고 탄환(彈丸)도 된다'는 뜻으로, 하늘의 뜻대로 맡겨 둠을 이르는 말.

위무경문(緯武經文) '무(武)를 날실, 문(文)을 씨실로 하여 나라를 짜낸다'는 뜻으로, 문무

(文武)로써 나라를 다스림의 비유(比喩).
위무불능굴(威武不能屈) '어떠한 위협(威脅)과 협박(脅迫)에도 나의 이 뜻을 꺾지 못할 것'이라는 뜻.
위무침체(萎靡沈滯) 인심(人心)과 문화(文化), 사회(社會)에 새롭고 확실(確實)한 것을 찾는 활기가 없어 진보(進步), 발전(發展)하는 움직임이 보이지 않음.
위미부진(萎靡不振) 시들고 약해져서 떨쳐 일어나지 못함.
위민부모(爲民父母) 임금은 온 백성(百姓)의 어버이가 되고, 고을의 원은 고을의 어버이가 됨을 뜻함.
위방불입(危邦不入) 위험(危險)한 곳에 들어가지 않음.
위법자폐(爲法自弊) 자기(自己)가 정(定)한 법을 자기(自己)가 범(犯)하여 벌(罰)을 당(當)함.
위부모보처자(爲父母保妻子) 부모를 위하고 처자를 보호함.
위부불인(爲富不仁) 치부(致富)하려면 자연(自然)히 어질지 못한 일을 하게 된다는 말.
위불위간(爲不爲間) ①되거나 안 되거나 좌우(左右) 간(間), 또는 하든지 아니 하든지. ②아무렇게나.
위불절이망가(爲不節而亡家) 절약(節約)하지 않으면 집을 망(亡)친다.
위비언고(位卑言高) 낮은 지위(地位)에 있으면서 윗사람의 정치(政治)를 이렇다 저렇다 비평(批評)함.
위선무근명(爲善無近名) 착한 일을 하더라도 소문이 나지 않게 하라.
위선지도(爲先之道) 조상(祖上)을 위하는 도리(道理).
위선최락(爲善最樂) 선을 행(行)함이 가장 큰 즐거움이라는 말.
위수강운(渭樹江雲) '위수(渭水)에 있는 나무와 위수를 지나 강수(江水) 위에 떠 있는 구름'이라는 뜻으로, 떨어져 있는 두 곳의 거리(距離)가 먼 것을 이르는 말로서, 멀리 떨어져 있는 벗이 서로 그리워하는 말로 쓰임.
위신지도(爲臣之道) 신하(臣下)가 된 도리(道理).
위약조로(危若朝露) '위험(危險)하기가 아침 해에 곧 마를 이슬과 같다'는 뜻으로, 사람의 운명(運命)이 위태(危殆)로움을 이르는 말.
위어누란(危於累卵) 누란지세(累卵之勢).
위어육(爲魚肉) '도마 위의 물고기가 된다'는 뜻으로, 죽임을 당(當)하는 것을 비유(譬喩)해 이르는 말.
위어조자(謂語助者) 어조(語助)라 함은 한문(漢文)의 조사(助辭), 즉 다음의 4글자임 – 언(焉), 재(哉), 호(乎), 야(也). 어조사(語助辭)라고 부르기도 함.
위여누란(危如累卵) '알을 쌓아 놓은 것같이 위태(危殆)롭다'는 뜻으로, 몹시 위태(危殆)로움을 이르는 말.
위여일발(危如一髮) ①아슬아슬한 순간(瞬間). ②아주 급(急)한 순간(瞬間).

위여조로(危如朝露) 아침 이슬은 해가 뜨면 곧 사라지듯이 위기(危機)가 임박(臨迫)해 있음을 말함.

위연탄식(喟然歎息) 한숨을 쉬며 크게 탄식(歎息)함.

위열시주(爲悅是主) 여호와를 기뻐하라.

위위구조(圍魏救趙) 위나라를 포위(包圍)하여 조나라를 구(救)함. 제 삼자가 상대의 허점(虛點)을 공격(攻擊)해서 다른 사람을 구(救)한다는 말.

위의당당(威儀堂堂) '위의당당하다'의 어근. 위엄(威嚴) 있는 거동이 훌륭하다.

위이불맹(威而不猛) 위엄(威嚴)이 있으면서도 무섭지 않고 부드러움.

위인모충(爲人謀忠) 남을 위하여 정성껏 일을 꾀함.

위인설관(爲人設官) 어떤 사람을 위(爲)해 벼슬자리를 새로이 마련함, 남을 위(爲)해 정성껏(精誠–) 꾀함.

위인자자갈불위효(爲人子者曷不爲孝) 사람의 자식(子息)된 자로써, 어찌 효도(孝道)를 하지 않으리오.

위일능사(爲一能事) 유일(唯一)한 능사로 삼음.

위자손계(爲子孫計) 자손(子孫)을 위(爲)하여 계획(計劃)을 함, 또는 그 계획(計劃).

위자용전불석천금(爲子用錢不惜天金) 자식 위해 쓰는 돈은 계산 없이 쓴다.

위자지도(爲子之道) 자식(子息)된 도리(道理).

위자패지(爲者敗之) 자연(自然)을 거역(拒逆)하여 사의(私意)를 끼우면 실패함을 이르는 말.

위재조석(危在朝夕) 위험(危險)이 조석에 달려 있음.

위정척사(衛正斥邪) '바른 것을 지키고, 옳지 못한 것을 물리친다'는 유교(儒敎) 정치사상(政治思想).

위지협지(威之脅之) 여러 방법(方法)으로 위협(威脅)함.

위초비위조(爲楚非爲趙) 겉으로는 그것을 위하는 체하면서 실상(實相)은 다른 것을 위함. 곧 속과 겉이 다름.

위총구작(爲叢驅雀) 자기(自己)를 이롭게 하려다가 도리어 남을 이롭게 하는 일을 이르는 말.

위친가육전무일근(爲親買肉全無一近) 부모위해 고기 한 근 사줄 줄은 모른다.

위친용전지석일분(爲親用錢只惜一分) 부모위해 쓰는 돈은 계산(計算)하기 바쁘구나.

위친지도(爲親之道) 부모(父母)를 섬기는 도리(道理).

위키백과사전(wiki百科事典) 위키백과(Wiki百科), 위키백과사전(wiki百科事典) 혹(或)은 위키피디아(wikipedia)는 모두가 함께 만들어 가며 누구나 자유롭게 쓸 수 있는 다언어(다국어)판 인터넷 백과사전이다. 2001년 1월 15일 지미 웨일스와 래리 생어가 시작하였고, 비 영리단체인 위키미디어재단이 운영하고 있다.

위태위태(危殆危殆) 매우 위태(危殆)함.

위편삼절(韋編三絕) 종이가 없던 옛날에는 대나무에 글자를 써서 책으로 만들어 사용(使用)했었는데, 공자(孔子)가 책을 하도 많이 읽어서 그것을 엮어 놓은 끈이 세 번이나 끊어졌단 데에서 비롯된 말로, 한 권의 책을 몇 십 번이나 되풀이해서 읽음을 비유(比喩)하는 말로 쓰임.

위풍당당(威風堂堂) 풍채(風采)가 위엄(威嚴)이 있어 당당(堂堂)함.

위험천만(危險千萬) 몹시 위험(危險)함.

위현지패(韋弦之佩) '부드러운 가죽과 팽팽한 활시위를 차고 다닌다'는 뜻으로, 자기(自己)의 성질(性質)을 고치는 경계(警戒)의 표지(標識)로 삼음을 이르는 말.

유가무가(有家無家) 바둑에서, 수상전의 단계(段階)에, 한쪽은 집이 있고, 상대방(相對方)은 집이 없는 상태(狀態).

유각서주(有脚書廚) '다리가 있는 서재(書齋)'라는 뜻으로, 박식(博識)한 사람을 이르는 말.

유각양춘(有脚陽春) '다리가 있는 따뜻한 봄'이라는 뜻으로, 널리 은혜(恩惠)를 베푸는 사람을 이르는 말.

유간황앵로파저백구천(柳間黃鶯路波底白鷗天) 버들 사이는 누런 꾀꼬리의 길이요, 물결 밑은 흰 갈매기의 하늘임.

유거필견기식(有車必見其軾) '수레가 있으면 반드시 거기에 실린 물건(物件)을 보게 된다'는 뜻으로, 무슨 일이든지 하면 반드시 이루어지는 것이 있음을 이르는 말.

유곤독운(遊鯤獨運) 곤어(鯤魚)는 북해(北海)의 큰 고기이며 홀로 창해(蒼海)를 헤엄쳐 놂.

유공불급(猶恐不及) 두려워 할 바 못 됨.

유공불급(唯恐不及) 오직 미치지 못할까 두려워함.

유공유문(唯恐有聞) '혹시나 또 무슨 말을 듣게 될까 겁난다'는 뜻으로, 한 가지 착한 일을 들으면 다음에 듣게 될 착한 것과 겹치기 전에 어서 다 배워 익히려는 열심(熱心)인 태도(態度)를 말함.

유관각방(有關各方) 외교적(外交的)인 용어로서, 관련(關聯)있는 모든 당사자들을 말함.

유관방면(有關方面) 외교적인 용어(用語)로서, 관련 있는 모든 쪽(방향)을 가리킴.

유교무류(有教無類) '가르침에는 차별(差別)이 없다'는 뜻으로, 배우고자 하는 사람에게는 누구에게나 배움의 문이 개방(開放)되어 있음.

유교병(有酵餠) 누룩을 넣고 만든 빵. 이스라엘 민족들이 평소(平素)에 먹는 빵. ↔무교병(無酵餠).

유구무언(有口無言) '입은 있으나 말이 없다'는 뜻으로, 변명(辨明)할 말이 없음.

유구불언(有口不言) '입은 있으되 말을 하지 않는다'는 뜻으로, 사정(事情)이 거북하거나 따분하여 특별(特別)히 하고 싶은 말이 있어도 하지 아니함을 이르는 말.

유금초토(流金焦土) '쇠가 녹아 흐르고, 흙이 그을린다'는 뜻으로, 가뭄이 계속(繼續)되어 더위가 극심(極甚)함을 비유(比喩)하는 말.

유난무난(有難無難) 있으나 없으나 다 곤란(困難)함.

유능승강(柔能勝剛) '유(柔)한 것이 강(强)한 것을 이긴다'는 뜻으로, 약한 것을 보이고 적의 허술한 틈을 타 능히 강(强)한 것을 제압(制壓)함을 비유(比喩)해 이르는 말.

유능제강(柔能制剛) '유(柔)한 것이 강(强)한 것을 이긴다'는 뜻으로, ①부드러움이 딱딱함을 이긴다. ②약한 것을 보이고 적의 허술한 틈을 타 능히 강(强)한 것을 제압(制壓)함을 비유(比喩)하는 말.

유당춘수만화오석양지(柳塘春水漫花塢夕陽遲) 버들나무 연못에 봄물은 넘치고, 꽃동산에 저녁볕은 더딤.

유대감(紐帶感) 여러 개인이나 단체들 사이를 이어 주는 공통(共通)된 느낌.

유대교(Judea教) 〔영〕Judaism.〔헬〕Ἰουδαϊσ μός.〔KJV〕the jews religion. 모세의 율법을 기초로 발달한 유대 사람의 민족 종교. 유일신(唯一神) 여호와를 믿고, 여호와 하나님의 선민(選民)임을 자처하며 메시아가 올 것을 믿고 있음. 유태교.

유대인(Judae人) 셈 어족(語族)으로 히브리어를 쓰고 유대교를 믿는 민족(民族). 유태인.

유대주의(Judea主義) 세계 각지에 흩어져 있던 유대인이 그들 선조의 땅인 팔레스타인에 조국을 재건하려던 운동. (1948년에 이스라엘의 독립으로 그들의 오랜 꿈이 이루어졌음). 시오니즘(Zionism).

유덕자필유언(有德者必有言) 덕행(德行)이 높은 사람은 반드시 세상(世上)을 깨우칠 만한 말이 있음을 이르는 말.

유도신문(誘導訊問) 혐의자를 신문할 때, 예상하는 죄상(罪狀)의 단서를 얻기 위해 교묘한 질문을 하여 무의식중(無意識中)에 자백(自白)을 하도록 이끄는 신문.

유도즉현(有道則見) 세상(世上)에 도덕(道德)이 행(行)해지면, 즉 정의(正義)로운 사회(社會)가 되면 나아가서 활동(活動)함.

유도지사(有道之士) 도덕(道德)을 갖추고 있는 사람.

유도질문(誘導質問) 상대에게 답을 얻고자 할 때에 스스로 대답하도록 유도하여 질문하는 방법.

유두무미(有頭無尾) '머리는 있어도 꼬리가 없다'는 뜻으로, 일이 흐지부지 끝나 버림을 비유(比喩)하는 말.

유두분면(油頭粉面) 기름 바른 머리와 분을 바른 얼굴. 부녀자(婦女子)의 화장(化粧)을 이름.

유두유미(有頭有尾) (행동(行動)이나 사물(事物)에) 처음과 끝이 분명(分明)함, 또는 앞뒤의 조리가 맞음.

유랑생활(流浪生活) 정처 없이 떠돌아다니며 사는 일.

유래지풍(由來之風) 오랜 옛날부터 전(傳)해 내려오는 풍속(風俗).

유량불각(有梁不覺) 남의 눈의 티는 보고 제 눈의 들보는 깨닫지 못함.

유련황락(流連荒樂) 놀러 다니기를 즐겨 주색(酒色)에 빠짐.

유련황망(流連荒亡) '유련(流連)은 노는 재미에 빠져서 집에 돌아가지 않는 것이고, 황망(荒亡)은 사냥이나 술을 마시는 데 빠진다'는 뜻으로, 놀러 다니기를 즐기고 주색(酒色)에 빠짐을 이르는 말.

유령시종(惟令是從) 오직 명하는 대로 좇음.

유록화홍(柳綠花紅) '버들은 푸르고, 꽃은 붉다'는 뜻으로, ①자연(自然)의 모습 그대로 사람의 손을 더 하지 않는 것. ②봄철의 경치(景致)를 말할 때 흔히 쓰임.

유리걸식(流離乞食) 이리저리 떠돌면서 음식(飮食)을 구걸(求乞)함.

유리시시(惟利是視) 의리(義理)의 유무(有無)는 따지지 않고 이해(利害) 관계(關係)에만 관심(關心)을 가짐.

유리표박(流離漂泊) 일정(一定)한 직업(職業)을 가지지 아니하고 정처 없이 이리저리 떠돌아다니는 일.

유막앵위객화방접작랑(柳幕鶯爲客花房蝶作郞) 버들장막에 꾀꼬리가 손님이 되고, 꽃방에 나비가 낭군이 됨.

유만부동(類萬不同) ①'비슷한 것들은 수만 가지가 있어도 같지는 않다'는 뜻으로, 모든 것이 서로 같지 아니함을 뜻하는 말. ②정도(程度)에 넘침. 분수(分數)에 맞지 않음.

유명무실(有名無實) 이름만 있고 실상(實相)은 없음.

유명세(有名稅) (스포츠나 연예, 그 밖의 방면에서) '세상에 이름이 널리 알려진 일 때문에 겪게 되는 어려움'을 세금(稅金)에 비유(比喩)하여 속되게 이르는 말.

유명지인(有名之人) 유명(有名)한 사람.

유명필종물역물태(有命必從勿逆勿怠) 명령(命令)이 있으시면 반드시 따르고 거역(拒逆)하지 말며 게을리 하지 말아야 함.

유무무진(惟無武進) '오직 무력(武力)만 믿고 진격(進擊)해서는 안 된다'는 뜻.

유무상통(有無相通) 있는 것과 없는 것은 서로 융통(融通)함을 이르는 말.

유무죄간(有無罪間) 죄가 있든지 없든지 관계(關係)하지 아니함.

유문사자필유무비(有文事者必有武備) 문관(文官)이라 할지라도 반드시 전쟁(戰爭)에는 대비(對備)해야 한다는 말.

유미봉요(柳尾蜂腰) 버들 같은 눈썹에 개미 같은 허리. 미인을 말함.

유밀복지(乳蜜福地) 젖과 꿀이 흐르는 땅.

유방백세(流芳百世) '향기(香氣)가 백대에 걸쳐 흐름'이라는 뜻으로, 꽃다운 이름이 후세(後世)에 길이 전(傳)함. 유취만년(遺臭萬年).

유복지인(有福之人) 복이 있는 사람.
유복지친(有服之親) 복제(服制)에 따라 복을 입는 팔촌 이내의 가까운 친척(親戚). 유복. 유복친.
유복친(有服親) 유복지친(有服之親).
유부유자(猶父猶子) '아버지 같고 자식(子息) 같다'는 뜻으로, 삼촌(三寸)과 조카 사이를 일컫는 말.
유불선(儒佛仙) 유교(儒敎) · 불교(佛敎) · 선교(仙敎)를 아울러 이르는 말. 삼교(三敎).
유불여무(有不如無) '있어도 없는 것과 같다'는 뜻으로, 있으나 마나 함.
유붕원래(有朋遠來) '벗이 있어 먼 데서 찾아온다'는 뜻으로, 뜻을 같이하는 친구(親舊)가 먼 데서 찾아오는 기쁨을 이르는 말.
유비무환(有備無患) '준비가 있으면 근심이 없다'라는 뜻으로, ①미리 준비(準備)가 되어 있으면 우환(憂患)을 당(當)하지 아니함. ②또는 뒷걱정이 없다는 뜻.
유사입검(由奢入儉) 사치(奢侈)를 떠나 검소(儉素)하게 살고자 힘씀.
유사자연향하필당풍립(有麝自然香何必當風立) 사향(麝香)을 지녔으면 저절로 향기로운데, 어찌 반드시 바람이 불어야만 향기(香氣)가 나겠는가.
유사지추(有事之秋) 국가(國家)나 사회(社會) 또는 개인(個人)에게 비상한 일이 있는 때.
유상무상(有象無象) '형체(形體)가 있는 것과 없는 것'이라는 뜻으로, 천지간(天地間)에 있는 모든 물체(物體).
유색황금눈리화백설향(柳色黃金嫩梨花白雪香) 버들 빛은 황금(黃金)같이 (누렇고) 부드러움이요, 배꽃은 흰 눈처럼 (희고) 향기(香氣)로움.
유생불생(有生不生) 만물(萬物)은 조물주(造物主)가 만드는 것이지 저절로 생겨나는 것이 아님.
유서지재(柳絮之才) 여자(女子)의 글재주를 기리는 말.
유세차(維歲次) '이 해의 차례(次例)는'의 뜻으로, 제문(祭文)의 첫머리에 쓰는 문투.
유소작위(有所作爲) '적극적(積極的)으로 참여(參與)해서 하고 싶은 대로 한다'는 뜻으로, 2002년 이후 중국(中國)이 취(取)하고 있는 대외(對外) 정책(政策).
유속헐후(猶屬歇后) 다른 것보다는 오히려 훨씬 쉬운 편으로, 앞으로 보다 더 어려운 일이 있음.
유수고산(流水高山) ①지기지우(知己之友)를 얻기 어려움을 비유(比喩)해 이르는 말. ②악곡(樂曲)의 고아(高雅)하고 절묘(絕妙)함을 비유(比喩)하는 말.
유수광음(流水光陰) 광음유수(光陰流水).
유수도식(遊手徒食) 아무 일도 하지 아니하고 놀고먹음. 무위도식(無爲徒食).
유수불부(流水不腐) '흐르는 물은 썩지 않는다'는 뜻으로, 항상(恒常) 움직이는 것은 썩지 않음을 이르는 말.

유수일인(唯授一人) 비전(秘傳) 등(等)을 오직 한 사람에게만 전(傳)하는 일. 또는, 오직 한 사람만이 전수(傳授)받은 것.

유수존언(有數存焉) 무슨 일이든 운수(運數)가 있어야 됨.

유수지취하(由水之就下) 마치 물이 아래로 흘러가는 것과 같음.

유시무종(有始無終) 시작(始作)한 일의 끝을 맺음이 없음을 이름.

유시유종(有始有終) 시작(始作)할 때부터 끝을 맺을 때까지 변(變)함이 없음.

유시자필유종(有始者必有終) '시작(始作)이 있으면 반드시 끝이 있다'는 뜻으로, 사물(事物)에는 반드시 처음과 끝이 있음을 이르는 말.

유시청속순(唯時淸俗淳) '시대가 맑고 풍속(風俗)이 순후(淳厚)하다'는 뜻.

유식지민(遊食之民) 하는 일없이 놀고먹는 백성(百姓).

유신론(有神論) 무신론에 대하여, 신의 존재를 주장하는 설.〔이신론(理神論)에 대하여 세계를 창조 · 지배하는 인격신(人格神)을 주장하는 견해와, 범신론(汎神論)에 대하여 변화 · 생멸하는 세계를 초월한 신의 존재를 주장하는 견해가 있음〕. ↔무신론(無神論).

유신무행(有信無行) 믿음이 있고 행(行)함이 없는 자(者).

유신이행(惟信而行) 오직 믿음으로 행(行)함.

유신지초(維新之初) 모든 사물(事物)이 바뀌어 새로워진 처음.

유실무실(有實無實) 실상(實相)이 있는 것과 없는 것.

유아독존(唯我獨尊) ①이 세상(世上)에 나보다 존귀(尊貴)한 사람은 없다는 말. ②또는, 자기(自己)만 잘났다고 자부(自負)하는 독선적(獨善的)인 태도(態度)의 비유(比喩).

유아무와인생지한(有我無蛙人生之恨) '나는 있으나 개구리가 없는 게 인생의 한이다'라는 뜻으로, 불의(不義)와 불법(不法)으로 얼룩진 나라의 실상을 비유(比喩)하는 말.

유아세례(幼兒洗禮) 기독교에서, 어린아이에게 세례를 베풀어 구원(救援)의 축복(祝福)에 참례하게 하는 관례. 영아세례(嬰兒洗禮).

유아이사(由我而死) 나로 인(因)하여 죽음.

유아지탄(由我之歎) 자기(自己) 때문에 남에게 해가 미치게 됨을 탄식(歎息)함.

유암화명(柳暗花明) '버들은 무성(茂盛)하여 그윽이 어둡고 꽃은 활짝 피어 밝고 아름답다'는 뜻으로, 강촌(江村)의 봄 경치(景致)를 이르는 말. 화류항(花柳巷).

유야무야(有耶無耶) 있는지 없는지 흐리멍덩한 모양(模樣), 흐지부지한 모양(模樣).

유약무실약허(有若無實若虛) 꽉 차 있어도 텅 빈 것처럼 보인다는 말.

유어부중(游於釜中) '가마솥 속에서 논다'는 뜻으로, 생명(生命)이 매우 위험(危險)한 상태(狀態)에 놓여 있음.

유어유수(猶魚有水) 물고기와 물과의 관계(關係)처럼 임금과 신하(臣下) 또는 부부(夫婦) 사이가 친밀(親密)함을 이르는 말.

유어출청(遊魚出聽) 유어출청(游魚出聽).

유어출청(游魚出聽) '거문고 소리가 하도 묘하여 물고기마저 떠올라와 듣는다'는 뜻으로, 재주가 뛰어남을 칭찬(稱讚)하여 이르는 말. 유어출청(遊魚出聽).

유언비어(流言蜚語) 아무 근거(根據)없이 널리 퍼진 소문(所聞). 터무니없이 떠도는 말. 뜬소문(–所聞). 무언낭설(無言浪說). 부언유설(浮言流說).

유언실행(有言實行) '말하면 실지(實地)로 행(行)한다'는 뜻으로, ①말한 것은 반드시 실행(實行)함. ②각별(恪別)히 말을 내 세우고 일을 행(行)함을 이르는 말.

유언자불필유덕(有言者不必有德) '말을 잘하는 사람은 반드시 그가 하는 말만큼 수양(修養)이 되어 있지 않다'는 뜻.

유연노장(幽燕老將) 전투(戰鬪)에 경험(經驗)이 많은 늙은 장수(將帥).

유연자적(悠然自適) 속세(俗世)에 속박(束縛)됨이 없이 자기(自己)가 하고 싶은 데로 마음 편히 지냄을 이르는 말.

유연중생(有緣衆生) 전생(前生)에 어느 부처나 보살(菩薩)과 깊은 인연(因緣)을 맺은 생자(生者). 부처가 교화(敎化)할 때에 유연(柔軟)한 자에게는 특(特)히 효험(效驗)이 있다고 함.

유엽무실(有葉無實) 잎만 무성(茂盛)하고 열매가 없는 무화과(無花果) 나무.

유왕유심(愈往愈甚) 거거익심(去去益甚).

유우도당(有虞陶唐) 유우(有虞)는 순(舜)임금이요, 도당(陶唐)은 요(堯)임금임. 요와 순이 천자(天子) 자리를 자식에게 물려주지 않고, 도덕이 높은 성인(聖人)에게 넘겨주었다는 것으로 유가(儒家)에서 가장 좋은 정치제도의 본보기가 되었다.

유운경룡(流雲驚龍) 뛰어나게 잘 쓴 글씨를 형용(形容)하는 말.

유월비상(六月飛霜) 억울(抑鬱)한 일을 당(當)한 사람이 있으면, 오뉴월의 더운 날씨에도 서리가 내린다는 말.

유월이장(逾月而葬) 그 달의 그믐을 넘겨서 장사(葬事)를 지냄.

유월절(逾越節) 〔영〕Passover. 〔히〕פסח(페사흐). 〔헬〕πάσχα(파스카). 〔람〕פסחא(페사하). (출 12:13). 이집트에서 자유(自由)를 얻어 떠나온 역사적(歷史的) 사건을 기념(紀念)하기 위해 베풀어졌던 고대 이스라엘의 봄 축제(祝祭)이다. 하나님께서 이집트의 장자(長子)들을 치실 때 피의 표적(表迹)이 있는 히브리인의 집은 그대로 넘어 가셨는데, 바로 이「넘어가는 것」이 유월절이 지니고 있는 의미이다. 무교절(無酵節). (《基督教 大百科事典》參照).

유위변전(有爲變轉) 세상(世上)은 항상(恒常) 변화무쌍(變化無雙)하여 잠시(暫時)도 머물러 있는 법이 없다는 뜻.

유위부족(猶爲不足) ①오히려 모자람. ②싫증이 나지 않음.

유위자(有爲者) 유위지사(有爲之士).

유위전변(有爲轉變) 이 세상(世上)의 모든 현상(現象)은 그대로 있지 않고 인연(因緣)에 의(依)하여 변해 가는 것이라는 말로, 세상사(世上事)의 덧없음을 이르는 말.

유위지사(有爲之士) 능력(能力)이 있어 쓸모 있는 사람. 유위자(有爲者).

유위지재(有爲之才) 장차 큰일을 할 수 있는 재능(才能), 또는 그 사람.

유유낙낙(唯唯諾諾) 일이 선악(善惡)이나 시비(是非)에 상관(相關)없이 남의 의견(意見)에 조금도 거스르지 않고 따름, 곧 남의 말에 맹종함을 이르는 말.

유유도일(悠悠度日) 하는 일없이 세월(歲月)만 보냄.

유유범범(悠悠泛泛) 무슨 일을 다잡아 하지 않음.

유유상종(類類相從) '사물(事物)은 같은 무리끼리 따르고, 같은 사람은 서로 찾아 모인다'는 뜻.

유유완완(悠悠緩緩) 걱정이 없어서 느긋한 모양(模樣).

유유일승법(唯有一乘法) '부처의 가르침은 오직 일승진실(一乘眞實)의 가르침뿐'이라는 뜻으로, 법화경(法華經)에서 설파(說破)하는 말.

유유일실상(唯有一實相) '오직 존재(存在)하는 것은 진여실상(眞如實相)뿐'이라는 뜻으로, 우주(宇宙)의 일체(一切)의 제법(諸法)은 모든 것이 진여 실상(實相) 외(外)에 아무 것도 아니라는 말.

유유자적(悠悠自適) '여유(餘裕)가 있어 한가(閑暇)롭고 걱정이 없는 모양(模樣)'이라는 뜻으로, 속세(俗世)에 속박(束縛)됨이 없이 자기(自己)가 하고 싶은 대로 마음 편히 지냄을 이르는 말.

유유창천(悠悠蒼天) 끝도 없이 멀고 푸른 하늘.

유유한한(悠悠閑閑) 바쁘지 아니한 모양(模樣). 한가(閑暇)로이 느릿느릿한 모양(模樣).

유음덕자필유양보(有陰德者必有陽報) '남몰래 덕(德)을 베푸는 사람은 반드시 좋은 보답(報答)이 따른다'는 뜻.

유의막수(有意莫遂) 유의미수(有意未遂).

유의미수(有意未遂) 마음은 간절(懇切)해도 뜻대로 되지 못함. 유의막수(有意莫遂).

유의유식(遊衣遊食) 하는 일없이 놀면서 입고 먹음.

유의이신(惟義以信) '의인은 믿음으로 말미암아 산다'는 뜻.

유이당청(有耳當聽) 마땅히 귀를 귀울여 들음.

유이학지장이행지고지도야(幼而學之長而行之古之道也) 어려서 그것을 배우고, 자라서 그것을 행함은 옛날부터의 법도임.

유인자제(誘人子弟) 남의 자제(子弟)를 그른 길로 꾀어 냄.
유일무이(唯一無二) '둘이 아니고 오직 하나 뿐'이라는 뜻으로, 오직 하나밖에 없음.
유일부족(惟日不足) 분주(奔走)하고 다사(多事)하여 날짜가 모자람.
유일신교(唯一神敎) 일신교(一神敎). 오직 하나의 신만을 인정하고 신앙하는 종교.
유자비아(猶子比兒) 조카들도 자기(自己)의 아이들과 같이 취급(取扱)하여야 함.
유자생녀(有子生女) 아들도 두고 딸도 낳음. 아들, 딸을 많이 낳음.
유장천혈(窬墻穿穴) '담에 구멍을 뚫는다'는 뜻으로, '재물(財物)이나 여자(女子)에게 탐심을 가지고 몰래 남의 집에 들어감'을 이르는 말.
유재색마(有才色馬) 털 빛깔이 설백화홍(雪白火紅)처럼 곱고 영리(怜悧)하게 생긴 말.
유전무죄무전유죄(有錢無罪無錢有罪) 실제(實際)의 범과(犯過)와는 상관(相關) 없이 돈이 있으면 죄(罪)가 없고, 돈이 없으면 죄(罪)가 있는 것으로 판결(判決)된다는 비유(比喩)의 뜻.
유전사귀신(有錢使鬼神) '돈이 있으면 귀신(鬼神)도 부릴 수 있다'는 뜻으로, 돈만 있으면 세상(世上)에 못할 일이 없다는 말.
유전유후(由前由後) 앞뒤가 같음.
유전인자(遺傳因子) 유전자(遺傳子).
유전자(遺傳子) 자손에게 물려줄 형질(形質)을 지배하는 기본 인자. 디옥시리보핵산, 또는 그것과 단백질과의 복합체로서 염색체(染色體) 안에 일정한 순서로 배열되어 있음. 유전인자(遺傳因子). DNA.
유절쾌절(愉絕快絕) 더없이 유쾌(愉快)함. 한껏 유쾌(愉快)함.
유정지공(惟正之貢) 유정지공(惟正之供).
유정지공(惟正之供) 해마다 의례(儀禮)로 궁중(宮中) 및 서울의 고관(高官)에게 바치던 공물(貢物). 유정지공(惟正之貢).
유종완미(有終完美) 끝까지 일을 잘 처리(處理)하여 일의 결과(結果)가 훌륭함을 이르는 말.
유종지미(有終之美) '끝을 잘 맺는 아름다움'이라는 뜻으로, 시작(始作)한 일을 끝까지 잘 하여 결과(結果)가 좋음을 이르는 말.
유주무량(有酒無量) 주량이 커서 술을 한없이 마심.
유주앙망(惟主仰望) 대적할 능력이 없어 오직 주만 바라봄.
유주지탄(遺珠之歎) 마땅히 등용(登用)되어야 할 사람이 빠져서 한탄(恨歎)함.
유지경성(有志竟成) '뜻이 있어 마침내 이루다'라는 뜻으로, 이루고자 하는 뜻이 있는 사람은 반드시 성공(成功)한다는 말.
유지인사(有志人士) 좋은 일에 뜻을 가진 선비.
유지자사의성(有志者事意成) 뜻을 가지고 있는 사람은 아무리 어려운 일도 해낼 수 있다.
유지자(有志者) ①세사(世事)를 근심하고 한탄(恨歎)하는 사람. ②어떤 좋은 일에 관심을 가지고 그 일을 이루려는 뜻이 있는 사람. 유지가(有志家). 유지지사(有志志士).

유지지사(有志志士) 유지자(有志者).

유지첨엽(有枝添葉) '가지에 잎을 더한다'는 뜻으로, 이야기에 꼬리와 지느러미를 달아서 일부러 과장(誇張)함을 이르는 말.

유진무퇴(有進無退) 앞으로 나아가기만 하고 뒤로 물러나지 않음.

유처취처(有妻娶妻) 아내가 있는 사람이 또 아내를 맞아들임.

유체이탈(遺體離脫) 영혼(靈魂)이 자신의 신체를 벗어나는 현상.

유출유괴(愈出愈怪) ①갈수록 더욱 괴상(怪常)해 짐. ②점점 더 이상(異常)해짐.

유출유기(愈出愈奇) 점점 더 기이(奇異)함. 점점 더 괴상하게 변함.

유취만년(遺臭萬年) '냄새가 만 년에까지 남겨진다'는 뜻으로, 더러운 이름을 영원(永遠)히 장래(將來)에까지 남김.

유치인무치법(有治人無治法) '다스리는 사람은 있지만 다스리는 법(法)은 없다'라는 뜻으로, 세상(世上)을 잘 다스리는 것은 사람에 달려 있는 것이지 법(法)에 달려 있는 것이 아니라는 말.

유태교(猶太教) 유대교(-教).

유태인(猶太人) 유대인(-人).

유패회신(有敗灰燼) 패하고 타서 없어짐.

유편지술(兪扁之術) 유부(兪跗)와 편작(扁鵲)의 술법(術法). 곧 이름난 의사(醫師)의 훌륭한 치료법.

유풍여속(遺風餘俗) 오래 전(傳)하여 오늘에 이른 풍속(風俗).

유필유방(遊必有方) '먼 곳에 갈 때는 반드시 그 행방을 알려야 한다'는 뜻으로, 자식(子息)은 부모(父母)가 생존(生存)해 계실 때는 멀리 떠나 있지 말아야 하고, 비록 공부(工夫)를 위(爲)해 떠나 있을지라도 반드시 일정(一定)한 곳에 머물러야 함을 이르는 말.

유하면목(有何面目) 무슨 면목(面目)이 있으랴. 면목(面目)이 없음.

유한계급(有閑階級) 재물이 넉넉하여 일하지 아니하고 한가로이 놀면서 재내는 계급. 유한층(有閑層).

유한공자(遊閑公子) '놀기만 하는 한가(閑暇)한 공자(公子)'라는 뜻으로, 의식(衣食)의 걱정 없이 한가(閑暇)한 사람.

유한정정(幽閑靜貞) 부녀(婦女)가 인품(人品)이 높아 매우 얌전하고 점잖음.

유해무익(有害無益) 해는 있으되 이익(利益)이 없음.

유현호이(猶賢乎已) 아니함보다는 나음.

유혈성천(流血成川) '피가 흘러 내를 이룬다'는 뜻. 곧, 심한 전투(戰鬪)를 이르는 말.

유형무적(有形無跡) 혐의(嫌疑)는 있으나 증거(證據)가 드러나지 않음.

유형무형(有形無形) ①형체가 있는 것과 형체가 없는 것. ②형체가 있는지 없는지 뚜렷하지 않음.

유화인욕(柔和忍辱) 부처의 가르침에 귀의(歸依)하고, 그 가르침을 지켜 유순(柔順) 온화(溫和)하고, 밖으로부터의 치욕(恥辱)이나 위해(危害)를 잘 견디어 냄. 또는, 그 모양(模樣).

유화정책(宥和政策) 상대편의 강경(强勁)한 요구(要求)나 자세(姿勢)에 대하여, 양보(讓步)하거나 타협(妥協)하여 충돌(衝突)을 피하고 화평(和平)을 꾀하는 정책.

유획석전(猶獲石田) 물건(物件)을 얻었으나 쓸모가 없음의 비유(比喻).

육간대청(六間大廳) 여섯 칸이 되는 넓은 마루.

육근청정(六根淸淨) 진리(眞理)를 깨달아 육근(六根)의 탐욕(貪慾)을 깨끗이 없애는 일.

육다골소(肉多骨少) 살이 많고 뼈가 적음.

육단부형(肉袒負荊) 웃옷 한쪽을 벗고 가시나무를 짐. 곧 '잘못을 크게 뉘우침'의 뜻.

육도풍월(肉跳風月) 글자의 뜻을 잘못 써서 보기 어렵고 이해할 수 없는, 가치(價値)가 없는 한시(漢詩)를 가리킴.

육두문자(肉頭文字) 육담(肉談)으로 된 말. 세속에서 항상하는 말, 또는 음담 따위의 이야기나 품격이 낮고 야비한 말로 주로 성(性)을 소재로 하기 때문에 외설담(猥褻談)이라고도 함.

육박전(肉薄戰) 적(敵)과 직접 맞붙어서 총검으로 치고받는 싸움.

육법전서(六法全書) 육법과 그것에 딸린 법규(法規) 등을 모아 엮은 책(冊). 온갖 법령을 다 모아서 수록한 종합 법전.

육부출충(肉腐出蟲) 살이 썩어 벌레가 꾄다는 뜻으로, 모든 일은 근본(根本)이 잘못되면 그 폐해(弊害)가 계속(繼續)하여 발생(發生)함을 이르는 말.

육산주해(肉山酒海) 고기와 술이 많음을 형용(形容)하여 이르는 말.

육산포림(肉山脯林) '고기가 산을 이루고 말린 고기가 수풀을 이룬다'는 뜻으로, 극히 호사(豪奢)스럽고 방탕(放蕩)한 술잔치를 이르는 말.

육식처대(肉食妻帶) 중이 고기를 먹고 아내를 가짐.

육신승천(肉身昇天) 백일승천(白日昇天).

육십갑자(六十甲子) 민속에서, 십간(十干)과 십이지(十二支)를 순차로 배합하여 육십 가지로 배열한 순서. '갑자(甲子)'에서 시작하여 '계해(癸亥)'에서 끝남.

육십이순(六十耳順) 유십이이순(六十而耳順). 이순(耳順).

육십이이순(六十而耳順) 예순 살 때는 순리에 따랐다. 이순(耳順). 예순 살을 이르는 말.

육욕주의(肉慾主義) 육욕의 만족(滿足)이 인생의 목적이고, 그 추구(追求)만이 가치(價値)

있다고 여기는 주의.

육원덕(六元德) ①사람으로서 지켜야 할 여섯 가지 도의. 지(知) · 인(仁) · 성(聖) · 의(義) · 충(忠) · 화(和)를 이름. 육덕(六德). ②진실 · 겸손 · 용기 · 충신 · 정의 · 인도(人道)의 여섯 가지 덕.

육이오전쟁(六二五戰爭) 1950년 6월 25일 새벽, 38선 전역(全域)에 걸쳐 북한 공산군(共産軍)이 불법 남침함으로써 야기된 한국에서의 전쟁이다. 1950년 6월 25일 새벽 5시, 북한군은 보병 8개 사단(병력 19만 8,000명)과 전차 2개 사단(242대), 전투폭격기(戰鬪爆擊機) 211대의 절대적(絕對的)인 군사적 우세로 38선 전역에 걸쳐 동시다발(同時多發)로 일제히 남침을 개시하여, 평화(平和)스러운 남한을 전란 속으로 몰아갔고, 그로 인해 한반도(韓半島)는 초토화(焦土化)되었고 쌍방이 엄청난 인명, 재산 피해를 몰고 온 세계 역사상 이래 전무한 동족상잔(同族相殘)의 피비린내 나는 비극적(悲劇的)인 전쟁이었다.

육자명호(六字名號) 여섯 자로 된 미타(彌陀)의 명호(名號), 곧 '나무아미타불(南無阿彌陀佛)'을 이름.

육자염불(六字念佛) '나무아미타불(南無阿彌陀佛)'만을 외는 염불.

육적회귤(陸積懷橘) 육적이 부모님께 드리기 위해 귤을 몰래 품고 나옴. 자극한 효성을 이름.

육중주(六重奏) 각자 다른 악기로 6명이 연주하는 것. 섹스텟〔sextet(te)〕.

육중창(六重唱) 6명이 4성부(聲部)를 한 부씩 맡아서 부르는 중창. 섹스텟〔sextet(te)〕.

육지행선(陸地行船) '육지(陸地)로 배를 저으려 한다'는 뜻으로, 곧 되지 않을 일을 억지로 하고자 함의 비유(譬喻).

육참골단(肉斬骨斷) '내 살을 베어 내주고 상대방의 뼈를 짜른다'는 뜻으로, 승리를 위해서 일부의 희생(犧牲)을 각오(覺悟)한다는 뜻.

육척지고(六尺之孤) ①14~15세의 고아(孤兒). ②나이가 젊은 후계자(後繼者).

육체관계(肉體關係) 남녀 사이의 성적(性的)인 교섭(交涉).

육체노동(肉體勞動) 근육노동(筋肉勞動). 육체를 움직여 그 힘으로 하는 노동. ↔정신노동(精神勞動).

육체미(肉體美) 육체의 균형(均衡)이 주는 아름다움.

육체적(肉體的) 육체에 관련(關聯) 되는 것. ↔정신적(精神的).

육탄전(肉彈戰) 몸을 탄알 삼아 적진에 뛰어들어 벌이는 전투(戰鬪).

육탈골립(肉脫骨立) 몸이 몹시 여위어 뼈만 남도록 마름.

육하원칙(六何原則) 기사(記事) 작성(作成)의 여섯 가지 필수(必須) 조건(條件), 곧 '누가 · 언제 · 어디서 · 무엇을 · 어떻게 · 왜'의 여섯 가지 조건(條件). (five 'W' one 'H').

육허기(肉虛飢) '육욕(肉慾)에 걸신이 들렸다'는 뜻으로, 지나치게 남녀(男女) 간(間)에 사랑함을 이름.

윤상염하(潤上炎下) '물은 올라가고, 불은 내려온다'는 뜻.

윤여성세(閏餘成歲) 일년(一年) 24절기(節氣) 나머지 시각(時刻)을 모아 윤달(閏–)로 하여 해를 이루었음.

윤문윤무(允文允武) 윤무(允武)의 덕을 겸비(兼備)하고 있음을 칭송하는 말. 내무내문(乃武乃文).

윤회사상(輪廻思想) 중생은 끊임없이 삼계육도(三界六道)를 돌고 돌며 생사를 거듭한다고 보는 사상.

윤회전생(輪廻轉生) 불교(佛敎)에서, 중생(重生)이 번뇌(煩惱)나 업(業) 따위로 말미암아 삼계육도(三界六道)를 돌고 돌면서 생사(生死)를 끊임없이 반복(反復)함을 이르는 말.

율기제행(律己制行) 자기자신(自己自身)의 마음을 단속(團束)하고, 행동(行動)을 삼감.

율법사(律法師) 〔영〕lawyer. 〔헬〕νομικός(노미코스 ; 「법」이란 뜻의 νόμος〈노모스〉에서 파생). 법, 특히 모세의 율법에 박식(博識)한 사람. 율법사는 율법을 연구하는 사람들로서 율법을 해석하여 인간 생활에 적용하도록 힘썼다. 그러나 그들은 그들 자신의 해석으로 다시 세칙(細則)율법을 만드는 자들이 되어 예수께서는 그들이 '모세의 자리에 앉았다'고 책망을 하셨다. 그들은 지위가 높았던 관계로 교만(驕慢)해지고 허영생활(虛榮生活)을 했고(마23:1~), 예수를 반대하여 흠을 잡으려고 애썼고(마22:15~22), 예수를 십자가에 못 박은 책임도 있다(눅22:2).

율여조양(律呂調陽) 천지간(天地間)의 양기(陽氣)를 고르게 하니, 즉 율(律)은 양(陽)이요, 여(呂)는 음(陰)임.

율황오래습시홍아상적(栗黃鼯來拾柿紅兒上摘) 밤이 누러니 날다람쥐가 와서 줍고, 홍시가 붉으니 아이가 올라가 땀.

융단폭격(絨緞爆擊) 여러 대의 폭격기(爆擊機)가 융단을 깔듯이 특정한 지역 안에 집중적(集中的)으로 폭탄(爆彈)을 퍼 붓는 일.

융동설한(隆冬雪寒) 엄동설한(嚴冬雪寒).

융마지간(戎馬之間) 전쟁(戰爭)을 하고 있는 동안.

융준용안(隆準龍眼) 우뚝 한 코와 용의 눈. 콧대가 우뚝 솟고 얼굴의 생김새가 용과 같다는 말로 임금의 상을 비유하는 말.

융통무애(融通無碍) '거침없이 통(通)하여 막히지 않는다'는 뜻으로, 사고(思考)나 행동(行動)이 자유(自由)롭고 활달(豁達)함을 이르는 말.

은감불원(殷鑑不遠) '은(殷)나라 왕이 거울 삼을만한 것은 먼 데 있지 않다'는 뜻으로, 본받을 만한 좋은 전례(前例)는 가까운 곳에 있다는 말.

은거방언(隱居放言) 속세(俗世)를 피(避)하여 혼자 지내면서 품고 있는 생각을 거리낌 없이 말함.

은고여천덕후사지(恩高如天德厚似地) 은혜(恩惠)가 높기는 하늘과 같고 은덕(恩德)이 두텁기는 땅과 같음.

은공좌전(隱公左傳) 좌전을 읽을 결심(決心)을 하고서, 처음의 은공의 조목에서 싫증이 남. 공부 따위를 오래 하지 못함을 이르는 말.

은광연세(恩光衍世) 은덕(恩德)의 빛이 널리 퍼진다.

은근무례(慇懃無禮) 지나치게 겸손(謙遜)하고 정중(鄭重)하게 대접(待接)하여 오히려 무례(無禮)함.

은근미롱(慇懃尾籠) 은근무례(慇懃無禮).

은둔사상(隱遁思想) 속세와 인연을 끊고 숨어 살려는 생각. 둔피사상(遁避思想).

은밀포덕(隱密布德) '은밀(隱密)하게 덕(德)을 베풀라'는 뜻.

은반위구(恩反爲仇) '은혜(恩惠)가 도리어 원수(怨讐)가 됨'을 이르는 말.

은불위친(隱不違親) 속세(俗世)를 떠나 산 속에 숨어들어도 어버이 섬기기를 게을리 하지 않음.

은산덕해(恩山德海) 산과 바다같이 크고 넓은 은덕(恩德).

은상가은(恩上加恩) 은혜(恩惠)위에 은혜가 더함.

은생어해해생어은(恩生於害害生於恩) 해로움에서 은혜가 나오고, 은혜(恩惠)에서 해로움이 나온다.

은수분명(恩讎分明) '은혜(恩惠)와 원수(怨讐)를 분명(分明)히 한다'는 뜻으로, 은혜(恩惠)를 준 자에게는 반드시 은혜(恩惠)로, 원한(怨恨)을 품게 한 자에게는 원한(怨恨)을 갚음을 이르는 말.

은심원생(恩甚怨生) 사람에게 은혜(恩惠)를 베푸는 것이 도에 지나치면 도리어 원망(怨望)을 사게 됨.

은악양선(隱惡揚善) 나쁜 점은 숨기고, 좋은 점은 드러냄.

은애옥(恩愛獄) 육친(六親)이 서로 정애(情愛)로써 애착(愛着)하여 속박(束縛)되는 상태(狀態)라는 뜻으로, 사바세계(娑婆世界)의 이칭(異稱).

은연지중(隱然之中) 은연중(隱然中). 뚜렷이 겉으로 나타나지는 않으나 어딘지 모르게 모양이 드러남. 또는 은근하고 진중한 가운데 라는 의미이다.

은위병행(恩威竝行) 은혜(恩惠)와 위엄(威嚴)을 아울러 베풂.

은인자중(隱忍自重) 밖으로 드러내지 아니하고 참고 감추어 몸가짐을 신중(愼重)히 함.

은중태산(恩重泰山) 은혜(恩惠)가 태산(泰山)같이 큼.

은지상급(隱志相及) 서로 염려(念慮)하는 마음이 미침.

은촉위황(銀燭煒煌) 은촛대의 촛불은 빛나서 휘황찬란(輝煌燦爛)함.

은하작교(銀河鵲橋) 견우직녀(牽牛織女)의 전설(傳說)에 있는 7월 칠석에 은하수(銀河水)에 놓는다는 까막까치의 다리. 오작교(烏鵲橋).

은혼식(銀婚式) 결혼(結婚) 25주년(周年)의 기념식(記念式) 또는 잔치.

을사늑약(乙巳勒約) 을사조약(乙巳條約).

을사보호조약(乙巳保護條約) 을사오조약(乙巳五條約). 한일협상조약(韓日協商條約). 제2차한일협약(第2次韓日協約). 을사늑약(乙巳勒約).

을사오조약(乙巳五條約) 을사조약(乙巳條約).

을사조약(乙巳條約) 1905년 11월에, 일본이 한국의 외교권(外交權)을 빼앗기 위하여 강제로 맺은, 다섯 조문으로 된 조약. 을사오조약(乙巳五條約).

을야지람(乙夜之覽) 천자(天子)의 독서(讀書). 천자(天子)가 정무(政務)를 끝내고 취침하기 전, 열 시경에 독서(讀書)를 하므로 이르는 말임.

음담패설(淫談悖說) 음탕(淫蕩)한 이야기와 도리(道理)에 벗어나는 상스러운 말.

음덕양보(陰德陽報) 사람이 보지 않는 곳에서 좋은 일을 베풀면 반드시 그 일이 드러나서 갚음을 받음.

음덕유이명(陰德猶耳鳴) 음덕(陰德)은 귀 울림과 같아서 자기(自己)만 알고 남은 모름.

음독자살(飮毒自殺) 독약(毒藥)을 먹고 스스로 자기(自己)의 목숨을 끊는 일.

음마투전(飮馬投錢) '말에게 물을 마시게 할 때에 먼저 돈을 물속에 던져서 물 값을 갚는다'는 뜻으로, 결백(潔白)한 행실(行實)을 이르는 말.

음수사원(飮水思源) '물을 마실 때 수원(水源)을 생각한다'는 뜻으로, 근본을 잊지 않음을 일컫는 말.

음식수염여지필식(飮食雖厭與之必食) 음식(飮食)이 비록 먹기 싫더라도 주시면 반드시 먹어라.

음식수염사지필상(飮食雖厭賜之必嘗) 음식(飮食)이 비록 먹기 싫더라도 부모(父母)님이 주시면 반드시 맛을 봄.

음식신절언어공손(飮食愼節言語恭遜) 음식(飮食)을 삼가 절제(節制)하고, 언어를 공손(恭遜)히 하라

음식은약이다(飮食恩藥利多) 음식은 은혜로운 약으로 이로움이 많다는 말.

음식지인(飮食之人) ①먹고 마시고 할 뿐인 사람. ②음식(飮食)만을 즐기는 사람. ③본능에 따라서만 생활(生活)하는 사람.

음신불통(音信不通) 소식(消息)이 서로 통(通)하지 아니함.

음약자처(飮藥自處) 독약을 마시고 자살(自殺)함.

음양배합(陰陽配合) 남녀(男女)가 화동함.

음양부조(陰陽不調) 음양(陰陽)이 서로 조화(調和)되지 아니함.

음양상균(陰陽相均) 음과 양이 서로 잘 어울림.

음양상박(陰陽相薄) 음과 양이 서로 합(合)하지 않음.

음양지교(陰陽之交) 음양(陰陽)의 이기(二氣)가 교합(交合)하는 일.

음양지락(陰陽之樂) 남녀(男女)가 화락(和樂)하는 즐거움.

음우지비(陰雨之備) 미리 위험(危險)한 것을 방비(防備)함.

음유해물(陰柔害物) 겉으로는 유순(柔順)하나 속은 검어서 남을 해(害)치려는 간사(奸邪)한 사람.

음자호산(淫者好酸) '색을 좋아하는 사람은 신맛을 좋아한다'는 것을 뜻함.

음주인안적식초마구청(飮酒人顔赤食草馬口靑) 술을 마시니 사람의 얼굴이 붉어지고, 풀을 먹으니 말의 입이 푸름.

음지전양지변(陰地轉陽地變) '음지가 바뀌어 양지가 될 때도 있다'는 뜻으로, 운이 나쁜 사람도 좋은 운(運)을 만날 때가 있다는 말.

음지지례(飮至之禮) 개선(凱旋)하여 종묘(宗廟)에 고하고, 신하(臣下)와 더불어 술을 마시는 예.

음짐지갈(飮鴆止渴) '갈증난다고 독약(毒藥)을 마셨다'는 뜻으로 잘못을 지적(指摘)한 말. ('10.11.23 연평도를 도발(挑發)한 북한(北韓)을 보고 중국(中國)이 한 말.)

음풍농월(吟風弄月) '바람을 읊고 달을 보고 시를 짓는다'는 뜻으로, 시를 짓고 흥취(興趣)를 자아내며 즐김.

음풍영월(吟風詠月) 맑은 바람과 밝은 달에 대(對)하여 시를 짓고 즐겁게 놂.

음하만복(飮河滿腹) '물이 많이 있더라도 마시는 분량(分量)은 실상(實相) 배를 채우는 정도(程度)에 지나지 않는다'는 뜻으로, 모든 사람이 제 분수(分數)의 넉넉함을 알아야 한다는 비유(比喩)의 말.

음회세위(飮灰洗胃) '재를 마셔 위 속의 더러운 것들을 씻어낸다'는 뜻으로, 악(惡)한 마음을 고쳐서 선으로 돌아감을 비유(譬喩)하는 말.

읍각부동(邑各不同) '읍(邑)마다 규칙(規則)이나 풍속(風俗)이 같지 아니하다'는 뜻으로, ①규칙(規則)이나 풍속(風俗)이 각 고을마다 같지 않음. ②사람마다 의견(意見)이 서로 같지 않음을 이르는 말.

읍견군폐(邑犬群吠) '고을 개가 무리지어 짖는다'는 뜻으로, 소인(小人)들이 남을 비방(誹謗)함을 이르는 말.

읍아수유(泣兒授乳) '우는 아이에게 젖을 준다'는 뜻으로, 무엇이든 자기가 요구(要求)해야 얻을 수 있음.

읍양지풍(揖讓之風) 읍양의 예를 잘 지키는 풍습(風習).

읍참마속(泣斬馬謖) ‘눈물을 머금고 마속의 목을 벤다’는 뜻으로, 사랑하는 신하(臣下)를 법(法)대로 처단(處斷)하여 질서(秩序)를 바로잡음을 이르는 말. (삼국지의 ‘마속전(馬謖傳)’에 나오는 말).

응구첩대(應口輒對) 묻는 대로 지체(遲滯) 없이 대답(對答)함을 이르는 말.

응기입단(應機立斷) 일을 경우(境遇)에 따라 임기응변(任期應變)으로 신속(迅速)히 처리(處理)함.

응대여류(應對如流) 응대하는 말이 매우 유창하거나 사물(事物)의 처리(處理)가 매우 신속(迅速)함.

응문지동(應門之童) 문 앞에서 손님을 응대하는 아이.

응물무적(應物無迹) 만물(萬物)에 응해도 자취가 없음.

응시이출(應時而出) 때를 맞추어 남.

응유진유(應有盡有) 응당 있어야 할 것은 다 가지고 있음.

응장성식(凝粧盛飾) 얼굴과 옷을 아름답게 단장(丹粧)하고 치장(治粧)함.

응접무가(應接無暇) 하나하나 인사(人事)할 틈이 없이 매우 바쁨.

응접불가(應接不暇) ‘인사(人事)할 틈도 없다’는 뜻으로, 좋은 일 좋지 않은 일이 꼬리를 물고 계속(繼續)되어 생각할 여유(餘裕)가 없을 만큼 몹시 바쁜 것을 가리키는 말.

응천순인(應天順人) 천명(天命)에 응(應)하고 민의(民意)에 순종(順從)함.

응하지수(應下之數) 치러야 할 금액(金額).

응행격식(應行格式) 마땅히 갖추어야 할 격식(格式).

의가반낭(衣架飯囊) ‘옷걸이와 밥주머니’라는 뜻으로, 옷을 입고 밥을 먹을 뿐이지 아무 쓸모없는 사람을 두고 이르는 말.

의가지락(宜家之樂) 부부(夫婦) 간(間)의 재미로운 낙.

의각지세(犄角之勢) 기각지세(掎角之勢).

의관문물(衣冠文物) 그 나라의 의관을 비롯한 예절과 문물, 곧 그 나라의 문명.

의관숙정(衣冠肅整) 의복과 모자는 엄숙(嚴肅)히 정제(整齊)하라.

의관열파(衣冠裂破) 옷을 찢거나 갓을 부수는 일. 또는, 점잖음을 버리고 서로 다투는 일.

의관장세(倚官仗勢) 관리(官吏)가 직권을 남용(濫用)하여 민폐(民弊)를 끼침. 세도(勢道)를 부림.

의관정제(衣冠整齊) 남자가 격식을 갖추어 두루마기나 도포(道袍)를 입고 갓을 쓰거나 사모관대(紗帽冠帶)를 차려입은 것을 말한다.

의관지도(衣冠之盜) ‘관복(官服)을 입은 도둑’이라는 뜻으로, 직책(職責)을 다하지 않는 공직자(公職者)나 부패(腐敗)한 관리(官吏)를 가리키는 말.

의관지인(衣冠之人) 의관(衣冠)을 단정(端正)히 차린 사람. 곧 중류(中流) 이상(以上)의 사람.

의관지회(衣冠之會) ①의관(衣冠)과 위의(威儀)가 바른 사람의 모임. ②평화적(平和的)인 회합(會合).

의금경의(衣錦絅衣) 의금경의(衣錦褧衣).

의금경의(衣錦褧衣) '비단옷(緋緞–)을 입고 그 위에 안을 대지 않은 홑옷을 또 입는다'는 뜻으로, 군자(君子)가 미덕(美德)을 갖추고 있으나 이를 자랑하지 않음을 비유(譬喩)한 말.

의금귀향(衣錦歸鄕) 금의환향(錦衣還鄕).

의금야행(衣錦夜行) '비단옷(緋緞–)을 입고 밤길 가기'란 뜻으로, ①출세(出世)하고도 고향(故鄕)에 알리지 않음의 비유(比喩). ②아무 보람이 없는 일을 함을 이르는 말.

의금지영(衣錦之榮) '비단옷(緋緞–)을 입고 고향(故鄕)에 돌아가는 영광(榮光)'이라는 뜻으로, 입신(立身) 출세(出世)하여 고향(故鄕)에 돌아가는 것을 이르는 말.

의기남아(義氣男兒) 의기(義氣)가 있는 남자(男子).

의기남자(義氣男子) 의기남아(義氣男兒).

의기상투(意氣相投) 마음이 서로 맞음. 의기투합(意氣投合).

의기소침(意氣銷沈) ①의기(義氣)가 쇠하여 사그라짐. ②기운(氣運)을 잃고 풀이 죽음.

의기양양(意氣揚揚) ①의기(義氣)가 드높아 매우 자랑스럽게 행동(行動)하는 모양(模樣). ②자랑스러워 뽐내는 모양(模樣).

의기자여(意氣自如) ①안정(安定)하여 흔들리지 아니함. ②예사(例事)로워 평소(平素)와 다름없음.

의기지용(義氣之勇) 의기(義氣)에 불타 일어나는 용맹(勇猛).

의기충천(意氣衝天) 득의(得意)한 마음이 하늘을 찌를 듯이 솟아오름.

의기투합(意氣投合) 서로의 마음이 맞음. 의기상투(意氣相投).

의념왕생(意念往生) 임종(臨終)시에 소리를 내어 염불(念佛)하지 못하고 마음으로만 부처를 염송하여 왕생(往生)함.

의도필수(意到筆隨) 시가(詩歌), 문장(文章) 등(等)을 마음먹은 대로 척척 지어냄.

의돈지부(猗頓之富) '의돈(猗頓)의 부(富)'라는 뜻으로, 막대(莫大)한 부(富)를 말함.

의동일실(義同一室) 한 집안 식구(食口)와 같이 정의(情誼)가 두터움.

의려이망(倚閭而望) 의문이망(倚門而望).

의려지망(倚閭之望) 자녀(子女)가 돌아오기를 기다리는 어머니의 마음.

의려지정(倚閭之情) '자녀(子女)가 돌아오기를 초조하게 기다리는 어머니의 마음'이라는 말.

의로매로(倚老賣老) '늙음을 믿고, 늙음을 판단(判斷)한다'는 뜻으로, 손윗사람이라고 해서 남을 얕보거나 젊은이를 억누름.

의리당연(義理當然) 사람으로서 지켜야 할 도리(道理)에 당연(當然)함.

의리부동(義理不同) 의리(義理)에 어그러짐.

의리불폐불경(衣履不敝不更) '옷이나 신발이 낡기 전(前)에는 새것을 쓰지 않는다'는 뜻으로, 검약(儉約)함을 이르는 말.

의리폐천(衣履弊穿) '옷은 해어지고, 신발은 구멍이 났다'는 뜻으로, 빈천한 차림을 이르는 말.

의마가대(倚馬可待) '말에 기대어 서서 기다리는 동안'이라는 뜻으로, 다른 사람의 빠르게 잘 짓는 글재주를 부러워하여 이르는 말.

의마심원(意馬心猿) '생각은 말처럼 달리고, 마음은 원숭이처럼 설렌다'는 뜻으로, 번뇌(煩惱)와 정욕(情慾) 때문에 마음이 흐트러져 억누를 수 없음을 이르는 말.

의마지재(倚馬之才) '말에 기대어 서서 기다리는 짧은 동안에 만언(萬言)의 문장(文章)을 짓는 재주'라는 뜻으로, 빠르게 잘 짓는 글재주를 이르는 말.

의마칠지(倚馬七紙) '말에 의지해 기다리는 사이에 일곱 장의 종이에 가득 쓴다'는 뜻으로, 글을 빨리 잘 짓는 것, 대단히 훌륭한 문재(文才)를 말함.

의막약신(依幕若新) 옷은 새것이 좋다.

의막약신인막약고(구)(依幕若新人幕若故(舊)) 옷은 새것만한 것이 없고, 사람은 오래 사귄 사람만한 것이 없다.

의문이망(倚門而望) 어머니가 자녀(子女)의 돌아오는 것을 마음을 졸여가며 기다림.

의문지망(倚門之望) '어머니가 아들이 돌아오기를 문에 의지(依支)하고서 기다린다'는 뜻으로, 자녀(子女)가 돌아오기를 기다리는 어머니의 마음을 이르는 말.

의미심장(意味深長) 말이나 글의 뜻이 매우 깊음.

의방지훈(義方之訓) 아버지가 아들에게 하는 교훈(教訓)을 이르는 말.

의법처단(依法處斷) 법에 따라 처단(處斷)함.

의복대화물실물렬(衣服帶靴勿失勿裂) 의복(衣服)과 허리띠와 신발을 잃어버리지 말며 찢지 말라.

의복수악여지필착(衣服雖惡與之必着) 의복(衣服)이 비록 나쁘더라도 이를 주시면 반드시 입어라.

의불배친(義不背親) 의(義)가 있는 사람은 어버이를 거역(拒逆)하지 않음.

의사무공(疑事無功) 의심(疑心)을 품는 일을 행(行)하여 성공(成功)하는 것이 없음.

의사필문분사필난(疑思必問忿思必難) 의심(疑心)이 날 때는 반드시 물을 것을 생각하고, 분할(分割) 때는 반드시 어려움이 닥칠까 생각함.

의상지치(衣裳之治) 애써 법을 정(定)함이 없이 인덕(仁德)으로 백성(百姓)을 교화(教化)시키고 나라를 다스리는 일.

의상지회(衣裳之會) 의관지회(衣冠之會).

의선어부일견고(倚船漁父一肩高) 배에 기대 선 어부(漁父)의 한쪽 어깨가 으쓱거린다.

의세화상수(依勢禍相隨) 세력(勢力)에 의지(依支)하면 도리어 재앙(災殃)이 따른다.
의수당연(依數當然) 거짓임을 알면서도 그런 대로 묵인(默認)한다는 말.
의식구조(意識構造) 어떤 개인이나 집단이 가진 의식의 짜임새.
의식불명(意識不明) 의식을 잃은 상태.
의식위본(衣食爲本) 백성(百姓)은 의식(衣食)을 근본(根本)으로 삼음.
의식족이지예절(衣食足而知禮節) '의식(衣食)이 넉넉하여야 예를 안다'는 뜻으로, 사람은 생활(生活)이 풍부(豊富)해야 예절(禮節)·체면(體面)을 차릴 수 있다는 말.
의식족즉지영욕(衣食足則知榮辱) 의식이 풍족(豊足)한 연후에야 영화(榮華)로움과 수치를 알게 마련임.
의식지우(衣食之憂) 옷과 밥을 얻기 위(爲)한 모든 걱정.
의식지족(衣食知足) '먹을 것과 입을 것이 있으니 족하다'는 말.
의심생암귀(疑心生暗鬼) '의심(疑心)하는 마음이 있으면 귀신(鬼神)이 나타나 보인다'는 뜻으로, 의심이 사람을 홀려 대상(對象)을 잘못 보게 함을 일컫는 말.
의심암귀(疑心暗鬼) '의심이 생기면 귀신이 생긴다'는 뜻으로, 의심(疑心)하는 마음이 있으면 대수롭지 않은 일까지 두려워서 불안(不安)해 함.
의야상왈의하왈군(依也上曰衣下曰裙) '옷이란 의지하는 것이다(依也). 상의는 옷(衣)이고, 하의는 치마 (군:裙)다' 라는 뜻.
의외지변(意外之變) 뜻밖에 일어난 변고(變故).
의외지사(意外之事) 뜻밖의 일.
의원면관(依願免官) 의원면직(依願免職).
의원면직(依願免職) 본인(本人)의 청원(請願)에 의(依)하여 그 직위(職位)를 해면(解免)함. 의원면관(依願免官)
의이건리(義以建利) 의(義)로써 이(利)의 근본(根本)을 삼음.
의이지주(醫爾之主) 너희를 치료(治療)하시는 하나님.
의인막용용인물의(疑人莫用用人勿疑) 사람을 의심(疑心)하거든 쓰지 말고, 사람을 쓰거든 의심치 말라.
의인물사사인물의(疑人勿使使人勿疑) 의심(疑心)스러운 사람은 부리지 말고, 일단 사람을 부리면 그 사람을 의심(疑心)하지 말아야 함.
의일의광(義日醫光) '의(義)로운 해가 떠올라서 광선(光線)을 발함'의 뜻.
의자궐지(疑者闕之) '의심(疑心)이 나는 일은 억지로 자세히 캘 필요(必要)가 없음'을 이르는 말.
의장참담(意匠慘憺) 회화(繪畵), 시문(詩文) 등(等)의 제작(製作)에 골몰(汨沒)하여 무척 애씀.

의전심회(意轉心回) 때때로 생각을 바꿈.
의중지인(意中之人) 마음속에 생각하여 정(定)해 놓은 사람, 특(特)히 그리워하는 이성(異性).
의지식지(衣之食之) 옷을 입고 음식(飮食)을 먹음.
의필사문분필사난(疑必思問忿必思難) 의심(疑心)날 때에는 반드시 물을 것을 생각하며, 분(忿)이 날 때에는 후환(後患)을 생각하라.
의해은산(義海恩山) '의(義)는 바다와 같고, 은혜(恩惠)는 산과 같다'는 뜻으로, 은의(恩義)가 대단히 크고 깊음을 이르는 말.
의형의제(宜兄宜弟) 형제(兄弟) 간(間)에 우애가 두터움.
이가난진(以假亂眞) '가짜가 진짜를 어지럽힌다'는 뜻. 거짓이 진실을 뒤흔든다.
이거이래(移去移來) 돈 따위를 빌려주고 빌려오고 왔다갔다 함.
이걸공걸(以桀攻桀) 바르지 못한 자가 바르지 못한 자를 공박함.
이고득락(離苦得樂) 괴로움에서 벗어나 즐거움을 얻음.
이고위감(以古爲鑑) '옛것을 오늘의 거울로 삼는다'는 뜻으로, 옛 성현(聖賢)의 말씀을 거울로 삼아 행동(行動)함.
이곡동공(異曲同工) '연주(演奏)하는 곡은 다르지만 그 절묘함은 거의 같다'는 뜻으로, 방법(方法)은 다르나 결과(結果)는 같음을 이르는 말.
이공보공(以功報功) '남의 은공(恩功)은 은공(恩功)으로써 갚는다'는 뜻.
이공보공(以空補空) '제 자리에 있는 것으로 제 자리를 때운다'는 뜻으로, '이 세상(世上)에는 공것이나 또는 거저 생기는 이득(利得)이 아무것도 없다'는 뜻. 제 살로 제 때우기.
이과지사(已過之事) 이미 지나간 일. 이왕지사(已往之事). 기왕지사(旣往之事).
이관규천(以管窺天) '대롱을 통(通)해 하늘을 봄'이란 뜻으로, 우물 안 개구리.
이구동성(異口同聲) '입은 다르지만 하는 말은 같다'는 뜻으로, 여러 사람의 말이 한결같음을 이르는 말. 여출일구(如出一口).
이구동음(異口同音) ①많은 사람들이 똑같은 말을 함. ②많은 사람의 의견(意見)이나 하는 말이 일치(一致)함.
이국편민(利國便民) 나라를 이롭게 하고 백성(百姓)을 편안(便安)하게 함.
이군삭거(離群索居) 동문의 벗들과 떨어져 외롭게 사는 것을 말함.
이궐가유(貽厥嘉猷) 도리(道理)를 지키고 착함으로 자손(子孫)에 좋은 것을 끼쳐야 함.
이궐가유면기지식(貽厥嘉猷勉其祗植) 착한 것을 자손(子孫)에게 심어주는데 힘써야 하며 좋은 가정(家庭)을 만들라.
이극구당(履屐俱當) '마른 날에는 신으로 신고, 진 날에는 나막신으로 신는다'는 뜻으로, 모든 일을 능란(能爛)하게 다룰 수 있는 역량(力量)을 가지고 있음의 비유(譬喩).

이금심도(以琴心挑) 그리워하는 마음을 거문고 소리에 나타내어 여자(女子)의 마음을 움직임.

이금이후(而今以後) 이로부터 앞으로 차후(此後). 자금이후(自今以後).

이기본위(利己本位) 자기 자신의 이익만을 꾀하는 것을 중심으로 하여 사물을 생각하는 태도.

이기주의(利己主義) ①윤리학(倫理學)에서, 자기의 쾌락을 증진시킴을 도덕적(道德的) 행위의 유일한 목적이라고 하는 이기적 쾌락주의(快樂主義). 자애주의(自愛主義). 주아주의(主我主義). ②다른 사람이야 어떻든 자기의 이익(利益)만을 추구하는 방식이나 태도(態度). 개인주의(個人主義). 자기주의(自己主義). ↔애타주의(愛他主義). 이타주의(利他主義).

이기합일(理氣合一) 명(明)나라 왕양명(王陽明)의 설로서, 천지(天地)는 원래(原來)가 한 원기(元氣)로서 이(理)는 기(氣) 속의 조리(條理)라고 주장(主張)함. 이는 기의 원리(原理)이고, 기는 이의 운용(運用)이라는 점에서, 이와 기는 근본적(根本的)으로 하나임.

이냉치냉(以冷治冷) 이한치한(以寒治寒).

이농심행무불성사(以農心行無不成事) '농사짓는 마음으로 행(行)하면 무슨 일이라도 성사된다'는 말.

이단공단(以短攻短) 자기(自己)의 결점(缺點)을 생각지 않고 남의 잘못을 비난(非難)함.

이대도강(李代桃畺) '자두나무가 복숭아나무를 대신하여 넘어지다'라는 뜻으로, 작은 손해(損害)를 보는 대신 큰 승리를 거두는 전략(戰略).

이대동조(異代同調) 시대(時代)는 달라도 인간(人間) 또는 사물(事物)에는 각각(各各) 상통하는 분위기(雰圍氣)와 맛이 있음.

이덕보원(以德報怨) ①원수(怨讐)에게 덕으로써 보답(報答)함. ②원수(怨讐)에게 은덕(恩德)을 베푸는 일.

이덕복인(以德服人) 덕으로써 사람을 복종(服從)시킴.

이도살삼사(二桃殺三士) 두 개의 복숭아로 세 장수(將帥)를 죽임.

이독공독(以毒攻毒) '독으로써 독을 친다'는 뜻으로, 악을 누르는 데 다른 악을 이용(利用)함을 이르는 말.

이독제독(以毒制毒) 독을 없애는 데 다른 독을 씀. 악인(惡人)을 물리치는 데 다른 악인으로써 함.

이두창지(以頭搶地) '머리를 땅에 대고 비빈다'는 뜻으로, 무엇을 호소(呼訴)하거나 잘못을 뉘우쳐 용서(容恕)를 빎.

이란격석(以卵擊石) '계란으로 돌 벽을 친다'는 뜻으로, 약한 것으로 강(强)한 것을 당해내려는 일의 비유(比喩).

이란투석(以卵投石) '계란으로 바위를 친다'는 뜻으로, 약한 것으로 강(強)한 것을 당해 내려는 어리석은 짓.

이려측해(以蠡測海) '변변치 않은 작은 물건(物件)으로 큰 바다를 헤아린다'는 뜻으로, 소견(所見)이 천박(淺薄)함을 이르는 말.

이력가인(以力假仁) 부(富)나 병력(兵力), 위력(威力) 등(等)으로 어떤 일을 하면서 어진 마음에서 우러나서 하는 것처럼 본심(本心)을 가장함.

이령지혼(利令智昏) 이욕(利慾)은 사람의 밝은 지혜(智慧)를 어둡게 만듦.

이례부고접수부의(以禮訃告接受賻儀) 예문 갖추어 부고내고, 조문 받고 부조(扶助) 받네.

이로동귀(異路同歸) '가는 길은 각각(各各) 다르나 닿는 곳은 같다'는 뜻으로, 방법(方法)은 다르지만 귀착하는 결과(結果)는 같음을 이르는 말.

이로정연(理路整然) 의론(議論)이나 언설(言說)이 사리(事理)에 잘 통(通)하고 정연(挺然)한 모양.

이록위마(以鹿爲馬) '사슴을 말이라고 우겨댄다'는 뜻으로, 윗사람을 기만(欺瞞)하고 권세(權勢)를 휘두름을 이르는 말. 지록위마(指鹿爲馬).

이루지명(離婁之明) 이루(離婁)는 예전 눈 밝은 사람의 이름으로, 몹시 눈이 밝음을 이르는 말.

이만융적(夷蠻戎狄) 동쪽 · 남쪽 · 서쪽 · 북쪽 오랑캐. 즉 사방(四方)의 오랑캐. 중국인의 중화사상에서 생겨난 말로 외국인을 달리 이르는 말.

ㅇ

이매망량(魑魅魍魎) (사람을 해치는) 온갖 도깨비나 귀신(鬼神).

이면경계(裏面境界) 일의 내용(內容)과 옳고 그름.

이면공작(裏面工作) 겉으로 드러나지 아니하게 뒤에서 일을 꾸밈.

이면부지(裏面不知) ①체면(體面)을 차리고 경위를 알 만한 지각(知覺)이 없음. ②또는, 그러한 사람.

이면수습(裏面收拾) 짐짓 체면(體面)이 서도록 하는 치레. 체면치레(體面−).

이명동음(異名同音) 음악(音樂)에서 쓰이는 용어(用語)로서, 이름은 다르고 음(音)이 같다는 뜻.

이모상마(以毛相馬) '털만으로 말의 좋고 나쁨을 가린다'는 뜻으로, 겉만 알고, 깊은 속은 모름을 이르는 말.

이모지년(二毛之年) '센 털이 나기 시작(始作)하는 나이'라는 뜻으로, 32살을 이르는 말.

이모취인(以貌取人) '생김새로 사람을 취한다'는 뜻으로, 사람이 어질고 어질지 않음을 보는데 그 사람의 덕의 여하(如何)는 고려(考慮)하지 않고, 다만 용모(容貌)의 미추만을 보고 정(定)하는 행위(行爲).

이모형제(異母兄弟) 배다른 형제(兄弟). 이복형제(異腹兄弟).

이목구비(耳目口鼻) ①귀 · 눈 · 입 · 코를 아울러 이르는 말. ②귀 · 눈 · 입 · 코 등(等)을 중심(中心)으로 본 얼굴의 생김새.

이목상목(以目償目) 눈은 눈으로, 이는 이로 갚음.

이목지관(耳目之官) 이목지사(耳目之司).

이목지사(耳目之司) ①임금의 이목(耳目)이 되어서 국가(國家)의 치안(治安)을 보호(保護)하던 관리(官吏), 곧 어사대부(御史臺夫)의 일컬음. ②귀와 눈의 하는 일. 이목지관(耳目之官).

이목지신(移木之信) '위정자(爲政者)가 나무 옮기기로 백성(百姓)을 믿게 한다'는 뜻으로, ①신용(信用)을 지킴을 이르는 말. ②남을 속이지 아니함.

이목지욕(耳目之欲) ①귀로 듣고 눈으로 봄으로써 일어나는 욕심(慾心). ②여러 가지 종류(種類)의 욕망(慾望). ③감각적(感覺的) 욕망(慾望).

이몽가몽(_夢_夢) 어렴풋이 잠이 들어 정신이 가물가물한 모양. 비몽사몽(非夢似夢). 사몽비몽(似夢非夢). 반수반성(半睡半醒).

이문명로(利門名路) 이(利)를 찾는 문과 명예(名譽)를 얻는 길.

이문목견(耳聞目見) 귀로 듣고 눈으로 봄.

이문불여목견(耳聞不如目見) 귀로 듣는 것은 속임을 당(當)하거나 확실(確實)하지 못하므로, 눈으로 직접(直接) 보고 확인(確認)하는 것만 못하다는 말.

이문위시(以文爲詩) 문장(文章)을 짓는 법(法)으로써 시를 씀.

이문회우(以文會友) 학문(學問)으로써 친구(親舊)를 모음.

이문회우이우보인(以文會友以友輔仁) 글로써 벗을 모으고, 벗으로써 인(仁)을 도와라.

이민위주(爾民爲主) 너희는 내 백성(百姓)이 되고 나는 너희 하나님이 되니라.

이민위천(以民爲天) '백성(百姓)을 생각하기를 하늘같이 여긴다'는 뜻으로, 백성(百姓)을 소중(所重)히 여겨 나라를 다스리는 근본(根本)으로 삼음.

이발지시(已發之矢) '이미 시위를 떠난 화살'이라는 뜻으로, 이왕 시작(始作)한 일은 중지(中止)하기 어려움을 이르는 말.

이백지명고천고(李白之名高天古) 이백의 이름이 천고에 드높구나.

이법종사(以法從事) 법대로 일을 하여감.

이법치국(以法治國) 법으로 나라를 다스리는 도리(道理).

이복형제(異腹兄弟) 배다른 형제(兄弟). 이모형제(異母兄弟). ↔이부형제(異父兄弟).

이부동모(異父同母) 아비는 다르고 어미는 같음. 또는 그 소생(所生).

이부합주(二部合奏) 이중주(二重奏).

이부합창(二部合唱) 두 성부(聲部)로 나누어 각각 다른 가락으로 노래하는 합창.

이부형제(異父兄弟) 한 어머니에 아버지가 다른 형제(兄弟). ↔이복형제(異腹兄弟).

이불리간(利不利間) 이(利)가 되든지 해(害)가 되든지 간에.

이불해해지(以不解解之) '글의 뜻을 푸는데 풀리지 않는 것을 억지로 풀어낸다'는 뜻으로,

즉 안되는 것을 억지로 해석(解釋)하면 곡해하기 쉽다는 말.

이불휼위(嫠不恤緯) 주(周)나라 때에 길쌈하던 한 과부(寡婦)가 부족(不足)한 씨 걱정은 않고 주(周)나라가 망(亡)하여 화(禍)가 자신(自身)에게 미침을 두려워하였다는 말로, 초야(草野)의 이름 없는 과부(寡婦)도 이러하거든 하물며 대장부로서 나라를 염려(念慮)하는 마음이 없어서 되겠느냐라는 뜻.

이사위한(以死爲限) 죽음을 각오(覺悟)하고 일을 하여 나감.

이상적(理想的) 사물(事物)의 상태(狀態)가 이상에 가장 가까운 (것). 사물이 가장 바람직한 상태인 (것).

이상주의(理想主義) 인생의 의의(意義)를 도덕적(道德的)·사회적(社會的) 이상의 현실에 두고 그것을 목표로 삼는 주의. 또는 그러한 인생관(人生觀). 관념주의(觀念主義). ↔현실주의(現實主義).

이상지계(履霜之戒) '서리를 밟는 경계(警戒)'라는 뜻으로, (서리가 내리는 계절(季節)이 되면 머지않아 얼음이 얼므로) 조짐(兆朕)을 보아 미리 재앙(災殃)에 대비(對備)하는 경계(警戒).

이상향(理想鄕) 이상으로 그리는, 완전(完全)하고 평화(平和)로운 상상(想像)의 세계. 도원경(桃源境). 유토피아(Utopia).

이석격석(以石擊石) '돌로 돌을 때린다'는 뜻으로, 힘이 거의 비슷함을 말함.

이석추호(利析秋毫) '이해(利害)에 관(關)하여 지극(至極)히 작은 것이라도 따진다'는 뜻으로, 인색(吝嗇)함을 가리키는 말.

이석투수(以石投水) '돌을 들어 물에 던진다'는 뜻으로, 하기 쉬운 일을 이르는 말.

이선승악(以善勝惡) 선으로 악을 이김.

이성지락(二姓之樂) 부부(夫婦) 사이의 정.

이성지합(二姓之合) 성이 다른 남자(男子)와 여자(女子)가 혼인(婚姻)을 하는 일.

이성지호(二姓之好) ①결혼(結婚)함. ②남편(男便)의 집과 아내의 친정(親庭)이 서로 화목(和睦)함을 이르는 말.

이세동조(異世同調) '때는 다르되 가락은 같다'는 뜻으로, 시대(時代)는 달라도 인간(人間) 또는 사물(事物)에는 각각(各各) 상통함이 있음을 이르는 말.

이소고연(理所固然) 이치(理致)가 본디 그러함.

이소능장(以少凌長) 젊은이가 어른을 무례(無禮)한 언행(言行)으로 능욕(凌辱)함.

이소당연(理所當然) 이치(理致)가 응당 그러하여야 할 일.

이소사대(以小事大) 작은 나라가 큰 나라를 섬김.

이소성대(以小成大) 작은 일에서부터 시작(始作)해서 큰일을 이룸.

이소역대(以小易大) 작은 것으로 큰 것과 바꿈.

이속우원(耳屬于垣) '담에도 귀가 달렸다'는 뜻으로, '남이 듣지 않는 곳에서도 말을 삼가라'는 뜻.

이솝우화(Aesop寓話) 고대 그리스 사람 이솝이 지었다는 우화. 동물을 의인화(擬人化)하여 인간 세계를 풍자(諷刺)한 내용들임.

이수구수(以水救水) '물로써 물을 구(求)한다'는 뜻으로, 잘못을 바르게 하려다가 그것을 더 번지게 만드는 일.

이순불죄(以脣不罪) 입술로 범죄(犯罪)하지 아니함.

이슬람교(Islam敎) 〔영〕Mohammedanism. 세계 3대 종교의 하나. 7세기 초엽에 아라비아의 마호메트가 알라의 계시를 받은 데서 비롯된 종교. 계시를 기록한 코란을 경전으로 삼고 알라를 유일(唯一) 전능(全能)의 신으로 믿음. 마호메트교. 모하메드교. 회교(回教). 회회교(回回教).

이슬람력(Islam曆) 이슬람교 국가에서 쓰는 태음력의 한 가지. 평년이 354일, 윤년이 355일로 태양력과는 10~11일의 차가 있음. 예언자 마호메트가 메디나로 옮겨 간 서기 622년 7월 16일 기원 원년 1월 1일로 정하여 서기 636년에 제정됨. 마호메트력. 회교력.

이승양석(以升量石) '되로써 섬 곡식(穀食)을 된다'는 뜻으로, 어리석은 사람은 현명(賢明)한 사람의 마음을 짐작(斟酌)할 수 없음을 이르는 말.

이시목청(耳視目聽) '귀로 보고 눈으로 듣는다'는 뜻으로, 눈치가 매우 빠른 사람을 비유(譬喩)하는 말.

이식위수(以食爲首) 백성(百姓)의 생활(生活) 안정(安定)을 정치(政治)의 으뜸으로 삼음.

이식위천(以食爲天) '먹는 것으로 하늘을 삼는다'는 뜻으로, 사람이 살아가는 데 먹는 것이 가장 중요(重要)하다는 말.

이신득구(以信得救) '예수를 믿음으로 말미암아 의롭다 함을 얻고 구원을 받는다'는 말.

이신득영(以信得永) 믿음으로 영생(永生)을 얻는다.

이신득의(以信得義) 믿음으로 의롭다 함을 얻음.

이신론(理神論) 자연신론(自然神論).

이신벌군(以臣伐君) 신하(臣下)로서 임금을 침.

이신순리(以身殉利) 이익(利益)을 위(爲)하여 목숨을 버림.

이신양성(頤神養性) 마음을 가다듬어 고요하게 정신(精神)을 수양(修養)함.

이신역물(以身役物) 물욕(物慾) 때문에 도리어 물건(物件)에 부림을 당(當)함.

이신위본(以信爲本) '믿음으로써 근본을 삼는다'는 뜻으로, 아무리 어려운 일이 닥친다 해도 신의(信義)를 잃지 않음을 비유하는 말.

이신유이(爾信愈爾) 네 믿음이 너를 구원(救援)하였음.

이신일체(二身一體) 두 몸이 한 몸 된것.

이신작칙(以身作則) 자기(自己)가 남보다 먼저 실천(實踐)하여 모범(模範)을 보임으로써,

일반(一般) 공중(公衆)이 지켜야 할 법칙(法則)이나 준례를 만듦.

이신칭의(以信稱義) 믿음으로 말미암아 의(義)롭다 함을 얻음.

이실고지(以實告之) 이실지고(以實之告). 이실직고(以實直告).

이실지고(以實之告) 이실직고(以實直告). 이실고지(以實告之).

이실직고(以實直告) 사실 그대로 고함. 이실고지(以實告之). 이실지고(以實之告).

이심이덕(離心離德) 인심(人心)을 잃고, 덕을 거스름.

이심전심(以心傳心) '석가(釋迦)와 가섭이 마음으로 마음에 전한다'는 뜻으로, ①말로써 설명(說明)할 수 없는 심오(深奧)한 뜻은 마음으로 깨닫는 수밖에 없다는 말. ②마음과 마음이 통(通)하고, 말을 하지 않아도 의사(意思)가 전달(傳達)됨. 심심상인(心心相印). 염화미소(拈華微笑).

이십사기(二十四氣) 이십사절기(二十四節氣).

이십사번화신풍(二十四番花信風) 이십사절기 중에서, 소한에서 곡우까지의 사이에 부는 바람. 닷새마다 새로운 바람이 불며, 그에 따라 꽃이 차례로 핀다 함. 화신풍(花信風).

이십사사(二十四史) 중국 청나라 건륭(乾隆) 때에 정한 '중국의 스물네 가지 정사(正史)'를 이르는 말.

이십사시(二十四時) 하루를 스물넷으로 나눈 시간. 상오와 하오 각각 열두 시간에 이십사방위의 이름을 붙여 이름. 상오(上午)=계(癸)·축(丑)·간(艮)·인(寅)·갑(甲)·묘(卯)·을(乙)·진(辰)·손(巽)·사(巳)·병(丙)·오(午). 하오(下午)=정(丁)·미(未)·곤(坤)·신(申)·경(庚)·유(酉)·신(辛)·술(戌)·건(乾)·해(亥)·임(壬)·자(子).

이십사절(二十四節) 〈이십사절기〉의 준말.

이십사절기(二十四節氣) 태양의 황도(黃道) 상의 위치에 따라 일 년을 스물넷으로 나눈 계절의 구분. 이십사기. 이십사절후. 이십사절. (본서 부록 참조).

이십사절후(二十四節候) 이십사절기(二十四節氣).

이십오시(二十五時) ①'때를 놓침, 절망(絕望)' 등(等)의 뜻으로 쓰이는 말. ②루마니아의 작가(作家) 게오르규(Gheorghiu)의 같은 제목의 소설(小說)에 의(依)하여 유행(流行)했음.

이악보선(以惡報善) 악으로 선을 갚음.

이양역우(以羊易牛) '양으로 소와 바꾼다'는 뜻으로, 작은 것을 가지고 큰 것 대신(代身)으로 쓰는 일을 이르는 말.

이언취인(以言取人) 사람의 말만 듣고 그 사람이 어질다고 판단(判斷)함.

이여반장(易如反掌) 쉽기가 손바닥 뒤집는 것과 같음. 아주 쉬운 일을 말함.

이역부득(移易不得) 변통(變通)할 수가 없음.

이역지귀(異域之鬼) 외국(外國)에서 죽어 그곳에 묻힌 사람을 이르는 말.

이연지사(已然之事) 이미 그렇게 된 일.

이열치열(以熱治熱) '열(熱)은 열로써 다스린다'는 뜻으로, 힘에는 힘으로 또는 강(强)한 것에는 강(强)한 것으로 상대함을 이르는 말. ↔이한치한(以寒治寒).

이와전와(以訛傳訛) 헛소문(所聞)이 꼬리를 물고 번져 감을 이르는 말.

이왕이행(易往易行) 본원 염불(念佛)의 법은 왕생(往生)하기 쉽고 수행(修行)하기 쉬운 일.

이왕지사(已往之事) 이미 지나간 일. 기왕지사(旣往之事). 이과지사(已過之事).

이왕찰래(以往察來) 과거(過去)의 사례(事例)를 살펴봄으로써 미래(未來)를 미루어 짐작(斟酌)한다는 말.

이욕상생(以欲傷生) 욕심(慾心) 때문에 삶을 해(害)침.

이용후생(利用厚生) 기구(器具)를 편리(便利)하게 쓰고 먹을 것 입을 것을 넉넉하게 하여 백성(百姓)의 생활(生活)을 나아지게 함.

이원론(二元論) 〔연〕Dualism. ①(철학에서, 주관과 객관, 정신과 물질, 천지, 음양 따위와 같이) 서로 대립하는 두 개의 원리로써 실재(實在)의 개별적 부분, 또는 전체를 설명하는 이론. ②우주의 근본 원리를 정신과 물질로 삼는 설. 데카르트의 물, 심 이원론이 대표적임.

이유극강(以柔克剛) '부드러운 것으로 강(强)한 것을 이긴다'는 뜻.

이유유외(易輶攸畏) 매사(每事)를 소홀(疏忽)히 하고 경솔(輕率)함은 군자(君子)가 진실(眞實)로 두려워하는 바임.

이유유외속이원장(易輶攸畏屬耳垣牆) 벽(壁)에도 귀가 있다는 말과 같이 경솔(輕率)히 말하는 것을 조심(操心)하라.

이율배반(二律背反) '두 가지 규율(規律)이 서로 반대(反對)된다'는 뜻으로, ①동일(同一) 법전(法典)에 포함(包含)되는 개개 법문(法文) 간(間)의 모순(矛盾). ②꼭 같은 근거(根據)를 가지고 정당(正當)하다고 주장(主張)되는 서로 모순(矛盾)되는 두 명제(命題), 서로 모순(矛盾)되는 명제(命題). 즉 정립(定立)과 반립(反立)이 동등(同等)의 권리(權利)를 가지고 주장(主張)되는 것을 일컫는 말.

이의물론(已矣勿論) 이미 지나간 일은 다시 논(論)하지 아니함.

이의온아이식포아(以衣溫我以食飽我) 옷으로써 나를 따뜻하게 해주시고, 밥으로써 나를 배부르게 해 주심.

이의제사(以義制事) 일을 행(行)함에 의를 근본(根本)으로 함.

이이공이(以夷攻夷) 이이제이(以夷制夷).

이이목지(耳而目之) 귀로 듣고, 눈으로 봄, 즉 틀림이 없음.

이이제이(以夷制夷) 적을 이용(利用)하여 다른 적을 제어(制御)함.

이인동심(二人同心) 절친(切親)한 친구(親舊) 사이.

이인동심기이단금(二人同心其利斷金) '두 사람이 합심(合心)하면 그 날카로움이 단단한 쇠라도 끊을 수 있다'는 말.

이인삼각(二人三脚) 두 사람이 나란히 서서 서로 맞닿은 쪽의 발목을 묶어 세 발처럼 하여 함께 뛰는 경기(競技).

이인위감(以人爲鑑) 남의 성공(成功)과 실패(失敗)를 거울삼아 자신(自身)을 경계(警戒)함을 이르는 말.

이인지언난여면서(利人之言煖如綿絮) 사람을 이롭게 하는 말은 따뜻하기가 솜과 같다.

이인투어(以蚓投魚) '지렁이를 낚시 미끼로 물고기에게 던진다'는 뜻으로, 보잘것없는 것이라도 다 쓸모가 있음을 이르는 말.

이일경백(以一警百) '하나로써 백을 경계(警戒)하게 한다'는 뜻으로, 한 명을 벌하여 백 명을 경계(警戒)하게 함.

이일대로(以逸待勞) '편안(便安)함으로써 피로(疲勞)해지기를 기다린다'라는 뜻으로, 편안(便安)하게 휴식(休息)을 취(取)하여 전력(戰力)을 비축(備蓄)하고 나서 피로(疲勞)해진 적(敵)을 상대(相對)한다는 말. 이일대로(以佚待勞)

이일대로(以佚待勞) 이일대로(以逸待勞)'

이일지만(以一知萬) 한 가지 이치(理致)로써 만 가지 이치(理致)를 더불어 앎.

ㅇ

이자선일(二者選一) 둘 중(中) 하나를 가림.

이자택일(二者擇一) 둘 중(中)에서 하나를 가려잡음.

이장격단(以長擊短) 이장보단(以長補短).

이장보단(以長補短) 남의 장점(長點)으로 나의 단점(短點)을 고침. 이장격단(以長擊短).

이재발신(以財發身) 재물(財物)로써 출세(出世)함.

이적행위(利敵行爲) 적을 이롭게 하는 짓.

이전투구(泥田鬪狗) '진탕에서 싸우는 개'라는 뜻으로, ①강인(强靭)한 성격(性格)의 함경도(咸鏡道) 사람을 평한 말. ②또는 명분(名分)이 서지 않는 일로 몰골사납게 싸움.

이정극화(履正克和) 행적(行蹟)이 바르고 마음이 온화(穩和)하다.

이정지화(履正志和) 행적(行蹟)이 바르고 뜻이 온건(穩健)하다.

이제면명(耳提面命) '귀를 잡아당겨 얼굴을 마주하고 가르친다'는 뜻으로, 친절(親切)히 가르침을 이르는 말.

이조판서(吏曹判書) 조선(朝鮮) 시대(時代), 이조(吏曹)의 정이품(正二品) 으뜸 벼슬.

이주탄작(以珠彈雀) '귀중한 구슬로 새를 쏜다'는 뜻으로, 작은 것을 얻으려다 큰 것을 손해 보게 됨을 이르는 말.

이중과세(二重過歲) 양력의 설과 음력의 설을 둘 다 쇠는 일.

이중과세(二重課稅) 동일한 과세 물건에 대하여 같은 성격의 조세를 두 번 이상 매기는 일.

이중모음(二重母音) 국어에서, 소리를 내는 동안 입술 모양이나 혀의 위치가 처음과 나중이 달라지는 모음. (‘ㅑ·ㅕ·ㅛ·ㅠ·ㅒ·ㅖ·ㅘ·ㅙ·ㅝ·ㅞ·ㅢ’ 따위). 거듭홀소리. 겹홀소리. 복모음(複母音). 중모음(重母音).

이중성격(二重性格) 양면성(兩面性)을 띤 성격.

이중의식(二重意識) 의식의 동시에 두 가지를 작용하는 일. (글을 쓰면서 옆 사람과 이야기 하는 따위).

이중인격(二重人格) ①한 사람이 전혀 다른 두 가지 성격을 지니고 때때로 다른 사람처럼 행동하는 일. 또는 그 성격. ②인격 장애(障碍)로 말미암아 일어나는 이상 심리.

이중주(二重奏) 두 사람이 서로 같거나 다른 두 개의 악기로 합주하는 일. 이부합주(二部合奏). 듀엣(duet).

이중지련(泥中之蓮) ‘진흙 속의 연꽃’이라는 뜻으로, 나쁜 환경(環境)에 있어도 그것에 물들지 않는 훌륭한 삶을 이르는 말.

이중창(二重唱) 두 사람이 두 개의 성부(聲部)를 동시에 또는 교대로 부르는 일. 듀엣(duet).

이지기사(頤指氣使) ‘말 대신(代身) 은연(隱然)히 뜻만 보여 사람으로 하여금 스스로 알게 한다’는 뜻으로, 사람을 마음대로 부림을 이르는 말 .

이지소재(利之所在) 이로움이 있는 곳을 말함.

이지측해(以指測海) ‘손가락을 가지고 바다의 깊이를 잰다’는 뜻으로, 양(量)을 헤아릴 줄 모르는 어리석음을 이르는 말.

이직보원(以直報怨) ①원한(怨恨)을 가진 사람에게 도덕(道德)으로 대함. ②원수(怨讐)를 정의(正義)로 대함.

이차어피에(以此於彼-) 어차어피에(於此於彼-). 이차피(以此彼).

이차이피에(以此以彼-) 어차어피에(於此於彼-).

이차전령(以次傳令) 차례(次例)차례(次例)로 전(傳)함.

이차피(以此彼) ‘이차어피’에 준말. 어차피(於此彼).

이장격단(以長擊短) 이천역일(移天易日).

이천사일(移天徙日) ‘하늘을 옮기고 해를 바꾼다’는 뜻으로 정권(政權)을 빼앗음을 이르는 말. 이천역일(移天易日).

이천역일(移天易日) ‘하늘을 옮기고 해를 바꾼다’는 뜻으로, 간신(奸臣)이 정권(政權)을 농락(籠絡)함을 비유(譬喩)해 이르는 말. 이장격단(以長擊短).

이천위부(以天爲父) 하늘을 아버지로 삼음.

이청득심(以聽得心) 백성(百姓)의 말을 들음으로써 민심(民心)을 얻는다는 말.

이체동심(異體同心) '몸은 다르나 마음은 같다'는 뜻으로, 서로 극(極)히 친밀(親密)함을 이르는 말.

이충기대(以充其代) 대신(代身) 채움. 실물이 아닌 다른 물건으로 대신 채움.

이타주의(利他主義) 다른 사람을 이롭게 함. 애타주의(愛他主義). 타애주의(他愛主義). ↔이기주의(利己主義).

이판사판(理判事判) '이판(理判)과 사판(事判)이 붙어서 된 말로, 막다른 데 이르러 어찌할 수 없게 된 지경(地境)'을 뜻함.

이팔청춘(二八青春) 열여섯 살 전후(前後)의 젊은이, 젊은 나이.

이포역포(以暴易暴) '횡포(橫暴)로써 횡포(橫暴)함을 바꾼다'는 뜻으로, ①악(惡)한 것을 또 다른 악(惡)한 것으로 갈아 바꿈. ②폭군을 내몰았으나 다시 폭군을 맞게 됨.

이풍역속(移風易俗) 나쁜 풍속(風俗)이 좋은 쪽으로 바뀜.

이하부정관(李下不整冠) '오얏나무 밑에서 갓을 고쳐 쓰면 오얏 도둑으로 오해(誤解)받기 쉬우므로 그런 곳에서는 갓을 고쳐 쓰지 말라'는 뜻으로, 남에게 의심(疑心)받을 만한 일은 아예 하지 말라는 말. 과전불납이(瓜田不納履).

이하조리(以蝦釣鯉) '새우로 잉어를 낚는다'는 뜻으로, 적은 밑천을 들여 큰 이익(利益)을 얻음.

이한치한(以寒治寒) '추위를 통해서 추위를 이긴다'는 뜻으로 힘에는 힘으로, 강한 것은 강한 것으로 상대한다는 뜻. 이열치열(以熱治熱).

이합집산(離合集散) 헤어졌다가 모였다가 하는 일.

이해득실(利害得失) 이로움과 해로움, 얻음과 잃음.

이해불계(利害不計) 이해(利害)를 따지지 아니함.

이해상반(利害相半) 이익(利益)과 손해(損害)가 반반으로 맞섬. 이해(利害) 관계(關係)가 서로 어긋남.

이해타산(利害打算) 이해(利害) 관계(關係)를 이모저모 따져 헤아리는 일.

이향이객(異鄕異客) ①타향(他鄕)에 머물러 있는 사람. ②여행(旅行) 중(中)의 몸.

이현령비현령(耳懸鈴鼻懸鈴) '귀에 걸면 귀걸이 코에 걸면 코걸이'라는 속담(俗談)의 한역으로, ①정해 놓은 것이 아니고 둘러대기에 따라 다르다는 말. ②하나의 사물(事物)이 양쪽에 관련(關聯)되어 어느 한쪽으로 결정(決定)짓기가 어렵다는 말.

이현부모효지종야(以顯父母孝之終也) 부모(父母)님의 명성(名聲)을 드러냄이 효도(孝道)의 끝임.

이혈세혈(以血洗血) '피로써 피를 씻으면 더욱 더러워진다'는 뜻으로, 나쁜 일을 다스리려다 더욱 악(惡)을 범함을 이름.

이화구화(以火救火) '불로써 불을 구(求)한다'는 뜻으로, 폐해(弊害)를 구(救)해 준다는 것이 도리어 폐해(弊害)를 조장함을 이르는 말.

이효상효(以孝傷孝) 효자(孝子)가 죽은 부모(父母)를 너무 슬피 사모(思慕)하여 병이 나고 혹은 죽음.

이후지사(以後之事) 뒷일. 뒤에 일어나는 사정(事情).

익불사숙(弋不射宿) '주살로 나는 새는 쏴도 자는 새를 쏘지는 않는다'는 뜻으로, 무슨 일에나 정도(程度)를 넘지 않는 훌륭한 인물(人物)의 태도(態度)를 이르는 말.

익자삼요(益者三樂) 사람이 좋아하여 유익(有益)한 세 가지 곧, 예악(禮樂)을 적당(適當)히 좋아하고, 남의 착함을 좋아하고, 착한 벗이 많음을 좋아하는 것. ↔손자삼요(損者三樂).

익자삼우(益者三友) '사귀어 자기(自己)에게 유익(有益)한 세 부류(部類)의 벗'이라는 뜻으로, 정직(正直)한 사람, 친구(親舊)의 도리(道理)를 지키는 사람, 지식(知識)이 있는 사람을 이르는 말. ↔손자삼우(損者三友).

인가귀도(引家歸道) '기독교의 용어로서, 가정을 인도하여 도에 이르게 한다'는 뜻으로, 가족 전체가 구원을 받고 교회에 출석한다는 뜻.

인간고해(人間苦海) '사람이 살아가는 데 괴로움이 한없이 많음'을 바다에 비유(比喩)하는 말.

인간대사(人間大事) 인간(人間)의 일생(一生) 중(中) 중대(重大)한 일. 곧 결혼(結婚)과 장례(葬禮)를 이름.

인간도처유청산(人間到處 有靑山) '사람 살 곳은 골골이 있다'는 뜻으로, '아무리 어려운 때라도 도와 주는 사람이 어디나 있다'는 말. 또는 '인간이 뼈를 묻을 묘지(墓地)는 이 세상 어디나 있다'는 뜻으로, 고향(故鄕)을 떠나 큰 뜻을 펼치라는 말.

인간만사(人間萬事) 인간 사회(社會)에 일어나는 온갖 일 또는 사건(事件).

인간만사새옹지마(人間萬事塞翁之馬) '인생(人生)에 있어서 화(禍)와 복(福)은 일정(一定)하지 않는다'는 뜻으로, 행이 불행(不幸)이 되기도 하고, 화가 복이 되기도 함을 이르는 말.

인개애주옥아애자손현(人皆愛珠玉我愛子孫賢) 남들은 모두 귀중(貴重)한 주옥(珠玉)을 사랑하지만, 나는 자손(子孫) 어진 것을 사랑하느니라.

인격수양(人格修養) 사람이 되기 위해서 몸과 마음을 닦음.

인고부지족(人苦不知足) 사람은 물질(物質)에 만족(滿足)할 줄 모름을 괴롭게 여긴다는 말.

인곤마핍(人困馬乏) (먼 길을 달려서) 사람과 말이 모두 지쳐 피곤함.

인공도태(人工淘汰) 인위선택(人爲選擇).

인공선택(人工選擇) 인위선택(人爲選擇).

인공위성(人工衛星) 지구에서 사람이 쏘아 올려 지구 둘레를 공전하고 있는 물체.

인과관계(因果關係) 사물의 생성 · 변화에서의 원인과 결과의 관계. 일반적으로 어떤 사실과 다른 사실 사이의 원인과 결과 관계.

인과보응(因果報應) 원인(原因)과 결과(結果)가 서로 호응하여 그대로 갚음.

인과응보(因果應報) '원인(原因)과 결과(結果)는 서로 물고 물린다'는 뜻으로, ①과거(過去) 또는 전생(前生)의 선악(善惡)의 인연(因緣)에 따라서 뒷날 길흉(吉凶) 화복(禍福)의 갚음을 받게 됨을 이르는 말. ②좋은 일에는 좋은 결과(結果)가, 나쁜 일에는 나쁜 결과(結果)가 따름.

인과자책(引過自責) 자기(自己)의 잘못을 뉘우치고 스스로 꾸짖음.

인구센서스(人口census) 인구조사(人口調査).

인구어족(印歐語族) 인도게르만 어족(Indo-German 語族).

인구전파(因口傳播) 말이 이 사람의 입에서 저 사람의 입으로 전(傳)해 퍼짐.

인구조사(人口調査) 일정한 시기에 전국적으로 동시에 인구의 실태(實態)를 알아보는 조사(調査).

인구준행(因舊遵行) 전례(前例)대로 좇아 행(行)함.

인구회자(人口膾炙) 널리 세상(世上) 사람의 이야깃거리가 됨.

인궁반본(人窮反本) '사람은 곤궁(困窮)하면 근본(根本)으로 돌아간다'는 뜻으로, 사람은 궁해지면 부모(父母)를 생각하게 됨을 이르는 말.

인궁지단(人窮志短) 사람이 빈궁(貧窮)해지면 웅지를 품지 못하게 됨을 이르는 말.

인권선언(人權宣言) 1789년 8월 26일, 프랑스 국민 의회의 결의에 따라 채택(採擇)된, 인간의 자유 · 평등 등(等) 인권(人權)에 관한 선언(宣言).

인귀상반(人鬼相半) 죽을 지경(地境)에 이르러서 형상(形像)이 반 귀신(鬼神)같이 됨.

인금구망(人琴俱亡) 인금지탄(人琴之嘆). 인금지탄(人琴之歎).

인금지탄(人琴之嘆) 인금구망(人琴俱亡). 인금지탄(人琴之歎).

인금지탄(人琴之歎) 사람의 죽음을 몹시 슬퍼함을 비유(譬喩)하는 말.

인급계생(人急計生) 급하면 무슨 꾀가 생김.

인기기기(人飢己飢) '남이 굶주리면 자기가 굶주리게 한 것과 같이 생각한다'는 뜻으로, 다른 사람의 고통을 자기의 고통으로 여겨 그들의 고통을 덜어주기 위해 최선을 다함.

인기아취(人棄我取) 남이 버리는 것을 나는 취(取)하여 씀.

인내천(人乃天) 천도교(天道教)의 근본 교의(教義)로, 사람이 곧 한울님이라는 뜻.

인대명사(人代名詞) 인칭 대명사(人稱代名詞).

인도게르만어족(Indo-German語族) 인도에서 유럽에 이르는 지역에 퍼져 있는 대 어족. (영어 · 독일어 · 프랑스 어 · 이탈리아 어 · 러시아 어 · 스페인 어 등 현재

유럽의 거의 모든 언어가 이에 딸림). 인구 어족. 인도유럽 어족.

인도선행(仁道善行) 어진 도리로 착하게 행하라.

인도유럽어족(Indo–Europe語族) 인도게르만 어족(Indo–German語族).

인도적(人道的) 인간으로서 마땅히 지켜야 할 도리에 관계되는 것.

인도주의(人道主義) 모든 인류(人類)의 공존과 복지의 실현을 꾀하려는 박애적(博愛的)인 사상(思想). 휴머니즘(humanism). 인문주의(人文主義). 인본주의(人本主義).

인도차이나어족(Indo–China語族) 서쪽은 인도의 카슈미르에서 티베트와 중국 대륙을 거쳐, 동쪽은 타이완에 이르고, 북쪽은 중앙아시아, 남쪽은 동남아시아에 걸친 넓은 지역에 분포하는 어족. 티베트어 · 남어 · 모소어 · 서하어 · 미얀마어 · 퓨어 · 샴어 등의 고립어가 이에 딸림.

인류호붕(引類呼朋) 뜻이 같은 사람을 불러 모음을 이르는 말.

인륜대사(人倫大事) 인간(人間) 생활(生活)에 있어서 겪는 중대(重大)한 일. 곧 출생 · 혼인 · 사망 등의 일. 인간대사(人間大事).

인륜지대사(人倫之大事) '사람에게 있어서 행(行)해야 할 가장 큰 일'이라는 뜻. 인륜대사(人倫大事).

인륜지중충효위본(人倫之中忠孝爲本) 인륜(人倫)의 가운데에 충(忠)과 효(孝)가 근본(根本)이 된다.

인마낙역(人馬絡繹) '인마(人馬)의 왕래(往來)가 빈번(頻煩)하여 잇닿았다'는 뜻으로, 번화(繁華)한 도시(都市)를 이르는 말.

인마역동(人馬亦同) 사람과 말이 한 가지로 같다는 의미(意味).

인막약고(구)(人莫若故(舊)) 사귀는 대상(對象)은 오래된 사이일수록 좋음.

인망가폐(人亡家廢) 사람은 죽고 집은 결딴남. 아주 망해 버림.

인망택폐(人望宅廢) 사람은 망(亡)하고 집은 황폐(荒廢)함.

인면수심(人面獸心) '얼굴은 사람의 모습을 하였으나 마음은 짐승과 같다'는 뜻으로, ①남의 은혜(恩惠)를 모름, 또는 마음이 몹시 흉악(凶惡)함을 이르는 말. ②사람의 도리(道理)를 지키지 못하고 배은망덕(背恩忘德)하거나 행동(行動)이 흉악(凶惡)하고 음탕(淫蕩)한 사람.

인명재각(人命在刻) 사람의 목숨이 경각(頃刻)에 달렸음.

인명재천(人命在天) '사람의 목숨은 하늘에 있다'는 뜻으로, 사람이 살고 죽는 것이나 오래 살고 못 살고 하는 것이 다 하늘에 달려 있어 사람으로서는 어찌할 수 없음을 이르는 말.

인모난측(人謀難測) 사람의 마음이 간사(奸邪)함은 이루 헤아리기 어려움.

인모주심(人貌主心) 사람은 외모를 보지만 하나님은 중심을 보심.

인무백세인왕작천년계(人無百歲人枉作千年計) 사람은 백 살 사는 사람이 없건만, 부질없이 천년의 계획(計劃)을 세우느니라.

인무책우이함불의(人無責友易陷不義) 사람으로서 꾸짖어 주는 벗이 없으면 의롭지 못한 데 빠지기 쉬움.

인문주의(人文主義) 중세 문예부흥기(文藝復興期)에, 스콜라적이며 교회적인 세계관(世界觀)에 대한 반동으로서 일어났던 정신운동(精神運動). 인간성의 존중(尊重)과 문화적(文化的) 교양의 발전을 주장으로 삼았음. 휴머니즘(humanism). 인도주의(人道主義). 인본주의(人本主義).

인물추심(人物推尋) 도망(逃亡)한 사람을 찾음. 딴 고을로 도망(逃亡)가서 사는 노비(奴婢) 또는 그 자손(子孫)을 그의 상전(上典)이나 자손(子孫)이 찾음.

인병치사(因病致死) 병으로 인(因)하여 죽음.

인본주의(人本主義) 인간이 모든 것의 중심(中心)이 된다는 사상(思想). 휴머니즘(humanism). 인도주의(人道主義). 인문주의(人文主義).

인분천리외흥재일배중(人分千里外興在一杯中) 사람은 천 리 밖에서 나뉘고(헤어지고), 흥겨움은 한 잔 술에 있음.

인불염이실위(因不廉而失位) 청렴(淸廉)하지 않으면 지위(地位)를 잃는다.

인불제사(寅不祭祀) 인일(寅日)에는 기휘(忌諱)되어 제사(祭祀)를 지내지 않음.

인불통고금마우이금거(人不通古今馬牛而襟裾) 사람이 고금(古今)의 성인(聖人)의 가르침을 알지 못하면, 금수(禽獸)에 옷을 입힘과 같다.

인불학부지도(人不學不知道) 사람이 배우지 않으면, 도리를 알지 못함.

인비목석(人非木石) '사람은 목석(木石)이 아니라'는 뜻으로, 사람은 모두 희로애락(喜怒哀樂)의 감정(感情)을 가지고 있으며, 목석(木石)과 같이 무정(無情)하지 않음을 이르는 말.

인비인(人非人) '사람이면서 사람이 아니라'는 뜻으로, 인도(人道)를 벗어난 사람을 일컫는 말.

인빈지단복지심령(人貧智短福至心靈) 사람이 가난하면 지혜(智慧)가 짧아지고, 복(福)이 이르면 마음이 영롱(玲瓏)하여 지느니라.

인사만사(人事萬事) '인사 처리(處理)를 잘 해야 만사가 잘 풀린다'는 뜻.

인사불상(人事不祥) 사람으로서 부실한 일 세 가지. 곧, 어리면서 장자(長者)를 섬기지 않고, 천하면서 지체 높은 이를 무시(無視)하며, 불초한 자가 현자(賢者)를 우러러보지 않는 일.

인사불성(人事不省) '정신(精神)을 잃고 의식(意識)을 모름'이라는 뜻으로, ①사람으로서의 예절(禮節)을 차릴 줄 모름. ②의식(意識)을 잃어서 사람의 일을 알아차리지 못함.

인사유명(人死留名) '사람은 죽어서 이름을 남긴다'는 뜻으로, 사람의 삶이 헛되지 아니하면 그 이름이 길이 남음을 이르는 말.

인사유명호사유피(人死留名虎死留皮) 인재명호재피(人在名虎在皮).

인산인해(人山人海) '사람의 산과 사람의 바다'라는 뜻으로, 사람이 헤아릴 수 없이 많이 모인 모양(模樣).

인삼녹용(人蔘鹿茸) 인삼 뿌리와 사슴의 뿔. 늙지 않는다는 보약(補藥)으로 귀하게 쓰임.

인상가서(印上加書) 인발 위에 글자를 겹쳐 써서 표적(標的)으로 삼음. 도장을 찍은 곳에 글자를 겹쳐 씀.

인상착의(人相着衣) 사람의 생김새와 옷차림.

인색지심(吝嗇之心) 인색(吝嗇)한 마음.

인생관(人生觀) 인생의 존재 가치 · 의미 · 목적 등에 관해 갖고 있는 전체적인 사고방식(思考方式).

인생무상(人生無常) 인생(人生)이 덧없음을 이르는 말.

인생불학여명명야행(人生不學如冥冥夜行) 사람이 배우지 않으면 어둡고 어두운 밤길을 가는 것과 같으니라.

인생삼락(人生三樂) '인생의 세 가지 즐거움'이라는 뜻으로, 첫째는 부모(父母)가 다 살아계시고 형제(兄弟)가 무고(無故)한 것, 둘째는 하늘과 사람에게 부끄러워할 것이 없는 것, 셋째는 천하(天下)의 영재를 얻어서 교육(敎育)하는 것.

인생여구과극(人生如驅過隙) 백구과극(白駒過隙).

인생여백구과극(人生如白駒過隙) '인생이란 백마가 문틈 사이로 휙 지나가는 듯 한다'라고, 세월은 화살같이 빠름을 뜻함.

인생여조로(人生如朝露) 백구과극(白駒過隙).

인생역정(人生歷程) 사람이 한평생 살아가며 겪었던 노정(路程).

인생재근(人生在勤) 사람의 근본(根本)은 부지런함에 있음을 이르는 말.

인생조로(人生朝露) 인생(人生)은 아침 이슬과 같이 짧고 덧없다는 말.

인생칠십고래희(人生七十古來稀) 사람이 일흔 살까지 살기란 예로부터 드문 일이라는 말. 〔두보(杜甫)의 시(詩) '곡강(曲江)'에 있는 말.〕

인생항로(人生航路) 사람이 한평생 여러 가지 어려움을 겪으며 살아가는 일을, 험한 바다의 뱃길에 견주어 이르는 말.

인생행락이(人生行樂耳) '인생(人生)은 짧은 것이므로 그저 즐겁게 살아야 한다'는 뜻으로, 세상(世上)을 버리고 스스로 자유(自由) 분방(奔放)한 생활(生活)을 하는 사람이 하는 말.

인성만성(人城滿城) ①많은 사람이 모여 혼잡(混雜)하고 떠들썩한 모양(模樣). ②정신(精神)이 어지럽고 흐릿한 모양.

인소불감(人所不堪) 사람의 힘으로는 견디어 내기 힘든 정도(程度)의 형편(形便).

인소이귀이기륜강(人所以貴以其倫綱) 사람이 귀(貴)한 이유(理由)는 그 오륜(五倫)과 삼강(三綱) 때문이니라.

인수인계(引受引繼) 업무(業務) 따위를 넘겨받고 물려줌.

인순고식(因循姑息) ①구습(舊習)을 고치지 않고 목전(目前)의 편안(便安)함만을 취함. ②일을 행(行)함에 있어 결단력(決斷力) 없이 우물쭈물함.

인시유복(忍試有福) '시험(試驗)을 참는 자는 복(福)이 있음'을 말함.

인시제의(因時制宜) 시대(時代)의 변(變)함을 따라 그 때 알맞도록 함.

인신공격(人身攻擊) 남의 신상에 관(關)한 일을 들어 비난(非難)함.

인신매매(人身賣買) 사람을 팔고 삼.

인심난측(人心難測) 사람의 마음은 헤아리기 어려움.

인심세태(人心世態) 세상(世上) 사람들의 마음과 세상(世上) 물정(物情).

인심소관(人心所關) 사람의 마음씨에 따라 각각 뜻을 달리함.

인심수람(人心收攬) 많은 사람의 마음을 한데 모음.

인심여면(人心如面) 사람마다 마음이 다 다른 것은 얼굴 모양(模樣)이 저마다 다른 것과 같음.

인심조석변산색고금동(人心朝夕變山色古今同) 사람의 마음은 아침, 저녁으로 변(變)하나, 산의 빛깔은 예나 지금이나 같음.

ㅇ

인아무상(人我無想) 인신(人身), 곧 사람의 몸에는 항상 정(定)하여져 있는 주재자인 아(我)가 없다는 말.

인아지상(人我之相) 인(人)을 가벼이 알고 아(我) 곧 본체(本體)를 중시(重視)하는 마음.

인연생기(因緣生起) 좋은 일이나 나쁜 일이 일어날 것 같은 조짐.

인열폐식(因噎廢食) '목이 멘다고 그 음식(飮食)을 먹지 않는다'는 뜻으로, 사소(些少)한 장애(障礙)를 두려워한 나머지 중대사를 폐(廢)함을 이르는 말.

인우구망(人牛俱忘) ①'소도 사람도 모두 떠나고 실체가 없는 모두 공(空)임을 깨닫는다'는 뜻. ②자기 자신도 잊어버린 상태(狀態)를 묘사(描寫)한 텅 빈 원만상을 말함.

인위도태(人爲淘汰) 사람의 힘으로 생물의 형태(形態)와 기능을 인간이 바라는 대로 바꾸는 일. 인위선택(人爲選擇). ↔자연도태(自然淘汰).

인위만물영(人爲萬物靈) 사람은 만물의 영장이 된다.

인위선택(人爲選擇) 생물(生物)의 품종(品種) 개량(改良)에 있어서, 목적(目的)에 접합(接合)한 형질(形質)을 가진 개체(個體)를 여러 대 동안 선발(選拔), 육성(育成)해서 교배(交配)해, 그 형질(形質)을 일정(一定)한 방향(方向)으로 변화(變化)시키는 일.

인위적(人爲的) 사람이 일부러 한 모양이나 성질(性質)의 (것).
인유구구(人惟求舊) 옷은 새 옷이 좋고 사람은 옛 사람이 좋음.
인육시장(人肉市場) '사람의 몸뚱이를 거래하는 곳'이라는 뜻으로, '매음굴'을 빗대어 이르는 말.
인의예지(仁義禮智) 인(仁), 의(義), 예(禮), 지(智)의 사단(四端). 사람으로서 갖추어야 할 네 가지 마음가짐, 곧 어짊과 의로움과 예의(禮儀)와 지혜(智慧).
인의예지신(仁義禮智信) 사람으로서 갖추어야 할 다섯 가지 도리, 곧 어짊과 의로움과 예의와 지혜와 믿음. 오상(五常).
인의예지인성지강(仁義禮智人性之綱) 인(仁),의(義),예(禮),지(智)는 인성(人性)의 벼리이니라.
인의지단(仁義之端) 인의의 실마리.
인의지도(仁義之道) 인(仁)과 의(義)와의 도(道). 어짊과 의로움의 도덕.
인의지병(仁義之兵) 인의를 행(行)하기 위(爲)하여 쓰는 군대(軍隊).
인의지정(仁義之情) 인의의 본질(本質). 어짊과 의로움의 인간 본성.
인의지풍(仁義之風) 인의의 교화(敎化).
인이불발(引而不發) '활시위를 당길 뿐 쏘지 않는다'는 뜻으로, ①학문(學問)을 가르침에 있어서 공부(工夫)하는 방법(方法)만을 가르치고 자세(仔細)한 풀이는 일러주지 않아 스스로 깨닫도록 하는 것을 비유(比喩)하는 말. ② 세력(勢力)을 축적(蓄積)하여 시기(時機)를 기다림을 이름.
인이신지(引而伸之) '당기어 늘인다'는 뜻으로, 응용(應用)함을 비유(譬喩)해 이르는 말.
인익기익(人溺己溺) '남이 물에 빠지면 자기로 인해 물에 빠진 것처럼 생각한다'는 뜻으로, 다른 사람의 고통을 자기의 고통으로 여겨 그들의 고통을 덜어주기 위해 최선을 다함.
인인성사(因人成事) 남에게 의뢰(依賴)하여 남의 힘으로 일을 이룸을 이르는 말.
인일기백(人一己百) 남들이 한번 할 때 백번을 하여라.
인일시지분면백일지우(忍一時之忿免百日之憂) 한 번의 분노(忿怒)를 참으면, 백일의 근심을 면할 수 있다.
인자공부(忍字工夫) 참고 견디는 마음을 기르는 일.
인자무우(仁者無憂) 어진 사람은 근심이 없다.
인자무적(仁者無敵) 어진 사람은 널리 사람을 사랑하므로 천하(天下)에 적대(敵對)할 사람이 없음.
인자불살(仁者不殺) 어진 사람은 살생(殺生)하지 아니함.
인자불우(仁者不憂) 어진 사람은 도리(道理)에 따라 행(行)하고 양심(良心)에 거리낌이 없으므로 근심을 하지 않음.

인자요산(仁者樂山) 인자(仁慈)는 의리(義理)에 만족(滿足)하며 생각이 깊고 행동(行動)이 신중(愼重)함이 산과 같으므로 자연(自然)히 산을 좋아함.

인자요산지자요수(仁者樂山智者樂水) '산을 좋아하고 물을 좋아한다'는 뜻으로, ①산수(山水) 경치(景致)를 좋아함을 이르는 말. ②어진 자는 의리(義理)에 밝고 산과 같이 중후(重厚)하여 변(變)하지 않으므로 산을 좋아하고, 지혜(智慧)로운 자는 사리(事理)에 통달(通達)하여 물과 같이 막힘이 없으므로 물을 좋아한다는 말.

인자은측(仁慈隱惻) 어진 마음으로 남을 사랑하고 또는 이를 측은(惻隱)히 여겨야 함.

인자은측조차불리(仁慈隱惻造次弗離) 남을 동정(同情)하는 마음을 항상(恒常) 간직하라.

인자지용(仁者之勇) 의를 위(爲)하여 나서는 어진 사람의 용기(勇氣).

인잠우상(鱗潛羽翔) 비늘 있는 고기는 물속에 잠기고, 날개 있는 새는 공중(空中)에 낢.

인장묘발(寅葬卯發) 장사(葬事) 지낸 뒤에 곧 복(福)을 받음.

인장지덕목장지패(人長之德木長之敗) 목장지패인장지덕(木長之敗人長之德).

인재등용(人材登用) 인재(人材)를 뽑아 벼슬을 시킴.

인재명호재피(人在名虎在皮) 사람은 죽은 뒤에 이름을 남기고, 호랑이는 죽은 뒤에 가죽을 남김. 인사유명호사유피(人死留名虎死留皮).

인적미답(人跡未踏) 지금까지 아무도 발을 들여놓아 밟은 적이 없음.

인적자원(人的資源) 생산 조건에서 물적 자원에 대하여 '사람의 노동력(勞動力)'을 이르는 말.

인적증거(人的證據) 증거 방법의 한 가지. 증인이나 감정인 또는 당사자(當事者)인 본인의 진술(陳述)을 토대로 하는 증거. ↔물적증거(物的證據).

인정가화(人情佳話) 따뜻한 인정(人情)으로 고독(孤獨)하고 불쌍한 사람을 돌봐 준 아름다운 이야기.

인정개위군중소(人情皆爲窘中疎) 사람의 정분(情分)은 다 군색(窘塞)한 가운데서 성기어지게 되느니라.

인정냉난(人情冷暖) 인정(人情)의 냉담(冷淡)함과 온후(溫厚)함.

인정물태(人情物態) 인심세태(人心世態).

인정사정(人情事情) 인정과 사정을 아울러 이르는 말.

인정세태(人情世態) 인심세태(人心世態).

인조인간(人造人間) 로벗(robot). ①인간과 비슷한 형태를 가지고 걷기도 하고 말도 하는 기계장치. ②성형을 많이 해서 인위적으로 가공을 해 새로운 얼굴로 바뀌었고, 전혀 다른 사람으로 새롭게 인위적으로 변화할 경우를 지칭해서, 성형 열풍이 불고 있는 현시대의 좋지 않은 풍토를 조롱하는 형태에서 나타난 신조어.

인종지말(人種之末) '아주 못된 사람의 씨알머리'라는 뜻으로, 태도(態度)나 행실(行實)이

사람답지 아니하고 막된 사람을 욕하는 말.]

인죄필사(認罪必赦) 죄(罪)를 자백(自白)하면 용서(容恕)함.

인주이락(因主而樂) 여호와를 인하여 즐거워함.

인중기기(人中騏驥) '못 사람 중(中)에 재능(才能) 면(面)에서 뛰어나게 잘난 사람'을 이르는 말.

인중사자(人中獅子) 뭇사람 중(中)에 뛰어나게 잘난 사람을 두고 이르는 말.

인중승천(人衆勝天) 사람이 많으면 하늘도 이길 수 있음.

인중지말(人中之末) 여러 사람 중(中)에 가장 못난 사람을 이르는 말.

인지덕행겸양위상(人之德行謙讓爲上) 사람의 덕행(德行)은 겸양(謙讓)이 제일(第一)이니라.

인지상정(人之常情) 사람이라면 누구나 가지는 보통(普通)의 인정(人情), 또는 생각.

인지위덕(忍之爲德) 참는 것이 덕이 됨.

인지의진(仁至義盡) 인의(仁義)의 도(道)를 잘 실천(實踐)함.

인지재세불가무우(人之在世不可無友) 사람이 세상(世上)을 살아감에는 벗이 있어야 한다.

인칭대명사(人稱代名詞) 사람을 이름 대신 가리키는 대명사. 〔나 · 우리 · 저희(1인칭), 너 · 당신 · 그대 · 너희(2인칭), 이이 · 그이 · 저이 · 이들 · 그들 · 저들(3인칭), 아무(부정칭) 따위.〕 사람대이름씨. 인대명사(人代名詞).

인패성승(因敗成勝) 실패를 두려워말라. 지혜있는 사람은 실패를 이용해서 도리어 성공한다.

인패위성(因敗爲成) 실패(失敗)한 것이 바뀌어 성공(成功)이 됨.

인해전술(人海戰術) ①막대한 인명 피해를 무릅쓰고 많은 지상군(地上軍)을 계속적으로 투입하여, 적군을 압도하려고 하는 전술. ②많은 사람을 투입하여 무슨 일을 이룩하려는 방책. 화해전술(火海戰術)

인향만리(人香萬里) 인품이 훌륭한 사람의 향기(香氣)는 만리(萬里)를 가고도 남는다.

인홀불견(因忽不見) 언뜻 보이다가 바로 없어져 보이지 아니함.

인화위복(因禍爲福) 시기(時期)를 잘 이용하면 재화(災禍)도 복리(福利)가 됨.

인후지지(咽喉之地) '목구멍과 같은 땅'이라는 뜻으로, 매우 중요(重要)한 목을 이루는 지대(地帶)를 비유(比喩)해서 이르는 말.

인희지광(人稀地廣) 지광인희(地廣人稀). 토광인희(土廣人稀).

일가단란(一家團欒) 집안 식구가 화목하게 지내도록 하라.

일가문중(一家門中) 멀고 가까운 모든 일가(一家).

일가월증(日加月增) 날로 달로 늘고 불어감.

일가친척(一家親戚) 동성(同姓)과 이성(異姓)의 모든 겨레붙이.

일가화친(一家和親) 가족(家族)이나 친척(親戚)들이 사이좋게 지냄.

일각삼추(一刻三秋) '매우 짧은 시간이 삼년 같다'는 뜻으로, 몹시 기다려지거나 지루한 느낌을 이르는 말.

일각여삼추(一刻如三秋) '일각이 삼년과 같다'는 뜻으로, 몹시 기다려지거나 몹시 지루한 느낌을 이르는 말.

일각일각(一刻一刻) 시시각각(時時刻刻).

일각천금(一刻千金) '극히 짧은 시간(時間)도 천금에 해당(該當)할 만큼 큰 가치(價値)가 있다'는 뜻으로, 즐거운 때나 중요(重要)한 때가 금방 지나감을 아쉬워함을 비유(譬喩)하는 말.

일간두옥(一間斗屋) '한 말들이 말만한 작은 집'이란 뜻으로, 한 칸밖에 안 되는 작은 집을 이르는 말.

일간명월(一竿明月) 장대 끝에 매달린 밝은 달. 아름다운 밤경치를 가리키는 말.

일간초옥(一間草屋) 한 칸 밖에 안 되는 작은 초가집.

일간풍월(一竿風月) 세상의 일을 잊고 낚시질하며 풍류(風流)를 즐김.

일개서생(一介書生) 아무 쓸모도 없는 독서인(讀書人).

일개어혼전천(一箇魚渾全川) '고기 한 마리가 온 개천을 흐려 놓는다'는 뜻으로, ①한 부분(部分)의 결점(缺點)이 전체(全體)에 해를 끼침. ②한 사람의 좋지 못한 행동(行動)이 전체(全體)에 대(對)한 인식(認識)을 나쁘게 만듦.

일개월화(日改月化) 날로 달로 변천(變遷)해 감.

일개지사(一介之士) ①보잘것없는 선비. ②식견(識見)이 얕은 완고(頑固)한 사람.

일거수일투족(一擧手一投足) '손 한 번 들고, 발 한번 옮겨 놓는다'는 뜻으로, 사소(些少)한 하나하나의 동작(動作)까지를 이르는 말.

일거양득(一擧兩得) 한 가지 일로 두 가지 이득(利得)을 얻음을 일컬음. 일거이득(一擧二得).

일거양실(一擧兩失) 한 가지 일을 함으로써 두 가지의 일을 잃음.

일거월저(日居月諸) 일월(日月). 거(居)와 저(諸)는 조사(助辭). 쉼 없이 가는 세월(歲月).

일거이득(一擧二得) 일거양득(一擧兩得). 일석이조(一石二鳥). 일석쌍조(一石雙鳥).

일거일동(一擧一動) 손놀림과 몸놀림. 사소(些少)한 동작(動作) 하나하나.

일거일래(日去日來) 날이 가고 오고 함. 곧, 세월(歲月)이 흐름.

일검지임(一劍之任) '한 번 칼을 휘두름으로써 수행(遂行)하는 임무(任務)'라는 뜻으로, 자객의 임무(任務)를 이르는 말.

일견여구(一見如舊) 처음으로 만났을 뿐이지만 마음이 맞고 정(情)이 들어 옛날부터 사귄 벗같이 친밀(親密)함.

일견폐형백견폐성(一犬吠形百犬吠聲) '한 마리의 개가 무엇을 보고 짖으면 다른 많은 개가 모두 소리만 듣고 따라 짖는다'는 뜻으로, 한 사람이 무언가 그럴듯하게 말하면 여러 사람이 이것을 사실(事實)인 양으로 전(傳)함을 이르는 말.

일겸사익(一兼四益) '한 번의 겸손(謙遜)은 천(天), 지(地), 인(人)의 사자로부터의 유익(有益)

함을 가져오게 한다'는 뜻으로, 겸손(謙遜)해야 함을 강조(强調)한 말.

일경구수(一莖九穗) '한 포기의 줄기에서 아홉 개의 이삭이 맺는다'는 뜻으로, 상서(詳瑞)로운 곡물(穀物)을 이르는 말.

일경일희(一驚一喜) 한편으로 놀라면서도 한편으로 기뻐함.

일경지훈(一經之訓) 자식(子息)을 위(爲)하여 황금(黃金)을 남기느니보다 경서(經書) 한 권을 가르치는 것이 나음을 이르는 말.

일계반급(一階半級) 일자반급(一資半級).

일고가파(一鼓可破) 한 번 북을 쳐서 사기(士氣)를 고무(鼓舞)시킴으로써 적을 쳐부술 수 있다는 말.

일고경국(一顧傾國) '한 번 돌아보면 나라가 기운다'는 뜻으로, 뛰어난 미인을 이르는 말.

일고경성(一顧傾城) '한 번 돌아보고도 성을 기울게 한다'는 뜻으로, 요염(妖艶)한 여자(女子), 곧 절세(絕世)의 미인(美人)을 비유(譬喩)해 이르는 말.

일고삼장(日高三丈) 아침 해가 높이 떴음. 해가 세 길이나 떠올랐다는 뜻에서 나온 말.

일고삼척(日高三尺) 일고삼장(日高三丈).

일곡양주(一斛凉州) 뇌물(賂物)을 주고 벼슬길에 오르는 일.

일곡지사(一曲之士) 한 부분(部分)에 치우친 사람.

일곡지인(一曲之人) 일곡지사(一曲之士).

일구난설(一口難說) 한 말로 다 설명(說明)할 수 없음.

일구양설(一口兩舌) 일구이언(一口二言).

일구월심(日久月深) '날이 오래고 달이 깊어 간다'는 뜻으로, 무언가 바라는 마음이 세월(歲月)이 갈수록 더해짐을 이르는 말.

일구이언(一口二言) '한 입으로 두 말을 한다'는 뜻으로, 말을 이랬다 저랬다 함을 이르는 말.

일구이언이부지자(一口二言二父之子) 한입 가지고 두말하면 아비가 둘이라고 욕하는 말.

일구일갈(一裘一葛) '한 벌의 갖옷과 한 벌의 베옷'이라는 뜻으로, 아주 가난함의 비유(比喩).

일구일학(一邱一壑) '때로는 언덕에 오르고 때로는 골짜기에서 낚시질을 한다'는 뜻으로, 은자(隱者)의 삶을 이르는 말.

일국삼공(一國三公) '한 나라에 삼공이 있다'는 뜻으로, 많은 사람들이 저마다 구구한 의견을 제시하여 누구의 말을 좇아야 할지 모르는 경우(境遇)를 비유(譬喩)하는 말.

일궤십기(一饋十起) 인재(人材)를 골라 씀에 있어 정성(精誠)이 대단함을 이르는 말.

일귀하처(一歸何處) '선종(禪宗)의 1천 700가지 공안(公案)의 하나. 모든 것이 마침내는 한군데로 돌아간다 하니 하나는 어디로 가는고'의 뜻.

일규불통(一竅不通) '염통의 구멍이 막혔다'는 뜻으로, 사리(事理)에 어두움을 이르는 말.

일근은선지장일태는악지장(一勤–善之長一怠– 惡之長) 부지런한 것은 백행(百幸)의 근본

(根本)이요, 게으른 것은 백악(百惡)의 근본(根本)이다.

일근천하무난사(日勤天下無難事) '한결 같이 부지런하면 천하에 어려운 일이 없다'는 뜻.

일금일학(一禁一鶴) 관리(官吏)의 결백(潔白)한 생활(生活)을 일컫는 말.

일기가성(一氣呵成) ①일을 단숨에 몰아쳐 해냄. ②문장(文章)을 단숨에 지어냄.

일기당천(一騎當千) '한 기병(騎兵)이 천 명의 적을 당해 냄'이란 뜻으로, ①남달리 뛰어난 기술(技術)이나 경험(經驗)이 있음의 비유(譬喩). ②혼자 일시에 능히 많은 일을 잘 처리(處理)해 나간다는 뜻. 일인당천(一人當千).

일기부모기죄여산(一欺父母其罪如山) 한번이라도 부모(父母)님을 속이면, 그 죄(罪)가 산(山)과 같음.

일기일회(一期一會) 평생(平生)에 단 한 번 만남. 또는, 그 일이 생애(生涯)에 단 한 번뿐인 일임. 사람과의 만남 등(等)의 기회(機會)를 소중(所重)히 함의 비유(比喩).

일기지욕(一己之慾) 제 한 몸만을 위(爲)해 부리는 욕심(慾心).

일낙천금(一諾千金) '한 번 승낙(承諾)하면 그것이 천금과 같다'는 뜻으로, 약속(約束)을 반드시 지킴을 이르는 말.

일난풍화(日暖風和) 일기(日氣)가 따뜻하고 바람이 온화(溫和)함.

일년지계막여수곡(一年之計莫如樹穀) 일 년의 계획(計劃)으로는 곡식(穀食)을 심는 것이 제일(第一)임을 이르는 말.

일년허도추(一年虛渡秋) '한 해 가을을 헛되이 보낸다'는 뜻으로, 음력(陰曆) 8월 보름밤에 하늘에 구름이 끼어 달을 볼 수 없음을 탄식(歎息)해 이르는 말.

일념귀명(一念歸命) 오직 아미타불(阿彌陀佛)의 말씀에 몸을 맡김.

일념발기(一念發起) 마음을 돌이켜 득도(得道)하려고 발심(發心)함.

일념불생(一念不生) 모든 생각을 초월(超越)한 경지(境地).

일념불퇴(一念不退) 결심(決心)이 굳어 흔들리지 아니함.

일념삼천(一念三千) 사람의 마음속에 삼천의 법계(法界)를 갖출 수 있음을 이르는 말.

일념왕생(一念往生) '한 번 아미타불(阿彌陀佛)을 생각하고 부르면 극락(極樂)에 간다'는 뜻. 한 생각으로 극락(極樂) 가는 업을 이룬 까닭으로 그 뒤에는 염불(念佛)이 쓸데없다는 뜻.

일념창명(一念唱名) 일념칭명(一念稱名).

일념칭명(一念稱名) 일심(一心)으로 아미타불(阿彌陀佛)을 믿고 나무아미타불(南無阿彌陀佛)을 부름.

일념통암(一念通巖) '정신을 집중하면 화살이 바위를 뚫는다'는 뜻으로, 정신(精神)을 집중(集中)하면 때로는 믿을 수 없을 만한 큰 힘이 나올 수 있음을 이르는 말.

일념통천(一念通天) 한결같은 마음으로 열중(熱中)하면 하늘도 감동(感動)하여 일을 성취(成就)하게 함.

일념포한(一念抱恨) 한결 같은 마음으로 원한(怨恨)을 품음.

일념화생(一念化生) 한 생각이 가는 데 따라서 잡귀(雜鬼)가 되고 부처가 되는 일.

일노일로(一怒一老) 한 번 화를 내면 한 번 늙음.

일단사일두갱(一簞食一豆羹) '대나무로 만든 밥그릇 하나에 담긴 밥과 제기(祭器) 하나에 떠 놓은 국'이라는 뜻으로, ①얼마 안되는 음식. ②변변치 못한 음식.

일단사일표음(一簞食一瓢飮) '한주먹 도시락밥과 표주박 한 바가지 물'이란 뜻으로, ①변변치 못한 음식(飮食). ②매우 가난한 살림을 의미(意味)함.

일단일장(一短一長) 일장일단(一長一短).

일당백(一當百) '한 사람이 백 사람을 당해 낸다'는 뜻으로, 매우 용맹함을 비유하여 이르는 말.

일도개천(一禱開天) 크게 기도(祈禱)하니 하늘 문(門이) 열린다.

일도벽천(一禱闢天) 간절(懇切)히 기도(祈禱)할 때 하늘 문(門)이 활짝 열린다.

일도삼례(一刀三禮) 불상(佛像)을 조각(彫刻)할 때 한 번 깎고 세 번 절을 하는 일.

일도양단(一刀兩斷) '한 칼로 쳐서 두 동강이를 낸다'는 뜻으로, 머뭇거리지 않고 일이나 행동(行動)을 선뜻 결정(決定)함의 비유(譬喩). 일도할단(一刀割斷).

일도창해(一到滄海) '한번 푸른 바다에 이르면 되돌아오지 않는다'는 뜻.

일도할단(一刀割斷) 일도양단(一刀兩斷).

일동일정(一動一靜) 때로는 움직이고, 때로는 조용히 함.

일득일실(一得一失) 한번은 이롭고, 한번은 손해(損害) 봄.

일락서산(日落西山) '해가 서산에 진다'는 뜻으로, 나이 늙어 죽음이 다가옴의 비유(比喩).

일락천장(一落千丈) 신망(信望)이나 위신(威信) 따위가 동시(同時)에 여지없이 떨어져 버림.

일락함지(一落咸池) '저녁에는 해가 함지에 떨어진다'는 뜻으로, 해가 서산에 짐을 이르는 말.

일람불망(一覽不忘) 한 번 보면 잊지 않음.

일래과(一來果) 사다함과(斯陀含果).

일려단복(一驢單僕) 나귀 한 마리와 하인(下人) 한 명. 가난한 선비의 나들이 행색을 말함.

일련탁생(一蓮托生) '죽은 뒤에 극락정토(極樂淨土)에서 같은 연꽃 위에 다시 태어난다'는 뜻으로, 사물(事物)의 선악(善惡)이나 결과(結果)의 선악(善惡)에 관계(關係)없이 행동(行動)이나 운명(運命)을 함께 함을 이르는 말. 일련탁생(一蓮託生).

일련탁생(一蓮託生) 일련탁생(一蓮托生).

일로매진(一路邁進) 한 길로 곧장 거침없이 나아감.

일로영일(一勞永逸) ①한때 고생(苦生)하고 오랫동안 안락(安樂)을 누림. ②적은 노고(勞

苦)의 보람으로 오랜 이익(利益)을 봄.

일로일로(一怒一老) 한 번 화를 내면 그만큼 더 늙음.

일로평안(一路平安) 먼 길이나 여행(旅行) 중(中)의 평안(平安)함.

일룡일사(一龍一蛇) '어떤 때는 용이 되어 승천(昇天)하고, 어떤 때는 뱀이 되어 못 속에 숨는다'는 뜻으로, 태평(太平)한 시대(時代)에는 세상(世上)에 나와 일을 하고, 난세(亂世)에는 숨어 살면서 재능(才能)을 나타내지 않고 그 시대(時代)에 잘 순응(順應)함을 이르는 말.

일룡일저(一龍一猪) '하나는 용이 되고, 또 하나는 돼지가 된다'는 뜻으로, 학문(學問)의 유무(有無)에 따라 어질고 어리석음의 차이(差異)가 아주 심(甚)하게 됨을 이르는 말.

일루지의필분이의(一縷之衣必分而衣) 한 올에 지나지 않는 누더기 옷이라도 반드시 나누어 입어야 함.

일륜명월(一輪明月) 둥글고 밝은 달.

일률천편(一律千篇) 천편일률(千篇一律).

일리일해(一利一害) 이해(利害)가 상반(相半)함.

일립만배(一粒萬倍) '한 톨의 벼를 뿌리면 일만 톨의 쌀이 된다'는 뜻으로, 작은 것도 쌓이면 많게 됨을 이르는 말.

일립지곡필분이식(一粒之穀必分而食) 한 알의 곡식(穀食)이라도 반드시 나누어서 먹어야 함.

일립지식필분이식(一粒之食必分而食) 한 알의 음식(飮食)이라도 반드시 나누어 먹으라는 뜻.

일망무애(一望無涯) 일망무제(一望無際).

일망무제(一望無際) 아득하게 끝없이 멀어서, 눈을 가리는 것이 없음.

일망지하(一望之下) 한눈에 바라볼 수 있는 안계(眼界)에 속하여 있는 아래.

일망타진(一網打盡) '그물을 한번 쳐서 물고기를 모조리 잡는다'는 뜻으로, 한꺼번에 죄다 잡는다는 말.

일맥상통(一脈相通) 생각 · 성질(性質) · 처지(處地) 등(等)이 어느 면에서 한 가지로 서로 통(通)함, 서로 비슷함.

일면부지(一面不知) 전혀 만나 본 일이 없어 알지 못함.

일면식(一面識) 한 번 서로 만난 일이 있어, 약간 안면이 있는 일.

일면여구(一面如舊) 단 한 번 만나 사귀어 옛 친구(親舊)처럼 친해짐.

일면지교(一面之交) 일면지분(一面之分).

일면지분(一面之分) 한번 서로 인사를 한 정도(程度)로 아는 친분(親分).

일명경인(一鳴驚人) '한 번 울면 사람을 놀래킨다'는 뜻으로, 한 번 시작(始作)하면 사람을 놀라게 할 정도(程度)의 대사업(大事業)을 이룩함을 이르는 말.

일모계등시천한조입첨(日暮鷄登塒天寒鳥入詹) 날이 저무니 닭이 홰(둥지)로 올라가고,

날씨가 차가우니 새가 처마로 들어감.

일모도궁(日暮途窮) '날은 저물고, 갈 길은 막힌다'는 뜻으로, 늙고 병약하여 앞날이 얼마 남지 않음을 비유(譬喻)해 이르는 말, 늙어서 쇠약(衰弱)해짐. 일모도원(日暮途遠).

일모도원(日暮途遠) '날은 저물었는데 갈 길은 멀다'는 뜻으로, 이미 늙어 앞으로 목적(目的)한 것을 쉽게 달성(達成)하기 어렵다는 말. 일모도궁(日暮途窮).

일모불백(一毛不白) 일발불백(一髮不白).

일모창산원천한백옥빈(日暮蒼山遠天寒白屋貧) 날이 저무니 푸른 산이 멀어지고, 날씨가 추워지니 초가집이 가난함.

일목난지(一木難支) '나무 기둥 하나로 지탱하기 어렵다'는 뜻으로, 이미 기울어지는 대세를 혼자서는 감당할 수 없음을 비유(譬喻)하는 말.

일목십행(一目十行) 한 번 잠깐 봐서 10행을 읽음.

일목요연(一目瞭然) '한 번 보고도 분명(分明)히 안다'는 뜻으로, 잠깐 보고도 환하게 알 수 있음을 이르는 말.

일목일초(一木一草) 한 그루의 나무와 한 포기의 풀.

일목장군(一目將軍) '애꾸눈이'를 조롱(嘲弄)하는 말.

일목파천(一目破天) 일이 미처 때를 만나지 못함을 이르는 말.

일무가관(一無可觀) 하나도 볼 만한 것이 없음을 이르는 말.

일무가론(一無可論) 하나도 의논(議論)할 만한 것이 없음.

일무가취(一無可取) 하나도 취할 만한 것이 없음을 이르는 말.

일무다빈(一無多牝) 일웅다자(一雄多雌).

일무소식(一無消息) 도무지 소식(消息)이 없음.

일무소취(一無所取) 하나도 취할 데가 없음.

일무실착(一無失錯) 일무차착(一無差錯).

일무차착(一無差錯) 침착(沈着)하고 치밀(緻密)하여, 복잡(複雜)하고 곤란(困難)한 일을 처리(處理)함에 있어 하나도 틀림이 없음. 일무실착(一無失錯).

일문보문(一門普門) 하나의 교리(教理)에 통달(通達)하면 모든 교리에 쉬이 통달(通達)할 수 있다는 말.

일문부지(一文不知) 한 글자도 모름.

일문불통(一文不通) '한 글자에도 통하지 못한다'는 뜻으로, ①한 글자도 읽지 못함. ②서로 한 통의 편지 왕래가 없음.

일문일답(一問一答) ①한 번 묻는 데 대(對)해 한 번 대답(對答)함. ②또는, 이를 되풀이하는 문장(文章).

일문일족(一門一族) 한 집안.

일문지내(一門之內) 일문에 딸리는 사람. 한 집안 사람. 한 가문에 속하는 사람.
일문충의(一門忠義) 일족이 모두 충성(忠誠)스럽고 의로움.
일미지언(溢美之言) 너무 지나치게 칭찬(稱讚)하는 말.
일미칠근(一米七斤) '쌀 한 톨의 무게가 7근'이라는 뜻으로, 곡식(穀食) 한 톨을 얻기 위해 쏟는 농부들의 노고(勞苦)의 가치(價値)가 그 토록 무겁다는 의미(意味).
일박서산(日薄西山) '해가 서산에 가깝다'는 뜻으로, 나이가 들어 죽음이 다가옴을 이르는 말.
일반개념(一般槪念) 많은 대상의 어느 것에나, 그 뜻을 바꾸지 않아도 적용되는 개념. 급개념. 보통 개념. 보편 개념. ↔개별 개념(個別槪念). 단독 개념(單獨槪念).
일반삼토포(一飯三吐哺) '밥 한 끼에 세 번 토한다'는 뜻으로, 현인(賢人)을 맞아들이기 위(爲)해 힘씀을 이르는 말.
일반지덕(一飯之德) '한 술 밥의 덕'이라는 뜻으로, 보잘것없이 베푼 아주 작은 은덕(恩德)을 이르는 말.
일반지보(一飯之報) 한 번 밥을 얻어먹은 은혜(恩惠)에 대(對)한 보답(報答). 곧 적은 은혜(恩惠)에 대(對)한 보답(報答).
일반지은(一飯之恩) 한 번 밥을 얻어먹은 은혜(恩惠).
일반천금(一飯千金) '한 끼의 식사(食事)에 천금 같은 은혜(恩惠)가 들어 있다'는 뜻으로, 조그만 은혜에 크게 보답(報答)함을 이르는 말.
일발불백(一髮不白) 늙은이의 머리털이 하나도 세지 않은 모양(模樣).
일발필중(一發必中) 한 번 쏘아 반드시 맞힘.
일배지수필분이음(一杯之水必分而飮) 일배지음필분이음(一杯之飮必分而飮).
일배지음필분이음(一盃之飮必分而飮) 한 잔의 마실 것이라도 반드시 나누어서 먹어야 함.
일벌백계(一罰百戒) '한 사람을 벌주어 백 사람을 경계(警戒)한다'는 뜻으로, 한 가지 죄와 또는 한 사람을 벌(罰)줌으로써 여러 사람의 경각심을 불러일으킴.
일벌일습(一벌一襲) '옷 한 벌'을 거듭 강조하여 이르는 말.
일범풍순(一帆風順) '순풍(順風)을 받은 배처럼 일이 순조(順調)롭게 잘 풀린다'는 뜻.
일벽만경(一碧萬頃) 푸른 물이 한없이 넓게 펼쳐 있음.
일별삼춘(一別三春) '한 번 헤어지면 봄을 세 번 지나게 된다'는 뜻으로, 보고 싶은 그리운 정을 비유(比喩)하는 말.
일보불양(一步不讓) 상대방(相對方) 또는 남에게 한 걸음도 양보(讓步)하지 아니함.
일보직전(一步直前) '어떤 일이 생기기 바로 즉전(卽前)'이라는 뜻.
일부다처(一夫多妻) 한 남편(男便)이 동시(同時)에 여러 아내를 거느림.
알부당경족구천부(一夫當逕足懼千夫) '한사람이 길목을 잘 지키면, 천명(千名)의 적(敵)도 두렵게 할 수 있다'는 뜻.
일부당관만부막개(一夫當關萬夫莫開) '한 사람이 관문을 지키면 만 사람이 와도 뚫지 못한다'라는 뜻으로, 수비하기는 쉽고 공격하기는 어려운 험한 지세를 비유하는 말.

일부당관만부막적(一夫當關萬夫莫敵) 일부당관만부막개(一夫當關萬夫莫開).

일부시종(一部始終) 일의 처음부터 끝까지의 자질구레한 모든 사정(事情).

일부양처(一夫兩妻) 한 남자(男子)에게 아내가 둘이 있음.

일부일부(一夫一婦) 한 남편(男便)과 한 아내. 곧, 한 부부(夫婦).

일부일앙(一俯一仰) 고개를 수그렸다 들었다 함을 이르는 말.

일부일처(一夫一妻) 일부일부(一夫一婦). 한 남편(男便)과 한 아내.

일부종사(一夫從事) 한 남편(男便)만을 섬김.

일부종신(一夫終身) 남편(男便)이 죽은 뒤에도 개가(改嫁)하지 않고 수절하며 일생(一生)을 마침.

일불가급(日不暇給) ①할 일이 많아 시일이 부족(不足)함. ②날마다 바빠서 여가(餘暇)가 없음.

일불거론(一不擧論) 한 번도 논의(論議)하지 아니함. 한 번도 상관하지 아니함.

일불이백불통(一不以百不通) '한 가지가 막히면 백 가지가 모두 막힌다'는 뜻.

일불이살육통(一不-殺六通) 단(單) 하나의 잘못으로 모든 것이 다 그릇됨을 이르는 말.

일불투족(一不投足) 일불현형(一不現形).

일불현형(一不現形) 한 번도 나타나지 않음.

일비일희(一悲一喜) ①슬퍼했다 기뻐했다 함. ②슬프고 기쁜 일이 번갈아 일어남.

일비지력(一臂之力) '한 팔이 힘'이라는 뜻으로, 보잘것없게나마 남을 도와주는 조그마한 힘을 이르는 말.

일빈일부(一貧一富) 가난하다가 부자가 되다가 함.

일빈일소(一嚬一笑) '얼굴을 찡그리기도 하고 웃기도 한다'는 뜻으로, ①사소(些少)한 감정(感情)이나 표정(表情)의 변화(變化). ②남의 기분(氣分)을 살핌을 이르는 말.

일사각오(一死覺悟) '죽기를 각오하고' 혹(或)은 '목숨을 걸고서' 라는 뜻.

일사무성(一事無成) 한 가지도 일을 이룬 것이 없음.

일사반기(一四半期) 일사분기(一四分期).

일사보국(一死報國) 한 번 죽어 나라에 보답(報答)함.

일사부재리원칙(一事不再理原則) 형사(刑事) 소송법(訴訟法)에서, 어떤 사건에 대하여 일단 판결이 내리고 확정되면 그 사건을 다시 소송하여 심리하지 않는다는 원칙(原則).

일사부재의(一事不再議) 의회의 의사(議事)에서 한 번 부결된 안건은 같은 회기(會期) 중에는 다시 제출할 수 없다는 원칙(原則).

일사분기(一四分期) 일년을 네 기(期)로 나눈 그 첫째 기간, 곧 1·2·3월. 일사반기(一四半期).

일사불란(一絲不亂) '한 오라기의 실도 흐트러지지 않았다'는 뜻으로, 질서(秩序)나 체계(體系) 따위가 잘 잡혀 있어서 조금도 흐트러짐이 없음을 이르는 말.

일사일생(一死一生) 죽는 일과 사는 일.

일사일호(一絲一毫) 한 오리의 실과 한 오리의 털.

일사천리(一瀉千里) '강물이 쏟아져 단번에 천리를 간다'는 뜻으로, ①조금도 거침없이 빨리 진행(進行)됨. ②문장(文章)이나 글이 명쾌(明快)함.

일살다생(一殺多生) 한 사람을 죽여서 많은 사람을 살림.

일상다반(日常茶飯) 항상(恒常) 있는 일.

일상다반사(日常茶飯事) 일상다반(日常茶飯).

일상사(日常事) 날마다 일어나는 일. 늘 있는 일.

일상생활(日常生活) 날마다의 생활. 평소(平素)의 생활. 늘 하는 생활.

일상선사(昳上善事) 더 할 수 없이 기쁘고 좋은 일.

일상용어(日常用語) 평소(平素) 생활에서 보통으로 쓰이는 말.

일상일영(一觴一詠) 한 잔 술을 마시고는 한 수의 시를 읊음.

일상일하(一上一下) 혹은 오르고 혹은 내림.

일생보처(一生補處) 한생이 끝나면 다음에는 부처가 됨.

일생불범(一生不犯) 일생(一生) 동안 불계(佛戒)를 지켜 여자(女子)를 범(犯)하지 않음.

일생일대(一生一代) 한 사람이 나서 죽을 때까지의 동안.

일생일사(一生一死) 한번 나고 한 번 죽는 일.

일생일세(一生一世) 일생일대(一生一代).

일석이조(一石二鳥) '한 개의 돌을 던져 두 마리의 새를 맞추어 떨어뜨린다'는 뜻으로, 한 가지 일을 해서 두 가지 이익(利益)을 얻음을 이르는 말. 일거양득(一擧兩得).

일석천념(一夕千念) '하루 저녁에 천 가지 생각을 한다'는 뜻으로, 잠시 동안 아주 많은 것을 생각함.

일성일쇠(一盛一衰) 한 번 성(盛)하고 한 번 쇠(衰)함. 성(盛)하는 때도 있고 쇠(衰)하는 때도 있음. 일영일락(一榮一落).

일성호가(一聲胡笳) 한 가락의 피리 소리.

일세구천(一歲九遷) '한 해 동안에 아홉 번 관위가 오른다'는 뜻으로, 군주(君主)의 총애(寵愛)를 두텁게 받음을 일컫는 말.

일세목탁(一世木鐸) 세상(世上) 사람들을 가르치고 이끄는 사람.

일세일기(一世一期) 한평생(-平生).

일세일대(一世一代) ①한세상(-世上). ②한 대 동안. 곧, 한평생(-平生).

일세일원(一世一元) 한 임금의 재위(在位) 중(中)에 하나의 연호(年號)만을 사용(使用)하고 고치지 아니한다는 말.

일세지웅(一世之雄) 그 시대(時代)에 대적(對敵)할 만한 사람이 없을 정도(程度)로 뛰어난 인물(人物)을 이르는 말.

일세풍미(一世風靡) 그 시대(時代)의 사람들을 그 일에 쏠리게 함. 풀이 바람에 몰려 한쪽으로 쓰러지듯이 위세(威勢)에 딸려서 저절로 복종(服從)함을 이르는 말.

일소부재(一所不在) 한 곳에 오래 있지 아니함.

일소일소(一笑一少) 한 번 웃으면 그만큼 더 젊어짐.

일소일소일로일로(一笑一少一怒一老) 한 번 웃으면 한 번 젊어지고, 한 번 화내면 한 번 늙음.

일소천금(一笑千金) 한 번 웃음에 천금의 값이 있음.

일수백확(一樹百穫) '한 나무에서 백배를 수확(收穫)한다'는 뜻으로, 인물(人物)을 양성(養成)하는 보람을 이르는 말. 곧 인재(人材) 한 사람을 길러냄이 사회(社會)에는 막대(莫大)한 이익(利益)을 줌을 이르는 말.

일수불퇴(一手不退) 바둑이나 장기를 둘 때 '한번 둔수는 무르지 못함'을 이르는 말.

일수판매(一手販賣) 물건을 도거리로 혼자 맡아서 파는 일.

일숙일반(一宿一飯) '여행(旅行) 길에 하룻밤 묵어 한 끼 식사(食事)를 대접(待接)받는다'는 뜻으로, 조그마한 은덕(恩德)을 입음을 이르는 말.

일순천리(一瞬千里) 한 번 바라보면 천 리가 눈앞에 드러나는 광활한 경치(景致).

일승묘전(一乘妙典) 일승의 교법을 명백(明白)히 하는 훌륭한 경전(經典).

일승일부(一勝一負) 일승일패(一勝一敗).

일승일패(一勝一敗) 한 번 이기고 한 번 짐.

일승지사(一乘之使) 일승(一乘)의 수레를 거느릴 정도(程度)의 간단(簡單)한 사자(使者).

일시동인(一視同仁) 모두를 평등(平等)하게 보아 똑같이 사랑함.

일시생사(一時生死) 같이 살다가 함께 죽는 일.

일시일비(一是一非) '하나가 옳다 하면 하나는 그르다고 한다'는 뜻으로, 시비(是非)가 일정(一定)하지 않음을 이르는 말.

일시적(一時的) 한때만의 것. 오래가지 않는 것. ↔영구적(永久的).

일식만전(一食萬錢) '한 끼 식사(食事)에 많은 돈을 들인다'는 뜻으로, 매우 사치(奢侈)스러운 생활(生活)을 비유(譬喩)하는 말.

일신교(一神教) 오직 하나의 신(神)만을 인정하고 믿는 종교(기독교 · 마호메트교 · 유대교 따위). 유일신교(唯一神教). ↔다신교(多神教).

일신시담(一身是膽) '온 몸이 쓸개로 이루어져 있다'는 뜻으로, 두려움이라고는 모르는 담대한 사람을 비유하는 말.

일신양역(一身兩役) 한 몸으로 두 가지 일을 맡음. 일신이역(一身二役). 일인이역(一人二役).

일신우일신(日新又日新) 날이 갈수록 새로워짐.

일신월성(日新月盛) 날마다 새로운 것이 생기고 다달이 왕성(旺盛)하여짐.

일신이역(一身二役) 한 사람이 두 가지 역할을 함. 일신양역(一身兩役). 일인이역(一人二役).

일신일일신우일신(日新日日新又日新) 일신우일신(日新又日新).

일신천금(一身千金) '몸 하나가 천금과 같다'는 뜻으로, 사람의 몸이 매우 귀(貴)하고 소중(所重)함을 비유(比喩)해 이르는 말.

일실무상(一實無相) '진실(眞實)의 가르침은 유일(唯一) 절대(絕對)의 것이어서 가상(假想)으로 나타난 여러 가지 현상계(現象界)와 동떨어진 것'이라는 뜻.

일실승(一實乘) '오직 하나의 진실(眞實)한 가르침'이라는 뜻으로, 대승(大乘)을 일컫는 말.

일실일득(一失一得) 일득일실(一得一失).

일실지도(一實之道) 진실(眞實)의 이치(理致)는 하나로서 성자나 범인(凡人)이나 다름이 없음.

일심경례(一心敬禮) 마음을 하나로 하고, 불(佛), 법(法), 승(僧)의 삼보를 공경(恭敬)하여 예배(禮拜)함.

일심귀명(一心歸命) 전심전력하여 부처에게 귀의(歸依)함.

일심단결(一心團結) 마음이 하나 되어 뭉치는 것.

일심동귀(一心同歸) 합심(合心)하여 같은 목적(目的)으로 향(向)함.

일심동체(一心同體) '마음을 하나로 합쳐서 한마음 한 몸이 됨'을 이르는 말.

일심만능(一心萬能) 무슨 일이든지 일심으로만 되면 할 수 있음.

일심불란(一心不亂) 마음을 한 가지 일에 기울여 다른 것에 주의(注意)를 돌리지 않음.

일심삼관(一心三觀) 자기(自己)의 마음속에 공(空), 가(假), 중(中)의 삼제가 있음을 알고, 생사(生死), 번뇌(煩惱)의 경지(境地)에서 벗어나, 열반(涅槃), 보리에 들어가는 도(道)를 닦는 일.

일심전념(一心專念) 일심으로 오로지 염불(念佛)함.

일심전력(一心專力) 한 마음 한 뜻으로 힘을 다함.

일심협력(一心協力) 한 마음 한 뜻으로 서로 힘을 합함.

일안고공(一雁高空) '높은 하늘에 기러기 한 마리'라는 뜻으로, 기러기는 떼지어 나는데, 무리에서 빠져나온 한 마리 기러기가 높고 맑은 가을 하늘을 높이 날아가는 모양(模樣)으로, 고독(孤獨)한 심경(心境)과 고고한 경지(境地)를 이르는 말.

일야무간(日夜無間) 밤낮으로 끊임없이.

일야부절(日夜不絕) 밤낮으로 끊이지 않음.

일야지간(一夜之間) 하룻밤 사이.

일양내복(一陽來復) '동지(冬至)를 고비로 음기(陰氣)가 사라지고, 양기(陽氣)가 다시 온다'는 뜻으로, ①나쁜 일이나 괴로운 일이 계속(繼續)되다가 간신히 행운(幸運)이 옴을 이르는 말. ②동짓달(冬至–)이나 동지(冬至)를 이르는 말. ③겨울이 가고 봄이 돌아옴.

일어상인통여도할(一語傷人痛如刀割) 말 한 마디가 사람을 중상함은 아프기가 칼로 베는 것과 같다.

일어탁수(一魚濁水) '물고기 한 마리가 큰물을 흐리게 한다'는 뜻으로, 한 사람의 악행(惡行)으로 인(因)하여 여러 사람이 그 해를 받게 되는 것을 비유(譬喩)하는 말.

일어혼전천(一魚混全川) 한 마리 물고기가 온 시냇물을 흐려 놓음.

일언가파(一言可破) 여러 말을 하지 않고 한 마디로 잘라 말해도 곧 판단(判斷)이 될 수 있음.

일언거사(一言居士) 무슨 일이든지 한마디씩 참견(參見)하지 않으면 마음이 놓이지 않는 사람. 말참견(–參見)을 썩 좋아하는 사람.

일언단파(一言斷破) 일언가파(一言可破).

일언반구(一言半句) '한 마디의 말과 한 구의 반'이란 뜻으로, 극히 짧은 말이나 글.

일언반구중치천금(一言半句重値千金) 한 마디 말이 무겁기가 천금(千金)과 같다.

일언반사(一言半辭) '단 한 마디의 말'이라는 뜻으로, 적은 말의 뜻.

일언부중천어무용(一言不中千語無用) 한 마디 말이 맞지 않으면, 천 마디 말이 쓸 데 없다.

일언이폐지(一言以蔽之) 구구한 말을 다 줄이고, 한 마디의 말로써 함.

일언일구(一言一句) 한마디의 말귀.

일언일동(一言一動) 한마디 말과 한 가지 동작(動作).

일언일행(一言一行) 사소(些少)한 말과 행동(行動). 하나 하나의 말과 행동.

일언지좌(一言之佐) 한마디의 도움, 또는 그 도움을 주는 신하(臣下).

일언지하(一言之下) '말 한 마디로 끊음'이란 뜻으로, 한 마디로 딱 잘라 말함.

일언천금(一言千金) 한마디의 말이 천금(千金)의 가치(價値)가 있음.

일언함인(一言陷人) 사소(些少)한 말로 사람을 함정(陷穽)에 빠뜨림.

일업소감(一業所感) 많은 사람이 똑같은 선악(善惡)의 업인(業因)으로 똑같은 업과(業果)를 느끼는 일.

일여일탈(一與一奪) 어느 때는 주고 어느 때는 뺏음. 주었다 뺏었다 함.

일역전(一易田) 일역지지(一易之地).

일역지지(一易之地) 땅이 기름지지 아니하여 한 해 걸러 경작하는 땅. 일역전(一易田).

일엽락혜지천하지추(一葉落兮知天下之秋) 일엽지추(一葉知秋)의 본딧말.

일엽소선(一葉小船) 물 위에 떠있는 하나의 나뭇잎 같은 작은 배.

일엽장목(一葉障目) '나뭇잎 하나가 눈을 가린다'는 뜻으로, 단편적이고 일시적인 현상(現狀)에 미혹(迷惑)되어 전반적이고 근본적인 문제를 깨닫지 못함.

일엽주(一葉舟) 일엽 편주(片舟).

일엽지추(一葉知秋) '나뭇잎 하나가 떨어짐을 보고 가을이 옴을 안다'는 뜻으로, 한 가지 일을 보고 장차 오게 될 일을 미리 짐작(斟酌)함.

일엽편주(一葉片舟) 한 조각의 작은 배.

일엽폐목불견태산(一葉蔽目不見泰山) '한 장의 나뭇잎으로 눈을 가리면 태산(泰山)같이 큰 것도 볼 수 없다'는 뜻으로, 한 점의 사심(私心)이 공명(公明)한 마음을 덮음을 이르는 말.

일영일락(一榮一落) 일성일쇠(一盛一衰).

일와삼십년(一臥三十年) '한 번 누워 삼십년'이라는 뜻으로, 벼슬하지 않고 삼십 년이라는 오랜 세월(歲月)을 초야(草野)에서 지조(志操)를 지키며 은둔(隱遁) 생활(生活)을 함을 이르는 말.

일왕일래(一往一來) 왔다 갔다 함.

일용범백(日用凡百) 날마다 쓰는 모든 물건(物件).

일용상행(日用常行) 날마다 하는 행위(行爲).

일우명지(一牛鳴地) '소의 울음소리가 들릴 정도(程度)의 거리(距離)'라는 뜻으로, 매우 가까운 거리(距離)를 이르는 말.

ㅇ

일우후지(一牛吼地) '소의 울음소리가 들릴 정도(程度)의 거리(距離)'라는 뜻으로, 매우 가까운 거리(距離)를 이르는 말.

일웅다자(一雄多雌) 교미기에 한 마리의 수컷이 여러 마리의 암컷을 거느리는 현상(現狀). 이를테면 물개에서 볼 수 있는 것과 같음.

일원론(一元論) 〔영〕Monism. (정신이든 물질이든, 또는 그 둘을 합한 것이든) 우주(宇宙)의 본체는 오직 하나라고 하는 견해나 학설. 스피노자는 데카르트와 반대로 물, 심 양자를 통일하는 실체로서 유일의 '본체'를 인정한다. 단원론(單元論). ↔다원론(多元論).

일원상(一圓相) '만다라(曼茶羅)에서 부처, 보살(菩薩)의 상(像)을 둘러싸고 있는 원륜(圓輪).

일원화(一元化) 하나의 체계(體系)로 됨. 한 줄기로 만듦.

일월광천지(日月光天地) 해와 달이 천지(天地)를 비춘다'는 뜻으로, 천자(天子)의 덕이 큼을 칭송(稱頌)해 이르는 말.

일월구천(一月九遷) '한 달 동안에 아홉 번이나 관위(官位)가 승진(昇進)했다'는 뜻으로, 군주(君主)의 총애(寵愛)를 많이 받고 있음을 이르는 말.

일월삼주(一月三舟) '달 하나를 세 배에서 본다'는 뜻으로, 하나의 달을 보는 사람의 경우(境遇)에 따라 각각(各各) 달리 보인다는 뜻에서, 즉 도(道)는 같으나 사람마다 견해(見解)가 다름을 이르는 말.

일월성신(日月星辰) 해와 달과 별을 통틀어 이르는 말.

일월영측(日月盈昃) 해는 서쪽으로 기울고 달도 차면 점차 이지러짐.

일월영측진숙렬장(日月盈昃辰宿列張) 별들은 각각 제자리가 있어 하늘에 넓게 널려져 있다.

일월욕명부운폐지(日月欲明浮雲蔽之) '해와 달이 밝게 빛나려고 하나 뜬구름이 가리면 어둡게 된다'는 뜻으로, ①사람의 본성(本性)은 본시 어질고 착하나 욕심(慾心) 때문에 악해진다는 말. ②덕 있는 인자(仁慈)한 임금이 간신(奸臣) 때문에 명철(明哲)한 판단력(判斷力)이 가려진다는 말.

일월지명(日月之明) 해와 달과 같이 밝은 총명(聰明).

일월천년경강산만고병(日月千年鏡江山萬古屛) 해와 달은 천년의 거울이요, 강과 산은 만고의 병풍(屛風)임.

일유일예(一遊一豫) '즐긴다'는 뜻으로, 황제(黃帝)의 유행(流行)을 이르는 말.

일음일탁(一飮一啄) '얼마 안 되는 음식(飮食)'이라는 뜻으로, 사람이 자기(自己)의 분수(分數)를 지켜 그 분수(分數) 외의 것을 더 탐내지 않음의 비유(比喩).

일의대수(一衣帶水) '옷의 띠와 같은 물'이라는 뜻으로, ①좁은 강, 해협(海峽), 또는 그와 같은 강을 사이에 두고 가까이 접해 있음을 이르는 말. ②겨우 냇물 하나를 사이에 둔 가까운 이웃.

일의전심(一意專心) 오로지 한 가지 일에만 온 마음을 기울임.

일의직도(一意直到) 생각하는 그대로 나타냄.

일이관지(一以貫之) '하나로써 그것을 꿰뚫었다'는 뜻으로, ①처음부터 끝까지 변(變)하지 않음. ②또는 막힘 없이 끝까지 밀고 나감.

일이위상(日以爲常) 날마다 같은 일을 함.

일인다역(一人多役) 한 사람이 여러 가지를 맡아서 일함.

일인당백(一人堂百) 한 사람이 능히 백 사람과 맞섬.

일인당천(一人當千) '한 사람이 천 명의 적을 당해 낸다'는 뜻으로, 용사를 형용(形容)해 이르는 말. 일기당천(一騎當千).

일인이역(一人二役) 한 사람이 두 가지 구실을 맡음.

일인일기(一人一技) 한 사람이 하나의 기술(技術)을 가지는 일.

일인지하만인지상(一人之下萬人之上) '한 사람의 아래요 만인의 윗사람이다'라는 말로서, '위로는 단 한 사람만 섬기면 되고 아래로는 모든 백성을 다스린다'는 뜻.

일일구천(一日九遷) 일월구천(一月九遷).

일일난재신(一日難再晨) '하루에 아침은 두 번 오지 않는다'는 뜻으로, 시간(時間)은 한 번 지나가면 다시 돌아오지 않음을 이름.

일일불념선제악개자기(一日不念善諸惡皆自起) 하루라도 착한 일을 생각지 않으면, 모든 악한 것이 저절로 일어나느니라.

일일불독서구중생형극(一日不讀書口中生荊棘) 하루라도 글을 읽지 않으면, 입안에서 가시가 돋아 남.

일일불작일일불식(一日不作一日不食) '하루 일하지 않으면 하루 먹지 말라'는 말.

일일사득(一一查得) 하나씩 조사(調査)하여 알아냄.

일일삼성(一日三省) '하루의 일 세 가지를 살핀다'는 뜻으로, 하루에 세 번씩 자신(自身)의 행동(行動)을 반성(反省)함.

일일삼추(一日三秋) '하루가 삼 년 같다'는 뜻으로, ①사랑하는 사람끼리의 사모(思慕)하는 마음이 간절(懇切)함을 이르는 말. ②뜻대로 만날 수 없는 초조(焦燥)함을 나타내는 말.

일일여삼추(一日如三秋) '하루가 3년 같다'는 뜻으로, 곧, 몹시 애태우며 기다림. 일각여삼추(一刻如三秋).

일일일생(一日一生) '하루하루가 모두 한 생애(生涯)'라는 뜻.

일일일행(一日一行) 하루에 한 가지 일이라도 행(行)하라.

일일지구부지외호(一日之狗不知畏虎) '하룻강아지 범 무서운 줄 모른다'는 뜻으로, 멋모르고 겁없이 덤빔을 이르는 말.

ㅇ

일일지아(一日之雅) 잠깐 동안의 사귐(교제). 사귐이 얕음. 아(雅)는 평소(平素)의 교제를 나타냄.

일일지장(一日之長) '하루 먼저 세상(世上)에 났다'는 뜻으로, ①연령(年齡)이 조금 위가 되는 일 ②조금 나음 또는 그런 선배.

일일천리(一日千里) '하루에 천 리(千里)를 달린다'는 뜻으로, ①말이 매우 빨리 달림을 이르는 말. ②진보(進步)하는 것이 빠름. ③물이 급히 흐름. ④뛰어난 재능(才能)을 가진 사람.

일일천추(一日千秋) '하루가 천 년 같다'는 뜻으로, 사랑하는 사람끼리의 사모(思慕)하는 마음이 간절(懇切)함을 이르는 말, 뜻대로 만날 수 없는 초조(焦燥)함을 나타내는 말.

일일청한일일선(一日淸閑一日仙) 하루라도 마음이 깨끗하고 편안하다면 그 하루는 신선이 되느니라.

일일편시(一日片時) ①잠시(暫時) 동안. ②짧은 시간(時間).

일자경장(一字徑丈) 일자경척(一字徑尺). 글자를 너무 크게 써서 한 글자의 크기가 한 자나 됨.

일자만동(一字萬同) (서예에서)글씨에 변화(變化)가 없음.

일자무식(一字無識) 한 글자도 알지 못함.

일자반급(一資半級) 대수롭지 않은 낮은 벼슬자리.
일자백금(一字百金) '백(百), 천(千), 만(萬)은 개수(個數)를 나타내지만 여기서는 많다'의 뜻으로 쓰여, '한 글자의 값어치가 백금'이라는 뜻으로, ①지극(至極)히 가치(價値) 있는 문장(文章)을 말함. ②말 한마디로 천 냥 빚을 갚는다는 속담(俗談)과 맥(脈)이 통(通)함.
일자백련(一字百鍊) 시문(詩文)의 한 자 한 자를 충분(充分)히 퇴고함.
일자불설(一字不說) 부처가 깨달은 내용(內容)은 말이나 문자(文字)로는 설명(說明)할 수 없음.
일자불식(一字不識) 글자 한자(漢字)도 알지 못함.
일자삼례(一字三禮) 경문(經文)을 베끼어 쓸 때, 한 글자마다 세 번씩 절하는 일.
일자상전(一子相傳) 학문(學問)이나 기예(技藝) 따위의 깊은 뜻을 자기(自己)의 자녀(子女) 중(中) 한 자식(子息)에게만 전(傳)하고, 다른 자식(子息)에게는 비밀(秘密)로 함.
일자양의(一字兩義) 한 글자에 두 가지의 뜻이 있음.
일자오결(一字五結) 논밭 다섯 결(結)마다 『천자문(千字文)』의 자호(字號)를 붙이던 일.
일자이후(一自以後) 그 뒤부터 지금까지.
일자지사(一字之師) '한 자를 가르친 스승'이라는 뜻으로, 시나 문장(文章)의 한 글자를 바로잡아 주어 명문(名文)이 되게 해준 사람을 존경(尊敬)해 이르는 말.
일자천금(一字千金) '한 글자의 값어치가 천금이다'라는 뜻으로, ①지극(至極)히 가치(價値) 있는 문장(文章)을 말함. ②말 한마디로 천 냥 빚을 갚는다는 속담(俗談)과 맥(脈)이 통(通)함.
일장공성만골고(一將功成萬骨枯) 한 장수(將帥)의 공명(功名)은 수많은 병졸(兵卒)의 희생(犧牲)으로 이루어짐.
일장설화(一場說話) 한바탕의 이야기.
일장월취(日將月就) 일취월장(日就月將).
일장일단(一長一短) 장점(長點)도 있고 단점(短點)도 있음.
일장일이(一張一弛) '한 번 팽팽히 당기고 한 번 느슨하게 한다'는 뜻으로, 한 때 일을 시키면 한 때 쉬게 해야 한다는 말.
일장춘몽(一場春夢) '한바탕의 봄 꿈처럼 헛된 영화(榮華)나 덧없는 일'이라는 뜻으로, 인생(人生)의 허무(虛無)함을 비유(比喩)하여 이르는 말. 일취지몽(一炊之夢).
일장통곡(一場痛哭) 한바탕의 통곡(痛哭).
일장풍파(一場風波) 한바탕의 심한 야단. 싸움.
일전불사(一戰不辭) 한바탕의 싸움이라도 마다하지 않음.
일전쌍조(一箭雙鵰) '화살 하나로 수리 두 마리를 떨어뜨린다'는 뜻으로, 한 가지 일로 두

가지 이득(利得)을 취함을 이르는 말. 일거양득(一擧兩得). 일석쌍조(一石雙鳥).

일절지사(一節之士) 조그마한 덕행(德行)이 있는 사람.

일점일획(一點一劃) ①'글자의 점 하나와 획(劃) 하나'라는 뜻으로, 아주 작은 부분의 글이나 말 따위를 말함. ②성경(聖經)의 진리(眞理) 말씀에서 나온 말로서, 유법(律法) 중의 글자에 점 하나 획 하나도 빠지거나 바뀌지 않고, 완전함을 뜻함.

일점혈육(一點血肉) 단 하나의 자기(自己)가 낳은 자식(子息).

일점홍(一點紅) '푸른 잎 가운데 한 송이의 꽃이 피어 있다'는 뜻으로, ①여럿 속에서 오직 하나 이채를 띠는 것. ②또는 많은 남자(男子)들 사이에 끼어 있는 오직 하나 뿐인 여자(女子).

일정불변(一定不變) 일정불역(一定不易).

일정불역(一定不易) 한 번 정(定)하여져 바뀌지 아니함. 일정불변(一定不變).

일조부등(日照不等) 같은 날의 두 번의 만조(滿潮) 또는 간조(干潮)의 높이가 서로 같지 않은 현상(現象).

일조일석(一朝一夕) '하루아침, 하루저녁'이란 뜻으로, 대단히 짧은 시간(時間).

일조점호(日朝點呼) 군대에서, 기상하여 일과를 시작하기 전에 취하는 점호(點呼).

일조지분(一朝之忿) '하루아침의 분함'이라는 뜻으로, 일시적(一時的)으로 감정(感情)이 격해져 도의에 벗어 나도록 일으키는 분노(憤怒)를 이르는 말.

일조지환(一朝之患) 갑자기 덮치는 근심과 재앙(災殃).

일죄재범(一罪再犯) 같은 죄(罪)를 두 번 함.

일주난지(一柱難支) '기둥 하나로 지탱하기 어렵다'는 뜻으로, 이미 기울어지는 대세를 혼자서는 감당할 수 없음을 비유(比喩)하는 말.

일중도영(日中逃影) '한낮에 그림자를 피한다'는 뜻으로, 불가능(不可能)한 일, 이루어질 수 없는 일을 비유(譬喩)해 이르는 말.

일중불결(日中不決) 이른 아침부터 회의(會議)를 열어서 오정 때에 이르러도 아직 결정(決定)되지 아니 함.

일증월가(日增月加) 나날이 다달이 자꾸자꾸 불어감.

일지반전(一紙半錢) 종이 한 장과 엽전 오리. 아주 적은 것, 보잘것없는 것을 말함.

일지반해(一知半解) '하나쯤 알고 반쯤 깨달음'이라는 뜻으로, 곧, 지식(知識)이 적음, 아는 것이 적음.

일지위심(一之爲甚) 한번 저지른 과오는 다시 되풀이 하지 말라.

일진광풍(一陳狂風) 한바탕 부는 사나운 바람.

일진법계(一眞法界) 오직 하나인 참된 세계(世界). 절대(絕對) 무차별(無差別)의 우주(宇

宙)의 실상(實相).

일진불염(一塵不染) 티끌만큼도 물욕에 물들어 더럽혀져 있지 않게 하여라.

일진월보(日進月步) 날로 달로 끊임없이 진보(進步) 발전(發展)함.

일진일퇴(一進一退) ①한 번 나아감과 한 번 물러섬. ②나아갔다가 물러섬. ③좋아졌다 나빠졌다 함.

일진청풍(一陣淸風) 한바탕 부는 시원한 바람.

일진흑운(一陣黑雲) 한바탕 이는 먹구름.

일창삼탄(一倡三歎) ①중국(中國) 종묘(宗廟)의 제사(祭祀)에서 아악(雅樂)을 연주(演奏)할 때, 한 사람이 발성하고 세 사람이 따라 부름. ②또는 한 번 읽고 세 번 감탄(感歎)하는 뜻으로, 시문(詩文)의 훌륭함을 칭찬(稱讚)하는 말. 일창삼탄(一唱三嘆).

일창삼탄(一唱三嘆) 일창삼탄(一倡三歎).

일처다부(一妻多夫) 한 아내에 대(對)하여 동시(同時)에 둘 이상(以上)의 남편(男便)이 있음.

일척건곤(一擲乾坤) '한 번 던져서 하늘이냐 땅이냐를 결정(決定)한다'는 뜻으로, 운명(運命)과 흥망(興亡)을 걸고 단판으로 승부(勝負)를 겨룸.

일척천금(一擲千金) 많은 돈을 한꺼번에 써버림.

일천즉천(一賤則賤) '한번 천민(賤民)이면 영구(永久)히 천민이요, 부모 중에 한 사람이 천민이면 그 후손(後孫)은 대대(代代)로 천민'이라는 뜻.

일천지하(一天之下) 한 하늘 아래.

일체분신(一體分身) ①부처가 세상(世上) 사람을 구(救)하기 위(爲)해 일시 여러 가지 모습으로 나타나는 일. ②동일(同一)의 사물(事物)을 근원(根源)으로 하고 거기에서 갈라져 나온 사물(事物).

일체유심조(一切唯心造) 모든 것은 오직 마음먹기에 달려 있다.

일초일목(一草一木) 일목일초(一木一草).

일촉즉발(一觸卽發) '한 번 닿기만 하여도 곧 폭발(爆發)한다'는 뜻으로, 조그만 자극(刺戟)에도 큰 일이 벌어질 것 같은 아슬아슬한 상태(狀態)를 이르는 말.

일촌간장(一寸肝腸) '한 토막의 간과 창자'라는 뜻으로, 주로 애달프거나 애가 탈 때의 마음을 형용(形容)하여 이르는 말.

일촌광음(一寸光陰) 매우 짧은 시간(時間).

일촌광음불가경(一寸光陰不可輕) '짧은 시간(時間)이라도 헛되이 보내지 말라'는 뜻.

일촌단심(一村丹心) 일촌적심(一村赤心). '한 토막 붉은 마음'이라는 뜻으로 자기의 참된 정성이나 진실을 낮추어 이르는 말.

일촌적심(一村赤心) 약간의 적성(赤誠), 자기(自己)의 진심(眞心)의 겸칭(謙稱). 일촌단심(一村丹心).

일축일신(一縮一伸) 줄였다 늘였다 함.
일출숙무개월출천하백(日出宿霧開月出天下白) 해가 뜨니 짙은 안개 걷히고, 달이 뜨니 천하(天下)가 흼.
일취월장(日就月將) '날마다 달마다 성장(成長)하고 발전(發展)한다'는 뜻으로, 학업(學業)이 날이 가고 달이 갈수록 진보(進步)함을 이름. 일장월취(日將月就).
일취지몽(一炊之夢) '밥 지을 동안의 꿈'이라는 뜻으로, 세상(世上)의 부귀영화(富貴榮華)가 덧없음을 이르는 말.
일취천일(一醉千日) 한 번 마시면 천일(天日)을 취함. 술이 대단히 좋음을 이룸.
일치단결(一致團結) 여럿이 한 덩어리로 굳게 뭉침.
일침견혈(一針見血) '침을 한 번 놓아 피를 본다'는 뜻으로, 어떤 일의 본질을 파악하여 단번에 정곡을 찌름을 비유(比喩)하는 말.
일칭일념(一稱一念) 아미타불(阿彌陀佛)을 한 번 외고 한번 깊이 생각함.
일파만파(一波萬波) 한 사건(事件)이 그 사건(事件)에 그치지 않고 잇달아 많은 사건(事件)으로 번짐.
일패도지(一敗塗地) '싸움에 한 번 패하여 땅에 떨어진다'는 뜻으로, 한 번 싸우다가 여지없이 패하여 다시 일어나지 못함.
일편고월(一片孤月) 외로이 떠 있는 조각달.
일편단심(一片丹心) '한 조각의 붉은 마음'이란 뜻으로, ①한결같은 참된 정성(精誠), 변(變)치 않는 참된 마음을 이름. ②오로지 한 곳으로 향한, 한 조각의 붉은 마음. ③진정(眞情)에서 우러나오는 충성(忠誠)된 마음.
일편빙심(一片氷心) 지극히 얼음같이 맑은 마음을 가지라.
일편지력(一鞭之力) 일비지력(一臂之力).
일편지론(一偏之論) 편견(偏見)된 의론(議論).
일편지언(一偏之言) 두 쪽 가운데의 한 쪽 말. 한쪽으로 기운 말.
일편지한(一片之恨) 한 조각의 원한(怨恨).
일편천언(一遍千言) 한 번 글을 읽고서도 천 번이나 욈.
일포십한(一暴十寒) 일폭십한(一曝十寒).
일폭십한(一曝十寒) '초목(草木)을 기르는 데 하루만 볕에 쬐고, 열흘은 응달에 둔다'는 뜻으로, 단 하루 일하거나 공부(工夫)하고 열흘이나 노는 게으름을 이르는 말. 일포십한(一暴十寒).
일필구지(一筆句之) 붓으로 단번에 금을 죽 그어서 지워 버림.
일필난기(一筆難記) 한 붓으로 일을 기록(記錄)할 수 없음.
일필휘지(一筆揮之) 한숨에 글씨나 그림을 줄기차게 쓰거나 그림.
일하무신(日下無新) 해 아래 새것이 없음.

일하무혜경(日下無蹊徑) '해가 비치고 있는 곳에는 눈을 피해 갈 수 있는 좁은 지름길이 없다'는 뜻으로, 나쁜 일이 행(行)해지지 아니한 것을 탄미(嘆美)한 말.

일한일서(一寒一暑) 추웠다 더웠다 함.

일합일리(一合一離) 붙었다 떨어졌다 함. 화합(和合)했다 반항(反抗)했다 함.

일허일실(一虛一實) 갑자기 차거나 비어 변화(變化)를 헤아리기 어려움.

일허일영(一虛一盈) 있는가 하면 없고, 없는가 하면 있음. 변화무쌍(變化無雙)하여 헤아리기 어려움을 이르는 말.

일호반점(一毫半點) '몹시 가늘고 작은 털'이란 뜻으로, '아주 작은 정도'를 비유(比喩)함.

일호백낙(一呼百諾) 한 사람이 소리 내어 외치면, 여러 사람이 이에 따름.

일호재락(一呼再諾) 주인(主人)이 한 번 부르면 종이 그에 응(應)하여 예, 예하고 대답(對答)함.

일호지액(一狐之腋) 여우의 겨드랑이 밑의 희고 고운 모피(毛皮), 곧 아주 진귀(珍貴)한 물건(物件)을 이르는 말.

일호지천(一壺之天) '하나의 호리병 속의 하늘'이라는 뜻으로, 하나의 작은 천지(天地). 별세계(別世界)를 이르는 말. 일호천(一壺天).

일호차착(一毫差錯) 아주 작은 잘못이나 어긋남.

일호천(一壺天) 일호지천(一壺之天).

일호천금(一壺千金) '한 개의 바가지도 배가 난파했을 때에는 이것으로 뜰 수 있으므로 천금(千金)의 값어치가 있다'는 뜻. 때를 만나면 하찮은 것도 귀히 쓰임을 이르는 말.

일확천금(一攫千金) '한꺼번에 많은 돈을 얻는다'는 뜻으로, 노력(努力)함이 없이 벼락부자(-富者)가 되는 것.

일희일경(一喜一驚) 기쁘기도 하고 놀랍기도 함.

일희일비(一喜一悲) 기쁜 일과 슬픈 일이 번갈아 일어남. 한편 기쁘고 한편 슬픔.

일희일우(一喜一憂) 기쁨과 근심이 번갈아 일어남.

임갈굴정(臨渴掘井) '목마른 자가 우물 판다'라는 뜻으로, 준비(準備)없이 일을 당(當)하여 허둥지둥 하고 애씀.

임경굴정(臨耕掘井) '논을 갈 때가 되어서야 낼 물이 없어서 우물을 판다'는 뜻으로, 미리 마련해 두지 않고 있다가 일이 임박해서야 허둥지둥 서두름을 이르는 말.

임고행즉(林皐幸卽) 부귀(富貴)할지라도 검소(儉素)하여 산간(山間) 수풀에서 편히 지내는 것도 다행(多幸)한 일임.

임기응변(臨機應變) 그때그때 처한 뜻밖의 일을 재빨리 그 자리에서 알맞게 대처(對處)하는 일.

임난주병(臨難鑄兵) '난리(亂離)가 난 뒤에 무기(武器)를 만든다'는 뜻으로, 이미 때가 늦

없음.

임농탈경(臨農奪耕) '땅을 다 다듬고 이제 농사(農事)를 지으려 하니까 농사(農事) 지을 땅을 빼앗아 간다'는 뜻으로, 오랫동안 애써 준비(準備)한 일을 못하게 빼앗는다는 말임.

임병양란(壬丙兩亂) 임진왜란(壬辰倭亂)과 병자호란(丙子胡亂)의 두 난리(亂離).

임사고천(臨死告天) 사람이 죽을 때가 되면 하나님을 찾는다는 말.

임시낭패(臨時狼狽) 다 잘된 일이 그때에 이르러 틀어짐.

임시방편(臨時方便) 일시적(一時的)으로 사용(使用)하는 방안(方案).

임시변통(臨時變通) 임시방편(臨時方便).

임시졸판(臨時猝辦) 졸지(猝地)에 당한 일을 급하게 처리(處理)함.

임시처변(臨視處變) 갑자기 터진 일을 우선 간단하게 둘러맞추어 처리함. 임시변통(臨時變通).

임심이박(臨深履薄) 깊은 곳에 임하듯 하며 얇은 데를 밟듯이 세심히 주의(注意)하여야 함.

임심조서(林深鳥棲) '숲이 우거져야 새가 깃든다'는 뜻으로, 사람이 인의(仁義)를 쌓아야 일이 순조(順調)로움을 이르는 말.

임오군란(壬午軍亂) 조선 고종 19(1882.임오)년에 신식 군대 양성과 군제(軍制) 개혁에 불만을 품고 구군인(舊軍人)들이 일으킨 변란(變亂).

임인옥(壬寅獄) '조선(朝鮮) 경종(景宗) 2년 임인(壬寅) 년에 대옥(大獄)으로 끝났다'는 뜻으로, 신임사화(辛壬士禍)를 일컫는 딴 이름.

임인유현(任人唯賢) '오직 인품(人品)과 능력(能力)만을 보고 사람을 임용(任用)한다'는 뜻.

임전무퇴(臨戰無退) 삼국 통일의 원동력이 된 화랑(花郞)의 세속오계(世俗五戒)의 하나. 싸움에 임하여 물러섬이 없음.

임전태세(臨戰態勢) 싸움에 임하는 만반의 태세. 싸움을 시작할 만한 모든 다 잡이를 일컫는 말.

임중도원(任重道遠) 책임(責任)은 중하고 길은 멂.

임중불매신(林中不賣薪) '산 속에는 땔나무가 충분(充分)히 있어도 살 사람도 없으니 땔나무를 팔지 않는다'는 뜻으로, 물건(物件)은 그 쓰임이 유용(有用)한 곳에서 써야 함을 말함.

임중이도원(任重而道遠) '등에 진 물건(物件)은 무겁고, 길은 멀다'는 뜻으로, 큰일을 맡아 책임(責任)이 무거움을 이르는 말.

임진대적(臨陣對敵) 싸움 마당에 나가서 적(敵)과 맞대함.

임진란(壬辰亂) 임진왜란(壬辰倭亂).

임진역장(臨陣易將) '진을 치면서 장수(將帥)를 바꾼다'는 뜻으로, 요긴(要緊)한 시기(時期)에 이르러 숙달(熟達)된 사람을 버리고 서툰 사람으로 바꿈을 이르는 말.

임진왜란(壬辰倭亂) 조선 선조 25(1592.임진)년에 일본의 침입(侵入)으로 비롯된 6년간의 전란(戰亂). 임진란. 왜란(倭亂). 임란.

임풍량부절산월효잉명(林風凉不絕山月曉仍明) 수풀의 바람은 서늘함이 끊이질 않고, 산의 달은 새벽에 더욱 밝음.

임하유문(林下儒門) 초야에 묻혀 벼슬길에 나아가지 않는 선비.

임하풍미(林下風味) 산림(山林)에 은거(隱居)한 선비의 조촐한 멋.

임현물이(任賢勿貳) '현자(賢者)에게 일을 맡김에 두 마음을 갖지 말라'는 뜻으로, 한 번 맡긴 이상 끝까지 밀어주라는 말.

임현사능(任賢使能) 유능(有能)한 인재(人材)를 적절히 등용(登用)하는 일.

임환불망국충야(臨患不忘國忠也) 국가(國家)에 환난(患難)이 있을 때에 나라를 잊지 않는 사람이 충신(忠臣)이라는 말.

입각착래(立刻捉來) 그 자리에서 즉각 잡아 옴.

입경문금(入境問禁) 국경(國境)에 들어서면 그 나라에서 금(禁)하는 것을 물어 보라는 말.

입경문속(入境問俗) 타향(他鄕)에 가면 그 고을 풍속(風俗)을 물어서 그에 따르는 일.

입기국자종기속(入其國者從其俗) 다른 곳에 가서는 그곳의 풍속(風俗)을 따라야 함을 이르는 말.

입담간(立談間) '서서 잠깐 이야기하는 사이'의 뜻으로, 잠깐 동안을 이름.

입도선매(立稻先賣) 벼를 논에 세워 둔 채로 미리 돈을 받고 팖.

입립개신고(粒粒皆辛苦) '쌀 한 톨 한 톨마다 모두 고생(苦生)이 배어 있다'라는 뜻으로, 농부(農夫)의 수고로움과 곡식(穀食)의 소중(所重)함을 비유(比喻)하는 말.

입립신고(粒粒辛苦) '쌀 한 톨 한 톨은 농민(農民)이 애써 고생(苦生)한 결과(結果)'라는 뜻으로, 곡식(穀食)의 소중(所重)함을 이르는 말.

입막지빈(入幕之賓) 특별(特別)히 가까운 손님이나 기밀(機密)을 상의(相議)할 수 있는 상대(相對).

입맥선매(立麥先賣) 아직 밭에서 자라고 있는 보리를 파는 일.

입목삼분(入木三分) '필세(筆勢)가 세서 먹이 나무에 깊이 밴다'는 뜻으로, 서도(書道)를 이르는 말.

입보산공수귀(入寶山空手歸) '보물산(寶物山)에 들어가 빈손으로 돌아온다'는 뜻으로, 절호의 기회(機會)를 얻고서도 그 기회(機會)를 헛되게 함을 비유(比喻)하는 말.

입복출복(入福出福) 들어와도 복을 받고 나가도 복을 받음.

입봉모의(入奉母儀) 집에 들어서는 어머니를 받들어 종사(從事)해야 함.

입불실용(立不失容) 오래 서 있어도 의용(儀容)을 갖추어 자세(姿勢)를 흐트리지 아니함.

입산금호이개구고인난(入山擒虎易開口告人難) 산에 들어가 범을 잡기는 쉬우나, 입을 열어 남에게 고하기는 어려우니라.

입산기호(入山忌虎) '산에 들어가 놓고 범 잡기를 꺼린다'는 뜻으로, 막상 일을 당(當)하면 처음과 달리 뒤로 꽁무니를 뺌을 이르는 말.

입상정립(笠上頂笠) '삿갓 위에 또 삿갓을 쓴다'는 뜻으로, 쓸모없는 사물(事物)을 비유(比喩)하는 말.

입석기공(立石紀功) 돌을 세워 공로(功勞)를 기록(記錄)함.

입신양명(立身揚名) 사회적(社會的)으로 기반(基盤)을 닦고 출세(出世)하여 세상(世上)에 나아가 이름을 드날림. 입신출세(立身出世).

입신이력학위본(立身以力學爲本) 입신(立身)은 힘써 배우는 것으로 근본(根本)을 삼음.

입신출세(立身出世) 성공(成功)하여 세상(世上)에 이름이 드날림. 입신양명(立身揚名).)

입신행도양명후세(立身行道揚名後世) 몸을 세워 도를 행(行)하고 후세(後世)에 이름을 드날림.

입실조과(入室操戈) '남의 방안에 들어가 창을 휘두른다'는 뜻으로, 그 사람의 학설(學說)을 가지고 그 사람을 공격(攻擊)함을 비유(譬喩)하는 말.

입아아입(入我我入) 부처와 내가 일체(一體)가 되는 경지(境地).

입이불번(入耳不煩) '귀로 듣기에 싫지 않다'는 뜻으로, 아첨(阿諂)함을 이르는 말.

입이저심(入耳著心) '귀로 들어온 것을 마음속에 붙인다'는 뜻으로, 들은 것을 마음속에 간직하여 잊지 않음.

입이착심(入耳着心) 들은 것을 마음속에 간직해 잊지 아니하는 일.

입이출구(入耳出口) ①들은 바를 곧장 남에게 말함. ②남의 말을 제 주견(主見)인 양 그대로 옮김.

입전수수(入廛垂手) '세상(世上)속에 들어가 교화(敎化)를 펼친다'는 뜻.

입조불란행(入鳥不亂行) '새의 무리 속에 들어가도 새들이 놀라 흩어지지 않는다'는 뜻으로, 모든 사람과 의좋게 지냄을 비유(比喩)해 이르는 말.

입주출노(入主出奴) 이단(異端)의 길로 들어간 자는 성인(聖人)의 학문(學問)을 천시해 싫어함.

입지삼십(立志三十) 나이 삼십세가 되어야 철이 든다는 말.

입즉착래(立卽捉來) 그 자리에서 곧 잡아옴.

입참이순(立斬以徇) 그 자리에서 참수(斬首)하여 무리의 본보기로 경계(警戒)함.

입처개진(立處皆眞) '가는 곳마다 주인이 되고 서는 곳마다 참된 지도자가 되라'는 뜻

입천하지정립(立天下之正立) '이 세상(世上)에서 가장 바른 자리에 떳떳이 서 있다'는 뜻.

입추지지(立錐之地) '송곳 하나 세울 만한 땅'이라는 뜻으로, 얼마 안 되는 땅을 이르는

말. 매우 좁아서 조금도 여유(餘裕)가 없음.

입춘대길(立春大吉) 입춘(立春)을 맞이하여 길운(吉運)을 기원(祈願)하는 글.

입춘대길건양다경(立春大吉建陽多慶) '입춘(立春)에는 크게 좋은 일이 있고, 새해가 시작됨에 경사(慶事)스러운 일이 많기를 바란다'는 덕담(德談).

입칙시족좌칙시슬(立則視足坐則視膝) 서 있을 때는 (어버이의)발을 보고 앉아 있을 때는 무릎을 봄.

입향순속(入鄕循俗) 어떤 고장에 가면 그곳의 풍속(風俗)을 따르고 지킴.

입화습률(入火拾栗) '불 속에 들어가 밤을 줍는다'는 뜻으로, 사소(些少)한 이익(利益)을 얻으려고 큰 모험(冒險)을 하는 어리석음을 비유(譬喩)하는 말.

잉여가치(剩餘價値)) 노동자가 생산하는 생산물의 가치와 노동자에게 지급되는 임금과의 차액.

잉여농산물(剩餘農産物) 쓰고 난 나머지 농산물.

잉카문명(Inca文明) 15~16세기에 남아메리카 안데스 지대를 중심으로 잉카족이 이루었던 청동기 문명.

【ㅈ】

자가광고(自家廣告) 자기(自己)의 가치(價値)를 자기 스스로 선전(宣傳)함.

자가규정(自家規定) 다른 것에 의지(依支)하지 않고, 자기의 자유의사(自由意思)에 맡기는 규정(規定). 자기규정(自己規定).

자가당착(自家撞着) 자기(自己)의 언행(言行)이 전후(前後) 모순(矛盾)되어 일치(一致)하지 않음. 모순당착(矛盾撞着).

자가비하(自家卑下) 스스로 자기(自己)를 낮춤.

자가선전(自家宣傳) 자가광고(自家廣告). 자기광고(自己廣告).

자가약롱중물(自家藥籠中物) '자기(自己) 집 약장(藥欌) 속의 물건(物件)'이라는 뜻으로, 언제든지 마음대로 쓸 수 있는 물건(物件)을 비유(譬喩)한 말.

자가운전(自家運轉) 자기의 차를 자기가 손수 운전함.

자각성지(自覺聖智) 스승 없이 스스로 깨쳐 얻은 지혜(智慧).

자각존재(自覺存在) '사람'을 뜻하는 말. 인간은 동물과 달리 이 세상에서 해야하는 역할이나 의의를 아는 능력이 있다는 뜻으로 인간을 달리 이르는 말.

자각지심(自覺之心) 자기(自己) 스스로의 생각과 느낌.

자강불식(自强不息) 자강불식(自彊不息).

자강불식(自彊不息) 스스로 힘을 쓰고 가다듬어 쉬지 아니함. 자강불식(自强不息).

자개자락(自開自落) 꽃이나 열매 따위가 스스로 꽃 피고, 열매 맺거나 또는 떨어짐.

자객간인(刺客奸人) '남을 몰래 찔러 죽이는 사람과 남을 헐뜯고 이간질하는 사람'이라는 뜻으로, 마음이 몹시 독하거나 모진 사람을 이르는 말.

자격지심(自激之心) 자기(自己)가 일을 해놓고 그 일에 대(對)하여 스스로 미흡(未洽)하게 여기는 마음.

자견이(自見耳) '자기(自己)의 귀를 본다'는 뜻으로, 귀가 큼을 이르는 말.

자고급금(自古及今) 예부터 지금에 이르기까지.

자고위비(自高爲卑) 자기를 높이는 자는 낮아짐.

자고이래(自古以來) 옛날부터 지금까지.

자고자대(自高自大) 스스로 잘난 체하여 우쭐댐.

자고현량(刺股懸梁) 열심히 공부하는 것. '중국 전국시대(戰國時代)의 소진(蘇秦)은 송곳으로 허벅다리를 찔러서 졸음을 쫒았고, 초(楚)나라의 손경(孫敬)은 머리를 새끼로 묶어 대들보에 매달아 졸음을 쫒았다'는 고사에서 유래함. 현두자고(懸頭刺股). 현량자고(懸梁刺股).

자곡지심(自曲之心) 허물이 있는 사람이 제 스스로 고깝게 여기는 마음.

자과부지(自過不知) 제 허물은 스스로 알지 못함을 이르는 말.

자과자존(自誇自尊) 제 스스로를 자랑하고 높임.
자괴감(自愧感) 자괴심(自愧心). 자괴지심(自愧之心).
자괴심(自愧心) 자괴감(自愧感). 자괴지심(自愧之心).
자괴지심(自愧之心) 스스로 부끄럽게 여기는 느낌이나 감정(感情).
자구구국(自救救國) '스스로를 구하고 나라를 구(救)한다'는 뜻.
자구다복(自求多福) '많은 복(福)은 하늘이 주어서가 아니라 자기가 스스로 구(求)해야 한다'는 말.
자구지단(藉口之端) 핑계로 내세울 만한 거리.
자국지단(自國之端) 핑계거리. 핑계할 만한 거리.
자국지란(自國之亂) '제 나라의 난'이란 뜻으로, '내란(內亂)'을 이르는 말.
자굴지심(自屈之心) 스스로를 굽히는 마음.
자귀물론(自歸勿論) '오래된 일이나 대수롭지 않은 일은 절로 흐지부지 되게 마련'이라는 말.
자금위시(自今爲始) 지금으로부터 시작(始作)함.
자금이왕(自今以往) 지금 이후(以後).
자금이후(自今以後) 지금으로부터 이후(以後). 이금이후(而今以後).
자급자족(自給自足) 자기(自己)가 필요(必要)한 것을 스스로 생산(生産)하여 충당(充當)함.
자기과시(自己誇示) 자기의 존재를 인정받으려고 남에게 자기를 과장하여 보여 주려는 심리적인 경향.
자기규정(自己規定) 자가규정(自家規定).
자기기만(自己欺瞞) 스스로 자기의 마음을 속이는 일.
자기기인(自欺欺人) '자신(自身)을 속이고 남을 속인다'라는 뜻으로, 자신(自身)도 믿지 않는 말이나 행동(行動)으로 남까지 속이는 사람을 풍자(諷刺)함.
자기도취(自己陶醉) 자아도취(自我陶醉).
자기만족(自己滿足) 자기 자신(自己自身)이나 또는 자기(自己)의 행위(行爲)에 스스로 만족(滿足)하는 일.
자기모순(自己矛盾) 자기(自己) 스스로에 대(對)한 모순(矛盾).
자기반성(自己反省) 자기 자신(自己自身)의 행위(行爲)나 내면에 대(對)한 성찰이나 반성(反省).
자기보존(自己保存) 생물이 자기의 생명을 보존 · 발전시키려고 하는 일.
자기부정(自己否定) 스스로 자기 자신을 부정하는 일.
자기세력(自己勢力) 자기 자신(自身)의 세력.
자기비판(自己批判) 자아비판(自我批判).
자기세력(藉其勢力) 남의 세력(勢力)에 의지(依支)함.
자기세력(自己勢力) 자기 자신의 세력

ㅈ

자기주의(自己主義) 이기주의(利己主義). 개인주의(個人主義).
자기현시(自己顯示) 자기의 존재를 유난히 남에게 드러내는 일.
자기혐오(自己嫌惡) 스스로 자기 자신을 싫어함.
자기혼식(磁器婚式) 결혼(結婚) 20주년(周年).
자기희생(自己犧牲) 남을 위하여 자기의 노력이나 목숨을 아끼지 않는 일.
자녀오변이수자집(子女汚便以手自執) 제 자식의 오줌똥은 손으로도 주무른다.
자대망상(自大妄想) 스스로 강대(强大)하다고 상상(想像)하는 망상(妄想).
자두연기(煮豆燃萁) '콩을 삶는 데 콩깍지를 태운다'는 뜻으로, 형제가 서로 시기(猜忌)하고 싸움을 이르는 말.
자두지미(自頭至尾) 처음부터 끝까지. 자초지종(自初至終). 종두지미(從頭至尾).
자득지묘(自得之妙) 스스로 깨달아 알아낸 묘리(妙理).
자락자족(自樂自足) 자기 스스로 즐기고 스스로 만족하게 여김.
자량처지(自量處之) 스스로 헤아려서 처리함.
자력갱생(自力更生) 남의 힘에 의지(依支)하지 않고 자기(自己)의 힘으로 어려움을 타파(打破)하여 더 나은 환경(環境)을 만드는 일.
자력회향(自力回向) ①자기(自己)가 닦은 선행(善行)의 공덕(功德)을 베풀어서 과보(果報)를 얻으려는 일. ②자기(自己)가 닦은 법력(法力)으로 남에게 돌이켜 주는 일.
자로부미(子路負米) 공자(孔子)의 제자(弟子)인 자로(子路)는 가난하여 매일(每日) 쌀을 등짐으로 져서 백 리 밖까지 운반(運搬)하여 그 운임(運賃)을 받아 양친(兩親)을 봉양(奉養)했다 함.
자로이득(自勞而得) 혼자의 힘으로 일을 끝마침.
자린고비(玼吝考妣) 아주 인색(吝嗇)하고 냉정(冷情)한 사람을 꼬집어 이르는 말.
자막집중(子膜執中) 융통성(融通性)이 없고 임기응변(任期應變)할 줄 모르는 사람을 일컫는 말.
자만자족(自慢自足) 스스로 뽐내며 흡족(洽足)하게 여김.
자멸지계(自滅之計) 자멸책(自滅策).
자멸책(自滅策) 잘 한다는 것이 도리어 잘못되어 자기가 망하게 되는 꾀. 자멸지계(自滅之計).
자모유패자(慈母有敗子) 자애(慈愛)가 지나친 어머니의 슬하에서는 도리어 방자(放恣)하고 버릇없는 자식(子息)이 나옴을 이르는 말.
자모지심(子母之心) 자애(慈愛)로운 어머니의 마음.
자모패자(慈母敗子) 자모유패자(慈母有敗子).
자목지임(字牧之任) 수령(守令)을 일컫는 말.
자무량심(慈無量心) 사무량심의 하나. 무진을 근본(根本)으로 하여 모든 중생(衆生)에게 즐거움을 주려는 마음.

자문자답(自問自答) '스스로 묻고 스스로 대답(對答)한다'는 뜻으로, 마음속으로 대화(對話)함을 이르는 말.

자본주의(資本主義) 생산(生産) 수단(手段)을 가진 자본가(資本家) 계급이 노동자(勞動者) 계급으로부터 노동력을 사서 생산 활동을 함으로써 이익을 추구해 나가는 경제 구조, 또는 그 바탕 위에 이루어진 사회제도(社會制度).

자부사군(資父事君) 아버지를 자료(資料)로 하여 임금을 섬길지니, 아버지 섬기는 효도(孝道)로 임금을 섬겨야 함.

자부사군왈엄어경(資父事君曰嚴與敬) 임금을 섬기는 데는 엄숙(嚴肅)함과 더불어 공경함이 있어야 한다.

자부월족(自斧刖足) 믿는 도끼에 발등 찍힘.

자부자강(自富自强) 제 스스로 부강하게 함.

자부작족(自斧斫足) '제 도끼에 제 발등 찍힌다'는 뜻으로, 자기 일을 스스로 망친다는 말.

자비만행(慈悲萬行) 자비심(慈悲心)을 갖고 행(行)하는 갖가지 수행(修行).

자비무적(慈悲無敵) 자비(慈悲)한 마음을 가지면 적(適)이 없다.

자비위고(自卑爲高) '자기를 높이는 자는 낮아진다'는 말.

자비인욕(慈悲忍辱) 중생(衆生)에게 자비(慈悲)하고 온갖 욕됨을 스스로 굳게 참음.

자상달하(自上達下) 위에서부터 아래까지 미침.

자상처분(自上處分) 윗사람으로부터 내리는 지휘(指揮) 명령(命令).

자생자결(自生自決) 제가 살아 나갈 길을 제힘으로 개척(開拓)함.

자서전(自敍傳) 자기가 쓴 자신(自身)의 전기(傳記). 자전(自傳).

자서제질(子壻弟姪) 아들과 사위와 아우와 조카.

자성본불(自性本佛) 본디부터 갖추고 있는 불성(佛性).

자성일가(自成一家) 스스로의 노력(努力)으로 어떠한 재주가 뛰어나 한 대가(大家)를 이룸.

자성일촌(自成一村) 자작일촌(自作一村).

자성제인(子誠齊人) 듣고 본 것이 아주 좁고 고루(固陋)한 사람을 일컫는 말.

자성진여(自性眞如) '자성은 바뀌거나 없어지지 않는 절대적(絕對的)인 진리(眞理)'라는 뜻.

자소위수(自小爲首) 스스로 작게 여길 때 머리가 됨.

자소이래(自少以來) 어렸을 때부터 이제까지.

자손만대(子孫萬代) 자자손손(子子孫孫)의 썩 많은 세대(世代).

자손만세영(子孫萬世榮) '자손이 영원(永遠)히 번성(繁盛)하라'는 뜻.

자손손타(自損損他) 자장장타(自障障他).

자솔이정숙감부정(子帥以正孰敢不正) '당신(當身)이 통솔(統率)하기를 바른 것으로써 하면 누가 감히 바르지 않겠는가'란 뜻.

ㅈ

자수법락(自受法樂) 부처가 자신(自身)의 광대(廣大)한 법락(法樂)을 스스로 받는 낙(樂).

자수삭발(自手削髮) '제 손으로 자기(自己)의 머리털을 깎는다'는 뜻으로, ①하기 어려운 일을 남의 힘을 빌지 않고 제힘으로 처리(處理)함의 비유(譬喩). ②머리털을 깎고 스스로 중이 됨.

자수성가(自手成家) 물려받은 재산(財産) 없이 스스로의 힘으로 일가(一家)를 이룸. 곧, 스스로의 힘으로 사업(事業)을 이룩하거나 큰일을 이룸.

자수용신(自受用身) 수행(修行)이 완성(完成)되어 복덕(福德)과 지혜(智慧)가 원만(圓滿)하고 밝아 늘 진리(眞理)를 관조하여 스스로 그 법락을 받는 불신.

자숙자계(自肅自戒) 스스로 삼가고 경계(警戒)함.

자승가강(自勝家强) '자신(自身)을 이기는 사람이 진정(眞情)으로 강(强)한 사람'이라는 말.

자승자강(自勝者强) '자신(自身)을 이기는 것을 강(强)이라 한다'는 뜻으로, 자신(自身)을 이기는 사람이 강(强)한 사람임을 이르는 말.

자승자박(自繩自縛) '자기(自己)가 꼰 새끼줄로 스스로를 묶는다'는 뜻으로, ①자기(自己)가 자기(自己)를 망치게 한다는 말. 즉, 자기(自己)의 언행(言行)으로 인(因)하여 자신(自身)이 꼼짝 못하게 되는 일. ②불교에서, 스스로 번뇌(煩惱)를 일으켜 괴로워함.

자승지벽(自勝之癖) 스스로가 남보다 낫다고 여기는 버릇.

자시지벽(自是之癖) '제 뜻이 항상(恒常) 옳은 줄로만 믿는 버릇'이라는 뜻으로, 편벽(偏僻)된 소견(所見)을 고집(固執)하는 버릇을 이르는 말.

자식혼후급망분가(子息婚後急忙分家) 장가드는 아들네는 살림나기 바쁘도다.

자신만만(自信滿滿) 아주 자신(自信)이 있음.

자신지책(自身之策) 자기(自己) 한 몸의 생활(生活)을 꾀해 나갈 계책(計策).

자아도취(自我陶醉) 스스로에게 황홀하게 빠지는 일. 또는, 스스로를 제일이라고 여기는 일. 자기도취(自己陶醉).

자아비판(自我批判) 이제까지의 자기 행동이나 사상에 대해 잘못을 스스로 비판하는 일. 자기비판(自己批判).

자아성찰(自我省察) 자신이 스스로 한 일을 돌이켜 보고 생각함.

자아작고(自我作古) 옛일에 구애(拘礙)됨이 없이 모범(模範)이 될 만한 일을 자기(自己)부터 처음으로 만들어냄을 이르는 말. 스스로 새로운 것을 만들어 냄.

자애주의(自愛主義) 이기주의(利己主義). 주아주의(主我主義).

자애지정(慈愛之情) 자애(慈愛)로운 마음.

자언거수승거산(自言居水勝居山) 어부사의 한 구절. 물가에 사는 게 산에 사는 것보다 낫다.

자업자득(自業自得) 불교(佛敎)에서, 제가 저지른 일의 과보(果報)를 제 스스로 받음을 이르는 말.

자업자박(自業自縛) 자업자득(自業自得).

자여손간(子與孫間) 아들과 손자(孫子) 사이.

자연도태(自然淘汰) 초자연적(超自然的)으로 환경(環境)에 맞는 것은 있게 되고 그렇지 못한 것은 없어짐.

자연선택(自然選擇) 자연계(自然界)에서 생물(生物)이 외계(外界)의 상태(狀態)에 맞는 것은 살아남고, 그렇지 못한 것은 멸망(滅亡)하는 현상(現象). 자연(自然) 도태(淘汰).

자연신론(自然神論) 세계의 창조자인 신(神)은 세상일에 관여하거나 계시를 보이지 않으며, 세계는 독자적인 법칙에 따라 움직인다고 하는 이성적인 종교관. 18세기 계몽주의 시대의 대표적인 기독교 사상임. 이신론(理神論).

자연오도(自然悟道) 남의 가르침을 받지 아니하고 스스로 불도(佛道)를 깨달음.

자연재해(自然災害) 불가항력(不可抗力). 태풍(颱風), 홍수(洪水), 호우(豪雨), 폭풍(暴風), 해일(海溢), 폭설(暴雪), 가뭄(旱害), 지진(地震), 화산폭발(火山爆發), 또는 기타 이에 준하는 자연현상(自然現象)으로 인하여 발생하는 피해.

자연종교(自然宗教) ①(윤리적 종교에 대하여) 자연 발생적인 원시 종교나 민족 종교를 통틀어 이르는 말. 자연교. ②(신의 은총에 바탕을 두는 계시 종교에 대하여) 인간 본래의 이성(異性)에 바탕을 두는 종교. ↔계시종교(啓示宗教).

자염부모십자일염(子厭父母十子一厭) '열 자식이 한 부모를 귀찮다고 생각한다'는 말.

자욕양이친부대(子欲養而親不待) '자식(子息)이 부모(父母)에게 봉양(奉養)하고자 하나 부모(父母)는 기다려 주지 않는다'는 뜻으로, 효도(孝道)를 다하지 못한 채 부모(父母)를 잃은 자식(子息)의 슬픔을 가리키는 말로, '부모(父母)가 살아계실 때 효도(孝道)를 다하라'는 뜻. 풍목지비(風木之悲). 풍수지감(風樹之感). 풍수지비(風樹之悲). 풍수지탄(風樹之嘆).

자웅도태(雌雄淘汰) 자웅선택(雌雄選擇).

자웅동가(雌雄同家) 한 꽃봉오리에 암술과 수술이 다 있는 것. 자웅일가(雌雄一家). ↔자웅이가(雌雄異家).

자웅동주(雌雄同株) 암수 한 그루. ↔자웅이주(雌雄異株).

자웅동체(雌雄同體) 암수 한 몸. ↔자웅이체(雌雄異體).

자웅동형(雌雄同形) 같은 종류로서, 암컷과 수컷의 형태가 서로 같은 것. ↔자웅이형(雌雄異形).

자웅동화(雌雄同花) 양성화(兩性花). ↔자웅이화(雌雄異花).

자웅선택(雌雄選擇) 동물계에서는 이차 성징(性徵)이 발달한 개체가 배우자로서 선택될

ㅈ

기회를 많이 가지며, 그 형질(形質)이 더욱 발달한다는 학설. 자웅도태(雌雄淘汰).

자웅이가(雌雄異家) 암꽃과 수꽃이 서로 다른 꽃봉오리에 있는 것. ↔자웅동가(雌雄同家).

자웅이색(雌雄異色) 동물 중, 암컷과 수컷의 몸빛이 서로 다른 것(새나 곤충 따위에서 볼 수 있음).

자웅이주(雌雄異株) 암수딴그루. ↔자웅동주(雌雄同株).

자웅이체(雌雄異體) 암수 딴 몸. ↔자웅동체(雌雄同體).

자웅이형(雌雄異形) 같은 종류이면서 암컷과 수컷의 형태가 서로 다른 것. ↔자웅동형(雌雄同形).

자웅이화(雌雄異花) 단성화(單性花). ↔자웅동화(雌雄同花).

자웅일가(雌雄一家) 자웅동가(雌雄同家).

자원자애(自怨自艾) 잘못을 뉘우쳐 다시는 그런 잘못이 없도록 함을 이르는 말.

자위부은(子爲父隱) '자식(子息)은 아비를 위(爲)해 아비의 나쁜 것을 숨긴다'는 뜻으로, 부자지간(父子之間)의 천륜(天倫)을 이르는 말.

자유결혼(自由結婚) 부모의 동의 없이 당사자들의 자유의사로 하는 혼인. (오늘날의 혼인 사상은 자유결혼을 원칙으로 하고 있음).

자유방임(自由放任) 각자의 자유에 맡겨 간섭하지 않음.

자유분방(自由奔放) 격식(格式)이나 관습(慣習)에 얽매이지 않고 행동(行動)이 자유(自由)로움.

ㅈ

자유사상(自由思想) 자유를 소중(所重)히 여기는 사상(思想). 자유로운 활동을 주장하는 사상.

자유삼매(自由三昧) 마음껏 자기가 하고 싶은 대로 행동하는 태도(態度).

자유연애(自由戀愛) 전통이나 도덕적 속박에서 벗어나 당사자의 자유로운 뜻에 따라 하는 연애.

자유의사(自由意思) 남의 속박이나 강제에 의한 것이 아닌 자유로운 의사.

자유의지(自由意志) ①윤리학에서, 외부의 제약이나 구속을 받지 아니하고 어떠한 목적을 스스로 세우고 실행할 수 있는 의지를 이르는 말. ②심리학에서, 두 가지 이상의 동기에 대한 선택과 결정은 자신이 자유로이 할 수 있다는 의지를 이르는 말. ③철학에서, 유심론(唯心論)에 근거를 두어, 우주의 일체인 정신이 목적을 가지고 스스로 생각하고 결정하는 의지를 이르는 말. ④종교적 처지에서, 인간이 신에 의해 창조될 때 부여되었다는 의지를 이르는 말. 내적 자유.

자유자재(自由自在) 자기(自己) 뜻대로 모든 것이 자유(自由)롭고 아무 거리낌이 없음.

자유재량(自由裁量) ①자기(自己) 스스로가 옳다고 믿는 바에 따라서 일을 결단(決斷)함.

②국가(國家)나 기관(機關)이 자기(自己)의 판단(判斷)에 따라서 적당(適當)한 처리(處理)를 할 수 있는 일.

자유주의(自由主義) 개인의 자유를 존중하여 국가의 간섭을 최대한으로 줄이려는 사상이나 태도.

자유지정(自有之情) 사람이 태어나면서부터 지니고 있다는 정(情). 곧 인(仁), 의(義), 예(禮), 지(智) 등(等)에 근원(根源)을 둔다는 정(情).

자유혼인(自由婚姻) 자유결혼(自由結婚).

자유활달(自由闊達) '마음이 넓고 자유(自由)로워 사물(事物)에 구애(拘礙)되지 않는다'는 뜻으로, 남의 언동(言動)을 받아들이려 하는 마음의 준비(準備)가 있어 인간적(人間的)이고 의지(依支)할 만함을 이르는 말.

자율적(自律的) 스스로의 의지로 자기 행동을 조절(調節)하는 것.

자은무명(自隱無名) 스스로 은둔(隱遁)하여 이름이 세상(世上)에 알려지지 않음.

자의반타의반(自意半他意半) 자신의 뜻이기도 하고, 타인(他人)의 뜻이기도 함.

자의불신인(自疑不信人) 자신(自身)을 의심(疑心)하는 사람은 남을 믿지 않음.

자자구구금옥,언언사사정화(字字句句金玉,言言詞詞精華) 타인의 글을 예찬할 때 쓰는 말로서 글자마다 구절마다 금옥 같고 아름답다는 말.

자자손손(子子孫孫) ①자손(子孫)의 여러 대. ②자손(子孫)의 끝까지. ③대대(代代)손손.

자자주옥(字字珠玉) '글자마다 주옥과 같다'는 뜻으로, 글씨의 한 자 한 자가 모두 잘 쓰여진 것을 칭찬하여 이르는 말.

자작얼(自作孼) 자작지얼(自作之孼).

자작일촌(自作一村) 한 집안끼리 또는 뜻이 같은 사람끼리 모여 한 마을을 이룸.

자작자급(自作自給) ①손수 제 힘으로 지어 모자람이 없이 지냄. ②자기(自己) 나라에서 만든 물건(物件)만으로 살아감. 자급자족(自給自足).

자작자수(自作自受) 자기(自己)가 저지른 일의 과보(果報)를 자기(自己)가 받음.

자작자음(自酌自飮) 술을 손수 따라 마심.

자작자필(自作自筆) 손수 자기(自己)가 글을 짓고 씀. 작지서지(作之書之).

자작자활(自作自活) 자작하여 제 힘으로 살아감.

자작지얼(自作之孼) 자기가 저지른 일로 말미암아 생긴 재앙(災殃).

자장격지(自將擊之) ①스스로 장수(將帥)가 되어 군사(軍士)를 거느리고 나가 싸움. ②어떤 일이든지 남을 시키지 않고 손수 함.

자장장타(自障障他) 잘못된 이치(理致)를 믿어 자신(自身)을 해롭게 함과 아울러 남까지도 잘못되게 함.

자재기중(自在其中) 그 속에 저절로 들어 있음.

자전지계(自全之計) 자신의 안전을 도모하는 계책.

자정작용(自淨作用) 오염된 대기나 하천이 침전, 산화 작용, 유기물의 분해 등으로 저절로 깨끗해지는 작용(作用).
자조문학(自照文學) 일기 · 수필 따위처럼, 자조의 정신에서 이루어지는 문학(文學).
자존자대(自尊自大) 스스로 저를 높고 크게 여김.
자존자만(自尊自慢) 스스로 자기를 높여 잘난 체하며 뽐냄.
자주정신(自主精神) 자주적(自主的)으로 일을 처리하려는 정신.
자중자애(自重自愛) 품위(品位)를 지켜 몸가짐을 진중(鎭重)히 함.
자중지난(自中之難) 자기(自己)네 한 동아리 안에서 일어나는 싸움.
자중지란(自中之亂) 같은 패 안에서 일어나는 싸움.
자지기죄(自知其罪) 스스로 제 죄(罪)를 앎.
자지자명(自知者明) 자기(自己)를 아는 사람은 총명(聰明)한 사람이라 할 수 있다는 말.
자지자불원인(自知者不怨人) 자기(自己)를 아는 사람은 남을 원망(怨望)하지 않음.
자창자화(自唱自和) 자탄자가(自彈自歌).
자책내송(自責內訟) 스스로 제 언행(言行)을 꾸짖음.
자천배타(自賤拜他) 자기(自己) 것은 천시하고 남의 것을 숭배(崇拜)함.
자천타배(自賤他拜) 자기(自己) 것은 천하게 여기고 남의 것은 높이 받듦.
자초지말(自初至末) 자초지종(自初至終).
자초지신(刺草之臣) '풀을 베는 천(賤)한 사람'이란 뜻으로, 곧 평민(平民)이 임금에 대(對)해서 저를 낮추어 일컫던 말.
자초지종(自初至終) 처음부터 끝까지 이르는 동안 또는 그 사실(事實).
자취기화(自取其禍) 제 스스로 탈을 만듦.
자취부귀(自取富貴) 제 힘으로 부귀(富貴)를 누리게 됨.
자취지화(自取之禍) 스스로 저질러 불러들인 재앙(災殃)을 이르는 말.
자치동갑(--同甲) '한살 차이(差異)가 나는 동갑(同甲)'이라는 뜻. 어깨동갑 이라고도 함.
자치통감(資治通鑑) 송나라의 역사가인 사마광이 쓴 편년체(編年體) 역사서(歷史書)이다. 전국시대인 주(周)나라 때부터 시작하여 위 · 진 · 남북조를 거쳐 후주(後周)까지 1362년간의 역사를 다룬 통사(通史)이다.
자칭군자(自稱君子) 자칭천자(自稱天子).
자칭천자(自稱天子) '자기(自己)를 천자(天子)라고 이른다'는 뜻으로, 자찬(自讚)하는 사람을 비웃는 말.
자타공인(自他共認) 자기(自己)나 남들이 다 같이 인정(認定)함.
자탄자가(自彈自歌) 스스로 거문고를 타고 노래함
자포자기(自暴自棄) '자신(自身)을 스스로 해(害)치고 버린다'는 뜻으로, 몸가짐이나 행동(行動)을 되는 대로 취(取)함. 스스로 자신을 학대하고 돌보지 아니한

다는 뜻.

자피생충(自皮生蟲) '가죽에 난 좀이 가죽을 먹게 되면 마침내 가죽도 없어지고 좀도 살 수 없게 된다'는 뜻으로, 형제(兄弟)나 한 집안끼리의 싸움을 이르는 말.

자하거행(自下擧行) 윗사람의 승낙(承諾)이나 결재(決裁) 없이 전례(前例)를 따라 스스로 일을 처리(處理)함.

자하달상(自下達上) 일의 영향(影響)이 아래로부터 위까지 미침.

자학자습(自學自習) 남의 가르침이 없이 제 스스로 학습(學習)함.

자한사보(子罕辭寶) 춘추 좌씨전(春秋左氏傳)에 나오는 말로서, '자한이라는 사람이 보물(寶物)을 사양(辭讓)했다'라는 말. 다른 사람의 물건을 탐내지 않는다는 비유(比喩).

자행가지(自行加持) 진언종(眞言宗)의 행자(行者)가 스스로 삼밀가지를 행(行)하는 일. 불교용어.

자행자지(自行自止) 자기(自己) 마음대로 하고 싶으면 하고, 하기 싫으면 아니함.

자행화타(自行化他) 스스로 불도(佛道)를 닦고 그 얻은 바에 따라, 다시 다른 중생(衆生)을 교화(敎化)하는 일.

자화자찬(自畵自讚) '자기(自己)가 그린 그림을 스스로 칭찬(稱讚)한다'는 뜻으로, 자기(自己)가 한 일은 자기(自己) 스스로 자랑함을 이르는 말. 자화찬(自畵讚).

자화찬(自畵讚) 자화자찬(自畵自讚).

자효쌍친락가화만사성(子孝雙親樂家和萬事成) 자식(子息)이 효(孝)하면 부모가 즐겁고 가정이 화목(和睦)하면 만사(萬事)가 이루어진다.

작광작성(作狂作聖) 사람은 마음을 먹기에 따라 광인도 될 수 있고, 성인(聖人)도 될 수 있음.

작금양년(昨今兩年) 작년과 금년의 두 해.

작금양일(昨今兩日) 어제와 오늘의 이틀.

작량감경(酌量減輕) 범죄(犯罪)의 정상(情狀)에 참작(參酌)할 사유(事由)가 있을 때에 법관(法官)의 작량에 의(依)하여 형을 감경(減輕)하는 일.

작비금시(昨非今是) 어저께는 나쁘다고 생각한 것이 오늘은 좋다고 생각됨.

작사도방(作舍道傍) 의견(意見)이 서로 달라서 일을 결정(決定)하지 못함을 일컫는 말.

작사도방삼년불성(作舍道傍三年不成) '집을 길가에 지으려고 왕래(往來)하는 사람들에게 상의한 즉, 사람마다 의견(意見)이 달라서 삼년이 지나도록 짓지 못했다'는 뜻으로, 어떤 일에 이견(異見)이 구구해 결론(結論)을 내리지 못함을 이르는 말.

작사모시출언고행(作事謨始出言顧行) 일을 할 때엔 시작을 잘하기를 계획(計劃)하고, 말을 할 때엔 행실(行實)을 돌아보라.

작소지풍지소기(鵲巢知風之所起) '까치집을 보고 바람이 있을 것을 안다'는 뜻으로, 까치가 집을 낮게 지으면 바람이 있고 높이 지으면 바람이 없다고 함.

작수불입(勺水不入) '물 한 모금도 마시지 못한다'는 뜻으로, 음식(飮食)을 전혀 먹지 못하는 것을 이르는 말.

작수성례(酌水成禮) 물만 떠놓고 혼례(婚禮)를 지낸다는 말로, 가난한 집안의 혼인(婚姻) 예식(禮式)을 일컫는 말.

작시금비(昨是今非) 이전(以前)에는 옳다고 생각했던 것이 이제 와서는 그르다고 생각하게 됨.

작심내천(作心乃踐) '자기(自己)마음에 심는 것도 작정(作定)하고 실천(實踐)해야 된다'는 뜻.

작심삼일(作心三日) '마음먹은 지 삼일(三日)이 못 간다'는 뜻으로, 결심(決心)이 얼마 가지 않아 흐지부지 된다는 말.

작약지증(勺藥之贈) '함박꽃 선물(膳物)'이라는 뜻으로, 남녀(男女) 간(間)에 향기(香氣)로운 함박꽃을 보내어 정을 더욱 두텁게 함을 이르는 말.

작유여지(綽有餘地) 여유작작(餘裕綽綽).

작의형제(作義兄弟) ①의리(義理)로써 형제(兄弟) 관계(關係)를 맺음. ②또는, 그 형제(兄弟). 결의(結義) 형제(兄弟).

작작유여(綽綽有餘) 여유작작(餘裕綽綽).

작전타임(作戰time) 농구·배구 등 운동 경기에서, 감독이나 주장이 자기 팀의 선수에게 작전(作戰)을 지시하기 위하여 심판(審判)에게 요구하는 시간(時間).

ㅈ

작죄속마(作罪屬魔) 죄를 짓는 자마다 마귀(魔鬼)에게 속(屬)함.

작지불이(作之不已) 끊임없이 힘써 함.

작지서지(作之書之) 자기 스스로 글을 짓고 씀. 자기가 계획(計劃)하고 자기가 실천(實踐)함을 비유(比喩)함. 자작자필(自作自筆).

잔배냉갱(殘杯冷羹) '남은 술과 식은 국'이라는 뜻으로, 보잘것없는 음식(飮食)을 비유적으로 이르는 말.

잔배냉적(殘杯冷炙) 잔배냉효(殘杯冷肴).

잔배냉효(殘杯冷肴) '마시다 남은 술과 다 식은 구운 고기'라는 뜻으로, 약소하고 보잘것없는 주안상으로 푸대접(–待接)받는 것을 말함. 잔배냉적(殘杯冷炙).

잔산단록(殘山短麓) 비바람에 깎여 나지막해진 산과 짧은 산기슭이라는 뜻으로, 작고 낮은 산을 이르는 말.

잔악무도(殘惡無道) 말할 수 없이 잔인(殘忍)하고 악독(惡毒) 함. 잔인무도(殘忍無道).

잔월효성(殘月曉星) 지는 달과 샛별.

잔인무도(殘忍無道) 인정이 없고 모질며 도리(道理)에 어긋나는 짓을 서슴치 않음. 잔학무도(殘虐無道).

잔인박행(殘忍薄行) 잔인하고도 야박(野薄)한 행위(行爲).

잔인해물(殘忍害物) 사람에게 모질게 굴고 물건(物件)을 해침.

잔질지인(殘疾之人) 몸에 치르고 난 병이 남아 있어 쇠약(衰弱)해진 사람.

잔학무도(殘虐無道) 잔인(殘忍)하고 사나워 사람의 도리가 전혀 없음. 잔인무도(殘忍無道).

잠룡물용(潛龍勿用) '물에 잠겨 있는 용(龍)은 쓰지 않는다'라는 뜻으로, 아무리 천하(天下)를 품을 만한 영웅(英雄)이라도 자신(自身)의 능력(能力)을 배양(培養)하며 조용히 때를 기다리는 것을 비유(譬喩)하는 말.

잠복유전(潛伏遺傳) 격세 유전(隔世遺傳).

잠복장닉(潛伏藏匿) 행방을 감추어 남이 그 소재를 모르게 함. 잠닉(潛匿).

잠불이측(暫不離側) 잠시(暫時)도 곁에서 떠나지 아니함.

잠사우모(蠶絲牛毛) '고치심과 쇠털'이라는 뜻으로, '일의 가닥이 자차분하고도 어수선함'을 비유(比喩)하는 말.

잠어약청파호조명고지(潛魚躍淸波好鳥鳴高枝) 잠겨있는 고기는 푸른 물결에 뛰어오르고, 좋은 새는 높은 가지에서 지저귐.

잠영세족(簪纓世族) 대대로 높은 벼슬을 지내 온 겨레붙이.

잠종비적(潛蹤祕跡) 잠종비적(潛蹤秘迹).

잠종비적(潛蹤祕迹) 종적(蹤跡)을 아주 숨김.

잠행운동(潛行運動) 지하운동(地下運動).

잡시방약(雜施方藥) 병을 고치려고 갖가지 약을 시험(試驗)으로 써 봄.

장강대필(長江大筆) 길고도 힘 있는 글을 일컫는 말.

장강대해(長江大海) 길고 큰 강과 크고 넓은 바다.

장경오훼(長頸烏喙) '길 다란 목에 까마귀 부리 같이 뾰족한 입'이라는 뜻으로, 관상에서, 목이 길고 입이 뾰족한 상(相)을 이르는 말.

장계취계(將計就計) 상대편의 계략(計略)을 미리 알고 그것을 역이용(逆利用)하는 계교(計巧).

장공속죄(將功贖罪) 죄(罪)를 지은 사람이 공(功)을 세워 속죄(贖罪)함.

장공임조비(長空任鳥飛) '하늘은 새가 마음껏 날도록 맡긴다'는 뜻으로, 큰 인물(人物)은 작은 일에 개의치 않음을 이르는 말.

장관이대(張冠李戴) 이름과 실상(實相)이 일치(一致)하지 못하는 것의 비유(譬喩).

장광설(長廣舌) 길고 세차게 지껄이는 말솜씨. 뛰어난 변설(辯舌). 쓸데없이 장황하게 늘어놓는 말.

장구대진(長驅大進) 멀리 몰아서 단번에 거침없이 나아감.

장구지계(長久之計) 사업(事業)의 오랜 계속(繼續)을 도모(圖謀)하는 계획(計劃).

장구지책(長久之策) 장구지계(長久之計).

장귀지학(長句之學) 문장(文章)의 장(章)과 귀(句)의 해석(解釋)에만 치우쳐 전체(全體)의

대의(大意)에는 통(通)하지 않으므로, 중국(中國) 한대(漢代) 훈고학(訓詁學)의 일컬음.

장단상교(長短相較) 길고 짧음은 상대적(相對的) 관계(關係)에서 비교(比較)할 수 있음을 이르는 말.

장대뇌상(杖臺牢上) 감옥(監獄)살이로 고생(苦生)하는 신세(身世).

장두로미(藏頭露尾) '머리는 감추었는데 꼬리는 드러나 있다'는 뜻으로, 진실(眞實)을 숨겨두려고 하지만 거짓의 실마리는 이미 드러나 있다는 의미(意味). 속으로 감추면서 들통 날까봐 전전긍긍하는 태도(態度)를 빗대기도 함.

장두상련(腸肚相連) '창자가 서로 잇닿아 있다'는 뜻으로 ①배짱이 서로 잘 맞음을 이르는 말. ②서로 협력(協力)하여 나아감.

장두은미(藏頭隱尾) '머리를 감추고, 꼬리를 숨긴다'는 뜻으로 일의 전말을 확실(確實)히 밝히지 않음을 이르는 말.

장등시주(長登施主) 부처 앞에 불을 켜는 기름을 시주(施主)함.

장람만천하죄구박복인(贓濫滿天下罪拘薄福人) 부정한 재물을 취하는 사람이 천하에 가득할지라도 죄(罪)는 복이 적은(薄福) 사람에게 걸리느니라.

장래설계(將來設計) 장래(將來)를 설계(設計)함.

장로교(長老敎) 개신교의 한 교파로서, 교회의 운영(運營)을 장로들의 합의제(合議制)로 하는 교파.

장로교회(長老敎會) 〔영〕Presbyterian Church. 장로교(長老敎).

ㅈ

장로지전진퇴필공(長老之前進退必恭) 어른과 노인(老人) 앞에는 나아가고 물러감을 반드시 공손(恭遜)히 해야 함.

장림심처(長林深處) 길게 뻗친 숲의 깊은 곳.

장립대령(將立待令) 셋줄 있는 집에 드나들며 이끗을 바라는 사람을 조롱(嘲弄)하여 일컫는 말. '오래 서서 분부를 기다린다'는 뜻으로 권문세가에 날마다 드나들며 어떠한 이익을 얻고자 아첨하는 사람을 비난조로 이르는 말. 장립대명(長立待命).

장립대명(長立待命) 장립대령(將立待令).

장막절(帳幕節) 〔영〕Tabernacle Feast of. 초막절(草幕節) 참조(參照).

장막지간(將幕之間) 장수(將帥)와 막하(幕下)의 사이.

장막지분(將幕之分) 장수(將帥)와 막하(幕下) 사이의 분수(分數)나 분한.

장막지의(帳幕之誼) 장수(將帥)와 막하들 사이의 정의(情誼).

장맥분흥(張脈憤興) 사람이 격분(激憤)하거나 흥분(興奮)하면 혈맥의 펼쳐 움직임은 강(强)한 모습을 띄게 되지만, 그 속은 마르게 됨을 말함.

장목비이(長目飛耳) '긴 눈과 날아다니는 귀'라는 뜻으로, ①옛일이나 먼 곳의 일을 앉은 채로 보고들을 수 있는 눈이나 귀, 곧 서적(書籍)을 이름. ②사물(事物)을 날카롭게 관찰(觀察)하고 널리 정보(情報)를 모아 잘 알고 있음을 이르는 말.

장문유장(將門有將) 장수(將帥) 집안에서 장수(將帥)가 남.

장물취득죄(贓物取得罪) 장물(贓物)을 취득함으로써 성립(成立)되는 장물죄의 한 가지.

장벽무의(墻壁無依) 전혀 의지할 곳이 없음.

장부일언중천금(丈夫一言重千金) 장부(丈夫)의 말 한 마디는 천금(千金)같이 무겁다. 남아(男兒)의 일언중천금(一言重千金).

장사진(長蛇陣) ①썩 많은 사람이 줄을 지어 길게 늘어서 있는 모양을 형용(形容)하여 이르는 말. ②한줄로 길게 벌이는 진법(陣法)의 한 가지.

장삼이사(張三李四) '장 씨의 셋째 아들과 이 씨의 넷째 아들'이란 뜻으로, ①성명(姓名)이나 신분(身分)이 뚜렷하지 못한 평범(平凡)한 사람들. ②사람에게 성리(性理)가 있음은 아나, 그 모양(模樣)이나 이름을 지어 말할 수 없음의 비유(比喻). 갑남을녀(甲男乙女). 필부필부(匹夫匹婦).

장상불공(長上不恭) 윗사람에게 공손(恭遜)하지 않은 일.

장상지재(將相之材) 장수(將帥)나 재상(宰相)이 될 만한 인물(人物).

장생불로(長生不老) 불로장생(不老長生).

장생불사(長生不死) 오랫동안 살아 죽지 아니함.

장석친구(長席親舊) 늘 길거리에 모여 있으면서 뜬벌이를 하는 막벌이꾼.

장수선무(長袖善舞) '소매가 길면 춤을 잘 출 수 있다'는 뜻으로, 어떤 일을 함에 있어서도 조건(條件)이 좋은 사람이 유리(有利)함.

장수선무다전선고(長袖善舞多錢善賈) '소매가 긴 옷을 입은 사람은 춤을 잘 추고, 돈 많은 사람은 장사하기 좋다'는 뜻으로, 재물(財物)이 넉넉하면 성공(成功)하기도 쉽다는 말.

장수유식(藏修遊息) 학문(學問)을 전심으로 닦음. 공부(工夫)할 때는 물론 쉴 때에도 학문(學問)을 닦는 것을 항상(恒常) 마음에 둠.

장승계일(長繩繫日) '긴 줄로 해를 붙들어 맨다'는 뜻으로, 시간(時間)의 흐름을 매어 멈추게 하려는 것, 즉 불가능(不可能)한 일을 이르는 말.

장야지음(長夜之飮) 날이 새도 창을 가리고 불을 켜놓은 채 며칠이고 계속(繼續)하는 술자리.

장양자애(長養慈愛) '서로 사랑하며 오래 살라'는 뜻.

장언대어(壯言大語) 장담하고 큰소리 침. 씩씩하고 큰 말소리.

장옥매향(葬玉埋香) 미인(美人)을 매장(埋葬)하는 일.

장와불기(長臥不起) 오래도록 누운 채 일어나지 못함.

ㅈ

장원급제(壯元及第) 과거시험 가운데 대과(大科)의 문과 전시에서 갑과(甲科)에 수석으로 합격하는 일을 말함.

장원지계(長遠之計) 먼 장래(將來)의 계책(計策).

장유유서(長幼有序) 오륜(五倫)의 하나. 어른과 어린이 사이에는 순서(順序)와 질서(秩序)가 있음.

장이불밀(壯而不密) 웅장(雄壯)하기는 하나 세밀(細密)하지 못함을 이르는 말.

장자남화경(莊子南華經) 남화경(南華經).

장자만등(長者萬燈) '장자의 일만 개의 등(燈)'이라는 뜻으로, 불교(佛敎)에서, 부자(富者)가 신불(神佛)에게 일만 개의 등(燈)을 올리는 반면에 가난한 여인(女人)은 단 하나의 등(燈)을 바치지만, 그 참뜻만 있으면 가난한 여인(女人)의 한 등(燈)이 장자의 만 등(燈)에 못지 않다는 말.

장자사유(長者事幼) 큰 자가 어린 자를 섬김.

장자삼대(長者三代) '부자(富者)는 3대(三代)까지 가기 어렵다'는 말, 곧 아버지가 고생(苦生)해서 재산(財産)을 만들고, 그것을 보고 자란 아들인 2대는 그것을 잘 지키지만, 3대인 손자(孫子)는 생활(生活)이 사치(奢侈)하여 마침내 할아버지와 아버지가 이룩한 가산을 탕진(蕩盡)하는 예가 많음을 이르는 말.

장자자유유자경장(長者慈幼幼者敬長) 어른은 어린이를 사랑하고, 어린이는 어른을 공경(恭敬)해야 함.

장자지전진퇴필공(長者之前進退必恭) 어른의 앞에서는 나아가고 물러날 때 반드시 공손(恭遜)히 하라.

장자풍도(長者風度) 덕망(德望)이 있는 노성(老成)한 사람의 풍도(風度).

장장추야(長長秋夜) 길고도 긴 가을밤.

장장춘일(長長春日) 길고도 긴 봄날.

장장하일(長長夏日) 길고 긴 여름날 더위.

장정곡포(長汀曲浦) 해안선이 길게 뻗치어 구부러진 갯벌.

장조부(丈祖父) 아내의 할아버지.

장종비적(藏蹤祕迹) 종적(蹤迹)을 아주 감춤.

장주지몽(莊周之夢) ①자아(自我)와 외계(外界)와의 구별(區別)을 잊어버린 경지(境地)를 말함. ②사물(事物)과 자신(自身)이 한 몸이 된 경지(境地). 호접지몽(胡蝶之夢).

장중득실(場中得失) '과거(科擧) 보는 자리에서의 득과 실'이라는 뜻으로, ①과장(科場)에서는 잘하는 사람도 낙방할 때가 있고, 못하는 사람도 급제(及第)할 때가 있듯이, 일이 생각하는 바와 같이 이루어지지 않음을 이르는 말. ②거의 다 되어 가던 일이 뜻대로 아니 됨을 이르는 말.

장중보옥(掌中寶玉) ①손 안에 있는 보옥. ②보배처럼 여기는 사랑하는 자식(子息)이나 매우 귀중(貴重)한 물건(物件).

장진해탈(障盡解脫) 수행(修行)을 가로막는 모든 번뇌(煩惱)를 끊고, 자유(自由)로운 경지(境地)에 이름.

장취불성(長醉不醒) 늘 술에 취해 있어 깨어나지 아니함.

장침대금(長枕大衾) '긴 베개와 큰 이불'이라는 뜻으로, 긴 베개와 큰 이불은 함께 누어자기에 편하므로 형제(兄弟) 간(間)에 우애(友愛)가 두터움을 이르는 말.

장풍파랑(長風破浪) '멀리 불어 가는 대풍을 타고 끝없는 바다 저쪽으로 배를 달린다'는 뜻으로, 대업(大業)을 이룬다는 말.

장협귀래호(長鋏歸來乎) '장검(長劍)아 돌아가지 않겠느냐'라는 뜻으로, ①만족(滿足)할 줄 모르는 인간(人間)의 욕망(欲望)을 비유(比喩)한 말. ②자신의 재능을 알아주지 않는 사람에게 자신의 재능을 알아 달라고 하는 뜻으로도 쓰임.

장형부모(長兄父母) 맏형의 지위와 하는 일이 부모와 같음을 이르는 말.

재가독서(在家讀書) 집에 있으면서 독서(讀書)함.

재가무일(在家無日) 바삐 돌아다니느라고 집에 있는 날이 없음.

재가빈역호(在家貧亦好) '제 집에 있으면 가난하여도 마음은 편하다'는 뜻으로, 객지(客地)에 있는 사람이 고향(故鄕)을 그리워하는 심정(心情)을 이르는 말.

재계목욕(齋戒沐浴) 신불(神佛)에게 제사(祭祀)를 드리기 전(前)에 몸과 마음을 깨끗이 하기 위(爲)하여 음식(飮食)이나 행동(行動)을 삼가고 몸을 깨끗이 씻음을 이르는 말.

재고삼사(再考三思) 재삼사지(再三思之).

재고팔두(才高八斗) '글 재주가 뛰어 난다'는 뜻으로, '여덟두(八斗)의 뛰어난 재주'라는 성어.

재관쌍미(財官雙美) ①'돈과 벼슬이 모두 있어 아름답다'는 뜻. ②사주에 정재와 정관이 둘 다 한곳에 임하여 있어 아름답다는 뜻.

재기불능(再起不能) 다시 일어설 능력(能力)이 없음.

재기환발(才氣煥發) '사리(事理) 판단(判斷)이 날카롭고 재능(才能)이 빛난다'는 뜻으로, 재주와 슬기가 불 일어나듯이 나타남을 이르는 말.

재단법인(財團法人) 일정한 목적에 제공된 재산의 독립된 운용을 위하여, 그 설립이 인정된 공익 법인.

재당숙(再堂叔) 아버지의 육촌 형제(兄弟).

재대난용(材大難用) '재목(材木)이 너무 커서 도리어 쓰기 어렵다'는 말로, 재주있는 이가 불우(不遇)한 처지(處地)에 있음을 이르는 말.

재덕겸비(才德兼備) 재주와 덕행(德行)을 다 갖춤.

재덕부재험(在德不在險) '나라의 안전(安全)은 임금의 덕(德)에 달린 것이지, 지형(地形)의 험준(險峻)함에 있지 않다'는 뜻.

재도지기(載道之器) '도를 싣는 그릇'이란 뜻으로, 문학(文學), 또는 시를 정의(定義)하는 말. 문학은 도(道)를 실현(實現)하는 도구(道具).

재무테크놀로지(財務technology) 기업(企業)이 자금의 조달이나 운용(運用)에 고도의 기술을 사용하여 금융거래(金融去來)에 의한 이득을 꾀하는 일.

재삼사지(再三思之) 여러 번 생각함.

재삼재사(再三再四) ①가끔. ②몇 번씩. ③여러 번. ④거듭거듭.

재삼지의(在三之義) 군사부(君師父)의 은혜(恩惠)에 보답(報答)하고자 정성(精誠)을 다하는 도리(道理)를 이르는 말.

재상분명(財上分明) 돈 거래(去來)에 있어서 아주 분명(分明)하게 함.

재상평여수인중직사형(財上平如水人中直似衡) 재물(財物)은 평등(平等)하기가 물과 같고, 사람은 바르기가 저울과 같다.

재색겸비(才色兼備) 여성(女性)이 뛰어난 재능(才能)과 미모를 함께 갖춤.

재생지덕(再生之德) 죽게 된 목숨을 다시 살게 하여 준 덕.

재생지은(再生之恩) 죽게 된 것을 살려 준 은혜(恩惠).

재생지인(再生之人) 죽을 고비를 지내고 난 사람.

전성감탄사(轉成感歎詞) 본디 감탄사가 아니었던 것이, 어형(語形) 그대로 또는 어형의 일부가 바뀌어서 감탄사로 된 단어. (만세 · 참 · 옳지 · 여보 · 어디 · 아니 따위).

재소난면(在所難免) 어떠한 일에서 벗어나기 어려움.

재수발원(財數發願) 재수가 있기를 부처에게 비는 일.

재수불공(財數佛供) 재수 발원으로 올리는 불공(佛供). 재수를 빌기 위해 부처님께 드리는 불공.

재승덕박(才勝德薄) 재승박덕(才勝薄德).

재승박덕(才勝薄德) 재주는 있으나 덕이 없음. 재승덕박(才勝德薄).

재여사천(才如史遷) 재주가 뛰어남이 사마천(司馬遷)과 같음.

재의수요일(재(회:灰)–水曜日) 〔영〕Ash Wednesday. 사순절의 첫째 날. 이날은 축복한 재(회:灰)들을 예배자의 이마에 바르는 고대교회(古代敎會)에서 시작되어 로마 가톨릭교회까지 계속되어온 관습(慣習)에서 유래(由來)했다. 이 의식의 의미는 구약성서(舊約聖書)에 근거하는데, 회개(悔改)와 슬픔의 표시로 재를 바르며 속죄(贖罪)를 의미하는 예식(禮式)이다. 성회수요일(聖灰水曜日).

재자가인(才子佳人) 재능(才能)이 뛰어난 남자와 아름다운 여인.
재자다병(才子多病) 재주가 있는 사람은 병이 많다는 말.
재작일(再昨日) 그저께. 거거일(去去日). 어제의 전날. 그제.
재재소소(在在所所) 이곳저곳. 여기저기.
재조산하(再造山河) 국난(國難)속에서 '나라를 다시 만든다'는 뜻
재조지은(再造之恩) 거의 멸망(滅亡)하게 된 것을 구원(救援)하여 도와 준 은혜(恩惠).
재종고모(再從姑母) 아버지의 육촌 누이.
재종숙(再從叔) 아버지의 재종(再從) 형제(兄弟).
재종조(再從祖) 할아버지의 종형제(從兄弟).
재종형제(再從兄弟) 육촌 형제.
재차일거(在此一擧) '이 한번으로 담판(談判)을 짓는다'는 뜻으로, 단 한 번의 거사(擧事)로 흥하거나 망(亡)하거나 끝장을 냄.
재천명(再闡明) 다시 드러내어 밝힘.
재학겸유(才學兼有) 재주와 학식(學識)을 다 갖춤.
쟁선공후(爭先恐後) '앞서기를 다투고 뒤처지는 것을 두려워한다'는 뜻으로, 격렬(激烈)한 경쟁(競爭)을 비유(譬喩)하는 말.
쟁어자유(爭魚者濡) '고기를 잡으려는 사람은 물에 젖는다'는 뜻으로, 이익(利益)을 얻으려고 다투는 사람은 언제나 고생(苦生)을 면치 못함을 비유(比喩)하는 말.
쟁장경단(爭長競短) 서로 장점(長點)과 단점(短點)을 가지고 다툼을 이르는 말.
저구지교(杵臼之交) 귀천(貴賤)을 가리지 않고 사귐.
저돌지용(猪突之勇) 저돌희용(猪突豨勇).
저돌지용(豬突之勇) 저돌희용(猪突豨勇).
저돌희용(豬突豨勇) '멧돼지처럼 앞뒤를 생각하지 않고 용맹(勇猛)스럽게 돌진한다'는 뜻으로, ①앞뒤를 가리지 아니하고 함부로 날뜀. ②한(漢)나라 왕망(王莽)이 천하(天下)의 죄인(罪人)과 노예(奴隸)를 모아서 조직(組織)한 군대(軍隊)의 이름. 저돌희용(猪突豨勇).
저돌희용(猪突豨勇) 저돌희용(豬突豨勇).
저두경수(低頭傾首) 머리를 낮게 숙이거나 떨어뜨림.
저두부답(低頭不答) 머리를 푹 숙이고 대답(對答)하지 아니함.
저두평신(低頭平身) '머리를 숙이고 몸을 움츠린다'는 뜻으로, 몹시 황송(惶悚)해 하는 모습을 이르는 말.
저력지재(樗櫟之材) ①'참나무와 가죽나무의 재목(材木)'이라는 뜻으로, 쓸데없는 물건(物件)이나 무능(無能)한 사람을 두고 이르는 말. ②자기(自己)의 겸칭

ㅈ

(謙稱).

저명인사(著名人士) 이름난 사람.

저사간경(底事干卿) 간경하사(干卿何事).

저사위한(抵死爲限) 죽기를 각오(覺悟)하고 굳세게 저항(抵抗)함.

저속열악(低俗劣惡) 저속(低俗)하고 열악(劣惡)함.

저수부답(低首不答) 머리 숙이고 대답(對答)이 없음.

저수하심(低首下心) '머리를 낮추고 마음을 아래로 향하게 한다'는 뜻으로, 머리를 숙여 복종(服從)함을 이르는 말.

저승사자(–使者) 저승에서 염라대왕(閻羅大王)의 명에 따라 죽은 사람의 넋을 데리러 온다는 심부름꾼.

저양촉번(羝羊觸藩) '숫양이 무엇이든지 뿔로 받기를 좋아하여 울타리를 받다가 뿔이 걸려 꼼짝도 못한다'는 뜻으로, 사람의 진퇴(進退)가 자유(自由)롭지 못하게 됨을 이르는 말. 하찮은 제 용기만 믿고 저돌적으로 돌진했다가 진퇴양난에 빠짐의 비유.

저이자축지(詛爾者祝之) 너를 저주(詛呪)하는 자를 축복(祝福)하라.

적개심(敵愾心) 적에 대하여 분개(憤慨)하는 마음.

적고병간(積苦兵間) 여러 해를 두고 싸움에 종사(從事)함.

적공지탑기훼호(積功之塔豈毁乎) '공을 들인 탑이 어찌 무너지랴'는 뜻으로, 정성(精誠)을 기울여 이룩해 놓은 일은 그리 쉽게 무너지지 않는다는 말.

적공지탑불휴(積功之塔不隳) '공든 탑이 무너지랴'의 속담(俗談)의 한역.

적광정토(寂光淨土) 부처가 사는 곳. 중생(衆生)이 해탈(解脫)해서 구극의 깨달음에 이른 경계(境界).

적구독설(赤口毒舌) '붉은 입과 독한 혀'라는 뜻으로, 심한 욕설을 이르는 말.

적구지병(適口之餠) '입에 맞는 떡'이라는 뜻으로, 제 마음에 꼭 드는 사물(事物)을 이르는 말.

적구충장(適口充腸) 훌륭한 음식(飮食)이 아니라도 입에 맞으면 배를 채움.

적국지간(敵國之間) ①적국(敵國)의 사이. ②본처(本妻)와 첩(妾). ③또는 첩과 첩 사이.

적국파모신망(敵國破謀臣亡) '적국(敵國)이 있는 한은 계략(計略)에 뛰어난 신하(臣下)는 후대(厚待) 받지만, 적국(敵國)을 멸망(滅亡)시킨 후(後)에는 모반(謀叛)이 두려워 제거(除去)해 버린다'는 뜻으로, 염량세태(炎凉世態)의 냉혹(冷酷)한 인심(人心)을 비유(比喩)해 이르는 말.

적나라(赤裸裸) '몸에 아무것도 걸치지 않은 발가벗은 상태(狀態)'라는 뜻으로, ①아무것도 걸치지 않음. ②숨김없이 본디 모습 그대로 드러남.

적년신고(積年辛苦) 여러 해를 두고 하는 수고와 괴로움.

적년회포(積年懷抱) 여러 해 동안 쌓인 회포(懷抱).
적당주의(適當主義) 임시변통(臨時變通)이나 눈가림으로 대충 해 버리는 태도(態度)나 생각.
적대시(敵對視) 상대방(相對方)을 적(敵)을 대하듯 바라봄.
적막강산(寂寞江山) 사람도 없고, 식량도 없는 몹시 쓸쓸한 풍경(風景).
적멸위락(寂滅爲樂) 생사(生死)의 괴로움에 대(對)하여 적정(寂靜)한 열반(涅槃)의 경지(境地)를 참된 즐거움으로 삼는 일.
적멸지도(寂滅之道) '열반(涅槃)에 이르는 도리(道理)'라는 뜻으로, 불교(佛敎)를 일컫는 말.
적반하장(賊反荷杖) '도둑이 도리어 몽둥이를 든다'는 뜻으로, 잘못한 사람이 도리어 잘한 사람을 나무라는 경우(境遇)를 이르는 말.
적본주의(適本主義) 목적(目的)은 다른 곳에 있는 것처럼 꾸미고, 실상(實相)은 그 하고자 하는 목적(目的)으로 나아가는 일.
적부심사(適否審査) 영장의 집행이 적법(適法)한가의 여부를 법원이 심사하는 일. 구속적부심사(拘束適否審査).
적분재중(積忿在中) 노엽고 분함이 마음에 쌓임. 쌓이고 쌓인 분한 마음을 가슴 속에 품고 있음.
적불가가(敵不可假) 적은 반드시 전멸(全滅)시켜야지 용서(容恕)해서는 안 됨.
적비심력(積費心力) 마음과 힘을 자꾸 씀.
적빈무의(赤貧無依) 몹시 구차(苟且)한 데다 의지(依支)할 데조차 없음.
적빈여세(赤貧如洗) 가난하기가 마치 물로 씻은 듯 하여 아무 것도 가진 것이 없음.
적사구근(積仕久勤) 여러 해를 벼슬살이함.
적색공포(赤色恐怖) 적색테러(赤色terror).
적색테러(赤色terror) 공산주의자(共産主義者)들의 폭력(暴力) 행위(行爲). 적색공포(赤色恐怖).
적서승금(積書勝金) 책(冊)을 쌓아 놓는 것이 금(金)을 쌓아 놓는 것보다 나음.
적서차별망가지본(嫡庶差別亡家之本) 적자(嫡子)와 서자(庶子)를 차별(差別)하는 것은 집안이 망하게 되는 근본(根本)이다.
적선당가무한락(積善當家無恨樂) 선행(善行)을 쌓은 집은 무한한 즐거움이 있다.
적선당가필유여락(積善堂家必有餘樂) 선행(善行)이나 덕(德)을 쌓아놓은 집안은 반드시, 충분히 즐기고도 남는 즐거움이 있다.
적선여경(積善餘慶) 착한 일을 많이 한 결과(結果)로서 좋은 일이 자손(子孫)에게까지 미침.
적선지가(積善之家) 착한 일을 많이 한 집.
적선지가필유여경(積善之家必有餘慶) '적선(積善)하는 집안에는 반드시 경복이 남아 있다'는 뜻으로, 착한 일을 계속(繼續)해서 하면, 복이 자신(自身) 뿐만 아니라 자손(子孫)에까지도 미친다는 말.

ㅈ

적선지가필유여경적불선지가필유여앙(積善之家必有餘慶積不善之家必有餘殃) 선한 일을 많이 하는 집안에는 경사(慶事)가 많고, 나쁜 짓을 많이 하는 집안에는 재앙(災殃)이 많다.

적선지대(赤線地帶) 홍등가(紅燈街)를 달리 일컫는 말. 붉은 등이 켜져 있는 거리 곧 유곽이나 창가 따위가 있는 지역.

적설소성(赤舌燒城) '군자(君子)를 참해(讒害)하는 소인(小人)의 붉은 혀는 불같아서 성곽(城郭)이라도 태워버릴 만하다'는 뜻으로, 참소(讒訴)하는 말의 무서움을 비유(比喻)하는 말.

적소성대(積小成大) ①작은 것도 쌓이면 크게 됨. ②적은 것도 쌓이면 많아짐. 적진성산(積塵成山). 적토성산(積土成山).

적수공권(赤手空拳) '맨손과 맨주먹'이란 뜻으로, 곧 아무 것도 가진 것이 없음. 도수공권(徒手空拳).

적수기가(赤手起家) 적수성가(赤手成家).

적수단신(赤手單身) 맨손과 홀몸. 곧 가진 재산(財産)도 없고 의지(依支)할 일가(一家)붙이도 없는 외로운 몸.

적수성가(赤手成家) 아무 것도 없는 가난한 사람이 맨손으로 가산(家産)을 이룸. 자수성가(自手成家).

적수성연(積水成淵) 한 방울 한 방울의 물이 쌓여 연못이 됨.

적수중가사무투(敵雖衆可使無鬪) '비록 적의 수가 아무리 많다 해도 가히 싸울 수 없도록 만든다'라는 고차원적 전략.

ㅈ

적승계족(赤繩繫足) '붉은 끈으로 발을 묶는다'는 뜻에서 '혼인이 정해짐'을 이름.

적시재상(積屍在床) 집안이 몹시 가난하여 죽은 사람을 장사(葬事)지내지 못함.

적시적지(適時適地) 알맞은 시기(時期)와 장소(場所).

적신지탄(積薪之嘆) 적신지탄(積薪之歎).

적신지탄(積薪之歎) '쌓이고 쌓인 섶나무의 탄식(歎息)'이라는 뜻으로, 먼저 쌓인 섶나무는 항상(恒常) 아래에 있듯이 고참이 승진(昇進)하지 못하고 늘 아랫자리에 있음을 한탄(恨歎)함을 이르는 말. 적신지탄(積薪之嘆).

적실인심(積失人心) 인심(人心)을 많이 잃음.

적심무경(籍甚無竟) 뿐만 아니라 자신(自身)의 명예(名譽)스러운 이름이 길이 전(傳)하여 질 것임.

적심보국(赤心報國) 성심(誠心)으로써 나라에 충성(忠誠)을 다함.

적악여앙(積惡餘殃) 악(惡)한 짓을 많이 하면 그 죄(罪) 때문에 재앙(災殃)이 자손(子孫)에게 미침.

적악지가(積惡之家) 악(惡)한 짓을 많이 한 집.

적악지가필유여앙(積惡之家必有餘殃) 악함을 쌓는 집에는 반드시 자손(子孫)에게까지 미치는 재앙(災殃)이 있음.

적약무인(寂若無人) 사람이 없는 것 같이 조용함.

적여구산(積如丘山) 산더미같이 많이 쌓임.

적연무문(寂然無聞) 조용하고 적적하여 아무 소문(所聞)도 없음.

적연부동(寂然不動) 아주 조용하여 움직이지 아니함.

적우침주(積羽沈舟) '새털처럼 가벼운 것도 많이 실으면 배가 가라앉는다'는 뜻으로, ①작은 일도 쌓이고 쌓이면 큰 일이 됨. ②또 작은 것, 힘없는 것도 많이 모이면 큰 힘이 됨.

적원심로(積怨深怒) 원망(怨望)이 쌓이고 쌓여 노여움이 깊어짐.

적유년소(積有年所) 여러 해. 누년(累年). 다년(多年). 유년(有年). 적년(積年).

적이능산(積而能散) 재물(財物)을 모아 능히 유익(有益)한 일에 씀.

적자생존(適者生存) 생존(生存) 경쟁(競爭)의 결과(結果), 그 환경(環境)에 맞는 것만이 살아남고 그렇지 못한 것은 차차 쇠퇴(衰退), 멸망(滅亡)해 가는 자연(自然) 도태의 현상(現象)을 일컫는 말. 우승열패(優勝劣敗).

적자지심(赤子之心) '갓난아이와 같은 마음'이라는 뜻으로, 세속(世俗)에 물들지 않은 순결(純潔)한 마음.

적재적소(適材適所) 어떤 일에 적당(適當)한 재능(才能)을 가진 자에게 적합(適合)한 지위(地位)나 임무(任務)를 맡김.

적재적처(適才適處) 적재적소(適材適所).

적재정량(積載定量) 짐을 실을 수 있는 정량.

적적상승(嫡嫡相承) 대대로 적파(嫡派)의 장자·장손이 가계(家系)를 이어 내려옴.

적전도하(敵前渡河) 적의 전면에서 위험을 무릅쓰고 강을 건넘, 또는 그 작전. 도하작전.

적지적수(適地適樹) 알맞은 땅에 알맞은 나무를 심음.

적지적작(適地適作) 알맞은 땅에 알맞은 작물(作物)을 심음.

적지천리(赤地千里) 입춘(立春) 뒤 첫 갑자(甲子)일에 비가 내리면 그 해 봄이 몹시 가물어서, 넓은 범위(範圍)에 걸쳐 논밭이 적지(赤地)가 된다는 말.

적진성산(積塵成山) 티끌 모아 태산(泰山).

적출관문(賊出關門) '도둑이 나가고 난 후(後)에야 문을 잠근다'는 뜻으로, 소 잃고 외양간 고친다는 말.

적토성산(積土成山) '흙이 쌓여 산이 된다'는 말로, 작은 것도 많이 모이면 커진다는 말. 적소성대(積小成大). 토적성산(土積成産).

적폐청산(積幣清算) 오랫동안 쌓이고 쌓인 폐단(弊端)을 셈하여 깨끗이 씻어 버림.

적혜요혜(寂兮寥兮) '형체(形體)도 소리도 다 없다'는 뜻으로, 무위자연(無爲自然)을 주장

(主張)한 노자(老子)의 중심(中心) 사상(思想)을 이르는 말.

적후사속(嫡後嗣續) 적자(嫡子)된 자, 즉 장남(長男)은 뒤를 계승(繼承)하여 대(代)를 이룸.

적후사속제사증상(嫡後嗣續祭祀蒸嘗) 맏아들이 대를 이어 조상께 제사하되 겨울 제사는 증(蒸)이라 하고, 가을 제사는 상(嘗)이라 한다.

적훼소골(積毁銷骨) '사람들의 악담이 많으면 굳은 뼈라도 녹는다'는 뜻으로, 여러 사람의 악담이 무서움을 비유(比喩)해 이르는 말.

전가보도(傳家寶刀) '대대(代代)로 집안에 전(傳)해지는 보검'의 뜻으로, 전가(傳家)는 '조상(祖上) 때부터 대대(代代)로 집안에 전(傳)해지다'의 뜻이고, 보도(寶刀)는 '보배로운 칼'임.

전가지보(傳家之寶) 집에 대대(代代)로 전해 내려오는 보물(寶物).

전감소연(前鑑昭然) 거울을 보는 듯 앞의 일이 환하게 밝음.

전거가감(前車可鑑) '앞 수레가 엎어진 것을 보고 뒷 수레가 경계(警戒)하여 넘어지지 않도록 한다는 말로, 전인(前人)의 실패(失敗)를 보고 후인(後人)은 이를 경계(警戒)로 삼아야 한다는 의미.

전거복철(前車覆轍) '앞 수레가 엎어진 바퀴 자국'이란 뜻으로, ①앞사람의 실패(失敗). 실패(失敗)의 전례(前例). ②앞사람의 실패(失敗)를 거울삼아 주의(注意)하라는 교훈(教訓).

전거복후거계(前車覆後車戒) '앞 수레가 넘어지면 뒷 수레의 경계(警戒)가 된다'는 뜻으로, 선배의 실패(失敗)를 후배는 경계(警戒)로 삼아야 함을 이르는 말.

ㅈ

전거후공(前倨後恭) '처음에는 거만하다가 나중에는 공손하다'는 뜻으로, 상대의 입지(立地)에 따라 태도(態度)가 변하는 것을 이르는 말. 거존악비(居尊若卑).

전고미문(前古未聞) '이전(以前) 세상(世上)에는 듣지 못하였다'는 뜻으로, 지금까지는 들어 본 적이 없는 새로운 것임의 비유(譬喩)

전고미증유(前古未曾有) 전에 없었던 최고(最高)의 일.

전고소무(前古所無) 지난날에 없던 바.

전공가석(前功可惜) 애를 써서 하던 일을 중간(中間)에 그만두거나 또는 헛일이 되었을 때, 그 전(前)에 들인 힘이 아까움.

전관예우(前官禮遇) 장관급 이상의 관직을 지냈던 사람에게, 퇴관 후에도 재임 당시의 예우를 하는 일.

전광석화(電光石火) 번갯불이나 부싯돌의 불이 번쩍이는 것처럼, ①극히 짧은 시간(時間). ②아주 신속(迅速)한 동작(動作). ③일이 매우 빠른 것을 가리키는 말.

전광조로(電光朝露) 극히 짧은 시간(時間)을 비유(比喩)해 이르는 말.

전교후공(前驕後恭) '전에는 교만(驕慢)하였는데 나중에는 자신을 낮추는 것'으로, 태도(態度)가 돌변(突變)하는 것을 말함.

전군함몰(全軍陷沒) 한 떼의 군사(軍士)가 모두 결단(決斷)남. 곧 전멸함.

전권대사(全權大使) 특명(特命)전권대사의 준말. 국가(國家)나 원수(元帥)를 대표하여 외국에 주재(駐在)하는 대사.

전근대적(前近代的 근대 이전 시대의 특징(特徵)을 지니고 있는 (것).

전기기구혼식(電氣器具婚式) 결혼(結婚) 8주년(周年).

전대미문(前代未聞) '지난 시대(時代)에는 들어 본 적이 없다'라는 뜻으로, 매우 놀랍거나 새로운 일을 이르는 말.

전대지재(專對之才) 남의 물음에 지혜(智慧)롭게 혼자 대답(對答)할 수 있어, 외국(外國)의 사신(使臣)으로 보낼 만한 인재(人材).

전도다난(前途多難) 앞길이나 앞날에 어려움이나 재난(災難)이 많음. ↔전도양양(前途洋洋).

전도양양(前途洋洋) 앞길이나 앞날이 크게 열리어 희망(希望)이 있음. ↔전도다난(前途多難).

전도요원(前途遙遠) '앞으로 갈 길이 아득히 멀다'는 뜻으로, 목적(目的)하는 바에 이르기에는 아직도 남은 일이 많음을 이르는 말.

전도유망(前途有望) ①앞으로 잘 될 희망(希望)이 있음. ②또는, 장래(將來)가 유망(有望)함.

전돈낭패(顚頓狼狽) 자빠지고 엎어지며 갈팡질팡하는 모양.

전래동화(傳來童話) 신화나 전설에서 발전하여 이루어진 동심(童心)의 기조(基調)가 된 이야기. 특히 민담(民譚) 가운데 많으며 공상이나 교양적인 요소의 이야기가 주축(主軸)을 이룬다.

전래지물(傳來之物) 오래 전(前)부터 전(傳)하여 오는 물건(物件).

전래지풍(傳來之風) 예전부터 전(傳)하여 오는 풍속(風俗).

전력투구(全力投球) ①어떤 일에 모든 힘을 다 기울임. ②야구(野球)에서, 투수(投手)가 타자(打者)를 상대(相對)로 모든 힘을 기울여 공을 던지는 것.

전륜왕칠보(轉輪王七寶) 전륜왕(轉輪王)이 출현(出現)할 때에 세상(世上)에 나타난다고 하는 일곱 가지 보배. 곧 금륜보 · 여의주보 · 옥녀보 · 주장신보 · 주병신보 · 마보 · 상보 임.

전리품(戰利品) 전쟁(戰爭)에서, 적군(敵軍)에게서 빼앗아온 물품(物品).

전립선(前立腺) 방광 아래, 남성 생식기의 뒤쪽에 있어 요도를 둘러싸고 있는 밤톨만 한 선(腺). 정자(精子)의 운동을 활발하게 하는 액체를 분비함. 섭호선(攝護腺). 전립샘.

전망야소(專望耶穌) '오로지 예수만 바라보자'라는 뜻.

전매특허(專賣特許) 발명품(發明品)에 대한 판매 독점권(獨占權)을 주는 특별한 허가(許可).

전무식(全無識) 아주 무식(無識)한 사람.

전무전도(專務傳道) 때를 얻든지 못 얻든지 전도에 힘쓰라.

전무후무(前無後無) 전(前)에도 없었고 앞으로도 있을 수 없음.

전문거호후문진랑(前門拒虎後門進狼) '앞문에서 호랑이를 막으니 뒷문에서 이리가 닥쳐온다'는 뜻으로, ①어려움이 지나자, 또 다른 어려움이 닥침. ②재화(災禍)가 빈번(頻煩)히 닥침.

전미개오(轉迷開悟) 번뇌(煩惱)의 미혹(迷惑)된 것을 벗고 열반(涅槃)의 깨달음에 이르는 일.

전방지총(專房之寵) 비빈(妃嬪) 중(中)에서 한 사람이 임금의 사랑을 독차지함을 이르는 말.

전복위화(轉福爲禍) 복(福)이 바뀌어 오히려 화(禍)가 된다는 뜻. ↔전화위복(轉禍爲福).

전복후계(前覆後戒) '앞 수레가 뒤집힌 자국은 뒷 수레의 좋은 경계(警戒)가 된다'는 뜻으로, 앞의 실수(失手)를 경계(警戒)로 삼아야 한다는 말.

전본분토(錢本糞土) 돈은 본래(本來) 똥이나 흙같이 천(賤)한 것임.

전부지공(田夫之功) 힘들이지 않고 이득(利得) 보는 것을 비유(比喩)하여 이르는 말.

전불고견(全不顧見) 아주 돌보아 주지 아니함.

전사물론(前事勿論) 지나간 일의 시비(是非)를 논난(論難)하지 않음.

전사속주(戰事屬主) 전쟁은 여호와께 속함.

전사지불망후사지(前事之不忘後事之師) 사전(前)에 한 일을 잊지 않으면 후(後)에 일을 하는 데 도움이 됨을 이르는 말.

전생연분(前生緣分) 전생(前生)에서 이미 맺은 연분(緣分).

전생지단(轉生之端) 사형(死刑)에 처해야 할 죄인(罪人)에게 의심(疑心)쩍은 점(點)이 있어, 형을 줄여 죽음을 면하게 할 실마리.

전성지양(專城之養) 한 고을의 원으로서 그 어버이를 봉양(奉養)하는 일.

전수가결(全數可決) 모두가 찬성(贊成)하여 가결함. 만장일치의 가결. 다수결.

ㅈ

전수염불(專修念佛) 자기(自己)의 제행을 행(行)하지 아니하고 오로지 나무아미타불(南無阿彌陀佛)의 명호만 외는 일.

전수일절(戰守一節) 절개(節槪)를 온전(穩全)히 지킴.

전승문학(傳承文學) 구비문학(口碑文學). ↔기록문학(記錄文學).

전신전령(全身全靈) ①몸과 정신(精神)의 모든 것. ②사람이 가지고 있는 체력(體力)과 정신력(精神力)의 전부(全部).

전심전력(全心全力) 온 마음과 온 힘을 다 기울임.

전심전력(專心專力) 마음과 힘을 오로지 한 일에만 모아 씀.

전심치지(專心致志) 오직 한 가지 일에만 마음을 쏟아 뜻한 바를 이룸.

전심치지(專心致之) 오직 한 마음을 가지고 한길로만 나아감.

전언왕행(前言往行) 옛 성현(聖賢)의 말과 행동(行動).

전우위희(轉憂爲喜) 슬픔이 변하여 기쁨이 됨.

전유물(專有物) 독차지한 물건(物件). 독점물(獨占物).

전이수난(戰易守難) 싸우기는 쉬워도 지키기는 어려움.

전인교육(全人教育) 지식이나 기술(技術) 등(等)에 치우침이 없이 인간성을 전면적 조화적으로 발달(發達)하게 하는 것을 목적으로 하는 교육(教育).
전인급보(專人急報) 특별(特別)히 사람을 보내서 급(急)히 알려 줌.
전인미답(前人未踏) '이전(以前) 사람이 아직 밟지 않았다'는 뜻으로, 지금까지 아무도 손을 대거나 발을 디딘 일이 없음.
전일회천(轉日回天) '해를 돌리고 하늘을 돌게 한다'는 뜻으로, 임금의 마음을 돌리게 함의 비유(比喩).
전임책성(專任責成) 오로지 남에게 맡겨서 그 책임(責任)을 지게 함.
전쟁발발(戰爭勃發) ①국가와 국가, 또는 교전단체 사이에 무력을 사용하여 싸우는 일이 일어남. ②극심한 경쟁이나 혼란 또는 어떤 문제에 대한 적극적인 대응이 일어남.
전쟁범죄자(戰爭犯罪者) 전쟁 범죄를 범한 사람. 전범. 전범자.
전전걸식(轉轉乞食) 정처도 없이 이리저리 돌아다니면서 빌어먹음.
전전긍긍(戰戰兢兢) 전전(戰戰)은 겁을 먹고 벌벌 떠는 것. 긍긍(兢兢)은 조심해 몸을 움츠리는 것으로 어떤 위기감에 떠는 심정(心情)을 비유(比喩)한 말.
전전반측(輾轉反側) '이리 뒤척 저리 뒤척 한다'는 뜻으로, ①걱정거리로 마음이 괴로워 잠을 이루지 못함을 이르는 말. ②원래(原來)는 미인(美人)을 사모(思慕)하여 잠을 이루지 못함을 이르는 표현(表現)임. 전전불매(輾轉不寐).
전전불매(輾轉不寐) 누워서 이리저리 뒤척이며 잠을 이루지 못한다는 말. 전전반측(輾轉反側).
전전율률(戰戰慄慄) 심한 두려움이나 분노 따위로 몸을 떪. 전율(戰慄).
전전표박(轉轉漂泊) 여기저기로 돌아다니거나 옮겨 다니면서 삶.
전정만리(前程萬里) 나이가 젊어 장래(將來)가 유망(有望)함.
전제정치(專制政治) 국가의 주권(主權)이 한 개인(個人)이나 특정계급(特定階級)에 좌우되어, 그들만의 의사대로 정치가 행해지는 일. ↔민주정치(民主政治).
전제주의(專制主義) 지배자의 전단(專斷)에 의한 정치를 합리화(合理化) 하려는 주의. ↔민주주의(民主主 義).
전지도지(顚之倒之) 엎드러지고 곱드러지며, 몹시 급(急)히 달아남.
전지자손(傳之子孫) 대대(代代)의 자손(子孫)에게 전(傳)하여 줌.
전지전능(全知全能) 하나님이나 부처님을 전지전능한 존재라고 말함. 완전무결한 지혜와 능력. 어떠한 사리도 다 알 수 있고 어떠한 일이라도 다 할 수 있는 신, 불과 같은 절대자의 지혜와 능력.
전지전지(傳之傳之) 전(傳)하고 전(傳)하여서.
전지전청(傳之傳聽) 여러 사람을 거쳐 전(傳)해 오는 말을 들음.

ㅈ

전지전청(轉之轉請) (직접(直接) 청하지 않고) 여러 사람을 거쳐서 간접(間接)으로 청(請)함.
전지전파(傳之傳播) 전하는 말로 연해 널리 퍼짐.
전지후세(傳之後世) 후세(後世)에 전(傳)함.
전진지망(前進之望) 앞으로 나아갈 희망(希望). 장래에 대(對)한 희망(希望).
전차복후차계(前車覆後車戒) '앞에 가는 수레가 엎어지면 뒤에 가는 수레는 그것을 보고 교훈(教訓)을 삼는다'는 뜻으로, 앞 사람의 실패(失敗)를 교훈(教訓)으로 삼는다는 뜻.
전차후옹(前遮後擁) 많은 사람이 앞뒤로 보호(保護)하여 따름.
전처소생(前妻所生) 전처의 몸에서 난 자식(子息).
전천후(全天候) 어떠한 기상 조건에서도 제 기능을 다 할 수 있음.
전첨후고(前瞻後顧) 일에 부닥쳐 결단(決斷)을 내리지 못하고 앞뒤를 재며 머뭇거림을 이르는 말. 첨전고후(瞻前顧後).
전첩간요(牋牒簡要) 글과 편지(便紙)는 간략(簡略)함을 요함.
전체주의(全體主義) 개인의 모든 활동은 국가나 민족 전체의 존립, 발전을 위해 바쳐야 한다는 이념(理念) 아래, 국민의 자유를 억압, 통제하는 사상(思想) 및 체제(體制). 나치즘, 파시즘 따위. ↔개인주의(個人主義).
전초제근(剪草除根) '풀을 베고 뿌리를 캐내다'는 뜻으로, 즉 미리 폐단(弊端)의 근본(根本)을 없애 버림.
전치사(前置詞) 명사나 대명사 앞에 놓여 다른 품사와의 문법적 관계를 나타내는 말(영어의 at · in · to · from 따위).

ㅈ

전패비휴(顚沛匪虧) 엎드러지고 자빠져도 이지러지지 않으니 용기(勇氣)를 잃지 않아야 함.
전패위공(轉敗爲功) 실패(失敗)를 거울삼아 성공(成功)하는 계기(契機)로 삼음.
전호후랑(前虎後狼) '앞문에서 호랑이를 막고 있으려니까 뒷문으로 이리가 들어온다'는 뜻으로, 재앙(災殃)이 끊임 없이 닥침을 비유(比喩)하는 말.
전화위복(轉禍爲福) '화가 바뀌어 오히려 복이 된다'는 뜻으로, 어떤 불행(不幸)한 일이라도 끊임없는 노력(努力)과 강인(强靭)한 의지(意志)로 힘쓰면 불행(不幸)을 행복(幸福)으로 바꾸어 놓을 수 있다는 말. ↔전복위화(轉福爲禍).
전후곡절(前後曲折) 일의 처음부터 마지막까지의 곡절.
전후모순(前後矛盾) 앞서 한 말과 뒤에 한말이나 행동(行動)이 서로 일치(一致)하지 아니함.
전후불계(前後不計) 한 가지 일에만 마음을 쏟고 다른 사정(事情)을 헤아리지 않음.
전후사연(前後事緣) 일의 처음부터 끝까지의 연유(緣由).
전후수말(前後首末) 자초지종(自初至終).
전후좌우(前後左右) 앞뒤 쪽과 좌우(左右)의 쪽. 곧, 사방(四方).
절검지심(節儉之心) 절약(節約)하고 검소(儉素)하는 마음.

절고진락(折槀振落) '마른 나무를 꺾어 낙엽(落葉)을 떨어낸다'는 뜻으로, 일이 매우 쉬움을 이르는 말.

절골지통(折骨之痛) 참을 수 없을 만큼 심한 고통(苦痛).

절대가인(絕代佳人) 이 세상(世上)에 비할 데 없는 미인(美人).

절대의무(絕對義務) 권리(權利)가 뒤 따르지 않는 의무. (납세의무(納稅義務) · 병력의무(兵役義務)). ↔상대의무(相對義務).

절대적(絕對的) ①아무런 조건이나 제약(制約)이 붙지 않는 (것). ②다른 것과 비교하거나 동등한 것으로서 병립(竝立) 할 수 없는 (것). ↔상대적(相對的).

절대적빈곤(絕對的貧困) 인간의 생존에 필요한 최소한(最小限)의 물자조차 부족한 극도(極度)의 빈곤.

절대적진리(絕對的眞理) 모든 현상 및 경험을 초월하여 영구(永久)히 변하지 않는 진리.

절대주의(絕對主義) ①진리나 가치 따위의 객관적(客觀的) 존재를 인정하고 그 절대성을 주장하는 주의. ↔상대주의(相對主義). ②군주(君主)가 절대적인 권력(權力)을 잡고 국민을 지배 · 통치하는 정치 형태.

절대평가(絕對評價) 학습자의 학업 성취도를 절대적인 기준에 따라 평가하는 일. ↔상대평가(相對評價).

절두산순교기념관(切頭山殉教紀念館) 양화진(楊花津) 절두산(切頭山)에 천주교도들의 순교를 현양(顯揚)하기 위하여 세워진 기념관. 1866년 병인양요가 일어나자 당시의 실권자 대원군은 「양이(洋夷)로 더럽혀진 강토를 서학(西學) 무리들의 피로 씻어야 한다」며 프랑스 함대가 들어왔던 양화진 나루터에서 천주교 신자들의 목을 무참히 자르게 한 순교지이다.

절마잠규(切磨箴規) 열심히 닦고 배워서 사람으로서의 도리(道理)를 지켜야 함.

절묘호사(絕妙好辭) 문장(文章)이나 시가(詩歌)가 특별(特別)히 뛰어났음을 기리는 말.

절박흥정(切迫–) 빡빡하여 융통성이 없는 흥정.

절발역주(截髮易酒) '머리를 잘라 술과 바꾼다'는 뜻으로, 자식(子息)에 대(對)한 모정(母情)의 지극(至極)함을 이르는 말.

절발지환(竊發之患) 도둑으로 말미암아 생기는 근심.

절부구조(竊符求趙) '훔친 병부(兵簿)로 조(趙)나라를 구(求)했다'는 뜻.

절부지의(竊鈇之疑) '도끼를 훔쳐갔다고 의심(疑心)받은 사람이 그 행동(行動)이나 말이 모두 훔쳐간 것처럼 보이나 다른 데서 발견(發見)되어 누명을 벗은 후(後)에는 그렇게 보이지 않았다'는 옛일에서, 공연한 혐의(嫌疑)를 가짐.

절상생지(節上生枝) '가지 마디에 또 가지가 돋는다'는 뜻으로, 일이 복잡(複雜)해 그 귀결(歸結)을 알기 어려움을 비유(比喻)해 이르는 말.

절세가인(絕世佳人) 세상(世上)에 비할 데 없이 아름다운 여자(女子).

ㅈ

절세대미(絕世代美) 이 세상(世上)에서는 견줄 사람이 없을 정도(程度)로 뛰어나게 아름다운 여자(女子).

절세미인(絕世美人) 절세가인(絕世佳人).

절언진여(絕言眞如) 말로 설명(說明)할 수 없는 진여(眞如). 언어로 나타낼 수 없는 참된 세계 그 자체.

절영지연(絕纓之宴) '갓 끈을 끊고 즐기는 연회'라는 뜻으로, 남의 잘못을 관대(寬貸)하게 용서(容恕)해 주거나 어려운 일에서 구해 주면, 반드시 보답이 따른다는 뜻.

절영지회(絕纓之會) '갓의 끈을 끊고 노는 잔치 자리'라는 뜻에서, 실수(失手)를 용서(容恕)해 주는 너그러움을 베풀어 주는 것을 말한다.

절용애인(節用愛人) 절용이애인(節用而愛人).

절용이애인(節用而愛人) 나라의 재물(財物)을 아껴 쓰는 것이 곧 백성(百姓)을 사랑함을 말함. 절용애인(節用愛人).

절의염퇴(節義廉退) 청렴(淸廉)과 절개(節槪)와 의리(義理)와 사양(辭讓)함과 물러감은 늘 지켜야 함.

절의염퇴전패비휴(節義廉退顚沛匪虧) 엎어지고 자빠져도 이지러지지 않으니 용기(勇氣)를 잃지 말라.

절인지력(絕人之力) 남보다 훨씬 뛰어난 힘.

절인지용(絕人之勇) 남보다 훨씬 뛰어난 용맹(勇猛).

ㅈ

절장보단(截長補短) 절장보단(絕長補短). '긴 것을 잘라서 짧은 것에 보태어 부족(不足)함을 채운다'는 뜻으로, 좋은 것으로 부족(不足)한 것을 보충(補充)함을 이르는 말.

절장보단(絕長補短) 절장보단(截長補短).

절지지이(折枝之易) '나뭇가지를 꺾는 것과 같이 쉽다'는 뜻으로, 대단히 용이(容易)한 일을 이르는 말.

절차탁마(切磋琢磨) '옥돌을 자르고, 줄로 쓸고, 끌로 쪼고 갈아 빛을 낸다'는 뜻으로, 학문(學問)이나 인격(人格)을 갈고 닦음. 어떤 일을 함에 최선을 다해 노력함을 이름.

절처봉생(絕處逢生) 극도(極度)로 궁박(窮迫)한 끝에 살길이 생김.

절체절명(絕體絕命) 궁지(窮地)에 몰려 살아날 길이 없게 된 막다른 처지(處地).

절충지신(折衝之臣) 쳐들어오는 적을 물리친 충의의 신하(臣下).

절치부심(切齒腐心) '이를 갈고 마음을 썩이다'는 뜻으로, 대단히 분하게 여기고 마음을 썩임.

절치액완(切齒扼腕) '이를 갈고, 팔을 걷어 올리며 주먹을 꽉 쥔다'는 뜻으로, 매우 분하여 벼르는 모습을 이르는 말. 절치부심(切齒腐心).

절해고도(絕海孤島) 육지(陸地)에서 아주 멀리 떨어져 있는 외로운 섬.

절후광전(絕後光前) 이전(以前)에도 그런 예가 없었고, 앞으로도 또한 없을 것임.

점귀부(點鬼簿) ①죽은 사람의 성명(姓名)을 기록(記錄)하는 장부(帳簿). ②고인(古人)의 이름을 많이 따다가 지은 시문(詩文)을 조롱(嘲弄)하는 말.

점불가장(漸不可長) '일의 폐단(弊端)이 더하도록 두어서는 안 된다'는 뜻으로, 폐단(弊端)이 커지기 전(前)에 막음을 이름.

점액질(粘液質) ①끈끈한 액체(液體)로 된 물질(物質). ②기질(氣質)의 유형의 한 가지. 감정이 차갑고 활발하지 못하나 침착(沈着)하고 의지가 강하며 끈기가 있는 기질임. ↔다혈질(多血質).

점입가경(漸入佳境) '가면 갈수록 경치(景致)가 아름다워 진다'는 뜻으로, ①일이 점점 더 재미있는 지경(地境)으로 돌아가는 것을 비유(比喻)하는 말로 쓰임. ②시간이 지날수록 하는 짓이나 몰골이 더욱 꼴불견임을 말하는 데도도 쓰인다.

점적천석(點滴穿石) '처마의 빗방울이 돌을 뚫는다'는 뜻으로, 작은 힘이라도 그것이 거듭되면 예상(豫想)하지 못했던 큰일을 해냄을 이르는 말.

점철성금(點鐵成金) '쇳덩이를 다루어 황금(黃金)을 만든다'는 뜻으로, ①나쁜 것을 고쳐서 좋은 것으로 만듦의 비유(比喻). ②옛사람의 글을 활용(活用)하여 글을 지음.

접대등절(接待等節) 손님을 접대하는 여러 가지 예절(禮節).

접배거상(接杯擧觴) 작고 큰 술잔을 서로 주고받으며 즐기는 모습임.

접분봉황(蝶粉蜂黃) '나비 날개의 흰 가루와 벌의 누른빛'이란 뜻으로, ①나비가 교미(交尾)하면 그 흰 가루를 잃고, 벌이 교미하면 그 누른빛이 스러진다는 말. ②당(唐)나라 궁인(宮人)이 하던 단장(丹粧)의 이름.

접속조사(接續助詞) 단어와 단어, 문장과 문장을 같은 자격으로 잇는 조사('와 · 과 · 하고' 따위). 이음토씨.

정감록(鄭鑑錄) 조선조(朝鮮朝) 중엽 이후에 조선조의 선조(先祖) 이심(李沁)이란 사람이 이씨(李氏)의 대흥자(代興者)가 될 정씨의 조상(祖上), 정감(鄭鑑)이란 사람으로부터 들은 이야기를 기록(記錄)한 책인데, 민간에 성행하게 된 나라의 운명(運命), 생민존망(生民存亡)에 대한 것을 예언(豫言)한 책(冊).

정경대원(正經大原) 바른 길과 큰 원칙(原則).

정경유착(政經癒着) 정치(政治)와 경제(經濟)가 피차(彼此)의 이익(利益)을 위해 서로 밀접(密接)한 관계를 맺고 결탁(結託)한다는 뜻.

정근사원(正近邪遠) 바른 것을 가까이 하고, 나쁜 것은 멀리하라.

정금단좌(正襟端坐) 옷매무시를 바로 하고 단정하게 앉음.

정금미옥(精金美玉) 인품(人品)이나 또는 시문(詩文)이 맑고도 아름다움의 비유(譬喩).

정금백련(精金百鍊) '쇠붙이가 충분(充分)히 단련(鍛鍊)되었다'는 뜻으로, 충분(充分)히 숙련(熟練)되고 많은 경험(經驗)을 쌓음을 비유(比喩)해 이르는 말.

정금양옥(精金良玉) '순수(純粹)한 금과 좋은 옥'이라는 뜻으로, 인격(人格)이나 문장(文章)이 아름답고 깨끗함을 비유(譬喩)해 이르는 말

정대고명(正大高明) '정대하고도 높고 밝다'는 뜻으로, 대현(大賢)의 학덕(學德)을 형용(形容)하는 말.

정도선행(正道善行) 바르고 착함을 행하여라.

정려각근(精勵恪勤) 삼가 게을리하지 않고 일에 힘씀.

정력절륜(精力絕倫) 성적(性的) 능력(能力)이 매우 두드러지게 뛰어남.

정렬경렬(政熱經熱) 정치와 경제가 함께 활발해야 한다는 말. 정치도 뜨겁고 경제도 뜨겁다는 말.

정례겸도(情禮兼到) 정리(情理)와 예의(禮儀)가 다 같이 충분(充分)함.

정로단행(正路端行) '너희 길과 행위를 바르게 하라'의 말

정문금추(頂門金椎) '쇠망치로 정수리를 친다'는 뜻으로, 정신(精神)이 들도록 깨우침을 이르는 말.

정문안(頂門眼) '정수리에 있는 또 하나의 눈'이란 뜻으로, 보통(普通) 사람이 가진 두 눈 외(外)에 모든 사리(事理)를 환하게 비쳐 아는 특별(特別)한 안력(眼力).

ㅈ

정문일침(頂門一針) '정수리에 침을 놓는다'는 뜻으로, 따끔한 충고(忠告), 약점을 찔러 따끔하게 훈계(訓戒)함. 정상일침(頂上一鍼).

정문일침(頂門一鍼) '정수리에 침 하나를 꽂는다'는 뜻으로, 상대방(相對方)의 급소(急所)를 찌르는 따끔한 충고(忠告)나 교훈(敎訓)을 이르는 말.

정문입설(程門立雪) '정(程)씨 문 앞에 서서 눈을 맞는다'는 뜻으로, 제자(弟子)가 스승을 존경(尊敬)함을 이르는 말.

정민강간(精敏强幹) 사리(事理)에 밝고, 판단(判斷)에 민첩(敏捷)하며, 역량(力量)과 재능(才能)이 뛰어남.

정본청원(正本清源) '근본(根本)을 바로 세우고 근원(根源)을 맑게 한다'는 뜻.

정비강화(整備强化) 뒤섞이거나 헝클어진 것을 정리(整理)하여 더욱 튼튼하게 고침.

정사원서(情絲怨緖) 애정(愛情)과 원한(怨恨)이 실같이 얼크러짐.

정사함영(精思涵泳) '깊이 생각하고 강물에 푹 잠겨 헤엄치라'는 뜻으로, 독서자(讀書者)에게 하는 이율곡 선생의 교훈(敎訓). 자세히 생각하고 두루 살피라는 말.

정상일침(頂上一鍼) 상대방(相對方)의 급소(急所)를 찌르는 따끔한 충고(忠告)나 교훈(敎訓)을 이르는 말.

정상작량(正常酌量) 재판상(裁判上)의 감형(減刑)으로 재판관(裁判官)이 범죄(犯罪)의 사정(事情)에 가련(可憐)한 점(點)을 특(特)히 참작(參酌)하여 형벌(刑罰)을 경감(輕減)하는 일.

정상참작(情狀參酌) 정상(情狀) 작량(酌量). 재판관(裁判官)이 범죄(犯罪)의 사정(事情)을 헤아려서 형벌(刑罰)을 가볍게 하는 일.

정서이견(情恕理遣) 잘못이 있으면 온정으로 참고 이치(理致)에 비추어 용서(容恕)함.

정서전면(情緒纏綿) 마음이 깊게 얽히고 감겨 떨어지기 어려움, 곧 헤어지기 어려운 남녀(男女)의 정을 이르는 말.

정성온청(定省溫淸) '아침저녁으로 부모(父母)의 이부자리를 보살펴 안부(安否)를 묻고, 따뜻하고 서늘하게 한다'는 뜻으로, 자식(子息)이 부모(父母)를 섬기는 도리(道理)를 이르는 말.

정송오죽(淨松汚竹) 깨끗한 땅에는 소나무를 심고 지저분한 땅에는 대나무를 심음.

정송오죽(正松五竹) 소나무는 정월(正月)에, 대나무는 오월(五月)에 옮겨 심어야 잘 산다는 말.

정신골자(精神骨子) 일의 가장 중요한 부분.

정신노동(精神勞動) 주로 두뇌(頭腦)를 써서 하는 노동. ↔근육노동(筋肉勞動) · 육체노동(肉體勞動).

정신박약(精神薄弱) 지능 발달이 매우 늦은 일. 또는 그러한 사람.

정신박약아(精神薄弱兒) 지능 발달이 지체된 아이. 보통 지능 지수가 75 이하인 아이를 이름. 정박아.

정신적(精神的) 정신에 관(關)한 것. 정신에 중점(重點)을 둔 것. ↔물질적(物質的) · 육체적(肉體的).

정신주의(精神主義) 물질보다도 인간의 정신을 더 중시하는 주의. ↔물질주의(物質主義).

정신지체아(精神遲滯兒) 정신 능력의 발달이 늦어진 아이. 보통 정신박약아보다 가벼운 정도를 가리킴. 열등아(劣等兒). 저능아(低能兒)

정신일도(精神一到) 정신일도하사불성(精神一到何事不成). 정신을 한 곳에 집중함.

정신일도금석가투(精神一到金石可透) 정신을 한곳에 집중(集中)하면, 쇠나 돌도 가(可)히 뚫을 수 있다.

정신일도하사불성(精神一到何事不成) '정신(精神)을 한 곳으로 하면 무슨 일인들 이루어지지 않으랴'라는 뜻으로, 정신(精神)을 집중(集中)하여 노력(努力)하면 어떤 어려운 일이라도 성취(成就)할 수 있다는 말.

정신출전(挺身出戰) '앞장서서 나가 싸운다'는 뜻으로, 위급(危急)할 때 과감히 나서 모든

ㅈ

책임(責任)을 다함을 이르는 말.

정심공부(正心工夫) 마음을 가다듬어 배워 익히는 데 힘씀

정심성의(正心誠意) ①마음을 바르게 하고 뜻을 정성(精誠)스레 함. ②허식(虛飾)이 없는 진심(眞心) .

정심수덕(正心修德) 마음을 바르게 하고 덕을 닦아라.

정언적판단(定言的判斷) 아무런 조건 없이 단정하는 판단('A는 B이다.', '모든 사람은 죽는다.' 따위). 가언적 판단(假言的判斷). 선언적 판단(選言的判斷).

정언직행(定言直行) 남의 잘못을 지적하고 헐뜯지 말아라.

정여노위(政如魯衛) 두 나라의 정치(政治)가 서로 비슷함을 이름.

정여포로(政如蒲蘆) 부들과 갈대가 빨리 자라듯이, 정치(政治)의 효력(效力)이 빨리 나타남을 비유(比喩)해 이르는 말.

정외지언(情外之言) 인정(人情)에 어그러지는 말.

정위상간(鄭衛桑間) 정위지음(鄭衛之音).

정위전해(精衛塡海) '작은 새 정위(精衛)가 바다를 메우려 한다'는 뜻으로, ①가망(可望) 없을 일에 힘들임을 이르는 말. ②목적(目的)을 달성하기 위하여 온갖 고난(苦難)을 무릅쓰고 노력(努力)함.

정위지음(鄭衛之音) 춘추(春秋) 전국(戰國) 시대 정나라와 위(魏)나라에서 유행하던 음악(音樂)을 난세(亂世)의 음(音)이라고 한 데서, 음란한 노래와 망국적(亡國的)인 음악(音樂)을 이르는 말. 정위상간(鄭衛桑間).

정유재란(丁酉再亂) 조선 선조 30(1597.정유)년에 왜군(倭軍)이 임진왜란(壬辰倭亂)에 이어 우리나라를 재차(再次) 침입(侵入)해 온 난리(亂離).

정의상통(情意相通) 정의(情誼)가 소통(疏通)하여 서로 친함.

정의투합(情意投合) ①따뜻한 정과 뜻이 서로 잘 맞음. ②남녀(男女) 사이에 어떤 관계(關係)가 이루어 짐.

정인군자(正人君子) 마음씨가 올바르며 학식(學識)과 덕행(德行)이 높고 어진 사람.

정인매리(鄭人買履) 조금도 융통성(融通性)이 없는 답답한 사람을 비유하여 일컫는 말.

정자정야(政者正也) 정(政)이라는 글자의 본뜻은 나라를 바르게 한다는 것임. 천하를 바로잡는 것이 정치라는 말.

정저와(井底蛙) '우물 안의 개구리'라는 뜻으로, 세상(世上) 물정(物情)을 모르는 사람을 이르는 말. 정중지와(井中之蛙).

정저지와(井底之蛙) ①우물 안의 개구리. ②소견(所見)이나 견문(見聞)이 몹시 좁은 것.

정정당당(正正堂堂) 태도(態度)나 처지(處地)가 바르고 떳떳함.

정정방방(正正方方) 조리(條理)가 발라서 조금도 어지럽지 않음.

정정백백(正正白白) 의지(意志)나 언동(言動)이 바르고 당당(堂堂)하며 마음이 순수(純粹)

하고 깨끗함.

정정제제(整整齊齊) 아주 가지런함.

정족지세(鼎足之勢) 솥발처럼 셋이 맞서 대립(對立)하고 있는 형세(形勢).

정중관천(井中觀天) '우물 속에 앉아서 좁은 하늘을 바라본다'는 뜻으로, 소견(所見)이나 견문(見聞)이 좁음을 이르는 말.

정중구화(井中求火) '우물 속에서 불을 구(求)한다'는 뜻으로, 어리석어 사리(事理)에 밝지 못함을 비유(比喩)해 이르는 말.

정중동(靜中動) 조용히 있는 가운데 어떤 움직임이 있음을 일컬음.

정중시성(井中視星) '우물 속에서 별을 본다'는 뜻으로, 우물 안에서는 겨우 몇 개의 별밖에 보이지 않는 것과 같이 사사(私事)로운 마음에 가리우면 견해(見解)가 한 편에 치우치게 됨을 이르는 말.

정중여산(靜重如山) '산처럼 정적(靜的)이고, 무겁게 움직이라'는 뜻.

정중와(井中蛙) 정중지와(井中之蛙).

정중지와(井中之蛙) '우물 안 개구리'라는 뜻으로, 세상(世上) 물정(物情)을 너무 모름. 정저와(井底蛙). 정중와(井中蛙).

정즉허허즉명명즉신(靜則虛虛則明明則神) 고요하면 텅 비고, 텅 비면 밝아지고, 밝아지면 신령(神靈)하게 된다는 말.

정지치물(征地治物) 땅을 정복(征服)하고 모든 만물(萬物)을 다스리라.

정천이지(頂天履地) 하늘을 이고 땅을 밟음.

정천입지(頂天立地) '하늘을 이고 땅 위에 선다'는 뜻으로, 홀로 서서 타인(他人)에게 의지(依支)하지 않음.

정체불명(正體不明) 정체가 분명하지 아니한 것.

정출다문(政出多門) '정사(政事)가 나오는 문이 많다'는 뜻으로 문외한(門外漢)으로써 정치(政治)에 관(關)하여 아는 체 하는 사람이 많음.

정출지일(正出之日) '때마침 솟아오르는 태양(太陽)'이라는 뜻으로, 기세(氣勢)가 더욱 강성(强盛)해짐을 비유(比喩)해 이르는 말.

정토발원(淨土發願) 왕생(往生) 극락(極樂)을 원하여 빎.

정표문려(旌表門閭) 정문(旌門)을 세워 효자(孝子)와 열녀(烈女)를 표창(表彰)하고 알림.

정합오의(正合吾意) 나의 뜻에 딱 들어맞음.

정확무오(正確無誤) 바르고 확실하여 오류가 없음.

제간하회(第看下回) 나중에 결과(結果)가 나타나게 되는 일.

제갈동지(-同知) '나잇살이나 먹고 터수도 넉넉한데, 언행이 건방지고 지체가 낮은 사람'을 농(弄)으로 이르는 말. 부잣집 늙은이를 말하기도 함.

제고백숙(諸姑伯叔) 고모(姑母), 백부(伯父), 숙부(叔父) 등(等) 집안 내의 친척(親戚) 등

ㅈ

(等)을 말함.

제고백숙유자비아(諸姑伯叔猶子比兒) 모든 고모, 큰아버지, 삼촌들은 조카들도 자기의 아들과 같이 대하여야 한다.

제구포신(除舊布新) 중국 '춘추좌전'에 나오는 말로, '묵은 것을 제거하고 새로운 것을 펼쳐낸다'는 뜻. (2013년도 사자성어로 선정)

제국주의(帝國主義) 군사적(軍事的)·경제적(經濟的)으로 남의 나라나 후진 민족을 정복(征服)하여 자기 나라의 영토(領土)와 권력(權力)을 넓히려는 주의(主義).

제궤의혈(堤潰蟻穴) '방축도 개미구멍으로 인(因)하여 무너진다'는 뜻으로, 작은 일일지라도 신중(愼重)히 해야 함을 이르는 말.

제기지건(題記之件) 수제지건(首題之件).

제네바조약(Geneva條約) ①뒤낭(Dunant)이 제창하여 스위스 정부의 주선으로 1864년 제네바에서 맺은 조약. 16개국이 참가하여 전쟁에서의 전상자 대우에 관한 문제 등을 협약한 내용. 이에 따라 세계 적십자사(世界赤十字社)가 창설됨. ②1929년 제네바에서 조약된 적십자 조약. 포로에 대한 보호와 인도적 대우(人道的待遇), 포로에 관한 정보제공 등 포로 수용국의 의무 및 포로의 권리 등을 협약한 내용.

제도이생(濟度利生) 중생(衆生)을 제도(濟度)하여 이익(利益)을 주는 일.

제도중생(濟度衆生) 고해(苦海)에 있는 중생(衆生)을 건져주는 일.

제동야인(齊東野人) '중국(中國)의 제(齊)나라 동부(東部) 지방(地方)에 사는 사람들은 어리석어서 그 말을 믿을 것이 못 된다'는 뜻으로, 의(義)를 분별(分別)하지 못하는 시골 사람을 비유(譬喩)해 이르는 말.

ㅈ

제목지건(題目之件) 수제지건(首題之件). 수제의건이라는 뜻으로 글의 첫머리에 쓰는 제목을 말함.

제무의복형필여지(弟無衣服兄必與之) 아우에게 의복(衣服)이 없으면 형은 반드시 이를 주어야 함.

제무음식형필여지(弟無飮食兄必與之) 아우가 음식이 없거든 형이 반드시 주어라.

제법개공(諸法皆空) 제법무아(諸法無我). 〈불교용어〉 이 세상에 존재하는 모든 사물은 인연으로 생겼으며, 변하지 않는 참다운 자아의 실체는 존재하지 않는다는 생각. 물, 심, 제법은 인연으로 생긴 것임으로 모두 공적(空寂)으로 돌아간다는 뜻.

제병연명(除病延命) 병을 물리쳐 없애고 목숨을 연장(延長)함.

제사장(祭司長) ①유대교 교직(敎職)의 한 가지. 예루살렘 성전의 의식(儀式)·전례(典禮) 등을 맡아보는 사람. 제사장은 백성(百姓)을 위하고 그들을 대신하여 하나님을 섬기고 제사 의식을 행한 공직자(公職者)이고, 하나님과 사람과의 중보자(仲保者) 역할을 하였다. ②제례나 주문에 밝아 영험(靈驗)을 얻게 하는 사람.

제사증상(祭祀蒸嘗) 제사(祭祀)하되 겨울 제사(祭祀)는 증(蒸)이라 하고, 가을 제사(祭祀)는 상(嘗)이라 함.

제사형통(諸事亨通) 모든 길이 평탄하고 형통함.

제산항해(梯山航海) '험악(險惡)한 산을 넘고 배로 바다를 건넌다'는 뜻으로, 다른 나라에 사신(使臣)으로 간다는 말.

제설분분(諸說紛紛) 여러 가지 의견(意見)이 뒤섞여 혼란(混亂)함.

제성토죄(齊聲討罪) 여러 사람이 한 사람의 죄(罪)를 일제(一齊)히 꾸짖음.

제성통공(諸聖通功) 여러 성인(聖人)의 공로(功勞)가 통(通)함.

제세안민(濟世安民) 세상(世上)을 구제(救濟)하고 백성(百姓)을 편안(便安)하게 함.

제세지재(濟世之才) 세상(世上)을 구제(救濟)할만한 뛰어난 재주와 역량(力量).

제수유과수물성책(弟雖有過須勿聲責) 아우에게 비록 허물이 있더라도 모름지기 큰소리로 꾸짖지 말라.

제순유지(制脣有智) 입술을 제어(制御)하는 자는 지혜(智慧)가 있음.

제악막작(諸惡莫作) 어떠한 악(惡)도 행하여서는 안 됨.

제약부경(濟弱扶傾) 약한 나라를 구제(救濟)하고, 기울어지는 제신(諸臣)을 도와서 붙들어 줌.

제여재(祭如在) ①'제사(祭祀) 받는 사람이 현장에 함께 있는 것으로 생각하고, 정성으로 제사를 드려야 한다'는 뜻. ②'예배(禮拜)할 때도 하나님께서 앞에 계신다고 생각하고, 정성(精誠)으로 예배해야 된다'는 말.

제욕주의(制慾主義) 금욕주의(禁慾主義). 견인주의(堅忍主義). 극기주의(克己主義).

제우교(濟遇教) 천도교(天道教).

제월광풍(霽月光風) '갠 날의 달과 맑은 바람'이라는 뜻으로, 도량(度量)이 넓고 시원시원함을 이르는 말.

제유과실이성이훈(弟有過失怡聲以訓) 아우에게 과실(過失)이 있으면 형은 온화(溫和)한 목소리로 훈계(訓戒)해야 함.

제이면명(提耳面命) '귀를 끌어당겨 면전(面前)에서 가르친다'는 뜻으로, 사리(事理)를 깨닫도록 간곡(懇曲)히 타이름을 이르는 말.

제이에스에이구역(JSA區域) 공동경비구역(共同警備區域). (JSA:Joint Security Area).

제이차세계대전(第二次世界大戰) 1939년 9월 1일부터 1945년 8월 15일까지 연합국과 독일 · 일본 · 이탈리아를 중심으로 한 추축국 사이에 벌어진 세계대전.

제이차한일협약(第二次韓日協約) 을사오조약(乙巳五條約).

제인확금(齊人攫金) 수단(手段)과 방법을 가리지 않고 자신의 이익만 챙기는 사람을 비유

ㅈ

하는 말.

제일차세계대전(第一次世界大戰) 1914년 7월 28일부터 1918년 11월 11일까지 영국 · 프랑스 · 러시아 등의 연합국과, 독일 · 오스트리아 · 이탈리아의 삼국 동맹 사이에 벌어진 세계대전. 연합국의 승리로 베르사유 조약(條約)에 의하여 강화함.

제자백가(諸子百家) 수(數) 많은 뛰어난 스승과 온갖 학파(學派).

제제다사(濟濟多士) 뛰어난 선비가 셀 수 없이 많음.

제제창창(濟濟蹌蹌) 몸가짐이 위엄(威嚴) 있고, 질서(秩序) 정연함.

제즉치기엄(祭則致其嚴) '부모님의 제사(祭祀)는 엄숙(嚴肅)하게 지내라'는 뜻.

제폭구민(除暴區民) 폭도(暴徒)를 제거(除去)하고 백성(百姓)을 구(救)함.

제하분주(濟河焚舟) '적을 치러 가면서 배를 타고, 물을 건너고 나서는 그 배를 태워버린다'는 뜻으로, 필사(必死)의 각오(覺悟)로 싸움에 임함을 이르는 말.

제행무상(諸行無常) ①인생(人生)의 덧없음. ②우리가 거처(居處)하는 우주(宇宙)의 만물(萬物)은 항상(恒常) 돌고 변(變)하여 잠시(暫時)도 한 모양(模樣)으로 머무르지 않음.

제헌절(制憲節) 우리나라의 헌법이 공포된 것을 기념하는 국경일. (7월 17일).

조가야현(朝歌夜絃) '아침으로는 노래하고, 밤으로는 거문고를 탄다'는 뜻으로, 밤낮을 가리지 않고 음악(音樂)을 즐기면서 놂.

조강불포(糟糠不飽) 가난하여 술찌끼와 쌀겨조차 배부르게 먹을 수 없음.

조강지처(糟糠之妻) '지게미와 쌀겨로 끼니를 이어가며 고생(苦生)을 같이 해온 아내'란 뜻으로, 곤궁(困窮)할 때부터 간고(艱苦)를 함께 겪은 본처(本妻)를 흔히 일컬음.

ㅈ

조개모변(朝改暮變) '아침에 고치고 저녁에 또 바꾼다'는 뜻으로, 일정(一定)한 방침(方針)이 없이 항상(恒常) 변(變)하여 정(定)하여지지 아니함.

조건반사(條件反射) 동물(動物)이 환경(環境)에 적응(適應)하기 위하여 후천적(後天的)으로 알게 되는 반사. 곧, 반사와 관계(關係)없는 어떤 자극(刺戟)을 동시에 되풀이 해 줌으로써, 그 자극으로도 반사가 일어나는 현상(現狀). 〔1904년 노벨상을 수상한, 러시아(Russia)의 생리학(生理學)교수인 파블로프(Pavlov, Ivan Petrovich, 1849~1963)는 '개에게 밥을 줄 때마다 방울종을 울리면 나중에는 밥은 안주고 방울만 울려도 침이 분비된다'는 반복식(反復式) 조건반사를 말하였다〕. ↔무조건반사(無條件 反射).

조걸위악(助傑僞惡) 조걸위학(助傑爲虐).

조걸위학(助桀爲虐) '중국(中國) 하(夏)나라의 폭군 걸(桀)을 부추겨 포악(暴惡)을 일삼게 한다'는 뜻으로, 악인(惡人)을 도와 악(惡)한 짓을 더하게 함.

조고각하(照顧脚下) ①'발밑을 주의해 소홀(疏忽)히 행동치 말라'는 뜻. ②일상생활 속에서 자기의 참된 자아를 상실하지 말고, 언제 어디서나 정신을 바짝 차려서 살아가도록 주의 하라는 뜻.

조고여생(祖考餘生) 어려서 어버이를 잃고 자란 사람.

조과지도(調過之道) 살아가는 길.

조관인황(鳥官人皇) 소호(少昊·少顥·少皞)는 새로써 벼슬을 기록(記錄)하고, 황제(黃帝)는 인문(人文)을 갖추었으므로 인황(人皇)이라 했음.

조구지필대시(鳥久止必帶矢) '새도 한 곳에 오래 앉아 있으면 화살 맞는다'는 속담(俗談)의 한역(漢譯).

조궁즉탁(鳥窮則啄) '새가 쫓기다가 도망(逃亡)할 곳을 잃으면 도리어 상대방(相對方)을 부리로 쫀다'는 뜻으로, 약한 자도 궁지(窮地)에 빠지면 강적에게 대든다는 말.

조균부지회삭(朝菌不知晦朔) '아침에 돋아났다가 해가 뜨면 말라죽는 버섯이 그믐과 초승을 알지 못한다'는 뜻으로, 수명(壽命)이 매우 짧거나 덧없음을 이르는 말.

조기왕적(肇基王迹) 처음으로 나라를 세우는 기초(基礎).

조도상금(操刀傷錦) '칼질이 서툰 사람에게 칼을 잡게 하고, 재단을 할 줄 모르는 사람에게 재단을 맡겨 비단을 상하게 한다'는 뜻으로, 경험(經驗)이 전혀 없는 사람에게 중책을 맡기는 것을 비유하는 말.

조동모서(朝東暮西) '아침에는 동쪽에 있다가 저녁에는 서쪽에 머문다'는 뜻으로, 일정(一定)한 거처(居處)가 없이 여기저기 옮겨 다님을 이르는 말.

조동율서(棗東栗西) 제물(祭物)을 차릴 때 대추는 동쪽에, 밤은 서쪽에 놓는다는 말.

조득모실(朝得暮失) '아침에 얻어 저녁에 잃는다'는 뜻으로, 얻은 지 얼마 안 되어서 곧 잃어버린다는 말.

조령모개(朝令暮改) '아침에 명령(命令)을 내리고서 저녁에 다시 바꾼다'는 뜻으로, ①법령(法令)의 개정(改定)이 너무 빈번(頻煩)하여 믿을 수가 없음을 이르는 말. ②아침에 조세(租稅)를 부과(賦課)하고 저녁에 걷어 들임을 이르는 말. 조변석개(朝變夕改). 조석변개(朝夕變改). 조석지변(朝夕至變).

조령석개(朝令夕改) 조령모개(朝令暮改).

조로인생(朝露人生) 아침 이슬처럼 덧없는 인생(人生).

조로지위(朝露之危) 생명(生命)이나 지위(地位)가 아주 불확실(不確實)하여 쉽사리 꺼져버리는 상태(狀態)에 있음을 말함.

조맹지소귀조맹능천지(趙孟之所貴趙孟能賤之) '조맹(趙孟)이 귀(貴)하게 여긴 것은 조맹

(趙孟)이 천(賤)하게 할 수 있다'라는 뜻으로, 남의 힘을 빌려 이룬 성공(成功)이나 출세(出世)의 허망(虛妄)함을 비유(比喩)하는 말.

조명시리(朝名市利) '조정(朝廷)에서 명예(名譽)를, 저자에서 이익(利益)을 다툰다'는 뜻으로, 어떤 일이든 알맞은 곳에서 하라는 말.

조무상(曹無傷) 한패공(漢沛公)을 항우(項羽)에게 참소(讒訴)하던 사람의 이름이 조무상(曹無傷)이었던 데서 온 말로, 남을 참소(譖訴)하는 소인을 비유(比喩)하여 이르는 말.

조문도석사가의(朝聞道夕死可矣) '아침에 천하(天下)가 올바른 정도(正道)로 행(行)해지고 있다는 말을 들으면 저녁에 죽어도 좋다'는 뜻으로, '사람이 참된 이치(理致)를 깨달으면 당장 죽어도 한(恨)이 없다'는 뜻으로 쓰이며, 짧은 인생(人生)을 값있게 살아야 한다는 의미(意味).

조문석개(朝聞夕改) '아침에 잘못한 일을 들으면 저녁에 고친다'는 뜻으로, 자기(自己)의 과실(過失)을 알려주면 주저(躊躇)하지 않고 바로 고침을 일컬음.

조문석사(朝聞夕死) '아침에 진리(眞理)를 들어 깨치면 저녁에 죽어도 한(恨)이 없다'는 뜻으로, 즉, 사람이 참된 이치(理致)를 듣고 각성(覺醒)하면 당장 죽어도 한 될 것이 없으니 짧은 인생(人生)이라도 값있게 살아야 한다는 것.

조물개선(造物皆善) 하나님이 지으신 모든 것이 선(善)함.

조물주(造物主) 창조주(創造主).

조민벌죄(弔民伐罪) 불쌍한 백성(百姓)은 돕고, 죄지은 백성(百姓)은 벌(罪)을 주었음.

조민벌죄주발은탕(弔民伐罪周發殷湯) 불쌍한 백성(百姓)은 돕고, 죄지은 백성(百姓)은 벌(罪)을 주었음. 주발은 무왕의 이름이고, 은탕은 은나라 탕왕의 약칭이다.

조민유화(兆民有和) '국민(國民)의 화합(和合)과 나아가 인류(人類)의 화합(和合)을 지향(志向)한다'는 뜻을 나타냄.

조반석죽(朝飯夕粥) '아침에는 밥, 저녁에는 죽'이라는 뜻으로, 가까스로 살아가는 가난한 삶.

조발모지(朝發暮至) 조발석지(朝發夕至).

조발석지(朝發夕至) 아침에 출발(出發)하여 저녁에 이름.

조변모개(朝變暮改) 조변석개(朝變夕改).

조변석개(朝變夕改) '아침, 저녁으로 뜯어 고친다'는 뜻으로, 계획(計劃)이나 결정(決定) 따위를 자주 바꾸는 것을 이름. 조석변개(朝夕變改). 조령모개(朝令暮改).

조부모(祖父母) 할아버지와 할머니.

조불급석(朝不及夕) 형세(形勢)가 급박(急迫)하여 아침에 저녁일이 어떻게 될지 알지 못함.

조불려석(朝不慮夕) 조불모석(朝不謀夕).

조불모석(朝不謀夕) 형세(形勢)가 절박(切迫)하여 아침에 저녁 일을 헤아리지 못함. 곧, 당장을 걱정할 뿐이고, 앞일을 돌아볼 겨를이 없음. 조불려석(朝不慮夕).

조불식석불식(朝不食夕不食) '아침도 안 먹고 저녁도 안 먹는다'는 뜻으로, 생활(生活)이 아주 구차(苟且)하여 항상(恒常) 끼니를 거르는 것을 이르는 말.

조비지이월풍취엽팔분(鳥飛枝二月風吹葉八分) 새가 나니 가지는 한들한들(한달+한달=두달), 바람이 부니 잎이 사뿐사뿐함(사분+사분=팔분).

조삼모사(朝三暮四) '아침에 세 개, 저녁에 네 개'라는 뜻으로, ①당장 눈앞에 나타나는 차별(差別)만을 알고 그 결과(結果)가 같음을 모름의 비유(譬喩). ②간사(奸邪)한 꾀를 써서 남을 속임을 이르는 말.

조상부모(早喪父母) 어려서 부모(父母)를 여읨. 조실부모(早失父母).

조생모몰(朝生暮沒) ①아침에 나타났다가 저녁에 사라짐. ②나왔다가 이내 스러짐.

조생모사(朝生暮死) '아침에 나서 저녁에 죽는다'는 뜻으로, '수명이 지극히 짧음'을 이르는 말.

조석곡읍(朝夕哭泣) 상가(喪家)에서, 아침 · 저녁 상식을 올릴 때 소리 내어 욺.

조석공양(朝夕供養) 아침, 저녁으로 웃어른에게 인사(人事)를 드림.

조석변개(朝夕變改) '아침, 저녁으로 뜯어고친다'는 뜻으로, 계획(計劃)이나 결정(決定) 따위를 자주 바꾸는 것을 이름.

조석불권(朝夕不倦) 아침부터 저녁까지 싫증을 내지 아니함.

조석상봉(朝夕相逢) 아침저녁으로 만남.

조석정성(朝夕定省) 혼정신성(昏定晨省).

조석지변(朝夕之變) 아침저녁으로 변함. 조변석개(朝變夕改).

조선왕조실록(朝鮮王朝實錄) 조선 태조 때부터 철종 때까지 25대, 472년 동안의 역사를 편년체로 쓴 책. 국보 제151호.

조선총독부(朝鮮總督府) 일제가 1910년부터 1945년까지 우리나라를 강점하여 통치하기 위하여 서울에 두었던 최고 행정 관청.

조세포탈(租稅逋脫) 국가나 지방 자치 단체에 바쳐야 할 세금을 모면하여 내지 않음.

조수불가여동군(鳥獸不可與同群) '새와 짐승과 무리지어 함께 살 수는 없다'라는 뜻으로, 사람이 사람을 떠나서는 살 수 없음을 비유(比喻)하는 말.

조수불급(措手不及) 일이 매우 급(急)하여 손을 댈 나위가 없음.

조숙지변수승고월하문(鳥宿池邊樹僧敲月下門) 새는 못가의 나무에서 잠자고, 스님은 달 아래의 문을 두드림.

조승모문(朝蠅暮蚊) '아침에는 파리, 저녁에는 모기가 떼를 이룬다'는 뜻으로, 소인배(小人輩)가 발호함을 이르는 말.

ㅈ

조실부모(早失父母) 조상(早喪) 부모(父母). 어려서 부모를 여읨.

조심누골(彫心鏤骨) '마음에 새겨지고 뼈에 사무친다'는 뜻으로, ①몹시 고생(苦生)함. ② 또는 애써서 시문(詩文)을 지음을 이르는 말.

조심조심(操心操心) 몹시 조심스럽게 행동(行動)하는 모양.

조아지사(爪牙之士) '발톱이나 어금니 같은 선비'라는 뜻으로, 짐승에게 있어 발톱과 어금니가 적으로부터 제 몸을 보호(保護)할 때에 아주 긴요(緊要)하듯이, 국가(國家)를 다스리는 데 꼭 필요(必要)하고 중요(重要)한 신하(臣下)를 이르는 말.

조양봉황(朝陽鳳凰) 화제(畵題)로서 아침 해에 봉황(鳳凰)을 그린 것. 상서로움을 나타냄.

조어장부(調御丈夫) '여래(如來) 십호(十號)의 하나, 말을 부리듯 모든 중생(衆生)을 잘 가르치는 대장부(大丈夫)'라는 뜻으로, 불타(佛陀)를 일컫는 말.

조왕모귀(朝往暮歸) 아침에 갔다가 저녁에 돌아옴.

조운모우(朝雲暮雨) '아침에는 구름, 저녁에는 비'라는 뜻으로, 남녀(男女)의 언약(言約)이 굳은 것, 또는 남녀(男女)의 정교(情交)를 이르는 말.

조운모월(朝雲暮月) 아침의 구름과 저녁의 달.

조위곤횡(趙魏困橫) 조(趙)와 위(魏)는 횡(橫)에 곤(困)하니, 육군(六群) 때에 진(秦)나라를 섬기자 함을 횡(橫)이라 함. 강자들의 연합에 끼지 못한 작은 세력은 어렵게 된다는 뜻.

조위식사(鳥爲食死) '새가 좋은 먹이를 찾다가 목숨을 잃는다'는 뜻으로, 욕심(慾心) 때문에 몸을 망침을 비유(比喩)해 이르는 말.

ㅈ

조율이시(棗栗梨柿) 제사(祭祀)의 제물(祭物)을 진설(陳設)할 때, 동편에서부터 대추, 밤, 배, 감 순으로 놓으며 그 외의 과일은 순서(順序)가 없음.

조의금(弔意金) 조의를 나타내기 위(爲)한 돈.

조의악식(粗衣惡食) 조의조식(粗衣粗食). 악의악식(惡衣惡食).

조의조식(粗衣粗食) 거친 옷을 입고, 좋지 않은 음식을 먹음. 조의악식(粗衣惡食). 악의악식(惡衣惡食).

조이불강(釣而不綱) '낚시질은 해도 그물질은 하지 않는다'는 뜻으로, 무슨 일에나 정도(程度)를 넘지 않는 훌륭한 인물(人物)의 태도(態度)를 이르는 말.

조이불망(釣而不網) 조이불강(釣而不綱).

조작지지(鳥鵲之智) '까치의 지혜(智慧)'라는 뜻으로, 하찮은 지혜(智慧)를 비유(比喩)해 이르는 말.

조장발묘(助長拔苗) '빨리 자라라고 모를 뽑는다'는 뜻으로, 빠른 성과(成果)를 보려고 무리하게 다른 힘을 더하여 도리어 그것을 해(害)치게 됨을 이르는 말.

조장보단(助長補短) 장점(長點)을 발전(發展)시키고 단점(短點)을 보완(補完)하는 것.

조제모염(朝虀暮鹽) '아침에는 고사리를 먹고 저녁에는 소금을 씹는다'는 뜻으로, 몹시 곤궁(困窮)한 생활(生活)을 이르는 말.

조조모모(朝朝暮暮) '매일(每日) 아침과 매일(每日) 저녁'이라는 뜻으로, 아침, 저녁으로 언제나 변(變)함이 없음을 이르는 말.

조조재락만조래(早潮纔落晩潮來) 아침 조수(潮水)가 잠간(暫間) 사이에 떨어지고, 저녁 조수가 밀려 오는구나.

조족지혈(鳥足之血) '새발의 피'란 뜻으로, ①극히 적은 분량(分量)을 말함. ②아주 적어서 비교(比較)가 안됨. ③물건(物件)이 아주 작은 것을 가리킴.

조지양익(鳥之兩翼) '새의 양 날개'라는 뜻으로, 꼭 필요(必要)한 관계(關係).

조진궁장(鳥盡弓藏) '새를 다 잡고 나면 활은 창고(倉庫)에 넣는다'는 뜻으로, 이용(利用) 가치(價値)가 없어지면 버림을 받게 됨을 비유(譬喩)하는 말.

조진모초(朝秦暮楚) '아침에는 북쪽의 진(秦)나라로, 저녁에는 남쪽의 초(楚)나라로 간다'는 뜻으로, ①일정(一定)한 주거지(住居址)가 없이 유랑함. ②이 편에 붙었다 저 편에 붙었다 함을 비유(譬喩)하는 말.

조차불리(造次不離) 잠깐도 떠나지 않음.

조차불리(造次弗離) 남을 위(爲)한 동정심(同情心)을 잠시(暫時)라도 잊지 말고 항상(恒常) 가져야 함.

조차전패(造次顚沛) 잠시(暫時) 동안.

조체모개(朝遞暮改) '아침에 바꾸고 저녁에 간다'는 뜻으로, '관원의 경질이 매우 잦음'을 이르는 말.

조축화간접계쟁초중충(鳥逐花間蝶鷄爭草中蟲) 새는 꽃 사이의 나비를 좇고, 닭은 풀 가운데의 벌레와 다툼.

조출모귀(朝出暮歸) ①날마다 아침에 일찍 나가고, 저녁에 늦게 돌아와서, 집에 있을 동안이 얼마 되지 못함. ②사물(事物)이 항상(恒常) 바뀌어서 떳떳함이 없음의 비유(比喩).

조출모입(朝出暮入) 조출모귀(朝出暮歸).

조출석몰(朝出夕沒) 조생모몰(朝生暮沒).

조충전각(彫蟲篆刻) 글을 지을 때 지나치게 글귀의 수식(修飾)에만 치우치는 일.

조취모산(朝聚暮散) '아침에 모여들었다가 저녁에 흩어진다'는 뜻으로, 이합집산(離合集散)의 무상(無常)함을 이르는 말.

조화신공(造化神功) 조화신이 보여준 공력. 만물을 창조한 신의 공로.

조화월석(朝花月夕) 화조월석(花朝月夕).

조훤사등수견폐객도문(鳥喧蛇登樹犬吠客到門) 새가 지저귀니 뱀이 나무로 올라가고, 개가 짖으니 손님이 문에 이름.

족반거상(足反居上) '발이 위에 있다'는 뜻으로, 사물(事物)이 거꾸로 된 것을 이르는 말.
족부족간(足不足間) 넉넉하여 모자람이 없든지 모자라든지 간에.
족불리지(足不履地) '발이 땅에 닿지 않는다'는 말로, 매우 급(急)히 달아남을 이르는 말.
족용필중수용필공(足容必重手容必恭) 발의 동작(動作)은 반드시 무거운 듯이 하고, 손의 동작(動作)은 반드시 공손(恭遜)하게 함.
족차족의(足且足矣) 흡족하게 아주 넉넉함.
족탈불급(足脫不及) '맨발로 뛰어도 따라가지 못한다'는 뜻으로, 능력(能力)이나 재질·역량(力量) 따위가 뚜렷한 차이(差異)가 있음을 이르는 말.
존구고(尊舅姑) 부인(婦人)네들이 시아버지와 시어머니를 높여 이르는 말.
존기심양기성(存其心養其性) 양심(良心)을 잃지 말고 그대로 간직하여, 하늘이 주신 본성(本性)을 키워 나가는 것.
존망지기(存亡之機) 죽고 사는 중대(重大)한 시기(時期).
존망지추(存亡之秋) 존속(存續)하느냐 멸망(滅亡)하느냐의 매우 위급(危急)한 때, 또는 죽느냐 사느냐의 중대(重大)한 경우(境遇).
존문행지(尊聞行知) 널리 듣고 몸소 행하는 것을 귀중하게 생각하여라.
존비귀천(尊卑貴賤) (지위(地位)나 신분(身分) 따위의), 높고 낮음과 귀하고 천함.
존사애제(尊師愛弟) '제자(弟子)는 스승을 존경(尊敬)하고, 스승은 제자(弟子)를 사랑한다'는 뜻을 나타냄.
존성대명(尊姓大名) '지위가 높은 사람의 성명'을 높이어 이르는 말.
존신지도(存身之道) 몸을 편안(便安)하게 보존(保存)하는 길.

존심양성(存心養性) 존기심양기성(存其心養其性).
존양지의(存羊之義) 낡은 예의(禮儀)나 허례를 버리지 못하고 그냥 남겨둠을 이르는 말.
존왕양이(尊王攘夷) 임금을 숭상(崇尙)하고 오랑캐를 물리침.
존이감당(存以甘棠) 주(周)나라 소공이 남국의 아가위나무 아래에서 백성(百姓)을 교화(教化)했음.
존이감당거이익영(存以甘黨去而益詠) 소공이 죽은 후 남국의 백성들이 그의 덕을 추모하여 기림.
존이불론(存而不論) 어떤 존재(存在)는 인정(認定)하나 그 존재(存在)하는 까닭을 논(論)하지 않음. 그대로 버려두고 이러니저러니 더 따지지 아니함.
존이불망망(存而不忘亡) 태평(太平)할 때에도 쇠망(衰亡)할 것을 잊지 않음.
존재론(存在論) 존재 또는 존재의 가장 근본적(根本的)이고 보편적(普遍的)인 규정을 밝히는 철학의 한 분야. 본체론. 실체론.
존조모(尊祖母) 남의 할머니에 대(對)한 높임말.
졸난변통(猝難變通) 뜻밖에 일을 당해 조처(措處)할 방도가 없음.

졸부귀불상(猝富貴不祥) 졸지(猝地)에 얻은 부귀(富貴)는 도리어 상서롭지 못하다.

졸졸요당(猝猝了當) 미처 손쓸 사이도 없이 갑작스럽게 끝 마침.

졸지풍파(猝地風波) 갑작스럽게 일어나는 풍파(風波).

졸풍목우(櫛風沐雨) '바람에 머리를 빗고, 비에 몸을 씻는다'는 뜻으로 긴 세월(歲月)을 이리저리 떠돌며 갖은 고생(苦生)을 다함을 이르는 말.

종간여류(從諫如流) 물이 낮은 곳으로 흐르듯이 순순히 간언을 따름을 이르는 말. 재빨리 순종함을 이름.

종개념(種槪念) 하나의 개념 속에 포함되어 있는 여러 개의 개별개념. 포함 관계에 따라 상대적이다. 이를테면 동물은 생물에 대하여, 또 사람은 동물에 대하여 이것이 된다.

종고모(從姑母) 아버지의 사촌(四寸) 누이.

종고모부(從姑母夫) 아버지의 사촌(四寸) 누이의 남편(男便). 종고모의 남편(男便).

종고지락(鐘鼓之樂) 종과 북소리가 잘 어울리는 것과 같이 부부(夫婦)가 상화(相和)하여 즐거워하는 것을 이르는 말.

종고지성(鐘鼓之聲) 종과 북소리.

종고지음(鐘鼓之音) 종고지성(鐘鼓之聲).

종과득과(種瓜得瓜) '오이를 심으면 오이가 난다'는 뜻으로, 원인(原因)이 있으면 반드시 그 원인(原因)에 따른 결과(結果)가 있음을 이르는 말. 종두득두(種豆得豆).

종교개혁(宗教改革) 〔영〕Reformation. 16세기에, 로마 가톨릭 교회의 부정(不正)을 비판(批判)하고, 이의 개혁을 주장하여 프로테스탄트 교회를 세운 기독교의 개혁운동이다. 본 개혁운동(改革運動)은 마틴루터(Martin Luther)의 종교개혁의 삼대원리(三大原理)인, ①오직 믿음(Sola Fide), ②오직 성서(Sola Scripture), ③오직 영광(Sola Gratia)을 근간(根幹)으로 하였고, 1517. 10. 31을 기해 독일의 비텐베르크 교회의 정문에 95개 조항(條項)의 반박문(反駁文)을 붙이고 본격적인 개혁운동이 시작되어, 오늘날 세계적(世界的)인 기독교(基督教)로 발전(發展)하게 되었다. 금년(2017)이 종교개혁 500주년을 맞는 해이기도 하다.

종교철학(宗教哲學) 〔영〕Philosophie of Religion. 철학의 한 분야(分野). 종교의 본질(本質)·가치(價値)·진리(眞理) 따위를 철학적 방법(方法)으로 연구(研究)하는 학문(學問).

종남첩경(終南捷經) '종남산(終南山)이 지름길'이라는 뜻으로, 쉽게 벼슬하는 길을 이르는 말.

종년열세(終年閱世) 해가 묵도록 오랜 시일이 걸림.

종다수결(從多數決) 다수자(多數者)의 의견(意見)을 좇아 결정(決定)함.

ㅈ

종두득두(種豆得豆) '콩을 심어 콩을 얻는다'는 뜻으로, 원인(原因)에 따라 결과(結果)가 생긴다는 말. 종과득과(種瓜得瓜).

종두지미(鐘頭至尾) 처음부터 끝까지.

종려주일(棕櫚主日) 〔영〕Palm Sunday. 이날은 예수님께서 나귀를 타고 종려나무가지를 흔드는 군중(群衆)들로부터 호산나 찬송을 받으며 예루살렘성에 입성하신 것을 기념하는 주일이다. 고난주일(苦難主日). 수난주일(受難主日).

종말관(終末觀) 종말론(終末論).

종말론(終末論) 〔영〕Eschatology. 〔헬〕ἔσχατος(에스카토스:「마자막」이란 뜻). 이 말의 뜻은 '최후의 것에 관한 학문'이다. 다시 말하면 우리의 지상생활(地上生活)의 종국(終局)과 사후(死後)의 문제를 논하는 것이다. 유대교나 기독교(基督敎)에서, 세계와 인류(人類)의 종말을 믿고, 그리스도의 재림(再臨), 최후(最後)의 심판(審判), 인류의 부활(復活) 등을 내세우는 설(說). 종말관(終末觀). 말세론(末世論).

종맥득맥(種麥得麥) '보리를 심으면 보리를 얻는다'는 뜻으로, 인과(因果) 응보(應報)를 비유(比喩)해 이르는 말.

종명누진(鐘鳴漏盡) '때를 알리는 종이 울리고 물시계(–時計)의 물이 다한다'는 뜻으로, ①하루의 시간(時間)이 끝나고 밤이 깊어간다는 말. ②늙어서 목숨이 얼마 남지 아니함을 비유(比喩)하는 말.

종명정식(鐘鳴鼎食) '종(鍾)'을 울려 식구(食口)를 모아 솥을 벌여 놓고 밥을 먹는다'는 뜻으로, 부유(富裕)한 집의 생활(生活)을 이르는 말.

종묘사직(宗廟社稷) 왕실(王室)과 나라를 함께 이르는 말.

종무소식(終無消息) 끝내 소식(消息)이 없음.

종불출급(終不出給) 빚돈을 갚지 않음.

종불투족(終不投足) 끝내 방문(訪問)하지 않음.

종불회개(終不悔改) 끝내 회개(悔改)하지 않음.

종선여등(從善如登) '착한 일을 좇아하는 것은 산을 오르는 것과 같다'는 뜻으로, 착한 일을 하는 것이 매우 힘들다는 말.

종선여류(從善如流) '물이 신속(迅速)히 낮은 쪽으로 흐르듯이, 선(善)임을 알았으면, 지체(遲滯)없이 이에 따르는 것'을 뜻하는 말로, 서슴치 않고 착한 일을 하는 태도(態度)를 말함.

종식지간(終食之間) '식사(食事)를 하는 짧은 시간(時間)'이라는 뜻으로, 얼마 되지 않는 동안.

종신계(終身計) 한평생(–平生)을 지낼 계획(計劃).

종신불치(終身不齒) 그 사람을 한평생(－平生) 인간(人間)다운 대접(待接)을 해 주지 않는 일.

종신양로불왕백보(終身讓路不枉百步) '평생(平生) 동안 남에게 길을 양보(讓步)하면서 살아도 그 손해(損害)가 백보밖에 안 된다'는 뜻으로, 겸양(謙讓)의 미덕(美德)을 장려(奬勵)하는 말.

종신양반불실일단(終身讓畔不失一段) 종신토록 밭두둑을 양보(讓步)한다 할지라도 한 단보(땅 넓이의 단위(單位))를 잃지는 않을 것임.

종신연금(終身年金) 권리자(權利者)가 죽을 때까지 해마다 일정한 금액을 받을 수 있는 연금.

종신자식(終身子息) 부모가 운명(殞命)할 때 임종(臨終)한 자식.

종신지계(終身之計) 종신계(終身計).

종신지질(終身之疾) 죽을 때까지 고칠 수 없는 질병(疾病).

종실직고(從實直告) 사실(事實) 그대로 고함.

종심소욕(從心所欲) 마음에 하고 싶은 대로 함.

종심소욕불유구(從心所欲不踰矩) ①'마음이 하고자 하는 대로 하더라도 절대로 법도를 넘지 않았다'는 뜻. ②'마음이 하고자 하는 대로 몸이 따라 주지 않는다'는 뜻.

종오소호(從吾所好) 자기(自己)가 좋아하는 대로 좇아서 함.

종옥지연(種玉之緣) 혼인(婚姻)의 인연(因緣).

종욕염사(從欲厭私) 욕심(慾心) 내키는 대로하여 사사(私事)로운 감정(感情)을 충족(充足)시킴.

종용유상(從容有常) ①'얼굴색과 행동에 변함이 없다'는 뜻. 곧 군자를 말함. ②'얼굴을 따른다'는 뜻.

종유사인아역자사(從遊邪人我亦自邪) 간사(奸邪)한 사람을 따라서 놀면, 나도 스스로 간사(奸邪)해짐.

종이부시(終而復始) (어떤 일을)한번 끝내어 마쳤다가 다시 시작(始作)함.

종이호랑이(－虎狼－) '겉보기에는 힘이 대단할 것 같으나 실속은 아주 약한 것'을 비유 하여 이르는 말.

종인득구(終忍得救) '끝까지 견디는 자는 구원(救援)을 얻는다'는 말.

종인향과(從因向果) 인위(因位)로부터 과위(果位)에 향(向)하여 늘 발전(發展)함.

종일건건(終日乾乾) 아침에도 저녁에도 종일토록 최선을 다하여 일하고, 자신을 돌보며 내일을 준비함.

종일불식이사무익불여학(終日不食以思無益不如學) '온종일 먹지 않고 생각을 하여도 이득(利得)이(진보(進步)가) 없으니, 학문(學問)을 하는 것만 같지 못하다'는 뜻으로, 학문(學問)을 권장(勸奬)하는 말.

ㅈ

종일지역(終日之役) 아침부터 저녁까지 하루 종일(終日) 들인 수고.

종정구인(從井救人) '우물에 들어가 남을 구(救)한다'는 뜻으로, 해 놓은 일에 아무런 이득(利得)이 없음을 비유(比喩)해 이르는 말.

종조부(從祖父) 할아버지의 형이나 아우.

종종색색(種種色色) 가지각색(-各色).

종중추고(從重推考) 조선시대에, 벼슬아치의 죄과를 엄히 따지어 살피던 일.

종증손(從曾孫) ①형제의 증손자. ②남편의 형제의 증손자.

종증손녀(從曾孫女) ①형제(兄弟)의 증손녀. ②남편의 형제의 증손녀.

종증손부(從曾孫婦) 종증손의 아내.

종증조(從曾祖) 종증조부(從曾祖父).

종증조모(從曾祖母) 종증조부의 아내.

종증조부(從曾祖父) 증조부의 형이나 아우. 종증조(從曾祖).

종천지모(終天之慕) 이 세상(世上) 끝날 때까지 계속(繼續)되는 사모(思慕)의 정.

종천지통(終天之痛) ①영원(永遠)히 계속(繼續)되는 슬픔. ②친상(親喪)을 당(當)한 슬픔.

종편위지(從便爲之) (어떤 일을 처리(處理)함에 있어서) 편할 대로 쉬울 대로 좇아 함.

종형제(從兄弟) 사촌인 형과 아우. 당형제(堂兄弟).

종회여류(從懷如流) 자기(自己) 마음대로 하고도 아무런 제재(制裁)도 받지 않음.

종횡무애(縱橫無礙) 행동에 아무런 거치적거림이 없이 자유자재임.

종횡무진(縱橫無盡) 행동(行動)이 마음 내키는 대로 자유자재(自由自在)로 함.

ㅈ

좌견천리(坐見千里) '앉아서 천 리를 본다'는 뜻으로, 앞일을 예견(豫見)하거나 먼 곳의 일을 내다보고 헤아림을 이르는 말.

좌경화(左傾化) 좌익적인 사상으로 기울어지게 됨. 또는 그렇게 되게 함. ↔우경화(右傾化)

좌고우면(左顧右眄) '왼쪽을 둘러보고 오른쪽을 짝눈으로 자세(仔細)히 살핀다'는 뜻으로, 무슨 일에 얼른 결정(決定)을 짓지 못함을 비유(比喩)함.

좌고우시(左顧右視) 좌우고면(左右顧眄).

좌관성패(坐觀成敗) 가만히 앉아서 성패를 관망(觀望)함.

좌달승명(左達承明) 왼편에 승명(承明)이 사무치니, 승명(承明)은 사기(史記)를 교열(校閱)하는 집임.

좌면우고(左眄右顧) '이쪽저쪽을 돌아본다'는 뜻으로, 주위(周圍)의 사람을 염려(念慮)하여 결단(決斷)을 주저(躊躇)함. 좌고우면(左顧右眄).

좌명궤청립명립청(坐命跪聽立命立聽) 앉아서 명하시면 꿇어앉아서 듣고, 서서 명하시면 서서 들음.

좌명좌청입명입청(坐命坐聽立命立聽) 좌명궤청립명립청(坐命跪聽立命立聽).

좌명지사(佐命之士) 천명(天命)을 받아 천자(天子)가 될 사람을 보필(輔弼)하여 대업(大

業)을 성취(成就)시키는 사람.

좌물의신(坐勿倚身) 앉을 때는 몸을 기대지 말고 앉으라.

좌보우필(左輔右弼) ①제왕(帝王)이나 군주(君主) 등(等)을 보좌(補佐)하는 좌우(左右)의 신하(臣下). ②전장(戰場)에서 좌우(左右)의 적에 대비(對備)하여 좌우(左右) 양쪽에 진을 침을 이르는 말.

좌부지좌(坐不知坐) 앉아 있어도 앉아 있는 줄 모른다는 말.

좌불수당(坐不垂堂) '마루 끝에는 앉지 않는다'는 뜻으로, 위험(危險)한 일을 가까이 하지 않음을 이르는 말.

좌불안석(坐不安席) '자리에 편안히 앉지 못한다'는 뜻으로, 마음에 불안(不安)이나 근심 등(等)이 있어 한자리에 오래 앉아 있지 못함.

좌사우고(左思右考) 이렇게도 저렇게도 생각해 보고 헤아림. 좌사우량()左思右量). 좌우사량(左右思量).

좌사우량(左思右量) 좌사우고(左思右考).

좌석미난(坐席未煖) '앉은 자리가 따뜻해질 틈이 없다'는 뜻으로, 이사(移徙)를 자주 다님의 비유(譬喩). 분주하게 돌아다님.

좌수어인지공(坐收漁人之功) '남이 다투는 틈을 타서 제삼자가 힘들이지 않고 공(功)을 거둠'을 이르는 말. 〔'전국책(戰國策)'의 '연책(燕策)'에 나오는 말로, 도요새와 조개가 다투는 사이에, 지나가던 어부가 힘들이지 않고 도요새와 조개를 다 거두어 갔다는 고사에서 유래함 〕. 어부지리(漁父之利).

좌수우봉(左授右捧) '왼손으로 주고 오른손으로 받는다'는 뜻으로, 즉석(卽席)에서 교역(交易)이 이루어짐을 이르는 말.

좌수우응(左酬右應) 여기저기 바쁘게 응수(應酬)함.

좌시아형(佐時阿衡) 때를 돕는 아형(阿衡)이니 아형(阿衡)은 상(商)나라 재상(宰相)의 칭호(稱號)임.

좌식산공(坐食山空) '벌지 않고 먹기만 하면 산도 빈다'는 뜻으로, 아무리 재산(財産)이 많아도 놀고 먹기만 하면 결국 다 없어짐을 비유(比喩)해 이르는 말.

좌신현담(坐薪懸膽) '섶나무 위에 앉고, 쓸개를 걸어 두고 맛본다'는 뜻으로, 원수(怨讐)를 갚기 위(爲)해 각고의 노력(努力)을 함을 이르는 말.

좌와기거(坐臥起居) ①앉음과 누움과 자고 먹고 하는 따위. ②보통 살아가는 일. 일상생활을 달리 이르는 말.

좌왕우왕(左往右往) 왔다갔다 갈팡질팡함.

좌우고면(左右顧眄) '이쪽저쪽을 돌아본다'는 뜻으로, 주위(周圍)의 사람을 염려(念慮)하여 결단(決斷)을 주저(躊躇)함.

좌우기거(左右起居) 일상생활(日常生活)의 온갖 동정.

좌우명(座右銘) ①늘 자리 옆에 적어놓고 자기(自己)를 경계(警戒)하는 말. ②가르침으로 삼는 말이나 문구(文句).

좌우사량(左右思量) 좌사우고(左思右考).

좌우지(左右之) 좌지우지(左之右之).

좌우청촉(左右請囑) 이리저리 청(請)을 들어 부탁(付託)함.

좌우충돌(左右衝突) ①좌충우돌(左衝右突). ②좌익(左翼)과 우익(右翼)이 충돌(衝突)함 .

좌우협공(左右挾攻) 적을, 좌우 양쪽에서 죄어 들어가며 침.

좌원우응(左援右應) 이쪽저쪽 양쪽을 모두 응원함.

좌의우유(左宜右有) 사람이 재덕(才德)을 두루 갖춤을 이르는 말.

좌이대단(坐以待旦) '밤중부터 일어나 앉아서 아침이 되기를 기다린다'는 뜻으로, 성미(性味)가 매우 급함을 이르는 말.

좌이대사(坐而待死) '가만히 앉아서 죽기만을 기다린다'는 뜻으로, 처지(處地)가 몹시 궁박하여 어찌할 대책(對策)도 강구(講究)할 길이 없어 될 대로 되라는 태도(態度)로 기다림을 이르는 말.

좌이방부(左理方府) 한 곳에 꼼짝 않고 그대로 앉아 있음.

좌정관천(坐井觀天) '우물 속에 앉아 하늘을 쳐다본다'는 뜻으로, ①견문(見聞)이 매우 좁음을 말함. ②세상(世上) 물정(物情)을 너무 모름. 정중관천(井中觀天).

좌제우설(左提右挈) '왼쪽으로 끌고, 오른쪽으로 이끈다'는 뜻으로, 서로 의지하고 도움을 이르는 말.

ㅈ

좌조문도(坐朝問道) 좌조(坐朝)는 천하(天下)를 통일(統一)하여 왕위(王位)에 앉은 것이고, 문도(問道)는 나라 다스리는 법(法)을 말함. 임금은 정사의 본바탕 도리를 묻고 듣기만 하면 스스로 원칙을 세우지 않아도 잘 다스려진다는 뜻.

좌조문도수공평장(坐朝問道垂拱平章) 밝고 평화스럽게 다스리는 길은 임금이 공손한 몸가짐을 가져야함.

좌지불천(坐之不遷) 어떤 자리에 오래 붙어 앉아서 다른 데로 옮기지 아니함.

좌지우오(左支右吾) 이리저리 버티어서 겨우 지탱(支撐)해 감.

좌지우지(左之右之) '왼쪽으로 돌렸다 오른쪽으로 돌렸다 한다'는 뜻으로, 사람이 어떤 일이나 대상(對象)을 제 마음대로 처리(處理)하거나 다루는 것.

좌차우란(左遮右欄) 전력(全力)을 다하여 이리저리 막아냄.

좌첨우고(左瞻右顧) 좌우고면(左右顧眄).

좌청룡(左青龍) 풍수설에서, 동쪽을 상징하는 '청룡'이 주산(主山)의 왼쪽에 있다는 뜻으로 이르는 말. ↔우백호(右白虎).

좌청룡우백호(左青龍右白虎) 풍수지리설(風水地理說)에서 청룡(青龍)이 주산(主山)의 왼쪽에 있고, 백호(白虎)가 주산(主山)의 오른쪽에 있다는 말.

좌청우촉(左請右囑) 좌우청촉(左右請囑).

좌충우돌(左衝右突) ①이리저리 닥치는 대로 부딪침. ②아무사람이나 구분(區分)하지 않고 함부로 맞딱드림.

좌탈입망(座脫立亡) 단정(端正)히 앉아서 해탈(解脫)하고, 꼿꼿이 서서 열반(涅槃)함.

좌포우혜(左脯右醯) 제사(祭祀)의 제물(祭物)을 진설(陳設)할 때, 육포(肉脯)는 왼쪽에, 식혜(食醯)는 오른쪽에 차리는 격식(格式).

죄가시사(罪價是死) 죄(罪)의 값은 사망(死亡)이라는 뜻.

죄불용사(罪不容死) 죄(罪)가 너무나 커서 사형(死刑)에 처해지더라도 죄(罪)가를 다 치를 수 없음.

죄사의생(罪死義生) 죄(罪)에 대하여 죽고 의(義)에 대하여 살게 하심.

죄생어불인(罪生於不仁) 죄악(罪惡)은 어질지 못한데서 생긴다.

죄송만만(罪悚萬萬) 더할 수 없이 죄송(罪悚)함.

죄업망상(罪業妄想) 미소망상(微小妄想)의 한 가지 죄. 스스로가 큰 죄를 지었다고 생각함.

죄의유경(罪疑惟輕) 죄상(罪狀)이 분명(分明)하지 않아 경중(輕重)을 판단(判斷)하기 어려울 때는 가볍게 처리(處理)해야 함을 이르는 말.

죄인괴수(罪人魁首) 죄인 중(中)의 괴수.

죄중벌경(罪重罰輕) '죄(罪)는 크고 무거운데 비하여 형벌(刑罰)은 가볍다'는 뜻으로, 형벌(刑罰)이 불공정(不公正)함을 이르는 말.

죄중우범(罪中又犯) 형기(刑期)가 끝나기 전(前)에 거듭 죄(罪)를 저지름.

죄지경중(罪之輕重) 범죄(犯罪) 행위(行爲)의 무거움과 가벼움.

죄지유무(罪之有無) 범죄(犯罪) 사실(事實)의 있고 없음.

주객일체(主客一體) 나와 대상(對象)이 일체(一體)가 됨.

주객일치(主客一致) 주체와 객체, 또는 주관과 객관이 하나가 됨.

주객전도(主客顚倒) '주인(主人)은 손님처럼 손님은 주인(主人)처럼 행동(行動)을 바꾸어 한다'는 것으로 입장(立場)이 뒤바뀐 것. 객반위주(客反爲主).

주객지간(主客之間) 주인(主人)과 손(나그네)의 사이.

주객지세(主客之勢) 남에게 매여 있는 사람은, 주도적인 처지(處地)에 놓여 있는 사람을 당해 내지 못하는 형세(形勢).

주객지의(主客之誼) 주인(主人)과 손과의 사이의 정의(情誼).

주경야독(晝耕夜讀) '낮에는 농사(農事)짓고 밤에는 공부(工夫)한다'는 뜻으로, 바쁜 틈을 타서 어렵게 공부(工夫)함을 이르는 말.

주경야독수불석권(晝耕夜讀手不釋卷) 낮에는 밭을 갈고 밤에는 글을 읽으며 손에서는 책을 놓지 말아야 함.

ㅈ

주경존성(主敬存誠) 공경을 존중하고 성의를 보존하라.

주공삼태(周公三笞) '주공의 세 차례 매질'이란 뜻으로, 자식(子息)들을 엄하게 교육(敎育)시키는 것을 말함.

주관무인(主管無人) 어떠한 일을 책임지고 맡아 주관하는 사람이 없음.

주관주의(主觀主義) ①주관을 떠난 객관적 진리나 가치를 일절 인정하지 않는 처지. ②인식이나 실천의 근거를 주관에 두어 지적(知的)·미적(美的)·도덕적 가치의 주관성을 내세우는 주의. ↔객관주의(客觀主義).

주구팽(走狗烹) '사냥하던 개를 삶아 죽인다' 뜻으로, 전쟁(戰爭)이 끝나면 공신(功臣)도 쓸모없는 것으로 천대받음을 이르는 말.

주궁휼빈(賙窮恤貧) 가난한 사람을 구하여 도와줌.

주급불계부(周急不繼富) 궁핍(窮乏)한 사람은 도와주고 부자(富者)는 보태주지 않는다는 말.

주기도문(主祈禱文) 〔영〕Lord's Prayer. (마6:9~13; 눅11:2~4). 예수께서 제자(弟子)들에게 직접(直接) 가르쳐 주신 모범적(模範的)인 기도문(祈禱文).

주낭반대(酒囊飯袋) '술 주머니와 밥 푸대'라는 뜻으로, 무지(無知)하고 무능(無能)하여 오로지 놀고 먹기만 하는 사람을 비꼬아 이르는 말.

주내사복(主內死福) '주(主) 안에서 죽은 자가 복(福)이 있다'는 말.

주단야장(晝短夜長) 동지(冬至) 무렵에, '낮은 짧고 밤은 긺'을 이르는 말. ↔주장야단(晝長夜短).

주대반낭(酒袋飯囊) '술과 밥주머니'라는 뜻으로, 술과 음식을 축내며 일을 하지 않는 사람을 이르는 말.

ㅈ

주부아하(主負我荷) 우리의 짐을 대신 지시는 하나님.

주도면밀(周到綿密) 주의가 두루 미쳐 세밀하고 빈틈이 없음.

주라발(周羅髮) 처음 중이 되려고 머리를 깎을 때에 친교사(親敎師)가 가장 나중에 깎아 주는 정수리의 머리카락. 수행(修行)하는 사람이 최후(最後)에 끊어 버리는 가장 미세(微細)한 번뇌(煩惱)의 비유(譬喩).

주란화각(朱欄畵閣) 단청을 곱게 하여 꾸민 누각(樓閣). 주루화각(朱樓畵閣).

주량회갑혼식(舟梁回甲婚式) 혼인(婚姻)한지 61주년 기념일.

주룡시호(酒龍詩虎) '술 마시는 용과 시 짓는 범'이라는 뜻으로, 시와 술을 좋아하는 사람을 이르는 말.

주루화각(朱樓畵閣) 주란화각(朱欄畵閣). 단청을 곱게 하여 아름답게 꾸민 누각.

주마가편(走馬加鞭) '달리는 말에 채찍질 하기'라는 속담(俗談)의 한역으로, ①형편(形便)이나 힘이 한창 좋을 때에 더욱 힘을 더한다는 말. ②힘껏 하는데도 자꾸 더 하라고 격려(激勵)함. 쾌마가편(快馬加鞭).

주마간산(走馬看山) '말을 타고 달리면서 산을 바라본다'는 뜻으로, 바빠서 자세(仔細)히 살펴보지 않고 대강 보고 지나감을 이름.

주마간화(走馬看花) '달리는 말 위에서 꽃을 본다'는 뜻으로, 사물(事物)의 겉면만 훑어보고, 그 깊은 속은 살펴보지 않음을 비유(比喩)해 이르는 말.

주마등(走馬燈) 사물이 아주 빨리 돌아간다. 사물이 덧없이 빨리 변하여 돌아감.

주먹구구(–九九) ①손가락을 하나하나 꼽으면서 하는 셈. ②대충 짐작으로 하는 셈.

주면석매(晝眠夕寐) 낮에 낮잠 자고 밤에 일찍 자니 한가(閑暇)한 사람의 일임.

주발은탕(周發殷湯) 주발(周發)은 무왕(武王)의 이름이고, 은탕(殷湯)은 왕(王)의 칭호(稱號)임.

주백약지장(酒百藥之長) '술은 모든 약 중(中)에 첫째간다'는 뜻으로, 술을 기려 이르는 말.

주복무지(走伏無地) 달아나 숨을 곳이 없음.

주부아하(主負我荷) 우리의 짐을 대신 지시는 하나님.

주불식언(主不食言) 하나님은 식언치 않으심.

주불쌍배(酒不雙杯) (주석에서)술을 마실 때 잔의 수효(數爻)가 짝수로 마침을 싫어함을 이르는 말. 곧 3·5와 같이 기수(奇數)로 마실 것이지, 2·4와 같은 우수(偶數)로 마시지 않는다는 말.

주비수불행(舟非水不行) '배는 물이 없으면 가지 못한다'는 뜻으로, 임금은 백성(百姓)이 없으면 임금 노릇을 할 수 없다는 말.

주사야몽(晝思夜夢) 주사야탁(晝思夜度).

주사야탁(晝思夜度) '낮에 생각하고 밤에 헤아린다'는 뜻으로, 밤낮을 가리지 않고 깊이 생각함을 이르는 말.

주상야몽(晝想夜夢) 낮에 생각한 바가 그 밤에 꿈으로 나타남.

주상재아(主常在我) 주님은 항상 나와 함께 하심.

주상조인(主像造人) 하나님의 형상(形像)대로 사람을 지으심. Imago Dei.

주석지신(柱石之臣) 나라에 아주 중요(重要)한 신하(臣下).

주석혼식(朱錫婚式) 석혼식(錫婚式). 결혼 10주년이 되는 해.

주선위사(主善爲師) 도에는 스승이 따로 없다. 착함을 주인으로 하면 된다.

주선자영(主善慈永) 여호와는 선(善)하시며 그 인자(仁慈)하심이 영원(永遠)함.

주순백치(朱脣白齒) '붉은 입술에 흰 이'라는 뜻으로, 아름다운 여자(女子)를 이르는 말.

주순호치(朱脣皓齒) '붉은 입술과 흰 이'라는 뜻으로, 아름다운 여자(女子)의 얼굴을 이르는 말. 단순호치(丹脣皓齒). 호치단순(皓齒丹脣).

주시행육(走尸行肉) '달리는 송장과 걸어가는 고깃덩어리'라는 뜻으로, 몸은 살아 있어도 정신(精神)이 없는 사람을 일컫는 말로 아무런 쓸모가 없는 사람을 이르는 말.

주식형제천개유(酒食兄弟千個有) '술 먹고 밥 먹을 때만 형, 동생(同生) 하는 사람 천명

(千名)이 있으면 무엇하랴'의 뜻.

주아주의(主我主義) 이기주의(利己主義). 자애주의(自愛主義).

주아지기(主我之旗) 여호와는 나의 깃발(여호와 닛시).

주아지등(主我之燈) 여호와는 나의 등불임.

주아지력(主我之力) 나의 힘이 되신 여호와.

주야겸행(晝夜兼行) 밤낮을 가리지 않고 계속해서 함. 밤낮을 가리지 않고 길을 감.

주야골몰(晝夜汨沒) 밤낮 없이 일에 파묻힘. 어떤 일을 밤낮 없이 생각함.

주야부식(晝夜不息) 낮이나 밤이나 쉬지 아니함. 매우 열심히 함.

주야불망(晝夜不忘) 늘 항상(恒常) 잊지 않고 생각한다.

주야불식(晝夜不息) 주야부식(晝夜不息).

주야불철(晝夜不撤) 철과 밤낮을 가리지 않음. 불철주야(不撤晝夜).

주야장단(晝夜長短) 밤과 낮의 길고 짧음.

주야장천(晝夜長川) 밤낮으로 쉬지 않고 흐르는 시냇물과 같이 늘 잇따름.

주욕신사(主辱臣死) '임금이 치욕(恥辱)을 당(當)하면 신하(臣下)가 임금의 치욕을 씻기 위(爲)하여 목숨을 바친다'는 뜻으로, 아랫사람이 윗사람을 도와 생사고락(生死苦樂)을 함께 함을 이르는 말.

주우형통(主佑亨通) 여호와께서 함께 하시매 어디로 가든지 형통함.

주위상책(走爲上策) 화를 피(避)하려면 달아남이 상책임.

주위인불(主爲人不) '사람은 할 수 없으나 하나님은 할 수 있음'을 이르는 말.

ㅈ

주유별장(酒有別腸) '술을 마시는 사람은 장이 따로 있다'는 뜻으로, 주량은 체구의 대소(大小)에 관계(關係) 없음을 이르는 말.

주유성현(酒有聖賢) 좋은 술을 성인(聖人), 좋지 않은 술을 현인(賢人)이라 부른 고사에서 연유(緣由)한 말. 술을 기려 좋게 설명한 말.

주이계야(晝而繼夜) 낮이나 밤이나 쉬지 않고 일을 함.

주인독서성(住人讀書聲) 낭낭(朗朗)한 목소리로 책을 읽는 소리.

주일무적(主一無適) 마음을 한 군데에 집중하여 잡념을 버려라.

주일학교(主日學校) '교회학교(教會學校)'의 구 용어. 주일마다 교회에서 신자들에게 성경을 가르치고 종교교육을 하는 모임.

주입교육(注入教育) 능력(能力) 계발(啓發)이나 이해보다는 지식의 주입에 중점을 두는 교육. ↔개발교육(開發教育). 계발교육(啓發教育).

주입설출(酒入舌出) '술이 들어가면 혀가 나온다'는 뜻으로, 술을 마시면 수다스러워진다.

주입식(注入式) ①(무엇을) 주입하는 방식. ②주입 교육에 따라 베푸는 교육 방식(教育方式).

주입주의(注入主義) 아동 교육(兒童教育)에서, 주입 교육(注入教育)에 치중하려는 경향, 또는 그런 교육상의 주의. ↔개발주의(開發主義).

주작부언(做作浮言) 터무니없는 말을 만들어냄.

주장낙토(走獐落兎) 생각지도 않았던 이익(利益)이 생길 때 쓰이는 말.

주장야단(晝長夜短) 하지(夏至) 무렵에, '낮은 길고 밤은 짧음'을 이르는 말. ↔주단야장.

주저만지(躊躇滿志) 무슨 일을 끝마치고 스스로 만족(滿足)해 함을 형용(形容)하는 말.

주저주저(躊躇躊躇) 몹시 주저(躊躇)함.

주전무의(主前無義) 주(主) 앞에서는 의(義)로운 것이 하나도 없다.

주죄여설(硃罪如雪) '주홍(朱紅) 같은 죄(罪)도 눈과 같이 희게 된다'라는 뜻.

주주객반(主酒客飯) 주인(主人)은 손에게 술을 권(勸)하고, 손은 주인(主人)에게 밥을 권(勸)하며 다정(多情)하게 먹고 마심.

주중적국(舟中敵國) '배(舟) 속의 적국(敵國)'이라는 뜻으로, 군주(君主)가 덕을 닦지 않으면, 같은 배를 타고 있는 것과 같이 이해(利害) 관계(關係)가 같은 사람들이라도, 적이 되는 수가 있음을 비유(比喻)해 이르는 말, 곧 자기편(自己便)이라도 갑자기 적이 될 수 있음을 이름.

주지육림(酒池肉林) '술로 못을 이루고 고기로 수풀을 이룬다'는 뜻으로, 매우 호화(豪華)스럽고 방탕(放蕩)한 생활(生活)을 이르는 말.

주참적도(誅斬賊盜) 역적(逆賊)과 도적(盜賊)을 베어 물리침.

주참적도포획반망(誅斬賊盜捕獲叛亡) 배반한 자와 도망하는 자를 포박(捕縛)하여 죄를 다스린다.

주축일반(走逐一般) 옳지 못한 일을 한 이상(以上) 앞서갔건 뒤따라갔건 다 마찬가지라.

주취감경(酒醉減輕) 주취감형(酒醉減刑).

주취감형(酒醉減刑) 술에 취한 상태를 심신미약의, 한 형태로 보고 술에 취한 채 범죄를 행하였을 경우 처벌을 감형해주는 제도.

주침야소(晝寢夜梳) '낮에 자고 밤에 머리를 빗는다'는 뜻으로, 자연(自然)의 섭리에 거스르면 몸에 좋지 아니함을 이르는 말.

주칭야광(珠稱夜光) 구슬의 빛이 영롱(玲瓏)하므로 야광(夜光)이라 칭(稱)했음.

주판지세(走坂之勢) '급(急)한 산비탈(내리막)로 내달리는 형세(形勢)'란 뜻으로, 사람의 힘으로는 어찌할 도리(道理)가 없이, 되어가는 형편(形便)대로 맡겨 둘 수밖에 없는 형세(形勢)를 비유(比喻)하는 말.

주향백리화향천리인향만리(酒香百里花香千里人香萬里) '좋은 술 향기는 백리를 가고, 향기로운 꽃내음은 천리를 가고, 인품이 훌륭한 사람의 향기는 만리를 간다'는 뜻.

주현절(主顯節) 〔영〕Epiphany. 성탄절(聖誕節) 1주일 후 곧 1월 6일을 주현절(主顯節)이라 한다. 이 말은 「나타난다」, 「밝혀진다」라는 뜻을 가진, 에피파니(Epiphany)에서 유래(由來)되었다. 동방박사(東方博士)가 예수님을

ㅈ

찾은 날로서, 하나님께서 예수 그리스도 안에서 처음으로 세상에 대해 자신을 계시(啓示)하신 날로 기념하는 날이고, 성탄절로부터 여드레째 되는 날이며, 구약의 율법(律法)대로 예수께서 「할례」 받으신 날이고, 또한 『예수』라는 이름을 붙이게 된 날(마1:21;눅2:21)이다. 공현절(公顯節). 현현일(顯現日). (諸 基督敎 書籍 參照).

주혈영속(主血永贖) 그리스도의 피로 영원(永遠)한 속죄(贖罪)를 이룸.

주회애제(主懷愛弟) 예수님의 품에 안긴 애(愛) 제자(弟子).

죽두목설(竹頭木屑) '대나무 조각과 나무 부스러기'라는 뜻으로, 쓸모없다고 생각한 것도 소홀(疏忽)히 하지 않으면 후(後)에 긴히 쓰인다는 말.

죽림칠현(竹林七賢) '대나무의 숲의 일곱 현인(賢人)'이라는 뜻으로, 중국(中國) 진(晉)나라 초기(初期)에 유교(儒敎)의 형식(形式) 주의(主義)를 무시(無視)하고, 노장(老莊)의 허무(虛無) 주의(主義)를 주장(主張)하고, 죽림에서 청담(淸談)을 나누며 지내던 일곱 선비, 곧 완적(阮籍), 완함(阮咸), 혜강(嵆康), 산도(山濤), 향수(向秀), 유영(劉伶), 왕융(王戎) 등(等)을 이르는 말.

죽마고우(竹馬故友) '대나무 말을 타고 놀던 옛 친구(親舊)'라는 뜻으로, 어릴 때부터 가까이 지내며 자란 친구(親舊)를 이르는 말. 죽마구우(竹馬舊友). 죽마지우(竹馬之友).

죽마교우(竹馬交友) '대말을 타고 놀던 오랜 벗'이라는 뜻으로, 어릴 때부터 같이 자란 친구(親舊)를 이르는 말.

죽마구우(竹馬舊友) 죽마고우(竹馬故友). 죽마지우(竹馬之友.)

죽마구의(竹馬舊誼) 어릴 때부터 같이 놀며 자란 벗 사이의 정의.

죽마지우(竹馬之友) 죽마고우(竹馬故友). 죽마구우(竹馬舊友).

죽백지공(竹帛之功) 역사에 기록되어 전해질 만한 공적.

죽순황독각궐아소아권(竹筍黃犢角蕨芽小兒拳) 죽순(竹筍)은 누런 송아지의 뿔과 같고, 고사리의 싹은 작은 아이의 주먹과 같음.

죽외일지(竹外一枝) 대나무 숲 밖으로 나와 있는 매화(梅花)의 한 가지.

죽장망혜(竹杖芒鞋) '대지팡이와 짚신'이라는 뜻으로, 먼 길을 떠날 때의 간편(簡便)한 차림을 이르는 말.

준마매태치한주(駿馬每馱痴漢走) '준마(駿馬)는 항상 어리석은 자(者)를 태우고 다닌다'라는 뜻으로, 세상일(世上-)의 불공평(不公平)함을 비유(比喩)하는 말.

준마식초성(駿馬食草聲) 좋은 말이 풀 뜯어 먹는 소리. 세상에서 가장 아름다운 소리 중 하나.

준민고택(浚民膏澤) 재물 따위를 마구 착취(搾取)하여 백성을 괴롭힘.

준양시회(遵養時晦) 도(道)를 좇아 뜻을 기르고, 시세(時勢)에 따라서는 어리석은 체하며 언행(言行)을 삼감.

준예밀물(俊乂密勿) 준걸(俊傑)과 재사(才士)가 조정(朝廷)에 모여 빽빽함. '준수하고 재주 있는 사람이 가득 차 있다'의 뜻.

준예밀물다사식녕(俊乂密勿多士寔寧) 바른 선비들이 많으니 국가가 태평함이라.

준조절충(樽俎折衝) '술통과 안주를 놓은 상에서 적의 창끝을 꺾는다'는 뜻으로, 공식적(公式的)인 연회(宴會)에서 담소하면서 유리(有利)하게 외교(外交) 활동(活動)을 벌임을 이르는 말.

줄탁동기(啐啄同機) 줄탁동시(啐啄同時).

줄탁동시(啐啄同時) '병아리가 알에서 나오기 위해서는 새끼와 어미닭이 안팎에서 서로 쪼아야 한다'는 뜻. 즉 생명이라는 가치는 내부적 역량과 외부적 환경이 적절히 조화되어 창조된다는 말. 줄탁동기(啐啄同機).

중경외폐(中扃外閉) 마음 속의 욕망(慾望)을 겉으로 나타내지 않고, 외부(外部)의 사악(邪惡)을 마음 속으로 들어오지 못하게 함.

중과부적(衆寡不敵) ①'적은 수효(數爻)로 많은 수효(數爻)를 대적(對敵)하지 못한다'는 뜻. ②적은 사람으로는 많은 사람을 이기지 못함. 과부적중(寡不適中).

중구난방(衆口難防) '여러 사람의 입을 막기 어렵다'는 뜻으로, 막기 어려울 정도로 여럿이 마구 지껄임을 이르는 말. 중지난방(衆志難防).

중구삭금(衆口鑠金) '여러 사람이 합해 말하면 굳은 쇠도 녹인다'는 뜻으로, 참언(讒言)의 두려움을 말함.

중구훈천(衆口熏天) 많은 사람의 말은 하늘을 감동(感動)시킴.

중노난범(衆怒難犯) 사람의 분노(憤怒)를 함부로 건드려서는 안 된다는 말.

중니재생(仲尼再生) '공자(孔子)가 다시 태어났다'는 뜻으로, 공자(孔子)에 버금갈 정도(程度)로 현명(賢明)함을 이르는 말.

중니지도(仲尼之徒) ①공자(孔子)의 문인(文人). ②공자(孔子)의 학문(學文)을 숭봉(崇奉)하는 사람들.

중도개로(中途改路) 일을 진행(進行)하는 중간에 방침(方針)을 바꿈.

중도반단(中途半斷) 시작(始作)한 일을 완전(完全)히 끝내지 아니하고 중간(中間)에 흐지부지함.

중도이폐(中途而廢) 일을 하다가 끝을 맺지 않고 중간(中間)에서 그만 둠.

중력이산(衆力移山) '많은 사람이 서로 힘을 합(合)하면 태산(泰山)도 옮길 수 있음'을 이르는 말.

중론불일(衆論不一) 여러 사람의 의론이 한결같지 않음.

중립불의(中立不倚) 중립(中立)을 취(取)하여 한쪽으로 치우치지 않음.

중망소귀(衆望所歸) 많은 사람의 기대가 한 사람에게 쏠림.

중목환시(衆目環視) 많은 사람들이 둘러서서 봄.

중무소주(中無所主) 마음속에 일정(一定)한 줏대가 없음.

중병지여(重病之餘) 오래 동안 몹시 앓고 난 뒤.

중보기도(仲保祈禱) 〔영〕Intercession. ①중보자(Mediator)는 본래(本來) 예수님 한분으로서 인간들의 죄로 인하여 하나님과 인간과의 막힌 담을 허시고 화해(和解)의 희생 제물이 되어, 중개적(仲介的)인 역할을 하므로 인간을 구원시키기 위한 예수님의 기도(갈3:19; 딤전2:5; 히8:6,15; 12:24). ②다윗을 위한 요나단의 기도(삼상19:4)와, 아비멜렉과 소돔 고모라를 위한 아브라함의 기도(창20:7,17; 18:23). ③현대 기독교 교인들이, 자기 자신의 문제가 아닌, 다른 사람들을 위해 하나님의 도움을 간구하는 기도.

중상모략(中傷謀略) 터무니없는 말로 헐뜯거나 남을 해(害)치려고 속임수를 써서 일을 꾸밈.

중생제도(衆生濟度) 부처가 중생을 구제(救濟)하는 일.

중석몰시(中石沒矢) '쏜 화살이 돌에 박힌다'는 뜻으로, 정신(精神)을 집중(集中)하면 때로는 믿을 수 없을 만한 큰 힘이 나올 수 있음을 이르는 말.

중석몰촉(中石沒鏃) '돌에 박힌 화살촉'이라는 뜻으로, 정신(精神)을 집중(集中)해서 전력(全力)을 다하면 어떤 일에도 성공(成功)할 수 있음을 뜻함.

중소공지(衆所共知) 뭇 사람이 모두 아는 일.

중소성다(衆小成多) 조그만 것도 여럿이 모이면 많아짐.

중심성성(衆心成城) '여러 사람의 마음이 성을 이룬다'는 뜻으로, 뭇사람의 뜻이 일치(一致)하면 성과 같이 굳어짐을 이르는 말.

중앙분리대(中央分離帶) 고속도로 따위 큰길에서, 차도의 상행선 · 하행선을 구별 · 분리하기 위하여 도로 한 복판에 시설한 띠 모양의 구조물.

중앙아메리카(中央America) 아메리카 대륙의 중앙부 지역. 중미(中美).

중언부언(重言復言) 한 말을 자꾸 되풀이 함.

중오절(重五節) 단오절(端午節). 천중절(天中節).

중오필찰중호필찰(衆惡必察衆好必察) '여러 사람이 미워하더라도 반드시 살펴야 하고, 여러 사람이 좋아하더라도 반드시 살펴야 한다'라는 뜻으로, 사람들의 호오(好惡)에 따라 부화뇌동(附和雷同)하지 말고 자신(自身)이 직접(直接) 살펴서 판단(判斷)하여야 한다는 말.

중용지도(中庸之道) 마땅하고 떳떳한 중용(中庸)의 도리(道理).

중우정치(衆愚政治) 어리석은 대중(大衆)들에 의한 정치(政治).

중원지록(中原之鹿) '중원의 사슴'이라는 뜻으로, ①천자(天子)의 자리. ②또는 천자(天子)를 비유(比喩)해 이르는 말.

중원축록(中原逐鹿) 중원(中原)은 중국(中國) 또는 천하(天下)를 말하며, 축록(逐鹿)은 서로 경쟁(競爭)한다는 말로, 영웅(英雄)들이 다투어 천하(天下)는 얻고자 함을 뜻함.

중인불승(中人弗勝) 보통(普通) 사람은 감당(堪當)하지 못함을 이르는 말.

중인여화(衆人與和) '모든 사람과 더불어 화목(和睦)하라'는 말.

중인환시(衆人環視) 많은 사람들이 둘러서서 봄.

중절모(中折帽) 〈중절모자〉의 준말.

중절모자(中折帽子) 꼭대기의 가운데가 접히고 챙이 둥글게 달린 신사용(紳士用)의 모자. 중절모(中折帽).

중정울불(衆情鬱怫) 뭇사람의 감정(感情)이 터져서 들끓음.

중정인의(中正仁義) 때와 장소에 알맞게 사랑하고 정의로워라.

중중첩첩(重重疊疊) 겹겹으로 포개져 있는 모양.

중중촉촉(重重矗矗) 겹겹이 높이 솟아 삐죽삐죽함.

중지난방(衆志難防) '뭇 사람의 뜻이나 생각이 서로 달라 막기가 어렵다'는 뜻. 중구난방(衆口難防).

중천금(重千金) '무게가 천금과 같다'는 뜻으로, 가치(價値)가 매우 귀함.

중초인휴지(衆楚人咻之) 한 사람의 말로는 여러 사람의 주장(主張)을 이기지 못함을 이르는 말.

중추적(中樞的) 중심(中心)이 되는 중요(重要)한 부분(部分)이나 자리가 되는 것.

중추절(仲秋節) 우리나라 명절(名節)의 하나. 음력(陰曆) 8월 15일. 가위. 중추(中秋). 한가위. 추석.

중침세침(中針細針) '넓은 바다 한 가운데 바늘 두 개가 빠져서 사공들이 무딘 삿대로 찾아서는 바늘귀에 꿰어 꺼냈다'는 뜻으로 누가 무슨 말을 하여도 스스로 판단하라는 말.

중표형제(中表兄弟) 내외종(內外從). 내종사촌과 외종사촌 간인 형제.

중호지필찰언중오지필찰언(衆好之必察焉衆惡之必察焉) 모든 사람이 좋아 하더라도 반드시 살펴야 하며, 모든 사람이 미워하더라도 반드시 살펴야 하느니라.

중화지기(中和之氣) 덕성이 발라서 과불급(過不及)이 없는 화평(和平)한 기상(氣像).

중후표산(衆煦漂山) '많은 것이 내뿜는 따뜻한 기운(氣運)은 산을 움직인다'는 뜻으로, 뭇사람의 힘의 놀라움을 비유(譬喩)해 이르는 말.

중흥지주(中興之主) 쇠퇴(衰退)하던 나라를 중흥시킨 임금.

즉시일배주(卽時一杯酒) '눈앞에 있는 한 잔의 술'이라는 뜻으로, ①뒷날의 진수성찬보다 당장 마실 수 있는 한 잔의 술이 나음. ②장차의 큰 이익(利益)보다

ㅈ

지금의 적은 이익(利益)이 더 나음.

즉시즉시(卽時卽時) 그 때 그때마다 곧.

즉심시불(卽心是佛) '내 마음이 곧 부처'라는 뜻으로, 깨달아서 얻는 나의 마음이 부처 마음과 같으며, 따로 부처가 없다는 말.

즉흥적(卽興的) ①그때그때의 느낌을 곧바로 표현하는 것. ②(깊이 생각하지 않고), 생각나는 대로 무슨 일을 하는 것.

즐풍목우(櫛風沐雨) '바람에 머리를 빗고, 비에 몸을 씻는다'는 뜻으로, 긴 세월(歲月)을 이리저리 떠돌며 갖은 고생(苦生)을 다함을 이르는 말.

증려출처(烝黎出妻) 옛날에 증자(曾子)가 자기(自己)의 처가 어머니에 대(對)한 정성(精誠)이 부족(不足)하다 하여 이혼(離婚)한 일.

증삼살인(曾參殺人) '증삼이 사람을 죽였다'는 뜻으로, 거짓말도 되풀이 해 들으면 믿어버리게 된다는 말.

증이파의(甑已破矣) '시루가 이미 깨졌다'는 뜻으로, 다시 본래(本來)대로 만들 수 없음을 뜻함.

증자살체(曾子殺彘) '증자(曾子)가 돼지를 잡다'라는 뜻으로, 약속은 반드시 지켜야한다는 신뢰(信賴)의 중요성(重要性)을 강조(强調)한 말.

증작지설(矰繳之說) 주살로 새를 잡아 맞으면 횡재(橫財)를 하듯이 만일의 요행(徼幸)을 바라고 하는, ①무책임(無責任)한 언론(言論)을 이름. ②자기(自己)의 이익(利益)만을 목적(目的)으로 하여 남에게 하는 말.

증쟁애엄(憎爭愛掩) 미움은 다툼을 일으키고, 사랑은 허물을 가림.

증조모(曾祖母) 아버지의 할머니. 할아버지의 어머니.

증조부(曾祖父) 아버지의 할아버지. 할아버지의 아버지.

증진부어(甑塵釜魚) '시루에는 먼지가 쌓이고, 솥에는 물고기가 생길 지경(地境)'이라는 뜻으로, 몹시 가난함을 이르는 말.

증회죄(贈賄罪) 공무원(公務員)에게 뇌물(賂物)을 줌으로써 성립(成立)되는 죄.

증후군(症候群) 몇 가지 증세가 늘 함께 인정되나, 그 원인이 분명하지 않거나 단일하지 않을 때에 병명(病名)에 따라 붙이는 명칭. 신드름(syndrome).

지각마비(知覺痲痹) 신경 계통이나 정신 작용 따위의 장애(障碍)로 지각이 마비되는 일.

지각변동(地殼變動) 지구 내부의 원인 때문에 지각(地殼)에 일어나는 여러 가지 운동. (지층의 습곡·단층, 토지의 융기·침강 따위). 지각운동(地殼運動).

지각운동(地殼運動) 지각변동(地殼變動).

지각천애(地角天涯) ①땅의 끝과 하늘의 끝을 아울러 이르는 말. ②서로 상당히 멀리 떨어져 있는 것을 비유적으로 이르는 말.

지갈지계(止渴之計) '목마름을 그치게 하는 꾀'라는 뜻으로, 임시변통(臨時變通)의 꾀를

이르는 말.

지경존성(指敬存誠) 공경하는 마음을 가지고 성심을 지니자.

지고기양(趾高氣揚) 발을 높이 올리어 걸으며 의기양양하여 뽐내는 모양. 거만(倨慢)한 태도(態度).

지고지순(至高至純) 더할 수 없이 높고 순수(純粹)함.

지공무사(至公無私) 지극(至極)히 공평(公平)하여 조금도 사사(私事)로움이 없음.

지공지평(至公至平) 지극히 공정하고 평등함.

지과만인(智過萬人) 지략(智略)이 보통(普通) 사람보다 매우 뛰어남.

지과위무(止戈爲武) '싸움을 멈추는 것이 무(武)'라는 뜻. 지(止)와 과(戈)를 합하면 무(武)가 된다.

지과필개(知過必改) 누구나 허물이 있는 것이니, 허물을 알면 반드시 즉시(卽時) 고쳐야 함.

지과필개득능막망(知過必改得能莫忘) 사람으로서 알아야 할 것을 배우면 잊지 않도록 노력해야 한다.

지광인희(地廣人稀) 땅은 넓고 사람은 드묾. 인희지광(人稀地廣). 토광인희(土廣人稀).

지구력(持久力) 오래 버티어 내는 힘. 오래 끄는 힘.

지구지계(持久之計) 질질 오래 끌고 갈 공교(工巧)한 꾀.

지구촌(地球村) (교통(交通)·통신(通信)의 발달(發達)로 세계 모든 나라가 서로 깊은 관계를 맺고 살아가게 된데서)지구를 하나의 마을로 비유하여 이르는 말. (이 말은 카나다의 문명비평가(文明批評家)인 마샬맥루한(Herbert Marshall Mcluhan) 이란 사람이, 1988년 브루스 R. 파워스와 함께 지은 책(冊)《The global village : transformations in world life and media in the 21st century, 한국판 -지구촌 : 21세기 인류의 삶과 미디어의 변화》에서 처음으로 제창(提唱)한 신조어(新造語).

지궁차궁(至窮且窮) 더할 나위 없이 매우 곤궁(困窮)함.

지귀면화(智貴免禍) 지혜(智慧)가 소중(所重)한 것은 화(禍)를 면하는 데에 있음.

지근지처(至近之處) 매우 가까운 곳.

지기상합(志氣相合) 두 사람 사이의 뜻과 기개(氣槪)가 서로 잘 맞음.

지기일미지기이(知其一未知其二) '하나만 알고 둘은 모른다'는 뜻으로, 사물(事物)의 가려진 사리(事理)나 내면의 이치(理致)를 모른다는 말.

지기지심(知己之心) 서로 마음이 통하여 지극(至極)하고 참되게 알아줌. 또는 알아주는 마음을 일컬음.

지기지우(知己之友) ①자기(自己)를 가장 잘 알아주는 친(親)한 친구(親舊). ②서로 뜻이 통(通)하는 친(親)한 벗.

지긴지요(至緊至要) 매우 긴요(緊要)함이 이를 데 없음. 더할 수 없이 긴요(緊要)함.

ㅈ

지난이퇴(知難而退) 형세(形勢)가 불리한 것을 알면 물러서야 함.

지남지북(之南之北) '남쪽으로도 가고 북쪽으로도 간다'는 뜻으로, 곧, 어떤 일에 주견(主見)이 없이 갈팡질팡함을 이르는 말.

지대공미사일(地對空missile) 지상 또는 함상(艦上)에서, 적(敵)의 비행 물체를 공격(攻擊)하는 미사일. ↔공대지(空對地) 미사일.

지대지미사일(地對地missile) 지상(地上) 또는 함상(艦上)에서, 지상에 있는 적(敵)을 공격하는 미사일.

지독지애(舐犢之愛) '어미 소가 송아지를 핥아 주는 사랑'이라는 뜻으로, 부모(父母)의 자식(子息) 사랑을 비유(譬喩)하는 말. 연독지정(吮犢之情). 지독지정(舐犢之情).

지독지정(舐犢之情) '어미 소가 송아지를 핥아 주며 귀여워한다'는 뜻에서, 어버이가 자녀(子女)를 사랑하는 지극(至極)한 정(情)의 비유(譬喩). 연독지정(吮犢之情). 지독지애(舐犢之愛).

지동설서(指東說西) '동쪽을 가리키며 서쪽을 말한다'는 뜻. 어떤 내용을 돌려서 말함.

지동지서(之東之西) '동쪽으로도 가고 서쪽으로도 간다'는 뜻으로, 줏대 없이 갈팡질팡함을 이르는 말.

지동지서(指東指西) '동쪽을 가리켰다가 또 서쪽을 가리킨다'는 뜻으로, 말하는 요지(要旨)도 모르고 엉뚱한 소리를 함.

지락막여독서지요막여교자(至樂莫如讀書至要莫如教子) 지극히 즐거움은 책을 읽는 것만큼 같음이 없고, 지극히 필요한 것은 자식을 가르치는 것만큼 같음이 없느니라.

ㅈ

지란지교(芝蘭之交) '지초(芝草)와 난초(蘭草) 같은 향기(香氣)로운 사귐'이라는 뜻으로, 벗 사이의 고상(高尙)한 교제(交際)를 이르는 말.

지란지실(芝蘭之室) 향기(香氣)가 풍기는 방. 성인 군자를 이르는 말.

지란지화(芝蘭之化) 좋은 친구(親舊)와 사귀면 자연(自然)히 그 아름다운 덕에 감화(感化)됨을 이르는 말.

지래과자여자지수(持來菓子與子之手) 과자봉지 들고 와서 아이 손에 쥐어준다.

지록위마(指鹿爲馬) '사슴을 가리켜 말이라고 한다'는 뜻으로, ①사실(事實)이 아닌 것을 사실(事實)로 만들어 강압(强壓)으로 인정(認定)하게 함. ②윗사람을 농락(籠絡)하여 권세(權勢)를 마음대로 함.

지리멸렬(支離滅裂) 이리저리 흩어져 갈피를 잡을 수 없음. 지리분산(支離分散).

지리분산(支離分散) 지리멸렬(支離滅裂).

지만의득(志滿意得) 바라는 대로 되어서 마음이 몹시 흡족함.

지명지년(知命之年) '천명(天命)을 알 나이'라는 뜻으로, 나이 오십을 이르는 말.

지모웅략(智謨雄略) 슬기로운 계책과 웅대(雄大)한 계략(計略).

지백수흑(知白守黑) 밝은 지식(知識)을 가지고 있으면서도 이를 드러내지 않고 대우(大愚)의 덕을 지키는 일.

지복연인(指腹連姻) 지복위혼(指腹爲婚).

지복위혼(指腹爲婚) '배를 손가락으로 가리켜 혼인(婚姻)을 약속(約束)한다'는 뜻으로, 임산부(姙産婦)가 있는 두 집안에서 아이들을 낳기도 전에 배 속의 아이들끼리 약혼(約婚)을 맺는 일을 이르는 말.

지복재금(指腹裁襟) 지복위혼(指腹爲婚).

지복지맹(持服之盟) 지복지약(持服之約).

지복지약(持服之約) 뱃속의 태아(胎兒)를 가리켜 결혼(結婚) 약속(約束)을 하는 것.

지복혼(指腹婚) 지복위혼(指腹爲婚).

지부복궐(持斧伏闕) 상소(上疏)할 때에 도끼를 가지고 대궐문(大闕-) 밖에 나아가 엎드리던 일. 중난(重難)한 일에 대(對)하여 간할 때에 그 뜻을 받아들일 수 없다면 이 도끼로 죽여 달라는 결의(決意)를 나타냄.

지부작족(知斧斫足) '믿는 도끼에 발등 찍힌다'는 뜻으로, 믿는 사람에게서 배신(背信)당함을 비유(比喩)해 이르는 말.

지부재온포(志不在溫飽) 학문(學問)에만 뜻이 있고, 난의포식(暖衣飽食)에는 관심(關心)이 없음. 먹고 입는 것에 관심 없이 학문에만 열중함.

지분혜탄(芝焚蕙嘆) '지초가 불에 타면 같은 종류(種類)의 해초가 한탄(恨歎)한다'는 뜻으로, 벗이 잘못된 것을 가슴 아프게 여김을 이르는 말.

지불가만(志不可滿) 바라는 바를 남김 없이 만족(滿足)시켜서는 아니 됨을 이르는 말.

지불사명(志不舍命) 뜻하는 바가 천리(天理)에 어긋나지 않음.

지불승굴(指不勝屈) 수효(數爻)가 너무 많아, 이루 다 헤아릴 수 없음.

지빈무의(至貧無依) 매우 가난하여 의지할 곳조차 없음.

지사부지(知事不知) 지이부지(知而不知).

지사불굴(至死不屈) 죽음을 당(當)하는 처지(處地)에 이르러도 끝까지 굽히지 않음.

지사위한(至死爲限) 죽을 각오(覺悟)로 자기의 의견을 주장해 나아감.

지사인인(志士仁人) 나라를 잘 다스려 백성(百姓)을 편하게 할 큰 뜻을 품은 사람.

지상공문(紙上空文) 현실성(現實性)이 없거나 또는 실행(實行)이 불가능(不可能)한 헛된 글.

지상낙원(地上樂園) 지상천국(地上天國).

지상담병(紙上談兵) 종이 위에서 군사(軍事)를 논(論)함. 즉 이론(理論)에만 밝을 뿐 실천적(實踐的)인 능력(能力)은 부족(不足)함을 이르는 말.

지상매괴(指桑罵槐) '뽕나무를 가리키며 회나무를 욕한다'는 말로, 상대(相對)에 대하여 직접적(直接的)인 비난(非難)을 하기 보다는 제3자를 비난하며 간접

ㅈ

적으로 상대를 공격(攻擊)한다는 뜻.

지상명령(至上命令) ①절대로 복종(服從)해야 할 명령(命令). ②정언적 명령(定言的命令).

지상병담(紙上兵談) '종위 위에서 펼치는 용병의 이야기'라는 뜻으로, 실현성(實現性)이 없는 허황(虛荒)된 이론(理論)을 일컬음.

지상신선(地上神仙) 신선(神仙)이, 이 세상(世上)에 있다는 말로 팔자 좋은 사람을 부러워 하는 말.

지상심정(志想心情) 떳떳하게 세우고 마음은 올바르게 가진다.

지상천국(地上天國) 이 세상에서 이룩되는, 다시 없이 자유롭고 풍족(豊足)하며 행복한 사회(社會).

지상파방송(地上波放送) 수신 장치만 있으면 일반 사람들이 쉽게 시청하거나 청취할 수 있도록 전파를 통하여 전달되는 방송.

지성감천(至誠感天) '지극(至極)한 정성(精誠)에는 하늘도 감동(感動)한다'라는 뜻으로, 무엇이든 정성(精誠)을 다하면 하늘이 움직여 좋은 결과(結果)를 맺는 다는 뜻.

지성무식(至誠無息) '끊임없는 지극(至極)한 정성(精誠)'이란 뜻으로, 쉼 없이 정성(精誠)을 다하자는 의미(意味). 지극(至極)한 정성(精誠)은 단절(斷絕)될 수 없다는 뜻을 나타냄.

지성소(至聖所) 〔영〕Most holy place; holy of holies. 〔히〕קדש הקדשים(코데쉬 하코다쉼); קדש קדשים(코데쉬 카디쉼)〔헬〕Ἅγια Ἁγίων(하기아 하기온, 히9:3). (출26:33,34; 대상6:49). 지성소라는 말은 처음에 예루살렘 성전(聖殿)의 가장 안쪽에 있는 방을 가리켰다(출26:34). 성막 맨 안쪽 깊은 곳에 정방형(하나님의 완전성을 상징함)으로 된 방안에 하나님께서 임재하신다는 기호로 거룩한 궤 곧 언약궤(言約櫃)를 안치(安置)하고 1년에 한 번씩 속죄제(贖罪祭)를 집행하기 위하여 대제사장(大祭司長)만 들어갈 수 있었다(레16장). (基督敎諸 書籍 參照).

지성여신(至誠如神) 지극(至極)한 정성(精誠)이 있는 사람은 그 힘이 신(神)과 같음.

지성진력(至誠盡力) '지극(至極)한 정성(精誠)을 바쳐 있는 힘을 다해 노력(努力)하겠다'는 뜻.

지소모대(智小謀大) '지혜(智慧)는 작은데 꾀함은 크다'는 뜻으로, 일을 꾸며 놓고 이행(履行)할 능력(能力)이 없음.

지시대명사(指示代名詞) 대명사의 한 갈래. 사람 이외의 사물이나 처소를 가리키는데 쓰이는 대명사(이것 · 저것 · 여기 · 저기 따위). 사물대명사(事物代名詞).

지시식세(知時識勢) '변화하는 세상의 키워드(keyword), 곧 핵심의제'를 뜻한다. 따라서 때를 알아채 기민하게 처신하고, 대세를 식별하여 읽어내는 감각을 길러야 한다는 뜻.

지신근검(持身勤儉) 몸가짐을 잘 닦아 모든 일에 부지런하고 검소하게 생활하자.

지신수우(指薪修祐) 불타는 나무와 같이 정열(情熱)로 도리(道理)를 닦으면 복(福)을 얻음.

지신수우영유길소(指薪修祐永綏吉邵) 영구(永久)히 편안(便安)하고 길(吉)함이 높으리라.

지심이교물여면교(知心而交勿與面交) 마음을 알고서 사귀고 더불어 면교(面交)는 하지 않음.

지아자기천호(知我者其天乎) '나를 알아주는 것은 하늘 뿐'이라는 뜻.

지어농조(池魚籠鳥) '연못의 물고기와 새장속의 새'라는 뜻으로, 자유(自由)롭지 못한 신세(身世)를 비유(譬喩)해 이르는 말.

지어사경(至於死境) 거의 죽다시피 되는 어려운 경우(境遇)에 이름.

지어지선(至於至善) '지극(至極)히 선한 경지(境地)에 이르러 움직이지 않는다'는 뜻으로, 사람은 최고(最高)의 선에 도달(到達)하여 그 상태(狀態)를 유지(維持)함을 이상(理想)으로 해야 함을 이르는 말.

지어지앙(池魚之殃) '연못에 사는 물고기의 재앙(災殃)'이란 뜻으로, 아무런 상관(相關)도 없는데 재앙(災殃)을 입었다는 뜻.

지어지처(止於止處) ①(일정(一定)한 숙소가 없이) 어디든지 이르는 곳에서 머물러 잠. ②(어떤 일이나 행동(行動)을)마땅히 그쳐야 할 데서 알맞춰 그침.

지언거언(至言去言) 지극(至極)히 도리(道理)에 맞는 말은, 말없는 가운데 있음을 이르는 말.

지여부지간(知與不知間) 알고 모름을 가리지 아니하고, 친(親)하고 친(親)하지 않음을 가리지 아니함.

지연작전(遲延作戰) 일을 지연시켜 자기편에 이롭게 하려는 작전.

지연중지어자불상(知淵中之魚者不祥) '못 속의 고기를 너무 자세(仔細)히 보는 것은 상서(祥瑞)롭지 않다'는 뜻으로, 정치를 함에 있어서 사소(些少)한 일에까지 너무 추궁하면 국민(國民)이 따라오지 않음을 비유(比喩)하는 말.

지엽말단(枝葉末端) 하찮은 것, 아주 지엽적(枝葉的)인 것.

지엽말절(枝葉末節) ①중요(重要)하지 않은 사항(事項). ②하찮고 자질구레한 부분(部分).

지엽상지(枝葉相持) '가지와 잎이 서로 받친다'는 뜻으로, 자손(子孫)들이 서로 도와 지지(支持)함을 이르는 말.

지예무예(至譽無譽) 진정(眞正)한 명예(名譽)는 세상(世上)에서 말하는 영예(榮譽)와는 다름.

지용겸비(智勇兼備) 지혜(智慧)와 용기(勇氣)를 함께 갖춤.

지우이신(至愚而神)' 매우 어리석은 듯하나 그 생각은 신령(神靈)스럽다'는 뜻에서, 백성(百姓)들이 보기에는 어리석은 듯하지만, 그들이 지닌 생각은 신령(神靈)스럽다는 뜻의 비유(比喩).

지우지감(知遇之感) 대우(待遇)를 잘 받아서 후의에 감격(感激)하는 느낌.

지우책인명(至愚責人明) '지극히 어리석은 사람도 남을 나무라는 데는 총명(聰明)하다'라

ㅈ

는 뜻으로, 자신(自身)의 허물은 덮어두고 남의 탓만 하는 것을 비유(比喩)하는 말.

지원극통(至寃極痛) 더없이 억울하고 원통함.

지원행방(智圓行方) 슬기는 모르는 것이 없고 행실(行實)은 방정함.

지은보은(知恩報恩) 은혜(恩惠)를 알고 그 은혜(恩惠)에 보답(報答)함을 이르는 말.

지이부지(知而不知) 알면서 모르는 체함.

지,인,용(知仁勇) 지혜, 사랑, 용기를 가져라.

지인지감(知人之鑑) 사람을 알아보는 감식력(鑑識力).

지인지자(至仁至慈) 매우 인자(仁慈)함.

지일가기(指日可期) 후일(後日)에 성공(成功)할 것을 꼭 믿음.

지자기적도(地磁氣赤道) 지구(地球)의 중심을 지나면서 지자기의 자오선과 직각을 이루는 곳에 있는 지구상의 큰 원. 지구자기적도(地球磁氣赤道).

지자막약부(知子莫若父) '자식(子息)의 어질고 어리석음은 남보다 그 아버지가 가장 잘 앎'을 이르는 말.

지자막여부(知子莫如父) '자식에 대해 친아버지 이상 잘 아는 사람이 없다'는 뜻.

지자불언(知者不言) 사리(事理)에 밝은 사람은 지식(知識)을 마음속에 깊이 간직하고 함부로 지껄이지 아니함.

지자불언언자부지(知者不言言者不知) 지식(知識)이 있는 사람은 말이 없고, 말이 많은 사람은 무지(無知)한 사람이다.

ㅈ

지자불혹(知者不惑) 지자는 도리(道理)를 깊이 알고 있으므로 어떠한 경우(境遇)에도 미혹(迷惑)되지 아니함.

지자요수(智者樂水) 사리(事理)에 밝은 사람은 사리(事理)에 통달(通達)하여 정체(停滯)함이 없는 것이 마치 물이 자유(自由)로이 흐르는 것과 같으므로 물을 좋아함.

지자요수인자요산(智者樂水仁者樂山) 지혜로운 사람은 물을 좋아하며, 어진 사람은 산을 좋아함.

지자우귀(之子于歸) 딸이 시집가는 일.

지자일실(智者一失) 슬기로운 사람도 많은 생각 중(中)에서 간혹 실수(失手)가 있음을 말함.

지자천려(智者千慮) 지혜(智慧)로운 사람의 많은 생각.

지장보살(地藏菩薩) 석가의 부탁으로, 석가가 입멸(入滅)한 뒤부터 미륵불이 출세할 때까지 부처 없는 세계에 머물면서 육도(六道)의 중생을 제도(濟度)한다는 보살. 지장(地藏).

지재지삼(至再至三) 두 번 세 번, 곧 여러 차례(次例).

지재천리(志在千里) '뜻이 천리에 있다'는 뜻으로, 뜻이 웅대(雄大)함을 이르는 말.

지적직관(知的直觀) 철학(哲學)에서, 사물의 본질을 직접적(直接的)으로 파악(把握)하는 '정신적 · 초감성적인 작용'을 이르는 말.

지적판단(知的判斷) 논리적(論理的)으로 진위(眞僞)를 밝혀서 내리는 판단.

지정불고(知情不告) 남의 범죄(犯罪) 사실을 알고 있으면서 관계기관(關係機關)에 알리지 아니함.

지정지간(至情之間) 지극(至極)히 가깝고도 정분(情分)있는 사이.

지정지미(至精至微) 지극(至極)히 정미(精微)함. 더할나위 없이 정밀하고 미세함.

지정지밀(至精至密) 지극(至極)히 썩 정밀(精密)함.

지족가락무탐칙우(知足可樂務貪則憂) 만족(滿足)함을 알면 가히 즐거울 것이요, 탐(貪)하는 일에 힘쓰면 근심이 있을 것임.

지족불욕(知足不辱) 모든 일에 분수(分數)를 알고 만족(滿足)하게 생각하면 모욕(侮辱)을 받지 않음.

지족상락(知足常樂) 만족(滿足)한 줄 알면, 항상(恒常) 즐겁다.

지족상족종신불욕(知足常足終身不辱) 만족할 줄을 알아 늘 만족스러워하면 평생토록 욕됨이 없다.

지족식비(知足飾非) 간악(奸惡)한 꾀가 많아 선을 악이라 하고, 악을 선이라 꾸며대어 상대방(相對方)을 곧이 듣게 함.

지족안분(知足安分) 족한 줄을 알아 자기(自己)의 분수(分數)에 만족(滿足)함.

지족자부(知足者富) 족한 것을 알고 현재(現在)에 만족(滿足)하는 사람은 부자(富者)임.

지족지계(止足之戒) 제 분수(分數)를 알아 만족(滿足)할 줄 아는 경계(警戒).

지족지부(知足知富) 족한 것을 알고 현재(現在)에 만족(滿足)하는 사람은 부자(富者)라는 뜻.

지지부진(遲遲不進) 더디고 더뎌서 잘 진척(進陟)하지 않음.

지지불태(知止不殆) 분수를 지켜라. 분수를 지킬 줄 알면 몸이 위태롭지가 않다.

지지상지종신무치(知止常止終身無恥) 그쳐야 할 때를 알아 항상 그치면 종신토록 부끄러운 일을 당하지 않는다.

지지조직(支持組織) 동식물체(動植物體)의 내부에서 기계적(機械的)으로 몸을 지탱(支撑)하여 보호(保護)하는 조직. (동물체에서는 척색 조직 · 연골 조직 · 골조직 따위가 있고, 식물체에서는 통도 조직 · 동화 조직 · 저장 조직 따위가 있음).

지진해일(地震海溢) 해저(海底)에서, 지진 같은 급격한 지각(地殼) 변동(變動)이 생겨서 일어나는 해일. 파고(波高)가 급격(急激)히 높아짐. 쓰나미.

지징무처(指徵無處) (세금(稅金)을 낼 사람이나 빚을 진 사람이 죽거나 달아나거나 하여) 돈을 받을 길이 없음.

지척불변(咫尺不辨) 한치 앞을 분별할 수 없음.

ㅈ

지척지지(咫尺之地) 아주 가까운 곳.

지천명(知天命) 나이 50세를 말함. 50세에 드디어 천명(天命)을 알게 된다는 나이.

지천사어(指天射魚) '하늘을 보고 물고기를 쏜다'는 뜻으로, 사물(事物)을 구(求)하는 방법(方法)의 그릇됨을 이르는 말.

지천위서(指天爲誓) 하나님에게 맹세(盟誓)함.

지천지물(至賤之物) 몹시 천(賤)한 물건(物件).

지초북행(至楚北行) '초(楚)나라로 간다면서 북쪽으로 간다'는 뜻으로, 목적(目的)과 행동(行動)이 서로 배치(背馳)됨을 이르는 말.

지추덕제(地醜德齊) '토지(土地)의 크기나 덕(德)이 서로 비슷하다'는 뜻으로, 서로 조건(條件)이 비슷함을 이르는 말.

지취금미(紙醉金迷) '금종이에 정신이 미혹(迷惑)되고 취한다'는 뜻으로, 사치스런 생활(生活)을 비유(比喩)하는 말.

지치득거(舐痔得車) '남의 치질(痔疾)을 핥아 주고, 수레를 얻는다'는 뜻으로, 비열(卑劣)한 수단(手段)으로 권력(權力)이나 부귀(富貴)를 얻음을 이르는 말.

지피지기(知彼知己) '적(敵)을 알고 나를 알아야 한다'는 뜻으로, 적의 형편(形便)과 나의 형편(形便)을 자세(仔細)히 알아야 한다는 의미(意味).

지피지기백전백승(知彼知己百戰百勝) '적(敵)의 형편(形便)과 나의 형편을 자세(仔細)히 알면, 싸울 때마다 승리(勝利)한다'는 뜻.

지피지기백전불태(知彼知己百戰不殆) 상대(相對)를 알고 자신(自身)을 알면 백 번 싸워도 위태(危殆)롭지 않음.

ㅈ

지피지기자백전불태(知彼知己者百戰不殆) 지피지기백전불태(知彼知己百戰不殆).

지필연묵(紙筆硯墨) 종이 · 붓 · 벼루 · 먹.

지필연묵문방사우(紙筆硯墨文房四友) 종이와 붓과 벼루와 먹은 글방의 네 벗임.

지하공작(地下工作) (어떤 목적을 위하여) 비합법적(非合法的)으로, 숨어서 하는 계획적인 활동.

지하문학(地下文學) 정치적(政治的) 탄압(彈壓) 때문에 공공연하게 활동하지 못하고, 숨어서 하는 문학활동, 또는 그 문학.

지하신문(地下新聞) 정부의 승인 없이 비합법적(非合法的)으로 숨어서 내는 신문.

지하운동(地下運動) 비합법적(非合法的)으로 숨어서 하는 사회 운동이나 정치운동(政治運動). 잠행운동(潛行運動)

지하자원(地下資源) 땅속에 묻혀 있는 광물 따위로, 채굴하여 인간 생활에 유용하게 쓸 수 있는 것(석탄 · 석유 · 철 따위).

지하조직(地下組織) 비합법적(非合法的)인 정치 활동을 하는 비밀조직(秘密組織).

지하철(地下鐵) 〈지하 철도〉의 준말.

지하철도(地下鐵道) (노선의 전부 또는 대부분을) 땅속에 굴을 파서 부설한 철도. 지하철(地下鐵).

지하케이블(地下cable) 땅속에 묻어 놓은 송전선(送電線) 따위의 케이블.

지하활동(地下活動) 지하운동(地下運動).

지행일치(知行一致) ①지식(知識)과 행동(行動)이 한결같이 서로 맞음. ②지식(知識)과 행동(行動)이 일치(一致)함.

지행합일(知行合一) '참 지식(知識)은 반드시 실행(實行)이 따라야 한다'는 말.

지행합일설(知行合一說) 중국 명나라 때의 왕양명(王陽明)의 학설. 주자(朱子)의 선지후행설(先知後行說)에 대하여 참 지식은 반드시 실행이 따라야 한다는 설. 지식과 행위는 원래 하나이므로, 알고 행하지 아니하면 진짜 아는 것이 아니라는 학설. ↔선지후행설(先知後行說).

지호간(指呼間) 지호지간.

지호지간(指呼之間) 손짓하여 부르면 대답(對答)할 수 있는 가까운 거리(距離).

지혼식(紙婚式) 결혼(結婚) 1주년(週年).

직감적(直感的) 사물의 진상(眞相)을 순간적으로 감지하는 것.

직격탄(直擊彈) ①직사하여 목표물에 명중하거나 큰 타격을 입힌 포탄이나 폭탄. ②직접적으로 '치명적인 피해를 주거나 타격을 가하는 것'을 비유하여 이르는 말.

직궁증부(直躬證父) '직궁(直躬)이 아비를 고발(告發)하고 증인(證人)이 된다'는 뜻으로, 지나친 정직(正直)은 도리어 정직(正直)이 아님을 비유(譬喩)하는 말.

직궁지신(直躬之信) '직궁(直躬)의 신의(信義')라는 뜻으로, 인정(人情)에 벗어난 신의(信義)를 이르는 말.

직권남용(職權濫用) (공무원이) 그 범위를 넘어서 직권을 행사하거나, 직권을 악용하거나 하는 일.

직금회문(織錦回文) '비단으로 회문(回文)을 짜 넣다'라는 뜻으로, 구성(構成)이 절묘(絕妙)한 훌륭한 문학작품(文學作品)을 비유(比喻)함.

직립보행(直立步行) 윗몸을 꼿꼿이 세우고 두 다리로 걷는 걸음. 주로 인간이 이동하는 형태를 말함.

직립원인(直立猿人) 유인원과 현생 인류의 중간 단계의 화석 인류. 직립 보행을 하고 불을 사용하였으며 전기 구석기 문화를 지니고 있었던 인류로, 베이징 원인, 자바 원인 따위가 있다.

직심시도장(直心是道場) '곧은 마음이 곧 도량'이라는 뜻.

직왕매진(直往邁進) 곧이곧대로 재빨리 나아감.

직절간명(直截簡明) 간명직절(簡明直截).

ㅈ

진경고현(秦鏡高懸) '진(秦)나라 거울이 높이 걸려 있다'는 뜻으로, 사리(事理)에 밝거나 판결(判決)이 공정(公正)함을 일컫는 말.

진근위예(陳根委翳) 가을이 오면 오동 뿐 아니라 고목의 뿌리는 시들어 마름.

진근위예락엽표요(陳根委翳落葉飄遙) 가을이 오면 나뭇잎은 가지에서 떨어져 바람에 나부낀다.

진금부도(眞金不鍍) '순금은 도금(鍍金)하지 않는다'는 뜻으로, 비상(非常)한 사람은 겉치레를 할 필요가 없다는 뜻.

진기독(眞基督) 혼자 있을 때도 그 몸가짐을 삼가하라.

진담누설(陳談陋說) 쓸모없는 이야기와 더러운 이야기.

진두지휘(陣頭指揮) 직접(直接) 진두(陣頭)에 나서서 지휘(指揮)함.

진리석이(眞理釋爾) '진리(眞理)를 알면 진리가 너희를 자유(自由)롭게 하리라'의 뜻.

진명지주(眞命之主) 하늘의 뜻을 받아 어지러운 세상(世上)을 평정(平定)하고 통일(統一)한다는 어진 임금.

진목장담(瞋目張膽) 대단히 용기(勇氣)를 냄을 이르는 말.

진미가효(珍味佳肴) 맛있는 음식(飮食)과 좋은 안주.

진반도갱(塵飯塗羹) '먼지를 밥이라 하고, 진흙을 국이라 하는 어린아이의 소꿉장난'이라는 뜻으로, 실제(實際)로는 아무 소용(所用)없는 일을 이르는 말.

진보적(進步的) ①사회의 변화와 발전을 추구하는 또는 그런것. ②진보주의(進步主義). ↔보수적(保守的).

진보주의(進步主義) 사회적 모순을 변혁(變革) 하고자 꾀하는 전진적(前進的)인 사상(思想).

ㅈ

진불가당(進不可當) 나아가면 그 세력(勢力)이 강성(强盛)해 당해 낼 수가 없음.

진사중요(珍事中夭) 뜻밖에 닥친 재난(災難)이나 뜻밖의 진기(珍奇)한 일.

진,선,미(眞善美) 참되고 착하고 아름답게.

진선완미(盡善完美) 진선진미(盡善盡美).

진선진미(盡善盡美) '착함과 아름다움을 더한다'는 뜻으로, 완전무결(完全無缺)함을 이르는 말.

진수성찬(珍羞盛饌) 맛이 좋은 음식(飮食)으로 많이 잘 차린 것을 뜻하여, 성대(盛大)하게 차린 진귀(珍貴)한 음식(飮食).

진수열장(辰宿列張) 성좌(星座)가 해, 달과 같이 하늘에 넓게 벌려져 있음을 말함.

진승오광(陳勝吳廣) 어떤 일에 앞장서는 자나, 맨 먼저 주창(主唱)하는 자를 이르는 말.

진실무가(眞實無假) 진실하고 거짓이 없음.

진실무위(眞實無僞) 조금도 거짓이 없이 참됨.

진심갈력(盡心竭力) 마음과 힘을 다함.

진심봉주(盡心逢主) 마음을 다하고 뜻을 다하여 그를 찾으면 만남.

진심지종(盡心志從) 마음을 다하고 뜻을 다하여 여호와께 순종함.

진여효행(眞如孝行) 진실한 마음으로 부모님께 효도하자.

진외조모(陳外祖母) 아버지의 외조모(外祖母).

진외조부(陳外祖父) 아버지의 외조부(外祖父).

진의천인강(振衣千仞岡) '대단히 높은 산 위에서 옷의 먼지를 턴다'는 뜻으로, 아주 상쾌(爽快)한 느낌을 이르는 말.

진인사대천명(盡人事待天命) 사람이 노력(努力)을 다한 후(後)에 천명(天命)을 기다림. 수인사대천명(修人事待天命).

진인사이대천명(盡人事而待天命) 사람의 할 일을 다하고 천명(天命)을 기다림.

진일지력(盡日之力) (맡은 일에)진종일 부지런히 쓰는 힘.

진자필복(盡者必福) '최선(最善)을 다한 사람은 반드시 복을 받는다'는 뜻.

진적위산(塵積爲山) '티끌이 모여 태산(泰山)이 된다'는 뜻으로, 작은 것도 모이면 큰 것이 됨을 비유(比喩)해 이르는 말.

진주혼식(眞(珍)珠婚式) 결혼(結婚) 30주년(周年).

진지구무이(秦之求無已) '진시황(秦始皇)의 구(求)함이 그침이 없다'는 뜻으로, 탐욕(貪慾)이 한없음을 이르는 말.

진진상인(陳陳相因) '오래된 쌀이 겹겹이 쌓인다'는 뜻으로, 세상(世上)이 잘 다스려져 곡식(穀食)이나 물건(物件)이 풍부(豊富)함을 이르는 말.

진진지의(秦晋之誼) 진진지호(秦晋之好).

진진지호(秦晋之好) 혼인(婚姻)을 한, 두 집 사이의 아주 가까운 정의(情誼). 진진지의(秦晋之誼).

진채지액(陳蔡之厄) 공자(孔子)가 진(陳)나라와 채(蔡)나라 사이에서 당(當)한 봉변(逢變).

진천동지(震天動地) '하늘이 진동(振動)하고 땅이 흔들리다'라는 뜻으로, 위엄(威嚴)이 천하(天下)에 떨친다는 뜻.

진초갱패(晋楚更覇) 진(晉)과 초(楚)가 다시 으뜸이 되니, 진문공(晉文公), 초장왕(楚莊王)이 패왕(覇王)이 됨.

진초경패조위곤횡(晉楚更覇趙魏困橫) 조와 위는 횡에 곤하니 육국 때에 진나라를 섬기자 함을 이름.

진촌퇴척(進寸退尺) '나아간 것은 적고, 물러선 것은 많다'는 뜻으로, 소득(所得)은 적고, 손실(損失)은 많음을 이르는 말.

진충갈력(盡忠竭力) 충성(忠誠)을 다하고 힘을 다함.

진충보국(盡忠報國) 충성(忠誠)을 다하여 나라에 보답(報答)함.

진충소사(盡忠小事) 적은 일에 충성을 다함.

진충지사(盡忠至死) 죽도록 충성(忠誠)함.

ㅈ

진충지신(盡忠之臣) 충성(忠誠)을 다하는 신하(臣下).

진취지계(進取之計) 나아가서 일을 잡아서 할 꾀.

진퇴무로(進退無路) 진퇴양난(進退兩難). 진퇴유곡(進退維谷).

진퇴양난(進退兩難) 나아갈 수도 물러설 수도 없는 궁지(窮地)에 빠짐. 진퇴무로(進退無路). 진퇴유곡(進退維谷).

진퇴유곡(進退維谷) '앞으로도 뒤로도 나아가거나 물러서지 못하다'라는 뜻으로, 궁지(窮地)에 빠진 상태(狀態). 진퇴무로(進退無路). 진퇴양난(進退兩難).

진퇴유절(進退有節) 나아가고 물러감에도 절도가 있고 때를 알아야 하며, 경거망동(輕擧妄動)하면 화를 당한다는 뜻.

진풍경(珍風景) 구경거리가 될 만한 보기 드문 광경(光景).

진합태산(塵合泰山) 티끌 모아 태산(泰山).

진화론(進化論) 모든 생물은 원시적인 종류의 생물로부터 진화해 왔다는 다윈의 학설. 다위니즘(Darwinism).

진화설(進化說) 진화주의(進化主義).

진화주의(進化主義) 사물의 변화 발전을 진화론에 따라 설명하는 이론. 진화설(進化說).

진화타겁(進火打劫) 불이 난 틈을 타서 도둑질을 하다.

질서문란(秩序紊亂) 순서(順序)가 어지럽고 체계(體系)가 잡혀 있지 않은 모습(貌襲).

질서정연(秩序整然) 순서(順序)가 가지런하고 정돈(整頓)되어 있음.

질실강건(質實剛健) 꾸밈없이 착실(着實)하고 심신(心身)이 건강(健康)함.

질언거색(疾言遽色) '빠른 말소리와 급(急)히 서두르는 얼굴빛'이라는 뜻으로, 당황(唐慌)하는 말투나 태도(態度)를 이르는 말.

질이불리(質而不俚) 소박(素朴)하나 촌스럽지 않음.

질족자선득(疾足者先得) '날랜 사람이 목적물(目的物)을 먼저 차지한다'는 뜻으로, 어떤 일을 먼저 성취(成就)하는 사람을 비유(譬喩)하는 말.

질지여수(疾之如讐) 원수(怨讐)처럼 미워함.

질지이심(疾之已甚) 몹시 미워함.

질축배척(嫉逐排斥) 시기(猜忌)하고 미워하여 물리침.

질타격려(叱咤激勵) 큰소리로 꾸짖기도 하고, 격려(激勵)도 하여 분발(奮發)하게 함.

질풍경초(疾風勁草) ①'모진 바람에도 꺾이지 않는 강(强)한 풀'이라는 뜻으로, 아무리 어려운 처지(處地)에서도 뜻을 꺾거나 굽히지 않는 절개(節介)있는 사람을 비유(比喩)하는 말. ②'모진 바람이 불면 강(强)한 풀을 알 수 있다'는 뜻으로, 역경(逆境)을 겪어야 비로소 그 사람의 굳은 절개(節介)나 진가(眞價)를 알 수 있다는 말.

질풍노도(疾風怒濤) 대단히 빠르게 불어오는 바람과 미친 듯이 닥쳐오는 파도(波濤).

질풍신뢰(疾風迅雷) '사납게 부는 바람과 빠른 번개'라는 뜻으로, 행동(行動)이 날쌔고 과격(過激)함이나 사태(事態)가 급변(急變)함을 비유(比喩)해 이르는 말.

질풍심우(疾風甚雨) 빠르게 부는 바람과 세차게 쏟아지는 비.

질풍지경초(疾風知勁草) '바람이 세게 불어야 강(强)한 풀임을 안다'는 뜻으로, 위급(危急)하거나 곤란(困難)한 경우(境遇)를 당해봐야 의지(意志)와 지조(志操)가 굳은 사람을 알 수 있게 됨을 비유(比喩)하는 말.

질행무선적(疾行無善迹) 천천히 하라. 서둘러 한 일에 잘된 것은 없다.

짐언부재(朕言不再) 내가 할 말은 다 했으므로, 이 이상(以上) 더 할 말이 없음.

집대성(集大成) 많은 훌륭한 것을 모아서 하나의 완전(完全)한 것으로 만들어 내는 일.

집병공작(執兵工作) 한 손으로는 일하고 한 손으로는 병기를 잡음.

집소성대(集小成大) 작은 것이 모여 큰 것을 이룸.

집액성구(集腋成裘) '여우의 겨드랑이 밑에 난 흰털을 모아 갖옷을 만든다'는 뜻으로, 여러 사람의 힘을 모아 한 가지 일을 성취(成就)함을 비유(比喩)하는 말.

집열불탁(執熱不濯) '뜨거운 물건(物件)을 쥐고도 물로 씻어 열(熱)을 식히지 않는다'는 뜻으로, 적은 수고를 아껴 큰일을 이루지 못함을 비유(譬喩)하는 말.

집열원량(執熱願凉) 더우면 서늘하기를 원함.

집우이(執牛耳) 동맹(同盟)의 영수(領袖)가 됨. 옛날에 제후가 회맹할 때에 그 맹주가 소의 귀를 찢어서 그 피를 마시고 맹세했다는 데서 유래함.

집중호우(集中豪雨) 짧은 시간(時間)에 집중적(集中的)으로 쏟아지는 비.

집탄이초조(執彈而招鳥) '새를 잡을 탄궁(彈弓)을 손에 들고 새를 부른다'는 뜻으로, 목적(目的)과는 상반(相反)되는 수단(手段)을 취함을 비유(譬喩)하는 말.

집편지사(執鞭之士) 중국(中國)에서 귀인(貴人)이 나다닐 때에 채찍을 들고 따라다니며 길을 터서 치우던 사람.

집합명사(集合名詞) 같은 종류의 사물이 모인 전체를 나타내는 명사. 〔가족 · 군대 · 학급 따위.〕 모임이름씨.

집행유예(執行猶豫) 유죄 판결을 받은 사람에 대하여, 정상을 참작하여 일정 기간 형의 집행을 유예하고, 그 기간을 무사히 지내면 형의 언도는 효력을 상실하는 것으로 하여 실형을 과하지 않는 제도.

징갱취제(懲羹吹虀) '뜨거운 국에 데더니 냉채를 먹을 때도 분다'는 뜻으로, 한 번의 실패로 모든 일을 지나치게 경계(警戒)함을 비유(比喩)한 말.

징분여고인질욕여방수(懲忿如故人窒慾如防水) 분(忿)을 징계(懲戒)하기를 옛 성인같이 하고, 욕심(慾心)을 막기를 물을 막듯이 하라.

징일여백(懲一勵百) 한 사람을 벌하여 여러 사람을 격려(激勵)함.

ㅈ

【ㅊ】

차강인의(差强人意) '마음을 약간 든든하게 하여 줌'의 뜻.

차경차희(且驚且喜) 한편으로는 놀라면서 다른 한편으로는 기뻐함.

차계기환(借鷄騎還) '닭을 빌려 타고 돌아간다'는 뜻으로, 손님을 박대(薄待)하는 것을 빗대어 이르는 말.

차계생단(借鷄生蛋) '남의 닭을 빌려서 알을 낳게 한다'는 뜻.

차공제사(借公濟私) 직권(職權)을 남용(濫用)하여 사복(私腹)을 채움.

차도살인(借刀殺人) '남의 칼을 빌려 사람을 죽인다'는 뜻으로, 남을 이용(利用)하여 사람을 해(害)치는 음험(陰險)한 수단(手段)을 이르는 말.

차래지식(嗟來之食) 사람을 업신여겨 푸대접(-待接)하는 음식(飮食).

차례차례(次例次例) 차례를 좇아 순서(順序)대로 하나씩 하나씩.

차망우물(此忘憂物) '이 시름을 잊는 물건(物件)'이라는 뜻으로, 술을 이르는 말.

차문차답(且問且答) 한편 묻고 한편 대답(對答)함.

차별대우(差別待遇) ①정당(正當)한 이유(理由) 없이 남보다 나쁜 대우(待遇)를 함. ②또는, 그 차별(差別)을 두고 하는 대우(待遇).

차상차하(差上差下) 좀 낫기도 하고 좀 못하기도 함.

차서일치(借書一瓻) '책을 빌리면 술 한 병(瓶)'. 옛날에 책을 빌릴 때와 돌려보낼 때의 사례(謝禮)로 술 한 병(瓶)을 보낸 것을 이르는 말.

차선차후(差先差後) 앞서기도 하고 뒤서기도 함.

차성중자음(次成重子音) 앞뒤의 차례가 정해져 있어 그 위치를 바꿀 수 없는 복자음(複字音). 〔ㄱㅅ · ㄴㅈ · ㄹㄱ · ㄹㅁ · ㄹㅂ · ㄹㅅ · ㄹㅌ · ㄹㅍ · ㅂㅅ 따위.〕 덧겹닿소리.

차신사료사료일백번경사료(此身死了死了一白番更死了) '이 몸이 죽고 죽어 일백 번 고쳐 죽어'라는 뜻.

차신차의(且信且疑) 믿음직하기도 하고 의심(疑心)스럽기도 함.

차용증서(借用證書) 금전이나 물건을 빌려 쓰는 증거(證據)로 작성하는 문서(文書).

차월피월(此月彼月) 이 달 저 달로 자꾸 기한을 미룸.

차윤성형(車胤盛螢) '차윤이 개똥벌레를 모았다'는 뜻으로, 가난한 살림에 어렵게 공부(工夫)함을 이르는 말.

차윤취형(車胤聚螢) 차윤(車胤)이 반딧불을 모아 그 빛으로 글을 읽었다는 고사.

차위부공야(此爲婦工也) '부덕(婦德)이라 함은 맑고 절개가 곧으며, 분수를 지키며 몸가짐을 깨끗이 해야 한다'는 뜻.

차이소자경수차서(嗟爾小子敬受此書) 자, 너희 어린이들아! 공경(恭敬)하는 마음으로 이

ㅊ

글을 받아들여야 함.

차익거래(差益去來) 개인 투자자로써 주식 및 선물 거래를 하게 될 때, 선물 가격(價格)과 현물 가격의 차이(差異)를 이용하여 수익(收益)을 거두는 것.

차인전적물훼필완(借人典籍勿毁必完) 남의 책을 빌려 오면 훼손(毁損)시키지 말고 반드시 온전(穩全)케 함.

차일시피일시(此一時彼一時) 이 때 한 일과 저 때 한 일이 서로 사정이 달라 '이것도 한 때 저것도 한 때'란 뜻을 나타냄.

차일피일(此日彼日) '오늘 내일' 하며 자꾸 기한(期限)을 늦춤.

차차소자경수차서(嗟嗟小子敬受此書) 아! 소자들아 공경(恭敬)히 이 책(冊)을 받아라.

차청어롱(借聽於聾) '귀머거리에게 다른 사람이 네게 뭐라고 하더냐고 묻는다'는 뜻으로, 도움을 받을 상대방(相對方)을 잘못 찾음을 비유(比喩)하는 말.

차청입실(借廳入室) '남의 대청(大廳)을 빌려 쓰다가 안방까지 들어간다'는 뜻으로, 남에게 의지(依支)하다가 차차 그의 권리(權利)까지 침범(侵犯)함을 이르는 말. 차청차규(借廳借閨).

차청차규(借廳借閨) '마루를 빌리다가 방으로 들어온다'는 뜻으로, '사랑채 빌리면 안방까지 달라 한다'는 속담(俗談)과 같은 말. 남에게 의지(依支)하다가 차차 그 권리(權利)를 침범(侵犯)한다는 말. 차청입실(借廳入室).

차치물론(且置勿論) 내버려두고 논의(論議)의 대상(對象)으로 삼지 않음. 차치(且置)는 내버려두고 문제삼지 아니함을 말함.

차탈피탈(此頉彼頉) 이리저리 핑계를 댐.

차풍사선(借風使船) '바람을 빌려 배를 빨리 달린다'는 뜻으로, 남의 힘을 빌려 제 이익(利益)을 꾀함을 이르는 말.

차형손설(車螢孫雪) '차윤(車胤)의 반딧불과 손강(孫康)의 눈(雪)'이라는 뜻으로, 어려운 처지(處地)에서의 면학(勉學)을 비유(比喩)해 이르는 말.

차호위호(借虎威狐) '호랑이의 위세(威勢)를 빌려 허세(虛勢) 부리는 여우'라는 뜻으로, 윗사람의 권위(權威)를 빌려 공갈(恐喝)하는 자를 이르는 말. 남의 권세(權勢)를 빌어 뽐내는 것을 비유(譬喩)한 말.

차화헌불(借花獻佛) '남의 꽃을 빌려 부처에게 바친다'는 뜻으로, 남의 물건(物件)으로 선물(膳物)하거나 자기(自己) 일을 봄을 이르는 말.

착기부주(着綦復走) 신발 끈을 고쳐 매고, 다시 뛴다는 의미.

착음경식(鑿飮耕食) '우물을 파서 물을 마시고, 밭을 갈아서 먹는다'는 뜻으로, 천하(天下)가 태평(太平)하고 생활(生活)이 안락(安樂)함을 이르는 말.

착족무처(着足無處) '발을 붙이고 설자리가 없다'는 뜻으로, 기반(基盤)으로 삼아 의지(依支)할 곳이 없음을 이르는 말.

ㅊ

착해방수(捉蟹放水) '게를 잡았다가 다시 놓아준다'는 뜻으로, 수고만 하고 소득(所得)이 없음을 비유(比喩)하는 말.

찬시지변(簒弑之變) 임금을 죽이고 임금 자리를 빼앗는 괴변.

찬주격병(讚主擊兵) 찬양함으로 적을 물리 침.

찬찬옥식(粲粲玉食) 곱게 잘 찧은 입쌀로 지은 하얀 쌀밥.

찰나주의(刹那主義) 과거나 미래를 생각하지 않고 오직 현재의 순간적(瞬間的) 쾌락(快樂)만을 구하는 생활 태도(生活態度).

찰떡궁합(–宮合) ①'아주 잘 맞는 궁합'을 비유하여 이르는 말. ②'서로 마음이 맞아 아주 친하게 지내는 관계'를 속되게 이르는 말.

찰이후동(察而后動) 상황을 파악한 후 행동에 옮기다.

참불가언(慘不可言) 너무나 참혹(慘酷)하여 차마 말할 수 없음.

참불인견(慘不忍見) 너무나 참혹(慘酷)하여 차마 눈으로 못 봄.

참연현두각(嶄然見頭角) 많은 사람 중(中)에서 특별(特別)히 우뚝 뛰어난 사람.

참절비절(慘絕悲絕)비절참절(悲絕慘絕).

참정권(參政權) 국민이 국정(國政)에 직접 간접으로 참여하는 권리(선거권(選擧權), 피선거권(被選擧權), 공무원(公務員)이 되는 권리 따위).

참정대신(參政大臣) 대한 제국 때 의정(議政)대신 다음가던 벼슬. 참정(參政).

참정절철(斬釘截鐵) '의연한 태도로, 또는 결단성 있게 일을 처리함'을 뜻함.

참척지변(慘慽之變) 자손(子孫)이 부모나 조부모(祖父母)보다 일찍 죽는 변고(變故).

참회죄과(懺悔罪過) '지은 죄(罪)를 참회(懺悔)하라'는 뜻.

창가책례(娼家責禮) '기생(寄生) 집에서 예절(禮節)을 따진다'는 뜻으로, 가당치 않은 데서 격식(格式)을 찾음을 비웃는 말.

ㅊ

창랑자취(滄浪自取) '좋은 말을 듣거나 나쁜 말을 들음이 모두 자기(自己)의 잘잘못에 달렸다'는 뜻.

창름실즉지예절(倉廩實則知禮節) '재산(財産)이 풍족(豊足)하고서야 비로소 예절(禮節)을 알아차린다'는 뜻.

창림탄우(滄林彈雨) '창이 숲을 이루고 탄환(彈丸)이 빗발치듯 한다'는 뜻으로, 맹렬(猛烈)한 전투(戰鬪)를 이르는 말.

창상세계(滄桑世界) 변(變)하고 변(變)하는 세상(世上).

창상지변(滄桑之變) '푸른 바다(滄海)가 뽕밭(桑田)이 되듯이 시절(時節)의 변화(變化)가 무상(無常)함'을 이르는 말. 상전벽해(桑田碧海). 상전창해(桑田滄海). 창해상전(滄海桑田). 벽해상전(碧海桑田).

창선징악(彰善懲惡) 선한 일은 모두에게 드러내어 찬양(讚揚)하고, 악(惡)한 일은 징벌(懲罰)함. 권선징악(勸善懲惡).

창송취죽(蒼松翠竹) 푸른 소나무와 푸른 대나무.

창승부기미치천리(蒼蠅附驥尾致千里) '쉬파리 혼자서는 먼 길을 갈 수는 없지만 천리마(千里馬)의 꼬리에 붙으면 천릿길도 갈 수 있다'는 뜻으로, 범인(凡人)이 현자(賢者)에게 달라붙어 공명(功名)을 이룸을 이르는 말.

창씨개명(創氏改名) '일본식 성명 강요'의 구용어.

창씨고씨(倉氏庫氏) 옛날 중국에서 창씨와 고씨가 대대로 곳집을 맡아보았다는 데서, 어떤 사물(事物)이 오래도록 변(變)하지 않음을 비유(比喩)하는 말.

창안백발(蒼顔白髮) 노인의 창백한 안색(顔色)과 센 머리털.

창언정론(昌言正論) 매우 적절(適切)하고 정대한 언론(言論).

창업수문(創業守文) '어떤 일을 시작하기는 쉬우나 이룬 것을 지키기는 어렵다'는 뜻.

창업수성(創業守成) '나라를 세우는 일과 나라를 지켜 나가는 일'이라는 뜻으로, 어떤 일을 시작하기는 쉬우나 이룬 것을 지키기는 어렵다는 뜻.

창업수통(創業垂統) 나라나 사업(事業)을 먼저 일으켜 자손(子孫)이 이어받을 수 있도록 그 통서(統緖)를 전(傳)해 줌.

창업이수성난(創業易守成難) 일을 이루기는 쉬어도 지키기는 어려움.

창업지주(創業之主) ①나라를 맨 처음 세운 임금 ②사업체(事業體)를 창건(創建)한 사주(社主).

창오지망(蒼梧之望) 옛날에 순제(舜帝)가 창오(蒼梧)에서 죽은 옛일에서 '임금의 죽음(붕어(崩御)'을 이르는 말.

창왕찰래(彰往察來) 지난 일을 밝게 살피어 장래(將來)의 득을 살핌.

창우백출(瘡疣百出) '부스럼과 혹이 마구 생긴다'는 뜻으로, 언행(言行)에 잘못이 많음을 이르는 말.

창의역동(創意力動) 새로운 의견(意見)을 생각해 내면서 역동적(力動的)인 행정(行政)을 펼치자는 뜻을 나타냄.

창이미추(創痍未瘳) '칼에 맞은 상처(傷處)가 아직 아물지 않았다'는 뜻으로, 전란(戰亂)의 피해(被害)가 아직 회복(回復)되지 않았음을 이르는 말.

창전견금(娼錢犬金) 창기(娼妓)의 돈과 개 같은 자의 소득(所得), 즉 더럽게 번 돈을 말함.

창전초부제(窓前草不除) '창 앞에 돋은 풀은 뽑아 버리지 않는다'는 뜻으로, 되어 가는 대로 천지(天地) 자연(自然)을 따름을 이르는 말.

창조주(創造主) 〔영〕Creator. 하나님께서는 천지 만물의 창조주(創造主)이시고(창1:1~), 천지간(天地間)의 모든 만물(萬物)은 그의 피조물(被造物)이다(요1:3). 이 의미로 조물주, '창조주'는 '하나님'과 같은 말이다(전12:1; 사40:28; 롬1:25; 벧전4:19). 조물주(造物主). 하나님.

창졸지간(倉卒之間) 미처 어찌할 수도 없는 사이.

창창소년(蒼蒼少年) 앞길이 먼 젊은이.

창해상전(滄海桑田) '푸른 바다가 변(變)하여 뽕밭이 된다'는 말이니, 곧 덧없는 세상(世上)의 변천(變遷)을 뜻함. 상전벽해(桑田碧海). 상전창해(桑田滄海). 창상지변(滄桑之變). 벽해상전(碧海桑田). 창상(滄桑)

창해유주(滄海遺珠) '큰 바다에 남아 있는 진주(眞珠)'라는 뜻으로, 세상(世上)에 알려지지 않은 현자(賢者)나 명작(名作)을 비유(比喻)하는 말.

창해일속(滄海一粟) '큰 바다에 던져진 좁쌀 한 톨'이라는 뜻으로, ①지극(至極)히 작거나 보잘 것 없는 존재(存在)를 의미함. ②이 세상(世上)에서의 인간(人間) 존재(存在)의 허무(虛無)함을 뜻함. 대해일적(大海一滴)

창해일적(滄海一滴) '넓고 큰 바다 속의 물방울 하나'라는 뜻으로, 아주 큰 물건(物件) 속에 있는 아주 작은 물건(物件). 대해일적(大海一滴).

창황망조(蒼黃罔措) 너무 급(急)하여 어찌할 바를 모음.

채국동리하유연견남산(採菊東籬下悠然見南山) '동쪽 울 밑에서 국화(菊花)를 꺾어 들고, 멀리 남산(南山)을 바라본다'라는 뜻으로, 번잡(煩雜)한 세상사(世上事)를 피(避)하여 숨어 사는 은자(隱者)의 초연(超然)한 심경(心境)을 비유(譬喻)하는 말.

채미가(采薇歌) '고사리 캐는 노래'라는 뜻으로, 절의지사(節義之士)의 노래를 이르는 말.

채미지가(采薇之歌) 주(周)나라의 무왕(武王)이 은(殷)나라를 누르고 임금이 되었을 때에 은(殷)나라의 백이(伯夷)와 숙제(叔齊) 형제(兄弟)는 주(周)나라 곡식(穀食)을 먹는 것을 부끄럽게 여겨 수양산에 들어가 고사리를 캐먹으며 지냈는데, 그들이 죽을 적에 읊었다는 노래.

채색부정(采色不定) '풍채(風采)와 안색(顏色)이 일정(一定)하지 않는다'는 뜻으로, 금방 기뻐했다 금방 성냈다 함을 이르는 말.

ㅊ

채신지우(采薪之憂) '병이 들어 땔나무를 할 수 없다'는 뜻으로, 자기(自己)의 병(病)을 겸손(謙遜)하게 이르는 말. 채신지우(採薪之憂).

채신지우(採薪之憂) 채신지우(采薪之憂).

채의이오친(綵衣以娛親) '색동옷을 입고 어버이를 즐겁게 한다'는 뜻으로, 부모에게 효도하는 것을 이르는 말.

채장보단(採長補短) 장점(長點)은 취(取)하고, 단점(短點)은 보완(補完)함.

채중개강(菜重芥薑) 나물은 겨자와 생강(生薑)이 중(重)함.

책공무실(策功茂實) 공(功)을 꾀함에 무성(茂盛)하고 충실(充實)함.

책기지심(責己之心) 스스로 제 허물을 꾸짖는 마음.

책상퇴물(冊床退物) 글만 읽고 세상(世上) 물정(物情)에는 어두운 사람, 책상(冊床)물림.

책인자불전교자노자불개과(責人者不全交自怒者不改過) 남을 꾸짖는 자는 사귐을 온전히 할 수 없고, 자기를 용서(容恕)하는 자는 허물을 고치지 못하느니라.

책인즉명(責人則明) '남을 꾸짖는 데에는 밝다'라는 뜻으로, 자기(自己)의 잘못을 덮어두고 남만 나무람.

책임완수(責任完遂) 맡은바 임무(任務)를 다함.

처녀비행(處女飛行) 비행사나 비행기가 처음으로 하늘을 나는 일.

처녀항해(處女航海) 새로 만든 배나 훈련(訓練)을 받은 항해사(航海士)가 처음으로 하는 항해.

처매자학(妻梅子鶴) 매화(梅花)를 아내로 삼고, 학을 아들로 삼음. 중국 송나라 임포가 매화와 학을 매우 사랑한데서 연유함.

처변불변(處變不變) 괴이(怪異)한 변을 당 해도 굽힘없이 잘 처리(處理)함.

처성자옥(妻城子獄) '아내라는 성과 자식(子息)이라는 감옥(監獄)에 갇혀 있다'는 뜻으로, 처자(妻子)가 있는 사람은 집안일에 얽매여서 자유(自由)롭게 행동(行動)할 수 없음을 이르는 말.

처세술(處世術) 처세하는 방법과 수단.

처세양일보위고(處世讓一步爲高) '처세함에 있어 한발자국 양보하는 것을 높다고 한다'는 뜻.

처시하(妻侍下) 엄처시하(嚴妻侍下). 공처가(恐妻家). 판관사령(判官使令).

처염상정(處染常淨) '더러운 물에서 피지만, 진흙탕의 그것에 물들지 않고 언제나 맑고 아름다운 꽃을 피운다'는 뜻.

처우개선(處遇改善) 부족하거나 잘못된 점을 고치어 좋은 방향으로 대우함. ↔개악(改惡).

처조부(妻祖父) 아내의 할아버지.

척과만거(擲果滿車) '던진 과일이 수레에 가득하다'는 뜻으로, 여성(女性)이 남성(男性)에게 사랑을 고백(告白)함을 이르는 말.

척구폐요(跖拘吠堯) '척(跖)이란 도둑이 기르는 개가 요(堯)임금을 보고 짖는다'라는 뜻으로, ①사람은 누구나 제가 모시는 상전(上典)에게 충실(充實)한 법이라는 뜻. ②악(惡)한 자의 편이 되어 어진 사람을 미워한다는 뜻. ③못된 것에 물들면 착한 자를 도리어 못된 것으로 알고 덤빈다는 뜻.

척당불기(倜儻不羈) '기개(氣槪)가 있고, 뜻이 커서 남에게 눌려 지내지 않음'을 이르는 말.

척륜불반(隻輪不返) '병거(兵車)가 한 대도 돌아오지 않는다'는 뜻으로, 참패(慘敗)를 형용(形容)해 이르는 말,

척벽비보(尺璧非寶) 지름이 한 자나 되는 보옥(寶玉)도 시간(時間)에 비하면 보배라고 할 수 없음.

척벽비보(尺璧悲報) 보물(寶物) 위에 슬픔이 있다는 말.

ㅊ

척벽비보촌음시경(尺璧非寶寸陰是競) 한 자(尺) 되는 둥근 구슬을 보배로 알지 말고, 오직 짧은 시간(時間)을 귀중(貴重)히 여길찌니라.

척사위정(斥邪衛正) 사악(邪惡)한 것을 배척(排斥)하고 정의(正義)를 지킴.

척사환초(慼謝歡招) 심중(心中)의 슬픈 것은 없어지고 즐거움만 부른 듯이 오게 됨.

척산척수(尺山尺水) '높은 곳에서 멀리 산수(山水)를 볼 때 작게 보임'을 이르는 말.

척산촌수(尺山寸水) '한 자짜리 산과 한 치의 내(川)'라는 뜻으로, 높은 곳에서 멀리 산수(山水)를 바라볼 때에 작게 보임을 이르는 말.

척수공권(隻手空拳) '외손에 맨주먹'이란 뜻으로, 곧 아무 것도 가진 것이 없음.

척유소단촌유소장(尺有所短寸有所長) '한 자의 길이도 짧을 때가 있고, 한 치의 길이도 길 때가 있다'는 뜻으로, 물건(物件)은 쓰는 용도(用途)에 따라 가치(價値)가 있을 수도 있고, 없을 수도 있음을 이르는 말.

척장위사(擲杖爲蛇) 지팡이를 던지니 뱀이 되었다.

척지단견(隻紙斷絹) 글을 쓴 얼마 안 되는 종이와 비단(緋緞).

척지막비기유(尺地莫非其有) '한 자의 땅도 그의 소유(所有) 아닌 것이 없다'는 뜻으로, 임금이 천하(天下)의 모든 땅을 다 갖고 있음을 이르는 말.

척촌지공(尺寸之功) 얼마 안 되는 공로(功勞). 작은 공로(功勞).

척촌지리(尺寸之利) 약간의 이익(利益). 사소(些少)한 이익(利益).

척촌지지(尺寸之地) ①약간의 땅. ②얼마 안 되는 땅.

척호지정(陟岵之情) 고향(故鄕)에 있는 부모(父母)를 그리워하는 마음.

척호척기(陟岵陟屺) 타향(他鄕)에 있는 자식(子息)이 고향(故鄕)의 부모(父母)를 그리워하여 자주 산에 올라가 고향(故鄕) 쪽을 바라봄.

척확지굴(蚇蠖之屈) '자벌레가 몸을 굽히는 것은 다음에 몸을 펴고자 함'이라는 뜻으로, 훗날에 성공을 위(爲)해 잠시 굽힘을 이르는 말.

천가지년(天假之年) 하늘이 목숨을 빌려 주어 장생(長生)시키는 일. 목숨이 연장됨을 말함.

천간지지(天干地支) 육십갑자의 윗 단위(單位)와 아랫 단위(單位)를 이루는 요소를 합한 것.

천객만래(千客萬來) 썩 많은 손님이 번갈아 찾아옴.

천견박식(淺見薄識) '얕게 보고 엷게 안다'는 뜻으로, 천박(淺薄)한 견문(見聞)과 지식(知識)을 이르는 말.

천경서북변지비동남계(天傾西北邊地卑東南界) 하늘은 서북쪽으로 기울어져 있고, 땅은 동남쪽(東南–) 경계(境界)로 낮음.

천경지위(天經地緯) '하늘이 정하고 땅이 받드는 길'이라는 뜻으로, 영원(永遠)히 변(變)하지 않을 떳떳한 이치(理致).

천고마비(天高馬肥) '하늘이 높고 말이 살찐다'는 뜻으로, 오곡백과가 무르익는 가을이 썩 좋은 절기(節氣)임을 일컫는 말. 가을이 좋은 계절(季節)임을 나타낼 때 흔히 쓰는 말이나 원래(原來)는 옛날 중국(中國)에서 흉노족의 침입(侵入)을 경계(警戒)하고자 나온 말임.

천고만난(千苦萬難) '천 가지 괴로움과 만 가지 어려움'이라는 뜻으로, 온갖 고난(苦難)을 이르는 말. 천난만고(千難萬苦). 천신만고(千辛萬苦).

천고불역(千古不易) ①오래도록 변화(變化)하지 않음. ②영구(永久)히 변(變)하지 않음.

천고불후(千古不朽) 영원(永遠)히 썩지 않거나 없어지지 아니함.

천고소단(千古笑端) 천고지하(天高地下).

천고일월명지후초목생(天高日月明地厚草木生) 하늘이 높으니 해와 달은 밝으며, 땅이 두터우니 풀과 나무가 남.

천고지하(天高地下) 먼 훗날까지 남을 큰 웃음거리. 천고소단(千古笑端).

천고청비(天高聽卑) 하늘은 높아도 능히 낮은 곳의 일을 모두 알아들음.

천공해활(天空海闊) '하늘은 그 끝이 없고, 바다는 매우 넓다'는 뜻으로, 도량(度量)이 넓고, 그 기상(氣像)이 웅대(雄大)함을 이르는 말.

천관아문(天官衙門) 지난 날, '이조(吏曹)'를 달리 이르는 말. 이조는 고려시대의 한 관아를 말함.

천광자어대(川廣者魚大) 하천(河川)이 넓어야 큰 고기가 모여듦.

천광지귀(天光之貴) '하늘에 빛나는 것 중(中)에서 귀(貴)한 것'이라는 뜻으로, 태양(太陽)을 달리 이르는 말.

천교만태(千嬌萬態) 모든 아름다운 태도(態度)나 아양을 떠는 태도(態度).

천구좌표(天球座標) 천구(天球) 위에 있는 천체(天體)와 위치를 결정하는 좌표. 천체좌표(天體座標).

천군만마(千軍萬馬) '천 명의 군사(軍士)와 만 마리의 군마'라는 뜻으로, 썩 많은 군사(軍士)와 말을 이르는 말. 천병만마(千兵萬馬).

천근만근(千斤萬斤) '무게가 천근이나 만근이 된다'는 뜻으로, 아주 무거움을 뜻하는 말.

천근역사(千斤力士) 천근을 들어 올릴만한 장사. 곧, 힘이 썩 센 사람.

천금매골(千金買骨) '천금(千金)으로 말의 뼈를 산다'는 뜻으로, 열심히 인재(人材)를 구(求)함을 이르는 말.

천금매소(千金買笑) '천금(千金)을 주고 웃음을 산다'는 뜻으로, 쓸데없는 곳에 돈을 낭비(浪費)함을 비유(比喻)하는 말.

천금불사백금불형(千金不死百金不刑) '천금은 죽지 않고 백금은 형벌(刑罰)을 받지 않는다'는 뜻으로, 죄(罪)를 다스리는 자가 사리사욕(私利私慾)에 사로잡혀 천금을 쓰는 자는 죽을 죄(罪)를 면해 주고, 백금을 쓰는 자는 형벌(刑罰)을 면해 줌을 이르는 말.

천금연낙(千金然諾) 천금과 같이 중한 허락(許諾).

천금일소(千金一笑) '한 번의 웃음이 천금의 값이 나간다'는 뜻으로, 미인(美人)을 형용(形容)해 이르는 말.

천금준마(千金駿馬) 값이 비싸고 썩 잘 달리는 말.

천금지구(千金之軀) 천금같이 소중(所重)한 몸.

천금지자불사어시(千金之子不死於市) '천금(千金)을 가진 부잣집 자식은 저잣거리에서 죽지 않는다'라는 뜻으로, 돈이 많은 사람은 죄(罪)를 지어도 형벌(刑罰)을 면(免)할 수 있음을 비유(比喩)하는 말.

천기누설(天機漏洩) '하늘의 비밀(秘密)이 새어나간다'는 뜻으로, 중대(重大)한 기밀(機密)이 외부로 새어나감.

천난만고(千難萬苦) 천고만난(千苦萬難) · 천신만고(千辛萬苦).

천년만년(千年萬年) '아주 오랜 세월'을 이르는 말.

천년왕국(千年王國) 천년왕국설(千年王國說).

천년왕국설(千年王國說) 〔영〕chiliasm. 〔헬〕χιλιάσμος(킬리아스모스 ; 「일천」이라는 χίλιοι〈킬리오이〉에서 유래함). 'Millennialism'(천년왕국)과 동의어. 그리스도께서 재림하실 때에 모든 성도를 모아 평화의 왕국을 건설하고, 예수께서 친히 다스리시리라는 이상(理想)의 왕국설(王國說)인 교의를 말한다.

천년일청(千年一淸) '황하(黃河) 같은 탁류(濁流)가 맑아지기를 바란다'는 뜻으로, 가능(可能)하지 않은 일을 바람을 이름. 백년하청(百年河淸).

천덕사은(天德師恩) 하늘의 덕과 스승의 은혜(恩惠).

천도교(天道敎) 수운(水雲) 최제우(崔濟遇)를 교조로 하는 종교. 인내천(人乃天)을 종지로 함. 동학(東學). 동학교. 제우교.

ㅊ

천도무심(天道無心) 하늘이 무심(無心)함.

천도무친(天道無親) '하늘의 도는 치우침이 없이 공평(公平)하여 누구든지 착한 일을 하면 도와주고 나쁜 일을 하면 돌보지 않는다'는 뜻.

천도불용(天道不容) 천도(天道)는 공정(公正)해서 악인(惡人)을 용서(容恕)하지 않음.

천도시비(天道是非) '하늘의 도(道)는 옳은 지 그른 지 알 수 없다'는 뜻.

천도시야비야(天道是也非也) 천도시비(天道是非).

천도재(薦度齋) 죽은 사람의 넋을 극락(極樂)으로 인도하기 위하여 치르는 재.

천동대신(天動大神) 무속에서 이르는, 두려운 귀신의 한 가지.

천둥벌거숭이(天動–) '철없이 함부로 덤벙거리는 사람'을 낮추어 이르는 말.

천둥지기(天動–) 천수답(天水畓).

천라지망(天羅地網) '하늘과 땅의 그물'이라는 뜻으로, 도저히 벗어날 수 없는 경계망(警戒網)이나 피할 수 없는 재앙(災殃).

천려일득(千慮一得) '천 번을 생각하면 한 번 얻는 것이 있다'는 뜻으로, 많이 생각할수록 좋은 것을 얻음.

천려일실(千慮一失) '천 가지 생각 가운데 한 가지 실책(失策)'이란 뜻으로, ①지혜(智慧)로운 사람이라도 많은 생각을 하다 보면 하나쯤은 실수(失手)가 있을 수 있다는 말. ②여러 번 생각하여 신중(愼重)하고 조심스럽게 한 일에도 때로는 실수(失手)가 있음.

천로역정(天路歷程) 〔영〕The Pilgrim's Progress. 청교도(淸敎徒)인 존 · 번연(Bunyan, John. 1628~1688)이 저작한 그리스도교 우화(寓話) 책(册)이다. 이 책은 전(全) 2부로 되어 있으며, 제1부는 1678년, 제2부는 84년에 간행되었다. 정식이름은 《이 세상에서 내세(來世)로의 순례》이며, 표제어의 역어(譯語)는 영국인 번즈가 중국 포교(布敎) 때 중국어 역으로 출판하면서 붙여진 제명이다. 한 그리스도교 신자가 황야를 지나는 도중 동굴에서 잠이 들어, 꿈꾼 꿈 이야기 형식으로 되어 있으며, 경건한 그리스도 교도의 일생을 알레고리화(化)한 내용이다. 영문학(英文學)상 특이한 존재일 뿐 아니라 세계 120여종의 국어(國語)로 번역(飜譯)되어 전 세계(全世界) 그리스도교 신자들에게 보편적으로 깊은 감명(感銘)을 주는 명작(名作)으로, 성서(聖書) 다음으로 많이 읽혀진다고 전해지고 있다.

천류불식(川流不息) 시냇물의 흐름이 쉬지 않음.

천류불식연징취영(川流不息淵澄取映) 연못의 물이 맑아서 비치니 군자의 마음을 말한 것이다.

천리객창(千里客窓) 머나먼 곳에서 나그네가 머무는 곳을 뜻하므로 타향살이나 객지살이를 의미한다.

천리건곤(千里乾坤) 넓은 하늘과 땅.

천리동풍(千里同風) '천 리나 떨어진 곳에도 같은 바람이 분다'는 뜻으로, ①천하(天下)가 통일(統一)되어 평화(平和)로움을 비유(比喩)하는 말. ②어디를 가든지 풍속(風俗)이 조금도 다르지 않음.

천리만리(千里萬里) 썩 먼 거리(距離).

천리명가(千里命駕) 천 리나 되는 먼 곳에 있는 친구(親舊)들 방문(訪問)하기 위(爲)해서 아랫사람에게 수레 준비(準備)를 시킴.

천리불류행(千里不留行) '천 리나 되는 먼 길을 가도 가로막는 사람이 없다'는 뜻으로, 천하(天下)에 적이 없음을 이르는 말.

천리비린(千里比隣) 천리나 되는 먼 곳도 이웃과 같이 됨. 멀리 떨어져 있는 곳도 이웃처럼 가깝게 느낌을 이르는 말.

ㅊ

천리안(千里眼) '천 리 밖을 보는 눈'이란 뜻으로, ①먼 곳의 것을 볼 수 있는 안력(眼力) ②사물(事物)을 꿰뚫어 보는 힘. ③먼 데서 일어난 일을 직감적(直感的)으로 감지하는 능력(能力).

천리일도(千里一跳) '큰 새가 단번에 천 리를 난다'는 뜻으로, 먼 길을 짧은 시간(時間)에 가거나 갑자기 성공(成功)함을 이르는 말.

천리지구(千里之駒) '하루에 천 리를 달릴 만큼 좋은 말'이라는 뜻으로, 재주가 남보다 뛰어난 사람을 비유(比喩)하는 말.

천리지족(千里之足) '하루에 천 리를 달릴 수 있는 발. 곧 천리마(千里馬)'란 뜻으로, 재능(才能)이 뛰어난 인물을 비유(比喩)하는 말.

천리타향(千里他鄉) 고향(故鄕)에서 천리(千里)나 떨어져 있는 타지(他地).

천리행룡(千里行龍) ①산맥(山脈)이 솟았다 낮았다 하며 힘차게 뻗음. ②어떤 일을 직접(直接) 말하지 않고, 그 유래(由來)를 설명(說明)하여 차차 그 일에 미침.

천리행시어족하(千里行始於足下) '천릿길도 한 걸음부터 시작(始作)한다'는 뜻으로, 비록 어려운 일이라도 쉬지 않고 노력(努力)하면 성취(成就)됨을 이르는 말.

천만다행(千萬多幸) 매우 다행(多幸)함.

천만매린(千萬買隣) '좋은 이웃을 사는데 천만금(千萬金)을 지불(支拂)한다'는 뜻.

천만몽외(千萬夢外) ①천만 뜻밖. ②전혀 생각지도 않음.

천만부당(千萬不當) 천부당만부당(千不當萬不當).

천만불가(千萬不可) 전혀 옳지 아니함.

천만의외(千萬意外) 천만 뜻밖.

천망지루(天網之漏) '악(惡)한 자(者)를 잡기 위하여 하늘에 쳐 놓았다는 그물에서도 빠진다'는 뜻으로, 천벌(天罰)에서 빠짐을 이르는 말.

천망회회(天網恢恢) 천망회회소이불실(天網恢恢疎而不失).

천망회회소이불실(天網恢恢疎而不失) '하늘의 그물은 크고 성긴 듯하지만 빠뜨리지 않는다'는 뜻으로, 하늘이 친 그물은 눈이 성기지만 그래도 굉장히 넓어서 악인(惡人)에게 벌(罰)을 주는 일을 빠뜨리지 않음. 천망회회(天網恢恢).

천무불복(天無不覆) 하늘은 크고 넓어서 만물(萬物)을 모두 덮고 있다는 뜻.

천무사복(天無私覆) 천무불복(天無不覆).

천무삼일청(天無三日晴) '삼일간 계속(繼續)해서 좋은 날씨는 없다'는 뜻으로, 세상일(世上-)이 아무런 탈없이 무사히만 계속(繼續)되지 않음을 이르는 말.

천무음우(天無淫雨) '하늘에서 궂은 비가 내리지 않는다'는 뜻으로, 화평(和平)한 나라, 태평(太平)한 시대(時代)를 비유(譬喩)하는 말.

천무이일(天無二日) '하늘에 두 개의 해는 없다'는 뜻으로, 한 나라에 통치자(統治者)는 오직 한 사람 뿐임을 비유(比喩)하는 말.

천무일실(千無一失) 한결같은 마음으로 '나무아미타불(南無阿彌陀佛)'만 외는 사람은 모두 극락정토(極樂淨土)에 오른다는 말.

천문만호(千門萬戶) ①대궐(大闕)의 문호가 많음을 일컫는 말. ②수많은 백성(百姓)의 집.

천문학적(天文學的) ①천문학에서 다루는 것. ②'천문학에서나 다루어지는 숫자'와 같이 엄청난 숫자.

천방백계(千方百計) '천 가지 방법(方法)과 백가지 계책(計策)'이라는 뜻으로, 온갖 꾀를 이르는 말.

천방지방(天方地方) '하늘 방향(方向)이 어디이고 땅의 방향(方向)이 어디인지 모른다'는 뜻으로, ①못난 사람이 주책없이 덤벙이는 일. ②너무 급(急)하여 방향(方向)을 잡지 못하고 함부로 날뛰는 일.

천방지축(天方地軸) '하늘 방향이 어디이고 땅의 축이 어디인지 모른다'는 뜻으로, ①너무 바빠서 두서를 잡지 못하고 허둥대는 모습. ②어리석은 사람이 갈 바를 몰라 두리번거리는 모습.

천번지복(天翻地覆) '하늘이 날아가고, 땅이 뒤집힌다'는 뜻으로, 천지(天地)에 큰 이변(異變)이 일어남을 이르는 말.

천변만화(千變萬化) '천만 가지로 변화(變化)한다'는 뜻으로, 장면(場面)·사태(事態)·모양(模樣) 등(等)이 한량(限量)없이 변화(變化)해 감을 이르는 말.

천변지이(天變地異) 천지(天地) 자연(自然)의 변동(變動)과 천상(天上)의 괴변.

천병만마(千兵萬馬) 수없이 많은 군사(軍士)와 말. 천군만마(千軍萬馬).

천복지재(天覆地載) '천간으로 덮어주고 지지(地支)에는 실어서 뿌리가 박혀 있음'을 하는 말로서, ①천간이 지지에 뿌리를 가지고 있어야 제 구실을 할 수 있다는 뜻. ②하늘을 덮고 땅은 (머리에) 임. 천지와 같은 넓고 큰 사랑을 이르는 말.

ㅊ

천부당만부당(千不當萬不當) '천 번 만 번 부당(不當)하다'는 뜻으로, '아주 부당함'을 이르는 말. 만만부당(萬萬不當). 만부당천부당(萬不當千不當). 천만부당(千萬不當).

천부인(天符印) 천자의 위(位)의 표지로서 하늘이 준 세 개의 인(印). '삼국유사' 단군 기록에 보임.

천부인권(天賦人權) 하늘이 사람에게 평등(平等)하게 부여(附與)한 권리(權利). 자연권(自然權).

천부인권설(天賦人權說) '인간은 나면서부터 자유(自由)와 평등(平等)을 누릴 천부(天賦)의 권리가 있다'는 학설. 18세기의 계몽(啓蒙) 사상가(思想家)들에 의해 제창(提唱) 되었음.

천부자연(天賦自然) 인력(人力)으로는 어찌할 수 없는 천부의 성질(性質).

천부장(千夫長) 〔영〕tribune. 〔헬〕χιλίαρχος(킬리아르코스:천명을 거느린 지휘자).〔KJV〕 chief captain. 로마군대의 계급 명이다. 약 1천명의 군사의 지휘관(指揮官). 현재의 대령급에 해당된다. 예수를 체포하여 결박을 지웠던 인물도 천부장이었다(요18:12).

천부적(天賦的) 선천적(先天的)으로 타고난 것.

천부지토(天府之土) 비옥(肥沃)하고 물산이 많은 좋은 땅.

천불생무록지인(天不生無綠之人) '하늘은 녹 없는 사람을 낳지 않는다'는 뜻으로, 사람은 누구나 태어나면서 저 먹을 것은 가지고 태어남을 이르는 말.

천붕지괴(天崩地壞) 하늘이 무너지고 땅이 꺼짐.

천붕지탁(天崩地坼) 천붕지탑(天崩地塌).

천붕지탑(天崩地塌) 큰 소리에 천지(天地)가 진동함. 제왕의 죽음, 큰 재앙 등 중대한 사변을 비유적으로 이르는 말.

천붕지통(天崩之痛) '하늘이 무너지는 듯한 고통(苦痛)'이라는 뜻으로, 임금이나 아버지를 잃은 슬픔을 이르는 말.

천사만고(千思萬考) ①천번 만번 생각함. ②여러 가지로 생각함.

천사만량(千思萬量) 여러 가지로 생각하여 헤아림.

천사만려(千思萬慮) 여러 가지로 생각하는 것, 갖가지로 사려(思慮)함.

천사만루(千絲萬縷) 피륙을 짜는데 드는 온갖 가는 실의 올.

천사장(天使長) 〔영〕Archangel. 〔히〕מלאך(말라크). 〔헬〕ἄγγελος(앙겔로스). 수(數)많은 천사들 중에서 으뜸가는 계급이며 수는 일곱 명으로 되어있다고 한다. 성서(聖書)에 기록된 것으로는 미가엘(단10:13; 계12:7), 가브리엘(단8:16; 눅1:19)의 둘 뿐이며, 외경(外經)의 토빗서에는 라파엘이 있다. 그리고 제2 에스라서에 우리엘이 있고, 그 밖의 셋은 챠뮤엘 · 요피엘 · 차도키엘 이라고 부른다. 유대인들은 이러한 이름은 바벨론에서 온 것이라고 믿었다.

천산만락(千山萬落) 수많은 산과 수많은 부락.

천산만수(千山萬水) '수없이 많은 산과 물'이라는 뜻으로, 깊은 산속을 이르는 말.

천산만학(天山萬壑) 만학천봉(萬壑千峰). 천개의 산과 만개의 깊은 골짜기라는 뜻으로 수많은 골짜기와 봉우리를 이르는 말.

천산지산(天山地山) ①이런 말 저런 말로 핑계를 대는 모양(模樣). ②엇갈리고 뒤섞여 갈피를 잡을 수 없는 모양(模樣).

천상기린아(天上麒麟兒) 많은 아이들 중(中)에서 특(特)히 뛰어난 아이.

천상만태(千狀萬態) 천태만상(千態萬象).

천상백옥경(天上白玉京) '옥황상제(玉皇上帝)가 산다는 천궁(天宮)'을 이르는 말.

천상운집(千祥雲集) '천 가지 좋은 일이 구름처럼 몰려온다'는 뜻.

천상지탄(川上之歎) '만물(萬物)의 변화(變化)가 덧없음'을 이르는 말.

천상천하(天上天下) '하늘 위와 하늘 아래'라는 뜻으로, 온 세상(世上)을 이르는 말.

천상천하유아독존(天上天下唯我獨尊) '이 세상(世上)에 나보다 존귀(尊貴)한 사람은 없다'는 말 또는, 자기(自己)만 잘 났다고 자부(自負)하는 독선적(獨善的)인 태도(態度)의 비유(比喩).

천생민이수지군(天生民而樹之君) '하늘이 백성(百姓)을 낳고 그리고 임금을 세운다'는 뜻으로, 임금을 내세움은 백성(百姓)을 위(爲)한 것임을 이르는 말.

천생배필(天生配匹) 하늘에서 미리 전(傳)해 준 배필(配匹). 천정배필(天定配匹).

천생연분(天生緣分) 하늘에서 정(定)해 준 연분.

천생인연(天生因緣) 천생연분(天生緣分).

천생재주(天生--) 하늘로부터 타고난 뛰어난 재주.

천서만단(千緖萬端) 일일이 가려낼 수 없을 만큼 많은 일의 갈피.

천석고황(泉石膏肓) '샘과 돌이 고황에 들었다'는 뜻으로, 고질병(痼疾病)이 되다시피 산수(山水) 풍경(風景)을 좋아함을 일컫는 말. 자연을 사랑하는 마음이 고질병처럼 깊음을 비유하는 말.

천선지전(天旋地轉) 세상일(世上-)이 크게 변(變)함.

천세일시(千歲一時) '천년에 한때'라는 뜻으로, 다시 맞이하기 어려운 아주 좋은 기회(機會)를 이르는 말.

천수귀복자녀효친(天授貴福子女孝親) 하늘에서 복을 주고, 자식으로부터 효를 받네.

천수농경(天水農耕) 오로지 빗물에만 의존하여 농작물을 재배(栽培)하는 농사.

천수답(天水畓) 물의 근원이나 물줄기가 없어서 비가 와야만 모를 내고 기를 수 있는 논. 봉천답(奉天畓). 천둥지기(天動-).

천수붕우출유혈(天雖崩牛出有血) '하늘이 무너져도 솟아날 구멍이 있다' 는 뜻.

천승지국(千乘之國) '일천 수레의 나라'라는 뜻으로, 대(大) 제후(諸侯)의 나라를 이르는 말.

천시불여지리(天時不如地利) '하늘의 때는 지리(地理)만 같지 못하다'는 뜻으로, 전쟁(戰爭)을 함에 있어 설사(設使) 때가 아군(我軍)에 유리(有利)하다 할지라도, 적이 이편보다 유리(有利)한 지형(地形)을 차지하고 있으면 승리(勝利)할 수 없음을 이르는 말.

천시지리인화(天時地利人和) '하늘의 때는 땅의 이득(利得)만 같지 않고, 땅의 이득(利得)은 사람들의 인화(人和)만 못하다'는 뜻.

천신만고(千辛萬苦) '천 가지 매운 것과 만 가지 쓴 것'이라는 뜻으로, 온갖 어려운 고비를 다 겪으며, 심하게 고생함을 이르는 말. 천고만난(千苦萬難) · 천난만고(千難萬苦).

ㅊ

천암만학(千巖萬壑) '많은 바위와 골짜기'라는 뜻으로, 깊은 산을 이르는 말.

천애고독(天涯孤獨) '멀리 떨어진 낯선 고장에서 혼자 쓸쓸히 지낸다'는 뜻으로, 의지(依支)할 곳이 없음을 이르는 말.

천애여비린(天涯如比隣) 친지(親知)가 멀리 떨어진 곳에 있어도 마치 이웃에 있는 것처럼 생각함.

천애이역(天涯異域) '하늘 끝의 이역(異域)'이라는 뜻으로, 매우 먼 남의 나라를 이르는 말.

천애지각(天涯地角) '하늘 끝과 땅의 귀퉁이'의 뜻으로, 아득하게 멀리 떨어져 있음을 이름.

천야만야(千耶萬耶) 썩 높거나 깊어서 천 길이나 만 길이 되는 듯함. 까마득하게 높은 모양.

천약개상불풍즉우(天若改常不風卽雨) 하늘이 만약(萬若) 상도(常道)를 어기면, 바람 아니면 비가 온다.

천약유정천역로(天若有情天亦老) '하늘도 정(情)이 있다면 사람과 같이 늙을 것'이라는 뜻으로, 정(情)을 가진 것을 늙고, 정(情)이 없는 것은 늙지 않음을 이르는 말.

천양무궁(天壤無窮) 하늘과 땅처럼 무궁(無窮)함.

천양지간(天壤之間) ①천지간(天地間). ②'서로의 차이(差異)가 썩 심(甚)함' 또는 '썩 심한 차이(差異)'를 이르는 말.

천양지차(天壤之差) 하늘과 땅 사이와 같이 엄청난 차이(差異).

천양지판(天壤之判) 천양지간(天壤之間). 천양지차(天壤之差).

천양현격(天壤懸隔) 하늘과 땅 사이 같이 아주 현격(懸隔)한 차이(差異).

천언만어(千言萬語) 수없이 많은 말.

천여불취반수기구(天與不取反受其咎) '하늘이 주는 것을 취(取)하지 않으면 도리어 그 허물을 받는다'라는 뜻으로, 기회(機會)를 잘 포착(捕捉)하지 않으면 화(禍)를 입게 된다는 것을 비유(比喩)하는 말.

천연세월(遷延歲月) '세월(歲月)을 늦춘다'는 뜻으로, 일을 제때 끝내지 아니하고 자꾸 시일만 끄는 것을 이르는 말.

천연영양(天然營養) 천연물을 그대로 섭취하는 영양. (젖먹이에 모유 따위).

천연지덕(天然之德) 자연(自然)히 갖추어져 있는 덕.

천연지차(天淵之差) 하늘과 연못 사이처럼 큰 차이(差異)가 있음. 곧 대단한 차이.

천요만악(千妖萬惡) 온갖 요망하고 간악(奸惡)한 짓.

천우신조(天佑神助) 하늘이 돕고 신(神)이 도움.

천원지방(天圓地方) 하늘은 둥글고 땅은 네모짐.

천위지척(天威咫尺) 천자(天子), 곧 천하(天下)를 다스리는 이를 지척에 모심.

천유불식(川流不息) ①내가 흘러 쉬지 아니하니, 군자(君子)의 행동거지(行動擧止)를 말한 것임. ②흐르는 물은 쉼이 없듯, 꾸준히 노력하라.

천유불측풍우인유조석화복(天有不測風雨人有朝夕禍福) 하늘에는 예측(豫測)할 수 없는 비 바람이 있고, 사람은 아침 저녁으로 화(禍)와 복(福)이 있느니라.

천은망극(天恩罔極) '하늘의 은혜(恩惠)가 한이 없다'는 뜻으로, 임금의 은덕(恩德)이 더할 나위 없이 두터움을 이르는 말.

천읍지애(天泣地哀) 하늘도 울고 땅도 슬퍼함. 천지(天地)가 다 슬퍼함.

천의무봉(天衣無縫) '선녀(仙女)의 옷에는 바느질한 자리가 없다'는 뜻으로, ①성격(性格)이나 언동(言動) 등(等)이 매우 자연(自然)스러워 조금도 꾸민 데가 없음. ②시나 문장(文章)이 기교(技巧)를 부린 흔적(痕迹)이 없어 극(極)히 자연(自然)스러움을 이르는 말.

천인공노(天人共怒) '하늘과 사람이 함께 분노(憤怒)한다'는 뜻으로, ①누구나 분노(憤怒)할 만큼 증오(憎惡)스러움. ②또는, 도저히 용납(容納)될 수 없음의 비유(比喩).

천인단애(千仞斷崖) 천 길이나 되는 깎아지른 듯한 낭떠러지.

천인소지무병이사(千人所指無病而死) 여러 사람에게 손가락질 당(當)하면 병(病)을 앓지 않고도 죽음.

천인지분(天人之分) '자연(自然)의 존재 양상과 인간(人間)의 존재 양상은 다르다'는 뜻.

천일조림(千日造臨) '하늘과 해가 환히 내려 다 본다'는 뜻으로, 속일 수가 없음을 이르는 말.

천자만태(千姿萬態) 여러 가지 맵시와 많은 모양(模樣).

천자만홍(千紫萬紅) '울긋불긋한 여러 가지 빛깔'이라는 뜻으로, 색색의 꽃이 피어 있는 상태(狀態)를 형용(形容)해 이르는 말. 만자천홍(萬紫千紅).

천자무부(天子無父) 천자(天子)는 지극(至極)히 존귀(尊貴)하여 그보다 더 존귀(尊貴)한 자가 없음.

천자문(千字文) 한문을 처음 배우는 사람을 위한 책. 중국 후량(後梁)의 주흥사(周興嗣)가 기초 한자 1천 자로 4언 고시 250구를 지어 꾸몄음. 천자(千字).

천자지의(天子之義) 천자(天子)가 지켜야 할 길.

천자지존(天子之尊) '천자(天子)는 인간(人間) 사회(社會)에서 가장 존귀(尊貴)한 것'이라는 뜻.

천자지효(天子之孝) 천자(天子)가 행(行)하는 효도(孝道).

천작저창(淺酌低唱) 조용하고 알맞게 술을 마시면서 낮은 목소리로 노래를 부르며 즐김.

천작지합(天作之合) 하늘이 맺어준 배필(配匹).

천장거무집화로접불래(天長去無執花老蝶不來) 하늘이 기니 가서 잡을 수 없고, 꽃이 지니 나비가 오지를 않음.

천장지구(天長地久) '하늘과 땅이 오래도록 변(變)하지 않는다'는 뜻으로, 사물(事物)이 오래오래 계속(繼續)됨을 이르는 말. 하늘과 땅처럼 영구히 변함이 없

ㅊ

음을 이르는 말.

천장지비(天藏地祕) '하늘이 감추고, 땅이 숨겨 준다'는 뜻으로, 세상(世上)에 드러나지 아니함을 이르는 말.

천장지제궤자의혈(千丈之堤潰自蟻穴) 천장(千丈) 높이의 둑도 개미구멍 때문에 무너진다는 말.

천재설소(千災雪消) '천 가지 재난(災難)이 눈 녹듯이 사라진다'는 뜻.

천재설소만복운여(千災雪消萬福雲與) '천 가지 재난(災難)은 눈 녹듯이 사라지고, 만 가지 복이 구름 일듯이 일어난다' 는 뜻.

천재일시(千載一時) 좀처럼 만나기 어려운 기회(機會). 천재일우(千載一遇).

천재일우(千載一遇) '천 년에 한 번 만난다'는 뜻으로, 좀처럼 얻기 어려운 좋은 기회(機會)를 이르는 말. 천재일시(千載一時).

천재지변(天災地變) 지진(地震) · 홍수(洪水) · 태풍(颱風) 따위와 같이, 자연(自然) 현상(現象)에 의(依)해 빚어지는 재앙(災殃).

천정배필(天定配匹) 하늘에서 정(定)해진 배필(配匹). 천생배필(天生配匹).

천정부지(天井不知) '천장을 모른다'는 뜻으로, 물건(物件)의 값 따위가 자꾸 오르기만 함을 이르는 말.

천정연분(天定緣分) 천생연분(天生緣分).

천존지비(天尊地卑) 하늘은 높으므로 존귀(尊貴)하고, 땅은 낮으니 비천(卑賤)함.

천종만물(千種萬物) 온갖 종류의 사물(물건).

천종지대성(天縱之大聖) '하늘이 재능(才能)을 충분(充分)히 발휘(發揮)하게 점지한 성인(聖人)'이라는 뜻으로, 공자(孔子)를 두고 이르는 말.

천종지성(天縱之聖) '하늘이 낸 거룩한 사람'이란 뜻으로, ①공자(孔子)의 도덕(道德)을 이르는 말 ②제왕(帝王)의 성덕을 칭송(稱頌)하는 말.

천주경(天主經) '주(主)의 기도'의 구 용어.

천주교(天主教) 로마 가톨릭교. 구교(舊教). ↔개신교(改新教).

천주교도(天主教徒) 가톨릭의 신자(信者).

천주교회(天主教會) ①가톨릭의 교단(教團). ②성당(聖堂)을 중심으로 한 건물.

천주당(天主堂) 지난날, 가톨릭의 '성당'을 이르던 말.

천주학(天主學) 지난날, '가톨릭'을 달리 이르던 말.

천주활적(天誅猾賊) 하늘은, 교활(狡猾)하고 악(惡)한 사람을 벌(罰) 줌.

천중가절(天中佳節) 단오(端午)인, '천중절'(天中節)을 좋은 명절(名節)이란 뜻으로 이르는 말.

천중절(天中節) 단오절(端午節). 중오절(重五節). 천중가절(天中佳節).

천중부적(天中符籍) 단오부적(端午符籍).

천지개벽(天地開闢) ①'하늘과 땅이 처음으로 열린다'는 뜻으로, 이 세상(世上)의 시작(始

作)을 이르는 말. ②자연계나 사회의 큰 변동을 이르는 말. 천개지벽(天開地闢).

천지만엽(千枝萬葉) ①무성(茂盛)한 식물(植物)의 가지와 잎. ②일이 여러 갈피로 나뉘어 어수선함을 비유(比喩)하는 말.

천지망아(天之亡我) '하늘이 나를 망쳤다'는 뜻으로 자기는 잘못이 없는데 저절로 망함을 탄식할 때 쓰는말. 아무 허물이 없이 저절로 망함.

천지미록(天之美祿) '하늘에서 내려준 좋은 녹'이라는 뜻으로, '술'을 아름답게 이르는 말.

천지분격(天地分格) 서로 매우 다름.

천지소인(天之小人) '하늘로서 보면 사람은 모두 소인'이라는 뜻.

천지신명(天地神明) ①'하늘과 땅의 신(神)은 밝다'는 뜻. ②우주(宇宙)를 주관(主管)하는 신령(神靈).

천지역수(天之曆數) 제왕(帝王)이 될 천운(天運). 제왕(帝王)이 될 자연(自然)의 순서(順序).

천지일월(天地日月) 하늘, 땅, 해와 달 즉 우주 만물의 모든 것을 뜻함.

천지자만물지역려(天地者萬物之逆旅) 천지라는 것은 모든 사물이 거쳐 가는 여관(旅館)이다.

천지장만물강하속천산(天地藏萬物江河束千山) 하늘과 땅은 온갖 물건(物件)을 감추고, 강과 바다는 모든 산을 묶음.

천지조화(天地造化) '천지(天地)는 지어가고 있다'는 뜻. 하늘과 땅이 일으키는 여러 가지 신비스러운 조화.

천지지간(天地之間) 하늘과 땅 사이, 이 세상(世上)을 이르는 말.

천지지간기유탁약호(天地之間其猶橐籥乎) '하늘과 땅 사이는 풀무와 같이, 그 안이 허무(虛無)하면서도 만물(萬物)을 만들어 낸다'는 말.

천지지미(天地之美) 천지(天地)의 아름다움.

천지지상(天地之常) 천지(天地) 사이에 행(行)해지는 운전(運轉) 및 차고 기울고, 어둡고 밝고 하는 등(等)의 상도(常道).

천지지심(天地之心) 천지(天地)의 공평(公平)한 마음.

천지지지여지아지(天知地知汝知我知) '하늘이 알고, 땅이 알며, 자네가 알고, 내가 안다'는 뜻으로, 세상(世上)에 비밀(秘密)이란 있을 수 없음을 비유(譬喩)하는 말.

천지지차(天地之差) 사정(事情)이 크게 다름.

천지지평(天地之平) 천지(天地)가 공평(公平)한 것.

천지직인(天之直人) 하늘의 도리(道理)에 합치(合致)하는 정직(正直)한 사람.

천지창조(天地創造) 천지개벽(天地開闢). 천지를 창조한 일.

천지현황(天地玄黃) 하늘은 위에 있어 그 빛이 검고 땅은 아래 있어서 그 빛이 누름.

천지현황우주홍황(天地玄黃宇宙洪荒) 하늘과 땅 사이는 넓고 커서 끝이 없은즉 세상이 넓음을 말함.

천진난만(天眞爛漫) 천진함이 넘친다는 뜻으로, 조금도 꾸밈없이 아주 순진(純眞)하고 참됨.

천진무구(天眞無垢) 아무런 꾸밈이 없이 순진함.

천진협사(天眞挾詐) 어리석은 가운데 더러 거짓이 섞임.

천차만별(千差萬別) 여러 가지 사물(事物)이 모두 차이(差異)가 있고 구별(區別)이 있음.

천참만륙(天塹萬戮) 수도 없이 동강 내어 끔찍하게 죽임.

천청만촉(千請萬囑) 수(數) 없이 많이 하는 부탁(付託).

천체좌표(天體座標) 천구 좌표(天球座標). 천구 위에 천체의 위치를 나타낸 좌표.

천촌만락(千村萬洛) 수(數)없이 많은 촌락(村落).

천추만세(千秋萬歲) ①천만년. ②장수(長壽)를 축수(祝壽)하는 말.

천추만세후(千秋萬歲後) '어른이 죽은 뒤'를 높이어 이르는 말.

천추유한(千秋遺恨) 오래도록 길이 잊지 못할 원한(怨恨).

천층만층(千層萬層) 수없이 많이 포개진 켜.

천탈기백(天奪其魄) ①넋을 잃음. ②본성을 잃어버림.

천태만교(千態萬嬌) 천교만태(千嬌萬態).

천태만상(千態萬象) 천차만별(千差萬別)의 상태(狀態). 천 가지 만 가지 모양. 천상만태(千狀萬態).

천태만염(千態萬艶) 여러 가지 모양으로 곱고 아름다운 모습 .

천택지인(天擇之人) '하늘이 택한 사람'이라는 뜻으로, 하늘이 가려서 사람을 택한다는 말.

천토회맹(踐土會盟) 진(晉)나라 문공(文公)이 제후(諸侯)를 천토(踐土)에 모아, 주(周)나라의 천자(天子)를 공경(恭敬)하고 조공(朝貢)할 것을 맹세(盟誓)함.

ㅊ

천파만파(千波萬波) ①한없이 많은 물결. ②갈피를 잡을 수 없이 어지러운 현상(現象)을 비유적(比喻的)으로 이르는 말.

천편일률(千篇一律) '여러 시문(詩文)의 격조가 변화(變化) 없이 비슷비슷하다'는 뜻으로, 여러 사물(事物)이 거의 비슷비슷하여 특색(特色)이 없음을 비유(比喻)하는 말.

천필염지(天必厭之) 하늘, 곧 신은 몹쓸 사람을 미워하여 반드시 벌(罰)을 내림.

천하개춘(天下皆春) 온 천하(天下)에 봄기운(氣運)이 가득함.

천하기재(天下奇才) ①세상(世上)에서 가장 뛰어난 재능(才能). ②또는, 그 재능(才能)을 가진 사람.

천하대세(天下大勢) 세상(世上)이 돌아가는 추세(趨勢).

천하만국(天下萬國) 세상(世上)에 있는 모든 나라.

천하만민(天下萬民) 세상(世上)의 모든 사람들.

천하만사(天下萬事) 세상(世上)에 모든 일.

천하무도(天下無道) 세상(世上)이 어지러워 도리(道理)가 제대로 행(行)해지지 않음.

천하무적(天下無敵) 세상(世上)에 필적(匹敵)할 만한 자가 없음. 세상에 겨룰 만한 적수가 없음.

천하비일인지천하천하지천하(天下非一人之天下天下之天下) '천하는 한 사람의 천하가 아니고 온 천하 사람의 천하'라는 말.

천하수안(天下雖安) '천하가 비록 아무리 편안하다고 할지라도'의 뜻.

천하수안망전필위(天下雖安忘戰必危) '천하가 비록 편안하다고 할지라도, 전쟁을 망각하면 반드시 위험이 닥쳐온다'는 뜻.

천하언재(天何言哉) 하늘은 아무 말도 하지 않지만 도(道)는 반드시 행(行)함.

천하유삼위(天下有三危) '세상(世上)에 세 가지 위험(危險)한 일이 있다'는 뜻으로, 덕이 적은 사람이 총애(寵愛)를 받고, 재능(才能)이 없는 사람이 높은 지위(地位)에 있으며, 큰 공이 없는 사람이 녹을 많이 받는 일.

천하일색(天下一色) 세상(世上)에 뛰어난 미인(美人).

천하일품(天下一品) 비교(比較)할 수 없을 정도(程度)로 뛰어남. 또는 그런 물품.

천하장사(天下壯士) 세상에서 보기 드문 매우 힘센 장사.

천하절색(天下絕色) 세상에 드문 아주 뛰어난 미인(美人).

천하제일(天下第一) 세상(世上)에서 견줄 만한 것이 없음. 세상에서 제일 가는 것.

천하지구(天下之垢) ①세상(世上)에서 가장 더러운 것. ②세상(世上)에서 가장 쓸모없는 것.

천하지록(天下之祿) 세상(世上)의 부(富).

천하지망(天下之望) 세상(世上)의 인망(人望). 세상(世上) 사람들이 우러러 바라는 것.

천하지분(天下之分) 세상(世上)의 명분(名分).

천하지비(天下之肥) 세상(世上)의 번영(繁榮)하는 것.

천하지지(天下之志) 세상(世上) 사람들의 생각. 세상(世上) 사람들의 공통(共通)된 뜻.

천하태평(天下太平) 천하태평(天下泰平).

천하태평(天下泰平) ①온 세상이 태평(太平)함. ②근심 걱정이 없거나 성질(性質)이 느긋하여 세상(世上) 근심을 모르고 편안(便安)함, 또는 그런 사람. 천하태평(天下太平).

천하흥망필부유책(天下興亡匹夫有責) '나라의 흥망성쇠(興亡盛衰)는 백성들에게 책임이 있다'는 뜻.

천학단재(淺學短才) 천학비재(淺學菲才).

천학비재(淺學菲才) '학문(學問)이나 지식(知識)이 미숙(未熟)하고 재능(才能)이 변변치 않다'는 뜻으로, 학자(學者)가 자기(自己)의 학식(學識)을 낮추어 말할 때에 쓰는 말.

천한백옥(天寒白屋) 추운 날에 가난한 집.

천해어업(淺海漁業) 육지(陸地)에 가까운 얕은 바다에서 하는 어업. 조개 · 새우 · 김 · 파래 따위를 채취(採取)하거나 양식(養殖)함. 근해어업(近海漁業). 연안어업(沿岸漁業).

천행유상설(天行有常說) 자연의 운행은 독립적(獨立的)인 규칙성이 있다는 말.

천향국색(天香國色) '고상(高尙)한 향기(香氣)와 제일(第一)가는 색깔'이라는 뜻으로, ①모란을 달리 이르는 말. ②절세미인(絕世美人)을 이르는 말.

천험지지(天險之地) 천연적(天然的)으로 험하여 요새가 될 만한 땅.

천현지친(天顯之親) 부자(父子) 형제(兄弟) 간(間)의 천륜(天倫)의 친의(親誼).

천호만환(千呼萬喚) 수없이 여러 번 소리 질러 부름.

천희지환(天喜地歡) 하늘은 기뻐하고 땅은 즐거워함.

철가도주(撤家逃走) 가족(家族)을 모조리 데리고 도망(逃亡)감.

철두철미(徹頭徹尾) '머리에서 꼬리까지 통(通)한다'는 뜻으로, ①처음부터 끝까지 철저하게. ②처음부터 끝까지 방침(方針)을 바꾸지 않고, 생각을 철저(徹底)히 관철(貫徹)함을 이르는 말.

철면무사(鐵面無私) 사사(私事)로운 정에 구애(拘礙)되지 아니함.

철면피(鐵面皮) '쇠처럼 두꺼운 낯가죽'이라는 뜻으로, 뻔뻔스럽고 염치(廉恥)없는 사람을 이르는 말.

철면피한(鐵面皮漢) 염치(廉恥)가 없고 뻔뻔스러운 남자(男子).

철봉마성침(鐵棒磨成針) 철저마침(鐵杵磨鍼).

철부성성철부경성(哲夫成成哲婦傾城) '현명(賢明)한 남자(男子)는 성을 흥하게 하지만, 영리(怜悧)한 여자(女子)는 성을 기울게 한다'는 뜻으로, 지나치게 똑똑한 여성(女性)은 오히려 화를 불러옴을 비유(譬喩)하는 말.

ㅊ

철부지급(轍鮒之急) '철부(轍鮒)는 수레바퀴 자국 속의 붕어로서, 그 자국만큼의 물만 있어도 살 수 있는 처지(處地)'라는 말로 다급(多急)한 위기(危機), 곤궁(困窮)한 처지(處地)를 비유(譬喩)하는 말.

철상철하(徹上徹下) 위에서 아래까지 꿰뚫듯 훵함.

철석간장(鐵石肝腸) '철이나 돌 같은 간과 창자'란 뜻으로, 굳고 단단한 절개(節槪). 굳센 의지나 지조가 있는 마음.

철수개화(鐵樹開花) '아무리 기다려도 소용(所用)없음'을 비유(比喩)해 이르는 말.

철숙음수(啜菽飮水) '콩을 먹고 물을 마신다'는 뜻으로, 집은 가난하여도 부모(父母)에게 효도(孝道)를 극진(極盡)히 함을 비유(比喩)하는 말.

철심석장(鐵心石腸) '쇠 같은 마음에 돌 같은 창자'라는 뜻으로, 지조(志操)가 철석같이 견고(堅固)하여 외부(外部)의 유혹(誘惑)에 움직이지 않는 마음을 이르는 말. 철석간장(鐵石肝腸).

철연미천(鐵硯未穿) '굳은 의지(意志)로 업(業)을 바꾸지 않음'을 비유(比喩)해 이르는 말.

철옹산성(鐵甕山城) '쇠로 만든 독처럼 튼튼한 산성(山城)'이라는 뜻으로, 어떤 강(强)한 힘으로도 무너뜨릴 수 없게 방비(防備)나 단결(團結)이 강(强)한 상태(狀態)를 이르는 말.

철옹성(鐵甕城) '무쇠로 만든 독처럼 튼튼히 쌓은 산성(山城)'이라는 뜻으로, 매우 튼튼히 둘러싼 것이나 그러한 상태(狀態)를 비유(比喩)하여 이르는 말.

철의장막(鐵-帳幕) 지난날 공산권(共産圈)의 '정치적 비밀주의'·'폐쇄성'을 비유(比喩)하여 이르던 말.

철저마침(鐵杵磨鍼) '쇠공이를 갈아서 바늘을 만들다'라는 뜻으로, 정성(精誠)을 다하여 노력(努力)하면 아무리 힘든 목표(目標)라도 달성(達成)할 수 있음을 나타내는 말. 구마위침(臼磨爲針). 마부위침(磨斧爲針). 마부작침(磨斧作針(鍼)). 부마작침(斧磨作針(鍼)). 철저성침(鐵杵成針).

철저성침(鐵杵成針) '철 절굿공이로 바늘을 만든다'는 뜻으로, 아주 오래 노력하면 성공한다는 말을 나타냄. 구마위침(臼磨爲針). 마부위침(磨斧爲針(鍼)). 마부작침(磨斧作針). 부마작침(斧磨作針(鍼)). 철저마침(鐵杵磨針(鍼)).

철저징청(徹底澄淸) '물이 밑바닥까지 맑다'는 뜻으로, 지극(至極)히 청렴결백(淸廉潔白)함을 이르는 말.

철중쟁쟁(鐵中錚錚) '쇠 중(中)에서 소리가 가장 맑다'는 뜻으로, 평범(平凡)한 사람들 중(中) 특별(特別)히 뛰어난 사람.

철지지원(徹地之冤) 하늘에 사무치도록 크나큰 원한(怨恨) .

철천지수(徹天之讐) 철천지원수(徹天之怨讐).

철천지원(徹天之冤) 하늘에 사무치도록 크나큰 원한(怨恨).

철천지원수(徹天之怨讐) 철천(徹天)의 원수(怨讐).

철천지한(徹天之恨) 철지지원(撤地之冤). 철천지원(徹天之寃).

철혈재상(鐵血宰相) 군사력을 배경으로 정책을 강력하게 밀고 나가는 재상. (흔히, 푸러시아의 '비스마르크'를 가리킴).

철혈정략(鐵血政略) 병력(兵力)으로 국위를 떨치려는 정략.

철환천하(轍環天下) '수레를 타고 천하(天下)를 돌아다닌다'는 뜻으로, 여러 나라를 두루 여행(旅行)함.

첨금상화(添錦上花) 금상첨화(錦上添花).

첨언밀어(甛言蜜語) ①듣기 좋은 말. ②남을 꾀기 위(爲)한 달콤한 말.

첨예분자(尖銳分子) ①급진주의(急進主義)를 주장하는 자(者). ②급진적인 또는 과격적(過激的)인 사람.

ㅊ

첨유지풍(諂諛之風) 아첨(阿諂)하는 버릇.

첨전고후(瞻前顧後) 무슨 일을 할 때에 앞뒤를 잘 생각해야 한다는 말. 앞뒤와 주위(周圍)의 일을 지나치게 생각하여 결단(決斷)을 내리지 못할 때 쓰이는 말이기도 함. 전첨후고(前瞻後顧).

첩섭이어(呫囁耳語) 다른 사람의 귀에다 입을 대고 소곤거리며 하는 귓속말.

첩어적방(妾御績紡) 남자(男子)는 밖에서 일하고, 여자(女子)는 안에서 길쌈을 함.

첩장모(妾丈母) 첩의 친정(親庭) 어머니.

첩장인(妾丈人) 첩의 친정(親庭) 아버지.

첩첩남남(喋喋喃喃) 작은 목소리로 즐겁게 이야기를 주고받는 모습이나 남녀(男女)가 정답게 속삭이는 모습.

첩첩산중(疊疊山中) 매우 깊은 산골. 산 넘어 산.

첩첩수심(疊疊愁心) 첩첩산중(疊疊山中).

첩첩이구(喋喋利口) 말을 거침없이 잘하는 모양(模樣).

청경우독(晴耕雨讀) '갠 날에는 밖에 나가 농사일(農事–)을 하고, 비 오는 날에는 책을 읽는다'는 뜻으로, 부지런히 일하면서 틈나는 대로 공부(工夫)함을 이르는 말.

청교도(淸敎徒) 〔영〕Puritans. 기독교에서, 16세기 후반에 영국교회에 반항하여 일어난 프로테스탄트의 한 종단(宗團). 영국교회(英國敎會)의 종교개혁(宗敎改革)을 신학적(神學的), 형식적(形式的), 제도적(制度的)으로 철저화(徹底化) 하려고 한 사람들을 가리키는 명칭이다. 이 운동은 교회내의 가톨릭 적 불순물(不純物)을 제거하고 그 미신적(迷信的) 행사를 타파하고, 교회를 정화하려는 주장이 강하였기 때문에 퓨리탄운동 곧 청교도운동(淸敎徒運動)이라 불리었는데, 그들의 사상(思想)이 너무 강하여 국교회(國敎會)의 압박으로 1607년에 추방되어 화란의 암스테르담과 라이덴으로 망명하였다. 그들은 브류스타를 지도자로 삼고 1620년에 102명이 메이플라워호를 타고 미국 프리머스에 상륙하여 신영주(New England), 오늘의 미국(美國)을 개척(開拓)하고, 청교주의(淸敎主義:Puritanism)의 회중교회를 설립하여 미국의 역사에 뿌리 깊은 영향을 끼쳤다. (《基督敎大辭典》참조(參照)).

청구영언(靑丘永言) 조선 영조 4(1728)년에 김천택(金天澤)이 엮은 시조집(時調集). 현존하는 시조집 중 가장 오래된 것으로 '해동가요'·'가곡원류'와 함께 3대 가집(歌集)으로 일컬어지고 있음. 고려 말기부터 편찬 당시까지의 시조 998수와 가사 17수를 곡조별로 분류 정리한 것.

청군입옹(請君入甕) 자신이 데운 항아리로 들어가다. 자기가 정한 규칙 때문에 자신이 당하게 되는 경우를 말함.

청금단령(靑衿團領) 유생(儒生)들이 입던 푸른 깃의 도포(道袍).

청낭비결(靑囊祕訣) 중국 후한 말기의 명의인 화타(華陀)의 의서(醫書). 세상(世上)에 전(傳)하지 아니함.

청년자제(靑年子弟) 전도(前途)가 유망(有望)한 젊은 사내들.

청등홍가(靑燈紅街) ①'화류계(花柳界)'를 달리 이르는 말. ②술집과 유곽이 늘어서서 흥청거리는 거리.

청량음료(淸凉飮料) 탄산가스가 들어 있어서 맛이 산뜻하면서 시원한 음료수(사이다 · 콜라 따위).

청렴결백(淸廉潔白) 마음이 맑고 깨끗하며 재물(財物) 욕심(慾心)이 없음.

청록산수(靑綠山水) 삼청(三靑)과 석록(石綠)으로만 그린 산수(山水). 여러 가지 종류의 안료로 채식한 산수화.

청명지세(淸明之世) 어지럽지 않은 맑고 밝은 세상(世上).

청문회(聽聞會) 어떤 문제에 대하여 내용을 듣고 그에 대하여 물어 보는 모임. 주로 국가 기관에서 입법 및 행정상의 결정을 내리기에 앞서, 이해관계인이나 제삼자의 의견을 듣기 위하여 연다.

청백리(淸白吏) ①청백한 관리(官吏). ②의정부(議政府) · 육조(六曹) · 경조(京兆)의 정종(正從) 2품 이상(以上)의 당상관(堂上官)과 사헌부(司憲府) · 사간원(司諫院)의 수직(首職)들이 추천(推薦) 선정(選定)한 청렴(淸廉)한 벼슬아치.

청백재상(淸白宰相) 청렴결백(淸廉潔白)한 재상(宰相).

청빈낙도(淸貧樂道) 청렴결백(淸廉潔白)하고 가난하게 사는 것을 옳은 것으로 여김.

청빈정직(淸貧正直) 청백하여 가난해 지더라도 마음을 바르고 곧게 가지라.

청사등롱(靑紗燈籠) 조선시대에, 궁중에서 또는 정승 벼슬아치들의 밤 나들이 때 쓰던 푸른 사(紗)로 꾸민 등롱. 궁중의 것은 붉은 천으로 동을 달아 드리웠음. 청사초롱. 청등롱. 청사롱(靑紗籠).

청사롱(靑紗籠) '청사등롱(靑紗燈籠)'의 준말.

청사진(靑寫眞) ①'청색사진'의 준말. ②미래(未來)에 대한 희망적인 계획(計劃)이나 구상을 상징(象徵)하여 이르는 말.

청사초롱(靑紗–籠) 청사등롱(靑紗燈籠).

청산가매골(靑山可埋骨) '멀리 보이는 푸른 산 어디든지 뼈를 묻을 수 있다'는 뜻으로, 대장부(大丈夫)는 반드시 고향(故鄕)에다 뼈를 묻어야만 한다고 생각해서는 안 됨을 이르는 말.

청산녹수(靑山綠水) '푸른 산과 푸른 물'이라는 뜻으로, 산골짜기에 흐르는 맑은 물을 이르는 말.

청산리벽계수(靑山裏碧溪水) 푸른 산속에 있는 푸른 계곡(溪谷) 물.

청산별곡(靑山別曲) 지은이와 지은 때를 알 수 없는 고려 가요. 현실 도피의 비애를 노래한 것으로, 모두 8연으로 되어 있음. '악장가사(樂章歌詞)'에 전문(全文)이, '시용향악보(時用鄕樂譜)'에 그 일부가 실려 전함.

청산유수(靑山流水) '푸른 산과 흐르는 물'이라는 뜻으로, 말을 거침없이 잘함을 비유(比喩)하는 말.

청산일발(靑山一髮) 먼 수평선(水平線) 저쪽의 푸른 산이 아득히 한 올의 머리카락처럼 보임.

청상과부(靑孀寡婦) ①나이가 젊어서 남편(男便)을 여읜 여자(女子). ②아주 젊은 시절(時節)에 된 과부(寡婦).

청상과수(靑孀寡守) 청상과부(靑孀寡婦).

청소지사(淸素之士) 결백(潔白)하고 허례허식이 없는 선비.

청송군자절록죽열녀정(靑松君子節綠竹烈女貞) 푸른 소나무는 군자(君子)의 절개(節介)요, 푸른 대나무는 열녀의 정절(貞節)임.

청송백사(靑松白沙) '푸른 소나무와 흰모래. 해안(海岸)의 아름다운 경치(景致)'를 이르는 말.

청심강화(淸心降火) 심경(心境)의 열(熱)을 풀어 화기(火氣)를 내림.

청심견주(淸心見主) '마음이 청결(淸潔)한 자는 하나님을 본다'는 말.

청심과욕(淸心寡慾) 마음을 깨끗이 하고 욕심(慾心)을 적게 함.

청심사달(淸心事達) 마음이 맑으면 일도 잘 된다.

청심환(淸心丸) 심경의 열을 푸는 환약.

청안시(靑眼視) 청안(靑眼)으로 남을 봄. 따뜻하고 친밀한 마음으로 봄. ↔백안시(白眼視).

청약불문(聽若不聞) 듣고도 못 들은 체함. 청이불문(聽而不聞).

ㅊ

청운만리(靑雲萬里) '입신출세(立身出世)를 위한 원대한 포부(抱負)'를 비유적(比喩的)으로 이르는 말.

청운지교(靑雲之交) 함께 관직(官職)에 나아간 사람끼리의 사귐. 또는 학덕(學德)을 갖춘 고관(高官)과의 교제(交際).

청운지사(靑雲之士) ①고관(高官) 대작(大爵)으로 입신(立身) 출세(出世)한 사람. ②학덕(學德)이 높은 사람. ③속세(俗世)를 떠나 숨어사는 선비를 이르는 말.

청운지지(靑雲之志) '청운(靑雲)의 뜻'이라는 말로, 남보다 훌륭하게 출세(出世)할 뜻을 갖고 있는 마음. 속세를 벗어나고 싶어 하는 마음을 비유(譬喩)하여 이르는 말.

청운추월(晴雲秋月) '갠 하늘의 구름과 가을 하늘의 밝은 달'이라는 뜻으로, 마음속이 맑고 깨끗함을 비유(比喩)하는 말.

청이불문(聽而不聞) ①아무리 귀를 기울이고 들어도 들리지 않음. ②듣고도 못 들은 체함.

청약불문(聽若不聞).

청일점(靑一點) '많은 여자(女子) 사이에 있는 한 사람의 남자(男子)'를 비유적(比喩的)으로 이르는 말.

청전구물(靑氈舊物) 대대로 전하여 오는 오래된 물건(세간).

청정무구(淸淨無垢) 맑고 깨끗하고 때 묻지 않음.

청천백일(靑天白日) '맑게 갠 하늘에서 밝게 비치는 해'라는 뜻으로, ①훌륭한 인물(人物)은 세상(世上) 사람들이 다 알아본다는 의미(意味)였으나 지금은 아무런 잘못도 없이 결백(潔白)한 것. ②또는 무죄(無罪)를 가리키는 말로 쓰임.

청천벽력(靑天霹靂) '맑게 갠 하늘에서 갑자기 떨어지는 벼락'이라는 뜻으로, ①필세(筆勢)의 세참을 이르는 말. ②돌발적(突發的)인 사태(事態)나 사변(事變)을 이르는 말.

청청백백(淸淸白白) '청청백백하다'의 어근. 매우 청백하다.

청춘부부불효부모(靑春夫婦不孝父母) 청춘남녀(靑春男女) 많은데도 효자효부(孝子孝婦) 드물구나.

청출어람(靑出於藍) '쪽 풀에서 뽑아낸 푸른 물감이 쪽빛보다 더 푸르다'는 뜻으로, 스승보다 제자(弟子)가 더 뛰어나거나 훌륭함을 이르는 말. 출람(出藍).

청출어람이청어람(靑出於藍而靑於藍) '푸른색이 쪽에서 나왔으나 쪽보다 더 푸르다'는 뜻으로, 제자(弟子)가 스승보다 나은 것을 비유(譬喩)하는 말.

청탁병탄(淸濁倂呑) '맑은 것과 탁한 것을 함께 삼킨다'는 뜻으로, ①선악(善惡)을 가리지 않고, 있는 그대로 받아들임. ②도량(度量)이 큼을 이르는 말.

청평세계(淸平世界) 맑고 혼란(混亂)하지 않고 평안(平安)한 세상(世上).

청풍명월(淸風明月) '맑은 바람과 밝은 달'이라는 뜻으로, ①결백(潔白)하고 온건한 성격(性格)을 평하여 이르는 말. ②풍자(諷刺)와 해학(諧謔)으로 세상사(世上事)를 논(論)함을 비유(比喩)하여 이르는 말.

청필사총(聽必思聰) 소리를 들을 때는 반드시 총명(聰明)하게 들으라.

청한지환(淸閑之歡) 조용하고 여유(餘裕)가 있는 즐거움.

청호무성(聽乎無聲) '소리 없는 소리를 듣는다'는 뜻. 곧 ①진리의 소리 ②양심의 소리 ③하늘의 소리 ④무주고혼의 울부짖는 소리.

청호우기(晴好雨奇) '갠 날에는 좋은 경치(景致)를 보이고, 비 오는 날에는 기이(奇異)한 경관(景觀)을 보인다'는 뜻으로, 산수(山水)의 경관(景觀)이 언제나 좋음을 이르는 말.

체감온도(體感溫度) 온도(溫度), 습도(濕度), 풍속(風速), 일사량(日射量), 복사(輻射) 따위에 따라 인체가 느끼는 더위, 추위를 수량적으로 나타낸 것.

체득야심(體得耶心) '예수님의 마음을 품자'라는 뜻.

체력단련(體力鍛鍊) 육체적 활동을 할 수 있는 몸의 힘, 또는 질병(疾病)이나 추위 따위에 대한 몸의 저항(抵抗) 능력(能力)을 키우는 일.

체중미달(體重未達) 몸무게가 어떤 한도에 이르거나 미치지 못함을 나타냄.

초가벌진(楚可伐陳) 초나라는 진나라를 징벌할 수 있다는 말로 지나치게 혹사하여 힘을 약화시키는 경우, 또는 숨어 있는 단점을 찾아내는 안목을 비유하는 말.

초가삼간(草家三間) '세 칸짜리 초가'라는 뜻으로, 아주 보잘 것 없는 초가를 이르는 말.

초간구활(草間求活) '풀 사이, 곧 민간(民間)에서 삶을 구(求)한다'는 뜻으로, 욕되게 한갓 삶을 탐냄을 이르는 말.

초근목피(草根木皮) '풀뿌리와 나무 껍질'이란 뜻으로, ①곡식(穀食)이 없어 산나물 따위로 만든 험한 음식(飮食)을 이르는 말, 영양가(營養價)가 적은 악식(惡食)을 이름. ②한약(韓藥)의 재료(材料)가 되는 물건(物件)을 이르는 말.

초당파(超黨派) 일당일파(一黨一派)의 이해타산을 초월하여 관계자 전원이 일치하여 주어진 일에 임하는 일.

초대교회(初代敎會) 예수님의 부활승천(復活昇天)후 100년간에 걸쳐 주로 소아시아 지방에 세워진 교회를 통틀어 이르는 말.

초도순시(初度巡視) (어떤 기관의 책임자나 감독관 등이) 새로 부임하여서 처음으로 자기의 관할 지역이나 기관을 돌아보는 일. 초순(初巡).

초도일(初度日) '환갑날'을 예스럽게 이르는 말. 초도(初度).

초동급부(樵童汲婦) '땔나무를 하는 아이와 물을 긷는 여자(女子)'라는 뜻으로, 보통(普通) 사람을 뜻함.

초동대응(初動對應) 어떤 사건(事件)이 발생했을 때 사태(事態)에 알맞는 민첩(敏捷)하고 적절한 조치(措置)를 취하는 태도.

초동목수(樵童牧豎) '땔나무하는 아이와 소먹이는 총각'이라는 뜻으로, 배우지 못해 식견(識見)이 좁은 사람을 이르는 말. 초목(樵牧).

초동수사(初動搜査) (범죄 사건이 일어났을 때) 최초로 하는, 현장을 중심으로 한 수사 활동(搜査活動).

초두난액(蕉頭爛額) '머리를 그슬리고 이마를 데어 가며 위험(危險)을 무릅쓰고 불을 끈다'는 뜻으로, 사변(事變)의 소용돌이 속으로 뛰어들어 이리저리 힘겹게 뛰어다님을 이르는 말.

초두천자(草頭天子) '풀잎 끝의 이슬 같은 천자(天子)'라는 뜻으로, 덧없는 대장(大將)으로, 강도(强盜)의 수령(首領)을 뜻함.

초려삼고(草廬三顧) '인재(人材)를 맞아들이기 위(爲)해 참을성 있게 마음 씀'을 이르는 말로, 삼고초려라고도 함.

초례법식(醮禮法式) 남녀의 혼례(婚禮)를 치르는 법도(法道)와 양식.

초로인생(草露人生) '해가 나면 없어질 풀잎에 맺힌 이슬처럼 덧없는 인생(人生)'을 이르는 말.

초록동색(草綠同色) '풀빛과 녹색(綠色)은 같은 빛깔'이란 뜻으로, 같은 처지(處地)의 사람과 어울리거나 기우는 것. '이름은 다르나 따지고 보면 한가지, 같은 무리'라는 뜻.

초막절(草幕節) 〔영〕Booth, Feast of.〔히〕 הסכות חג(하그 하쑤코트:「함께 짜다」).〔헬〕 ἑορτή(τῶν) σκηνῶν(σκηνωπηγία)(에 오르테〈톤〉 스케논〈스케노페기아〉)(레23:34; 신16:13,16; 스3:4; 슥14:16,18~19). 이스라엘이 큰 기쁨을 안고 지키던 세 절기 가운데 하나로, 농사력(農事曆)이 끝나는 가을에 지켰으며, 나뭇가지로 지붕에 초막을 짓고 40년간의 광야(廣野)에서의 유랑(流浪)을 상기(想起)하고, 절기동안 거처하면서 계약을 갱신하는 절기이다. 장막절(帳幕節)(대하8:13), 수장절(收藏節) 이라고도 불리었다. (《基督敎 大百科事典》參照).

초망지신(草莽之臣) '풀떨기 같은 신하(臣下)'라는 뜻으로, ①벼슬하지 않는 백성(百姓)을 이르는 말. ②신하(臣下)인 자가 스스로를 낮추어 이르는 말.

초망착호(草網着虎) '썩은 새끼로 범을 잡는다'는 뜻으로, 터무니없는 짓을 꾀함을 이르는 말.

초면강산(初面江山) 처음 보는 타향(他鄕). 처음으로 보는 낯선 고장.

초면친구(初面親舊) 처음으로 대(對)하여 보는 벗.

초모위언(草茅危言) '민간(民間)에 있으면서 국정(國政)에 충언을 아끼지 않음'을 이르는 말.

초목개병(草木皆兵) '온 산의 풀과 나무까지도 모두 적병으로 보인다'는 뜻으로, 적의 힘을 두려워한 나머지 하찮은 것에도 겁냄을 이르는 말.

초목구후(草木俱朽) '초목(草木)과 함께 썩어 없어진다'는 뜻으로, 해야 할 일을 못 하거나 이름을 남기지 못하고 죽음을 이름.

초목노생(草木怒生) 산과 들에 풀이나 나무가 봄이 되어 갑자기 싹틈.

초목동부(草木同腐) '초목(草木)과 함께 썩어 없어진다'는 뜻으로, 해야 할 일을 못 하거나 이름을 남기지 못하고 죽음을 이름.

초목황락(草木黃落) '초목(草木)의 잎이 누렇게 물들어 떨어진다'는 뜻으로, 가을철을 이르는 말.

초미지급(焦眉之急) '눈썹이 타게 될 만큼 위급(危急)한 상태(狀態)'란 뜻으로, 그대로 방치(放置)할 수 없는 매우 다급(多急)한 일이나 경우(境遇)를 비유(比喩)한 말.

초미지액(焦眉之厄) '눈썹이 타는 재액(災厄)'이라는 뜻으로, ①매우 급(急)하게 닥치는 재앙(災殃)을 이르는 말. ②곧 절박(切迫)한 재액(災厄).

초방지친(椒房之親) 후비(后妃)나 왕후(王后)의 친정(親庭)의 친족(親族).

ㅊ

초병마개(醋甁–) '초병을 막는 마개'라는 뜻으로, 몹시 시큰둥한 체하는 사람을 비유하여 이루는 말.

초부득삼(初不得三) '첫 번에 실패(失敗)한 것이 세 번째는 성공(成功)한다'는 뜻으로, 꾸준히 하면 성공(成功)할 수 있다는 말.

초비수부(楚妃守符) '초(楚)나라 왕비(王妃)가 부(符)를 지킨다'는 뜻으로, 명분(名分)에 사로잡혀 실(實)을 잃음을 이르는 말.

초상지풍필언(草上之風必偃) '풀 위로 바람이 불면 반드시 풀이 쏠린다'는 뜻으로, 군자(君子)의 덕이 소인(小人)을 감화(感化)시킴을 비유(比喩)하는 말.

초순건설(焦脣乾舌) '입술을 태우고 혀가 마른다'는 뜻으로, 극렬(劇烈)하게 논쟁(論爭)을 한다는 말.

초숙지호(初熟至好) 첫 소산 중에 제일 좋은 것.

초실절(初實節) 〔영〕Feast of First Fruits. 칠칠절(七七節) 참조(參照).

초실헌주(初實獻主) 처음 익은 열매의 첫 것을 드림.

초심고려(焦心苦慮) 마음을 태우며 괴롭게 염려(念慮)함.

초야우생(草野愚生) 초야(草野)에 묻혀 사는 어리석은 자(者). 천석고황(泉石膏肓).

초언풍종(草偃風從) '풀이 바람 따라 쏠린다'는 뜻으로, 임금의 덕이 백성(百姓)을 감화(感化)시킴을 이르는 말.

초연주의(超然主義) 어떤 일에 직접 관계하지 아니하고, 자기 생각이나 처지에서 독자적(獨自的)으로 하는 주의.

초연탄우(硝煙彈雨) '화약 연기가 자욱하고 탄환이 빗발치듯 한다'는 뜻으로, 격렬한 전투를 이르는 말.

초왕실궁초인득지(楚王失弓楚人得之) '초(楚)나라 왕이 잃어버린 활을 초(楚)나라 사람이 줍는다'는 뜻으로, 도량(度量)이 좁음을 이르는 말.

초왕호세요조유아인(楚王好細腰朝有餓人) '윗사람이 좋아하는 것은 무엇이든지 아랫사람이 맹목적(盲目的)으로 좇음'을 비유(比喩)해 이르는 말.

초요과시(招搖過市) '남의 이목(耳目)을 끌도록 요란스럽게 하며 저자거리를 지나간다'는 뜻으로, 허풍(虛風)을 떨며 요란(搖亂)하게 사람의 이목(耳目)을 끄는 것을 비유(比喩)하는 말.

초월론(超越論) 선험적(先驗的) 관념론(觀念論)에 영향을 받은 초월주의자(超越主義者)의 이론.

초월론적(超越論的) 선험적(先驗的).

초월장군궁유성장사시(初月將軍弓流星壯士矢) 초승달은 장군(將軍)의 활이요, 별똥별은 장사의 화살임.

초월주의(超越主義) 19세기, 미국에서 일어난 관념론의 철학 운동. 현실 세계의 유한성(有

限性)을 부정하고 그 배후(背後)에 감각으로는 파악할 수 없는 초월 세계가 존재한다고 믿고, 현실 세계의 무한성을 찬미하며 사회 개조 운동을 전개했음. 초절주의(超絕主義).

초음속(超音速) 소리의 전파(電波) 속도(速度)를 능가하는 속도.

초음속기(超音速機) '초음속 항공기'를 줄이어 이르는 말. (최고의 속력을 냈을 때, 초음속으로 날 수 있는 항공기(航空機)임).

초음파(超音波) 진동수(振動數)가 너무 많아서 사람의 귀로 들을 수 없는 음파. 대개 진동수 2만 헤르츠(Hertz) 이상임.

초음파검사(超音波檢査) 초음파를 신체의 어떤 부위에 쏘아서 그 반사상(反射像)을 브라운관에 비추어 조직의 이상 유무를 조사하는 검사. 태아의 진단 따위에 쓰임.

초인간(超人間) ①보통 인간의 능력을 초월한 사람. ②'인간의 한계를 극복한 이상적인 인간'을 이르는 말. (니체의 초인설에 따른 견해임). 초인(超人).

초인간적(超人間的) 초인적(超人的).

초인격(超人格) 인간성을 초월(超越)한 절대자(絕對者)의 성격.

초인목후이관(楚人沐猴而冠) '초(楚)나라 사람은 원숭이의 무리이면서 갓을 쓰고 있다'는 뜻으로, 겉만 번드레하고, 실질(實質)이 이에 따르지 않음을 비유(比喩)해 이르는 말.

초인본(初印本) 조판(組版)하여 찍어 낸 것 중 처음의 것. 초쇄본(初刷本). ↔후인본(後印本).

초인유궁초인득지(楚人遺弓楚人得之) '초(楚)나라 사람이 잃은 활은 초(楚)나라 사람이 주울 것'이라는 뜻으로, 도량(道場)이 좁음을 비유(比喩)하여 이르는 말.

초인적(超人的) 보통 사람보다는 훨씬 뛰어난 것. 초인간적(超人間的).

초인주의(超人主義) '인간은 신(神)을 대신하여 모든 가치의 창조자로서 풍부하고 강력한 생(生)을 실현해야 한다'는 니체의 철학 사상.

초읽기(初–) ①바둑에서, 제한 시간이 지나고 나서, 정해진 시각까지의 시간의 흐름을 초(初) 단위로 세어가는 일. ②'어떤 일이 시간적으로 매우 절박한 상태임'을 뜻하는 말.

초자연(超自然) 자연의 법칙을 초월한 신비적(神秘的)인 존재(存在)나 힘.

초자연적(超自然的) 자연을 초월(超越)한 신비(神秘)한 존재(存在)나 힘에 의한 것.

초잠식지(梢蠶食之) 점차적으로 조금씩 침략(侵略)하여 들어감.

초재진용(楚材晉用) '초(楚)나라의 재목(材木)을 진(秦)나라 사람들이 사용(使用)한다'는 뜻으로, 남의 것을 가져다 자기(自己) 것으로 삼음을 이르는 말.

초전박살(初戰搏殺) 싸우기도 전(前)에 산산이 부서지게 하는 일.

초절주의(超絕主義) 초월주의(超越主義).

ㅊ

초정집서(楚亭集序) 조선시대(朝鮮時代)의 실학자(實學者) 연암(燕巖) 박지원(朴趾源)의 문집(文集)으로서, '법고창신(法古創新)' 같은 말을 내용(內容)으로 하고 있다.

초지관철(初志貫徹) 처음 품었던 뜻을 굽히지 않고 끝까지 이루어 냄.

초지광자초언(楚之狂者楚言) '초(楚)나라의 미친 사람까지도 초(楚)나라 말을 한다'는 뜻으로, 한 나라의 언어(言語)는 언제까지나 변(變)하지 않음을 이르는 말.

초지일관(初志一貫) ①처음에 세운 뜻을 이루려고 끝까지 밀고 나감. ②처음 품은 뜻을 한결같이 꿰뚫음.

초토작전(焦土作戰) 초토전술(焦土戰術).

초토전술(焦土戰術) 군대가 철수(撤收)할 때 중요 시설(施設)을 불 질러 적(敵)의 공격력(攻擊力)을 저지하고 또 적이 이용하지 못하도록 함.

초토화(焦土化) 초토로 변하거나 초토로 만듦.

초행노숙(草行露宿) '길 없는 초원(草原)을 걷고, 들에서 잠잔다'는 뜻으로, 산야에서 노숙(露宿)하면서 여행(旅行)함을 이르는 말.

촉견폐일(蜀犬吠日) '촉(蜀)나라의 개는 해를 흔히 볼 수 없기 때문에 해만 보면 짖는다'는 뜻으로, 식견(識見)이 좁은 사람이 선(善)하고 어진 사람을 오히려 비난(非難)하고 의심(疑心)한다는 뜻으로 쓰임.

촉목상심(觸目傷心) 사물(事物)이 눈에 보이는 것마다 슬픔을 자아내어 마음이 아픔.

촉석루(矗石樓) 경상남도 진주시 본성동(晉州市 本城洞)에 있는 진주성(晉州城) 주장(主將)의 지휘소. 고려 공민왕(恭愍王) 14년(1365)에, 진주성을 지키는 주장의 지휘소 겸 병사(兵事)를 논하기 위해 창건했다고 전해진다. 임진왜란(壬辰倭亂) 때는 남쪽에서 북상하는 왜적(倭敵)을 막는 총지휘본부(總指揮本部)였으므로 남장대(南將臺)라고 했다. 특(特)히 촉석루가 유명한 것은, 임진왜란 때 의기(義妓) 논개(論介)가 왜장(倭將) 게타니(けたに:毛谷村六助)의 목을 끌어안고 남강에 떨어져 순국(殉國)했기 때문이다. 지금도 촉석루 옆에 논개의 순국을 기리는 사당(祠堂)이 있다.

ㅊ

촉수엄금(觸手嚴禁) 손이 닿는 것을 엄격히 금지한다. '손 대지 마시오!'의 뜻.

촉제화두견(蜀帝化杜鵑) '촉(蜀)나라의 망제(望帝)의 원혼이 소쩍새가 되었다'는 뜻으로, 소쩍새를 이르는 말.

촉처봉패(觸處逢敗) 가서 닥치는 곳마다 낭패를 당(當)함.

촌계관청(村鷄官廳) '촌닭 관청(官廳)에 간 것 같다'는 속담(俗談)의 한역으로, 경험(經驗)이 없어서 어리둥절하는 사람을 두고 이르는 말.

촌마두인(寸馬豆人) '한 치쯤으로 보이는 말과 콩알만 하게 보이는 사람'이라는 뜻으로,

멀리 떨어져 있어서 작게 보이는 사람과 말, 특(特)히 그림 속의 먼데 있는 사람과 말을 이르는 말.

촌목잠루(寸木岑樓) 차이(差異)가 매우 심(甚)함을 비유(譬喩)해 이르는 말.

촌사불괘(寸絲不掛) '짧은 실 한 토막도 걸리지 않는다'는 뜻으로, 마음에 조금의 거리낌도 없음을 이르는 말.

촌선척마(寸善尺魔) '한 치의 선과 한 자의 마'라는 뜻으로, ①좋은 일에는 반드시 나쁜 일이 따른다는 말. ②세상(世上)에는 좋은 일은 적고, 나쁜 일은 많음을 이르는 말.

촌음시경(寸陰是競) 한 자 되는 구슬보다도 잠깐의 시간(時間)이 더욱 귀중(貴重)하니 시간(時間)을 아껴야 함.

촌전척택(寸田尺宅) '좁은 밭과 작은 집'이라는 뜻으로, 얼마 안되는 재산(財産)이나 자기(自己)의 재산(財産)을 겸손(謙遜)하게 이르는 말.

촌전척토(寸田尺土) 얼마 안되는 전토(田土).

촌지옥필유하적(寸之玉必有瑕適) '아주 작은 옥에도 반드시 티가 있다'는 뜻으로, 완전(完全)한 것이란 없음을 이르는 말.

촌지이측연(寸指以測淵) '한 치 손가락으로 연못을 잰다'는 뜻으로, 어리석은 짓을 이르는 말.

촌진척퇴(寸進尺退) '앞으로 한 치 나아가고, 뒤로 한 자 물러선다'는 뜻으로, 얻은 것은 적고, 잃은 것만 많음을 이르는 말.

촌철살인(寸鐵殺人) '한 치밖에 안 되는 칼로 사람을 죽인다'는 뜻으로, ①간단(簡單)한 경구(警句)나 단어(單語)로 사람을 감동(感動)시킴. ②또는 사물(事物)의 급소(急所)를 찌름의 비유(譬喩).

촌초심(寸草心) '보잘것없는 마음'이라는 뜻으로, 부모(父母)의 은혜(恩惠)에 보답(報答)하려는 자식(子息)의 마음을 이르는 말.

촌초춘휘(寸草春暉) '풀 한 포기와 봄날의 햇볕'이라는 말로 부모(父母)의 은혜(恩惠)는 일만 분의 일도 갚기 어려움을 이르는 말.

촌촌걸식(村村乞食) 여러 마을을 돌아다니면서 이리저리 밥을 빌어먹음.

촌촌전진(寸寸前進) '한 치씩 더듬어 전진한다'는 뜻으로, 전진하는 속도가 몹시 더딤의 비유(比喩).

총력전(總力戰) 전체의 모든 힘을 기울여서 하는 전쟁(戰爭).

총망라(總網羅) 빠뜨림이 없이 전체를 골고루 망라함.

총망지간(悤忙之間) 총망(悤忙)한 사이.

총명불여둔필(聰明不如鈍筆) '총명(聰明)은 둔필만 못하다'는 뜻으로, 아무리 기억력(記憶力)이 좋다 해도 그때그때 적어 두어야 한다는 말.

ㅊ

총명예지(聰明睿智) '듣지 못한 것이 없고(聰), 보지 못한 것이 없으며(明), 통(通)하지 않은 것이 없고(睿), 알지 못하는 것이 없다(智)'는 뜻으로, 성인(聖人)의 네 가지 덕(德)을 이르는 말.

총명자오(聰明自誤) 총명(聰明)하기 때문에 스스로 일생(一生)을 그르침.

총명호학(聰明好學) 총명(聰明)하고도 학문(學問)을 좋아함.

총죽지교(蔥竹之交) '파피리를 불면서 죽마(竹馬)를 타고 놀던 사이'라는 뜻으로, 어릴 적부터 사귄 교분(交分)을 이르는 말. 죽마고우(竹馬故友).

총중고골(塚中枯骨) '무덤 속의 마른 뼈'라는 뜻으로, ①핏기라고는 없이 뼈만 앙상한 사람 ②죽은 사람 ③무능(無能)한 사람을 두고 이르는 말.

총증항극(寵增抗極) 총애(寵愛)가 더할수록 교만(驕慢)한 태도(態度)를 부리지 말고 더욱 조심하여야 함.

총천연색(總天然色) '완전히 자연 그대로의 색'이라는 뜻으로, 천연색을 강조하여 이르는 말.

총총난필(悤悤亂筆) 총총난필(忽忽亂筆).

총총난필(忽忽亂筆) 바빠서 함부로 쓴 글. 총총난필(悤悤亂筆).

총총들이(蔥蔥–) (들어선 모양이) 촘촘하고 매우 배게 됨. 틈이 없을만큼 겹겹이 들어서게.

최견함진(摧堅陷陣) 견고(堅固)한 적진(敵陣)을 쳐서 함락(陷落)시킴.

최고납후(摧枯拉朽) '마른 나무 꺾기와 썩은 나무 부러뜨리기'라는 뜻으로, 일이 쉬움을 이르는 말. 쉽사리 상대를 굴복시킴을 이르는 말.

최고학부(最高學府) (가장 정도가 높은 학교란 뜻으로) '대학'이나 '대학원'을 이르는 말.

최면요법(催眠療法) 최면으로 환자의 병을 다스리는 일종의 정신 요법.

최후일각(最後一刻) 마지막 순간(瞬間).

최후만찬(最後晩餐) 마지막 저녁식사.

ㅊ

추가경정예산(追加更正豫算) 예산 작성 후에 생긴 사유로 해서 기정 예산 경비에 부족이 생겼을 경우, 이에 추가하여 작성된 예산. 추경예산(追更豫算).

추경예산(追更豫算) 〈추가 경정 예산〉의 준말.

추고마비(秋高馬肥) '가을이 깊어감에 따라 하늘이 높고, 말이 살찐다'는 뜻으로, 좋은 계절(季節)인 가을을 이르는 말.

추기급인(推己及人) '자기 마음을 미루어 보아 남에게도 그렇게 대하거나 행동(行動)한다'는 뜻으로, '제 배부르면 남의 배고픈 줄 모른다'는 속담과 그 뜻이 일맥상통(一脈相通)함.

추녀실처(追女失妻) '남의 여자(女子)를 쫓다 제 아내를 잃다'라는 뜻으로, 지나친 욕심(慾心)을 부리다가 자신(自身)이 지닌 소중(所重)한 것을 잃게 되는 경우(境遇)를 비유(比喻)하는 말.

추도식(追悼式) 추도(追悼)의 뜻을 나타내기 위(爲)하여 거행(擧行)하는 의식(儀式).

추도지말(錐刀之末) '뾰족한 칼의 끝'이라는 뜻으로, 아주 작은 사물(事物)이나 얼마 안 되는 이익(利益)을 비유(比喩)해 이르는 말.

추도회(追悼會) 추도(追悼)의 뜻을 나타내기 위(爲)한 모임.

추량황국발동한백설래(秋凉黃菊發冬寒白雪來) 가을이라 서늘하니 누런 국화(菊花) 피고, 겨울이라 추우니 흰 눈이 옴.

추로지향(鄒魯之鄕) '공맹(孔孟)의 고향(故鄕)'이란 뜻으로, 예절(禮節)을 알고 학문(學文)이 왕성(旺盛)한 곳을 이르는 말.

추모제(追慕祭) 죽은 사람을 그리며 지내는 제(祭).

추모회(追慕會) 추모(追慕)의 뜻을 나타내기 위(爲)한 모임.

추무담석(秋無擔石) 중국(中國) 주(周)나라 때 담(擔)은 2석(石), 석은 1석으로, 곧 적은 수량(數量)이란 말로, 집이 가난하여 가을에도 아무 수확(收穫)이 없음을 이르는 말.

추부의뢰(趨附依賴) 세력 있는 사람을 붙좇아 의지하여 지냄.

추불서(騅不逝) '초(楚)나라 항우(項羽)의 애마(愛馬)인 오추마(烏騅馬)도 나아가지 않는다'는 뜻으로, 기세(氣勢)가 꺾이고 힘이 다 빠져 온갖 책략(策略)이 소용(所用)없게 됨을 비유적(比喩的)으로 이르는 말.

추불서(雛不逝) '애마 추(雛)도 앞으로 나아가지 않는다'는 뜻으로, 항우가 패공에게 포위(包圍)되어 어떻게 해야 할지 계략(計略)이 없어졌음을 이르는 말.

추상개념(抽象槪念) 추상적 개념(抽象的槪念).

추상명사(抽象名詞) 보통명사의 한 갈래. 추상적 개념(抽象的槪念)을 나타내는 명사(기쁨·슬픔·정의·평화 따위). ↔구체명사(具體名詞)·물질명사(物質名詞).

추상성(抽象性) 실제로나 구체적(具體的)으로 경험할 수 없는 성질, 또는 그런 경향. ↔구상성(具象性).

추상열일(秋霜烈日) '가을의 찬 서리와 여름의 뜨거운 태양'이란 뜻으로, '형벌(形罰)이나 권위(權威) 따위가 몹시 엄함'을 비유(比喩)하는 말.

추상적(抽象的) ①직접 지각하거나 경험할 수 없는 것. ②(말이나 생각 따위가) 현실과 동떨어져 막연한 것. ↔구체적(具體的).

추상적개념(抽象的槪念) ①사물의 성질이나 상태 · 관계 따위를 나타내는 개념. ②전체와의 관계에서 떼어 내어 파악한 사물이나 성질의 개념. ③직접 지각하거나 경험하거나 할 수 없는 사물의 개념. 추상개념(抽象槪念). ↔구체적 개념(具體的槪念).

추수감사절(秋收感謝節) 〔영〕Thanksgiving Day. 기독교(基督敎)에서, 신자들이 1년에 한 번씩 추수한 후에 11월 둘째 혹은 셋째 주일(主日)을 기해 하나님께 감사예배(感謝禮拜)를 드리는 날이다. 모세는 이스라엘 백성들에게 "너희

ㅊ

는 너희 소산을 먹을 때 너희에게 그것을 주신 하나님을 찬양하라"고 하였고, 그들은 광야생활(廣野生活)에서도 하곡(夏穀)과 추곡(秋穀)을 추수할 때 마다 감사예배(感謝禮拜)를 드렸다. 그리고 1620년 미국으로 건너간 청교도(淸敎徒) 이민들이 첫해부터 갖은 고생을 겪어가며 농사하여 매년 추수한 후에 감사절을 지켰고, 1623년 11월에는 당시 행정관 브랏포드(Bradford)가 감사절을 지킬 것을 선언한 것이 오늘의 추수감사절로 발전하였다. 감사일. 감사절.

추수동장(秋收冬藏) 가을에 곡식(穀食)을 거두고 겨울이 오면 그것을 저장(貯藏)함.

추수주의(追隨主義) 아무런 비판(批判)도 없이 맹목적(盲目的)으로 남이 하는 대로 따르는 주의.

추숙상신백물개(秋熟嘗新百物皆) '가을이 완연하매 새 것을 맛보니 만물이 다 그러하다'라는 말.

추야장장(秋夜長長) 가을밤이 길고도 긺.

추엽상전락춘화우후홍(秋葉霜前落春花雨後紅) 가을 잎은 서리 앞에서 떨어지고, 봄꽃은 비온 뒤에 붉음.

추우강남(追友江南) ①친구(親舊) 따라 강남(江南) 감. ②자기(自己)의 주견(主見)이 없이 남의 말에 아부(阿附)하며 동조(同調)함.

추원보본(追遠報本) 조상(祖上)의 덕을 추모(追慕)하여 제사(祭祀)를 지내고, 자기(自己)의 태어난 근본(根本)을 잊지 않고 은혜(恩惠)를 갚음.

추원보본제사필성(追遠報本祭祀必誠) 멀리 가신 조상(祖上)을 추모(追慕)하고 근본(根本)에 보답하여 제사(祭祀)를 반드시 정성(精誠)스럽게 지내라.

ㅊ

추월양명휘동령수고송(秋月揚明輝冬嶺秀孤松) 가을 달은 밝은 빛을 드날리고, 겨울 고개에 외로운 소나무 빼어남.

추월춘풍(秋月春風) '가을 달과 봄바람'이라는 뜻으로, 흘러가는 세월(歲月)을 이르는 말.

추월한강(秋月寒江) '가을 달과 찬 강'이라는 뜻으로, 유덕(有德)한 사람은 그 마음의 맑기가 가을 달과 찬 강물 같음을 이르는 말.

추위양국(推位讓國) 벼슬을 미루고 나라를 사양(辭讓)하니 요(堯)임금이 순(舜)임금에게 전위(傳位)했음.

추인낙혼(墜茵落溷) '방석 위에 떨어진 것과 뒷간에 떨어진 것'이라는 뜻으로, 사람이 때를 잘 만나기도 하고 그렇지 못한 경우(境遇)도 있음을 비유(比喩)하는 말.

추일사가지(推一事可知) 한 가지 일로 미루어 보아 모든 일을 알 수 있음. 추차가지(推此可知).

추주어륙(推舟於陸) '뭍에서 배를 민다'는 뜻으로, 고집(固執)으로 무리하게 밀고 나가려고 함을 이르는 말.

추지대엽(麤枝大葉) '거친 가지와 커다란 잎'이라는 뜻으로, 글을 지을 때에 작은 것에 얽매이지 않고, 느긋하고 대범(大汎)하게 붓을 놀림을 이르는 말.

추차가지(推此可知) 이 일로 미루어 다른 일을 알 수 있음. 추일사가지(推一事可知).

추처낭중(錐處囊中) '주머니 속에 있는 송곳'이란 뜻으로, 재능(才能)이 아주 빼어난 사람은 숨어 있어도 저절로 남의 눈에 드러난다는 비유적(比喻的) 의미(意味).

추풍과이(秋風過耳) '가을바람이 귀를 스쳐간다'는 뜻으로, 말을 귀담아 듣지 않음을 이르는 말.

추풍낙엽(秋風落葉) '가을바람에 떨어지는 낙엽(落葉)'이라는 뜻으로, 세력(勢力) 따위가 갑자기 기울거나 시듦을 이르는 말.

추풍삭막(秋風索莫) '가을바람이 삭막하다'는 뜻으로, 옛날 누렸던 권세(權勢)는 간 곳 없이 초라해진 모습을 이르는 말.

추풍지선(秋風之扇) '가을철의 부채'라는 뜻. 철이 지나서 쓸모없이 된 물건이나, 남자의 사랑을 잃은 여자를 비유(譬喩)하는 말.

추향대제(秋享大祭) 초가을에 지내는 종묘와 사직의 큰 제사.

추호무범(秋毫無犯) '추호도 범하지 않다'라는 뜻으로, 군기(軍紀)가 지극(至極)히 엄격(嚴格)하여 민간(民間)에 조금도 폐(弊)를 끼치지 않은 것을 비유(比喩)하는 말.

추호불범(秋毫不犯) 마음이 아주 깨끗하고 청렴(淸廉)하여 조금도 남의 것을 범(犯)하지 아니함.

추호지말(秋毫之末) '가을철에 털갈이하여 가늘어진 짐승의 털끝'이라는 뜻으로, 매우 가는 것을 이르는 말.

추혼표인(墜溷飄茵) 추인낙혼(墜茵落溷).

추회막급(追悔莫及) 지난 일을 뉘우쳐도 소용(所用)이 없음. 후회막급(後悔莫及).

축가화만사성(祝家和萬事成) 가화만사성(家和萬事成)을 축하(祝賀)함. 이사 등의 경우.

축개관(祝開館) (도서관, 박물관 등의)개관(開館)을 축하(祝賀)함.

축개업(祝開業) 개업(開業)을 축하(祝賀)함.

축개원(祝開院) (병원, 학원 등의)개원(開院)을 축하(祝賀)함.

축결혼(祝結婚) 결혼(結婚)을 축하(祝賀)함. 경조사(慶弔事)의 서식(書式).

축고희(祝古稀) 고희연(古稀宴)을 축하(祝賀)함. 70세의 생신(生辰)을 축하(祝賀)함.

축기공(祝起工) (건물 등의)기공(起工)을 축하(祝賀)함.

축당선(祝當選) 당선(當選)을 축하(祝賀)함.

축록자불견산(逐鹿者不見山) '사슴을 쫓는 자는 산을 보지 않는다'는 뜻으로, ①명예(名譽)나 욕심(慾心)에 사로잡힌 사람은 도리(道理)를 저버리거나 눈앞

ㅊ

의 위험(危險)을 돌보지 않음의 비유(比喩). ②큰일을 이루려는 사람은 작은 일에 사로잡히지 않음을 비유(比喩)해 하는 말.

축록자불고토(逐鹿者不顧兎) '사슴을 쫓는 자는 토끼를 돌아보지 않는다'는 뜻으로, ①명예(名譽)나 욕심(慾心)에 사로잡힌 사람은 도리(道理)를 저버리거나 눈앞의 위험(危險)을 돌보지 않음의 비유(比喩). ②큰일을 이루려는 사람은 작은 일에 사로잡히지 않음을 비유(譬喩)하는 말.

축물의이(逐物意移) 마음이 불안(不安)함은 욕심(慾心)이 있어서 그러함. 너무 욕심(慾心)내면 마음도 변함.

축미수(祝米壽) 미수연(米壽宴)을 축하(祝賀)함. 88세의 생신(生辰)을 축하(祝賀)함.

축미지구불고토(逐麋之狗不顧兎) '고라니를 쫓는 개는 토끼를 돌아보지 않는다'는 뜻으로, 일확천금(一攫千金)을 꿈꾸는 사람은 소소(小小)한 이익(利益)은 안중(眼中)에도 없음을 이르는 말.

축발전(祝發展) 발전(發展)을 축하(祝賀)함. 경조사(慶弔事)의 서식(書式).

축백수(祝白壽) 백수연(白壽宴)을 축하(祝賀)함. 99세의 생신(生辰)을 축하(祝賀)함.

축번영(祝繁榮) 번영(繁榮)을 축하(祝賀)함.

축복기도(祝福祈禱) 개신교(改新教)에서, 예배(禮拜)를 마칠 때 목사(牧師)가, 하나님의 은혜(恩惠)가 신도(信徒)들에게 내리기를 비는 기도(祈禱).

축산수(祝傘壽) 산수연(傘壽宴)을 축하(祝賀)함. 80세의 생신(生辰)을 축하(祝賀)함.

축생신(祝生辰) 생신(生辰)을 축하(祝賀)함. 경조사(慶弔事)의 서식(書式).

축생일(祝生日) 생일(生日)을 축하(祝賀)함.

축성업(祝盛業) 사업(事業)의 번창(繁昌)을 축하(祝賀)함.

축성전(祝盛典) 성대(盛大)한 의식(儀式)을 축하(祝賀)한다는 뜻으로, 경조사(慶弔事)의 서식(書式).

축성혼(祝聖婚) 성(聖)스러운 결혼(結婚)을 축하(祝賀)함. 경조사(慶弔事)의 서식(書式).

축수연(祝壽宴) 회갑연(回甲宴)을 축하(祝賀)함. 경조사(慶弔事)의 서식(書式).

축수자목불견태산(逐獸者目不見太山) '짐승을 쫓는 사람의 눈에는 태산(泰山)이 보이지 않는다'는 뜻으로, 이욕(利慾)에 빠진 자는 큰 해가 눈앞에 있는 것도 모름을 이르는 말.

축실도모(築室道謀) '집을 지으면서 지나가는 행인(行人)과 상의(相議)한다'라는 뜻으로, 어떤 일을 하는 데 있어서 주관(主觀)이나 계획(計劃)이 없는 경우(境遇)를 비유(比喩)하는 말.

축영전(祝榮轉) (더 나은 지위나 곳으로)영전(榮轉)을 축하(祝賀)함.

축우승(祝優勝) (운동 경기 등의)우승(優勝)을 축하(祝賀)함.

축이임(祝移任) (새로운 업무나 곳으로)이임(移任)을 축하(祝賀)함.

축이전(祝移轉) (회사 등의)이전(移轉)을 축하(祝賀)함.
축일상종(逐日相從) 날마다 서로 사귀어 놂.
축입선(祝入選) (공모전 등의)입선(入選)을 축하(祝賀)함.
축입주(祝入住) 입주(入住)를 축하(祝賀)함.
축입택(祝入宅) 입택(入宅)을 축하(祝賀)함.
축전임(祝轉任) (새로운 보직이나 장소로의)전임(轉任)을 축하(祝賀)함.
축조발명(逐條發明) 낱낱이 무죄(無罪)함을 변명(辨明)함.
축창간(祝創刊) (신문이나 잡지 등의)창간(創刊)을 축하(祝賀)함.
축창립(祝創立) (회사 등의)설립(設立)을 축하(祝賀)함.
축창설(祝創設) (회사 등의)창설(創設)을 축하(祝賀)함.
축천임(祝遷任) 다른 관직(官職)이나 임지(任地)로 옮길 때 축하(祝賀)함.
축취임(祝就任) (회사 등 조직의 장으로의)취임(就任)을 축하(祝賀)함.
축화갑(祝華甲) 회갑(回甲)을 축하(祝賀)함. 경조사(慶弔事)의 서식(書式).
축화혼(祝華婚) 결혼(結婚)을 축하(祝賀)함. 경조사(慶弔事)의 서식(書式).
축회갑(祝回甲) 회갑(回甲)을 축하(祝賀)함. 경조사(慶弔事)의 서식(書式).
축희수(祝喜壽) 희수연(喜壽宴)을 축하(祝賀)함. 77세의 생신(生辰)을 축하(祝賀)함.
축희연(祝禧宴) 회갑연(回甲宴)을 축하(祝賀)함. 경조사(慶弔事)의 서식(書式).
춘란추국(春蘭秋菊) 봄의 난초(蘭草)와 가을의 국화(菊花)는 각각(各各) 특색(特色)이 있어 어느 것이 더 낫다고 할 수 없음.
춘래불사춘(春來不似春) '봄은 왔지만 봄 같지가 않다'라는 뜻으로, 자신(自身)의 처지(處地)를 비관(悲觀)함. 절세(絕世)의 미인 궁녀(宮女) 왕소군(王昭君)이 흉노족(匈奴族)에게 시집가서 지은 시(詩)의 한 구절로 알려져 있음.
춘래이화백하지수엽청(春來梨花白夏至樹葉靑) 봄이 오니 배꽃은 희게 피고, 여름이 이르니 나뭇잎이 푸르름.
춘면불각효(春眠不覺曉) '봄 잠에 날이 새는 줄 모른다'라는 뜻으로, 좋은 분위기(雰圍氣)에 취(醉)하여 시간(時間) 가는 줄 모르는 경우를 비유(比喩)하는 말.
춘무삼일청(春無三日晴) '봄에는 사흘 맑은 날이 없다'는 뜻으로, ①봄에 꽃필 무렵이면 비가 많이 내린다는 말. ②전(傳)하여 좋은 일에는 어려움도 많이 따름을 이르는 말.
춘부대인(春府大人) 남의 아버지에 대(對)한 존칭(尊稱).
춘부대인(椿府大人) 춘부대인(春府大人).
춘부장(春府丈) 남의 아버지에 대(對)한 존칭(尊稱).
춘부장(椿府丈) 춘부장(春府丈).
춘북추남안조서모동홍(春北秋南雁朝西暮東虹) 봄에는 북으로 가을에는 남으로 가는 기

ㅊ

러기요, 아침에는 서쪽에서 저녁에는 동쪽에서 빛나는 무지개임.

춘산여소(春山如笑) '봄철의 산이 온자(蘊藉)함'을 이르는 말.

춘소일각치천금(春宵一刻値千金) 짧은 봄밤의 시간(時間)은 천금(千金)의 값이 있는 것처럼 느껴짐.

춘소화월치천금(春宵花月値千金) 봄철 밤의 꽃과 달을 지극(至極)히 상찬(賞讚)한 말임.

춘수만사택하운다기봉(春水滿四澤夏雲多奇峯) 봄 물은 사방(四方) 연못에 가득하고, 여름 구름은 기이(奇異)한 봉우리가 많음.

춘수모운(春樹暮雲) '봄철의 수목(樹木)과 저녁 무렵의 구름' 이란 뜻으로, 멀리 있는 벗에 대(對)한 모정(慕情)이 일어남의 비유(譬喩).

춘양지절(春陽之節) '계절(季節)이 봄인 때'를 말함.

춘와추선(春蛙秋蟬) '봄철 개구리와 가을 매미의 시끄러운 울음소리'라는 뜻으로, 무용(無用)한 언론(言論)을 비유(譬喩)해 이르는 말.

춘의무분별인정유천심(春意無分別人情有淺深) 봄의 뜻은 분별(分別)이 없으나(따스한 기운(氣運)으로 만물(萬物)을 생장(生長)시킴), 사람의 정은 깊고 얕음이 있음.

춘인추사(春蚓秋蛇) '봄철의 지렁이와 가을철의 뱀'이라는 뜻으로, 매우 치졸한 글씨를 두고 이르는 말.

춘일지지(春日遲遲) 봄날은 길어서 저무는 것이 더딤.

춘작사시수(春作四時首) 봄은 4계절의 처음이 된다.

춘작사시수인위만물영(春作四時首人爲萬物靈) 봄은 4계절의 처음이고, 사람은 만물의 영장이 된다.

춘재지두이십분(春在枝頭已十分) '봄은 나뭇가지 끝에 이미 무르익어 있다'라는 뜻으로, ①진리(眞理)는 가까운 곳에 있음. ②자기(自己)도 모르는 사이에 때가 무르익어 절정(絕頂)에 이름을 비유(譬喩)하는 말.

ㅊ

춘추정성(春秋鼎盛) ①혈기(血氣) 왕성(旺盛)한 나이를 이르는 말. ②제왕(帝王)의 나이가 젊음.

춘추필법(春秋筆法) ①5경의 하나인 『춘추(春秋)』와 같이 비판(批判)의 태도(態度)가 썩 엄정(嚴正)함을 이르는 말 ②대의 명분(名分)을 밝혀 세우는 사필(史筆)의 준엄(峻嚴)한 논법(論法).

춘치자명(春雉自鳴) '봄철의 꿩이 스스로 운다'는 뜻으로, 제 허물을 스스로 드러내어 화(禍)를 자초(自招)함을 이르는 말.

춘풍만면(春風滿面) '얼굴에 봄바람이 가득하다'라는 뜻으로, 얼굴에 기쁨이 가득한 모양을 나타냄.

춘풍추우(春風秋雨) '봄철에 부는 바람과 가을 들어 내리는 비'라는 뜻으로, 지나가는 세월(歲月)을 이르는 말.

춘풍태탕(春風駘蕩) '봄바람이 온화(溫和)하게 분다'는 뜻으로, 인품(人品)이나 성격(性格)이 온화(溫和)하고 여유(餘裕)가 있음을 비유(譬喩)해 이르는 말.

춘풍화기(春風和氣) 봄날의 화창(和暢)한 기운(氣運).

춘풍화류(春風花柳) '봄바람과 우거진 푸르른 버들잎이 아름답고 화사함'의 뜻.

춘풍화우(春風化雨) '봄바람과 알맞게 내리는 비'라는 뜻으로, ①자연(自然)이 만물(萬物)을 육성(育成)하는 힘. ②이를 교육(教育)에 비유(譬喩)해 인재(人材) 육성(育成)을 위(爲)한 훌륭한 교육(教育)을 이르는 말.

춘하추동(春夏秋冬) 봄 · 여름 · 가을 · 겨울의 네 계절(季節).

춘하추동절동서남북방(春夏秋冬節東西南北方) 봄, 여름, 가을, 겨울은 계절(季節)이요, 동서(東西) 남북(南北)은 방위(方位)임.

춘한노건(春寒老健) '봄 추위와 노인(老人)의 건강(健康)'이라는 뜻으로, 모든 사물(事物)이 오래가지 않음을 이르는 말.

춘향가(春香歌) 판소리 열두 마당의 하나. '춘향전'을 판소리로 엮은 것.

춘향대제(春享大祭) 초봄에 지내는, 종묘와 사직의 큰 제사.

춘향전(春香傳) 작자 · 연대 미상의 조선시대의 고대 소설. 이몽룡(李夢龍)과 춘향의 연애 사건을 중심으로 하여 춘향의 정절(貞節)을 기리고, 계급 타파의 서민의식을 고양한 내용. 열녀춘향수절가(烈女春香守節歌).

춘화경명(春和景明) 봄날이 화창(和暢)하고, 풍광(風光)이 명미(明媚)함.

춘화추월(春花秋月) '봄에는 꽃이고, 가을에는 달'이라는 뜻으로, 대자연(大自然)의 아름다움을 비유(比喩)해 이르는 말.

출가외인(出嫁外人) 출가(出家)한 딸은 남이나 마찬가지임.

출고반면(出告反面) 부모님께 나갈 때는 갈 곳을 아뢰고, 들어와서는 얼굴을 보여드림. 출필고반필면(出必告反必面).

출곡천교(出谷遷喬) '봄이면 새가 깊은 산골짜기에서 나와 높은 나무 위에 올라앉는다'는 뜻으로, 사람의 출세(出世)를 비유(譬喩)해 이르는 말.

출기불의(出其不意) ①어떤 일이 뜻밖에 일어남. ②생각지 않던 판에 나섬.

출기제승(出奇制勝) 기묘한 계략(計略)을 써서 승리함.

출람지예(出藍之譽) 제자(弟子)가 스승보다 낫다는 평판(評判)이나 명성(名聲).

출례입형(出禮入刑) 행실(行實)이 예를 벗어나면 형벌(刑罰)의 범위(範圍)에 들게 됨.

출류발췌(出類拔萃) 평범(平凡)한 부류(部類)에서 가장 뛰어남.

출리생사(出離生死) '생사(生死)에서 나와 떠난다'는 뜻으로, ①불교(佛教)에서 괴로움과 미혹(迷惑)을 벗어나 깨달음의 경지(境地)에 듦을 이름. ②이승을 떠나 안락(安樂) 세계(世界)로 들어감을 이르는 말.

출몰귀관(出沒鬼關) '저승 문을 드나든다'는 뜻으로, ①죽었다 살았다 함. ②죽을 지경을 당함.

출몰무쌍(出沒無雙) 들고 나는 것이 비할 데 없이 잦음.

출문여견대빈입실여유인(出門如見大賓入室如有人) 밖에 나설 때에는 큰 손님을 대하는 것과 같이 하고, 방으로 들 때는 사람이 있는 것 같이하라.

출사표(出師表) 군대를 출동(出動)시키면서 임금에게 올리는 글. 경기나 어떤 경쟁을 할 때에 참가 의사를 밝힘.

출어심상(出於尋常) 보통(普通)에 훨씬 뛰어남.

출어화복(出於禍福) 화복(禍福)을 생각하고 두려워함.

출언고행(出言顧行) 말을 할 때는 행(行)할 것을 돌아보라.

출이반이(出爾反爾) 자신(自身)에게서 나온 것은 자신(自身)에게로 돌아감.

출입문호개폐필공(出入門戶開閉必恭) 문호를 출입할 때에는 문을 여닫기를 반드시 공손하게 하라.

출장입상(出將入相) '나가서는 장수(將帥)요, 들어와서는 재상(宰相)'이라는 뜻으로, 난시(亂時)에는 싸움터에 나가서 장군(將軍)이 되고, 평시(平時)에는 재상(宰相)이 되어 정치(政治)를 함을 이르는 말.

출척유명(黜陟幽明) '성적(成績)이 좋은 관리(官吏)는 승진(昇進)시키고, 공적(功績)이 없는 관리(官吏)는 내쫓음'을 이르는 말.

출천열녀(出天烈女) '하늘이 낸 열녀(烈女)'란 뜻으로, 절개(節槪)가 굳은 여인(女人)을 이름.

출천지효(出天之孝) '하늘이 낸 효자(孝子)'라는 뜻으로, 지극(至極)한 효성(孝誠)을 이르는 말.

출필고반필면(出必告反必面) '나갈 때는 부모(父母)님께 반드시 출처(出處)를 알리고 돌아오면 반드시 얼굴을 뵈어 안전(安全)함을 알려 드린다'라는 뜻으로, 밖에 나갈 때나 들어올 때 부모(父母)님께 반드시 알려야함을 이르는 말. 출고반면(出告反面)

출필고지반필면지(出必告之反必面之) 밖에 나갈 때는 반드시 아뢰고, 돌아오면 반드시 뵈어라.

출필고지반필배알(出必告之返必拜謁) 밖에 나갈 때는 반드시 말미를 청해서 아뢰고 돌아와서는 배알(拜謁)함.

출호이반호이(出乎爾反乎爾) '자기(自己)에게서 나온 것이 자신(自身)에게로 되돌아온다'는 뜻으로, 길흉화복(吉凶禍福)이 모두 자기(自己) 자신(自身)으로부터 나온다는 말.

출호이자반호이(出乎爾者反乎爾) 출호이반호이(出乎爾反乎爾).

충간의담(忠肝義膽) 충성(忠誠)스러운 마음과 의(義)로운 담력(膽力).

충군애국(忠君愛國) 임금께 충성(忠誠)을 다하고 나라를 사랑함.

충목지장(衝目之杖) '눈을 찌를 막대기'라는 뜻으로, 남에게 해악(害惡)을 끼칠 고약한 마음을 비유(比喩)해 이르는 말.

충성효도(忠誠孝道) 나라에 충성하고 부모님께 효도하여 사람 된 도리를 다하라.

충신불사이군(忠臣不事二君) 충신(忠臣)은 두 임금을 섬기지 않음.

충신불사이군열녀불경이부(忠臣不事二君烈女不更二夫) 충신(忠臣)은 두 임금을 섬기지 않고, 열녀(烈女)는 두 지아비를 섬기지 않느니라.

충신불첨기군(忠臣不諂其君) 충신(忠臣)은 임금에게 아첨(阿諂)하지 않음.

충신자상온량공검(忠信慈祥溫良恭儉) 충실하고 자상하며, 온순하고 어질고 공손하고 겸손하게 하라.

충신지도불사이군(忠臣之道不事二君) 충성(忠誠)스러운 신하(臣下)의 도리(道理)는 두 임금을 섬기지 않는 것임.

충언역어이(忠言逆於耳) 충성(忠誠)스런 말은 귀에 거슬림.

충언역이(忠言逆耳) '바른 말은 귀에 거슬린다'는 뜻으로, 바르게 타이르는 말 일수록 듣기 싫어함을 이르는 말.

충의지사(忠義之士) 충성(忠誠)스럽고 절개(節槪)가 곧은 선비.

충의지심(忠義之心) 충성(忠誠)스럽고 절개(節介)가 곧은 마음.

충적평야(沖積平野) 흐르는 물에 흙·모래·자갈 따위가 실려 내려와 쌓여서 이루어진 평야.

충칙진명(忠則盡命) 충성(忠誠)함에는 곧 목숨을 다하니 임금을 섬기는 데 몸을 사양(辭讓)해서는 안됨.

충화지기(沖和之氣) 하늘과 땅 사이의 조화(調和)된 기운(氣運).

충효겸전(忠孝兼全) 충효쌍전(忠孝雙全).

충효근학(忠孝勤學) 충성(忠誠)과 효도(孝道)를 다 하고, 배움도 열심(熱心)히 하라.

충효쌍전(忠孝雙全) 충성(忠誠)과 효도(孝道)를 모두 겸(兼)함. 충효겸전(忠孝兼全).

충효양전(忠孝兩全) 충성(忠誠)과 효도(孝道)를 다 두루 갖춤.

충효전가(忠孝傳家) 충성과 효도를 가풍으로 전하여라.

충후지풍(忠厚之風) 충직하고 순후한 풍모.

취공비집공휴(吹恐飛執恐虧) '불면 날아갈까 쥐면 터질까 걱정한다'는 뜻으로, 부모(父母)가 자식(子息)을 애지중지함을 이르는 말.

취동화이(聚同化異) 공통점(共通點)은 취하고, 차이점(差異點)은 바꾼다.

취렴지신(聚斂之臣) 지위(地位)를 이용(利用)하고 윗사람의 권세(權勢)에 기대어 백성(百姓)을 가혹(苛酷)하게 다루고, 세금(稅金)이나 뇌물(賂物)을 긁어모으는 신하(臣下).

취모구자(吹毛求疵) '터럭을 풀어 헤쳐 그 속의 허물을 찾으려 한다'는 뜻으로, 남의 조그만 잘못도 샅샅이 찾아냄을 이르는 말.

취모멱자(吹毛覓疵) '털 사이를 불어가면서 흠을 찾는다'는 뜻으로, 남의 결점(缺點)을 억지로 낱낱이 찾아내는 것을 말함.

취문성뢰(聚蚊成雷) '모기가 떼 지어 나는 소리가 뇌성(雷聲)을 이룬다'는 뜻으로, 소인배(小人輩)가 사실(事實)을 왜곡(歪曲)하여 열심히 남을 욕함을 이르는 말.

취보만산(醉步蹣跚) 술에 취(醉)하여 이리저리 비틀거림.

취복백(就伏白) '나아가 여쭙는다'는 뜻으로, 손윗사람에게 편지(便紙)할 때, 인사말(人事-)을 끝내고, 여쭙고자 하는 말을 쓸 때에 쓰는 말.

취사선택(取捨選擇) 취할 것은 취(取)하고, 버릴 것은 버려서 골라잡음.

취산십춘(聚散十春) 친구(親舊)와 헤어진 지가 어느덧 십 년이나 지나감.

취생몽사(醉生夢死) '술에 취한 듯 살다가 꿈을 꾸듯이 죽는다'는 뜻으로, 아무 의미(意味) 없이, 이룬 일도 없이 한평생(-平生)을 흐리멍덩하게 살아감을 비유(比喩)하여 이르는 말.

취식지계(取食之計) 가까스로 밥이나 얻어먹고 살아가는 꾀.

취안몽롱(醉眼朦朧) 술에 취(醉)하여 눈이 흐려 앞이 똑똑히 보이지 않는 상태(狀態)를 이르는 말.

취여란(臭如蘭) '방향(芳香)이 난초(蘭草)의 향기(香氣)와 같다'는 뜻으로, 여럿이 합심(合心)해서 하는 말이 다른 것에 미치는 힘은 매우 큼을 비유(譬喩)해 이르는 말.

취옹지의부재주(醉翁之意不在酒) '사람이 술에 취하는 뜻은 술에 있지 않고 산수(山水)를 즐기는 것에 있다'는 뜻으로, 딴 속셈이 있거나 안팎이 다름을 비유(比喩)하는 말.

ㅊ

취용취대(取用取貸) 금품을 서로 융통(融通)하여 씀.

취우부종일(驟雨不終日) '소나기는 하루 종일 오지 않는다'는 뜻으로, 권세(權勢)를 휘두르는 사람은 오래 가지 못함을 이르는 말.

취이대지(取而代之) '취(取)하여 그것을 대신(代身)하다'라는 뜻으로, 어떤 사물(事物)로 다른 사물(事物)을 대체(代替)하거나 남의 지위(地位)나 직무(職務)를 빼앗아 자신(自身)이 대신(代身)하는 것을 비유(比喻)하는 말.

취이불탐(取而不貪) 취할 것은 취(取)하지만 탐하지는 않음.

취장홍규(翠帳紅閨) '녹색(綠色) 방장과 홍색의 침실(寢室)'이라는 뜻으로, 아름답게 꾸며 놓은 귀부인(貴夫人)의 침실(寢室)을 이르는 말.

취정회신(聚情會神) 정신(精神)을 가다듬어 한군데에 모음.

취주악(吹奏樂) 취주악기를 주체로 하고 타악기(打樂器)를 곁들인 합주 음악(合奏音樂).

취주악기(吹奏樂器) 관악기(管樂器).

취주악대(吹奏樂隊) 관악대(管樂隊).

취중무천자(醉中無天子) 누구나 술에 취하면 두려워하거나, 어려워하는 일이 없다는 말.

취중진담(醉中眞談) 술에 취하면 평소(平素)에 하지 않던 진짜 속내를 드러냄.

취지공비집지공함(吹之恐飛執之恐陷) '불면 날아갈까 두렵고, 잡으면 꺼질까 두렵다'는 뜻으로, 어린 자녀를 매우 사랑함을 이르는 말.

취화지본(取禍之本) 재앙(災殃)을 가져오는 근본(根本).

측수심매인심(測水深昧人心) '물 속 깊이는 알아도 사람의 마음속은 모른다'는 속담(俗談)의 한역으로, 사람의 마음은 헤아리기가 어렵다는 말.

측은지심(惻隱之心) 사단(四端)의 하나로, 남의 불행(不幸)을 불쌍히 여기는 마음.

층생첩출(層生疊出) 일이 겹쳐 자꾸 생겨남.

층층시하(層層侍下) ①부모(父母)와 조부모(祖父母)를 모두 모시고 사는 처지(處地). ②'받들어야 할 윗사람이 층층으로 있는 형편'을 비유(比喩) 하는 말.

층암절벽(層巖絕壁) 바위가 층층(層層)이 쌓인 절벽(絕壁).

치관막약평임재막약렴(治官莫若平臨財莫若廉) 벼슬을 다스림에는 공평(公平)한 것만 같지 못하고, 재물(財物)에 임함에는 청렴(淸廉)한 것만 같지 못하느니라.

치국안민(治國安民) 나라를 다스리고 백성(百姓)을 편안(便安)하게 함.

치국평천하(治國平天下) 나라를 잘 다스리고 온 세상(世上)을 편안하게 함.

치대국약팽소선(治大國若烹小鮮) 약팽소선(若烹小鮮). '큰 나라를 다스리는 것은 작은 생선을 삶는 것과 같다'는 뜻으로, 무엇이든 가만히 두면서 지켜보는 것이 가장 좋은 정치란 뜻.

치망설존(齒亡舌存) '이는 빠져도 혀는 남아 있다'라는 뜻으로, 강(强)한 자(者)는 망(亡)하기 쉽고 유연(柔軟)한 자(者)는 오래 존속(存續)됨을 비유(比喩)하는 말.

치망순역지(齒亡脣亦支) '이가 없으면 잇몸으로 산다'는 속담(俗談)의 한역으로, 있던 것이 없어져서 불편(不便)하더라도 없는 대로 참고 살아간다는 말.

치발부장(齒髮不長) '배냇니를 다 갈지 못하고, 머리는 다박머리'라는 뜻으로, 아직 나이가 어림을 이름.

치본어농(治本於農) 다스리는 것은 농사(農事)를 근본(根本)으로 하니, 중농(重農) 정치(政治)를 이름.

치본어농무자가색(治本於農務茲稼穡) 때를 놓치지 말고 심고 거두는데 힘써야 한다.

치사분지(治絲棼之) '실을 급(急)히 풀려고 하면 오히려 엉킨다'는 뜻으로, 가지런히 하려고 하나 차근차근하지 못하고 급(急)히 해서 오히려 엉키게 하는 것을 비유(譬喩)하는 말.

치사찬란(恥事燦爛) '치사찬란하다'의 어근. 쩨쩨하고 남부럽기가 그지없다.

치산치수(治山治水) 산과 물을 다스려 재해(災害)를 막는 일.

ㅊ

치신무지(置身無地) 두려워 몸 둘 바를 모름.

치신어허유심어광즉신안이심태(置身於虛游心於曠則身安而心泰) 텅 빈 곳에 몸을 두고, 탁 트인 데 마음을 노닐면, 몸이 편안해지고 마음이 넉넉해 집니다.

치심상존(穉心尙存) 어릴 적 마음이 아직까지 남아 있음.

치예단청(馳譽丹靑) 그 이름은 생전 뿐 아니라 죽은 후(後)에도 전(傳)하기 위(爲)하여 초상(肖像)을 그린 비각(碑閣)에 그림.

치이불망란(治而不忘亂) '다스려질 때 어지러워짐을 잊지 않는다'는 뜻으로, 군자(君子)는 먼 훗날의 일을 생각함을 이르는 말.

치인설몽(癡人說夢) '어리석은 사람이 꿈 이야기를 한다'는 뜻으로, ①어리석기 짝이 없는 짓. ②어리석은 사람이 허황(虛荒)한 말을 늘어놓는 일을 비유(比喩). ③설명(說明)이 요령부득(要領不得)으로 이야기가 상대편(相對便)에게 이해(理解)되지 않음을 비유(比喩)하는 말.

치인외부현녀경부(痴人畏婦賢女敬夫) 어리석은 사람은 아내를 두려워하고, 어진 여자는 남편(男便)을 공경(恭敬)하느니라.

치자다소(癡者多笑) '어리석고 못난 사람이 잘 웃는다'는 뜻으로 '실없이 잘 웃는 사람'을 놀림조로 이르는 말.

치주고회(置酒高會) '술상을 놓고 높이 모인다'는 뜻으로, 성대(盛大)히 베푸는 연회(宴會).

치주안족사(卮酒安足辭) '한 잔 술을 어찌 사양하겠는가'라는 뜻으로, 술꾼들이 술을 권하거나 억지로 권하는 술을 마실 때 사용하는 말.

치지도외(置之度外) 내버려 두고 상대(相對)하지 않음.

치지망역(置之忘域) 잊어버리고 별로 생각하지도 않음.

치지물문(置之勿問) ①내버려두고 묻지도 않음. ②그다지 중요(重要)하게 여기지 않음.

치추지지(置錐之地) 송곳을 세울 만한 좁은 땅.

치폐설존(齒弊舌存) 치망설존(齒亡舌存).

친막친(親幕親) 더할 수 없이 친하다.

친민낙민(親民樂民) 국민과 가깝고 국민을 즐겁게 한다.

친부형(親父兄) 친아버지와 친형(親兄).

친불인매(親不因媒) 부부(夫婦)의 의가 좋은 것은 중매(仲媒)에 의함이 아님.

친불친간(親不親間) 알고 모르고 간에. 친하고 안 친하고 간에.

친삼촌(親三寸) 친아버지의 형제(兄弟).

친절본위(親切本位) 친절(親切)을 제일(第一)로 삼음.

친조부(親祖父) 친할아버지. 자기 아버지의 아버지

친척고구(親戚故舊) 친(親)은 동성지친(同姓之親)이고 척(戚)은 이성지친(異姓之親)이요, 고구(故舊)는 오랜 친구(親舊)를 말함. 안팎의 친척과 오래 사귄 벗.

곧 나와 관계 되어져 있는 사람들을 말함.

친척고구로소이량(親戚故舊老少異糧) 늙은이와 젊은이가 식사(食事)가 다르다.

친통구쾌(親痛仇快) '가까운 사람들을 아프게 하고, 원수(怨讐)를 통쾌(痛快)하게 한다'는 뜻으로, ①자기편(自己便)을 해(害)롭게 하고 적(敵)을 이롭게 하는 일. ②상리(常理)에 맞지 않는 행위(行爲)를 비유(譬喻)하는 말.

친통수쾌(親痛讐快) 친통구쾌(親痛仇快).

친화력(親和力) ①남과 친하게 잘 어울리는 힘. ②화학에서 원소가 결합할 때, 특히 어떤 원소가 선택적으로 결합하는 경향이나 힘을 이르는 말.

칠거지악(七去之惡) 지난날 유교(儒教) 도덕(道德)에서, 아내를 내쫓을 수 있는 일곱 가지의 조건(條件)을 이르는 말. 곧 부모(父母)에게 불순함(不順舅姑), 자식(子息)이 없음(無子), 음행(淫行), 투기(妬忌), 나쁜 병(惡病), 말썽이 많음(口舌), 도둑질(盜竊)을 이름.

칠금칠종(七擒七縱) 칠종칠금(七縱七擒).

칠난팔고(七難八苦) '일곱 가지 어려움과 여덟 가지 고통(苦痛)'이라는 뜻으로, 온갖 고난(苦難)을 비유(比喻)해 이르는 말.

칠년지병구삼년지애(七年之病求三年之艾) '칠년간 앓는 병(病)을 고치기 위(爲)해 삼년간 말린 쑥을 구(求)한다'는 뜻으로, 평소(平素)에 준비(準備)해 두지 않다가 일을 당해서 갑자기 구(求)할 때는 이미 때가 늦음을 이르는 말.

칠락팔락(七落八落) '일곱이 떨어지거나 여덟이 떨어진다'는 뜻으로, ①사물(事物)이 서로 연락(連絡)되지 못하고 고르지도 못함. ②영락(零落)함. 지리멸렬(支離滅裂)이 됨.

칠령팔락(七零八落) ①사물(事物)이 서로 연락(連絡)되지 못하고 고르지도 못함. ②영락(零落)함. 지리멸렬(支離滅裂) 됨. 제각기 뿔뿔히 흩어지거나 이리저리 없어짐.

칠말팔초(七末八初) 7월 말부터 8월 초까지의 휴가(休暇)철을 말함.

칠보단장(七寶丹粧) 여러 가지 패물로 몸을 꾸밈, 또는 그 단장(丹粧)을 이르는 말.

칠보성시(七步成詩) '일곱 걸음에 한 편의 시를 완성한다'는 뜻으로, 시를 빨리 잘 짓는 재주를 이르는 말.

칠보재(七步才) 중국(中國) 위(魏)나라 조식(曹植)이 일곱 걸음을 걸을 동안에 시를 지은 옛일에서 온 말로, '일곱 걸음을 걸을 동안에 시를 지을 만한 재주'라는 뜻으로, '아주 뛰어난 재주, 특(特)히 시재(試才) · 문재(文才)'를 이르는 말.

칠보지재(七步之才) '일곱 걸음에 시를 짓는 재주'라는 뜻으로, 시를 빨리 잘 짓는 재주를 이르는 말.

ㅊ

칠삭둥이(七朔–) ①밴 지 일곱 달 만에 태어난 아이. ②'아주 어리석은 사람'을 조롱조로 이르는 말.

칠서벽경(漆書壁經) 한(漢)나라 영제가 돌 벽에서 발견(發見)한 서골과 공자(孔子)가 발견(發見)한 육경(六經)도 비치(備置)되어 있음.

칠신위라(漆身爲癩) '몸에 옻칠을 하여 문둥이처럼 가장한다'는 뜻으로, 원수(怨讐)를 갚기 위(爲)해 용모(容貌)를 바꿈을 이르는 말.

칠신탄탄(漆身呑炭) '몸에 옻칠을 하고 숯불을 삼키다'라는 뜻으로, 복수(復讐)를 위(爲)해 자기(自己) 몸을 괴롭힘.

칠실지우(漆室之憂) '칠실 고을의 근심'이라는 뜻으로, 제 분수(分數)에 맞지도 않는 근심을 이르는 말.

칠십이종심소욕불유구(七十而從心所欲不踰矩) '일흔 살이 되니 마음 내키는 대로 해도 법도를 넘어서지 않았다'는 뜻으로 '마음이 하고자 하는 대로 하더라도 절대로 법도를 넘지 말라'는 말. 공자(孔子)의 종심(從心)이라고도 한다.

칠십인역(七十人譯) 〔영〕Septuagint. 라틴어 Septuāginta에서 파생된 70이라는 뜻. 구약성경 희랍어역의 이름이며 흔히 LXX의 기호로 표시된다. 유대인 70명 혹은 72명의 학자가 알렉산드리아에서 번역하였다는 전설에 의하여 Septuagint, 즉 70인 역이라고 부르게 되었다.(基督教大辭典 參照).

칠전팔기(七顚八起) '일곱 번 넘어져도 여덟 번째 일어난다'는 뜻으로, 실패(失敗)를 거듭하여도 굴하지 않고 다시 일어섬.

칠전팔도(七顚八倒) '일곱 번 넘어지고 여덟 번 엎어진다'는 뜻으로, 어려운 고비를 많이 겪음.

칠종칠금(七縱七擒) 제갈공명(諸葛孔明)의 전술(戰術)로 '일곱 번 놓아주고 일곱 번 잡는다'는 말로, ①자유자재(自由自在)로운 전술(戰術). ②상대(相對)를 마음대로 함. ③무슨 일을 제 마음대로 함. 칠금칠종(七擒七從).

칠중주(七重奏) 음악에서, 일곱 사람이 각기 다른 악기로 연주하는 실내악(室內樂) 중주. 흔히, 현악과 관악으로 합주함. 셉텟(septet).

칠중창(七重唱) 7명이 노래하는 중창. 셉텟(septet).

칠진만보(七珍萬寶) 모든 진귀한 보물.

칠칠재(七七齋) 사십구일재(四十九日齋).

칠칠절(七七節) 〔영〕Weeks, feast of. 〔히〕חג שבעות(하그 샤부오트). 〔헬〕ἑορτή ἑβδομάδων(에오르테 헵도마돈). (출34:22; 민28:26; 신16:10; 대하8:13). 이스라엘의 삼대절기 중 두 번째 절기이다. 이 절기는 유월절에서 시작되는 주기의 마지막으로 간주되었다. 성전(聖殿)이 파괴(破壞)된 이후로는 율법을 받은 것을 제물로 바치는 수확제(收穫祭)였다. 칠칠절은 또한 맥추절(출23:16)이기도 하고, 초실절(민28:26)이기도 했고, 신약시대(新約時代)에는 오순절(五旬節)로도 불렀다(《基督教 大百科典》参照).

칠향계증(七香鷄烝) 칠향계찜. 닭찜의 하나. 튀한 닭의 내장을 빼낸 배 속에 생강, 파, 천초, 간장, 초, 기름 따위를 섞어서 넣고, 도라지를 삶아 우린 물에 담가서 항아리에 넣어 물을 다시 조금 부어 솥에 안치고 중탕하여 익힌다.

칠흑강산(漆黑江山) 깊은 터널 같은 어둡고 캄캄한 시간의 연속으로, 막막하고 희망이 없음을 말함.

침과대단(枕戈待旦) '창을 베고 자면서 아침을 기다린다'라는 뜻으로, 항상(恒常) 전투태세(戰鬪態勢)를 갖추고 있는 군인(軍人)의 자세(姿勢)를 비유(譬喩)하는 말.

침과대적(枕戈待敵) '창을 베고 적을 기다린다'는 뜻으로, 항상(恒常) 전투태세(戰鬪態勢)를 갖추고 있는 군인(軍人)의 자세(姿勢)를 비유(比喩)하는 말.

침과이대(枕戈以待) '창을 베고 기다린다'는 뜻으로, 항상(恒常) 전투태세(戰鬪態勢)를 갖추고 있는 군인(軍人)의 자세(姿勢)를 비유(比喩)하는 말.

침과좌갑(枕戈坐甲) '창을 베고 갑옷을 깔고 앉는다'는 뜻으로, 항상(恒常) 전투태세(戰鬪態勢)를 갖추고 있는 군인(軍人)의 자세(姿勢)를 비유(譬喩)하는 말.

침과침갑(枕戈寢甲) '창을 베고 갑옷을 입고 잠을 잔다'는 뜻으로, 항상(恒常) 전투태세(戰鬪態勢)를 갖추고 있는 군인(軍人)의 자세(姿勢)를 비유(譬喩)하는 말.

침도도우(針盜盜牛) '바늘 도둑이 소 도둑 된다'는 뜻. 침도도우(侵盜屠牛).

침례교(浸禮教) 개신교의 한 교파. 유아(幼兒) 세례(洗禮)를 인정하지 않고 자각적 신앙고백에 기초한 침례를 중요시 함.

침례교회(浸禮教會) 〔영〕The Baptist Church. 침례교(浸禮教).

침류수석(枕流漱石) '시냇물을 베개 삼고 돌로 양치질한다'는 뜻으로, 몹시 남에게 지기 싫어함을 이르거나 억지부림을 비유하여 이르는 말.

침묵적요(沈默寂寥) 세상(世上)에 나와서 교제(交際)하는 데도 언행(言行)에 침착(沈着)해야 함.

침불안(寢不安) 침불안석(寢不安席).

침불안석(寢不安席) 근심 걱정이 많아서 편안(便安)히 자지 못함. 침불안(寢不安).

침불안식불감(寢不安食不甘) '잠자리도 편하지 않고 음식도 달지 않다'는 뜻으로, '자나 깨나 걱정이 많다'라는 말.

침불안식불안(寢不安食不安) 근심과 걱정이 하도 많아서 잠자리도 편하지 않고, 먹는 것도 편하지 못함.

침석수류(枕石漱流) 돌을 베개 삼아 잠자고, 흐르는 물에 양치질을 하면서 마음을 맑게 하고 싶다.

침선파부(沈船破釜) '배를 가라앉히고 솥을 깬다'는 뜻으로, 필사의 각오(覺悟)로 결전함을 이르는 말.

침소봉대(針小棒大) '바늘만한 것을 몽둥이만하다고 말함'이란 뜻으로, 곧, 작은 일을 크게 과장(誇張)하여 말함을 이름.

침식불안(寢食不安) '자도 걱정 먹어도 걱정'이라는 뜻으로, 몹시 걱정이 많음을 이르는 말.

침식평야(侵蝕平野) 오랜 세월 동안의 침식(侵蝕) 작용으로 높은 곳이 거의 평평(平平)하게 된 평야.

침실지우(寢室之憂) 중국(中國) 노(魯)나라의 한 천부(賤婦)가 캄캄한 방에서 나라를 걱정하였다는 데서 나온 말로, 자기(自己) 분수(分數)에 넘치는 일을 근심함을 이르는 말.

침어낙안(沈魚落雁) '미인(美人)을 보고 부끄러워서 물고기는 물속으로 들어가고, 기러기는 땅으로 떨어진다'는 뜻으로, 미인(美人)을 형용(形容)하여 이르는 말.

침어낙안폐월수화(沈魚落雁閉月羞花) '물고기가 갈아 앉고 기러기가 떨어지며, 달이 흐려지고 꽃이 부끄러워 한다'는 말로 절세(絕世)의 미인(美人)을 비유(比喩)하여 이르는 말.

침어주색(沈於酒色) 술과 계집에 마음을 빼앗김.

침윤지언(浸潤之言) 침윤지참(浸潤之譏).

침윤지참(浸潤之譏) '물이 차츰 스며듦과 같이 깊이 믿도록 서서히 하는 참소(譏訴)의 말'이라는 뜻으로, 아주 교묘(巧妙)한 중상모략(中傷謀略)을 말함.

침윤지참(浸潤之譖) 침윤지참(浸潤之譏).

침잠완색(沈潛玩索) 탐구(探究)하는 대상 속에 풍덩 빠져들어 장난감을 가지고 희롱(戲弄)하듯이 그렇게 즐기면서 공부하는 것.

ㅊ

침점침괴(寢苫枕塊) 침점침초(寢苫枕草).

침점침초(寢苫枕草) '저락자리를 깔고 풀을 베게 삼아 눕는다'는 뜻으로, 부모(父母)의 상중(喪中)에 자식(子息)된 자는 어버이가 흙속에 묻혀 있음을 슬퍼하여 아주 검소(儉素)해야 함을 이르는 말.

침즉련금식즉동상(寢則連衾食則同牀) 잠잘 때에는 이불을 나란히 덮고, 밥 먹을 때에는 밥상을 함께 하라.

칭가유무(稱家有無) 집의 형세(形勢)에 따라 일을 알맞게 함.

칭체재의(稱體裁衣) '몸에 맞추어 옷을 마른다'는 뜻으로, 일의 처한 형편(形便)에 따라 적합(適合)하게 일을 처리하여야 함을 이르는 말.

【ㅋ】

쾌도난마(快刀亂麻) '헝클어진 삼을 잘 드는 칼로 자른다'는 뜻으로, 복잡(複雜)하게 얽힌 사물(事物)이나 비꼬인 문제(問題)들을 솜씨 있고 바르게 처리(處理)함을 비유(譬喩)해 이르는 말.

쾌도참난마(快刀斬亂麻) '잘 드는 칼로 헝클어져 뒤엉킨 삼 가닥을 단번에 잘라 버린다'라는 뜻으로, 복잡(複雜)한 사안(事案)을 명쾌(明快)하게 처리(處理)하는 것을 비유(比喩)하는 말.

쾌독파거(快犢破車) '기세(氣勢) 좋은 송아지는 이따금 제가 끄는 수레를 깨뜨린다'는 뜻으로, 장차 큰 일을 하려는 젊은이는 스스로를 경계(警戒)해야 함을 이르는 말.

쾌독파차(快犢破車) '성질(性質)이 거센 송아지는 이따금 제가 끄는 수레를 파괴(破壞)하나 자라서는 반드시 장쾌한 소가 된다'는 뜻으로, 난폭(亂暴)한 소년(少年)은 장차 큰 인물(人物)이 될 가능성(可能性)이 있음을 비유(比喩)한 말.

쾌락불퇴(快樂不退) 쾌락(快樂)이 오래 지속(持續)되어 도중(途中)에 그치지 않음.

쾌락설(快樂說) 인생의 목표(目標)는 쾌락(快樂)을 추구(追求)하는 데 있으며, 도덕(道德)은 그것을 실현(實現)하기 위한 수단(手段)이라는 설. 쾌락주의(快樂主義).

쾌락주의(快樂主義) 쾌락설(快樂說). ↔금욕주의(禁慾主義).

쾌마가편(快馬加鞭) 달리는 말에 채찍을 가하다. 주마가편(走馬加鞭).

쾌설시청(快雪時晴) 상쾌하게 눈이 내리다가 잠시 활짝 개다.

쾌설차법(快說此法) '통쾌하게도 법을 잘 풀어나간다'는 의미.

쾌의당전(快意當前) 현재(現在)를 즐기거나 현재(現在)의 만족(滿足)을 꾀함.

쾌인쾌사(快人快事) 쾌활(快活)한 사람의 시원스러운 행동(行動).

쾌쾌당당(快快當當) 민첩하고 신속함.

쾌행무호보(快行無好步) '빨리 걸으면 걸음걸이가 고르지 않다'는 뜻으로, 일을 급(急)히 서두르면 결과(結果)가 소루(疏漏)함을 비유(譬喩)해 이르는 말.

ㅋ

【ㅌ】

타가겁사(他家劫舍) '백성(百姓)의 집을 때려 부수고 재물(財物)을 마구 빼앗음'의 뜻.

타관만리(他官萬里) 만리타향(萬里他鄕).

타궁막만(他弓莫輓) '남의 활을 당겨 쏘지 말라'는 뜻으로, ①무익한 일은 하지 말라는 말. ②자기(自己)가 닦은 것을 지켜 딴 데 마음 쓰지 말 것을 이르는 말.

타기술중(墮其術中) 남의 간악(奸惡)한 꾀에 넘어가거나 빠짐.

타면자건(唾面自乾) '남이 내 얼굴에 침을 뱉으면 저절로 마를 때까지 기다린다'는 뜻으로, 처세(處世)에는 인내(忍耐)가 필요(必要)함을 이르는 말.

타산지석(他山之石) '다른 산의 돌'이라는 뜻으로, 다른 산에서 나는 거칠고 나쁜 돌이라도 숫돌로 쓰면 자기(自己)의 옥을 갈 수가 있으므로, 다른 사람의 하찮은 언행(言行)이라도 자기(自己)의 지덕(智德)을 닦는 데 도움이 됨을 비유(比喩)해 이르는 말.

타상하설(他尙何說) '다른 것은 말해 무엇하랴'는 뜻으로, 한 가지 하는 일을 보면 다른 일은 보지도 않아 미루어 헤아릴 수 있음을 이르는 말.

타생지연(他生之緣) '타생의 인연(因緣)'이라는 뜻으로, 불교(佛敎)에서 낯모르는 사람끼리 길에서 소매를 스치는 것 같은 사소(些少)한 일이라도 모두가 전생(前生)의 깊은 인연(因緣)에 의(依)한 것임을 이르는 말.

타성바지(他姓–) 자기(自己)와 성(姓)이 다른 사람. 각성바지(各姓–)

타수가결(唾手可決) 쉽게 승부(勝負)를 낼 수 있음을 이르는 말.

타수가득(唾手可得) '손바닥에 침을 뱉는 것처럼 쉽게 얻을 수 있다'라는 뜻으로, 아주 쉽게 얻을 수 있는 것을 비유(譬喩)하는 말.

타수가취(唾手可取) 타수가득(唾手可得).

타수이결(唾手而決) 타수가득(唾手可得).

타악기(打樂器) (음은 없고, 주로 장단이나 리듬을 맞추거나 즐기기 위해) 손이나 채로 두드리거나 서로 부딪쳐서 소리 내는 악기를 통틀어 이르는 말(북 · 징 · 탬버린 따위).

타압경원앙(打鴨驚鴛鴦) '물오리를 쳐서 잡으려다가 원앙새를 놀라게 한다'는 뜻으로, 한 사람을 잘못 벌(罰)하여 뭇사람을 놀라게 함.

타애주의(他愛主義) 애타주의(愛他主義). 이타주의(利他主義).

타이타닉호(Titanic號) 영국의 '화이트스타사(社)'에서는 최대의 초호화판 여객선을 건조하고 뱃머리에다가 '하나님이 정복하지 못하는 배'라고 써 붙이고, 세계의 저명인사들 2,224명의 승객과 승무원을 태우고 1912년 4월 10일, 영국 사우스햄프턴 항에서 대서양으로 뉴욕을 향해 호화 곡을 부르며, '전천후선(全天候船)'이라고 장담하면서 쾌적한 처녀항해를 하다가, 출항 5일째인 4월 14일 밤 11시 40분 뉴펀들랜드 섬에서 빙산과 충돌하여 2시간 40분 만에 호화선은 침몰되고, 125명만 구조된 역사적인 대 해난 사고의 배였다. 이때에 국제적 구난신호 SOS가 최초로 발신되어 사용되었고, 최대의 호화판으로 춤추고 노래하던 호화 곡은, 찬송가 '내 주를 가까이'로 변했다. 최후의 순간에 한 사람이 나무 조각을 타고 구조되려는 찰나에 또 한 사람이 와서 작은 나무 조각을 잡아 둘 다 죽게 될 순간, '당신 예수를 아느냐?' '모른다' '그럼 내가 양보 할 터이니', '예수를 믿으라!' 하고 자신은 물속으로 들어갔다는 아름다운 에피소드도 있다.

타인소시(他人所視) 남이 보는 바라 숨길 수 없음.

타인지연왈리왈률(他人之宴曰梨曰栗) '남의 잔치에 배 놓아라 밤 놓아라 한다'는 뜻으로, 남의 일에 공연히 쓸데없는 참견(參見)을 한다는 뜻.

타인지연왈리왈시(他人之宴曰梨曰柿) '남의 잔치에 배 놓아라 감 놓아라 한다'는 뜻으로, 남의 일에 공연히 쓸데없는 참견(參見)을 한다는 뜻.

타인한수(他人鼾睡) '다른 사람의 코고는 소리'라는 뜻으로, 자기(自己) 영토(領土) 안의 다른 세력(勢力)을 그냥 둘 수 없음을 비유(比喩)하여 이르는 말.

타초경사(打草驚蛇) '풀을 쳐서 뱀을 놀라게 한다'는 뜻으로, 을(乙)을 징계(懲戒)하여 갑(甲)을 경계(警戒)함을 이르는 말.

타혼표인(墮溷飄茵) 추인낙혼(墜茵落溷).

탁금이어(濯錦以魚) '물고기로 비단(緋緞)을 씻는다'는 뜻으로, 천한 것으로 귀(貴)한 것을 다스림을 이르는 말.

탁덕양력(度德量力) 자신의 덕망(德望)과 능력을 헤아려 살핌.

탁려풍발(踔厲風發) '논변(論辯)이 탁절(卓絕)하고 날카로워 바람처럼 세차게 입에서 나온다'는 뜻으로, 재기(才氣)가 뛰어나 다른 것과는 비교가 안 되는 상태(狀態)를 이르는 말.

탁린청류(濯鱗淸流) '비늘을 맑은 물에 씻는다'는 뜻으로, 높은 지위(地位)와 명예(名譽)를 얻음을 비유(比喩)해 이르는 말.

탁발난수(擢髮難數) '머리카락을 뽑아 다 헤아리기 어렵다'라는 뜻으로, 지은 죄(罪)가 이루 다 헤아릴 수 없을 정도(程度)로 많음을 비유(譬喩)하는 말.

탁발막수(擢髮莫數) 탁발난수(擢髮難數).

탁상공론(卓上空論) '탁자(卓子) 위에서만 펼치는 헛된 논설(論說)'이란 뜻으로, 실현성(實現性)이 없는 허황(虛荒)된 이론(理論)을 일컬음.

탁영탁족(濯纓濯足) '갓끈과 발을 물에 담가 씻는다'는 뜻으로, 세속(世俗)에 얽매이지 않

ㅌ

고 초탈(超脫)하게 살아가는 것을 비유(譬喩)하는 말.

탁족만리류(濯足萬里流) '발을 만 리의 흐르는 물에 씻는다'는 뜻으로, 대자연(大自然)으로 돌아가 세속(世俗)의 때를 씻는다는 말.

탁주소려(託主所慮) '염려(念慮)를 다 주(主)께 맡기다'의 뜻.

탁호난급(卓乎難及) 동뜨게 뛰어나서 남이 따르기 어려움을 이르는 말.

탄갈심력(殫竭心力) 있는 정성과 힘을 다함.

탄도괄장(呑刀刮腸) '칼을 삼켜 창자를 도려낸다'는 뜻으로, 사악(邪惡)한 마음을 없애고 새로운 사람이 됨을 이르는 말.

탄도미사일(彈道missile) 로켓 엔진으로 추진되어 대포의 탄도 곡선과 비슷한 탄도를 그리며 나는 미사일. 탄도탄. 탄도 유도탄.

탄도유도탄(彈道誘導彈) 탄도 미사일(彈道missile).

탄도탄(彈道彈) 탄도 미사일(彈道 missile).

탄도학(彈道學) 탄도와 그에 관련된 물리적(物理的)·화학적(化學的) 이론에 대하여 연구하는 학문.

탄소동화작용(炭素同化作用) 녹색 식물이나 어떤 세균류가 이산화탄소(二酸化炭素)와 물로 탄수화물(炭水化物)을 만드는 작용.

탄우지기(呑牛之氣) 소를 삼킬 만한 장대(壯大)한 기상.

탄주악기(彈奏樂器) 현악기(絃樂器).

탄주지어(呑舟之魚) '배를 삼킬 만한 큰 고기'라는 뜻으로, 장대(壯大)한 기상(氣像)이나 인물(人物).

탄주지어불유지류(呑舟之魚不遊枝流) '큰 고기는 지류(支流)에서 놀지 않는다'는 뜻으로, 현자(賢者)는 항상(恒常) 고상(高尙)한 뜻을 지님을 비유(譬喩)해 이르는 말.

탄지지간(彈指之間) '손가락으로 튕길 사이'라는 뜻으로. 아주 세월(歲月)이 빠름을 이르는 말.

탄탄대로(坦坦大路) '높낮이가 없이 평탄(平坦)하고 넓은 길'이라는 뜻으로, 앞이 환히 트여 순탄(順坦)하게 앞으로 나아갈 수 있는 상태(狀態)를 이르는 말.

ㅌ

탄핵권(彈劾權) 탄핵소추권(彈劾訴追權).

탄핵소추권(彈劾訴追權) 특정(特定) 공무원(公務員)의 위법이나 비행 따위를 탄핵 소추(訴追) 할 수 있는 국회(國會)의 권리(權利). 탄핵권(彈劾權).

탄환지지(彈丸之地) 사방(四方)이 적국(敵國)에 포위(包圍)되어 공격(攻擊)의 대상(對象)이 되는 아주 좁은 땅.

탈기공심(奪氣攻心) 상대방의 감정 조절력을 잃게 하여 제풀에 쓰러지게 한다는 뜻.

탈망취연(脫網就淵) '물고기가 그물에서 벗어나 연못 속으로 들어간다'는 뜻으로, 다행(多

幸)히 재난(災難)을 면하고 기뻐함을 비유(譬喩)해 이르는 말.

탈모노정(脫帽露頂) '모자를 벗어서 정수리를 드러낸다'는 뜻으로, 예의(禮儀)에 구애(拘礙)되지 않음을 이르는 말.

탈선행위(脫線行爲) ①상규(常規)를 벗어난 행위(行爲). ②본디의 목적(目的)에서 벗어난 행위(行爲).

탈신도주(脫身逃走) 몸을 빼쳐서 달아남.

탈정종공(奪情從公) '상복(喪服)을 입는 정을 빼앗는다'는 뜻으로, 어버이의 상중(喪中)에 있는 사람에게 상복을 벗고 관청(官廳)에 나와 공무(公務)를 보게 함을 이르는 말. 기복출사(起復出仕).

탈태한골(奪胎換骨) 환골탈태(換骨奪胎).

탈태환체(奪胎換體) 남의 작품(作品)의 형식(形式)을 고치고 바꾸어 자기(自己)의 것으로 함.

탈토지세(脫兎之勢) '우리를 빠져 도망(逃亡)하는 토끼의 기세(氣勢)'라는 뜻으로, 매우 신속(迅速)하고 민첩(敏捷)함을 이르는 말.

탐관오리(貪官汚吏) 탐욕(貪慾)이 많고 부정(不正)을 일삼는 벼슬아치.

탐권낙세(貪權樂勢) 권세(權勢)를 탐하고, 세도(勢道) 부리기를 즐김.

탐낭취물(探囊取物) '주머니 속에 든 물건(物件)을 꺼낸다'는 뜻으로, 아주 쉬운 일 또는 매우 쉽게 얻음을 이르는 말.

탐다무득(貪多務得) 욕심(慾心)이 많아 많은 것을 탐냄.

탐독완시(耽讀翫市) 한(漢)나라의 왕충은 독서(讀書)를 즐겨 서점에 가서 탐독(耽讀)했음.

탐람숭우(貪婪崇偶) '탐심(貪心)은 곧 우상숭배(偶像崇拜)'라는 말.

탐려득주(探驪得珠) '흑룡(黑龍)을 찾아 진주를 얻는다'라는 뜻으로, ①큰 위험(危險)을 무릅쓰고 큰 이익(利益)을 얻는 것을 의미. ②문장(文章)이나 용어(用語)가 주제(主題)나 핵심(核心)을 잘 드러내고 있음을 비유(譬喩)하는 말.

탐뢰무예(貪賂無藝) 뇌물(賂物)을 탐함에 그 끝이 없음.

탐리상명(貪利喪命) 이익(利益)을 탐(貪)하면 생명(生命)을 잃게 됨.

탐명애리(貪名愛利) 명예(名譽)를 탐내고 이익(利益)에 집착(執着)함.

탐부순재(貪夫徇財) 욕심(慾心) 많은 사람은 재물(財物)이라면 목숨도 아랑곳하지 않고 좇음을 이르는 말.

탐소실대(貪小失大) 작은 이익(利益)을 탐하여 큰 이익(利益)을 잃어버림. 소탐대실(小貪大失).

탐수치빈(貪睡致貧) 잠자기를 좋아하면 가난해짐.

탐심기쟁(貪心起爭) 탐심은 다툼을 일으킴.

탐욕무예(貪欲無藝) 뇌물(賂物)을 탐함에 그 끝이 없음.

탐자원지본(貪者怨之本) 무엇을 탐한다는 것은 남의 원한(怨恨)을 사는 근본(根本)임.

탐재호색(貪財好色) 재물(財物)을 탐하고 여색(女色)을 즐김.

탐천지공(貪天之功) '하늘의 공을 탐한다'는 뜻으로, 남의 공을 탐내어 자기(自己) 힘으로 이룬 체함.

탐화봉접(探花蜂蝶) '꽃을 찾아다니는 벌과 나비'라는 뜻에서, 여색(女色)을 좋아하는 사람을 비유(比喩)로 이르는 말.

탐화호색(探花好色) 여색(女色)을 지나치게 좋아하고 밝힘.

탑사견고(塔寺堅固) 조사견고(造寺堅固).

탕지철성(湯池鐵城) '끓는 못과 쇠로 만든 성'이라는 뜻으로, ①매우 견고(堅固)한 성과 해자(垓子). ②침해(侵害)받기 어려운 장소(場所)를 비유(比喩).

탕진가산(蕩盡家産) 집안의 재산을 모두 써서 없애 버림. 탕패가산(蕩敗家産).

탕척서용(蕩滌敍用) 죄명(罪名)을 씻어주고 또 다시 벼슬에 올려 씀.

탕탕유유(蕩蕩悠悠) ①흔들려 움직이는 모양. ②정처 없이 헤매는 모양.

탕탕지훈(蕩蕩之勳) 지대(至大)한 공훈(功勳)이나 공적(功績).

탕탕평평(蕩蕩平平) 싸움이나 논쟁(論爭) 따위에서 어느 쪽에도 치우치지 않음.

탕탕평평실(蕩蕩平平室) 조선(朝鮮) 시대(時代) 22대 정조(正祖)가 영조(英祖)의 명을 받아, 꿈에도 당론(黨論)의 탕평을 잊지 않고 탕평책을 실현(實現)하기에 힘썼다는 고사에서 정조(正祖)의 침실(寢室)을 이르는 말.

탕패가산(蕩敗家産) 탕진가산(蕩盡家産).

태강즉절(太剛則折) 너무 세거나 빳빳하면 꺾어지기가 쉬움.

태고순민(太古順民) 아주 오랜 옛날의 순하고 선량(善良)한 백성(百姓).

태고시대(太古時代) 아주 오랜 옛적 시대(時代).

태고지민(太古之民) 오랜 옛적의 순박(純朴)한 백성(百姓).

태극기(太極旗) 대한민국(大韓民國)의 국기(國旗). 태극(太極)은 우주 자연의 궁극적인 생성원리(生成原理)를 상징하고, 적색은 존귀(尊貴)와 양(陽)을 의미한다. 그리고 청색은 희망과 음(陰)을 나타낸다. 사괘(四卦)는 천지일월(天地日月) · 사시사방(四時四方)을 의미하는 창조적인 우주관을 포함하고 있다. 사괘가 나타내는 의미 내용은 다음과 같다.

건(乾) ; 천(天) · 춘(春) · 동(東) · 인(仁)
곤(坤) ; 지(地) · 하(夏) · 서(西) · 의(義)
이(離) ; 일(日) · 추(秋) · 남(南) · 예(禮)
감(坎) ; 월(月) · 동(冬) · 북(北) · 지(智)

한국에서 국기 제정에 관한 이야기가 처음으로 거론된 것은 고종13년(1876) 1월, 운양호(雲揚號) 사건 때였다.

태극비래(泰極否來) 안태(安泰)함이 극도(極度)에 이르면 이윽고 재앙(災殃)이 옴.

태백착월(太白捉月) 이백(李白)이 술에 취(醉)하여 채석강(采石江)에서 물속의 달을 잡으려다 죽은 일을 이르는 말.

태빈근부(怠貧勤富) 게으르면 가난(家難)해지고 부지런하면 부(富)하게 됨.

태사지간(太史之簡) 태사(太史)는 중국에서 기록을 맡아보던 벼슬아치로 사관(史官)을 말하고, 간(簡)은 문서를 말함. 즉, 역사가의 역사 기록. 역사를 기록함에 사실을 숨기지 아니하고 그대로 직필(直筆)함.

태산교악(泰山喬嶽) '높고 큰 산'이란 뜻으로, '지조가 곧고 꿋꿋한 성격(性格)'을 이르는 말.

태산명동서일필(泰山鳴動鼠一匹) '태산(泰山)이 떠나갈 듯이 요동하게 하더니 뛰어나온 것은 쥐 한 마리뿐이었다'는 뜻으로, 예고(豫告)만 떠들썩하고, 실제(實際)의 그 결과(結果)는 보잘 것 없음을 비유(譬喩)해 이르는 말.

태산북두(泰山北斗) '중국(中國) 제일(第一)의 명산인 태산(泰山)과 북두성(北斗星)'이라는 뜻으로, ①학문(學問)、예술(藝術) 분야(分野)의 대가(大家). ②태산(泰山)과 북두칠성(北斗七星)을 여러 사람이 우러러보듯이, 남에게 존경(尊敬)받는 뛰어난 존재(存在).

태산불사토양(泰山不辭土壤) '태산(泰山)은 한 줌의 흙도 사양하지 않는다'. 즉 뛰어난 인물은 어떤 의견(意見)이나 인물(人物)도 받아들여 큰 뜻을 이룬다는 뜻.

태산불양토양(泰山不讓土壤) '태산(泰山)은 작은 흙덩이도 사양(辭讓)하지 않는다'는 뜻으로, 도량(度量)이 넓어 많은 것을 포용(包容)함을 비유(譬喩)해 이르는 말.

태산압란(泰山壓卵) '큰 산이 알을 누른다'는 뜻으로, 큰 위엄(威嚴)으로 여지없이 누르는 것의 비유(比喩) ①큰 위력(威力)으로 내리 누름. ②아주 손쉬운 것.

태산양목(泰山樑木) 산(山) 중(中)의 산(山)인 태산(泰山)이나 지붕을 받치는 대들보처럼 의지(依支)가 되는 사람이나 의지(依支)할 수 있는 거룩한 것을 비유(譬喩)해 이르는 말.

태산준령(泰山峻嶺) 큰 산과 험한 고개.

태산지안(泰山之安) '태산(泰山)의 태연(泰然)함과 같은 편안(便安)함'이라는 뜻으로, 안고(安固)함을 이르는 말.

태수위탈함이(太守爲脫頷頤) '태수 되자 턱 빠진다'는 속담(俗談)의 한역으로, 오랜 노력(努力)이 모처럼 결실을 보자, 복이 없어 허사가 된다는 말.

태연무심(泰然無心) 태연자약(泰然自若)하여 아무 생각이 없음.

태연자약(泰然自若) 마음에 충동(衝動)을 받아도 동요하지 않고 천연(天然)스러운 것.

태욕근치(殆辱近恥) 총애(寵愛)를 받는다고 욕된 일을 하면 머지않아 위태(危殆)함과 치욕(恥辱)이 옴.

태을선녀(太乙仙女) 하늘에 있는 선녀(仙女).

태초유도(太初有道) 태초에 말씀이 계셨다.

태평광기(太平廣記) 송(宋) 나라 태평흥국(太平興國) 2년(977)에 이방(李昉) 등 12명이 왕명을 받아 엮은 설화집 500권.

태평무상(太平無象) 천하(天下)가 태평(太平)할 때는 이를 지적(指摘)하여 말할 만한 형상(形狀)이 없음.

태평성대(太平聖代) 어질고 착한 임금이 다스리는 태평(太平)한 세상(世上).

태평성사(太平盛事) 태평한 시대의 크고 훌륭한 일.

태평세계(太平世界) 평화(平和)스러운 세상(世上).

태평세월(太平歲月) 근심이나 걱정이 없는 평안한 시절(時節).

태평연월(太平烟月) 세상(世上)이 평화(平和)롭고 안락(安樂)한 때.

태평천국(太平天國) ①태평(太平)하고 안락(安樂)한 천국(天國). ②1851년 중국(中國) 청대(淸代)에 장발적(長髮賊) 홍수전(洪秀全)과 농민반란군이 세운 나라. 광시성을 본부로 삼고, 청(淸)나라의 지배(支配)에 항거(抗拒)하는 한편, 크리스트교를 바탕으로 한 평화(平和)롭고 평등(平等)한 지상천국(天國)을 이상(理想)으로 했으나 1864년 지주(地主)의 군대(軍隊)와 외국(外國) 의용군의 공격(攻擊)으로 망(亡)했음.

태평천하(太平天下) 태평스럽고 편안(便安)한 세상(世上).

태프트 가쓰라 밀약(Taft–Katsura 密約) 태프트–가쓰라 밀약(영어: Taft–Katsura Secret Agreement: TKSA) 또는, 가쓰라–태프트 협정(일어: 桂かつら·タフト協定 きょうてい)은, 1905년 7월 29일 일본의 수도인 동경(東京:とぅきよぅ)에서 맺어진 비밀조약이다. 미국 육군장관(United States Secretary of War) 태프트(W.H. Taft)와 일본총리대신 겸 외무대신, 가쓰라 다로오(桂太郎:かつら, きよぅこじ)와의 밀약(密約)이 이루어졌다. 그 밀약 내용은, 미국은 필리핀을, 일본은 조선을 각각 식민국(植民國)으로 지배권(支配權)을 승인하기로 하는 밀약의 조약(條約)이다.

ㅌ

태화위정(太和爲政) '대화합(大和合)을 정치(政治)의 근본(根本)으로 삼는다'는 뜻으로, 화합(和合)하면 이기고 그렇지 않으면 성공(成功)할 수 없다는 뜻을 나타냄 .

택급만세(澤及萬世) 혜택(惠澤)이 영원(永遠)히 미침.

택우교지유소보익(擇友交之有所補益) 벗을 가려 사귀면 도움과 유익(有益)함이 있을 것임.

택이교지유소보익(擇而交之有所補益) 사람을 가려서 사귀면 도움과 유익(有益)함이 있느니라.

택피창생(澤被蒼生) 덕택(德澤)이 만민(萬民)에게 미침.

토가언여설(吐佳言如屑) 말이 술술 나오는 것을 나무를 켤 때에 톱밥이 나오는 것에 비유(譬喩)해 이르는 말.

토각귀모(兔角龜毛) '토끼의 뿔과 거북의 털'이라는 뜻으로, 불교(佛敎)에서 이른바 세상에 있을 수 없는 일을 비유(比喩)하는 말.

토고납신(吐故納新) '묵은 것을 토(吐)해내고 새것을 들이마신다'는 뜻으로, 낡고 좋지 않은 것을 버리고 새롭고 좋은 것을 받아들이는 기공(氣功) 요법(療法)의 하나.

토광인희(土廣人稀) 땅은 넓고 사람은 드묾. 지광인희(地廣人稀). 인희지광(人稀地廣).

토기양미(吐氣揚 眉) '기염(氣焰)을 토하며 눈썹을 치켜올린다'는 뜻으로, 득의만만(得意滿滿)한 모습을 두고 이르는 말.

토라치리(兎羅雉罹) '토끼 그물에 꿩이 걸린다'는 뜻으로, 소인(小人)은 계교(計巧)로 죄에서 벗어나고, 군자(君子)가 도리어 화를 입음을 이르는 말.

토마스선교사와셔먼호(Thomas宣教師–Sherman號) Thomas, Robert Jermain. 1840~1866. 토마스는 영국 런던선교회 중국선교사이며, 한국개신교 최초의 순교자였다. 한국명의 탁마준(托馬浚), 최난헌(崔蘭軒)이라는 이름으로도 알려져 있는 이는 1863년 런던선교회로부터 중국선교사로 임명되었으며, 6월4일 고향교회에서 목사안수를 받은 후 두 주일 지나서 고드페리(Calroline Godfery)와 결혼하고 7월21일 중국을 향해 떠났으나 상해에서 갑작스러운 부인의 죽음으로 영국으로 귀국했다가 1865년에 다시 중국으로 오면서 한반도 선교의 뜻을 갖고 한국에 성서 반포를 위해, 많은 한문 성경을 가지고 미국상선(美國商船)인,「제너럴 셔먼」(The General Sherman)호를 편승하여 1866년 8월 27일 평양의 한사정(閑似停)에 정박하였다. 토마스 일행은 한국의 관리들과의 대립으로 투석전을 하다가 1866년 9월5일 셔먼호는 불타기 시작하였고, 토마스는 선두에 나와 소리치며 전도하였으나, 결국 칼에 찔려 꽃다운 26세의 젊은 나이에 순교하게 되었다. 토마스가 순교하기 직전 12세의 최치량에게 성경3권을 주었고 최치량은 그 당시 영문주사였던 박영식에게 주어서 박영식은 그 성경을 뜯어 자신의 집 벽에 도배를 하였다. 성경 3권으로 도배했던 박영식의 집은 오늘에 와서 장대현교회가 되었고, 장대현 교회에서는 1907년 1월 14.15일에 놀라운 성령의 역사가 일어났고, 이렇듯 토마스 선교사의 순교는 평양대부흥운동의 불씨가 되었다. 또한 토마스 순교자의 피로 세워진 터에는 주왕리 교회가 세워졌고, 최근 기념교회 터 위에는 평양과학기술대학이 세워졌다.

토매인우(土昧人遇) 미개(未開)하고 어리석은 사람으로 대우(待遇)함.

토붕와해(土崩瓦解) '흙이 무너지고 기와가 산산이 깨어진다'는 뜻으로, 사물(事物)이 여지 없이 무너져 나가 손댈 수 없이 됨을 가리키는 말.

토사구팽(兎死狗烹) 토사구팽(兎死狗烹).

토사구팽(兎死狗烹) '사냥하러 가서 토끼를 잡으면, 사냥하던 개는 쓸모가 없게 되어 삶아 먹는다'는 뜻으로, ①필요(必要)할 때 요긴(要緊)하게 써 먹고 쓸모가 없어지면 가혹(苛酷)하게 버린다는 뜻. ②일이 있을 때는 실컷 부려먹다가 일이 끝나면 돌보지 않고 헌신짝처럼 버리는 세정(世情)을 비유(比喩)해 이르는 말. 교토사주구팽(狡兎死走狗烹)

토사호비(兎死狐悲) '토끼의 죽음을 여우가 슬퍼한다'는 말로, 같은 무리의 불행(不幸)을 슬퍼한다는 말.

토악지로(吐握之勞) '토포악발(吐哺握髮)하는 수고'라는 뜻으로, 뛰어난 인물(人物)을 얻으려고 노력(努力)함을 이르는 말.

토영삼굴(兎營三窟) '토끼는 숨을 수 있는 굴을 세 개는 마련해 놓는다'는 뜻으로, 자신(自身)의 안전(安全)을 위(爲)하여 미리 몇 가지 술책(術策)을 마련함을 비유(比喩)하는 말.

토우목마(土牛木馬) '흙으로 만든 소와 나무로 만든 말'이라는 뜻으로, 아무리 진짜 같아도 논밭을 갈고 짐을 나르지 못하는 데서 문벌(門閥)은 있으나 재주가 없는 사람을 이르는 말.

토원후불평(免怨猴不平) 원진살의 한 가지. 궁합(宮合)에서, 토끼띠는 원숭이띠를 꺼린다는 말.

토적성산(土積成山) '흙이 쌓여 산을 이룬다'는 뜻으로, 작은 것이 쌓여 큰 것이 됨을 비유(比喩)해 이르는 말.

토정비결(土亭秘訣) 조선 명종(明宗) 때, 토정(土亭) 이지함(李之菡)이 지었다는 책(册). 태세(太歲),월건(月建),일진(日辰)을 숫자로 풀어 셈하여 그 해의 신수(身數)를 보는데 씀.

ㅌ

토주오비(兎走烏飛) '토끼가 달리고 까마귀가 난다'는 뜻으로, 세월의 빠름을 이르는 말.

토진간담(吐盡肝膽) '간과 쓸개를 모두 내뱉는다'는 뜻으로, 솔직(率直)한 심정(心情)을 속임 없이 모두 말하는 것을 비유(比喩)하는 말.

토포악발(吐哺握髮) '입 속에 있는 밥을 뱉고 머리카락을 움켜쥔다'는 뜻으로, ①식사(食事) 때나 머리를 감을 때에 손님이 오면 황급(遑急)히 나가서 맞이함을 일컬음. 즉 손님에 대(對)한 극진(極盡)한 대우(待遇). ②또는 군주(君主)가 어진 인재(人材)의 예의(禮儀)를 갖추어서 맞이하는 것을 말함.

토포착발(吐哺捉髮) 토포악발(吐哺握髮).

토황소격문(討黃巢檄文) 황소를 토벌하기 위해 떨쳐 일어날 것을 권하는 글.

통가지의(通家之誼) 절친(切親)한 친구(親舊) 사이에 친척(親戚)처럼 내외를 트고 지내는 정의(情誼).

통개중문(洞開重門) '겹겹이 닫힌 문을 활짝 연다'는 뜻으로, '출입이 금지된 곳을 개방함'을 이르는 말.

통고학순(通苦學順) '고난(苦難)을 통(通)해 순종(順從)을 배운다'의 말.

통관규천(通管窺天) 피리 관(管)을 통(通)해 하늘을 엿봄.

통양상관(痛癢相關) 서로 이해가 일치하는, 썩 가까운 사이.

통운망극(痛隕罔極) 그지없이 슬픔.

통천지수(通天之數) '하늘에 통(通)하는 운수(運數)'라는 뜻에서, '매우 좋은 운수(運數)'를 이르는 말.

퇴경정용(槌輕釘聳) '망치가 가벼우면 못이 도로 솟는다'는 뜻으로, 웃 사람이 엄하게 다스리지 않으면 아랫사람이 말을 듣지 않게 된다는 말.

퇴금적옥(堆金積玉) 금과 옥을 산처럼 모음.

퇴보즉진보적장본(退步卽進步的張本) '뒤로 물러서는 것은 곧, 앞으로 나갈 바탕이 된다'는 뜻.

퇴적평야(堆積平野) 퇴적 작용에 의하여 이루어진 평야.

투계모구(偸鷄摸狗) '닭을 훔치고 개를 더듬어 찾는다'는 뜻으로, 살금살금 나쁜 짓만 함.

투과득경(投瓜得瓊) '모과를 선물(膳物)하고 구슬을 얻는다'는 뜻으로, 사소(些少)한 선물(膳物)에 대(對)해 훌륭한 답례(答禮)를 받음을 두고 이르는 말.

투도보리(投桃報李) '봉숭아에 대(對)한 보답(報答)으로 오얏을 보낸다'는 뜻으로, 내가 은덕(恩德)을 베풀면 남도 이를 본받음을 비유(譬喩)하는 말.

투병식과(投兵息戈) 병기(兵器)를 던지고 창(槍)을 멈춤. 싸움의 그침을 이름.

투서공기(投鼠恐器) '쥐를 잡으려다가 그 옆에 있는 그릇을 깨뜨릴까 염려(念慮)한다'는 뜻으로, 임금 가까이 있는 간신(奸臣)을 없애려다가 임금께 해를 끼칠까 두려워함을 비유(比喩)해 이르는 말.

투서기기(投鼠忌器) 투서공기(投鼠恐器).

투석지뢰(投石地雷) 땅 속에 홈을 파서 사면(斜面)에 약협(藥莢)을 묻은 후(後) 작은 돌을 쌓고 적이 가까이 오면 전기(電氣)로 폭발(爆發)시켜 돌이 날아가도록 만든 지뢰(地雷).

투신자살(投身自殺) 높은 곳에서 아래로, 또는 물속으로 몸을 던져 스스로 죽음.

투저의(投杼疑) '베틀의 북을 내던지는 의심(疑心)'이라는 뜻으로, ①여러 번 말을 들으면 곧이듣게 된다는 말. ②임금이 참언을 믿는 것을 비유(譬喩)해 이르는 말.

ㅌ

투편단류(投鞭斷流) '채찍을 던져 강의 흐름을 가로막는다'는 뜻으로, 물을 건너는 군사(軍士)가 극(極)히 많음을 이르는 말.

투필성자(投筆成字) '글씨에 능(能)한 사람은 정신(精神)을 들이지 아니하고 붓을 던져도 글씨가 잘 된다'는 말.

투필종융(投筆從戎) '붓을 던지고 창을 좇는다'는 뜻으로, 학문(學問)을 포기(抛棄)하고 전쟁터로 나아감을 비유(譬喩)하는 말.

투합취용(偷合取容) 남에게 영합하여 자기 한 몸이 받아들여지기를 바란다는 말.

투현질능(妬賢嫉能) 어질고 능력(能力)있는 사람을 시기(猜忌)하여 미워함.

특립독행(特立獨行) ①남에게 의지(依支)하지 아니하고 자기(自己) 소신(所信)대로 나감. ②남에게 굴하지 않고 소신대로 행동(行動)함.

특립지사(特立之士) 세속(世俗)밖에 홀로 우뚝한 훌륭한 사람.

특명전권대사(特命全權大使) 주재국에서 국가를 대표하여 외교 교섭(交涉)을 하며, 자국민에 대한 보호(保護) 감독(監督)의 임무를 수행하는 제1급의 외교사절(外交使節). 국가 원수로부터 상대국의 국가원수에게 파견됨. 국내법으로는 대사관 또는 대표 부의장(長)임. 전권대사(全權大使).

특출무비(特出無比) 견줄 데 없이 특별(特別)히 뛰어남.

특필대서(特筆大書) '뚜렷이 드러나게 큰 글씨로 쓴다'는 뜻으로, 누구나 알게 크게 여론화(輿論化)함. 대서특필(大書特筆)

ㅌ

【ㅍ】

파경불재조(破鏡不再照) '깨진 거울은 본디대로 비출 수 없다'는 뜻으로, 한번 헤어진 부부(夫婦)는 다시 맺어지기 어려움을 이르는 말.

파경부조(破鏡不照) 파경부재조(破鏡不在照).

파경중원(破鏡重圓) ①깨진 거울이 다시 둥근 모습을 되찾음. ②생(生) 이별(離別)한 부부(夫婦)가 다시 결합(結合)한 것.

파경지탄(破鏡之歎) 부부(夫婦) 사이의 영원(永遠)한 이별(離別)을 서러워하는 탄식(歎息).

파계무참(破戒無慙) 계율(戒律)을 어기면서 부끄러워함이 없음. 또는, 그 모양(模樣).

파고착조(破觚斲雕) ①모난 것을 둥글게 하고, 복잡(複雜)한 것을 간단(簡單)하게 함. ②가혹(苛酷)한 형벌(刑罰)을 없애고, 복잡(複雜)한 규칙(規則)을 고침.

파공관면(罷工寬免) 부득이한 이유(理由)에 의(依)하여 파공(罷工)을 면허(免許)함.

파과지년(破瓜之年) ①여자(女子)의 나이 16세를 이르는 말, 곧 오이 과(瓜) 자를 파자(破字)하면 여덟 팔(八) 자가 둘이 되므로 이팔(二八)이 십육(十六)이 됨. ②남자(男子)의 나이 64세를 이르는 말, 곧 여덟 팔(八) 자가 두 개이므로 팔팔(八八)이 육십사(六十四)가 됨, 줄여서 파과(破瓜)라고도 함.

파기상접(破器相接) '깨어진 그릇 조각을 서로 맞춘다'는 뜻으로, 이미 잘못된 일을 바로잡으려고 쓸데없이 애씀을 이르는 말.

파기상종(破器相從) 이미 망가진 일을 고치고자 쓸데없이 애를 씀을 이르는 말.

파기상준(破器相準) 깨진 그릇 맞추기.

파라척결(爬羅剔抉) '긁어모아 발라낸다'는 뜻으로, ①숨은 인재(人材)를 널리 찾아내어 등용(登用)함. ②남이 숨기고 있는 비밀(秘密)이나 결점(缺點)을 파헤침. ③손톱으로 긁거나 후벼 모조리 파냄.

파락호(破落戶) 놀고먹는 건달이나 불량배(不良輩).

파란곡절(波瀾曲折) 생활 또는 일의 진행(進行)에서 일어나는 많은 곤란(困難)과 변화(變化).

파란만장(波瀾萬丈) '파도(波濤)의 물결치는 것이 만장(萬丈)의 길이나 된다'는 뜻으로, 일의 진행(進行)에 변화(變化)가 심(甚)함을 비유(比喩)하는 말로 쓰임.

파란중첩(波瀾重疊) '물결 위에 물결이 일다'라는 뜻으로, 일의 진행(進行)에 있어서 온갖 변화(變化)나 난관이 많음.

파렴치(破廉恥) 수치(羞恥)를 모르고, 염치(廉恥)를 모름. 몰염치(沒廉恥). 뻔뻔스러움.

파렴치한(破廉恥漢) 염치(廉恥)를 모르는 뻔뻔한 사람을 이르는 말.

파류제미(波流弟靡) '물결이 끝없이 흘러가고 차차로 변천(變遷)한다'는 뜻으로, 세상(世上)의 추세를 비유(比喩)해 이르는 말.

파벽비거(破壁飛去) '벽을 깨고 날아갔다'는 뜻으로, 평범(平凡)한 사람이 갑자기 출세(出

世)함을 이르는 말.

파부침선(破釜沈船) 파부침주(破釜沈舟).

파부침주(破釜沈舟) '솥을 깨뜨리고 배를 가라앉힌다'는 뜻으로, 싸움터로 나가면서 살아 돌아오기를 바라지 않고 결전을 각오(覺悟)함을 이르는 말. 파부침선(破釜沈船).

파사현정(破邪顯正) '어긋나는 사악(邪惡)한 도리(道理)를 깨뜨리고 바른 도리(道理)를 드러낸다'는 뜻으로, 그릇된 생각을 깨뜨리고 올바른 도리(道理)를 드러냄. (2012년도 사자성어로 선정).

파산중적이파심중적난(破山中敵易破心中敵難) '산 속에 있는 적을 무찌르기는 쉬우나 자기(自己) 속에 있는 나쁜 마음을 물리치기는 몹시 어렵다'는 말.

파상공격(波狀攻擊) 물결이 밀려왔다가 밀려가듯이 한 공격(攻擊) 대상(對象)에 대(對)하여 단속적(斷續的)으로 하는 공격(攻擊)을 이르는 말.

파성종(破性宗) '자성은 인정(認定)하지 않지만 그 가상(假想) 또는 가명은 인정(認定)한다'는 뜻으로, '가명종'을 일컫는 말.

파안대소(破顔大笑) '얼굴이 찢어지도록 크게 웃는다'는 뜻으로, 즐거운 표정(表情)으로 한바탕 크게 웃음을 이르는 말.

파안일소(破顔一笑) 즐거운 표정(表情)을 지으며 한바탕 웃음.

파옹구우(破甕救友) '옹기(장독 따위의)를 깨뜨려서 친구(親舊)를 구(救)한다'는 뜻.

파적지계(破敵之計) 적을 깨부술 계책(計策).

파죽지세(破竹之勢) '대나무를 쪼개는 기세(氣勢)'라는 뜻으로, ①곧 세력(勢力)이 강대(强大)하여 대적(大敵)을 거침없이 물리치고 쳐들어가는 기세(氣勢). ②세력(勢力)이 강(强)하여 걷잡을 수 없이 나아가는 모양(模樣).

파천황(破天荒) '천지(天地) 개벽(開闢) 이전(以前)의 혼돈한 상태(狀態)를 깨뜨려 연다'는 뜻으로, ①이제까지 아무도 하지 않은 일을 행(行)함을 이르는 말. ②진사(進士)에 급제(及第)한 사람을 이름.

평천하(平天下) 천하(天下)를 평정함을 일컬음.

판관사령(判官使令) 아내가 시키는 말에 거역(拒逆)할 줄 모르는 사람을 농으로 일컫는 말. 공처가(恐妻家). 엄처시하(嚴妻侍下). 처시하(妻侍下).

ㅍ

판무식(判無識) 전무식(全無識). 아주 무식함, 또는 그런 사람.

판문점(板門店) 남북한의 비무장지대(非武裝地帶)에 있어, 주로 회담이 개최되는 건물을 포함한 그 주변의 장소. 6·25전쟁(戰爭)때 1951년 10월부터 1953년 7월까지 UN군(軍)과 공산군(共産軍) 간(間)에 휴전회담(休戰會談)이 열린 곳. 38선(線)의 판문점(板門店)이 한문으로 획(劃) 수(數)가, 세 자(字) 모두 각각 8획(劃)씩이다.

판문점과 삼팔선(板門店–三八線) 「정감록(鄭鑑錄)」이란 예언집(豫言集)에 의하면, 한반도의 판문점은 38선에 있도록 예정 되었다고 한다. 판문점이란 한자의 획수(劃數)가, 판(板) 자도 8획이고, 문(門)자도 8획이고, 점(店)자 역시 8획, 3자가 모두 각각 8획씩이어서 판문점은 숙명적(宿命的)으로 38선에 놓여 지도록 예정되었다는 것이다.

판상주환(阪上走丸) '언덕 위에서 공을 굴린다'는 뜻으로, 어떤 세력(勢力)에 힘입어 일을 꾀하면 쉽게 이루어지거나, 또는 그 일이 잘 진전됨의 비유(比喩).

팔굉일우(八紘一宇) '온 천하가 한 집'이란 뜻으로, 일제가 침략 전쟁(戰爭)을 합리화(合理化)하려고 쓴말.

팔년병화(八年兵火) '싸움이 오랫동안 계속(繼續)하여 승부(勝負)가 속히 결정(決定)되지 아니함'의 비유(譬喩). 중국에서 항우와 유방의 싸움이 8년이나 걸린 데서 유래함.

팔년풍진(八年風塵) '8년간의 바람과 먼지'라는 뜻으로, 여러 해에 걸쳐 고생(苦生)함을 이르는 말.

팔대행성(八大行星) 태양의 둘레를 주기적으로 돌고 있는 여덟 행성. 곧, 수성 · 금성 · 지구 · 화성 · 목성 · 토성 · 천왕성 · 해왕성.

팔도강산(八道江山) 우리나라 전국(全國)의 산수(山水).

팔두신(八頭身) 팔등신(八等身).

팔두작미(八斗作米) 벼 한 섬을 찧어 쌀 여덟 말을 받고 그 나머지는 방앗삯으로 주는 일.

팔등신(八等身) 신장(身長)과 머리 길이의 비가 8대 1로 되는 몸, 또는 그런 몸을 가진 사람. (흔히, 미인(美人)의 표준(標準)으로 삼음). 팔두신(八頭身).

팔만나락(八萬奈落) 팔만지옥(八萬地獄).

팔만대장경(八萬大藏經) 팔만사천대장경(八萬四千大藏經)의 준말.

팔만사천대장경(八萬四千大藏經) 8만 4천 법문(法文)이 수록되어 있는 데서, '고려 대장경'을 이르는 말.

팔만장안(八萬長安) '사람이 많이 사는 곳'이란 뜻으로, '서울'을 일컫는 말.

팔만지옥(八萬地獄) 불교에서, 중생이 번뇌(煩惱) 때문에 당하는 수많은 괴로움을 지옥에 비유하여 이르는 말. 팔만나락(八萬奈落).

팔면부지(八面不知) 어느 모로 보나 전혀 알지 못하는 사람임.

팔면영롱(八面玲瓏) ①어느 쪽에서 보아도 다 투명(透明)하고 밝음. ②마음이 상쾌하고 막힘이 없음 ③대인 관계(關係)가 원만(圓滿)하고 사교성이 있음.

팔면육비(八面六臂) '여덟 개의 얼굴과 여섯 개의 팔'이라는 뜻으로, 뛰어난 능력(能力)으로 다방면(多方面)에 걸쳐 눈부신 수완(手腕)을 발휘(發揮)하는 사람을 이르는 말.

팔방미인(八方美人) ①어느 모로 보나 아름다운 미인(美人). ②누구에게나 두루 곱게 보이는 방법(方法)으로 처세(處世)하는 사람. ③여러 방면(方面)의 일에 능통(能通)한 사람 ④아무 일에나 조금씩 손대는 사람.

팔불용(八不用) '어느 모로 보나 쓸모가 없다'는 뜻으로, 몹시 어리석은 사람을 두고 이르는 말.

팔불출(八不出) 몹시 어리석은 사람을 이르는 말. 팔불취(八不取). 팔불용(八不用)

팔불취(八不取) 팔불출(八不出).

팔삭둥이(八朔–) ①제 달을 다 채우지 못하고 밴 지 여덟 달 만에 낳은 아이. ②'똑똑하지 못한 사람'을 조롱(嘲弄)하여 이르는 말.

팔자소관(八字所關) 팔자에 의(依)해 운명적(運命的)으로 겪는 바.

팔자청산(八字青山) 팔자춘산(八字春山).

팔자춘산(八字春山) 미인(美人)의 고운 눈썹을 비유(比喻), 형용(形容)하는 말.

팔중주(八重奏) 여덟 가지의 독주(獨奏) 악기로 구성된 실내악(室內樂) 중주. 옥텟(octet).

팔중창(八重唱) 8명이 각자의 성부(聲部)로 부르는 중창. 옥텟(octet).

팔차수(八叉手) ①시재(詩才)에 능통(能通)함. ②또는 시를 짓는 데 재빠름을 이르는 말.

팔척장신(八尺長身) 장대(壯大)한 사람의 몸을 과장(誇張)하여 이르는 말.

팔포대상(八包大商) ①생활(生活)에 걱정이 없는 사람을 가리키는 말. ②중국(中國)으로 보내던 사대사행(事大使行)에 수행(隨行)하여 홍삼(紅蔘)을 파는 허가(許可)를 맡았던 의주(義州) 상인(商人).

패가망신(敗家亡身) 가산(家産)을 탕진(蕩盡)하고 몸을 망침.

패가지아용금여분(敗家之兒用金如糞) 집을 망칠 아이는 돈 쓰기를 똥과 같이 하느니라.

패군장병불어(敗軍將兵不語) '패한 장수는 병법(兵法)을 논(論)하지 않는다'는 뜻.

패군장불가이언용(敗軍將不可以言勇) 패군지장불어병(敗軍之將不語兵).

패군지장불가이언용(敗軍之將不可以言勇) '싸움에 진 군대(軍隊)의 장수(將帥)는 용(勇)을 말할 수 없다'는 뜻으로, 패장은 군사(軍事)에 관(關)한 한 말할 자격(資格)이 없음을 이르는 말.

패군지장불어병(敗軍之將不語兵) '싸움에 진 장수(將帥)는 병법(兵法)을 말하지 않는다'는 뜻으로, 실패(失敗)한 사람은 나중에 그 일에 대해 구구(區區)하게 변명(辨明)하지 않는다는 말.

패기만만(霸氣滿滿) 패기로 가득 참.

패기발발(霸氣勃勃) ①성격(性格)이 매우 진취적(進取的)이고 패기(霸氣)가 한창 일어나는 모양(模樣). ②모험(冒險), 투기(投機)를 좋아하는 마음이나 사업에 야심(野心)이 불타듯이 왕성(旺盛)한 모양.

패류잔화(敗柳殘花) '마른 버드나무와 시든 꽃'이라는 뜻으로, 용모(容貌)와 안색(顏色)이

쇠한 미인(美人)의 모습을 비유(比喩)해 이르는 말.

패배주의(敗北主義) 성공(成功)이나 승리(勝利])에 대한 자신감(自信感)이 없고, 무슨 일이든 해보지도 않고 겁부터 집어먹고 자포자기(自暴自棄)하는 경향(傾向).

패역무도(悖逆無道) 패악(悖惡)하고 불순(不順)하여 사람다운 점이 없음.

패입패출(悖入悖出) 패출패입(悖出悖入).

패자역손(悖子逆孫) 천륜(天倫)을 어긴 자손(子孫).

패출패입(悖出悖入) '도리(道理)에 어긋나는 일을 하면 또 그와 같은 일을 받는다'는 뜻. 패입패출(悖入悖出)

팽두이숙(烹頭耳熟) '머리를 삶으면 귀까지 삶아진다'는 뜻으로, 중요(重要)한 것만 해결(解決)하면 나머지는 따라서 해결(解決)됨.

편고지역(偏苦之役) 남보다도 더 고통(苦痛)을 받으면서 하는 일.

편모슬하(偏母膝下) 편모시하(偏母侍下).

편모시하(偏母侍下) 홀로 남은 어머니를 모시고 있는 처지(處地).

편언절옥(片言折獄) 한마디 말로 송사(訟事)의 판결을 내림.

편언척구(片言隻句) 몇 마디 안 되는 짧은 말.

편언척자(片言隻字) '한마디 말과 몇 자의 글'이란 뜻으로, 짧은 말과 글.

편작불능육백골(扁鵲不能肉白骨) '천하(天下)의 명의(名醫) 편작도 죽은 사람을 소생시킬 수는 없다'는 뜻으로, 충신(忠臣)도 망국(亡國)을 유지(維持)할 수는 없음을 이르는 말.

편장막급(鞭長莫及) '채찍이 길어도 미치지 못한다'는 뜻으로, 돕고 싶지만 능력이 미치지 못함을 이르는 말.

편전편옥(片箋片玉) 아름다운 문장(文章)을 이르는 말.

편친시하(偏親侍下) 홀로 된 어머니나 아버지를 모시고 있는 처지(處地).

편편옥토(片片沃土) 어느 논밭이나 다 기름짐.

편향성(偏向性) ①어떤 사물이나 생각 따위가 한쪽으로 기울거나 치우침, 또는 그러한 경향의 성격(性格). ②진공 속을 주행하는 전자 따위가 전장(電場)이나 자장(磁場)에 의해서 방향을 바꾸는 일.

평기허심(平氣虛心) '심기를 조용하게 가져 잡념을 없앤다'는 뜻으로, 마음이 평온(平穩)하고 걸리는 것이 없음을 이르는 말.

평단지기(平旦之氣) '이른 새벽에 다른 사물(事物)과 접촉(接觸)하기 전의 맑은 정신(精神)'을 이르는 말.

평롱망촉(平隴望蜀) '인간(人間)의 욕심(慾心)은 한이 없음'을 비유(比喩)해 이르는 말.

평면묘사(平面描寫) 글 쓰는 이의 주관(主觀)을 배제(排除)하고, 외면적(外面的) 사상(事象)의 표현만을 눈에 비친 그대로 묘사하는 일.

평민적(平民的) 신분이나 지위에 구애됨이 없이 격식을 차리지 않는 것. ↔귀족적(貴族的).

평사낙안(平沙落雁) '모래톱에 내려앉는 기러기'라는 뜻으로, ①글씨를 예쁘게 잘 쓰는 것을 비유(比喻)하는 말. ②아름다운 여인의 맵시 따위를 비유적(比喻的)으로 이르는 말.

평생지계(平生之計) 일생(一生)의 계획(計劃).

평순모음(平脣母音) 발음할 때 입술의 모양에 따른 모음의 종류. 발음할 때 비교적 평평하게 발음되는 모음이다. 국어의 단모음(單母音) 중, 평순모음은(ㅗ·ㅜ·ㅚ·ㅟ)을 제외한 모든 단모음을 이름. 곧 (ㅡ·ㅣ·ㅏ·ㅓ·ㅐ·ㅔ 따위).

평신도(平信徒) 교직(敎職)을 가지지 않은 일반성도(一般聖徒).

평신저두(平身低頭) '엎드려 땅에 머리를 댄다'는 뜻으로, 공경(恭敬)하여 두려워하는 모습을 비유(比喻)하는 말.

평심서기(平心舒氣) ①마음을 평온(平穩)하고 순화(順和)롭게 함. ②또는 그런 마음. 줄여서 평심(平心)이라고도 함.

평온무사(平穩無事) 안온(安穩)하며 아무것도 변한 일이 없음.

평이담백(平易淡白) 깨끗하며 욕심(慾心)이 없는 마음.

평지낙상(平地落傷) '평지에서 넘어져 다친다'는 뜻으로, 뜻밖에 불행한 일을 당함을 비유하여 이르는 말.

평지풍파(平地風波) '평지에 풍파가 인다'는 뜻으로, 뜻밖에 분쟁(紛爭)이 일어남을 비유하여 이르는 말. 분쟁을 일으키거나 사태를 어렵고 시끄럽게 만드는 경우를 말함.

평탄대로(平坦大路) 평평(平平)하고 크고 넓은 길.

평평범범(平平凡凡) 뛰어난 점(點)이 없이 보통(普通)임.

폐구심장설(閉口深藏舌) 입을 닫고 혀를 깊이 감추라.

폐구심장설안신처처뢰(閉口深藏舌安身處處牢) 입을 닫고 혀를 깊이 감추면, 가는 곳마다 몸이 편하리라.

폐부지언(肺腑之言) 마음속에서 우러나오는 참된 말.

폐부지친(肺腑之親) 왕실(王室)의 가까운 친족(親族).

ㅍ **폐석풍정**(肺石風情) 재판(裁判)의 공정(公正)함을 이르는 말.

폐월수화(閉月羞花) '달이 숨고 꽃이 부끄러워한다'는 뜻으로, 절세(絕世)의 미인(美人)을 비유(譬喩)해 이르는 말.

폐의파관(敝衣破冠) '해어진 옷과 부서진 갓'이라는 뜻으로, 너절하고 구차(苟且)한 차림새를 이르는 말.

폐의파립(敝衣破笠) 폐포파립(敝袍破笠).

폐절풍청(弊絕風淸) '폐습이 끊어지고 풍습(風習)이 맑아진다'는 뜻으로, 바른 정치(政治)가 행(行)해짐을 비유(比喩)해 이르는 말.

폐추천금(弊帚千金) '몽당비를 천금인 양 생각한다'는 뜻으로, 제 분수(分數)를 모르는 과실(過失)이나 제가 가진 것은 다 좋다고 생각함을 이르는 말.

폐침망식(廢寢忘食) '잠을 안 자고, 밥 먹는 것도 잊는다'는 뜻으로, 매우 열심히 공부함을 이르는 말.

폐침망찬(廢寢忘餐) 침식(寢食)을 잊고 일에 심혈(心血)을 기울임.

폐포파립(敝袍破笠) '해진 옷과 부러진 갓'이란 뜻으로, 너절하고 구차(苟且)한 차림새를 말함.

폐풍악습(弊風惡習) 폐해(弊害)가 되는 나쁜 풍습(風習).

폐합사과(閉閤思過) 방 안에 칩거(蟄居)하며 제 잘못을 생각함.

폐호선생(閉戶先生) '문을 닫은 선생(先生)'이라는 뜻으로, 밖에 나가지 않고 집에 틀어박혀 독서(讀書)만 하는 사람을 이르는 말.

포관격탁(抱關擊柝) '문지기와 야경'이라는 뜻으로, 신분(身分)이 낮은 관리(官吏)를 이르는 말.

포난사음욕기한발도심(飽煖思淫慾飢寒發道心) 배부르고 따뜻한 곳에서 호강(豪强)하게 살면 음욕(淫慾)이 생기고, 굶주리고 추운 곳에서 고생하게 살면 도심(道心)이 일어나느니라.

포두서찬(抱頭鼠竄) 무서워서 몰골사납게 얼른 숨음.

포락지형(炮烙之刑) ①중국(中國) 은(殷)나라 주왕(紂王)이 쓰던 매우 심한 형벌(刑罰). 기름칠한 구리 기둥을 숯불 위에 걸쳐 놓고 죄인(罪人)을 건너가게 했다 함 ②달군 쇠로 지지는 극형(極刑)을 통속적(通俗的)으로 이르는 말.

포류지자(蒲柳之姿) '갯버들 같은 모습'이라는 뜻으로, 허약(虛弱)한 몸을 이르는 말.

포류지질(蒲柳之質) '갯버들 같은 체질(體質)'이라는 뜻으로(갯버들 잎은 가을에 가장 먼저 떨어지므로), 나이보다 빨리 늙어 버리는 체질(體質)이나 몸이 약하여 병에 잘 걸리는 체질(體質)을 비유(譬喩)하는 말.

포류질(蒲柳質) 갯버들처럼 가늘고 잔약(孱弱)한 체질(體質).

포만무례(暴慢無禮) 하는 짓이 난폭(亂暴)하며 거만(倨慢)하고 무례(無禮)함.

포말몽환(泡沫夢幻) '물 위에 뜨는 거품과 꿈'이라는 뜻으로, 삶의 덧없음을 비유(譬喩)해 이르는 말.

포벽유죄(抱璧有罪) '옥을 가지고 있는 것이 죄가 된다'는 뜻으로, 분수(分數)에 맞지 않는 귀한 물건(物件)을 지니고 있으면 훗날 재앙(災殃)을 부를 수 있음을 이르는 말. 회벽유죄(懷璧有罪). 회옥유죄(懷玉有罪).

포복구지(匍匐救之) '급(急)히 서둘러 구(救)한다'는 뜻으로(포복은 손과 발이 함께 간다는 말이므로), 남의 상사(喪事)에 힘을 다하여 도움을 이르는 말.

포복절도(抱腹絶倒) '배를 안고 넘어진다'는 뜻. 몹시 우스워서 배를 안고 몸을 가누지 못할 만큼 웃음.

포사요환(布射僚丸) 한(漢)나라 여포(呂布)는 화살을 잘 쐈고, 의료(宜遼)는 탄자(彈子)를 잘 던졌음.

포식난의(飽食暖衣) '배부르게 먹고 따뜻하게 옷을 입는다'는 뜻으로, 의식(衣食)이 넉넉하여 불편(不便)함이 없이 편하게 지냄을 이르는 말. 난의포식(暖衣飽食).

포신구화(抱薪救火) '땔나무를 안고 불을 끄러 간다'는 뜻으로, 재해(災害)를 방지(防止)하려다가, 자기(自己)도 말려들어가 자멸하거나 도리어 크게 손해(損害)를 입음을 이르는 말.

포악무도(暴惡無道) 말할 수 없이 사납고 악함.

포어팽재(飽飫烹宰) 배부를 때에는 아무리 좋은 음식(飮食)이라도 그 맛을 모름.

포어팽재기염조강(飽飫烹宰飢厭糟糠) 배가 고플 때에는 겨와 재강이라도 맛이 있다.

포연탄우(砲煙彈雨) '자욱한 총포(銃砲)의 연기(煙氣)와 빗발치는 탄환(彈丸)'이라는 뜻으로, 격렬(激烈)한 전투(戰鬪)를 이름.

포의위대지사(布衣韋帶之士) '베옷을 입고 부들부들한 가죽 허리띠를 맨 선비'라는 뜻으로, 빈천한 사람을 이르는 말.

포의지교(布衣之交) '벼슬이 없는 선비와 서민(庶民)의 교제(交際)'라는 뜻으로, 신분(身分)이나 지위(地位)를 떠나고, 이익(利益) 따위도 바라지 않는 교제(交際)를 비유(譬喩)해 이르는 말.

포의지위(布衣之位) 포의는 서민(庶民)의 옷으로 비천한 신분(身分)을 두고 이르는 말.

포의한사(布衣寒士) 벼슬이 없는 가난한 선비.

포장화심(包藏禍心) 남을 해칠 마음을 품음.

포전인옥(抛塼引玉) 벽돌을 던져서 구슬을 얻는다.

포정해우(庖丁解牛) '솜씨가 뛰어난 포정(庖丁)이 소의 뼈와 살을 발라낸다'는 뜻으로, 기술이 매우 뛰어남을 비유(比喩)하는 말.

포진천물(暴殄天物) 물건(物件)을 아까운 줄 모르고 마구 써 버리거나 아껴 쓰지 않고 함부로 버림을 이르는 말.

포탄희량(抱炭希凉) '숯불을 안고 서늘하기를 바란다'는 뜻으로, 행동(行動)과 목적(目的)이 상치됨을 이르는 말.

포통서하(抱痛西河) 부모(父母)가 자식(子息)을 잃고 슬퍼함을 이르는 말.

포편지벌(蒲鞭之罰) '부들 채찍의 벌(罰)'이라는 뜻으로, 형식(形式)만 있고 실지(實地)는 없어 욕만 보이자는 벌(罰), 곧 너그러운 정치(政治)를 이르는 말.

포편지정(蒲鞭之政) 관대(寬大)한 정치(政治).
포풍착영(捕風捉影) '바람을 잡고, 그림자를 붙든다'는 뜻으로, '허망(虛妄)한 언행(言行)'을 이르는 말.
포학무도(暴虐無道) 성질(性質)이 횡포(橫暴)하고 잔학하여 도덕성(道德性)이 없음.
포호빙하(暴虎馮河) '범을 맨손으로 두드려 잡고, 큰 강을 배 없이 걸어서 건넌다'는 뜻으로, 용기(勇氣)는 있으나 무모(無謀)하기 이를 데 없는 행위(行爲)를 이르는 말.
포호함포(咆虎陷浦) '으르렁대기만 하는 범이 개울에 빠진다'는 속담(俗談)의 한역으로, 큰 소리만 치는 사람은 일을 못하고 도리어 실패(失敗)함을 이르는 말.
포화와신(抱火臥薪) '불을 안고 섶나무 위에 눕는다'는 뜻으로, 점점 더 위험(危險)한 짓을 함을 비유(比喩)해 이르는 말.
포획반망(捕獲叛亡) 배반(背反)하고 도망(逃亡)하는 자를 잡아 죄(罪)를 다스림.
폭우폭염(暴雨暴炎) 갑자기 많이 쏟아지는 비와 매우 심(甚)한 더위.
폭음폭식(暴飮暴食) 음식(飮食)과 술 등(等)을 한꺼번에 많이 먹음.
폭주병진(輻湊并臻) 폭주병진(輻輳并臻).
폭주병진(輻輳并臻) '수레바퀴의 살이 바퀴통에 모이듯 한다'는 뜻으로, 한곳으로 많이 몰려듦을 이르는 말.
폭탄선언(爆彈宣言) 어떤 상황이나 국면에서, 큰 반향(反響)이나 작용을 불러일으키는, 예상하지 않았던 중대 선언(重大宣言).
폭호빙하(暴虎憑河) '맨손으로 호랑이를 잡고 도보(徒步)로 강을 건너다'라는 뜻으로, 용기(勇氣)는 충만하지만 지혜가 없는 사람을 비유(譬喩)하는 말.
표기지건(標記之件) 수제지건(首題之件).
표동벌이(標同伐異) 자기(自己)와 같은 자는 표창(表彰)하고 자기(自己)와 다른 자는 침.
표리부동(表裏不同) '겉과 속이 같지 않음'이란 뜻으로, 마음이 음흉(陰凶)맞아서 겉과 속이 다름.
표리상응(表裏相應) 밖에서와 안에서 서로 손이 맞음.
표리일체(表裏一體) '겉과 속이 한 덩어리'라는 뜻으로, ①말하는 것과 마음속이 다르지 않음 ②둘의 관계(關係)가 밀접(密接)해서 뗄 수 없음을 이르는 말.
표사유피(豹死留皮) '표범은 죽어서 가죽을 남긴다'는 뜻에서, 사람은 사후에 이름을 남겨야 함의 비유(譬喩). 호사유피(虎死留皮).
표사유피인사유명(豹死留皮人死留名) 표범은 죽어서 가죽을 남기고 사람은 죽어서 이름을 남김. 호사유피인사유명(虎死留皮人死留名).
표양태극기(飄揚太極旗) '태극기(太極旗) 휘날리며'라는 뜻.
표이출지(表而出之) 겉으로 두드러지게 드러남. 표차롭게 내세움.

표자정규(杓子定規) 무엇이든지 하나의 규칙(規則)이나 척도(尺度)에 맞추려고 하는 융통성(融通性) 없는 태도(態度)를 말함.

표제지건(表題之件) 수제지건(首題之件).

표질경한(剽疾輕悍) 재빠르고 강(强)함.

표표정정(表表亭亭) 눈에 띄도록 우뚝하여 두드러짐.

품행방정(品行方正) 품성(品性)과 행실(行實)이 바르고 단정(端正)함.

풍고풍하(風高風下) 한 해 동안의 기후를 일컬음. 봄 · 여름은 바람이 낮고, 가을 · 겨울은 바람이 높음.

풍과이(風過耳) '귀를 스쳐가는 바람처럼 듣고도 흘려보낸다'는 뜻으로, 개의치 않음을 비유(譬喩)하는 말.

풍광명미(風光明媚) 산수(山水)의 경치(景致)가 너무나 맑고 아름다움.

풍구군비안월송독거주(風驅群飛雁月送獨去舟) 바람은 떼지어나는 기러기를 몰고, 달은 홀로 가는 배를 보냄.

풍기문란(風紀紊亂) 풍기가 서지 아니하여 문란(紊亂)함.

풍년화자(豐年花子) 풍년화자(豐年花子).

풍년화자(豐年花子) 풍년(豐年) 거지라는 속담(俗談)의 한역으로, 여러 사람이 다 이익(利益)을 볼 때에 혼자 빠져 이익(利益)을 못 봄을 이르는 말. 풍년화자(豐年花子)

풍래수선동우청운시산(風來水先動雨晴雲始散) 바람이 부니 물이 먼저 움직이고, 비가 개이니 구름이 비로소 흩어짐.

풍류운사(風流韻事) 자연(自然)과 친(親)하여 시가(詩歌) 따위를 지어서 즐김, 또는 그 일.

풍류운산(風流雲散) '바람이 불어 구름이 흩어진다'는 뜻으로, 자취도 없이 사라짐을 이르는 말.

풍림화산(風林火山) 손자(孫子)의 병법(兵法)에 있는 군세의 행동(行動) 지침. 곧 전쟁(戰爭)에서는 항상(恒常) 적에게 병사(兵士)를 한 명도 잃지 말고, 적을 무찌르기 위(爲)해 공격(攻擊)할 때에는 바람처럼 빨리, 행동(行動)할 때에는 숲처럼 정연하게, 군세에 침공(侵攻)할 때에는 요원의 불처럼 기세(氣勢) 좋게, 군세가 주둔(駐屯)할 때에는 침착(沈着)하기를 산처럼, 적의 눈을 피할 때에는 은밀(隱密)하게 행동(行動)하고, 한번 행동(行動)을 시작(始作)했으면 우레처럼 하여 적에게 방어(防禦)할 틈을 주지 않도록 해야 함을 이름.

풍마우불상급(風馬牛不相及) '암내 나는 마소가 짝을 구(求)하나 멀리 떨어져 있어 서로 미치지 못한다'는 뜻으로, ①서로 멀리 떨어져 있음. ②전혀 관계(關係)가 없음.

풍마우세(風磨雨洗) 비와 바람에 갈리고 씻김. 바람에 갈리고 비에 씻김.

풍목지비(風木之悲) '효도(孝道)하고자 하나 부모(父母)가 이미 돌아가셔서 효양할 길이 없어 한탄(恨歎) 함'을 비유(比喩)해 이르는 말. 풍수지감(風樹之感). 풍수지비(風樹之悲). 풍수지탄(風樹之嘆).

풍불명지(風不鳴枝) '태평(太平)한 시대(時代)에는 나뭇가지가 흔들려 울릴 정도(程度)의 큰 바람도 불지 않는다'는 뜻으로, 세상(世上)이 태평(太平)함을 이르는 말.

풍비박산(風飛雹散) '바람이 불어 우박이 이리 저리 흩어진다'는 뜻으로, 엉망으로 깨어져 흩어져 버림. 사방(四方)으로 흩어짐. '풍지박산(風紙博山)'은 잘못된 말임.

풍사재하(風斯在下) '새가 높이 날 때는 바람은 그 밑에 있다'는 뜻으로, 높은 곳에 오름을 이르는 말.

풍상설우(風霜雪雨) 바람과 서리와 눈과 비.

풍상쇄하(豊上殺下) 풍상예하(豊上銳下).

풍상예하(豊上銳下) 이마는 살찌고 뺨은 여윔.

풍상우로(風霜雨露) 바람과 서리와 비와 이슬.

풍상지임(風霜之任) 엄엄하고 기강(氣强)한 임무(任務). 어사(御史)나 사법관(司法官)을 일컬음.

풍성풍성(豊盛豊盛) 매우 풍족(豊足)하고 풍성(豊盛)한 모양(模樣).

풍성학려(風聲鶴唳) '바람소리와 학의 울음소리'라는 뜻으로, 싸움에 패한 병정(兵丁)이 바람 소리나 학의 울음소리도 적군(敵軍)인 줄 알고 놀라서 두려워 함, 곧 겁을 집어먹음. 사람이 아무 것도 아닌 조그마한 일에도 놀람을 이르는 말.

풍세대작(風勢大作) 바람의 기세(氣勢)가 크게 일어남. 바람이 사납게 붊.

풍속괴란(風俗壞亂) 세상(世上)의 풍속(風俗)과 풍습(風習)을 무너뜨려 어지럽게 함.

풍수지감(風樹之感) '어버이가 돌아가시어 효도하고 싶어도 할 수 없는 슬픔'을 이르는 말. '수욕정이풍부지(樹欲靜而風不止), 자욕양이친부대(子欲養而親不待)'라는 옛 글귀에서 유래함. 풍목지비(風木之悲). 풍수지비(風樹之悲). 풍수지탄(風樹之嘆).

풍수지리(風水地理) 풍수지리설(風水地理說).

풍수지리설(風水地理說) 지형(地形)이나 방위(方位)의 길흉(吉凶) 등 땅의 기운(氣運)을 얻어 인생의 행복(幸福)을 얻고자 하는 방술(方術).

풍수지비(風樹之悲) 풍목지비(風木之悲) · 풍수지감(風樹之感) · 풍수지탄(風樹之嘆).

풍수지탄(風樹之嘆) 부모(父母)에게 효도(孝道)를 다하려고 생각할 때에는 이미 돌아가셔서 그 뜻을 이룰 수 없음을 이르는 말. 풍목지비(風木之悲)·풍수지감(風樹之感)·풍수지비(風樹之悲)·풍수지탄(風樹之歎). '수욕정이풍부지(樹欲靜而風不止), 자욕양이친부대(子欲養而親不待)'라는 옛 글귀에서 유래함.

풍수지탄(風樹之歎) '어버이가 돌아가시어 효도하고 싶어도 할 수 없는 슬픔'을 이르는 말. '수욕정이풍부지(樹欲靜而風不止),자욕양이친부대(子欲養而親不待)'라는 옛 글귀에서 유래함. 풍목지비(風木之悲)·풍수지감(風樹之感)·풍수지비(風樹之悲)·풍수지탄(風樹之嘆).

풍우대작(風雨大作) 바람이 몹시 불고 비가 많이 옴.

풍우동주(風雨同舟) '폭풍우(暴風雨)속에서 한 배를 탔다'는 뜻으로, 어려운 일을 함께 뭉쳐 헤쳐 나간다는 의미(意味).

풍우장중(風雨場中) ①한참 바쁜 판. ②바람 불고 비 올 때에 치르는 과거(科擧)의 장중(場中).

풍운대수(風雲大手) 시대(時代)나 형편(形便)의 대세(大勢).

풍운아(風雲兒) 좋은 기운(機運)을 타서 세상에 두각(頭角)을 나타내는 사람.

풍운어수(風雲魚水) '바람과 구름, 고기와 물'이라는 뜻으로, 임금과 신하(臣下)의 아주 가까운 사이를 비유(比喻)하는 말.

풍운조화(風雲造化) 바람이나 구름의 예측(豫測)키 어려운 변화(變化).

풍운지회(風雲之會) ①구름과 용이 만나고, 바람과 범이 만나듯이 밝은 임금과 어진 재상(宰相)이 서로 만남을 이르는 말 ②용이 풍운의 힘을 입어 천지간(天地間)을 날아가는 것처럼 영웅(英雄)이 시기(時機)를 만나 큰 공을 세움을 이르는 말.

풍월주인(風月主人) 맑은 바람과 밝은 달 등(等)의 자연(自然)을 즐기는 사람을 이르는 말.

풍자소설(諷刺小說) 시대·사회·인물의 결함이나 과오(過誤) 등을 풍자하는 소설.

풍자적(諷刺的) 풍자의 성질이나 특성을 띤 것.

풍전등촉(風前燈燭) 풍전등화(風前燈火).

풍전등화(風前燈火) 풍전등촉(風前燈燭). 풍전촉화(風前燭火).

풍전세류(風前細柳) '바람 앞에 나부끼는 세 버들'의 뜻으로, 부드럽고 영리(怜悧)한 사람의 성격(性格)을 평(評)한 말.

ㅍ

풍전지진(風前之塵) '바람 앞의 티끌'이라는 뜻으로, 사물(事物)의 무상(無常)함을 이르는 말.

풍전촉화(風前燭火) '바람 앞의 등불'이란 뜻으로, ①사물(事物)이 오래 견디지 못하고 매우 위급(危急)한 자리에 놓여 있음을 가리키는 말. ②사물(事物)이 덧없음을 가리키는 말. 풍전등촉(風前燈燭). 풍전등화(風前燈火).

풍정낭식(風定浪息) '바람이 자고 파도(波濤)가 잔잔해진다'는 뜻으로, 들떠서 어수선한 것이 가라앉음을 이르는 말.

풍조우석(風朝雨夕) 바람 부는 아침과 비 오는 저녁.

풍조우순(風調雨順) '바람과 비가 순조(順調)롭다'는 뜻으로, ①기후(氣候)가 순조(順調)로워 곡식(穀食)이 잘 됨. ②천하(天下)가 태평(太平)함을 이르는 말.

풍즐우목(風櫛雨沐) '바람에 머리를 빗고 비에 목욕(沐浴)한다'는 뜻으로, 외지에서 겪는 고생(苦生)을 비유(譬喩)해 이르는 말.

풍지박산(風紙博山) '풍비박산(風飛雹散)'의 잘못된 말.

풍진세계(風塵世界) 요란하고 시끄러운 세상.

풍찬노숙(風餐露宿) '바람에 불리면서 먹고, 이슬을 맞으면서 잔다'는 뜻으로, 떠돌아다니며 고생(苦生)스러운 생활(生活)을 함을 비유(譬喩)해 이르는 말.

풍창등역멸월옥몽난성(風窓燈易滅月屋夢難成) 바람 부는 창에서 등불은 꺼지기 쉽고, 달뜬 집에서 꿈은 꾸기가 어려움.

풍창파벽(風窓破壁) '뚫어진 창과 헐린 담벼락'이라는 뜻으로, 무너져 가는 가난한 집을 비유(比喩)해 이르는 말.

풍취각여(豊取刻與) 많이 가지고도 조금 줌.

풍치전체(風馳電掣) '바람이 불고 번개가 친다'는 뜻으로, 매우 빠름을 이르는 말.

풍타낭타(風打浪打) '바람 부는 대로 물결치는 대로'라는 뜻으로, 일정(一定)한 주의(主義)나 주장(主張)이 없이 그저 대세(大勢)에 따라 행동(行動)함을 이르는 말.

풍타죽랑타죽(風打竹浪打竹) 풍타낭타(風打浪打).

풍한서습(風寒暑濕) 바람 · 추위 · 더위 · 습기(濕氣)의 총칭(總稱).

풍형예대(豊亨豫大) 세상(世上)이 태평성대(太平聖代)라 백성(百姓)이 행복(幸福)을 누림.

풍화작용(風化作用) 풍화를 일으키는 공기 · 물 · 온도 따위의 작용(作用).

플라톤의삼덕목(platon의 三德目) 지혜(智慧) · 용기(勇氣) · 절제(切除).

피갈회옥(被褐懷玉) '겉에는 거친 옷을 입고 있으나, 속에는 옥을 지녔다'는 뜻으로, 어질고 덕 있는 사람이 세상(世上)에 알려지지 않으려 함을 이르는 말.

피고처하(避高處下) '높은 곳을 피하고, 낮은 곳을 향하여 흐르는 겸손'이란 뜻.

피골상련(皮骨相連) '살가죽과 뼈가 맞붙어 있다'라는 뜻으로, 몹시 여위어 있음을 일컬음.

피골상접(皮骨相接) 피골상련(皮骨相連).

피리양추(皮裏陽秋) 피리(皮裏)는 피부(皮膚)의 안을 뜻하고, 양추(陽秋)는 공자(孔子)가 지은 『춘추(春秋)』를 뜻하는 말로, 사람마다 제각기 나름대로의 속셈과 분별력(分別力)이 있음을 이르는 말.

피로곤비(疲勞困憊) 몹시 지쳐 괴롭고 나른함.

피마불외편추(疲馬不畏鞭箠) '지친 말은 채찍을 두려워하지 않는다'는 뜻으로, 곤궁(困窮)에 빠지면 엄형(嚴刑)을 당할 것을 각오(覺悟)하고라도 범죄(犯罪)함을 이르는 말.

피발영관(被髮纓冠) '머리를 풀어 놓은 채 갓끈을 맨다'는 뜻으로, 머리를 손질한 틈이 없을 만큼 바쁨을 이르는 말. 몹시 급하게 서두름을 의미함.

피발좌임(被髮左衽) '머리를 풀어 헤치고 옷깃을 왼쪽으로 여민다'는 뜻으로, '미개한 종족(種族)의 풍속(風俗)'을 이르는 말.

피상지사(皮相之士) 겉모양(模樣)만 보고 속을 알지 못하는 사람.

피육불관(皮肉不關) 아무런 관계(關係)가 없음.

피육지견(皮肉之見) '가죽과 살만 보고 그 속의 뼈를 못 보았다'는 뜻으로, 어리석은 깨달음을 이르는 말.

피의자(被疑者) 범죄의 혐의는 받고 있으나 아직 기소되지 않은 사람. 용의자.

피일시차일시(彼一時此一時) '그때는 그때, 이때는 이때'라는 뜻으로, 각각(各各) 때에 따라 행(行)한 일이 조금도 모순(矛盾)이 없음을 이르는 말.

피장봉호(避獐逢虎) '노루를 피(避)하려다가 범을 만난다'는 속담(俗談)의 한역으로, 작은 해를 피(避)하려다가 도리어 큰 화를 당(當)함을 이르는 말.

피장부아장부(彼丈夫我丈夫) '그가 장부(丈夫)라면 나도 장부(丈夫)'라는 뜻으로, 별 차이(差異)가 없이 서로 맞설 수 있음을 이르는 말.

피조물(被造物) (조물주에 의하여 만들어진 존재라는 관점에서) '우주(宇宙)의 삼라만상(森羅萬象)'을 이르는 말.

피집불굴(被執不屈) 자기의 주장을 고집하고 굽히지 아니함.

피차일반(彼此一般) 저것이나 이것이나 마찬가지임, 다 같음.

피해망상(被害妄想) 사실은 아닌데 남이 자기에게 피해를 입힌다고 지나치게 생각하는 것.

피해자(被害者) ①피해를 당한 사람. ②남의 불법 행위나 범죄(犯罪)에 의하여, 침해(侵害)를 당하거나 손해(損害)를 보는 사람. ↔가해자(加害者).

피흉추길(避凶趨吉) 흉한 일을 피(避)하고, 길한 일로 나아감.

필가묵무(筆歌墨舞) '붓이 노래 부르고, 먹이 춤을 춘다'는 뜻으로, 자유자재로 글씨를 쓸 수 있는 경지를 이르는 말.

필경연전(筆耕硯田) '벼루를 밭으로 삼고, 붓으로 간다'는 뜻으로, 문필(文筆)로써 생활(生活)함을 비유(比喩)해 이르는 말.

ㅍ

필기도구(筆記道具) 필기하는 데 쓰는 여러 물건. (종이·먹·붓·연필 따위). 필기구(筆記具).

필단풍우(筆端風雨) 시문(詩文)을 짓는 붓끝이 비바람이 지나가듯이 빠름.

필력종횡(筆力縱橫) 문장(文章)을 자유자재(自由自在)로 잘 지음을 이르는 말.

필마단기(匹馬單騎) 혼자 한 필의 말을 타고 감.

필마단창(匹馬單槍) '한 필의 말과 한 자루의 창'이라는 뜻으로, 간단(簡單)한 무장(武裝)을 이르는 말.

필망내이(必亡乃已) 틀림없이 꼭 망(亡)하고야 만다는 뜻. 패멸을 면할 길이 없음.

필무시리(必無是理) 결코 이러할 이치(理致)가 없음.

필묵지연(筆墨紙硯) 붓(筆) · 먹(墨) · 종이(紙) · 벼루(硯)의 네 가지 문방구(文房具) 임.

필문필답(筆問筆答) 질문(質問)을 글로 써서 보이고, 이것에 대(對)하여 회답(回答)을 글로 써서 보이는 일. 구두(口頭)에 의(依)하지 아니하고 글을 써서 문답(問答)하는 일.

필부지용(匹夫之勇) '하찮은 남자(男子)의 용기(勇氣)'라는 뜻으로, 소인(小人)이 깊은 생각 없이 혈기(血氣)만 믿고 함부로 부리는 용기(勇氣)를 이름.

필부필부(匹夫匹婦) 평범(平凡)한 남자(男子)와 평범(平凡)한 여자(女子). 장삼이사(張三李四). 갑남을녀(甲男乙女).

필사즉생(必死則生) '죽기를 각오(覺悟)하면 살 것이다'는 뜻으로, 이순신(李舜臣) 장군(將軍)의 임진왜란(壬辰倭亂) 임전훈(臨戰訓)임.

필사즉생필생즉사(必死則生必生則死) '죽기로 싸우면 반드시 살고, 살려고 비겁하면 반드시 죽는다'는 뜻으로, 위기(危機)에 처한 나라를 구하려는 충신(忠臣)의 각오(覺悟)를 나타낸 말.

필생즉사(必生則死) '살고자 하면 죽는다'는 뜻으로, 이순신(李舜臣) 장군(將軍)의 임진왜란(壬辰倭亂) 임전훈(臨戰訓)임.

필세이후인(必世而後仁) '삼십 년 뒤에는 반드시 인(仁)이 된다'는 뜻으로, 치적(治績)은 장기간(長期間)의 교화(敎化)로 성과(成果)를 올릴 수 있음을 이르는 말.

필수불가결(必須不可缺) 절대적(絕對的)으로 반드시 있어야하고, 없어서는 안 되는 것.

필연적판단(必然的判斷) 논리학(論理學)에서, 판단(判斷)의 주어(主語)와 술어(述語)와의 관계가 필연적인 것임을 나타내는 판단('A는 반드시 B이어야한다'는 형식을 취함). 개연적 판단(蓋然的判斷). 실연적 판단(實然的判斷).

필욕감심(必欲甘心) 품은 원망(怨望)을 반드시 풀어 없애고자 애씀.

필유곡절(必有曲折) 필유사단(必有事端).

필유사단(必有事端) 반드시 무슨 까닭이 있음. 필유곡절(必有曲折).

필이진심경만유지천부응진성의애사해지형제(必以眞心敬萬有之天父應盡誠意愛四海之兄弟) 반드시 진심(眞心)으로 만유의 천부(天父)를 경외(敬畏)하고, 마땅히 성의를 다해 온 세상의 형제를 사랑하라.

필주묵벌(筆誅墨伐) '붓과 먹으로 징벌한다'는 뜻으로, 남의 죄과를 신문(新聞)·잡지(雜誌) 따위를 통(通)해 글로써 공격(攻擊)함을 이르는 말.

필지어서(筆之於書) 확인(確認)하거나 또는 잊어버리지 아니하기 위(爲)하여 글로 써 둠.

필한여류(筆翰如流) '붓이 흐르는 물과 같다'는 뜻으로, ①문장(文章)을 거침없이 써 내려가는 모양(模樣). ②운필(運筆)이 물 흐르듯이 빠름을 이르는 말.

【ㅎ】

하갈동구(夏葛冬裘) '여름의 서늘한 베옷과 겨울의 따뜻한 가죽옷'이란 뜻으로, 곧 격(格)이나 철에 맞음을 이르는 말.

하견지만(何見之晩) '어찌 보는 바가 늦느냐'는 뜻으로, 깨달음이 늦음을 이르는 말. 견(見)은 식견(識見)의 뜻.

하극상(下剋上) 조직체에서 계급이나 신분이 아래인 사람이 예의나 규율을 무시하고 윗사람을 누르거나, 윗사람보다 높은 자리에 있게 되는 것.

하기다야(何其多也) 의외로 많음을 이르는 말.

하나님의선교(–宣敎) 〔영〕Mission of God. 〔라〕Missio Dei.

「하나님의 선교」, 즉「미 씨오 데이」란 말은, 원래 가톨릭교회의 교의학 분야에서 사용되던 용어이다. 다시 말하면, 무엇보다도 먼저 성삼위께서 몸소 예비하신 방도 안에서 활동하는 모든 선교 행위들을 지칭하는 말이다. 「하나님 선교」란 말은, "하나님 자신의 역사로서의 선교"(mission as an activity of God him self)를 뜻 하는 것으로서, 하나님께서 그의 독생자 예수그리스도를 세상에 파송하셨고 또한 성령을 통하여 때의 마지막까지 역사하신다는 것을 의미한다. 그러므로 「교회의 선교」나 「우리들의 선교」란 말들을 할 수 없고 교회는 오직 그분의 선교를 위한 기구요, 인간은 선교의 도구로서 응답하는 객체에 불과하다. 따라서 「하나님 선교」란 전 인류를 구원하기 위해 성부께서 성자와 성령을 보내시며 역사하시는 삼위일체 하나님자신의 선교활동이다.

하나님의형상(–形像) 〔영〕Image of God. 〔라〕Imago Dei. 창1:26~27, 5:1.3. 9:6. 이 말로 표현되는 성서의 교의가 두 가지인데, 그 하나는 사람은 하나님의 형상(形像: צלם(찰렘))대로 지음을 받았다는 것이고, 다른 하나는 그리스도는 곧 아버지의 형상(形像)이라는 것이다. 주상조인(主像造人).

하난지유(何難之有) 아주 쉬운 것. 썩 쉬운 것.

하달지리(下達地理) 풍수지리(風水地理)에 밝음.

하대명년(何待明年) '어찌 명년(明年)을 기다리랴'의 뜻으로, 기다리기가 매우 지루함을 이르는 말.

하도낙서(河圖洛書) 고대(古代) 중국(中國)에서 예언(豫言)이나 수리(數理)의 기본(基本)이 된 책(冊).

하동사자후(河東獅子吼) 하동사후(河東獅吼).

하동사후(河東獅吼) '하동(河東) 땅에 사자(獅子)가 울부짖다'라는 뜻으로, ①성질(性質)이

사나운 여자(女子)를 비유(比喩)하는 말. ②표독(慓毒)한 아내나 악처(惡妻)를 비유(比喩)하는 말.

하동지사(賀冬至使) 조선(朝鮮) 때 해마다 동짓달에 명(明)나라 또는 청(淸)나라에 보내던 사신(使臣).

하등통회(下等痛悔) 통회의 한 가지. 범죄(犯罪)의 결과(結果)로 자기(自己) 몸에 해가 미치는 까닭에 생기는 뉘우침.

하로동선(夏爐冬扇) '여름의 화로(火爐)와 겨울의 부채'라는 뜻으로, 아무 소용(所用) 없는 말이나 재주를 비유(比喩)하여 이르는 말. 또는 철에 맞지 않거나 쓸모없는 사물(事物)을 비유(比喩)하여 이르는 말.

하류계급(下流階級) 신분(身分), 생활(生活) 수준(水準) 따위로 계층(階層)을 나눌 때 제일(第一) 낮은 계층(階層).

하류쟁탈(河流爭奪) 이웃한 두 하천(河川) 사이에 침식력(浸蝕力)의 차이(差異)가 생길 때, 서로 유역(流域)을 빼앗는 현상(現象).

하류지배(下流之輩) 하류(下流) 사회(社會)에 딸리는 사람들.

하릉상체(下陵上替) '아랫사람이 윗사람을 능가하여 윗사람의 권위(權威)가 땅에 떨어진다'는 뜻으로, 세상(世上)이 어지러움을 이르는 말.

하마평(下馬評) 임관(任官)될 후보자(候補者)에 관(關)하여 민간(民間)에 떠돌아다니는 풍설(風說).

하면목견지(何面目見之) '무슨 면목(面目)으로 사람들을 대(對)하랴'라는 뜻으로, 실패(失敗)하고 고향(故鄕)에 돌아가 사람들을 볼 낯이 없다는 말.

하무라비법전(-法典) 〔영〕The Code of Khammurabi or Hammurabi. 불란서인(佛蘭西人) 모루간이 1901~1902년에 엘람의 수도(首都) 스사에서, 발견(發見)한 바벨론 왕 하무라비가 편찬(編纂)한 법전(法典)이다. 슈라델은 창세기 14:1에 있는 시날의 왕 아므라벨을 이 하무라비와 같은 사람이라고 하였다.

하문불치(下問不恥) '아랫사람에게 묻는 것이 수치(羞恥)가 아니다'라는 뜻으로, 누구에게든지 물어서 식견(識見)을 넓히라는 말.

하방치환(下方値換) 화학(化學) 실험(實驗) 때 발생(發生)하는 무겁고 물에 잘 녹는 기체(氣體)를 관으로 용기(容器) 바닥에 끌어들이고 공기(空氣)를 내보내는 일.

하불엄유(瑕不揜瑜) 일부분(一部分)의 흠으로 말미암아 전체(全體)를 해(害)하지 못한다는 뜻.

하산대려(河山帶礪) 황하(黃河)가 허리띠같이 가늘어지고, 태산(泰山)이 숫돌만큼 작아진다 할지라도 변(變)하지 않겠다는 굳은 맹세(盟誓)의 말.

하산욕우(夏山欲友) 여름날 산에 비구름이 모임을 이르는 말.
하산지세(下山之勢) 빠르고 힘차서 걷잡을 수 없는 기운(氣運).
하상사지유(何常師之有) '어찌 일정(一定)한 스승이 있으리오'라는 뜻으로, 성인(聖人)에게는 일정(一定)한 스승이 없음을 이르는 말.
하석상대(下石上臺) '아랫돌 빼서 윗돌 괴고, 윗돌 빼서 아랫돌 괴기'라는 뜻으로, 임기응변(臨機應變)으로 어려운 일을 처리(處理)함을 말함.
하선동력(夏扇冬曆) 여름철의 부채와 겨울철의 책력(冊曆), 곧 선사품(膳賜品)이 철에 맞음.
하수연(賀壽筵(宴) 수연(壽筵(宴)).
하어복질(河魚腹疾) '물고기는 배부터 상(傷)한다'라는 뜻에서 나온 말로, 배앓이나 설사(泄瀉)를 비유(譬喩)하는 말.
하어지질(河魚之疾) '배앓이'를 달리 일컫는 말.
하어지환(河魚之患) 하어복질(河魚腹疾).
하왕비호(何往庇護) 어디로 가든지 지켜주심.
하우불이(下愚不移) 어리석고 못난 사람의 버릇은 고치지 못함.
하월비상(夏月飛霜) 여름철에도 서리가 내림.
하육처자(下育妻子) 아래로 아내와 자식(子息)을 기름.
하의상달(下意上達) 아랫사람의 뜻을 윗사람에게 전달(傳達)함.
하이일체(遐邇壹體) 멀고 가까운 나라가 전부(全部) 그 덕망(德望)에 귀순(歸順)케 하며 일체(一體)가 될 수 있음.
하정상통(下情上通) 아랫사람의 사정(事情)이나 뜻 등(等)이 막히지 않고 위에 잘 통(通)함.
하정투석(下穽投石) 낙정하석(落穽下石).
하종천인(下種賤人) 아주 천(賤)한 사람.
하준약법(何遵約法) 소하(蕭荷)는 한고조(漢高祖)와 더불어 약법삼장(約法三章)을 정(定)하여 준행(遵行)함. 백성을 다스리는 데는 법보다도 덕을 앞세워야 한다는 점을 시사함.
하지일동지야(夏之日冬之夜) '여름의 낮이나 겨울의 밤'이라는 뜻으로, 추울 때나 더울 때나 한결같이 라는 말.
하천부지(河川敷地) 하천(河川)이 차지하는 땅. 하천 및 하천 부속물이 속한 토지.
하천지배(下賤之輩) 신분(身分)이 낮은 사람의 무리.
하청난사(河淸難俟) '항상(恒常) 흐린 황하(黃河)의 물이 천년에 한번 맑아진다'는 뜻으로, 기다릴 수가 없음을 비유(比喻)해 이르는 말.
하청지회(河淸之會) 썩 드문 만남을 비유(譬喩)해 이르는 말.
하충의빙(夏蟲疑氷) '여름의 벌레는 얼음을 안 믿는다'는 뜻으로, 견식(見識)이 좁음을 비유(比喩)해 이르는 말.

하필성문(下筆成文) '붓을 들어 쓰기만 하면 문장(文章)이 이루어진다' 라는 뜻으로, 뛰어난 글재주를 비유(譬喩)하는 말. 하필성장(下筆成章). 하필성편(下筆成篇).

하필성장(下筆成章) '붓만 대면 문장(文章)이 된다'는 뜻으로, 글을 짓는 것이 빠름을 비유(比喩)하는 말. 하필성문(下筆成文). 하필성편(下筆成篇).

하필성편(下筆成篇) 하필성문(下筆成文). 하필성장(下筆成章).

하필왈리(何必曰利) 하필왈이(何必曰利).

하필왈이(何必曰利) '어찌 꼭 이익(利益)만을 말 하는가'라는 뜻으로, 오직 인의(仁義)에 입각(立脚)해서 일을 하면 이익(利益)을 추구(追求)하지 않더라도 이익(利益)이 돌아온다는 말. 하필왈리(何必曰利).

하학상달(下學上達) 하학이상달(下學而上達).

하학이상달(下學而上達) '아래를 배워 위에 달한다'는 뜻으로, 낮고 쉬운 것을 배워 깊고 어려운 것을 깨달음. 하학상달(下學上達).

하한지언(河漢之言) 은하수(銀河水)가 멀고 먼 하늘에 있다는 데서 연유(緣由)한 말로, 막연(漠然)한 말을 이르는 말.

하해불택세류(河海不擇細流) '강과 바다는 개울물도 마다하지 않는다'는 뜻으로, 큰 인물(人物)은 소인(小人)이나 사소(些少)한 말도 가리지 않고 다 받아들임을 이르는 말.

하해지은(河海之恩) 큰 강이나 넓은 바다와 같이 넓고 큰 은혜(恩惠).

하해지택(河海之澤) 큰 강이나 넓은 바다와 같이 넓고 큰 은택(恩澤).

하화중생(下化衆生) 아래로 중생(衆生)을 가르쳐 거둠.

하후상박(下厚上薄) 아랫사람에게 후하고 윗사람에게 박함. ↔상후하박(上厚下薄)

하후하박(何厚何薄) '어느 쪽은 후하게 하고 어느 쪽은 박하게 한다'는 뜻으로, 차별(差別)을 두어 대함을 이르는 말.

하흥지포(何興之暴) 영웅(英雄)이 창졸간에 발흥(勃興)함.

학경수장단지즉비(鶴脛雖長斷之則悲) '학의 다리가 길다고 끊으면 학은 슬퍼할 것'이라는 뜻으로, 천부의 특징(特徵)을 부질없이 가감할 것이 아님을 비유(比喩)해 이르는 말.

학구소대붕(鷽鳩笑大鵬) '작은 비둘기가 대붕을 비웃는다'는 뜻으로, 소인이 군자의 행위(行爲)를 비웃음을 비유(譬喩)해 이르는 말.

학구소붕(鷽鳩笑鵬) '작은 비둘기가 큰 붕새를 보고 웃는다'는 뜻으로, 되지 못한 소인(小人)이 위인(偉人)의 업적(業績)과 행위(行爲)를 비웃는다는 뜻.

학립계군(鶴立鷄群) '닭이 많은 곳에 학이 서 있다'는 뜻으로, 눈에 띄게 월등(越等)함을 이르는 말.

학명지탄(鶴鳴之歎) 벼슬을 하여 뜻을 펴지 못하고 초야(草野)에 묻혀 있는 탄식(歎息).

학문여역수행주부진즉퇴(學問如逆水行舟不進則退) 학문은 마치 물을 거슬러 오르는 배와 같아, 계속(繼續) 앞으로 나아가지 않으면 물러서게 된다.

학문천재보탐물일조진(學文千載寶貪物一朝塵) 글을 배움은 천년의 보배요, 물건(物件)을 탐함은 하루 아침의 티끌임.

학발동안(鶴髮童顔) '하얗게 센 머리에 찬찬한 어린이 얼굴'이라는 뜻으로, 신선(神仙)의 얼굴을 형용(形容)하는 말. 머리는 학처럼 희지만 얼굴은 동안(童顔)이다.

학불가이기(學不可以已) 학문은 계속해서 배우지 않으면 안 된다.

학불염이교불권(學不厭而敎不倦) 배우는 것에 싫증을 느끼지 않고, 가르치는 일에 게으르지 않음.

학수고대(鶴首苦待) '학처럼 목을 길게 빼고 기다린다'는 뜻으로, 몹시 기다림을 이르는 말.

학업정진(學業精進) 배우는 일에 정성(精誠)을 다해 몰두(沒頭)함.

학여불급(學如不及) '학문(學問)은 쉬지않고 노력(努力)해도 미칠수 없다'는 뜻. 곧 학문(學問)은 잠시(暫時)라도 게을리 해서는 안 된다는 말.

학여불급유공실지(學如不及惟恐失之) 배우기를 미치지 못한 것 같이하고, 배운 것을 잃을까 두려워할찌니라.

학여역수(學如逆水) '배움이란 마치 물을 거슬러 배를 젓는 것과 같다'는 뜻으로, 앞으로 나아가지 않으면 퇴보(退步)함을 말함.

학연후지부족(學然後知不足) '배운 뒤에야 부족함을 안다'는 뜻.

학연후지부족교연후지곤(學然後知不足敎然後知困) '배운 뒤에야 부족함을 알고, 가르친 연후에야 곤궁(困窮)함을 안다'는 뜻.

학예일치(學藝一致) '학문(學問)과 예술(藝術)을 일치시킨다'는 뜻.

학우고훈(學于古訓) 옛 성왕(聖王)들의 가르침을 공부(工夫)함.

학우즉사위국진충(學優則仕爲國盡忠) 학문이 넉넉하면 벼슬하여 나라를 위해 충성(忠誠)을 다하라.

학우등사(學優登仕) 배운 것이 넉넉하면 벼슬에 오를 수 있음.

학우등사섭직종정(學優登仕攝職從政) 벼슬을 잡아 정사(政事)에 좋다는 뜻으로 정치에 참여함을 말함.

학이불사즉망(學而不思則罔) 학문(學問)을 닦아도 마음에 생각하는 바가 없으면 사물(事物)의 이치(理致)를 환히 깨닫지 못함.

ㅎ

학이시습(學而時習) '배우고 때로 익힌다'는 뜻으로, 배운 것을 항상 복습(復習)하고 연습(練習)하면 그 참 뜻을 알게 됨.

학이시습지불역열호(學而時習之不亦說乎) '배우고 때때로 익히면 어찌 즐겁지 아니한가'

의 뜻.

학이지지(學而知之) 삼지(三知)의 하나. 배워서 앎.

학자요자득(學者要自得) 배우는 사람은 스스로 터득해야 한다.

학철부어(涸轍鮒魚) '수레바퀴 자국의 고인물에 있는 붕어'라는 뜻으로, 몹시 곤궁(困窮)하거나 위급(危急)한 처지(處地)에 있는 사람을 비유(比喩)해 이르는 말.

학철지부(涸轍之鮒) 학철부어(涸轍鮒魚).

학행일치(學行一致) 배움과 행(行)함이 꼭 맞음.

한강투석(漢江投石) '한강(漢江)에 아무리 돌을 많이 집어넣어도 메울 수 없다'는 뜻으로, ①아무리 도와도 보람이 없는 것. ②아무리 투자(投資)를 하거나 애를 써도 보람이 없음을 이르는 말.

한국의친구헐버트(韓國-親舊 H.B. Hulbert) 마포. 양화진길 46. 양화진 외국인 선교사 묘원(楊花津 外國人 宣教師 墓園). 남쪽 언덕 위에 비교적 크고 높은 묘비가 하나 세워져 있다. 맨 위에는 'HOMER B. HULBERT. Jan 1863~Aug 1949' 라는 성명과 생사의 날자가 새겨져있고, 그 밑에는 'Man of vision and Friend of Korea, I would rather be buried Korea than in Westminster Abbey' 라는 영문으로 된 짤막한 비문이 새겨져있다. 그 아래는 한글로「일천 팔백 육십 삼년 일월 이십육일 미국에서 탄생, 일천 구백 사십 구년 팔월 오일 서울에서 별세」「나는 웨스트민스터 성당보다 한국 땅에 묻히기를 원하노라, 단기 사천 이백 팔십 이년 팔월 삼십 일일, 헐버트 박사 장의위원회 세움」이라고 쓰여져 있다. 헐버트는 한국에서 많은 업적을 남겼는데, 선교와 교육을 비롯, YMCA 창설, 조선독립운동에 앞장섰고, 태프트 가쯔라(Taft-かつぅ) 비밀 조약 때도 고종의 밀사(密使)로 미국에 다녀왔고, 특별히 우리나라 민요(民謠)의 대표곡인「아리랑」을, 그동안 구전으로만 전해 오던 것을 양악(洋樂)의 음계(音階)를 최초(最初)로 붙여, 세상에 보급하는 등 한국에 대한 애착이 누구보다도 많은 사람이다. 그리고 한국백성의 심성(心性)이나 성향(性向)은 매우 쌔크러멘틀(Sacramental:성례(聖禮))하다고 평(評)했다.

한단지몽(邯鄲之夢) '한단에서 꾼 꿈'이라는 뜻으로, 인생(人生)의 부귀영화(富貴榮華)는 일장춘몽과 같이 허무(虛無)함을 이르는 말.

한단지보(邯鄲之步) '한단(邯鄲)에서 걸음걸이를 배운다'는 뜻으로, 제 분수(分數)를 잊고 무턱대고 남을 흉내를 내다가 이것저것 다 잃음을 비유(比喩)하여 이르는 말.

한단지침(邯鄲之枕) '한단(邯鄲)이라는 여관(旅館)의 베개'라는 뜻으로, 인생(人生)의 덧없

ㅎ

음과 영화(榮華)의 헛됨을 비유적(譬喩的)으로 이르는 말.

한단학보(邯鄲學步) '한단(邯鄲)에서 걸음걸이를 배운다'는 뜻으로, 자기(自己)의 본분(本分)을 버리고 함부로 남의 흉내를 내다가 두 가지 다 잃음을 이르는 말.

한담객설(閑談客說) 심심풀이로 하는 군말.

한담만문(閑談滿文) 심심풀이로 붓 가는 대로 쓰는 글.

한담설화(閑談屑話) '한가(閑暇)한 말과 자질구레한 이야기'라는 뜻으로, 심심풀이로 하는 실없는 말을 이르는 말.

한래서왕(寒來暑往) 찬 것이 오면 더운 것이 가고, 더운 것이 오면 찬 것이 감.

한래서왕추수동장(寒來暑往秋收冬臧) 가을에 곡식(穀食)을 거두고 겨울이 오면 감추어둔다.

한량음식(閑良飮食) '매우 시장하여 음식을 마구 먹어대는 것'을 비유(比喩)하여 이르는 말.

한류협배(汗流浹背) '땀이 흘러 등을 적시다'라는 뜻으로, ①극도(極度)로 두려워하거나 부끄러워하는 모습을 비유(譬喩)하는 말. ②힘든 일을 하여 땀으로 흠뻑 젖은 모습을 비유(比喩)하는 말.

한마지로(汗馬之勞) '말이 달려 땀투성이가 되는 노고(勞苦)'라는 뜻으로, ①혁혁한 전공(戰功). ②운반(運搬)하는데 겪는 수고를 이르는 말.

한마지재(汗馬之材) '싸움터에서 준마를 몰아 전공(戰功)을 세운 인재(人材)'라는 뜻으로, 장군(將軍)을 이르는 말.

한망자방분(韓亡子房奮) '한(韓)나라가 망(亡)하자 장자방(張子房)이 성을 낸다'는 뜻으로, 사영운(謝靈運)이 스스로 자기(自己)를 장자방에 비유(譬喩)한 말.

한반도(韓半島) 한국 국토의 전체를 포괄(包括)하고 있는 반도.

한부조도(恨不早圖) (일을)시기(時期)를 놓쳐 진작 하지 못한 것을 뉘우침.

한부조지(恨不早知) (일의 기틀을) 미리 알지 못한 것을 뉘우침.

한불조도(恨不早圖) 때를 잃은 것을 뉘우침.

한불조지(恨不早知) 일의 기틀을 진작 알지 못함을 뉘우침.

한사결단(限死決斷) 죽기로써 결단(決斷)함.

한사막관(閑事莫管) 쓸데없는 일에는 손을 대지 말 것을 이르는 말.

한사만직(閑司漫職) 한사만직(閒司漫職).

한사만직(閒司漫職) 중요(重要)하지 않고 일이 많지 않아 한가로운 벼슬자리. 한사만직(閑司漫職).

한사코(限死–) 기어코. 몹시 고집(固執)을 세워. 죽기로 기를 쓰고.

한송천장절(寒松千丈節) '한겨울 소나무의 천길 같이 높은 절개(節槪)'라는 뜻으로, 높고 곧은 절개(節槪)를 이르는 말.

한시태출(旱時太出) '가뭄에 콩 나듯 한다'라는 뜻으로, 일이나 물건(物件)이 드문드문 나타난다는 말.

ㅎ

한식귀토(汗食歸土) 땀을 흘려 먹고 살며 죽으면 흙으로 돌아감.

한신포복(韓信匍匐) '한신(韓信)이 엎드려 기다'의 뜻으로, 큰 뜻을 가진 자는 눈앞의 부끄러움을 참고 이겨냄을 이르는 말.

한역서학서(漢譯西學書) 중국에서 선교하던 가톨릭교회의 신부들이 기독교 사상과 문물을 한문으로 엮어 펴낸, 서양과 서양 문화에 대한 책. 동전한문서학서(東傳漢文西學書).

한왕서래(寒往暑來) '추위가 물러가고 무더위가 온다'는 뜻으로, 세월(歲月)이 흘러감을 이르는 말.

한우충동(汗牛充棟) '수레에 실어 운반(運搬)하면 소가 땀을 흘리게 되고, 쌓아올리면 들보에 닿을 정도(程度)의 양'이라는 뜻으로, 장서(藏書)가 많음을 이르는 말.

한운야학(閑雲野鶴) '한가(閑暇)로운 구름 아래 노니는 들의 학(鶴)'이란 뜻으로, ①벼슬과 어지러운 세상(世上)을 버리고 강호(江湖)에 묻혀 사는 사람을 나타냄. ②한가(閑暇)로운 생활(生活)로 유유자적(悠悠自適)하는 경지(境地)를 말함.

한일협상조약(韓日協商條約) 을사보호조약(乙巳保護條約).

한입골수(恨入骨髓) 원한(怨恨)이 뼈에 사무침.

한자성어(漢字成語) 한문(漢文)으로 만들어진 문장(文章)이나 단어(單語).

한자수홍(恨紫愁紅) 꽃이 울긋불긋하여 정서적(情緖的)이고 감상적(感傷的)인 모양.

한정치산(限定治産) (심신박약(心身薄弱) 따위로 재산을 관리할 능력이 없는 사람을 보호하기 위하여)재산 관리 해위의 능력을 제한(制限)하는 일. 금치산(禁治産)과 흡사함.

한천자우(旱天慈雨) '가문 하늘에 자애(慈愛)로운 비'라는 뜻으로, 곤경(困境)에 처했을 때 구원(救援)을 받음을 비유(比喩)해 이르는 말.

한천작우(旱天作雨) '백성(百姓)이 도탄(塗炭)에 빠지면 하늘이 백성(百姓)의 뜻을 살펴 비를 내린다'는 뜻을 나타냄.

한출첨배(汗出沾背) '땀이 등에 밴다'라는 뜻으로, 몹시 민망(憫惘)하고 창피(猖披)하여 등에 식은땀을 흘리다.

한폐번형(韓弊煩刑) 한비(韓非)는 진왕(晉王)을 달래 형벌(刑罰)을 펴다가 그 형벌(刑罰)에 죽음.

한해소조(韓海蘇潮) '한유(韓愈)의 문장(文章)은 왕양(汪洋)하여 바다와 같고, 소식(蘇軾)의 문장(文章)은 파란이 있어 조수(潮水)와 같다'는 뜻으로, 한유와 소식(蘇軾)의 문장(文章)을 비교(比較)해 이르는 말.

한화휴제(閑話休題) '쓸데없는 이야기는 그만 하고'라는 뜻으로, 글을 쓸 때, 한동안 본론

ㅎ

(本論)에서 벗어난 이야기를 써 내려가다가 다시 본론(本論)으로 돌아갈 때 쓰는 말.

한훤지례(寒暄之禮) 서로 만나서 안부(安否)를 물으며 인사하는 예.

할계언용우도(割鷄焉用牛刀) '닭을 가르는 데에 소 잡는 큰 칼을 쓸 필요(必要)까지는 없다'는 뜻으로, 조그만 일을 처리(處理)하는 데에 지나치게 큰 수단(手段)을 쓸 필요(必要)는 없음을 비유(譬喩)해 이르는 말.

할고료친(割股療親) '허벅지의 살을 잘라내어 부모(父母)를 치료(治療)한다'는 뜻으로, 효행(孝行)을 비유(比喩)하여 이르는 말.

할고충복(割股充腹) '공복(空腹)을 채우기 위(爲)해 허벅살을 베어 먹는다'는 뜻으로, 한때를 모면하기 위(爲)한 어리석은 잔꾀를 비유(譬喩)해 이르는 말.

할국철장(轄國鐵杖) 장차(將次) 철장으로 만국(萬國)을 다스릴 자(者).

할례의축절(割禮-祝節) 〔영〕Feast of Circumcision.〔히〕מולה(몰라).〔헬〕περιτομή(페리토메)("남성 생식기의 양피(표피)를 잘라내는 행위"). 예수 그리스도의 할례(割禮)를 기념하기 위하여 로마교회, 희랍교회 및 앵그리칸 교회에서 1월 1일에 지키는 축절이다.

할박지정(割剝之政) 고을 원이 백성(百姓)의 재물(財物)을 갈취하여 긁어모으는 나쁜 정사.

할반지통(割半之痛) '몸의 반쪽을 떼어내는 고통(苦痛)'이라는 뜻으로, 동기(同氣)를 잃은 슬픔을 이르는 말.

할복자살(割腹自殺) 배를 갈라 스스로 목숨을 끊는 일.

할비맹(割臂盟) '팔뚝을 베어 피로 맺은 맹세(盟誓)'라는 뜻으로, 남녀(男女)의 굳은 사랑의 맹세(盟誓)를 이르는 말.

할석분좌(割席分坐) 사귐을 끊어서 자리를 같이하지 아니함.

할육거피(割肉去皮) 가죽을 벗기고 살을 벰.

할육충복(割肉充腹) '제 살을 베어내어 배를 채운다'는 뜻으로, 혈족(血族)의 재물(財物)을 빼앗음을 비유(比喩)해 이르는 말.

할은단정(割恩斷情) 애틋한 사랑과 정(情)을 끊음.

함개상응(函蓋相應) '상자(箱子)와 그 뚜껑이 잘 맞는다'는 뜻으로, 양자(兩者)가 잘 맞아서 동일체(同一體)가 됨을 비유(比喩)해 이르는 말.

함곡계명(函谷鷄鳴) '함곡관(函谷關)의 닭 울음소리'라는 뜻으로, ①점잖은 사람이 배울 것이 못되는 천(賤)한 기능(技能). ②그런 기능(技能)을 가진 사람. ③천(賤)한 기능(技能)을 가진 사람도 때로는 쓸모가 있음의 비유(比喩).

함구무언(緘口無言) 입을 다물고 아무런 말이 없음.

함구물설(緘口勿說) 입을 다물고 말을 하지 못하게 함.

함구불언(緘口不言) 입을 다물고 말을 하지 아니함.

함분축원(含憤蓄怨) 분을 품고 원한(怨恨)을 쌓음.

함사사영(含沙射影) '모래를 머금어 그림자를 쏜다'라는 뜻으로, 몰래 남을 공격(攻擊)하거나 비방(誹謗)하여 해(害)치는 것을 비유(譬喩)하는 말.

함양훈도(涵養薰陶) 사람을 교도하여 재덕(才德)을 이루게 함.

함유일덕(咸有一德) 임금과 신하(臣下)가 다 한 가지 덕이 있음.

함지사지(陷之死地) 목숨이 위태(危殆)로운 곳에 빠짐.

함지사지연후생(陷之死地然後生) '사지(死地)에 빠진 후(後)에야 살아남을 수 있다'는 뜻으로, 위기(危機)와 실패(失敗)를 겪은 후(後)에 더 강(强)해질 수 있음을 나타낸 말.

함포고복(含哺鼓腹) '음식(飮食)을 먹으며 배를 두드린다'라는 뜻으로, 천하(天下)가 태평(太平)하여 즐거운 모양(模樣).

함혈분인(含血噴人) 근거(根據) 없는 말을 하여 남을 함정(陷穽)에 빠뜨림.

함흥차사(咸興差使) ①심부름꾼이 가서 소식(消息)이 없거나, 또는 회답(回答)이 더딜 때의 비유(比喩). ②한번 간 사람이 돌아오지 않거나 소식(消息)이 없음.

합력성선(合力成善) '모든 것이 합력하여 선을 이룬다'는 말.

합본취리(合本取利) 밑천을 한 데 모아서 이익(利益)을 도모(圖謀)함.

합부인(閤夫人) 남의 아내에 대(對)한 높임말.

합연기연(合緣奇緣) '이상(異常)하게 결합(結合)하는 인연(因緣)'이란 뜻으로, 부부(夫婦)가 되는 인연(因緣)을 가리키는 말.

합장배례(合掌拜禮) 두 손바닥을 마주 대고 절하는 예.

합종연횡(合從連衡) ①전국시대(戰國時代)에 행(行)해졌던 외교(外交) 방식(方式)으로 합종책(合從策)과 연횡책(連衡策)을 말함. ②약자(弱者)끼리 세로로 연합(聯合)하여 강자(强者)에게 대항(對抗)하거나, 약자(弱者)들이 가로로 나란히 서서 강자(强者)와 화해(和解)함.

합중약이공일강(合衆弱以功一强) 약한 힘을 합해 강한 것을 공격하다.

합처일체(合妻一體) 아내와 합(合)하여 한 몸이 됨.

합포주환(合浦珠還) '합포(合浦)에 구슬이 다시 돌아왔다'는 뜻으로, 지방(地方) 장관(長官)이 선정(善政)을 베풂을 이르는 말.

합포지목생어호말(合抱之木生於毫末) '한 아름 되는 나무도 싹에서 자란다'는 뜻으로, 사물(事物)은 미세(微細)한 것에서 시작(始作)됨을 이르는 말.

항공모함(航空母艦) 군함의 한 가지. 비행기를 싣고 발착시키며, 해상에서 이동 비행 기지 역할을 함.

항구여일(恒久如一) 오래도록 변함이 없음.

항구적(恒久的) 변함없이 오래가는 것.

항다반(恒茶飯) 차를 먹듯 늘 있어 예사(例事)롭고 흔함.

항다반사(恒茶飯事) 항다반(恒茶飯)으로 있는 일. 곧, 예사(例事)로운 일.

항려지년(伉儷之年) 장가들고 시집 갈 나이.

항령지공(項領之功) 제일(第一) 큰 공을 이르는 말.

항룡유회(亢龍有悔) '하늘에 오른 용은 뉘우침이 있다'는 뜻으로, 하늘 끝까지 올라간 용이 더 올라갈 데가 없어 다시 내려올 수밖에 없듯이, 부귀(富貴)가 극에 이르면 몰락(沒落)할 위험(危險)이 있음을 경계(警戒)해 이르는 말.

항문괄약근(肛門括約筋) 항문을 폈다 오므렸다 하는 항문 주위의 근육(筋肉).

항배상망(項背相望) '목덜미와 등을 서로 바라본다'는 뜻으로, ①왕래(往來)가 빈번(頻煩)함. ②뒤를 이을 인재(人材)가 많음을 비유(譬喩)해 이르는 말.

항산항심(恒産恒心) '일정(一定)한 생산(生産)이 있으면 마음이 변(變)치 않는다'는 뜻으로, 일정(一定)한 직업(職業)과 재산(財産)을 가진 자는 마음에 그만큼 여유(餘裕)가 있으나, 그렇지 않은 자는 정신적(精神的)으로 늘 불안정(不安定)하여 하찮은 일에도 동요함을 이르는 말.

항소극론(抗疏極論) 임금에게 상소문(上疏文)을 올려 극력(極力)으로 논(論)함.

항열재주(恒悅在主) '주(主) 안에서 항상(恒常) 기뻐하라'의 뜻.

항오발천(行伍發薦) 병정(兵丁)이 장관(將官)에 오름. 낮은 벼슬에서 점차로 높은 자리로 오름.

항오출신(行伍出身) 미천한 병졸 출신이 출세(出世)하여 높은 벼슬에 오름.

항우장사(項羽壯士) '항우와 같이 힘이 센 사람'이라는 뜻으로, 힘이 몹시 세거나 의지(意志)가 굳은 사람을 비유(比喩)하는 말.

항자불살(降者不殺) 항복(降伏)하는 사람은 죽이지 아니함.

항적필사(抗敵必死) 목숨을 걸고 적(敵)에게 대항(對抗)하는 일.

항표극론(抗表極論) 임금에게 상소문(上疏文)을 올려 극력(極力)으로 논(論)함.

항하사(恒河沙) '항하(갠지스 강)의 모래'라는 뜻으로, '무한(無限)히 많은 수량(數量)'을 일컬음. 만항하사(萬恒河沙). 극(極)의 1만 배, 아승기(阿僧祇)의 1만분의 1이 되는 수.

항학자족(恒學自足) '어떠한 형편(形便)에든지 자족(自足)하는 것을 배운다'의 뜻.

해고종견저인사부지심(海枯終見底人死不知心) 바다는 마르면 마침내 그 바닥을 볼 수 있으나, 사람은 죽어도 그 마음은 알지 못 하느니라

ㅎ

해괴망측(駭怪罔測) 헤아릴 수도 없을 만큼 몹시 괴이(怪異)함.

해구상욕(骸垢想浴) 몸에 때가 끼면 목욕(沐浴)하기를 생각함.

해구상욕집열원량(骸垢想浴執熱願凉) 몸에 때가 끼면 목욕하기를 생각하고, 뜨거운 것을 손에 쥐면 본능적(本能的)으로 찬 것을 찾게 된다.

해구의지(解裘衣之) '자기(自己) 갑옷을 벗어 남에게 입힌다'는 뜻으로, 남에게 은혜(恩惠)를 베풂을 이르는 말.

해동가요(海東歌謠) 조선 영조 39(1763)년에 김수장(金壽長)이 엮은 시조집(時調集). 883수(首)의 시조를 작가별(作歌別)로 실었음.

해로동혈(偕老同穴) '부부(夫婦)가 한평생(一平生)을 같이 지내며 같이 늙고, 죽어서는 같이 무덤에 묻힌다'는 뜻으로, ①부부(夫婦) 사랑의 굳은 맹세(盟誓)를 뜻함. ②부부(夫婦)의 금실이 좋아서 함께 늙고 함께 묻힘. ≪시경(詩經)≫에서 유래된 말.

해로동혈(偕老同穴) 바다수세미과의 해면동물인 '오웨니바다수세미'를 아름답게 이르는 말(자포 앞에 새우 한 쌍이 들어있는 데서 유래된 말임).

해륙진미(海陸珍味) 산해진미(山海珍味).

해망구실(蟹網具失) '게도 그물도 다 잃었다'는 뜻으로, 이익(利益)을 보려다 도리어 밑천까지 잃음을 비유(譬喩)해 이르는 말.

해물지심(害物之心) 물건(物件)을 해(害)치려는 마음.

해방신학(解放神學) 가난하고 억압받는 자들의 해방을 위하여, 교회는 혁명 운동(革命運動)에 적극 참여해야 한다는 가톨릭 신학. 중남미의 가톨릭교계에서 비롯됨.

해불양파(海不揚波) '바다에 파도(波濤)가 일지 않음'의 뜻으로, 임금의 좋은 정치(政治)로 백성(百姓)이 편안(便安)함을 일컫는 말.

해산구완(解産救援) 해산하는 데에 시중을 듦. 해산구원(解産救援).

해산구원(解産救援) 해산구완(解産救援)의 본딧말.

해색안변활봉형설리완(海色眼邊闊峰形雪裏頑) 바다는 눈앞에 활짝 트이고, 바위 봉우리는 눈 속에 얼었구나.

해서산맹(海誓山盟) '산과 바다처럼 변치 않을 맹세를 한다'는 뜻으로, 굳은 맹세를 이르는 말.

해약금(解約金) '계약(契約)을 맺을 때, 그 계약(契約)을 해제(解除)할 권리(權利)를 가진다'는 뜻으로, 상대방(相對方) 당사자(當事者)에게 주는 돈. 해약금을 준 자는 그 돈을 포기함으로써, 받은 자는 그 배액을 상환함으로써 계약을 해지할 수 있다.

해약초양(駭躍超驤) 뛰고 달리며 노는 가축(家畜)의 모습을 말함.

해어지화(解語之花) '말을 알아듣는 꽃'이란 뜻으로, 미인(美人)을 이르는 말.

해어화(解語花) '말을 아는 꽃'이라는 뜻으로, '미녀(美女)'를 일컫는 말.

해옹호구(海翁好鷗) '갈매기를 좋아하는 바닷가 노인'이라는 뜻으로, 친하게 지내던 새도 막상 잡으려고 하면 그것을 알고 가까이하지 않는다는 데서 야심(野

心)이나 위험(危險)을 알아차리면 누구라도 접근(接近)하지 않음을 비유(比喩)하는 말.

해의추식(解衣推食) '옷을 벗어주고 음식(飮食)을 밀어준다'라는 뜻으로, 남에게 은혜(恩惠)를 베푸는 것.

해의포화(解衣抱火) '옷을 벗고 불을 안는다'는 뜻으로, 재난(災難)을 자초함을 이르는 말.

해입천국(孩入天國) '어린 아이와 같아야 천국에 들어갈 수 있다'는 뜻.

해저풍화(海底風化) 바다 밑에서 일어나는 풍화 작용(風化作用).

해제지동(孩提之童) 나이가 적은 두 서너 살 된 어린아이.

해조수핍(解組誰逼) 관의 끈을 풀어 사직(辭職)하고 돌아가니 누가 핍박(逼迫)하리오.

해천산천(海千山千) '바다에서 천 년, 산에서 천 년을 산 뱀은 용이 된다'는 뜻으로, 오랜 경험(經驗)으로 세상(世上) 안팎을 다 알아 지나치게 약삭빠름 또는 그런 사람을 비유(比喩)하는 말.

해타성주(咳唾成珠) '기침과 침이 다 구슬이 된다'는 뜻으로, ①권세가(權勢家)를 비유(比喩)하는 말. ②일언일구가 다 귀중(貴重)함. ③시문(詩文)을 짓는 재주가 뛰어남을 비유(譬喩)하는 말.

해학문학(諧謔文學) 해학적인 제재로 쓴 문학. 생활이나 인간성에 대하여 부정적 측면을 가볍고 악의 없는 웃음으로 그려낸 문학. 유머문학(humor文學).

해함하담(海鹹河淡) 바다 물은 짜고 민물은 맛이 담백(淡白)함.

해함하담린잠우상(海鹹河淡鱗潛羽翔) 비늘이 있는 고기들은 물에 잠기고 날개 있는 새들은 공중을 난다.

해현경장(解弦更張) '거문고의 줄을 바꾸어 맨다'는 뜻으로, 느슨해진 것을 긴장(緊張)하도록 다시 고치거나 사회적(社會的), 정치적(政治的)으로 제도(制度)를 개혁(改革)하는 것을 말함.

해현역철(解弦易轍) 해현경장(解弦更張).

해후상봉(邂逅相逢) 누구와 우연히 만남.

행년신수(行年身數) 그 해의 좋고 언짢은 신수.

행동거지(行動擧止) 몸을 움직여서 하는 모든 짓.

행려병사(行旅病死) 타향(他鄕)에서 떠돌아다니다가 병들어 죽음.

행려병자(行旅病者) 나그네로 떠돌아다니다가 병이 들어 죽음.

행려시(行旅屍) 행려병사(行旅病死)한 사람의 송장.

행로난(行路難) 세상살이의 어려움.

행로지인(行路之人) '길에서 만난 사람'이라는 뜻으로, 아무 상관(相關)없는 사람을 이르는 말.

행막행의(幸莫幸矣) 다시 더할 수 없이 다행(多幸)함.

행물만보(行勿慢步) 걸어갈 때에 거만(倨慢)하게 걷지 말라.

행물만보좌물의신(行勿慢步坐勿倚身) 걸어갈 때에 걸음을 거만하게 하지 말고, 앉을 때에 몸을 기대지 말라.

행방불명(行方不明) 간 곳이 분명하지 않음. 간 곳을 모름. 행불(行不).

행복추구권(幸福追求權) 생존권적(生存權的) 기본권의 한 가지. 국민이 인간으로서의 행복(幸福)을 추구할 수 있는 권리.

행불무득(行不無得) 행(行)함이 없으면 얻는 것이 아무것도 없다.

행불유경(行不由徑) '길을 가는 데 지름길을 취하지 아니하고 큰길로 간다'는 뜻으로, 행동(行動)을 공명정대(公明正大)하게 함을 비유(比喩)함.

행선물태(行善勿怠) 선을 행하다가 낙심(落心)하지 말라.

행선축원(行禪祝願) 나라와 백성(百姓)을 위(爲)하여 아침저녁으로 부처님 앞에 비는 일.

행시주육(行尸走肉) '걸어가는 송장과 달리는 고깃덩이'라는 뜻으로, 배운 것이 없어서 쓸모가 없는 사람을 이르는 말.

행안남비(行雁南飛) 기러기가 줄을 지어 남쪽으로 날아감.

행운아(幸運兒) 좋은 운수를 만나 일이 뜻대로 잘 되어 가는 사람. 러키 가이(Lucky Guy).

행운유수(行雲流水) '하늘에 떠도는 구름과 흐르는 물'이라는 뜻으로, ①다른 힘에 거스르지 않고, 자연(自然) 그대로 유유(悠悠)히 움직이는 모양(模樣). 곧 자연(自然)에 맡기어 행동(行動)함을 비유(比喩)해 이르는 말. ②마음이 유쾌(愉快)함을 비유(譬喩)해 이르는 말. ③일정(一定)한 형태(形態)가 없이 늘 변(變)하는 것. ④글을 짓거나 말을 하는데 막힘이 없이 술술 풀림. ⑤일을 하는데 막힘이 없이 잘 나감.

행유여력(行有餘力) 일을 다 하고도 오히려 남는 힘이 있음.

행이득면(倖而得免) 요행(徼幸)이 벗어남.

행장진퇴(行藏進退) 지식인(知識人)이 시세(時勢)에 응(應)하여 벼슬에 나아가기도 하고 물러설 줄도 아는 처신(處身)의 신중(愼重)함.

행재불인(幸災不仁) 남의 재난(災難)을 다행(多幸)으로 여기는 것은 어질지 못함을 비유(比喩)하는 말.

행재요화(幸災樂禍) 남이 재화(災禍)를 입음을 보고 좋아함.

행주좌와(行住坐臥) 가고 머물고 앉고 눕는다(이 네 가지 동작(動作)을 불교(佛敎)에서는 사위의(四威儀)라 하여 각각(各各) 지켜야 할 규칙(規則)이나 제약(制約)이 정(定)해져 있음)는 뜻으로, ①기거(起居) 동작(動作). ②평소(平素)를 이르는 말.

행차명정(行次銘旌) 행상(行喪) 때, 상여 앞에 들고 가는 명정.

행천하지대도(行天下之大道) ①세상에서 가장 큰 도(道)를 행(行)하라는 뜻. ②가장 큰 길

ㅎ

을 가라는 뜻.

행필성실(行必誠實) 행실(行實)은 반드시 참되고 진실(眞實)되게 하라.

행필정직언즉신실(行必正直言則信實) 행동은 반드시 바르고 곧게 하고, 말은 미덥고 성실(誠實)하게 하라.

행호시령(行號施令) 호령(號令)을 내림.

향국지성(向國之誠) 나라를 생각하는 정성(精誠).

향당막여치(鄕黨莫如齒) 향당(鄕黨)에서는 나이 차례를 중히 여긴다는 뜻.

향락주의(享樂主義) 인생의 궁극적(窮極的)인 목적이 향락을 추구하는 데 있다고 하는 주의. 관능주의(官能主義).

향랑각시(香娘–) 노래기(습한 곳에 모여 살며 고약한 노린내를 풍기는 벌레).

향랑각시속거천리(香娘–速去千里) '노래기는 빨리 먼 데로 사라지라'는 뜻으로, 음력 2월 1일에 백지에 먹으로 써서, 기둥 · 벽 · 서까래 같은 곳에 거꾸로 붙이는 부적의 말.

향방부지(向方不知) 어디가 어디인지 방향(方向)을 분간(分揀)하지 못함.

향복무강(享福無疆) 끝없이 복(福)을 받음. 만수무강(萬壽無疆).

향성검사(向性檢查) 사람의 성격의 경향이 내향성인가 외향성인가를 측정하는 검사. (흔히, 질문지를 써서 향성의 지수를 측정함).

향수병(鄕愁病) '고향 생각에 젖어 시름겨워 하는 것'을 병에 빗대어 이르는 말.

향앙지심(向仰之心) 쏠리어 우러르는 마음.

향양지지(向陽之地) 남향(南向)을 하고 있어 볕이 잘 드는 땅.

향양화목(向陽花木) '볕을 받은 꽃나무'라는 뜻으로, '출세하기에 좋은 여건을 갖춘 사람'을 비유(譬喩)하는 말.

향우지탄(向隅之歎) '그 자리에 모인 많은 사람들이 다 즐거워하나 자기(自己)만은 구석을 향(向)하여 한탄(恨歎)한다'는 뜻으로, 좋은 때를 만나지 못하여 한탄(恨歎)하는 말.

향음주례(鄕飮酒禮) 고을의 선비들이 모여 읍양하는 절차(節次)를 지키어 술을 마시고 잔치하던 행사(行事).

향인설화(向人說話) 남을 대(對)하여 이야기함.

향주일편단심령유개리야여(向主一片丹心寧有改理也歟) '임 향한 일편단심이야 가실 줄이 있으랴'의 뜻.

향촉대(香燭代) 상에 켜는 촛값 정도의 약소한 성의를 뜻하는 말로, 근조(謹弔), 부의(賻儀), 조의(弔儀), 전의(奠儀) 등(等)과 함께 초상(初喪) 때 부의금의 겉봉투(–封套)에 쓰이는 말.

향학지성(向學之誠) 학문(學問)에 마음을 기울이는 정성(精誠).

향화걸아(向火乞兒) 권세(權勢)와 이욕(利慾)을 붙좇는 소인(小人)을 꾸짖어 이르는 말.
향화일로등일잔(香火一爐燈一盞) '하나의 향룻불과 하나의 등'이라는 뜻으로, 중의 주거(住居)를 이르는 말.
허공처정(虛空處定) 색법에 얽매이지 아니하고, 무한(無限)한 허공(虛空)을 대상(對象)으로 하는 선정(禪定).
허기취복(虛己取僕) 자기(自己)를 비워 종의 형체(形體)를 가짐.
허기평심(虛氣平心) 기를 가라앉히고 마음을 편안(便安)하게 가지는 일.
허당습청(虛堂習聽) 빈방에서 소리를 내면 울려서 다 들림. 즉 착한 말을 하면 천리 밖에서도 응(應)함.
허도세월(虛度歲月) 세월(歲月)을 헛되이 보냄.
허령불매(虛靈不昧) '사심(私心)이 없고 영묘(靈妙)하여 어둡지 않다'는 뜻으로, 마음의 실체(實體)와 작용(作用)을 비유(比喩)하는 말.
허례허식(虛禮虛飾) 예절(禮節), 법식(法式) 등(等)을 겉으로만 꾸며 번드레하게 하는 일.
허망지설(虛妄之說) 거짓되고 망령(妄靈)된 말.
허명무실(虛名無實) 허명(虛名) 뿐이고 실속(實-)이 없음.
허명자루(虛名自累) 헛된 이름을 구(求)하여 스스로 재난(災難)을 초래(招來)함.
허무맹랑(虛無孟浪) ①말하기 어려울 만큼 비고 거짓되어 실상(實相)이 없음. ②터무니없이 허황(虛荒)되고 실상(實相)이 없음.
허무적멸(虛無寂滅) ①생사(生死)의 경지(境地)를 초월(超越)한 상태(狀態). ②도교(道敎)의 허무(虛無)와 불교(佛敎)의 적멸(寂滅).
허송세월(虛送歲月) 세월(歲月)을 헛되이 보냄.
허실난변(虛實難辨) 허실을 판별(判別)하기 어려움.
허실상란(虛實相亂) 허위(虛僞)가 진실(眞實)을 교묘(巧妙)히 섞어 말해서 상대방(相對方)의 분별력(分別力)을 흐리게 만드는 것.
허실상몽(虛實相蒙) 헛되이 잃음.
허실생백(虛室生白) '방을 비우면 빛이 그 틈새로 들어와 환하다'는 뜻으로, 무념무상(無念無想)의 경지(境地)에 이르면 저절로 진리(眞理)에 도달(到達)할 수 있음을 비유(譬喩)하는 말.
허심유복(虛心有福) 심령(心靈)이 가난한 자는 복이 있음.
허심자복의(虛心者福矣) '마음을 비운 자는 복이 있다'는 뜻으로, 심령이 가난한 자가 복이 있다는 말.
허심탄회(虛心坦懷) 마음을 비우고 생각을 터놓음. 명랑(明朗)하고 거리낌이나 숨김이 없는 마음.
허심평의(虛心平意) '아무것도 생각하지 않고 조용히 있다'는 뜻으로, 애증(愛憎)이나 호

ㅎ

오(好惡)의 감정(感情)이 없고 공평(公平) 무사한 태도(態度)를 이르는 말.

허영불구(虛榮不求) 욕심없이 살며 허황된 일은 하지 말아라.

허위배설(虛位排設) 신위(神位) 없이 제사(祭祀)를 베풂.

허유괘표(許由掛瓢) '허유가 나뭇가지에 표주박을 걸었다가 시끄러워서 떼어버렸다'는 뜻으로, 속세(俗世)를 떠나 청렴(淸廉)하게 살아가는 모양(模樣)을 이름.

허장성세(虛張聲勢) '헛되이 목소리의 기세(氣勢)만 높인다'는 뜻으로, 실력(實力)이 없으면서도 허세(虛勢)로만 떠벌림.

허장실지(虛掌實指) 붓글씨를 쓸 때, 손바닥을 넓게 펴고 손가락에 힘을 주어 붓을 잡는 일.

허전관령(虛傳官令) ①관청(官廳)의 명령(命令)을 거짓 꾸며서 전(傳)함. ②상사(上司)의 명령(命令)을 거짓 전(傳)함.

허전장령(虛傳將令) ①장수(將帥)의 명령(命令)을 거짓으로 꾸며 전(傳)함. ②윗사람의 명령(命令)을 거짓 전(傳)함의 비유(比喩).

허튼수작(-酬酌) 쓸데없이 함부로 하는 말이나 행동(行動).

허허실실(虛虛實實) 허(虛)를 찌르고 실(實)을 꾀하는 계책(計策)으로 싸우는 모양(模樣)을 이르는 말로써, ①계략(計略)이나 수단(手段)을 써서 서로 상대방(相對方)의 약점을 비난(非難)하여 싸움. ②허실을 살펴서 상대방(相對方)의 동정(動靜)을 알아냄을 이르는 말.

허황지설(虛荒之說) 허황(虛荒)되어 미덥지 않은 말.

허희탄식(歔欷歎息) 한숨지으며 한탄(恨歎)함.

헌근지성(獻芹之誠) '미나리를 바치는 정성(精誠)'이라는 뜻으로, 옛날 햇 미나리가 나면 제일(第一) 먼저 임금에게 바친 데서 정성(精誠)을 다하여 드리는 마음을 이르는 말.

헌근지의(獻芹之意) 남에게 물건(物件)을 선사(膳賜)할 때 겸사(謙辭)하여 이르는 말.

헌동일세(獻動一世) '흔동일세'의 원말.

헌물부모궤이진지(獻物父母跪而進之) 부모(父母)님께 물건(物件)을 바치거든 꿇어앉아서 올려라.

헌법재판(憲法裁判) 헌법 재판소에서, 위헌 법률 심판 및 탄핵(彈劾) 소송(訴訟)·정당 해산 소송·헌법 소원 등 헌법에 관한 쟁의를 사법적(司法的) 절차에 따라 해결하는 법률 행위.

ㅎ

헌주위성(獻主爲聖) 여호와께 바친 것은 거룩하게 됨.

헌헌대장부(軒軒大丈夫) 헌헌장부(軒軒丈夫).

헌헌장부(軒軒丈夫) 헌거로운 남자(男子). 외모가 준수하고 풍채가 당당한 남자. 인색하거나 까다롭지 않고 너그러운 사람. 헌헌대장부(軒軒大丈夫).

험산준령(險山峻嶺) 험한 산과 높고 험한 고개.

혁고정신(革故鼎新) '옛것을 뜯어고치고 솥을 새것으로 바꾼다'는 뜻. 묵은 것을 고치고 새로운 것을 취함.

혁세공경(赫世公卿) 대대(代代)로 지내 내려오는 높은 벼슬아치.

혁신적(革新的) 혁신하는 성질(性質)이나 경향(傾向)을 띤 것. ↔보수적(保守的).

혁신주의(革新主義) 지금까지의 조직이나 관습(慣習)·방법(方法) 따위를 바꾸어 새로운 방향(方向)으로 나아가려고 하는 주의.

혁혁지공(赫赫之功) '혁혁(赫赫)한 공(功)'이라는 뜻으로, 빛나는 큰 공적(功績)을 이르는 말.

혁혁지광(赫赫之光) '혁혁한 빛'이라는 뜻으로, 성명(姓名)이 세상(世上)에 빛남을 이르는 말.

혁혼식(革婚式) 결혼(結婚) 4주년(周年).

현가주연(絃歌酒讌) 거문고를 타며 술과 노래로 잔치함.

현고조고(顯高祖考) 축문(祝文)에서나 신주(神主)에서 '돌아간 고조할아버지'를 이르는 말.

현군고투(懸軍孤鬪) 적진(敵陣)으로 깊이 들어가서 후방(後方)의 본진과 연락(連絡)도 없고 후원군(後援軍)도 없이 외롭게 싸움.

현대문학(現代文學) 근대 문학의 계승으로서 현대에 형성된 문학(文學).

현두각(見頭角) 많은 사람 중에서 학업(學業)이나 기예(技藝) 등이 유달리 뛰어나게 나타남.

현두자고(懸頭刺股) '상투를 천장에 달아매고, 송곳으로 허벅다리를 찔러서 잠을 깨운다'는 뜻으로, 학업(學業)에 매우 힘씀을 이르는 말. 현량자고(懸梁刺股).

현량방정(賢良方正) 현량하고 방정함.

현량자고(懸梁刺股) '머리털을 대들보에 묶고, 허벅다리를 찌른다'는 뜻으로, 분발하여 열심히 공부함을 이르는 말. 현두자고(懸頭刺股).

현모양처(賢母良妻) 어진 어머니이면서 또한 착한 아내.

현문우답(賢問愚答) 현명(賢明)한 질문(質問)과 어리석은 대답(對答). ↔우문현답(愚問賢答).

현부영부귀악부영부천(賢婦令夫貴惡婦令夫賤) 어진 부인은 남편을 귀(貴)하게 하고, 악한 부인은 남편을 천(賤)하게 하느니라.

현부형(賢父兄) 어진 아버지와 형.

현부화육친녕부파육친(賢婦和六親侫婦破六親) 어진 부인은 육친을 화목하게 하고, 간악(奸惡)한 부인은 육친의 화목을 깨드리느니라

현성지군(賢聖之君) 어질고 거룩한 임금.

현송지성(絃誦之聲) 거문고를 타며 시를 읊는 소리.

현실도피(現實逃避) ①현실과 맞서기를 기피(忌避)하는 일. ②소극적(消極的)이고 퇴폐적(頹廢的)으로 처세(處世)하는 태도(態度).

현신설법(現身說法) 부처가 여러 가지 모습으로 나타나 중생(衆生)을 위(爲)해 불법(佛法)을 설파(說破)하는 것.

현실성(現實性) 실제(實際)로 일어날 수 있거나 현실에 있을 수 있는 가능성(可能性).

현실주의(現實主義) 현실을 가장 중요시하는 태도. 이상에 구애되지 않고 현실(現實)에 적용(適用)하여 일을 처리하는 태도. 리얼리즘. ↔이상주의(理想主義).

현실화(現實化) ①실제의 사실이나 상태가 됨, 또는 되게 함. ②비현실적(非現實的)인 제도나 규칙을 현실에 맞게 조정함.

현악기(絃樂器) 현을 타거나 켜서 소리를 내는 악기. (가야금이나 거문고 · 바이올린 따위.) 탄주악기(彈奏樂器). 줄악기.

현악사중주(絃樂四重奏) 바이올린 둘과 비올라 하나, 첼로 하나로 연주하는 실내악 사중주.

현악삼중주(絃樂三重奏) 주로, 바이올린과 비올라, 첼로로 연주하는 실내악 삼중주. 현악트리오.

현악오중주(絃樂五重奏) 주로, 바이올린 둘, 비올라 둘, 첼로 하나 또는 바이올린 둘, 비올라 하나, 첼로 둘로 연주하는 실내악 오중주.

현악트리오(絃樂trio) 현악삼중주(絃樂三重奏).

현양격고(懸羊擊鼓) 양을 내걸어 북을 두들기게 하다.

현양두매마포(懸羊頭賣馬脯) '양의 머리를 매달아 놓고 말린 말고기를 판다'는 뜻으로, 선을 가장하여 악을 행(行)함을 이르는 말.

현옥고석(衒玉賈石) 옥을 진열(陳列)해 놓고 돌을 팜.

현인군자(賢人君子) 현인(賢人)과 군자(君子). 어진 사람을 일컫는 말.

현인안목(賢人眼目) 남의 눈(마음)을 어지럽고 아뜩하게 함.

현자과지(賢者過之) 현인(賢人)은 중용(中庸)을 지나 고상(高尙)한 행위(行爲)를 함을 이르는 말.

현조고(懸祖考) 신주(神主)나 축문(祝文)에서 '돌아간 할아버지'를 일컫는 말.

현조비(顯祖妣) 돌아가신 할머니. 신주나 축문에서 쓰는 말.

현증조고(顯曾祖考) 신주(神主)에서나 축문(祝文)의 첫머리에서 '돌아간 증조할아버지'를 이르는 말.

현지우현(玄之又玄) '오묘(奧妙)하고 또 오묘(奧妙)하다'는 뜻으로, 도(道)의 광대(廣大) 무변함을 찬탄(讚歎)한 말.

현하구변(懸河口辯) 거침없이 흐르는 물처럼 능(能)하게 잘 하는 말.

현하웅변(懸河雄辯) 현하구변(懸河口辯).

현하지변(懸河之辯) '도도히 흐르는 물과 같은 변설'이라는 뜻으로, 거침없고 유창한 말주변을 이르는 말.

현현일(顯現日) 주현절(主顯節).

혈거야처(穴居野處) 굴속이나 한데서 살아감.

혈구지도(絜矩之道) '곱자를 가지고 재는 방법(方法)'이라는 뜻으로, 자기(自己)의 처지(處

地)를 미루어 남의 처지(處地)를 헤아리는 것을 비유(比喩)함.

혈기방장(血氣方壯) 혈기(血氣)가 한창 씩씩함.

혈기왕성(血氣旺盛) 힘을 쓰는 기운이 한창 성함.

혈기지분(血氣之憤) 젊은 혈기(血氣)로 일어나는 공연(公然)한 분(憤).

혈기지용(血氣之勇) 혈기(血氣)에 찬 기운(氣運)으로 불끈 뽐내는 한때의 용맹(勇猛).

혈류표저(血流漂杵) '피가 강을 이루어 무거운 공이라도 띄울 수 있다'는 뜻으로, 싸움이 치열(熾烈)하여 전사자(戰死者)가 많음을 이르는 말.

혈맥관통(血脈貫通) 핏줄이 서로 통함.

혈맥상승(血脈上昇) 서로 계승(繼承)하여 법통을 전(傳)하는 일.

혈맥상통(血脈相通) '혈맥이 서로 통(通)한다'는 뜻으로, 골육(骨肉) 관계(關係)나 뜻이 맞는 친구(親舊) 사이를 이르는 말.

혈성남자(血誠男子) 용감(勇敢)스럽고 의기(義氣)가 있어서 죽기를 두려워하지 않는 사나이.

혈식천추(血食千秋) 나라에서 지내는 제사(祭祀)가 오래도록 끊이지 아니함.

혈심고독(血心苦篤) 정성(精誠)을 다 하여 일을 함.

혈원골수(血怨骨髓) 뼈에 사무치는 깊은 원수.

혈육애(血肉愛) 혈육에 대(對)한 사랑.

혈육지신(血肉之身) 혈육(血肉). ①피와 살. ②자기 소생의 자녀. ③부모, 자식, 형제, 자매들.

혈육지친(血肉之親) 부모(父母)와 자식(子息), 형제(兄弟)와 자매(姊妹) 등(等)의 가까운 혈족(血族).

혈족결혼(血族結婚) 같은 혈족(血族) 사이의 결혼(結婚).

혈풍혈우(血風血雨) '피바람과 피비'라는 뜻으로, 곧 격심(激甚)한 혈전(血戰)의 비유(比喩).

혈혈고종(孑孑孤蹤) 외로운 나그네가 낯선 객지를 헤매는 자취

혈혈단신(孑孑單身) 의지(依支)할 곳 없는 외로운 홀몸.

혈혈무의(孑孑無依) 홀몸으로 의지할 곳이 없음.

혐한시위(嫌韓示威) 다른 나라가 한국에 대하여 반대(反對)하고 미워하는 감정을 가지고 시위함. (예:일본의 혐한시위, 중국의 혐한시위 등)

협견첨소(脅肩諂笑) 어깨를 옹송그리고 아첨(阿諂)하며 웃음.

협동공격전술(協同攻擊戰術) 세트 플레이의 북한어. 구기 경기에서, 2~3명의 선수가 상대편의 방어 형태에 따라 조직적이고 계획적으로 펼치는 공격전술.

협동정신(協同精神) 서로 겨루지 않고 힘을 합하는 정신.

협태산이초북해(挾泰山以超北海) '태산(泰山)을 끼고 북해(北海)를 뛰어 넘는다'는 뜻으로, 용력(勇力)이 썩 장대(壯大)함의 비유(譬喩).

형격세금(形格勢禁) '행동(行動)의 자유(自由)를 구속(拘束)함'을 이르는 말.

형극동타(荊棘銅駝) '구리 낙타(駱駝)가 가시덤불 속에 묻혀 있다'는 뜻으로, 궁전(宮殿)이나 후원(後園)이 황폐(荒廢)함을 형용(形容)하는 말.

형기무형(刑期無刑) '형벌(刑罰)의 목적(目的)은 형벌(刑罰)이 없게 하는 것을 이상(以上)으로 한다'는 뜻.

형기우무형(刑期于無刑) 형벌(刑罰)을 만드는 까닭은 악인(惡人)을 징계(懲戒)하여 또다시 죄(罪)를 지어 형벌(刑罰)을 받는 일이 없도록 하기 위(爲)한 것임.

형기제포금수지수(兄飢弟飽禽獸之遂) 형은 굶주리는데 아우만 배부르다면 새나 짐승의 할 짓임.

형능여차제역효지(兄能如此弟亦效之) 형(兄)이 능(能)히 이와 같이 하면 아우도 본(本)받으리라.

형단영척(形單影隻) 아무데도 의지(依支)할 곳 없는, 몹시 외로움을 이르는 말.

형단표정(形端表正) 몸 형상(形像)이 단정(端正)하고 깨끗하면 마음도 바르며 또 겉으로도 나타남.

형망제급(兄亡弟及) 맏형이 아들이 없이 죽었을 때, 다음 아우가 맏형 대신(代身)으로 계통(系統)을 이음.

형무의복제필헌지(兄無衣服弟必獻之) 형에게 의복(衣服)이 없으면 아우는 반드시 이를 드려야 함.

형불상대부(刑不上大夫) '사대부(士大夫)에게는 형벌(刑罰)을 내리지 않는다'는 뜻으로, 옛날 대부(大夫)는 예를 지켜 범죄(犯罪)함이 없으므로 면목(面目)을 존중(尊重)해 주고, 또한 절의(節義)를 장려(獎勵)하기 위(爲)해서임.

형불여면면불여안(形不如面面不如眼) 사람됨을 알아보는 데는 형체(形體)보다는 얼굴, 얼굴보다는 눈.

형산백옥(荊山白玉) ①중국(中國) 형산(荊山)에서 나는 백옥(白玉)이라는 뜻으로 보물(寶物)로 전해오는 흰 옥돌을 이르는 말. ②어질고 착한 사람을 비유적(比喩的)으로 이르는 말. 형산지옥(荊山之玉).

형산지옥(荊山之玉) '형산에서 나는 옥'이라는 뜻으로, 어질고 착한 사람을 이르는 말.

형생아전제생아후(兄生我前弟生我後) 형은 나보다 먼저 태어나고 아우는 나보다 뒤에 태어났음.

형설지공(螢雪之功) '반딧불과 눈빛으로 이룬 공'이라는 뜻으로, 가난을 이겨내며 반딧불과 눈빛으로 글을 읽어가며 고생 속에서 공부(工夫)하여 이룬 공을 일컫는 말.

형수책아막감항노(兄雖責我莫敢抗怒) 형이 비록 나를 꾸짖더라도 감(敢)히 항거(抗拒)하고 성내지 말라.

형수책아불감노원(兄雖責我不敢怒怨) 형이 비록 나를 꾸짖더라도 감(敢)히 성내고 원망

(怨望)하지 말아야 함.

형승지국(形勝之國) 지세가 좋아서 승리(勝利)하기에 마땅한 자리에 있는 나라.

형승지지(形勝之地) 경치(景致)가 매우 아름다운 땅.

형영상동(形影相同) '형체(形體)가 구부러져 있으면 그림자도 구부러지고, 형체(形體)가 곧으면 그 그림자도 곧다'는 뜻으로, 사람의 행동(行動)의 선악(善惡)은 그 마음의 선악(善惡)에 달렸음을 이르는 말.

형영상조(形影相弔) '자기(自己)의 몸과 그림자가 서로 불쌍히 여긴다'는 뜻으로, '몹시 외로움'을 일컫는 말.

형용고고(形容枯槀) 용모(容貌)가 여위고 쇠약(衰弱)해짐.

형우제공(兄友弟恭) 형제(兄弟)끼리 우애(友愛)가 깊음.

형우제공불감원노(兄友弟恭不敢怨怒) 형은 아우에게 우애하고 아우는 형에게 공손(恭遜)히 하여, 감히 원망하거나 성내지 말라.

형유과실화기이간(兄有過失和氣以諫) 형에게 과실(過失)이 있으면 아우는 온화(溫和)한 기색(氣色)으로 간(諫)함.

형이상(形而上) ①형체(形體)가 없는것. ②추상적(抽象的)인것. ③철학(哲學) 용어로 자연일반, 감성적(感性的) 현상(現狀)을 말함.

형이상학(形而上學) ①사물의 본질, 존재의 근본 원리를 사유나 직관에 의하여 탐구하는 학문. 명칭은 아리스토텔레스의 저작물의 제목에서 유래한다. 무형학. ②헤겔, 마르크스 철학에서 비변증법적 사고를 이르는 말. ③초경험적인 것을 대상으로 하는 학문을, 형이하 또는 경험적 대상의 학문인 자연 과학에 상대하여 이르는 말. ④'형체(形體)를 초월(超越)한 영역(領域)에 관(關)한 과학(科學)'이라는 뜻으로, '철학(哲學)'을 일컫는 말. ↔형이하학.

형이상학(形而上學) 아리스토텔레스의 철학서. 아리스토텔레스가 제일 철학이라고 하는 이름으로 다룬 여러 문제의 연구를 후세에 정리한 것으로, 플라톤의 이데아론을 비판하고 실재론을 설명하였다. 스콜라 철학을 통하여 중세의 유럽 사상에 큰 영향을 끼쳤다. ↔형이하학.

형이하학(形而下學) 형체(形體)를 갖추고 있는 사물에 관한 학문. 물리학 · 식물학 따위의 자연과학. ↔형이상학.

형정우가(形正尤佳) 인상을 항시 바르게 하여라. 인상이 바르면 더욱 아름답다.

형제불여우생(兄弟不如友生) 형제(兄弟)는 안락무사(安樂無事)한 때에는 친구(親舊)만 못함.

형제위수족(兄弟爲手足) '형제(兄弟) 간(間)은 손발(手足)과 같다'는 뜻으로, 떼어버릴 수 없는 관계(關係)임을 이르는 말.

형제유난민이사구(兄弟有難悶而思救) 형제간(兄弟間)에 어려운 일이 있으면 근심하고 구원(救援)해 주기를 생각하라.

형제유선필예우외(兄弟有善必譽于外) 형제간에 잘한 일이 있으면 반드시 밖에 나가 칭찬(稱讚)하라.

형제유실은이물양(兄弟有失隱而勿揚) 형제간(兄弟間)에 잘못이 있으면 숨겨주고 드러내지 말라.

형제이이행즉안행(兄弟怡怡行則雁行) 형제(兄弟)는 서로 화합(和合)하여 길을 갈 때는 기러기 떼처럼 나란히 가라.

형제자매(兄弟姉妹) 형과 누이, 남동생과 여동생.

형제자매동기이생(兄弟姊妹同氣而生) 형제(兄弟)와 자매(姊妹)는 한 기운(氣運)을 받고 태어났음.

형제자매우애이이(兄弟姊妹友愛而已) 형제(兄弟)와 자매(姊妹)는 서로 우애(友愛)할 따름임.

형제쟁투만당불락(兄弟爭鬪滿堂不樂) 형과 아우가 다투고 싸우면 온 집안이 즐겁지 않게 됨.

형제지국(兄弟之國) ①사이가 썩 친밀(親密)하여 가깝게 지내는 나라. ②서로 혼인(婚姻) 관계(關係)를 맺은 나라를 이르는 말.

형제지의(兄弟之誼) 형제(兄弟)처럼 지내는 정다운 친구(親舊) 사이의 매우 깊은 우의.

형제투금(兄弟投金) '형제(兄弟)가 금덩이를 던졌다'는 설화(說話)에서 유래(由來)하여, 형제(兄弟) 간(間)의 우애(友愛)를 뜻함.

형제혁장(兄弟鬩墻) '형제(兄弟)가 담장 안에서 싸운다'는 뜻으로, 동족상쟁(同族相爭)을 말함.

형제혁장외어기모(兄弟鬩牆外禦其侮) 형제(兄弟)는 담장 안에서는 싸우기도 하나, 밖에서 모욕(侮辱)을 당(當)하면 함께 이를 막음.

형제화목부모희지(兄弟和睦父母喜之) 형과 아우가 화목(和睦)하면 부모(父母)님이 기뻐하심.

형제화합현처지덕(兄弟和合賢妻之德) 형과 아우가 화합(和合)한 것은 어진 아내의 덕임.

형창설안(螢窓雪案) '반딧불이 비치는 창과 눈에 비치는 책상(冊床)'이라는 뜻으로, 어려운 가운데서도 학문(學問)에 힘씀을 비유(比喩)한 말.

형처돈아(荊妻豚兒) 처자를 겸손하게 부르는 말.

형체수이소수일혈(形體雖異素受一血) 형상(形像)과 몸은 비록 다르나 본래(本來) 한 핏줄기를 이어받았음.

형형색색(形形色色) 모양(模樣)이나 종류(種類)가 다른 가지각색(各色)의 것.

ㅎ **혜금완소**(嵇琴阮嘯) 위국 혜강(嵇康)은 거문고를 잘 타고, 완적(阮籍)은 휘파람을 잘 불었음.

혜분난비(蕙焚蘭悲) '혜란(蕙蘭)이 불에 타면 난초(蘭草)가 슬퍼한다'는 뜻으로, 벗의 불행(不幸)을 함께 슬퍼함을 이르는 말.

혜애위심(惠愛爲心) '남을 사랑하고 돕는 것을 평소(平素) 마음씨로 한다'는 뜻.

혜이부지위정(惠而不知爲政) '은혜(恩惠)롭기는 하나 정치(政治)는 할 줄 모른다는 말로, 그만큼 정치(政治)가 어렵다'는 것을 뜻하는 말.

혜이불비(惠而不費) 위정자(爲政者)는 백성(百姓)에게 은혜(恩惠)를 베풀되 낭비(浪費)는 하지 말아야 함.

혜전탈우(蹊田奪牛) 가벼운 죄(罪)에 대한 처벌(處罰)이 혹독(酷毒)함.

호가호위(狐假虎威) '여우가 호랑이의 위세(威勢)를 빌려 호기를 부린다'는 뜻으로, 남의 세력(勢力)을 빌어 위세(威勢)를 부림.

호각지세(互角之勢) 서로 조금도 낫고 못함이 없는 자세(姿勢).

호거용반(虎踞龍盤) '용이 도사리고 범이 웅크리고 앉았다'는 뜻으로, 웅장(雄壯)한 산세를 이르는 말.

호걸남자(豪傑男子) 호걸(豪傑)스러운 사나이.

호계삼소(虎溪三笑) 동양화(東洋畫) 화제(畵題)의 하나. '호계라는 시냇가에서 세 사람이 웃는다'의 뜻으로 학문이나 예술에 열중하여 도성이 먼 것을 잊음.

호구별성(戶口別星) 집집마다 찾아다니며 천연두를 앓게 한다는 여자 귀신.

호구여생(虎口餘生) 구사(九死) 일생(一生)으로 살아남은 목숨.

호구조사(戶口調査) 호수(戶數) 및 인구를 조사함.

호구지계(糊口之計) 호구지책(糊口之策).

호구지방(糊口之方) 호구지책(糊口之策).

호구지책(糊口之策) '입에 풀칠하다'라는 뜻으로, 겨우 먹고 살아가는 방책(方策).

호구참언(虎口讒言) '매우 위험(危險)한 참언'이라는 뜻으로, 남을 궁지(窮地)에 몰아넣는 고자질이나 헐뜯는 말을 이르는 말.

호구책(糊口策) 호구지책(糊口之策).

호귀별성(胡鬼別星) 호구별성(戶口別星).

호기만발(豪氣滿發) 호기롭게 뽐내는 기운(氣運)이 차서 겉으로 드러남.

호기만장(豪氣萬丈) 호기로운 기세(氣勢)가 매우 높음.

호납동서남북재(戶納東西南北財) '대문(大門)에는 춘하추동(春夏秋冬) 복(福)을 모두 맞이하고 동서남북의 재물(財物)을 모두 받아들인다'는 뜻.

호노자식(胡奴子息) 버릇없이 막되게 자란 놈.

호노한복(豪奴悍僕) 고분고분하지 않고 몹시 드센 하인.

호당지풍(護黨之風) 당파(黨派)들끼리 서로 감싸고 도는 기품(氣稟).

호두사미(虎頭蛇尾) '범의 머리에 뱀의 꼬리'라는 뜻으로, 처음에는 성(盛)하나 끝이 부진(不振)한 형상(形狀)을 비유(比喩)하는 말.

호랑지국(虎狼之國) '호랑이와 이리의 나라'라는 뜻으로, 포악(暴惡)하고 신의(信義)가 없는 강대국(强大國)을 비유(譬喩)하는 말.

ㅎ

호랑지심(虎狼之心) '범과 이리 같은 마음'이라는 뜻으로, 성질(性質)이 거칠고 사나워서 인자(仁慈)하지 못한 마음을 이르는 말.

호래척거(呼來斥去) 사람을 불러 왔다가 다시 그 길로 곧 돌려보냄.

호래초거(呼來招去) 불러 오고 불러 감.

호령여산(號令如山) '호령(號令)이 산과 같다'는 뜻으로, 호령(號令)이 엄중(嚴重)해 움직일 수 없음을 이르는 말.

호령여한(號令如汗) 한번 내린 명령(命令)은 다시 취소(取消)하기 어려움.

호리건곤(壺裏乾坤) '술 항아리 속의 천지(天地)'라는 뜻으로, 늘 술에 취한 상태(狀態)에 있음을 이르는 말.

호리불차(毫釐不差) 털끝만큼도 틀림이 없음.

호리지차(毫釐之差) 아주 근소한 차이(差異).

호리천리(毫釐千里) '티끌 하나의 차이(差異)가 천 리의 차이(差異)'라는 뜻으로, 처음에는 조금의 차이(差異)지만 나중에는 대단한 차가 생김을 이르는 말.

호마망북(胡馬望北) 호마의북풍(胡馬依北風).

호마의북풍(胡馬依北風) '북쪽의 말은 북풍이 불 때마다 머리를 들어 북쪽을 바라본다'는 뜻으로, '몹시 고향(故鄕)을 그리워함'의 비유(譬喩).

호말지리(毫末之利) 털끝만한 이익(利益).

호모부가(毫毛斧柯) '수목(樹木)을 어릴 때 베지 않으면 마침내 도끼를 사용(使用)하는 노력(努力)이 필요(必要)하게 된다'는 뜻으로, 화(禍)는 미세(微細)할 때에 예방(豫防)해야 함을 비유(比喩)하는 말.

호물부재다(好物不在多) '좋은 물건(物件)이 반드시 많아야 할 필요(必要)는 없다'는 뜻으로, 위험(危險)한 일을 시작(始作)해 놓고 계속(繼續)할 수도 그만둘 수도 없는 난처(難處)한 지경(地境)을 이르는 말. 사물의 가치는 수량에 의해 좌우되지 않는다는 말.

호미난방(虎尾難放) '잡았던 범의 꼬리를 놓기가 어렵다'는 뜻에서, 위험성(危險性)이 있는 일을 비롯한 바에 '그대로 나가기도 어렵고 그만두기도 어려움'을 가리키는 말.

호미춘빙(虎尾春氷) '범의 꼬리와 봄에 어는 얼음'이라는 뜻으로, 매우 위험(危險)한 지경(地境)을 비유(比喩)하는 말.

호민관(護民官) 고대 로마에서, 평민의 권익을 지키기 위하여 기원전 493년경에 두었던 관직. 원로원의 의결에 대하여 거부권을 가지며 평민회를 소집하는 등 권한이 막강하였음.

호박광(琥珀光) '호박(琥珀)과 같이 아름다운 빛'이란 뜻으로, 술 빛깔의 맑고 아름다운 황색(黃色)을 이르는 말.

호박함망택간장세각정(好博咸亡宅看章細覺情) 노름을 좋아하니 집을 다 잃어버리고, 글을 보니 자세(仔細)하게 뜻을 깨달음.

호발부동(毫髮不動) 조금도 움직이지 않고 태연(泰然)함.

호방뇌락(豪放磊落) 기개(氣槪)가 장하고 도량(度量)이 넓고 큼.

호변서(虎變鼠) '호랑이가 쥐로 변한다'는 뜻으로, 임금도 권세(權勢)를 잃으면 신하(臣下)에게 업신여김을 당(當)함을 이르는 말.

호별방문(戶別訪問) 집집마다 찾아다님.

호보당당(虎步堂堂) '호랑이 걸음처럼 당당(堂堂)하게 나아간다'는 뜻을 나타냄.

호봉팔현(戶封八縣) 한(漢)나라가 천하(天下)를 통일(統一)하고 여덟 고을 민호(民戶)를 주어 공신(功臣)을 봉(封)함.

호부견자(虎父犬子) '호랑이 아비에 개의 새끼'라는 뜻으로, 훌륭한 아버지에 못난 아들을 이르는 말 .

호부호모(呼父呼母) '아버지, 어머니'라는 뜻.

호부호형(呼父呼兄) 아버지를 아버지라 부르고, 형(兄)을 형(兄)이라고 부름.

호분누석(毫分縷析) '터럭을 나누고 실을 쪼갠다'는 뜻으로, 물건이나 상황을 아주 잘게 나누거나 분석함을 이르는 말.

호불이웅(狐不二雄) '여우는 숫놈 두 마리가 함께 살지 않는다'는 뜻으로, 두 영웅(英雄)이 병립할 수 없음을 비유(譬喩)하는 말.

호사난량(胡思亂量) 호사난상(胡思亂想).

호사난상(胡思亂想) 몹시 뒤섞이고 착잡(錯雜)하여 어수선하게 생각함, 또는 그 생각.

호사다마(好事多魔) 좋은 일에는 방해(妨害)가 되는 일이 많음. 도고마강(道高魔强). 도고마성(道高魔盛). 도고마왕(道高魔旺). 도고마장(道高魔長)

호사비치(豪奢–) 몸치장을 호사스레 하는 사람을 이르는 말.

호사불여무(好事不如無) 좋은 일이 있으면 흔히 나쁜 일이 뒤따르므로, 차라리 처음부터 좋은 일이 없는 것이 낫다는 말.

호사불출문악사행천리(好事不出門惡事行千里) 좋은 일은 좀체로 세상(世上)에 알려지지 않으나, 나쁜 일은 이내 널리 알려짐.

호사수구(狐死首丘) '여우는 죽을 때가 되면 제가 살던 굴 있는 언덕으로 머리를 돌린다'는 뜻으로, ①근본(根本)을 잊지 않음. ②고향(故鄕)을 그리워함. 수구초심(首丘初心).

호사유피(虎死留皮) 범이 죽으면 가죽을 남기는 것과 같이, 사람도 죽은 뒤에 이름을 남겨야 한다는 말.

호사유피인사유명(虎死留皮人死留名) '호랑이는 죽어서 가죽을 남기고, 사람은 죽어서 이름을 남긴다'는 뜻으로, 사람은 죽어서 명예를 남겨야 함을 이르는 말.

호사토비(狐死兎悲) '여우가 죽으면 토끼가 슬퍼한다'는 뜻으로, 동류(同類)의 불행(不幸)을 슬퍼함.

호사토읍(狐死兎泣) '여우의 죽음에 토끼가 운다'는 뜻으로, 동류(同類)의 불행(不幸)을 슬퍼함의 비유(比喩). 토사호비(兎死狐悲). 호사토비(狐死兎悲).

호상연결(互相連結) 서로 관계(關係)를 맺어 이음.

호상차지(護喪次知) 초상(初喪)에 관한 모든 일을 주관(主管)하는 사람.

호색지도(好色之徒) 여색(女色)을 특별(特別)히 좋아하는 무리.

호생오사(好生惡死) 살기를 좋아하고 죽기를 싫어함.

호생지덕(好生之德) 죽일 형벌(刑罰)에 처할 죄인(罪人)을 특별(特別)히 살려 주는 제왕(帝王)의 덕.

호생지물(好生之物) 아무렇게나 굴려도 죽지 아니하고 잘 사는 식물(植物).

호서배(狐鼠輩) '여우와 쥐새끼 같은 무리'라는 뜻으로, 간사(奸邪)하고 못된 무리의 비유(比喩).

호소득천(號訴得泉) 부르짖으니 샘물이 솟아올랐다.

호소무지(呼訴無地) 호소무처(呼訴無處).

호소무처(呼訴無處) 원통(寃痛)한 사정(事情)을 호소(呼訴)할 곳이 없음. 호소무지(呼訴無地).

호승지벽(好勝之癖) 남과 겨루어서 꼭 이기기를 즐기는 성미나 버릇.

호승지심(好勝之心) 남에게 이기기를 좋아하는 마음.

호시우보(虎視牛步) '호랑이같이 예리(銳利)하고 무섭게 사물(事物)을 보고, 소같이 신중(愼重)하게 행동(行動)한다'는 뜻으로, 모든 일에 신중(愼重)을 기(期)함을 뜻함.

호시우행(虎視牛行) 호시우보(虎視牛步). '호랑이의 눈처럼 매섭게 부릅뜨고 우직한 소처럼, 매사를 신중하게 걸어가라'는 뜻. 눈은 항상 예리(銳利)하게 유지하면서도 행동은 소처럼 하라는 말.

호시탐탐(虎視耽耽) '범이 먹이를 노린다'는 뜻으로, '기회(機會)를 노리며 형세(形勢)를 살핌'을 비유(譬喩)하는 말. 날카로운 눈으로 가만히 기회(機會)를 노려보고 있는 모양(模樣).

호언난설(胡言亂說) 호언난어(胡言亂語). 호설(胡說).

호언난어(胡言亂語) ①터무니없는 말. ②무슨 뜻인지 이해(理解)할 수 없는 말을 이르는 말.

호언장담(豪言壯談) 호기롭고 자신(自信) 있게 말함. 또는 그 말.

호연장귀(浩然長歸) 아무 거리낌 없이 떳떳한 마음으로 아주 돌아감.

호연지기(浩然之氣) ①도의(道義)에 근거(根據)를 두고 굽히지 않고 흔들리지 않는 바르고 큰마음. ②하늘과 땅 사이에 가득 찬 넓고 큰 정기(精氣). ③공명정대(公明正大)하여 조금도 부끄럼 없는 용기(勇氣). ④잡다(雜多)한 일에서 벗어난 자유(自由)로운 마음.

호왈백만(號曰百萬) 말로는 백만을 일컬으나, 실상(實相)은 얼마 안 됨.

호월일가(胡越一家) '고향(故鄕)이 다르고 서로 간에 서먹서먹한 사람들이 한집에 모인다'는 뜻으로, 천하(天下)가 한집안 같음을 이르는 말.

호위무사(護衛武士) 따라 다니면서 곁에서 보호(保護)하고 지키는 무사.

호위인사(好爲人師) 아는 체하며 매사(每事)에 남의 스승이 되기를 좋아함.

호유장단(互有長短) 서로 나은 점과 못한 점(點)이 있음.

호의미결(狐疑未決) 호의불결(狐疑不決).

호의불결(狐疑不決) '여우가 의심이 많아 결단을 내리지 못한다'는 뜻으로, 어떤 일에 대하여 의심이 많아 결행(決行)하지 못함을 비유(比喩)하는 말. 호의미결(狐疑未決).

호의호식(好衣好食) ①좋은 옷과 좋은 음식(飮食). ②잘 입고 잘 먹음. ↔악의악식(惡衣惡食).

호작자미(好爵自縻) 스스로 벼슬을 얻게 되니 찬작(鑽灼)을 극진(極盡)히 하면 인작(人爵)이 스스로 이르게 됨.

호저임기(好詛臨己) 저주(詛呪)하기를 좋아하면 그것이 자신에게 옴.

호전걸육(虎前乞肉) '범에게 고기 달라기'라는 속담(俗談)의 한역으로, 어림도 없는 일을 하려고 함을 이르는 말.

호전필망(好戰必亡) '전쟁을 좋아하면 반드시 망한다'는 뜻.

호접몽(胡蝶夢) 호접지몽(胡蝶之夢).

호접지몽(胡蝶之夢) 장자(莊子)가 나비가 되어 날아다닌 꿈으로, ①현실(現實)과 꿈의 구별(區別)이 안되는 것. ②인생(人生)의 덧없음의 비유(比喩). 호접몽(胡蝶夢).

호정출입(戶庭出入) 앓는 사람이나 늙은이가 겨우 마당에까지만 드나듦.

호제득풍(好濟得豊) 구제(救濟)를 좋아하는 자는 풍족(豊足)하여 짐.

호조호원(互助互援) 서로 돕고 서로 구원(救援)함.

호주필응(噑主必應) '하나님께 부르짖으면 응답하신다'의 뜻.

호주환일(呼主患日) 환란(患亂) 날에 나를 부르라.

호중지천(壺中之天) '술 항아리 속의 천지(天地)'라는 뜻으로, ①별세계(別世界) 또는 선경(仙境)을 이르는 말. ②지극(至極)히 협소함을 이르는 말.

호중천(壺中天) '항아리 속의 하늘'이라는 뜻으로, 별천지(別天地)、별세계(別世界)、선경(仙境) 따위의 뜻으로 쓰는 말.

호중천지(壺中天地) '병 안에 세상(世上)이 다 있다'는 뜻으로, 별천지(別天地) · 별세계(別世界)를 뜻함.

호지무화초(胡地無花草) 오랑캐 땅에 화초(花草)가 없다는 뜻.

호질기의(護疾忌醫) '병을 숨기고 의원에게 보이기를 꺼린다'는 뜻으로, 자신의 결점을 감추고 남의 충고를 듣지 않음을 비유(譬喩)하는 말.

호척용나(虎擲龍拏) '범과 용이 맞잡고 친다'는 뜻으로, 영웅(英雄)끼리 다툼을 비유(比喩)하는 말.

호천고지(呼天叩地) 너무나 애통(哀慟)하여 하늘을 부르며 땅을 침.

호천망극(昊天罔極) '하늘이 넓고 끝이 없다'는 뜻으로, 부모(父母)의 은혜(恩惠)가 매우 크고 끝이 없음을 이르는 말.

호천통곡(呼天痛哭) 하늘을 부르며 목 놓아 욺.

호추불두(戶樞不蠹) '움직이는 문지도리는 좀먹지 않는다'는 뜻으로 '끊임없이 움직이라'는 뜻.

호치단순(皓齒丹脣) '붉은 입술과 흰 이'라는 뜻으로, 아름다운 여자(女子)를 이르는 말. 주순호치(朱脣皓齒). 단순호치(丹脣皓齒).

호탕불기(豪宕不羈) 기개(氣概)가 굳고 호걸(豪傑)스러워 사소(些少)한 일에 얽매이지 않음.

호표기수견양기(虎豹豈受犬羊欺) '범과 표범이 어찌 개나 양에게 속임을 당(當)하겠느냐'는 뜻으로, 군자(君子)는 소인(小人)의 업신여김을 받지 아니함을 이르는 말.

호풍환우(呼風喚雨) 술법(術法)을 써서 바람과 비를 불러일으킴.

호학불권(好學不倦) 학문(學問)을 좋아하여 책읽기에 게으름이 없음.

호해지사(湖海之士) 호탕(豪宕)한 기풍(氣風)으로 초야(草野)에 묻혀 사는 사람을 이르는 말.

호행난주(胡行亂走) 함부로 날뛰며 어지러이 행동(行動)함.

호혈호자(虎穴虎子) '범의 굴에 들어가야 범의 새끼를 잡는다'는 뜻으로, 무슨 일이든지 큰 위험(危險)을 각오(覺悟)하지 않으면 큰 수확(收穫)을 얻지 못함을 비유(譬喩)하는 말.

호형호제(呼兄呼弟) 썩 가까운 벗의 사이에 형이니 아우니 하고 서로 부름. 왈형왈제(曰兄曰弟).

호호막막(浩浩漠漠) 끝없이 넓고 멀어 아득함.

호호망망(浩浩茫茫) 바다나 호수(湖水) 따위가 끝없이 넓고 멀어서 아득함.

호호방문(戶戶訪問) 집집마다 방문(訪問) 함.

호호백발(皓皓白髮) 온통 하얗게 센 머리. 또한 그러한 늙은이.

호호상상(浩浩湯湯) 물이 한없이 넓게 흐르는 모양(模樣).

호호야(好好爺) 사람됨이 썩 좋은 늙은이.

호호인(皓皓人) 사람됨이 썩 좋은 사람.

호호탕탕(浩浩蕩蕩) 아주 넓어서 끝이 없다.

호홀지간(毫忽之間) 서로 얼마 아니 되는 사이. 조금 어긋난 동안.
호화유구(虎畵類狗) '호랑이를 그린 것이 개 모양(模樣)이 되었다'는 뜻.
호화자제(豪華子弟) 호화(豪華)로운 집안에서 자라난 젊은이.
호화찬란(豪華燦爛) 호화(豪華)하고 찬란(燦爛) 함.
혹가혹곡(或可或哭) 어쩔 때는 즐겁다가 어쩔 때는 슬퍼하는 증상(症狀).
혹가혹불가(或可或不可) 옳다 하기도 하고 그르다 하기도 하여 어떤 일이 질정(質定)되지 못함.
혹서기(酷暑期) 아주 더운 기간(期間).
혹세무민(惑世誣民) 세상(世上)을 어지럽히고 백성(百姓)을 속이는 것.
혹속혹지(或速或遲) 혹 빠르기도 하고, 혹 더디기도 함.
혹시혹비(或是或非) 옳기도 하고 그르기도 하여 옳고 그른 것이 질정되지 못함.
혹어후처(惑於後妻) 후처(後妻)에게 홀딱 반함. 후처(後妻)에게 미혹(迷惑)됨.
혹좌혹립(或坐或立) 혹은 앉기도 하고 혹은 서기도 함.
혹한기(酷寒期) 아주 추운 기간(期間). 동빙한설(凍氷寒雪).
혼금박옥(渾金璞玉) '다듬지 않은 본디 그대로의 금과 옥'이라는 뜻으로, 사람의 좋은 바탕을 이르는 말.
혼돈세계(渾沌世界) 천지(天地)가 처음 열릴 때의 사물이 구별(區別)되지 않는 세계. 또는 의식이 몽롱한 지경의 비유(比喩).
혼불부신(魂不附身) 혼비백산(魂飛魄散).
혼불부체(魂不附體) 몹시 놀라서 혼백(魂魄)이 흩어짐.
혼비백산(魂飛魄散) '넋이 날아가고 넋이 흩어지다'라는 뜻으로, 몹시 놀라 어찌할 바를 모름.
혼비중천(魂飛中天) '혼이 중천에 떴다'는 말로, '정신(精神)이 없이 허둥거림'을 이르는 말. 죽은 사람의 혼이 공중(空中)에 떠돌아다닌다는 말.
혼성복자음(混成複字音) 서로 다른 두 단자음(單子音)이 섞이어서 어느 것이 먼저 이든지 아무 다름이 없이 한 가지로 소리 나는 복자음.〔'ㅊ · ㅋ · ㅌ · ㅍ' 따위〕. 섞인 겹닿소리. 차성중자음.
혼성중창(混聲重唱) 남녀의 각 성부(聲部)를 혼합(混合)한 중창. 믹스 콰르텟〔mixed quartet(te)〕.
혼성합창(混聲合唱) 남녀의 각 성부(聲部)를 혼합(混合)한 합창. 믹스 코러스(mixed chorus).
혼수모어(混水摸魚) '물을 혼탁(混濁)하게 만든 다음 물고기를 잡는다'는 뜻.
혼수상태(昏睡狀態) 의식이 없이 깊은 잠에 빠져있는 상태(狀態).
혼승백강(魂昇魄降) 죽은 이의 영혼(靈魂)은 하늘로 올라가고 몸은 땅속으로 들어간다는 말.
혼야애걸(昏夜哀乞) 어두운 밤에 사람 없는 틈을 타서 권세(權勢)있는 사람에게 애걸하는 일.
혼연일체(渾然一體) 사람들의 행동(行動) · 의지(意志) 따위가 조금도 차이(差異)가 없이 한 덩어리가 됨.

혼연일치(渾然一致) 차별(差別) 없이 서로 합치함.

혼연천성(渾然天成) 아주 쉽게 저절로 이루어짐.

혼인사상인보상조(婚姻死喪隣保相助) 혼인(婚姻)과 상사(喪事)에는 이웃끼리 서로 도와야 함.

혼정신성(昏定晨省) '저녁에는 잠자리를 보아 드리고, 아침에는 문안(問安)을 드린다'는 뜻으로, 자식(子息)이 아침저녁으로 부모(父母)의 안부(安否)를 물어서 살핌을 이르는 말.

혼정신성동온하청(昏定晨省冬溫夏凊) 저녁에는 잠자리를 정하여 드리고 새벽에는 문안(問安)을 살피며, 겨울에는 따뜻하게 해드리고 여름에는 시원하게 해드려라.

혼취이논재이로지도야(婚娶而論財夷虜之道也) 혼인(婚姻)하고 장가드는데 재물(財物)을 논(論)하는 것은, 오랑캐의 일이니라.

홀왕홀래(忽往忽來) 걸핏하면 가고 걸핏하면 옴.

홀지풍파(忽地風波) 갑자기 일어나는 풍파(風波).

홀현홀몰(忽顯忽沒) 문득 나타났다가 문득 없어짐.

홀홀불락(忽忽不樂) 실망하여 마음이 즐겁지 않음.

홍곡지지(鴻鵠之志) '큰 기러기와 고니'라는 뜻으로, 영웅(英雄) 호걸(豪傑)의 뜻이나 원대(遠大)한 포부(抱負)를 비유(比喩)하는 말.

홍동백서(紅東白西) 제사(祭祀) 때 제물(祭物)을 차려 놓는 차례(次例). 붉은 과실(果實)은 동쪽에, 흰 과실(果實)은 서쪽에 차리는 격식(格式)을 뜻함.

홍로상일점설(紅爐上一點雪) '벌겋게 단 화로(火爐) 위에 한 점의 눈이 녹는다'는 뜻으로, ①도를 깨쳐 마음 속이 탁 트임을 비유(比喩)해 이르는 말. ②큰일에 작은 힘이 아무 도움도 되지 못함을 비유(比喩)하는 말.

홍로점설(紅爐點雪) ①뜨거운 불길 위에 한 점 눈을 뿌리면 순식간에 녹듯이 사욕(邪慾)이나 의혹(疑惑)이 일시에 꺼져 없어지고 마음이 탁 트여 맑음을 일컫는 말. ②크나큰 일에 작은 힘이 조금도 보람이 없음을 가리키는 말.

홍범구주(洪範九疇) 《서경(書經)》의 홍범(洪範)에 기록(記錄)되어 있는, 우(禹) 임금이 정한 정치(政治) 도덕(道德)의 아홉 가지 원칙(原則).

홍분청아(紅粉青蛾) 홍분은 연지와 분을, 청아는 청색(青色)으로 아미(蛾眉)를 그리는 일, 곧 미인(美人)을 형용(形容)해 이르는 말.

홍불감장(紅不甘醬) '색은 붉으나 맛은 쓴 간장'이라는 뜻으로, 겉으로는 좋아 보여도 속은 신통(神通)하지 않음을 이르는 말.

홍안박명(紅顔薄命) '얼굴에 복숭아 빛을 띤 예쁜 여자(女子)는 팔자가 사납다'는 뜻으로 이르는 말. 가인박명(佳人薄命). 미인박명(美人薄命).

홍안백발(紅顔白髮) 나이가 들어 머리는 세었으나 얼굴은 붉고 윤기(潤氣)가 돈다는 말.

홍안비자(紅顔婢子) 나이가 젊고 얼굴이 곱게 생긴 계집종.

홍안소년(紅顔少年) 나이 젊고 얼굴이 곱게 생긴 남자를 일컬음.

홍연대소(哄然大笑) 큰 소리로 껄껄 웃음. 가가대소(呵呵大笑).

홍옥혼식(紅玉婚式) 결혼(結婚) 45주년(周年) 기념 혼식(紀念 婚式)(Ruby).

홍의동자(紅衣童子) 붉은 옷을 입은 사내아이. 곧 곱게 차린 어린아이.

홍익인간(弘益人間) '널리 인간(人間) 세계(世界)를 이롭게 한다'는 뜻으로, 우리나라의 건국(建國) 시조(始祖)인 단군(檀君)의 건국(建國) 이념(理念).

홍일점(紅一點) '푸른 잎 가운데 한 송이의 꽃이 피어 있다'는 뜻으로, ①여럿 속에서 오직 하나 이채를 띠는 것. ②또는 많은 남자(男子)들 사이에 끼어 있는 오직 하나 뿐인 여자(女子).

홍점지익(鴻漸之翼) '점점 높이 날아 하늘 위까지 날 수 있는 큰 기러기의 날개'라는 뜻으로, 점차 높은 자리에 오르는 유위(有爲)한 재능(才能)을 비유(比喩)해 이르는 말.

홍진만장(紅塵萬丈) 먼지가 하늘 높이 솟아오름.

화가여생(禍家餘生) 죄화(罪禍)를 입은 집안의 자손(子孫).

화가유항(花街柳巷) 예전에 유곽을 달리 이르던 말. 화류, 곧 기생을 말함.

화간접무(花間蝶舞) 꽃 사이를 나비가 춤추며 날아다님.

화공지적(化工之跡) 한울의 조화(造化)의 솜씨가 나타난 자취.

화관모속(華菅茅束) '솔새를 물에 적셔 거적을 짤 때는 띠로 묶어야 한다'는 뜻으로, 부부(夫婦)는 서로 떨어져서는 안 됨을 비유(比喩)하는 말.

화광동진(和光同塵) '화광(和光)은 빛을 늦추는 일이고, 동진(同塵)은 속세(俗世)의 티끌에 같이 한다'는 뜻으로, 자기(自己)의 지혜(智慧)를 자랑함 없이 오히려 그 지혜(智慧)를 부드럽게 하여 속세(俗世)의 티끌에 동화(同化)함을 말함.

화광충천(火光衝天) 불빛이 하늘이라도 찌를 듯이 그 형세(形勢)가 맹렬(猛烈)함.

화기애애(和氣靄靄) 여럿이 모인 자리에서 부드러운 기운(氣運)이 넘쳐흐름을 이르는 말.

화기치상(和氣致祥) 음(陰)과 양(陽)이 서로 화합(和合)하면 그 기운(氣運)이 서로 어우러져 상서(祥瑞)를 냄.

화덕진군(火德眞君) 불을 맡았다는 신령(神靈).

화락연불소월명애무면(花落憐不掃月明愛無眠) 꽃이 떨어지니 가엾어 쓸지를 못하고, 달이 밝으니 사랑스러워 잠을 못 이룸.

화란춘성(花爛春盛) 꽃이 만발(滿發)한 한창 때의 봄.

화룡유구(畵龍類狗) 큰일을 하려다가 그 일을 이루지 못할 때는 모든 것이 실패(失敗)로 돌

ㅎ

아가 한 가지의 작은 일도 이룰 수가 없음을 비유(比喩)해 이르는 말.

화룡점정(畵龍點睛) 화룡점정(畫龍點睛).

화룡점정(畫龍點睛) '장승요가 벽에 그린용에 눈동자를 그려 넣은 즉시(卽時) 용이 하늘로 올라갔다'라는 뜻으로, '가장 요긴(要緊)한 부분(部分)을 마치어 완성(完成) 시키다'라는 뜻. 화룡점정(畫龍點睛).

화류동풍(花柳東風) 꽃과 버들과 봄바람.

화목제(和睦祭) 〔영〕Peace offering. 신(神) 인(人) 간(間)의 화목을 회복하기보다, 하나님과 사람사이의 우정을 표시한 것이다. (레3:, 7:11). 화목제(혹 수은제)에는 세 가지가 있다. ①지나간 축복을 감사하는 감사제(感謝祭:Thank offering). ②장차 받을 은복의 조건으로 드리는 서원제(誓願祭:Vow offering). ③기도의 보조물로 드리는 자원제(自願祭:Free will offering) 등으로 하나님의 은복을 감사하는 것이다.

화무십일홍(花無十日紅) '열흘 붉은 꽃이 없다'는 뜻으로, ①'한 번 성한 것이 얼마 못 가서 반드시 쇠하여짐'을 이르는 말. ②권세(權勢)나 세력(勢力)의 성(盛)함이 오래 가지 않는다는 말.

화민성속(化民成俗) 백성(百姓)을 교화(教化)하여 아름다운 풍속(風俗)을 이룸.

화발다풍우(花發多風雨) '꽃이 필 무렵에는 바람과 비가 많아 피어난 꽃도 허무(虛無)하게 떨어져 버린다'는 뜻으로, 세상(世上) 사람들이 하는 일에는 뜻대로 되지 않게 방해(妨害)하는 것이 많음을 이르는 말.

화발천산홍엽생만수청(花發千山紅葉生萬樹靑) 꽃이 피니 온 산이 붉고, 잎이 나니 모든 나무가 푸름.

화방작첩(花房作妾) 기생(妓生)을 첩으로 삼음.

화복규묵(禍福糾纆) '화복(禍福)이 꼰 노와 같이 서로 얽혀 있다'는 뜻으로, 재앙(災殃)이 있으면 복(福)이 있고, 복(福)이 있으면 재앙(災殃)도 있음을 비유(比喩)하는 말.

화복동문(禍福同門) 화나 복은 모두 자신(自身)이 불러들임을 이르는 말.

화복무문(禍福無門) '화나 복이 오는 문은 정(定)하여 있지 않다'는 뜻으로, 스스로 악(惡)한 일을 하면 그것은 화가 들어오는 문이 되고, 착한 일을 하면 그것이 복이 들어오는 문이 된다는 말.

화복무문유인소소(禍福無門惟人所召) 화와 복은 문이 없어, 오직 사람이 자초(自招)하는 것이니라.

ㅎ

화복무문유인자초(禍福無門惟人自招) 화와 복에는 문이 따로 없어, 오직 사람이 스스로 부르는 것임.

화복상병(禍福常併) '화(禍)와 복(福)은 항상(恒常) 병행(併行)한다'는 뜻.

화부재양(華不再揚) 한번 떨어진 꽃은 다시 가지에 올라붙지 않음.

화불가행면복불가재구(禍不可倖免福不可再求) 화(禍)는 가히 요행(僥倖)으로는 면(免)하지 못하고, 복(福)을 가히 두 번 다시 얻지 못할 것이니라.

화불단행(禍不單行) 재앙(災殃)은 번번이 겹쳐 오게 됨. 과불단행(過不單行). ↔복불단행(福不單行).

화불망지(禍不妄至) '화는 망령(妄靈)되이 이르지 않는다'는 뜻으로, 화가 도래함은 다 그 원인(原因)이 있음을 이르는 말.

화사첨족(畵蛇添足) '뱀을 그리고 발을 더 한다'는 뜻으로, 하지 않아도 될 일을 하거나 필요(必要) 이상(以上)으로 쓸데없는 일을 하여 도리어 실패함.

화색박두(禍色迫頭) 재앙(災殃)이 바싹 닥침.

화생부덕(禍生不德) 화란(禍亂)이 생기는 것은 다 덕이 없는 탓임.

화생어다빈(禍生於多貧) 재앙(災殃)은 탐(貪)하는 마음이 많은데서 생긴다.

화생어해타(禍生於懈惰) 부지런하여라. 화는 게으름에서 오는 경우가 많다.

화서지국(華胥之國) 잘 다스려진 태평(太平)한 나라.

화서지몽(華胥之夢) ①'화서(華胥)가 꾸었던 꿈'이란 뜻으로, 좋은 꿈을 일컬음. ②'낮잠' 또는 '좋은 꿈'을 이르는 말.

화소성미청조제루난간(花笑聲未聽鳥啼淚難看) 꽃은 웃으나 소리는 들리지 않고, 새는 우나 눈물은 보기가 어려움.

화속결연(化俗結緣) 속인(俗人)을 교화(敎化)하여 불연을 맺게 함.

화신가락(和信家樂) 화목(和睦)하고 서로 믿어주면 가정(家庭)이 즐겁다.

화신풍(花信風) '꽃이 피려고 함을 알리는 바람'이라는 뜻으로, '꽃이 필 무렵에 부는 바람'을 이르는 말. 24번 화신풍(二十四番花信風)의 준말.

화씨지벽(和氏之璧) '화씨가 발견한 구슬'이라는 뜻으로, 천하(天下) 명옥(明玉)의 이름.

화안대소(和顔大笑) 얼굴에 화기(和氣)를 띠고 소리 내어 크게 웃음.

화양부동(花樣不同) ①무늬가 같지 않음. ②문장(文章)이 남과 같지 않음.

화양연화(花樣年華) '인생에서 가장 아름답고 찬란(燦爛)하며 행복했던 순간(瞬間)'이라는 뜻.

화왕지절(火旺之節) '오행(五行)에서 화기(火氣)가 왕성(旺盛)한 절기(節氣)'라는 뜻으로, '여름'을 이르는 말.

화외지맹(化外之氓) 화외지민(化外之民).

화외지민(化外之民) 교화(敎化)가 미치지 못하는 곳의 백성(百姓).

화용월태(花容月態) '꽃다운 얼굴과 달 같은 자태(姿態)'라는 뜻으로, 아름다운 여자(女子)의 고운 자태(姿態)를 이르는 말.

화우계(火牛計) 병법(兵法)의 한 가지. 여러 마리의 황소 뿔에 칼을 매고 꼬리에는 기름 뭉치나 갈대 다발을 매단 다음 불을 놓아 적진(敵陣)으로 쫓음.

화우동산(花雨東山) 꽃잎이 비 오듯 떨어져 날리는 동산.

화우지계(火牛之計) 화우계(火牛計).

화우지진(火牛之陣) 소꼬리에 불을 달고 공격(攻擊)하는 진영(陣營).

화유중개일인무갱소년(花有重開日人無更少年) 꽃은 다시 피는 날이 있으나, 사람은 다시 젊은 날은 없음.

화이부동(和而不同) '남과 사이좋게 지내되 의(義)를 굽혀 좇지는 아니한다'는 뜻으로, 곧, 남과 화목(和睦)하게 지내지만 자기(自己)의 중심(中心)과 원칙(原則)을 잃지 않음.

화이부실(華而不實) 꽃만 피고, 열매가 없다는 뜻으로, 언행(言行)이 일치(一致)하지 않음을 비유(比喩)하는 말.

화인악적(禍因惡積) 재앙(災殃)은 악(惡)을 쌓음에 인(因)한 것이므로, 재앙(災殃)을 받는 이는 평소(平素)에 악(惡)을 쌓았기 때문임.

화인악적복연선경(禍因惡積福緣善慶) 복은 착한 일에서 오는 것이니 착한 일을 하면 경사(慶事)가 난다.

화입방중야도외(火入房中夜逃外) '불이 방 안으로 들어오니 어둠이 밖으로 달아나는 구나'의 뜻.

화재우호리(禍在于好利) 이익을 탐하지 말라. 이익을 탐하는 사람은 재화를 부르는 일이 많다.

화전위복(禍轉爲福) 재앙(災殃)이 바뀌어서 오히려 복이 됨.

화전충화(花田衝火) '꽃밭에 불을 지른다'는 뜻으로, 젊은이의 앞을 막거나 그르침을 이르는 말.

화정학려(華亭鶴唳) '화정(華亭)에서 들은 학(鶴)의 울음소리'라는 뜻으로, 옛일을 그리워하거나, 벼슬길에 올랐으나 좌절(挫折)하여 후회(後悔)하는 심정(心情)을 나타냄.

화조월석(花朝月夕) '꽃이 핀 아침과 달 밝은 저녁'이란 뜻으로, ①'경치(景致)가 가장 좋은 때'를 이르는 말. ②음력(陰曆) 2월 보름과 8월 보름 밤. 봄과 가을.

화조풍월(花鳥風月) '꽃과 새와 바람과 달'이라는 뜻으로, 자연(自然)의 아름다운 경치(景致)를 이르는 말

화종구생(禍從口生) '재앙(災殃)이 되는 것은 입으로부터 나온다'는 뜻으로, 말을 삼가라는 말. 화종구입(禍從口入)

화종구입(禍從口入) 화종구생(禍從口生).

화중군자(花中君子) '꽃 중(中)의 군자(君子)'이라는 뜻으로, '연꽃'를 달리 일컫는 말.

화중신선(花中神仙) '꽃 중(中)의 신선(神仙)'이라는 뜻으로, 깨끗하고 고상(高尙)한 해당화(海棠花)를 이르는 말.

화중왕(花中王) '꽃 중(中)의 왕'이라는 뜻으로, 탐스럽고 찬란(燦爛)한 모란을 이르는 말.

화중유시(畵中有詩) 그림 속의 시적 정취(情趣)가 있음.

화중은일(花中隱逸) '꽃 가운데에서 속세(俗世)를 떠나 숨어 있는 꽃'이란 뜻으로, 국화(菊花)를 일컫는말.

화중지병(畵中之餠) '그림 속의 떡'이란 뜻으로, ①바라만 보았지 소용(所用)이 닿지 않음을 비유(比喩)한 말. ②보기만 했지 실제(實際)로 얻을 수 없음. ③실속(實-)없는 말에 비유(譬喩)하는 말.

화채선령(畵采仙靈) 신선(神仙)과 신령(神靈)의 그림도 화려(華麗)하게 채색(彩色)되어 있음.

화천월지(花天月地) 꽃 피고 달 밝은 좋은 경치(景致).

화초직거(花草職居) 궁중(宮中)에서, '꽃 심는 사람'을 일컫던 말.

화촉동방(華燭洞房) 신혼 부부(夫婦)가 첫날밤을 지내는 방.

화촉지전(華燭之典) '화촉을 밝히는 의식(儀式)'이란 뜻으로, 혼인식(婚姻式)을 달리 일컫는 말.

화출자연(化出自然) 천도교(天道敎)에서, '저절로 이루어지는 일'이란 뜻으로 쓰는 말.

화택승(火宅僧) 대처승(帶妻僧).

화풍감우(和風甘雨) '부드러운 바람이 불고 단비가 내린다'는 뜻으로, 날씨가 고름의 비유(比喩).

화풍난양(和風暖陽) '화창(和暢)한 바람과 따스한 햇볕'이란 뜻으로, 따뜻한 봄 날씨를 이름.

화피초목(化被草木) 덕화(德化)가 사람이나 짐승뿐만 아니라 초목(草木)에까지도 미침을 말함.

화피초목뢰급만방(化被草木賴及萬方) 만방에 어진 덕(德)이 고루 미치게 된다.

화하쇄곤(花下曬褌) '꽃나무 밑에서 잠방이를 말린다'는 뜻으로, 살풍경하고 조금의 멋도 없음을 이르는 말.

화향천리인향만리(花香千里人香萬里) '향기(香氣)로운 꽃 내음은 천리를 가고, 인품(人品)이 훌륭한 사람의 향기는 만리를 간다'는 말.

화해전술(火海戰術) 압도적으로 우세한 화력으로 적을 무찌르는 전술.

화호난화골지인미지심(畵虎難畵骨知人未知心) 호랑이를 그리되 뼈를 그리기 어렵고, 사람을 알되 마음까지 알기는 어려움.

화호무상(火毫無傷) 불 속에서도 머리털 하나 상하지 않음.

화호불성(畵虎不成) 화호불성반류구(畵虎不成反類狗).

화호불성반류구(畵虎不成反類狗) '범을 그리려다가 강아지를 그린다'는 뜻으로, 서투른 솜씨로 남의 언행(言行)을 흉내내려하거나, 어려운 특수(特殊)한 일을 하려다가 도리어 잘못됨의 비유(譬喩). 화호불성(畵虎不成).

화호유구(畵虎類狗) 호랑이를 그리려다 개 비슷하게 됨, 소양이 없는 사람이 호걸(豪傑)의 풍도(風度)를 모방(模倣)하다가 경박(輕薄)한 사람이 됨.

화혼식(花婚式) 결혼(結婚) 7주년(周年).

화홍유록(花紅柳錄) '꽃은 붉고 버들은 푸르다'는 뜻으로, 인공(人工)을 가(加)하지 않은 자연(自然) 그대로를 이르는 말.

화홍황봉료초록백마시(花紅黃蜂鬧草綠白馬嘶) 꽃이 붉으니 누런 벌이 시끄럽고, 풀이 푸르니 흰 말이 움.

화화탑탑(花花搭搭) 울긋불긋하다.

화훼원예(花卉園藝) 감상(感想) 가치(價値)가 있는 초목(草木)을 재배(栽培)하는 일.

확고부동(確固不動) 확고불발(確固不拔).

확고불발(確固不拔) 확고(確固)하여 흔들리거나 움직이지 아니함. 확고부동(確固不動).

확철부어(涸轍鮒漁) '수레바퀴 자국에 괸 물속에 있는 붕어'라는 뜻으로, 매우 위급한 상황에 처한 사람을 이르는 말.

확호불발(確乎不拔) 단단하고 굳세어서 뽑히지 않음.

환고일세(環顧一世) '세상(世上)에 쓸 만한 사람이 없음을 탄식(歎息)함'을 이르는 말.

환골탈태(換骨奪胎) ①'뼈대를 바꿔 끼고 태를 빼앗는다'는 뜻으로 형용이 좋은 방향으로 달라짐. ②용모가 환하게 트이고 아름다워져서 전혀 딴사람처럼 됨. ③시문을 모방하여 지었으나 그 짜임새와 수법이 먼저 것보다 잘됨. 탈태환골(奪胎換骨).

환공광합(桓公匡合) 제(齊)나라 환공(桓公)은 바르게 하고 모두었으니 초(楚)를 물리치고 난을 바로잡음.

환과고독(鰥寡孤獨) ①늙은 홀아비와 홀어미, 고아(부모 없는 이) 및 늙어서 의지(依支)할 데 없는 사람(자식(子息) 없는 이)을 이르는 말. ②외롭고 의지(依支)할 곳이 없는 사람을 비유(譬喩)하는 말.

환귀고국(還歸故國) 제 나라로 돌아오거나 돌아감.

환귀본종(還歸本宗) ①양자(養子)로 갔던 사람이 생가(生家)에 손(孫)이 끊어져 도로 돌아오는 일. ②양자로 갔던 사람이 그 자손을 다시 생가로 입후(入後)시키는 일.

환귀본주(還歸本主) 환귀본처(還歸本處).

환귀본처(還歸本處) 물건(物件)을 그 임자에게 다시 되돌려 보냄. 환귀본주(還歸本主).

환기장치(換氣裝置) 실내의 탁한 공기를 빼고 맑은 공기(空氣)로 바꾸는 장치(裝置).

환난상구(患難相救) 환난(患難)을 당하여 근심과 재앙(災殃)을 서로 구하여 줌을 일컬음.

환난상휼(患難相恤) 향약(鄕約)의 네 덕목 중의 하나. 환난(患難)이 생겼을 때 서로 도와주는 것.

환난지교(患難至交) 어려움을 함께 치른 친구(親舊).

환득환실(患得患失) ‘이익(利益)이나 지위(地位)를 얻기 전(前)에는 얻으려고 근심하고, 얻은 후(後)에는 잃을까 해서 걱정한다’는 뜻으로, 이래저래 근심 걱정이 끊일 사이가 없음을 이르는 말.

환부역조(換父易祖) 아비와 할아비를 바꾼다는 말로, 지체가 좋지 못한 사람이 지체를 높이기 위(爲)하여 옳지 못한 수단(手段)으로 자손(子孫)이 없는 양반집의 뒤를 잇는 일.

환부작신(換腐作新) 낡은 것을 바꾸어 새 것으로 만듦.

환생어다욕(患生於多慾) 근심은 욕심(慾心)이 많은데서 생긴다.

환선원결(紈扇圓潔) 흰 비단(緋緞)으로 만든 부채는 둥글고 깨끗함.

환선원결은촉위황(紈扇圓潔銀燭煒煌) 흰 비단으로 만든 부채는 둥글며 깨끗하고, 은빛 나는 촛불이 휘황찬란(輝煌燦爛)하게 비친다.

환여평석(歡如平昔) 원망(怨望)과 한을 생각지 않고 옛 정을 회복(回復)함.

환연빙석(渙然氷釋) 얼음 녹듯이 의혹이 풀려 없어짐.

환조방예(圜鑿方枘) ‘둥근 구멍에 모난 자루를 넣는다’는 뜻으로, 사물(事物)이 제 격에 맞지 않음의 비유(譬喩).

환천희지(歡天喜地) ‘하늘을 우러르고 기뻐하고, 땅을 굽어보고 기뻐한다’는 뜻으로, 대단히 즐거워하고 기뻐함을 이르는 말.

환해풍파(宦海風波) 관리(官吏)들의 사회(社會)에서 겪는 온갖 어려운 일을 일컬음.

환향녀(還鄕女) 병자호란(丙子胡亂) 직후에 청나라로 끌려갔다 고국으로 돌아온 여인들을 말한다. 저속하게는 ‘환향년’이라고도 말한다.

환호작약(歡呼雀躍) 기뻐서 크게 소리치며 날뜀.

환후평복(患候平復) 병이 나아 평상시(平常時)와 같이 회복(回復)됨.

활달대도(豁達大度) 도량(度量)이 넓고 커서 작은 일에 구애(拘礙)되지 않음.

활살자재(活殺自在) ①살리든지 죽이든지 마음대로 함. ②제 마음대로 날뛰는 것을 이르는 말.

활연관통(豁然貫通) 환하게 통(通)하여 이치(理致)를 깨달음.

활연대오(豁然大悟) 마음이 활짝 열리듯이 크게 깨달음을 얻는 일.

활인적덕(活人積德) 사람의 목숨을 구(救)하여 음덕(陰德)을 쌓음.

활인지방(活人之方) 사람을 구원(救援)하여 돕는 방법(方法). 사람을 살려 줄 방안(方案).

황고집(黃固執) 몹시 센 고집. 또는 고집이 몹시 센 사람.

황공무지(惶恐無地) 황공(惶恐)하여 몸 둘 바를 모름.

황공재배(惶恐再拜) 황공(惶恐)하여 다시 절함. 편지 끝에 써서 경의를 표하는 말.

황구소아(黃口小兒) 황구유아(黃口幼兒).

황구유아(黃口幼兒) 새 새끼의 주둥이가 노랗다는 뜻에서, ‘어린아이’를 일컬음. 황구소아

(黃口小兒).

황구유취(黃口乳臭) '부리가 누런 새 새끼같이 아직은 어려서 입에서 젖비린내가 난다'는 뜻으로, 남을 어리고 하잘 것 없다고 비웃어 이르는 말.

황구첨정(黃口簽丁) 조선(朝鮮) 말(末) 때, 젖먹이를 군적(軍籍)에 올려 군포(軍布)를 징수(徵收)하던 일.

황권적축(黃券赤軸) '누른 종이와 붉은 책갑'이라는 뜻으로, '불경(佛經)'을 이르는 말.

황금만능(黃金萬能) '돈만 있으면 무엇이나 마음대로 할 수 있다'는 뜻.

황금만능주의(黃金萬能主義) '돈만 있으면 만사를 뜻대로 할 수 있다'는 사고방식(思考方式)이나 태도.

황금연휴(黃金連休) 명절(名節)이나 공휴일(公休日)이 이어져 있는 연휴.

황금연휴증후군(黃金連休症候群) 황금연휴를 보낸 국민들이 휴가(休暇)를 마치고 각자의 자리로 돌아왔을 때 느끼는 연휴 후유증(後遺症)을 일컫는 신조어(新造語).

황금정략(黃金政略) 반대자(反對者)를 돈을 주어 매수(買收)하는 일.

황금천량미위귀득인일어승천금(黃金千兩未爲貴得人一語勝千金) 황금 천량이 귀한 것이 아니고 사람의 좋은 말 한마디 듣는 것이 천금(千金)보다 나으니라.

황당무계(荒唐無稽) '허황(虛荒)되고 근거(根據)가 없다'라는 뜻으로, 말이나 행동(行動)이 터무니없고 근거(根據)가 없음. 황탄무계(荒誕無稽).

황당지설(荒唐之說) 아주 허황(虛荒)한 말.

황당지언(荒唐之言) 허황(虛荒)한 말을 이르는 말.

황량몽(黃粱夢) 중국(中國) 당(唐)나라 때 노생(老生)이 한단으로 가는 길에 주막에서 도사 여옹을 만나 그 베개를 빌어 베고 자면서 일생(一生)의 영화(榮華)를 꿈꾸었다는 데에서 나온 말로, 세상(世上)의 부귀영화(富貴榮華)가 덧없음을 비유(比喩)하는 말.

황량일취(黃粱一炊) '메조죽을 쑤는 짧은 동안'이라는 뜻으로, 부귀(富貴)와 공명(功名)의 덧없음을 비유(譬喩)하는 말.

황량일취몽(黃粱一炊夢) 부귀(富貴) 공명(功名)이 꿈처럼 덧없음의 비유(譬喩), 또 바뀌어, 다만 꿈의 뜻으로도 쓰임.

황량일취지몽(黃粱一炊之夢) '메조 죽을 쑤는 짧은 동안'이라는 뜻으로, 부귀(富貴)와 공명(功名)의 덧없음을 비유(比喩)하는 말.

황량지몽(黃粱之夢) '덧없는 꿈이나 한때의 헛된 부귀영화(富貴榮華)'를 이르는 말.

황면노자(黃面老子) '석가모니(釋迦牟尼)'를 이르는 말.

황양지객(黃壤之客) 죽은 사람을 가리키는 말.

황연대각(晃然大覺) 환하게 모두 깨달음.

황운야색새청주(黃雲野色賽晴住) '황색(黃色) 구름 빛이 개어서 아름다운 것을 보니'라는 뜻.
황음무도(荒淫無道) 술과 계집에 빠져 사람의 마땅한 도리(道理)를 돌아보지 아니함.
황탄무계(荒誕無稽) 황당무계(荒唐無稽).
황하천년일청(黃河千年一淸) '황하(黃河)가 천년에 한번쯤 맑아질는지도 모르겠다'는 뜻으로, ①성인(聖人)의 탄생(誕生)이 이처럼 어려움. ②이루어지기 힘든 일을 비유(譬喩)해 이르는 말.
황혼연설(黃昏演說) '노인(老人)의 잔소리'를 일컫는 말.
황홀난측(恍惚難測) 황홀(恍惚)하여 이루 헤아리기 어려움.
황황망조(遑遑罔措) 황황(遑遑)하여 어찌 할 줄을 모르고 갈팡질팡함. 마음이 급하여 허둥지둥 함.
회개지심(悔改之心) 회개(悔改)하려는 마음.
회건취습은(廻乾就濕恩) '진자리 마른자리 갈아 뉘신 은혜(恩惠)'라는 뜻.
회계지치(會稽之恥) '회계산에서 받은 치욕(恥辱)'이라는 뜻으로, 전쟁(戰爭)에서 진 치욕(恥辱), 또는 마음에 새겨져 잊지 못하는 치욕(恥辱)을 비유(比喩)하는 말.
회과자책(悔過自責) 허물을 뉘우쳐서 스스로 꾸짖음.
회과천선(悔過遷善) 잘못을 뉘우치고 착한 일을 하게 됨.
회광반조(回光返照) '해가 지기 직전(直前)에 잠깐 하늘이 밝아진다'는 뜻으로, ①머지않아 멸망(滅亡)하지만 한때나마 그 기세(氣勢)가 왕성(旺盛)함. ②죽기 직전(直前)에 잠깐 기운(氣運)을 돌이킴을 비유(比喩)하는 말.
회교도(回敎徒) 회교를 믿는 사람.
회교력(回敎曆) 이슬람력(Islam曆).
회귤고사(懷橘故事) 중국 후한 때 육적이 원술의 집에 갔다가 어머니께 드리려고 대접받았던 귤 3개를 가슴에 품어 가져 왔다는데서 유래(由來)된 고사(故事).
회남계견(淮南鷄犬) 계견승천(鷄犬昇天).
회록지재(回祿之災) ①불이 나는 재앙(災殃). ②또는, 불로 인(因)한 재난(災難).
회문직금(廻文織錦) '비단으로 회문(回文)을 짜 넣다'라는 뜻으로, 구성(構成)이 절묘(絕妙)한 훌륭한 문학작품(文學作品)을 비유(比喩)함.
회백환조(晦魄環照) 달이 고리와 같이 돌며 천지(天地)를 비치는 것을 말함.
회벽유죄(懷璧有罪) 회옥유죄(懷玉有罪).
회복공격(回復攻擊) 빼앗긴 진지(陣地)를 다시 찾기 위(爲)한 공격(攻擊).
회빈작주(回賓作主) 남의 의견(意見)이나 주장(主張)을 제쳐놓고 제 마음대로 처리(處理)하거나 방자(放恣)하게 행동(行動)함을 이르는 말.
회사후소(繪事後素) '그림 그리는 일은 흰 바탕을 손질한 이후에 채색을 한다'는 뜻으로, ①그림을 그릴 때 흰색을 제일 나중에 칠하여 딴 색을 한층 더 선명

(鮮明)하게 함. ②사람은 좋은 바탕이 있은 뒤에 문식(文飾)을 더해야 함을 비유(比喩)하는 말.

회색분자(灰色分子) 소속(所屬)이나 주의 · 노선 따위가 뚜렷하지 못한 사람.

회색선전(灰色宣傳) 확실(確實)한 출처(出處)나 근거(根據)는 밝히지 않고 아리송하게 하는 선전(宣傳).

회생지망(回生之望) 회생(回生)할 수 있는 가망(可望).

회신멸지(灰身滅智) '몸과 마음이 함께 아주 없어짐'의 뜻으로, 소승불교(小乘佛教)의 최종(最終) 목적(目的)인 '무여 열반(涅槃)의 경지(境地)'를 일컫는 말.

회심지우(會心之友) 마음이 맞아 의기(義氣)가 통(通)하는 벗.

회옥유죄(懷玉有罪) '옥을 가지고 있는 것이 죄가 된다'는 뜻으로, 분수(分數)에 맞지 않는 귀한 물건(物件)을 지니고 있으면 훗날 재앙(災殃)을 부를 수 있음을 이르는 말. 회벽유죄(懷璧有罪). 포벽유죄(抱璧有罪).

회자인구(膾炙人口) 회(膾)는 날고기, 자(炙)는 구운 고기이니, 맛있는 음식(飮食)처럼 시문(詩文) 등(等)이 사람들의 입에 많이 오르내리고 찬양(讚揚)을 받는 것.

회자정리(會者定離) 만나면 언젠가는 헤어지게 되어 있다는 뜻으로, 인생(人生)의 무상(無常)함을, 인간(人間)의 힘으로는 어찌 할 수 없는 이별(離別)의 아쉬움을 일컫는 말.

회중교회(會衆教會) 〔영〕Congregationalists or Congregational Church. 1581년 영국 놀윗치에 로버트 브라운과 해리슨에 의하여 설립된 것이 회중파의 시초였고, 그 후 브류스타를 중심으로 1620년 21월 21일에 메이플라워호로 북미 프리머스에 도착한 청교도들이 식민지를 개척하고 청교주의의 교회를 설립한 것이 미국 회중교회의 기원이었다.

회지막급(悔之莫及) 회지무급(悔之無及).

회지무급(悔之無及) 아무리 후회(後悔)하여도 다시 어찌할 수가 없음. 회지막급(悔之莫及).

회진작소(回嗔作笑) 성을 냈던 것을 슬쩍 돌리어 기쁜 표정(表情)을 지음.

회천지력(回天之力) 임금의 마음을 바른 길로 돌이키게 하는 힘. 국가(國家)의 쇠운(衰運)이나 형세(形勢)를 일변(一變)시키는 힘.

회총시위(懷寵尸位) 임금의 총애(寵愛)를 믿고 물러가야 할 때에 물러가지 않고 벼슬자리만 헛되이 차지함을 가리키는 말.

회피부득(回避不得) 피하고자 하여도 피할 수 없음.

ㅎ

회혼례(回婚禮) 회혼(回婚)을 축하(祝賀)하는 잔치. 즉, 결혼 60주년을 맞은 부부가 자손들 앞에서 혼례복을 입고 기념(紀念)하는 의례식. Diamond 혼식(婚式). Diamond 식(式).

회혼식(回婚式) 회혼례(回婚禮). 결혼 60주년(週年) 기념일(紀念日). Diamond 혼식(婚式).

결혼기념식(結婚記念式)의 한 가지. 서양풍속(西洋風俗)으로, 결혼 60주년(미국에서는 75주년)을 맞아 베푸는 기념(紀念) 의식(儀式).

회회교(回回教) 이슬람교. (Islam 教).

획죄어천무소도야(獲罪於天無所禱也) 나쁜 일을 하늘에 하여 죄(罪)를 얻으면 빌 곳이 없다.

횡래지액(横來之厄) 뜻밖에 닥쳐오는 모질고 사나운 일.

횡리지액(横罹之厄) 뜻밖에 걸린 재액(災厄).

횡설수설(横說竪說) 말을 이렇게 했다가 저렇게 했다가 하다, 두서가 없이 아무렇게나 떠드는 것.

횡수설거(横竪說去) 횡설수설(横說竪說). 횡수설화(横竪說話).

횡수설화(横竪說話) 횡설수설(横說竪說). 횡수설거(横竪說去).

횡초지공(横草之功) '전쟁(戰爭)에 나가서 풀을 가로로 쓰러뜨린 공'이라는 뜻으로, 산야(山野)를 누비며 적을 무찌르고 세운 큰 공을 이르는 말.

횡행천하(横行天下) 세상(世上)에 함부로 횡행(横行)함. 거리낌없이 제멋대로 세상을 나돌아다님.

효당갈력(孝當竭力) 부모(父母)를 섬길 때에는 마땅히 힘을 다하여야 함.

효당갈력충즉진명(孝當竭力忠則盡命) 효도(孝道)는 마땅히 힘을 다해야 하고, 충성(忠誠)은 목숨을 다해야 한다.

효도백행근원(孝道百幸根源) '효도는 백가지 행복의 근원'이라는 말.

효두발인(曉頭發靷) 새벽에 발인함, 또는 그 발인.

효백행지원(孝百行之源) 효는 백가지 행실의 근원이다.

효생정례(孝生正禮) 부모를 섬기듯 다른 사람에게 하면 모든 예절이 바르게 된다.

효자애일(孝子愛日) '효자(孝子)는 날을 아낀다'는 뜻으로, '될 수 있는 한 오래 부모(父母)에게 효성(孝誠)을 다하여 섬기고자 하는 마음'을 이름.

효자즉충신(孝子卽忠臣) 부모에게 효도를 못하는 사람은 윗사람에게도 충실하지 못하다.

효자지문(孝子之門) 효자(孝子)가 난 가문(家門).

효제인지본(孝弟仁之本) 효도(孝道)와 공경(恭敬)은 인의 근본(根本)임.

효제충신(孝悌忠信) 어버이에 대한 효도(孝道), 형제끼리의 우애(友愛), 임금에 대한 충성(忠誠)과 벗 사이의 믿음을 통틀어 이르는 말.

후기지수(後起之秀) 후배 중의 뛰어난 인물(人物)을 이르는 말.

후덕군자(厚德君子) 덕행(德行)이 두텁고 점잖은 사람.

후래삼배(後來三杯) 술자리에서, 늦게 온 사람에게 먼저 권(勸)하는 석 잔의 술.

후래선배(後來先杯) 술자리에서, 늦게 온 사람에게 먼저 권(勸)하는 잔.

후목난조(朽木難雕) 후목불가조(朽木不可雕).

후목분장(朽木糞牆) '썩은 나무에 조각(彫刻)하거나 썩은 벽에 고쳐 칠해도 소용(所用)이 없다'는 뜻으로, ①지기(志氣)가 썩은 사람은 가르칠 수 없음. ②탁하고 게을러 쓸모없는 사람을 이르는 말.

후목분토(朽木糞土) 후목불가조(朽木不可雕).

후목불가조(朽木不可雕) '일이나 물건(物件)이 형편(形便)없게 되어서 더 이상 어찌할 방도(方道)가 없음'을 뜻하는 말.

후생가외(後生可畏) '젊은 후학들을 두려워할 만하다'는 뜻으로, 후진들이 선배들보다 젊고 기력(氣力)이 좋아, 학문(學問)을 닦음에 따라 큰 인물(人物)이 될 수 있으므로 가히 두렵다는 말.

후생각고(後生角高) '뒤에 난 뿔이 우뚝하다'는 뜻으로, 제자나 후배가 스승이나 선배보다 뛰어날 때 이르는 말.

후생대사(後生大事) 내세(來世)에서의 안락(安樂)을 가장 소중(所重)히 여겨 믿는 마음으로 선행(善行)을 쌓음을 이르는 말.

후생동물(後生動物) 동물계의 한 아계. 두 개 이상의 세포로 개체를 이루었으며, 거의 모든 생물이 여기에 속한다.

후설지신(喉舌之臣) 임금의 명령(命令)을 비롯한 나라의 중대(重大)한 언론(言論)을 맡았다는 뜻에서, '승지(承旨)'를 일컫던 말.

후설지임(喉舌之任) 승지(承旨)의 직임(職任).

후시지탄(後時之嘆) 때늦은 한탄(恨歎).

후신자선굴(後伸者先屈) 노력하여라. 크게 발전하려는 사람은 크게 노력하여야 한다.

후안무치(厚顔無恥) '얼굴이 두껍고 부끄러움이 없다'는 뜻으로, 뻔뻔스러워 부끄러워할 줄 모름.

후오백년(後五百年) 불멸(佛滅) 후(後) 2,500년 동안을 불교(佛敎)의 성쇠(盛衰)에 따라 다섯으로 나눈 것의 마지막 500년. 이때는 불교(佛敎)가 쇠퇴(衰頹)하여 비구(比丘)들은 계율(戒律)을 지키지 않고, 싸움을 일삼았다고 함.

후오백세(後五百歲) 후오백년(後五百年).

후욕패설(詬辱悖說) 이치에 맞지 않는 말로 꾸짖고 욕설(辱說)함.

후인본(後印本) (목판본에 있어서) 같은 판에서 뒤에 박아 낸 책. 후쇄본(後刷本). ↔초인본(初印本).

후자위선(後者爲先) '나중 된 자가 먼저 된다'는 말.

후천적(後天的) ①태어난 뒤에 얻게 된 성질의 것. ②아 포스테리오리(a posteriori). ↔선천적(先天的).

후회막급(後悔莫及) 아무리 후회(後悔)하여도 다시 어찌할 수가 없음. 일이 잘못된 뒤라 아무리 뉘우쳐도 어찌할 수 없음. 서제막급(噬臍莫及). 추회막급(追悔莫及).

훈민정음(訓民正音) ①조선 세종 25(1443)년에 세종대왕(世宗大王)이 집현전(集賢殿) 학자들의 도움을 얻어 처음 만든 우리나라 글자. 모음(母音) 11자, 자음(子音) 17자로 되어 있음. ②조선 세종 28(1446)년에 훈민정음 28자를 세상에 반포(頒布)하기 위해 펴낸 책.

훈주산문(葷酒山門) 비린내 나는 것을 먹고, 술기운을 띤 자는 절의 경내(境內)로 들어와서는 안된다는 말.

훈호처창(焄蒿悽愴) '향기(香氣)가 서려 올라 사람의 기분(氣分)을 오싹하게 한다'는 뜻으로, 귀신(鬼神)의 분위기(雰圍氣)가 서림을 형용(形容)해 이르는 말.

훤훤효효(喧喧囂囂) 수많은 사람이 저마다 떠들어서 시끄러운 모양을 이르는 말.

훼가출동(毁家黜洞) 훼가출송(毁家黜送).

훼가출송(毁家黜送) 한 고을이나 한 동네에서 풍속(風俗)을 어지럽힌 사람을 사회적(社會的) 제재로서 그 집을 헐어 없애고 동네 밖으로 내쫓음.

훼당작측(毁堂作厠) 신당(神堂)을 헐어서 변소(便所)를 만듦.

훼예포폄(毁譽褒貶) 칭찬(稱讚)하고 비방(誹謗)하는 말과 행동(行動).

훼와획만(毁瓦劃墁) '기와를 헐고 흙손질한 벽에 금을 긋는다'는 뜻으로, '남의 집에 해를 끼침'을 이르는 말.

훼장삼척(喙長三尺) 허물이 드러나서 감출래야 감출 수가 없음을 이르는 말.

휘장세례(揮帳洗禮) 평양에 감리교 선교사인 스크랜튼 목사가 1895년 양반 부인 전삼덕의 집을 방문하여 베풀었던 세례를 가리킨다. 당시 남녀유별(男女有別)이란 풍속 때문에 특별한 방법을 마련했는데, 방 한 가운데 휘장을 치고 머리하나 내 놓을만한 구멍을 내고, 전삼덕은 휘장 안에 앉은 채 머리만 구멍 밖으로 내밀고 스크랜튼 목사에게 세례를 받았다. 한국 초대교회 때에만 볼 수 있었던 진풍경(珍風景)의 일화(逸話)이다.

휘지비지(諱之祕之) 남을 꺼리어 우물쭈물 얼버무려 넘김.

휘질기의(諱疾忌醫) '병을 숨기고 의원에게 보이기를 꺼린다'는 뜻으로, 자신의 결점을 감추고 남의 충고를 듣지 않음을 비유(譬喩)하는 말

휘황찬란(輝煌燦爛) ①광채(光彩)가 나서 눈부시게 번쩍임. ②행동(行動)이 온당(穩當)하지 못하고 못된 꾀가 많아서 야단스럽기만 하고 믿을 수 없음

휴지시행(休紙施行) 이미 결정(決定)된 안건을 폐지(廢止)함.

휼방지세(鷸蚌之勢) 방휼지세(蚌鷸之勢). 방휼지쟁(蚌鷸之爭). 방휼상쟁(蚌鷸相爭).

휼방지쟁(鷸蚌之爭) '도요새와 조개의 싸움으로 어부에게 잡히고 말았다'는 뜻으로, 제3자(第三者)만 이롭게 하는 다툼을 이르는 말.

휼방상쟁,어옹득리(鷸蚌相爭,漁翁得利) 황새와 조개가 싸우다가 둘 다 어부(漁夫)에게 잡힌다는 말. 어부지리(漁父之利)

ㅎ

흉몽대길(凶夢大吉) 불길(不吉)한 꿈이 오히려 매우 길함이 있다는 말.

흉식호흡(胸式呼吸) 주로 늑골(肋骨)의 운동(運動)에 의하여 행하여지는 호흡(呼吸).

흉악망측(凶惡罔測) 몹시 흉악함.

흉악무도(凶惡無道) 성질(性質)이 거칠고 사나우며 도의심(道義心)이 없음.

흉유성죽(胸有成竹) '대나무 그림을 그리기 이전에 마음속에 이미 완성된 대나무 그림이 있다'는 뜻으로, 일을 처리하는 데 있어 이미 계산이 모두 서 있음을 비유(比喩)하는 말.

흉종극말(凶終隙末) 우정(友情)을 끝까지 잘 지켜 나가지 못함을 비유(比喩)하는 말.

흉중생진(胸中生塵) '가슴에 먼지가 생긴다'는 뜻으로, 사람을 잊지 않고 생각은 오래 하면서 만나지 못함을 일컫는 말.

흉중유성죽(胸中有成竹) '대나무를 그리려면 마음속에 이미 완성(完成)된 대나무가 있다'는 뜻으로, 일을 처리(處理)함에 있어서 마음속에 이미 성산(成算)이 있음을 비유(譬喩)하는 말.

흑두재상(黑頭宰相) '머리가 검은 재상(宰相)'이라는 뜻으로, 젊은 재상(宰相)을 이르는 말.

흑묘백묘(黑猫白猫) '검은 고양이든 흰 고양이든 쥐만 잘 잡으면 된다'는 뜻으로, 1970년대 말(末)부터 덩샤오핑(鄧小平)이 취(取)한 중국(中國)의 경제(經濟) 정책(政策)

흑백논리(黑白論理) 모든 문제(問題)를 흑이 아니면 백, 선이 아니면 악이라는 방식(方式)의 두 가지로만 구분(區分)하려는 논리(論理). 두 가지 극단(極端) 이외(以外)의 것을 인정(認定)하려 하지 않는 편협(偏狹)한 사고(思考) 논리(論理)임

흑백불분(黑白不分) ①검은 것과 흰 것이 뒤섞여 나눌 수 없음. ②옳고 그른 것이 분명(分明)하지 아니함.

흑색선전(黑色宣傳) 터무니없이 또는 출처(出處)를 밝히지 않고 비밀리(秘密裡)에 하는 선전(宣傳).

흑의재상(黑衣宰相) 정치(政治)에 참여(參與)하여 큰 영향력(影響力)을 행사(行使)하는 승려(僧侶)를 이르는 말.

흑인영가(黑人靈歌) 노예(奴隸)로 끌려온 미국의 흑인들이 구약성서(舊約聖書)에서 제재를 얻어 노래한 종교적(宗教的)인 민요(民謠). 영가(靈歌).

흑책공사(黑冊公事) 벼슬아치들이 정목을 제멋대로 고치고 지우고 하여 협잡(挾雜)을 일삼던 일의 일컬음. 고려(高麗) 충숙왕(忠肅王) 때 정방정치(政治) 과정(過程)에서 나온 말.

흑풍백우(黑風白雨) 흑풍이 몹시 부는 가운데 쏟아지는 소낙비.

흔구정토(欣求淨土) 극락정토(極樂淨土)에 다시 태어나기를 간절(懇切)히 원(願)함.

흔동일세(掀動一世) 그 명성(名聲)이 널리 세상(世上)에 알려짐.

흔주누견(欣奏累遣) 기쁨은 아뢰고, 더러움은 보냄.

흔주누견척사환초(欣奏累遣慼謝歡招) 마음속의 슬픈 것은 없어지고 즐거움만 부른 듯이 오게 된다.

흔천동지(掀天動地) 흔천동지(焮天動地).

흔천동지(焮天動地) '하늘을 치켜들고 땅을 움직인다'는 뜻으로, ①큰 소리로 온 세상(世上)을 뒤흔듦. ②천지(天地)를 뒤흔들 만하게 큰 세력(勢力)을 떨침을 이르는 말. 흔천동지(掀天動地).

흔흔낙락(欣欣樂樂) 매우 기뻐하며 즐거워함.

흔희작약(欣喜雀躍) '참새가 날아오르듯이 춤춘다'는 뜻으로, 크게 기뻐함을 이르는 말.

흠숭지례(欽崇之禮) 천주(天主)에게만 드리는 흠모와 공경(恭敬).

흠휼지전(欽恤之典) 죄수(罪囚)를 신중(愼重)히 심의(審議)하라는 뜻의 은전.

흥국강병(興國强兵) 나라를 일으키고 군사(軍士)를 강(强)하게 함.

흥기발광(興起發光) '일어나 빛을 발하라'의 뜻.

흥망성쇠(興亡盛衰) 흥하고 망(亡)하고 성(盛)하고 쇠하는 일.

흥망재주(興亡在主) 흥(興)함과 망(亡)함이 하나님께 있음.

흥미삭연(興味索然) 흥미(興味)를 잃어 가는 모양(模樣)을 이르는 말.

흥미진진(興味津津) '흥미(興味)가 넘칠 만큼 많다'는 뜻.

흥성흥성(興盛興盛) 매우 번성(蕃盛)한 모양(模樣).

흥와주산(興訛做訕) 있는 말, 없는 말을 보태어 함부로 남을 비방(誹謗)함.

흥인지문(興仁之門) 서울의 동대문(東大門)의 본 이름. 보물 제1호. 서울 동쪽의 큰 성문이란 뜻으로 일컫는 별칭.

흥일리불약제일해(興一利不若除一害) 하나의 이익(利益)을 일으키는 것이 하나의 폐단(弊端)을 없애는 것만 못함.

흥진비래(興盡悲來) '즐거운 일이 지나가면 슬픈 일이 닥쳐온다'는 뜻으로, ①세상일(世上一)이 순환(循環)됨을 가리키는 말. ②세상(世上)의 온갖 일에 너무 자만(自慢)하거나 낙담(落膽)하지 말라는 뜻. ③흥망(興亡)과 성쇠(盛衰)가 엇바뀜을 일컫는 말. ↔고진감래(苦盡甘來).

희구지심(喜懼之心) 한편으로는 기쁘면서 한편으로는 두려운 마음.

희근신세욕은파(喜近新歲浴恩波) '은혜(恩惠)와 기쁨이 넘치는 새해가 되기를 바란다'는 뜻.

희노애락(喜怒哀樂) 기쁨과 노함과 슬픔과 즐거움.

희노재심언출어구불가불신(喜怒在心言出於口不可不愼) 기뻐하고 노여워하는 것은 마음속에 있고, 말은 입 밖으로 나가는 것이니 삼가지 아니할 수 없느니라.

희대미문(稀代未聞) 썩 드물어 좀처럼 듣지 못함.

희동안색(喜動顔色) 기쁜 빛이 얼굴에 드러남.

희랍교회(希臘敎會) 〔영〕Greek Church. 정확하게 말하면 "성정통공동사도전승동방교회(聖正統公同使徒傳承東方敎會), Holy Orthodox Catholic Apostolic Oriental Church"이다. 세계적으로 많은 신도수가 있으며, 특히 희랍 · 터키 · 러시아 · 셀비아 · 루마니아 · 불가리아 등지를 주로 하여 세계 각지에 뻗어 있다.

희랍어(希臘語) 〔영〕Greek Language. 그리스 어(Greece語).

희랍정교(希臘正敎) 그리스 정교(Greece正敎).

희랍철학(希臘哲學) 고대 그리스의 철학. 소크라테스 이전의 자연 철학, 소크라테스 중심의 실천 철학, 플라톤 및 아리스토텔레스의 조직적 철학의 시대로 나눔.

희로애락(喜怒哀樂) '기쁨과 노여움, 슬픔과 즐거움'이라는 뜻으로, 곧 사람의 여러 가지 감정(感情)을 이르는 말.

희망이익(希望利益) 장래에 취득할 가망이 확실(確實)한 이익(利益).

희무량심(喜無量心) 사무량심(四無量心)의 하나. 다른 이로 하여금 고통(苦痛)을 여의고 기쁨을 느끼게 하려는 마음.

회부자승(喜不自勝) 희불자승(喜不自勝).

희불자승(喜不自勝) 매우 기뻐서 어찌할 바를 모름.

희비쌍곡선(喜悲雙曲線) 기쁨과 슬픔이 동시(同時)에 생겨 각각(各各) 발전(發展)하는 일.

희비애환(喜悲哀歡) 기쁨과 슬픔과 애처로움과 즐거움.

희색만면(喜色滿面) 기쁜 빛이 얼굴에 가득함.

희세지재(稀世之才) 세상(世上)에 드문 재주.

희소가치(稀少價値) 드물기 때문에 더욱 귀하게 인정(認定)되는 가치(價値).

희출망애(喜出望外) 기대(期待)하지 않았던 기쁜 일이 생김.

희황상인(羲皇上人) '복희씨(伏羲氏) 이전(以前)의, 오랜 옛적 사람'이라는 뜻으로, 세상(世上)을 잊고 숨어 사는 사람을 이르는 말.

희황세계(羲皇世界) '아득한 옛적의, 백성(百姓)이 평안하고 한가한 세상(世上)'이라는 뜻.

희휘낭요(曦暉朗耀) 태양빛(太陽-)과 달빛은 온 세상(世上)을 비추어 만물(萬物)에 혜택(惠澤)을 주고 있음.

희희낙락(喜喜樂樂) 매우 기뻐하고 즐거워함.

ㅎ

부록(附錄)

1. 새해 신년 및 추석명절 인사(新年-秋夕名節人事)

1) 신년(新年) 신희(新禧), 신지(新祉), 근하신년(謹賀新年), 공하신년(恭賀新年).
2) 추석(秋夕) 추석명절(秋夕名節), 중추절(仲秋節), 중추가절(仲秋佳節), 가배절(嘉俳節), 가우(嘉優).

2. 가족과 친척의 호칭어(家族-親戚-呼稱語)

• 故人

선조(先祖) 먼 윗대의 조상.

현고조고(顯高祖考) 돌아가신 고조할아버지(할아버지의 할아버지).

현고조비(顯高祖妣) 돌아가신 고조할머니(할아버지의 할머니).

현증조고(顯曾祖考) 돌아가신 증조할아버지(아버지의 할아버지).

현증조비(顯曾祖妣) 돌아가신 증조할머니(아버지의 할머니).

왕고(王考),현조고(顯祖考) 돌아가신 할아버지.

현조비(顯祖妣) 돌아가신 할머니.

고비(考妣) 돌아가신 부모님.

선고(先考),선군(先君),선부(先父),선부군(先父君),망부(亡父),선엄(先嚴),선인(先人),선친(先親),황고(皇考),현고(顯考) 돌아가신 아버지를 남에게 말할 때 쓰는 말.

선비(先妣),선자(先慈),망모(亡母),전비(前妣),현비(顯妣) 돌아가신 어머니.

애모(哀慕) 돌아가신 어버이를 슬퍼하며 사모함.

황고(皇考) ①돌아가신 시모님. ②아버지의 고모도 그렇게 말함.

고애자(孤哀子), 고애남(孤哀男), 고자(孤子), 애자(哀子) 부모를 모두 여읜 바깥상제(喪制)가 자기를 일컫는 말.

상제(喪制), 극인(棘人), 상인(喪人) 부모나 조부모의 거상중(居喪中)에 있는 사람.

고자(孤子) 아버지를 여의고 어머니만 모시고 상중에 있는 자신을 가리켜 하는 말.

고녀(孤女) 아버지를 여의고 딸만 있는 상중에 있는 딸이 자기 자신을 가리켜 하는 말

망부(亡夫) 죽은 남편. ↔망처(亡妻)

망부(亡婦),망실(亡室),망처(亡妻) 죽은 아내. ↔망부(亡夫).

고분(鼓盆·叩盆) '아내를 여읨'을 이르는 말. (아내가 죽자, 물동이를 두드렸다는 '장자'의 고사에서 온 말). '아내를 여윈 설움'을 이르는 말로는, '물동이를 두드렸다'는 뜻으로, '고분지통(叩盆之痛)'이란 말을 쓰고, '남편을 여윈 아내의 슬픔'을 이를 때는, '성이 무너져 내리는 슬픔'이란 뜻으로, '붕성지통(崩城之痛)'이라는 말을 쓴다.

망아(亡兒) 죽은 아이.

면요(免夭) 나이 쉰 살을 겨우 넘기고 죽음을 말함.

왕고장(王考丈) '죽은 남의 할아버지'를 일컫는 존칭(尊稱).

운조부모(雲祖父母) 아버지의 9대조(九代祖).
잉조부모(仍祖父母) 아버지의 8대조(八代祖).
곤조부모(昆祖父母) 아버지의 7대조(七代祖).
래조부모(來祖父母) 아버지의 6대조(六代祖).
현조부모(玄祖父母) 아버지의 고조할아버지 할머니(아버지 대부터 오대조(五代祖)).
고조부모(高祖父母) 자신의 고조할아버지 할머니.
증조부모(曾祖父母) 자신의 증조할아버지 할머니.

조부모(祖父母), **왕부모**(王父母) 자신의 할아버지 할머니를 함께 이르는 말.
옹온(翁媼) 할아버지와 할머니.
왕부(王父) 남에게 자신의 할아버지를 높여 말 할 때.
왕모(王母) 남에게 자신의 할머니를 높여 일컫는 말.
엄조(嚴祖) 엄하신 할아버지.
종조부(從祖父) 할아버지의 형제.
종조모(從祖母) 종조부의 아내.
재종조부(再從祖父) 할아버지의 사촌형제.
재종조모(再從祖母) 재종조의 아내.
삼종조(三從祖) 할아버지의 육촌 형제.
삼종조모(三從祖母) 삼종조의 아내.
조항(祖行) 할아버지뻘 되는 항렬.
야야(爺爺) ①할아버지. ②나이 많은 어르신네.
백조(伯祖), **백조부**(伯祖父),**백종조**(伯從祖) 큰 할아버지.
백조모(伯祖母),**백종조모**(伯從祖母) 큰 할머니.
숙조부(叔祖父) 작은 할아버지. **숙조모**(叔祖母) 작은 할머니.
친부(親父), **실부**(實父) 친아버지. 부친(父親).
친모(親母), **실모**(實母) 친어머니. 모친(母親).
친부모(親父母), **실부모**(實父母) 친아버지와 친어머니. 부모. 양친.
호부호모(呼父呼母) 아버지 어머니라고 부름.
호시(怙恃) 믿고 의지한다는 뜻으로, 부모를 달리 부르는 이칭(異稱).
쌍친(雙親),**양친**(兩親) 아버지와 어머니.
부공(父公) 자신의 아버지를 높여서 하는 말.
아옹(阿翁) ①자기의 아버지를 이르는 말. ②며느리가 시아버지를 이르는 말.
아모(阿母) 자기의 어머니.
엄부(嚴父) 엄격한 아버지.
엄친(嚴親) 남에게 자기 아버지를 일컫는 말.
내옹(乃翁), **내부**(乃父) ①그 사람의 아버지. ②아버지가 자녀에 대하여 쓰는 자칭. 곧, '네 아비· 이 아비'의 뜻.

자모(慈母) ①사랑이 많은 어머니. ②팔모(八母)의 하나, 친 어머니를 여읜 뒤 자기를 길러준 새어머니.

의문(倚門) 고향에 계신 어머니.

자위(慈闈), **자친**(慈親) 남에게 자기의 어머니를 높여 이르는 말.

존온(尊媼) 늙은 어머니를 높여 이르는 말.

태태(太太) 어머니를 예사스럽게 이르는 말.

편모(偏母) 아버지가 돌아가시거나 이혼해서 홀로 사는 어머니.

과모(寡母) 홀어머니.

팔모(八母) 상례(喪禮)의 복제(服制)에서 친모(親母) 이외에 복(服)의 구별이 있는 여덟 어머니. 곧 **적모**(嫡母) · **계모**(繼母) · **양모**(養母) · **자모**(慈母) · **가모**(嫁母) · **출모**(出母) · **서모**(庶母) · **유모**(乳母) 등을 가리킴.

자부(慈父) 자애(慈愛)로운 아버지.

양친(養親) 양자로 간 집의 부모.

의부(義父) ①의붓아버지. ②수양아버지. ③의리로 맺은 아버지.

이부(異父) 어머니의 남편이지만, 자신의 생부가 아닌 사람.

부교(父交) 아버지와 비슷한 나이친구.

존집(尊執) 아버지의 벗이 될 만한 어른을 높여 일컫는 말.

백부(伯父) 큰 아버지. **백모**(伯母) 큰 어머니.

중부(仲父) 둘째아버지. **중모**(仲母) 둘째어머니.

숙부(叔父) 작은 아버지. **숙모**(叔母) 작은 어머니.

세부(世父) 아버지의 맏형. **백부**(伯父).

유부(猶父) 아버지의 형제. 곧, 삼촌(三寸).

계부(季父) 아버지의 막내아우. 막내 삼촌(三寸).

당(종)숙(堂(從)叔) 아버지의 사촌형제(四寸兄弟).

당(종)숙모(堂(從)叔母) 당(종)숙의 아내.

재당숙(在堂叔) 아버지의 육촌형제(六寸兄弟).

재당숙모(在堂叔母) 재당숙의 아내.

삼종숙(三從叔) 아버지의 팔촌 형제. 구촌 아저씨. **삼당숙**(三堂叔).

제부(諸父) 아버지와 같은 항렬(行列)의 당내친(堂內親).

제모(諸母) 제부(諸父)의 아내.

형제(兄弟), **곤제**(昆弟) 형과 아우.

장형(長兄) 맏형, 큰형

형수(兄嫂) 형의 아내.

제수(弟嫂),**계수**(季嫂) 동생의 아내.

조카 형제자매(兄弟姉妹)의 아들. **유자**(猶子), **종자**(從子), **질아**(姪兒), **질자**(姪子).

조카딸 형제자매(兄弟姉妹)의 딸. 유녀(猶女), 여질(女姪), 질녀(姪女).
숙질간(叔姪間) 삼촌(三寸) 조카 사이.
장질(長姪) 장조카, 큰조카, 맏조카
장질부(長姪婦) 장조카 며느리.
질(姪) 형이나 동생의 아들. 조카.
질부(姪婦) 형이나 동생의 며느리. 조카며느리.
질녀(姪女) 형이나 아우의 딸. 조카딸.
질서(姪壻) 형이나 아우의 사위. 조카사위.
매부(妹夫) 손위 누님의 남편이나, 손아래 누이동생의 남편.
자형(姊兄),매형(妹兄),자부(姊夫) 손위 누님의 남편.
매제(妹弟) 누이동생의 남편.
생질(甥姪) 누님이나 누이동생의 아들.
생질부(甥姪婦) 누님이나 누이동생의 며느리.
생질녀(甥姪女) 누님이나 누이동생의 딸.
생질서(甥姪壻) 누님이나 누이동생의 사위.
재종간(再從間) 육촌 형제자매의 사이.
재종씨(再從氏) 남에게 대하여 자기의 재종형을 일컫는 말.
당형제(堂兄弟), 종형제(從兄弟) 사촌인 형과 아우.
종형수(從兄嫂) 사촌 형수.
종제(계)수(從弟(季)嫂) 사촌 동생의 아내.
재종형제(再從兄弟) 육촌 형제(六寸兄弟)
재종형수(再從兄嫂) 육촌 형의 아내
재종제(계)수(再從弟(季)嫂) 육촌 동생의 아내.
종질(從姪) 사촌형제의 아들.
종질부(從姪婦) 종질의 아내.
종질녀(從姪女) ①사촌형제의 딸. ②남편의 종형제의 딸
종질서(從姪壻) 종질녀의 남편.
삼종형제(三從兄弟) 팔촌 형제(八寸兄弟)
삼종자매(三從姉妹) 팔촌 누이나 여동생.
종질(從姪) 사촌 형제의 자녀로 오촌이 되는 관계.
재종질(再從姪) 육촌형제의 자녀로 칠촌이 되는 관계.
삼종질(三從姪) 팔촌 형제의 자녀로 구촌 조카.
재종손(再從孫) 종형제의 손자.
왕고모(王姑母), 대고모(大姑母) 아버지의 고모. 고모할머니.
왕고모부(王姑母夫), 대고모부(大姑母夫) 아버지의 고모부.
고모(姑母) 아버지의 자매(姉妹). 고자(姑姊).

고모부(姑母夫) 고모의 남편. 고숙(姑叔). 인숙(姻叔).
재종고모(再從姑母) 아버지의 육촌 누이.
내종형제(內從兄弟) 고종사촌형제(姑從四寸兄弟). 고모의 아들 형제.
내종형수(內從兄嫂) 고종형(姑從兄)의 아내. 고모의 며느리.
고종제수(姑從弟嫂) 고종사촌 동생의 아내.
내종자매(內從姉妹) 고종자매(姑從姉妹). 고모의 딸 형제.
고종자형(姑從姊兄) 내종사촌 매형. 고모의 사위.
내종매제(內從妹弟) 고종사촌 매제.
중표형제(中表兄弟) 내외종(內外從), 내종 사촌과 외종 사촌간인 형제.
외조부(外祖父), 외옹(外翁) 외할아버지.
외조모(外祖母) 외할머니.
외종조부(外從祖父) 외조부의 형제. 외할아버지의 형이나 동생.
외종조모(外從祖母) 외종조부의 아내. 외할아버지의 형수나 계수.
외숙부(外叔父) 외삼촌(外三寸). 어머니의 남동생이나 오빠. 내구(內舅). 구부(舅父). 구씨(舅氏)
외숙모(外叔母) 외삼촌의 아내. 어머니의 올케.
외종형제(外從兄弟) 외종사촌(外從四寸). 외사촌(外四寸). 외삼촌의 아들.
외종형수(外從兄嫂) 외종형(外從氏)의 아내. 외삼촌의 며느리.
외종계수(外從季嫂) 외사촌 동생의 아내. 〃
외종자매(外從姉妹) 외종사촌(外從四寸). 외삼촌의 딸.
외종자형(外從姊兄) 외종사촌 매형. 외삼촌의 사위.
외종매제(外從妹弟) 외종사촌 여동생의 남편. 〃
외종질(外從姪) 외당질(外堂姪). 외사촌의 아들.
외종질녀(外從姪女) 외사촌 형제의 딸.
이모(姨母) 어머니의 자매(姉妹).
이모부(姨母夫) 이모의 남편.
이종형제(姨從兄弟) 이종사촌(姨從四寸). 이모의 아들. 이자(姨子).
이종형수(姨從兄嫂) 이종사촌 형의 아내. 이모의 며느리.
이종계수(姨從季嫂) 이종사촌 동생의 아내. 〃
이종자매(姨從姉妹) 이종사촌(姨從四寸). 이모의 딸.
이종자형(姨從姊兄) 이종사촌 매형. 이모의 사위.
이종매제(姨從妹弟) 이종사촌 매제. 〃
이질(姨姪) ①언니나 여동생의 아들딸. ②아내의 자매의 아들딸.
이질부(姨姪婦) 이질의 아내.
이질녀(姨姪女) ①언니나 여동생의 딸. ②아내의 자매의 딸.
이질서(姨姪壻) 이질녀의 남편
처가(妻家) 아내의 친정. 처갓집. 처가댁(妻家宅) 남의 처가를 높여 이르는 말.

처가살이(妻家-), **췌거**(贅居) 처가를 거처로 하여 생활하는 일. 처갓집살이.
처가속(妻家屬) 처가의 집안 식구.
장조(丈祖),**장조부**(丈祖父),**처조부**(妻祖父) 아내의 할아버지.
장조모(丈祖母),**처조모**(妻祖母) 아내의 할머니.
장인(丈人) 아내의 아버지. **장모**(丈母) 아내의 어머니.
빙장(聘丈),**악장**(岳丈),**빙부**(聘父),**악부**(岳父),**악부**(嶽父),**부공**(婦公),**악옹**(岳翁),**부공**(婦公) 장인의 높임 말.
빙모(聘母),**악모**(岳母),**처모**(妻母) 장모의 높임 말.
처남(妻男),**처남**(妻娚) 아내의 오빠나 남동생.
처남댁(妻男宅) 처남의 아내. 아내의 올케.
처질(妻姪) 아내의 친정 조카. 처조카.
처질부(妻姪婦) 아내의 친정 조카며느리.
처질녀(妻姪女) 아내의 친정 조카딸.
처질녀서(妻姪女壻) 아내의 친정 조카사위.
처형(妻兄) 아내의 언니. **처형부**(妻兄夫) 아내의 형부.
처제(妻弟) 아내의 여동생. **처제부**(妻弟夫) 아내의 제부.
처백부모(妻伯父母) 아내의 큰아버지 큰어머니.
처숙부모(妻叔父母) 아내의 작은아버지 작은어머니.
처종형제(妻從兄弟) 아내의 사촌형제.
처고모(妻姑母) 아내의 고모. 장인의 누님과 누이.
처고모부(妻姑母夫) 아내의 고모부. 장인의 매부.
처고종형제(妻姑從兄弟) 아내의 고종 사촌형제.
처외가(妻外家), **처외편**(妻外便) 아내의 외가. 장모의 친정.
처외조부(妻外祖父) 아내의 외할아버지. 장모의 부친.
처외조모(妻外祖母) 아내의 외할머니. 장모의 모친.
처외숙(妻外叔) 아내의 외삼촌. 장모의 오빠나 남동생.
처외숙모(妻外叔母) 아내의 외삼촌댁. 장모의 올케.
처외종형제(妻外從兄弟) 아내의 외종사촌 형제.
처이모(妻姨母) 아내의 이모. 장모의 자매.
처이모부(妻姨母夫) 아내의 이모부. 장모의 형부나 제부.
처이종형제(妻姨從兄弟) 아내의 이종사촌형제.
우숙(愚叔) 어리석은 아저씨라는 뜻으로, 조카뻘 되는 사람에게 자기를 낮추어 말하는 겸칭(謙稱).
인말(姻末) 자기의 이질(姨姪)이나 처질(妻姪)에게 자신을 낮추어서 말하는 겸칭(謙稱).
내자(內子), **실인**(室人), **형처**(荊妻), **우처**(愚妻) 남들 앞에서 자신의 아내를 낮추어 일컫는 말.
우식(愚息), **돈아**(豚兒), **가아**(家兒), **가돈**(家豚), **미돈**(迷豚) 자기 아들을 낮추어서 일컫는 겸

칭(謙稱).

여식(女息), **식비**(息鄙) 남에게 자기의 딸을 일컫는 말.

형처돈아(荊妻豚兒) 처자식(妻子息).

처자식(妻子息) 자신의 처자(妻子)를 낮추어서 하는 말.

자부(子婦) 며느리. **손부**(孫婦) 손자며느리.

질부(姪婦) 조카며느리. **손아**(孫兒) **손자**(孫子).

손자(孫子) 아들의 아들, 딸의 아들.

친손자(親孫子) 자기 아들의 아들. 직계의 손자.

친손녀(親孫女) 자기 아들의 딸. 직계의 손녀.

손자부(孫子婦) 아들의 며느리. **손여서**(孫女壻) 아들의 사위.

외손자(外孫子) 딸이 낳은 아들. **외손녀**(外孫女) 딸이 낳은 딸.

사손(獅孫) 딸이 낳은 아들 딸. **외손부**(外孫婦) 딸의 며느리.

외손여서(外孫女壻) 딸의 사위. **증손자**(曾孫子) 손자의 아들.

고손자(高孫子) 손자의 손자.

종손(從孫) ①형이나 아우의 손자. ②남편의 형이나 아우의 손자.

종손(宗孫) 족가의 맏손자. 종가의 대를 이을 자손, ↔지손(支孫).

지손(支孫) 지파(支派)의 자손(子孫). ↔종손(宗孫).

동서(同壻) ①형제의 아내끼리(며느리 끼리). ②자매의 남편끼리(사위끼리).

형부(兄夫), **형랑**(兄郞) 언니의 남편.

제부(弟夫), **제랑**(弟郞) 여동생의 남편.

영식(令息), **영랑**(令郞), **영윤**(令胤) 남의 아들 높임 말.

영애(令愛), **영양**(令孃), **영교**(令嬌) 남의 딸 높임 말.

영손(令孫), **영포**(令抱) 남의 손자들의 존칭(尊稱)

영실(令室), **현합**(賢閤), **내상**(內相), **영규**(令閨), **귀부인**(貴婦人), **영부인**(令夫人) 남의 아내의 높임 말.

정실(正室), **본처**(本妻), **큰마누라**, **본실**(本室), **본처**(本妻), **적실**(嫡室), **군모**(君母), **정처**(正妻) 첩(妾)에 대하여, 정식으로 혼인하여 맞은 아내.

부실(副室), **후실**(後室), **계배**(繼配), **계실**(繼室), **별방**(別房), **소실**(小室), **측실**(側室), **별실**(別室). **후취**(後娶), **재취**(再娶), **후실댁**(後室宅) 첩(妾), 본처 외에 데리고 사는 여자. 작은 마누라.

적모(嫡母) 서자가 아버지의 정실(正室)을 일컫는 말. 큰어머니.

서숙(庶叔) 할아버지의 서자(庶子)를 숙부(叔父)로서 일컫는 말.

서자(庶子) 첩(妾)에게서 태어난 아들. **별자**(別子). **얼자**(孼子).

적형(嫡兄) 서자가 아버지의 정실에서 낳은 형(兄).

적제(嫡弟) 서자(庶子)가 아버지의 정실(正室)에서 낳은 아우.

이부형제(異父兄弟) 어머니는 같고, 아버지가 다른 형제나 자매. 씨 다른 형제. ↔이복형제.

이복형제(異腹兄弟) 아버지는 같고 어머니가 다른 형제나 자매. 이모형제(異母兄弟). 줄무더기형제. 배다른 형제. ↔이부형제.

고공(姑公) ①시아버지와 시어머니. ②왕고모부. ③할아버지의 자형(姊兄)이나 매제(妹弟).

구고(舅姑) 시부모(媤父母).

군고(君姑) 시(媤)어머니. (남편(男便)의 어머니).

존구(尊舅) 부인네들이 시부를 높여 부르는 말.

존고(尊姑) 부인네들이 시모를 높여 부르는 말.

자고(慈姑) 상대방(相對方)의 시어머니를 높여 이르는 말.

대인(大人), 춘부장(椿府丈), 춘부(春府), 춘부(椿府), 춘정(椿庭), 춘당(椿堂), 춘부대인(春府大人), 춘부대인(椿府大人), 춘장(椿丈) 남의 아버지를 경칭(敬稱)으로 높여 일컫는 말.

영모(令母), 북당(北堂), 자당(慈堂), 영당(令堂), 훤당(萱堂), 모당(母堂), 선당(先堂), 모부인(母夫人), 대부인(大夫人) 남의 어머니를 경칭(敬稱)으로 높여 일컫는 말.

백씨(白氏), 중씨(仲氏), 계(제)씨(季(弟)氏), 자씨(姊氏), 매씨(妹氏) 남의 큰형, 중간형, 남동생, 손위 누님, 여동생을 높여 부르는 존칭(尊稱).

사돈(查頓),인친(姻親) ①자녀들의 혼인으로 맺어진 두 집안의 어버이끼리, 또는 그 두 집안의 같은 항렬이 되는 친족끼리 서로를 부르는 말. ②혼인한 두 집안끼리 서로 아래 항렬이 되는 친족을 부르는 말.

사돈집(查頓-) 사돈의 집. 사가(查家). 높임말로는, 사가댁(查家宅). 사돈댁(查頓宅).

사돈댁(查頓宅), 사댁(查宅), 사부인(查夫人), 사가댁(查家宅) '안사돈'의 높임말.

사돈도령(查頓-) '사돈집 총각'을 대접하여 일컫는 말.

사장(查丈) 사돈집 웃어른을 높이어 일컫는 말.

사제(查弟) 편지 등에서, 사돈사이에 자기를 겸손하게 이르는 말.

3. 경조,애경사에 사용되는 용어(慶弔,哀慶事). [축하(조의)금 봉투에 쓰는 서식(書式)]

1) 출산(出産) · 순산(順産) · 탄생(誕生) · 탄신(誕辰). 생신(生辰).
축 순산(祝 順産). 축 탄생(祝 誕生). 축 공주탄생(祝 公主誕生). 축 왕자탄생(祝 王子誕生). 축 생신(祝 生辰). 축 생일(祝 生日). 축 탄신(祝誕辰)(존경하는 분의 생신).

2) 입학(入學). 졸업(卒業). 합격(合格). 학위취득(學位取得). 퇴임(退任).
축 합격(祝 合格). 축 입학(祝 入學). 축 졸업(祝 卒業). 축 개교(祝 開校). 축 ㅇ사 학위취득(祝 ㅇ士 學位取得). 축 정년퇴임(祝 停年退任). 송공(頌功).

3) 종교.교회(宗敎.敎會).
축 창립예배(祝 創立禮拜). 축 개척창립예배(祝 開拓創立禮拜). 축 기공예배(祝 起工禮拜). 축 헌당(祝 獻堂). 축 봉헌(祝 奉獻). 축 개교기념일(祝 開敎紀念日). 축 창립100주년기념예배(祝 創立100周年紀念禮拜). 축 목사안수(祝 牧師按手). 축 장로장립(祝 長老將立). 축 권사 취임(祝 勸事就任). 축 영명축일(祝 靈名祝日).

4) 개(창)업(開(創)業). 이전(移轉). 창립기념(創立紀念).
축 발전(祝 發展). 축 개업(祝 開業). 축 번영(祝 繁榮). 축 성업(祝 盛業). 축 개장(祝 開場). 축 개점(祝 開店). 축 개원(祝 開院). 축 개원(祝 開園). 축 개관(祝 開館). 축 제막식(祝除幕式). 축 만사형통(祝 萬事亨通). 축 이전(祝 移轉). 축 창립○○주년(祝 創立○○周年).

5) 입주(入住). 입댁(入宅). 건물 공장 준공(建物工場竣工).
축 기공(祝 起工). 축 상량(祝 上樑). 축 완공(祝 完工). 축 준공(祝 竣工). 축 개통(祝 開通). 축 입주(祝 入住). 축 입댁(祝 入宅). 가화만사성(家和萬事成). 복유 성해(福流成海).

6) 취임(就任). 승진(昇進). 영전(榮轉). 축하(祝賀).
축 취임(祝 就任). 축 선임(祝 選任). 축 중임(祝 重任). 축 연임(祝 連任). 축 승진(祝 昇進). 축 영전(祝 榮轉). 축 영진(祝 榮進).

7) 군경(軍警).
축 건승(祝 健勝). 축 진급(祝 進級). 축 피선(祝 被選). 축 당선(祝 當選). 축 개선(祝 凱旋). 무운장구(武運長久).

8) 경선(競選). 당선(當選). 경연(競演). 경기(競技).
축 필승(祝 必勝). 축 건승(祝 健勝). 축 당선(祝 當選). 축 피선(祝 被選). 축 입선(祝 入選). 축 합격(祝 合格). 축 우승(祝 優勝). 축 완승(祝 完勝). 축 개선(祝 凱旋).

9) 전시회(展示會). 연주회(演奏會). 발표회(發表會). 연극(演劇).
축 전시회(祝 展示會). 축 전람회(祝 展覽會). 축 박람회(祝 博覽會). 축 개인전(祝 個人展). 축 연주회(祝 演奏會). 축 독주회(祝 獨奏會). 축 독창회(祝 獨唱會). 축 합창회(祝 合唱會). 축 발표회(祝 發表會). 축 공연(祝 公演).

10) 출판(出版). 출간(出刊). 출간기념(出刊紀念).
축 창간(祝 創刊). 축 출간(祝 出刊). 축 출판(祝 出版). 축 출판기념(祝 出版紀念). 축 창간○○주년(祝 創刊○○周年).

11) 도서기증(圖書寄贈). 도서화 기증(圖書畵寄贈).
자신의 작품인 도화(圖畵), 책(册)을 선물(膳物) 할 때, 윗분에게 '받아 간직하여 주십사' 하는 뜻으로, 받는 분의 이름 끝 부분에, 혜존(惠存). 혜감(惠鑑). 소람(笑覽). 청람(淸覽) 등으로 쓴다.
주는 사람의 이름 끝 부분에, '삼가 드리오니 받아 주십시오!' 라는 뜻으로, 배증(拜贈). 배정(拜呈). 증정(贈呈). 기증(寄贈). 아감(雅鑑). 근정(謹呈). 봉헌(奉獻) 등을 쓴다.
남에게 선물(膳物)을 보낼 때에는, '조품(粗品)'이라는 말을 쓴다. 변변치 못하다는 겸사의 말(crude article, or humble present).
지방의 토산물을 선물할 때는 진상(進上), 공상(供上), 진공(進供) 등으로 말한다.

12) 여행(旅行) 떠날 때나 인사(人事) 할 때.
촌지(寸志). 촌심(寸心). 촌충(寸衷). 촌성(寸誠) ("마음에 담긴 작은 선물", "속으로 품은 작은 뜻", "마음이 담긴 작은 선물", "조그마한 성의").
장도(長途) 중대한 사명이나 장한 뜻을 품고 떠나는 길.

장도(壯途) 오랜 기간의 여행.

13) 사례(謝禮).

박사(薄謝). 박의(薄儀). 박례(薄禮). 약례(略禮) 얼마 되지 않는, 사례의 돈이나 물품.

14) 송별(送別).

전별(餞別). 전별금(餞別金). 송별(送別). 석별(惜別). 장도(長途). 장도(壯途).

15) 결혼(結婚).

축 결혼(祝 結婚). 축 화혼(祝 華婚). 축 화촉(祝 華燭).

16) 年齡에 따른 호칭(呼稱)과 봉투 쓰는 서례(書例).

60세, 회갑(환갑)때 축 수연(祝 壽宴). 축 희연(祝 禧宴). 축 화갑(祝 華甲). 회갑연을 축하함.(祝 回甲宴).

보통 축수(祝壽)할 때에, 축 수연(祝 壽宴). 축 수연(祝 晬宴). 축수연(祝 壽筵). 축 수연(祝 壽讌)을 쓴다. 눈썹이 세도록 오래 살라는 뜻으로 '축 미수(祝 眉壽)'라고도 축수한다.

70세, 칠순 때 봉투 쓰는 서식. 축 고희(祝 古稀). 고희연(古稀宴)을 축하(祝賀)함. 70세의 생신(生辰)을 축하(祝賀)함.

77세, 축 희수(祝 喜壽).

80세, 팔순 때 봉투 쓰는 서식. 축 산수(祝 傘壽). 축 팔질(祝 八耋). 산수연(傘壽宴)을 축하(祝賀)함. 80세의 생신(生辰)을 축하(祝賀)함.

88세, 축 미수(祝 米壽). 90세, 축 졸수(祝 卒壽).

99세, 축 백수(祝 白壽). 100세, 축 상수(祝 上壽).

108세, 축 다수(祝 多壽). 111세, 축 황수(祝 黃壽).

112세, 축 천수(祝 天壽). 120세, 축 성수(祝 聖壽).

축 모세수(祝 Moses壽).

17) 환자 병문안(患者 病問安).

'기 쾌유(祈 快癒)'. '기 쾌차(祈 快差)'. '기 완쾌(祈 完快)'. '快癒를 爲해 祈願합니다'. '速한 快癒를 祈禱합니다'

18) 상가(喪家)(초,소,대상(初,小,大喪)).

문상(問喪), 조문(弔問), 조상(弔喪) 남의 상사(喪事)(상고,상변(喪故,喪變)에 대하여 조의를 나타내며 상주를 위문함.

향전(香奠). 부의(賻儀). 전의(奠儀). 비의(菲儀). 비품(菲品). 조의(弔意). 조의(弔儀). 조문(弔問). 근조(謹弔). 애도(哀悼). 애척(哀戚). 명복(冥福). 향촉대(香燭代) 남의 죽음을 슬퍼하며 상주를 위문하고 삼가 조문함.

조부(弔賻) 조문(弔問)과 부의(賻儀)를 아울러 이르는 말.

19) 초상표시(初喪表示).

기중(忌中). 상중(喪中). 죽은 사람 [망인(亡人) · 망자(亡者) · 고인(故人)]. 죽은 아들 망자(亡子).

20) 추도일(追悼日). 기제사(忌祭祀). 위령제(慰靈祭). 진혼제(鎭魂祭) 죽은 사람을 생각해

슬퍼함.

추도(追悼). 추모(追慕). 경모(敬慕). 애모(哀慕). 근도(謹悼) 죽은 사람을 슬피 사모함.

4. 편지 쓸 때의 용어(片紙-用語)

대형(大兄) 친구 간에 편지할 때 상대방을 높여서 하는 말.
아형(雅兄) 남자 친구끼리 상대방을 높여 부르는 말.
인형(仁兄) 편지 쓸 때 친구사이에 상대방을 높이어 이르는 말.
자형(慈兄) 자애가 깊은 형, 편지 쓸 때에 상대방을 높이는 말.
손제(損弟) 친구끼리 편지 할 때 에 자기를 낮추어서 하는 말.
경계(敬啓) 삼가 말씀을 드린다는 뜻으로, 한문 투의 편지 첫 머리에 쓰는 말.
경계자(敬啓者) '삼가 아룀'의 뜻으로 편지 첫 머리에 쓰는 말.
계수재배(稽首再拜) 머리를 조아려 두 번 절함(흔히, 한문투의 편지 첫머리에 쓰는 말).
숙계(肅啓) 한문 투로 편지 쓸 때 쓰는 말로, 첫 머리에 "삼가 아룁니다"의 뜻으로 쓰는 말.
배계(拜啓) '절하고 아뢴다'는 뜻으로, 한문편지 첫 머리에 의례적으로 쓰는 말.
배복(拜復) '절하고 회답 한다'는 뜻으로, 편지 첫머리나 끝에 자신의 이름 다음에 쓰는 말. 흔히 친구에게 편지 할 때에 많이 쓰는 말.
복계(復啓) '공경하여 답장 함'이라는 뜻으로 회답편지 첫 머리에 쓰는 말.
사장(査丈) 편지 쓸 때에 사돈집 웃어른을 높이어 일컫는 말.
사제(査弟) 편지 등에서 친 사돈 사이에 겸손하게 자신을 낮추어 이르는 말.
소납(笑納) 편지 앞부분에, 보잘 것 없는 것이지만, 웃으며 받아 달라는 겸사의 말.
복원(伏願) 편지에서 '엎드려 원한다'는 뜻으로 상대방을 높이어 원(願)함을 이르는 말.
시하(時下) 편지 글에 쓰는 한문 어투의 말로 '이때', '요즈음'등으로 쓰임. '근계(謹啓) 시하 중춘에 기체후 일향 만강 하시며...!'
근계(謹啓) '삼가 아룁니다'라는 의미로 편지 첫 머리에 쓰는 말.
산만(刪蔓) 인사는 빼고 바로 할 용건의 말로 들어가겠다는 뜻으로 편지 글 첫 머리에 쓰는 말.
제번(除煩) 한문 투의 간단한 편지 첫 머리에, 번거로운 인사말을 덜고 바로 할 용건의 말을 적는다는 뜻으로 쓰는 말.
제례(除禮) 흔히 한문 투의 첫 머리에 '갖추어야할 예의를 갖추지 못함'이라는 뜻으로 쓰는 말.
관략(冠略) 관생(冠省).
관생(冠省) 인사말을 생략한다는 뜻으로, 편지나 소개장의 첫 머리에 쓰는 말. 관략(冠略).
생략(省略) 전략(前略).
전략(前略) 글이나 편지에서, 전문(前文)을 생략한다는 말.
설대(舌代) 말의 대신이라는 뜻으로 편지나 쪽지 따위의 첫 머리에 쓰는 말. 관생(冠省).
불선(不宣) '아직 쓸 말은 많으나 다 쓰지 못했음'의 뜻으로, 아랫사람에게 쓰는 편지 끝에 쓰는 말.

각필(閣筆) ①쓰던 글을 멈추고 붓을 놓음. ②편지 따위에서, 글을 따 쓰고 붓을 내려 넣음. 각필(擱筆).

수서(手書) 손수 쓴 편지라는 뜻으로 윗사람이 아랫사람에게 편지 보낼 때에 쓰는 말.

계수재배(稽首再拜) 머리를 조아려 두 번 절함. (흔히, 한문 투의 편지 첫 머리에 쓰는 말).

여불비(餘不備) 여불비례(餘不備禮).

여불비례(餘不備禮) 예의를 다 갖추지 못했다는 뜻으로, 한문 투의 편지에서 끝 인사 대신 쓰는 말.

총총난필(悤悤亂筆) ①편지의 맺음말로 난필(亂筆)이 되어 죄송하다는 뜻을 나타내는 말. ②바빠서 예의를 갖추지 못하고 되는대로 마구 썼다는 겸손의 말. ③자기가 쓴 글을 낮추어 이르는 말.

배구(拜具) '삼가 글월을 갖춘다'는 뜻으로 편지의 끝에 써서 상대방에게 경의를 표하는 말.

재계(再啓) 편지를 다 쓰고 나서 다시 할 말이 있을 경우에 쓰는 말.

추계(追啓) 추신(追伸). 재계(再啓). 추이(追而).

추신(追伸) 편지 등에서 글을 덧붙일 때에 쓰는 말.

배백(拜白) '엎드려 사룀'의 뜻으로 편지 끝에 자기이름 다음에 쓰는 말.

배(拜), 배상(拜上). '절하고 올림'이라는 뜻으로 편지 끝에 자기이름다음에 쓰는 말.

숙배(肅拜) 한문 투의 편지 끝에 상대편을 공경하여 "삼가 인사를 드립니다"의 뜻으로 자기이름 다음에 쓰이는 말.

승감(升鑑) '바치오니 보시옵소서!'의 뜻으로 편지 겉봉투 받을 사람을 높이어 수신자의 이름 밑에 쓰는 말.

승계(升啓) 편지봉투 수신자 이름 밑에 '앞', '전(前)'과 같음.

전(前), 앞, 견(見) 아래 사람에게 보내는 편지봉투 수신자 이름 다음에 쓰는 말.

즉견(卽見) 편지를 받아볼 손아래 사람의 이름 다음에 씀.

귀하(貴下) 편지 봉투에 상대방을 높여 상대방 이름 밑에 쓰는 말.

존하(尊下) 하감(下鑑). 귀하(貴下). 좌전(座前). 좌하(座下)

좌하(座下) 편지 봉투에, 상대에게 이름 다음에 쓰는 높임말.

지급(至急) 겉봉에다 급히 받아보라는 뜻.

전교(轉交) 편지나 서류를 다른 사람을 거쳐서 받게 한다는 뜻으로 편지 겉봉에 쓰는 말.

친전(親展) 편지를 받을 사람이 직접 펴 보라고 겉봉에 적는 말.

지급친전(至急親展) 겉봉에다 급히 본인이 개봉하라는 뜻.

5. 연령대를 달리 말하는 이칭(年齡代-異稱)

7~8세(歲) '초츤(髫齔)' '다박머리에 젖니 빠지고 영구치로 이를 가는 철없는 어린나이'라는 뜻.

10(여세) '餘歲', '충년(沖年)' 어린 나이(Young age).

15세(歲) '지학(志學)', '성동(成童)' '학문에 뜻을 둔 나이'(Age of fifteen years).

16세(歲) **'파과(女)(破瓜)'**, **파과지년**(破瓜之年) 여자의 16세, 또는 남자의 64세. ('瓜')자를 파자(破字)하면, 八八(8×8=64)이 되는 데에 연유함.

20세(歲) **'전후**(前後)', **'방년**(芳年)', **'방령**(芳齡)' '20세 전후의 꽃다운 나이'.

20세(歲) **'약관**(弱冠)', **'약년**(弱年)', **'관세**(冠歲)', '남자 젊은 나이 20세'를 일컬음.
'묘령(妙齡)', **'묘년**(妙年)' '젊은 여자의 꽃다운 나이, 20세 안팎의 여자 나이.
(A youth of twenty)

30세(歲) **'이립**(而立)', **'입년**(立年)', '학문의 뜻을 세움'(공자가 서른 살에 자립한데서 나온 말로 30세의 이칭(異稱)).

30~40세(歲) **'강장지년**(强壯之年)' '원기가 왕성한 나이'라고 하여 붙여진 말.

32세(歲) **'이모지년**(二毛之年)', **'이모년**(二毛年)' '흰 머리털이 나기 시작하는 나이'라는 뜻으로, '서른두 살'을 이르는 말.

40세(歲) **'불혹**(不惑)', **'강사**(强仕)', **'불혹지년**(不惑之年)'. '유혹되지 않는다는 나이'(Being free from vacillation).
나이 40세를 일컬음. '공자가 40세부터 세상일에 미혹(迷惑)되지 않았다'하여 쓰이는 말임(age of forty).

41세(歲) **'망오**(望五)', '50세를 바라본다'는 말로 41세를 말함.

50세(歲) **'지천명**(知天命)', **'지명**(知命)' '하늘의 뜻을 안다'하여 '순리대로 살아간다'는 뜻.

'오십지천명(五十知天命)' '사람이 나이 50세가 되면 천하 만물의 자리를 깨닫게 된다'는 뜻.(論語).

50세(歲) **'애년**(艾年)' 쉰 살을 가리켜서, '머리털이 약쑥 같이 희어진다'는 뜻이다.

50세(歲) **'애로**(艾老)' 쉰 살이 넘은 사람을 이른다.

51세(歲) **'망육**(望六)'.

60세(歲) **'이순**(耳順)', **'육순**(六順)', **'육순**(六旬)' '논어(論語)'의 '육십이순(六十耳順)'에서 나온 말로, 나이 육십에야 비로소 모든 것을 순리대로 이해하게 된다는 뜻에서 나온 말. 또는 다른 사람들의 나쁜 말을 듣고서도 그 말을 부드럽게 해석할 수 있는 나이라는 뜻에서 이룩된 말.

60세(歲)~80세까지를 하수(下壽)라고도 말한다(sixtieth year of age).

61세(歲) **'회갑**(回甲)', **'환갑**(還甲)', **'망칠**(望七)', **'주갑**(週甲)', **'주갑**(周甲)', **'갑년**(甲年)', **'화갑**(華甲)'이라 말하며, '華'자를 분해하면 '十'자 여섯과 '一'이 됨으로, 61세를 의미함.

62세(歲) **'진갑**(進甲)'.

64세(歲) **'파과**(破瓜)'남(男). '瓜'자를 파자(破字)하면 八八(8×8=64)이 되는 데에서 연유됨.

66세(歲) **'미수**(美壽)'.

70세(歲) **'희수**(稀壽)', **'희년**(稀年)', **'희수**(稀壽)', **'칠질**(七秩)', **'고희**(古稀)' 사람이 70살을 살기는 고래(古來)로 드물다는 시(詩)에서 온 말로, 70세를 가리키는 말(sventy years of age).
70세(歲)를 **'종심**(從心)'이라고도 하여, '종심소욕 불유구(從心所欲不踰矩)'라고도 하는데, '마음이 하고자하는 대로 몸이 따라 주지 않는다'는 뜻이다. 혹은 70세를 맞는 칠순(七旬) 잔치를 80세를 바라본다는 뜻에서온 말이다.

'고희(古稀)' 잔치는 '**고희연**(古稀宴)'이라고 말한다. 중국 당나라의 유명한 시인(詩人) '두보'는, '인생은 예로부터 70세 사는 이가 드물다'는 뜻에서, '인생 칠십고래희(人生七十古來稀)'라는 말을 하였다.

71세(歲) '**망팔**(望八)'. 여든 살을 바라본다는 뜻으로, 나이 '일흔 한 살'을 일컬음.

77세(歲) '**희수**(喜壽)' 일흔 일곱 살. 희수 잔치는 '**희수연**(喜壽宴)'이라고 말함. '**축 희수연**(祝喜壽宴).

80세(歲) '**팔질**(八耋)', '**팔질**(八秩)', '**팔순**(八旬)' 여든 살을 이르는 말.

80세(歲)를 '**산수**(傘壽)'라고도 함. '**산수**(傘壽)'의 산('傘')자의 획수를 줄여 '仐'(8×10=80)으로 쓰는데 나이 '여든 살'을 의미함.

80세(歲)~100세까지를 중수(中壽)라고도 말한다. (eighty years of age).

81세(歲) '**망구**(望九)', '**망구순**(望九旬)' 90세를 바라본다는 뜻에서 유래된 말이다.

88세(歲) '**미수**(米壽)' 여든 여덟 살. 미수를 위한 잔치를 '**미수연**(米壽宴)'이라고 말한다. '미수(米壽)'는 ('米')의 파자(破字)가 '八十八'인데서) 여든 여덟 살을 의미함. (88 years of age).

90세(歲) '**졸수**(卒壽)', '**동이**(凍梨)', '**구질**(九秩)', '**모수**(耄壽)', '**구순**(九旬)' 구십 살을 말함.

'**졸수**(卒壽)'를 위한 잔치를 '**졸수연**(卒壽宴)'이라고 말함.

91세(歲) '**망백**(望百)' 100세를 바라본다는 의미에서 아흔 한 살을 일컫는 말.

99세(歲) '**백수**(白壽)', '**기년**(期年)' 아흔 아홉 살을 말함. '百'에서 '一'을 빼면 99가되고, 일백 백(百)자에서, 한일(一)을 빼면 흰백(白)자가 되는데서, 99세를 '**백수**(白壽)'라고 말함. 99세를 위한 잔치를 '**백수연**(白壽宴)'이라고 말함.

100세(歲) '**기이지수**(期頤之壽)', '**기이**(期頤)' 백 살의 나이 또는 그 나이의 사람.

100세(歲)~그 이상(以上)을 '**상수**(上壽)' 라고 말하는데, 아주 많은 나이를 가리킴.

장수(長壽)를 비는 말로 '**헌수**(獻壽)', 혹은 '**칭상**(稱觴)'이라고 말함. 가장 많은 나이를 말 할 때에도 '헌수(獻壽)' 라고 말함. (long life, longevity).

80~100세(歲) '**모기**(耄期)' 80~100세 까지를 말함.

장수(長壽)를 축하 할 때는, '**하수연**(賀壽宴)', 혹은 '**하수연**(賀壽筵)'이라고 말함.

'**미수**(眉壽)' '눈섭이 세도록 오래 산다'는 뜻으로, 남에게 '**축수**(祝壽)'할 때 쓰는 말. '부디 미수(眉壽) 하소서!'

108세(歲) '**다수**(多壽)'. 111세(歲) '**황수**(黃壽)'.

112세(歲) '**천수**(天壽)'. 120세(歲) '**성수**(聖壽)', '**모세수**(Moses 壽)'.

무량상수(無量上壽) 한(限) 없이 오래 사는 수명(壽命). '**무량수**(無量壽)' 라고도 말함.

※《인생은 80부터》 – '**아생**(芽生)'='人生六十歲'. '**화함**(花莟)'='人生七十歲'. '**화개**(花開)'='人生八十歲'. '**화실**(花實)', '**춘광**(春光)', '**상광**(尙光)'='人生九十歲'. '**화락**(花落)'='人生百歲'.

6. 수(數:Numbers)

1) 십진급수(十進級數).

영(零) · 일(壹) · 십(拾) · 백(百) · 천(千) · 만(萬) · 억(億) · 조(兆) · 경(京) · 해(垓) · 자(秭) · 양(穰) · 구(溝) · 간(澗) · 정(正) · 재(載) · 극(極) · 항하사(恒河沙(砂)) · 아승기(阿僧祇) · 나유타(那由他) · 불가사의(不可思議) · 무량수(無量數)(무량대수:無量大數) (10^{68}). [22수(數)].

2) 소수단위(少數單位)[0(영:零) 이하(以下)의 수(數)].

할(割) · 분(分) · 리(厘) · 모(毛) · 사(絲) · 홀(忽) · 미(微) · 섬(纖) · 사(沙) · 진(塵) · 애(埃) · 묘(渺) · 막(漠) · 모호(模糊) · 준순(浚巡) · 수유(須臾) · 순식(瞬息) · 탄지(彈指) · 찰나(刹那) · 육덕(六德) · 허공(虛空) · 청정(淸淨)(10^{-21}). [22수(數)].

3) 영어의 수사(英語의 數詞)(Numeral).

zero · one · ten · hundred · thousand · million · billion · trillion · quadrillion · quintillion · sextillion · septillion · octillion · nonillion · decillion(15개의 단위).

미(美), 불(佛)은 1에 0을 33개 붙이고, 영(英), 독(獨)은 1에 0을 60개를 붙인 수(數) 임.

1,000,000,000(10억) 이상의 수

10억 이상에서는 다음과 같이 영(英,) 미(美에)서 각기 달리 말한다.

단　　위	미　　국	영　　국
1,000,000,000(10억)	one billion*	one thousand millions
10,000,000,000(100억)	ten billions	ten thousand millions
100,000,000,000(1.000억)	one hundred billions	one hundred thousand millions
1,000,000,000,000(1조)	one trillion	one billion*

곧 미식(美式)으로는 1,000(thousand)배 마다, 영식(英式)에 있어서는 100만(million)배 마다 부르는 명칭이 바뀐다. 그런 까닭에 *와 같이 같은 one billion이라 해도 영(英), 미(美에)서 수가 달라지게 된다(미는 10억=10^9, 영은 1조=10^{12}). 이것은 trillion 이상에서도 역시 같다(이하 one billion 따위의 one은 생략한다).

명　　칭	미　　국	영　　국
billion	million × thousand=10^9	million × million=10^{12}
trillion	billion × thousand=10^{12}	billion × million=10^{18}
quadrillion	trillion × thousand=10^{15}	trillion × million=10^{24}
quintrillion	quadrillion × thousand=10^{18}	quadrillion × million=10^{30}
sextrillion	quintrillion × thousand=10^{21}	quintrillion × million=10^{36}
septrillion	sextrillion × thousand=10^{24}	sextrillion × million=10^{42}

octrillion	septrillion × thousand=10^{27}	septrillion × million=10^{48}
nonillion	octrillion × thousand=10^{30}	octrillion × million=10^{54}
decillion	nonillion × thousand=10^{33}	nonillion × million=10^{60}

7. 이십사시와 이십사절기(二十四時-二十四節氣)

1) 이십사시(二十四時) 하루를 스물넷으로 나눈 시간. 상오와 하오 각각 열두 시간에 이십사 방위의 이름을 붙여 이름.

시	1	2	3	4	5	6	7	8	9	10	11	12
정오	계(癸)	축(丑)	간(艮)	인(寅)	갑(甲)	묘(卯)	을(乙)	진(辰)	손(巽)	사(巳)	병(丙)	오(午)
하오	정(丁)	미(未)	곤(坤)	신(申)	경(庚)	유(酉)	신(辛)	술(戌)	건(乾)	해(亥)	임(壬)	자(子)

2) 이십사절기(二十四節氣)

계 절	절 기	음 력	양 력	계 절	절 기	음 력	양 력
봄	입춘(立春) 우수(雨水)	정월	2월 4 · 5일 2월 19 · 20일	가을	입추(立秋) 처서(處暑)	칠월	8월 8 · 9일 8월 23 · 24일
	경칩(驚蟄) 춘분(春分)	이월	3월 5 · 6일 3월 21 · 22일		백로(白露) 추분(秋分)	팔월	9월 8 · 9일 9월 23 · 24일
	청명(淸明) 곡우(穀雨)	삼월	4월 5 · 6일 4월 20 · 21일		한로(寒露) 상강(霜降)	구월	10월 8 · 9일 10월 23 · 24일
여름	입하(立夏) 소만(小滿)	사월	5월 6 · 7일 5월 21 · 22일	겨울	입동(立冬) 소설(小雪)	시월	11월 7 · 8일 11월 22 · 23일
	망종(芒種) 하지(夏至)	오월	6월 6 · 7일 6월 21 · 22일		대설(大雪) 동지(冬至)	동지	12월 7 · 8일 12월 22 · 23일
	소서(小暑) 대서(大暑)	유월	7월 7 · 8일 7월 23 · 24일		소한(小寒) 대한(大寒)	선달	1월 6 · 7일 1월 20 · 21일

8. 결혼기념일의 호칭(結婚記念日-呼稱)

결혼한 날을 기념하기 위해서 부부간에 정한 기념일이다. 19세기 영국에서 시작되었으며 주로 유럽의 그리스도 국가에서 매년 결혼한 날에 축하예배를 하던 것에서 유래한 풍습이다.

허니문(Honeymoon) 밀월(蜜月). 신혼여행(新婚旅行)

1주년(周年) '지혼식(紙婚式)'-부부가 서로 그림 · 책 따위의 종이로 된 선물을 주고받음 (Paper Wedding).

2주년 '고혼식(藁婚式)'-밀짚이나 무명으로 만든 선물(Straw Wedding).

3주년 '당과혼식(糖菓婚式)'-사탕이나 과자 등의 선물(Candy Wedding).

4주년 '혁혼식(革婚式)'-가죽으로 만들어진 선물(Leather Wedding).

5주년 '목혼식(木婚式)'-나무로 만들어진 선물(Wood Wedding).
6주년 '철혼식(鐵婚式)'-철제품을 선물함.
7주년 '화혼식(花婚式)'-꽃 또는 꽃으로 만든 선물.
8주년 '전기기구혼식(電氣器具婚式)', '동혼식(銅婚式)'.
9주년 '도기혼식(陶器婚式)'.
10주년 '석혼식(錫婚式)'-주석으로 만든 보석이나 귀금속의 선물(Tin Wedding).
11주년 '강철혼식(鋼鐵婚式)'.
12주년 '마혼식(麻婚式)', '견혼식(絹婚式)'-삼이나 견으로 만든 선물(Silk Wedding).
13주년 '수혼식(繡婚式)'-헝겁에 색실로 글씨나 그림을 수놓은 선물을 주고받음. 레이스혼식.
14주년 '상아혼식(象牙婚式)'-(30주년도 '상아혼식(象牙婚式)'.
15주년 '수정혼식(水晶婚式)', '동혼식(銅婚式)'-수정(크리스탈)으로 만들어진 선물(Crystal Wedding).
16주년 Topaz [토파즈]. 황옥(黃玉). 황수정(黃水晶).
17주년 '자수정혼식(紫水晶婚式)'.
18주년 '석류석혼식(石瘤錫婚式)'.
19주년 '남옥혼식(藍玉婚式)'(Aquamarine Wedding).
20주년 '도혼식,도자기혼식(陶婚式,陶磁器婚式)'-도자기로 만든 제품의 선물을 주고받음 (China Wedding).
23주년 Sapphire [사파이어], 청옥(靑玉)-45주년 결혼 기념 선물로도 쓰인다.
25주년 '은혼식(銀婚式)'-은(銀)으로 만들어진 보석의 선물(Silver Wedding Anniversary).
26주년 청색(靑色)-사파이어
30주년 '진주혼식(眞珠婚式)'-진주로 만든 보석의 선물(Pearl Wedding). '상아혼식(象牙婚式)'.
35주년 '산호혼식(珊瑚婚式)'-산호로 만든 보석(Coral Wedding).
40주년 '벽옥혼식(碧玉婚式)', '모직혼식(毛織婚式)', '견혼식(絹婚式)', '루비혼식'-루비로 만든 보석(Luby Wedding).
45주년 '홍옥혼식(紅玉婚式)', '사파이어혼식'-사파이어로 만든 보석(Sapphire Wedding).
50주년 '금혼식(金婚式)'-금으로 만든 보석(Golden Wedding).
55주년 '취옥혼식(翠玉婚式)', '비취혼식(翡翠婚式)', '에메럴드혼식'-에메럴드로 만든 보석.
60주년 '회혼식(回婚式)', '금강혼식(金剛婚式)', '다이아몬드혼식'-다이아몬드의 선물 (Diamond Wedding).
61주년 '주량회갑혼식(舟梁回甲婚式)'.
70주년 '백금혼식(白金婚式)'(Platinum Wedding).
75주년 '금강혼식(金剛婚式)'-서양풍속으로, 결혼 60주년이고, 미국에서는 75주년(Diamond Wedding).
80주년 '오크나무혼식'(Oak Wedding).

90주년 '석혼식(石婚式)'(Stone Wedding).

※ 국가와 지역에 따라 다르거나, 중복되는 경우도 있다.

9. 성경에 기록된 역대 구속사적 계보(聖經-記錄-歷代救贖史的系譜)

대 수	이 름	향년(享年)	대 수	이 름
	하나님 (GOD)			
1代	아담 (Adam)	930歲 享壽	31代	오벳 (Obed)
2代	셋 (Seth)	912歲 享壽	32代	이새(Iesse)
3代	에노스 (Enosh)	905歲 享壽	33代	다윗(David)
4代	게난 (Kenan)	910歲 享壽	34代	솔로몬(Solomon)
5代	마할랄렐 (Mahalalel)	895歲 享壽	35代	르호보암(Rehoboam)
6代	야렛 (Jared)	962歲 享壽	36代	아비야(Abijah)
7代	에녹 (Enoch)	365歲 昇天	37代	아사(Asa)
8代	므드셀라 (Methuselah)	969歲 享壽	38代	여호사밧(Jehoshaphat)
9代	라멕 (Lamach)	777歲 享壽	39代	요람(Joram)
10代	노아 (Noah)	950歲 享壽	40代	웃시야 (Uzziah)
11代	셈 (Shem)	600歲 享壽	41代	요담 (Jotham)
12代	아르박삿 (Arphaxad)	438歲 享壽	42代	아하스 (Ahaz)
13代	셀라 (Shelah)	433歲 享壽	43代	히스기야 (Hezekiah)
14代	에벨 (Eber)	464歲 享壽	44代	므낫세 (Manasseh)
15代	벨렉 (Peleg)	239歲 享壽	45代	아몬 (Amon)
16代	르우 (Reu)	239歲 享壽	46代	요시아 (Josiah)
17代	스룩 (Serug)	230歲 享壽	47代	여고냐 (Jeconiah)
18代	나홀 (Nahor)	148歲 享壽	48代	스알디엘 (Shaltiel)
19代	데라 (Terah)	205歲 享壽	49代	스룹바벨 (Zerubbabel)
20代	아브라함 (Abraham)	175歲 享壽	50代	아비훗 (Abiud)
21代	이삭 (Isaac)	180歲 享壽	51代	엘르아김 (Eliakim)
22代	야곱 (Jacob)	147歲 享壽	52代	아소르 (Azor)
23代	유다 (Judah)		53代	사독 (Zadok)
24代	베레스 (Perez)		54代	아킴 (Achim)
25代	헤스론 (Hezron)		55代	엘리웃 (Eliud)
26代	람 (Ram)		56代	엘르아살 (Eleazar)
27代	아미나답 (Amminadab)		57代	맛단 (Mattan)
28代	나손 (Nahshon)		58代	야곱 (Jacob)
29代	살몬 (Salmon)		59代	요셉 (Joseph)

30代	보아스 (Boaz)		60代	**예수 (Messiah)**
예 수		B.C. Before Christ. A.D. Anno Domini. In the year of our Lord.		

10. 교회 용어의 영어 어휘(사휘)(敎會用語-英語 語彙(辭彙))

1) 교회에서 자주 사용하는 용어 [한문, 영어(漢文, 英語)](가나다 순).

강대상(講臺床) altar [올터어].
강대상 설교단(講臺床 說敎壇) pulpit [풀핏].
강림절(降臨節) Advent [애드번트].
개종자(改宗者) convert [칸버어트].
공의(公義) justification [쟈스티퓌캐이션].
관리집사(管理執事) sexton [섹스턴].
교구회(敎區會) vestry [붸스트리].
교리(敎理) doctrine [닥트륀].
교육전도사(敎育傳道師) student pastor [스튜던트 패스터],education pastor [에듀케이션 패스터].
교인관리담당부목사(敎人管理擔當副牧師)associate pastor for congregational care [애쏘시엣 패스터].
교파(敎派) denomination [디나미네이션].
교회(敎會) church [처치].
교회재정담당자(敎會財政擔當者) church financial officer [취어취 파이낸셜 아피서].
교회를 자주 옮기는 신자(敎會-信者) church Hopper [취어치 하퍼].
구속,속죄(救贖,贖罪) redemption [뤼뎀슨], atonement [어토운먼트], ransom [랜썸].
구속하다,속죄하다(救贖-贖罪-) redeem [뤼디-ㅁ].
구약성서(舊約聖書) Old Testament [오울드 테스터먼트].
구원(救援) salvation [샐봬이션].
구원하다(救援-) save [쎄이브].
권사(勸事) exhorter [이그조어터], senior deaconess [씨니어 디컨니스].
금식(禁食) fasting [패스팅].
금식기도(禁食祈禱) [패스팅 프래어].
기도서(祈禱書) liturgy [리터쥐].
기도회 담당 부목사(祈禱會擔當副牧師) pastor for prayer ministry [패스터 퍼 프래어 미니스트리].

기원(祈願) invocation [인버케이션].
남자집사(男子執事) deacon [디-컨].
노인 담당 목사(老人擔當牧師) pastor for senior adults [패스터 퍼 씨니어 애덜트].
노회(老會) synod [시나드].
담임목사(擔任牧師) senior pastor [씨니어 패스터].
당회(堂會) session [셋션].
명예 신학박사 학위(名譽神學博士學位) (D.D) Doctor of Divinity [닥터 어브 디뷔니티].
목사, 목회자, 교역자(牧師,牧會者,敎役者) minister [미니스터], pastor [패스터].
목사님(牧師-) the reverend [더 레브런드].
목회(牧會) ministry [미니스트리].
목회학박사 학위(牧會學博士學位) (D.Min) Doctor of Ministry [닥터 어브 미니스트리].
목회학석사 학위(牧會學碩士學位) (M.Div) Master of Divinity [매스터 어브 디뷔니티].
믿음(-) faith [페이스].
박사학위를 소지한 목사(博士學位-所持-牧師) reverend doctor [뤠브런드 닥터].
방언하기(方言-) speaking in tongues [스피킹 인 탕스].
복음적인(福音的-) evangelical [이반 제리칼].
복음주의(福音主義) evangelism [이반 제리즘].
부교역자(副敎役者) assistant pastor [어시스턴트 패스터].
부목사(副牧師) associate pastor [어쏘시잇 패스터].
부활(復活) resurrection[레저렉션].
부활절(復活節) Easter [이스트].
사도신경(使徒信經) the Apostle's Creed [디 어파슬스 크뤼드].
사도(使徒) apostle[어파슬].
사무원(事務員) secretary [세크러테리].
사순절(四旬節) Lent [렌트].
사죄,면죄(赦罪,免罪) absolution [앱설류-션].
삼위일체(三位一體) triune [트롸이윤], trinity [트리니티].
새신자(-信者) new comer [뉴 카머어], new winner [뉴 위너어].
선교목사(宣敎牧師) mission pastor [밋션 패스터].
선교 및 전도담당 부목사(宣敎-傳道擔當 副牧師) associate pastor for mission and evangelism [이반젤리즘].
선교학박사 학위(宣敎學博士 學位) (D. Mis) Doctor of Missiology [닥터 어브 밋쉬어로지].
성결(聖潔) holiness [홀리니스].
성례(聖禮) sacrament [새크러먼트].
성서(聖書) Scriptures [스크립춰].
성직임명(聖職任命) institution [인스티튜션].

성찬식(聖餐式) Communion [커뮤니언], Eucharist [유-커리스트].
성화(聖化) sanctification [생크터퓌캐이션].
세례(洗禮) Baptism [뱁티즘]. cf, **유아세례**(幼兒洗禮) infant baptism [인펀트 뱁티즘].
입교(入敎) confirmation [칸펄매이션].
학습(學習) study for baptism/pre-baptism/semi-baptism [세미 뱁티즘].
속죄(贖罪) atonement [어토운먼트].
속회(屬會) Class meeting [크래스 미팅].
수석 부목사(首席副牧師) senior/executive associate pastor [이그젝큐티브].
승천(昇天) Ascension [어센션].
신도석,회중석(信徒席,會衆席) pew [퓨-].
신앙(信仰) belief [빌리프].
신약성서(新約聖書) New Testament [뉴 테스터먼트].
신조(信條) creed [크뤼드].
신학박사 학위(神學博士學位) (D.Th) Doctor of Theology [닥터 어브 디알러지].
신학대학 학장직위를 가진 목사님의 존칭(神學大學學長職位-牧師-尊稱) the very reverend [뤠브런드].
십일조,십일조를 하다(十一條-) tithe [타이드].
십자가 처형(十字架處刑) crucifixion [크루시픽션].
악장(樂長) music director [뮤직 디렉터].
안수(목사)(按手(牧師)) ordination [오디네이션]. cf, **장로안수**(長老按手) laying on of hands [래잉 안 핸즈].
약속(約束) testament [테스터먼트].
언약(言約) covenant [카버넌트].
여자 집사(女子執事) deaconess [디컨니스].
예배 담당목사(禮拜擔當牧師) worship pastor [워어쉽 패스터].
예배찬송(禮拜讚頌) canticle [캔티클].
예배서(禮拜書) liturgy [리터쥐].
오르간니스트(-) organist.
오순절(五旬節) Pentecost [펜티코스트].
원죄(原罪) Original Sin [오리지널 씬].
유아교육 담당자(幼兒敎育擔當者) nursery attendant [너서리 어탠던트].
유아교육 부장(幼兒敎育部長) nursery director [너서리 디렉터].
율법(律法) Low [로-].
음악 목사(音樂牧師) music pastor [뮤직 패스터].
음향기 담당자(音響器擔當者) acoustician [어쿠스티션], acoustic staff [어쿠스틱 스탭].
의(義) righteousness [롸이쳐스니스].

임직식(任職式) ordinance [오어더넌스], ordination [오디네이션], consecration [칸시크래이션].
입장찬송(入場讚頌) Processional [프러셋셔널].
입장행렬(入場行列) procession [프러셋션].
장로(長老) elders [엘더].
장로, 장로회(長老,長老會) presbyter [프뢰스비터].
전도(傳道) evangelism [이반젤리즘].
전도담당 교역자(傳道擔當教役者) evangelical pastor [이반젤리컬 패스터].
전도지(傳道紙) tract [트랙트].
전산 담당자(電算擔當者) computer/multimedia operator [아퍼레이터].
제자(弟子) disciple [디싸이플].
제직회,임원회(諸職會,任員會) vestry [붸스트리], office-holder's meeting [아피스 호울더스 미팅].
종려주일(棕櫚主日) Palm Sunday [팜 선대이].
종말론(終末論) eschatology [에스커탈러쥐].
주기도문(主祈禱文) Lord's Prayer [로드스 프래어].
주일학교교사(主日學校教師) Sunday school teacher [썬데이 스쿨 티쳐]. cf, 교회학교(教會學校教師) Church school teacher [처치 스쿨 티쳐].
주일학교,교회학교 부장(主日學校,教會學校部長) Sunday school, Church school director [디렉터].
중보기도(中保祈禱) intercession [이너셋션].
찬사,조사(讚辭,弔辭) eulogy [율-러쥐].
총회(總會) general assembly [줘너럴 어셈블리].
총회장(總會長) moderator [마드뢰이터].
축복(祝福) blessing [블레싱].
축사(祝辭) congratulatory speech [캉그래츌러터리 스피취].
취임예배(就任禮拜) installation [인스털레이션].
퇴장행렬(退場行列) recession [리셋션].
퇴장행렬 때 부르는 찬송(退場行列-讚頌) recessional [리셋셔널].
특송(特頌) anthem [앤썸].
평신도(平信徒) laity [래이티], laymen [래이멘].
피아니스트(-) pianist [피아니스트].
행정담당 부목사(行政擔當副牧師) associate pastor for administration [어드미니스레이션].
허물,죄(-,罪) transgression [트랜스그뤠션].
헌금(獻金) offering [아풔링], offertory [오풔터뤼].
헌금송(獻金頌) offertory [아풔터리].

협동목사(協同牧師) cooperative pastor [커어퍼레이티브 패스터].
확신(確信) conviction [컨빅션].
회개(悔改) repentance [뤼펜턴스].
회개하다(悔改-) repent [뤼펜트].
회계원(會計員) bookkeeper [북키퍼].
회중(會衆) congregation [캉그뤼게이션].

2) 교회 봉사 및 직분(教會奉仕-職分).

원로목사(元老牧師) Pastor emeritus.
담임목사(擔任牧師) Senior pastor.
목사, 교역자(牧師,教役者) Pastor, minister.
수석 부목사(首席副牧師) Senior/executive associate pastor.
부목사(副牧師) Associate pastor. Curate.+
협동목사(協同牧師) Cooperative pastor.
부교역자(副教役者) Assistant pastor
행정담당부목사(行政擔當副牧師) Associate pastor for administration.
선교 및 전도담당 부목사(宣教-傳道擔當副牧師) Associate pastor for mission and evangelism.
교인 관리담당 부목사(教人管理擔當副牧師) Associate pastor for congregational care.
예배담당 목사(禮拜擔當牧師) Pastor for worship service.
기도회담당부목사(祈禱會擔當副牧師) Pastor for prayer ministry.
노인담당목사(老人擔當牧師) Pastor for senior adults.
선교목사(宣教牧師) Mission pastor.
음악목사(音樂牧師) Music pastor.
전도담당교역자(傳道擔當教役者) Evangelical pastor.
교육전도사(教育傳道師) Student pastor.
전도사(傳道師) Missionary.
선교사(宣教師) Missionary.
명예장로(名譽長老) Elder emeritus.
장로(長老) Elders.
권사(勸事) Exhorter, Senior deaconess.
남자집사(男子執事) Deacon.
여자집사(女子執事) Deaconess.
교회재정담당(教會財政擔當) Church financial officer.
악장(樂長) Music director.
피아니스트(-) Pianist. 오르가니스트(-) Organist.

부록

사무원(事務員) Secretary. 회계원(會計員) Bookkeeper.
주일,교회학교 부장(主日,敎會學校 部長) Sunday, Church school.
주일,교회학교 교사(主日,敎會學校 敎師) Sunday, Church school teacher.
유아교육부장(幼兒敎育副長) Nursery director.
유아교육 담당자(幼兒敎育擔當者) Nursery attendant.
교회 관리 집사(敎會管理執事) Sexton.
음향기기 담당자(音響器機擔當者) Acoustician, Acoustic staff.
전산담당자(電算擔當者) Computer/multimedia operator.
행정담당(行政擔當) Administration Team.
홍보담당(弘報擔當) Public Relation Team.
친교담당(親交擔當) Fellowship Team.
예배담당(禮拜擔當) Worship Team.
성가대담당(聖歌隊擔當) Praise Team.

3) 예배의 종류(禮拜-種類).

세례식(洗禮式) Believer's Baptism.
교회 헌당예배(敎會獻堂禮拜) Church Dedications Service.
파송예배(派送禮拜) Commissioning Service.
헌신예배(獻身禮拜) Dedication/Devotion/Self-sacrifice Service.
장례예배(葬禮禮拜) Funeral service.
복음전도예배(福音傳道禮拜) Gospel service.
영어예배(英語禮拜) An English service.
교회건축시공예배(敎會建築施工禮拜) Ground breaking service.
성찬예배(聖餐禮拜) Holy communion service.
찬송가예배(讚頌歌禮拜) Hymn-sing or song service.
찬양예배(讚揚禮拜) Praise and worship service.
유아세례(幼兒洗禮) Infant baptism.
임명예배(任命禮拜) Installation Service.
전례예배(典禮禮拜) Liturgical service.
매체 드라마 중심 예배(媒體-中心禮拜) Media and drama centered service.
묵상예배(黙想禮拜) Meditation service.
임직 예배(任職禮拜) Ordination service.
기도회(祈禱會) Prayer service.
부흥회(復興會) Revival service.
영적 각성예배, 부흥회(靈的覺醒禮拜, 復興會) Spiritual renewal service.
저녁 기도 예배(-祈禱禮拜) Vesper service.

결혼예배(結婚禮拜) Wedding service.
영결예배(永訣禮拜) Funeral ceremoney.

4) 예배순서(禮拜順序) Order of Worship Service.

주보(週報) Order of Service or Liturgy.
사회(司會) Presider.
인사(人事) Greeting. Salutation.
조용한 기도(-祈禱) Silent Prayer.
예배로부름(禮拜-) Call to Worship.
임재의기원(臨在-祈願) Prayer for Calling.
영광송(榮光頌) Glory Hymn.
성시낭독(聖詩朗讀) Litany.
경배와 찬양(敬拜-讚揚) Worship and Praise.
전주(前奏) Prelude.
사도신경(使徒信經) Apostle's Creed.
참회와사죄(懺悔-謝罪) Repentance & Forgiveness.
교독문(交讀文) Responsive Reading.
신앙고백(信仰告白) Confession of faith.
송영(頌榮) Doxology.
목회기도(牧會祈禱) Pastoral Prayer.
찬송(讚頌) Hymn.
기도(祈禱) Prayer.
성경본문(聖經本文) Text. Scripture.
성경봉독(聖經奉讀) Scripture Reading.
찬양대,성가대 찬양(讚揚隊, 聖歌隊 讚揚) Anthem. Choir.
설교(說敎) Sermon. Message. 간증(干證) Testimony. Preaching.
기도(祈禱) Prayer.
특송(特頌) Special Song.
헌금(獻金) Offering.
헌금송(獻金頌) Offertory. Offering.
봉헌기도(奉獻祈禱) Prayer of Dedication/Offering Prayer.
광고(廣告) Announcement. Church News.
새 가족 환영(-家族歡迎) Welcoming new comers.
찬송(讚頌) Doxology Hymn.
축도(祝禱) Benediction.
찬양대 후주(讚揚隊後奏) Choir Postlude.

주일낮예배(主日-禮拜) Lord's Day Worship. Sunday Service.
저녁예배(-禮拜) Lord's Day evening Worship. Evening Service.
수요기도회(水曜祈禱會) Wednesday Prayer.
새벽기도회(-祈禱會) Early Morning Prayer.
구국기도회(救國祈禱會) Prayer for Nation.

5) 여타 교회용어(餘他敎會用語)

감리교회(監理敎會) Methodist Church.
ㅇㅇ연회(-年會) The ㅇㅇ Conference.
ㅇㅇ지방(-地方) The ㅇㅇ District.
성결교회(聖潔敎會) Holiness Church.
순복음교회(純福音敎會) Full Gospel Church.
안식교회(安息敎會) Seventh-Day Adventist Church.
장로교회(長老敎會) Presbyterian Church.
침례교회(浸禮敎會) Baptist Church.
가정목회(家庭牧會) Family ministry.
기관목회(機關牧會) Institutional ministry.
나눔의 목회(-牧會) Shared ministry.
단독목회(單獨牧會) One-Leader ministry.
동반자적목회(同伴者的牧會) Partnership ministry.
영상목회(映像牧會) Multimedia ministry.
이민목회(移民牧會) Immigration ministry.
집단목회(集團牧會) Group ministry.
팀 목회(-牧會) Team ministry.
문서목회(文書牧會) Literature ministry.
성경몇장,몇절(聖經-章,節) Chapter, Verse.
찬송가몇장,몇절(讚頌歌-章,節) Chapter, Stanza.

參考文獻(Bibliography)

(1) 編著者의 故事成語 Note, 講義教案, 備忘錄, DIARY, 手帖 等 多數.

(2) 各種辭典(國語,英韓,韓英,希臘語,히브리,日韓,韓日,獨語 等) 多數.

(3) 漢韓 最新實用 玉篇 7卷.

(4) 聖經(한글,漢文,英語,希臘語,히브리語 等 多數).

(5) S.R.Bergquist, NEW WEBSTER'S DICTIONARY. Chicago:Consolidated Book Pub. 1975.

(6) 金春培,「聖經語句辭典(BIBLE CONCORDANCE)」. 서울:聖文學舍, 1987.

(7) ———,「基督教大辭典」. 서울:大韓基督教書會, 1967.

(8) 이성호,「聖句大辭典(Bible Concordance)」. 서울:惠文社, 1980.

(9) 류형기,「聖書辭典」. 서울:東亞出版社, 1960.

(10) ———,「聖書註解」I.II.III.IV卷. 서울:基監 總理院 出版部. 1967.

(11) 金永鎭,「聖書百科大事典(ENCYCLOPEDIA OF THE BIBLE)」. 서울:聖書教材刊行社, 1981.

(12) 한영제,「基督教大百科事典(THE CHRISTIAN ENCYCLOPEDIA)」. 서울:基督教文社, 1992.

(13) J.A. Montgomery, A CRITICAL AND EXEGETICAL COMMENTARY. LONDON:Clark Ltd, 1970.

(14) J. CALVIN, CALVIN'S OLD TESTAMENT COMMENTARIES. MICHIGAN: EERDMANS PUB. CO. 1964.

(15) ————, CALVIN'S NEW TESTAMENT COMMENTARIES. 〃

(16) 한성천,「כאשׂהדות מילדג מידפס דופ. The Oxford Bible Interpreter」. Seoul:Disciple's Publishing House. 2001.

(17) ———,「ΟΧΣΠΟΔ ΒΙΒΛΟΙ ΜΕΓΑΛΑΙ ΠΡΑΞΕΙΣ」. Seoul:Disciple's Publishing House. 2001.

(18) C.J Allen, The Broadman Bible Commentary. Nashville:Broadman Press. 1972.

(19) Kang Byoung Do, THE CHOKMAH COMMENTARY. Seoul:Christian Wisdom Publishing Co. 1989.

(20) A.C. Outler, The Works of John Wesley. Nashville:Abingdon Press. 1985.

(21) 김순식,「חֶסֶד 綜合資料 씨리즈」. Kyonggi:Emmanuel Publishing Co. 1988.

(22) ———,「ῥῆμα 綜合資料시리즈」. Kyonggi:Emmanuel 信仰圖書出版, 1988.

(23) 김종진, 「新明心寶鑑」. 서울:恩光社, 1982.
(24) 金点淑, 「合本 四書三經」. 서울:民晶社, 1977.
(25) 金益達, 「哲學大事典」. 서울:學園社, 1964.
(26) 曺涓根, 「學園世界大百科事典」. 서울:學園出版公社, 1994.
(27) 各種 故事成語 册 數 卷.
(28) Internet 檢索을 通한 各種 資料.
(29) 各種 百科事典 數種.
(30) 各種 註釋
(31) 朴章遠, 「十字 깃발을 높이 들어라」. 서울:보이스社, 2015.
(32) ———, 「I Confess 告白」. 서울:文學公園, 2017.
(33) 金東銖, 「敎會曆(敎會의 節氣 解說)」. 光音書林, 1962.
(34) 全澤鳧, 「이 땅에 묻히리라」. 서울:弘盛社, 1986.
(35) 김재근, 「末世聖徒의 自省과 再充電」. 2009.
(36) 김인식, 「四字成語로 된 福音行傳」. 서울:쿰란出版社, 2013.
(37) 餘他百科事(辭)典. 多數.
(38) 朴寅煥, 「鰲上敎會 九十年史」. 서울:信一文化史, 1995.
(39) ———, 「鰲上敎會103年史」. 서울:信一文化史, 2007.
(40) ———, 碩士學位論文, 「韓國農村敎會人事管理研究」. 監理敎神學大學校. 1988. (A Study on Personnel Management in the Korean Rural Church).
(41) ———, 博士學位論文, 「21世紀를 向한 效率的 宣敎戰略 모델 研究」. 監理敎神學大學校. 1996. (A STUDY OF THE EFFECTIVE MISSION STRATEGY TOWARD THE 21ST CENTURY).
(42) 新聞과 各種雜誌 多數.
(43) 餘他 資料.

편저자 박인환 목사 · 정문숙 사모

■ 編著者 略歷

宇宙 朴寅煥

- 1938. 江原道 春川 出生
- 監理敎 元老牧師
- 監理敎神學大學校 KAATS 博士院 卒業 및 牧會學博士 學位取得(D.Min)
- 延世大學校 神學大學院 Seminar 2年 修了
- Emory University Candler School of Theology Seminar 修了
- Oxford 大學校, Hebrews 大學校 短期 硏修敎育
- 聖潔大學校 平生敎育院 2年 修了
- 貞洞第一敎會 敎育傳道師 3年 歷任
- 基監 江華西地方 項浦敎會 20年 歷任
- 三山새마을中學校 設立 및 校長17年 歷任
- 統一部 統一敎育 專門委員 및 講師 35年 奉仕
- 中部年會 課程考試委員長 및 監督 選擧管理委員長 歷任
- FRANCE에서 開催된 理念敎育大會 韓國代表로 參席 및 10個國
- 巡訪과 '88 Olympic 使節團 歷任
- 中國, 香港 等 共産圈國家 體驗硏修 國家代表로 參席
- 基監 江華西地方 鰲上敎會 24年 歷任. 2010년 隱退
- 現在는 두 夫婦가 各種 樂器를 通하여 國內外로 宣敎와 奉仕로 事役하고 있음.

著書 및 論文

- 「섬마을 朴 牧師」
- 「나는 정말 바보인가?」(麗韻 干證文學賞 最優秀作 入選)
- 「뜨거운 피가 식을 때까지」外 數篇의 手記및 隨筆
- 「鰲上敎會 九十年史」및「鰲上敎會 103年史」
- 碩士學位 論文
  「韓國 農村敎會 人事管理 硏究」(A Study on Personnel Management in the Korean Rural Church)
- 博士學位 論文
  「21世紀를 向한 效率的 宣敎戰略 Model 硏究」(A STUDY OF THE EFFECTIVE MISSION STRATEGY TOWARD 21ST CENTURY)

◆ 推薦과 監修 해 주신 분들

朴 章 遠 신학 · 의학박사. 마가의 다락방 설립 및 원장.
李 在 殷 신학박사. 전 기독교방송사장

朴 奉 培 철학박사. 전 감신대 · 목원대 총장
李 起 春 목회학박사. 전 감신대 총장
鄭 泳 寬 목회학박사. 중국,동관 Wesley 신학대학원장(現)
金 鎭 浩 기감 25대 감독회장. 원로목사회 합주단 단장(現)
尹 演 壽 서울연회 13대 감독. 늘푸른교회 담임목사(現)
全 揚 哲 중부연회 26대 감독. 중부연회 원로목사회 회장(現)
鄭 熙 守 철학박사. 미국 연합감리교회 위스콘신연회 감독(現)
朴 鍾 天 철학박사. 전 감신대 총장. 세계감리교협의회 회장(現)
全 明 求 신학박사. 기감 28대 감독회장(現)
尹 普 煥 목회학 박사. 중부연회 33대 감독(現)
金 振 斗 철학박사. 감리교신학대학교 총장(現)
朴 珉 用 철학박사. 협성대학교 총장(現)
朴 櫓 權 철학박사. 목원대학교 총장(現)
李 啓 晃 국문학박사. 사단법인 전통문화 연구회 회장(現)
權 承 達 문학,상담학박사. 'good voice' 사장(現)

故事成語 總覽

편저자 박 인 환

발행인 권 승 달
발행처 굿보이스

2017년 12월 15일 인쇄
2017년 12월 20일 발행

출판등록 | 2013년 9월 2일 · 제315-2013-000050호
주소 | 서울 강서구 양천로 401 강서한강 자이타워 A-1110호
전화 | (02)2697-1122 · Fax (02)2608-7300
메일 | voice68@hitel.net
http://voicepub.jimdo.com
인쇄 | 보이스사

값 45,000원

ISBN 979-11-88266-06-7

* 저자 연락처
E-mail : pih3824@hanmail.net

PRINTED IN KOREA 값 45,000원